Die Gründung einer Tochtergesellschaft im Ausland
ZGR-Sonderheft 3

Zeitschrift für Unternehmens- und Gesellschaftsrecht

herausgegeben von

Peter Hommelhoff, Marcus Lutter,
Walter Odersky, Herbert Wiedemann

Sonderheft 3

W DE G

Walter de Gruyter · Berlin · New York

Marcus Lutter (Hrsg.)

Die Gründung einer Tochtergesellschaft im Ausland

Dritte, neubearbeitete und erweiterte Auflage

W DE G

Walter de Gruyter · Berlin · New York 1995

Die Deutsche Bibliothek – CIP-Einheitsaufnahme

Die **Gründung einer Tochtergesellschaft im Ausland** / Marcus Lutter (Hrsg.). – 3., neubearb. und erweiterte Aufl. – Berlin ; New York : de Gruyter, 1995
(Zeitschrift für Unternehmens- und Gesellschaftsrecht : Sonderheft ; 3)
ISBN 3-11-014530-8
NE: Lutter, Marcus [Hrsg.]

Satz: Saladruck GmbH & Co. KG, 10997 Berlin. – Druck und Bindung: Clausen & Bosse GmbH, 25917 Leck

Vorwort des Herausgebers

Die Gründung einer Tochtergesellschaft im Ausland ist nicht nur für große, sondern auch für mittelständische Unternehmen oft der einzige Weg, um ihr Auslandsengagement zu verstärken oder eine größere Geschäftstätigkeit in fremden Ländern überhaupt zu beginnen. Die Gründe hierfür sind vielfältig. So scheidet etwa die Errichtung einer bloßen Zweigniederlassung im Ausland häufig schon deshalb aus, weil ihr Auftreten im Rechtsverkehr mühsam und umständlich ist. Oft auch sind die ausländischen Gesellschaften, die Träger solcher Zweigniederlassungen sind, im betreffenden Gastland unbekannt und genießen daher dort auch nur ein geringes Ansehen bei ihren Geschäftspartnern und Kunden. Und schließlich dürfen bestimmte Geschäftsbereiche wie etwa das Bank- und Versicherungsgewerbe in aller Regel nur von Gesellschaften inländischen Rechts und dann zumeist auch nur von Gesellschaften bestimmter Rechtsform betrieben werden. Davon abgesehen sind es vielfältige wirtschaftliche, organisatorische und steuerliche Überlegungen, welche die Gründung einer ausländischen Tochtergesellschaft nahelegen können.

Bei der Gründung einer Tochtergesellschaft im Ausland handelt es sich regelmäßig um ein bedeutendes und zugleich risikoreiches Vorhaben. Ist der Investor nicht auf ein bestimmtes Land festgelegt, so kommt der richtigen Auswahl unter den verschiedenen Ländern einer Region entscheidende Bedeutung zu. Diese wird aber durch die vielfältigen Unterschiede der einzelnen Rechtsordnungen auf den Gebieten des Gesellschafts-, Steuer-, Arbeits- und Sozialrechts ungemein erschwert. Deshalb sollen die nachfolgenden Berichte über wichtige Investitionsländer helfen, diese Unterschiede in den wesentlichen Punkten aufzuzeigen und so die Auswahlentscheidung zu erleichtern.

Die hier zusammengefaßten Berichte sollen aber auch demjenigen helfen, der die Entscheidung für ein bestimmtes Gastland bereits getroffen hat. Denn eine genaue Kenntnis der gesellschafts- und steuerrechtlichen Besonderheiten des künftigen Gastlands ist notwendige Voraussetzung für eine Lösung der vielfältigen Probleme und Gestaltungen bei der Gründung der ausländischen Tochtergesellschaft. Sie ist so unabdingbar, daß die nachfolgenden Berichte – obwohl sie alle aus der Feder von heimischen Sachkennern des betreffenden Landes stammen – sicherlich nicht ausreichen werden, um auf alle Fragen eine befriedigende Antwort zu finden. Das aber ist auch nicht Ziel dieser Berichte: Sie sollen die fachkundigen Berater, die im Gastland bei der Gründung hinzugezogen werden müssen, nicht ersetzen. Wohl aber sollen sie dem Investor und seinen inländischen Beratern den erforderlichen Überblick verschaffen, der Voraussetzung für das fachkundige Gespräch mit den Beratern im Ausland ist. Um dem Leser hierfür erste Kontakte im betreffenden Ausland zu ermöglichen, sind im Anhang zu jedem Bericht einige Adressen von Behörden und privaten

Institutionen genannt, die bei der Gründung einer Tochtergesellschaft Auskünfte geben können.

Seit Erscheinen der 2. Auflage dieses Buches sind nun sieben Jahre vergangen; in diesen sieben kurzen Jahren aber hat sich die Welt von Grund auf geändert. Viele der damals noch fest verschlossenen Grenzen sind heute offen und die Länder hinter ihnen warten heute auf Unternehmer und Unternehmen aus Deutschland; andere haben immer größere Bedeutung im weltweiten Handel gewonnen; noch andere gibt es nicht mehr und sind hier durch ihre Nachfolger präsent. Das Buch mußte daher erneut wachsen und konnte um Berichte zu weiteren zwölf Ländern ergänzt werden. Auch die USA, weiterhin das wichtigste Investitionsland außerhalb Europas für deutsche Unternehmen, ist hier nun endlich vertreten.

Autoren und Herausgeber haben Frau Rechtsreferendarin *Heike Heimann*, vor allem aber Frau Rechtsanwältin *Barbara Brenner* sehr zu danken für die geduldige Betreuung der Manuskripte und des Druckes: 52 Autoren rund um die Welt in *ein* Boot und *eine* gemeinsame Sprache zu bringen, ist aller Anerkennung und allen Dankes wert!

Bonn, im April 1995 Marcus Lutter

Inhaltsübersicht

Länderübersicht

Inhaltsverzeichnis

Die Gründung einer Tochtergesellschaft in Argentinien

Carlos A. Mandry und *Juan Carlos Berisso*, Buenos Aires

Die Gründung einer Tochtergesellschaft in Australien

Wolfgang Fritzemeyer, Frankfurt/M.

Die Gründung einer Tochtergesellschaft in Belgien

Léon Dabin und *Anne Benoit-Moury,* Lüttich

Die Gründung einer Tochtergesellschaft in Brasilien

Jürgen Thomas, München

Die Gründung einer Tochtergesellschaft in Chile

Dietrich Nelle, Bonn, *Manfred Wilhelmy* und *Eduardo Aldunate*, Santiago de Chile

Die Gründung einer Tochtergesellschaft in der Volksrepublik China

Stefanie Tetz, Frankfurt/Main und Peking

Die Gründung einer Tochtergesellschaft in Dänemark

Bernhard Gomard, Kopenhagen

Die Gründung einer Tochtergesellschaft in Frankreich

Dominique Schmidt und *Philippe Gramling*, Straßburg

Die Gründung einer Tochtergesellschaft in Griechenland

Leonidas N. Georgakopoulos, Athen

Die Gründung einer Tochtergesellschaft in Großbritannien

Robert R Pennington, Birmingham, und *Georg Gansen*, Bonn

Die Gründung einer Tochtergesellschaft in Italien

Giovanni E. Colombo, Mailand

Die Gründung einer Tochtergesellschaft in Japan

Koresuke Yamauchi, Tôkyô, und *Heinrich Menkhaus,* Düsseldorf/Leiden/Tôkyô

Die Gründung von Tochtergesellschaften in Kroatien

Dragutin Ledić, Rijeka

Die Gründung einer Tochtergesellschaft in Mexiko

Walter Frisch Philipp und *Karl Offergeld*, Mexico-City

Die Gründung einer Tochtergesellschaft in den Niederlanden

Willem van der Grinten, Nijmegen, *Harry Honée*, Nijmegen, und *Paul Gotzen*, Düsseldorf

Die Gründung einer Tochtergesellschaft in Österreich

Peter Doralt, Wien

Die Gründung einer Tochtergesellschaft in Polen

Janusz Marciniuk, Warschau

Die Gründung einer Tochtergesellschaft in Portugal

José Engrácia Antunes, Porto

Die Gründung einer Tochtergesellschaft in der Schweiz

Alain Hirsch, *Jacques-André Reymond* und *Pierre Louis Manfrini*, Genf

Die Gründung einer Tochtergesellschaft in Singapur

Thomas R. Klötzel, Stuttgart

Die Gründung einer Tochtergesellschaft in der Slowakei

Pavel Kubiček, Bratislava

Die Gründung einer Tochtergesellschaft in Slowenien

Šime Ivanjko, Maribor, und *Christa Jessel-Holst,* Hamburg

Die Gründung einer Tochtergesellschaft in Spanien

José Miguel Embid Irujo und *José Vicente Pedraza Bochóns*, Castellón

Die Gründung einer Tochtergesellschaft in Taiwan

Kuo-ching Wang, Taipeh

Die Gründung einer Tochtergesellschaft in der Tschechischen Republik

Alexander J. Bělohlávek, Prag, und *Hildegard Ziemons*, Bonn

Die Gründung einer Tochtergesellschaft in der Türkei

Tuğrul Ansay, Ankara/Hamburg

Die Gründung einer Tochtergesellschaft in Ungarn

Tamás Sárközy, Budapest, und *Hildegard Ziemons,* Budapest/Bonn

Die Gründung einer Tochtergesellschaft in den U.S.A.

William J. Carney und *Peter Hay*, Atlanta und Dresden

Die Gründung einer Tochtergesellschaft in Argentinien

von

DR. CARLOS A. MANDRY und DR. JUAN CARLOS BERISSO,
Rechtsanwälte, Buenos Aires

Inhaltsübersicht

A. *Einleitung*

I. *Investitionsklima*

1. *Allgemeines*

Argentinien gilt aufgrund seines Rohstoffreichtums, seiner günstigen geographischen und klimatischen Verhältnisse und seiner überwiegend europäischen Bevölkerungsstruktur als „Land der Zukunft". Um diese Zukunft in absehbarer Zeit verwirklichen zu können, benötigt das Land den Beitrag ausländischer Kapitalanleger. Das ist fast ohne Einschränkungen allen argentinischen Regierungen dieses Jahrhunderts bewußt gewesen und hat zu einer traditionell liberalen Gesetzgebung geführt. Diese Gesetzgebung ist insbesondere seit 1976 weiter liberalisiert worden. Darüber hinaus sind für bestimmte Industriezweige und Standorte steuerliche Anreize geschaffen und Doppelbesteuerungsabkommen u. a. auch mit der Bundesrepublik Deutschland[1] abgeschlossen worden. Die dadurch ständig wachsende Attraktivität Argentiniens für den ausländischen Kapitalanleger findet ihren augenfälligen Niederschlag in dem wachsenden Zustrom ausländischer Investitionen[2].

Das Vertrauen in die wirtschaftliche Entwicklung des Landes[3] ist insbesondere in den letzten Jahren gewachsen und spiegelt sich nicht nur in der steigen-

1 Siehe dazu unten E. II. 2.

2 Diese betrugen in den Jahren 1977 bis 1992 insgesamt 5,64 Mrd. US$.
Die jährlichen Beträge der vom Wirtschaftsministerium erfaßten Direktinvestitionen (Neu- und Reinvestitionen) sind von 1990 bis 1993 gegenüber dem Zeitraum 1982/89 sprunghaft gestiegen: 1990: 888,3 Mio. US$, 1991: 774,2 Mio. US$, 1992: 549,7 Mio. US$. Mit Abstand größter Investor in diesem Dreijahreszeitraum waren die USA mit 819 Mio. US$, gefolgt von Brasilien, der Bundesrepublik Deutschland, Italien und Chile. Die deutschen Netto-Kapitalleistungen beliefen sich im Zeitraum 1977–91 gemäß den vom Bundeswirtschaftsministerium veröffentlichten Zahlen auf insgesamt 1,74 Mrd. DM. In den Jahren 1990 und 1991 sind sie um 104 Mio. DM bzw. 132 Mio. DM gestiegen.

3 Argentinien entwickelt sich zunehmend zu einer Industrienation: Nach der Neuberechnung des Bruttoinlandsprodukts (1992: rd. 226 Mrd. US$) wurden zuletzt 27 % des BIP von der verarbeitenden Industrie erwirtschaftet gegenüber nur noch 7,8 % in der Agrarwirtschaft.

den Zahl der Neuinvestoren wieder, sondern auch in dem hohen Anteil von Reinvestitionen[4] und Kreditkapitalisierungen der Altinvestoren.

2. *Geltendes Recht*

Das Auslandsinvestitionsgesetz (AIG) sah ein Genehmigungssystem für ausländische Investitionen vor, in dem es verschiedene Stufen gab:

a) Regierungsgenehmigung für gewisse Schlüsselbereiche (Sicherheit, Energieversorgung, usw.), Investitionen, die bestimmte Kapitalgrenzen überstiegen, usw.,
b) genehmigungsfreie Investitionen im Falle der Erweiterung schon bestehenden Auslandskapitals in gewissen Grenzen, Neuinvestitionen unter US$ 5 Mio., usw.,
c) Ministerialgenehmigung für alle anderen Investitionen.

Im Zuge der allgemeinen Liberalisierung der Wirtschaft, die von der jetzigen Regierung des Präsidenten Menem ab ihrem Amtsantritt im Jahr 1989 vorangetrieben wird, wurde das Gesetz Nr. 23.697 erlassen (1. 9. 89), nach dem alle Bestimmungen des AIG, die eine Genehmigung für Auslandsinvestitionen erforderlich machten, außer Kraft gesetzt wurden (Art. 15 ff). Es wird im Gesetz ausdrücklich erwähnt, daß der Staat die völlig gleiche Behandlung des nationalen und ausländischen Kapitals garantiert, das in Produktionstätigkeiten investiert wird.

Der entgeltliche Technologietransfer eines ausländischen Unternehmens an seine argentinische Tochtergesellschaft ist genehmigungspflichtig[5]. Die Genehmigung wird erteilt, wenn die Vertragsbedingungen den Marktgepflogenheiten entsprechen und keine überhöhten Lizenzgebühren vorsehen.

II. *Wahl der Rechtsform der wirtschaftlichen Betätigung*

Die ausländischen Investoren unterliegen in der Wahl der betrieblichen Organisationsform keinen Beschränkungen. Die zur Auswahl stehenden Gesellschaftstypen umfassen alle auch in Deutschland bekannten Rechtsformen, von der unselbständigen Zweigniederlassung über oHG, KG, GmbH, bis zur AG und KGaA. Ausländische Unternehmen bevorzugen im allgemeinen die Gründung einer Aktiengesellschaft (Sociedad Anónima, S.A.) oder GmbH (Sociedad de Responsabilidad Limitada, S.R.L.). In bestimmten Fällen (z. B. bei Geschäfts-

4 Siehe oben Fn. 2.
5 Gesetz über Technologieübertragung Nr. 22.426 vom 12. 3. 1981. Weitere Ausführungen hierzu unten F.

tätigkeiten geringen Umfangs ohne aufwendige Betriebsstätten oder in der Anlaufphase wirtschaftlicher Betätigung in Argentinien) ist auch die Gründung einer Zweigniederlassung in Betracht zu ziehen. Die anfallenden Gründungsformalitäten lassen sich unkompliziert und relativ kurzfristig durchführen. Hinsichtlich der laufenden Geschäftstätigkeit bestehen keine wesentlichen Unterschiede zur S.A. bzw. S.R.L., allerdings haftet die Muttergesellschaft für alle von ihrer Zweigniederlassung eingegangenen Verpflichtungen unmittelbar. Es ist daher ratsam, zumindest bei Auftreten nennenswerter Gewinne, in eine S.A. oder S.R.L. umzugründen.

Die Möglichkeit, auch mit Kleinstbeträgen schon eine Kapitalgesellschaft gründen zu können und so in den Genuß einer auf das Kapital beschränkten Haftung zu gelangen, hat zur völligen Bedeutungslosigkeit der Personenhandelsgesellschaften geführt.

Wegen der nahezu ausschließlichen Bedeutung der S.A.[6] und S.R.L. für den ausländischen Kapitalanleger beschränken wir uns im folgenden auf die Darstellung dieser beiden Gesellschaftsformen.

Das Gesetz sieht auch sog. „Kollaborationsverträge zwischen Unternehmen" vor, an denen sich auch ausländische Gesellschaften beteiligen dürfen. Diese müssen sich allerdings vorher im Handelsregister als solche eintragen lassen. Die „Kollaborationsverträge" begründen keine neuen Gesellschaften oder juristischen Personen. Sie sind mit „Arbeitsgemeinschaften" vergleichbar.

B. Gründungsvorschriften

I. Neugründung einer Sociedad Anónima

Wie nach deutschem Recht stellt die S.A. auch nach argentinischem Recht eine juristische Person und Kapitalgesellschaft dar. Die Haftung der Gesellschafter ist auf die von ihnen übernommenen Aktien beschränkt. Die Gründung der S.A. setzt zumindest zwei Gesellschafter voraus. Einmanngesellschaften sind dem argentinischen Recht unbekannt. Scheidet einer von zwei Gesellschaftern aus, ohne binnen 3 Monaten ersetzt zu werden, wird die Gesellschaft aufgelöst. Einmanngesellschaften können daher weder gegründet werden noch durch späteren Gesellschafterfortfall entstehen.

Tritt eine ausländische Gesellschaft als Gesellschafter auf, muß diese dem Handelsregister nachweisen, daß sie unter Beachtung der Gesetze ihres Landes

6 Die KGaA ist im Gesetz über Handelsgesellschaften zwar als Gesellschaftsform vorgesehen, hat jedoch keine große Verbreitung gefunden.

errichtet ist und Gesellschaftsvertrag, Statuten, Reformen usw. ordnungsgemäß ins Handelsregister eingetragen wurden[7].

Die offene S.A. ist durch öffentliche Zeichnung des Aktienkapitals und Börsennotierung gekennzeichnet. Die Gründung erfordert die Einschaltung eines Bankinstituts und die Genehmigung der Wertpapierkommission[8]. Dieser Gesellschaftstyp kommt für den ausländischen Investor in der Regel nicht in Betracht. Auf die nähere Darstellung der in den Artt. 168 ff detailliert niedergelegten Gründungsvorschriften wird deshalb verzichtet.

Die Gründung einer „geschlossenen" S.A. erfolgt in den nachfolgend aufgezeigten Schritten:

1. Abfassung der Gesellschaftssatzung

Die Satzung muß in notarieller Form abgefaßt werden. Mit der Durchführung der Gründung können entsprechend bevollmächtigte Vertreter beauftragt werden.

Die Satzung und der Gründungsvertrag müssen über die in Art. 11 aufgezählten, für alle Handelsgesellschaften geltenden Erfordernisse[9] hinaus gemäß Art. 166 Angaben über Gesellschaftskapital, Aktien, Wahl des Vorstandes und der Rechnungsprüfer *(síndicos)* enthalten.

Um Verzögerungen bei der Prüfung der Satzung durch die Aufsichtsbehörde zu vermeiden, empfiehlt es sich, die Satzung in Anlehnung an den in Argentinien üblichen Text zu verfassen. Davon abweichende Sonderregelungen sollten entweder in separaten Aktionärsvereinbarungen oder durch Abänderung der Satzung nach erfolgter Eintragung aufgenommen werden.

a) Firma, Sitz, Gegenstand und Dauer

Die Firma der S.A. kann einen Phantasienamen und/oder den Namen einer oder mehrerer natürlicher Personen enthalten und muß den Zusatz „Sociedad Anónima" oder dessen Abkürzung „S.A." führen. Fehlt dieser Zusatz, haften

7 Artikel ohne Gesetzesangabe sind solche des Gesetzes über Handelsgesellschaften Nr. 19.550 vom 3. 4. 1972 modifiziert durch Gesetz Nr. 22.903 vom 9. 9. 1983, in welchem sämtliche kaufmännischen Gesellschaftsformen einschließlich der Kapitalgesellschaften geregelt sind.

8 Das Gesetz fordert für die offene S.A. die Bestellung von mindestens 3 Vorstandsmitgliedern (Art. 225 i. V. m. Art. 299) sowie 3 Rechnungsprüfern (Art. 284 i. V. m. Art. 299). Die offene S.A. unterliegt gemäß Art. 299 einer ständigen Staatsaufsicht.

9 Art. 11 nennt im wesentlichen die Punkte, die auch in Deutschland üblicherweise in den Gesellschaftsverträgen der Handelsgesellschaften niedergelegt werden.

die Vertreter der Gesellschaft zusammen mit dieser unbeschränkt und gesamtschuldnerisch für die Verbindlichkeiten der Gesellschaft, Art. 164.

Der Gesellschaftszweck muß genau und umfassend bezeichnet werden, Art. 11 Abs. 3. Er kann auf reine Holding-Funktionen beschränkt werden.

b) Kapital und Aktien

Die Höhe des Kapitals ist in der Landeswährung, Pesos (Arg$), anzugeben. Das Mindestkapital beträgt Arg$ 12.000,–[10]. Das Gesellschaftskapital kann – wie nach deutschem Aktienrecht – durch Bar- oder Sacheinlagen erbracht werden. Das Gesellschaftskapital muß bei der Gesellschaftsgründung vollständig gezeichnet werden, Art. 186. Mindestens 25 % des Kapitals müssen in bar erbracht und vor Eintragung in das Handelsregister bei einer offiziellen Bank hinterlegt werden. Der Betrag kann wieder abgehoben werden, sobald die Eintragung in das Handelsregister verfügt ist. Sacheinlagen müssen schon vor Einreichung des Genehmigungsantrags bei der Aufsichtsbehörde vollständig erbracht werden. Sie werden nach dem satzungsgemäß vorgesehenen Verfahren unter Zugrundelegung aktueller Marktpreise bzw. durch vom Handelsregister zu ernennende Sachverständige bewertet. Durch das Bewertungserfordernis wird die Gründung bei Einbringung von Sacheinlagen nicht unerheblich verzögert.

Der Sollsaldo des gezeichneten aber nicht eingezahlten Kapitals muß zu den in der Gründungsurkunde festgelegten Terminen, spätestens jedoch innerhalb von 2 Jahren ausgeglichen werden, Art. 166 Abs. 2. Die nach Ablauf von 2 Jahren nicht eingezahlten Aktien gewähren weder Stimm- noch sonstige Rechte, Art. 192. Es ist zu empfehlen, in der Satzung Kapitalerhöhungen bis zum Fünffachen des Grundkapitals vorzusehen. Eine spätere Kapitalerhöhung bedarf dann lediglich eines entsprechenden Hauptversammlungsbeschlusses ohne erneute Genehmigung der Aufsichtsbehörde, Art. 188.

Die Aktien müssen stets auf den gleichen Nominalwert in Pesos lauten, Art. 207. Es können verschiedene Aktienklassen (Namens-, Inhaber-, Vorzugsaktien, usw.) geschaffen werden.

Die Aktien sind frei übertragbar. Die Übertragung der Aktien vollzieht sich durch schlichte Eigentumsübertragung der Aktie. Die Übertragbarkeit von Namensaktien kann in der Satzung beschränkt werden. Die Beschränkung muß auf der Aktie vermerkt werden.

Stammaktien können bis zu fünf Stimmrechte gewähren. Der Stimmrechtsvorzug schließt einen Vorzug hinsichtlich des Gesellschaftsvermögens aus,

10 12.000,– Pesos (Arg$) entsprachen zum Zeitpunkt der Drucklegung US$ 12.000,–.

Art. 216[11]. Vorzugsaktien gewähren ein Vorzugsrecht auf Dividende sowie bei der Auflösung der Gesellschaft auf das Kapital, abgesehen von gesetzlich vorgesehenen Ausnahmefällen dürfen sie nicht mit Stimmrecht ausgestattet sein.

Anders als nach deutschem Aktienrecht ist unter bestimmten Voraussetzungen eine Unter-Pari-Emission zulässig[12]. Die Emission über pari bedarf der Zustimmung durch eine außerordentliche Hauptversammlung sowie der Bildung einer Sonderrückstellung.

Gemäß Art. 213 muß die S.A. ein Aktionärsregister führen, aus dem sich alle Angaben über ausgegebene Aktien und die Namen der Erstzeichner sowie der späteren Aktienerwerber (bei Namensaktien) ergeben. In bestimmten, vom Gesetz aufgezählten Fällen, kann die Gesellschaft eigene Aktien erwerben.

Die Satzung kann vorsehen, daß die Aktien der Gesellschaft oder ein Teil derselben nicht als „Scheine" oder „Titel" herausgegeben werden, sondern durch Eintragungen in einem besonderen Register ersetzt werden.

c) *Verwaltung*

Die Geschäfte werden vom Vorstand geführt. Der Vorstand besteht aus einem oder mehreren Mitgliedern und wird – je nach Satzungsbestimmung – von der Hauptversammlung oder vom Aufsichtsrat[13] ernannt. Die Vorstandsmitglieder brauchen nicht Argentinier zu sein, aber in der Mehrheit müssen sie ihren Wohnsitz in Argentinien haben; sie müssen nicht Aktionäre sein. Es können stellvertretende Vorstandsmitglieder bestellt werden, welche die Vorstandsmitglieder in den mindestens einmal vierteljährlich abzuhaltenden Vorstandssitzungen vertreten können, Art. 267. Für die Beschlußfähigkeit in den Vorstandssitzungen ist die Anwesenheit der Mehrheit der Mitglieder erforderlich. Die Amtszeit der Vorstandsmitglieder beträgt höchstens 3 Jahre, es sei denn, es ist ein Aufsichtsrat vorhanden, der den Vorstand ernennt. In diesem Fall kann die Amtszeit bis zu 5 Jahre betragen, Art. 257. Eine Wiederwahl ist zulässig.

Die Satzung muß die interne Organisation des Vorstandes und dessen Aufgabenverteilung regeln, Art. 260. Es kann ein Exekutivkomitee vorgesehen werden, das von Vorstandsmitgliedern gebildet wird und die laufende Geschäftsführung wahrnimmt.

Außerdem kann der Vorstand Hauptgeschäftsführer sowie Geschäftsführer für Einzelbereiche einsetzen, Art. 270.

11 Mehrstimmrechtsaktien dürfen nicht mehr ausgegeben werden, nachdem die Gesellschaft die Erlaubnis zur öffentlichen Emission erhalten hat („offene" S.A.).

12 Art. 202 spricht ein grundsätzliches Verbot der Unter-Pari-Emission aus, das unter den Voraussetzungen des Gesetzes Nr. 19.060 vom 28. 5. 1971 durchbrochen werden kann.

13 Die Bildung eines Aufsichtsrates ist nicht gesetzlich vorgeschrieben, aber zulässig. Vgl. dazu unten B. I. 1. e).

Der Vorstandsvorsitzende vertritt die Gesellschaft nach außen. Im Falle seiner Abwesenheit oder Verhinderung erfolgt die Vertretung durch seinen Stellvertreter. Die Vertretung der Gesellschaft kann in gesonderten Fällen aber auch einem oder mehreren Vorstandsmitgliedern übertragen werden.

d) Rechnungsprüfer

Die Überwachung der Geschäftsführung wird von einem oder mehreren von der Hauptversammlung zu ernennenden Rechnungsprüfern *(síndicos)* wahrgenommen, Artt. 294, 284.

Zum Rechnungsprüfer kann nur bestellt werden, wer

- Rechtsanwalt oder Wirtschaftsprüfer ist (auch eine Rechtsanwalts- oder Wirtschaftsprüfersozietät als solche kann bestellt werden),
- seinen tatsächlichen Wohnsitz in Argentinien hat,
- nicht Vorstandsmitglied, Geschäftsführer oder Angestellter des betreffenden bzw. eines herrschenden oder beherrschten Unternehmens ist;
- nicht Ehegatte, Verwandter bis zum 4. Grade in der Seitenlinie oder Schwager 1. oder 2. Grades von Vorstandsmitgliedern oder Hauptgeschäftsführern ist.

Die entgeltliche Tätigkeit des Rechnungsprüfers umfaßt im wesentlichen folgende Aufgaben:

1. Prüfung der Geschäftsbücher und -unterlagen, Feststellung der Kassen-, Wertpapier- und Rücklagenbestände im Abstand von längstens 3 Monaten,
2. Teilnahme mit Rede-, aber ohne Stimmrecht an den vierteljährlichen Vorstandssitzungen, den Sitzungen des Exekutivkomitees und den Hauptversammlungen,
3. Vorlage eines schriftlichen, begründeten Berichtes über die wirtschaftliche und finanzielle Lage des Unternehmens in der Hauptversammlung,
4. Überwachung der Einhaltung von Gesetz, Satzung, Hauptversammlungsbeschlüssen, usw.

Die Rechnungsprüfer haften für die nicht ordnungsgemäße Wahrnehmung ihrer gesetzlichen und satzungsmäßigen Pflichten gesamtschuldnerisch und unbeschränkt, Art. 296. Gemeinsam mit dem Vorstand haften sie gesamtschuldnerisch für alle pflichtwidrigen Handlungen und Unterlassungen, wenn der eingetretene Schaden bei ordnungsgemäßer Pflichterfüllung vermieden worden wäre, Art. 297.

Die Satzung kann vorsehen, daß keine *síndicos* ernannt werden, wenn die Gesellschaft nicht unter ständiger Staatsaufsicht steht; dann ist aber die Bestellung von stellvertretenden Direktoren zwingend.

e) *Aufsichtsrat*

Die Satzung kann die Bestellung eines Aufsichtsrats vorsehen, der sich aus 3–15 von der Hauptversammlung zu wählenden Aktionären zusammensetzt. In diesem Fall kann auf die Bestellung von Rechnungsprüfern verzichtet werden, deren Aufgaben vom Aufsichtsrat wahrzunehmen sind, Art. 281. Der Aufsichtsrat muß mit der Vornahme der jährlich durchzuführenden Buchprüfung Wirtschaftsprüfer beauftragen, deren Bericht der Hauptversammlung vorzulegen ist[14].

f) *Hauptversammlung und Aktionäre*

aa) *Zuständigkeit und Einberufung*

Das Gesetz unterscheidet zwischen ordentlichen und außerordentlichen Hauptversammlungen und weist beiden verschiedene Zuständigkeitsbereiche zu. Der ordentlichen Hauptversammlung obliegt die Beschlußfassung über

1. Jahresabschluß, Gewinn- und Verlustrechnung, Gewinnverteilung, Geschäftsbericht und Bericht der Rechnungsprüfer sowie alle weiteren ihr von Gesetz und Satzung zugewiesenen oder von Vorstand, Aufsichtsrat oder Rechnungsprüfern übertragenen Aufgaben,
2. Bestellung und Abberufung von Vorstand, Aufsichtsrat und Rechnungsprüfern sowie Festsetzung der Vergütungen dieser Personen,
3. Haftbarmachung von Vorstand, Aufsichtsrat und Rechnungsprüfern,
4. Kapitalerhöhungen bis zum Fünffachen des Grundkapitals, wenn die Satzung es vorsieht.

Die außerordentliche Hauptversammlung hat Beschluß zu fassen über

1. Satzungsänderungen,
2. Kapitalerhöhungen über das Fünffache des Grundkapitals hinaus,
3. Kapitalherabsetzungen und -rückerwerb,
4. Fusion, Umwandlung, Auflösung der Gesellschaft und Gesellschaftsspaltung, Ernennung, Abberufung und Vergütung der Liquidatoren, Kontenprüfung bei Liquidation und alle damit zusammenhängenden Angelegenheiten,
5. Einschränkungen und Aufhebung der Vorzugsrechte bei der Emission neuer Aktien,
6. Ausgabe von Schuldverschreibungen und ihre Umwandlung in Aktien,
7. Ausgabe von Genußscheinen.

14 Die Bestellung von Aufsichtsräten ist in Argentinien unüblich.

Die ordentliche Hauptversammlung ist einmal jährlich innerhalb von vier Monaten nach Ablauf des Geschäftsjahres einzuberufen, Art. 234, und muß innerhalb des fünften Monats stattfinden. Die Einberufung hat durch den Vorstand und, wenn dieser es unterläßt, durch die Rechnungsprüfer zu erfolgen.

Darüber hinaus können Vorstand, Rechnungsprüfer oder Aktionäre, die mindestens 5 % des Aktienkapitals repräsentieren[15], jederzeit eine ordentliche oder außerordentliche Hauptversammlung einberufen, Art. 236.

Die Einberufung muß fünf Tage lang im Amtsblatt veröffentlicht werden.

Hauptversammlungen können ohne Beachtung der Einberufungsvoraussetzungen immer dann durchgeführt werden, wenn das gesamte Aktienkapital in der Versammlung repräsentiert ist und die Beschlüsse einstimmig gefaßt werden, Art. 237.

Die Hauptversammlung muß am Ort des Gesellschaftssitzes stattfinden, Art. 233. Die Aktionäre können sich in der Hauptversammlung vertreten lassen. Vorstandsmitglieder, Angestellte der Gesellschaft, Aufsichtsratsmitglieder und Rechnungsprüfer können nicht als Vertreter auftreten, Art. 239.

Über die Beschlußfähigkeit[16], Leitung, Sitzungsniederschrift und die Anfechtung von Hauptversammlungsbeschlüssen enthält das Gesetz in den Artt. 233 ff ausführliche Bestimmungen.

bb) Stimmrechte, Minderheitenschutz, qualifizierte Mehrheiten

Sowohl in der ordentlichen als auch in der außerordentlichen Hauptversammlung werden die Beschlüsse mit absoluter Mehrheit der anwesenden Stimmen gefaßt, wenn die Satzung keine höhere Stimmzahl verlangt.

Lediglich grundlegende Entscheidungen wie Umwandlung, Verlängerung oder vorzeitige Auflösung der Gesellschaft, Sitzverlegung ins Ausland, grundlegende Veränderungen des Gesellschaftszwecks, teilweiser oder vollständiger Rückerwerb des Kapitals werden mit der Mehrheit aller stimmberechtigten Aktien ohne Berücksichtigung von Mehrstimmrechten gefaßt. Dies gilt auch für die Fusion.

Jede Stammaktie gewährt ein Stimmrecht; allerdings sind Mehrstimmrechte, die bis zu fünf Stimmen gewähren, zulässig.

15 Die Satzung kann einen niedrigeren Prozentsatz bestimmen.

16 Das Quorum in der ordentlichen Hauptversammlung ist bei der ersten Einberufung die einfache Mehrheit des stimmberechtigten Aktienkapitals; bei der zweiten Einberufung ist die ordentliche Hauptversammlung immer beschlußfähig, Art. 243.

Das Quorum in der außerordentlichen Hauptversammlung ist bei der ersten Einberufung mindestens 60 % des stimmberechtigten Kapitals, wenn die Satzung kein höheres Quorum festlegt. Bei der zweiten Einberufung liegt das Quorum bei 30 % der stimmberechtigten Aktien, wenn die Satzung nichts anderes bestimmt, Art. 244.

Bestehen verschiedene Aktiengattungen, so kann die Satzung vorsehen, daß aufgrund einer jeden von ihnen eines oder mehrere Vorstandsmitglieder gewählt werden. Die Aktionäre können ihr Stimmrecht bei der Wahl der Vorstandsmitglieder unter bestimmten Voraussetzungen durch das System der Stimmenhäufung ausüben. Dadurch kann z. B. ein Minderheitsaktionär die Gesamtheit seiner Stimmen auf ein zu wählendes Vorstandsmitglied vereinigen und damit dessen Wahl erzwingen[17].

Gleiches gilt für die Wahl der Rechnungsprüfer mit der Ausnahme, daß jede Aktie in allen Fällen nur ein Stimmrecht gewährt.

Jeder Beschluß der Hauptversammlung, der die gesetzlichen Bestimmungen, die Satzung oder die Geschäftsordnung verletzt, kann von Vorstand, Rechnungsprüfer, der Aufsichtsbehörde und den Aktionären, die gegen diesen Beschluß gestimmt haben, angefochten werden, Art. 251. Darüber hinaus kann die Stimmabgabe wegen Irrtums angefochten werden. Die Aktionäre, die für einen erfolgreich angefochtenen Beschluß gestimmt hatten, haften unbeschränkt und gesamtschuldnerisch für die Rechtsfolgen, unbeschadet der Haftung von Vorstand, Rechnungsprüfer und Aufsichtsrat.

Die Ermittlung der haftbaren Aktionäre ist in den meisten Fällen möglich. Der erforderliche Nachweis wird dadurch erleichtert, daß die Hauptversammlungen Entscheidungen in offener Abstimmung treffen und die Stimmabgabe der einzelnen Aktionäre normalerweise im Protokoll der Hauptversammlung vermerkt wird.

U. a. im Fall grundlegender Veränderungen des Gesellschaftszweckes, Umwandlung, Verlängerung der Lebensdauer der Gesellschaft oder Sitzverlegung ins Ausland, teilweisem oder vollständigem Rückerwerb des Kapitals können Aktionäre, die damit nicht einverstanden sind, gegen Auszahlung des Wertes ihrer Aktien, wie er sich aus der zuletzt verabschiedeten Jahresbilanz ergibt, aus der Gesellschaft ausscheiden, Artt. 244 Abs. 4, 245.

Dieses Recht kann durch die Satzung weder eingeschränkt noch kann seine Ausübung erschwert werden.

cc) Geschäftsjahr, Jahresabschluß und Dividendenzahlung

Das Geschäftsjahr braucht nicht mit dem Kalenderjahr übereinzustimmen. Das einmal festgelegte Geschäftsjahr kann später allerdings nur noch mit Zustimmung der Steuerbehörde geändert werden.

17 Vgl. z. B. den Fall, daß sechs Vorstandsstellen zu besetzen sind und ein Aktionär, der 10 % des Kapitals hält, seine gesamten Stimmen, also 6 × 10 % = 60 % für einen Kandidaten abgibt.

Über den Jahresabschluß enthält das Gesetz in den Artt. 63 bis 65 detaillierte Vorschriften. Es ist jährlich eine Bilanz nebst Gewinn- und Verlustrechnung zu erstellen.

Dividenden können erst nach Abdeckung etwaiger Vorjahresverluste und nur aufgrund einer den gesetzlichen Vorschriften entsprechenden, vom zuständigen Gesellschaftsorgan verabschiedeten Bilanz festgesetzt und ausgezahlt werden.

Mindestens 5 % der verfügbaren realisierten und in der Bilanz ausgewiesenen Jahresgewinne müssen einer gesetzlichen Rücklage zugewiesen werden, bis die Höhe dieser Rücklage 20 % des Gesellschaftskapitals erreicht hat.

Die Rücklage kann zum Auffangen von Verlusten verwandt werden. Eine Ausschüttung späterer Gewinne ist dann erst nach Wiederauffüllung der Rücklage möglich.

2. Genehmigung durch die Aufsichtsbehörde für juristische Personen

Nach vollständiger Zeichnung der Aktien und Hinterlegung von 25 % des Gesellschaftskapitals[18] ist die Gesellschaftssatzung der Aufsichtsbehörde für juristische Personen vorzulegen. Die Aufsichtsbehörde prüft, ob die gesetzlichen Gründungsvorschriften beachtet wurden und die Satzung den Anforderungen des Gesetzes über Handelsgesellschaften entspricht, Art. 167[19].

3. Eintragung in das Handelsregister

Nach Genehmigung der Gesellschaftsgründung und der erforderlichen Veröffentlichung im Amtsblatt[20] verfügt das Handelsregister nach erneuter Prüfung die Registereintragung der Gesellschaft, Art. 167. Das Handelsregister veranlaßt die weitere Eintragung der Gesellschaft in das Register der Aktiengesellschaften, Art. 8. Damit endet im Normalfall die Staatsaufsicht über die geschlossene S.A.[21].

18 Vgl. dazu im einzelnen oben B. I. 1.
19 Gegen die Versagung der Genehmigung steht der Rechtsweg offen.
20 Siehe oben B. I. 1.
21 Gemäß Art. 299 unterstehen Aktiengesellschaften in folgenden Fällen einer ständigen Staatsaufsicht:
- Wenn Aktien oder Schuldverschreibungen öffentlich angeboten werden;
- wenn das Aktienkapital über Arg$ 2.100.000,– beträgt; dieser Betrag kann von der Regierung nach Ermessen erhöht werden;
- wenn eine staatliche Mehrheitsbeteiligung besteht;

Nimmt die S.A. ihre Geschäftstätigkeit bereits vor der Eintragung in das Handelsregister auf, haften die Gründer und Vorstandsmitglieder, wie bereits oben[22] dargestellt, gesamtschuldnerisch und unbeschränkt für die von ihnen im Namen der Gesellschaft eingegangenen Verbindlichkeiten, Art. 23. Anders als im Falle der S.R.L. besteht diese Haftung bei der S.A. auch nach Eintragung in das Handelsregister selbst dann fort, wenn die Gesellschaft die Verbindlichkeiten übernimmt (Art. 184 Abs. 2), falls die ordentliche Generalversammlung, der diese Operationen bekanntgemacht werden, sie nicht genehmigt. Lediglich die Haftung der Gründer und Vorstandsmitglieder für die im Zusammenhang mit der Gründung eingegangenen Verbindlichkeiten erlischt mit der Eintragung ins Handelsregister, Artt. 183, 184 Abs. 1.

Die Gründer können eine Gründungsvergütung erhalten, durch die allerdings das Gesellschaftskapital nicht vermindert werden darf; andernfalls ist jede darauf gerichtete Vereinbarung nichtig. Eine Vergütung für die Gründer kann in einer Beteiligung an dem Gesellschaftsgewinn für höchstens 10 Geschäftsjahre bestehen, in denen Gewinne ausgeschüttet werden. Die Gewinnbeteiligung darf 10 % des Gewinns nicht übersteigen, Art. 185.

II. Gründung einer Sociedad Anónima durch Fusion und Gesellschaftsspaltung

Sowohl die Fusion[23] als auch die Gesellschaftsspaltung sind gesetzlich geregelt in den Artt. 82 ff. Im Fall der Fusion erwirbt die neue bzw. aufnehmende Gesellschaft alle Rechte und Verpflichtungen der aufgelösten Gesellschaft bzw. Gesellschaften. Die Fusion wird in folgenden Schritten vollzogen:

Nach Abschluß eines von den jeweiligen Gesellschafterversammlungen genehmigten Fusionsvertrages und der Erstellung von Bilanzen, die nicht älter sein dürfen als 3 Monate vor Unterzeichnung des Fusionsvertrages, wird die Operation im Amtsblatt bekanntgegeben. Die Gläubiger können sich der Fusion widersetzen. Werden sie in diesem Falle nicht befriedigt oder ausreichend gesichert, kann die Fusion nicht durchgeführt werden.

Nicht mit der Fusion einverstandene Gesellschafter sind auf Verlangen auszuzahlen.

– wenn die Gesellschaft auf dem Finanzierungs- oder Sparkassengebiet tätig ist;
– wenn mit staatlichen Konzessionen oder für die öffentliche Versorgung gearbeitet wird;
– wenn die Gesellschaft andere Gesellschaften kontrolliert, die eine der vorgenannten Voraussetzungen erfüllen oder selbst von diesen kontrolliert wird.

22 Vgl. oben B. I. 2.

23 Gemeint ist hier sowohl die Fusion durch Verschmelzung als auch die Fusion durch Inkorporation.

Der endgültige Fusionsvertrag ist in das Handelsregister einzutragen.

Die Gesellschaftsspaltung, die die Übertragung von Vermögensteilen auf eine schon bestehende, zu diesem Zweck neu gegründete oder zu gründende Gesellschaft bewirkt, ist in Art. 88 geregelt.

III. Gründung einer Sociedad de Responsabilidad Limitada

1. Rechtsnatur

Wie nach deutschem Recht stellt die S.R.L. auch nach argentinischem Recht eine juristische Person und Kapitalgesellschaft dar.

Die Gründung der S.R.L. setzt zumindest zwei Gesellschafter voraus. Scheidet einer von zwei Gesellschaftern aus, ohne binnen 3 Monaten ersetzt zu werden, wird die Gesellschaft aufgelöst.

Tritt eine ausländische Gesellschaft als Gesellschafterin auf, muß diese dem Handelsregister nachweisen, daß sie unter Beachtung der Gesetze ihres Landes errichtet und der Gesellschaftsvertrag und ggf. seine Änderungen ordnungsgemäß ins Handelsregister eingetragen wurden, Art. 123.

Sowohl die Gründung als auch die Verwaltung der S.R.L. sind verhältnismäßig unkompliziert. Hat die S.R.L. ein Kapital, das die im Art. 299 Abs. 2, festgesetzte Grenze (Arg$ 2.100.000,–) nicht überschreitet, unterliegt sie praktisch keiner Staatsaufsicht.

S.A.'s können nicht Gesellschafterinnen einer S.R.L. sein, Art. 30; die S.R.L. ihrerseits kann jedoch Gesellschafterin anderer Gesellschaften unabhängig von deren Rechtsform sein. Nach herrschender Meinung kann die S.R.L. jedoch nicht als persönlich haftende Gesellschafterin in eine Kommanditgesellschaft eintreten. Gesellschaftsgründungen in der in Deutschland verbreiteten Rechtsform der GmbH & Co. KG wären daher in Argentinien nicht möglich. Es gibt jedoch auch Vertreter der entgegengesetzten Meinung. Auf jeden Fall sind aber solche Gesellschaften praktisch unbekannt.

2. Gründung und Verwaltung der Sociedad de Responsabilidad Limitada

Die S.R.L. kann durch öffentliche oder private Urkunde gegründet werden, deren wesentlicher Inhalt für einen Tag im Amtsblatt zu veröffentlichen ist, bevor die Gesellschaft in das Handelsregister eingetragen wird, Artt. 4, 5, 10.

Die Gesellschaft kann schon vor Eintragung ins Handelsregister unter dem Gesellschaftsnamen mit der Geschäftstätigkeit beginnen, doch haften in diesem Falle die Gesellschafter und Vertreter gesamtschuldnerisch und unbeschränkt für die im Namen der Gesellschaft eingegangenen Verpflichtungen, Art. 23.

Die Gründer können von der Gesellschaft verlangen, daß ihnen die Kosten erstattet werden, die ihnen im Zusammenhang mit der Gründung entstanden sind.

Der Name der Gesellschaft kann ein Phantasiename sein und/oder den Namen eines oder mehrerer Gesellschafter enthalten. Anders als für die S.A. wird für die S.R.L. kein Namensregister geführt. Der Firmenname muß den Zusatz „Sociedad de Responsabilidad Limitada" oder dessen Abkürzung (S.R.L.) enthalten. Anderenfalls haftet die Geschäftsführung für alle von ihr im Namen der Gesellschaft eingegangenen Verbindlichkeiten unbeschränkt und gesamtschuldnerisch, Art. 147.

Das Kapital ist in Anteile aufgeteilt. Die Haftung der Gesellschafter (mindestens 2, höchstens 50) ist auf die von ihnen gezeichneten Anteile beschränkt. Das Kapital muß bei der Gründung voll gezeichnet sein. 25 % des Gesellschaftskapitals müssen bei Gründung eingezahlt werden. Der Restbetrag ist zu den in der Gründungsurkunde festgelegten Terminen, spätestens jedoch binnen 2 Jahren einzuzahlen, Art. 149. Sacheinlagen müssen zum Zeitpunkt der Gründung voll eingebracht werden.

Die Gesellschaftsanteile der S.R.L. können – anders als Aktien – nicht in Klassen eingeteilt werden.

Gem. Art. 152 ist die Übertragung von Anteilen im Innenverhältnis ab Vorlage einer Kopie des Übertragungsvertrages wirksam, gegenüber Dritten jedoch erst ab Eintragung ins Handelsregister.

Enthält die Satzung keine besonderen Vorschriften bezüglich des Procedere bei der Beschlußfassung, sind alle Entscheidungen gültig, die von den Gesellschaftern durch beweiskräftige Mitteilung an die Geschäftsführung ergriffen wurden. Wenn das Kapital der Gesellschaft die in Art. 299 Abs. 2 festgesetzte Grenze überschreitet, muß die Jahresbilanz von den Gesellschaftern in einer Generalversammlung genehmigt werden. Wenn Gegenstand der Entscheidungen eine wesentliche Änderung des Gesellschaftszweckes oder die Verlegung des Domizils ins Ausland, die Umwandlung, die Fusion oder Spaltung der Gesellschaft, Maßnahme, mit der eine Erhöhung der Haftung der Gesellschafter und ähnlich gravierende Modifikationen verbunden ist, ist den nicht zustimmenden Gesellschaftern ein Ausscheiden aus der Gesellschaft gegen Auszahlung des Wertes ihrer Anteile erlaubt.

Die aufgezeigten strengen Anforderungen an das Zustandekommen von Gesellschafterbeschlüssen sind für reine Kapitalgesellschaften untypisch und können bei auftretenden Meinungsverschiedenheiten unter den Gesellschaftern zu einer gewissen Schwerfälligkeit der S.R.L. führen.

Die Geschäftsführung obliegt einem oder mehreren Geschäftsführern, die nicht unbedingt Gesellschafter zu sein brauchen. Die Geschäftsführer brauchen weder Argentinier zu sein, noch müssen sie einen Wohnsitz in Argentinien haben. Sie haben die gleichen Rechte und Pflichten wie die Vorstandsmitglieder

der S.A.[24], ohne daß ihre Amtszeit jedoch gesetzlich zeitlichen Begrenzungen unterliegt.

Die S.R.L. kann ein Aufsichtsorgan (Aufsichtsrat oder Rechnungsprüfer) einrichten, dessen Funktion im Vertrag geregelt werden kann. Hat die Gesellschaft ein größeres Kapital als in Art. 299 Abs. 2 vorgesehen, ist die Bildung eines Aufsichtsorgans jedoch gesetzlich vorgeschrieben, Art. 158.

Wie die S.A. muß auch die S.R.L. eine gesetzliche Rücklage in Höhe von 20 % ihres Gesellschaftskapitals bilden.

IV. Besondere Registrierungsvorschriften für die Sociedad Anónima und die Sociedad de Responsabilidad Limitada

Jedes Unternehmen in Argentinien muß sich bei verschiedenen Behörden und staatlichen Organisationen registrieren lassen. Die wichtigsten sind:

- die Bundessteuerbehörde (Dirección General Impositiva, DGI), die die Bundessteuern einzieht;
- die Provinzsteuerbehörde (Dirección de Rentas), die die jeweiligen Provinzsteuern einzieht;
- die Sozialversicherung (Cajas de Previsión Social); dieser Organisation sind jährlich beeidete Erklärungen über Anzahl und Gehälter der beschäftigten Arbeitnehmer einzureichen;
- das Industrieregister (Registro de Entidades Industriales).

Darüber hinaus bestehen für bestimmte Industriezweige wie Bergbau, Lebensmittelproduktion usw. besondere Register.

V. Gründungskosten

Allgemeinverbindliche Angaben zu den anfallenden Gründungskosten können nicht gemacht werden. Die durch die Errichtung der Gründungsurkunde entstehenden Notargebühren und Kosten betragen regelmäßig ca. 5–6 % des Gesellschaftskapitals. Bei sehr geringem Kapital kann der Prozentsatz aber auch etwas höher liegen. Die Kosten der Inanspruchnahme anwaltlicher Beratung ergeben sich im Prinzip aus der Gebührenordnung für Rechtsanwälte. Die Gebührenordnung enthält – wie in Deutschland – Mindestsätze. Die Hono-

24 Siehe hierzu B. I. 1. c) S. 7 ff.

rarhöhe ist somit regelmäßig von dem in Ansatz gebrachten Bemessungsbetrag abhängig. Es kann jedoch auch nach Arbeitsaufwand abgerechnet werden.

Bei der Gründung einer S.A. fällt darüber hinaus eine geringfügige Gründungsgebühr an[25].

C. *Firmenkauf*

Neben der Gründung einer Tochtergesellschaft können auch die Gesellschaftsanteile einer bereits bestehenden Kapitalgesellschaft mehrheitlich erworben werden. So kann nicht nur der Gründungsaufwand vermieden, sondern möglicherweise sofort über intakte Geschäftsverbindungen, einen eingeführten Firmennamen, ein funktionierendes Vertriebssystem und Personal verfügt werden. Dabei sind zwei verschiedene Konstellationen zu unterscheiden: 1. der Erwerb einer Gesellschaft mit laufendem Betrieb; 2. der Erwerb eines bloßen Firmenmantels, d. h. einer Gesellschaft ohne oder mit bedeutungslosem Geschäftsbetrieb.

D. *Recht der verbundenen Unternehmen*

Das Recht der verbundenen Unternehmen hat in Argentinien keine gesetzliche Regelung erfahren. In den Artt. 31–33 finden sich lediglich einige Legaldefinitionen und Beteiligungsbeschränkungen.

Diese Legaldefinitionen sind im Hinblick auf buchhalterische Vorschriften von Bedeutung, die an die Bilanzausweise verbundener oder beherrschter Unternehmen besondere Anforderungen stellen. So müssen Darlehen, Verbindlichkeiten und Geschäfte zwischen verbundenen und beherrschenden/beherrschten Unternehmen angegeben werden.

Beträgt die Beteiligung über 50 %, muß der Rechenschaftsbericht des abhängigen Unternehmens vom herrschenden Unternehmen vorgelegt werden. Die Erstellung von konsolidierten Jahresabschlüssen ist bei mehrheitlichen Beteiligungen Pflicht.

Art. 33 unterscheidet zwischen beherrschten und verbundenen Unternehmen. Verbundene Unternehmen sind die Unternehmen, von denen eines mehr als 10 % am Kapital des anderen hält. Unter dem Begriff des beherrschten oder abhängigen Unternehmens versteht das Gesetz dagegen Unternehmen, an denen andere Unternehmen direkt oder indirekt Beteiligungen gleich welcher Art halten, die ihnen die Entscheidungsmehrheit oder einen aus anderen Gründen dominierenden Einfluß sichern.

25 Diese Gebühr betrug z. Zt. der Drucklegung Arg$ 60,– (US$ 60,–).

Art. 31 beschränkt die Möglichkeit der Kapitalbeteiligung an Unternehmen wie folgt: Gesellschaften können sich an anderen Unternehmen nur in Höhe ihrer freien Rücklagen, der Hälfte ihres Gesellschaftskapitals und der gesetzlichen Rücklagen beteiligen. Diesen Betrag übersteigende Beteiligungen sind innerhalb von 6 Monaten nach Verabschiedung der Bilanz, aus der sich die Unzulässigkeit der Beteiligung ergibt, zu veräußern. Erfolgt die Veräußerung nicht fristgerecht, werden die auf die unzulässige Beteiligung entfallenden Stimm- und Gewinnrechte suspendiert, Art. 31. Für reine Holding-Gesellschaften gilt die Beschränkung des Art. 31 allerdings nicht.

Die Gründung von Gesellschaften oder deren Kapitalbeteiligung auf der Grundlage gegenseitiger Beteiligungen ist – auch bei Zwischenschaltung Dritter – unwirksam und führt zur unbeschränkten, gesamtschuldnerischen Haftung von Gründern, Geschäftsführern, Vorstand und Rechnungsprüfern, Art. 32. Abhängige Unternehmen können Beteiligungen an den sie beherrschenden Unternehmen sowie an anderen von diesen beherrschten Unternehmen (Schwestergesellschaften) jedoch bis zur Höhe ihrer freien Rücklagen halten, Art. 32.

E. Steuerrecht

I. Allgemeines

Das argentinische Steuerrecht basiert auf dem Wohnsitzprinzip. Außerhalb Argentiniens entstandene Gewinne sind daher der argentinischen Steuer unterworfen. Es bestehen im wesentlichen die gleichen Steuerarten wie in Deutschland, allerdings mit dem Unterschied, daß es keine Körperschaftssteuer gibt. Der Gewinn von Körperschaften unterliegt wie derjenige von natürlichen Personen der Gewinnsteuer. Es bestehen Bundes-, Provinz- und Gemeindesteuern. Der größte Teil des Steueraufkommens entstammt in Argentinien den indirekten Steuern, vor allem der Mehrwert-, Benzin- und Verbrauchssteuer.

Gegen die Entscheidungen der Steuerbehörde kann das Steuergericht angerufen werden, gegen dessen Urteil die Berufung stattfindet.

II. Die wichtigsten Steuerarten

1. Gewinnsteuer

a) Allgemeiner Steuersatz

Die Gewinnsteuer beträgt für S.A. und S.R.L. und Betriebsstätten von im Ausland ansässigen natürlichen und juristischen Personen 30 %.

Abschreibungen zu steuerlichen Zwecken sind zulässig. Sie sind im Regelfall linear vorzunehmen und richten sich nach der voraussichtlichen Lebensdauer des betreffenden Artikels. In Einzelfällen können andere Abschreibungsarten angewandt werden.

b) Steuersatz auf Dividendenzahlungen ins Ausland

Dividendenzahlungen in bar oder Sachleistungen an Personen, die keinen Wohnsitz in Argentinien haben, unterliegen keinem Gewinnsteuereinbehalt.

2. Doppelbesteuerungsabkommen

Im Jahre 1978 haben Argentinien und die Bundesrepublik Deutschland ein Doppelbesteuerungsabkommen unterzeichnet, das im November 1979 in Kraft getreten ist. Dem Abkommen unterfallen die folgenden *deutschen* Steuern: Einkommensteuer, Körperschaftsteuer, Vermögensteuer, Gewerbesteuer, und folgende *argentinische* Steuern: Gewinnsteuer, Kapitalsteuer, Vermögensteuer. Ausgenommen bleibt die argentinische Gewerbesteuer. Die Sondersteuer auf Zusatzgewinne von Auslandsinvestitionen wird durch das Abkommen auf die derzeitige Höhe begrenzt.

Im wesentlichen enthält das Abkommen folgende Regelungen:

a) Inländische Unternehmen mit deutscher Kapitalbeteiligung unterliegen der argentinischen Gewinnsteuer in Höhe von 30 % auf die Nettogewinne. Übersteigt die deutsche Beteiligung 25 %, verzichtet die Bundesrepublik Deutschland auf die Erhebung deutscher Steuern. Liegt die deutsche Beteiligung unter dieser Grenze, gewährt die Bundesrepublik ein *tax-sparing* von 20 %.

b) Zinsen, die im Zusammenhang mit dem Verkauf von Industrie-, Handels- oder wissenschaftlichen Ausrüstungen oder im Zusammenhang mit Bankkrediten oder der Finanzierung öffentlicher Arbeiten gezahlt werden, werden in Argentinien mit 10 % besteuert.

c) Lizenzgebühren für genehmigte Technologien werden in Argentinien mit 15 % besteuert. Die Bundesrepublik gewährt ein *tax-sparing* von 20 %.

Lizenzgebühren für nicht genehmigte Technologien können in Argentinien unbegrenzt besteuert werden. Z. Zt. liegt der Steuersatz bei 45 %. Zur Abschwächung der Doppelbesteuerung gewährt die Bundesrepublik auch hier ein *tax-sparing* von 20 %.

3. Gesellschaftsüberwachungssteuer

Dieser Steuer unterliegen alle *Aktiengesellschaften.* Sie setzt sich aus einer Gründungsgebühr und nachfolgenden, jährlich zu leistenden Zahlungen zusammen. Die Höhe ergibt sich aus einer Tabelle, welche nach Kapitalhöhe gestaffelte Steuersätze ausweist.

4. Steuer auf das Bruttovermögen von Gesellschaften

Steuergrundlage ist das Bruttovermögen laut Jahresbilanz. Der Steuersatz beträgt 1 %. Diese Steuer soll aber mittelfristig abgeschafft werden.

5. Grundsteuer

Grundsteuern werden von den Provinzen erhoben. Die Steuersätze sind von Provinz zu Provinz verschieden. Bemessungsgrundlage ist der jährlich der Inflation anzupassende Einheitswert, der – wie in Deutschland – gewöhnlich unter dem Marktwert liegt.

6. Mehrwertsteuer

Der Mehrwertsteuer unterliegen der Verkauf von beweglichen Gütern, Bauten, Pachten und Mieten, endgültige Importe und Dienstleistungen. Nicht mehrwertsteuerpflichtig ist der Verkauf von Benzin, Tabak, Rohöl, einigen Getreidearten und Vieh sowie Exporte. Der Steuersatz beträgt für Telekommunikations- und Energieleistungen an Betriebe 27 %, für alle anderen mehrwertsteuerpflichtigen Dienstleistungen und Warenumsätze 18 %. Die monatlich zahlbaren Steuerbeträge werden durch Kompensation der Steuerschuld mit der Vorsteuer ermittelt.

7. Gewerbeumsatzsteuer

Die Gewerbeumsatzsteuer wird im Gegensatz zur Mehrwertsteuer von den Provinzen zusätzlich erhoben. Ihr unterliegen die Bruttoeinnahmen aus Geschäftstätigkeiten und Dienstleistungen. Zur Ermittlung des steuerpflichtigen Bruttoumsatzes sind in den meisten Provinzen die gezahlte Verbrauchssteuer, die Mehrwertsteuer, zurückgegebene Waren, Rabatte und Skonti in Abzug zu bringen. Exporte unterliegen in der Stadt Buenos Aires und in den meisten Provinzen nicht der Gewerbeumsatzsteuer. Die Steuersätze variieren von Provinz zu Provinz und sind für die verschiedenen Produktions- und Handelsbereiche unterschiedlich hoch. Generell bewegen sie sich zwischen 1 % und 4,1 %.

8. *Sozialabgaben*

Die wichtigsten Sozialabgaben sind die Beiträge an die

	AG-Anteil[26]	AN-Anteil
Rentenkassen	16 %	10 %
Familienunterstützungskassen	9 %	–
Krankenkassen	6 %	3 %
Krankenkasse für Pensionäre	2 %	3 %

Der Arbeitgeber hat den Arbeitnehmeranteil einzubehalten und direkt abzuführen.

III. Besteuerung der verbundenen Unternehmen

Die Zusammenveranlagung ist dem argentinischen Steuerrecht unbekannt. Rechtsgeschäfte zwischen einem inländischen Unternehmen mit ausländischem Kapitalanteil und einem ausländischen Unternehmen, das dieses direkt oder indirekt kontrolliert, werden wie zwischen unabhängigen Parteien geschlossen angesehen, wenn die Leistungen und Bedingungen den Marktgepflogenheiten zwischen unabhängigen Parteien entsprechen (Art. 21 AIG). Von diesem sogenannten *arm's length*-Prinzip werden lediglich zwei Ausnahmen gemacht:

1) *Darlehen:* Darlehensgewährungen sind der Zentralbank mitzuteilen, die innerhalb von 30 Tagen die Kreditgewährung wegen der spezifischen Bedingungen des Geschäftes oder wegen unangemessener Verschuldung des Kreditnehmers beanstanden kann.
2) *Technologietransferverträge:* Es gelten die Vorschriften des entsprechenden Spezialgesetzes[27].

Ist das *arm's length*-Prinzip unanwendbar, ist die Gegenleistung nach den Vorschriften für Kapitaleinlagen und Gewinnverteilung zu behandeln.

F. Technologietransfer

Die Übertragung von Technologie aus dem Ausland wird durch das Gesetz Nr. 22.426 vom 12. 3. 81[28] wie folgt geregelt:

1. Die entgeltliche Technologieübertragung einer ausländischen Gesellschaft an ein von ihr direkt oder indirekt kontrolliertes inländisches Unternehmen mit

26 In Prozent vom Bruttolohn.
27 Vgl. oben Fn. 4; zu diesem Begriff unten F.
28 Vgl. bereits oben A. I. 2. und Fn. 5.

ausländischer Kapitalbeteiligung ist genehmigungspflichtig. Diese Technologietransferverträge werden genehmigt, wenn die Vertragsbedingungen den Marktgepflogenheiten entsprechen und die Lizenzgebühren zu der übertragenen Technologie nicht im Mißverhältnis stehen. Soweit die vereinbarten Lizenzgebühren nicht 5 % des Umsatzes überschreiten, wird vermutet, daß sie den Marktgepflogenheiten entsprechen und zu der übertragenen Technologie auch nicht im Mißverhältnis stehen. Sind hingegen Lizenzgebühren von über 5 % des Umsatzes vereinbart worden, muß der Nachweis erbracht werden, daß die Höhe der Lizenzgebühren den Marktgepflogenheiten entspricht und kein Mißverhältnis zu der übertragenen Technologie besteht.

Über die Genehmigungsanträge muß die Behörde innerhalb von 90 Tagen nach Antragstellung entscheiden. Ergeht innerhalb dieser Frist keine Entscheidung, gilt die Genehmigung als erteilt.

Nicht genehmigte Technologieübertragungsverträge sind nicht ungültig. Jedoch können die Lizenzgebührzahlungen an den Technologielieferer vom Technologieempfänger nicht als Betriebskosten vom steuerpflichtigen Gewinn abgesetzt werden. Darüber hinaus kommt für den Lizenzempfänger der Steuersatz von zur Zeit 30 % zur Anwendung.

Gebührenzahlungen für Warenzeichen sind demgegenüber unzulässig.

2. Entgeltliche Verträge zwischen unabhängigen Unternehmen müssen dem Institut für industrielle Technologie zur Information vorgelegt werden. Die Nicht-Vorlage führt zu den zuvor[29] aufgezeigten steuerlichen Konsequenzen.

G. Arbeitsrecht

Die wichtigsten arbeitsrechtlichen Vorschriften sind im Gesetz Nr. 21.297 (Ley de contrato de trabajo) zusammengefaßt. Daneben besteht eine Vielzahl von Verordnungen, Vereinbarungen zwischen Arbeitgeberverbänden und Gewerkschaften sowie Betriebsvereinbarungen.

Die ehemals mächtigen Gewerkschaften sind von der Militärregierung weitgehend entmachtet worden. Ihnen ist jede politische Betätigung verboten. Die Verwaltung der *Obras Sociales,* die weite Bereiche des Sozialversicherungswesens abdecken, ist ihnen entzogen worden. Eine betriebliche Mitbestimmung von Arbeitnehmervertretern in Geschäftsführungs- oder Aufsichtsgremien besteht nicht. Derartige Reformbestrebungen standen zumindest zum Zeitpunkt der Drucklegung auch nicht an.

29 Vgl. oben F. 1.

I. Bezahlung und Sozialleistungen

Die Arbeitszeit beträgt in den meisten Provinzen für Arbeiter und Angestellte über 18 Jahre 48 Wochenstunden.

Alle Arbeitnehmer haben Anspruch auf bezahlten Erholungsurlaub. Die zu gewährende Urlaubsdauer richtet sich nach Dienstjahren und beträgt zwischen 14 und 35 laufenden Tagen. Jeder Arbeitnehmer hat Anspruch auf Zahlung eines Jahresbonus in Höhe von 1/12 seines Jahresgehaltes. Dieses sogenannte „*aguinaldo*" ist in zwei Raten im Juni und Dezember zahlbar.

Die Kündigungsfrist beträgt bei Arbeitsverhältnissen, die weniger als 5 Jahre gedauert haben, 1 Monat. Danach erhöht sich die Kündigungsfrist auf 2 Monate.

II. Sozialrecht

Es besteht keine allgemeine staatliche Krankenversicherung. Das Gesundheitsministerium und die Provinzregierungen betreiben ärztliche Hilfsdienste, die in der Regel kostenlos sind. Außerdem gibt es eine Vielzahl öffentlicher und privater Hilfskassen.

Arbeitnehmer haben im Krankheitsfall Anspruch auf Lohnfortzahlung während der ersten 3 Monate ihrer Krankheit. Unter bestimmten Umständen erhöht sich dieser Zeitraum auf bis zu 12 Monate.

Es besteht eine Arbeitslosenversicherung.

Die Altersversorgung ist durch das Gesetz Nr. 18.037 geregelt. Die Arbeitnehmer haben Pflichtbeiträge an die Pensionskassen abzuführen. Ein Gesetzentwurf zur teilweisen Übertragung des Pensionssystems auf private Unternehmen wurde zum Zeitpunkt der Drucklegung vom Parlament behandelt.

Die Mehrzahl der kollektiven Arbeitsverträge sieht ein zusätzliches Gehalt bei Familienlasten vor. Dieses Zusatzgehalt wird entweder vom Staat, vom Arbeitgeber oder – so im Normalfall – von einer Familienausgleichskasse gezahlt, an die der Arbeitgeber Pflichtbeiträge abzuführen hat.

Anhang

I. Abkürzungsverzeichnis

AIG	Auslandsinvestitionsgesetz (s. unten II. 5.)
Arg$	argentinischer Peso
S.A.	Sociedad Anónima
S.R.L.	Sociedad de Responsabilidad Limitada

II. Gesetze

1. Gesetz Nr. 18.037 v. 30. 12. 1968 (Renten und Pensionen)
2. Gesetz Nr. 19.060 v. 28. 5. 1971 (über die Unter-Pari-Ausgabe von Aktien)
3. Gesetz Nr. 19.550 v. 3. 4. 1972 (Gesetz über Handelsgesellschaften)
4. Gesetz Nr. 21.297 v. 23. 4. 1976 (Gesetz über Arbeitsverträge)
5. Gesetz Nr. 21.382 v. 13. 8. 1976 erweitert durch das Gesetz Nr. 22.208 v. 11. 4. 1980 (Auslandsinvestitionsgesetz, AIG)
6. Gesetz Nr. 22.426 v. 12. 3. 1981 (Technologietransfergesetz)

III. Literaturhinweise

CARDENAS, EMILIO J., Reformas al Régimen sobre Inversiones Extranjeras, Derecho Empresario Nr. 74, 697 ff.

MASCHERONI, FERNANDO H., Manual de Sociedades Anónimas, 2. Aufl., Buenos Aires 1975.

SEGAL, RUBEN/LAGOS, RICARDO J., Ley de Sociedades, Buenos Aires, 1973.

IV. Behörden und Organisationen

Subsecretaría de Inversiones Externas del Ministerio de Economía
Yrigoyen 250
1310 Buenos Aires.

Deutsch-Argentinische Industrie- und Handelskammer
Florida 547, piso 19
Buenos Aires
Tel. 322-0813/393-9006

Die Gründung einer Tochtergesellschaft in Australien

von

Rechtsanwalt DR. WOLFGANG FRITZEMEYER, LL. M. (Cornell) Frankfurt/M.
Solicitor, New South Wales (Australien)
Attorney-at-Law, New York (U.S.A.)*

Inhaltsübersicht

* Für aktuelle Informationen zu diesem Beitrag danke ich meinen australischen Kollegen der Sozietät Baker & McKenzie in Sydney und Melbourne.

I. Einleitung

Mit Menschen aus über 120 verschiedenen Ländern gehört Australien neben den U.S.A. und Kanada unverändert zu den beliebtesten Einwanderungsländern dieses Jahrhunderts. Siedler und Kaufleute stammten zunächst hauptsächlich aus Europa, vornehmlich aus England; in jüngster Zeit machen dagegen Asiaten, darunter viele Chinesen aus Hong Kong, den Hauptteil der Einwanderer aus.

Das Land ist fast so groß wie die U.S.A. ohne Alaska, hat aber bei lediglich knapp 18 Mio. Einwohnern eine wesentlich geringere Bevölkerungsdichte. Da ein erheblicher Teil des Landesinneren Wüste oder Halbwüste ist, konzentrieren sich Besiedlung und damit auch wirtschaftliche Aktivitäten auf den Rand des Kontinents.

Traditionelle Schwerpunkte der australischen Wirtschaft sind der Primärsektor und die Landwirtschaft[1]. Daneben nimmt die Industrie einen zunehmend wichtigeren Rang ein[2]. Die australische Wirtschaft hat in den letzten 30 Jahren eine erhebliche Diversifizierung und Ausweitung erfahren. Derzeit haben Bergbau und Energie einen Anteil von 11 % am Bruttosozialprodukt, die Landwirtschaft 4 % und die Fertigungsindustrie 17 %. Der Rest entfällt auf den Dienstleistungssektor im weitesten Sinne, in dem 72 % aller Erwerbstätigen beschäftigt sind.

Ausländische Investitionen tragen seit langem maßgeblich zur wirtschaftlichen Entwicklung Australiens bei. Angesichts dieser Umstände ist es nicht verwunderlich, daß die australische Regierung nachdrücklich um derartige Investitionen[3] wirbt und mit verschiedenen Programmen Unterstützung gewährt[4]. Voraussetzung ist allerdings, daß die Investitionen als wirtschaftsfördernd eingestuft werden und im nationalen Interesse des Landes sind.

Die Grundsätze, nach denen ausländische Investitionen beurteilt werden, insbesondere ob eine Investition als wirtschaftsfördernd und von nationalem Interesse angesehen wird, sind niedergelegt im Gesetz über den Erwerb von Beteiligungen durch Ausländer (Foreign Acquisition and Take Over Act, im folgenden: „FATA") aus dem Jahre 1975 sowie in verschiedenen ergänzenden Richtlinien. Die Regelungen unterscheiden zwischen genehmigungspflichtigen

1 Etwa 30 % der Ausfuhren bestehen aus Rohstoffen; in der Landwirtschaft ist insbesondere die Schafzucht mit ca. 180 Mio. Tieren von Bedeutung.

2 Industrieprodukte machen bei steigender Tendenz bereits heute ca. 25 % der gesamten Exporte aus.

3 Auf dem Gebiet der Konsum- und Investitionsgüter wird verstärkt um ausländische Investitionen geworben. In diesem Bereich sollen entsprechende Importe durch einheimische Produktion substituiert werden.

4 Vgl. insbesondere die von der australischen Organisation für Export- und Investitionsförderung Austrade herausgegebenen Broschüren „Australia – Your Business Location in Asia" und „Australien – Ihr Geschäftssitz in Asien" (beide 1994), in denen auch auf die „Sprungbrett"-Funktion Australiens für den asiatischen Markt hingewiesen wird.

Vorhaben, anzeigepflichtigen Vorhaben und solchen Vorhaben, die weder genehmigungs- noch anzeigepflichtig sind. Soweit Investitionsvorhaben der Genehmigung bedürfen, wird diese in aller Regel erteilt[5], es sei denn, das Vorhaben wird ausnahmsweise – bei Vorliegen entsprechender Umstände – als nicht wirtschaftsfördernd oder als nicht im nationalen Interesse liegend betrachtet. Speziellen Beschränkungen unterliegen Investitionen in Bereichen, die als besonders sensibel angesehen werden. Dies gilt insbesondere für das Luftfahrt-, Presse- und Medienwesen. Liberalisierungen sind hingegen im Bankwesen, bei der Erschließung von Rohstoffvorkommen und dem Erwerb bereits erschlossener Gewerbegrundstücke erfolgt[6].

Für ausländische Investitionsvorhaben bietet Australien insgesamt ein günstiges Investitionsklima. Die australische Wirtschaft nimmt einen der vordersten Ränge im asiatisch-pazifischen Wirtschaftsraum ein, der im weltwirtschaftlichen Vergleich zunehmend an Bedeutung gewinnt. Australien war in den vergangenen Jahren regelmäßig unter denjenigen OECD-Ländern, die über das stärkste Wirtschaftswachstum verfügten. Die konjukturellen Aussichten sind derzeit insgesamt als befriedigend bis gut zu bezeichnen. Nach Auffassung der OECD[7] erholt sich Australien zunehmend von der Rezession, in der sich das Land ungefähr seit 1989 befindet.

Bei leicht angestiegenem Haushaltsdefizit ist die Inflationsrate auf derzeit ca. 1,7 % gesunken, die Arbeitslosenquote beträgt bei sinkender Tendenz ca. 9 %. Die betrieblichen Investitionen haben wieder eine steigende Tendenz. Das australische Wirtschaftswachstum wird auch in Zukunft bei ca. 4 % liegen; das Leistungsbilanzdefizit soll weiter zurückgehen.

II. Rechtliche Grundlagen

1. Australiens bundesstaatliches Rechtssystem

Australien ist ein Bundesstaat, bestehend aus sechs Einzelstaaten (New South Wales, Victoria, South Australia, Western Australia, Tasmania, Queensland) und zwei bundesunmittelbaren Territorien, das Northern Territory und das Australian Capital Territory (ACT). Australien erhielt die Unabhängigkeit von Großbritannien mit Wirkung vom 1. Januar 1901. Zu diesem Zeitpunkt trat die australische Verfassung in Kraft und der Bundesstaat wurde gegründet. Mit einem parlamentarischen System, das dem britischen Westminster-System ähnelt, erfreut sich das Land seither politischer Stabilität.

5 Bei genehmigungspflichtigen Investitionsvorhaben werden Genehmigungsgesuche üblicherweise binnen 30 Tagen beschieden.

6 Zum Anzeige- und Genehmigungserfordernis siehe auch unten X.

7 Vgl. OECD Economic Surveys, Australia; OECD Economic Outlook 51 vom 25. Juni 1992.

Im Gegensatz zu Großbritannien hat Australien eine geschriebene Verfassung. Sie sieht eine vertikale Gewaltenteilung zwischen dem Bundesparlament und den Staatenparlamenten vor. Dem bundesrepublikanischen System ähnlich, verfügt der australische Bundesgesetzgeber lediglich über bestimmte, ihm in der Bundesverfassung ausdrücklich zugewiesene Gesetzgebungskompetenzen, die im wesentlichen auf den Gebieten der Verteidigung, der Steuern, des zwischenstaatlichen und auswärtigen Handels, des Zoll-, Bank- und Finanzwesens, der Währungsfragen und der auswärtigen Angelegenheiten liegen. Den Staatenparlamenten verbleiben Gesetzgebungszuständigkeiten in all denen Bereichen, die die Verfassung nicht ausdrücklich dem Bundesparlament zugewiesen hat, sowie in denjenigen Bereichen, in denen der Bund von seinen Gesetzgebungskompetenzen keinen Gebrauch macht.

Das australische Recht besteht aus den vom Bundesparlament erlassenen Bundesgesetzen, den von den Staatenparlamenten erlassenen Staatengesetzen, Ausführungsbestimmungen und dem Richterrecht (Common Law).

Der hier vornehmlich interessierende Bereich des Gesellschaftsrechts im weiteren Sinne ist im wesentlichen – wenn auch weitgehend vereinheitlichtes – Einzelstaatenrecht; Steuer-, Wettbewerbs-, Konkurs-, Urheber-, Warenzeichen- und Patentrecht sind demgegenüber bundesgesetzlich geregelt.

Im Jahre 1990 wurde das Gesellschafts- und Kapitalmarktrecht grundlegend geändert[8]. Alle australischen Staaten und Territorien haben inhaltlich identische Gesetze auf den Gebieten des Gesellschafts- und Kapitalmarktrechts erlassen, die als „Corporations Law“ bezeichnet werden und am 1. Januar 1991 überall in Australien in Kraft getreten sind. Rein gesetzestechnisch handelt es sich dabei um Gesetze der Einzelstaaten; faktisch hat diese Gesetzgebung jedoch dazu geführt, daß es in den Bereichen des Gesellschafts- und Kapitalmarktrechts seit dem 1. Januar 1991 in ganz Australien eine einheitliche Gesetzgebung gibt. Insbesondere wurde sichergestellt, daß eventuelle Gesetzesänderungen vom Bundesgesetzgeber vorgenommen werden können, so daß die Einheitlichkeit der an sich einzelstaatlichen Regelungen auch in Zukunft gewahrt bleibt.

Als nationale Verwaltungs- und Überwachungsbehörde auf dem Gebiet des Gesellschafts- und Kapitalmarktrechts wurde die Australian Securities Commission (ASC) geschaffen, welche die bisherigen einzelstaatlichen Behörden abgelöst hat.

Die neue Gesetzgebung hat in einer Reihe von Gebieten einschneidende Reformen hervorgebracht, so etwa bei der Registrierung von Unternehmen, bei der Kapitalbeschaffung sowie im Bereich der Unternehmensübernahmen. Bei der Darstellung der rechtlichen Aspekte der Gründung einer Tochtergesellschaft in

8 Vgl. Ford's Principles of Corporations Law, 6. Auflage 1992 (im folgenden „FORD“), S. 12–20.

Australien wird im folgenden ausschließlich die neue Gesetzeslage zugrunde gelegt.

2. *Gerichtswesen und Internationales Zivilprozeßrecht*

Gerichte bestehen in Australien sowohl auf föderaler als auch auf einzelstaatlicher Ebene.

Das höchste Gericht Australiens ist der High Court mit Sitz in Canberra. Ihm ist die Entscheidung über verfassungsrechtliche Streitigkeiten sowie über Berufungen gegen Urteile der Supreme Courts, der höchsten Gerichte der Einzelstaaten[9], und des Federal Court of Australia zugewiesen, sofern er sie zur Entscheidung angenommen hat[10]. Bei dem Federal Court of Australia handelt es sich um ein weiteres Bundesgericht, das in jeder einzelstaatlichen Hauptstadt einen Sitz hat. Es ist in zwei Abteilungen unterteilt, die General Division und die Industrial Division. In seinen Zuständigkeitsbereich fallen hauptsächlich Streitigkeiten aus den Gebieten des Steuer-, Wettbewerbs-, Patent-, Warenzeichen- und Konkursrechts[11].

Anzumerken ist schließlich, daß seit dem 3. März 1986 die Zuständigkeit des Privy Council in London für Berufungen gegen Urteile australischer Gerichte aufgehoben wurde. Durch § 11 Abs. 3 des Australia Act von 1986 (Cth.) sind alle gesetzlichen Vorschriften aufgehoben worden, die eine derartige Berufungsmöglichkeit vorsahen[12].

Die australischen Gerichte sind international zuständig, wenn dem Beklagten die Klage persönlich im Zuständigkeitsbereich des australischen Gerichts zugestellt worden ist, daß heißt, wenn er bei der Zustellung in Australien physisch anwesend war. Die internationale Zuständigkeit wird mit Ausnahmen ferner dann bejaht, wenn sich der Beklagte rügelos zur Sache eingelassen hat. Schließlich kann die internationale Zuständigkeit australischer Gerichte auch durch eine ausdrückliche Gerichtsstandsvereinbarung zwischen den Parteien begründet werden. Allein eine Vereinbarung, wonach das Rechtsverhältnis zwischen den Parteien australischem Recht unterliegen soll, genügt allerdings insoweit noch nicht.

Die Anerkennung und Vollstreckung australischer Urteile in der Bundesrepublik Deutschland richtet sich mangels zwischenstaatlicher Vereinbarungen allein nach § 328 ZPO. In diesem Zusammenhang ist darauf hinzuweisen, daß

9 Die Supreme Courts sind sowohl in erster Instanz als auch als Berufungsgerichte – betreffend Entscheidungen der einzelstaatlichen District bzw. County Courts – tätig.

10 Vgl. PAUL LATIMER, Australian Business Law, 11. Aufl. 1991, S. 15.

11 LATIMER, aaO (Fn. 10), S. 14 f.

12 Vgl. auch LATIMER, aaO (Fn. 10), S. 17 f.

die Gegenseitigkeit im Verhältnis zu Australien für alle Einzelstaaten und Territorien verbürgt ist[13].

Soweit es um die Anerkennung und Vollstreckung eines deutschen Urteils in Australien geht, ist sedes materiae seit dem 26. Juni 1993 der Federal Foreign Judgements Act aus dem Jahre 1991. Danach können Urteile deutscher Gerichte ohne größere Schwierigkeiten registriert und sodann wie australische Urteile vollstreckt werden.

III. Public Company und Proprietary Company: Unterschiede und Gemeinsamkeiten

Das australische Gesellschaftsrecht unterscheidet im wesentlichen zwischen zwei Arten von Kapitalgesellschaften, der Public Company (üblicherweise als „XY Limited" oder „XY Ltd." firmierend) und der Proprietary Company (üblicherweise als „XY Pty. Ltd." firmierend). Beide Gesellschaftsformen unterliegen dem bereits oben beschriebenen, seit 1. Januar 1991 einheitlich in ganz Australien geltenden, Corporations Law.

Die wesentlichen Unterschiede zwischen beiden Gesellschaftsformen sind folgende[14]:

1. Eine Proprietary Company kann nur maximal 50 Anteilseigner haben; sie ist daher eher personalistisch strukturiert[15].
2. Eine Proprietary Company muß, abgesehen von bestimmten Ausnahmefällen, über mindestens zwei Anteilseigner verfügen, wohingegen eine Public Company mindestens fünf Anteilseigner haben muß[16]; dabei ist es allerdings zulässig, Anteile an Treuhänder zu übertragen, so daß faktisch das gesamte Kapital in einer Hand gehalten werden kann[17].
3. Eine Proprietary Company darf wie eine deutsche GmbH weder ihre Anteile öffentlich anbieten noch auf dem allgemeinen Kapitalmarkt Schuldverschreibungen ausgeben[18]; der allgemeine Kapitalmarkt bleibt ihr also verschlossen.

13 GOTTWALD, in: Münchener Komm. zur ZPO, § 328 Rdn. 100. Von australischer Seite: Statutory Rules No. 143 „Foreign Judgement Regulations (Amendment)" von 1993.
14 Vgl. FORD, aaO (Fn. 8), S. 31 ff.
15 § 116 Corporations Law.
16 § 114 Corporations Law.
17 Vgl. insbesondere zur Möglichkeit, über eine Holdinggesellschaft sämtliche Anteile der Tochtergesellschaft zu halten, § 186 Abs. 2 Corporations Law; s. hierzu auch FORD, aaO (Fn. 8), S. 71, 158 ff.
18 § 116 Corporations Law.

4. Die Übertragung der Anteile an einer Proprietary Company muß beschränkt sein[19]. Das Corporations Law schreibt keine bestimmte Form vor, in der diese Beschränkung zu erfolgen hat. In der Praxis wird meist die Registrierung des Käufers als Gesellschafter und damit der Erwerb des Anteils zu vollem Eigentum von der Zustimmung der Mitglieder des Verwaltungsrats *(directors)* zu der Übertragung des Anteils abhängig gemacht. Bei der Ausübung dieser Befugnis unterliegen die *directors* der dem Common Law entstammenden Pflicht, in gutem Glauben und allein zum Vorteil der Gesellschaft zu handeln.

   Bei kleinen Gesellschaften bietet es sich aber auch an, die Zuständigkeit zur Ausübung des Zustimmungsrechts auf die Gesellschafter zu übertragen[20].
5. Während eine Proprietary Company mindestens zwei *directors* haben muß, von denen mindestens einer seinen ständigen Wohnsitz in Australien haben muß, beträgt die Mindestanzahl der Verwaltungsratsmitglieder bei der Public Company drei, von denen mindestens zwei ihren ständigen Wohnsitz in Australien haben müssen[21].
6. Während Public Companies ihre Gründungsdokumente bei der Australian Securities Commission hinterlegen müssen, ist dies für Proprietary Companies grundsätzlich nicht erforderlich.

Sowohl Public Companies als auch Proprietary Companies müssen einen *secretary* haben, der eine natürliche Person sein und seinen ständigen Wohnsitz in Australien haben muß. Auch das Amt eines *director* können nur natürliche Personen ausüben, sie müssen jedoch nicht in Australien ansässig sein.

In der Regel bietet sich die Rechtsform der Proprietary Company dann an, wenn es um eine 100 %ige Tochtergesellschaft geht, aber generell auch dann, wenn eine Ausgabe von Anteilen an ein breites Publikum, insbesondere ein Gang an den Kapitalmarkt, nicht beabsichtigt ist, zumal in diesem Fall viele rechtliche Angelegenheiten einfacher und kostengünstiger gehandhabt werden können[22]. Im übrigen kann eine Proprietary Company jederzeit in eine Public Company umgewandelt werden. Die folgende Darstellung behandelt beide Gesellschaftsformen aufgrund der die Unterschiede bei weitem überwiegenden Gemeinsamkeiten einheitlich unter dem Begriff „Kapitalgesellschaft"; auf eventuelle Unterschiede wird ausdrücklich hingewiesen.

19 § 116 Corporations Law.
20 Zum ganzen FORD, aaO (Fn. 8), S. 31 und 287 f.
21 § 221 Corporations Law.
22 Vgl. im einzelnen FORD, aaO (Fn. 8), S. 32 f.

IV. Zweigniederlassung oder Tochtergesellschaft

Auch wenn dieser Artikel die Gründung einer Tochtergesellschaft zum Gegenstand hat, soll kurz auf die wesentlichen Unterschiede zwischen der rechtlich eigenständigen Kapitalgesellschaft und einer Zweigniederlassung eingegangen werden.

1. Grundsätzliche Unterschiede

Eine Tochtergesellschaft hat gegenüber der Muttergesellschaft eine eigene Rechtspersönlichkeit. Ihre Haftung ist auf ihr Eigenkapital beschränkt, und abgesehen von Sonderfällen, wie etwa der Stellung von Bürgschaften und anderen Sicherheiten, hat die Muttergesellschaft in der Regel für Verbindlichkeiten der Tochtergesellschaft nicht einzustehen. Eine Ausnahme stellt insoweit die Haftung der Muttergesellschaft für Verbindlichkeiten der Tochtergesellschaft im Wege des Durchgriffs dar, der insbesondere dann gegeben ist, wenn die Tochtergesellschaft trotz Zahlungsunfähigkeit Schulden eingegangen ist oder ein Fall betrügerischer Betriebsfortführung (sog. *„fraudulent trading"*) vorliegt. Die Zweigniederlassung einer ausländischen Gesellschaft hat demgegenüber keine eigene Rechtspersönlichkeit, so daß die Gesellschaft für alle Verbindlichkeiten der Zweigniederlassung unmittelbar in Anspruch genommen werden kann.

Der Jahresbericht einer Zweigniederlassung, der in Australien der Öffentlichkeit zugänglich sein muß, muß Angaben zu allen weltweiten Aktivitäten des Unternehmens enthalten; die Publizität ist mithin nicht auf das Ergebnis der australischen Zweigniederlassung beschränkt.

Die Verwendung einer Zweigniederlassung kann zu praktischen Schwierigkeiten bei der Abwicklung von Geschäften mit australischen Behörden, Kreditgebern und Geschäftspartnern führen. Bei der Kreditvergabe zum Beispiel werden die Kreditgeber in aller Regel die Vorlage geprüfter Bilanzen über die Tätigkeit der Zweigniederlassung verlangen, die häufig nur schwer in einer für den Kreditgeber akzeptablen Form zu beschaffen sein werden. Auch potentielle Geschäftspartner, die mit einer Zweigniederlassung Geschäfte machen wollen, werden sich über die rechtliche Struktur der ausländischen Gesellschaft Gewißheit verschaffen wollen. Dies gilt insbesondere für die Fähigkeit der Zweigniederlassung, Geschäfte in Australien in rechtlich bindender Weise einzugehen. All dies kann zu Verzögerungen beim Abschluß von Geschäften führen; aber selbstverständlich sind auch solche Schwierigkeiten überwindbar.

Die Errichtung einer Zweigniederlassung ist in Australien nur Kapitalgesellschaften, nicht aber Einzelkaufleuten und Personengesellschaften möglich. Im Gegensatz zur Tochtergesellschaft bestehen bei der Zweigniederlassung keine Residenzpflichten für die Niederlassungsleiter und andere leitende Angestellte.

2. *Steuerliche Unterschiede*

Bei einer Tochtergesellschaft können bestimmte Anlaufverluste so lange nicht als Betriebsausgaben geltend gemacht werden, wie die Tochtergesellschaft keine eigenen Gewinne erwirtschaftet, von denen sie abgesetzt werden könnten. Bei einer Zweigniederlassung sind dagegen Anlaufverluste häufig unmittelbar von dem weltweiten Gewinn der Gesellschaft absetzbar.

Nach dem deutsch-australischen Doppelbesteuerungsabkommen[23] sind Einkünfte einer nicht in Australien ansässigen Gesellschaft aus Geschäftstätigkeit in Australien nicht von der australischen Steuerpflicht befreit, sofern die ausländische Gesellschaft in Australien über eine Betriebsstätte *(„permanent establishment")* verfügt. Das zu versteuernde Einkommen der Zweigniederlassung umfaßt dabei nur in Australien erzielte Einkünfte, soweit diese nicht steuerfrei sind. Derartige Einkünfte sind mit dem allgemein für Unternehmensgewinne geltenden Steuersatz von 33 % zu versteuern. Bereits versteuerte Kapitalerträge, die von der Zweigniederlassung an die ausländische Gesellschaft abgeführt werden, sind quellensteuerfrei und unterliegen nicht der Einkommensteuerveranlagung. Kapitalerträge, die nicht von der ausschüttenden Gesellschaft versteuert wurden, unterliegen dagegen der Quellensteuer. Veräußerungsgewinne, die eine ausländische Gesellschaft beim Verkauf von steuerpflichtigen australischen Vermögenswerten erzielt, die nach dem 20. September 1985 erworben wurden, sind ebenfalls einkommensteuerpflichtig. Ebenso muß eine ausländische Gesellschaft eine Steuer auf sonstige Arbeitnehmerzulagen, sog. *„fringe benefits"*, bezahlen, die sowohl an in Australien ansässige Arbeitnehmer als auch an auswärtige Arbeitnehmer mit australischem Arbeitseinkommen gezahlt werden. Der steuerrechtlichen Behandlung von Tochtergesellschaften ist im übrigen ein eigener Abschnitt[24] gewidmet.

V. *Die Gründung einer Kapitalgesellschaft*

Eine Gesellschaftsgründung in Australien ist relativ einfach, wobei an die Gründung einer Proprietary Company geringere Anforderungen gestellt werden als an die einer Public Company. Dennoch ziehen ausländische Investoren in der Regel den Erwerb des Mantels einer bereits existierenden, aber inaktiven Gesellschaft (sog. *„shelf company"*) der Neugründung einer eigenen Gesellschaft

23 Doppelbesteuerungsabkommen bestehen mit Österreich, Belgien, Kanada, Dänemark, Finnland, Frankreich, Irland, Italien, Japan, der Republik Korea, Malaysien, Malta, den Niederlanden, Neuseeland, Norwegen, den Philippinen, Singapur, Schweden, der Schweiz, Großbritannien, den USA und der Bundesrepublik Deutschland.

24 Siehe unten VIII.

vor. Nach dem Erwerb der Anteile kann der Firmenname durch ein relativ einfaches Verfahren geändert, muß allerdings ebenfalls bei der ASC angemeldet werden. Seit dem 1. Januar 1991 ist für die Registrierung von Gesellschaften die Australien Securities Commission (ASC) zuständig. Sie übt unter anderem die Funktion des Registergerichts aus und überwacht insbesondere die Einhaltung der formalen Registrierungsvorschriften. Der Firmenname der Gesellschaft muß bei der ASC angemeldet und „reserviert" werden. Voraussetzung für die Anmeldung einer Firma – sei es im Rahmen einer Neugründung oder im Rahmen einer Firmenänderung – ist, daß der jeweilige Firmenname noch nicht anderweitig vergeben ist. Hinsichtlich der Frage der Verwechslungsfähigkeit, aber auch Firmenzulässigkeit im allgemeinen, gelten im australischen Recht weniger strenge Maßstäbe als im deutschen. Normalerweise wird deshalb vor der eigentlichen Anmeldung eine entsprechende Recherche durchgeführt. Die Gründungsdokumente müssen bei der ASC hinterlegt und eine Registrierungsgebühr entrichtet werden. Die Anmeldung muß die Angabe enthalten, in welchem Bundesstaat oder Territorium die Gesellschaft registriert werden soll, doch kann der Antrag bei jedem Büro der ASC gestellt werden. Anschließend wird das *certificate of incorporation* (der formelle Nachweis über die ordnungsgemäße Registrierung) erteilt, welches die Gesellschaft zur Aufnahme der Geschäfte in ganz Australien berechtigt. Die ASC teilt jeder australischen Kapitalgesellschaft eine Registernummer (*Australian Company Number,* A.C.N.) zu, die neben dem Firmennamen in deutlich lesbarer Form auf dem Siegel der Gesellschaft, dem Briefkopf sowie auf allen „öffentlichen Dokumenten"[25] der Gesellschaft anzugeben ist.

Für die Gründung einer Public Company müssen folgende Dokumente aufgesetzt, von den Gründern unterzeichnet und bei der ASC eingereicht werden:

- das *memorandum of association,*
- die *articles of association,*
- das vorgeschriebene Anmeldeformular Nr. 201.

Das *memorandum of association,* welches im deutschen Recht kein unmittelbares Gegenstück findet, bestimmt die Gesellschaftsform und den Gesellschaftszweck und muß folgende Informationen enthalten[26]: (1) den Gesellschaftsnamen, (2) sofern es sich nicht um eine Gesellschaft mit unbeschränkter Haftung handelt, das Gesellschaftskapital sowie die Stückelung in Anteile von bestimmter Höhe, (3) die Haftung der Gesellschafter, die gewöhnlich auf den Nennbetrag

25 Als „öffentliche Dokumente" gelten neben Geschäftsbriefen unter anderem auch Kontoauszüge, Rechnungen, Quittungen, Bestellformulare, bestimmte Werbematerialien sowie offizielle Mitteilungen und Veröffentlichungen, die von der Gesellschaft herausgegeben werden oder diesen Anschein erwecken.

26 § 117 Corporations Law.

ihrer Gesellschaftsanteile begrenzt ist, (4) die vollständigen Namen, Adressen und Berufe der Gesellschaftsgründer und (5) die Erklärung, daß die genannten Gesellschaftsgründer beabsichtigen, in Übereinstimmung mit dem *memorandum of association* eine Gesellschaft zu gründen und die jeweiligen Gesellschaftsanteile (zumindest einen Anteil pro Gesellschaftsgründer) zu übernehmen. Im Gegensatz zur Proprietary Company, die von zwei Personen gegründet werden kann, sind für die Gründung einer Public Company mindestens fünf Personen erforderlich.

Bei der Gründung einer Proprietary Company muß das *memorandum of association* zwar die oben genannten Informationen enthalten, es muß hingegen nicht bei der ASC eingereicht werden[27]. Die ASC ist allerdings berechtigt, die Vorlage des *memorandum* zu verlangen und die Eintragung der Gesellschaft so lange zu verweigern, bis dies geschehen ist[28].

Die *articles of association* regeln das Innenverhältnis der Gesellschaft und entsprechen im wesentlichen der Satzung bzw. dem Gesellschaftsvertrag im deutschen Recht. Auch wenn ihre Abfassung nicht für alle Arten von Gesellschaften zwingend ist[29], so ist sie doch durchweg üblich. So müssen Gesellschaften mit beschränkter Haftung sowie „No Liability Companies"[30] für die Gesellschaftsgründung keine *articles of association* einreichen; allerdings müssen alle Gesellschaften die ASC davon unterrichten, auf welche Art und Weise das Gesellschaftssiegel verwandt wird.

Üblicherweise enthalten die *articles of association*[31] Regelungen über den Tagungsort und die Geschäftsordnung für Sitzungen und Versammlungen, die verschiedenen Aktiengattungen, ferner Regelungen über die jeweils an sie geknüpften Rechte sowie die Möglichkeiten der Abänderung dieser Rechte, die Ausgabe, Übertragungsweise und Beschränkung der Übertragbarkeit von Gesellschaftsanteilen, die Erhöhung oder Herabsetzung des Gesellschaftskapitals, Dividenden, Rücklagen und Kapitalisierung von Gewinnen, die Verwendung des Gesellschaftssiegels, Berufung, Abberufung, Funktionen und Gehälter der leitenden Angestellten sowie über die Liquidation der Gesellschaft.

27 § 118 Abs. 3 Corporations Law.
28 § 119 Corporations Law.
29 § 125 Abs. 1 Corporations Law.
30 No Liability Companies sind eine Besonderheit des australischen Rechts und kommen allein im Bereich des australischen Bergbaus in Betracht. Ihre wesentliche Charakteristik besteht darin, daß die Gesellschafter gegenüber der Gesellschaft zwar nicht haften, im Gegenzug allerdings, solange sie einer Zahlungsaufforderung der Gesellschaft nicht nachkommen, nicht dividendenberechtigt sind und nach einem bestimmten Zeitraum die Rechte an ihren Gesellschaftsanteilen verlieren mit der Folge, daß diese Anteile öffentlich versteigert werden; vgl. LATIMER, aaO (Fn. 10), § 9–320 mit weiteren Hinweisen.
31 Schedule 1, Table A des Corporations Law nennt eine Reihe von Musterregelungen, die eine Gesellschaft nach Belieben übernehmen oder abändern kann.

Abgesehen davon, daß eine Proprietary Company mindestens zwei *directors* haben muß, von denen zumindest einer in Australien ansässig sein muß, und eine Public Company zumindest drei *directors,* von denen zumindest zwei ihren gewöhnlichen Aufenthalt in Australien haben müssen[32], kann die Anzahl der *directors,* aus denen sich der *board* zusammensetzt, in den *articles of association* geregelt werden.

Das Anmeldeformular Nr. 201 muß von den Gründungsmitgliedern ausgefüllt und unterzeichnet werden und folgende Angaben enthalten: Name und Form[33] der Gesellschaft, Gesellschaftssitz, Hauptverwaltung, Gesellschaftszweck, Geschäftsjahr[34], Gesellschaftskapital einschließlich Anzahl und Nennwert der Gesellschaftsanteile sowie etwaiger Kategorien von Aktien und die Namen der Unterzeichner des *memorandum of association.*

Weitere Einzelheiten hinsichtlich des Gesellschaftssitzes, der Lebensdauer der Gesellschaft[35], der Gesellschafter sowie ihrer jeweiligen Anteile[36] und der leitenden Angestellten[37] sind auf weiteren, besonderen Formularen mitzuteilen.

Wie bereits ausgeführt[38], muß mit Ausnahme von Proprietary Companies jede Gesellschaft bei der Anmeldung ihr *memorandum of association* beifügen[39].

Das *memorandum of association* kann grundsätzlich nur in bestimmten, im Corporations Law[40] festgelegten Fällen und nur mit einer Dreiviertelmehrheit in der Hauptversammlung abgeändert werden. Wichtigste Beispiele sind die Änderung des Gesellschaftsnamens, des Gesellschaftszwecks und der Gesellschaftsform, beispielsweise von einer Gesellschaft mit unbeschränkter Haftung zu einer Gesellschaft mit beschränkter Haftung, die Änderung der Voraussetzungen, nach denen die ASC der Gesellschaft genehmigen kann, den Zusatz „*Limited*" aus dem Gesellschaftsnamen zu streichen, sowie die Änderung des Gesellschaftskapitals. Im Gegensatz dazu können die *articles of association* regelmäßig mit einer Dreiviertelmerhheit in der Hauptversammlung abgeändert werden, sofern sich die Änderung im Rahmen des Corporations Law und des *memorandum of association* hält und keine Minderheitenrechte entgegenstehen.

Die Kosten für die Registrierung einer Gesellschaft belaufen sich ohne Anwaltsgebühren gegenwärtig auf etwa AU$ 570 für die Gründung einer Gesell-

32 § 221 Corporations Law.
33 Gemeint ist, ob es sich um eine Public Company oder um eine Proprietary Company handelt.
34 Das Geschäftsjahr endet regelmäßig am 30. Juni, sofern nicht vom Australian Tax Office eine Ausnahme bewilligt wurde.
35 Formular Nr. 203.
36 Formular Nr. 207.
37 Formular Nr. 207.
38 Vgl. oben S. 35.
39 § 118 Abs. 3 Corporations Law.
40 § 171 Abs. 1 Corporations Law.

schaft mit Grundkapital und auf etwa AU$ 240 für die Gründung einer Gesellschaft ohne Grundkapital.

Mögliche Haftungskonsequenzen der Gründung sind in einer eigenen Vorschrift des Corporations Law geregelt[41]: Ähnlich dem deutschen Recht werden Gründungsmitglieder, die vor der Eintragung der Gesellschaft Verträge für die Gesellschaft abschließen, durch diese persönlich berechtigt und verpflichtet. Das heißt, daß ein Gründer, der einen Vertrag im Namen der Gesellschaft ausführt, die nicht existiert, oder vorgibt, einen Vertrag als Vertreter einer noch zu gründenden Gesellschaft abzuschließen, persönlich berechtigt und verpflichtet bleibt, sofern die angekündigte Gesellschaft nicht innerhalb angemessener Zeit nach Abschluß des Vertrages gegründet wird und die Gesellschaft den Vertrag nicht innerhalb angemessener Zeit nach ihrer Gründung genehmigt. Abgesehen von einer Genehmigung des Vertrags kann der Gründer von einer persönlichen Haftung entbunden werden, sofern der Vertragspartner gegenüber dem Gründer in bezug auf den konkreten Vertrag schriftlich die Haftungsfreistellung erklärt. Gleiches gilt, sofern die Gesellschaft zur Gründung gelangt und mit dem Vertragspartner des Gründers einen Vertrag abschließt, der den ursprünglichen Vertrag zwischen Gründer und Vertragspartner ersetzt.

Im Gegensatz zu bestimmten Körperschaften des öffentlichen Rechts und Gewerkschaften, die ausdrücklich nicht unter dem Corporations Law inkorporiert werden können, werden Banken und Versicherungsgesellschaften, die ansonsten in verschiedener Hinsicht besonderen Regularien unterliegen, nach den oben dargelegten Grundsätzen inkorporiert.

VI. Aufbau einer Kapitalgesellschaft

Nach australischem Gesellschaftsrecht sind bei einer Kapitalgesellschaft zwei Gesellschaftsorgane voneinander zu unterscheiden, der *board of directors* und die Hauptversammlung. Ein dem deutschen Aufsichtsrat vergleichbares Kontrollorgan kennt das australische Recht nicht.

1. Der Board of Directors

Dem *board of directors* obliegt die Führung der Geschäfte der Gesellschaft. Dies beinhaltet einerseits die Führung der Alltagsgeschäfte und die Vertretung der Gesellschaft nach außen, andererseits die Festlegung der Geschäftspolitik, soweit hierfür nicht die Zustimmung der Hauptversammlung erforderlich ist. Im

41 § 183 Corporations Law.

einzelnen bestimmt sich der Aufgaben- und Verantwortungsbereich des *board of directors* nach den *articles of association* und muß sich selbstverständlich innerhalb der Grenzen des Corporations Law halten. Typischerweise umfaßt die Zuständigkeit der Mitglieder des *board of directors* die Ernennung des *managing director* (geschäftsführendes Verwaltungsratsmitglied), die Gewährleistung ordentlicher Buchführung, die Feststellung des Jahresabschlusses, die Aufsicht über Entscheidungen im Finanz- und Personalbereich und somit auch über Ernennung, Entlohnung, Kontrolle und Entlassung von Mitarbeitern, die Aufsicht über satzungsmäßige Angelegenheiten, wie z. B. die Einberufung von Versammlungen oder die Bereitstellung von Informationen für die Anteilseigner, und die interessierte Allgemeinheit („continuous disclosure“)[42].

Bei der Ausübung dieser Tätigkeiten unterliegt jeder *director* den Treue- und Sorgfaltspflichten des Common Law sowie gesetzlichen Regelungen, welche die Common Law-Anforderungen an Treue- und Sorgfaltspflicht präzisieren.

Im Ergebnis wird von den *directors* verlangt, daß sie mit der erforderlichen Sorgfalt stets im alleinigen Interesse der Gesellschaft handeln, jeglichen Interessenkonflikt vermeiden und nicht nach ihrem eigenen Vorteil streben. Verstöße gegen Grundsätze des Common Law sowie gegen Vorschriften des Corporations Law und andere Gesetze führen in einer Vielzahl von Fällen zu einer persönlichen Haftung der *directors*, können ausnahmsweise aber auch strafrechtliche Konsequenzen nach sich ziehen. Die wichtigsten Fälle einer persönlichen Haftung der *directors* betreffen die Nichtbeachtung der Vorschriften über den Gesellschaftsnamen und die Australian Company Number (A.C.N.)[43], Insider-Geschäfte, Ungenauigkeiten im Zusammenhang mit der Erstellung eines Prospekts sowie die Nichtbeachtung der sehr strengen Publizitätsvorschriften des Corporations Law. Insbesondere dann, wenn eine Gesellschaft trotz Zahlungsunfähigkeit unverändert ihrer Geschäftstätigkeit nachgegangen und alsbald darauf in Konkurs gefallen ist, können sich für die *directors* daraus gemäß § 592 Corporations Law zivilrechtliche sowie strafrechtliche Konsequenzen ergeben. Aber auch Verstöße gegen die Bestimmungen des Arbeitsschutzgesetzes, des Umweltschutzgesetzes, des Steuerrechts und des Wettbewerbsgesetzes sowie gegen das Diskriminierungsverbot, gegen Handelsbräuche und zollrechtliche Bestimmungen können eine persönliche Haftung der *directors* begründen.

In diesem Zusammenhang sei angemerkt, daß es zulässig und durchaus üblich ist, daß *directors* sich im Hinblick auf eine mögliche Inanspruchnahme aufgrund der Common Law-Grundsätze über Pflichtverletzungen, insbesondere Sorgfaltspflichtverletzungen, sowie die Verletzung von Treuhänderpflichten ver-

42 Vgl. unten VI.5.
43 Vgl. oben V.

sichern[44]. Allerdings kann sich ein *director* nicht gegen eine Inanspruchnahme wegen einer vorsätzlichen Verletzung seiner Treuepflichten, eines Mißbrauchs von Informationen, die ihm aufgrund seiner Stellung bekannt wurden, oder wegen einer Vorteilserlangung auf Kosten der Gesellschaft aus dieser Stellung versichern[45].

Vor kurzem sind die Pflichten sowie die zivilrechtlichen und strafrechtlichen Haftungsfolgen für Pflichtverletzungen von *directors* erheblich verschärft worden. So ist beispielsweise die Darlehensgewährung der Gesellschaft an *directors* erschwert[46], die Publizitätspflicht in bezug auf Leistungen an *directors* erhöht und die Haftung der *directors* im Zusammenhang mit der Geschäftstätigkeit der zahlungsunfähigen Gesellschaft verschärft worden.

Die Befugnisse des *board of directors* sind auch durch das Corporations Law begrenzt. So macht das Corporations Law unter anderem in den folgenden Fällen eine Entscheidung der Hauptversammlung z. B. dann erforderlich, wenn eine Änderung des *memorandum* oder der *articles*[47] *of association*, des genehmigten Gesellschaftskapitals, eine Konsolidierung oder andere Stückelung der Gesellschaftsanteile[48] geplant ist, wenn ferner eine Änderung der an die Gesellschaftsanteile geknüpften Rechte der Anteilseigner[49], eine Änderung der Rechtsform[50] oder des Gesellschaftsnamens[51] stattfinden oder Anteile unter ihrem Nennwert veräußert werden sollen. Überdies verlangen die Regelungen des Corporations Law bei bestimmten Geschäften, wie z. B. der Darlehensgewährung der Gesellschaft an *directors*[52], die Zustimmung der Hauptversammlung. Bei derartigen gesetzlichen Regelungen handelt es sich gewöhnlich um eine Ausgestaltung des Common Law-Grundsatzes, daß eine Person in einer Vertrauens- oder Treuhänderstellung ihre Befugnisse nicht ohne Zustimmung des Geschäftsherrn in Kenntnis der genauen Umstände des Einzelfalles ausüben darf, sofern es zu einer Interessenkollision kommen könnte.

44 Die Versicherungsbeiträge können allerdings weitgehend von der Gesellschaft übernommen werden.
45 § 241 A Corporations Law.
46 Handelt es sich um verbundene Unternehmen iSd §§ 46 ff des Corporations Law, so erstreckt sich das Verbot der Gewährung von Gesellschaftsdarlehen auf alle *directors* der mit der betreffenden Gesellschaft verbundenen Unternehmen.
47 § 172 bzw. § 176 Corporations Law.
48 § 193 Corporations Law.
49 § 197 Corporations Law.
50 § 167 Corporations Law.
51 § 382 Corporations Law.
52 § 234 Corporations Law.

2. *Die Officers*

Bei den *officers* handelt es sich um leitende Angestellte im gesellschaftsrechtlichen Sinne, die unterhalb der Ebene der *directors* tätig werden. Der Zuständigkeits- und Verantwortungsbereich der *officers* ist grundsätzlich in den *articles of association* festgelegt, kann aber auch durch Beschluß des *board of directors* oder der Hauptversammlung bestimmt werden. *Officers* werden vom *board of directors* bestellt und haben dieselben Sorgfalts- und Treuepflichten wie die *directors.* Geschäftsführungs- und Vertretungsbefugnisse werden vom *board of directors* an die *officers* delegiert. Jede Kapitalgesellschaft muß zumindest einen *secretary* (Schriftführer) bestellen, der während der Öffnungszeiten des Geschäftslokals am Gesellschaftssitz anwesend sein muß[53]. Überdies muß grundsätzlich jede Gesellschaft innerhalb von drei Monaten nach Aufnahme ihrer Geschäftstätigkeit einen *tax agent* ernennen[54]. Seine Aufgaben beinhalten im wesentlichen, den Pflichten nachzukommen, die das australische Steuerrecht an die Gesellschaft stellt.

3. *Die Hauptversammlung*

Jede Kapitalgesellschaft muß zumindest einmal pro Kalenderjahr und spätestens sechs Monate nach Ablauf des Geschäftsjahres eine Jahreshauptversammlung in bezug auf das vergangene Geschäftsjahr abhalten[55]. Weitere Hauptversammlungen können von den *directors* oder einer bestimmten Anzahl von Anteilseignern aus besonderem Anlaß einberufen werden. Die erforderliche Anzahl von Anteilseignern ist grundsätzlich abhängig vom Stammkapital der Gesellschaft bzw. von den Stimmrechten, die der oder die Antragsteller auf sich vereinigen[56]. Ungeachtet entgegenstehender Bestimmungen in den *articles of association* können ein oder mehrere Anteilseigner, die gemeinsam über zumindest 5 % der Stimmrechte verfügen, jederzeit die Einberufung einer Hauptversammlung verlangen. Die *articles of association* können jedoch im Einklang mit dieser Vorschrift bereits eine geringere Anzahl von Antragstellern oder Stimmrechten ausreichen lassen, eine Hauptversammlung einzuberufen. Die Mitteilung über die Einberufung einer Hauptversammlung muß alle Anteilseigner minde-

53 § 240 Corporations Law. Bei jedem *secretary* muß es sich um eine natürliche Person handeln, die ihren gewöhnlichen Aufenthalt in Australien hat.

54 Die Verpflichtung zur Ernennung eines *tax agent* entfällt nur, sofern die Gesellschaft vom *commissioner of taxation* (Leiter der Steuerbehörde) von dieser Pflicht befreit wird. Das Amt des *tax agent* kann nur von einer natürlichen Person bekleidet werden, die über 18 Jahre alt ist und ihren gewöhnlichen Aufenthalt in Australien hat.

55 § 245 Corporations Law. Auf Antrag kann die ASC Fristverlängerung gewähren.

56 § 246 Corporations Law.

stens 14 Tage vor dem vorgesehenen Versammlungstermin erreichen, sofern Entscheidungen kraft gewöhnlichen Mehrheitsbeschlusses[57] zu fassen sind, und 21 Tage vorher, sofern ein mit Dreiviertelmehrheit zu fassender Beschluß gefaßt werden soll[58].

Die Einladung zur Hauptversammlung muß eine detaillierte Tagesordnung enthalten. Im Gegensatz zum deutschen Recht müssen allerdings Routineangelegenheiten[59] (sog. „*ordinary business*"), die üblicherweise Gegenstand von Jahreshauptversammlungen sind, nicht mit der Einladung zur Jahreshauptversammlung mitgeteilt werden. Sofern alle Anteilseigner an der Jahreshauptversammlung teilnehmen oder ihr Einverständnis erklären, hat eine fehlerhafte Mitteilung keinen Einfluß auf die Gültigkeit der bei der Versammlung gefaßten Beschlüsse[60].

Zu den wesentlichen Zuständigkeiten der Hauptversammlung gehören die Abberufung und Wahl der *directors* und der Rechnungsprüfer, Änderungen des *memorandum* oder der *articles of association*, Änderungen des genehmigten Gesellschaftskapitals sowie Konsolidierung oder andere Stückelung der Gesellschaftsanteile. Während die Befugnis zur Ausgabe von Anteilen grundsätzlich allein in der Hand der *directors* liegt, muß über die Veräußerung von Anteilen unter ihrem Nennwert die Hauptversammlung entscheiden.

Die Berechtigung der Anteilseigner, sich bei Versammlungen durch Stimmrechtsvollmachten *(proxies)* vertreten zu lassen, ist gesetzlich geregelt[61]. Bei Public Companies ist die nähere Ausgestaltung der *proxies* davon abhängig, ob die Gesellschaft über ein Stammkapital verfügt oder nicht. *Proxies* kommen bei Proprietary Companies dagegen nur in Betracht, sofern die *articles* dies vorsehen oder das Gericht eine entsprechende Erlaubnis erteilt. Einladungen zu Hauptversammlungen von Public Companies müssen einen Hinweis auf die Möglichkeit der Anteilseigner enthalten, sich durch *proxies* vertreten zu lassen; die Mitteilung von Namen und Anschriften möglicher *proxies* in der Einladung unterliegt engen gesetzlichen Grenzen[62].

57 § 247 Abs. 2 Corporations Law.

58 § 253 Abs. 1 Corporations Law. Selbstverständlich können die *articles of association* auch längere Mitteilungsfristen vorsehen. Kürzere Mitteilungsfristen sind unschädlich, sofern alle Anteilseigner ihr Einverständnis erklären, § 247 Abs. 3 Corporations Law.

59 Als Routineangelegenheiten werden angesehen: die Festsetzung einer Dividende, die Erörterung des Rechnungsabschlusses sowie der Geschäftsberichte der *directors* und der Rechnungsprüfer, die Wahl von *directors* zur Besetzung der Ämter der ausscheidenden *directors* sowie die Ernennung der Rechnungsprüfer und die Festlegung ihrer Vergütung, Schedule 1 – Table A § 41 Corporations Law.

60 Ford, aaO (Fn. 8), S. 650.

61 § 250 Corporations Law.

62 § 250 Abs. 7 und 8 Corporations Law.

Beschlüsse der Anteilseigner können auch unter Außerachtlassung aller Förmlichkeiten wirksam getroffen werden, sofern alle Anteilseigner zustimmen[63]. Dies ist vor allem im Falle von 100%igen Tochtergesellschaften von Bedeutung.

4. Rechtsbehelfe der Gesellschafter und Minderheitenschutz

Zur Sicherstellung einer ordnungsgemäßen Geschäftsführung stehen den Anteilseignern einer australischen Kapitalgesellschaft verschiedene Rechtsbehelfe zur Verfügung. Von erheblicher praktischer Bedeutung sind insbesondere die Rechtsbehelfe, die der Gesellschafterminderheit einen effektiven Minderheitenschutz gewähren.

Zu unterscheiden sind zum einen Verfahren, bei denen ein oder mehrere Anteilseigner an Stelle der Gesellschaft Klage erheben, wenn deren Rechte verletzt wurden *(derivative action),* zum anderen Verfahren, bei denen ein oder mehrere Anteilseigner vornehmlich eigene Interessen gegenüber der Gesellschaft oder einzelnen *directors* wahrnehmen. Eine *derivative action* ist als seltenes Ausnahmeverfahren an besondere Vorbedingungen geknüpft und kann in Ausnahmefällen auch von der ASC eingeleitet werden[64]. Im Gegensatz dazu sind Rechtsbehelfe einzelner Minderheitsgesellschafter unter weitaus geringeren Voraussetzungen zulässig.

Nach den Grundsätzen des australischen Common Law kann ein Mehrheitsbeschluß dann ungültig sein, wenn er unter Beachtung aller in den *articles of association* enthaltenen Formalitäten zustande gekommen ist. Voraussetzung ist, daß die Mehrheit für ein Ergebnis abgestimmt hat, das nach objektiver Würdigung aller Umstände außerhalb des Rahmens liegt, in dem das Stimmrecht auszuüben war[65]. Nach dieser Common Law-Theorie der „Benachteiligung der Minderheit“ ist jede scheinbar ordnungsgemäße Machtausübung ungültig, sofern sie in Wahrheit allein dazu gedient hat, einen persönlichen oder anders gearteten, nicht gerechtfertigten besonderen Vorteil zu sichern.

Darüber hinaus sind mehrere Vorschriften zum Schutz vor Machtmißbrauch oder unbilliger Benachteiligung im Rahmen der Führung der Geschäfte der Gesellschaft in das Corporations Law aufgenommen worden. So ist vorgesehen, daß die Gerichte angerufen werden können, falls ein Anteilseigner den Eindruck hat, daß die Geschäfte der Gesellschaft in einer Art und Weise geführt werden,

63 Vgl. FORD, aaO (Fn. 8), S. 664 ff. Die Frage, ob Beschlüsse auch ohne tatsächliche Abhaltung einer Versammlung gefaßt werden können, ist umstritten; vgl. hierzu FORD, aaO (Fn. 8), S. 664 ff.

64 FORD, aaO (Fn. 8), S. 613 ff.

65 FORD, aaO (Fn. 8), S. 590.

die einen einzelnen Anteilseigner oder eine Gruppe von Anteilseignern unbillig benachteiligt oder ihnen gegenüber in sonstiger Weise *unfair* ist[66]. Diese Regelung gewährt dem Gericht einen weiten Entscheidungsspielraum und ermächtigt es unter anderem dazu, die Zwangsliquidation der Gesellschaft anzuordnen, eine Weisung in bezug auf das zukünftige Geschäftsgebaren der Gesellschaft zu erteilen, den Verkauf und die Übertragung von Gesellschaftsanteilen eines Anteilseigners an andere Anteilseigner der Gesellschaft anzuordnen sowie einer bestimmten Person eine konkrete Handlung zu untersagen.

Im Gegensatz zum US-amerikanischen Recht kennt das australische Recht allerdings kein Abfindungsrecht für Anteilseigner, die einer grundlegenden Änderung in der Gesellschaft z. B. im Falle einer Fusion, widersprechen *(appraisal remedy).* Auch die Möglichkeit, durch Stimmenhäufung einen stärkeren Einfluß auf die Wahl der *directors* nehmen zu können *(cumulative voting),* ist in Australien – wie übrigens auch in England – anders als z. B. in den USA nicht vorgesehen[67].

5. *Rechnungslegung und Prüfung*

Innerhalb eines Monats nach Gründung der Gesellschaft müssen die *directors*[68] einen Rechnungsprüfer ernennen[69]. Die *directors* sind verpflichtet, eine wahrheitsgemäße Gewinn- und Verlustrechnung und eine Bilanz zum Ende jedes Geschäftsjahres zu erstellen[70]. Dabei sind sie gehalten, ihre Unterlagen in bezug auf zweifelhafte und eventuell nicht beitreibbare Forderungen sowie das Umlaufvermögen und Anlagenvermögen der Gesellschaft angemessen zu berücksichtigen[71]. Konzerngesellschaften müssen überdies einen konsolidierten Konzernabschluß vorlegen[72]. Ein Konzern im Sinne der §§ 46 ff Corporations Law liegt dann vor, wenn die Gesellschaft (1) die Zusammensetzung des *board of directors* der Tochtergesellschaft bestimmen kann; (2) mehr als 50 % der Stimmrechte auf sich vereinigt oder die Abgabe von mehr als 50 % der Stimmen auf der Gesellschafterversammlung der Tochtergesellschaft kontrollieren kann; (3) mehr als 50 % der Anteile an der Tochtergesellschaft besitzt. Die *directors* müssen dem Jahresabschluß eine Erklärung beifügen, daß der Abschluß den

66 § 260 Corporations Law.
67 FORD, aaO (Fn. 8), S. 442.
68 Die Gesellschaft kann auch selbst in ihrer ordentlichen Hauptversammlung einen Rechnungsprüfer ernennen.
69 § 327 Corporations Law.
70 §§ 292 und 293 Corporations Law.
71 § 294 Corporations Law.
72 Part 3.6 Division 4 A Corporations Law.

Vorschriften des Corporations Law entspricht und ein wahrheitsgemäßes Bild der Vermögens- und Finanzlage der Gesellschaft am Ende des Geschäftsjahres darstellt[73]. Der Rechnungsprüfer muß den Anteilseignern einmal im Jahr anläßlich der Jahreshauptversammlung den Jahresabschluß vorlegen und über die zugrundeliegenden Geschäftsbücher berichten[74].

Seit dem 5. September 1994 sind börsennotierte und bestimmte am Kapitalmarkt aktive Gesellschaften nach dem Corporate Law Reform Act verpflichtet, bestätigte Halbjahresbilanzen sowie fortlaufend alle Informationen zu veröffentlichen, die eine nicht unerhebliche Auswirkung auf den Anteilspreis haben können. Ausgenommen hiervon sind nur solche Informationen, die vertrauliche und noch nicht abgeschlossene Geschäftsverhandlungen, interne Geschäftsführungsberichte oder Geschäftsgeheimnisse betreffen und deren Veröffentlichung ein verständiger Dritter nicht erwarten würde.

VII. Die Finanzierung der Kapitalgesellschaft

Das australische Recht schreibt für Kapitalgesellschaften kein Mindestkapital vor. Bei Gesellschaften in Form einer Proprietary Company, die nur aus einem Firmenmantel bestehen, ist daher ein Gesellschaftskapital in Höhe von 2 AU$ in zwei Anteilen zu je 1 AU$ durchaus üblich. Zu beachten ist lediglich eine Mindestanzahl von Anteilseignern. So muß eine Proprietary Company mindestens zwei, eine Public Company mindestens fünf Anteilseigner haben, die jeweils zumindest einen Anteil an der Gesellschaft halten. Die Höchstzahl von Anteilen, die die Gesellschaft ausgeben darf, ist im *memorandum of association* festgelegt; die Anteilsausgabe selbst ist Sache der *directors.* Sofern die Anteilsausgabe nach dem *memorandum of association* von der Gesellschaft genehmigt ist, haben die *directors* lediglich den Wert dessen festzulegen, was als Einlage zu leisten ist. Ist dagegen die Ausgabe weiterer Anteile noch nicht von der Gesellschaft genehmigt, so muß die Gesellschaft in einer Hauptversammlung einen qualifizierten Mehrheitsbeschluß fassen und das *memorandum* entsprechend abändern. Anteile können entweder in bar, Sachwerten oder geleisteten Diensten eingezahlt werden und müssen – ähnlich wie im deutschen Recht – nicht notwendig voll eingezahlt werden, bevor sie ausgegeben werden können. In engen Grenzen können die *directors* auch die Veräußerung von Anteilen unter ihrem Nennwert genehmigen[75]. In der Ausgestaltung der Rechte, die sich an die Anteile knüpfen, ist die Gesellschaft relativ frei. Sofern die *articles* mehrere Gattungen von Anteilen vorsehen und eine entsprechende Regelung enthalten,

73 § 301 Corporations Law.
74 § 331 A Corporations Law.
75 Vgl. FORD, aaO (Fn. 8), S. 187 ff.

kann festgelegt werden, daß Anteile einer bestimmten Gattung nur von bestimmten Personen gehalten werden dürfen. Vorkaufsrechte können sich nur aufgrund von Individualvereinbarungen zwischen dem Anteilseigner und der Gesellschaft ergeben oder sofern die *articles* dies ausdrücklich vorsehen. Für die Begebung von Schuldverschreibungen – bei der Public Company – sind ebenfalls die *directors* zuständig.

Unabhängig vom Fehlen einer Mindestkapitalgrenze besteht eine Vielzahl an Regelungen, die der Kapitalerhaltung dienen. Die Ausschüttung von Dividenden darf nicht zur Insolvenz führen und ist grundsätzlich auf den erzielten Gewinn der Gesellschaft beschränkt[76]. Vorbehaltlich einer besonderen Regelung in den *articles* errechnet sich die Dividende einheitlich für alle Anteile einer bestimmten Gattung auf der Basis des Nennwerts der Anteile. Allerdings kann eine Gesellschaft Dividenden auch auf der Basis der jeweiligen eingezahlten Einlagen zahlen[77], sofern dies in den *articles* vorgesehen ist. Dem Erwerb eigener Anteile durch die Gesellschaft sowie der Gewährung finanzieller Unterstützung zum Zwecke des Erwerbs von Anteilen der Gesellschaft sind enge Grenzen gesetzt[78]. Gleiches gilt für eine Herabsetzung des Stammkapitals, die nur unter besonderen Voraussetzungen und unter Einhaltung besonderer Verfahrensvorschriften zulässig ist[79].

Allerdings kann eine Gesellschaft mit qualifiziertem Mehrheitsbeschluß in der Hauptversammlung festlegen, daß Gesellschafter, die ihre Gesellschaftsanteile noch nicht voll eingezahlt haben, von der Verpflichtung zur Leistung der Einlagen ganz oder teilweise befreit werden, solange es nicht zur Liquidierung der Gesellschaft kommt[80].

Will eine Public Company[81] auf dem australischen Kapitalmarkt Mittel aufnehmen, unterliegt sie den strengen, einheitlich in ganz Australien[82] geltenden Publizitätserfordernissen des Corporations Law. Von wenigen Ausnahmen abgesehen ist bei jeder Ausgabe von Wertpapieren die Veröffentlichung eines Emissionsprospekts und Einreichung bei der ASC erforderlich. Im wesentlichen muß der Prospekt alle Angaben enthalten, die ein Investor oder Investmentberater vernünftigerweise verlangen würde, um eine fundierte Anlagenentscheidung treffen zu können. Sofern der Prospekt nicht den Anforderungen des

76 § 201 Corporations Law. Unter besonderen Voraussetzungen kann auch eine Zahlung aus Eigenkapitalmitteln zulässig sein, § 202 Corporations Law; vgl. auch FORD, aaO (Fn. 8), S. 257.

77 § 188 Corporations Law.

78 Part 2.4 Division 4 A. § 205 (8) (f); § 205 (10) Corporations Law.

79 Vgl. FORD, aaO (Fn. 8), S. 195 ff.

80 Vgl. § 188 Abs. 2 Corporations Law; FORD, aaO (Fn. 8), S. 175.

81 Nur Public Companies steht der Weg zum öffentlichen Kapitalmarkt offen, vgl. oben III.

82 Vgl. oben II. 1.

Corporations Law entspricht, kann der Emittent zivilrechtlich und unter Umständen auch strafrechtlich zur Verantwortung gezogen werden[83].

VIII. Die Besteuerung von Kapitalgesellschaften

Die Bundesregierung ist die bedeutendste australische Steuerbehörde. Sie erhebt u. a. Einkommen- und Körperschaftsteuer *(income tax)*[84], Kapitalertragsteuer, Steuer auf Lohnnebenleistungen des Arbeitgebers, Umsatzsteuer, Zölle und Einfuhrabgaben sowie bestimmte Verbrauchsteuern. Die bei weitem aufkommensstärkste Steuer ist die *income tax*. Geregelt ist die von Kapitalgesellschaften wie auch von Privatpersonen zu entrichtende Einkommensteuer im Income Tax Assessment Act von 1936. Die Erhebung der *income tax* erfolgt durch eine Bundesbehörde, das Australian Taxation Office. Das australische Steuerjahr läuft vom 1. Juli bis 30. Juni; allerdings können ausländische Gesellschaften ihre Steuerklärung in der Regel auch auf der Basis des in ihrem Heimatland üblichen Steuerjahres abgeben. Neben der Bundesregierung erheben auch die Einzelstaaten verschiedene Steuern, wie zum Beispiel Stempelsteuern, Grundsteuern sowie besondere Steuern auf bestimmte Arten von Unternehmensumsätzen. Die Einzelstaaten erheben hingegen keine Einkommensteuern oder Steuern auf Kapitaleinkünfte.

Der Körperschaftssteuersatz beträgt seit dem 1. Juli 1993 33 % (früher 39 %). Neben der Körperschaftsteuer unterliegt eine Kapitalgesellschaft der Kapitalertragsteuer sowie der Steuer auf Lohnnebenleistungen. Grundlage der Steuerbemessung ist in der Regel der Nettogewinn.

Eine in Australien eingetragene Kapitalgesellschaft unterliegt der australischen Einkommensteuer mit ihren gesamten Einkünften, unabhängig davon, wo diese erzielt wurden; im Ausland gezahlte Steuern werden jedoch angerechnet. Werden Einkünfte in bestimmten Niedrigsteuergebieten erzielt, so gelten besondere Anrechnungsvorschriften. Steuerverluste, die eine Kapitalgesellschaft vor dem Steuerjahr 1989/90 erlitten hat, können über einen Zeitraum von sieben Jahren in die Zukunft fortgeschrieben, nicht jedoch rückgetragen werden. Steuerverluste, die ab dem Steuerjahr 1989/90 entstanden sind bzw. entstehen, können dagegen unbegrenzt vorgetragen werden.

In steuerrechtlicher Hinsicht bestehen mehrere Unterschiede zwischen einer in Australien ansässigen Kapitalgesellschaft und einer dort ansässigen natürlichen Person. Zwar handelt es sich bei beiden um eigenständige Steuersubjekte, deren steuerpflichtiges Einkommen im wesentlichen in der gleichen Weise und

83 Vgl. im einzelnen FORD, aaO (Fn. 8), S. 398 ff., 403 ff.

84 Das australische Steuerrecht unterscheidet allerdings nicht ausdrücklich zwischen Einkommen- und Körperschaftsteuer.

auf der gleichen Rechtsgrundlage, dem Income Tax Assessment Act von 1936, ermittelt wird. Die Steuersätze sind dagegen unterschiedlich, insbesondere werden natürliche Personen mit progressiven Sätzen besteuert.

Auch im Rahmen der Bemessungsgrundlage des zu versteuernden Einkommens von Kapitalgesellschaften gibt es eine Besonderheit. Die sogenannten „Thin Capitalization Rules", die sich gegen eine steuerrechtliche Unterkapitalisierung von Gesellschaften wenden, die von Ausländern kontrolliert werden, treffen folgende Regelung: Sofern ausländische Anteilseigner an einer australischen Kapitalgesellschaft insgesamt mit mehr als 15 % beteiligt sind und das Verhältnis zwischen Verbindlichkeiten gegenüber ausländischen Anteilseignern und deren Eigenkapitalanteil mehr als 3 : 1[85] beträgt, können Zinszahlungen an die ausländischen Anteilseigner auf die das Verhältnis übersteigenden Verbindlichkeiten nicht mehr als abzugsfähige Aufwendungen geltend gemacht werden. Diese Regelung verhindert, daß infolge von „Unterkapitalisierung" und entsprechender Zinsverpflichtung der australischen Gesellschaft gegenüber dem ausländischen Investor das Einkommen der Gesellschaft zu Lasten des australischen Fiskus gemindert wird.

Zur Vermeidung einer Doppelbesteuerung verfügt Australien für ab dem 1. Juli 1987 gezahlte Dividenden über ein Anrechnungsverfahren, bei dem die von einer in Australien ansässigen Kapitalgesellschaft gezahlte Einkommensteuer zu 100 % auf die Einkommensteuerschuld des Dividendenempfängers angerechnet werden kann. Gewinnausschüttungen aus derartigen versteuerten Dividenden heißen „frankierte" Dividenden (*„franked dividends"* – nach den gestempelten Steuerformularen). Dabei unterfallen dieser Behandlung nicht nur die unmittelbar von dem Unternehmen selbst erzielten versteuerten Gewinne, sondern auch versteuerte Gewinne, die das Unternehmen seinerseits von anderen australischen Kapitalgesellschaften erhalten hat.

Nach dem deutsch-australischen Doppelbesteuerungsabkommen werden bestimmte australische Einkünfte und Vermögen entweder der australischen Besteuerung zugewiesen und von der deutschen Besteuerung ausgenommen oder die allgemeine deutsche Besteuerung wird durch die Anrechnung australischer Steuern auf die deutsche Steuer gemildert. Das Abkommen, das den Quellensteuersatz auf 15 % festlegt, entspricht im wesentlichen den Bestimmungen des Muster-Doppelbesteuerungsabkommens der OECD von 1977. Es sieht vor, daß Betriebsstätteneinkünfte, Einkünfte aus unbeweglichem Vermögen, Schachteldividenden sowie Tätigkeitseinkünfte, für die Australien das Besteuerungsrecht hat, von der deutschen Steuer freigestellt werden. Die Ausnahme von der deutschen Besteuerung erfolgt allerdings unter Progressionsvorbehalt, d. h. daß nichtaustralische Einkünfte mit einem Steuersatz besteuert werden, wie er sich bei Einbeziehung der australischen Einkünfte ergeben würde.

85 Bei Finanzierungsunternehmen beträgt das Verhältnis 6 : 1.

IX. Kartellrecht und Takeovers

Sollen Anteile an einer bereits existierenden australischen Gesellschaft erworben werden, so ist sowohl das australische Kartellrecht als auch die Gesetzgebung zu Takeovers zu beachten.

Das Kartellrecht ist zusammen mit dem Recht des unlauteren Wettbewerbs im Trade Practices Act (TPA) aus dem Jahre 1974 kodifiziert. Danach ist u. a. der Erwerb von Gesellschaftsanteilen oder -vermögen untersagt, wenn hierdurch der Wettbewerb nicht unerheblich beeinträchtigt wird oder werden kann[86]. Hinzuweisen ist in diesem Zusammenhang vor allem darauf, daß der TPA u. U. auch auf Unternehmenszusammenschlüsse ausländischer Gesellschaften im Ausland Anwendung finden kann, wenn diese Zusammenschlüsse nachteilige Auswirkungen auf den australischen Markt haben[87]. In diesem Fall kann der australischen Tochtergesellschaft die weitere Tätigkeit auf dem relevanten Markt untersagt oder eine Entflechtung angeordnet werden[88]. Ausgeführt wird der TPA durch die Trade Practices Commission, die von allen großen Investitionsvorhaben u. a. durch den Foreign Investment Review Board (FIRB), ein beratendes Gremium des Federal Treasurer, Kenntnis erlangt.

Sollen mehr als 20 % der Anteile an einer Gesellschaft erworben werden, die mehr als 15 Gesellschafter hat, so muß ein besonderes förmliches Verfahren durchlaufen werden[89], in dessen Mittelpunkt ein schriftliches Übernahmeangebot an alle Gesellschafter der Zielgesellschaft zu gleichen Konditionen steht. Insoweit sind diverse inhaltliche Anforderungen zu beachten, die im einzelnen im Corporations Law niedergelegt sind. Sollen als Gegenleistung Wertpapiere einer anderen Gesellschaft gewährt werden, so muß das Angebot dieselben Informationen enthalten, wie sie in einem Wertpapieremissionsprospekt üblich sind.

X. Kontrolle ausländischer Investitionen

Ausländische Investoren müssen zunächst prüfen, ob das von ihnen geplante Vorhaben einer Mitteilungs- oder einer Genehmigungspflicht unterliegt oder nicht. Eine Verpflichtung zur Vorlage von Investitionsvorhaben kann sich entweder aufgrund der Regierungsrichtlinien über ausländische Investitionen oder aus den Vorschriften des Foreign Acquisitions and Take Over Act („FATA") ergeben[90]. Die Ausführung des Gesetzes und der Richtlinien obliegt dem

86 § 50 TPA.
87 § 50 A TPA.
88 § 50 A VI TPA.
89 Vgl. Kapitel 6 des Corporations Law.
90 S. oben I.

Finanzminister des Bundes (Federal Treasurer) unter Mitwirkung des oben bereits genannten Foreign Investment Review Board (FIRB). Voraussetzung für die Anwendbarkeit der Richtlinien sowie des FATA ist, daß an dem Investitionsvorhaben eine ausländische natürliche oder juristische Person direkt oder indirekt beteiligt ist. Ausländereigenschaft im Sinne der vorgenannten Vorschriften liegt unter anderem vor bei

- natürlichen Personen, die ihren Hauptwohnsitz außerhalb Australiens haben, sowie bei
- juristischen Personen, Betrieben und *trusts,* an denen eine „wesentliche ausländische Beteiligung" besteht.

Eine „wesentliche ausländische Beteiligung" besteht, wenn entweder

- mehr als 15 % der Anteile oder der Stimmrechte von einer einzelnen ausländischen Person oder Personengruppe gehalten werden oder wenn
- von mehreren ausländischen Personen oder Personengruppen insgesamt mehr als 40 % der Anteile oder Stimmrechte gehalten werden.

Im Falle der Beteiligung an einem *trust* bestimmen sich die Prozentsätze entweder nach dem Vermögensbestand oder nach den Erträgen des jeweiligen *trust.*

1. Anzeigepflichtige Vorhaben

Soweit eine ausländische Beteiligung besteht, müssen u. a. folgende Investitionsvorhaben vor ihrer Durchführung dem FIRB angezeigt werden:

a) der Erwerb von Aktien australischer Gesellschaften durch Ausländer oder der Erwerb von Aktiva eines australischen Unternehmens, soweit dieses über Aktiva von insgesamt mehr als 5 Millionen AU$ verfügt; handelt es sich bei mehr als 50 % der Aktiva um landwirtschaftliche Flächen, so ermäßigt sich der vorgenannte Betrag auf 3 Millionen AU$;

b) die Erlangung der Kontrolle über australische Unternehmen durch
   (1) die Erlangung von Nutzungsrechten an Vermögenswerten australischer Unternehmen, sei es im Wege einfacher Nutzungsüberlassung (Leasing, Miete o. ä.) oder im Wege der Fruchtziehung (Betriebspacht, Nießbrauch etc.) oder
   (2) Verträge, die ein Recht zur Einflußnahme auf die Geschäftsführung oder ein Recht auf Beteiligung am Gewinn gewähren, oder
   (3) Verträge, die ein Recht zur Besetzung von Posten im Verwaltungsrat *(board of directors)* oder zur Änderung der Satzung des Unternehmens gewähren;

c) Vorhaben, die die Gründung von Unternehmen in bestimmten, als sensibel angesehenen Branchen zum Gegenstand haben, wie etwa Medien und Telekommunikation sowie Uranerzbergbau und zivile Luftfahrt. Derartige

Vorhaben sind jedenfalls anzeigepflichtig und eventuell genehmigungsbedürftig;

d) Vorhaben in anderen Wirtschaftsbereichen, bei denen das voraussichtliche Gesamtinvestitionsvolumen 10 Millionen Au$ oder mehr beträgt, wobei dieser Betrag auch den Wert geleaster oder gemieteter Gegenstände einschließt;

e) der Erwerb einer Beteiligung einer ausländischen Kapitalgesellschaft an einer anderen ausländischen Kapitalgesellschaft, wenn in Australien belegene Vermögenswerte von mehr als 20 Millionen AU$ in die Transaktion einbezogen werden sollen oder wenn die australischen Vermögenswerte mehr als die Hälfte des Vermögens des zu übernehmenden Unternehmens und seiner Tochtergesellschaften ausmacht.

Auch wenn eine Mitteilung in anderen als den erwähnten Fällen grundsätzlich nicht erforderlich ist, erscheint es ab einer gewissen Bedeutung des Investitionsvorhabens aus Gründen der Höflichkeit angebracht, den FIRB zu benachrichtigen.

2. *Genehmigungspflichtige Vorhaben*

Im allgemeinen sind Investitionsvorhaben mit einem Volumen von über Au$ 50 Millionen genehmigungspflichtig; diese Genehmigung wird in der Regel auch ohne weiteres erteilt, es sei denn, das Vorhaben wird als nicht wirtschaftsfördernd oder als nicht im nationalen Interesse liegend angesehen. Einige Beispiele für derartige Fälle, in denen dementsprechend eine Genehmigung in aller Regel nicht erteilt wird, sind in den Regierungsrichtlinien aufgeführt. Im wesentlichen betrifft dies Investitionen im Bereich der zivilen Luftfahrt sowie im Presse- und Medienwesen. Hier werden die Genehmigungen in der Regel von der Höhe des Anteils der ausländischen Beteiligung abhängig gemacht.

Im übrigen ist auch jeglicher Erwerb von Eigentumsrechten an städtischen (*„urban"*) Grundstücken genehmigungspflichtig, soweit nicht einzelne, im FATA aufgeführte Ausnahmen vorliegen. Der Begriff des Eigentumsrechts ist sehr weit gefaßt und beinhaltet z. B. auch Optionen auf Volleigentum *(freehold)*, Mietverträge, deren voraussichtliche Dauer 5 Jahre übersteigt, sowie Beteiligungen an Unternehmen, deren Vermögen zu mehr als 50 % aus nichtlandwirtschaftlichen Grundstücken besteht[91].

91 Vgl. FRITZEMEYER/LAMY/TREECK, Der Erwerb einer Immobilie in Australien, in: *Schönhofer/Böhmer*, Haus- und Grundbesitz im Ausland, (Hrsg.), Loseblattslg., Stand Aug. 1994, Gr. 5 C, S. 14 ff.

3. Sonstige Regelungen

Obwohl die Kontrolle ausländischer Investitionen in Australien primär Aufgabe der Bundesregierung ist, haben gelegentlich auch einzelne Bundesstaaten eigene Vorschriften über ausländische Investitionen erlassen. So sind etwa in Queensland ausländische Investoren verpflichtet, ihr dortiges Grundeigentum gesondert registrieren zu lassen. Darüber hinaus setzt sich der FIRB auch häufig mit der Regierung des jeweiligen Einzelstaats[92], in dem das Vorhaben geplant ist, in Verbindung.

Auch bestimmte steuerrechtliche Vorschriften sind von unmittelbarer Bedeutung für die Planung ausländischer Investitionen; zu denken ist in diesem Zusammenhang z. B. an die bereits zuvor[93] angesprochenen „Thin Capitalization Rules".

Ausländischen Kapitalgesellschaften, die den Anteil der australischen Beteiligung an ihrer australischen Geschäftstätigkeit erhöhen, können bestimmte Vorteile im Hinblick auf Investitionsvorhaben eingeräumt werden. So kann einer Kapitalgesellschaft der Status einer „eingebürgerten Gesellschaft" verliehen werden, wenn sich mindestens 51 % des Eigenkapitals in australischen Händen befinden, ihre Satzung vorsieht, daß die Mehrheit der *directors* australische Staatsangehörige sind und grundsätzliche Abmachungen über die Eigenständigkeit der Gesellschaft getroffen wurden, die sicherstellen, daß ihre Geschäftspolitik von dem *board of directors* bestimmt wird.

Eine „einzubürgernde" Gesellschaft muß mindestens über einen von australischen Interessen gehaltenen Kapitalanteil von 25 % verfügen und eine öffentliche Verpflichtung eingehen, ihren australischen Kapitalanteil nach einem bestimmten Zeitplan auf mindestens 51 % zu erhöhen.

Eine „eingebürgerte" oder „einzubürgernde" Gesellschaft ist (abgesehen von Vorhaben in den Bereichen Uranerzbergbau, zivile Luftfahrt, Medien und Bankwesen) nicht verpflichtet, neue Projekte, die sie allein oder zusammen mit anderen eingebürgerten oder noch einzubürgernden bzw. australischen Gesellschaften durchzuführen beabsichtigt, der ASC anzuzeigen.

Die „Einbürgerung" ausländischer Gesellschaften war bis vor kurzem vor allem im Bereich der Erschließung neuer Rohstoffvorkommen von praktischer Relevanz. Mit der Liberalisierung der Investitionsrichtlinien durch das „One Nation Statement" vom 26. Februar 1992, in deren Gefolge ausländische Investitionen in diesem Bereich nunmehr geringeren Anforderungen unterliegen, hat das Mittel der Einbürgerung jedoch an Bedeutung verloren.

92 Queensland hat im August 1990 eine Broschüre herausgegeben, in der die Haltung der Landesregierung zu bestimmten Arten von ausländischen Investitionen in diesem Staat dargestellt ist.

93 S. dazu oben VIII.

Angesichts der vorstehend dargelegten Kriterien, die zur Kontrolle einer ausländischen Investition herangezogen werden, können die rechtlichen Rahmenbedingungen für die Gründung einer Tochtergesellschaft in Australien insgesamt als günstig bezeichnet werden.

Anhang

I. Gesetze

Corporations Law 1991
Foreign Acquisition and Take Over Act 1975 („FATA")
Trade Practices Act 1974 („TPA")
Income Tax Assessment Act 1936
Federal Foreign Judgement Act 1991
Australia Act 1986

II. Literatur

FRITZEMEYER/LAMY/TREECK, Der Erwerb einer Immobilie in Australien, in: Haus- und Grundbesitz im Ausland (Hrsg.), Stand August 1994
FORD's Principles of Corporations Law, 6. Aufl. 1992
LATIMER, PAUL, Australian Business Law, 11. Auflage 1991
BAKER & MCKENZIE (Hrsg.), Doing Business in Australia, 1994

III. Abkürzungen

A.C.N.	Australian Company Number
ASC	Australian Securities Commission
CSAC	Companies and Securities Advisor Committee
Cth.	Commonwealth (of Australia)
FATA	Foreign Acquisition and Take Over Act
FIRB	Foreign Investment Review Board
TPA	Trade Practices Act

IV. Adressen

– in Deutschland:
  Australische Botschaft
  Godesberger Allee 107
  53175 Bonn
  Tel.: 02 28-81 03-0

– in Australien:
  Foreign Investment Review Board (FIRB)
  Executive Member, FIRB
  c/o The Treasury
  Parkes Place
  Canberra, Act 2600
  Tel.: 00 61-6-2 63-21 11
  Fax: 00 61-6-2 63-29 40

  Australian Securities Commission
  New South Wales Regional Office
  135 King Street
  Sydney, NSW 2000
  Tel.: 00 61-2-9 11-22 00
  Fax: 00 61-2-9 11-23 33

  Victoria Regional Office
  CU Tower
  485 La Trobe
  Melbourne, VIC 3000
  Tel.: 00 61-3-2 80-32 00
  Fax: 00 61-3-2 80-34 44

– Deutsch-Australische Industrie- und Handelskammer / German-Australian Chamber of Trade and Industry
  Level 2, St. Andrews House
  Sydney Square
  Sydney, NSW 2000
  Tel.: 00 61-2-2 61-44 75
  Fax: 00 61-2-2 67-38 07

  5th Floor, Hoechst House
  606 St. Kilda Road
  Melbourne, VIC 3004
  Tel.: 00 61-3-5 10-58 26
  Fax: 00 61-3-5 10-18 35

Die Gründung einer Tochtergesellschaft in Belgien

von

Professor DR. LÉON DABIN und
Professor DR. ANNE BENOIT-MOURY, Lüttich

Inhaltsübersicht

I. Einleitung

1. Auf einer gewissen Entwicklungsstufe stellt sich für ein Unternehmen, dessen Geschäfte über den nationalen Rahmen hinausgehen, die Frage nach einer Niederlassung im Ausland. Mit der vorliegenden Darstellung soll den deutschen Investoren ein Überblick über die hauptsächlichen gesetzlichen Bestimmungen und Regelungen vermittelt werden, die sie notwendigerweise zu beachten haben, wenn sie sich in Belgien niederlassen wollen. Auf alle Fälle tun diese Investoren gut daran, zu gegebener Zeit spezialisierte Juristen, Unternehmensjuristen, Anwälte oder Notare hinzuzuziehen, die für das spezielle Problem die adäquate Lösung finden werden. In der Regel hat ein Geschäftsmann große Schwierigkeiten, insbesondere rechtliche Unterschiede zu erkennen, die ihn im Empfängerland im Vergleich zu seinem Herkunftsland erwarten. Selbst bei Vorliegen ähnlicher oder sogar identischer Texte ist deren Auslegung und Anwendung oft noch für diejenigen überraschend, die bestens vorbereitet sind. Wir werden versuchen, in den folgenden Ausführungen die wichtigsten Unterschiede zu dem in der Bundesrepublik Deutschland geltenden Recht herauszuarbeiten.

2. Die Voraussetzungen für die Niederlassung einer ausländischen Gesellschaft in Belgien sind unterschiedlich, je nach den Geschäften, die das Unternehmen realisieren will, ob es eine feste Niederlassung plant[1] oder die Kontrolle über eine rechtlich selbständige juristische Person ausüben will[2].

a) Die Tochtergesellschaft kann *ab ovo* errichtet oder durch die Beteiligung an einer bereits bestehenden belgischen Gesellschaft erworben werden. Dabei bietet die zuletzt genannte Art keine besonderen Schwierigkeiten. Grundsätzlich kann jede ausländische natürliche oder juristische Person ohne Genehmigung über zugelassene Makler Anteile an belgischen Gesellschaften erwerben.

b) Erfolgt der Erwerb mittels eines öffentlichen Übernahmeangebots (OPA – *offre public d'achat* – oder OPE – *offre public d'échange*), ist ein besonderes Verfahren vorgesehen[3]. Verantwortlich ist die Commission Bancaire et Financière. Sie überwacht die Information der Öffentlichkeit, die angewandten Methoden und das Verhalten der Organe der betroffenen Gesellschaften. Nicht nur die OPA ist geregelt: Ein ganz ähnliches Verfahren ist für den Fall vorgese-

1 Je nach anwendbarer Regelung handelt es sich um einen Geschäftssitz, einen Betriebssitz, eine Zweigniederlassung oder um eine Vertretung.

2 Die Tochtergesellschaft im Sinn des belgischen Rechts: A.R. vom 14. Okt. 1991 zur Regelung der Definition der Begriffe „Mutter-" und „Tochtergesellschaft", Moniteur belge vom 24. Okt. 1991.

3 Gesetz vom 2. 3. 1989 zur Regelung der Publizität von Beteiligungen an börsennotierten Gesellschaften und des öffentlichen Übernahmeangebots (Mon. v. 24. 3. 1989); A.R. v. 8. 11. 1989 betreffend die öffentlichen Übernahmeangebote und Veränderungen der Beherrschung von Gesellschaften (Mon. v. 11. 11. 1989).

hen, daß durch andere Mittel die alleinige oder gemeinsame Kontrollmehrheit an einer Gesellschaft erworben werden soll. Zu beachten sind auch die wirtschaftspolitischen Maßnahmen, die ihre Grundlage im Gesetz vom 30. 12. 1970 zur Regelung der wirtschaftlichen Entwicklung finden. Verschiedene Ministerien müssen über Maßnahmen verständigt werden, die auf Übertragung der Kontrollmehrheit an einem Unternehmen zielen, u. zw. dann, wenn dieses sich landesweit betätigt, sein Eigenkapital mindestens 100 Mio. bfrs. beträgt und ein Drittel des Gesellschaftskapitals erworben werden soll[4].

3. Bei diesen Ausführungen gehen wir von einer Tochtergesellschaft aus, die von einem ausländischen Investor mit der Absicht der Kontrollausübung *errichtet* werden soll. Die Errichtung einer gemeinsamen Tochtergesellschaft kann hier nicht behandelt werden. Sie wirft hinsichtlich der Anpassung der grundlegenden Prinzipien des Gesellschaftsrechts an die Bedürfnisse der Praxis Probleme auf[5].

II. Anwendbares Recht

1. Allgemeines positives Recht und Reformperspektiven

a) Im belgischen Recht gelten für die Handelsgesellschaften in erster Linie die besonderen Gesetze, die im Titel IX, 1. Buch des Code de Commerce zusammengefaßt sind. Der jetzige im Code de Commerce enthaltene Text ist das Ergebnis einer gesetzlichen Zusammenfassung vom 30. November 1935 (Lois coordonnées sur les sociétés commerciales – L.C.S.). Die jüngsten Gesetzesänderungen haben das belgische Recht den Bestimmungen der EG-Richtlinien angepaßt[6]. Im Zuge der Affäre um die Société Générale de Belgique wurde das Aktienrecht entscheidend geändert, um zur Transparenz auf dem Markt für Unternehmen und der öffentlichen Übernahmen beizutragen[7]. Auch das Genossenschaftsgesetz wurde mit dem Ziel geändert, die Genossenschaften den anderen beschränkt haftenden Gesellschaften besser anzupassen[8].

Nur wenn spezielle Regelungen im Handelsrecht fehlen, kommen die Vorschriften des Code civil zur Anwendung. Es handelt sich dabei um das allgemeine Vertragsrecht sowie speziell um den Gesellschaftsvertrag, wie er in den Artikeln 1832 bis 1873 des Code civil von 1804 geregelt ist.

4 Art. 36 des o.g. Gesetzes vom 30. 12. 1970, geändert durch Gesetz vom 17. August 1973

5 Vgl. A. Benoit-Moury, Les formes sociétaires de coopération inter-entreprises, in: Journées J. Dabin, Nov. 1992, und die bereits zitierten Hinweise.

6 Es geht um die Erste, Zweite, Dritte und Sechste sowie um die Vierte und Achte Richtlinie.

7 Gesetz v. 18. 7. 1991, Mon. v. 26. 7. 1991.

8 Gesetz v. 20. 7. 1991, Mon. v. 1. 8. 1991.

Seit 1951 war eine völlige Novellierung des Rechts der Handelsgesellschaften geplant. Die Arbeiten endeten mit einem Gesetzesentwurf[9], der nunmehr keinerlei Aussicht mehr hat, wie vorgelegt verabschiedet zu werden.

b) Parallel zum eigentlichen Gesellschaftsrecht muß das Kapitalmarktrecht beachtet werden. Der A.R. Nr. 185 vom 9. Juli 1935 beauftragte die Commission Bancaire et Financière mit der Überwachung der Ausgabe von Aktien und sonstigen Finanzierungspapieren – also damit, eine zutreffende Information des Anlagepublikums zu gewährleisten (Art. 26). Die Commission hat in der Vergangenheit eine wichtige Rolle gespielt, da sie die Beachtung der gesetzlichen Vorgaben überwachte und dabei auch einige Versäumnisse des Gesetzes über die Handelsgesellschaften wettmachte. Obwohl ihre Kompetenz auf börsennotierte Gesellschaften beschränkt war, haben ihre Urteile auch das Verhalten der anderen Gesellschaften beeinflußt. Die Verordnung wurde durch Gesetz vom 9. März 1989, das das belgische Recht den Börsenrichtlinien anpassen sollte, überholt.

Auch das Gesetz vom 2. März 1989[10] bezweckt eine größere Transparenz der Finanzmärkte dadurch, daß börsennotierte Gesellschaften bedeutende Beteiligungen offenlegen müssen. Durch dasselbe Gesetz werden die öffentlichen Übernahmeangebote und das Verfahren bei Änderung von Kontrollmehrheiten in börsennotierten Gesellschaften geregelt.

Schließlich novelliert das Gesetz vom 4. Dezember 1990[11] grundlegend die für den Kapitalmarkt geltenden Regeln und gibt ihm eine neue Struktur. Insbesondere der Mißbrauch von Insider-Wissen soll verhindert werden.

c) Auch die Regelung betreffend die Rechnungslegung und deren Veröffentlichung sind – abgesehen von einigen unzusammenhängenden Bestimmungen – nicht Teil des Gesellschaftsrechts als solchem. Einschlägig ist das Gesetz vom 17. Juli 1975 über die Buchführung und den Jahresabschluß, das sich weitgehend an den Regeln der Vierten Richtlinie orientiert. Das Gesetz ist Grundlage für viele A.R. Der A.R. vom 6. März 1990 setzt die Siebte Richtlinie um und verpflichtet gewisse Gesellschaften zum konsolidierten Rechnungsabschluß.

d) Grundsätzlich enthält das geltende Recht keine Regelung des Konzernrechts. Dennoch finden sich die Begriffe „Tochter", „Muttergesellschaft", „verbundene Unternehmen", „Gemeinschaftsunternehmen" und „abgestimmtes Vorgehen" *(action de concert)* im Recht der Handelsgesellschaften, dem Bilanzrecht etc. Der Gesellschaftsgruppe wird in der überwiegenden Zahl der neueren Bestimmungen Rechnung getragen. Auch die Rechtsprechung mußte dieser wirtschaftlichen Realität bei der Anwendung und Auslegung der traditionellen

9 Doc. Parl. Ch. 1980, Nr. 387.
10 Mon. v. 24. 5. 1989.
11 Mon. v. 22. 12. 1990.

Bestimmungen gerecht werden. Auch wenn es keine spezielle gesetzliche Regelung dieses Phänomens gibt, ist das belgische Recht den besonderen Problemen gegenüber, die damit verbunden sind, nicht gleichgültig[12].

e) Die belgische Gesetzgebung enthält keine Regelung zur Mitbestimmung der Arbeitnehmer.

Gleichwohl ist damit nicht gesagt, daß das belgische Recht das Unternehmen in seiner Existenz als ökonomische und soziale Einheit völlig ignoriert. Das Gesetz vom 20. September 1948 verpflichtet jedes Unternehmen mit mindestens 50 Arbeitnehmern zur Einrichtung eines „Betriebsrats“[13]. Dieser erhält Informationen über die Produktivität des Betriebs und den Geschäftsverlauf sowie Berichte und Dokumente über die Ergebnisse der Wirtschaftsführung[14]. Eine Verordnung von 1973 hat die Tragweite dieser Verpflichtung beträchtlich erweitert[15]. Seit Inkrafttreten des Gesetzes vom 21. Februar 1985[16] über die Reform der Unternehmensprüfung *(revisorat)* werden diese Informationen der Kontrolle durch einen Unternehmensprüfer *(reviseur d'entreprises)* unterworfen. Dieser erstellt dann einen besonderen Prüfungsbericht für den Betriebsrat. Der Unternehmensprüfer prüft auch den Jahresabschluß, er hat also auch die Funktion des Abschlußprüfers. Der Betriebsrat hat ein Mitspracherecht bei seiner Bestellung. Darüber hinaus wird den Arbeitnehmern durch andere Bestimmungen ein Recht auf „Mitentscheidung“ in besonderen Bereichen zuerkannt[17]. Einige Bestimmungen des Gesetzes vom 18. Juli 1991 fördern die Beteiligung von Arbeitnehmern an Handelsgesellschaften, etwa durch Ermöglichung der kostenlosen Ausgabe von Aktien, durch die Möglichkeit zur Zeichnung bei Kapitalerhöhungen und Darlehnsgewährungen ähnlich wie bei einem „Management buy out“.

2. *Besondere Regelungen*

a) Jede Gesellschaft in Form der juristischen Person muß sich in ein Register eintragen lassen, das bei der Geschäftsstelle des Handelsgerichts geführt wird, in

12 Vgl. HOPT, KLAUS J., Groups of Companies in European Laws, Bd. 2, 1982; WYMEERSCH, E., Groups of Companies in the EEC, 1993.

13 Zur Zeit ist die Einrichtung eines Betriebsrats Pflicht für Unternehmen mit wenigstens 100 Arbeitnehmern. Der Betriebsrat bedarf der Bestätigung, wenn die Zahl der Arbeitnehmer über 50 liegt (A.R. vom 18. Oktober 1978 und Gesetz vom 17. Februar 1971, vgl. Art. 28 des Gesetzes vom 20. September 1948).

14 Art. 15 b des Gesetzes vom 20. September 1948 und A.R. vom 27. November 1950, ergänzt durch A.R. vom 22. Januar 1971.

15 A.R. vom 23. November 1973, Mon. vom 28. November 1973. J. PIRON / P. DENIS, Les conseils d'entreprise et les comités de sécurité et d'hygiène, FEB, Brüssel 1983.

16 Mon. vom 28. Februar 1985.

17 K. KUKAT, Arbeitgeber- und Arbeitnehmerbeziehungen in Belgien, RIW 1980, 197.

dessen Amtsbereich die Gesellschaft ihren Sitz hat. Ebenfalls bei der Geschäftsstelle des Handelsgerichts wird die seit der 1. EG-Anpassungsrichtlinie erforderliche Akte mit den gesetzlich zur Veröffentlichung vorgeschriebenen Informationen geführt[18].

b) Nach dem Gesetz[19] muß jede Handelsgesellschaft ein Konto bei einem Postscheckamt, einer in Belgien niedergelassenen Bank, einer privaten Sparkasse oder bei einem anderen Finanzinstitut führen.

c) Auf verschiedenen Sektoren unterwerfen besondere Regelungen den Zugang zu den Aktivitäten oder ihre Ausübung einem System der vorherigen Mitteilung oder Genehmigung. Es ist nicht möglich, hier eine erschöpfende Aufzählung vorzunehmen[20]. Wir verweisen dazu auf eine Broschüre, die vom Wirtschaftsministerium für die ausländischen Investoren herausgegeben worden ist[21]. Solche Regelungen sind besonders wichtig im Finanz-, Kredit- und Versicherungssektor sowie im Bereich Transport[22].

Was ganz speziell die kleinen und mittleren Unternehmen angeht, müssen zwei Rahmengesetze erwähnt werden, die es der Regierung erlauben, Regelungen im Hinblick auf den Zugang und die Ausübung beruflicher Tätigkeiten kaufmännischer und handwerklicher Art[23] oder bei den intellektuellen Dienstleistungsberufen einzuführen[24]. Ungefähr 50 Berufe unterliegen zur Zeit einer solchen speziellen Regelung.

3. *Kurzer Überblick über Kosten und Steuern*

a) Kosten

Die Notargebühren sind gemäß A.R. vom 16. Dezember 1950 in einem Tarif festgelegt[25]. Bei Gesellschaftsverträgen gestalten sich die Gebühren grundsätzlich

18 A.R. vom 20. Juli 1964 über das Handelsregister (Mon. vom 8. August 1964); Gesetz vom 18. März 1965 über das Handwerksregister (Mon. vom 31. März 1965); A.R. vom 7. August 1973 (Mon. vom 15. August 1973).

19 A.R. Nr. 56 vom 10. November 1965, Mon. vom 14. November 1967.

20 Siehe insbes. Runderlaß vom 24. Juni 1977 des Ministeriums für den Mittelstand betreffend die Handelsgeschäfte, die einer vorherigen Genehmigung unterworfen sind, Mon. vom 2. Dezember 1977.

21 Entreprises industrielles et commerciales en Belgique: Formalitäten, Steuer- und Sozialsystem, Hilfe zur Errichtung und Erweiterung, hrsgg. vom belg. Wirtschaftsministerium, Direction générale des études et de la documentation, Adresse s. Anhang.

22 Für eine detaillierte Darstellung siehe BENOIT-MOURY/BONTEMPS, in: Jura Europae, Niederlassungsrecht, 20.50, Rdn. 68 ff: n°, 1676 ff: n°, 189 ff.

23 Gesetz vom 15. Dezember 1970, Mon. vom 20. März 1971.

24 Gesetz vom 1. März 1976, Mon. vom 27. März 1976.

25 Mehrmals geändert.

proportional und degressiv entsprechend der Höhe des gezeichneten Kapitals (nicht des eingezahlten Kapitals). Die Berechnung erfolgt in Stufen; dabei ist ein Mindestbetrag von 1800 bfrs. vorgesehen. Zur Zeit fallen für die Gründung einer mit dem Mindestkapital von 1 250 000 bfrs. ausgestatteten S.A. Notargebühren in Höhe von 11 250 bfrs. an, nicht eingerechnet Stempelgebühren und Gebühren für die Registereintragung, für die Ausfertigung oder die erforderlichen Kopien. Unter Zugrundelegung desselben Kapitals belaufen sich die entsprechenden Notargebühren bei der S.P.R.L. auf 7500 bfrs. und auf 4500 bfrs. bei der Gründung einer S.P.R.L. mit dem vorgeschriebenen Mindestkapital von 750 000 bfrs. Die Kosten für die Eintragung in das Handelsregister oder andere Register, in welche die Gesellschaft einzutragen ist, sind im Gesetzbuch über die Abgaben bei Registereintragungen, Hypothekeneintragungen und die Gerichtsgebühren (Code des droits d'enregistrement, d'hypothèque et de greffe)[26] festgelegt (Art. 277). Sie belaufen sich auf 3000 bfrs.

Die Kosten für die Veröffentlichung der Verträge und der Dokumente im Anhang des *Moniteur* werden pro Seite berechnet (2900 bfrs. ohne Umsatzsteuer). Für die Veröffentlichung eines Einzelvermerks gilt ein anderer Tarif (1450 bfrs. ohne Umsatzsteuer)[27].

Seit es die Möglichkeit gibt, Gründungsverträge der S.A. und der S.P.R.L. auszugsweise zu veröffentlichen, sind die Gründungskosten für diese beiden Gesellschaftsformen annähernd gleich: sie belaufen sich auf rund 50 000 bfrs. bei einer Gesellschaft mit 1 250 000 bfrs. Kapital.

b) Steuern

Kraft Art. 115 des Gesetzbuches über die Abgaben bei Registrierungen, Hypothekeneintragungen und die Gerichtsgebühren sind die Einlagen bei einer Handelsgesellschaft mit 1 % zu versteuern, gleich ob es sich um Sach- oder Bareinlagen handelt.

Die Besteuerung der von einer Tochtergesellschaft erzielten Gewinne vollzieht sich in der gleichen Weise wie für jede Gesellschaft mit Sitz in Belgien. Der Steuersatz der Gesellschaften beträgt im Prinzip 45 %. Falls der gesamte steuerpflichtige Gewinn 16 600 000 bfrs. nicht übersteigt, kommt ein gestaffelter Steuertarif zur Anwendung: Gewinne bis zu 1 Mio. bfrs. werden mit 31 %, Gewinne von 1 bis 3,6 Mio. bfrs. mit 40 % und Gewinne von 3,6 bis 16,6 Mio. bfrs. werden mit 47 % versteuert[28].

26 Geändert durch Gesetz vom 3. Juli 1972 und vom 1. März 1977.
27 Ministerialerlaß vom 28. Juli 1986, Mon. 6. Juli 1986.
28 Art. 126 des Gesetzbuches über die Besteuerung der Erträge, geändert durch Gesetz vom 4. August 1986.

III. *Einteilung der Gesellschaften im belgischen Recht*

1. *Zivilgesellschaften und Handelsgesellschaften*

Die in den L.C.S. geregelten Gesellschaftsformen, nämlich die OHG, KG und KGaA, AG, Personengesellschaft mbH und Genossenschaft sind Handelsgesellschaften und zugleich juristische Personen.

Jede andere erwerbswirtschaftliche Vereinigung ist keine juristische Person und bleibt den Bestimmungen der Art. 1832 ff des Code civil und eventuell einigen Vorschriften der L.C.S. unterworfen. Ebenso verhält es sich mit den „Gelegenheitszusammenschlüssen" und „Beteiligungszusammenschlüssen", die aus diesem Grund „Zusammenschlüsse" *(associations)* genannt werden, obwohl es sich um echte Gesellschaften (in Deutschland: Gesellschaften bürgerlichen Rechts) handelt.

Im Grunde müßte die Wahl der Rechtsform mit den sich daraus ergebenden Konsequenzen von den Gesellschaftern frei bestimmt werden können und unabhängig vom Gesellschaftszweck sein. Nach h. L., bestätigt durch den Kassationshof[29], wendet die Rechtsprechung die Vorschriften der OHG gleichwohl an, wenn zwei oder mehrere Personen gemeinsam und andauernd Handelsgeschäfte betreiben und wenn ein Gesellschaftsvertrag vorliegt. Daraus ergibt sich dann die gesamtschuldnerische und unbegrenzte Haftung der Gesellschafter.

2. *Personengesellschaften und Kapitalgesellschaften*

Die Personengesellschaften konstituieren sich *intuitu personaei;* sie basieren auf dem gegenseitigen Vertrauen der Gesellschafter. Ihre Charakteristika sind vor allem die Unveräußerlichkeit der Anteile, die gesamtschuldnerische und unbegrenzte Haftung der Gesellschafter, die Auflösung der Gesellschaft bei Tod eines Gesellschafters, die Existenz eines impliziten Konkurrenzverbotes.

In den Kapitalgesellschaften, die grundsätzlich hohe Kapitalanlagen bedingen, spielt das persönliche Element eine bescheidenere Rolle. Sie sind dadurch charakterisiert, daß die Anteile veräußert werden können und daß die Gesellschafter nur begrenzt haften. Prototyp ist die AG.

Diese Differenzierung ist gleichwohl theoretischer Natur. Meist ist eine Tendenz zur Annäherung der Gesellschaftsformen zu beobachten, die durch voll gültige vertragliche Vereinbarungen bewirkt wird. Zum anderen ist auf den

29 Siehe insbes. Cass. vom 17. Mai 1968, Rev. Prat. Soc. 1968, 144 und die Anträge des Staatsanwalts GANSHOFF VAN DER MEERSCH; Cass. vom 28. Juni 1968, Rev. Prat. Soc. 1969, 247.

Mischcharakter der Personengesellschaft mit beschränkter Haftung und der Genossenschaft hinzuweisen.

3. *Belgische Gesellschaften und ausländische Gesellschaften*

a) Die Unterwerfung einer Gesellschaft unter das belgische Recht kann von zwei Kriterien abhängen: dem des Gesellschaftssitzes oder dem der Beherrschung.

Sofern der Gesetzgeber auf das Kriterium der Beherrschung abstellt, kommt es hauptsächlich auf die Herkunft des Gesellschaftskapitals sowie die Nationalität der Gesellschafter an, die einen beherrschenden Einfluß auf die Geschäftsführung der Gesellschaft ausüben. Diese These findet ihren Ausdruck vor allem in Regelungen, die aus wirtschaftspolitischen Sorgen heraus entstanden sind, wie im Bereich der öffentlichen Auftragsvergabe. Die Anwendung des europäischen Rechts der Niederlassung führt dazu, daß dieses Kriterium nach und nach an Bedeutung verliert.

Im Privatrecht ist der Gesellschaftssitz das allgemein maßgebende Kriterium. Unter Gesellschaftssitz oder Hauptniederlassung ist der Ort zu verstehen, an dem die Direktion und die Verwaltung der Gesellschaft belegen sind, nicht hingegen der Hauptsitz der Betriebsstätte. Diese Hauptniederlassung fällt in der Regel mit dem in der Satzung genannten Sitz zusammen[30].

Die Tochter einer ausländischen Gesellschaft, die entsprechend dem belgischen Gesetz gegründet worden ist, unterliegt jedoch dem belgischen Recht, wenn das tatsächliche Zentrum ihrer Direktion und ihrer Verwaltung im Königreich liegt.

b) Auf dem Gebiet der Anerkennung einer ausländischen Gesellschaft, sei es als Muttergesellschaft der belgischen Tochter, sei es als die Inhaberin einer Niederlassung in Belgien, zeigt sich das belgische Recht äußerst liberal. In der Tat enthält Art. 196 der L.C.S. keinerlei Publizitätsbedingung oder Forderung nach Gegenseitigkeit[31]. Die Anerkennung kann auch auf solche Gruppierungen *(groupements)* ausgedehnt werden, die dem belgischen Recht unbekannt sind.

30 Vgl. zu diesem Problem allgemein: Die Anträge des Staatsanwalts DUMON, Entscheidung des Kassationshofes vom 12. November 1965, Entscheidung Lamot, Rev. Prat. Soc. 1966, 136; L. HINNEKENS, De niet-erkenning van Delaware – achtige vennootschappen ter ontwijking, via het Europees recht, van Belgisch belastingrecht, TRV 1993, 431.

31 Art. 196, „Les sociétés anonymes et les autres associations commerciales, industrielles ou financières constitutées et ayant leur siège en pays étrangers pourront faire leurs opérations et rester en justice en Belgique".

Allerdings sind Behörden häufig dann zurückhaltend, wenn es sich um Einmanngesellschaften handelt[32].

In den Beziehungen zu anderen Gesellschaften und zu gewissen anderen juristischen Personen aus den Mitgliedstaaten der Europäischen Gemeinschaft gilt die von Belgien ratifizierte Übereinkunft von Brüssel vom 19. Februar 1968[33]. Belgien hat von der in Art. 4 dieser Übereinkunft vorgesehenen Erlaubnis Gebrauch gemacht und sich das Recht vorbehalten, die zwingenden, mehr noch ergänzenden Bestimmungen seiner eigenen Regelungen für Unternehmensgruppen zur Anwendung zu bringen, wenn diese Gruppen in Übereinstimmung mit der Gesetzgebung eines Mitgliedstaates gegründet worden sind, ihren satzungsmäßigen Sitz im Gebiet der Gemeinschaft haben, der tatsächliche Sitz sich aber auf belgischem Boden befindet. Von der in Art. 3 vorgesehenen Ausnahme für solche Unternehmen, die über keine wirkliche Verbindung zur Wirtschaft der Gemeinschaft verfügen, hat Belgien nicht Gebrauch gemacht.

IV. Wahl der Rechtsform

In der Praxis dominieren steuerliche Überlegungen, obwohl eine Tendenz zur Verminderung steuerlicher Unterschiede zu beobachten ist. Ebenso wird das Sozialrecht im Hinblick auf die Lage der natürlichen Personen in die Überlegungen einbezogen.

Vom Standpunkt des Gesellschaftsrechts aus können mehrere Gründe eine Rolle spielen; sofern man in der Wahl der Rechtsform vollständige Freiheit annimmt, was nicht immer der Fall ist. Gewisse Regelungen, vor allem im Finanzbereich, gebieten die Wahl der einen oder anderen Form im Interesse der Kontrolle oder der Überwachung der Geschäfte des Unternehmens. Die Gründer tun gut daran, gemeinsam mit belgischen Spezialisten eine sorgfältige Prüfung vorzunehmen, was das Geschäftsleitungsstatut anbetrifft, die Rechtsposition der Gesellschafter, die Frage, ob die Übertragbarkeit der Anteile eingeschränkt werden kann oder nicht, die Möglichkeit der Kapitalbeschaffung durch öffentliche Zeichnungsaufforderung etc. Zu viele einzelne Gründe bestimmen die Wahl, als daß es möglich wäre, ein Leitprinzip anzugeben.

32 Seitdem Belgien die Übereinkunft von Brüssel vom 29. Februar 1968 über die gegenseitige Anerkennung der Gesellschaften und sonstiger juristischer Personen (abgedruckt bei: LUTTER, Europäisches Gesellschaftsrecht, 2. Aufl., 1984, S. 339) ratifiziert hat, erscheint diese Zurückhaltung viel weniger berechtigt. Einer kürzlich vom Kassationshof getroffenen Entscheidung vom 13. Januar 1978 zufolge (Rev. Prat. Soc. 1979, 35) kann der Einmanncharakter einer Gesellschaft nicht mehr als mit dem internationalen belgischen Recht unvereinbar betrachtet werden.

33 Gesetz vom 17. Juli 1970 (Mon. vom 18. Juni 1971).

In der Praxis wählt die Mehrzahl der ausländischen Investoren die Gesellschaftsform, die ihr am vertrautesten ist, nämlich die *société anonyme, S.A.*

Bis in jüngster Zeit war es einer juristischen Person verwehrt, sich an der Gründung einer Personengesellschaft mit beschränkter Haftung (S.P.R.L., *société de personnes à responsabilité limitée*) zu beteiligen oder Mitglied einer solchen Gesellschaft zu werden. Dieses Verbot ist durch das Gesetz vom 15. Juli 1985 aufgehoben worden. Gleichzeitig wurde der Gesellschaftsname in „*société privée à responsabilité limitée*" (S.P.R.L.) geändert.

Allgemein muß sich der deutsche Leser davor hüten, die S.P.R.L. einfach mit der GmbH gleichzusetzen[34]. Gewiß, der belgische Gesetzgeber hat sich von der deutschen Regelung mittelbar insofern leiten lassen, als er das französische Gesetz vom 7. März 1925 über die S.A.R.L. zur Basis seiner Überlegungen genommen hat. Aber das mit Gesetz vom 9. Juli 1935 in Belgien eingeführte System enthält gewisse nur ihm eigentümliche Bestimmungen. Wir werden Gelegenheit haben, diese im Folgenden herauszustellen.

V. Die Gründungsvoraussetzungen der Société Anonyme, der Société Privée à responsabilité limitée und der Société coopérative à responsabilité limitée im belgischen Recht[35]

1. Die Gesellschafter

Für den Abschluß des Gesellschaftsvertrages ist die Mitwirkung von mindestens zwei Personen erforderlich. Das belgische Recht ist lange Zeit dem traditionellen Konzept der Gesellschaft als vertraglichem Zusammenschluß mehrerer Personen verhaftet geblieben. Die originäre Einmanngesellschaft war nichtig. Dies war einer der wenigen Nichtigkeitsgründe für die S.A. und die S.P.R.L., die über die Anpassung der belgischen Gesetzgebung an die 1. EG-Anpassungsrichtlinie (Artt. 13ter, 44 L.C.S.) hinaus aufrechterhalten worden waren. Dieses Prinzip mußte gewahrt werden, solange die Gesellschaft existierte. Die Vereinigung aller Aktien oder Geschäftsanteile in einer Hand führte aber seit 1984 nicht mehr, wie es bis dahin der Fall war, zu der sofortigen Auflösung der Gesellschaft. Der alleinige Aktionär oder Gesellschafter hat ein Jahr lang Zeit, die irreguläre Situation zu bereinigen. Verstreicht die Jahresfrist, ohne daß ein weiterer Aktionär oder Gesellschafter hinzugekommen ist, haftet der Alleinaktionär oder -gesellschafter wie ein selbstschuldnerischer Bürge für alle Ver-

34 Vgl. dazu die ausgezeichnete Darstellung von LUTTER, Die GmbH in Belgien, Gesellschaftsrecht und Steuerrecht, 1966.

35 Wegen näherer Einzelheiten der im folgenden behandelten Punkte sei auf die Sammlung Jura Europae, Gesellschaftsrecht, Bd. I, Nr. 20, Belgien, hingewiesen.

bindlichkeiten der Gesellschaft, die nach Vereinigung aller Aktien oder Geschäftsanteile in seiner Hand entstanden sind (Artt. 104bis und 140bis L.C.S.).

Eine wichtige Gesetzesänderung[36] hat nunmehr zu einer teilweisen Abkehr vom rein vertraglichen Verständnis der Gesellschaft geführt. Art. 1832 C.C. gestattet jetzt die Errichtung einer Gesellschaft durch eine einzige Person. Allerdings gilt das nur für die S.P.R.L.(Artt. 13ter Nr. 4 und 116 L.C.S) und uneingeschränkt nur für natürliche Personen. Zwar ist es einer juristischen Person nicht verboten, eine Einmann-S.P.R.L. zu gründen, sie haftet dann aber gesamtschuldnerisch neben der Einmanngesellschaft für alle Gesellschaftsschulden so lange, bis ein weiterer Gesellschafter in die Gesellschaft aufgenommen wird (Art. 123 Nr. 8 L.C.S.). Diese Haftung trifft auch natürliche Personen, die in mehreren Einmann-S.P.R.L. alleinige Gesellschafter sind. Insgesamt wird die Einmann-S.P.R.L. den gleichen Regeln unterworfen wie die S.P.R.L. mit mehreren Gesellschaftern. Einige besondere Bestimmungen regeln Interessenkonflikte zwischen der Gesellschaft und ihrem einzigen Gesellschafter (Art. 133 § 3 L.C.S.), die Führung eines Registers, das die Beschlüsse der Gründungsversammlung festhält, und den Fall des Todes eines Alleingesellschafters (Art. 140ter und quater).

Im Gegensatz dazu bleiben zur Gründung einer S.A. mindestens zwei Gesellschafter erforderlich. Im Jahre 1984 hat der Gesetzgeber das Mindestquorum von sieben Aktionären aufgehoben. Zur Gründung einer Genossenschaft werden dagegen drei wirksam beteiligte Gründer benötigt.

Die Vertragstheorie der Gesellschaft verträgt sich schlecht mit den Anforderungen der Praxis, vor allem, wenn es darum geht, eine Tochtergesellschaft zu 100 % zu errichten. Daher kann man häufig bei der Gründung einer AG beobachten, daß mehr als 90 % der Aktien von der Muttergesellschaft gezeichnet werden; die übrigen Aktien werden von Personen, die von dieser Gründungsgesellschaft abhängig sind, übernommen. Das ist die klassische Zuflucht zu Strohmännern. Bis heute haben sich Rechtsprechung und Lehre in Belgien im Hinblick auf diese Praxis außerordentlich liberal gezeigt. Ein gewisser Umschwung zeichnet sich vor allem im Rahmen der S.P.R.L. ab, wenn eine natürliche Person über das Gesellschaftsvermögen auf eine Art verfügt, als handelte es sich um ihr eigenes, so daß eine echte Vermögenskonfusion entsteht. In einem solchen Fall zögern die Gerichte nicht, den Konkurs der Gesellschaft auf den Hintermann auszudehnen. Es ist nicht ausgeschlossen, daß die zur Stützung dieser Rechtsprechung vorgebrachten Argumente auch für den Fall herangezogen werden, daß es sich bei dem Hintermann um eine juristische Person handelt.

Die Frage der Errichtung einer Tochtergesellschaft wirft das Problem auf, ob eine juristische Person an der Errichtung eines neuen Rechtsgebildes beteiligt

36 Gesetz vom 14. Juli 1987 (Mon. vom 30. Juli 1987).

sein kann und in welchem Ausmaß die zur Vertretung vorgesehene natürliche Person mit Vollmacht auszustatten ist.

Im belgischen Recht steht grundsätzlich nichts dagegen, daß eine Gesellschaft als juristische Person Mitglied einer anderen Gesellschaft ist oder sogar an der Gründung einer anderen Gesellschaft teilnimmt.

Wenn die Muttergesellschaft ein ausländisches Unternehmen ist, bestimmt sich sein persönlicher Status nach dem Recht des Heimatstaates. Das belgische Recht wendet dasselbe Kriterium, nämlich den Sitz der Gesellschaft sowohl für die Anerkennung als auch für das Maß an Handlungsfähigkeit der juristischen Person und für die Regeln der Organbefugnisse an: Art und Umfang der Vertretungsmacht bestimmen sich nach dem Recht des Heimatstaates.

2. *Die Einlagen*

a) *Mindestkapital und „ausreichendes Kapital"*

Das Gesetz schreibt ein satzungsmäßiges Mindestkapital vor. Für die S.A. beträgt es 1 250 000 bfrs. und für die S.P.R.L. und die *Société Coopérative à Responsabilité Limitée (S.C.R.L.)* beläuft es sich auf 750 000 bfrs. (Artt. 29 Abs. 2, 120 Abs. 3 und 147bis L.C.S.).

Vom Moment der Gesellschaftsgründung an fordert das Gesetz im Interesse von Dritten die vollständige Zeichnung des satzungsmäßigen Kapitals. Dieses Kapital muß *gezeichnet,* d. h. durch feste Verpflichtungen zur Einbringung der entsprechenden Einlagen in die Gesellschaft gedeckt sein. In zweiter Linie muß das Kapital *vollständig* gezeichnet sein, so daß der Nominalbetrag des Gesellschaftskapitals zu 100 % gedeckt ist[37]. Die Gründer haften solidarisch für den Teil des Kapitals, der nicht gültig gezeichnet ist; sie werden dann nach geltendem Recht als Zeichner vermutet (Artt. 35 Abs. 2, 123 Abs. 4 und 147ter L.C.S.). Die Gründer haften nur für die rechtliche Gültigkeit der von den Zeichnern übernommenen Verpflichtungen, sie garantieren nicht für deren Zahlungsfähigkeit.

Die Haftung der Gründer ist verschärft worden[38]. Um abenteuerliche ökonomische Initiativen unter dem System der beschränkten Haftung zu vermeiden, hat der belgische Gesetzgeber im Gesellschaftsrecht die Formulierung „ausreichendes Kapital" eingeführt. Wenn eine S.A., eine S.P.R.L. oder eine Coopérative à R.L. innerhalb von drei Jahren nach der Gründung Konkurs anmelden muß, und es stellt sich dann heraus, daß das Gesellschaftskapital bei der Gründung nicht ausreichend war, um „den normalen Ablauf der geplanten

37 Dies gilt unter Vorbehalt der Grundsätze des „genehmigten Kapitals", die später untersucht werden sollen.

38 Art. 29ter, 35 Abs. 6, 120, 123 Abs. 7, 147ter L.C.S.

Geschäfte für die Dauer von mindestens zwei Jahren zu gewährleisten", dann haften die Gründer für die von der Gesellschaft eingegangenen Verpflichtungen, und zwar in einem Verhältnis, das vom Gericht festgelegt wird. Damit die Gründer die Möglichkeit haben, ihren guten Glauben hinsichtlich der ökonomischen Kalkulation zu beweisen, sind sie gesetzlich verpflichtet, einen Finanzplan vor Gründung der Gesellschaft zu erstellen, aus dem hervorgeht, daß das Gesellschaftskapital ausreichend ist. Dieses Dokument wird nicht veröffentlicht, sondern beim Notar hinterlegt. Für den Fall, daß die Gesellschaft Konkurs angemeldet hat, kann das Gericht diesen Finanzplan vom Notar anfordern.

b) Einlagearten

Einlagen sind zur Bildung des Gesellschaftskapitals einer S.A., einer S.C.R.L. oder einer S.P.R.L. erforderlich, aber nicht alle Einlagen tragen zur Kapitalbildung bei. Man unterscheidet zwischen Sacheinlagen (*apports en nature,* i.e. körperliche oder nichtkörperliche Güter), Geldeinlagen und *apports en industrie* (Dienstleistungen).

Die Gesellschafter einer S.A., einer S.P.R.L. und einer S.C.R.L. können Sacheinlagen auf Aktien und Geschäftsanteile nur in Form von wirtschaftlich bewertbaren Vermögensgegenständen mit Ausnahme von Arbeits- und Dienstleistungsverpflichtungen einbringen (Artt. 29 § 3, 120 Abs. 6 und 147bis L.C.S.). Dieses neue Kriterium der wirtschaftlichen Bewertbarkeit, das 1984 durch den Gesetzgeber infolge der 2. EG-Richtlinie eingeführt worden ist, ist inhaltlich weiter als das bisherige Merkmal eines „Wirtschaftsgut[es], das Gegenstand einer Zwangsverwertung sein kann". Das neue Kriterium betont mehr den Aspekt des „going concern" eines Unternehmens und erlaubt grundsätzlich die Berücksichtigung immaterieller Einlagegegenstände, wie das „know-how" oder den „goodwill" eines Unternehmens bei der Kapitalaufbringung.

Dienstleistungen können unter keinen Voraussetzungen Gegenstand einer Kapitaleinlage sein. Im Rahmen der S.A. können solche Leistungen allerdings durch Beteiligungen außerhalb des Kapitals oder durch besondere Gründeranteile (Art. 41 L.C.S.) vergütet werden; dies gilt nicht für S.P.R.L. (Art. 124 Abs. 2 L.C.S.) und auch S.C.R.L.

Die Sacheinlagen unterliegen einem besonderen Kontrollverfahren, das im Gesetz vom 30. Juni 1961 geregelt ist[39]. Die Kontrolle besteht aus drei Elementen[40]: Einschalten eines Unternehmensprüfers, Veröffentlichung eines Gründungsberichts und des Prüfungsberichts des Unternehmensprüfers, Haftung der

39 Artt. 29bis, 120bis, 147 quater L.C.S.

40 Dabin, L'application de la loi du 30 juin 1961 organisant le nouveau régime des apports en nature, Rev. Prat. Soc. 1962, 121–144.

Beteiligten im Fall der „offensichtlichen Überbewertung" *(surévaluation manifeste)*[41]. Die Sacheinlagen unterliegen diesem Kontrollverfahren, wenn sie im Zeitpunkt der Gründung oder im Rahmen einer Kapitalerhöhung eingebracht werden. Seit Inkrafttreten des Transformationsgesetzes zur 2. EG-Richtlinie im Jahre 1984, hat das belgische Recht dieses Verfahren auf bedeutende Anschaffungen, die von der Gesellschaft in den ersten beiden Jahren nach ihrer Gründung getätigt werden (sog. „Nachgründung"), ausgedehnt (Art. 29 quater, 120 quater und 147 quinquies).

c) Aufbringung des Gesellschaftskapitals

Bei den S.A. muß das gesetzliche Mindestkapital in Höhe von 1 250 000 bfrs. vollständig eingezahlt werden (Art. 29 §§ 1 und 2 L.C.S.). Übersteigt das Grundkapital die Mindestkapitalsumme, muß dieser überschießende Aktienanteil nur bis zur Höhe von 25 % des Nominalwertes eingezahlt werden (Art. 29 § 2 L.C.S.). Soll die Einlageverpflichtung durch Sacheinlagen erfüllt werden, muß die Leistung innerhalb einer Frist von 5 Jahren seit Gründung oder Erhöhung des Kapitals vollständig erbracht werden (Art. 29 § 5 L.C.S.).

Das Stammkapital der S.P.R.L., dessen Mindesthöhe 750 000 bfrs. beträgt, muß nur bis zur Höhe von 250 000 bfrs. (Art. 120 Abs. 4 L.C.S.) vollständig eingezahlt werden. Übersteigt das Stammkapital diesen gesetzlichen Mindestbetrag, braucht der überschießende Teil der gezeichneten Stammeinlagen nur in Höhe eines Fünftels unmittelbar eingezahlt zu werden. Vereinbarte Sacheinlagen müssen der Gesellschaft unverzüglich bei Gründung oder Kapitalerhöhung zur Verfügung gestellt werden (Art. 120 Abs. 6 L.C.S.). Das Kapital der *coopératives* muß bis zur Höhe von 250 000,– bfrs. eingezahlt werden. Auf jeden Anteil muß die Einlage, ob Bar- oder Sacheinlage, zu einem Viertel geleistet sein.

Der für den Abschluß der notariellen Urkunde erforderliche Nachweis, daß die Bareinlagen tatsächlich gezahlt worden sind, wird durch die Bescheinigung einer Kreditorganisation erbracht, die belegt, daß die Gelder vor der Gründung oder vor einer Kapitalerhöhung auf ein Spezialkonto eingezahlt worden sind, das auf den Namen der Gesellschaft lautet (Artt. 29bis Abs. 2 120bis und 147 quater L.C.S.). Die Gründer haften für die Erfüllung dieser Pflichten gesamtschuldnerisch.

Die S.A. und die *coopératives* sind durch die Gesellschaftsfirma gekennzeichnet, die S.P.R.L. durch eine Gesellschaftsfirma oder einen Firmennamen, der den Namen eines oder mehrerer Gesellschafter ausweist.

41 Das Oberlandesgericht Düsseldorf hatte gegen den deutschen Mitbegründer einer S.A. nach belgischem Recht in einem Fall der Haftung wegen offensichtlicher Überbewertung einer Sacheinlage zu entscheiden, und zwar auf der Basis von Art. 35 Abs. 4 L.C.S. (RIW 1976, 452 und Rev. Prat. Soc. 1976, 137).

3. *Die Firma*

Die Wahl der Firmenbezeichnung wird im belgischen Recht besonders großzügig gehandhabt. Sie kann im Hinblick auf den Geschäftsgegenstand des Unternehmens erfolgen, es kann sich um einen Phantasienamen, um ein einfaches Zeichen oder um eine Abkürzung handeln. Sogar bei der S.A. läßt die Rechtsprechung zu, daß der Name eines Gründers in der Gesellschaftsfirma erscheint.

Eine einzige Schranke für diese freie Wahl ergibt sich aus den Artt. 28 und 117 L.C.S.: sie besteht darin, daß sich die Firmenbezeichnung von der jeder anderen – sei es belgischen oder ausländischen – Gesellschaft unterscheiden muß. Anderenfalls kann jeder interessierte Dritte Änderung und gegebenenfalls Schadenersatz verlangen. Ebenso wird man hier den Verfügungen Rechnung tragen, die sich aus den Bestimmungen zur Vermeidung unlauteren Wettbewerbs und aus dem Markenschutzrecht ergeben. Um das Risiko von Überschneidungen einzuschränken, ist es nützlich, die Verzeichnisse in den Anhängen des Moniteur heranzuziehen.

4. *Formbedingungen*

Belgien kennt keine rechtliche oder administrative Kontrolle darüber, ob die Gründung einer Handelsgesellschaft ordnungsgemäß erfolgt ist. Daraus resultiert ein ziemlich komplexes System von Sanktionen für den Fall der Nichtbeachtung von Formbedingungen.

a) Notwendigkeit einer Urkunde

Die L.C.S. schreiben die Feststellung des Gründungsaktes in einer speziellen Urkunde vor. Die Mißachtung dieser Formalität wird mit der Nichtigkeit der Gesellschaftsgründung sanktioniert (Art. 4 L.C.S.). Gleichwohl besteht die Gesellschaft so lange weiter, bis auf Antrag (Klage) eines Gesellschafters oder eines Dritten ihre Nichtigkeit ausgesprochen wird (Art. 13 quater L.C.S.). Die Nichtigkeit entfaltet dann dieselbe Wirkung wie eine Auflösung (Art. 13 quinquies L.C.S.).

Bei der S.A., der S.P.R.L. und der S.C.R.L. muß der Gründungsakt notwendigerweise beurkundet werden (authentischer Akt, Art. 13ter Abs. 1 L.C.S.). Die Rolle des Notars beschränkt sich auf das Niederlegen dessen, was die Parteien zur Erfüllung der gesetzlichen Formalitäten vor ihm erklären. Allerdings ist seine Intervention nicht rein passiver Natur. Insbesondere wacht er darüber, daß das Schriftstück die gesetzlich vorgeschriebenen Angaben enthält, daß das Kontrollverfahren für Sacheinlagen stattfindet, die tatsächliche Zahlung der Bareinlagen auf ein von der Gesellschaft eröffnetes, auf ihren Namen lautendes Konto und die Erstellung des Finanzplans erfolgen.

Das Gesetz zählt die Punkte auf, die im Gründungsakt aufgeführt sein müssen. Es handelt sich insbesondere um die Bezeichnung der Gesellschaft, die genaue Bezeichnung des Gegenstandes der Gesellschaft, die Spezifizierung jeder Sacheinlage, die Höhe des Gesellschaftskapitals, die den Gründern gewährten Sondervorteile und den ungefähren Betrag der Gründungskosten (Artt. 30, 121 und 144 L.C.S.).

Wird der Gründungsakt nicht beurkundet, dann ist die Gesellschaft vernichtbar. Fehlt eine der vorgeschriebenen Angaben oder ist sie falsch, zieht das, je nach Fall, die Vernichtung der Gesellschaft nach sich (Art. 13ter Abs. 2 L.C.S.) oder die solidarische Haftung der Gründer für den eventuell daraus entstehenden Schaden (Art. 35 Abs. 4 L.C.S.).

Angesichts einer nicht ordnungsgemäß gegründeten Gesellschaft haben Dritte die Wahl, entweder deren Nichtigkeit zu verlangen, oder das Bestehen einer Handelsgesellschaft anzuerkennen. Setzt man letzteres voraus und nimmt man ferner an, daß die Nichtigkeit noch nicht durch Gerichtsentscheid ausgesprochen worden ist, dann gibt es zwei Möglichkeiten: Entweder können sie die Gesellschaft so anerkennen, wie sie aus dem Verhalten der Gesellschafter hervorgegangen ist, oder sie können die Vorschriften der OHG zur Anwendung bringen mit der Folge, daß die Gesellschafter gesamtschuldnerisch und unbeschränkt haften: Damit wird ein erheblicher Druck zur Einhaltung der gesetzlichen Regeln ausgeübt.

b) Maßnahmen der Publizität

Die Maßnahmen zur Publizität der Satzung einer Gesellschaft sind vom belgischen Gesetzgeber schon immer als essentiell angesehen worden. Dadurch soll nämlich Dritten die Möglichkeit gegeben werden, die Rechtsform des Unternehmens zu erkennen, mit dem sie einen Vertragsabschluß erwägen. Diese Maßnahmen betreffen im übrigen nicht nur den Gründungsakt, sondern darüber hinaus jede wichtige Änderung, die geeignet ist, das „Leben" der Gesellschaft zu beeinflussen (Art. 12 L.C.S.). Das System wurde im Zusammenhang mit der Umsetzung der 1. EG-Richtlinie neu geordnet und ist auch durch das Gesetz vom 24. März 1978 geändert worden.

Jede Gesellschaft muß sich in ein Register einschreiben lassen. Der Notar deponiert die gemäß Art. 27 des Code des Droits d'Enregistrement registrierte Urkunde oder die der Publikation unterworfenen Aktenauszüge innerhalb von 15 Tagen bei der Geschäftsstelle des Handelsgerichts, in dessen Bereich die Gesellschaft ihren Sitz hat[42]. Die verschiedenen Dokumente werden in einem

42 Bei Geldstrafe (Art. 256 bis 258 des Code des Droits d'Enregistrement, d'Hypothèques et de Greffe).

Akt aufbewahrt, den die für die Gesellschaftseintragungen zuständige Registerbehörde führt.

Der Beamte *(greffier)* dieser Registerstelle leitet dem *Moniteur belge* eine Kopie zum Zweck der Veröffentlichung in den *Annexes* zu. Die Veröffentlichung erfolgt auszugsweise. Diese Auszüge enthalten verschiedene Informationen zur Identität der Gesellschafter, zur Rechtsform der Gesellschaft, ihrer Firmenbezeichnung, zu Geschäftsgegenstand, Gesellschaftssitz, Dauer, Höhe des Grundkapitals und gegebenenfalls den Bericht des Sacheinlageprüfers, die Bezeichnung der Personen, die mit der Geschäftsleitung beauftragt sind und das Ausmaß ihrer Vollmacht (Art. 7 und 9 L.C.S.). Die Veröffentlichung kann auch in der Form eines Hinweises auf die Hinterlegung beim Handelsregister erfolgen (Bericht des Sacheinlageprüfers, Bankbescheinigung...; Art. 12 § 3 L.C.S.).

Die Publizitätswirkung tritt mit dem Datum der Veröffentlichung in den Anhängen des Moniteur ein. Erst von diesem Zeitpunkt an kann der Gründungsakt Dritten gegenüber geltend gemacht werden, es sei denn, die Gesellschaft weist nach, daß der Dritte schon vorher davon Kenntnis hatte. Andererseits können sich Dritte vor dem 16. Tag, welcher der Veröffentlichung folgt, für alle Geschäfte darauf berufen, daß die veröffentlichten Dokumente ihnen gegenüber nicht wirksam sind, sofern sie nachweisen, daß ihnen deren Kenntnis unmöglich war (Art. 10 § 4 L.C.S.). Nichtsdestoweniger können sich aber Dritte nicht publizierte Angaben zunutze machen. Angesichts einer Gesellschaft, deren Gründungsakt nicht veröffentlicht worden ist, haben sie ein Wahlrecht: Sie können entweder die Nichtanwendbarkeit der Satzung geltend machen und davon ausgehen, daß die Gesellschaft dann den Vorschriften der OHG unterliegt, oder sie können die Gesellschaft so anerkennen, wie sie von den Gesellschaftern gegründet worden ist[43]. Klagt die Gesellschaft, so kann der beklagte Dritte schließlich die mangelnde Parteifähigkeit einer solchen Gesellschaft geltend machen (Art. 11 L.C.S.) und damit die sofortige Abweisung der gegen ihn gerichteten Klage erreichen.

Als Vergütung für die Einlage, mit deren Hilfe das Gesellschaftskapital gebildet worden ist, erhält der Gesellschafter die Beteiligung. Während die Aktie bei der S.A. ihrer Natur nach übertragbar ist, unterliegt bei der S.P.R.L. der Geschäftsanteil einem System von Beschränkungen in der Übertragbarkeit. Die Genossenschaftsanteile sind grundsätzlich unter den Genossen frei abtretbar, an Dritte dagegen nicht. Allerdings hat das neue Gesetz diese Regel spürbar flexibler ausgestaltet.

43 Fehlt außerdem die Schriftform, dann wird dieses System von Sanktionen kombiniert mit den für Formfehler vorgesehenen Sanktionen. Dritte können darüber hinaus die Nichtigkeit der Gesellschaft gerichtlich feststellen lassen, sofern sie daran Interesse haben.

VI. Die Gesellschafterrechte

Es sei daran erinnert, daß die S.A. Gründeranteile ausgeben kann für die Einlagen, die in Geld nicht einschätzbar sind und deshalb nicht zur Bildung des Gesellschaftskapitals beitragen dürfen.

Im Unterschied zur S.P.R.L. können die S.A. und die *coopérative* auch gewöhnliche Schuldverschreibungen ausgeben, die mit Gewinnbeteiligungsrechten ausgestattet sind oder – im Falle der S.A. – sich in Aktien konvertieren lassen. Die Inhaber dieser Schuldverschreibungen sind keine Gesellschafter, sondern Darlehensgeber mit besonderem Status, die von gewissen Rechten auf Information, insbesondere auf Teilnahme an der Hauptversammlung, profitieren; sie haben aber kein Stimmrecht.

1. Die Gesellschaftsanteile

a) Nach belgischem Recht kann eine S.A. Aktien mit oder ohne Nominalwert ausgeben (Art. 41 L.C.S.). Dagegen müssen die Geschäftsanteile einer S.P.R.L. einen Nominalwert von mindestens 1000 bfrs. haben (Art. 124 Abs. 1 L.C.S.). Eine nennwertlose Aktie der S.A. verkörpert eine gewisse Quote des Gesellschaftskapitals; diese entspricht dem Quotienten, der sich bei der Division des Kapitals durch die Anzahl der das Kapital bildenden Anteile ergibt. Für Aktien mit Nennwert ist keinerlei Mindestbetrag gesetzlich vorgeschrieben.

Die Rechte des Gesellschafters bestehen im Stimmrecht, dem Recht auf Gewinnbeteiligung, auf Partizipation an der Teilung des Vermögens im Fall eines Guthabens bei Liquidation der Gesellschaft, dem Recht auf Information, dem Bezugsrecht im Fall einer Kapitalerhöhung, dem Recht auf gleiche Behandlung.

b) Das Stimmrecht ist eines der wichtigsten Merkmale der Aktie. Jede Aktie oder jeder Gesellschaftsanteil repräsentiert das Recht auf eine Stimme[44]. Es können auch keine Mehrstimmrechtsaktien ausgegeben werden.

Nur unter gewissen, in der Satzung oder im Gesetz definierten Voraussetzungen wird die Ausübung dieses Stimmrechtes suspendiert[45]. Allerdings können S.A. und S.P.R.L. seit der jüngsten Gesetzesnovellierung Aktien bzw. Anteile ohne Stimmrecht ausgeben. Für die *coopératives* läßt der Gesetzgeber größere Gestaltungsfreiheit. Die Stimmrechtsmacht der einzelnen Genossen kann in der Satzung geregelt werden.

44 Art. 74 Abs. 3 und Art. 135 Abs. 2 L.C.S. Bei der S.A. bestimmt das Gesetz die Stimmstärke nach der Höhe des Betrages, den der Anteil am Gesellschaftskapital repräsentiert. Jeder Anteil, gerechnet nach dem schwächsten Wert, zählt eine Stimme (Art. 74 Abs. 4 L.C.S.).

45 Z. B., wenn die Gesellschafter die erforderlichen und fälligen Einzahlungen nicht vorgenommen haben, oder für den Fall einer Mehrzahl von Eigentümern eines Anteils.

In Anbetracht der Tatsache, daß das Stimmrecht eines der grundlegenden Rechte des Aktionärs bzw. GmbH-Gesellschafters ist, haben Lehre und Rechtsprechung in der Vergangenheit sämtliche Stimmbindungsverträge für unwirksam erachtet. Dagegen sieht die neue Regelung Stimmbindungsverträge als wirksam an, solange sie zeitlich befristet sind (5 Jahre) und gewisse andere Voraussetzungen erfüllen (Art. 74ter).

c) In den Vorschriften hinsichtlich der Übertragbarkeit von Anteilen liegt eine der wichtigsten Unterscheidungen zwischen der S.A. und der S.P.R.L..

aa) Grundsätzlich sind bei der S.A. Inhaberaktien auszugeben, es können aber auch kraft Gesetzes[46], kraft Satzung[47] oder auf Wunsch der Aktionäre (Art. 46 Abs. 3 L.C.S.) Namensaktien sein. Der Aktionär, der Inhaber von Namensaktien ist, erhält keine Aktie, sondern ein Zertifikat über seine Eintragung im Aktienbuch der Gesellschaft (Art. 43 L.C.S.).

Die Übertragung der Inhaberaktien vollzieht sich nach dem für bewegliche Sachen anwendbaren bürgerlichen Recht. Hingegen unterliegt die Übertragung von Namensaktien einem besonderen Verfahren.

Die Aktie der S.A. ist ihrer Natur nach frei übertragbar. Doch kann die freie Übertragbarkeit durch besondere Satzungsklauseln oder durch Privatvereinbarung zwischen gewissen Aktionären beschränkt werden. Die Wirksamkeit dieser Satzungsbestimmungen oder dieser Verträge wurde für das Aktienrecht durch das Gesetz vom 18. Juli 1991 anerkannt (vgl. Art. 41 § 2 L.C.S.). Allerdings müssen sie gewisse Voraussetzungen erfüllen und dürfen auf keinen Fall den Aktionär „zum Gefangenen seines Titels machen“, also zur Unveräußerlichkeit führen.

bb) Die Geschäftsanteile einer S.P.R.L. können nicht durch ein börsenfähiges Wertpapier repräsentiert werden, wie das bei den Aktien der Fall ist; sie sind nur durch Eintragung in das Gesellschaftsverzeichnis, das am Sitz der Gesellschaft geführt wird (Art. 125 L.C.S.), gekennzeichnet. Sie können – bei Androhung der Nichtigkeit – unter Lebenden nur dann abgetreten werden, wenn die Zustimmung der Gesellschafter vorliegt; das gilt ebenso für die Übertragung von Todes wegen (Art. 126 L.C.S.)[48]. Das Gesetz fordert allerdings keine Einstimmigkeit. Es genügt, wenn die Hälfte der Gesellschafter zustimmt und diese mindestens drei Viertel des Gesellschaftskapitals halten. Zur Berechnung dieser Mehrheit dürfen die Anteile, die zur Abtretung anstehen, nicht mitberücksichtigt werden.

46 Z. B. bei nicht vollständig eingezahlten Aktien (Art. 46 Abs. 2 L.C.S.).

47 Die Bestimmung durch Satzung ist zumeist verknüpft mit Einwilligungs- und Vorkaufsklauseln, so daß der Gesellschaft im Hinblick auf den Aktionärswechsel ein außerordentlicher Einfluß zukommt.

48 Ausgenommen ist die Abtretung der Anteile an einen anderen Gesellschafter oder einen nahen Verwandten (Ehegatten, Aszendent oder Deszendent in direkter Linie) oder an andere in den Statuten klar ausgewiesene Personen.

Wenn die Zustimmung versagt wird, kann der Zedent, der Erbe oder der Vermächtnisnehmer den Erwerb durch die Gesellschaft und, wenn das nicht möglich ist, die Auflösung der Gesellschaft verlangen (Art. 127 und Art. 128 L.C.S.). Der Preis für den Erwerb durch die Gesellschaft wird von der jährlichen Gesellschafterversammlung auf der in der Satzung festgelegten Basis bestimmt oder durch Vereinbarung der Parteien und, bei Fehlen von satzungsmäßigen Bestimmungen, durch das zuständige Gericht. In der Praxis ist die Wertbestimmung des Anteils einer S.P.R.L. Anlaß für zahlreiche Rechtsstreitigkeiten. Es empfiehlt sich deshalb, im Zeitpunkt der Gründung der Gesellschaft eine Auswahl objektiver Kriterien für diesen Fall festzulegen, die dann seitens der Entscheidungsbefugten zu beachten sind.

cc) Für die *coopératives* werden in den Satzungen die Bedingungen für die Aufnahme neuer Mitglieder und den Austritt oder den Ausschluß von Mitgliedern festgelegt. Die Veräußerung von Anteilen unter den Genossen ist – bei Beachtung statutarischer Vorgaben – frei möglich. Auch die Veräußerung an Dritte ist möglich, wenn diese den Aufnahmebedingungen der Satzung genügen oder die Genossen vorher über die Aufnahme beschlossen haben.

2. *Die Gründeranteile*

Für die S.A. beschränkt sich das belgische Gesetz darauf, die Schaffung von Gründeranteilen (*parts bénéficiaires* bzw. *parts de fondateur*) zu genehmigen und den Gründern jede Freiheit einzuräumen, wenn es darum geht, das Ausmaß ihrer Rechte zu präzisieren. Die Anteile außerhalb des Kapitals haben stets ein Recht auf Gewinnbeteiligung. Die Satzung räumt ihnen allgemein für den Fall der Liquidation das Recht ein, nach Rückzahlung des Aktienkapitals an der Aufteilung des verbleibenden Überschusses der Netto-Aktiva zu partizipieren. Ob sie mit Stimmrecht ausgestattet werden oder nicht, obliegt der Entscheidung der Gründer[49]. Ungeachtet jeder entgegenstehenden Klausel der Satzung verfügen die Gründeranteile gleichwohl über ein Stimmrecht für gewisse wichtige Entscheidungen[50], insbesondere, wenn es um die Änderung ihrer Rechte geht (Art. 71 L.C.S.).

49 Das Gesetz begrenzt jedoch ihre kollektive Stimmkraft (Art. 75 L.C.S.), um das Übergewicht der wirklichen Aktionäre aufrechtzuerhalten.

50 Änderung des Rechtsgegenstandes oder der Rechtsform der Gesellschaft.

VII. Die Organe der S.A., der S.P.R.L. und der S.C.R.L.

1. Allgemeines

a) Die Handlungsfähigkeit einer S.A. sowie die einer S.P.R.L. wird durch drei rechtlich unerläßliche Organe gewährleistet, die sich die verschiedenen Machtbefugnisse teilen: die Hauptversammlung der Aktionäre oder die Gesellschafterversammlung, der Verwaltungsrat oder der (die) Geschäftsführer und der (die) Kommissare[51].

Weitere Organe können durch die Satzung vorgesehen sein. Davon wird in breitem Umfang Gebrauch gemacht. Es handelt sich dabei um den oder die Delegierten für die laufende Geschäftsführung in der S.A.. Für die *coopérative* ist keine bestimmte Struktur vorgesehen; die Gründer können, abgesehen von den Bestimmungen über die Kontrolle des Unternehmens, Regelungen treffen. Die Satzung regelt die Kompetenz der Geschäftsführung und der Mitgliederversammlung. Beschränkungen der Vertretungsbefugnis der einen wie der anderen, einschließlich derjenigen, die sich aus dem „Genossenschaftsgegenstand" ergeben, wirken auch gegenüber Dritten. In diesem Punkt ist die Regelung der der Ersten EG-Richtlinie völlig entgegengesetzt.

b) Seit dem Gesetz vom 6. März 1973, das die 1. EG-Richtlinie zur Angleichung im Bereich des Gesellschaftsrechts in nationales Recht umsetzt, kennt auch das belgische Recht nach deutschem Muster die Unterscheidung zwischen Geschäftsführungsbefugnis und Vertretungsmacht. Die saubere Unterscheidung hat zahlreiche Schwierigkeiten hervorgerufen und ruft angesichts der alten Übung, die sich noch immer hält, weiterhin Schwierigkeiten hervor[52].

c) Die Hauptversammlung einer S.A. ist zwar deren oberstes Organ[53], hat aber gleichwohl nur beschränkte Kompetenzen: Sie ist auf die ihr vom Gesetz oder per Satzung eingeräumten Handlungen verwiesen. Dagegen verfügt der Verwaltungsrat über die Vollmacht, alle Handlungen vorzunehmen, die zur Verwirklichung des Geschäftsgegenstandes notwendig oder nützlich sind. Die Trennung des deutschen Rechts in Vorstand und Aufsichtsrat kennt das belgische positive Recht noch nicht.

Die hervorgehobene Stellung des Verwaltungsrates und der kollegiale Charakter der Entscheidungsfindung sind für die Praxis nicht problemlos. Das gilt insbesondere, wenn die S.A. eine hohe Zahl von Verwaltungsratsmitgliedern

51 Dies gilt nur, wenn die Gesellschaft bestimmte Größenkriterien erfüllt (siehe dazu unten 4. a).

52 Vgl. L. DABIN, Les difficultés d'application de la première directive communautaire de coordination du droit des sociétés, en matière de validité des engagements des sociétés anonymes, in: FS Johannes Bärmann, 1975, S. 235 ff.

53 Vgl. Art. 70 L.C.S., dessen Anwendungsbereich sich seit dem Gesetz vom 6. März 1973 verändert hat.

aufweist. Aus diesem Grund gestattet das Gesetz jetzt die Delegation der laufenden Geschäftsführung sowie die Vertretung im Rahmen dieser Geschäftsführung. Die Delegation kann auf Verwaltungsratsmitglieder, aber auch auf andere Personen erfolgen; diese erhalten dann im Bereich der ihnen übertragenen Kompetenzen echte Organbefugnisse.

Aus dem gleichen Grund ist es gesetzlich erlaubt, einem oder mehreren Verwaltungsratsmitgliedern Generalvollmacht – sei es einzeln, sei es gemeinschaftlich – zur Vertretung der Gesellschaft zu erteilen. Im übrigen greift die Praxis häufig auf die Technik der Erteilung von Vollmacht und Untervollmacht nach den Regeln des Zivilrechts zurück.

Aus den Reihen der aktiven Verwaltungsratsmitglieder bilden sich zur Entlastung des Verwaltungsrates Exekutiv- oder Direktionsausschüsse. Diese Ausschüsse haben als solche keine legale Existenzberechtigung, bestimmen aber tatsächlich die Geschicke der Gesellschaft.

Die Überwachung der Gesellschaft ist den Kommissaren anvertraut. Seit 1985 müssen die Kommissare zwingend unter den Mitgliedern des „Institut des Reviseurs d'Entreprises" ausgewählt werden. Ihre Bestellung ist aber nur für diejenigen Gesellschaften erforderlich, die nicht als kleine oder mittlere Unternehmen entsprechend den gesetzlichen Kriterien anzusehen sind. Fehlt ein Kommissar, hat jeder Gesellschafter ein individuelles Untersuchungs- und Kontrollrecht.

2. *Die Organe der Geschäftsführung und der Vertretung*

a) *Statut der Verwaltungsratsmitglieder und der Geschäftsführer*

Das belgische Recht formuliert keinerlei besondere Anforderung. Jede geschäftsfähige natürliche Person (Art. 1990 C.C.) und jede juristische Person[54] kann die Funktion des Verwaltungsratsmitglieds oder des Geschäftsführers wahrnehmen. Weder sind irgendwelche Altersbegrenzungen noch Bedingungen hinsichtlich der Nationalität vorgesehen[55]. Man muß auch nicht Gesellschafter sein. Das Prinzip der freien Wahl steht der Existenz gewisser Verbote[56] und Unvereinbarkeiten nicht entgegen, vor allem bei Gesellschaften, deren Geschäfte Gegenstand einer spezifischen Regelung sind, z. B. im Finanzbereich.

54 Cass. vom 17. Mai 1962, Rev. Prat. Soc. 1962, 253.

55 Unter dem Vorbehalt, daß Verwaltungsratsmitglieder, die nicht aus Mitgliedsländern der EG stammen, Inhaber eines Berufsausweises sein müssen. Siehe Gesetz vom 19. Februar 1965, geändert durch die Gesetze vom 10. Januar 1977 und vom 28. April 1984.

56 Was Gemeinschuldner und gewisse Verurteilte anbetrifft, siehe insbesondere A.R. vom 24. Oktober 1934 (Mon. vom 27. Oktober 1934), geändert durch Gesetz vom 4. August 1978 (Mon. vom 17. August 1978).

Eine S.A. muß mindestens drei Verwaltungsratsmitglieder haben (Art. 55 Abs. 1 L.C.S.), dagegen genügt in der S.P.R.L. ein einziger Geschäftsführer (Art. 129 Abs. 1 L.C.S.). Nach innen sind die Verwaltungsratsmitglieder oder Geschäftsführer Bevollmächtigte. Von der Hauptversammlung ernannt, können sie auch von dieser ohne Entschädigung abberufen werden. Dieses Prinzip der Absetzbarkeit *ad nutum* ist zwingendes Recht. Eine Ausnahme besteht nur für Geschäftsführer der S.P.R.L.; für sie kann die Satzung vorsehen, daß sie nur dann abberufen werden können, wenn schwerwiegende Gründe vorliegen. Dafür sind gewisse Modalitäten vorgesehen (Art. 129 Abs. 3 L.C.S.).

Die Mitglieder des Verwaltungsrats einer S.A. können für höchstens 6 Jahre bestellt werden (Art. 55 Abs. 3 L.C.S.), können aber wiedergewählt werden (Art. 56 L.C.S.). Die Geschäftsführer der S.P.R.L. werden entweder für eine begrenzte Zeit oder auf unbestimmte Dauer ernannt (Art. 129 Abs. 2 L.C.S.).

Die Tätigkeit der Mitglieder des Verwaltungsrates ist entgeltlich oder unentgeltlich (Art. 53 und 129 Abs. 1 L.C.S.). Diese Frage wird allgemein in der Satzung geregelt. Die häufigsten Arten der Vergütung bestehen in der Tantieme (Prozentsatz auf den Nettogewinn), im Sitzungsgeld, in prozentualer Beteiligung am Umsatz oder fester Besoldung.

b) Geschäftsführungsbefugnis und Vertretungsmacht

aa) Der Verwaltungsrat einer S.A. und jeder Geschäftsführer einer S.P.R.L. haben die Vollmacht, alle Handlungen auszuführen, die zur Verwirklichung des Geschäftsgegenstandes notwendig oder nützlich sind, unter der Voraussetzung, daß die Hauptversammlung dadurch nicht ihrer wichtigen Vorrechte verlustig geht, die ihr ausdrücklich per Gesetz zugedacht sind (Art. 54 Abs. 1 und Art. 130 Abs. 1 L.C.S.). So ist allein die Hauptversammlug ermächtigt, die Mitglieder des Verwaltungsrates und die Kommissare zu ernennen oder zu entlassen (Art. 55, 64 und 79 L.C.S.), die Bilanz und den Jahresabschluß festzustellen (Art. 79 L.C.S.), über die Verwendung der Gewinne der Gesellschaft zu entscheiden (77bis L.C.S.)[57], die Änderung des Gesellschaftskapitals (Art. 72 Abs. 1 L.C.S.)[58] und der Satzung zu beschließen.

57 Seit Inkrafttreten des Transformationsgesetzes zur 2. EG-Richtlinie kann die Satzung einer S.A. den Verwaltungsrat jedoch ermächtigen, an die Aktionäre eine Abschlagszahlung auf die zu erwartende Dividende zu leisten, sofern bestimmte Voraussetzungen und Formalitäten eingehalten sind (Art. 77ter L.C.S.).

58 Unter Abweichung von diesem Grundsatz können die Satzung oder die Hauptversammlung unter Einhaltung der Voraussetzungen eines satzungsändernden Beschlusses den Verwaltungsrat ermächtigen, das Grundkapital in einem oder mehreren Teilbeträgen bis zur Höhe eines festgesetzten Betrages zu erhöhen (Satzungsklausel des „genehmigten Kapitals", Art. 33bis § 2 L.C.S.). Das belgische Recht kennt keine

Die Satzung kann indessen über das Gesetz hinaus Einschränkungen bringen, so daß der Verwaltungsrat und die Geschäftsführer in ihrer Vollmacht beschränkt werden. Diese satzungsmäßigen Klauseln können Dritten gegenüber nicht geltend gemacht werden, auch dann nicht, wenn sie veröffentlicht werden (Art. 54 Abs. 3; Art. 130 Abs. 3 L.C.S.). Sie entfalten ihre Wirksamkeit nur im Innenverhältnis und sind geeignet, die Verantwortung der Mitglieder des Verwaltungsrates gegenüber den Gesellschaftern zu binden.

Der Verwaltungsrat und jeder Geschäftsführer vertreten die Gesellschaft gerichtlich und außergerichtlich gegenüber Dritten (Art. 54 Abs. 2 und Art. 130 Abs. 2 L.C.S.).

bb) Der Verwaltungsrat oder ein Geschäftsführer können einen Teil ihrer Vollmacht delegieren. Diese Delegierung ist erlaubt, soweit sie sich darauf beschränkt, spezielle Vollmachten zu übertragen, und nicht dahingehend interpretiert werden kann, daß es sich um eine generelle Vollmacht handelt. Die rechtliche Stellung dieser Delegierten unterscheidet sich außerordentlich stark von der des Prokuristen im deutschen Recht; denn alle Einschränkungen, die in der Vollmacht enthalten sind, können Dritten entgegengehalten werden.

Von dem Verbot der generellen Bevollmächtigung läßt das Gesetz zwei Ausnahmen zu, von denen in der Satzung Gebrauch gemacht werden kann. Die erste bezieht sich auf die laufende Geschäftsführung und betrifft ebenso die Geschäftsführungsbefugnis wie die Vertretung; die zweite zielt auf die allgemeine Vertretung der Gesellschaft ab.

Nur für die S.A. genehmigt Art. 63 L.C.S. die Delegierung der laufenden Geschäftsführung *(gestion journalière)* an die Person aus dem Kreis der Mitglieder des Verwaltungsrates (delegierter Verwaltungsrat) oder an einen leitenden Angestellten (Delegierter für die laufende Geschäftsführung, Direktor ...). Diese Delegierung darf sich nicht über die laufende Geschäftsführung hinaus ausdehnen. Die Frage, welche Handlung unter die laufende Geschäftsführung fällt und welche nicht, ist anhand verschiedener Kriterien zu beurteilen: Gegenstand des Unternehmens, Größe des Unternehmens, Höhe des Gesellschaftskapitals, rechtliche Natur der anfallenden Geschäfte und deren

Höchstgrenze für diesen Betrag. Die Ermächtigung ist nur fünf Jahre gültig, sie kann aber erneuert werden. Diese Abweichung von den Befugnissen der Hauptversammlung ist von großer praktischer Bedeutung. Die Klausel findet sich häufig in den Satzungen von Gesellschaften, die bereits eine gewisse Größe erreicht haben, sie ist aber auch bei kleinen Gesellschaften anzutreffen. Die Ermächtigung des Verwaltungsrates berechtigt ihn nicht nur zu einer Kapitalerhöhung gegen Bareinlagen, sondern auch zu einer Kapitalerhöhung gegen Sacheinlagen und aus Gesellschaftsmitteln. Die Klausel könnte sogar eine Kapitalerhöhung unter Ausschluß des Bezugsrechts der Altaktionäre vorsehen.

wirtschaftliche Bedeutung[59]. Da die Beschränkung auf die laufende Geschäftsführung vom Gesetz festgelegt ist, kann sie gegenüber Dritten stets geltend gemacht werden; das läßt sie zu einer Quelle der Unsicherheit werden.

Die zweite Abweichung vom Prinzip des Verbots einer generellen Vollmacht liegt darin begründet, daß seit dem Gesetz vom 6. März 1973 die allgemeine Vertretungsmacht durch die Satzung auf ein oder mehrere Mitglieder des Verwaltungsrates[60], nicht aber auf andere Personen delegiert werden kann. Die Satzung legt fest, ob diese Personen einzeln oder gemeinsam handeln; da die Bestimmung zusammen mit der Satzung zu publizieren ist, kann sie auch Dritten gegenüber geltend gemacht werden (Art. 54 Abs. 4 und 5; Art. 63 Abs. 2; Art. 130 Abs. 4 L.C.S.). Im Wege der Analogie ist dieses Recht auf die S.P.R.L. ausgedehnt worden[61]. Wenn eine Handelsgesellschaft dieses Typs nunmehr eine solche Klausel in ihrer Satzung verwendet, so stellt das eher eine Einschränkung gegenüber dem gesetzlichen Grundsatz der Vertretung dar.

c) Haftung

aa) Die Verwaltungsratsmitglieder bzw. die Geschäftsführer sind gegenüber der Gesellschaft für Fehler im Rahmen der Geschäftsführung haftbar (Art. 62 Abs. 1, Art. 132 und Art. 158 L.C.S.). Diese Haftung ist vertraglicher Natur und gründet sich auf die Bevollmächtigung *(actio mandati)*. Sie ist also persönlich und schließt die gesamtschuldnerische Haftung untereinander aus. In ihrer Eigenschaft als Vollmachtgeberin ist die Gesellschaft allein berechtigt, die *actio mandati* auszuüben, und zwar durch ihre gesetzlichen oder satzungsmäßigen Vertreter, gegebenenfalls durch Sonderbevollmächtigte (Art. 66 L.C.S.), die Liquidatoren oder den Konkursverwalter. Dritte können diese Klage nicht unmittelbar erheben, es sei denn über den Weg der Drittschuldnerklage (Art. 1166 C.C.). Die Aktionäre haben kein Recht zur Klageerhebung. Allerdings ist mit Gesetz vom 18. Juli 1991 eine Klagemöglichkeit für Minderheitsaktionäre eröffnet worden. Klagebefugt ist der Aktionär bzw. die Aktionärsgruppe, der/die zum Zeitpunkt der Hauptversammlung, die über die Entlastung der Geschäftsführung beschließt, zumindest 1 % des stimmberechtigten Kapitals auf

59 „... die Vollmacht, solche Handlungen vorzunehmen, die nicht über die Bedürfnisse des täglichen Lebens der Gesellschaft hinausgehen oder die aufgrund ihrer geringen Bedeutung oder der Notwendigkeit einer raschen Lösung das Einschalten des Verwaltungsrates selbst nicht rechtfertigen" (Cass. vom 17. September 1968, Pas. 1969, I, 61). Diese Konzeption des Kassationshofes in der Behandlung der täglichen Geschäftsführung erscheint ziemlich restriktiv im Verhältnis zur Praxis in Belgien.

60 Diese Vollmacht steht im Prinzip dem gesamten Verwaltungsrat als Ganzem zu.

61 Abweichend zur S.A. hat jeder Geschäftsführer einer S.P.R.L. diese Vollmacht.

sich vereinigt oder einen Kapitalanteil von mindestens 50 Mio. bfrs. hält (Art. 66bis und 158 L.C.S.). In der S.P.R.L. beträgt der Anteil 5 % (Art. 132bis L.C.S.).

Eine verschärfte Haftung der Mitglieder des Verwaltungsrates oder der Geschäftsführer ist dann gegeben, wenn eine Verletzung des Gesetzes über die Gesellschaften oder der Satzung vorliegt (Art. 62 Abs. 2 L.C.S.). Das Gesetz sieht eine Schuldvermutung *juris tantum* hinsichtlich der Mitglieder des Verwaltungsrates vor und macht sie gesamtschuldnerisch haftbar für den verursachten Schaden. Diese Vermutung betrifft aber weder den Eintritt eines Schadens selbst noch die Kausalität zwischen Fehler und Schaden.

Schließlich begründet das Gesetz ungeachtet etwa entgegenstehender vertraglicher Vereinbarungen eine gesamtschuldnerische Haftung der Mitglieder des Verwaltungsrates oder der Geschäftsführer, wenn diese im Fall der Kapitalerhöhung nicht die gesetzlichen Vorschriften einhalten (Artt. 29, 30, 32, 35, 123, 147ter L.C.S.). Ihre Haftung wird derjenigen der Gründer angeglichen[62].

Weder die Satzung noch irgendeine besondere Vereinbarung von haftungsbefreienden Klauseln könnte eine Abweichung von den zwingenden Haftungsregeln bewirken.

bb) Die Mitglieder des Verwaltungsrates legen jedes Jahr während der Hauptversammlung Rechenschaft über ihre Geschäftsführung ab. Die Entlastung wird durch eine besondere Abstimmung der Versammlung erteilt. Diese Beschlußfassung deckt gegenüber der Gesellschaft alle Unterlassungen, alle Fehler, welche eine Klageerhebung der Gesellschaft gerechtfertigt hätten (Art. 62 L.C.S.). Aber die Bedingungen, unter denen das Gesetz diese Gunst gewährt, sind unterschiedlich je nach der Schwere des Fehlers. Bei einem Fehler in der Geschäftsführung ist es unbedingt erforderlich, daß in der Bilanz nichts ausgelassen worden ist und darin keine falschen Angaben enthalten sind, welche die tatsächliche Situation der Gesellschaft verschleiern (Art. 79 Abs. 3 L.C.S.). Im Fall der Verletzung des Gesetzes oder der Satzung (Art. 62 L.C.S.) müssen zusätzliche Bedingungen erfüllt sein, nämlich keine Beteiligung an der Gesetzesverletzung, keinerlei Fehler darf vorwerfbar sein, Anzeige der Gesetzesverletzung auf der nächstmöglichen Versammlung, nachdem das Mitglied des Verwaltungsrates selbst Kenntnis von der Verletzung erlangt hat. Wenn es um eine Handlung außerhalb der Satzung geht, ist außerdem ihre spezielle Erwähnung in der Einladung zur Versammlung erforderlich. Fehlt eine dieser vier Bedingungen, ist die Entlastung nicht gültig und das Mitglied des Verwaltungsrates kann zur Rechenschaft gezogen werden.

Gegenüber Dritten sind die Mitglieder des Verwaltungsrates und die Geschäftsführer nach allgemeinem Recht für ihre Delikte und Quasi-Delikte

62 Siehe oben sub V. 2. a).

(Artt. 1382, 1383 C.C.) persönlich haftbar. Darüber hinaus sind sie gesamtschuldnerisch haftbar, nicht nur gegenüber der Gesellschaft, sondern auch gegenüber Dritten im Falle der Verletzung des Gesetzes[63] oder der Satzung (Art. 62 Abs. 2 L.C.S.).

cc) Die Haftung der Mitglieder des Verwaltungsrates der S.A. oder der Geschäftsführer der S.P.R.L. ist durch das Gesetz vom 4. August 1978 – das sogenannte „Antikrisengesetz“ – verschärft worden, nämlich durch die neu eingeführten Artikel 63ter und 133 L.C.S. Danach kann jedes aktuelle oder frühere Mitglied des Verwaltungsrates bzw. der Geschäftsführung oder jede andere Person, die tatsächlich die Geschäfte der Gesellschaft geführt hat, im Falle des Konkurses der Gesellschaft – gesamtschuldnerisch oder nicht – für alle oder einen Teil der ungedeckten Schulden der Gesellschaft haftbar gemacht werden. Diese Vorschrift gelangt gleichwohl nur dann zur Anwendung, wenn feststeht, daß gerade die in Anspruch genommene Person durch einen schweren Fehler maßgeblich zum Konkurs beigetragen hat. Der belgische Gesetzgeber hat sich dabei von der im französischen Recht vorgesehenen Klage zur Deckung der Schulden (Passiva) leiten lassen, dann aber eine Lösung angenommen, die für die Geschäftsführer weniger streng ist. Diese Vorschriften sind bereits in mehreren Fällen zur Anwendung gekommen. Dem Begriff des faktischen Verwaltungsratsmitglieds und des faktischen Geschäftsführers kommt eine ganz besondere Bedeutung zu. Selbst der belgische Staat ist wegen dieser Eigenschaft verurteilt worden, die Vermehrung der Verbindlichkeiten einer in der Krise befindlichen Aktiengesellschaft zu tragen, weil er sich vergeblich bemüht hatte, durch Gewährung von Beihilfen und die Beteiligung eines „öffentlichen Verwalters“ das Unternehmen zu sanieren[64]. Mit dem gleichen Vortrag, diesmal aber vergeblich, ist versucht worden, gegen Gewerkschaftsvertreter, die eine Fabrik besetzt hatten, und gegen einen Bankier, der die Verwendung eines Sanierungskredits unmittelbar überwacht hatte, vorzugehen.

3. *Die Versammlung der Aktionäre oder der Gesellschafter*

a) Da das belgische positive Recht keine speziellen Regelungen für die Unternehmensgruppen kennt, wird die Abhaltung einer Hauptversammlung selbst dann gefordert, wenn es sich um eine 100%ige Tochtergesellschaft handelt. In der *ordentlichen* Hauptversammlung werden die Beschlüsse mit ein-

63 Von besonderer Bedeutung ist deshalb, daß die neuen Vorschriften für den Jahresabschluß der Unternehmen Teil des Gesellschaftsrechts sind (Art. 77 L.C.S.).

64 Comm. Bruxelles vom 22. Oktober 1982, J.T. 1983, 113; Rev. Prat. Soc. 1982, 244; s. auch App. Bruxelles vom 14. September 1988, R.D.C. 1989, 171.

facher Stimmenmehrheit der anwesenden oder vertretenen Stimmberechtigten gefaßt. Ein Mindestquorum zur Feststellung der Beschlußfähigkeit ist nicht erforderlich.

b) Handelt es sich dagegen um eine *außerordentliche* Versammlung zur Beschlußfassung über eine Satzungsänderung, dann müssen die anwesenden Gesellschafter die Hälfte des Gesellschaftskapitals repräsentieren. Wenn diese Untergrenze nicht erreicht ist, wird die Versammlung geschlossen, und eine neue Einberufung wird notwendig.

Bei der zweiten Versammlung ist eine besondere Beschlußfähigkeit dann nicht mehr erforderlich. Anstelle der einfachen Stimmenmehrheit verlangt das Gesetz hier drei Viertel der Stimmen der anwesenden oder vertretenen Stimmberechtigten. Enthaltungen werden als negative Stimmen gezählt. Wenn sich die Versammlung mit der Änderung des Geschäftsgegenstandes, der Änderung der Rechte, die den einzelnen Anteilskategorien zustehen, oder der Umwandlung der Gesellschaft zu befassen hat, bleibt die zweite Versammlung gleichwohl speziellen Anwesenheits- oder Mehrheitsbedingungen unterworfen.

c) Die *außerordentliche* Hauptversammlung ist allein kompetent, wenn es darum geht, die Satzung zu ändern, das Gesellschaftskapital zu erhöhen[65] oder zu reduzieren, Fusionen zu genehmigen, die Regelungen der Gewinnverteilung zu ändern, über die Verlängerung der Gesellschaft zu beschließen. Gewisse Satzungsänderungen sind indessen untersagt. In erster Linie ist es der Versammlung untersagt, die wesentlichen Elemente *(éléments essentiels)* des Gesellschaftsvertrags, wie er von den Gründern festgelegt worden ist, anzutasten, es sei denn, daß Einstimmigkeit der Gesellschafter erzielt werden kann. Ebenso verhält es sich bei der Verlegung des Gesellschaftssitzes ins Ausland, der mit einer Änderung der Nationalität verbunden ist; hier müßten zusätzlich alle inhaltlichen und formalen Bedingungen für die ordentliche Gründung der neuen Gesellschaft beobachtet werden[66]. In zweiter Linie könnte die Versammlung – außer bei Einstimmigkeit – für die Satzung keine Klauseln beschließen, die von den normalen Einrichtungen der S.A. abweichen. Dritten kann die Satzung ganz oder teilweise für unabänderbar erklärt werden; dann kann eine künftige Änderung nur noch bei Einstimmigkeit vorgenommen werden. Schließlich ist die Versammlung gehalten, das Recht der Aktionäre auf gleiche Behandlung zu respektieren.

d) Die Entscheidungen der Hauptversammlung sind durch Urteil vernichtbar, sofern die vom Gesetz und von der Satzung geforderten Formalitäten nicht eingehalten worden sind oder ein Mißbrauch der Stimmrechtsmacht vorliegt (Art. 190bis).

65 Unter Vorbehalt der Klausel des „genehmigten Kapitals"; siehe Fn 58.

66 J. Heenen, „A propos de la nationalité des sociétés par actions", in: CDVA, Evolutions récentes du droit des affaires, Kluwer, 1992, S. 93.

Darüber hinaus könnte eine Minderheit von Aktionären die Nichtigkeit der Beschlüsse der Versammlung fordern, wenn die Mehrheit private Interessen zum Nachteil der Gesellschaft verfolgt. Dieser Möglichkeit kommt besondere Bedeutung im Rahmen einer Unternehmensgruppe zu[66a].

4. *Die Überwachung der Gesellschaft*

a) Die Überwachung der S.A., der S.P.R.L. und der *S.C.R.L.* ist durch das Gesetz vom 21. Februar 1985 betreffend die Reform der Unternehmensprüfung *(revisorat)*[67] tiefgreifend geändert worden. Nunmehr sind die Kommissare unabhängige und sachkundige Experten, die unter den Mitgliedern des *Institut des Reviseurs d'Entreprises* ausgewählt werden.

Die Ernennung eines Kommissars ist nur in denjenigen Gesellschaften zwingend vorgeschrieben, die bestimmte Größenkriterien nach der Rechnungslegungsgesetzgebung überschreiten[68]. Die genaue Festlegung dieser Kriterien ist durch den A.R. vom 12. September 1983 vorgenommen worden. Für ein verbundenes Unternehmen sieht diese Verordnung die Berechnung auf einer konsolidierten Grundlage vor (Art. 12 § 2)[69]. Dies erweitert beträchtlich den Anwendungsbereich der gesetzlichen Verpflichtungen. Art. 12 § 2 des A.R. von 1983 ist nicht nur auf Unternehmen der Konzernspitze *(tête de groupe)*, die in Belgien oder im Ausland ihren Sitz haben, sondern auch auf Tochtergesellschaften anwendbar. Gesellschaften ausländischen Rechts in Belgien werden hinsichtlich ihrer belgischen Zweigniederlassungen und Geschäftssitze einem verbundenen Unternehmen gleichgestellt[70].

Soweit die Bestellung eines Unternehmensprüfers nicht erforderlich ist, bleibt es den Aktionären dennoch freigestellt, einem Kommissar die Überwachung der

66a De bescherming van de minderheitsaandeelhouder, Sonderheft der TRV 1988; B. GLANSDORFF, Interventions nouvelles du juge en droit des sociétés en ce compris les entreprises en difficultés, DAOR Nr. 10/1989, S. 21.

67 Mon. vom 28. Februar 1985.

68 Die Größenkriterien der Unternehmen sind unter Bezugnahme auf die Zahl der beschäftigten Arbeitnehmer (50 im jährlichen Durchschnitt), dem jährlichen Umsatz (145 Mio. bfrs. ohne Mehrwertsteuer) und auf die Bilanzsumme (70 Mio. bfrs.) festgelegt. Das „kleine" und „mittlere" Unternehmen ist nicht verpflichtet, einen Kommissar zu bestellen. In diese Kategorie fallen Unternehmen, die nur eines der genannten Kriterien erfüllen, es sei denn, die Zahl der beschäftigten Arbeitnehmer übersteigt 100 Personen (Art. 12 § 2 des Gesetzes vom 17. Juli 1975, geändert durch den A.R. vom 16. Januar 1986).

69 Der Begriff ist im Anhang des A.R. vom 8. Oktober 1976, Kap. III: „Définitions des rubriques", festgelegt.

70 Zu den Methoden der Konsolidierung siehe: Bull. de la Commission des Normes Comptables, Nr. 16, April 1985, S. 9–11.

Rechnungslegung anzuvertrauen. In diesem Fall muß der Gewählte Mitglied des oben genannten Instituts sein. Fehlt eine solche Bestellung und findet sich in der Satzung keine ausdrückliche Regelung, hat jeder Gesellschafter das individuelle Recht der Kontrolle und Überwachung gleich einem Kommissar (Art. 64 § 2 Abs. 2 L.C.S.).

b) Die Kommissare werden durch die Hauptversammlung für eine erneuerbare Amtszeit von 3 Jahren bestellt (Art. 64 § 1 L.C.S.). Die Aktionäre sind indessen nicht die einzigen, die das Recht haben, sich in das Bestellungsverfahren einzuschalten. Soweit ein Betriebsrat *(conseil d'entreprise)* besteht, haben auch die Arbeitnehmer über ihn ein Mitspracherecht. In diesem Fall ist das Bestellungsverfahren durch das Gesetz vom 20. September 1948 über die Organisation der Wirtschaft geregelt, das durch die Reform von 1985 geändert worden ist. Diese Kumulation von Zuständigkeiten erklärt sich aus der Tatsache, daß die Überwachungsaufgabe des Unternehmensprüfers sowohl den Aktionären als auch den Arbeitnehmern zugute kommt.

Das Vorschlagsrecht steht dem Verwaltungsrat zu. Dieser schlägt die Kandidaten dem Betriebsrat vor, der mit der Mehrheit der abgegebenen Stimmen seiner Mitglieder und mit der Mehrheit der von den Arbeitnehmervertretern abgegebenen Stimmen darüber beschließt. Die so aufgestellten Kandidaten schlägt der Betriebsrat der Hauptversammlung vor. Falls die erforderlichen qualifizierten Mehrheiten im Betriebsrat nicht erreicht werden oder wenn der oder die vorgeschlagenen Kommissare nicht bestellt werden, nimmt der Präsident des Handelsgerichts, in dessen Gerichtsbezirk die Gesellschaft ihren Sitz hat, die Bestellung eines Unternehmensprüfers vor, der die Aufgaben des Kommissars so lange wahrnimmt, bis ein ordentlich bestellter Kandidat ihn ersetzt. Das gleiche Verfahren ist bei der Wiederwahl des bisherigen Amtsträgers vorgesehen.

Die Kommissare können nur durch die Hauptversammlung und nur aus schwerwiegenden Gründen *juste motif*, Art. 64 quater and quinquies L.C.S. sowie ggf. auf Vorschlag oder mit Einverständnis des Betriebsrats abberufen werden. Auch die Niederlegung des Amtes durch den Kommissar ist einer gesetzlichen Regelung unterworfen (Art. 64 quinquies L.C.S.).

Die Vergütung besteht aus einem festen Betrag, der anläßlich der Ernennung des Kommissars durch die Hauptversammlung festgesetzt wird (Art. 64ter L.C.S.). Die Höhe des Betrages wird dem Betriebsrat zu Informationszwecken mitgeteilt. Außerhalb des üblichen liegende Leistungen oder besondere Aufgaben können durch spezielle Gebühren vergütet werden, die in gewissem Rahmen veröffentlicht werden müssen.

c) Der oder die Kommissare haben nur die Aufgabe, die finanzielle Situation der Gesellschaft, den Jahresabschluß, die Einhaltung der gesellschaftsrechtlichen und statutarischen Bestimmungen sowie die Vermögensbewegungen, die im Jahresabschluß festzustellen sind, zu überwachen (Art. 64 § 1 L.C.S.). Ihre Aufgabe besteht nicht mehr in der Überwachung der Geschäftsführungsmaßnahmen, wie es nach dem alten Gesetz der Fall war. Sie dürfen sich nicht mehr in die Geschäftsführung einmischen. Schwieriger zu beantworten ist die Frage, inwieweit die Verpflichtung, die Rechtmäßigkeit von Maßnahmen der Gesellschaft zu überprüfen, geht. Die Kommissare haben nach unserer Auffassung nicht die Pflicht, allgemein die Einhaltung der gesetzlichen und statutarischen Bestimmungen zu überwachen; sie sind nur verpflichtet, Verstöße, die im Rahmen der Überprüfung des Jahresabschlusses entdeckt werden, anzuzeigen. Die normalen Prüfungen beziehen sich im wesentlichen auf die Rechnungslegung und die Finanzen der Gesellschaft.

Die Aufgabe der Kommissare gegenüber den Aktionären besteht in der Abfassung eines jährlichen Berichts, der veröffentlicht werden muß. Der Bericht behandelt verschiedene Punkte, die durch das Gesetz festgelegt sind (Art. 65 L.C.S.). Er enthält zudem ein eingeschränktes oder uneingeschränktes Testat darüber, daß der Jahresabschluß ein angemessenes Bild von der Vermögenslage, der finanziellen Situation und vom Geschäftsergebnis der Gesellschaft wiedergibt.

Für die Arbeitnehmer im Betriebsrat erstellt der Kommissar einen besonderen Prüfungsbericht. Darin ist der Unternehmensprüfer gehalten, die wirtschaftlichen und finanziellen Informationen, die durch die Geschäftsleitung dem Betriebsrat gegeben worden sind, zu erläutern und inhaltlich zu werten[71].

d) Mehrere bestellte Kommissare bilden ein Kollegium. Ihre Haftung ist der der Verwaltungsratsmitglieder und Geschäftsführer nachgebildet (Art. 64 octies L.C.S.). Einfache Fehler im Rahmen der Prüfungsverpflichtung führen zu einer individuellen Haftung gegenüber der Gesellschaft; die Kommissare haften aber gesamtschuldnerisch der Gesellschaft und Dritten gegenüber, wenn Verstöße gegen gesellschaftsrechtliche oder statutarische Bestimmungen festgestellt werden und sie nicht nachweisen, daß sie die erforderlichen Sorgfaltspflichten ihres Amtes gewahrt haben. Zu diesem Zweck verfügen die Kommissare über verschiedene Mittel (Art. 64 sexies L.C.S.). Sie können jederzeit die Buchungen und Dokumente der Gesellschaft einsehen, von den Verwaltungsratsmitgliedern und Beauftragten der Gesellschaft alle Erklärungen und Informationen erfragen und alle Überprüfungen vornehmen, die ihnen notwendig erscheinen. Sie haben das Recht, Informationen über verbundene Unternehmen zu fordern, sowie über die Verwaltungsratsmitglieder die Bestätigung des Bestehens und der Höhe der Gesellschaftsverbindlichkeiten zu verlangen. Die Kommissare erhalten halbjährlich einen Lagebericht, der nach den Grundsätzen einer Bilanz und einer Gewinn- und Verlustrechnung aufgestellt ist. Sie haben als Kollegium auch die Befugnis, die Hauptversammlung (Art. 73 Abs. 2 L.C.S.) oder eine Versammlung der Obligationäre (Art. 91 L.C.S.) einzuberufen, selbst wenn sich der Verwaltungsrat dem widersetzt.

71 Siehe A.R. vom 23. November 1983.

5. Rechnungslegung

Ein Gesetz vom 17. Juli 1975 gefolgt von seiner Durchführungsverordnung bildet die Basis für ein echtes allgemeines Recht der Rechnungslegung. Obwohl autonom, ist dieses Recht doch Bestandteil des Gesellschaftsrechts (Art. 77 L.C.S.).

Das belgische Recht der Rechnungslegung hat sich an den damaligen Vorstellungen über die 4. Europäische Angleichungsrichtlinie auf dem Gebiet des Gesellschaftsrechts orientiert[72]. Es ist grundsätzlich anwendbar auf Kaufleute, auf Handelsgesellschaften oder auf Gesellschaften in Handelsform, sofern sie über einen Betriebssitz in Belgien verfügen (Art. 1 des Gesetzes). Diese gesetzgeberische und verordnungsrechtliche Einheit beinhaltet die allgemeinen Regeln für die Erstellung der Konten, präzisiert die Bewertungsmethoden und schreibt die Verwendung eines Kontenplanes vor.

Jedes Jahr errichten die Verwaltungsratsmitglieder ein Inventar und erstellen den Jahresabschluß entsprechend dem Gesetz aus dem Jahre 1975. Dieser Jahresabschluß umfaßt die Bilanz, die Erfolgsrechnung und die Anlagen (Art. 77 L.C.S.).

Seit dem Inkrafttreten des Gesetzes vom 5. Dezember 1984, das die 2. EG-Richtlinie ins belgische Recht umsetzte, sind die Verwaltungsratsmitglieder und Geschäftsführer verpflichtet, einen Lagebericht abzufassen, in dem zu folgenden Punkten Stellung genommen werden muß (Art. 77 Abs. 4 und 5): Eine Erläuterung des Jahresabschlusses, Angaben über wichtige Geschehnisse, die nach Abschluß des Geschäftsjahres eingetreten sind, Hinweise auf Umstände, die geeignet sind, einen merklichen Einfluß auf die Entwicklung der Gesellschaft sowie auf die Forschungs- und Weiterentwicklungsprojekte auszuüben. Ggf. sind in dem Bericht auch Auskünfte zu erteilen über den Erwerb eigener Anteile, über Kapitalerhöhungsmaßnahmen im Rahmen des genehmigten Kapitals und über zusätzliche Gebühren, die den Kommissaren zugebilligt worden sind. Der Jahresabschluß, die Aufstellung über die Wertpapiere der Gesellschaft und die Liste der Aktionäre, die ihre Aktien nicht eingezahlt haben, der Lagebericht der Verwaltungsratsmitglieder, derjenige der Kommissare sowie der des *commissaire-reviseur* müssen den Aktionären am Gesellschaftssitz mindestens 10 Tage vor der Versammlung zur Verfügung stehen (Art. 78 L.C.S.).

Der Lagebericht und der Prüfungsbericht der Kommissare werden in der Hauptversammlung verlesen (Art. 79 L.C.S.). Die Verwaltungsratsmitglieder sind verpflichtet, die Fragen, die ihnen von den Aktionären über ihren Bericht zu den Tagesordnungspunkten gestellt werden, zu beantworten (Art. 70ter L.C.S.). Entschließen sich die Verwaltungsratsmitglieder dazu, eine Frage nicht

72 Insbes. A.R. vom 8. Oktober 1976 (Mon. vom 19. Oktober 1976).

zu beantworten, weil dies nachteilige Folgen für die Gesellschaft mit sich bringen würde, tragen sie dafür die alleinige Verantwortung. Eine gleichartige Verpflichtung besteht zu Lasten der Kommissare hinsichtlich ihres eigenen Berichts (Art. 64 septies L.C.S.).

Die Hauptversammlung genehmigt die Bilanz und beschließt die Gewinnverwendung. Allerdings ist die Hauptversammlung gehalten, gewisse gesetzliche oder satzungsmäßige Vorschriften zu beachten. Das Gesetz schreibt vor, daß vorab 5 % des Nettogewinns zur Bildung einer sog. gesetzlichen Rücklage abgeschöpft werden. Diese Zuweisung verliert ihren obligatorischen Charakter, sobald der Rücklagenfonds 10 % des Gesellschaftskapitals ausmacht (Art. 77 Abs. 6 L.C.S.). Eine Gewinnverteilung darf nur erfolgen, wenn die Vorschriften des Art. 77bis L.C.S. eingehalten sind. Diese Bestimmung beruht unmittelbar auf Art. 15 der 2. EG-Richtlinie und auf Artt. 34 und 37 der 4. EG-Richtlinie. Jede Gewinnausschüttung setzt voraus, daß das Netto-Aktivvermögen höher ist als der Gesamtbetrag von Grundkapital und Gewinnrücklagen, die kraft Gesetzes oder statutarischer Bestimmung von der Verteilung ausgeschlossen sind, von Mehrwerten aus Wertberichtigungen sowie etwaiger Aufgelder und staatlicher Kapitalbeihilfen. Dividendenausschüttungen an die Aktionäre sowie Tantiemenzahlungen an Verwaltungsratsmitglieder oder Geschäftsführer – von Ausnahmefällen abgesehen – setzen voraus, daß die genannten Ausschüttungsvoraussetzungen auch dann noch erfüllt sind, wenn das Aktivvermögen der Gesellschaft zusätzlich noch um die offenstehenden Gründungskosten sowie um die Forschungs- und Entwicklungskosten vermindert wird.

Schließlich regelt die Satzung generell die Modalitäten für die Verteilung des Gewinns auf die verschiedenen Kategorien der Papiere, der Tantiemen an die Mitglieder des Verwaltungsrats und der Bildung einer bestimmten Reserve.

Innerhalb eines Monats nach seiner Genehmigung ist der Jahresabschluß (Bilanz, Gewinn- und Verlustrechnung, Anhang) in der beim Handelsgericht geführten Akte zu hinterlegen; ein Vermerk über die Hinterlegung wird in den Anhängen des *Moniteur belge* veröffentlicht. Dem Abschluß sind verschiedene Dokumente beigefügt, darunter eine Liste mit den Namen der amtierenden Verwaltungsratsmitglieder und Kommissare, falls nicht alle Aktien vollständig eingezahlt sind, ist ebenfalls der Stand des Gesellschaftskapitals enthalten (Art. 51 L.C.S.). Weitere Auskünfte betreffen das Datum der auszugsweisen Veröffentlichung des Gründungsvertrages oder einer Satzungsänderung, insbesondere auch die Höhe der Schulden mit staatlicher Bürgschaft, der gegenüber Finanzamt und Sozialversicherungsträger fälligen Verbindlichkeiten, die Höhe der von staatlicher Seite bewilligten Zuschüsse (Art. 80 L.C.S.).

Der Lagebericht der Verwaltungsratsmitglieder und der Geschäftsführer sowie der Prüfungsbericht der Kommissare werden üblicherweise ebenfalls auf der Geschäftsstelle des Handelsgerichts niedergelegt. Mittlere und kleine Gesellschaften entsprechend den Vorschriften des Bilanzrechts[73] sind nicht gehalten, den Lagebericht zu veröffentlichen. Sie können sich auf die Niederlegung des Prüfungsberichts der Kommissare beschränken. Im übrigen sind Gesellschaften aller Größenklassen von der Veröffentlichungsverpflichtung hinsichtlich des Lageberichts befreit, wenn sie ihn am Gesellschaftssitz zur Einsicht für jedermann zur Verfügung halten.

Der Jahresabschluß wird bei der Nationalbank von Belgien (Banque Nationale de Belgique) eingereicht; Kopien dieser Unterlagen sind dort erhältlich (Art. 177bis L.C.S.).

Anhang

I. Abkürzungsverzeichnis

A.R.	Arrêté Royal
Cass.	Cour de Cassation
C.C.	Code Civil
Doc. Parl. Ch.	Document Parlementaire de la Chambre
L.C.S.	Lois coordonnées sur les Sociétés commerciales
Mon.	Moniteur belge
Pas.	Pasicrisie belge
Rev. Prat. Soc.	Revue Pratique des Sociétés
RIW	Recht der Internationalen Wirtschaft
S.A.	Société anonyme
S.C.R.L.	Société coopérative à responsabilité limitée
S.P.R.L.	Société privée à responsabilité limitée

II. Gesetze

Lois coordonnées sur les sociétés commerciales du 30 novembre 1935

Der Text ist insbesondere abgedruckt in:
Codes Belges, Etablissements Emile Bruylant ou F. Larcier Brüssel;
Codes La Charte, Brugge
E. Wymeersch (e. a.), Code des sociétés, Mys, Breesch, Gent 1993

III. Literaturhinweise

Jura Europae, Gesellschaftsrecht, Bd. I, Ziff. 20, bearbeitet von del Marmol, Dabin/Benoit-Moury, München, Paris

C. Resteau, Traité des sociétés anonymes, 4 tomes, 3e édition, Bruylant, Bruxelles

Le nouveau droit des sociétés, Louvain-la-Neuve, 1991

P. Nicaise, Le nouveau droit des sociétés coopératives, Bruylant, Bruxelles, 1992

73 Siehe dazu oben Fn 68.

H. OLIVIER, Vademecum de l'administrateur de société anonyme, Creadif, Bruxelles, 1992 (ouvrage à portée pratique); Vademecum S.P.R.L., Creadif, Bruxelles, 1985 (ouvrage à portée pratique)

IV. Adressenverzeichnis

Deutsch-Belgisch-Luxemburgische Handelskammer
Cäcilienstraße 46
50667 Köln

Rue du Commerce 20
Boîte 11
1040-Bruxelles

Fédération des Entreprises de Belgique
Rue Ravenstein, 4
1000-Bruxelles

Ministère des Affaires Economiques
Square de Meeûs, 23
1040-Bruxelles

Die Gründung einer Tochtergesellschaft in Brasilien

von

DR. JÜRGEN THOMAS, Rechtsanwalt und Steuerberater, München

„... Europa hat unermeßlich mehr Tradition und weniger Zukunft, Brasilien weniger Vergangenheit und mehr Zukunft. Es ist eine Frage, weit über das brasilianische Problem hinaus, ob das friedliche, sich selbst bescheidende Leben von Nation und Individuen nicht wichtiger ist als der übersteigerte, überhitzte Dynamismus ..., und ob bei dem hundertprozentigen Herausholen aller seiner dynamischen Kräfte nicht etwas im seelischen Erdreich des Menschen ... eintrocknet und verdorrt."

STEFAN ZWEIG

Inhaltsübersicht

A. Einleitung

I. Auslandsinvestitionen in Brasilien – Anreize, Barrieren

Die gegenwärtige Wetterlage für ausländische Investitionen in Brasilien möchte ich als „wechselhaft bis bewölkt" bezeichnen. Mit diesem Urteil beziehe ich mich nicht ausschließlich auf die aktuellen wirtschaftlichen Schwierigkeiten Brasiliens. Entscheidender ist eine längerfristige Beobachtung der wirtschaftlichen und sozialen Indikatoren des Landes[1], die auch für die nahe Zukunft keine Wende erkennen läßt: Vom Klima der Euphorie der Zeiten des stürmischen wirtschaftlichen Aufschwungs, in denen das Engagement ausländischer Investoren aus brasilianischer Sicht erwünscht war und gefördert wurde, ist nichts mehr zu spüren. „Brasilien ist kein Einwandererland mehr" überschrieb die Deutsch-Brasilianische Industrie- und Handelskammer eine Analyse des Ausländergesetzes. Dies alles drängt die Frage auf: Ist eine Arbeit über die Gründung einer Tochtergesellschaft in Brasilien ausgerechnet heute aktuell? Ich könnte mir die Rechtfertigung unter zweierlei Gesichtspunkten vorstellen:

1 Im Auftrag der Regierung wurde 1986 von fünf Wissenschaftlern der Universität Rio de Janeiro eine Studie zur wirtschaftlichen und sozialen Lage des Landes erstellt (Brasil 2000 – Para um novo pacto social, Editora Paz e Terra S.A., Brasilia 1986). Diese Studie begründet das Kernproblem Brasiliens vor allem mit den wirtschaftlichen und sozialen Ungleichgewichten: Industriemacht einerseits und „afroasiatisches soziales Niveau" andererseits.

– Unabhängig von politischen Zeitströmungen und Zwischentiefs muß der Jurist, der Steuerberater, der Betriebswirt über den geltenden Rechtszustand der Materie unterrichtet sein.

– Wichtiger noch erscheint mir folgendes: Der Kapitalstrom aus dem Ausland nach Brasilien hält (überraschenderweise?) fast ungebrochen an. Dies darf wohl als Beweis dafür angesehen werden, daß das Vertrauen der großen Unternehmen der Industrienationen Westeuropas, der USA und Japans – dies sind die Hauptinvestoren des Auslands in Brasilien – in eine langfristig solide Stabilität dieses größten lateinamerikanischen Staates unerschüttert ist.

1. *Themenabgrenzung*

Ich behandle in diesem Beitrag vorrangig die rechtlichen Voraussetzungen und Wirkungen einer Gesellschaftsgründung nach brasilianischem Recht. Zur Frage, wie sich eine Direktinvestition in Brasilien auf den ausländischen Anteilseigner, also insbesondere die Muttergesellschaft in der Bundesrepublik Deutschland, auswirkt, kann auf bereits vorliegende Untersuchungen verwiesen werden[2]. Gleiches gilt für Sonderfragen wie Gewinntransfer und Kapitalrückführung aus Brasilien[3].

Auswirkungen auf die Konzernrechnungslegung einer deutschen Obergesellschaft hatte die Umsetzung der 4. und 7. EG-Richtlinie durch das Bilanzrichtliniengesetz. Wie sich dies auf die Berichterstattung brasilianischer Tochtergesellschaften auswirkte, wurde in der Literatur ebenfalls dargestellt[4].

2. *Geltendes Recht*

Die brasilianische Verfassung von 1988 unterscheidet in ihrem Artikel 171 zwischen einem „brasilianischen Unternehmen, das mit Sitz im Lande errichtet wurde“ und einem „brasilianischen Unternehmen mit nationalem Kapital (unter brasilianischer Kontrolle)“. §§ 1 und 2 dieses Artikels konstituieren rechtliche Präferenzen zugunsten des zuletzt genannten Unternehmens. Ein Beispiel:

Nach Artikel 171, § 2 hat der Staat im Rahmen des öffentlichen Auftragswesens bei dem Erwerb von Produkten und Dienstleistungen der brasilianischen Unternehmung unter nationaler Kapitalbeherrschung Präferenz zu gewähren.

2 Z. B. Goltz, DB 1979, 633 ff.

3 Gumbert, Private Auslandsinvestitionen und Gewinntransfer nach brasilianischem Recht, Köln 1985.

4 Neukirchen, Die 4. und 7. EG-Richtlinie und ihre Auswirkungen auf die Berichterstattung brasilianischer Tochtergesellschaften, RIW/AWD 1985, 790 f.

Die gesetzlichen Ausführungsbestimmungen zu dieser Verfassungsnorm wurden noch nicht geschaffen. In der Literatur ist umstritten, ob die genannte Verfassungsbestimmung unmittelbar anwendbares Recht ist[5].

Von zweifelhafter Bedeutung sind in diesem Zusammenhang die Autarkiebestrebungen Brasiliens in bestimmten Wirtschaftsbereichen, z. B. auf dem Gebiet der Elektronik. Durch das Gesetz Nr. 7.232/84 wurden drastische Zugangsbeschränkungen für ausländische Unternehmen der Informatik eingeführt, und zwar zunächst für einen Zeitraum von acht Jahren ab 1985[6]. Zur Durchführung dieser Autarkiepolitik wurde der Nationale Rat für Informatik und Automatisierung (Conselho Nacional de Informática e Automação – CONIN) geschaffen. Dieses Gremium unter dem Vorsitz des Präsidenten der Republik ist hierarchisch auf der gleichen Ebene angesiedelt wie der Nationale Sicherheitsrat und der Oberste Führungsstab der Streitkräfte.

Das Gesetz stieß in Brasilien bereits bei seiner Einführung auf nicht überhörbare verfassungsrechtliche Bedenken. Es wurde im Jahre 1991 teilweise aufgehoben durch das Gesetz Nr. 8.248/91. Die Achtjahresfrist für die Zugangsbeschränkungen für ausländische Unternehmen auf dem brasilianischem Markt ist 1993 ausgelaufen. Ausländische Kapitalgesellschaften können seitdem Produkte und Dienstleistungen auf dem Gebiet der Informatik im Lande auf den Markt bringen. Indessen können ausschließlich Unternehmen unter nationaler Kapitalkontrolle in den Genuß staatlicher Investitionshilfen, Subventionen und Vorzugsbedingungen bei der Finanzierung kommen. Der CONIN besteht mit veränderter Struktur fort.

Generell sind ausländische Unternehmen mit Sitz in Brasilien vom Gesetz Nr. 4131/62[7] angesprochen. Es regelt die Registrierung, die Überweisung und Reinvestition von Auslandskapital, untermauert jedoch gleichzeitig den verfassungsrechtlichen Gleichbehandlungsgrundsatz, indem es jede in diesem Gesetz nicht vorgesehene Diskriminierung untersagt.

Abgesehen davon sind ausländische Unternehmen in Brasilien heute nur durch das Gesetz Nr. 4728 von 1965 in ihrer Bewegungsfreiheit beschränkt. Danach kann in nationalen Krisensituationen, z. B. bei schwerer Unausgeglichenheit der Zahlungsbilanz des Landes, Tochtergesellschaften ausländischer Unternehmen der Zugang zum brasilianischen Kapitalmarkt verwehrt werden. Von dieser Möglichkeit hat Brasilien bisher noch nie Gebrauch gemacht, obwohl mehrere Wirtschaftskrisen dazu die rechtliche Handhabe geboten hätten.

5 T. Sampaio Ferraz, Interpretação da Constituição de 1988, Editora Atlas, São Paulo, 1990.

6 Berkemeier, Brasiliens Autarkiepolitik auf dem Gebiet der Elektronik. Neue Zugangsbeschränkungen für ausländische Unternehmen der Elektronikindustrie, ZVglRWiss. 1985, 229.

7 Abgeändert und ergänzt durch Gesetz Nr. 4390/64 und VO Nr. 55762/65.

Soweit das geschriebene Recht in der Theorie. Die Praxis sieht anders aus: Bei der Exekutive ist eine Tendenz nicht zu übersehen, durch Ermessensentscheidungen, z. B. bei öffentlichen Ausschreibungen staatlicher Auftraggeber oder bei Gewährung von Förderungsmaßnahmen[8] „nationale" gegenüber „ausländischen" Investoren zu bevorzugen, wobei noch nicht präzise definiert ist, was unter einer ausländischen Kapitalgesellschaft zu verstehen ist[9]. Diese Praxis ist juristisch bedenklich, weil fundamentale Grundsätze für das Verwaltungshandeln – Vorrang und Vorbehalt des Gesetzes, Gleichbehandlungsgebot, Selbstbindung der Verwaltung etc. – nicht beachtet werden. Dies muß der ausländische Investor wissen, wenn er das landläufige Urteil über die liberale brasilianische Auslandsgesetzgebung richtig einschätzen will.

II. Wahl der Rechtsform der wirtschaftlichen Betätigung

Die unternehmerische Betätigung eines Ausländers im Rahmen einer brasilianischen Zweigniederlassung, d. h. einer rechtlich unselbständigen Betriebsstätte (Estabelecimento Permanente) ist wenig gebräuchlich; denn sie ist administrativ kompliziert[10] und kann steuerliche Nachteile bringen[11]. Außerdem ist zu bedenken, daß das ausländische Hauptunternehmen für die Verbindlichkeiten der Zweigniederlassung in vollem Umfang haftet.

Selbstverständlich ist der Betrieb eines Unternehmens in Brasilien auch in der Form einer Einzelunternehmung möglich[12], dürfte aber, unter anderem aus den genannten Haftungsgründen, schon für mittlere Unternehmen kaum in Betracht kommen. Schließlich setzt jede nachhaltige wirtschaftliche Betätigung in Part-

8 Siehe hierzu LEGE, ZGR 1979, 334.

9 Nach geläufiger Verwaltungsauffassung Gesellschaften, deren stimmberechtigte Kapitalanteile nicht „durchgerechnet" zu mehr als 50 % in der Hand einer brasilianischen natürlichen Person sind. Ein Gesetzentwurf über die Definition ausländischer Kapitalgesellschaften wurde im Nationalkongreß eingebracht, aber bisher nicht verabschiedet. Nach Art. 12 des erwähnten Informatikgesetzes ist als „nationales Unternehmen" eine juristische Person definiert, die ihren Sitz in Brasilien hat und deren „Kontrolle" dauernd, ausschließlich und unbedingt von natürlichen Personen mit Wohnsitz in Brasilien (oder Körperschaften des öffentlichen Rechts) ausgeübt wird. Unter Kontrolle im Sinne dieser Begriffsbestimmung ist nach dem Wortlaut des Gesetzes zu verstehen: die Stimmrechtskontrolle, die technologische Kontrolle und die Kapitalkontrolle, wobei diese drei Kriterien kumulativ erfüllt sein müssen.

10 Sie setzt eine Genehmigung der brasilianischen Bundesregierung in Form eines Präsidialerlasses voraus, an deren Erteilung besonders strenge Anforderungen gestellt werden.

11 Die Betriebsstätte muß zum Nachweis der territorialen Gewinnabgrenzung ein voll ausgebildetes Rechnungswesen haben und eine Steuerbilanz erstellen; der darin auszuweisende Gewinn gilt in jedem Fall, auch bei Transfer an die Mutter-Gesellschaft, als ausgeschüttet und unterliegt in vollem Umfang der Besteuerung.

12 *Empresa individual;* zu dieser und anderen Betätigungsformen, z. B. der Handelsvertretung *(representação)*, vgl. LEGE, ZGR 1979, 334, 336 ff.

nerschaft mit anderen – brasilianischen oder ausländischen – Unternehmen zwangsläufig die Errichtung einer Gesellschaft voraus[13]. Dabei ist in Brasilien für einen Gewerbebetrieb die Rechtsform der Personenhandelsgesellschaften (Sociedade Mercantil) unüblich, obwohl das Handelsgesetz alle auch in der Bundesrepublik Deutschland gebräuchlichen Gesellschaftsformen anerkennt[14].

Damit kann festgestellt werden, daß sich der Betrieb eines gewerblichen Unternehmens in Brasilien heute so gut wie ausschließlich in der Rechtsform einer Aktiengesellschaft (Sociedade Anonima, S.A.) oder einer Gesellschaft mit beschränkter Haftung (Sociedade pro Quotas de Responsabilidade Limitada, im folgenden kurz „Ltda.") vollzieht[15].

III. Kapitalgesellschaften im allgemeinen

1. Gemeinsamkeiten

S.A. und Ltda. sind juristische Personen und Kapitalgesellschaften[16], d. h. nicht die Person des Gesellschafters („intuitu personae") steht im Vordergrund,

13 Über die Formen und wirtschaftlichen Motive einer solchen deutsch-brasilianischen Partnerschaft mittelständischer Unternehmen (irreführend als „Joint Venture" bezeichnet) siehe BURKHARDT, RIW/AWD 1977, 389 ff. Eine Partnerschaft in Form eines Joint Venture, also durch Abschluß eines schuldrechtlichen Vertrages, oder Gründung einer BGB-Gesellschaft empfiehlt sich in der Regel nur für gegenständlich und zeitlich begrenzte Zwecke, z. B. größere Bau- oder Montagevorhaben. Das brasilianische Aktiengesetz stellt für diese Zwecke die Rechtsfigur der „Arbeitsgemeinschaft" *(consórcio)* zur Verfügung, Art. 278 ff.

14 Sie gelten als juristische Personen und werden steuerlich diesen gleichgestellt. Die Haftung der Gesellschafter ist unbeschränkt. Zur Nomenklatur in portugiesischer Sprache vgl. REQUIÃO, Direito comercial, 8. Aufl., São Paulo 1977, S. 216 f (allgemein) und 253 ff (Personengesellschaften). Die Rechtsform der Personengesellschaft wird in Brasilien nahezu ausschließlich für nichtgewerbliche Tätigkeiten gewählt, z. B. für Anwaltssozietäten, Architektenbüros und Gemeinschaftspraxen der Ärzte.

15 Von der im Kapitel 23 (Art. 280 ff) des Aktiengesetzes geregelten Rechtsform der Kommanditgesellschaft auf Aktien wird in der Praxis wenig Gebrauch gemacht. Statistische Angaben über die Zahl der in Brasilien existierenden Gesellschaften und ihre Aufteilung nach den verschiedenen Rechtsformen fehlen leider.

16 Für die Ltda. ist dies immer noch bestritten. In der älteren brasilianischen Rechtslehre wurde die Ltda. von einigen Autoren als Mischform der Kapital- und Personengesellschaften angesehen, von anderen als reine Personengesellschaft (FERREIRA, Sociedades por Quotas, São Paulo, 1952, S. 149; DERS., Instituições de Direito Comercial, São Paulo, 1954, S. 383 und PEIXOTO, A Sociedade por Quotas de Responsabilidade Limitada, 2. Aufl., Rio de Janeiro, 1958, S. 39 ff). In der neueren Doktrin scheint sich die Meinung durchzusetzen, daß Elemente der Kapitalgesellschaft zumindest prädominant sind; zum Stand der Meinungen vergleiche ABRÃO, Sociedade por Quotas de Responsabilidade Limitada, 2. Aufl., São Paulo, 1980, S. 23 ff. Im übrigen haben die Kriterien „personenbezogen" und „kapitalbezogen" zur rechtlichen Klassifikation von Gesellschaften im brasilianischen Recht nicht die gleiche Bedeutung wie im deutschen, vgl. dazu REQUIÃO, aaO (Fn. 14), S. 224 ff m. w. Nachw.

sondern seine im Gesellschaftskapital verkörperte Einlage („intuitu pecuniae"). Die *Gründung* beider Gesellschaftsformen vollzieht sich handelsrechtlich im wesentlichen nach den gleichen Formen, nämlich durch Abfassung eines Gesellschaftsvertrages und dessen Eintragung beim Handelsregister.

Von ihren deutschen „Pendants", AG und GmbH, unterscheiden sich S.A. und Ltda. in folgenden Aspekten:

a) Brasilien kennt nicht die Rechtsfigur der Einmanngesellschaft[17]. Dies gilt für die S.A. und Ltda., und zwar nicht nur für das Gründungsstadium, sondern auch für den Fortbestand. Sobald also die Zahl der Gesellschafter unter zwei sinkt, tritt die Gesellschaft grundsätzlich in Liquidation. Darauf ist bereits bei Gründung der Gesellschaft im Hinblick auf die Auswahl der (Mit-)Gesellschafter zu achten: Zur Minderung des Liquidationsrisikos durch Tod eines Gesellschafters sollte eine Kapitalgesellschaft in Brasilien mindestens drei Gesellschafter haben, falls es sich um natürliche Personen handelt.

b) Weder für die S.A. noch für die Ltda. schreibt das Gesetz ein Mindestkapital oder eine Mindesteinlage der einzelnen Gesellschafter vor. Die Kapitalausstattung kann also entsprechend dem betriebswirtschaftlich für richtig erachteten Bedarf vorgenommen werden.

Im übrigen läßt das brasilianische GmbH-Gesetz der Gestaltung des Gesellschaftervertrages so freien Raum, daß die Ltda. theoretisch einer S.A. nachgebildet werden könnte. Das gilt auch für die Schaffung von Verwaltungsorganen, die vom Gesetz nur für die S.A., nicht aber für die Ltda. vorgesehen sind, wie den Aufsichtsrat. In der Praxis wird man allerdings hierbei unter Umständen auf Schwierigkeiten stoßen: Der Handelsregisterrichter könnte mit der Begründung des Rechtsmißbrauchs (Umgehung zwingender Vorschriften für die S.A.) die Eintragung des Gesellschaftsvertrages einer derartigen Ltda. verweigern.

Die noch verbreitete Meinung, die Rechtsform der Ltda. sei geeigneter für kleinere Unternehmen, oder die Auffassung, sie genieße eine geringere „Status"-Reputation als die S.A., ist für die brasilianische Praxis heute nicht mehr zutreffend. Große und größte Unternehmen bedienen sich der Rechtsform der Ltda. Für das Ansehen sind Kriterien wie Bilanzstruktur, Ertragskraft, Management etc. ausschlaggebend.

2. *Unterschiede*

– *Gesellschaftsvertrag, Gründungsversammlung:* Die gesetzlichen Bestimmungen für die S.A. sind formstrenger als die der Ltda. und gestatten z. B. nicht die satzungsmäßige Verschiebung der Zuständigkeiten zwischen den Verwal-

17 Sociedade Unipessoal; vgl. REQUIÃO, aaO (Fn. 14), S. 363.

tungsorganen der Gesellschaft. Die Minderheitsrechte der Aktionäre sind zwingend. Die Ausübung der Stimmrechte ist nicht völlig frei gestaltbar wie bei der Ltda.

– *Publizitätspflicht, Bilanzprüfung:* Für die Ltda. besteht noch[18] keine Publizitätspflicht. Die S.A. muß dagegen im vorgesehenen Organ, dem Diário Oficial, u. a. den Jahresabschluß, die Hauptversammlungsprotokolle und die Höhe der Vorstandsgehälter veröffentlichen.

– *Gesellschaftsanteile:* Die Einteilung der Gesellschaftsanteile in Klassen ist bei der Ltda. nicht möglich. Bei der S.A. können durch die Satzung z. B. Vorzugsaktien geschaffen werden[19]. Die Übertragung von Gesellschaftsanteilen ist bei der S.A. einfacher als bei der Ltda.: sie geschieht durch bloße Eigentumsübertragung des im Wertpapier Aktie verbrieften Anteilsrechts. Bei der Ltda. setzt jeder Wechsel von Gesellschaftern eine formgerechte Satzungsänderung voraus.

– *Bilanz, Gewinnverwendung:* Im Gegensatz zur S.A. kennt die Ltda. keine Pflichtmindestdividende. Auch in der Bildung und Verwendung von Rücklagen ist die Ltda. freier als die S.A.

B. Gründungsvorschriften

I. Allgemeines

Gesetzliche Grundlagen sind das GmbH-Gesetz[20] und das Aktiengesetz[21]. Ergänzend ist das Handelsgesetzbuch[22] heranzuziehen. Wo auch dieses eine

18 Eine Gesetzesvorlage, die für auslandsbeherrschte Kapitalgesellschaften ohne Ansehung ihrer Rechtsform als Ltda., offene oder geschlossene S.A., die Einführung von Publizitätspflichten vorsieht (die bei „nationalen" Kapitalgesellschaften nur für die offene S.A. gelten), wurde bisher nicht verabschiedet.

19 Die damit verfolgten Zwecke können bei der Ltda. nur angenähert durch komplizierte Vereinbarungen im Gesellschaftsvertrag und nur mit Innenwirkung unter den Gesellschaftern gesichert werden.

20 Decreto Nr. 3708 vom 10. 1. 1919; siehe dazu die in Fn. 16 Genannten, sowie TEIXEIRA, Das Sociedades por Quotas de Responsabilidade Limitada, 2. Aufl., São Paulo, 1958.

21 Lei Nr. 6.404 vom 15. 12. 1976; ergänzend gelten: Das Gesetz Nr. 6.385 vom 7. 12. 1976 über die Wertpapierkommission und das in Kraft gebliebene Kapitel VIII (Art. 59 bis 73) des Aktiengesetzes Nr. 2627 vom 8. 6. 1940, sowie eine Reihe von Resolutionen und Änderungsgesetzen, z. B. die Resolution Nr. 401 der Zentralbank von Brasilien vom 22. 12. 1976 über die Übertragung der Kontrolle der Offenen Aktiengesellschaft, das Änderungsgesetz Nr. 6422 vom 8. 6. 1977, der Verwaltungserlaß des Finanzministeriums Nr. 327 vom 11. 7. 1977, sowie Erlasse, Resolutionen und Gutachten – Zusammenstellung in der Ausgabe „Lei das Sociedades por Accões" des Atlasverlages, 10. Aufl., São Paulo 1980.

22 Lei Nr. 556 vom 25. 6. 1850 mit der ergänzenden Handelsgesetzgebung vgl. Código Commercial Brasileiro in der Reihe Legislação Brasileira, Verlag Saraiva, 24. Aufl., 1980.

Rechtsfrage nicht beantwortet, ist das Bürgerliche Gesetzbuch[23] anwendbar. Die Neugründung kann in zwei Formen stattfinden: Durch die Gründung einer brasilianischen Tochtergesellschaft als unmittelbare Beteiligung der ausländischen Muttergesellschft – Fall der Direktinvestition – oder als Unterbeteiligung („Enkelgesellschaft“) einer bereits bestehenden Tochtergesellschaft. Der Unterschied ist von Bedeutung für die spätere Überweisung von Gewinnen und einen eventuellen Retransfer des investierten Kapitals an die ausländische Muttergesellschaft[24], sowie für mögliche steuerliche Vergünstigungen in der Bundesrepublik Deutschland[25].

II. Gemeinsame Vorschriften für die Gründung von Kapitalgesellschaften

1. Abfassung des Gesellschaftsvertrages (Statuten, Satzung)

Aus der Rechtsnatur der Satzung als gegenseitiger (synallagmatischer) Vertrag folgert die brasilianische Rechtsdoktrin, daß an der Abfassung des Gesellschaftsvertrages mindestens zwei Personen (natürliche oder juristische) beteiligt sein müssen[26]. Zwischen Inländern und Ausländern wird dabei nicht unterschieden. Bei der Errichtung des Gesellschaftsvertrages muß sich allerdings der ausländische Gesellschafter durch einen Bevollmächtigten in Brasilien vertreten lassen. Hierfür ist eine Sondervollmacht ausreichend[27]. Der Gesellschaftsvertrag bedarf der Unterzeichnung durch die Gründer und seit 11. 12. 1980 der Gegenzeichnung durch einen zugelassenen Rechtsanwalt[28].

Systematisch besteht kein Unterschied zwischen dem gegenseitigen Vertrag, der auf die Gründung der juristischen Person gerichtet ist, und der Gesellschaftssatzung. Zumindest für die S.A. ist es in der Praxis jedoch üblich, eine

23 Código Civil Brasileiro, Lei Nr. 3.071 vom 1. 1. 1976, Reihe Legislação Brasileira des Verlages Saraiva, 35. Aufl., 1985.

24 Siehe dazu unten sub B. II. 3. c).

25 Siehe dazu GOLTZ, DB 1979, 633 f.

26 Das Aktiengesetz 1976 ist erstmals von diesem Grundsatz des brasilianischen Gesellschaftsrechts abgewichen: Durch öffentliche Urkunde kann eine Aktiengesellschaft errichtet werden, die als einzigen Aktionär eine brasilianische Kapitalgesellschaft hat (Art. 251 § 1 AktG). Unter diesen Voraussetzungen ist auch eine Umwandlung in eine hundertprozentige Tochtergesellschaft möglich (Art. 251 § 2 AktG). Das Verfahren ist schwerfällig und zeitraubend, vgl. Art. 252 AktG.

27 Für die S.A. in Art. 90 AktG eigens normiert; der im Ausland wohnhafte oder ansässige Aktionär muß darüber hinaus in Brasilien einen ständigen Zustellungsbevollmächtigten haben, Art. 119 AktG. Zur Form der Bevollmächtigung vgl. Verwaltungserlaß Nr. 4/77 der Aufsichtsbehörde für Handelsregister, Art. 1289 § 3 bras. BGB und Art. 27 Dekret Nr. 71534/72.

28 Gesetz Nr. 6884 vom 9. 12. 1980, ein in Brasilien kritisierter Erfolg des im Parlament stark vertretenen Anwaltsstandes.

solche Unterscheidung zu machen, wenn zwei oder mehrere Aktionäre auf die schuldrechtliche Festlegung und Abgrenzung ihrer Interessen Wert legen. In diesem Falle empfiehlt sich der Abschluß eines Aktionärsvertrages *(acordo de acionistas)* neben der Satzung *(estatutos)*. Das Aktionärsabkommen regelt gleichsam das Innenverhältnis zwischen den Gesellschaftern, z. B. das Recht zur Besetzung der Gesellschaftsorgane, Vorkaufsrecht und Anbietungspflicht bei Absicht der Veräußerung von Aktien, während die Statuten als eine Art „Grundgesetz" die Bestimmungen über die Verfassung der Gesellschaft enthalten. Solche Vereinbarungen im Innenverhältnis der Aktionäre sind für die Gesellschaft unverbindlich. Es besteht jedoch die vom Aktiengesetz (Art. 118) neu geschaffene Möglichkeit, den Aktionärsvertrag am Sitz der Gesellschaft zu hinterlegen. In diesem Fall wirkt er auch gegenüber Dritten und kann prozessual leichter durchgesetzt werden.

Möglich, wenn auch weniger üblich, ist eine solche Unterscheidung auch für die Ltda. Die entsprechenden Vertragswerke müßten dann mit Gesellschaftervertrag *(contrato de quotistas)* und Satzung *(contrato social)* bezeichnet werden.

2. *Eintragung im Handelsregister*

Eine Kapitalgesellschaft kann ihre Tätigkeit ausüben, ohne daß der Gesellschaftsvertrag beim örtlich zuständigen Handelsregister (Junta Comercial) eingetragen worden ist, Art. 94 AktG. Über den Antrag auf Eintragung entscheidet das Handelsregister in der Regel in einer Frist von zwei bis vier Wochen. Der Registerrichter hat zu prüfen, ob bei der Gründung der Gesellschaft die gesetzlichen Vorschriften beachtet wurden und ob der Gesellschaftsvertrag Bestimmungen enthält, die gegen das Gesetz verstoßen. Für die Heilung von Fehlern bei der Gründung von Aktiengesellschaften enthält das Gesetz besondere Bestimmungen (Art. 97 § 1–2 AktG).

3. *Besondere Registrierungsvorschriften*

In Brasilien besteht eine Vielzahl von Registrierungsbestimmungen. Die damit verbundenen Rechtshandlungen sind langwierig und setzen die strikte Einhaltung der vorgeschriebenen Formen voraus[29]. Die wichtigsten Formvorschriften sind:

29 Formalismus und Formstrenge sind das historische Erbe Brasiliens aus der Kolonialzeit. Auf diese Weise versuchte die portugiesische Krone die zentrale Kontrolle Lissabons bei der Verwaltung der überseeischen Besitztümer zu stärken. Das moderne Brasilien ist sich dieser Bürde bewußt: Im Jahre 1979 wurde ein eigenes Bundesministerium für „Ent-Bürokratisierung" geschaffen.

a) Anmeldung der Firma bei den Steuerbehörden: Sie kann erst nach Eintragung im Handelsregister erfolgen. Zwingend notwendig ist die Registrierung bei der Bundesfinanzbehörde[30], bei der zuständigen Finanzbehörde des Bundesstaates (Inscrição Estadual) und bei der kommunalen Finanzbehörde.

b) In Brasilien ist die Mitgliedschaft einer Kapitalgesellschaft beim zuständigen Arbeitgeberfachverband (Sindicato Patronal) zwingend vorgeschrieben. Zur Abführung der Sozialversicherungsbeiträge für die Arbeitnehmer muß sich die Gesellschaft bei der staatlichen Sozialversicherung (INNS) eintragen lassen. Schließlich ist die Anmeldung beim Arbeitsministerium vorgeschrieben. Die örtlich zuständige Behörde dieses Ministeriums (Delegacia Regional de Trabalho) eröffnet sodann für die Gesellschaft das Arbeitnehmerregister (Registro de Empregados).

c) Bei Errichtung einer Gesellschaft mit ausländischen Mitteln ist bereits im Zeitpunkt der Gründung daran zu denken, daß ohne Genehmigung der brasilianischen Zentralbank (Banco Central do Brasil) späterer Gewinntransfer oder Kapitalretransfer nicht möglich ist. Kapitalüberweisungen aus dem Ausland sollten daher unbedingt bei der Zentralbank registriert werden[31]. Sacheinlagen bedürfen der Genehmigung. Für die Anmeldung und Registrierung im Falle von Export- und Importgeschäften ist die Außenhandelsabteilung DECEX der Bank von Brasilien (Banco do Brasil) zuständig[32].

4. Gründungskosten

Die direkten Gründungskosten sind unabhängig von der Rechtsform S.A. oder Ltda. und können wegen Geringfügigkeit vernachlässigt werden[33]. Das gilt selbst bei Publikationspflicht. Honorare für anwaltschaftliche Beratung unterlie-

30 Die Bundesfinanzbehörde erteilt die Bundessteuernummer für juristische Personen, die sog. CGC-Nr. (Cadastro Geral dos Contribuintes).

31 Zuständig ist die sog. FIRCE-Abteilung der Zentralbank, Gesetz Nr. 4131/62 und 4390/64; die Zentralbank verlangt in diesem Zusammenhang eine Bonitätserklärung über die finanziellen Verhältnisse des ausländischen Gesellschafters. Diese Erklärung kann z. B. von einem anerkannten deutschen Kreditinstitut abgegeben werden.

32 An weiteren Formerfordernissen seien aufgezählt: Beschaffung der notwendigen Firmenbücher für die ordnungsgemäße Buchführung, sowie der Aktionärsbücher i. S. von Art. 100 AktG; Registrierung bei den zuständigen Gewerbeaufsichtsämtern, z. B. für die chemische Industrie oder für Betriebe der Lebensmittelherstellung; Beschaffung der notwendigen Vollmachten für in Brasilien ansässige Personen durch die ausländischen Gesellschafter in der vorgeschriebenen notariell und konsularisch beglaubigten Form (siehe oben Fn. 27).

33 Die Höchstgebühr für die Eintragung im Handelsregister fällt bei einem Nominalkapital von mehr als 1,5 Mio. Cruzados an und beträgt umgerechnet rund 100,– DM. Die übrigen Registrierungen sind kostenfrei.

gen der freien Vereinbarung. Andere Abgaben und Steuern (Stempelsteuer) sind mit dem Gründungsakt selbst nicht verbunden. Brasilien kennt keine der deutschen Gesellschaftsteuer entsprechende Steuerart. Zu beachten ist lediglich, daß die kommunale Steuerbehörde die Registrierung nur gegen Vorauszahlung der jährlich fälligen Grundsteuer vornimmt.

III. Neugründung einer Sociedade Anônima[34]

Das neue Aktiengesetz hat die bis dahin erforderliche Mindestzahl von sieben Aktionären abgeschafft. Für die Gründung einer S.A. sind daher nur noch zwei Personen erforderlich[35]. Die Gründer haben zwischen der Form der offenen oder der geschlossenen S.A. zu wählen. Offen ist eine Aktiengesellschaft dann, wenn die von ihr ausgegebenen Wertpapiere zum Handel an der Börse oder im geregelten Freiverkehr zugelassen sind (Art. 4 AktG). Die Zulassung zum freien Handel setzt die Eintragung der Aktiengesellschaft bei der Wertpapierkommission (Comissão de Valores Mobiliários) voraus[36]. Ist die Entscheidung für eine offene S.A. gefallen, kann als Gründungsform die öffentliche Zeichnung gewählt werden, für die das Gesetz detaillierte Bestimmungen enthält[37].

Das Aktiengesetz sieht in Kapitel VII folgende Gründungsstufen vor: Vorerfordernisse (Zeichnung aller Aktien), Hinterlegung der Anzahlung, öffentliche oder private Zeichnung, Eintragung und Veröffentlichung. In der Praxis empfiehlt es sich, die Gründung in folgenden Schritten zu vollziehen:

1. Entwurf der Gesellschaftssatzung

Das Gesetz verlangt in Art. 83 AktG allgemein, daß der Satzungsentwurf allen für Verträge der Handelsgesellschaften geltenden Erfordernissen genügen und die Bestimmungen enthalten muß, die für die Gesellschaft gelten sollen. Der obligatorische Satzungsinhalt ergibt sich aus den Bestimmungen über Gesellschaftskapital, Aktien, Gesellschaftsorgane, Geschäftsjahr, Jahresabschluß etc. Danach könnte der gesetzliche Mindestinhalt einer Satzung auf wenige Klauseln beschränkt werden. In der Praxis ist dies nicht üblich. Die Satzung soll ein übersichtliches und gerundetes Bild der Gesellschaft vermitteln. Daher empfiehlt es sich, fakultativ Satzungsbestimmungen niederzulegen, obwohl sich deren Inhalt

34 Literatur: TEXEIRA/GUERREIRO, Das Sociedades Anônimas do Direito Brasileiro, São Paulo 1979 (Standardwerk).

35 Siehe oben sub B. II. 1.

36 Gesetz Nr. 6385 vom 7. 12. 1975 über die Wertpapierkommission, Art. 1 V, Art. 8 V.

37 Siehe unten sub B. III. 2.

bereits aus dem Gesetz ergibt. Die „klassische" Satzung einer brasilianischen S.A. sollte etwa folgende Gliederung haben:

Kapitel I: Firma, Sitz, Gegenstand und Dauer

Der Firmenname muß die Worte „Companhia" oder „Sociedade Anônima" enthalten. Der Name einer natürlichen Person darf Firmenbestandteil sein (Art. 3 AktG). Für den Schutz des Firmennamens gelten in Brasilien ähnliche Rechtsregeln wie in der Bundesrepublik Deutschland (Art. 3 § 2 AktG). Die genaue und umfassende Angabe des Gesellschaftszweckes in der Satzung ist zwingend vorgeschrieben (Art. 2 § 2 AktG). Der Gesellschaftszweck kann auf die ausschließliche Erfüllung von Holding-Funktionen beschränkt sein (Art. 2 § 3 AktG).

Kapitel II: Kapital und Aktien

Das Aktienrecht sieht lediglich vor, daß die Satzung die Höhe des Gesellschaftskapitals, ausgedrückt in der Landeswährung Cruzado, festlegt (Art. 5 AktG). Realisiert werden kann das Gesellschaftskapital wie nach deutschem Recht durch Geld- oder Sacheinlagen (Art. 7 ff AktG).

Die Zahl und der Nennwert der Aktien ist in der Satzung festzulegen (Art. 11 AktG). Dem deutschen Aktienrecht entsprechen die für eine brasilianische S.A. möglichen Arten und Klassen der Aktien: Es können Inhaber- und Namensaktien, Stammaktien und Vorzugsaktien, daneben auch Genußscheine gebildet werden (Art. 15 ff AktG). Die Stammaktien können in bestimmte Klassen eingeteilt werden, und zwar im Hinblick auf die Form oder Möglichkeit ihrer Umwandlung oder hinsichtlich von Sonderstimmrechten bei der Besetzung bestimmter Ämter in den Verwaltungsorganen (Art. 16 AktG).

Kapitel III: Verwaltung

Das Recht der Verwaltung der brasilianischen Aktiengesellschaft ist mit dem deutschen System enger verwandt als mit dem anglo-amerikanischen board-System. Die Satzung kann die Verwaltung fakultativ ausschließlich dem Vorstand *(diretoria)* oder gemeinsam dem Vorstand und dem Verwaltungsrat *(conselho de administracão)* übertragen. Zwingend ist der Verwaltungsrat nur für die offene S.A. und für Gesellschaften mit genehmigtem Kapital vorgesehen (Art. 138 § 2 AktG). Wenn die Verwaltung der Gesellschaft ausschließlich dem Vorstand obliegt, sind die Funktionen des Verwaltungsrates mit denen eines Aufsichtsrates nach deutschem Aktienrecht zu vergleichen. Die Vertretung der Gesellschaft ist ausschließlich Aufgabe der Vorstandsmitglieder (Art. 138 § 1 AktG).

Personalunion zwischen Vorstand und Aufsichtsrat ist partiell zulässig: Bis zu einem Drittel der Verwaltungsratsmitglieder können zu Vorstandsmitgliedern gewählt werden. Betriebliche Mitbestimmung, die eine Besetzung von Gesellschaftsorganen mit Repräsentanten der Arbeitnehmer vorsähe, ist in Brasilien (noch) unbekannt[38].

Für die Verwaltungsratsmitglieder, nicht jedoch für die Vorstandsmitglieder, sind Pflichtaktien gesetzlich vorgeschrieben (Art. 146 AktG). Die Mitglieder der Verwaltungsorgane müssen in Brasilien einen Wohnsitz haben. Als Ausweg bietet sich die Konstituierung eines Beirates mit fachlich beratenden Funktionen (Art. 160 AktG), in den auch Ausländer ohne Wohnsitz in Brasilien gewählt werden können. Diesem Beirat dürfen jedoch keine Zuständigkeiten und Befugnisse übertragen werden, die den gesetzlich vorgesehenen Organen der S.A. vorbehalten sind (Art. 139 AktG).

Zusammensetzung, Wahl, Art der Beschlußfassung, Zuständigkeiten, Festsetzung der Vergütung durch die Hauptversammlung, Pflichten und Haftung sind für Verwaltungsrat und Vorstand der S.A. im Detail gesetzlich geregelt (Art. 140 ff AktG). Gravierende Unterschiede zum deutschen Aktienrecht bestehen auf diesem Gebiet nicht. Die Satzung sollte Angaben über Anzahl, Amtszeit, Wahlverfahren und Vergütung[39] der Mitglieder der Verwaltungsorgane enthalten.

Kapitel IV: Überwachungsrat

Ein Kontrollorgan mit der Bezeichnung *conselho fiscal*, dessen Funktionen sich mit denen des entsprechenden Organs des italienischen Aktienrechts vergleichen lassen, ist für alle brasilianischen Aktiengesellschaften gesetzlich vorgeschrieben (Art. 161 ff AktG). Der Überwachungsrat besteht aus mindestens drei, höchstens fünf Mitgliedern und hat nach Art. 163 unter anderem die Tätigkeit der Verwaltung der Gesellschaft zu überwachen, den Jahresbericht des Vorstand zu begutachten und in bestimmten Fällen die Hauptversammlung einzuberufen.

38 Gesetzesprojekte, die seit 1979 im Parlament behandelt werden, haben betriebsverfassungsrechtlichen Inhalt. Dies gilt auch für Mitbestimmungs-Modelle, die seit 1980 vereinzelt von Unternehmen auf freiwilliger Basis eingeführt wurden. Die betriebliche Mitbestimmung bildet allerdings einen Kernpunkt der Programme fast aller politischen Parteien, die sich im Zuge der Redemokratisierung in Brasilien seit 1979 neu formierten. Bis heute wurde keines dieser Gesetzesprojekte vom Parlament verabschiedet.

39 Steuerlich ist die Abzugsfähigkeit der Vergütung, auch des Vorstands, als Betriebsausgaben auf vergleichsweise bescheidene Höchstsätze beschränkt, die ab 1. 1. 1987 140 000,– Cruzados für das Verwaltungskollegium und 20 000,– Cruzados für das einzelne Mitglied der Verwaltungsorgane betragen. Außerdem muß die „pro-labore"-Vergütung den tatsächlich geleisteten Diensten entsprechen, damit die steuerliche Abzugsfähigkeit anerkannt wird (Art. 236 des Regulamento de Imposto de Renda von 1980).

In der Praxis hat dieses Gesellschaftsorgan in Brasilien jedoch geringe Bedeutung. Die Satzung kann nämlich festlegen, daß der Überwachungsrat nicht permanent tätig wird. In diesem Fall braucht er nicht besetzt zu werden, sondern ist erst auf Aktionärsantrag in einer Hauptversammlung zu wählen und einzuberufen (Art. 163 § 3 AktG). Die Mitglieder eines permanenten Kontrollrates haben Anspruch auf die gesetzliche Mindestvergütung: Nach Art. 162 § 3 AktG darf die Vergütung für jedes amtierende Mitglied nicht geringer sein als 10 % der im Durchschnitt jedem Vorstandsmitglied zustehenden Vergütung.

Kapitel V: Hauptversammlung und Aktionäre

a) Zuständigkeiten

Die Hauptversammlung hat nach Art. 122 AktG die ausschließliche Zuständigkeit für:
- Änderung der Gesellschaftssatzung,
- Wahl und Abberufung der Mitglieder des Überwachungsrats, des Verwaltungsrates und, wenn ein solcher nicht besteht, des Vorstandes (im anderen Falle werden die Vorstandsmitglieder vom Verwaltungsrat gewählt),
- Beschlußfassung über den Jahresabschluß,
- Beschlußfassung über Bewertung von Sacheinlagen,
- Grundsatzbeschlüsse über Umwandlung, Fusion, Inkorporation, Spaltung und Auflösung der Gesellschaft,
- Beschlüsse über Schuldverschreibungen und Genußscheine.

  Es ist üblich und empfehlenswert, diese ausschließlichen Zuständigkeiten bis auf den zuletzt genannten Gegenstand in der Satzung ausdrücklich zu wiederholen. Darüber hinaus sollte die Satzung Beschlüsse über folgende Gegenstände der Hauptversammlung zuweisen:
- Maßnahmen der Kapitalerhöhung oder Kapitalherabsetzung (166 ff AktG),
- Beschlußfassung über den Gewinnverwendungsvorschlag der Verwaltung (Art. 192 AktG),
- Entlastung der Verwaltung (im brasilianischen Aktiengesetz ist eine solche Maßnahme nicht expressis verbis vorgesehen; die Entlastungswirkung wird der Entgegennahme der Rechnungslegung und der Beschlußfassung über den Jahresabschluß durch die Hauptversammlung incident zugeschrieben)[40],
- Wahl der Abschlußprüfer.

40 Dies ist keine spezifische Erscheinung des brasilianischen Rechts, vgl. z. B. für das japanische Aktienrecht YAMAUCHI/MENKHAUS, in diesem Band S. 338 ff.

b) Einberufung, Abwicklung und Arten der Hauptversammlung

Die Einberufung der Hauptversammlung obliegt dem Verwaltungsrat, wenn ein solcher vorhanden ist, anderenfalls dem Vorstand (Art. 123 AktG). Das Einberufungsverfahren mit Formen und Fristen ist in allen Einzelheiten im Gesetz geregelt (Art. 124 AktG). Es wird jedoch jede Hauptversammlung als ordnungsgemäß angesehen, in der alle Aktionäre anwesend oder rechtswirksam vertreten sind (Art. 124 § 4 i. V. m. Art. 126 AktG). Über die Leitung, die Beschlußfassung und die Versammlungsniederschrift enthält das Gesetz ebenfalls detaillierte Regeln (Art. 127 ff AktG). Die Satzung sollte als Mindestinhalt dieser Regeln angeben, daß der Vorsitzende der Hauptversammlung und der Protokollführer von den anwesenden Aktionären gewählt werden und daß über die Hauptversammlungsbeschlüsse eine Niederschrift aufzunehmen ist, die im Handelsregister eingetragen und nach den gesetzlichen Bestimmungen veröffentlicht wird. Eine ordentliche Hauptversammlung muß nach Art. 132 AktG in den ersten vier Monaten nach Beendigung des Geschäftsjahres zur Beschlußfassung über den Jahresabschluß, die Gewinnverwendung und die Wahl der Verwaltung stattfinden. Die Satzung kann bestimmen, daß alle übrigen Hauptversammlungen außerordentliche sind, auf die die gesetzlichen Vorschriften Anwendung finden.

c) Stimmrechte, Minderheitenschutz, qualifizierte Mehrheiten

Bei den Beschlüssen der Hauptversammlung entspricht jeder Stammaktie eine Stimme. Die Satzung kann die Zahl der Stimmen eines jeden Aktionärs begrenzen. Mehrstimmrechtsaktien sind verboten (Art. 110 AktG). Im Falle eines Interessenkonflikts, z. B. über die Bewertung von Sacheinlagen, die ein einzelner Aktionär zur Kapitalerhöhung erbringt, ist der betreffende Gesellschafter von der Ausübung des Stimmrechts ausgeschlossen (Art. 115 § 1 AktG).

Das Gesetz legt wesentliche Rechte fest, die *keinem* Aktionär durch Satzung oder Hauptversammlung entzogen werden können: Beteiligung am Gewinn und am Gesellschaftsvermögen, Überwachung der Geschäftsführung in der gesetzlich vorgesehenen Form und das Vorzugsrecht auf Zeichnung von Aktien unter Beachtung der gesetzlich zulässigen Einschränkungen (Art. 109 i. V. m. Art. 171 f AktG). Außerdem ist jedem Aktionär gesetzlich das Recht garantiert, sich durch Verkauf seiner Aktien aus der Gesellschaft zurückzuziehen (Art. 109 V AktG).

Einen Minderheitenschutz normiert das Gesetz durch die Festlegung bestimmter „kritischer" Beteiligungsgrenzen: Auf Antrag von Aktionären, die mindestens 5 % des Gesellschaftskapitals vertreten, kann bei Verdacht von Unregelmäßigkeiten die vollständige Vorlage der Bücher gerichtlich angeordnet werden (Art. 105 AktG). *Jeder* Aktionär kann die Einberufung einer Hauptversammlung verlangen, wenn die Satzung oder das Gesetz dies im Einzelfall vorsieht oder wenn die Verwaltung die Einberufung um mehr als 60 Tage verzögert (Art. 123 einziger §, lit. b AktG). Im übrigen beschränkt sich der Minderheitenschutz des Gesetzes im wesentlichen auf Verfahrensfragen, z. B. das Recht zur Einberufung der Hauptversammlung, die Form der Einladung, ihre Beschlußfähigkeit: Hierfür sieht das Gesetz jeweils Beteiligungsgrenzen von 5 %, 10 % und 25 % vor (Art. 123–125 AktG)[41].

Auf der anderen Seite verlangt das Gesetz qualifizierte Mehrheiten, nämlich für einen Katalog von Grundsatzentscheidungen, z. B. Änderung des Gegenstandes der Gesellschaft, Inkorporation, Fusion, Aufspaltung oder Liquidation sowie Beteiligung an einem Konzern. Hierfür ist nach Art. 136 AktG die Zustimmung von Aktionären notwendig, die mindestens 50 % der stimmberechtigten Anteile halten. Für eine geschlossene S.A. kann diese qualifizierte Mehrheit durch Satzungsbestimmung heraufgesetzt werden.

Besondere Verantwortung erlegt das Gesetz dem *herrschenden Aktionär* auf, einer neu eingeführten Rechtsfigur (Art. 116 AktG). Er kann in Fällen des Machtmißbrauchs, die in Art. 117 AktG definiert sind, für Schäden haftbar gemacht werden. Herrschende Position im Sinne des Gesetzes gewinnt ein Aktionär nicht nur kraft Stimmrechts, sondern auch faktisch z. B. durch Vereinbarung von gemeinschaftlichem Stimmverhalten mehrerer Aktionäre.

Kapitel VI: Geschäftsjahr und Jahresabschluß

Den Stichtag für das Geschäftsjahresende hat die Satzung festzulegen, Rumpfgeschäftsjahre bei der Gründung und in Fällen einer Satzungsänderung sind zulässig (Art. 175, einziger § AktG). Über den Jahresabschluß sollte die Satzung die allgemeinen Bestimmungen des Art. 176 AktG wiedergeben, wonach am Ende eines jeden Geschäftsjahres der Vorstand den Jahresabschluß, bestehend aus Bilanz, Darstellung des Bilanzgewinns bzw. Bilanzverlustes, Gewinn- und Verlustrechnung und der Darstellung der Mittelherkunft und -verwendung erstellt. Empfehlenswert ist eine Satzungsbestimmung, die die Verwaltung ermächtigt, für kürzere Zeiträume Zwischenbilanzen zu erstellen. Dies versetzt die Gesellschaft nach Art. 204 AktG in die Lage, Zwischendividenden auszuschütten und damit den Effekt der Geldentwertung zugunsten eines ausländischen Dividendenempfängers zu verringern.

Das Gesetz schreibt die Veröffentlichung des Abschlusses zusammen mit den entsprechenden Zahlen des Vorjahresabschlusses zwingend vor (Art. 176 § 1

41 Weitere Mindestgrenzen sind festgelegt für das Abstimmungsverfahren in der Hauptversammlung (Art. 141: 10 % Beteiligung), Sonderfragen bei der Wahl der Verwaltungsratsmitglieder (Art. 141, § 4: 20 %), die Einberufung des Kontrollrats (Art. 161, § 2: 10 %), Anwesenheit für die Beschlußfähigkeit der a. o. Hauptversammlung (Art. 135: 2/3 Beteiligung).

AktG)[42]. Als gesetzliche Rücklage ist in Art. 193 AktG die Höhe von 20 % des Gesellschaftskapitals vorgeschrieben. Bis diese Grenze erreicht ist, sind vom Jahresnettogewinn jeweils 5 % der gesetzlichen Rücklage zuzuführen. Der danach und nach den sonstigen gesetzlich vorgesehenen Abzügen verbleibende Reingewinn ist zu 25 % als Pflichtdividende den Aktionären vorbehalten, wenn die Satzung keine höhere Ausschüttung vorsieht (Art. 202 § 2 AktG). Über den dann noch verbleibenden Rest entscheidet aufgrund eines Vorschlages der Verwaltung die Hauptversammlung, die auch die Zuführung zu freien Reserven anordnen kann. Es ist üblich, diesen Ablauf in der Satzung niederzulegen.

Auf die Besonderheiten der brasilianischen Inflationsrechnung einzugehen, ist nahezu unmöglich, weil sich das Land ständig in Umbruchphasen befindet, deren Folgen sich schwer bestimmen lassen. Seit Jahren mußte Brasilien mit einer extrem hohen Inflationsrate leben. Sie drohte im Jahre 1986 die Marke von 400 % p. a. zu überschreiten. In dieser kritischen Situation verkündete die brasilianische Regierung am 28. 2. 1986 den sogenannten Cruzado-Plan (Plano de Estabilização Econômica, „Plano Cruzado")[43]. Es handelte sich hierbei um die einschneidendsten Wirtschaftsreformen der letzten 20 Jahre. Wichtigstes Ziel war die Bekämpfung der Inflation. Das Programm stützte sich auf die klassischen Instrumente: Währungsreform, Einfrierung von Preisen und Mieten und Beschränkung der Anpassung von Löhnen und Gehältern.

Die Einführung des Cruzado-Planes war in Brasilien fast durchweg mit Enthusiasmus und Euphorie begrüßt worden. Bereits ein Jahr später mußte man eingestehen: Der Plan ist gescheitert. Die Inflationsrate droht auf Prozentsätze zu steigen, die die absoluten Rekordmarken der Jahre vor der Währungsreform überschreiten. Damit ist Brasilien in die Gruppe der Länder mit den höchsten Inflationsraten der Welt zurückgekehrt. Unklar ist zur Zeit noch, in welcher Weise das handelsrechtliche und steuerliche Instrumentarium der Inflationsrechnung, das mit der Währungsreform außer Kraft gesetzt worden war[44], wie-

42 Bezüglich der Einzelvorschriften über die Erläuterung des Jahresabschlusses (Art. 176 §§ 4 ff), die Buchführung (Art. 177), die Bilanz (Art. 178 ff), die Gewinn- und Verlustrechnung (Art. 187 ff) und Mittelverwendung (Art. 188 ff) muß auf die Spezialliteratur verwiesen werden, siehe z. B. HESS/SCHÖNE, WPg 1977, 369 ff, speziell zu den Rechnungslegungsvorschriften im Rahmen der brasilianischen Aktienrechtsform.

43 Dekretgesetz Nr. 2.283 vom 27. 2. 1986 in der Fassung des Dekretgesetzes Nr. 2.284 vom 10. 3. 1986; vgl. dazu MOELLENKAMP, Pacote Econômico, in: Mitteilungen der Deutsch-Brasilianischen Juristenvereinigung e. V., Frankfurt, Heft 2/1986, 4.

44 Die Rechnungslegungsvorschriften für den Jahresabschluß und die Gewinn- und Verlustrechnung der nach dem 28. 2. 1986 endenden Geschäftsjahre sind in den Instruktionen CVM Nr. 48, 50, 52 und 53 zu den Dekretgesetzen, aaO (Fn. 43), enthalten. Durch Verwaltungsanordnung der Steuerbehörde (Secretário da Receita Federal) Nr. 56 vom 14. 3. 1986 wurde die Anpassung der Rechnungslegung an die Normen des Dekretgesetzes Nr. 2.284 geregelt. Das Dekretgesetz Nr. 2.287/86 hob die Bestimmungen über die Geldwertberichtigung des Dekretgesetzes Nr. 1.598/77 auf.

derbelebt werden kann und muß. Bis zum Jahre 1986 trug das Aktien- und Steuerrecht der Inflation wie folgt Rechnung: Die Bundesbehörden stellten jährlich neu die amtlichen Entwertungssätze der Inflationswährung fest. Auf der Grundlage dieser Indizes war im Jahresabschluß für die wichtigsten Aktiv- und Passiv-Posten der Bilanz eine Geldwertberichtigung vorzunehmen, im wesentlichen für: die Anschaffungskosten des Anlagevermögens, die Salden der Abschreibungskonten und die Eigenkapitalkonten. Bereits im Zeitpunkt der Reformen von 1986 war man in Brasilien in Kreisen der Rechnungslegungsexperten überwiegend der Auffassung, daß Art. 185 des Aktiengesetzes (Gesetz Nr. 6.404/76), der die Vorschriften für die Geldwertberichtigung enthält, durch die Ausführungsbestimmungen zum Cruzado-Plan nicht außer Kraft gesetzt worden war. Gegenwärtig wird die Bilanzkorrektur nach dem Gesetz 8.383 vom 31. 12. 1991 vorgenommen (System der sog. UFIR)[45].

Ziel der buchhalterischen Techniken zur Bewältigung der Inflationswirkungen ist letzten Endes Werterhaltung des Unternehmens und der Aktionärseinlagen: ein inflatorischer Scheingewinn muß vor Ausschüttung bewahrt werden. Für die Zwecke einer konsolidierten Welt-Bilanz der ausländischen Muttergesellschaft war es bereits vor Inkrafttreten des deutschen Bilanzrichtliniengesetzes ohnehin üblich, daß im Konzernabschluß die Bilanzbuchungen der brasilianischen Tochter in einer Hartwährungsrechnung nachvollzogen wurden. Für die Aufstellung des Weltabschlusses nach neuem deutschen Recht[46] gilt dies unverändert.

2. *Zeichnung der Aktien*

Das Gesetz verlangt als Vorerfordernis für die Gründung der Gesellschaft die Zeichnung aller laut Satzung vorgesehenen Aktien, und zwar durch mindestens zwei Personen (Art. 80 I AktG). Dieser Akt kann durch öffentliche oder private Zeichnung erfolgen. Wesentliches Unterscheidungsmerkmal ist die Mitwirkung der Wertpapierkommission bei der öffentlichen Zeichnung; daneben ist die Vermittlung eines Finanzinstituts unerläßlich (Art. 82 AktG). Dem Eintragungsantrag sind zur Prüfung durch die Wertpapierkommission beizufügen:

- eine Studie über die wirtschaftliche und finanzielle Durchführbarkeit des Unternehmens,
- der Entwurf der Gesellschaftssatzung,

45 Allgemein zur brasilianischen Inflationsbilanzierung vgl. HESS/LEGE, WPg 1976, 345 ff, zur Geldwertberichtigung von grenzüberschreitenden Forderungen und Verbindlichkeiten nach deutschem internationalen Privatrecht vgl. SCHWARZ, RIW/AWD 1977, 153 ff. Vgl. auch HAMMERSCHMIDT, Inflationsrechnung im Unternehmen, Ergebnisrechnung, Kalkulation, Planung, Freiburg i. Br. 1984.

46 Siehe dazu oben sub A. I. 1. „Themenabgrenzung" und Fn. 4.

– der von den Gründern und dem mitwirkenden Finanzinstitut ausgearbeitete und unterzeichnete Prospekt.

Bei der Gründung durch private Zeichnung unterscheidet das Aktiengesetz wiederum zwischen zwei Formen: der Gründung durch Beschluß der Zeichner in einer Hauptversammlung (Art. 88 § 1 AktG) und der Gründung durch öffentliche Urkunde (Art. 88 § 2 AktG).

3. *Anzahlung und Hinterlegung*

Vom Ausgabepreis der bar gezeichneten Aktien sind mindestens 10 % anzuzahlen (Art. 80 II AktG). Dieser Barbetrag ist beim Banco do Brasil S.A. oder einem anderen von der Wertpapierkommission ermächtigten Bankinstitut innerhalb einer Frist von fünf Tagen zu hinterlegen (Art. 80 III i. V. m. Art. 81 AktG).

4. *Eintragung und Veröffentlichung*

Das Handelsregister bewahrt die Gründungsunterlagen gegen Hinterlegungsquittung auf (Art. 95 AktG). Nach Eintragung im Handelsregister haben die Verwalter der Aktiengesellschaft innerhalb von 30 Tagen die Veröffentlichung im Amtsblatt zu veranlassen (Art. 98 AktG).

IV. Gründung einer Sociedade Anônima durch Fusion und Gesellschaftsspaltung

Das brasilianische Aktienrecht kennt wie das deutsche die Verschmelzung durch Neubildung – sie wird als „Fusion" im eigentlichen Sinne bezeichnet – und die Verschmelzung durch Aufnahme (Inkorporation). Rechtstechnisch entsteht zwar bei der Fusion eine neue Kapitalgesellschaft. Wirtschaftlich betrachtet führt aber nur die Gesellschaftsspaltung zu einem Effekt, der mit einer echten Neugründung zu vergleichen ist. Die Spaltung (cisão) wurde dem anglo-amerikanischen Recht nachgebildet und durch das Aktiengesetz 1976 in Art. 223 ff neu eingeführt. Sie ist ein Vorgang, der sich gleichsam in umgekehrter Richtung zur Fusion vollzieht: Es werden Teile des Vermögens auf eine oder mehrere andere Gesellschaften übertragen. Als aufnehmende Gesellschaft kann eine eigens zu diesem Zweck gegründete oder eine bereits existierende gewählt werden. Möglich ist auch die Übertragung des gesamten Vermögens. In diesem Falle erlischt die übertragende Gesellschaft (Art. 229 AktG). Die Rechtsform der aufnehmenden Gesellschaft braucht mit der der übertragenden nicht identisch zu sein (Art. 229 AktG). Die wesentlichen Verfahrensschritte sind Bewertung des zu übertragenden Vermögens durch Sachverständige, Hauptversammlungsbeschluß, Aufteilungsprotokoll und Eintragung im Handelsregister.

Die Aktionäre der aufgespalteten Gesellschaft erhalten in der Relation ihrer bisherigen Beteiligung und im Verhältnis der verbleibenden und übertragenen Vermögensteile neue Aktien (Art. 229 § 5 AktG). Die Rechte der Gläubiger werden vor möglichen Mißbräuchen dadurch geschützt, daß die übernehmende Gesellschaft gesamtschuldnerisch mit der übertragenden Gesellschaft für deren Verbindlichkeiten haftet (Art. 223 AktG).

Steuerrechtlich wird der Vorgang neutral behandelt; d. h. eine Gewinnrealisierung der in den übertragenen Vermögensteilen enthaltenen stillen Reserven findet nicht statt. Die Gesellschaftsspaltung ist daher eine interessante Möglichkeit, eine bereits bestehende Gesellschaft in relativ einfacher Form in kleinere Einzelheiten aufzuteilen oder einen bestimmten, in sich geschlossenen Geschäftskomplex aus einem Gesamtunternehmen herauszulösen.

V. *Gründung einer Sociedade por Quotas de Responsabilidade Limitada*

1. *Rechtsnatur und gesetzliche Grundlagen*

Die brasilianische Gesellschaft mit beschränkter Haftung entspricht ihrem Wesen nach mehr dem deutschen Modell von 1892 als der private partnership des englischen Rechts[47]. Die gesetzlichen Grundlagen sind in nur neunzehn Artikeln eines der ältesten Handelsgesetze Brasiliens enthalten[48]. Die Rechtslehre ist sich seit langem darüber einig, daß das Recht der GmbH reformbedürftig ist. Im Entwurf eines neuen Zivilgesetzbuches[49], der den Gesetzgeber seit 1975 beschäftigt hat, ist die Ltda. in den Artikeln 1098 bis 1121 bereits neu konzipiert. Gegenwärtig muß die Praxis mit einem fast unübersehbaren Ineinandergreifen von verschiedenen Gesetzen leben[50]. Die wichtigste Verweisungsnorm ist Art. 18 bras. GmbHG; darin werden die Bestimmungen des Aktiengesetzes als subsidiär anwendbar erklärt. Eine Beeinflussung des GmbH-Rechts durch das neue Aktiengesetz 1976 läßt sich indes in der Rechtsprechung noch nicht erkennen.

47 ABRÃO, aaO (Fn. 16), S. 2.

48 Vgl. oben Fn. 20.

49 Projeto de Código Civil n° 634/75; die Reformarbeiten sind seit der Schlußredaktion vom 16. 5. 1984, die bereits von der brasilianischen Kammer verabschiedet wurde und jetzt nur noch den Senat passieren muß, abgeschlossen.

50 Subsidiär gelten neben dem GmbH-Gesetz die allgemeinen Bestimmungen des bras. HGB (vgl. Fn. 22), Art. 287 ff. Diese verweisen wiederum auf die gesellschaftsrechtlichen Normen des bras. BGB, Art. 1.363–1.409 (vgl. Art. 287 bras. HGB) und hinsichtlich der Auflösung auf Art. 655–675 der bras. ZPO von 1939.

2. *Gründung und Struktur der Limitada*

Die Gründung erfolgt durch öffentliche Urkunde oder durch privatschriftlichen Vertrag (Art. 2 bras. GmbHG i. V. m. Art. 300–302 bras. HGB) und Eintragung im Handelsregister (Art. 301 HGB[51]). Die Firma der Ltda. kann den Namen eines oder mehrerer Gesellschafter enthalten; statt einer Namensfirma ist auch eine Sachfirma möglich. Ein Hinweis auf den Gesellschaftszweck ist nur durch Soll-Bestimmung vorgesehen (Art. 3 § 1 GmbHG). Die Haftungsbeschränkung, die für eine GmbH wesensbestimmend ist, ist nur wirksam, wenn die Firmenbezeichnung mit dem (ausgeschriebenen oder abgekürzten) Wort „limitada" endet (Art. 3 § 2 GmbHG). Das Gründungsverfahren und die Struktur der Ltda. entsprechen denen einer S.A. mit folgenden Abweichungen:

a) Die Einzahlung eines bestimmten Teils des Stammkapitals bei der Gründung ist gesetzlich nicht vorgeschrieben. Die meisten Handelsregisterrichter nehmen die Eintragung aber erst dann vor, wenn eine Einzahlung von mindestens 10 % nachgewiesen wird. Ebenfalls nicht vorgeschrieben ist die Einteilung des Gesellschaftskapitals in gleichlautende Quoten. In der Praxis ist es jedoch üblich, durch die Satzung eine Aufteilung, ausgedrückt in Cruzados, vorzunehmen und diese Quoten den Gesellschaftern entsprechend ihrer Beteiligung zuzuordnen.

b) Bei jeder Erhöhung oder Herabsetzung des Gesellschaftskapitals ist eine Änderung des Gesellschaftsvertrages und deren Eintragung im Handelsregister notwendig.

c) Die Verwaltung der Gesellschaft obliegt einem oder mehreren Geschäftsführern (Gerentes). Diese Geschäftsführer vertreten die Gesellschaft auch nach außen und müssen Gesellschafter der Ltda. sein (Sócio-Gerentes, Art. 10 GmbHG). Sie können ihre Geschäftsführungs- und Vertretungsbefugnisse aber auch auf einen oder mehrere Direktoren delegieren. Geschäftsführer können auch Ausländer sein, wobei das Gesetz einen Wohnsitz in Brasilien nicht vorschreibt. Auch hier besteht jedoch seit langem Registerpraxis, die einen Inlandswohnsitz zumindest der delegierten Geschäftsführer verlangt[52].

d) Ein dem Verwaltungsrat oder Überwachungsrat der S.A. entsprechendes Gesellschaftsorgan ist bei der Ltda. nicht vorgesehen. Der Grundsatz der Vertragsfreiheit beim Abschluß des Gesellschaftsvertrages läßt jedoch die Schaffung eines solchen Organs zu.

51 Durch Verwaltungserlaß Nr. 57 vom 5. 5. 1967 wurde das DNRC (Cadastro Geral das Sociedades Mercantis) geschaffen; die Eintragung im DNRC statt im Handelsregister genügt, wenn die Tätigkeit der Ltda. sich auf Dienstleistungen beschränkt.

52 Diese Residenzpflicht, und zwar nicht nur der delegierten Geschäftsführer, sondern auch der Gesellschafter, schließt z. B. das Handelsregistergericht von São Paulo aus der analogen Anwendbarkeit der entsprechenden Vorschrift für die Aktiengesellschaft (Art. 146 AktG).

e) Beschlüsse der Gesellschafter über Änderungen des Gesellschaftsvertrages, also z. B. auch Kapitalerhöhungen, unterliegen nach dem Gesetz (Art. 15 GmbHG) der Zustimmung aller Gesellschafter. Wenn ein Gesellschafter mit der Änderung nicht einverstanden ist, hat er das Recht, sich gegen Rückzahlung seiner Einlage aus der Gesellschaft zurückzuziehen.

f) Jeder Gesellschafter kann zu jedem Zeitpunkt die Auflösung der Gesellschaft verlangen, wenn sie nicht auf bestimmte Zeit gegründet wurde (Art. 335 Nr. 5 HGB). Die Satzung kann jedoch vorsehen, daß in diesem Falle die übrigen Gesellschafter die Fortsetzung der Ltda. (einstimmig oder durch Mehrheitsentscheidung) beschließen können. Die gleiche Möglichkeit besteht für den Fall des Todes oder des Konkurses eines der Gesellschafter.

C. Recht der verbundenen Unternehmen

I. Allgemeines

Das brasilianische Aktiengesetz 1976 ist nach dem deutschen von 1965 das zweite der Welt, das das Recht der verbundenen Unternehmen im Zusammenhang und als ganzes kodifiziert. Regelungsinhalt des brasilianischen Konzernrechts ist vor allem der Schutz der abhängigen Gesellschaft, deren Gläubiger und deren Minderheitsgesellschafter[53]. Wichtigster Fall des Zusammenschlusses rechtlich selbständiger Gesellschaften ist der Konzern[54]. Besondere Sorgfalt ist bei der Verwendung deutscher Begriffe angebracht, weil die Übernahme der in §§ 15 ff des deutschen Aktiengesetzes festgelegten Nomenklatur die Gefahr mit sich bringt, den brasilianischen Rechtsinstituten andere Begriffsinhalte zu unterlegen. Die beiden wichtigsten Unterschiede zwischen deutschem und brasilianischem Konzernrecht sind folgende:

1) Die Bestimmungen des brasilianischen Aktiengesetzes erfassen nur Zusammenschlüsse von Kapitalgesellschaften (S.A. und Ltda.), von denen mindestens eine Gesellschaft eine S.A. sein muß.

2) Wie im deutschen Recht wird unterschieden zwischen faktischem Konzern und Vertragskonzern. Für keine dieser Organisationsformen verwendet die portugiesische Sprache eine Vokabel mit der Wurzel „Konzern". Das Gesetz spricht

53 Ich kann TIMM, AG 1980, 172 ff Fn. 8 nicht darin zustimmen, daß das brasilianische Konzernrecht bereits richtungsweisende Regelungen für die Ausgestaltung der Aktionärsrechte in der Konzernspitze enthält. Die von ihm herangezogenen Artikel sind Normen über den Sonderfall der 100%ig integrierten Tochtergesellschaft und des Konsortiums. Die Konzernbestimmungen des bras. AktG entstanden in Anlehnung an das deutsche AktG 1965.

54 Eingehend hierzu COMPARATO, Die Konzerne im neuen brasilianischen Aktiengesetz, ZGR 1979, 583 ff.

von „verbundenen Gesellschaften“ (Sociedades Coligadas) als Oberbegriff und von „Gesellschaftsgruppen“ (Grupos de Sociedades), wenn der Vertragskonzern gemeint ist. Im Anschluß an die gängigen deutschen Übersetzungen[55] hat es sich eingebürgert, nur hier von einem „Konzern“ zu sprechen.

3) Als Unternehmensvertrag sieht das brasilianische Aktienrecht nur einen Vertrag an, der sich mit dem Beherrschungsvertrag des deutschen Rechts vergleichen läßt. Ein Gewinnabführungsvertrag wird dagegen vom Gesetz nicht angesprochen.

Im einzelnen existieren folgende Legaldefinitionen:

Verbundene Gesellschaften (Sociedades Coligadas): Gesellschaften sind verbunden, wenn die eine an dem Kapital der anderen mit mindestens 10 % beteiligt ist, ohne sie zu beherrschen (Art. 243 § 1 AktG).

Herrschende und beherrschte Gesellschaften (Controladoras e Controladas): Wesensmerkmal der Beherrschung ist das dauernde „Übergewicht“ bei den Gesellschaftsentscheidungen und die Befugnis, die Mehrheit der Verwalter zu wählen (Art. 243 § 2 AktG). Die Beherrschung muß durch die Inhaberschaft von Gesellschaftsrechten vermittelt werden; ein Vertrag genügt nicht. Praktisch ist es möglich, eine Gesellschaft bereits mit einer Kapitalbeteiligung von 16²/₃ % zu beherrschen, da bis zu ²/₃ des Grundkapitals stimmrechtslose Vorzugsaktien ausgegeben werden können[56].

- Wesentliche Beteiligung (Investimento relevante): Eine Beteiligung gilt als wesentlich, wenn sie bei einer verbundenen oder abhängigen Gesellschaft besteht und ihr Buchwert mindestens 10 % des Eigenkapitals der herrschenden Gesellschaft beträgt (Art. 247 einziger § AktG)[57].
- 100%ige Tochtergesellschaft (Subsidiária Integral) (Art. 251 AktG)[58].
- Konzern (Grupo de Sociedades): Der Konzern setzt voraus: Eine herrschende und eine abhängige Gesellschaft (s. o.) und zusätzlich den Abschluß eines Vertrags, aufgrund dessen beide Gesellschaften sich gegenseitig verpflichten, ihre Mittel und Kräfte zur Durchführung eines gemeinsamen Gesellschaftszweckes zu verbinden oder sich an gemeinsamen Geschäftstätigkeiten oder Unternehmungen zu beteiligen (Art. 265 AktG).

55 Z. B. in der Ausgabe der Deutsch-Brasilianischen Industrie- und Handelskammer Rio de Janeiro und São Paulo und FRANCISCO FLORENCE.

56 Art. 15 § 2 AktG; rechnerisch ergibt sich die Zahl 16,6 aus der Formel 50 + 0,X % des stimmberechtigten Kapitals (33,3) = 16,7 % der zur Beherrschung notwendigen Beteiligung am Gesamtkapital.

57 Oder bei der Beteiligung an mehreren abhängigen oder verbundenen Unternehmen, wenn die entsprechenden Buchwerte zusammengerechnet mindestens 15 % betragen.

58 Siehe dazu Fn. 26.

II. Faktischer Konzern und Vertragskonzern

1. Gemeinsame Vorschriften

Der Jahresbericht einer Aktiengesellschaft muß ihre Beteiligungen an verbundenen und abhängigen Gesellschaften mit allen während eines Geschäftsjahres eintretenden Änderungen erwähnen. Eine offene S.A. hat darüber hinaus die von der Wertpapierkommission gesondert geforderten Angaben über verbundene und abhängige Gesellschaften bekanntzugeben (Art. 243 § 3 AktG). Handelt es sich um wesentliche Beteiligungen (s. o.), so müssen Erläuterungen im Jahresabschluß genaue Angaben über die verbundenen und abhängigen Unternehmen, sowie ihre Beziehungen zu der herrschenden Gesellschaft enthalten. Einzelheiten bestimmt Art. 247 AktG.

Eine wechselseitige Beteiligung zwischen einer Aktiengesellschaft und den mit ihr verbundenen und von ihr beherrschten Gesellschaften ist nur unter den erschwerenden Voraussetzungen möglich, unter denen das Gesetz den Erwerb von eigenen Aktien zuläßt (Art. 244 i. V. m. Art. 30 § 1 lit. b AktG).

Die Grundsätze der Rechnungslegung im Konzern kann ich an dieser Stelle nur andeuten: Beteiligungen müssen in Brasilien in der Handels- und Steuerbilanz nach der equity-Methode[59] bewertet werden (Art. 183 III AktG)[60]. Für maßgebliche Beteiligungen enthält Art. 248 AktG besondere Bewertungsvorschriften: Überschreiten Beteiligungen einer offenen Aktiengesellschaft an abhängigen Gesellschaften eine Grenze von 30 %, bezogen auf das Reinvermögen der Obergesellschaft, so hat sie nach Art. 249 zusammen mit ihrem eigenen Jahresabschluß einen konsolidierten Abschluß zu erstellen und dabei die Konsolidierungsvorschriften des Art. 250 AktG zu beachten.

2. Vertragskonzern

Das Gesetz regelt als Vertragskonzern nur den Fall des Unterordnungskonzerns. Dabei muß die konzernführende Gesellschaft „brasilianisch" sein[61] und ihre Kontrollfunktion tatsächlich und fortlaufend ausüben (Art. 265 § 1

59 Diese Methode führte wegen ihrer Kompliziertheit in der Praxis zu Schwierigkeiten und wurde daher bereits mit Dekretgesetz Nr. 1730 vom 17. 12. 1979 erneut geändert, z. B. hinsichtlich des Ansatzes des Agios oder Disagios bei den Anschaffungskosten.

60 Zu den steuerlichen Vorschriften siehe unten sub D. IV. 2.

61 D. h. unter der direkten oder indirekten Kontrolle von in Brasilien ansässigen oder wohnhaften natürlichen Personen oder juristischen Personen brasilianischen Rechts, Art. 269 einziger § AktG. Auf den Widerspruch, mit dem sich hierdurch der Gesetzgeber zum fortgeltenden Art. 60 AktG 1940 gesetzt hat, weist mit Recht ERNST, Die AG 1977, 280, hin.

AktG). Das in einem eigenen Kapitel (Art. 278 ff AktG) normierte Konsortium ist seiner Rechtsnatur nach mehr einem Joint Venture (Arbeitsgemeinschaft) als einem Gleichordnungskonzern angenähert[62]. Der Konzern hat als solcher keine eigene Rechtspersönlichkeit[63], muß jedoch eine Bezeichnung führen, die die Worte „Grupo de Sociedades“ oder „Grupo“ enthält (Art. 267 AktG). Der Konzernvertrag, dessen obligatorischer Mindestinhalt in Art. 269 AktG festgelegt ist, muß im Handelsregister eingetragen und veröffentlicht werden (Art. 172 AktG). Die Verwaltung des Konzerns, die Vergütung der Verwalter und der notwendige Inhalt des zu veröffentlichenden Konzernabschlusses ist in Art. 272 ff AktG geregelt.

D. Steuerrecht

I. Überblick

Wie bereits ausgeführt[64], fallen anläßlich der Gründung einer Kapitalgesellschaft in Brasilien keine Steuern an. In der folgenden Übersicht kann ich mich daher auf eine Einführung in die wichtigsten Steuerarten beschränken, die für die *laufende* Besteuerung juristischer Personen von Bedeutung sind.

Die gesetzlichen Grundlagen des brasilianischen Steuerrechts[65] sind die Verfassung vom 5. 10. 1988, die Einkommensteuergesetze[66] und die Einzelsteuergesetze, vor allem das Körperschaftsteuergesetz Nr. 1598 vom 26. 12. 1977, aktualisiert durch das Gesetz 8.541/92 mit einer Vielzahl von Ausführungs- und Ergänzungsbestimmungen. Die Steuerertragshoheit steht entsprechend dem in Brasilien vorherrschenden Trennungsprinzip den einzelnen Gebietskörperschaften ausschließlich zu, also dem Bund, den Bundesstaaten und den Gemeinden. Danach gelten für die Hauptsteuerarten folgende Kompetenzen:

- Der Bund erhebt die Einkommen- und Körperschaftsteuer, die Zölle und die Mehrwertsteuer auf Industrieprodukte.
- Die Bundesstaaten erheben die Warenumsatzsteuer.
- Den Gemeinden steht die Dienstleistungsteuer und die Grundsteuer zu.

62 Siehe oben Fn. 13; a. A. jedoch offenbar COMPARATO, ZGR 1979, 597 f.

63 Das folgt m. E. aus Art. 266 AktG, in dem ausdrücklich bestimmt wird, daß jede der Konzerngesellschaften ihre Rechtspersönlichkeit behält, obwohl damit dem Konzern die eigene Rechtsfähigkeit nicht so klar abgesprochen wird wie dem Konsortium in Art. 278 § 1 AktG. In der Literatur sind die Meinungen geteilt, vgl. z. B. TEIXEIRA, aaO (Fn. 16), S. 704 ff.

64 Vgl. oben sub B. II. 4.

65 Zum brasilianischen Steuerrecht allgemein siehe SEYBOLD, Steueränderungen in Brasilien, IWB 1984, 741.

66 Siehe dazu Fn. 72 und unten sub E.; vgl. auch GUMBERT, Einkommensbesteuerung in Brasilien, RIW/AWD 1984, 965.

Längerfristig ist damit zu rechnen, daß in Brasilien neue Steuerarten eingeführt werden, die bisher nicht bekannt sind. So wird z. B. die Schaffung einer Erbschaft- und Schenkungsteuer diskutiert. Auch die Einführung einer Vermögensteuer, die sich am deutschen System ausrichtet, ist nicht auszuschließen. Die Besteuerung der Einkünfte aus Spekulationsgeschäften mit Wertpapieren und Warentermingeschäften dürfte künftig erweitert werden. All diese Reformpläne, für die allerdings noch keine fertigen Konzepte vorliegen, haben ihren Grund in dem hohen brasilianischen Haushaltsdefizit. Die Bezeichnung einer wirklichen Steuerreform verdienen diese Maßnahmen nicht.

Eine große Steuerreform wird jedoch in Brasilien ebenfalls seit langem gefordert, und zwar von den verschiedensten gesellschaftlichen und politischen Kräftegruppen: Unternehmern, Arbeitnehmern, Freiberuflern, Bundesländern und Gemeinden. Eine solche große Steuerreform wurde daher von der neuen brasilianischen Regierung als einer ihrer wichtigsten Programmpunkte genannt, bisher jedoch noch nicht verwirklicht. Eine treibende Kraft in Richtung auf eine umfassende Steuerreform, nicht zuletzt zur Entlastung des defizitären brasilianischen Haushalts, bildet auch der internationale Währungsfonds, der die Einräumung dringend benötigter neuer Kreditlinien für Brasilien von der Haushaltssanierung abhängig macht[67].

II. Die wichtigsten Steuerarten

1. Körperschaftsteuer

Der Körperschaftsteuer (Imposto de Renda da Pessoa Jurídica, IR) unterliegen sämtliche juristischen Personen, die nach brasilianischem Privatrecht gegründet wurden und ihren Sitz in Brasilien haben. Auf die Nationalität des Gesellschafters kommt es nicht an[68]. Im Gegensatz zur Einkommenbesteuerung natürlicher Personen gilt in Brasilien das Territorialprinzip: Nur die im Inland erzielten Einkünfte werden von der Körperschaftsteuer erfaßt. Ausländische Betriebstättengewinne der brasilianischen Gesellschaft und sonstige ausländische Einkünfte, z. B. Lizenzgebühren, die aus dem Ausland nach Brasilien überwiesen werden, sind grundsätzlich steuerfrei.

Die Körperschaftsteuer wird für das Jahresergebnis des Geschäftsjahres geschuldet, für das die Steuererklärung abzugeben ist (Basisjahr). Für juristische Personen, deren Bilanz mit einem bestimmten Mindestergebnis abschließt, gilt

67 Vgl. zum gesamten Themenkreis SEYBOLD, Aktuelle Tendenzen in der Steuergesetzgebung Brasiliens, in: Mitteilungen der Deutsch-Brasilianischen Juristenvereinigung e. V., Heft 3/1985, 11.

68 In Kraft gebliebener Art. 60 des AktG vom 26. 9. 1940.

kraft Gesetz Nr. 1704 vom 23. 10. 1979 ab dem Jahre 1980 ein Vorauszahlungssystem, das einer früher aus steuerlichen Gründen gewählten Abweichung des Geschäftsjahres vom Kalenderjahr den bis dahin erzielbaren Zinseffekt nimmt.

Angesichts der hohen Inflationsraten wurde dieses System der zeitlichen Anpassung durch das Gesetz Nr. 7.450/85 ergänzt. Außerdem wird nach Artikel 25 dieses Gesetzes ein Zuschlag zur Körperschaftsteuer erhoben, der 15 % für Finanzinstitute und 10 % für die übrigen Unternehmen beträgt.

Die Methoden der Gewinnermittlung entsprechen in den Grundzügen denen der Steuersysteme der modernen Industrieländer. Das Sonderthema Geldentwertung habe ich unter aktienrechtlichen Gesichtspunkten bereits gestreift[69].

Auch steuerlich soll vermieden werden, daß ein inflatorischer Scheingewinn in die Bemessungsgrundlage für die Körperschaftsteuer einbezogen wird (Art. 18 bras. KStG). Das Instrumentarium des Rechnungswesens reicht dazu allerdings nicht aus, weil die von der Regierung festgelegten Indizes für die Geldentwertung unter der echten Inflationsrate liegen.

Der Körperschaftsteuertarif wurde mit Gesetzesdekret Nr. 8541 auf 25 % festgesetzt. Außerdem gilt der oben erwähnte Zuschlag von 15 %, bzw. von 10 %[70]. Diese Körperschaftsteuerbelastung von generell insgesamt 45 % und die Doppelbesteuerung auf der Ebene der Gesellschaft und des Gesellschafters (entsprechend dem deutschen System vor der Körperschaftsteuerreform 1977) wird in Brasilien als entschieden zu hoch kritisiert. Entlastungen auf dem Gebiet der Körperschaftsteuer sind jedoch nicht abzusehen.

Die Quellensteuer, die vom Dividendenempfänger geschuldet wird, wird von der ausschüttenden Kapitalgesellschaft einbehalten und abgeführt. Sie beträgt grundsätzlich 15 %[71]. Eine besondere Steuer ergibt sich aus dem Mechanismus der Geldwertberichtigung im Inflationsland Brasilien: Wird das Anlagevermögen um einen den offiziellen Koeffizienten übersteigenden Faktor aufgewertet, so ist eine daraus resultierende Kapitalerhöhung unter bestimmten Voraussetzungen zu versteuern[72]. Die Quellensteuer von 15 % fällt auch bei Ausschüttung an den ausländischen Aktionär an[73]. Dem normalen Quellensteuersatz unterliegen jedoch nur Dividenden, die 12 % p. a. im Jahresdurchschnitt, bezogen auf den bei der Zentralbank registrierten Valutabetrag des Aktienkapitals nicht überschreiten. Höhere Gewinnüberweisungen ins Ausland werden einer Zusatzsteuer unterworfen. Sie beträgt gestaffelt 40, 50 oder 60 %, wenn die Dividendenzahlungen 12, 15 und 25 % des registrierten Aktienkapitals

69 Vgl. oben sub B. III. 1.

70 Siehe oben sub II.

71 Näheres dazu unten sub. D. IV.

72 Siehe Art. 326 des neuen EStG vom 5. 12. 1980 (Regulamento do Imposto sobre a Renda-RIR).

73 Zur Reduzierung nach dem deutsch-brasilianischen DBA siehe unten sub D. III. 1.

überschreiten. Hieraus wird deutlich, wie wichtig die Registrierung von aus dem Ausland geflossenen Kapitaleinlagen in Hartwährung ist.

Das System der Zusatzsteuer wurde durch Gesetz Nr. 2.073/83 wie folgt geändert: Die zusätzliche Quellensteuer wird immer dann erhoben, wenn der Aktionär seinen Wohn- oder Geschäftssitz im Ausland hat, also unabhängig davon, ob die Dividenden ins Ausland überwiesen werden.

2. *Mehrwertsteuer und Dienstleistungssteuer*

a) Industrieproduktsteuer

Die Industrieproduktsteuer (Imposto sobre Produtos Industrializados, IPI) ist als indirekte Steuer die wichtigste Einnahmequelle des Bundes[74]. Sie ist als Mehrwertsteuer nach dem System einer Bruttosteuer mit Vorabsteuerabzug konzipiert; d. h. Bemessungsgrundlage ist nur die Wertschöpfung des *Herstellers* eines Industrieerzeugnisses und nicht der Wertzuwachs des Handels[75]. Die Steuersätze sind nach Industrieprodukten sehr unterschiedlich und variieren zwischen 5 % und 366 %. Dieser Höchstsatz wurde 1986 durch Dekretgesetz Nr. 2.203/86 für Luxusgüter eingeführt, zu denen Tabakwaren und alkoholische Getränke, aber auch Personenkraftfahrzeuge gerechnet werden. Im allgemeinen gelten Steuersätze zwischen 5 % und 12 %, z. B. bei Rohstoffen und Maschinen.

Diese Steuersätze geben die tatsächliche Belastung jedoch nicht zutreffend wieder, weil die Warenumsatzsteuer[76] in die Bemessungsgrundlage für die Industrieproduktsteuer mit einzubeziehen ist. Die tatsächliche Belastung der Nettoumsätze mit indirekten Steuern ist daher höher.

b) Warenumsatzsteuer

Die Warenumsatzsteuer ICMS bildet als zweite indirekte Steuer den Hauptertrag der Bundesstaaten[77]. Besteuerungsgrundlage ist nicht der Bruttoumsatz, sondern über die gesamte Handelskette hinweg jeweils die Differenz zwischen dem Wareneingangspreis und dem Warenausgangspreis, d. h. die Wertschöpfung in der jeweiligen Umsatzphase (System der Mehrwertsteuer als

74 Gesetzliche Grundlagen: Dekret Nr. 34/66 und Gesetz Nr. 4502/64.

75 Vgl. hierzu und zu den übrigen Verkehrs- und Besitzsteuern die insofern noch aktuelle Übersicht von MENNEL, Das Steuerrecht Brasiliens, IWB 1973, 687 ff.

76 Siehe unten b).

77 Gesetzliche Grundlagen: Bundesrahmengesetze Nr. 406/68 und 834/69, Länderdekret Nr. 47763/67.

Nettosteuer mit Vorumsatzabzug). Der Steuersatz betrug bis 1980 in den meisten Bundesstaaten 14 % innerhalb eines Bundesstaates und 11 % für zwischenstaatliche Umsätze. Seit 1980 wurden die Steuersätze ständig erhöht.

Kalkulatorisch wirkt die ICMS als Preisbestandteil, ist jedoch für Zwecke der Vorsteuergutschrift des Käufers in der Rechnung gesondert auszuweisen.

c) Dienstleistungsteuer

Die Dienstleistungsteuer (Imposto sobre Serviços, ISS) wird als indirekte Steuer von den Gemeinden auf alle gewerblichen Dienstleistungen erhoben, soweit sie nicht vom ICMS erfaßt werden. Bei freiberuflichen Tätigkeiten ist sie als direkte Steuer ausgestaltet. Der ISS ist eine Einphasen-Bruttosteuer. Die Steuersätze variieren von Gemeinde zu Gemeinde und liegen normalerweise bei 5 %.

3. Grundsteuer und sonstige Steuern

Die Grundsteuer (Imposto Predial) wird ebenfalls von den Gemeinden erhoben, und zwar auf alle bebauten und unbebauten Grundstücke, die nicht landwirtschaftlich genutzt werden. Die Steuertarife liegen je nach Gemeindegröße, Bebauungsplänen etc. zwischen 0,5 % und 10 % der Einheitswerte. Bei bebauten Grundstücken werden die Einheitswerte für Gebäude und Grundstücke gesondert ermittelt.

Von geringerer Bedeutung, und zwar sowohl als Einnahmequelle des Fiskus als auch für die Steuerpflichtigen, sind in Brasilien weitere Steuern, wie die Mineralsteuer, die Straßenbenutzungsteuer (die mit der deutschen Kraftfahrzeugsteuer zu vergleichen ist), die Kapitalverkehrsteuer und die Kreditsteuer. Eine Vermögensteuer und eine Gewerbesteuer kennt Brasilien nicht[78].

Artikel 195 der Verfassung von 1988 führte eine Sozialabgabe von 8 % auf den steuerpflichtigen Gewinn ein. Damit soll das Programm zur sozialen Sicherheit verwirklicht werden. In dem ergänzenden Gesetz Nr. 70 vom 30. 12. 1991 wurde zusätzlich eine Sozialabgabe eingeführt, die von juristischen Personen abzuführen ist. Berechnungsgrundlage bilden die Monatsumsätze. Diese Abgabe mit Steuercharakter ist in ihrer Verfassungsmäßigkeit umstritten.

78 Über die geplante Einführung einer Vermögensteuer siehe oben I. „Überblick".

III. Doppelbesteuerungsabkommen Brasilien/Bundesrepublik Deutschland

Das am 27. 7. 1975 unterzeichnete Abkommen folgt in seiner Systematik dem OECD-Musterabkommen. Hinsichtlich der Methoden, des Geltungsbereiches, der Auswirkungen auf die Besteuerung in der Bundesrepublik Deutschland etc. muß auf die spezielle Literatur verwiesen werden[79]. Die folgenden Ausführungen konzentrieren sich auf zwei Themen, die für die Besteuerung von ausländischen Tochtergesellschaften in Brasilien von besonderem Interesse sind[80].

1. Das Besteuerungsrecht für *Dividenden* steht nach wie vor dem jeweiligen Sitzstaat zu. Die Quellensteuer wird jedoch von 25 % auf 15 % reduziert. Voraussetzung ist allerdings, daß die brasilianische Tochtergesellschaft Einkünfte aus „aktiver Tätigkeit" hat[81]. Die Vermeidung der Doppelbesteuerung in der Bundesrepublik Deutschland wird nach Art. 24 DBA durch ein differenziertes System erreicht, wonach je nach der Höhe der Beteiligung (Schachtelbeteiligung) entweder die Freistellungsmethode oder die Anrechnungsmethode angewandt wird. Dividenden, die aufgrund einer Beteiligung von weniger als 10 % der deutschen Muttergesellschaft zufließen, werden in die Bemessungsgrundlage der deutschen Steuer einbezogen, jedoch wird ein Betrag von 20 % der Bruttodividende auf die deutsche Steuer angerechnet.

Vom Doppelbesteuerungsabkommen wird die Zusatzsteuer auf Gewinntransfer, der 12 % des registrierten Auslandskapitals überschreitet[82], nicht erfaßt. Die Doppelbesteuerung kann daher nur unter den Voraussetzungen des § 34 c EStG bzw. § 26 KStG 1977 vermieden werden[83].

2. *Lizenzgebühren* dürfen ebenfalls in beiden Staaten besteuert werden[84]. Wie bei Dividenden ist die Quellensteuer in der Regel auf 15 % (bei Gebühren für Benutzung von Warenzeichen auf 25 %) begrenzt. Dabei kann ein fictive tax

79 KORN/DIETZ/DEBATIN, DBA-Sammlung, Kommentar; KRABBE, Übersicht über das deutsch-brasilianische DBA, DB 1974, 164 ff; DERS., Fiktive Steueranrechnung nach dem DBA Brasilien, DB 1976, 746 ff; FLICK/KRABBE, DBA Deutschland/Brasilien, Edition der Deutsch-Südamerikanischen Bank AG, 1976; HORN, Die Belastung brasilianischer Tochtergesellschaften mit brasilianischen Steuern und deutsch-bras. DBA, WPg 1976, 106 ff.

80 Wegen der deutsch-brasilianischen Besteuerung von Zinsen kann auf die Arbeit von v. LINSIGEN, DB 1980, 369 ff verwiesen werden.

81 Zu dem Sonderfall der Zwischenholding vgl. unten sub D. IV. 2.

82 Siehe dazu oben sub II. 1.

83 Zur Berücksichtigung ausländischer Steuern bei der deutschen Besteuerung nach dem neuen deutschen sog. Artikelgesetz siehe KRABBE, BB 1980, 1146 ff und BORDEWIN, BB 1980, 1033 ff.

84 Übersicht über deutsch-brasilianische Besteuerung von Gebühren für Lizenzen, Know-how und Assistenzleistungen siehe V. LINSIGEN, DB 1976, 2181 ff; zur Rechtslage bei Technologietransfer nach Brasilien allgemein, auch nach Devisenrecht und Genehmigungspraxis des Patentamts, SCHWARZ, IWB 1978, 113 ff.

credit erzielt werden: Werden Lizenzgebühren von einer brasilianischen Gesellschaft an eine deutsche Muttergesellschaft gezahlt, die eine mindestens 50%igen Kapitalanteil hält, so wird in der Bundesrepublik Deutschland ein Betrag von 25 % angerechnet. Hierdurch soll ein gewisser Ausgleich dafür geschaffen werden, daß Lizenzzahlungen an ausländische Mehrheitsgesellschafter in Brasilien steuerlich wie Gewinnüberweisungen angesehen werden, also nicht als Betriebsausgaben absetzbar sind.

Aus der Verwaltungspraxis ergeben sich darüber hinaus noch weitere Einschränkungen: Zahlung von Gebühren für Lizenznahme und Lieferung industrieller Technologie an ausländische Muttergesellschaften wird vom brasilianischen Bundespatentamt, das für die Genehmigung solcher Verträge zuständig ist, seit Erlaß der Verwaltungsordnung Nr. 15 vom 11. 9. 1975 kaum noch zugelassen. Diese Praxis und Meinungsverschiedenheiten bei der Auslegung der Ziffer 4 des Zusatzprotokolls zu Art. 12 DBA über Einkünfte aus technischer Assistenz, z. B. Montagegebühren bei Anlageaufträgen, sind zur Zeit Gegenstand bilateraler Verhandlungen zwischen Brasilien und der Bundesrepublik Deutschland.

IV. Besteuerung der verbundenen Unternehmen

1. Allgemeines

Das Körperschaftsteuergesetz 1977 hatte die Möglichkeit der Zusammenveranlagung mehrerer Steuerpflichtiger neu eingeführt. Dadurch war vor allem für verbundene Unternehmen die Möglichkeit geschaffen worden, Gewinne und Verluste mehrerer rechtlich selbständiger Steuersubjekte mit steuerlicher Wirkung zu kompensieren. Mit Gesetzesdekret Nr. 1648 vom 18. 12. 1978 hat der Gesetzgeber diese Möglichkeit bereits wieder beseitigt.

Bisher waren Ausschüttungen zwischen juristischen Personen in Brasilien steuerfrei. Dies wurde durch Dekretgesetz Nr. 1790 vom 9. 6. 1980 geändert. Seitdem ist bei Gewinnausschüttungen, die eine Kapitalgesellschaft an eine andere brasilianische juristische Person[85] vornimmt, eine Quellensteuer von 15 % einzubehalten, die allerdings die Obergesellschaft bei „Durchleitung" der erhaltenen Dividende von der von ihr abzuführenden Quellensteuer abziehen kann[86].

85 Es sei denn, es handelt sich um eine offene S.A. oder eine steuerbefreite juristische Person.

86 Art. 544 RIR (siehe oben Fn. 72); der beschriebene Anrechnungs-Mechanismus schließt allerdings im Hochinflationsland Brasilien einen spürbaren negativen Zinseffekt nicht aus, weil die Zeitverschiebung bei der Durchleitung der Dividenden nicht immer den Abzug im selben Steuerjahr ermöglicht.

Eine Körperschaftsteuerorganschaft ist in Brasilien ebenso unbekannt wie ein Schachtelprivileg im eigentlichen Sinne. Beide Institute sind auch entbehrlich, weil im Endeffekt Beteiligungsgewinne zwischen Kapitalgesellschaften steuerfrei sind, und zwar unabhängig davon, ob Ausschüttung oder Gewinnthesaurierung bei der Tochter vorgenommen wird. Dies ist eine Folge der *equity*-Methode bei der Bilanzierung, die das Körperschaftsteuergesetz in Art. 22 in Anpassung an die neuen Bestimmungen des Aktiengesetzes eingeführt hat. Diese Methode gilt allerdings nur bei wesentlichen Beteiligungen im aktienrechtlichen Sinne[87], also grundsätzlich bei einer Mindestbeteiligung von 10 %. Aber auch dann, wenn diese Beteiligung nicht erreicht wird, kommt es nicht zu einer Besteuerung: Die Dividendeneinnahmen können bei der Berechnung des steuerpflichtigen Gewinns abgesetzt werden[88].

Verdeckte Gewinnausschüttungen, die bei Rechtsgeschäften unter Mißachtung der Regeln des *dealing at-arm's-length* angenommen werden, haben in Brasilien geringere steuerliche Relevanz als in anderen Rechtsordnungen[89]. Als steuerschädlich werden sie grundsätzlich nur dann betrachtet, wenn das Rechtsgeschäft zwischen der Kapitalgesellschaft und einer *natürlichen* Person geschlossen wurde, die ihr Gesellschafter, ihr Verwalter oder deren Verwandter ist (Art. 60 § 3 bras. KStG). Ist eine andere *juristische* Person beteiligt, so hat die verdeckte Gewinnausschüttung nur Folgen, wenn es sich dabei um den beherrschenden Gesellschafter mit Sitz im *Ausland* handelt (Art. 61 § 1 bras. KStG).

Schließlich wurde durch Dekretgesetz Nr. 2.285/86 eine neue Modalität für die Beteiligung von Auslandskapital am brasilianischen Aktienmarkt geschaffen: für Investmentgesellschaften und sogenannte Spezialfonds auf Gegenseitigkeit wurden Steuererleichterungen eingeführt, um ein Stimulans für das Investment von Auslandskapital in Brasilien einzuführen. Soweit sich bisher abzeichnet, ist die Wirkung jedoch gering geblieben.

2. *Besteuerung der Holding-Gesellschaft – Sonderfall: Brasilianische Zwischenholding*

Als brasilianische Zwischenholding behandele ich im folgenden den Fall einer Gesellschaft mit reinen Holdingfunktionen, die in Brasilien ihren Sitz hat, ihrer-

87 Siehe oben sub C. I.

88 Dieser Effekt wird nur durch eine andere buchhalterische Methode erreicht: getrennte Verbuchung von den Gewinnen aus eigener Tätigkeit; unter diesen Voraussetzungen waren nach Art. 224 bras. EStG, RIR, bisher schon alle Beteiligungsgewinne, auch die aus wesentlichen Beteiligungen, steuerfrei.

89 Zur Frage, wie sich der Gewinntransfer und Leistungsaustausch zwischen der deutschen Muttergesellschaft und der brasilianischen Tochtergesellschaft bei der steuerlichen Außenprüfung in *Deutschland* darstellt, vgl. STROBL, RIW/AWD 1980, 741 ff.

seits Anteile an brasilianischen Kapitalgesellschaften hält und an der Anteilseigner mit Sitz in der Bundesrepublik Deutschland beteiligt sind.

Meines Wissens ist immer noch die Meinung verbreitet, daß die Einschaltung einer solchen Zwischenholding Vorteile steuerlicher Art mit sich bringt. Dies mag zutreffen, wenn man die Auswirkungen in der Bundesrepublik Deutschland isoliert betrachtet: Nach dem deutsch-brasilianischen Doppelbesteuerungsabkommen gilt das grenzüberschreitende Schachtelprivileg der deutschen Obergesellschaft auch für Beteiligungen an reinen Holding-Gesellschaften, wenn diese unmittelbare Beteiligungen an brasilianischen Enkelgesellschaften halten, die ihrerseits mindestens 90 % Einkünfte aus „aktiver", also werbender Geschäftstätigkeit im Sinne der Produktivitätsklausel der Ziffern 8–9 des Zusatzprotokolls zum DBA haben. Außerdem hat das deutsche Entwicklungsländer-Steuergesetz in der Novellierung vom 24. 5. 1979 die Vergünstigungen des Gesetzes auch auf Kapitalanlagen ausgedehnt, die unter Zwischenschaltung von Holding-Gesellschaften in Brasilien vorgenommen werden.

Aus brasilianischer Sicht muß jedoch auf Probleme hingewiesen werden, die aus eng miteinander verwobenen devisenrechtlichen und steuerlichen Bestimmungen folgen. Ich kann die nicht unkomplizierte Materie wiederum nur in ihren Grundzügen andeuten:

a) Nach der equity-Methode sind Beteiligungen in der Bilanz der Obergesellschaft zum Bilanzkurs (Anteilige Eigenmittel) der Untergesellschaft auszuweisen. Wenn es aufgrund von Beteiligungsgewinnen als Folge dieser Methode bei der Holding zu einer Kapitalerhöhung kommt, so entsteht die Zweifelsfrage, ob solche Kapitalerhöhungen aufgrund nicht durchgeleiteter Beteiligungserträge als Re-Investition im devisenrechtlichen Sinne anzusehen sind. Nur bei positiver Beantwortung dieser Frage könnte die Kapitalerhöhung in das Registrierungs-Zertifikat der Zentralbank als Auslandskapital aufgenommen werden, und nur dann wäre eine entsprechende Erhöhung der Retransferansprüche sowie der Basis für die Gewinnüberweisung ins Ausland garantiert[90]. Zuständig für die Entscheidung der Frage ist die Zentralbank.

b) Bei Ausschüttungen der Holding an die ausländische Muttergesellschaft fällt wiederum die brasilianische Quellensteuer von 25 % bzw. nach deutsch-brasilianischem DBA von 15 % an. Auch hierauf ist allerdings die bereits von der Untergesellschaft abgeführte Quellensteuer anrechenbar. Auch auf die deutsche Körperschaftsteuer des Dividendenempfängers sind die brasilianischen Quellensteuerabzüge anrechenbar[91]. Damit scheint der Ausschluß einer doppelten Steuerbelastung lückenlos gewährleistet zu sein. Dem ist nicht so:

Der Effekt einer vollen Anrechnung ist nur dann gewährleistet, wenn die Dividende voll bis zum letzten Dividendenempfänger durchgeleitet wird. Dies

90 Siehe dazu oben sub D. II. 1.
91 Dazu oben D. III. 1.

ist aus folgenden Gründen nicht immer möglich: Eine der Konsequenzen der equity-Methode ist die Notwendigkeit, jeden Dividendenzufluß in der Bilanz des Empfängers als Beteiligungswertminderung (ex Dividende) zu buchen; mit anderen Worten: Die empfangene Dividende schlägt sich nicht in der Gewinn- und Verlustrechnung der Holding als Ertrag nieder, sondern als reiner Aktivtausch in der Bilanz. Die Holding muß also, um eine der empfangenen Dividende entsprechende Liquidität „durchleiten" zu können, andere Erträge haben *und* über entsprechende Liquidität verfügen.

Angesichts dieser Problematik ist in jedem Fall sorgfältig abzuwägen, ob die beschriebenen deutschsteuerlichen Vorteile die Einschaltung einer brasilianischen Zwischenholding rechtfertigen.

E. *Ausblick: Reformbestrebungen*

Die Reformbedürftigkeit des GmbH-Rechts in Brasilien habe ich bereits[92] erwähnt. Aktienrechts- und Körperschaftsteuerreform sind abgeschlossen. Fertiggestellt wurde auch die Neufassung des Einkommensteuerrechts[93]. Neuerungen auf dem Gebiet des Wettbewerbsrechts sind in Brasilien nicht in Sicht. Das Kartellrecht ist in den Gesetzen Nr. 8.137 vom 27. 12. 1990 und Nr. 8.150 vom 8. 1. 1991 geregelt und wird als Teilmaterie des Strafprozeßrechts behandelt. Von einer aktiven Fusionskontrolle der Kartellbehörde[94] kann in Brasilien noch nicht gesprochen werden. Allerdings unterliegen seit Inkrafttreten der 4. Kartellgesetznovelle in der Bundesrepublik Deutschland auch Zusammenschlüsse außerhalb der Bundesrepublik der präventiven Fusionskontrolle, soweit nicht ausnahmsweise Inlandwirkungen entfallen. Dies gilt selbst dann, wenn an dem Zusammenschluß z. B. nur brasilianische Unternehmen beteiligt sind, sofern eines dieser Unternehmen mit einer Gesellschaft in der Bundesrepublik Deutschland verbunden ist.

Zum Abschluß sei erwähnt, daß die Diskussion über eine Societas Europea im Bereich der Europäischen Wirtschaftsgemeinschaft bereits Ausstrahlungen auch auf Lateinamerika hatte: Innerhalb der Associação Latino-Americana de Livre Comércio (ALALC) wird ein Projekt studiert, das in Anlehnung an die Europäische Aktiengesellschaft die Schaffung einer supranationalen südamerikanischen Sociedade Anônima zum Gegenstand hat. Kenner der Materie und der politischen Realitäten des Kontinents bezweifeln indes, ob dieses Projekt in absehbarer Zukunft Chancen der Realisierung hat[95].

92 Vgl. oben B. V. 1.

93 Siehe oben Fn. 72.

94 Conselho Administrativo de Defesa Econômica (CADE).

95 Vgl. hierzu REQUIÃO, Aspectos Modernos de Direito Comercial, São Paulo 1977, S. 90 f.

Anhang

I. Gesetze

1. Zum Recht der Handelsgesellschaften:
   Código Comercial Brasileiro: Lei Nr. 556 vom 25. 6. 1850, mit ergänzender Gesetzgebung, abgedruckt in der Sammlung Legislação Brasileira, 24. Aufl., 1980, Verlag Saraiva.
2. Zum Recht der GmbH:
   Lei Nr. 3.708 vom 10. 6. 1919, abgedruckt in der Sammlung Vademécum Forense, 8. Aufl., 1976, Verlag Editora Brasília/Rio.
3. Zum Recht der Aktiengesellschaft:
   Lei Nr. 6.404 vom 15. 12. 1976 über die Aktiengesellschaften und Nr. 6.835 vom 7. 12. 1976 über die Wertpapierkommission, abgedruckt mit deutscher Übersetzung in synoptischer Darstellung in der Ausgabe der Deutsch-Brasilianischen Handelskammer in Rio de Janeiro und São Paulo, 1977.

II. Literaturhinweise

Auf die Spezialliteratur wurde im Text und in den Fußnoten verwiesen. Im folgenden werden lediglich allgemeine Literaturhinweise gegeben, bei denen es sich vornehmlich um Standardwerke handelt. Besonders hervorgehoben sei auch an dieser Stelle nochmals die Studie zur wirtschaftlichen und sozialen Lage des Landes (siehe oben Fn. 1). Außerdem verweise ich auf die „Mitteilungen“ der Deutsch-Brasilianischen Juristenvereinigung e. V. (siehe unten III.), in denen das neuerscheinende Schrifttum zum brasilianischen Recht zitiert und zum Teil rezensiert wird. Die Deutsch-Brasilianische Juristenvereinigung gibt außerdem im Peter Lang Verlag (Frankfurt–Bern–New York) eine Schriftenreihe heraus.

NEUBAUER, Brasilien, in Schricker/Stauder, Handbuch des Ausstattungsrechts, VCH Verlagsgesellschaft, Weinheim 1986.

NELSON ABRÃO, Sociedade por Quotas de Responsabilidade Ltda., 2. Aufl., 1980, Verlag Saraiva, São Paulo.

COMPARATO, Die Konzerne im neuen brasilianischen Aktiengesetz, ZGR 1979, 583 ff.

JOLOWICZ, Auslandsinvestitionen in Brasilien, Heft 6 der Reihe Private Auslandsinvestitionen in Lateinamerika des Instituts für Iberoamerikakunde, Hamburg 1977.

VON MANGOLDT, Das Gesellschaftsrecht Brasiliens im Blick deutscher Investoren, Heft 9 der Reihe Private Auslandsinvestitionen in Lateinamerika des Instituts für Iberoamerikakunde, Hamburg 1981.

REQUIÃO, Direito Comercial, 8. Aufl., São Paulo 1978.

TEXEIRA/GUERREIRO, Das Sociedades Anônimas do Direito Brasileiro, São Paulo 1979.

III. Adressenverzeichnis

Folgende Stellen geben bei Firmengründung in Brasilien Auskünfte und Hilfestellung:

Institut für Iberoamerika-Kunde
Alsterglacis 8
20354 Hamburg 36

Câmara de Comércio de Indústria Brasil-Alemanha São Paulo
Deutsch-Brasilianische Industrie- und Handelskammer (São Paulo)
Rua Padre João Manoel, 923
São Paulo / SP

und

Rua Rio Branco 123
Rio de Janeiro / RJ

COTINCO
Companhia de Organizacão Técnica, Industrial e Comercial
Rua Verbo Divino, 1488
São Paulo / SP

und

Rua Candelária 60
Rio de Janeiro / RJ

FIESP
Federação das Indústrias do Estado
de São Paulo
Av. Paulista, 1313
São Paulo / SP

Deutsch-Brasilianische Juristenvereinigung e. V.
Sekretariat: Dr. Werner Müller
Bethmannstr. 50–54
60311 Frankfurt/Main
Tel.: 0 69-29 90 80

Die Gründung einer Tochtergesellschaft in Chile

von

Ministerialrat DR. DIETRICH NELLE, Bonn,
Professor DR. MANFRED WILHELMY,
und Professor DR. EDUARDO ALDUNATE, Santiago de Chile

Inhaltsübersicht

I. Investieren in Chile

Chile gehört mit seinem Wirtschaftswachstum und seiner politischen Stabilität zu den attraktivsten Märkten Lateinamerikas. In den letzten zwei Jahren betrug der Zufluß an Auslandskapital 4 % des Bruttoinlandsprodukts[1]. Hauptinvestoren sind die USA und Kanada mit 40,5 % aller Auslandsinvestitionen Chiles, die Europäische Union partizipiert lediglich mit 28 %[2].

1 BfAI, ZTG (Nachrichten für Außenhandel), 5. 8. 1993.

2 BfAI, ZTG, aaO (Fn. 1); WESTPHALEN, Die Bank 1982, 279; 1992 lösten die boomenden asiatischen Länder Europa auch als wichtigsten Käufer chilenischer Waren ab, BUSCH, Wirtschaftswoche vom 10. 12. 1993, S. 47.

Der ausländische Investor trifft in Chile auf ein ausgeprägt investitionsfreundliches Klima[3]. Der Zufluß ausländischen Kapitals wird u. a. durch die Ausgestaltung des Steuerrechts aktiv gefördert[4]. Dem ausländischen Investor wird der freie Zugang zu den nationalen Märkten im geltenden gesetzlichen Rahmen garantiert. Die Rückführung von investiertem Kapital oder aus den Investitionen gezogenen Gewinnen ist vergleichsweise einfach.

Das Land, welches inzwischen an seine langen demokratischen Traditionen wieder anknüpfen konnte, gilt als politisch stabil und verfolgt eine angebotsorientierte Wirtschaftspolitik[5]. Eine breite Vermögensbildung wird staatlich gefördert.

Zu den Aktivposten des Investitionsstandorts Chile zählt ferner das entwickelte Rechtssystem mit seinem weitreichenden gesetzlichen Schutz von materiellem und geistigem Eigentum. Auch Verwaltung und Justiz arbeiten bezogen auf den Maßstab eines Entwicklungslandes effektiv[6]. Chile ist ein Land mit einem vergleichsweise großen Mittelstand und einem hohen Bildungsstand der Bevölkerung[7].

Speziell für den Investor aus dem deutschsprachigen Raum mag von Interesse sein, daß nach wie vor ein nennenswerter Anteil der Bevölkerung die deutsche Sprache beherrscht und daß – insbesondere vor dem Hintergrund der Aufbauleistungen deutschsprachiger Einwanderer im chilenischen Süden im vergangenen Jahrhundert – ein gegenüber Deutschland vorwiegend positiv geprägtes Meinungsklima vorherrscht[8].

II. Das chilenische Gesellschaftsrecht

1. Überblick

Ähnlich wie das deutsche Gesellschaftsrecht kennt das chilenische Recht offene Handelsgesellschaften, Kommanditgesellschaften, Kommanditgesellschaften auf Aktien, Gesellschaften mit beschränkter Haftung und Aktiengesellschaften

3 Friese, RIW 1982, 629 ff.

4 Westphalen, aaO (Fn. 2), 278.

5 Hofmeister, KAS Auslandsinformationen 1993, 10; Thiery, Vierteljahresberichte Forschungsinstitut der Friedrich-Ebert-Stiftung, 1993, 194.

6 Auch wenn z. B. die Zwangsvollstreckung einer Forderung sich praktisch wesentlich schwieriger als in Deutschland darstellt.

7 Westphalen, aaO (Fn. 1), 278.

8 Ferner sei darauf hingewiesen, daß zwischen Chile und der Bundesrepublik Deutschland seit dem 1. 4. 1953 ein Handelsvertrag mit Meistbegünstigungsklauseln und seit dem 1. 10. 1956 ein Abkommen über den Waren- und Zahlungsverkehr existiert. Auf dem Gebiet des Sozialrechts ist das Rentenversicherungsabkommen vom 5. 3. 1993 von

(Art. 348 ff HGB). Gleichfalls möglich sind stille Beteiligungen. Der Schwerpunkt der einschlägigen Regelungen befindet sich in Art. 348 ff HGB. Die praktisch häufigste Gesellschaftsform für kleinere und mittlere Unternehmen ist auch in Chile die GmbH. Diese Gesellschaftsform wird durch das Gesetz Nr. 3918 v. 14. 3. 1923 geregelt; sie darf u. a. maximal 50 Gesellschafter haben. Für die Aktiengesellschaften gilt das Gesetz Nr. 18.046 v. 22. 10. 1981.

Die Aktiengesellschaft ist von Gesetzes wegen eine juristische Person und hat im Firmennamen den Zusatz „Sociedad Anónima" (abgekürzt S.A.) zu führen (Art. 8 Gesetz Nr. 18.046). Gesellschaftszweck kann jede auf Gewinnerzielung gerichtete Tätigkeit sein, sofern sie nicht gegen das Gesetz, gegen Sitte und Anstand oder gegen öffentliche Sicherheit und Ordnung verstößt. In bestimmten Ausnahmefällen ist für die Gründung von Aktiengesellschaften eine besondere Genehmigung der Börsenaufsicht erforderlich (Art. 126 ff Gesetz Nr. 18.046). Dies gilt insbesondere für die Gründung von Versicherungsgesellschaften, Rückversicherungsgesellschaften, Investmentfonds, Wertpapierbörsen und Pensionsverwaltungsfonds.

Innerhalb der Aktiengesellschaften unterscheidet das chilenische Recht zwischen sogenannten offenen und geschlossenen Gesellschaften (Art. 2 Abs. 4 Gesetz Nr. 18.046). Wie der Name schon andeutet, handelt es sich bei der ersten Gruppe um Publikumsgesellschaften, deren Aktien entweder an der Börse gehandelt werden oder bei denen sich das Gesamtkapital auf mehr als 500 Aktionäre verteilt oder ein Anteil von mindestens 10 % auf mindestens 100 Aktionäre gestreut ist (Art. 2 Abs. 2 Gesetz Nr. 18.046). Solche offenen Aktiengesellschaften sind der Überwachung der Wertpapier- und Versicherungsaufsicht unterworfen. Diese Überwachung beschränkt sich aber auf die formale Ordnungsmäßigkeit und nimmt keinen Einfluß auf die Führung der Geschäfte des Unternehmens. Geschlossene Aktiengesellschaften sind von der Überwachung durch die Börsenaufsicht befreit; ihre Aktien können aber nicht an der Börse gehandelt werden. Diese Gesellschaftsform ist insbesondere für Fälle geeignet, in denen die Gesellschafter die Streuung des Kapitals unter Kontrolle behalten wollen, z. B. bei Familiengesellschaften.

Interesse, welches u. a. die Gleichbehandlung der Staatsangehörigen beider Seiten, die Zusammenrechnung deutscher und chilenischer Versicherungszeiten für den Leistungsanspruch sowie die unbeschränkte Rentenzahlung auch bei Aufenthalt im anderen Vertragsstaat normiert. In absehbarer Zeit sollen ein Doppelbesteuerungsabkommen sowie ein Investitionsschutz- und -förderungsvertrag folgen. Ein weiterer interessanter Aspekt sind die guten Aussichten einer privilegierten Anbindung Chiles an das nordamerikanische Freihandelsabkommen (NAFTA).

2. Die Gründung, Veränderung und Auflösung einer Aktiengesellschaft

a) Die ordentliche Gründung

Für die Gründung einer Aktiengesellschaft ist deren Eintragung ins Handelsregister notwendige Voraussetzung. Auch andere schwere Formfehler können zur Nichtigkeit führen; Nichtigkeitsgründe können allerdings nur innerhalb von vier Jahren nach ihrem Eintreten geltend gemacht werden. Im Fall der Nichtigkeit haften die Gründer gesamtschuldnerisch für die im Namen der Gesellschaft eingegangenen Verbindlichkeiten gegenüber Dritten.

Im übrigen ist die Haftung der Aktionäre auf das gezeichnete oder verpflichtete Kapital beschränkt.

Das Kapital der Gesellschaft muß in ihrer Satzung genau ausgewiesen werden (Art. 10 Gesetz Nr. 18.046). Vorschriften über eine Mindesthöhe des Kapitals existieren nicht. Bei der Ausgabe von Aktien kann zwischen Stamm- und Vorzugsaktien unterschieden werden (Art. 20 Gesetz Nr. 18.046). Die Vorzugsrechte müssen dann in der Satzung festgelegt sein. Insbesondere kann eine bevorzugte Beteiligung an der Ausschüttung von Dividenden sowie der Ausschluß oder die Beschränkung des Stimmrechts vorgesehen werden; ein Mehrfachstimmrecht ist jedoch nicht möglich.

Die ausgegebenen Aktien muß der Aktionär in Geld oder durch geldwerte Güter bezahlen; anders als nach dem früheren Recht ist eine Kompensation z. B. durch bestimmte Arbeitsleistungen nicht mehr möglich.

Ferner muß die Satzung u. a. folgende Punkte regeln (Art. 4 Gesetz Nr. 18.046): Zeitpunkt für die Erstellung der Jahresabschlüsse und für die Jahreshauptversammlung, die Dauer der Gesellschaft (falls begrenzt), die Art und Weise der Gewinnverteilung, das Liquidationsverfahren sowie die Art der Einsetzung von Schiedsrichtern bei Streitigkeiten.

Wenn eine ausländische Aktiengesellschaft in Chile eine Niederlassung einrichtet, muß der Vertreter in einem Notariat am Ort der chilenischen Niederlassung eine notarielle Erklärung über den Inhalt der Satzung der Aktiengesellschaft sowie über den vertretungsberechtigten Geschäftsführer abgeben (Artt. 121 ff Gesetz Nr. 18.046). Gleichzeitig sind in einer weiteren notariellen Erklärung bestimmte Informationen über die Niederlassung festzuhalten und eine Anerkennung der chilenischen Gesetzgebung auszusprechen. Ein Auszug dieser Erklärungen ist im Handelsregister einzutragen und im offiziellen Amtsblatt zu veröffentlichen.

b) Umwandlung, Verschmelzung, Übernahme

Gesetzlich geregelt sind die Teilung, die Umwandlung sowie die Verschmelzung von Aktiengesellschaften (Art. 94 ff Gesetz Nr. 18.046). Wird eine offene

Handelsgesellschaft oder eine Kommanditgesellschaft in eine Aktiengesellschaft umgewandelt, werden die ehemals persönlich haftenden Gesellschafter selbstverständlich nicht von ihrer Haftung für die vor der Umwandlung begründeten Gesellschaftsverbindlichkeiten befreit.

Die Übernahme der Kontrolle offener Aktiengesellschaften ist besonderen gesetzlichen Regeln unterworfen. Als Übernahme der Kontrolle ist dabei bereits eine direkte oder mittelbare Beherrschung von mindestens 25 % des Kapitals einer Aktiengesellschaft zu verstehen. In einem solchen Fall muß die Aufsichtsbehörde vorab von der Übernahmeabsicht in Kenntnis gesetzt werden. Außerdem sind die Übernahmebedingungen in der Presse bekannt zu machen. Die Übernahme kann dann erst nach Ablauf von fünf weiteren Tagen vollzogen werden.

Widersetzt sich ein Aktionär erfolglos einer Umwandlung, Verschmelzung oder Veräußerung der Gesellschaft oder der Einführung oder Veränderung von Vorzugsrechten, so kann er aus der Gesellschaft austreten und ihr seine Aktien zum Marktpreis (offene Aktiengesellschaft) bzw. zum Buchwert (geschlossene Aktiengesellschaft) anbieten.

Diese Befugnisse gelten in noch erweitertem Umfang, wenn der Staat mittelbar oder unmittelbar die Gesellschaft beherrscht. Dies ist insbesondere im Hinblick auf die Teilprivatisierung staatlicher Unternehmen von besonderer praktischer Bedeutung.

c) Die Auflösung

Außer durch Beschluß der Hauptversammlung kann eine Aktiengesellschaft ausnahmsweise auch durch ein vollstreckbares Gerichtsurteil aufgelöst werden. Dies gilt z. B. bei geschlossenen Aktiengesellschaften im Falle schwerer Unregelmäßigkeiten zum Schaden der Aktionäre, wenn mindestens 20 % des Kapitals dies beantragen.

Ein weiterer Auflösungsgrund tritt ein, wenn sich alle Aktien auf einen einzigen Aktionär konzentrieren (Art. 103 Nr. 2 Gesetz Nr. 18.046).

Nach der Auflösung der Aktiengesellschaft, oder wenn sie für nichtig erklärt ist, ist grundsätzlich ihre Liquidation durchzuführen (Artt. 110 ff Gesetz Nr. 18.046). Nähere Einzelheiten insbesondere zur weiteren Geschäftsführung, zur Verteilung des Liquidationserlöses sowie zur Überwachung der Durchführung der Liquidation sind ebenfalls gesetzlich geregelt.

3. *Die Organe der Gesellschaft*

a) *Die Hauptversammlung*

Zur Beschlußfassung über den Geschäftsbericht, die Bilanz und die Verwendung des Gewinns ist jährlich eine ordentliche Hauptversammlung durchzuführen (Art. 56 Gesetz Nr. 18.046). Daneben sind außerordentliche Hauptversammlungen einzuberufen, wenn Entscheidungen von besonderer Bedeutung für die Gesellschaft zu treffen sind, wie etwa Auflösung, Umwandlung, Verschmelzung, Satzungsänderungen, die Ausgabe von Schuldverschreibungen, die Veräußerung bestimmter Vermögenswerte oder die Gewährung bestimmter Sicherheiten. Außerdem ist innerhalb von 30 Tagen eine Hauptversammlung einzuberufen, wenn die Börsenaufsicht oder mindestens 10 % des stimmberechtigten Aktienkapitals dies verlangen (Art. 58 Gesetz Nr. 18.046).

Die Einberufung einer Hauptversammlung erfolgt grundsätzlich durch das Direktorium (Art. 63 Gesetz Nr. 18.046). Sie ist innerhalb bestimmter Fristen in einer am Sitz der Gesellschaft erscheinenden Tageszeitung bekanntzumachen. Die Aktionäre offener Aktiengesellschaften sind zusätzlich auf dem Postwege zu laden.

Die Beschlußfassung in der Hauptversammlung erfolgt grundsätzlich mit der absoluten Mehrheit des vertretenen Kapitals. Für bestimmte besonders einschneidende Beschlüsse gilt jedoch ein Quorum von $^2/_3$ des stimmberechtigten Kapitals.

b) *Das Direktorium*

Das Direktorium einer geschlossenen Aktiengesellschaft besteht aus mindestens drei, dasjenige einer offenen Aktiengesellschaft aus mindestens fünf Mitgliedern. Die Satzung kann auch eine höhere Anzahl vorsehen. Die Amtszeit des Direktoriums ist auf maximal drei Jahre begrenzt; üblich ist ein Jahr.

Alle Mitglieder des Direktoriums werden gemeinsam in einem einheitlichen Wahlgang gestellt. Im Interesse des Schutzes von Minderheitsaktionären ist die gesonderte Nachberufung oder Abberufung einzelner Mitglieder des Direktoriums ausgeschlossen; vielmehr muß im Falle solcher Änderungen das Direktorium insgesamt neu bestellt werden.

Für die Wählbarkeit in das Direktorium gelten eine Reihe von Ausschlußgründen wie z. B. der betrügerische Konkurs, die Aberkennung der Fähigkeit der Bekleidung öffentlicher Ämter oder Ehrenämter sowie auch die Tätigkeit als Staatsbeamter, halbstaatlicher Beamter oder als Funktionsträger in einem öffentlichen Unternehmen. Bei Geschäften der Gesellschaft mit Mitgliedern des Direktoriums oder engen Verwandten von diesen sind besondere Modalitäten zu beachten.

Das Direktorium setzt den oder die Geschäftsführer der Gesellschaft ein, legt ihren Aufgaben- und Verantwortungsbereich fest und begleitet die Wahrnehmung dieser Aufgaben. Die Mitglieder des Direktoriums haften gesamtschuldnerisch für Schäden, die sie aufgrund ihrer gemeinschaftlichen Amtsführung der Aktiengesellschaft oder ihren Aktionären vorsätzlich oder fahrlässig zugefügt haben. Fahrlässigkeitsmaßstab ist dabei grundsätzlich die in eigenen Angelegenheiten angewendete Sorgfalt. Weitergehende Haftungsausschlüsse sind nichtig.

c) Die Geschäftsführung

Die Geschäftsführung besteht wie bereits erwähnt aus einem oder mehreren Geschäftsführern, die vom Direktorium bestellt und abberufen werden. Zum Geschäftsführer kann nicht berufen werden, wer dem Direktorium angehört oder die Buchführung der Gesellschaft zu überwachen hat.

Zum vom Direktorium festzulegenden Aufgabenkreis des Geschäftsführers gehört in der Praxis insbesondere die rechtsgeschäftliche und prozessuale Vertretung der Gesellschaft.

Der Geschäftsführer haftet für Beschlüsse des Direktoriums, welche den Interessen der Gesellschaft schaden, sofern er diesen nicht nachweislich widersprochen hat. Gleichwohl hat er in den Sitzungen des Direktoriums kein Stimmrecht.

4. Die Buch- und Rechnungsprüfung

Das Gesetz unterscheidet zwischen Buch- und Rechnungsprüfern. Buchprüfer haben Rechnungswesen, Inventar, Bilanz sowie die sonstigen finanziellen Rechenschaftsberichte der Gemeinschaft zu prüfen und einen entsprechenden Prüfungsbericht für die Hauptversammlung zu erstellen. Die Rechnungsprüfer überwachen über diesen Aufgabenkreis hinaus auch alle übrigen Aktivitäten der Gesellschaft sowie die Erfüllung der gesetzlichen und satzungsmäßigen Verpflichtungen.

Die Buch- und Rechnungsprüfer werden jeweils von der Hauptversammlung bestellt. Dabei ist es in geschlossenen Aktiengesellschaften in das Ermessen der Satzung bzw. der Hauptversammlung gestellt, ob die Prüfer als Buch- oder Rechnungsprüfer bestellt werden. Bei offenen Aktiengesellschaften sind in jedem Fall Buchprüfer zu bestellen. Die Satzung kann darüber hinaus die Berufung von Rechnungsprüfern für einen bestimmten Zeitraum oder für unbestimmte Dauer vorsehen.

Buchprüfer können natürliche oder juristische Personen sein. Sie müssen in das von der Börsenaufsicht geführte Buchprüferregister eingetragen sein. Ferner müssen sie von der zu prüfenden Gesellschaft unabhängig sein.

Rechnungsprüfer können dagegen nur natürliche Personen sein. Sie müssen gleichfalls von der zu prüfenden Gesellschaft unabhängig sein.

Beide, Buch- und Rechnungsprüfer, haften für Fahrlässigkeit.

5. *Die Übertragung von Aktien*

Die Übertragung von Aktien kann durch die Satzung der Gesellschaft nicht beschränkt werden. Ausreichend ist ein privatschriftlicher Vertrag, der in Gegenwart zweier Zeugen, eines Börsenmaklers oder eines Notars geschlossen wurde. Dritte und die Gesellschaft müssen die Übertragung aber erst gegen sich gelten lassen, wenn sie im Aktionärsregister eingetragen wurde (Art. 14 Gesetz Nr. 18.046). Erst fünf Tage nach der Umschreibung kann der neue Aktionär alle sich aus der Aktie ergebenden Befugnisse, insbesondere das Rede- und Stimmrecht in der Hauptversammlung, ausüben. Auf die besonderen Bestimmungen bei der Übernahme der Kontrolle von Aktiengesellschaften wurde unter b) bereits eingegangen.

6. *Kapitalerhöhung und -herabsetzung*

Eine Kapitalerhöhung kann nur im Rahmen einer Satzungsänderung durch Beschluß der Hauptversammlung stattfinden (Art. 10 Abs. 1 Gesetz Nr. 18.046). Sie kann durch Ausgabe neuer Aktien, von Schuldverschreibungen oder von Optionsscheinen erfolgen. Die Bezugsrechte auf diese Papiere stehen den Aktionären entsprechend ihren Kapitalanteilen zu. Aktionäre können ihre Bezugsrechte veräußern.

Kapitalherabsetzungen erfolgen gleichfalls durch Satzungsänderungen und bedürfen einer $^2/_3$-Mehrheit in der Hauptversammlung.

Der Ankauf eigener Aktien durch die Gesellschaft ist einer strengen Reglementation unterworfen (Art. 27 Gesetz Nr. 18.046). Wenn die Aktien nicht innerhalb bestimmter Fristen weiterveräußert werden, führt dies automatisch zu einer Kapitalherabsetzung.

7. *Registerpflichten*

Jede Aktiengesellschaft führt ein öffentliches Register, in welchem der Vorsitzende ihres Direktoriums, die Mitglieder des Direktoriums und gegebenenfalls die Liquidatoren aufzuführen sind. Dabei ist jeweils das genaue Datum ihres Amtsantritts sowie ihres Ausscheidens anzugeben.

Des weiteren führen die Aktiengesellschaften ein Aktionärsregister, in welchem die Eigentumsverhältnisse und dinglichen Belastungen der Aktien anzugeben sind. Die Eintragung in das Aktionärsregister ist von konstitutiver Bedeutung für die Übertragung oder Belastung von Aktien.

8. Verbundene Unternehmen

Als Reaktion auf frühere Mißbräuche trifft das Gesetz eine Reihe von Vorschriften für miteinander verflochtene Unternehmungen. Verbundene Aktiengesellschaften dürfen keine wechselseitigen Beteiligungen halten. Beteiligungen, die durch Fusion o. ä. entstanden sind, müssen im Geschäftsbericht ausgewiesen und binnen eines Jahres aufgelöst werden. Geschäfte zwischen verbundenen Unternehmen dürfen nur zu marktüblichen Konditionen abgewickelt werden. In den Jahresberichten sind die Investitionen in verbundene Unternehmen aufzulisten und deren Bilanzen mitzuveröffentlichen (Art. 90 Gesetz Nr. 18.046).

III. Das chilenische Steuerrecht

Das chilenische Steuerrecht besteht – ähnlich wie in Deutschland – aus einem Mischsystem von direkten und indirekten Steuern.

Die wichtigste öffentliche Einnahmequelle bildet die Mehrwertsteuer (IVA), welche z. Z. bei 18 % liegt. Für die Jahre 1996 und 1997 kann der Satz vom Präsidenten der Republik im Rahmen einer Bandbreite zwischen 16 % und 18 % festgelegt werden, ab 1998 ist ein Satz von 17 % vorgesehen.

Der Spitzensteuersatz auf das Einkommen von natürlichen Personen bei der Einkommensteuer wird 1994 um 2 Prozentpunkte auf 48 % abgesenkt sowie 1995 um weitere 3 Prozentpunkte auf 45 %. Als Anreiz für Investitionen gilt innerhalb bestimmter Höchstgrenzen ein Abschreibungssatz von 4 % pro Jahr. Ferner sind Steuerminderungen durch Stiftungen und Schenkungen möglich; hiermit soll insbesondere das Schulwesen gefördert werden. Für Wirtschaftsunternehmen gilt lediglich eine Firmenertragsteuer von 15 %. Chilenische Unternehmen, die im Ausland Direktinvestitionen getätigt haben, können ausländische Ertragssteuern gewinnmindernd absetzen.

Da Chile zur Entwicklung seiner Wirtschaft stark auf ausländische Investitionen setzt, bietet es für Ausländer günstige steuerliche Bedingungen. Grundsätzlich gilt auf Einkommen von Ausländern eine Zusatzsteuer von 35 %, welche z. B. die Überweisung von Gewinnen, Dividenden, Zinsen, Mieteinnahmen und Erlösen aus Patenten oder Lizenzen betrifft. Die Überweisung von Einnahmen aus technischer Beratung wird lediglich mit einem Satz von 20 % besteuert.

Die Karenzfrist für einen Transfer von Kapital und Erträgen aus Auslandsinvestitionen wurde 1993 übrigens von früher drei Jahren auf jetzt ein Jahr verkürzt.

Alternativ zur Anwendung des nationalen chilenischen Steuersystems gibt es speziell für ausländische Investoren die attraktive Option, sich für einen Gesamtsteuersatz von nur 42 % zu entscheiden.

Für diese Bedingungen gewährt das chilenische Recht dem ausländischen Investor eine bemerkenswerte Rechtssicherheit, indem es ihm die Möglichkeit eröffnet, die entsprechenden Bedingungen in einem Vertrag mit der zuständigen chilenischen Behörde, dem Ausschuß für Ausländische Investitionen, festzuschreiben. Dieser Vertrag enthält übrigens gleichzeitig die notwendigen nationalen Genehmigungen für die Investition. Die vom chilenischen Staat hierin eingegangenen Verpflichtungen können nicht durch eine spätere Gesetzgebung verändert werden.

IV. Das chilenische Arbeits- und Sozialrecht

Eines der Kernstücke der Wirtschaftsreformen des Pinochet-Regimes war der sog. *„plan laboral"* von 1978/79, durch welchen das kollektive und individuelle Arbeitsvertragsrecht wieder eine klare rechtliche Basis erhielt[9]. Einerseits wurden hierdurch die Gewerkschaften rechtlich abgesichert, andererseits wurden die Rechte der Arbeitgeber gegenüber dem früherem Recht deutlich gestärkt. Diese Grundsätze blieben auch durch die 1991/92 von der Regierung Aylwin durchgeführte Reform im wesentlichen unangetastet[10]. Insbesondere gilt nach wie vor das Prinzip der Tarifautonomie bei klaren Spielregeln für Arbeitskämpfe. Die durch die Reform eingeführten Änderungen betreffen insbesondere die Notwendigkeit der Begründung von Entlassungen sowie ggf. der Zahlung von Abfindungen sowie die Erleichterung überbetrieblicher Tarifvereinbarungen.

Ebenso wurde die unter Pinochet vollzogene Umstellung der Sozialversorgung mit redistributivem Charakter hin zu einer stärkeren Orientierung an individuellen Beitragszahlungen z. B. in der Krankenversicherung unter der Regierung Aylwin nicht grundsätzlich verändert[11].

9 THIERY, aaO (Fn. 5), 195.
10 THIERY, aaO (Fn. 5), 199.
11 THIERY, aaO (Fn. 5), 201.

Anhang

I. Gesetze

1. Gesellschaftsrecht
   Código Civil aprobado por Decreto No. 699 vom 17. 07. 1987 (Gesellschaftsrecht: Artt. 2053–2115)
   Código de Commercio (Gesellschaftsrecht: Artt. 348–511)
   Ley sobre Sociedades Anónimas No. 18.046 vom 22. 10. 1981
   Reglamento de Sociedades Anónimas Decreto No. 587 vom 13. 11. 1982
   Circular No. 239 de la Superintendencia de Valores y Seguros vom 29. 9. 1982
   Ley No. 3.918 sobre Sociedades de Responsabilidad Limitada vom 14. 3. 1923
   Reglamento sobre Concesión de Personalidad Jurídica a Corporaciones y Fundaciones vom 20. 3. 1979
2. Schutz des geistigen Eigentums
   Ley No. 17.336 sobre la Propriedad Intelectual vom 2. 10. 1970
   Decreto No. 74 Convención Interamericana sobre Derechos de Autor etc. vom 21. 7. 1955
   Decreto No. 75 Convención Universal sobre Derechos de Autor vom 26. 7. 1955
   Decreto-ley sobre Propriedad Industrial vom 27. 7. 1931
   Decreto-ley No. 65 sobre Patentes de Invención vom 23. 6. 1932 in der Fassung vom 25. 1. 1991
   Reglamento de Marcas comerciales vom 8. 2. 1982
3. Kreditwesen
   Ley No. 18.010 sobre Normas para las Operaciónes de Crédito e otros Obligaciones de Dinero que indica vom 27. 6. 1981
   Ley No. 18.112 sobre Prenda sin Desplazamiento vom 16. 4. 1982
4. Steuerrecht
   Decreto-ley No. 600 von 1971 in der Fassung vom 31. 3. 1993

II. Literaturverzeichnis

ADRIASOLA NAVARRETE, La transformación de la empresa, Santiago, 1971.

CASTRO OSSANDÓN/URZUA RAMIREZ, Sociedades anónimas y valores – compendio de legislación y jurisprudencia, Santiago, 1990.

FERNANDEZ VILLAMAYOR, El regimen legal de la sociedad anónima en Chile, 2. Aufl. Santiago, 1977.

FRIESE, Voraussetzungen und Verfahren für Investitionen in Chile, RIW 1982, 629 ff.

NELLE, Entstehung und Austrahlungswirkung des chilenischen Código Civil von Andrés Bello, Frankfurt a. M., 1987.

OLAVARRÍA AVILA, Manual de derecho comercial, Band 1–3, 3. Aufl., Santiago, 1980.

DERS., Regimen legal de la sociedad anónima en Chile, in: Anales de la facultad de Ciencias jurídicas y sociales ep. vol. 5, 1966, S. 52 ff.

SANDOVAL LÓPEZ, Grundzüge des Funktionsstatus' von Aktiengesellschaften des chilenischen Rechts, ZVglRWiss, 1979, 20 ff.

DERS., Manual de derecho comercial, Band 1–3, 3. Aufl., Santiago, 1990/91.

SCHERG, Das neue Aktienrecht in Chile, Santiago, 1983 und RIW 1984, 265 ff.

VILLAR, Derecho comercial, Band 1 und 2, Santiago, 1951–53.

VILLEGAS, Manual de derecho bancario, Santiago, 1987.

WESTPHALEN, Investitionsland Chile, Die Bank, 1982, 278 ff.

III. Adressenverzeichnis

1. Deutsche Stellen

Bundesstelle für Außenhandelsinformationen, Agrippastraße 87–93, 50676 Köln, Tel.: 02 21-2 05 72 33.

2. Chilenische Ministerien und wichtige nachgeordnete Behörden

Außenministerium, Ministerio de Relaciones Exteriores, Compañía esq. Morandé, Bandera 52, piso 2, Santiago, Tel.: 6 96 72 95, 6 98 25 01, Telex: 240 595, minre cl.
- Dirección General de Relaciones Económicas Internacionales (PROCHILE), Av. Lib. B. O'Higgins 1315, piso 2, Santiago, Tel.: 6 96 00 43, Fax: 6 96 06 39.
- Vertretung in der Bundesrepublik Deutschland: PROCHILE Exportförderungsbüro, Kleine Reichenstraße 1, 4. Stock, 20457 Hamburg, Tel.: 0 40/33 58 35, Fax: 0 40/32 69 57, Telex: 214 067 chilw d.

Ministerium für Planung und Zusammenarbeit, Ministro de Planificación y Cooperación, Ahumada 48, Santiago, Tel.: 72 20 33
- Agencia de Cooperación Internacional, Av. Pedro de Valdivia 33, piso 2, Santiago, Tel.: 2 33 14 85.
- Oficina de Planificación Nacional (ODEPLAN), Ahumada 48, Santiago, Tel.: 72 20 33, 6 98 91 02, Telex: 341 400 odepla ck.

Wirtschaftsministerium, Ministerio de Economía, Fomento y Reconstrucción, Teatinos 120, piso 10, Santiago, Tel.: 72 55 22, 72 35 09, Telex: 240 558 minec cl.
- Comité de Inversiones Extranjeras, Teatinos 120, piso 10, Santiago, Tel.: 6 98 42 54, Fax: 6 98 94 76, Telex: 240 729 cenbc cl.
- Corporación de Fomento de la Producción (CORFO), Moneda 921, Casilla 3886, Santiago, Tel.: 6 96 76 88, 38 05 21, Fax: 71 10 58, Telex: 240 421, 240 690 corfo cl (Amt für Produktions- und Investitionsförderung, hat gleichzeitig Aufgaben einer Entwicklungsbehörde und ist Holdinggesellschaft für eine Gruppe staatlicher Unternehmen).

3. Industrie- und Handelskammern

Deutsch-Chilenische Industrie- und Handelskammer, Cámara Chileno-Alemana de Comercio e Industria, Ahumada 131, Of. 808/815, Casilla 9980, Santiago, Tel.: 6 96 44 94, Fax: 6 98 64 85, Telex: 240 503 dcihk cl.

Nationale Industrie- und Handelskammer, Cámara Nacional de Comercio de Chile, Santa Lucía 302, piso 4, Santiago, Tel.: 39 66 39, 39 76 94, Telex: 340 110 camnac ck.

Die Gründung einer Tochtergesellschaft in der Volksrepublik China

von

Rechtsanwältin DR. STEFANIE TETZ, Frankfurt/Main und Peking

Inhaltsübersicht

A. Einleitung

Die Förderung ausländischer Investitionen in der Volksrepublik China setzte Ende der 70er Jahre als Folge der Reformpolitik ein, die als „Open Door Policy" bekannt wurde. Zur gleichen Zeit begann der chinesische Gesetzgeber, rechtliche Rahmenbedingungen für ausländische Investitionen zu schaffen und hierfür auch steuerliche Anreize zu geben.

I. Investitionen

Die Gründung einer Tochtergesellschaft in der Volksrepublik China stellt die wohl wichtigste Investitionsform ausländischer Unternehmen in der Volksrepublik China dar. Hierbei stehen verschiedene Gesellschaftsformen zur Verfügung: Das Equity Joint Venture (EJV), das Contractual Joint Venture (CJV), die 100%ige Tochtergesellschaft sowie seit 1992 die Aktiengesellschaft. Ausländische Direktinvestitionen werden dabei besonders gefördert, wenn es sich entweder um Investitionen mit dem Ziel der Einbringung fortschrittlicher Technologie handelt, oder um Investitionen, die den Export aus der Volksrepublik China fördern. Vergünstigungen bestehen insbesondere in erheblichen Steuererleichterungen, und für die Einordnung als entweder technologisch fortschrittliches oder exportorientiertes Unternehmen bestehen seit 1986 eindeutige Vorgaben (Vorschriften des Staatsrats der Volksrepublik China für die Förderung von ausländischen Investitionen, vom 11. Oktober 1986).

II. Besonderheiten des Rechtssystems

Die Gründung einer Tochtergesellschaft in der Volksrepublik China durch ein ausländisches Unternehmen unterliegt verschiedenen Rechtsmaterien. Nur als Auffangregelung gilt das zum 1. Juli 1994 in Kraft getretene nationale Gesellschaftsrecht der Volksrepublik China. Grundsätzlich sind vielmehr Vorschriften einschlägig, die speziell im Rahmen des Außenwirtschaftsrechts für die Gründung von Tochtergesellschaften mit ausländischer Kapitalbeteiligung geschaffen worden sind. Im wesentlichen ist diese Sonderbehandlung darauf zurückzuführen, daß die rechtlichen Freiheiten zur Gründung von Gesellschaften zunächst hauptsächlich ausländischen Unternehmen angeboten werden sollten und ein Sonderrechtsgebiet zu einer Zeit geschaffen wurde, als es noch kein allgemeingültiges Gesellschaftsrecht gab. Ebenso sind für das allgemeine Vertragsrecht, den Technologieimport und darüber hinaus für das Steuerrecht in der Volksrepublik China Spezialgesetze erlassen worden, die nur für die Außenwirtschaft der Volksrepublik China gelten.

Abweichend von den Vorschriften des Außenwirtschaftsrechts, die grundsätzlich für das gesamte Gebiet der Volksrepublik China gelten, haben die zahlreichen Wirtschaftssonderzonen[1] eigene Vorschriften erlassen, die zum Teil die Gründung von Tochtergesellschaften oder generell ausländische Geschäftsaktivitäten betreffen. Unterschiede zum nationalen Recht und im Vergleich der Sonderzonen untereinander bestehen insbesondere beim Umfang der gewährten Steuervergünstigungen. Innerhalb der Sonderzonen, die den Zweck von Experimentierfeldern erfüllen, werden beispielsweise aber auch Gesellschaftsgründungen genehmigt, die im übrigen nicht zulässig oder bislang noch nicht genehmigt worden sind.

1 Die Bezeichnung dieser Sonderzonen ist uneinheitlich: Zum Teil handelt es sich wie beispielsweise bei den drei ersten, unter ihnen Shenzhen – der bekanntesten und wohl erfolgreichsten Sonderzone – um *„Special Economic Zones"*, zum Teil um *„Economic and Technical Development Zones"*, zum Teil um *„Hightech Zones"* oder *„High and New Technical Industrial Development Zones"*, zum Teil, wie z. B. in Guangzhou, um *„Free Trade Zones"*, wobei diese Aufzählung nicht abschließend ist.

III. Wahl der Gesellschaftsform

Die bekannteste Gesellschaftsform, in der eine Tochtergesellschaft in der Volksrepublik China gegründet werden kann, ist wohl die eines EJV, einer Gesellschaft mit beschränkter Haftung der Gesellschafter, deren Rechtsform in manchen Punkten mit der einer deutschen GmbH vergleichbar ist. Vorteil der Wahl dieser Gesellschaftsform ist neben der – nicht im Detail definierten – Haftungsbegrenzung insbesondere, daß sie den chinesischen Genehmigungsbehörden vertraut ist[2]. Im Gegensatz zum EJV, das zwingend als Kapitalgesellschaft ausgestaltet ist, steht bei einem CJV – unter Berücksichtigung der gesetzlichen Vorgaben – die Gesellschaftsform im Belieben der Gründer. Diese Freiheit ermöglicht es, ein CJV entsprechend den Vorstellungen der Gesellschafter in jeder Form zwischen einer Kapitalgesellschaft (mit beschränkter Haftung) und einer bloßen „Partnerschaft" zu gründen.

Während die Gründung eines EJV und CJV jeweils voraussetzt, daß zumindest ein chinesischer Partner als Gesellschafter beteiligt ist, bietet sich die Rechtsform einer 100%igen Tochtergesellschaft dann an, wenn – beispielsweise aus Gründen der Geheimhaltung von Technologie – kein chinesischer Partner beteiligt werden soll. Allerdings ist bei der Wahl dieser Gesellschaftsform zu beachten, daß die fehlende Beteiligung eines chinesischen Partners Nachteile haben kann: Innerchinesische Vertriebs- und/oder Lieferkanäle sowie die Kenntnis der lokalen Bürokratie, über die chinesische Unternehmen verfügen, muß sich die 100%ige Tochtergesellschaft selbst beschaffen, und es kann hierbei nicht ohne weiteres auf die Hilfe eines chinesischen Partners zurückgegriffen werden. Es besteht jedoch die Möglichkeit, ein chinesisches Unternehmen nicht nur mit der Vorbereitung der Gründungsformalitäten zu beauftragen, sondern auch damit, notwendige Liefer- und Versorgungsquellen ausfindig zu machen[3].

Die Möglichkeit, sich durch den Erwerb von Aktien an einer Aktiengesellschaft zu beteiligen, besteht für ausländische Unternehmen erst seit 1992; Börsen, an denen Aktien börsennotierter Unternehmen erworben und gehandelt werden können, befinden sich allerdings bislang nur in den beiden Städten Shanghai und Shenzhen. Ob sich in der Zukunft ausländische Investoren verstärkt an der Gründung chinesischer Aktiengesellschaften beteiligen werden, ist noch offen, steht jedoch zu erwarten.

2 Das *Ministry of Foreign Trade and Economic Cooperation* – MOFTEC – hat im Jahre 1985 einen Mustervertrag herausgegeben, dem die chinesischen Partner eines EJV nach wie vor folgen, von dessen Bedingungen jedoch durchaus abgewichen werden kann und sollte. Der Mustervertrag ist abgedruckt in China Economic News 1985, Supplement 4.

3 Zu weiteren Überlegungen für und gegen die Gründung einer 100%igen Tochtergesellschaft vgl. JOACHIM GLATTER, Rechtsgrundlagen für Handel und wirtschaftliche Kooperation in der Volksrepublik China, 1989.

B. *Equity Joint Venture*

I. *Gründung*

Bei der Gründung eines Equity Joint Venture (EJV) müssen insbesondere die folgenden Vorschriften beachtet werden:
- das Gesetz der Volksrepublik China über Joint Ventures mit chinesischer und ausländischer Kapitalbeteiligung, vom 1. Juli 1979, abgeändert am 4. April 1990 (im folgenden: „Joint-Venture-Gesetz“);
- die Durchführungsbestimmungen zu dem Gesetz der Volksrepublik China über Joint Ventures mit chinesischer und ausländischer Kapitalbeteiligung, vom 20. September 1983 (im folgenden: „Durchführungsbestimmungen“).

Während das Joint-Venture-Gesetz mit fünfzehn Artikeln nur erste Rahmenbedingungen geschaffen hat, sind die eigentliche rechtliche Grundlage für die Gründung eines EJV die Durchführungsbestimmungen sowie zahlreiche weitere Vorschriften, die einzelne Aspekte wie beispielsweise das Verhältnis zwischen Stammkapital und Investitionsvolumen (zum Teil speziell für EJV, zum Teil für alle Gesellschaften mit ausländischer Kapitalbeteiligung gemeinsam) regeln. Die Durchführungsbestimmungen formulieren als generelles Ziel, daß das EJV der Entwicklung der chinesischen Wirtschaft ebenso wie dem Zufluß von in der Volksrepublik China nicht vorhandener Technologie dienen soll. Dabei hatte der chinesische Gesetzgeber vornehmlich Produktions-EJV im Blick; es werden jedoch auch EJV genehmigt, deren Gesellschaftszweck die Erbringung von Dienstleistungen ist.

1. *Joint-Venture-Vertrag*

a) *Rechtsform*

Ein EJV ist eine Kapitalgesellschaft mit beschränkter Haftung. Der Gesetzestext (und auch der MOFTEC-Mustervertrag) beläßt allerdings Zweifel darüber, wie diese Haftungsbeschränkung im einzelnen ausgestaltet ist, denn es heißt in Art. 19 Durchführungsbestimmungen lediglich: „Jede Vertragspartei des Joint Venture haftet dem Joint Venture nur im Umfang des von ihr gezeichneten Stammkapitals.“ Unklar bleibt weiter, ob die Haftung des EJV selbst immer auf das Stammkapital beschränkt ist und ob unter gewissen Umständen eine Nachschußpflicht der Gesellschafter bestehen könnte. Es empfiehlt sich, beides ausdrücklich im Joint-Venture-Vertrag auszuschließen.

b) Vertragsinhalt

Die Durchführungsbestimmungen sehen als eine in der Praxis inzwischen nur noch selten gebräuchliche Vorstufe der Gründung die „Joint-Venture-Vereinbarung“ vor, die eine Art Vorvertrag darstellt. Der Joint-Venture-Vertrag selbst muß zwingend enthalten (Art. 14 Durchführungsbestimmungen):

- Name, Sitz und Land der Registrierung der Parteien des EJV, sowie Name, Funktion und Nationalität ihrer gesetzlichen Vertreter;
- Name, Sitz, Zweck und Geschäftsumfang des EJV;
- Gesamtinvestition und Stammkapital der Gesellschaft sowie Zahlungsmodi der Gesamtinvestition und des Stammkapitals, das Verhältnis von Gesamtinvestition zum Stammkapital und Bestimmungen für den Fall nicht erbrachter Einlagen und für deren Übertragung an Dritte;
- Gewinn- und Verlustbeteiligung der Gesellschafter;
- Zusammensetzung des „Board of Directors“, dessen Kompetenzen und Aufgaben, sowie Zusammensetzung der Geschäftsführung;
- wesentliche Produktionsmittel und Technologie sowie deren Quellen, Angaben zu dem Bezug von Rohstoffen, dem Verkauf der fertigen Produkte innerhalb der Volksrepublik China und auf Auslandsmärkten;
- Regelungen zu Deviseneinnahmen und -ausgaben;
- Grundsätze über Finanzierung, Buchhaltung und Wirtschaftsprüfung;
- Regelungen über die Arbeitsbedingungen für Arbeitnehmer im EJV;
- Dauer des EJV und Bestimmungen über die Liquidation;
- Haftungsbestimmungen für Vertragsverletzungen;
- Bestimmungen über Beilegung von Streitigkeiten zwischen den Gesellschaften;
- Vertragssprache und Wirksamkeitsvoraussetzungen für den Vertrag.

c) Vertragsparteien

An der Gründung eines EJV müssen mindestens eine ausländische und eine chinesische Vertragspartei beteiligt sein. Beim Vertragsabschluß ist darauf zu achten, daß der chinesische Vertragspartner berechtigt ist, als Gesellschafter eines EJV den Vertrag abzuschließen. Das Außenwirtschaftsvertragsgesetz der Volksrepublik China vom 21. März 1985, das generell alle Außenwirtschaftsverträge regelt und aus diesem Grunde auch für den Abschluß von Gesellschaftsverträgen mit ausländischen Investoren einschlägig ist, sieht in Art. 2 vor, daß nur chinesische Unternehmen und andere „Geschäfts-Organisationen“ Vertragspartei sein können. Politische und staatliche Organisationen kommen also als Vertragspartner nicht in Betracht; für Privatpersonen gilt dies derzeit wohl nur beschränkt. Ein sicheres Indiz dafür, daß der chinesische Partner zum Abschluß des Joint-Venture-Vertrages berechtigt ist, liegt in seiner Registrierung als juristische Person[4].

d) Export von Produkten, Einkauf von Produktionsmitteln und Importsubstitution

Exportquoten für die Produkte des EJV zu vereinbaren ist inzwischen nicht mehr zwingend erforderlich, eine Absichtserklärung, daß auch der Export angestrebt wird, gehört jedoch noch immer zum Standardinhalt eines Joint-Venture-Vertrages. Der Export von Produkten des EJV ist allerdings als Einnahmequelle für Devisen von großer Bedeutung. Handelt es sich bei den Produkten um solche, für die eine Exportgenehmigung notwendig ist, so muß das EJV in jedem Geschäftsjahr einen Exportplan aufstellen und alle sechs Monate eine Exportgenehmigung anfordern. Für den Verkauf auf dem chinesischen Markt gelten Bestimmungen sowohl über den Absatz der Produkte als auch deren Preisfestlegung (Art. 63–65 Durchführungsbestimmungen).

Nicht mehr von der Relevanz wie noch in der Zeit der ersten Joint-Venture-Gründungen ist auch die als zwingender Vertragsinhalt vorgesehene Regelung über den beabsichtigten Produktionsumfang und Absatzmarkt sowie Angaben über den Bezug der benötigten Produktionsstoffe. Grundsätzlich muß das EJV chinesichen Bezugsquellen für Rohstoffe und benötigte Produktionsmaterialien den Vorzug geben (Art. 57 Durchführungsbestimmungen). Allerdings gilt dies nur dann, wenn chinesische Produkte mit denen ausländischer Herkunft in Qualität, Preis und sonstigen Lieferbedingungen vergleichbar sind.

EJV, die fortschrittliche Technologien verwenden, in der Volksrepublik China neue Produkte entwickeln oder vorhandene Produkte verbessern und ersetzen, konnten in der Vergangenheit eine Importsubstitution beantragen[5]. Dieser Antrag muß zum selben Zeitpunkt wie der – vom chinesischen Partner seiner vorgesetzten Behörde vorzulegende – Projektvorschlag zur Genehmigung vorgelegt werden. Produkte, die in der Volksrepublik China benötigt werden und importiert werden müssen, können dann durch das EJV gegen Devisen auf dem chinesischen Markt verkauft werden. Diese Möglichkeit dürfte nach den Finanzreformen zu Beginn des Jahres 1994 erheblich eingeschränkt sein.

4 Hierfür einschlägig sind die Bestimmungen der Volksrepublik China zur Registrierung von Gesellschaften vom 1. Juli 1994, im folgenden „Registrierungsbestimmungen"; siehe hierzu und zu weiteren Registrierungs-Vorschriften auch im folgenden Text.

5 Vorschriften über die Importsubstitution für Produkte von EJV und CJV, vom 19. Oktober 1987, im folgenden: „Importsubstitutionsbestimmungen", die für 100%ige Tochtergesellschaften nicht gelten. Fragen der Importsubstitution werden weiterhin geregelt durch die Bestimmungen über die Importsubstitution von mechanischen und elektrischen Produkten, die von EJV und CJV hergestellt werden, vom 7. Oktober 1987.

e) *Anwendbares Recht und Zuständiges Gericht*

Der Joint-Vernture-Vertrag unterliegt als Außenwirtschaftsvertrag chinesischem Recht und das EJV ist eine Gesellschaft chinesischen Rechts. Eine Rechtswahlfreiheit besteht für die Gründung des EJV/den Abschluß des Joint-Venture-Vertrags nicht (Art. 5 Abs. 2 Außenwirtschaftsvertragsgesetz).

Die Gesetzgebung der Volksrepublik China insbesondere im Bereich der Außenwirtschaft befindet sich seit Ende der 70er Jahre in ständiger Entwicklung. Es ist daher nicht auszuschließen, daß vertragliche Vereinbarungen mit Gesetzen, die nach Vertragsabschluß erlassen werden, in Widerspruch geraten. Für diesen Fall gilt jedoch, daß genehmigte EJV (wie auch andere Gesellschaften) weiterhin auf der Grundlage des Joint-Venture-Vertrages durchgeführt werden können (Art. 40 Außenwirtschaftsvertragsgesetz). Aus diesem Grunde empfiehlt sich eine möglichst detaillierte Regelung des Vertragsverhältnisses zwischen den EJV-Partnern dort, wo das Gesetz bislang noch keine eindeutigen Vorschriften bereithält.

Es besteht darüber hinaus die Möglichkeit der Wahl des zuständigen Gerichts: Üblich ist die Vereinbarung eines Schiedsgerichts, wobei für den chinesischen Vertragspartner, der häufig das Schiedsgericht der CIETAC *(China International Economic and Trade Arbitration Commission)* vorschlägt, verschiedene westeuropäische Schiedsgerichte inzwischen durchaus akzeptabel sind. Das in der Vergangenheit bevorzugte Schiedsgericht der Stockholmer Handelskammer hat allerdings wohl an Bedeutung verloren.

2. *Satzung*

Der Inhalt der Satzung ist durch Art. 16 der Durchführungsbestimmungen zum Teil zwingend vorgeschrieben. Im wesentlichen wiederholt die Satzung Bestimmungen des Joint-Venture-Vertrages (mit Ausnahme beispielsweise solcher Regelungen, die die Verantwortlichkeiten einzelner Gesellschafter oder Folgen eines Vertragsbruchs durch einen Gesellschafter regeln) und enthält insbesondere Vorschriften über Investitionsvolumen und Stammkapital, Gewinn- und Verlustverteilung sowie Regelungen über die Geschäftsführung. Vertragstechnisch ist die Satzung Anlage zum Joint-Venture-Vertrag.

3. *Genehmigung und Registrierung*

a) *Genehmigungen*

Die Gründung eines EJV durchläuft verschiedene Genehmigungsstufen. Aufgabe allein des chinesischen Partners ist zunächst, einen vorläufigen *„Feasibility*

Study Report“ und einen Projektvorschlag der ihm vorgesetzten Behörde und der zuständigen Planungsbehörde vorzulegen (Art. 9 Abs. 1 Durchführungsbestimmungen). Ist dieser *Feasibility Study Report* genehmigt, können beide Vertragsparteien den Joint-Venture-Vertrag, die Satzung sowie den endgültigen, gemeinsam erstellten *Feasibility Study Report* verhandeln und unterzeichnen. In der endgültig genehmigten Fassung wird der *Feasibility Study Report* (als Anlage) häufig wesentlicher Teil des Joint-Venture-Vertrages, in dem alle wichtigen Daten und Prognosen wirtschaftlicher, finanzieller und technischer Natur einschließlich solcher über Im- und Exportmärkte sowie Löhne und Gehälter enthalten und sorgfältig geregelt sein sollten.

Der Genehmigungsbehörde sind schließlich der vereinbarte Joint-Venture-Vertrag, die Satzung und eine Liste der Aufsichtsratsmitglieder vorzulegen. Die Genehmigung ist Wirksamkeitsvoraussetzung für den Joint-Venture-Vertrag und die Satzung. In der Praxis sollte auch vom ausländischen Partner bereits während der Verhandlung eine Abstimmung mit der zuständigen Genehmigungsbehörde angestrebt werden, so daß im Regelfall schon in diesem Stadium geklärt werden kann, welche Vereinbarungen genehmigungsfähig sind. Die Genehmigungsbehörden müssen innerhalb von 30 Tagen die Genehmigung erteilen oder ablehnen (Art. 10 der Durchführungsbestimmungen).

Zuständige Genehmigungsbehörde ist auf nationaler Ebene das MOFTEC, auf Provinz- und lokaler Ebene dessen dortige Unterorganisationen. Es ist im Einzelfall zu klären, welche Ebene für die Genehmigung des jeweiligen EJV zuständig ist; dies hängt generell vom Volumen der Gesamtinvestition ab, wobei inzwischen wohl in zahlreichen Fällen bei einer Gesamtinvestition von bis zu 10 Mio. US-Dollar die lokalen Behörden (unterhalb der Provinzebene) zuständig sind. Grundsätzlich gilt, daß bei einem Gesamtinvestitionsvolumen von über 30 Mio. US-Dollar die Genehmigung des MOFTEC erteilt werden muß[6]. Die Genehmigungsbehörde ist zugleich diejenige Behörde, die berechtigt ist, die Durchführung des Joint-Venture-Vertrages und der Satzung zu überprüfen (Art. 18 Durchführungsbestimmungen).

b) Registrierung

Nach Erhalt der Genehmigung muß das EJV innerhalb eines Monats beim zuständigen Verwaltungsamt für Industrie und Handel die Registrierung vor-

6 Vgl. hierzu auch GLATTER, aaO (Fn. 3), S. 54 f.

nehmen[7]. Für die Registrierung sind verschiedene Dokumente und Zertifikate vorzulegen, die u. a. Firma und Satzung betreffen[8]. Bei der Registrierung der Firma ist darauf zu achten, daß die Bezeichnung des Ortes, an dem sich der Geschäftssitz befindet, vorangestellt ist, und die Firma im übrigen den Geschäfts- oder Handelsnamen, einen Hinweis auf den einschlägigen Industrie- oder Geschäftssektor sowie die Organisationsform (in dieser Reihenfolge) enthalten soll.

Die mit der Registrierung erfolgende Ausgabe der Geschäftslizenz stellt die formelle Gründung des EJV dar (Art. 11 Durchführungsbestimmungen).

4. *Änderungen von Joint-Venture-Vertrag und Satzung*

Änderungen des Joint-Venture-Vertrages unterliegen ebenfalls dem Erfordernis der Genehmigung durch die (ursprünglich) zuständige Genehmigungsbehörde (Art. 33 Außenwirtschaftsvertragsgesetz). Gemäß Art. 17 Durchführungsbestimmungen tritt jede Änderung des Joint-Venture-Vertrages und der Satzung erst nach Genehmigung in Kraft. Zweifel ergeben sich jedoch bei unwesentlichen Änderungen. Die Durchführungsbestimmungen weisen an verschiedenen Stellen ausdrücklich auf dieses erneute Genehmigungserfordernis hin:

- Erhöhung, Übertragung oder anderweitige Verfügung über das Stammkapital (Art. 23 Abs. 1, Art. 24 Durchführungsbestimmungen);
- Verlängerung der Laufzeit des EJV (Art. 101 Abs. 2 Durchführungsbestimmungen);
- Auflösung und Liquidation des EJV (Art. 102, 107 Durchführungsbestimmungen).

II. *Organe des Equity Joint Venture*

1. *Board of Directors*

a) *Doppelfunktion*

Höchstes Organ des EJV ist der *„board of directors"*, der Funktionen einer Gesellschafterversammlung wie auch des Aufsichtsrats in sich vereint. Eine Gesellschafterversammlung ist als Organ nicht vorgesehen. Dieser Doppelfunk-

7 Art. 10 Durchführungsbestimmungen.

8 Die Registrierung unterliegt den Registrierungsbestimmungen, die allerdings nur eingreifen, wenn keine speziellen Vorschriften gegeben sind, Art. 75 Registrierungsbestimmungen.

tion wird durch das Gesetz nicht Rechnung getragen, so daß die Gesellschafter in der Praxis darauf achten müssen, daß Entscheidungen des *board of directors* Gesellschafter- wie auch Aufsichtsratsbeschlüsse sein können. Wenn ein Gesellschafterbeschluß gefaßt wird, sollten die *board*-Mitglieder daher ausdrücklich als Vertreter der jeweiligen Gesellschafter bevollmächtigt werden.

b) Mitglieder

Jeder Gesellschafter des EJV ernennt die Mitglieder des *board of directors,* die ihn und seine Interessen vertreten. Das Gesetz enthält keine Regelungen zum Prozedere der Einsetzung des *board of directors,* so daß es sich empfiehlt, entsprechende Regelungen im Joint-Venture-Vertrag und der Satzung vorzusehen. Die Anzahl der *board*-Mitglieder, die von den einzelnen Gesellschaftern jeweils ernannt werden, muß das Verhältnis widerspiegeln, in dem die Gesellschafter am Kapital des EJV beteiligt sind (Art. 34 Abs. 1 Durchführungsbestimmungen); der *board of directors* muß dabei aus mindestens drei Mitgliedern bestehen. Das Gesetz sieht keine besonderen Qualifikationen vor, die von den *board*-Mitgliedern erfüllt werden müssen.

Der Vorsitzende des *board of directors* mußte nach dem ursprünglichen Gesetz vom chinesischen Gesellschafter ernannt werden, der stellvertretende Vorsitzende von dem ausländischen Gesellschafter (Art. 34 Abs. 2 Durchführungsbestimmungen). Seit der Gesetzesänderung vom 4. April 1990 steht diese Wahl nun den Parteien frei.

Die Amtszeit eines *board*-Mitglieds beträgt 4 Jahre; der Gesellschafter, der das jeweilige *board*-Mitglied ernannt hat, kann das *board*-Mitglied für eine erneute Amtszeit benennen oder ihn jederzeit abberufen und dann diese Amtszeit verlängern oder jederzeit verkürzen und dann ein anderes Mitglied des *board of directors* ernennen.

c) Vorsitzender

Der Vorsitzende des *board of directors* ist der gesetzliche Vertreter des EJV (Art. 37 Durchführungsbestimmungen). Er hat, sofern nicht durch den Joint-Venture-Vertrag anders geregelt, jedoch weder ein Veto-Recht noch eine entscheidende Stimme im Falle einer Pattsituation. Ihm obliegt jedoch die Einberufung der *board*-Sitzungen mindestens einmal im Jahr (Art. 35 Durchführungsbestimmungen). Der Joint-Venture-Vertrag und die Satzung sollten verbindlich vorsehen, daß eine Sitzung auch einberufen werden kann, wenn mindestens ein Drittel der *board*-Mitglieder dies fordert; andernfalls würde es im freien Belieben des Vorsitzenden stehen, die jährliche Sitzung, die im übrigen regelmäßig am Sitz des EJV stattfinden sollte, einzuberufen.

d) Beschlußfassung

Alle wesentlichen Entscheidungen, die im EJV zu treffen sind, werden vom *board of directors* getroffen. Einstimmigkeit der Beschlüsse ist dabei für folgende Fälle zwingend vorgesehen (Art. 36 Durchführungsbestimmungen).:
- Änderungen der Satzung;
- Beendigung und Auflösung des EJV;
- Erhöhung oder Übertragung des Stammkapitals;
- Zusammenschluß des EJV mit einem anderen wirtschaftlichen Unternehmen.

Diese Liste kann von den Parteien beliebig erweitert werden. Im übrigen können im Vertrag die notwendigen Mehrheiten frei vereinbart werden.

2. *Geschäftsführung*

a) Zusammensetzung

Die Geschäftsführung setzt sich aus dem Geschäftsführer, dem stellvertretenden Geschäftsführer sowie weiteren stellvertretenden Geschäftsführern, sofern nach der Größe des EJV erforderlich und von den Parteien gewollt, zusammen. Es ist den Parteien überlassen, ob der chinesische oder der ausländische Gesellschafter den Geschäftsführer bzw. den stellvertretenden Geschäftsführer bestellt. In der Praxis hängt dies von der Größe des EJV ab und beispielsweise auch davon, ob es in der Anfangsphase des EJV erforderlich ist, daß ein nichtchinesischer Geschäftsführer die Umsetzung der vom EJV erworbenen Technologie etc. überwacht.

b) Aufgaben

Der Geschäftsführer ist verpflichtet, die Entscheidungen des *board of directors* auszuführen sowie die täglichen Geschäfte zu führen. Er kann das EJV innerhalb der ihm vom *board of directors* zugewiesenen Berechtigung gegenüber Dritten vertreten. In allen wichtigen Fragen müssen Geschäftsführer und stellvertretender Geschäftsführer zusammenwirken (Art. 40 Abs. 3 Durchführungsbestimmungen); stellt der ausländische Gesellschafter nur den stellvertretenden Geschäftsführer, so kann und sollte diese Verpflichtung zur Zusammenarbeit im Joint-Venture-Vertrag umfassender geregelt werden.

Die Geschäftsführung hat dem *board of directors* zu berichten, der den Geschäftsführer und andere hochrangige Mitglieder der Geschäftsführung im Falle schwerer Pflichtverletzung entlassen kann.

c) Vergütung

Die Bezahlung ausländischer Geschäftsführer war in der Praxis lange ein umstrittener Verhandlungspunkt; inzwischen bestehen jedoch keine grundsätzlichen Probleme mehr, durchzusetzen, daß ausländische Geschäftsführer ein vergleichsweise deutlich höheres Gehalt als die chinesischen Geschäftsführer erhalten.

3. Minderheiten

Ein ausländischer Gesellschafter kann sowohl Mehrheits- als auch Minderheitsgesellschafter eines EJV sein. Seine Beteiligung soll generell mindestens 25 % betragen[9].

Vorschriften über den Minderheitenschutz sind im wesentlichen der Vertragsgestaltung überlassen. Gesetzlich vorgeschrieben ist, daß Sitzungen des *board of directors* in Anwesenheit von mindestens $^2/_3$ der *board*-Mitglieder abgehalten werden müssen, wobei Vertretung durch ein anderes *board*-Mitglied oder einen Dritten zulässig ist. Weiterhin ist das Erfordernis der Einstimmigkeit bestimmter Beschlüsse des *board of directors* (siehe oben) ein Schutz für den Minderheitengesellschafter.

III. Finanzausstattung des Equity Joint Venture

Neben den Durchführungsbestimmungen sind folgende Regelungen insbesondere für die Kapitalerbringung durch Gesellschafter zu beachten:

- Vorläufige Bestimmungen des Verwaltungsamts für Industrie und Handel der Volksrepublik China zu dem Verhältnis zwischen Stammkapital und Gesamtinvestition in chinesisch-ausländischen Equity Joint Ventures, vom 1. März 1987 („Vorschriften über das Verhältnis von Stammkapital zu Gesamtinvestition“);

9 Art. 4 Abs. 2 Joint-Venture-Gesetz; Ausnahmen von diesem Grundsatz sind zwar möglich (vgl. beispielsweise Business China, May 31, 1993, p. 1), haben jedoch Einfluß auf den „Status“ als Auslandsinvestitionsgesellschaft und damit auf den Zugang u. a. zu steuerlichen Vergünstigungen.

– Vorschriften über die Kapitalaufbringung durch Gesellschafter von chinesisch-ausländischen Equity Joint Ventures, in Kraft seit dem 1. März 1988 („Vorschriften über Kapitaleinlagen").

Auf der Basis von und ergänzend zu den Regeln über die Finanzierung in den Durchführungsbestimmungen (und in den Vorschriften zu CJV und zu 100%igen Tochtergesellschaften, siehe noch im folgenden) sind die in diesem Zusammenhang ebenfalls wichtigen „Vorschriften über die Finanzverwaltung von Unternehmen mit ausländischer Kapitalbeteiligung" verabschiedet worden und am 24. Juni 1992 in Kraft getreten („Finanzbestimmungen").

1. Kapitalausstattung bei Gründung

a) Verhältnis von Kapital und Investition

Das Verhältnis zwischen Stammkapital und Gesamtinvestition ist strikt geregelt. Bei einer Investition bis einschließlich 3 Mio. US-Dollar muß das Stammkapital mindestens 70 % der Gesamtinvestition betragen, bei einer Gesamtinvestition von über 3 Mio. US-Dollar bis einschließlich 10 Mio. US-Dollar mindestens 50 % der Gesamtinvestition (und mindestens 2,1 Mio. US-Dollar), bei einer Gesamtinvestition von mehr als 10 Mio. US-Dollar bis einschließlich 30 Mio. US-Dollar mindestens 40 % (und mindestens 5 Mio. US-Dollar) und bei einer Gesamtinvestition über 30 Mio. US-Dollar mindestens $^1/_3$ der Gesamtinvestition (und mindestens 12 Mio. US-Dollar), Art. 3 der Vorschriften über das Verhältnis von Stammkapital zu Geamtinvestition.

Bei der Erhöhung des Investitionsvolumens ist diese Regelung vom EJV ebenfalls zu beachten (Art. 5 Vorschriften über das Verhältnis von Stammkapital und Gesamtinvestition), also u. U. eine Erhöhung des Stammkapitals erforderlich.

b) Kapitaleinlage

Das Stammkapital kann in Bar- ebenso wie in Sacheinlagen einschließlich Technologie, Know-how, gewerblichen Schutzrechten oder – häufig vom chinesischen Gesellschafter eingebrachtem – Landnutzungsrecht bestehen. Als Kapital eingebrachtes immaterielles Vermögen sollte 20 % des gesamten Stammkapitals nicht überschreiten[10]. Vom ausländischen Gesellschafter eingebrachte

10 Art. 8 Abs. 4 Finanzbestimmungen hat dies zwar ausdrücklich nur für die 100%igen Tochtergesellschaften vorgesehen, in der Praxis gilt dieser Prozentsatz jedoch auch für EJV und CJV; ebenso jetzt Art. 24 Gesellschafts-Gesetz.

Devisen werden in die Landeswährung (Renminbi) entsprechend der offiziellen Umtauschrate zum Tag der Kapitaleinlage umgerechnet (Art. 26 Abs. 2 Durchführungsbestimmungen), die Parteien sind insoweit nicht berechtigt, die Umtauschrate vertraglich festzusetzen. Ändert sich der Wechselkurs während der Vertragslaufzeit, so beeinflußt dies den Wert der erbrachten Bareinlagen nicht (Art. 8 Finanzbestimmungen). Die Einlagen müssen unbelastet von Rechten Dritter sein.

Ein Mindeststammkapital ist für Unternehmen mit ausländischer Kapitalbeteiligung bislang nicht ausdrücklich vorgesehen; Art. 23 Gesellschafts-Gesetz sieht allerdings eine Mindesteinlage von 500.000 RMB für produktive Unternehmen sowie weitere Mindesteinlagen für andere Bereiche vor, die in Zukunft einschlägig sein könnten.

c) *Fristen*

Die Parteien können vertraglich die Frist vereinbaren, innerhalb derer die Kapitaleinlage erfolgen muß. Die gesetzlich vorgeschriebene Mindestanforderung ist hierbei, daß jeder Gesellschafter mindestens 15 % seines Anteils am Stammkapital innerhalb von drei Monaten nach Ausstellung der Geschäftslizenz einzahlen muß (Art. 4 Abs. 4 der Vorschriften über Kapitaleinlagen).

d) *Folgen nicht rechtzeitiger Kapitaleinlage*

Erfolgt die Kapitaleinlage nicht gemäß den vertraglichen Vorgaben, so bedeutet dies nicht allein einen Vertragsbruch mit der Folge der Verpflichtung, Verzugszinsen zu zahlen (Art. 31 Durchführungsbestimmungen). Zugleich wird vielmehr dann, wenn auch nach Fristsetzung durch den anderen Gesellschafter keine Zahlung erfolgt ist, fingiert, daß der vertragsbrüchige Gesellschafter auf alle Rechte innerhalb des EJV verzichtet und seine Beteiligung am EJV zurückgezogen hat (Art. 7 Abs. 1 der Vorschriften über Kapitaleinlagen). In diesem Falle muß das EJV aufgelöst werden und es besteht weiterhin Anspruch auf Schadenersatz. Gegebenenfalls kann der vertragstreue Gesellschafter gegenüber der Genehmigungsbehörde auch einen neuen Gesellschafter benennen, dessen Eintritt und Beteiligung jedoch ebenfalls der Genehmigung bedarf (Art. 7 Abs. 5 der Vorschriften über Kapitaleinlagen).

e) *Aufsicht*

Können alle oder einer der Gesellschafter das Kapital nicht erbringen, für das sie gezeichnet haben, so gilt das EJV automatisch als aufgelöst und die dem EJV erteilte Genehmigung als unwirksam (Art. 5 der Vorschriften über Kapitaleinlagen). Die Überwachung der Kapitaleinbringung liegt bei dem zuständigen Verwaltungsamt für Industrie und Handel, das berechtigt ist, nach fruchtlosem Ablauf von drei Monaten nach dem vertraglich gesetzten Datum für weitere Kapitaleinlagen den/die Gesellschafter aufzufordern, das ausstehende Kapital innerhalb eines Monats einzubringen. Diesem Amt obliegt es auch, zu überprüfen, ob bei Rücknahme oder Erlöschen der Genehmigung die Registrierung des EJV gelöscht worden ist (Art. 6 der Vorschriften über Kapitaleinlagen).

f) Bewertung

Die Bewertung der Sacheinlagen ist eine der schwierigsten Gründungsprobleme. Zunächst legen die Vertragsparteien diese einverständlich im Vertrag fest. Dann erfolgt nach Einbringung die Prüfung durch einen in der Volksrepublik China registrierten Wirtschaftsprüfer, wobei hierfür inzwischen auch internationale Wirtschaftsprüfervereinigungen, die in der Volksrepublik China über Beteiligungen an Joint Ventures tätig sind, herangezogen werden können. Der Wirtschaftsprüfer stellt eine Bestätigung aus, wenn seine Bewertung der Sacheinlage die vollständige Erbringung der Kapitaleinlage bestätigt (Art. 32 Durchführungsbestimmungen). Die Bestätigung muß innerhalb von 60 Tagen nach Kapitaleinlage ausgestellt sein, und innerhalb von weiteren 10 Tagen muß das EJV die Bestätigung der für das EJV zuständigen Finanzbehörde übergeben, die die Bestätigung überprüft (Art. 9 Finanzbestimmungen).

Nicht unproblematisch ist der Bewertungsansatz z. B. für gebrauchte Maschinen und Ausrüstungen, für Technologie sowie für das Landnutzungsrecht. Während in der Vergangenheit häufig jegliche Anhaltspunkte für den Wert von Landnutzungsrechten fehlten, ist inzwischen ein Markt für den Verkauf von Landnutzungsrechten entstanden, der – insbesondere im Süden der Volksrepublik China – eine Bewertung erleichtern kann[11].

2. *Investition*

Maschinen und andere Materialien, in die vom ausländischen Gesellschafter, auch als Kapitaleinlage, investiert wird, müssen generell folgende Voraussetzungen erfüllen (Art. 27 Durchführungsbestimmungen):

11 Zu den neuen Entwicklungen beim Verkauf von Landnutzungsrechten, auch an Ausländer, vgl. Title Granted By Local Governments Could Be Defective, in: China Property Review, April 13, 1993, pp. 2–5.

- Erforderlichkeit für die Produktion des EJV;
- sie können in der Volksrepublik China nicht oder nur zu einem unverhältnismäßigen Preis oder innerhalb eines unverhältnismäßig langen Zeitraums produziert werden;
- der festgesetzte Preis muß dem auf dem internationalen Markt üblichen entsprechen.

Handelt es sich bei den Investitionen um gewerbliche Schutzrechte oder know-how, so müssen diese geeignet sein (Art. 28 Durchführungsbestimmungen):

- für die Herstellung neuer Produkte, die dringend in der Volksrepublik China benötigt werden oder Exportvoraussetzungen erfüllen;
- nachhaltig die Qualität bestehender Produkte zu verbessern und die Produktivität zu erhöhen;
- nachhaltig den Verbrauch von Rohstoffen und Energie zu reduzieren.

Der ausländische Investor muß seine Rechte an den gewerblichen Schutzrechten und dem know-how – insbesondere durch Vorlage von Dokumenten – nachweisen[12].

Landnutzungsrechte können nicht nur als Investition vom chinesischen Gesellschafter eingebracht werden, sondern das EJV kann auch Landnutzungsrechte selbst vom Staat, dem chinesischen Partner oder einem dritten Berechtigten erwerben. Nur im ersten Fall (Landnutzungsrechte als Investition des chinesischen Gesellschafters) bleiben die für diese Landnutzungsrechte zu zahlenden Gebühren während der Laufzeit des EJV unverändert (Art. 41 Abs. 2 Durchführungsbestimmungen). Das EJV muß diese Gebühren, die staatlich festgesetzt werden und dabei lokale Besonderheiten berücksichtigen, jährlich zahlen. Da der Staat Grundstückseigentümer ist, und Grundstückseigentum nicht veräußert werden kann/darf, ist ein EJV in jedem Falle nur zur Landnutzung berechtigt und erhält kein Eigentum an dem genutzten Land[13].

12 Die Übertragung von Technologie – sei es im Wege der Sacheinlage, sei es durch separate Lizensierung – unterliegt dabei den Bestimmungen über den Technologie-Importvertrag vom 24. Mai 1985 und den hierzu erlassenen Durchführungsbestimmungen vom 30. Dezember 1987. Im Regelfall dürfen dem chinesischen Empfänger der Technologie keine Beschränkungen über deren Benutzung oder über ihre Geheimhaltung nach Ablauf des Vertrages auferlegt werden; nach der Regellaufzeit eines Technologie-Importvertrages von 10 Jahren verbleibt die Technologie überdies kostenfrei beim chinesischen Empfänger, wenn es sich nicht um die Nutzung von Patenten handelt.

13 Vgl. zu Fragen des Immobilienrechts auch STRICKER, Neue Entwicklungen zum Immobilienrecht der Volksrepublik China, RIW 1990, 897–901.

3. *Finanzen und Devisen*

a) *Finanzsystem und Buchführung*

Grundsätzlich ist das EJV befugt, sein Finanzsystem selbst, jedoch gemäß den einschlägigen chinesischen Gesetzen und Vorschriften, auszugestalten. Hierbei gelten gemäß den Finanzbestimmungen insbesondere Regelungen über die Bewertung des Anlage- und Vorratsvermögens sowie über den Umfang dessen, was als Einnahmen und Ausgaben berücksichtigt werden kann. Verwaltungsausgaben sind insbesondere Löhne, Ausgaben für Gewerkschaftsfond, Ausgaben des *board of directors,* Steuern, Ausbildungsausgaben für die Arbeitnehmer, Forschungs- und Entwicklungskosten, Landnutzungsgebühren, Gebühren für Technologietransfer und Abschreibungen (Art. 26 Finanzbestimmungen).

Die Buchführung aller Gesellschaften mit ausländischer Kapitalbeteiligung unterliegt den „Vorschriften über das Buchführungssystem von Unternehmen mit ausländischer Kapitalbeteiligung in der Volksrepublik China", die seit dem 1. Juli 1992 in Kraft sind („Buchführungsbestimmungen"). Die Buchführung kann nicht nur in der lokalen Währung Renminbi, sondern auch in einer ausländischen Währung vorgenommen werden. Die Bücher müssen in diesem Fall auch die Renminbi-Gegenwerte ausweisen (Art. 13, 14 Buchführungsbestimmungen). Die Buchführung muß jedoch in chinesischer Sprache und kann auch zusätzlich in einer fremden Sprache erfolgen. Generell sollte das Finanzjahr dem Kalenderjahr entsprechen (Art. 83 Durchführungsbestimmungen; Art. 5 Buchführungsbestimmungen).

b) *Devisen*

Devisenfragen bei Gesellschaften mit ausländischer Kapitalbeteiligung unterliegen insbesondere den

- Vorläufigen Bestimmungen über Devisenkontrolle der Volksrepublik China vom 18. Dezember 1980 („Devisenbestimmungen"),
- Durchführungsbestimmungen der Devisenkontrollbestimmungen für Unternehmen mit übersee-chinesischem Kapital, mit ausländischem Kapital und für chinesische-ausländische Joint Ventures, vom 1. August 1983 („Devisenkontroll-Durchführungsbestimmungen"),
- Vorschriften des Staatsrats über das Verhältnis von Devisen-Einnahmen und -Ausgaben bei Joint Ventures, vom 15. Januar 1986 („Bestimmungen über das Verhältnis von Deviseneinnahmen und -ausgaben").

Grundsätzlich gilt das Prinzip, daß jede Gesellschaft mit ausländischem Kapital ein ausgewogenes Verhältnis zwischen Einnahmen und Ausgaben (z. B.

Löhne ausländischer Mitarbeiter, Importe, Fremdwährungszinsen, Dividenden) in Devisen haben und diese selbst erwirtschaften muß (Art. 75 Durchführungsbestimmungen; Art. 1 der Bestimmungen über das Verhältnis von Deviseneinnahmen und -ausgaben). Für EJV, deren Produkte hauptsächlich auf dem chinesischen Markt verkauft werden, stellt sich damit das Problem der Devisenbeschaffung und -erwirtschaftung[14]. Es kann insbesondere auf folgende beiden Arten gelöst werden: (1) Verkauf der EJV-Produkte auf dem chinesischen Markt gegen Devisen, beispielsweise im Falle der Importsubstitution; (2) Umtausch von Devisen bei hierfür autorisierten Stellen. Während in der Vergangenheit ein solcher Devisenumtausch im wesentlichen bei sogenannten Swap-Centern stattfand, wird sich dies in Zukunft wohl auf einen Umtausch bei Banken der Volksrepublik China verlagern, nachdem zum Januar 1994 eine umfassende Reform des Wechselkurssystems in der Volksrepublik China durch die chinesische Volksbank verkündet worden ist[15].

Gesellschaftskonten können in Renminbi und in Devisen eröffnet werden, letztere auch im Ausland (Art. 4, 6 Devisenkontroll-Durchführungsbestimmungen). Alle Devisentransaktionen (Einnahmen und Ausgaben) müssen über die Devisenkonten abgewickelt werden. Gehälter ausländischer Mitarbeiter können (nach Abzug der Steuern) ins Ausland transferiert werden. Der Transfer des (Devisen-)Gewinns des ausländischen Gesellschafters ins Ausland ist unproblematisch möglich. Renminbi-Gewinne aus einem Unternehmen mit ausländischer Kapitalbeteiligung können auch in ein anderes solches Unternehmen investiert werden.

4. *Rücklagen und Fonds*

Eine Gewinnverteilung kann erst erfolgen, wenn die folgenden Rücklagen gebildet worden sind, wobei der *board of directors* jeweils über den Umfang der einzelnen Rücklagen entscheidet (Art. 37 Abs. 3 Finanzbestimmungen): Reservefond, Unternehmensentwicklungsfond, Bonus- und Wohlfahrtsfond für die Mitarbeiter (Art. 87 Durchführungsbestimmungen, Art. 37 Abs. 2 (3) Finanzbestimmungen). Der Umfang der Rücklagen darf prinzipiell 10 % des

14 Vgl. zu den wesentlichen Problemen des Devisenausglaichs DAVIS/YI, Balancing Foreign Exchange, in: The China Business Review, March-April 1992, pp. 14–21.

15 Mit dem „Bericht der Chinesischen Volksbak über die Allmähliche Veränderung des Systems der Devisenverwaltung“, in: Renmin Ribao vom 30. Dezember 1993, wird ein neues, fluktuierendes Wechselkurssystem eingeführt, im wesentlichen basierend auf dem neu eingerichteten Interbank-Devisenmarkt. Die Einrichtung dieses Devisenmarktes wird allgemein als erster Schritt der Volksrepublik China zur Konvertibilität des Renminbi verstanden.

Gewinns nach Steuern nicht unterschreiten; sobald die Rücklagen jedoch 50 % des Stammkapitals erreicht haben, müssen keine weiteren Rücklagen gebildet werden (Art. 37 Abs. 3 Finanzbestimmungen).

Der Reservefond kann dazu verwendet werden, die Verluste des EJV, allerdings nur mit Zustimmung der Genehmigungsbehörde, auszugleichen oder das Stammkapital für Produktionserweiterungen zu erhöhen (Art. 87 (2) Durchführungsbestimmungen; Art. 37 Abs. 4 Finanzbestimmungen).

5. *Gewinnermittlung und Vorabgewinnausschüttung*

Detaillierte Regelungen über die Gewinnermittlung sind insbesondere in den Finanzbestimmungen enthalten. Nicht als Kosten abzugsfähig sind u. a.: Zinsen auf das Kapital oder Zinsen, die die übliche Rate überschreiten, ausländische Versicherungsprämien für Arbeitnehmer, die in der Volksrepublik China arbeiten, Lizenzgebühren, die an die Muttergesellschaft gezahlt werden, oder Rückstellungen für zweifelhafte Forderungen (Art. 25 Finanzbestimmungen). Verluste des Vorjahres können für 5 Jahre vorgetragen werden.

Die Gewinnverteilung kann grundsätzlich erst nach Bildung der notwendigen Rücklagen erfolgen (siehe oben unter II, 3.4). Grundsätzlich darf ein EJV Gewinne nicht vorab ausschütten. Mit Genehmigung der zuständigen Finanzbehörde ist eine solche Vorabgewinnausschüttung jedoch dann möglich, wenn keine fälligen Schulden bestehen und auch nach Vorauszahlung von Einkommensteuern ein relativ großer Gewinn besteht (Art. 38 Abs. 4 Finanzbestimmungen).

IV. Arbeitsrecht

1. Anstellungsverhältnisse

Neben dem Joint-Venture-Gesetz und den Durchführungsbestimmungen enthalten insbesondere folgende Vorschriften, die zum Teil auch generell für alle Gesellschaften mit ausländischer Kapitalbeteiligung gelten, Regelungen über Individualarbeitsverhältnisse:

- Vorschriften der Volksrepublik China über Arbeitsverwaltung in Joint Ventures mit chinesischer und ausländischer Kapitalbeteiligung, vom 26. Juli 1980 (im folgenden: „Arbeitsverwaltungsbestimmungen"):
- Durchführungsbestimmungen zu den Arbeitsverwaltungsbestimmungen, vom 19. Januar 1984;
- Bestimmungen über Autonomierechte bei der Personalverwaltung und über die Kosten für Löhne, Sozialversicherung und Wohlfahrt der Arbeitnehmer in

Unternehmen mit ausländischer Kapitalbeteiligung, vom 26. November 1986 (im folgenden: „Autonomiebestimmungen");

- Ansichten zur weiteren Verwirklichung von Autonomierechten bei der Personalverwaltung in Unternehmen mit ausländischer Kapitalbeteiligung, vom 5. Mai 1988 (im folgenden: „Ansichten zur Personalverwaltungsautonomie").

Die Autonomiebestimmungen, verstärkt durch die Ansichten zur Personalverwaltungsautonomie, räumen allen Gesellschaften mit ausländischer Kapitalbeteiligung ein weitgehendes Recht ein, sich auf dem chinesischen Markt Arbeitskräfte zu beschaffen und die Arbeitsverhältnisse relativ frei zu gestalten. Die Arbeitsverträge wurden dabei bislang grundsätzlich in Form von Kollektivarbeitsverträgen zwischen dem Unternehmen und der Gewerkschaft geschlossen; Individualarbeitsverträge konnten nur von kleinen Gesellschaften mit ausländischer Kapitalbeteiligung geschlossen werden (Art. 2 Arbeitsverwaltungsbestimmungen). Laut dem kürzlich vom Arbeitsministerium veröffentlichten Dokument Nr. 45/1993 werden Unternehmen nun jedoch angehalten, hauptsächlich Individualarbeitsverträge abzuschließen. Dies wird nun auch durch das am 5. Juli 1994 erlassene und am 1. Januar 1995 in Kraft getretene Arbeitsgesetz unterstrichen.

Ein erhebliches Problem für jede Gesellschaft mit ausländischer Kapitalbeteiligung ist die Rekrutierung von chinesischen Arbeitnehmern. Hierfür stehen drei Wege zur Verfügung: (1) Der chinesische Gesellschafter „empfiehlt" Arbeitnehmer, wobei es sich de facto um eine Übernahme seiner Arbeitnehmer handelt; hier hat der ausländische Investor praktisch relativ beschränkte Möglichkeiten der Kontrolle von fachlichen Qualifikationen. (2) Die lokale Arbeitsbehörde kann ebenfalls Arbeitnehmer vermitteln, wobei der Investor aus einem größeren Kreis von Bewerbern wählen kann; zumeist müssen dann allerdings Wohnungen bereitgestellt werden, was zu erheblichen finanziellen Belastungen für das Unternehmen führt. (3) Schließlich besteht die in der Praxis nun wichtigste Möglichkeit, direkt auf dem chinesischen Markt, beispielsweise durch Stellenanzeigen, Arbeitnehmer anzuwerben; hier spielen inzwischen für hochqualifizierte Arbeitnehmer die Universitäten eine bedeutende Rolle. Bislang war bei der direkten Anwerbung von Arbeitnehmern, die gleichzeitig eine Abwerbung von einem staatlichen Arbeitgeber darstellt, zu beachten, daß Arbeitnehmer bei Staatsbetrieben bislang kein Kündigungsrecht hatten[16]. Das Arbeitsgesetz räumt Arbeitnehmern nun eine jederzeitige Kündigungsmöglichkeit mit 30-Tage-Frist ein.

Gemäß der Veröffentlichung Nr. 45/1993 des Arbeitsministeriums besteht inzwischen auch eine größere Flexibilität bei der Festsetzung von Löhnen und

16 Vgl. dazu LAUFFS, Arbeitsrecht für Unternehmen mit ausländischer Beteiligung, RIW 1993, 32, 34.

Gehältern; die frühere Richtschnur, daß Gehälter in Unternehmen mit ausländischer Kapitalbeteiligung mindestens 120 % derjenigen Gehälter betragen müssen, die in vergleichbaren Staatsunternehmen gezahlt werden, ist nicht erwähnt. Vielmehr ist die einzige Anforderung, daß die Gehälter nicht unter dem Durchschnitt in vergleichbaren Staatsunternehmen liegen und daß Gehaltserhöhungen sich an den wirtschaftlichen Gegebenheiten des Unternehmens orientieren sollen[17].

2. *Gewerkschaften/Betriebsräte*

Arbeiter und Angestellte von Gesellschaften mit ausländischer Kapitalbeteiligung sollen dann, wenn es sich um mehr als 25 Personen handelt, Betriebsräte einrichten, die Teil der Einheitsgewerkschaft der Volksrepublik China sind[18]. Die Rechte der chinesischen Gewerkschaft sind dadurch eingeschränkt, daß ein Streikrecht ausgeschlossen ist. Gewerkschaftsvertreter sind jedoch berechtigt, an den Sitzungen des Aufsichtsrats teilzunehmen, und haben ein Anhörungsrecht bei Fragen zu Lohnsystemen, Wohlfahrt, Arbeitsschutz, Sozialversicherung oder Belohnung und Bestrafung von Arbeitnehmern (Art. 98 Durchführungsbestimmungen).

Gesellschaften mit ausländischer Kapitalbeteiligung müssen 2 % der Gesamtsumme der Reallöhne an den Betriebsrat abführen, wobei in der Gesamtsumme Prämien und Zuschüsse für chinesische Arbeitnehmer enthalten sind[19].

V. *Beendigung*

1. *Laufzeit*

Während die Durchführungsbestimmungen noch vorsehen, daß die Laufzeit eines EJV im allgemeinen zwischen 10 und 30 Jahren liegt, schreiben die „Vor-

17 Zu weiteren Neuerungen, insbesondere im Bereich der Sozialversicherungen und dazu, daß die lokalen Arbeitsservice-Büros ihre Erlaubnis für die Anstellung von ausländischen Arbeitnehmern erteilen müssen, wenn diese nicht im Vertrag erwähnt sind, vgl. „Regulations clarify responsibilities to staff – Working rules“ in: Business China, June 28, 1993, p. 3.

18 Vgl. Art. 11 des Gewerkschaftsgesetzes der Volksrepublik China vom 3. April 1992, das für die Betriebsräte selbst jedoch nur Vorschriften insoweit erhält, als diese in Staats- oder Kollektivunternehmen tätig sind.

19 Bestimmungen über die Berechnung der Lohngesamtsumme für die Zahlung von Gewerkschaftsbeiträgen in Unternehmen mit chinesischer und ausländischer Kapitalbeteiligung vom 29. Dezember 1984.

läufigen Bestimmungen über die Laufzeit eines EJV" vom 21. Oktober 1990 nun vor, daß die Laufzeit von den Vertragsparteien selbst festgelegt werden kann und auch eine Laufzeit auf unbestimmte Dauer möglich ist. Dier gilt allerdings nicht für EJV im Dienstleistungsbereich, bei Immobilien und Rohstoffprojekten und in sonstigen Bereichen, für die eine staatliche Beschränkung besteht.

2. *Liquidation*

Die im Joint-Venture-Gesetz und den Durchführungsbestimmungen enthaltenen Liquidationsregelungen werden ergänzt durch die Finanzbestimmungen sowie auf lokaler Ebene durch Liquidationsbestimmungen für Unternehmen mit ausländischer Kapitalbeteiligung in Beijing vom 1. Oktober 1993 und die Liquidationsbestimmungen für Unternehmen mit ausländischer Kapitalbeteiligung in Shanghai vom 1. Oktober 1991.

Der *board of directors* muß einstimmig über die Auflösung entscheiden, wenn eine der folgenden Voraussetzungen für eine vorzeitige Vertragsbeendigung, gefolgt von einer Liquidation des EJV, vorliegen (Art. 102 Durchführungsbestimmungen): (1) Unmöglichkeit der weiteren Betriebsführung infolge schwerer Verluste, (2) Unmöglichkeit der weiteren Betriebsführung wegen Nichterfüllung von Vertragspflichten einer der Gesellschafter, (3) Unmöglichkeit der weiteren Betriebsführung infolge höherer Gewalt und (4) Unmöglichkeit der Erreichung der beabsichtigten Ziele des Unternehmens und gleichzeitig fehlende Aussicht auf Entwicklung. In diesen Fällen muß (außer in Fall 2) außerdem bei der zuständigen Prüfungs- und Genehmigungsbehörde ein Antrag auf Genehmigung der Liquidation gestellt werden. Es sind dann vom *board of directors* Grundsätze und Verfahren der Liquidation zu erstellen, wobei das Gesetz im wesentlichen zu deren Inhalt schweigt, so daß insoweit Gestaltungsspielraum besteht[20]. Der *board of directors* muß weiterhin Mitglieder der Liquidationskomitees benennen, die im Regelfall aus dem Kreis der *board*-Mitglieder stammen; nur wenn dies nicht in Betracht kommt, können in der Volksrepublik China registrierte Wirtschaftsprüfer und/oder Anwälte als Liquidatoren benannt werden[21]. Der zuständigen Behörde ist über den Fortgang der Liquidation zu berichten, die insoweit Prüfungs- und Aufsichtsrechte hat.

Die Liquidatoren müssen das gesamte vorhandene Vermögen, Kredite und Schulden feststellen, eine Bilanz der vorhandenen Aktiva und Passiva erstellen, eine Basis für die Bewertung des Vermögens erstellen und einen Liquidationsplan

20 Es ist u. a. ein Zeitplan für die Durchführung der Liquidation vorzusehen, wobei die Liquidationsbestimmungen von Beijing einen Zeitraum von 180 Tagen vorschreiben.

21 Die Liquidationsbestimmungen von Beijing sehen eine Mindestanzahl von drei Liquidatoren vor.

ausarbeiten. Diese Dokumente müssen dem *board of directors* zur Genehmigung vorgelegt werden und der zuständigen Finanzbehörde zur Kenntnisnahme (Art. 40 Finanzbestimmungen). Die Bewertung des Vermögens soll dabei grundsätzlich entweder auf dem Nettobuchwert, einer Neubewertung oder dem Wert, der dem Veräußerungserlös entsprechen würde, beruhen; dabei dürfen Überschüsse aus den Fonds für Arbeitnehmerbelohnungen und -wohlfahrt und für Wohnungsbeihilfen sowie Eigentum, das aufgrund solcher Fonds erworben worden ist, nicht einbezogen werden (Art. 41 Finanzbestimmungen).

Die Schulden der Gesellschaft sind in folgender Reihenfolge zu begleichen: (1) Gehälter, Versicherungen und Sozialabgaben für Arbeitnehmer, (2) Steuern und andere staatliche Abgaben, (3) offene Schulden, für die Garantien übernommen worden sind, (4) alle übrigen Schulden. Vorrangig sind die Liquidationskosten selbst, also die Aufwendungen der Mitglieder des Liquidationskomitees zu begleichen (Art. 104 Durchführungsbestimmungen). Können durch das Gesellschaftsvermögen nicht alle Schulden beglichen werden, so muß unter Berücksichtigung der oben angeführten Reihenfolge eine anteilige Befriedigung der Gläubiger erfolgen[22].

Nach Durchführung der Liquidation stellt der Nettowert der Aktiva, soweit er die Summe des eingezahlten Kapitals, der Reservefonds, der Unternehmensentwicklungsfonds, zusätzlich eingezahlten Kapitals und nicht verteilter Gewinne überschreitet, den Gewinn dar, auf den Einkommensteuer zu zahlen ist. Der Gewinn nach Steuern ist bei EJV entsprechend den Kapitalanteilen der Gesellschafter zu verteilen (Art. 43 i. V. m. Art. 38 Finanzbestimmungen)[23]. Liquidationspläne, Akten und wesentliche Finanzdaten der Gesellschaft müssen vom chinesischen Gesellschafter oder der zuständigen Verwaltungsbehörde aufbewahrt werden und eine Kopie der Liste dieser Dokumente ist der für die Gesellschaft ursprünglich zuständigen Finanzbehörde zu übersenden.

3. *Konkurs*

Für Gesellschaften mit ausländischer Kapitalbeteiligung (als juristische Personen des chinesischen Rechts) gelten die Konkursbestimmungen in Abschnitt 19

22 Für Schulden gegenüber einem ausländischen Gläubiger gilt gemäß Art. 30 der Liquidationsbestimmungen für Beijing, daß eine Bestätigung eines in der Volksrepublik China zugelassenen Wirtschaftsprüfers und die Genehmigung des Staatlichen Verwaltungsamtes für Devisenkontrolle hinsichtlich des Bestands dieser Schulden eingeholt werden muß.

23 Die Gewinnverteilung bei CJV erfolgt gemäß den vertraglichen Regelungen, bei 100%igen Tochtergesellschaften gemäß den Satzungsvorschriften, vgl. Art. 43 i. V. m. Art. 38 der Finanzbestimmungen sowie im folgenden Text zu diesen Gesellschaftsformen.

der Zivilprozeßordnung der Volksrepublik China vom 9. April 1991, die jedoch wenig detailliert sind. Spezielle Regelungen für die Liquidation im Überschuldungs- (jedoch nicht Konkurs-)fall, wenn eine sog. Besondere Liquidation eingeleitet wird, enthalten ferner die oben genannten lokalen Liquidationsbestimmungen von Beijing und Shanghai. Das zuständige Volksgericht oder – in Beijing und Shanghai für die Besondere Liquidation – die ursprünglich zuständigen Genehmigungsbehörden entscheiden, ob eine Liquidation wegen Überschuldung eingeleitet wird, wobei diese Entscheidung auch auf Antrag der überschuldeten Gesellschaft, eines Gläubigers oder – in Beijing – eines Gesellschafters erfolgen kann.

Ein wesentlicher Unterschied gegenüber der Liquidation außerhalb des Konkursfalles liegt darin, daß beim Konkurs das Liquidationskomitee nicht vom *board of directors,* sondern vom Gericht ernannt wird. Vor der Begleichung der Schulden sind die Konkursaufwendungen vorab zu befriedigen; die Reihenfolge der zu begleichenden Schulden entspricht im wesentlichen derjenigen, wie sie oben dargestellt wurde.

C. Contractual Joint Venture und 100%ige Tochtergesellschaft

Die Gründung von Contractual Joint Ventures (CJV) unterliegt dem Gesetz der Volksrepublik China über CJV vom 13. April 1988 (im folgenden: „CJV-Gesetz"). Schon vor Erlaß dieses Gesetzes handelte es sich angeblich bei ca. 50 % aller Verträge, die ausländische Investitionen betrafen, um Verträge über CJV[24].

Die Gründung einer 100%igen Tochtergesellschaft wird geregelt in dem Gesetz der Volksrepublik China über Gesellschaften mit ausländischem Kapital vom 12. April 1986 (im folgenden: „TochterG") und den hierzu erlassenen Durchführungsbestimmungen vom 12. Dezember 1990 (im folgenden: „DfBest. zum TochterG").

I. Rechtsform

1. Contractual Joint Venture (CJV)

Im Gegensatz zu EJV können CJV entweder als juristische Person oder in einer unselbständigen Rechtsform gegründet werden. CJV, die keine juristische Person sind, unterfallen der Regelung von Art. 52 der Allgemeinen Grundsätze

24 China Economic News 1988, Nr. 15, S. 1.

des Zivilrechts der Volksrepublik China vom 12. April 1986 („AGZR") und ähneln dann einer deutschen Gesellschaft des bürgerlichen Rechts[25]: Es handelt sich um eine Partnerschaft mit gemeinsamer Zielsetzung, beiderseitigen Einlagen sowie vertraglich vereinbarten Gewinnanteilen und Mitspracherechten, wobei die Haftung der Gesellschafter persönlich und gegenüber Dritten unbeschränkt ist.

2. 100%ige Tochtergesellschaften

Im Regelfall ist eine 100%ige Tochtergesellschaft eine Gesellschaft mit beschränkter Haftung; mit besonderer Genehmigung kann jedoch auch eine andere Rechtsform gewählt werden[26]. Im letzteren Fall können erneut – wie beim CJV – die Grundsätze der AGZR und insbesondere die Regelungen über Gesellschaften eingreifen, die nicht juristische Personen sind.

II. Gründung

1. Gründung eines CJV

Die Gründung eines CJV ist vergleichbar derjenigen eines EJV. Unabhängig von der gewählten Rechtsperson muß die zuständige Genehmigungsbehörde ihre Genehmigung innerhalb von 45 Tagen nach Antragstellung (Art. 5 CJV-Gesetz) erteilen; nach Genehmigungserteilung ist eine Registrierung erforderlich. Die Registrierung muß innerhalb von weiteren 30 Tagen bei dem zuständigen Verwaltungsamt für Industrie erfolgen, wobei der Zeitpunkt, zu dem (nach Registrierung) die Geschäftslizenz ausgestellt wird, das Datum der Gründung darstellt. Innerhalb weiterer 30 Tage sind dann die Formalitäten zur Steuerregistrierung abzuwickeln (Art. 6 CJV-Gesetz).

2. Gründung einer 100%igen Tochtergesellschaft

Bei der Gründung einer 100%igen Tochtergesellschaft ist zu beachten, daß für bestimmte Geschäftszwecke die Gründung einer solchen Gesellschaft verboten ist, wobei die gesetzliche Aufzählung nicht abschließend ist:

25 Vgl. dazu auch GLATTER, aaO (Fn. 3), S. 66 m. w. N.
26 Art. 19 DfBest. zum TochterG.

- Presse, Publikationen, Radio- und Fernsehsendungen, Kino;
- Nationaler und Außen-Handel sowie Versicherungen;
- Post und Telekommunikation.

Besonderer Genehmigungen bedürfen ferner die Gründung 100%iger Tochtergesellschaften, die in den Bereichen u. a. öffentliche Versorgung, Transport, Immobilien sowie Leasing erfolgen sollen[27].

Bei der Gründung einer 100%igen Tochtergesellschaft sind drei Stufen der Genehmigung und Registrierung zu durchlaufen: (1) eine vorläufige Planungs-Genehmigung des Kreises oder eines übergeordneten Regierungsbezirkes, in dem der Geschäftssitz liegen soll; (2) abschließende Überprüfung und Genehmigung durch das MOFTEC oder – normalerweise – die zuständige Außenhandelsbehörde auf Provinzregierungsebene, wobei auch ein Handelsregisterauszug und ein Zertifikat über die Kreditwürdigkeit des Investors vorgelegt werden muß (innerhalb von 90 Tagen nach Antragstellung) sowie (3) die Registrierung beim zuständigen Verwaltungsamt für Industrie und Handel innerhalb von 30 Tagen nach Genehmigung. Zwei Genehmigungsvoraussetzungen bestehen: Das Projekt darf nicht das Investitionsvolumen überschreiten, für das eine Genehmigungszuständigkeit vom Staatsrat erteilt worden ist[28], und das Projekt darf die makroökonomische Planung von Ressourcen, insbesondere Energie und Zuliefermaterialien, nicht beeinträchtigen[29].

Im Gegensatz zum EJV und CJV bedarf es – naturgemäß – nicht eines besonderen Vertrages zur Gründung der 100%igen Tochtergesellschaft; es genügt die Erstellung einer Satzung. Etwas anderes gilt jedoch, wenn mehrere ausländische Investoren gemeinsam eine Gesellschaft mit ausschließlich ausländischer Kapitalbeteiligung gründen wollen: In diesem Falle muß den Genehmigungsbehörden eine Kopie des Vertrages zwischen den ausländischen Investoren über die Gründung dieser Gesellschaft vorgelegt werden[30].

III. Organe

Wenn ein CJV keine juristische Person ist, muß statt des Aufsichtsrats ein gemeinsames Verwaltungsgremium gebildet werden, das im Prinzip jedoch dieselben Aufgaben wahrnimmt wie ein Aufsichtsrat. Die Funktions- und Aufgabenverteilung zwischen Aufsichtsrat und gemeinsamem Verwaltungsgremium

27 Art. 5 DfBest. zum TochterG.

28 Vgl. Zirkular über die Delegierung der Zuständigkeit für die Genehmigung von Gesellschaften mit ausschließlich ausländischer Kapitalbeteiligung an Volksregierungen der Provinzen, Autonomen Regionen, Zentral Regierten Städte, Sonderwirtschaftszonen und Städte mit Plänen über unabhängige Entwicklung, von 1988.

29 Art. 9 DfBest. zum TochterG.

30 LUCILLE A. BARALE, The China Business Review, July-August 1991, pp. 8–11, 9.

auf der einen Seite und Geschäftsführung auf der anderer Seite entspricht derjenigen eines EJV.

Die gesetzlichen Vorschriften über 100%ige Tochtergesellschaften treffen keine Aussage über deren Verwaltungsstruktur. In der Praxis empfiehlt sich aber häufig eine ähnliche Aufgabenteilung wie bei den Joint Ventures.

IV. Finanzausstattung

1. Finanzausstattung in CJV

Im Gegensatz zu den Sacheinlagen in einem EJV werden Sacheinlagen eines CJV untergliedert in bewertete und nicht bewertete Einlagen. Auf den Bewertungszwang konnte beim CJV verzichtet werden, da sich bei ihm die Rechte und Pflichten der Gesellschafter, insbesondere Gewinnverteilung und Verlusttragung, ausschließlich aus den vertraglichen Vereinbarungen, nicht jedoch aus dem Umfang ihrer Kapitaleinlagen ergeben (Art. 2 Abs. 1 CJV-Gesetz). Auch die Gewinnverteilung erfolgt nach vertraglichen Vereinbarungen (Art. 22 Abs. 1 CJV-Gesetz); eine Rückführung der Investition schon vor Ablauf des CJV ist unter der Voraussetzung möglich, daß nach Vertragsende das Anlagevermögen des CJV in das Eigentum des chinesischen Vertragspartners übergeht[31]. Für die Kapitalaufbringung gelten, wie auch beim EJV, die Vorschriften über das Verhältnis von Stammkapital zu Gesamtinvestition und die Vorschriften über Kapitaleinlagen; auch im übrigen kann auf die Darstellung zum EJV verwiesen werden.

2. Finanzausstattung in 100%igen Tochtergesellschaften

Auch für die Kapitalaufbringung in 100%igen Tochtergesellschaften gilt, daß der ausländische Investor mit entsprechender Genehmigung seine Renminbi-Gewinne aus anderen Unternehmen mit ausländischer Kapitalbeteiligung als Investition einbringen kann[32]; die Höhe der Renminbi-Einlage ist nicht beschränkt. Sacheinlagen (Maschinen und Technologie) werden nach ihrer Ankunft in der Volksrepublik China bzw. ihrem Einsatz im Unternehmen von den zuständigen Prüfbehörden auf Vollständigkeit und Werthaltigkeit hin überprüft. 15 % der Stammeinlagen müssen spätestens innerhalb von 90 Tagen ab Aus-

31 Zu den hieraus u. U. folgenden Haftungsproblemen (Aufleben unbeschränkter Haftung) vgl. auch JEROME A. COHEN, The Long-Awaited Cooperative Venture Law, in: The China Business Review, July-August 1988, pp. 14–18, 16.

32 Art. 26 DfBest. zum TochterG.

stellung der Geschäftslizenz eingebracht sein, andernfalls wird diese automatisch unwirksam. Das gleiche gilt, wenn andere Kapitaleinlagen ohne hinreichenden Grund nicht innerhalb von 30 Tagen nach der im Vertrag festgesetzten Frist erbracht werden.

Von Bedeutung ist ferner die Frage, in welcher Weise die 100%ige Tochtergesellschaft ihren Devisenbedarf decken kann. Grundsätzlich gelten hier die allgemeinen Regelungen; bei Unfähigkeit zum Devisenausgleich muß dies vom ausländischen Investor bereits in dem Genehmigungsgesuch angegeben sein. Ein Anspruch darauf, daß der Staat die Devisenprobleme löst, ist hier ausdrücklich gesetzlich ausgeschlossen[33].

V. Arbeitsrecht

Gegenüber einem EJV bestehen für CJV oder 100%ige Tochtergesellschaften grundsätzlich keine Besonderheiten hinsichtlich arbeitsrechtlicher Fragen.

VI. Liquidation und Konkurs

Bei einem CJV wird grundsätzlich das Vermögen im Falle der Liquidation unter den Gesellschaftern entsprechend der vertraglichen Vereinbarung verteilt. Im Falle der vorzeitigen Investitionsrückführung zugunsten des ausländischen Gesellschafters hingegen ist gesetzlich zwingend vorgesehen, daß das Anlagevermögen des CJV allein dem chinesischen Gesellschafter zufällt. Hinsichtlich des übrigen Vermögens des CJV ist keine Regelung getroffen, hier greifen die vertraglichen Vereinbarungen ein. Für den Konkursfall gelten keine besonderen Vorschriften, jedoch ist bei einem CJV, das keine juristische Person ist, zu beachten, daß die Konkursregelungen der Zivilprozeßordnung keine Anwendung finden (Art. 206 Zivilprozeßordnung). Ob die gesetzlichen Regelungen in den Liquidationsbestimmungen von Beijing und Shanghai, die unterschiedslos für alle Gesellschaften mit ausländischer Kapitalbeteiligung gelten, anzuwenden sind, ist unklar.

Für 100%ige Tochtergesellschaften schreibt das Gesetz folgende Gründe für die Beendigung der Gesellschaft vor: (1) Ablauf der Vertragslaufzeit, (2) schwere Verluste aufgrund von Mißmanagement und Entscheidung des ausländischen Investors, die Gesellschaft aufzulösen, (3) schwere Verluste aufgrund von höherer Gewalt, (4) Konkurs, (5) Beendigung der Gesellschaft wegen Gesetzesverstößen und (6) Gründe, die in der Satzung im einzelnen vorgesehen werden kön-

33 Art. 56 Abs. 2 und 3 DfBest. zum TochterG.

nen[34]. Bei den unter (1)–(3) und (6) genannten Gründen muß eine öffentliche Bekanntmachung über die Beendigung erfolgen und die Gläubiger innerhalb von 15 Tagen nach dem Datum der Beendigung hiervon informiert werden. Im Falle der Liquidation der 100%igen Tochtergesellschaft haben chinesische Unternehmen oder Organisationen ein Vorrecht beim Erwerb des liquidierten Vermögens. Generell gelten hier und auch im Fall des Konkurses keine Besonderheiten.

D. Steuerrecht

I. Einleitung

Die Besteuerung von Gesellschaften mit ausländischer Kapitalbeteiligung erfolgt seit dem 1. Juli 1991 einheitlich gemäß dem „Einkommensteuergesetz der Volksrepublik China für Unternehmen mit ausländischer Kapitalbeteiligung und ausländische Unternehmen vom 9. April 1991" (im folgenden: „ausl. UntEStG") und den hierzu erlassenen Durchführungsbestimmungen vom 30. Juni 1993 (im folgenden: „DfBest. zum ausl. UntEStG"). Durch diese Vorschriften wird die bislang unterschiedliche Besteuerung von EJV und CJV auf der einen Seite und 100%igen Tochtergesellschaften auf der anderen Seite (sowie chinesischer Betriebsstätten ausländischer Unternehmen) vereinheitlicht. Überdies werden Steuervergünstigungen für bestimmte Sonderzonen zusammengefaßt.

II. Körperschaftsteuer

1. Steuersubjekt

Steuersubjekte, die dem ausl. UntEStG unterfallen, sind EJV, CJV und 100%ige Tochtergesellschaften sowie Betriebsstätten ausländischer Unternehmen in der Volksrepublik China oder ausländische Unternehmen, die ohne eine solche Betriebsstätte Einkommen aus chinesischen Quellen (insbesondere Lizenzen, Zinsen und Dividenden) erzielen.

2. Grundlage der Besteuerung, Gewinnermittlung

Besteuert werden die Einkünfte aus Produktion, Geschäftstätigkeit und anderen Quellen, die auf dem Gebiet der Volksrepublik China erwirtschaftet werden.

34 Art. 75 Abs. 1 DfBest. zum TochterG.

Gesellschaften, die ihren Sitz in der Volksrepublik China haben, werden mit ihren weltweiten Einkünften besteuert. Bemessungsgrundlage für die Körperschaftsteuer sind die Bruttoeinkünfte abzüglich von Kosten, Aufwendungen und Verlusten, wobei für die steuerpflichtigen Einkünfte in Industrie-, Handels- und Dientstleistungsbereichen jeweils unterschiedliche Berechnungsmodi gelten[35]. Außerhalb der Volksrepublik China entstehende Verwaltungskosten der Muttergesellschaft können nach Prüfung und Genehmigung der Steuerbehörden einkommensmindernd geltend gemacht werden, ebenso wie Zinsen für Kredite, die für das Unternehmen aufgenommen worden sind. Nicht abzugsfähig sind die Kosten für den Einkauf oder die Produktion von (allerdings abschreibungsfähigem) Anlagevermögen, Kapitalzisen, Steuern, Bußgelder, geleisteter Schadenersatz wegen Verzugs, Lizenzgebühren, die an die Muttergesellschaft gezahlt werden. Die Abschreibungsdauer ist detailliert geregelt und liegt zwischen 5 und 20 Jahren je nach Wirtschaftsgut, wobei eine Verkürzung der Abschreibungsdauer bei CJV u. a. dann möglich ist, wenn die Abschreibungsdauer länger ist als die Laufzeit des Gesellschaftsvertrages und das Anlagevermögen nach dessen Ablauf beim chinesischen Gesellschafter bleibt[36]. Linear abgeschrieben werden immaterielle Güter über einen Zeitraum von grundsätzlich nicht weniger als 10 Jahren.

Zu berücksichtigen ist, daß Art. 13 des ausl. UntEStG nun ausdrücklich, nachdem dies bereits durch eine Verordnung untersagt worden war, eine Verkürzung der Besteuerungsgrundlage durch Transferpreisgestaltung verbietet: Zahlungen, die die Tochtergesellschaft an ein verbundenes Unternehmen, z. B. ihren ausländischen Gesellschafter, zu leisten hat, müssen denjenigen Zahlungen entsprechen, die ein unabhängiges drittes Unternehmen im Rahmen einer derartigen Geschäftsbeziehung von der Tochtergesellschaft verlangen würde.

3. Steuersatz und Steuervergünstigungen

Der Steuersatz beträgt 30 %, zuzüglich einer lokalen Körperschaftsteuer von weiteren 3 %; dies stellt für CJV und 100%ige Tochtergesellschaften eine Verbesserung gegenüber der früheren Gesetzeslage dar, da für diese Gesellschaftsformen bislang ein progressiver Steuersatz von 20 %– 40 % zuzüglich einer 10%igen lokalen Körperschaftsteuer galt.

Für alle Gesellschaften mit ausländischer Kapitalbeteiligung, die im Produktionsbereich tätig sind und deren Laufzeit nicht unter 10 Jahren liegt, gilt eine Steuerbefreiung in den ersten beiden Jahren, in denen Gewinn erwirtschaftet

35 Vgl. hierzu im einzelnen Art. 10 DfBest zum ausl. UntEStG.
36 Art. 40 DfBest. zum ausl. UntEStG.

wurde, sowie eine Steuerermäßigung um 50 % für das 3.–5. gewinnbringende Jahr. Es werden weitere Steuervergünstigungen gewährt für ausländische Tochtergesellschaften, die in bestimmten Sektoren wie beispielsweise Land- und Forstwirtschaft tätig sind.

Das ausl. UntEStG regelt verschiedene Fälle von lokalen Steuervergünstigungen, die in der Praxis allerdings nicht abschließend sind, so daß jeweils vor Ort geprüft werden muß, welcher Steuersatz tatsächlich Anwendung findet. Ein Steuersatz von 15 % gilt generell für Produktionsunternehmen in den Special Economic Zones und für Gesellschaften, die im Produktionsbereich tätig und in den Economic and Technical Development Zones niedergelassen sind. Ein Steuersatz von 24 % gilt für Unternehmen im Produktionsbereich, die in den definierten Stadtkernen der Coastal Open Economic Zones, in den Special Economic Zones und den Economic and Technical Development Zones gegründet werden. In denselben Sonderzonen gilt ferner ein Steuersatz von 15 % für bestimmte Unternehmen im Bereich Energie, Kommunikation, Hafen, Werften, sogenannten technologieintensiven Projekten und anderen staatlich geförderten Wirtschaftsbereichen (Art. 7 ausl. UntEStG)[37].

Ein ausländischer Investor erhält nach entsprechender Genehmigung der Steuerbehörden eine mindestens 40%ige Rückerstattung bereits gezahlter Steuern, wenn er seinen Gewinn direkt in das Unternehmen in Form einer Erhöhung des registrierten Kapitals investiert oder den Gewinn dazu verwendet, eine weitere Tochtergesellschaft zu gründen, deren Laufzeit nicht unter 5 Jahren liegt. Steuerbefreit sind ferner die Gewinne des ausländischen Investors aus seiner Beteiligung an der Tochtergesellschaft (Art. 19 ausl. UntEStG).

III. Doppelbesteuerungsabkommen

Gewinne einer chinesischen Tochtergesellschaft unterliegen nach Art. 7 Abs. 1 des Doppelbesteuerungsabkommens (DBA) zwischen Deutschland und der Volksrepublik China[38] der alleinigen Besteuerung in der Volksrepublik China.

Die Höhe der Quellensteuer auf Gewinnanteile/Dividenden der chinesischen Tochtergesellschaften wird vom DBA auf 10 % ihres Bruttobetrages reduziert (Art. 10 DBA). Gemäß der in Art. 24 Abs. 2 c) aa) DBA geregelten fiktiven Anrechnung wird auf die deutsche Steuer ein unterstellter Quellensteuersatz von

37 Zu der Frage, um welche Sonderzonen es sich im einzelnen handelt, vgl. Artt. 73 und 75 DfBest. zum ausl. UntEStG sowie BERND-UWE STUCKEN, Die Ertragsbesteuerung deutscher Unternehmen in China, RIW 1992, 222 ff, 225 f.

38 Abkommen zwischen der Bundesrepublik Deutschland und der Volksrepublik China zur Vermeidung der Doppelbesteuerung auf dem Gebiet der Steuern von Einkommen und Vermögen, vom 6. Februar 1986, BGBl. 1986 II, 446.

10 % angerechnet, ungeachtet der Steuerbefreiung der Dividenden nach chinesischem Recht. Die von der Tochtergesellschaft an die Muttergesellschaft ausgeschütteten Gewinne und Dividenden sind nach dem Schachtelprivileg von Art. 24 Abs. 2 a) DBA dann in der Bundesrepublik Deutschland steuerbefreit, wenn die Muttergesellschaft mindestens 10 % des Kapitals an der Tochtergesellschaft hält.

IV. Zollvorschriften

Gesellschaften mit ausländischer Kapitalbeteiligung erhalten auch Vergünstigungen für Zölle[39]. Waren, die im Rahmen der Gesamtinvestition oder einer genehmigten zusätzlichen Investition importiert werden, erhalten Zollvergünstigungen. Insbesondere folgende Waren, die ein EJV importiert, sind damit u. a. zollbefreit: Maschinen, Ausrüstungen, Teile und Komponenten sowie andere Materialien, die für den Bau von Fabrikgebäuden, Installationen oder die Wiederherstellung von Maschinen benötigt werden. Diese Steuerbefreiung gilt auch für 100%ige Tochtergesellschaften. Weitere Zollbefreiungen gelten über den für EJV und 100%ige Tochtergesellschaften genannten Umfang hinaus auch für bestimmte Importe von CJV. Zollbefreit sind ferner auch importierte Kraftwagen, sofern sie für den eigenen Gebrauch der Tochtergesellschaft importiert werden und zur Gesamtinvestition gehören.

E. Neue Entwicklungen

I. Die Aktiengesellschaft

1. Rechtslage

Erstmals im Jahre 1992 wurde in der Volksrepublik China die Aktiengesellschaft gesetzlich geregelt. Dabei wurden landesweit die Vorschriften für Experimentelle Kapitalgesellschaften mit Kapitalanteilsystem vom 15. Mai 1992 (im folgenden „Aktienvorschriften"), die ebenfalls landesweit gültigen „Ansichten zu Richtlinien über Aktiengesellschaften" (im folgenden „AG-Ansichten") von der Staatlichen Kommission für die Reform des Wirtschaftssystems sowie relativ

39 Diese sind im einzelnen geregelt in den Vorschriften über die Kontrolle, Verwaltung, Zahlung und Befreiung von Steuern und Zöllen für den Import und Export von Waren durch Unternehmen mit ausländischer Kapitalbeteiligung vom 1. September 1992, die für EJV, CJV und 100%ige Tochtergesellschaften gelten.

zeitgleich lokale Vorschriften in Shenzhen[40], Shanghai[41] und Guangdong[42] erlassen. Außerdem regelt eine Anzahl „Vorläufiger Bestimmungen" spezielle Aspekte der Kapitalgesellschaften. Die lokalen und die nationalen Vorschriften unterscheiden sich nicht in der großen Linie, jedoch in verschiedenen Einzelheiten; daher wird im folgenden zumeist nur auf die landesweit geltenden Aktienvorschriften Bezug genommen[43].

2. *Gründung*

Gründungen einer AG sind möglich entweder (1) im Wege der Neugründung durch Zeichnung aller Aktien durch die Gründer selbst oder (2) im Wege der Umwandlung eines bestehenden Unternehmens durch Zeichnung nur eines Teils der Aktien durch die Gründer und dem Angebot an Dritte, die übrigen Aktien zu erwerben[44].

Die Errichtung einer AG durch Umwandlung ist wiederum in zwei Formen möglich, nämlich durch Ausgabe von Aktien an einen bestimmten Personenkreis und durch öffentliche Ausgabe von Aktien[45]. Die Ausgabe an einen bestimmten Personenkreis erfolgt, indem neben den von den Gründern gezeichneten Aktien weitere Aktien an bestimmte juristische Personen, bei Vorliegen einer besonderen Genehmigung auch an die Mitarbeiter der Belegschaft ausgegeben werden; die Errichtung durch öffentliche Ausgabe von Aktien unterscheidet sich nur dadurch, daß keine Restriktion hinsichtlich der Personen besteht, an die das Angebot zum Erwerb von Aktien gerichtet werden kann[46]. Im Falle einer Neugründung müssen mindestens drei Gesellschafter beteiligt sein; im Falle der Gründung durch Umwandlung müssen die Gründer mindestens 35 % des Aktienkapitals halten (Art. 8, 9 AG-Ansichten).

40 Versuchsweise Vorschriften über Aktiengesellschaften vom 17. März 1992.

41 Versuchsweise Vorschriften über Aktiengesellschaften vom 18. Mai 1992.

42 Methoden zum Experimentellen Aktiensystem vom 16. Juni 1992.

43 Dier Aktienvorschriften enthalten Regelungen nicht nur über die Aktiengesellschaft („AG"), sondern auch über Gesellschaften mit beschränkter Haftung, die von einem oder mehreren Anteilsinhabern gegründet werden. Letztere stehen als Rechtsform für ausländische Investoren jedoch nicht zur Verfügung (Art. 78 der Ansichten über Gesellschaften mit beschränkter Haftung vom 15. Mai 1992); Gesellschaften mit beschränkter Haftung können von ausländischen Investoren nur in den bereits oben diskutierten Gesellschaftsformen gegründet werden.

44 In Shanghai können Gründungen von Aktiengesellschaften mit ausländischem Kapital nur im Wege der Neugründung vorgenommen werden.

45 Das Verfahren der Ausgabe von Aktien wird geregelt durch die Vorläufigen Bestimmungen über die Verwaltung der Ausgabe von und des Handels mit Aktien, vom 22. April 1993.

46 Zum Aktienerwerb durch ausländische Investoren vgl. SABINE STRICKER, Ausländischer Aktienerwerb an Chinas Börsen, RIW 1992, 730–733.

Gemäß Art. 7 der Aktienvorschriften ist bei der Gründung durch Umwandlung wie folgt vorzugehen:

- Erteilung der Genehmigung des ursprünglichen Eigentümers des Unternehmens oder der zuständigen Organisation;
- Prüfung des Unternehmensvermögens, Klärung der Schulden und Forderungen, Abgrenzung der Eigentumsrechte;
- Vermögensbewertung durch ein qualifiziertes Bewertungsunternehmen;
- Prüfung der Gewinn- und Verlustrechnung und Bestätigung der Ergebnisse der Vermögensbewertung durch ein Wirtschaftsprüfungsunternehmen.

Art. 11 der AG-Ansichten sieht ferner vor, daß bei der Umwandlung eines Unternehmens in eine AG alle vorhandenen Vermögenswerte eingebracht werden müssen, wobei das ursprüngliche Unternehmen als Gründer fungieren kann und für den Fall, daß dieses nicht Gründer ist, der Eigentümer des ursprünglichen Gesellschaftsvermögens Gründer ist.

3. Organe der Aktiengesellschaft

Organe einer AG sind die Hauptversammlung, der Aufsichtsrat und der Vorstand.

Die Inhaber normaler Aktien sind berechtigt, an der Hauptversammlung teilzunehmen und ihre Stimme abzugeben, wobei jede Aktie dasselbe Stimmrecht hat; Inhaber von Vorzugsaktien haben kein Stimmrecht (Art. 39 AG-Ansichten)[47]. Die Hauptversammlung ist insbesondere berechtigt, Beschlüsse zu fassen über die Entlastung von Vorstand und Aufsichtsrat, Gewinnverteilung und Verlustausgleich, Billigung des Jahresabschlusses, des Haushaltsplans, der Bilanz etc., Umstrukturierungen der AG und Satzungsänderungen. Eine ordentliche Hauptversammlung ist mindestens einmal jährlich abzuhalten; außerordentliche Hauptversammlungen sind einzuberufen, wenn $^1/_3$ der Vorstandssitze nicht besetzt sind, wenn die Verluste $^1/_3$ des tatsächlich vorhandenen Aktienkapitals erreichen, oder wenn mindestens zwei Aktionäre, die mindestens 10 % des Aktienkapitals halten, eine solche außerordentliche Versammlung verlangen. Beschlüsse werden regelmäßig mit einfacher Mehrheit, besondere Beschlüsse (z. B. Erhöhung/Herabsetzung des Aktienkapitals, Umstrukturierung der AG, Satzungsänderung) mit einer $^2/_3$-Mehrheit gefaßt, wobei diese Mehrheiten jeweils auch das Quorum für die Beschlußfähigkeit darstellen (Art. 46 AG-Ansichten).

Die Hauptversammlung wählt den Vorstand, der auch aus Aktionären bestehen kann. Der Vorstand ist das ständige „Machtorgan" der AG und muß eine

47 Gemäß Art. 58 der Shanghai Aktienvorschriften dürfen Einzelpersonen allerdings im Regelfall nicht mehr als 0,5 % aller Aktien der Gesellschaft halten.

ungerade Anzahl von mindestens 5 Mitgliedern haben[48]. Der Vorstandsvorsitzende ist der gesetzliche Vertreter der AG, der die Hauptversammlung und die Vorstandssitzungen (die mindestens halbjährlich einzuberufen sind) leitet, die Durchführung der Vorstandsbeschlüsse überprüft, hierüber im Vorstand berichtet und die wesentlichen Geschäftsentscheidungen in Zeiten übernimmt, in denen der Vorstand nicht zusammentritt.

Der Aufsichtsrat überwacht den Vorstand und die Tätigkeit des Vorstandsvorsitzenden. Er muß aus mindestens 3 Mitgliedern bestehen, wobei die Aufsichtsratsmitglieder mindestens zu $^{1}/_{3}$ und höchstens zur Hälfte Vertreter der Arbeitnehmer und zu höchstens $^{2}/_{3}$, mindestens jedoch zur Hälfte Vertreter der Aktionäre sein müssen (Art. 64 AG-Ansichten). Beschlüsse des Aufsichtsrats sowie die Wahl des Aufsichtsratsvorsitzenden bedürfen einer $^{2}/_{3}$-Mehrheit.

4. *Finanzausstattung und Steuern*

a) *Grundkapital*

Eine AG mit ausländischer Kapitalbeteiligung muß ein Grundkapital von mindestens 30 Millionen Renminbi haben (Art. 12 AG-Ansichten).

b) *Aktien*

Aktien werden nach ihren Eigentümern unterschieden: Staatsaktien, Aktien juristischer Personen, Individualaktien und Auslandsinvestitions-Aktien (Art. 24 AG-Ansichten). Wenn 25 % oder mehr der Aktien Auslandsinvestitions-Aktien sind, muß vom MOFTEC hierfür eine Genehmigung eingeholt werden. Aktiengesellschaften, die berechtigt sind, mit ausländischen Investitionen zu arbeiten, dürfen sogenannte *B-Shares* ausgeben. *B-Shares* sind spezielle Aktien mit Renminbi-Nennwert, die jedoch in US- oder Hongkong-Dollar gehandelt, mit Genehmigung der chinesischen Volksbank ausgegeben werden und nur von ausländischen Investoren erworben werden dürfen (Art. 29 AG-Ansichten).

Die Mitglieder des Vorstands einer Aktiengesellschaft haften für die Ausgabe von Aktien: Sie sind insbesondere verantwortlich für die Richtigkeit der Informationen, die in dem Aktien-Prospekt enthalten sind. Die Rechtsfolgen eines Verstoßes sind im einzelnen noch unklar; prinzipiell bestehen jedoch Scha-

48 Vgl. die am 5. Dezember 1992 erlassenen Vorläufigen Vorschriften über die Personalverwaltung von Experimentellen Kapitalgesellschaften.

denersatzansprüche gegen diejenigen Vorstandsmitglieder, die einen Beschluß über die Ausgabe von Aktien und unrichtige Informationen hierzu getroffen haben.

c) *Finanzsystem*

Es sind gesonderte Vorschriften für die Buchführung einer AG[49] sowie für deren Finanzverwaltung[50] erlassen worden. Die Rechnungsprüfungsvorschriften in Art. 68 ff der AG-Ansichten sind durch die Vorläufigen Regelungen über die Rechnungsprüfung bei Experimentellen Kapitalgesellschaften vom 23. Juni 1992 ergänzt worden.

Die Regelung der Rücklagen entspricht derjenigen für die bereits dargestellten Gesellschaftsformen mit der Besonderheit, daß die bei der Ausgabe von Aktien über den Nennwert hinausgehenden Beträge in die Kapitalrücklagen eingestellt werden müssen. Diese Rücklagen können lediglich für Verlustausgleich und zum Zwecke der Erhöhung des Aktienkapitals verwendet werden (Art. 72 AG-Ansichten). Dividenden dürfen grundsätzlich nur ausgeschüttet werden, wenn die AG Gewinne erwirtschaftet hat; eine Ausnahme gilt, wenn nach Verlustausgleich durch Rücklagen die Hauptversammlung beschließt, daß Rücklagen zur Dividendenausschüttung verwendet werden, die jedoch nicht 6 % des Aktiennennwerts überschreiten dürfen (Art. 75 AG-Ansichten).

d) *Steuern*

Gemäß den Vorläufigen Vorschriften über Steuerfragen von Experimentellen Kapitalgesellschaften mit ausländischem Kapital vom 12. Juni 1992 unterliegt die Besteuerung der AG dem Gesetz über die Besteuerung von ausländischen Gesellschaften und den dazu erlassenen Durchführungsbestimmungen. Es kann insoweit also auf die Darstellungen oben verwiesen werden. Insbesondere gilt damit, daß keine Steuer auf die Dividende erhoben wird, wenn es sich bei dem Unternehmen um ein solches mit ausländischer Kapitalbeteiligung handelt[51]. Auch die Besteuerung von Gewinnen aus dem Verkauf von *B-Shares* unterliegt den bereits besprochenen Steuergesetzen, wobei Einzelheiten hier zum Teil noch unklar sind[52].

49 Buchführungssystem für Experimentelle Kapitalgesellschaften vom 23. Mai 1992.

50 Versuchsweise Vorschriften zu einigen Fragen der Finanzverwaltung von Experimentellen Kapitalgesellschaften vom 6. Juni 1992.

51 Vgl. auch Renmin Ribao vom 7. Oktober 1992, S. 1

52 Vgl. hierzu u. a. ZHOU XIAOLIN, Investing in China's Emerging Stock Markets – Legal and Regulatory Overview, International Business Lawyer, April 1993, pp. 191–194, 193.

5. *Weitere Rechtsfragen*

a) Arbeitsrecht

Gemäß den Vorläufigen Vorschriften über die Verwaltung von Arbeit und Löhnen in Experimentellen Kapitalgesellschaften vom 1. Juni 1992 kann eine AG selbst die Einstellung von Arbeitnehmern und die Lohnverteilung planen. Es gelten keine Besonderheiten gegenüber den anderen (oben dargestellten) Gesellschaftsformen. Zu beachten ist allerdings, daß an Vorstandsmitglieder, die Staatsaktien repräsentieren, Gehälter und Zusatzleistungen von ihren ursprünglichen Arbeitseinheiten bezahlt werden, und sie keine Dividende erhalten (Art. 7 der soeben zitierten Vorschriften).

b) Wareneinkauf und -verkauf

Gemäß den Vorläufigen Vorschriften über die Verwaltung des Ein- und Verkaufs von Waren und Materialien in Experimentellen Kapitalgesellschaften vom 2. Dezember 1992 kann eine Aktiengesellschaft es übernehmen, Produkte zu liefern, die zwingenden staatlichen Plänen unterliegen; Produkte, die nicht den Direktivplänen unterliegen, können frei, auch im Wege der Kommission, eingekauft und verkauft werden.

c) Liquidation

Eine Aktiengesellschaft wird liquidiert nach (1) Ablauf der Gesellschaftslaufzeit, (2) Eintritt von Auflösungsgründen, die in der Satzung festgelegt sind, (3) Verwirklichung des Gesellschaftszwecks oder dessen mangelnde Verwirklichungsmöglichkeit, (4) Auflösungsbeschluß der Hauptversammlung, (5) Beendigung der Gesellschaft wegen Verletzung staatlicher Rechtsnormen und (6) Konkurs. Im Falle des Konkurses gilt das Vorläufige Gesellschaftskonkursgesetz der Volksrepublik China vom 2. Dezember 1986 „entsprechend"; dieses Konkursgesetz wurde für Staatsunternehmen erlassen, und es ist daher fraglich, in welchem Umfang es tatsächlich auch auf eine Aktiengesellschaft mit ausländischer Kapitalbeteiligung angewandt wird.

II. Gründung einer Holding

1. Allgemeines

Bislang sind relativ wenige Holdinggesellschaften in der Volksrepublik China gegründet worden; nach inoffiziellen Angaben existierten Ende 1993 erst rund

30 Holdinggesellschaften. Die Gründung einer Holdinggesellschaft unterliegt keinen Spezialgesetzen, wird jedoch von den bereits dargestellten Gesetzen erfaßt; das MOFTEC hat hierfür überdies eine eigene Praxis entwickelt. Bislang gegründete Holdinggesellschaften sind entweder EJV oder 100%ige Tochtergesellschaften. Verschiedene Berichte belegen, daß der Geschäftszweck einer Holdinggesellschaft in der Volksrepublik China auf reine Handelskoordination beschränkt sein kann[53].

2. *Mindestkapitalausstattung und Genehmigung*

Nach Angaben des MOFTEC muß eine Holdinggesellschaft mit einem Mindeskapital von 10 Millionen US-Dollar ausgestattet sein; gesetzliche Regelungen hierfür liegen jedoch noch nicht vor. Bislang ist für jede Gründung einer Holdinggesellschaft das MOFTEC ausschließlich zuständig,

3. *Tochtergesellschaften einer Holding*

Eine in der Volksrepublik China gegründete Holdinggesellschaft ist eine Gesellschaft chinesischen Rechts. Investiert diese durch Gründung einer weiteren Gesellschaft in der Volksrepublik China, so handelt es sich dabei im eigentlichen Sinne nicht mehr um ausländische Investitionen, sondern um Investitionen eines chinesischen Unternehmens. Es stellt sich dann die Frage, ob derartige Tochtergesellschaften noch in den Genuß der Vergünstigungen für Gesellschaften mit ausländischer Kapitalbeteiligung kommen, insbesondere also Steuervergünstigungen erhalten, und ob die oben dargestellten gesetzlichen Vorschriften zu EJV, CJV und 100%igen Tochtergesellschaften Anwendung finden. Ein Ansatzpunkt könnte hier sein, daß eine ausländische Kapitalbeteiligung auch bei den Tochtergesellschaften einer Holding zumindest insoweit anerkannt wird, als die Beteiligung der Holding effektiv zu einer entsprechenden Höhe der Investition führt[54]. Auch steuergesetzliche Regelungen indizieren, daß eine solche Handhabung praktiziert wird.

53 Vgl. China Daily vom 5. September 1992, China Daily Business Weekly vom 9.–15. August 1992.

54 Vgl. FRISBIE/KOLENDA, Umbrella Enterprises, The China Business Review, September – October 1993, 9–12, insbes. 10, 11.

III. Umwandlung von Gesellschaften

Die aktienrechtlichen Regelungen enthalten Vorschriften über die Umwandlung von chinesischen Gesellschaften, zu denen auch solche mit ausländischer Kapitalbeteiligung zählen, in eine AG. Vorteile einer solchen Umwandlung sind naturgemäß die Möglichkeit, einfacher zusätzliches Kapital zu erhalten und Gesellschaftsanteile unproblematischer zu übertragen, als dies bei den klassischen Gesellschaften mit ausländischer Kapitalbeteiligung möglich ist. Die Nachteile einer Umwandlung liegen jedoch auf der Hand: Je nach Anteilslage kommt es zu einem Verlust eines Teils der Kontrollmöglichkeiten, zu gesteigerter Aufsicht insbesondere durch die chinesische Volksbank, sowie unter Umständen zu erhöhten Kosten, beispielsweise durch die regelmäßigen Hauptversammlungen.

Die Umwandlung einer Gesellschaft mit ausländischer Kapitalbeteiligung (EJV, CJV oder 100%ige Tochtergesellschaft) in eine Aktiengesellschaft erfolgt durch Ergänzung des Gesellschaftsvertrages und der Satzung und mit Genehmigung der zuständigen Behörden, insbesondere des MOFTEC (Art. 13 AG-Ansichten) sowie gemäß den oben zur Gründung (E. I. 2.) dargestellten Grundsätzen. In Shenzhen ist dies jedoch nur möglich, wenn der ausländische Kapitalanteil mindestens 25 % des Stammkapitals beträgt. Benachrichtigt werden müssen die zuständigen Steuer-, Finanz- und Devisenkontrollbehörden. Die Ausgabe der Aktien selbst muß durch die Volksbank der Volksrepublik China genehmigt werden[55].

Anhang

I. Abkürzungen

AGZR	Allgemeine Grundsätze des Zivilrechts vom 12. April 1986
CIETAC	China International Economic & Trade Arbitration Commission
CJV	Contractual Joint Venture
EJV	Equity Joint Venture
MOFTEC	Ministry of Foreign Trade and Economic Cooperation

II. Gesetzessammlungen

Die chinesischen Gesetzestexte sind zumeist veröffentlicht in:
Guowuyuan Gong Bao (Amtsblatt des Staatsrats der Volksrepublik China).

55 Vgl. hierzu auch VALENTINE, Conversion of a joint venture to a listed company, China Law & Practice, August 27, 1992, 17–18.

Übersetzungen sind (zum Teil) veröffentlicht in: MÜNZEL, Chinas Recht, Loseblattsammlung, Hamburg (deutsche Übersetzung)
und in
Asia Law & Practice Ltd. (Hrsg.), China Law and Pratice (englische Übersetzung).

III. Literaturhinweise

HORN/SCHÜTZE (Hrsg.), Wirtschaftsrecht und Außenwirtschaftsverkehr der Volksrepublik China, Berlin, New York, 1987
HARNISCHFEGER-KSOLL/WU, China Handbuch für die Wirtschaft, München, Beijing 1986
HEUSER, Das Außenwirtschaftsrecht der Volksrepublik China, München 1986

IV. Kontaktadressen

Ostasiatischer Verein,
Neuer Jungfernstieg 21,
20354 Hamburg 36
Phone: 0 40-34 04 15, Fax: 0 40-34 18 15

Deutsch-Chinesische Wirtschaftsvereinigung
Unter Sachsenhausen 10–26,
53804 Köln 1
Phone: 02 21-12 03 70, Fax: 02 21-12 04 17

Die Gründung einer Tochtergesellschaft in Dänemark

von

Professor Dr. Bernhard Gomard, Universität Kopenhagen*

Inhaltsübersicht

* Der Beitrag wurde aus dem Englischen übersetzt von Herrn Syndikus Dr. Georg Gansen, Bonn.

I. Einführung

1. Dänisches Gesellschaftsrecht

In Dänemark sind lediglich Aktiengesellschaften (*aktieselskaber;* abgekürzt „AS"), GmbH (*anpartsselskaber;* abgekürzt „ApS") und Stiftungen *(fonde)* gesetzlich umfassend geregelt[1]. Das Recht der Personengesellschaften *(interessentskaber),* Kommanditgesellschaften (K/S), Genossenschaften *(andelsselskaber)* und Vereine *(soreninger)* folgt hingegen aus Gesetz, Richter- und Gewohnheitsrecht. All diese Vereinigungen werden unter bestimmten Voraussetzungen als selbständige Einheiten mit eigener Rechtspersönlichkeit behandelt.

Im dänischen Recht gibt es keinen numerus clausus der Gesellschaftsformen. Es gilt vielmehr auch hier der Grundsatz der Vertragsfreiheit, soweit die genannten Spezialgesetze diesen nicht begrenzen. Daraus folgt die Möglichkeit, auch rechtlich selbständige Einheiten zu bilden, die sich von den genannten Formen unterscheiden[2]. Die folgenden Darstellungen können einen vollständigen Überblick über das dänische Gesellschaftsrecht nicht geben. Sie sollen lediglich die Fragen behandeln, hinsichtlich derer sich das dänische und das deutsche Gesellschaftsrecht offensichtlich unterscheiden.

2. Alternativen zur Gründung einer Tochtergesellschaft in Dänemark

Statt eine Tochtergesellschaft zu gründen, kann eine ausländische AG, KGaA oder GmbH eines anderen EU-Mitgliedstaates eine Zweigniederlassung in Dänemark gründen; einschlägig sind die §§ 147 bis 152 ASL, 117 bis 122 ApSL, die auf der 11. EU-Richtlinie basieren[3]. Solche Niederlassungen müssen zur Registrierung angemeldet werden; vgl. § 151 ASL, § 121 ApSL. Das Steuerrecht allerdings macht keinen Unterschied zwischen der Gründung einer Niederlas-

1 Das Aktiengesetz (*Aktieselskabsloven,* Lov nr. 370 vom 13. 6. 73 mit späteren Ergänzungen; abgekürzt: „ASL") regelt die Aktiengesellschaft, während das *Anpartsselskabsloven* (Lov nr. 371 vom 13. 6. 73 mit späteren Ergänzungen; abgekürzt: „ApSL") die GmbH regelt. Wirtschaftliche Stiftungen behandelt Lov nr. 286 vom 6. 6. 84 (abgekürzt: „EFL"), nicht wirtschaftliche Stiftungen Lov nr. 300 vom 6. 6. 84.

2 Unterscheidet sich die Gesellschaft nicht erheblich von den gesetzlich geregelten Gesellschaftsformen, so wird sie als eine von ihnen behandelt; vgl. GOMARD & EBERLING, Corporations and Partnerships, 1993, S. 33 f und GOMARD, Aktieselskaber og anpartsselskaber, 1992, S. 49 f.

3 Ausländische Kapitalgesellschaften aus Staaten, die nicht EU-Mitglieder sind, können Zweigniederlassungen aufgrund internationaler Abkommen oder Einzelfallzulassungen gründen. Auch solche Zweigniederlassungen müssen im Handelsregister eingetragen werden.

sung und derjenigen einer Tochtergesellschaft. Unternehmen in anderen Rechtsformen können Niederlassungen in Dänemark gründen, die nicht Gegenstand des Gesellschaftsrechts sind.

Um die persönliche Haftung der Gründer und anderer Personen in der Gründungsphase zu verhindern, bietet sich der Kauf eines Gesellschaftsmantels *(skuffeselskab)* an. Sowohl die Aktiengesellschaft als auch die GmbH können als Gesellschaftsmantel verwandt werden. Dies setzt voraus, daß sie bereits mit dem gesetzlichen Mindestkapital eingetragen und seither in keiner Weise werbend tätig geworden sind[4]. Anläßlich des Kaufs ist die Satzung entsprechend dem neuen Gesellschaftsgegenstand zu ändern[5]. In Schweden haben sich Rechtsanwaltskanzleien auf den Verkauf solcher Mantelgesellschaften spezialisiert, der in wenigen Stunden durchgeführt werden kann.

Schließlich kann ein ausländisches Unternehmen auch eine bereits bestehende, werbend tätige dänische Gesellschaft übernehmen. Das ASL enthält hierzu keine ausdrücklichen Regelungen und lediglich wenige Vorschriften, die im Zusammenhang mit einer Übernahme relevant werden könnten[6]. Lediglich die Verhaltensregeln *(Rules of Ethics)* der Kopenhagener Aktienbörse handeln in § 7 von Übernahmeangeboten. Diese Regeln sind zwar nicht strafbewehrt, werden in der Praxis aber eingehalten[7]. Anbieter müssen zudem die Mitteilungspflichten gem. den §§ 28 a bis 28 c ASL beachten: Erreicht die Beteiligung aufgrund des Anteilserwerbs fünf Prozent aller Anteile der Gesellschaft, muß ihr dies mitgeteilt werden. Im weiteren ist jede Steigerung des Anteilsbesitzes um jeweils fünf Prozent mitteilungspflichtig sowie das Erreichen von einem Drittel und zwei Dritteln des Nennkapitals.

3. *Kapitalgesellschaften*

In Dänemark gibt es Aktiengesellschaften seit dem 17. Jahrhundert. Gesetzlich geregelt wurden sie jedoch erstmals 1917. Das erste Gesetz wurde schnell

4 Zwischen dem Antrag auf Eintragung und der Eintragung im Handelsregister *(Erhvervs- & Selskabsstyrelsen)* können Monate vergehen. Aus steuerlichen Gründen scheidet eine Gesellschaft als Mantelgesellschaft aus, die nach ihrer Registrierung bereits werbend tätig geworden ist. Insoweit unterscheidet sich der Kauf einer *skuffeselskab* vom deutschen Mantelkauf.

5 Die Vorschriften, die die Satzungsänderung – §§ 78 f ASL, §§ 59 f ApSL – und, falls erforderlich, die Kapitalerhöhung – §§ 6 bis 6 c, 29 bis 40 ASL, §§ 5 bis 5 b und 18 bis 24 ApSL – betreffen, sind zu beachten.

6 So ist es einer Gesellschaft zum Beispiel verboten, der Obergesellschaft zum Erwerb ihrer Anteile finanzielle Hilfen zu gewähren; vgl. § 115 a Abs. 2 ASL.

7 Näher zum dänischen Recht der Unternehmensübernahme vgl. CHRISTENSEN, Contested Takeovers in Danish Law, 1991.

durch das Gesetz von 1930 ersetzt, das bis zum Beitritt Dänemarks zur Europäischen Union 1973 galt. Beide Gesetze waren vergleichsweise einfach strukturiert. Mit dem Beitritt Dänemarks zur Europäischen Union wurde dann allerdings ein Gesetz über die Kapitalgesellschaften erlassen, das das bisherige Recht radikal verändert hat. Gleichzeitig wurde – erstmals im dänischen Recht – die GmbH definiert[8]. Obwohl sowohl das ASL als auch das ApSL seit 1973 im wesentlichen unverändert geblieben sind, hat es doch eine große Zahl kleinerer Änderungen gegeben, in der Hauptsache solche zur Umsetzung von EU-Richtlinien[9].

Die Gesellschaftsgesetze geben keine Definition der Aktiengesellschaft oder der GmbH. Jedoch enthalten die jeweiligen §§ 1 beider Gesetze wichtige Charakteristika dieser Gesellschaften: Sie müssen werbend tätig sein (§§ 1 Abs. 1 ASL, ApSL). Ihre Gesellschafter haften für die Schulden der Gesellschaft nicht persönlich; §§ 1 Abs. 2 ASL, ApSL[10]. Zudem muß die Gesellschaft ein Mindestkapital haben; dieses beträgt für Aktiengesellschaften 500.000, für GmbH's 200.000 Dänische Kronen (§§ 1 Abs. 3 ASL, ApSL). Die Genossenschaft wird in den Gesellschaftsgesetzen nicht geregelt (§ 1 Abs. 4 ASL). Das Gesetz über die GmbH sollte eigentlich nur einige Grundregelungen enthalten; seit seiner Einführung hat sich das ApSL jedoch hinsichtlich seiner Differenziertheit immer mehr dem ASL angepaßt[11]. Der Wortlaut der beiden Gesetze ist in einigen Paragraphen identisch, das ASL enthält jedoch grundsätzlich ausführlichere Regelungen als das ApSL. Daraus ergibt sich eine größere Gestaltungsfreiheit der Gründer einer GmbH bei Abfassung der Satzung.

Im folgenden wird die GmbH lediglich dann gesondert behandelt, wenn ihr Recht in entscheidender Weise von demjenigen der Aktiengesellschaft abweicht. Eine GmbH kann für wirtschaftliche Unternehmungen jeder Größe gegründet werden, in der Regel beschränkt sich ihre Wahl jedoch auf kleinere Gesellschaften, während die Aktiengesellschaft die Rechtsform großer Unternehmen ist. Beide Gesellschaftsformen können als Einmanngesellschaften geführt werden, für die es keine besonderen Vorschriften gibt. Nur die Aktiengesellschaft aller-

8 Zur Entwicklung des Rechts siehe näher GOMARD & EBERLING, aaO (Fn. 2), S. 26 f.

9 Die letzte Änderung, lediglich zum Teil Folge einer EU-Richtlinie, wurde im Dezember 1992 erlassen und trat zum 1. August 1993 in Kraft. Die folgenden gesellschaftsrechtlichen EU-Richtlinien sind in dänisches Recht umgesetzt worden: die 1. 2., 3., 4., 6., 7., 8, 11. und 12. Richtlinie.

10 Hiervon unberührt bleibt die persönliche Haftung des Gesellschafters aufgrund besonderer Einstandspflichten oder eine Haftung wegen Pflichtverletzung; vgl. §§ 140 bis 145 ASL.

11 Die Unterschiede zwischen den beiden Gesetzestypen sind nicht so grundlegend wie im deutschen Recht; so gelten etwa die konzenrechtlichen Regelungen für beide in gleicher Weise; vgl. unten VI.

dings kann an der Kopenhagener Wertpapierbörse notiert werden, dem einzigen amtlichen Handelsplatz des Landes.

Kommanditgesellschaften auf Aktien sind in § 173 Abs. 7 ASL geregelt, in Dänemark aber nicht gebräuchlich. Sowohl eine Aktiengesellschaft als auch eine GmbH können Komplementärinnen einer Kommanditgesellschaft sein. Für solche Verbindungen fehlen neben den allgemeinen Regelungen für die Kommanditgesellschaft jedoch spezielle Vorschriften. Einige Rechtsformen werden neben den Gesellschaftsgesetzen auch in weiteren Spezialgesetzen behandelt[12]. Aktiengesellschaften, GmbH's und wirtschaftliche Vereine werden im Gesellschaftsregister *(Erhvervs- & Selskabsstyrelsen)* eingetragen, bei dem es sich um eine zentrale Landesbehörde mit Sitz in Kopenhagen handelt[13]. Bestimmte Personengesellschaften, Kommanditgesellschaften und Genossenschaften müssen demgegenüber im Handelsregister eingetragen werden, vgl. § 8 Firmengesetz[14].

4. Andere Gesellschaftsformen

Personengesellschaften werden in der Regel für die Gründung einer Tochtergesellschaft in Dänemark nicht verwandt, hauptsächlich wegen der fehlenden Haftungsbeschränkung für die Gesellschafter. Stiftungen und Genossenschaften eignen sich in der Regel ebenfalls nicht für die Gründung eines wirtschaftlichen Unternehmens in Dänemark durch eine ausländische Gesellschaft. Andererseits kann die Möglichkeit der Gründung einer anderen Gesellschaft als einer Aktiengesellschaft oder GmbH auch bei der Gründung einer Unternehmung in Dänemark nicht vollständig außer acht gelassen werden, da das dänische Recht den Gesellschaftern einer Vereinigung, die nicht in den Gesellschaftsgesetzen geregelt ist, in größerem Umfang Freiheiten bei der Abfassung der Satzung gewährt.

Eine Personengesellschaft (*interessentskaber;* abgekürzt I/S) läßt sich im Grundsatz als gemeinsames Vermögen mehrerer zum Zweck wirtschaftlicher

12 Dies schließt Banken, Hypothekenbanken, Versicherungsgesellschaften, Gesellschaften von Börsenmaklern und Investmentgesellschaften ein; vgl. dazu näher GOMARD & EBERLING, aaO (Fn. 2), S. 39 ff.

13 Es ist das *Erhvervs- & Selskabsstyrelsen,* und nicht die Gerichte, das die öffentlichrechtlichen Aufgaben der Gesellschaftsgesetze übernimmt, einschließlich der Registerprüfung. Die Adresse ist im Anhang angegeben.

14 Die Eintragung im Handelsregister ist für die Erlangung der Rechtspersönlichkeit der Gesellschaft nicht konstitutiv. Einzelkaufleute und Unternehmen müssen sich dort nicht registrieren lassen, können dies aber tun und dadurch ihre Firma schützen. Das Handelsregister ist eine kommunale Verwaltungseinrichtung, die nicht der Aufsicht der Gerichte untersteht und in der Hauptsache der Registrierung von Kommanditgesellschaften, offenen Handelsgesellschaften und Genossenschaften dient.

Unternehmungen beschreiben[15]. Da Personengesellschaften gesetzlich nicht besonders geregelt sind, können die Gesellschafter ihre Verhältnisse zueinander weitestgehend frei regeln. Die Grundregeln des Vertragsrechts, der Rechtsprechung, des Gewohnheitsrechts und der Rechtswissenschaft sind jedoch zu beachten[16].

Kommanditgesellschaften sind durch zwei Klassen von Gesellschaftern gekennzeichnet: den Komplementären mit unbegrenzter persönlicher Haftung für die Gesellschaftsschulden und den Kommanditisten ohne unmittelbare persönliche Haftung. Dabei kann die Kommanditgesellschaft sowohl für Unternehmungen mit wenigen Beteiligten als auch für Unternehmungen mit einer großen Anzahl von Kommanditisten (Publikums-Kommanditgesellschaften) verwandt werden[17]. Die Kommanditgesellschaft wird als eigene Rechtspersönlichkeit behandelt. Dies gilt jedoch nicht für das Steuerrecht. Das bedeutet, daß ihre Gewinne und Verluste steuerbares Einkommen der Gesellschafter sind, was diese Gesellschaftsform in Dänemark sehr beliebt gemacht hat.

Stille Gesellschaften sind gesetzlich nicht geregelt. Das Verhältnis zwischen dem stillen und den übrigen Gesellschaftern kann daher derart ausgestaltet werden, daß der stille Gesellschafter wie ein ordentlicher Gesellschafter behandelt wird und seine Leistungen damit in der Liquidation wie Einlagen behandelt werden.

Genossenschaften sind vor allem im Agrarbereich gebräuchlich und können ohne persönliche Haftung der Genossen organisiert werden[18]. Da die Gründung einer Genossenschaft jedoch einen besonderen genossenschaftlichen Zweck erfordert, z. B. den gemeinsamen Ein- oder Verkauf für die Genossen, eignet sie sich in der Regel nicht als Tochtergesellschaft.

Eine der deutschen *Gesellschaft bürgerlichen Rechts* entsprechende Gesellschaftsform kennt das dänische Recht hingegen nicht.

Stiftungen schließlich wurden 1984 erstmals gesetzlich geregelt, und zwar unterteilt in wirtschaftliche und nicht wirtschaftliche Stiftungen. Da sie defini-

15 Vgl. GOMARD & EBERLING, aaO (Fn. 2), S. 36. Die Gesellschafter haften für die Verbindlichkeiten der Gesellschaft persönlich und gesamtschuldnerisch.

16 Vgl. HØRLYCK, Interessentskaber og konsortier, 1989, und GOMARD & EBERLING, aaO (Fn. 2), S. 393 ff passim.

17 Vgl. hierzu MUNK, KRISTENSEN & NØRGAARD, Selskabsformerne, 1992, S. 108 ff.

18 In diesem Fall kann die Genossenschaft die Abkürzung „A.m.b.a." in Zusammenhang mit ihrem Firmennamen führen. Aufgrund der weitreichenden Gestaltungsfreiheit ist die Aussagekraft dieses Zusatzes für die Vertragspartner der Gesellschaft jedoch beschränkt. Vgl. näher zu Genossenschaften in Dänemark HØRLYCK, Dansk andelsret, 2. Auflage, 1990.

tionsgemäß keinen Inhaber haben, sind sie im vorliegenden Zusammenhang nicht weiter zu erörtern[19].

II. *Gründung von AS und ApS*

1. *Gründung*

Die Gründung einer Kapitalgesellschaft, einer AS oder ApS, setzt einen oder mehrere Gründer voraus; §§ 3 Abs. 1 ASL, ApSL[20]. Gemäß den §§ 3 Abs. 2 ASL, ApSL muß zumindest ein Gründer seinen Sitz in Dänemark haben, EU-Bürger sind jedoch von dieser Beschränkung ausgenommen; § 176 ASL, § 134 ApSL. Die Gründer beider Gesellschaftstypen müssen einen Gründungsvertrag aufsetzen und unterzeichnen, der die in den §§ 5 f ASL und §§ 5 bis 5 b ApSL geforderten Regelungen enthält[21]. Sie müssen zudem eine Satzung entwerfen, die den Anforderungen der §§ 4 ASL, ApSL genügt, also etwa den Firmennamen[22] und den Gegenstand des Unternehmens, sowie das Anteilskapital[23] und die Stimmrechte der Anteilseigner angibt. Die Satzung muß zudem die Gemeinde in Dänemark angeben, in der die Gesellschaft ihren Sitz hat; §§ 4 Abs. 1 Nr. 2 ASL, ApSL.

Eine AS kann sowohl im Wege der Einheitsgründung als auch im Wege der Stufengründung errichtet werden. Die Gründer sind nicht verpflichtet, selbst Anteile zu zeichnen. Soweit die Anteilszeichnung nicht bereits mit Unterzeichnung des Gründungsvertrages erfolgt, bedarf es hierzu einer getrennten

19 Die Stiftungsgesetze sind zum Teil durch die Gesellschaftsgesetze beeinflußt. Eine Stiftung kann zum Beispiel Muttergesellschaft in einem Konzern sein; § 1 Abs. 2 Nr. 3 und 4 des Gesetzes über wirtschaftliche Stiftungen. Vgl. GOMARD & EBERLING, aaO (Fn. 2), S. 38 f und MUNK, KRISTENSEN & NØRGAARD, aaO (Fn. 17), Kapitel 8.

20 Gründer können natürliche und juristische Personen sein. Bis zum 1. August 1993 bedurfte die Gründung einer Aktiengesellschaft zumindest dreier Gründer, nunmehr ist eine Person ausreichend.

21 Dies sind u. a.: Namen und Adressen der Gründer, Ausgabepreis der Anteile, Bezugsfristen und Zahlungsfristen (§§ 5 ASL, ApSL), ggf. Hinweise auf eine Sachgründung sowie auf Sonderrechte oder -pflichten einzelner Gesellschafter oder Dritter (§ 6 ASL, § 5 a ApSL). Der Gründungsvertrag kann beim Handelsregister *(Erhvervs- og Selskabsstyrelsen)* eingesehen werden.

22 Der Firmenname muß das Wort *aktieselskab* oder eine der dänischen Abkürzungen – A/S oder AKTS – enthalten; vgl. § 153 Abs. 1 ASL. Zwar ist auch eine ausländische Abkürzung wie etwa „*Ltd.*" oder „*AG*" zulässig, sie kann den dänischen Zusatz jedoch nicht ersetzen.

23 Der Betrag muß in Dänischen Kronen angegeben sein. Bis zur Gründungsversammlung der Gesellschafter kann der Satzungsentwurf einen Mindest- und einen Höchstbetrag angeben; vgl. § 4 Abs. 1 Nr. 4 ASL.

Zeichnungsliste, der eine Fotokopie des Gründungsvertrages beizufügen ist; § 7 ASL. AS, die ihre Anteile der Öffentlichkeit zur Zeichnung anbieten, müssen einen Prospekt veröffentlichen, der den Anforderungen des Prospektgesetzes genügt. Dieses Gesetz sieht in § 2 besondere Anforderungen für Gesellschaften vor, die ihre Anteile an der Aktienbörse handeln lassen wollen[24]. Wird das gesamte Anteilskapital nicht bis zum Ende der gesetzten Frist gezeichnet, ist die Gesellschaftsgründung unwirksam. Die Gründer einer ApSL hingegen müssen das gesamte Anteilskapital bereits im Gründungsvertrag zeichnen; vgl. §§ 3 Abs. 1, 5 Abs. 1 Nr. 2 ApSL[25].

Auch das dänische Recht verbietet in § 13 Abs. 1 ASL, § 9 Abs. 1 ApSL die Unterpariemission der Gesellschaftsanteile. Sacheinlagen sind in den §§ 6 bis 6 c ASL und 5 a und 5 b ApSL geregelt[26]. Sacheinlagen in eine AS sind durch unabhängige Sachverständige zu bewerten, deren Gutachten dem Gründungsvertrag beizufügen ist; § 6 a Abs. 1 ASL. Für ApS müssen die Gründer Erklärungen hinsichtlich des Wertes eingebrachter Sacheinlagen abgeben, die durch den Gründungsprüfer zu überwachen sind; §§ 5 a Abs. 3 und 5 b Abs. 1 ApSL. Nachgründungen sind lediglich für die AS in § 6 c ASL geregelt, entsprechende Vorschriften für die ApS fehlen[27].

Der Gründungsbeschluß der Gründerversammlung einer AS bedarf gem. § 10 Abs. 3 ASL einer Zweitdrittelmehrheit[28]. Die Gründerversammlung muß den ersten Aufsichtsrat der Gesellschaft wählen. In ApS hingegen gibt es eine Gründerversammlung nicht. Aufsichtsrat und Vorstand werden durch den Gründungsvertrag bestimmt, vgl. § 5 Abs. 1 ApSL.

2. *Handelsregistereintragung*

Innerhalb von sechs Monaten ab Unterzeichnung des Gründungsvertrages muß der Aufsichtsrat der AS die Gesellschaftsgründung beim Handelsregister

24 Das Gesetz Nr. 213 vom 10. April 1991 betreffend „den Prospekt in Zusammenhang mit öffentlichen Erstemissionen bestimmter Wertpapiere"; das Gesetz basiert auf der EU-Richtlinie 89/298/EEC vom 17. April 1989.

25 Nicht erforderlich ist es, daß jeder der Gründer Anteile zeichnet; es reicht sogar aus, daß einer von ihnen das gesamte Kapital übernimmt.

26 Das dänische Gesellschaftsrecht verwendet die Formulierungen „einfache" und „qualifizierte" Gründung nicht; dennoch entsprechen die Regelungen der §§ 6 bis 6 c ASL im wesentlichen denjenigen der §§ 26 f AktG.

27 § 6 c ASL entspricht § 52 Abs. 1 bis 3 AktG. Übernimmt die Gesellschaft von dem Anteilszeichner andere Vermögensgegenstände als Geld, müssen diese entsprechend den Regeln zur Sacheinlage bewertet werden (§§ 6 a und 6 b ASL).

28 Im Falle der Zustimmung aller Anteilszeichner kann der Gründungsbeschluß gemeinsam mit den Zeichnungserklärungen erfolgen (§ 9 Abs. 2 ASL).

anmelden; § 11 Abs. 1 und 3 ASL[29]. Die Anmeldung von ApS ist innerhalb von acht Wochen ab der Unterzeichnung durchzuführen (§ 6 Abs. 1 ApSL). Werden diese Fristen nicht eingehalten, scheidet die Eintragung der Gesellschaft aus, die Verpflichtungen der Anteilszeichner erlöschen. Bis zum 1. August 1993 war die Handelsregisteranmeldung möglich, sobald die Hälfte des gezeichneten Kapitals eingezahlt war. Heute verlangen § 11 Abs. 2 ASL und § 6 Abs. 2 ApSL die vorangegangene Volleinzahlung des gezeichneten Kapitals. Die Kapitalverkehrssteuer beträgt in Dänemark heute nur noch ein halbes Prozent; das Gesetz, das zuvor ein Prozent vorsah, wurde entsprechend geändert.

Erst mit Eintragung in das Gesellschaftsregister entsteht die dänische Kapitalgesellschaft als juristische Person, vgl. § 12 Abs. 1 ASL, § 8 Abs. 1 ApSL. Personen, die nach der Gründerversammlung Verpflichtungen für die Gesellschaft eingegangen sind, haften hierfür gemäß § 12 Abs. 2 ASL, § 8 Abs. 2 ApSL persönlich und gesamtschuldnerisch bis zur Eintragung. Diese Haftung kann Gründer, Mitglieder des Aufsichtsrates und des Vorstandes sowie Dritte treffen, vorausgesetzt, sie waren an der Entscheidung für das schuldbegründende Geschäft, und sei es auch nur stillschweigend, beteiligt[30]; möglich ist es jedoch, einzelvertraglich mit den Vertragspartnern der Gesellschaft die persönliche Haftung der Handelnden auszuschließen. Mit der Eintragung gehen dann sämtliche Verpflichtungen auf die Gesellschaft über.

3. *Anteilskapital*

Das gesetzlich geforderte Mindestkapital ist 1991 auf 500.000 Dänische Kronen für die AS und 200.000 Dänische Kronen für die ApS erhöht worden (§§ 1 Abs. 3 AS, ApSL). Bis zum 1. August 1993 mußte eine AS mindestens drei Anteile ausgeben, seit diesem Tag aber sind sowohl AS als auch ApS mit nur einem Anteil zulässig (§§ 1 Abs. 3 AS, ApSL)[31]. Gesellschaften mit einem Nennkapital von zwei bis 15 Millionen Dänische Kronen können die Notierung ihrer Anteile auf dem Anteilsmarkt III beantragen, während die Notierung auf den

29 Bis zur Registrierung muß die Gesellschaft in ihrem Namen die Ergänzung *under stiftelse* (in Gründung) führen; § 14 Abs. 4 ASL, § 8 Abs. 4 ApSL. Die Registrierung ist in den §§ 154 bis 159 ASL und §§ 124 bis 129 ApSL geregelt.

30 Diese Regelung entspricht § 41 Abs. 1 AktG und § 11 Abs. 2 GmbHG. Gründer können haftbar gemacht werden für Verpflichtungen, die sie im Namen der Gesellschaft eingehen (§ 12 ASL, § 8 ApSL), oder für fahrlässiges Verhalten (§ 140 ASL, § 110 ApSL). Das dänische Recht ist hier weniger streng als zum Beispiel § 46 AktG. Dänische Entsprechungen der deutschen Termini *„Vor-AG"* und *Vorgründungsgesellschaft* gibt es nicht.

31 Die Anteile können unterschiedliche Nennwerte haben. Börsennotierte AS müssen jedoch alle Anteile einer Gattung zu ein und demselben Nennwert ausgeben.

Anteilsmärkten I und II ein Nennkapital von zumindest 15 Millionen Dänische Kronen voraussetzt, vgl. § 4 Abs. 1 BörsenG. Eine Gesellschaft darf ihren Anteilseignern oder den Mitgliedern von Aufsichtsrat und Vorstand weder Darlehen gewähren, noch Drittdarlehen zugunsten solcher Personen sichern (§ 115 ASL, § 84 a ApSL). Dieses Verbot gilt allerdings nicht für Darlehen der Tochter- an die Muttergesellschaft, vgl. § 115 a ASL, § 84 a ApSL.

Nach Abschluß der Gesellschaftsgründung darf das Gesellschaftskapital nur unter Beachtung der gesetzlichen Vorschriften erhöht oder herabgesetzt werden. Die Kapitalerhöhung ist in den §§ 29 bis 40 ASL geregelt. Erforderlich ist ein Beschluß der Gesellschafterversammlung mit satzungsändernder Mehrheit. Das erhöhte Kapital kann durch Zeichnungen junger Anteile oder durch Umbuchung von Kapitalrückstellungen in haftendes Kapital sowie durch die Konversion von Gesellschaftsschulden aufgebracht werden. Handelt es sich um eine Barkapitalerhöhung, so haben die alten Anteilseigner Bezugsrechte entsprechend ihren Beteiligungsquoten, es sei denn, die Gesellschafterversammlung beschließt etwas anderes (§ 30 Abs. 1 ASL). Sacheinlagen müssen gemäß § 33 Abs. 1 ASL auch im Rahmen einer Kapitalerhöhung gemäß den Regeln der §§ 6 bis 6 b ASL bewertet werden. Die Herabsetzung, die ebenfalls einer Satzungsänderung bedarf, kann lediglich zu einem der drei in § 44 a Abs. 1 ASL genannten Zwecke beschlossen werden, nämlich zum Verlustausgleich, zu Ausschüttungen an die Gesellschafter oder zur Übertragung in ein Sondervermögen, das zur freien Disposition der Gesellschafterversammlung steht.

Der Aufsichtsrat einer AS ist verpflichtet, innerhalb von sechs Monaten eine außerordentliche Gesellschafterversammlung einzuberufen, sobald die Gesellschaft Verluste in Höhe der Hälfte ihres Anteilskapitals erlitten hat. In dieser Versammlung sind Krisenvorschläge zu unterbreiten (§ 69 a ASL).

III. Die Verfassung der AS und der ApS

1. Einführung

Dänische Kapitalgesellschaften sind zweistufig organisiert, die Gesellschaftsgesetze verlangen jedoch regelmäßig drei Organe: Hauptversammlung *(generalforsamling)*, Aufsichtsrat *(bestyrelse)* und Vorstand *(direktion)*[32]. Die Aufgabenverteilung zwischen den Organen dänischer Kapitalgesellschaften ist in den Ge-

32 Die Satzung einer AS kann zusätzlich zum Aufsichtsrat einen Gesellschafterausschuß *(repræsentantskab;* § 59 ASL) vorsehen, der die Geschäftsführung im Auftrag der Gesellschafter überwacht. Dänische Gesellschaften machen hiervon jedoch kaum Gebrauch.

sellschaftsgesetzen weniger präzise beschrieben als im deutschen Recht. Sie richtet sich in der Hauptsache nach der Satzung und den Verfahrens- sowie sonstigen Vorschriften, die etwa der Aufsichtsrat erlassen kann. Die Gesellschaftsgesetze geben lediglich einige wenige Richtlinien, so daß die Regelungen von Gesellschaft zu Gesellschaft stark variieren können.

2. *Anteile*

Der Aufsichtsrat muß ein Gesellschafterregister führen (§ 25 Abs. 1 ASL, § 15 Abs. 1 ApSL)[33]. Eine AS kann bis zu zehn Prozent eigene Anteile erwerben (§ 48 Abs. 1 ASL), dies jedoch nur mit Zustimmung der Hauptversammlung. Zur Vermeidung von Verlusten kann eine Gesellschaft eigene Anteile auch in noch größerem Umfang erwerben, sie muß diese aber unverzüglich wieder veräußern (§ 48 a Abs. 1 ASL). ApS hingegen dürfen keine eigenen Anteile erwerben (§ 30 Abs. 1 ApSL), es sei denn, dies ist zur Vermeidung von Verlusten erforderlich und die Anteile werden unverzüglich wieder weiterveräußert (§ 30 Abs. 2 ApSL). Im Gegensatz zu § 19 AktG enthalten weder das ASL noch das ApSL Regelungen zu wechselseitigen Beteiligungen. Eine Gesellschaft darf Stimmrechte aus eigenen Anteilen nicht ausüben, zudem ist es Tochtergesellschaften untersagt, Stimmrechte aus Anteilen an der Muttergesellschaft auszuüben, vgl. § 67 Abs. 3 ASL, § 48 Abs. 2 ApSL. Besondere Mitteilungspflichten sind in den §§ 28 a und 28 b ASL geregelt; sie betreffen Anteilseigner mit Beteiligungen ab fünf Prozent des Anteilskapitals[34]. Zwar ist seit dem 1. Januar 1974 die Ausgabe stimmrechtsloser Anteile verboten (§ 67 Abs. 1 ASL), nach wie vor können die Anteile jedoch in verschiedene Kategorien unterteilt sein, so daß Anteile die bis zu zehnfachen Stimmrechte anderer Anteile mit gleichen Nennbeträgen verbriefen können[35].

33 Das Gesellschafterregister der AS ist im Gegensatz zu § 67 Abs. 5 AktG den Gesellschaftern nicht offenzulegen. Entgegen § 68 Abs. 3 AktG ist der Erwerber von Namensaktien nicht verpflichtet, den Erwerb bei der Gesellschaft anzumelden; die Ausübung bestimmter Rechte ist jedoch von der Eintragung in das Gesellschafterregister abhängig (§ 27 ASL).

34 Mitteilungspflichten treffen auch die Gesellschafter der ApS mit einem Anteilsbesitz ab zehn Prozent, soweit die Gesellschaft ein Anteilskapital von mehr als 300.000 Dänischen Kronen hat (§ 17 a ApSL), und Gesellschafter börsennotierter AS ab zwei Prozent Anteilsbesitz. In diesem Zusammenhang werden Anteile, die verbundenen Gesellschaften gehören, addiert (§ 28 a Abs. 2 Nr. 1 ASL).

35 Vorzugsaktien ohne Stimmrecht gibt es in Dänemark nicht, erlaubt sind aber Vorzugsaktien mit umfassenden oder verminderten Stimmrechten. Soweit in der Satzung vorgesehen, bedarf die Schaffung verschiedener Stimmrechtsklassen – anders als in § 12 Abs. 2 AktG vorgesehen – keiner behördlichen Zulassung.

3. *Hauptversammlung*

Die Anteilseigner üben ihre Rechte an der Gesellschaft in der jährlichen Hauptversammlung aus, die das oberste Organ der Gesellschaft ist. Nach dänischem Recht ist die Hauptversammlung umfassend für alle Gegenstände zuständig, die die Gesellschaftsgesetze nicht ausdrücklich dem Aufsichtsrat oder dem Vorstand zugewiesen haben. Sie darf der Geschäftsführung daher auch Weisungen zum Tagesgeschäft der Gesellschaft erteilen. Die ordentliche Hauptversammlung findet einmal im Jahr statt, während die außerordentliche auf Antrag des Aufsichtsrats, des Abschlußprüfers oder von zehn Prozent des Anteilskapitals abgehalten werden muß (§ 70 ASL). Die Gesellschaftsgesetze enthalten verschiedene Verfahrensregeln zur Abhaltung der Hauptversammlung, unter anderem solche zur Bekanntmachung (§ 73 ASL, § 54 ApSL) und zur Tagesordnung (§ 73 Abs. 3 ASL, § 54 Abs. 3 ApSL). In der AS muß eine Hauptversammlung abgehalten werden. Stimmen jedoch alle Anteilseigner überein, so kann dies auch im Wege der Stellvertreterversammlung *(proxy-meeting)* geschehen[36]. Jeder Anteilseigner hat das Recht, an der Hauptversammlung teilzunehmen und Tagesordnungsanträge zu stellen (§§ 65 Abs. 2 und 71 ASL, §§ 46 Abs. 2 und 52 ApSL). Anteilseigner können persönlich und gemeinsam mit einem Ratgeber teilnehmen oder sich vertreten lassen (§ 66 Abs. 1 ASL).

Aufsichtsrat und Vorstand sind verpflichtet, die Anteilseigner in der Hauptversammlung mit den gewünschten Informationen über die Gesellschaft zu versehen, es sei denn, der Aufsichtsrat stellte fest, daß dies der Gesellschaft schweren Schaden zufügen würde (§ 76 ASL, § 57 ApSL)[37]. Mitglieder börsennotierter Gesellschaften können bis 14 Tage vor der Hauptversammlung schriftliche Fragen einreichen (§ 76 Abs. 3 ASL). Satzungsänderungen bedürfen der Dreiviertelmehrheit sowohl der abgegebenen Stimmen als auch des in der Hauptversammlung anwesenden Anteilskapitals. Einige weitreichende Satzungsänderungen bedürfen sogar einer Mehrheit von neun Zehnteln, wie zum Beispiel die Änderung der Dividendenberechtigung oder der Stimmrechte, vgl. § 79 Abs. 2 ASL. Sollen die Verpflichtungen der Gesellschafter gegenüber der Gesellschaft erweitert werden, müssen gemäß § 79 Abs. 1 ASL alle betroffenen Anteilseigner zustimmen.

36 Es ist daher möglich, daß z. B. lediglich der Aufsichtsratsvorsitzende anwesend ist, dem sämtliche Anteilseigner Vollmacht erteilt haben. Zur ApS siehe unten III. 9. In jedem Falle müssen jedoch Niederschriften der Versammlung geführt werden (§ 75 Abs. 2 ASL). Die Anwesenheit eines Notars ist hingegen nicht erforderlich (im Gegensatz zu § 130 Abs. 1 AktG). Ebenfalls ist entgegen § 129 Abs. 1 AktG das Führen einer Teilnehmerliste nicht obligatorisch.

37 Der Aufsichtsrat kann die Information nach eigenem Ermessen verweigern; diese Entscheidung ist nicht justitiabel. Den Anteilseignern bleibt in einem solchen Fall lediglich, die Aufsichtsratsmitglieder gegebenenfalls abzuberufen.

4. *Aufsichtsrat*

Beide Gesellschaftstypen müssen gemäß § 49 Abs. 1 ASL, § 31 Abs. 1 ApSL einen Aufsichtsrat mit mindestens drei Mitgliedern haben[38]. Die Satzung kann das Recht zur Bestimmung von einzelnen Aufsichtsratsmitgliedern auf einzelne Mitglieder übertragen; die Mehrheit der Mitglieder des Aufsichtsrats muß jedoch durch die Hauptversammlung bestellt werden (§ 49 Abs. 2 ASL, § 32 Abs. 5 ApSL). Ist eine Ausnahmegenehmigung nicht erteilt, so müssen mindestens die Hälfte der Aufsichtsratsmitglieder und alle Mitglieder des Vorstands ihren Wohnsitz in Dänemark haben (§ 52 Abs. 2 ASL, § 34 Abs. 2 ApSL), Bürger von EU-Staaten sind jedoch von dieser Beschränkung ausgenommen. Ein Vorstandsmitglied kann gleichzeitig Mitglied des Aufsichtsrats derselben Gesellschaft sein; die Mehrheit des Aufsichtsrats muß jedoch aus Mitgliedern bestehen, die nicht gleichzeitig auch Vorstände der Gesellschaft sind (§ 51 Abs. 2 ASL und § 31 Abs. 4 ApSL für ApS mit einem Anteilskapital von mindestens 300.000 Dänischen Kronen). Der Aufsichtsrat muß einen Vorsitzenden wählen, vgl. § 56 Abs. 1 ASL, § 38 Abs. 1 ApSL[39], er gibt sich eine Verfahrensordnung (§ 56 Abs. 1 ASL), die in börsennotierten Gesellschaften den Anforderungen des § 56 Abs. 5 Nrn. 1 bis 10 ASL entsprechen muß. Die Pflichten des Aufsichtsrats sind in § 54 ASL beschrieben; zwei der wichtigsten sind jedoch die Bestellung und der Widerruf der Bestellung des Vorstands gemäß § 51 Abs. 1 ASL, § 31 Abs. 3 ApSL[40]. Der Aufsichtsrat bestimmt die Geschäftstätigkeit der Gesellschaft, gibt dem Vorstand Weisungen und überwacht dessen Geschäftsführung. Seit dem 1. August 1993 ist er zudem gehalten, fortlaufend darüber zu entscheiden, ob die Gesellschaft mit ausreichendem Kapital zur Führung ihrer Geschäfte versehen ist (§ 54 Abs. 3 ASL). Die Hauptversammlung einer GmbH schließlich kann bei dem Beschluß über die Dividende den Vorschlag des Aufsichtsrats nicht überschreiten (§ 112 Abs. 2 ASL).

38 Eine GmbH mit einem Stammkapital von weniger als 300.000 Dänischen Kronen muß keinen Aufsichtsrat haben; siehe unten III. 9. Die Zahl der Aufsichtsratsmitglieder ist, anders als in § 95 AktG, nicht von der Größe des Anteilskapitals abhängig.

39 Der Vorsitzende kann kein Vorstandsmitglied derselben Gesellschaft sein (§ 56 Abs. 1 ASL, § 38 ApSL). Der Aufsichtsratsvorsitzende von börsennotierten Gesellschaften darf keine weitere geschäftliche Tätigkeit verrichten, die nicht im Zusammenhang mit dieser Stellung steht, es sei denn, sie wird ihm durch den Aufsichtsrat besonders genehmigt (§ 51 Abs. 3 ASL).

40 Der Widerruf der Bestellung erfordert im Gegensatz zu § 84 Abs. 3 AktG keinen wichtigen Grund; er steht vielmehr im freien Ermessen des Aufsichtsrats.

5. *Vorstand*

Alle Gesellschaften müssen einen Vorstand mit einem bis drei Mitgliedern haben (§ 51 Abs. 1 ASL). § 54 Abs. 1 ASL bestimmt, daß Aufsichtsrat und Vorstand die Geschäfte der Gesellschaft überwachen. Zudem sind dort die Pflichten des Vorstands als Geschäftsführungsorgan beschrieben, das Beschlüsse des Aufsichtsrats umsetzt und für eine gesetzmäßige Buchführung sowie die ordnungsgemäße Verwaltung des Gesellschaftsvermögens einsteht (§ 54 Abs. 2 und 3 ASL).

6. *Aufsichtsrats- und Vorstandsmitglieder*

Die Mitglieder des Vorstands und des Aufsichtsrats repräsentieren und vertreten die Gesellschaft nach außen (§ 60 Abs. 1 und 2 ASL)[41], es sei denn, es handelt sich um besondere Geschäfte der Hauptversammlung. Im Gegensatz zu § 100 Abs. 2 AktG ist die zulässige Zahl der Aufsichtsrats- und Vorstandssitze des einzelnen nicht begrenzt, er muß jedoch vor seiner Wahl die Hauptversammlung über seine übrigen Posten in dänischen Kapitalgesellschaften, ausgenommen der in hundertprozentigen Tochtergesellschaften, aufklären (§ 49 Abs. 6 ASL). Den Mitgliedern des Aufsichtsrats und des Vorstands ist es gemäß § 53 Abs. 2 ASL untersagt, in Geschäften, die ihre Gesellschaft oder verbundene Unternehmen betreffen, zu spekulieren.

7. *Minderheitenrechte*

Alle Gesellschaftsanteile müssen mit gleichen Rechten ausgestattet sein (§ 17 ASL, § 13 ApSL). Anteile können jedoch in verschiedene Gattungen unterteilt werden, soweit die Satzung dies vorsieht. § 80 ASL und § 61 ApSL enthalten den Grundsatz des Minderheitenschutzes vor Schädigungen durch die Gesellschaftermehrheit, während § 63 ASL und § 44 ApSL hierzu korrespondierend das Verbot für Aufsichtsrats- und Vorstandsmitglieder vorsehen, bestimmte Gesellschaftergruppen zu bevorzugen. Jeder Anteilseigner kann hiergegen verstoßende Hauptversammlungsbeschlüsse anfechten (§ 81 Abs. 1 ASL, § 62 ApSL).

41 Die Satzung kann sowohl für Aufsichtsratsmitglieder als auch für Vorstandsmitglieder Gesamtvertretungsmacht vorsehen. Weitere Einschränkungen der Vertretungsmacht sind jedoch nicht möglich.

8. Die Haftung der Anteilseigner sowie der Aufsichtsrats- und Vorstandsmitglieder

Mitglieder des Aufsichtsrats und des Vorstands haften für Schäden der Gesellschaft oder Dritter, die Folge eines vorsätzlichen oder fahrlässigen Verhaltens sind, gemäß § 140 ASL, § 110 ApSL. Entsprechend einem allgemeinen dänischen Rechtsprinzip muß jede Person, die einen Schaden erlitten hat, beweisen, daß dieser die Folge eines Verhaltens eines oder mehrerer Mitglieder der Geschäftsführung ist. Im Gegensatz zu § 93 Abs. 2 AktG ist die gesamtschuldnerische Haftung aller Geschäftsführer unbekannt. Ist ein Anteilseigner nicht gleichzeitig Mitglied der Geschäftsführung, so haftet er lediglich für vorsätzliche oder grob fahrlässige Pflichtverletzungen (§ 142 ASL, § 112 ApSL). Ist er Mitglied der Geschäftsführung, so haftet er gemäß § 140 ASL. Die dänischen Gerichte mögen in der Vergangenheit im internationalen Vergleich eher zurückhaltend gewesen sein, Fälle einer Haftung der Geschäftsführer zu erkennen; die Zahl der insoweit anhängigen Verfahren nimmt jedoch zu[42].

9. Die Verfassung der ApS

Stimmen die Gesellschafter einer ApS zu, so können Hauptversammlungen ohne Einberufung und Beachtung der speziellen Verfahrensvorschriften abgehalten werden, vgl. § 46 Abs. 1 ApSL. Jedoch müssen sämtliche Beschlüsse in der Niederschrift festgehalten werden (§ 46 Abs. 1 Satz 3 ApSL). Einzelne Anteilseigner können dem Aufsichtsrat außerhalb der Hauptversammlung grundsätzlich keine Weisungen erteilen. Findet eine solche Hauptversammlung gemäß § 46 ApSL jedoch nicht statt, so können sämtliche Gesellschafter dem Aufsichtsrat auch solche Weisungen erteilen, die das Tagesgeschäft der Gesellschaft betreffen. Außerordentliche Hauptversammlungen können auf Ersuchen des Aufsichtsrats, des Abschlußprüfers oder mindestens eines Viertels des Anteilskapitals der Gesellschaft einberufen werden (§ 51 ApSL). In ApS können auch Anteile ohne Stimmrechte ausgegeben werden. Satzungsänderungen bedürfen einer Mehrheit von mindestens zwei Dritteln des Anteilskapitals, soweit die Satzung kein geringeres Mehrheitserfordernis vorsieht; § 59 Abs. 1 ApSL. Besonders schwerwiegende Satzungsänderungen im Sinne von § 60 ApSL können jedoch lediglich mit der Zustimmung aller Anteilseigner beschlossen werden. Für ApS, die ein Anteilskapital von weniger als 300.000 Dänischen Kronen haben und nicht mitbestimmungspflichtig sind, kann die Satzung vorsehen, daß kein Aufsichtsrat bestellt wird oder ein solcher mit weniger als drei Mitgliedern;

42 GOMARD & EBERLING, aaO (Fn. 2), Rdn. 277.

§ 31 Abs. 2 ApSL[43]. Ist kein Aufsichtsrat bestellt, so treffen seine Pflichten die Mitglieder der Geschäftsführung. Alle ApS müssen eine Geschäftsführung bestehend aus einem oder mehreren Mitgliedern haben. Fehlt der Aufsichtsrat, so wird die Geschäftsführung durch die Hauptversammlung bestellt; § 31 Abs. 1 und 3 ApSL:

ApS müssen innerhalb von sechs Monaten eine Hauptversammlung einberufen, sobald der Verlust der Gesellschaft die Höhe der Hälfte des Grundkapitals erreicht hat. Die Gesellschaft muß sodann entweder ihr Anteilskapital auf mindestens 200.000 Dänische Kronen erhöhen oder liquidiert werden (§ 85 a Abs. 1 ApSL). Soweit erforderlich, wird die Liquidation vom Gesellschaftsregister durchgeführt (§ 85 a Abs. 2 ApSL).

IV. Rechnungslegung und Prüfung

1. Jahresabschluß

Der Jahresabschluß ist im Gesetz über die Jahresrechnungslegung *(Årsregnskabsloven,* abgekürzt: „*ÅRL*") auf der Grundlage unter anderem der vierten und siebten EU-Richtlinie geregelt. Dieses Gesetz gilt nur für Kapitalgesellschaften[44]. Innerhalb von sieben Monaten nach Ende des Geschäftsjahres muß die Gesellschaft ihren Jahresabschluß dem Register übersenden (§ 62 ÅRL)[45]. Auch Zweigniederlassungen ausländischer Gesellschaften müssen geprüfte Jahresabschlüsse einreichen (§ 63 a Abs. 1 bis 4 ÅRL)[46]. Für jedes Geschäftsjahr

43 Hat eine solche Gesellschaft einen Aufsichtsrat, so kann auch die Mehrheit seiner Mitglieder gleichzeitig Geschäftsführer derselben Gesellschaft sein (§ 31 Abs. 2 ApSL).

44 In begrenztem Umfang gilt das auch für kommerzielle Stiftungen (§ 28 EFL), nicht aber für Personengesellschaften. Börsennotierte Gesellschaften müssen zusätzlich zu den Jahresabschlüssen Halbjahresberichte veröffentlichen (§ 22 Abs. 2 Verordnung über die Zulassung zur Börse, entsprechend der EU-Richtlinie 82/121/EEC). Das ÅRL unterscheidet nicht zwischen den beiden Typen von Kapitalgesellschaften, wohl aber zwischen Kapitalgesellschaften verschiedener Größe. Die §§ 25, 49 und 55 ÅRL enthalten Regelungen für kleine und mittlere Gesellschaften. Zum Konzernabschluß vgl. unten VI. 3.

45 Gesellschaften anderer EU-Mitgliedstaaten können unter bestimmten Voraussetzungen stattdessen den Konzernabschluß der Muttergesellschaft einreichen (§ 63 b ÅRL, entsprechend Art. 57 der 4. EU-Richtlinie); diese Möglichkeit ist dänischen Gesellschaften jedoch verwehrt.

46 Diese Abschlüsse müssen etwaige Konzernabschlüsse beinhalten, dürfen entsprechend den Regeln des Heimatlands der Gesellschaft erstellt werden und werden in gleicher Weise publik gemacht wie die Abschlüsse dänischer Gesellschaften.

haben Aufsichtsrat und Vorstand der Gesellschaft einen Jahresabschluß vorzulegen[47], der aus der Bilanz, der Gewinn- und Verlustrechnung sowie bestimmten Erläuterungen besteht. Zusätzlich ist ein Jahresbericht zu erstellen, der den Jahresabschluß ergänzt (§ 2 ÅRL). Er muß unter anderem die Erwartungen des Aufsichtsrats und des Vorstands für die Entwicklung der Gesellschaft sowie bedeutungsvolle Geschehnisse enthalten, die sich während des vergangenen Geschäftsjahres ereignet haben (§ 56 ÅRL).

Abgesehen von den Fällen der Liquidation und der Kapitalherabsetzung darf eine dänische Kapitalgesellschaft ihr Vermögen nur im Wege der Dividendenzahlung an ihre Anteilseigner verteilen. Die Dividendenzahlung ist durch die Hauptversammlung auf der Grundlage des letzten geprüften Jahresabschlusses zu beschließen (§ 109 ASL, § 79 ApSL). Die Vorlage des Jahresabschlusses zur Feststellung durch die Hauptversammlung ist im Gegensatz zu § 172 AktG obligatorisch (§ 69 Abs. 2 ASL, § 50 Abs. 2 ApSL). Ebenso müssen alle Jahresabschlüsse verbundener Unternehmen der Hauptversammlung der Muttergesellschaft vorgelegt, dort allerdings nicht festgestellt werden. Jahresbericht oder Gewinn- und Verlustrechnung müssen einen Vorschlag des Aufsichtsrats zur Höhe der Dividendenausschüttung enthalten (§ 56 Abs. 4 ÅRL). Die Hauptversammlung der AS kann sodann eine niedrigere, jedoch keine höhere Dividendenausschüttung beschließen (§ 112 ASL); entsprechende Regelungen für die ApS fehlen. Lediglich die AS muß Vermögen in die Kapitalrücklagen stellen, wenn die finanzielle Situation der Gesellschaft oder die Satzung dies fordert, vgl. § 111 ASL im Gegensatz zu § 150 AktG.

Die Abschlüsse sind entsprechend den Regeln des ÅRL und der Rechnungslegungsverordnung zu erstellen. Sowohl die Bilanz als auch die Gewinn- und Verlustrechnung können in Konto- oder Staffelform erstellt werden (§ 5 ÅRL). In jedem Fall muß der Jahresabschluß dem Prinzip des *true and fair view* hinsichtlich des Gesellschaftsvermögens, der Gewinne und der finanziellen Situation der Gesellschaft entsprechen (§ 2 ÅRL). § 26 ÅRL enthält generelle Bewertungsregeln, die bei der Aufstellung des Abschlusses anzuwenden sind. Unter anderem ist nach *going concern*-Grundsätzen zu bewerten, ebenso sind das Vorsichtsprinzip und der Grundsatz der Bilanzkontinuität zu beachten. Die Grundregeln des § 26 ÅRL sind in den §§ 27 bis 40 ÅRL näher beschrieben.

47 Das Geschäftsjahr muß sich aus der Satzung ergeben; § 4 Abs. 1 Nr. 10 ASL. Es kann bei der Gesellschaftsgründung frei bestimmt werden. Das erste Geschäftsjahr nach der Gründung kann kürzer oder länger als zwölf Monate sein, längstens jedoch 18 Monate. Ein späterer Wechsel ist nur unter bestimmten Umständen zulässig. Verbundene Unternehmen müssen übereinstimmende Geschäftsjahre haben; § 3 Abs. 1 und 2 ÅRL.

2. *Abschlußprüfung*

Die Hauptversammlung ist gehalten, einen oder mehrere unabhängige Abschlußprüfer zu wählen, von denen zumindest einer seinen Sitz in Dänemark oder einem anderen EU-Mitgliedstaat haben muß (§§ 61 a Abs. 1, 61 b Abs. 1 ÅRL)[48]. Die Abschlußprüfung ist für alle Gesellschaften ohne Ansehen ihrer Größe zwingend und findet nach der Vorbereitung der Jahresabschlüsse durch Vorstand und Aufsichtsrat und vor der Vorlage an die Hauptversammlung statt. Börsennotierte Gesellschaften müssen zumindest zwei Abschlußprüfer haben, von denen jedenfalls einer öffentlich bestellt sein muß. Die Prüfung findet entsprechend den öffentlich anerkannten Prüfungsregeln statt (§ 61 g Abs. 1 ÅRL) und endet mit der schriftlichen Bestätigung des Prüfers, daß er den Jahresabschluß geprüft hat und dieser den Anforderungen des ÅRL genügt (§ 61 i ÅRL)[49]. Die Abschlußprüfer haften dabei für vorsätzliche und fahrlässige Pflichtverletzungen gemäß § 141 Abs. 1 ASL, § 111 Abs. 1 ApSL. Auf Antrag von mindestens 25 % des Anteilskapitals ist eine Sonderprüfung durchzuführen (§ 95 ASL, § 76 ApSL).

V. *Steuerrecht*

AS und ApS sind entsprechend den allgemeinen dänischen Steuergesetzen mit ihrem gesamten Einkommen steuerpflichtig[50]. Die Steuerpflicht wird entsprechend dem Jahresabschluß festgesetzt, unter anderem beeinflußt durch Abschreibungen und Abwertungen[51]. Die Steuerrate für Kapitalgesellschaften ist 1991 auf 38 % herabgesetzt worden. Gesellschaften, deren erstes Geschäftsjahr nach dem 28. Januar 1992 begonnen hat, müssen Abschlagszahlungen in Höhe von 34 % erbringen. Diese Abschlagszahlungen sind halbjährlich auf der Grundlage des durchschnittlichen steuerbaren Einkommens der letzten drei Jahre fällig. Dividenden, die eine Kapitalgesellschaft erhält, steigern ihr steuerbares Einkommen, soweit sie weniger als 25 % des Anteilskapitals der ausschüt-

48 Der Abschlußprüfer kann an der Hauptversammlung teilnehmen; zwingend ist dies jedoch lediglich in börsennotierten Gesellschaften oder auf Ersuchen eines Mitglieds des Vorstands oder des Aufsichtsrats oder eines Anteilseigners (§ 61 k Abs. 1 und 2 ÅRL).

49 Anders als in § 322 HGB ist in Dänemark kein bestimmter Wortlaut vorgeschrieben.

50 Doppelbesteuerungen ausländischen Einkommens können durch das jeweilige Doppelbesteuerungsabkommen zwischen Dänemark und dem betreffenden Ausland modifiziert werden.

51 Verluste können auf einen Zeitraum von fünf aufeinanderfolgenden Geschäftsjahren vorgetragen, nicht jedoch rückwirkend angesetzt werden.

tenden Gesellschaft hält; andernfalls sind sie steuerfrei. Dasselbe gilt für Kapitalgesellschaften, die Dividenden von ausländischen Gesellschaften erhalten und an diesen zu mindestens 25 % beteiligt sind, vorausgesetzt, die dänischen Steuerbehörden bewerten das Steuersystem des betreffenden Auslands als dem dänischen entsprechend. Auf Dividenden dänischer Gesellschaften werden dreißig Prozent Quellensteuer erhoben, es sei denn, der Empfänger ist eine Kapitalgesellschaft eines EU-Mitgliedstaates und hält zumindest 25 % des Anteilskapitals der ausschüttenden Gesellschaft.

VI. Verbundene Unternehmen

1. Definition des Unternehmensverbunds

Im dänischen Recht gibt es nur sehr wenige Regelungen, die verbundene Unternehmen betreffen. Jede Gesellschaft wird als rechtliche Einheit behandelt und die grundlegenden Probleme verbundener Unternehmen werden mit Hilfe der Regelungen der Gesellschaftsgesetze gelöst, als wäre jede Gesellschaft eines Verbunds eine selbständige Einheit. Jede Tochtergesellschaft ist daher ausschließlich entsprechend den eigenen Interessen zu führen, Geschäfte zwischen Ober- und Tochtergesellschaft haben dem *arm's length*-Prinzip zu entsprechen[52]. Bis zu einem gewissen Grad mag es jedoch auch im Interesse der Tochtergesellschaft sein, den Interessen des Verbunds nachzukommen, zu dem sie gehört; dies gilt um so mehr für Tochtergesellschaften im Alleinbesitz. Minderheiten in der Tochtergesellschaft sind durch die Grundregel des § 80 ASL vor Schädigungen durch die Muttergesellschaft geschützt.

Eine Definition des Unternehmensverbunds, die in Anpassung an die Beschreibung im ÅRL 1991 geändert wurde (siehe unten VI. 2), findet sich in den §§ 2 ASL, ApSL. Sie stellt auf den Gesichtspunkt der Kontrolle ab. Danach ist eine Kapitalgesellschaft Muttergesellschaft, sofern sie die Stimmenmehrheit in einer AS oder ApS hält oder die Stimmenmehrheit zu ihrer Verfügung steht. Dabei sind Stimmrechte von Schwestergesellschaften der Muttergesellschaft zuzurechnen (§§ 2 Abs. 4 ASL, ApSL), während solche der betroffenen Gesellschaft selbst und deren Töchter außer Addition bleiben (§§ 2 Abs. 5 ASL, ApSL). Eine Kapitalgesellschaft ist jedoch auch dann Obergesellschaft, wenn sie Anteile an der Tochter hält und ihr das Recht zusteht, die Mehrheit der Aufsichtsratsmitglieder zu bestellen oder zu entlassen; dasselbe gilt für die Möglichkeit entscheidender Einflußnahme. Verbundene Unternehmen können jedoch nur AS und ApS sein, deren Verhältnisse zueinander in einigen Regelungen der

52 Vereinbarungen zwischen der Mutter und der 100%igen Tochter sind schriftlich zu treffen (§ 63 Abs. 2 ASL, § 44 Abs. 2 ApSL).

Gesellschaftsgesetze behandelt werden. Dies sind unter anderem die Vorschriften zum Erwerb eigener Anteile, die auch für Anteile von Tochtergesellschaften gelten (§ 48 ASL), und zum Auskunftsrecht, das sich auch auf verbundene Unternehmen erstreckt, vgl. § 76 ASL, § 57 ApSL.

Hält eine Obergesellschaft zumindest neunzig Prozent des Anteilskapitals der Tochter verbunden mit mindestens neunzig Prozent der Stimmrechte, können sowohl die Muttergesellschaft als auch die Minderheitsgesellschafter den Erwerb der restlichen Anteile gegen angemessene Abfindung verlangen (§ 20 d ASL, § 14 d ApSL)[53]. Der Aufsichtsrat der Mutter muß denjenigen der Tochter über das Entstehen eines Verbunds informieren (§ 55 ASL). Zudem ist der Aufsichtsrat der Tochtergesellschaft über die Angelegenheiten des Verbunds und über Entscheidungen die Tochtergesellschaft betreffend zu informieren, nicht jedoch zu konsultieren (§ 55 a ASL). Bei der Festsetzung der Dividendenausschüttung ist die Muttergesellschaft gehalten, die finanzielle Situation des gesamten Verbunds zu beachten (§ 110 Abs. 2 ASL, § 80 Abs. 2 ApSL). Schließlich geben die Vorschriften zur Mitbestimmung den Arbeitnehmern eines Verbunds das Recht, Vertreter in den Aufsichtsrat der Muttergesellschaft zu wählen, soweit diese die Stimmenmehrheit in der Tochter hält, und beide Gesellschaften in Dänemark registriert sind (§ 49 Abs. 3 ASL, § 32 Abs. 2 ApSL).

2. *Haftung der Muttergesellschaft für die Schulden der Tochter*

Auch im dänischen Gesellschaftsrecht ist das Trennungsprinzip gemäß §§ 1 Abs. 3 und 12 ASL, §§ 1 Abs. 3 und 8 ApSL der tragende Grundsatz auch des Rechts verbundener Unternehmen. Danach ist die Muttergesellschaft grundsätzlich für die Schulden der Tochter nicht verantwortlich, es sei denn, mit den Geschäftspartnern der Tochtergesellschaft ist etwas anderes vereinbart[54]. Unter bestimmten Voraussetzungen jedoch können Ober- und Tochtergesellschaft als Einheit zu behandeln sein; dies gilt zum Beispiel in Fällen der sogenannten Sphärenmischung. Demgegenüber hat der Haftungsdurchgriff in Dänemark bis-

53 Diese Regeln waren bis zum 1. August 1993 nur anwendbar, wenn der Mehrheitsgesellschafter eine Konzernobergesellschaft war, sie gelten indes seither für alle Mehrheitsgesellschafter, die neunzig Prozent des Anteilskapitals und der Stimmrechte halten.

54 In bestimmten Situationen macht das Gesetz den einzelnen Anteilseigner in beschränktem Umfang haftbar. So müssen unzulässige Dividenden rückerstattet werden (§ 113 ASL), Vermögensgegenstände, die der Anteilseigner in der Krise der Gesellschaft erhalten hat, können nach dem Insolvenzgesetz zurückzuübertragen sein. Schließlich kann sich eine Haftung auch aus der Verletzung der Pflichten des Anteilseigners ergeben (§ 142 ASL).

her nur sehr geringe Bedeutung gewonnen, die Wissenschaft hält ihn jedoch unter bestimmten strengen Voraussetzungen für möglich[55].

3. *Konzernabschluß und Besteuerung*

§ 1 ÅRL enthält Definitionen dänischer Rechtstermini. Unter diesen findet sich auch die Beschreibung des Unternehmensverbunds im Hinblick auf Rechnungslegungsfragen. Sie stimmt grundsätzlich mit denjenigen in den §§ 2 ASL, ApSL überein, schließt jedoch zusätzlich Unternehmen ein, die nicht in der Rechtsform der AS oder ApS geführt werden. Zudem definiert § 1 Abs. 2 Nr. 5 ÅRL ein verbundenes Unternehmen als ein solches, das zwar nicht Tochtergesellschaft ist, in dem aber eine andere Gesellschaft zumindest zwanzig Prozent der Stimmrechte hält und entscheidenden Einfluß hat, entsprechend Art. 33 der 7. EU-Richtlinie[56]. Aufsichtsrat und Vorstand einer Kapitalgesellschaft mit einer oder mehreren Tochtergesellschaften müssen zusätzlich zum Jahresabschluß der Obergesellschaft einen konsolidierten Konzernabschluß erstellen (§ 2 Abs. 1 ÅRL)[57]. Unter bestimmten Voraussetzungen kann ein Unternehmen jedoch aus der konsolidierten Konzernbilanz ausgenommen werden (§ 2 b ÅRL). Der Jahresbericht der Muttergesellschaft muß zudem einen Konzernbericht enthalten (§ 56 ÅRL)[58]. Eine dänische Obergesellschaft kann, selbst wenn sie wiederum im Alleinbesitz einer ausländischen Gesellschaft steht, eine gemeinsame steuerliche Veranlagung mit allen 100%igen Tochtergesellschaften beantragen (§ 31 SEL)[59]. Bis auf die gemeinsame Besteuerung bleiben die verbundenen Unternehmen jedoch rechtlich selbständig; doch können zum Beispiel die Verluste der einen Gesellschaft gegen die Gewinne der anderen abgesetzt werden.

55 Vgl. GOMARD & EBERLING, aaO (Fn. 2), S. 211 f und WERLAUFF, Selskabsmasken, S. 513 f.

56 Der Terminus „verbundenes Unternehmen" wird in den Gesellschaftsgesetzen nicht benutzt. Anteile an solchen Unternehmen sind in der Bilanz, Zahlungen von solchen Unternehmen in der Gewinn- und Verlustrechnung aufzuführen.

57 Bestimmte Gesellschaften, die nicht an einer europäischen Börse notiert sind, sind von der Pflicht, einen Konzernabschluß zu erstellen, ausgenommen. Dies ist zum Beispiel der Fall, wenn die Gesellschaft selbst wiederum eine Tochtergesellschaft ist, oder wenn die Gesellschaft und alle ihre Tochtergesellschaften in einem konsolidierten Konzernabschluß einer Muttergesellschaft in einem anderen EU-Mitgliedsland behandelt werden (§ 2 a ÅRL).

58 Der Abschlußbericht börsennotierter Gesellschaften muß eine Liste derjenigen Mandate enthalten, die die Mitglieder des Aufsichtsrats und des Vorstands der Muttergesellschaft in Aufsichtsräten oder Vorständen anderer dänischer Aktiengesellschaften oder 100%iger Töchter innehaben (§ 56 Abs. 3 Nr. 2 ÅRL).

59 Die Tochtergesellschaften können dabei dänisch und, unter bestimmten Voraussetzungen, ausländisch sein; die ausländischen müssen dann jedoch nach dänischem Recht besteuert werden (§ 31 Abs. 1 Satz 4 SEL).

Anhang

I. Abkürzungen

ÅRL	Årsregnskabsloven (Gesetz über die Jahresrechnungslegung)
AS	Aktieselskaber (Aktiengesellschaft)
ASL	Aktieselskabloven (Aktiengesetz)
ApS	Anpartsselskaber (GmbH)
ApSL	Anpartsselskabsloven (GmbH-Gesetz)
EFL	Gesetz über Wirtschaftliche Stiftungen

II. Literaturverzeichnis

ALSTED & HANSEN, EG-Handbuch für Gesellschaftsrecht – Dänemark (Hrsg.: Gerhard Holoch), 1993

CHRISTENSEN, Contested Takeovers in Danish Law, 1991

GOMARD, Aktieselskaber og anpartsselskaber, 2. Auflage, Kopenhagen 1992

DERS., Das dänische Gesetz über Aktiengesellschaften, 3. Auflage, Baden-Baden 1991

GOMARD & EBERLING, Corporations and Partnerships – Suppl. 5 – Denmark, 1993

HØRLYCK, Interessentskaber og konsortier, 1989

MUNK, KRISTENSEN & NØRGAARD, Selskabsformerne – en laerebog i selskabsret, 1992 (abgekürzt: Selskabsformerne)

WERLAUFF, Selskabsmasken, 1991

III. Adressenverzeichnis

Das dänische Handelsregister hat folgende Anschrift:

Erhvervs & Selskabsstyrelsen
Kampmannsgade 1
DK-1604 København V

Die Gründung einer Tochtergesellschaft in Frankreich*

von

Professor DR. DOMINIQUE SCHMIDT, avocat, Straßburg/Paris und
PHILIPPE GRAMLING, avocat, Straßburg

Inhaltsübersicht

* Der Beitrag wurde von Frau Rechtsanwältin BARBARA BRENNER, Bonn, aus dem Französischen übersetzt.

A. Einleitung

Die Tochtergesellschaft wird gemäß Art. 354 des Gesetzes vom 24. Juli 1966 wie folgt definiert:

> „Sobald eine Gesellschaft mehr als die Hälfte des Kapitals einer anderen Gesellschaft hält, ist die zweite ... als Tochtergesellschaft der ersten anzusehen“[1].

Die folgende Abhandlung wird sich deshalb auf die Errichtung einer Tochtergesellschaft in Frankreich durch eine ausländische Gesellschaft beschränken, die einen Anteil von mehr als 50 % des Kapitals der Tochtergesellschaft hält, ggf. sogar das gesamte Kapital. Keine Berücksichtigung werden daher finden die Errichtung einer Niederlassung *(Etablissement stable)*, eines Joint Venture, einer wirtschaftlichen Interessenvereinigung (*Groupement d'intérêt économique* – GIE) bzw. einer EWIV (*Groupement européen d'intérêt économique* – GEIE)[2] oder die Investment-Gesellschaften *(sociétés faisant appel public à l'épargne)*[3], die sich mit der Aufbringung von Kapital über den Kapitalmarkt befassen.

1 »Lorsqu'une société possède plus de la moitié du capital d'une autre société, la seconde est considérée, ... comme filiale de la première«.

2 Siehe dazu P. GRAMLING/D. CLEVER, Die EWIV in Frankreich, in: Die EWIV, Pöschel-Verlag, Stuttgart 1991.

3 Die letztere Gesellschaftsform wird für eine Tochtergesellschaft stricto sensu ohnehin nur selten in Betracht kommen.

Eine Tochtergesellschaft wird meistens die Form einer Handelsgesellschaft haben. Als solche kommen nach dem französischen Recht folgende Gesellschaftsformen in Betracht: die oHG *(Société en nom collectif)*, die KG *(Société en commandite simple)*, die KGaA *(Société en commandite par actions)*, die GmbH (*Société à responsabilité limitée*, SARL), und die Aktiengesellschaft (*Société anonyme*, S.A.).

Der folgende Beitrag wird sich ausschließlich mit der SARL und der S.A. befassen, da ca. 90 % der Handelsgesellschaften in Frankreich in diesen beiden Rechtsformen geführt werden. Auch für die Gründung einer Tochtergesellschaft in Frankreich wird daher in der überwiegenden Mehrzahl der Fälle eine dieser Rechtsformen in Betracht kommen.

B. Die Wahl der Gesellschaftsform

Die Entscheidung, welche der beiden Gesellschaftsformen (SARL oder S.A.) für die Tochtergesellschaft gewählt werden soll, wird üblicherweise auf Grund des Unternehmenszwecks und der Kapitalausstattung getroffen. Dabei wird die SARL in der Hauptsache für Unternehmen kleineren Umfangs oder für Familienunternehmen gewählt, die in Form einer Kapitalgesellschaft geführt werden sollen. Für mittlere und größere Unternehmen bietet sich dagegen die S.A. an, und zwar insbesondere dann, wenn die Finanzierung des Unternehmens über den Kapitalmarkt erfolgen soll.

Für ausländische Muttergesellschaften, die in Frankreich eine Tochtergesellschaft gründen wollen, kommt darüber hinaus die innere Organisation der Gesellschaft als Auswahlkriterium hinzu. Die SARL unterscheidet sich von der S.A. nämlich in der Hauptsache durch eine erheblich einfachere Struktur und erheblich gelockertere Formvorschriften im Vergleich zur S.A.. Sofern also die Tochtergesellschaft in Frankreich einen nur unwesentlichen Aufwand an Personal oder Betriebsmitteln benötigt, empfiehlt sich die Wahl der SARL bzw. der EURL (*SARL à un seul associé*, Einmann-GmbH). Anderenfalls wird die Gründung einer S.A. nötig sein, die entweder mit einem Verwaltungsrat *(Conseil d'Administration)* oder mit einem Vorstand *(Directoire)* und einem Aufsichtsrat *(Conseil de Surveillance)* auszustatten ist.

C. Die Regelung ausländischer Investitionen in Frankreich

Die ausländischen Investitionen werden in Frankreich einschlägig geregelt durch das Dekret Nr. 89-938 vom 29. Dezember 1989 (Dekret zur Regelung der finanziellen Beziehungen mit dem Ausland), geändert durch die Dekrete

Nr. 90-58 vom 15. Januar 1990 und Nr. 92-134 vom 11. Februar 1992[4]. Diese Vorschriften sind schon deshalb auf die Gründung einer Tochtergesellschaft in Frankreich anzuwenden, weil durch deren Gründung ein Geschäftsvermögen in Frankreich geschaffen wird[5].

Auf die Auslandsinvestitionen sind unterschiedliche Regelungen anwendbar, je nachdem, ob es sich um Investitionen aus dem EG-Bereich oder von außerhalb des EG-Bereichs handelt. Im folgenden werden lediglich Investitionen aus dem EG-Bereich behandelt. Als solche werden behandelt Investitionen „von natürlichen Personen, die ihren ständigen Aufenthalt in einem EG-Mitgliedstaat haben, oder von juristischen Personen, die direkt oder indirekt von einer oder mehreren in einem EG-Mitgliedstaat beheimateten Personen oder einer öffentlichen Körperschaft mit Sitz in einem dieser Staaten kontrolliert wird“[6]. Der Begriff der direkten oder indirekten Kontrolle im Sinne dieser Vorschrift ist von Art. 3.4.1 des Erlasses vom 15. Januar 1990 wie folgt präzisiert worden:

„Eine Kontrolle im Sinne dieser Vorschrift liegt vor:

a) wenn die Aktionäre oder Gesellschafter als Investoren aus den EG-Mitgliedstaaten insgesamt mehr als 50 % des Kapitals und die Mehrheit der Stimmrechte der betroffenen Gesellschaften halten; diese Gesellschaft ist wiederum selbst als EG-Investor anzusehen, sofern nicht einer der Aktionäre oder Gesellschafter (oder mehrere im Zusammenwirken) ohne EG-Status eine der unten c) genannten Bedingungen erfüllt und keiner der innerhalb der EG ansässigen Aktionäre oder Gesellschafter (oder mehrere im Zusammenwirken) eine dieser Bedingungen erfüllt;

b) für den Fall, daß Aktionäre oder Gesellschafter, die den Status von EG-Investoren haben, insgesamt weniger als 50 % des Kapitals und nicht die Mehrheit der Stimmrechte in der Gesellschaft halten, ist diese Gesellschaft als Nicht-EG-Investor anzusehen, es sei denn, daß einer der Aktionäre oder Gesellschafter (oder mehrere im Zusammenwirken), der die Eigenschaft eines EG-Investors hat, nachweisen kann, daß er eine der unter c) genannten Bedingungen erfüllt und einer der Aktionäre oder Gesellschafter (oder mehrere im Zusammenwirken), der keinen EG-Status hat, keine von diesen Bedingungen erfüllt;

c) Die oben unter a) und b) aufgestellte Vermutung ist unter folgenden Bedingungen nicht anzuwenden:

– wenn einer der Aktionäre oder Gesellschafter (oder mehrere im Zusammenwirken) das Recht hat, die Mehrheit der Mitglieder der Verwaltungs-, Direktions- und Aufsichtsorgane des Unternehmens zu ernennen und abzuberufen, auch wenn diese ausschließlich dadurch ernannt worden sind, daß dieser lediglich seine Stimmrechte ausgeübt hat;

– wenn einer der Aktionäre oder Gesellschafter (oder mehrere im Zusammenwirken) durch seine Stimmrechtsmehrheit die Entscheidungen der Hauptversammlung maßgeblich beeinflußt;

– wenn einer der Aktionäre oder Gesellschafter (oder mehrere im Zusammenwirken) eine bedingungslose Option auf alle oder einen Teil der Aktien oder verbleibende Anteile

4 Vgl. zu diesen Vorschriften auch den Erlaß vom 15. Januar 1990.

5 Vgl. Art. 1 Nr. 5 des Dekrets Nr. 89-938.

6 »...par des personnes physiques ayant leur résidence habituelle dans un autre Etat membre de la CEE ou par une personne morale sous contrôle direct ou indirect de personnes physiques résidant dans un autre Etat membre ou une collectivité publique située dans un de ces Etats«; vgl. Art. 11 des Dekrets Nr. 89–938.

hält, die ihn im Ausübensfalle in die Lage versetzt, eine mehrheitliche Beteiligung oder das Recht zu erwerben, die Mehrzahl der Mitglieder der Verwaltungs-, Direktions- oder Aufsichtsorgane zu ernennen oder abzuberufen;

– wenn einer der Aktionäre oder Gesellschafter (oder mehrere im Zusammenwirken) die Gesellschaft tatsächlich beherrscht oder auf sie einen beherrschenden Einfluß ausübt, sei es aufgrund einer vertraglichen Vereinbarung oder aufgrund der Statuten, sei es, daß er aufgrund von Finanzierungsmitteln (Darlehen, Bürgschaften oder sonstigen Sicherheiten) zum Ausdruck gebracht hat, daß er faktisch deshalb die finanzielle Verantwortung für die Gesellschaft übernommen hat, weil die Kündigung dieser Darlehen und Sicherheiten das Unternehmen außerstande setzen würde, seine Aktivitäten weiter zu verfolgen".

Die Gründung einer Tochtergesellschaft durch einen EG-Investor ist grundsätzlich frei; eine Anmeldepflicht hierfür gibt es nur in den Fällen des Art. 11 des Dekrets vom 29. Dezember 1989, und zwar:

– sofern sie ihre Aktivitäten – wenn auch nur vorübergehend – auf einem Gebiet entfaltet, das der öffentlichen Gewalt unterliegt;

– sofern durch ihre Geschäftstätigkeit die öffentliche Ordnung, das Gesundheitswesen oder die öffentliche Sicherheit in Frage gestellt werden, insbesondere, sofern die Gesellschaft die Produktion oder den Handel mit Waffen, Munition oder anderem Kriegsmaterial zum Gegenstand hat;

– sofern mit der Verfolgung des Geschäftszwecks die Verletzung von französischen Gesetzen und Verordnungen verbunden ist.

In diesen Fällen ist die Anmeldung der Investition an die Direktion der Finanzverwaltung (Direction du Trésor) zu richten[7]. Gemäß Art. 12 des Dekretes vom 29. Dezember 1989 wird die Genehmigung der Investition innerhalb eines Monats nach Eingang der Anmeldung erteilt, sofern nicht das Ministerium innerhalb dieser Frist den Aufschub des Vorhabens verfügt.

D. Die Gründung von S.A. und von SARL

I. Allgemeines

1. Die Rechtspersönlichkeit juristischer Personen

Die juristische Person erhält ihre Rechtspersönlichkeit durch Eintragung in das Handels- und Gesellschaftsregister gem. Art. 5 Abs. 1 des Gesetzes über die Handelsgesellschaften. Bis dahin ist die Gesellschaft nicht rechtsfähig und auch nicht parteifähig[8]. Die Beziehungen der Gesellschafter untereinander hängen derweil vom Gesellschaftsvertrag ab und werden ansonsten bestimmt durch die

7 Die Adresse findet sich im Anhang zu diesem Beitrag.

8 Cass. Civ. II vom 15. Januar 1992, Bull. II, S. 7 Nr. 13.

allgemeinen gesetzlichen Bestimmungen über Schuldverträge (Art. 1842 Abs. 2 Code Civil). Kommt die Gesellschaft nicht zur Eintragung, so hat die Gesellschaft niemals Rechtspersönlichkeit erworben. Daraus folgt, daß für Verbindlichkeiten, die von Gesellschaftern in der Vorgründungsphase eingegangen wurden, die Gesellschafter gesamtschuldnerisch haften, da die Gesellschaft selbst niemals wirksam verpflichtet werden konnte. Entsprechend lautet Art. 5 Abs. 2 des Gesetzes über die Handelsgesellschaften:

„Diejenigen Personen, die im Namen einer Gesellschaft in Gründung gehandelt haben, bevor diese eine eigene Rechtspersönlichkeit erlangt hat, haften gesamtschuldnerisch und unbegrenzt für die so eingegangenen Verpflichtungen ...“[9].

Dieser Haftung unterliegen nicht nur die Handelnden selbst, sondern auch diejenigen Gesellschafter, die dazu Auftrag und Vollmacht erteilt haben[10].

2. *Die Aufnahme von Handlungen in der Vorgründungsphase*

Rechtshandlungen, die für Rechnung der Gesellschaft in Gründung vorgenommen wurden, können nach der Eintragung der Gesellschaft ins Handels- und Gesellschaftsregister von der Gesellschaft übernommen werden. Dies kann ausdrücklich geschehen, und zwar gemäß Art. 1843 Code Civil durch Beschluß der Gesellschafter der SARL oder der Hauptversammlung der S.A.; die Rechtshandlungen können aber auch von Gesetzes wegen nach Eintragung ins Handels- und Gesellschaftsregister Wirksamkeit für und gegen die Gesellschaft entfalten, und zwar gemäß Artt. 26 und 74 des Ausführungsdekrets zum Gesetz über die Handelsgesellschaften dann, wenn die Rechtshandlungen entweder im Anhang zu den Statuten der Gesellschaft aufgeführt oder aufgrund einer Ermächtigung vorgenommen wurden, die die Gesellschafter bereits in den Statuten oder in einer separaten Urkunde festgelegt haben.

In allen drei Fällen gelten die Rechtshandlungen als von Anfang an wirksam für und gegen die Gesellschaft selbst.

3. *Die Einlagen*

Zur Aufbringung des Gesellschaftskapitals hat jeder Gesellschafter eine Einlage zu leisten. Diese kann aus Barmitteln, aus Sachleistungen oder aus Dienst-

9 »Les personnes qui ont agi au nom d'une société en formation avant qu'elle ait acquis la jouissance de la personnalité morale sont tenues solidairement et indéfiniment des actes ainsi accomplis ...«.

10 Cass. Com. vom 14. Januar 1992, Bull. IV, S. 18 Nr. 20.

leistungen bestehen; letztere sind allerdings im Falle der SARL und der S.A. nicht erlaubt (vgl. Artt. 38 bzw. 75 des Gesetzes über die Handelsgesellschaften).

Die Bareinlagen sind zwingend auf ein Konto, lautend auf die Gesellschaft in Gründung, einzuzahlen, das bei einer beliebigen Bank, bei der Caisse des Dépôts et Consignations oder bei einem Notar eröffnet werden kann (Artt. 22 und 62 des Ausführungsdekrets zum Gesetz über die Handelsgesellschaften); üblicherweise wird aber ein Bankkonto gewählt.

Die Sacheinlagen bestehen in der Regel aus beweglichem Vermögen wie z. B. Forderungen, Vermieterrechten, Patenten, Lizenzen etc. oder aus Immobilien. Der Wert der Sacheinlagen muß von den Gesellschaftern bestätigt werden. Dabei haben sie zwingend den Bericht eines Einlagenprüfers *(commissaire aux apports)* zugrunde zu legen (Artt. 40 und 80 des Ausführungsgesetzes zum Gesetz über die Handelsgesellschaften); im Falle der SARL gilt dies nur mit Ausnahme von Sacheinlagen, deren Wert unter FF 50.000,– liegt.

Die Einlagen müssen bei Unterzeichnung der Statuten eingebracht sein.

4. *Die Statuten*

Durch die Unterzeichnung der Statuten gründen die zukünftigen Gesellschafter die Gesellschaft im materiellen Sinne. Sie können sich dabei gem. Artt. 37 und 87 des Gesetzes über die Handelsgesellschaften vertreten lassen. Die Statuten können in Form einer Privaturkunde oder durch notarielle Urkunde errichtet werden; letztere ist allerdings notwendig für den Fall, daß als Einlage eine Immobilie oder ein Mietvertrag mit einer Laufzeit von mehr als 12 Jahren eingebracht wird.

Von den Statuten sind vier Originale anzufertigen.

a) *Inhalt der Statuten bei S.A. und SARL*

Gemäß Art. 22 des Gesetzes vom 24. Juli 1966[11] müssen die Statuten Bestimmungen zu folgenden Punkten enthalten:

– die Form der Gesellschaft;

– die vorgesehene Lebensdauer, die 99 Jahre nicht überschreiten darf (Art. 2 des Gesetzes über die Handelsgesellschaften);

– die Firma; diese kann – mit Rücksicht allerdings auf Rechte Dritter – frei gewählt werden; so kann auf die Tätigkeit des Unternehmens Bezug genommen

11 Vgl. Anhang I (Gesetzesverzeichnis).

werden, ferner können die Namen eines oder mehrerer Gesellschafter aufgenommen werden, es kann sich aber auch um einen reinen Phantasienamen handeln;
die Firma muß den Zusatz „SOCIETE A RESPONSABILITE LIMITEE" oder deren Abkürzung SARL bzw. „SOCIETE ANONYME" oder deren Abkürzung S.A. enthalten;

– den Sitz der Gesellschaft;

– den Unternehmensgegenstand; dieser muß hinreichend bestimmt die geplante Tätigkeit des Unternehmens deutlich machen, z. B. die Produktion oder den Vertrieb von gefertigten oder angekauften Gütern; es ist allerdings möglich, die Bestimmung des Unternehmensgegenstandes durch zusätzliche Formulierungen wie „sowie sämtliche Mobiliar-, Immobiliar-, Finanz-, Industrie- oder Handelsgeschäfte, die direkt oder indirekt mit diesem Gegenstand verbunden sind oder der Verwirklichung dieses Gegenstandes dienen sollen"[12].

– die Höhe des Grundkapitals; dieses ist bei SARL gemäß Art. 35 Abs. 1 des Gesetzes über die Handelsgesellschaften auf mindestens FF 50.000,– festgelegt und bei S.A., die sich nicht über den Kapitalmarkt finanzieren, gemäß Art. 71 Abs. 1 des Gesetzes über die Handelsgesellschaften auf FF 250.000,–; das Mindestkapital ist bei bestimmten Unternehmensgegenständen allerdings höher angesetzt, so z. B. auf FF 15 Mio. für Banken, FF 20 Mio. für Investitionsgesellschaften und FF 50 Mio. für Immobilienfondsgesellschaften.

b) Besondere Regelungsgegenstände für die S.A.

Über die oben genannten allgemeinen Bestimmungen hinaus müssen die Statuten einer S.A. nach dem Gesetz über die Handelsgesellschaften oder dem Ausführungsdekret zum Gesetz über die Handelsgesellschaften Regelungen über folgende Punkte enthalten:

Gemäß Art. 55 des Ausführungsdekrets zum Gesetz über die Handelsgesellschaften müssen die Statuten einer S.A. Bestimmungen über folgende Punkte enthalten:

– die Art und Anzahl der Aktien nebst deren Nominalwert (dieser kann in den Statuten nach freiem Ermessen der Gesellschafter festgelegt werden);

– Angaben darüber, ob es sich ausschließlich um Namens- oder um Namens- und Inhaberaktien handelt, wobei zu beachten ist, daß seit dem 1. Oktober 1982 nicht börsennotierte Gesellschaften ausschließlich Namensaktien ausgeben dürfen;

12 »ainsi que toutes opérations mobilières ou immobilières, financières, industrielles ou commerciales se rattachant directement ou indirectement à cet objet, ou facilitant sa réalisation«.

– für den Fall, daß die freie Übertragung der Aktien beschränkt wird, sind die Bedingungen anzugeben, unter denen die Übertragung auf dritte Personen genehmigt wird; in der Regel enthalten die Statuten eine Genehmigungsklausel, nach der die Übertragung von Aktien auf dritte Nichtaktionäre nur mit vorheriger Zustimmung des Verwaltungsrats *(Conseil d'administration)* oder des Aufsichtsrats *(Conseil de surveillance)* möglich ist;
– die Erbringer von Sacheinlagen sind persönlich zu benennen, ferner sind der Wert der jeweiligen Sacheinlagen und die Anzahl der dafür ausgegebenen Aktien anzugeben;
– sofern besondere Vergünstigungen gewährt werden, die Identität der Begünstigten sowie die Art der Begünstigungen;
– Regelungen über die Zusammensetzung, die innere Organisation und die Zuständigkeiten der Gesellschaftsorgane;
– Regelungen über die Gewinnverteilung, die Bildung von Rücklagen und die Verteilung von Liquidationserlösen;
– die Identität der Gründungsmitglieder, seien es juristische oder natürliche Personen, die an der Unterzeichnung der Statuten beteiligt waren, oder in deren Namen die Statuten unterzeichnet wurden.

Gemäß Art. 88 des Gesetzes über die Handelsgesellschaften müssen die Statuten ferner Angaben über die Identität und die Anschrift der ersten Verwaltungsratsmitglieder *(administrateurs)*, Aufsichtsratsmitglieder *(membres du conseil de surveillance)* und der Rechnungsprüfer *(commissaires aux comptes)* enthalten.

Darüber hinaus müssen die Statuten nach dem oben genannten Gesetz Regelungen zu folgenden Punkten enthalten:

– die Art der Einberufung und der Beschlußfassung des Verwaltungsrats *(conseil d'administration)*, des Aufsichtsrats *(conseil de surveillance)* und des Vorstands *(directoire)* (Artt. 83, 107 des Ausführungsdekrets zum Gesetz über die Handelsgesellschaften sowie 124 des Gesetzes über die Handelsgesellschaften);
– die Anzahl der Aktien, die jeder der Verwaltungsratsmitglieder *(administrateurs)* oder jedes Mitglied des *conseil de surveillance* halten muß (Artt. 95 und 130 des Gesetzes über die Handelsgesellschaften);
– die Altersgrenze für die Ausübung des Amtes der *administrateurs* (gemäß Art. 90-1 des Gesetzes über die Handelsgesellschaften), des Verwaltungsratsvorsitzenden (Art. 110-1 des Gesetzes über die Handelsgesellschaften), des *Directeur Général* (Art. 115-1 des Gesetzes über die Handelsgesellschaften), der Mitglieder des Vorstands *(directoire)* und des *Directeur Général unique* (vgl. Art. 120-1 des Gesetzes über die Handelsgesellschaften) und der Aufsichtsratsmitglieder (vgl. Art. 129-1 des Gesetzes über die Handelsgesellschaften);
– den Ort der Hauptversammlung, sofern dieser vom Sitz der Gesellschaft abweichen soll (Art. 158 des Gesetzes über die Handelsgesellschaften).

c) *Besonderheiten im Falle der SARL*

Die Statuten einer SARL müssen über die oben a) genannten Regelungen hinaus Bestimmungen über folgende Punkte enthalten:
– die Aufteilung der Gesellschaftsanteile (Art. 38 des Gesetzes über die Handelsgesellschaften);
– die Zeichnung der Anteile und Hinterlegung der Bareinlagen (Art. 22 des Ausführungsdekrets zum Gesetz über die Handelsgesellschaften);
– die Bewertung der Sacheinlagen (Art. 40 des Ausführungsdekrets zum Gesetz über die Handelsgesellschaften).

Ferner müssen die Statuten Regelungen enthalten über die Aufgabenverteilung und Zuständigkeiten der Geschäftsführer (Art. 49 des Gesetzes über die Handelsgesellschaften), die Dauer der Amtszeiten, die Feststellung der Identität der Geschäftsführer, die Art und Weise der Vergütung etc., die Beschränkung der freien Übertragbarkeit der Gesellschaftsanteile (Artt. 44 und 47 des Gesetzes über die Handelsgesellschaften), die Übertragung von Gesellschaftsanteilen an Nichtgesellschafter (diese wird in der Regel von der vorhergehenden Zustimmung der Gesellschafterversammlung abhängig gemacht), den Ablauf und die Organisation von schriftlichen Beratungen[13]; schließlich ist der Ort der Gesellschafterversammlungen festzulegen.

II. Die Gründung einer SARL

In Frankreich kann eine SARL durch einen oder mehrere Gesellschafter gegründet werden (Art. 34 des Gesetzes über die Handelsgesellschaften); die Anzahl der Gesellschafter darf jedoch 50 nicht überschreiten (Art. 36 des Gesetzes über die Handelsgesellschaften).

Der Gründungsvorgang selbst ist relativ unkompliziert: Nach vollständiger Einbringung der Einlagen unterzeichnen die Gesellschafter die Statuten, denen erforderlichenfalls der Bericht des Einlagenprüfers (*commissaire aux apports*) beigefügt wird; ferner ist gegebenenfalls eine Aufstellung der Rechtshandlungen, die für Rechnung der SARL durchgeführt wurden, sowie ein Nachweis über die Vertretungsbefugnis, nach der die Gründungsgesellschaft wirksam verpflichtet werden kann, beizufügen.

13 Gemäß Art. 57 des Gesetzes über die Handelsgesellschaften können alle Entscheidungen, die den Gesellschaftern der SARL vorbehalten sind, durch schriftliche Beschlußfassung und Beratung getroffen werden mit Ausnahme der Beschlußfassung über den Jahresabschluß des vorangegangenen Geschäftsjahres.

Die Vorschriften über die Veröffentlichung und Eintragung der Statuten ins Handels- und Gesellschaftsregister sind für beide Gesellschaftsformen gleich und werden unten IV. allgemeingültig dargestellt.

III. Die Gründung einer S.A.

Gemäß Art. 73 des Gesetzes über die Handelsgesellschaften wird eine S.A. von mindestens 7 Aktionären gegründet. Sofern keine Sacheinlagen vorgesehen sind, was überwiegend der Fall ist, sind zunächst die Bareinlagen zu erbringen und zu hinterlegen. Das Kapital muß dabei gemäß Art. 75 Abs. 1 des Gesetzes über die Handelsgesellschaften vollständig gezeichnet werden, gemäß Abs. 2 dieser Vorschrift genügt jedoch die Einbringung der Hälfte des gezeichneten Kapitals. Dabei muß die geleistete Einlage für jede Aktie gleich sein. Derjenige Anteil des Kapitals, der bei Errichtung der Gesellschaft noch nicht eingebracht wurde, ist spätestens auf Abruf durch den Verwaltungsrat *(Conseil d'administration)* oder den Vorstand *(directoire)* in einer oder mehreren Raten einzubringen, und zwar innerhalb von 5 Jahren nach Eintragung der Gesellschaft in das Handels- und Gesellschaftsregister (Art. 75 Abs. 2 des Gesetzes über die Handelsgesellschaften). Zusammen mit der Hinterlegung der Bareinlagen ist eine Liste der Zeichner zu hinterlegen, in der die persönlichen Daten der Aktionäre, die Anzahl der jeweils gezeichneten Aktien und der Betrag, den jeder von ihnen aufgebracht hat, aufgeführt werden (Art. 62 des Ausführungsdekrets zum Gesetz über die Handelsgesellschaften).

Nach der Einzahlung der Aktien sind die Statuten von den Aktionären oder ihren Vertretern zu unterzeichnen. Gegebenenfalls sind auch hier der Bericht des Einlagenprüfers *(commissaire aux apports)*, eine Aufstellung der Rechtshandlungen, die für Rechnung der Aktiengesellschaft vorgenommen wurden, sowie die Handlungsvollmacht in bezug auf die Vorgründungsgesellschaft beizufügen.

Nach der Unterzeichnung der Statuten wählen die designierten Verwaltungsratsmitglieder *(administrateurs)* gemäß Art. 68 des Ausführungsdekrets zum Gesetz über die Handelsgesellschaften den Vorstandsvorsitzenden *(Président du Conseil d'administration)* und gegebenenfalls einen oder mehrere Generaldirektoren *(Directeurs généraux)*. Die designierten Mitglieder des Aufsichtsrates *(Conseil de surveillance)* wählen gleichzeitig den Aufsichtsratsvorsitzenden *(Président du Conseil de surveillance)* und je nach Sachlage einen *Directeur Général unique* oder die Mitglieder des Vorstands sowie deren Vorsitzenden.

Die Gründung der Aktiengesellschaft unterliegt ebenso wie die der SARL den unten IV. beschriebenen Vorschriften über die Veröffentlichung und Eintragung.

IV. Bekanntmachung der Gründung und Eintragung in das Registre du Commerce et des Sociétés

1. Die Regstrierung der Statuten

Die Statuten sind gem. Art. 635-5 des Steuergesetzbuches (Code Général des Impôts) bei der zuständigen Steuerbehörde zu registrieren. Dabei wird eine „Registrierungssteuer" erhoben, die je nach Art der Einlagen variiert. Im wesentlichen werden folgende Beträge fällig:

- FF 500,– für Bareinlagen in unbegrenzter Höhe;
- FF 500,– für Sacheinlagen, die eine ausländische Gesellschaft, die bereits eine steuerpflichtige Tätgikeit in Frankreich ausübt, an eine französische Gesellschaft leistet, die ihrerseits der Körperschaftsteuer (*Impôt sur les sociétés,* I.S.) unterliegt;
- auf Einlagen, die von einer ausländischen Gesellschaft, die keinerlei steuerpflichtige Tätigkeit in Frankreich ausübt, in Form von Immobilien oder Betriebsvermögen in eine französische Gesellschaft eingebracht werden, die ihrerseits der Körperschaftsteuer unterliegt, wird eine Übertragungsgebühr in Höhe von 8,6 % zuzüglich Zusatzsteuern *(taxes additionelles)* erhoben. Die Zusatzsteuern sind variabel; der höchste Steuersatz inklusive Zusatzsteuern beträgt derzeit 11 %.

2. Die Veröffentlichung

Sobald die oben unter II. und III. genannten Gründungsformalitäten erfüllt sind, ist die Gründung durch Anzeige in einer öffentlichen Anzeigenzeitung des Departements, in dem der Gesellschaftssitz belegen sein soll, bekanntzumachen. Diese Anzeige muß gemäß Art. 285 des Ausführungsdekrets zum Gesetz über die Handelsgesellschaften folgende Angaben enthalten: die Sachfirma, ggf. auch die Kurzform davon, die Gesellschaftsform, die Höhe des Grundkapitals der Gesellschaft, die Adresse des Sitzes der Gesellschaft, den Unternehmensgegenstand in verkürzter Form, die vorgesehene Lebensdauer der Gesellschaft, Namen, Vornamen und Anschrift der Mitglieder der Gesellschaftsorgane einschließlich der Rechnungsprüfer *(commissaires aux comptes)* sowie die Angabe des Handels- und Gesellschaftsregisters, bei dem die Gesellschaft eingetragen worden ist. Im Falle der Aktiengesellschaft muß die Anzeige ferner Angaben über die Bedingungen über die Teilnahme an den Hauptversammlungen enthalten und ggf. Angaben darüber, ob im Gesellschaftsvertrag Klauseln vorgesehen sind, nach denen die Übertragung von Aktien von einer Zustimmung abhängig gemacht wird; für diesen Fall ist das jeweilige Gesellschaftsorgan zu benennen, das für die Entscheidung über die Zustimmung zur Übertragung zuständig ist.

3. Die Hinterlegung der Gründungsdokumente

Art. 48 des Dekrets vom 30. Mai 1984 betreffend das Handels- und Gesellschaftsregister sieht die Hinterlegung folgender Dokumente beim Handels- und Gesellschaftsregister vor:

– den Gesellschaftsvertrag in zweifacher Ausfertigung, sofern der Vertrag notariell beurkundet wurde, und zwei registrierte Originale, sofern es sich um eine Privaturkunde handelt;

– zwei Originalurkunden oder beglaubigte Abschriften der Bestellung der Gesellschaftsorgane, sofern diese sich nicht bereits aus dem Gesellschaftsvertrag ergibt;

– gegebenenfalls ist der Bericht des Einlagenprüfers *(commissaire aux apports)* in zweifacher Ausfertigung zu hinterlegen, und

– im Falle der Gründung einer S.A. die Bescheinigung über die Hinterlegung der Einlagen sowie die Liste der Zeichner ebenfalls zweifach.

Die Hinterlegung muß gemäß Art. 48 des Dekrets vom 30. 5. 1994, spätestens zum Zeitpunkt der Anmeldung der Gesellschaft zur Eintragung ins Handels- und Gesellschaftsregister erfolgt sein; in der Regel werden diese Unterlagen gemeinsam mit dem Antrag auf Eintragung der Gesellschaft beim Centre de Formalités des Entreprises[14] eingereicht.

4. Die Eintragung in das Handels- und Gesellschaftsregister (Registre du Commerce et des Sociétés)

Der Antrag auf Eintragung der Gesellschaft ins Handels- und Gesellschaftsregister ist zusammen mit den Angaben zur Identität der Mitglieder der Direktions- und Aufsichtsorgane und zum Sitz der Gesellschaft sowie den oben genannten Unterlagen an das Centre de Formalités des Entreprises zu richten. Nach Prüfung auf Vollständigkeit und Ordnungsmäßigkeit werden die Unterlagen von dort dem Handels- und Gesellschaftsregister übersandt, wo die Eintragung in der Regel fünf Tage nach Eingang des Antrags erfolgt. Die Gesellschaft erhält anschließend eine Registernummer, die sie auf allen ihren Geschäftspapieren angeben muß; darüber hinaus erhält sie eine Nummer im nationalen Unternehmensverzeichnis *(Répertoire National des Entreprises).*

Gleichzeitig mit der Weiterleitung des Antrags an das Handels- und Gesellschaftsregister ist das Centre de Formalités des Entreprises gehalten, die Gründung verschiedenen Behörden mitzuteilen, z. B. dem Finanzamt *(Service des Impôts)* und Sozialversicherungen *(Caisse Sociale, URSSAF und ASSEDIC).*

14 Das Centre de Formalités des Entreprises ist der Industrie- und Handelskammer am Ort des Gesellschaftssitzes zugeordnet.

Auf Betreiben des Urkundsbeamten *(greffier)* beim Handels- und Gesellschaftsregister wird die Gründung der Gesellschaft im nationalen Handelsanzeiger („Bulletin Officiel des Annonces Commerciales", BODACC) veröffentlicht.

Mit der Eintragung der Gesellschaft ins Handels- und Gesellschaftsregister erhält die Gesellschaft die volle Rechtsfähigkeit und kann am Geschäftsleben teilnehmen.

E. Die Organe der S.A. und der SARL

Die SARL wird durch einen oder mehrere Geschäftsführer geleitet, die S.A. dagegen entweder durch einen Verwaltungsrat *(Conseil d'administration)* oder durch einen *Directeur Général unique* oder einen Vorstand *(Directoire).* Die beiden letzteren unterliegen der Kontrolle durch den Aufsichtsrat *(Conseil de surveillance).*

Die Entscheidungen der Gesellschafter einer SARL können sowohl in der Gesellschafterversammlung als auch schriftlich außerhalb einer Gesellschafterversammlung getroffen werden, wogegen die Entscheidungen der Aktionäre einer S.A. zwingend in der ordentlichen oder außerordentlichen Hauptversammlung getroffen werden müssen.

Die gesetzmäßige Aufsicht über die S.A. wird zwingend durch einen oder mehrere Rechnungsprüfer *(commissaires aux comptes)* sichergestellt; dies trifft auf die SARL nur dann zu, wenn diese eine gewisse Größe erreicht hat.

I. Die Geschäftsführungs- und Verwaltungsorgane

1. Zugang von Ausländern zu den Geschäftsführungsämtern

Ausländer mit Ausnahme von EG-Ausländern bedürfen einer sogenannten *„carte de commerçant étranger"*, wenn sie folgende Funktionen anstreben: Geschäftsführer/in *(gérant)* einer SARL, Vorsitzende(r) des *Conseil d'administration* (Verwaltungsrat) oder des Vorstands *(directoire), Directeur Général unique* oder *Directeur Général* einer S.A. Diese Erlaubnis wird ausgestellt von der örtlichen Präfektur[15] am Sitz der Gesellschaft.

15 Die Präfektur ist die unterste staatliche, nicht-kommunale Verwaltungsbehörde auf lokaler Ebene (Anm. d. Übers.).

2. *Zusammenfallen von Geschäftsführungsaufgaben und Angestelltenverhältnis*

Ein Zusammenfall der Geschäftsführungsfunktion mit einem Angestelltenverhältnis kann entweder darauf beruhen, daß ein Angestellter der Gesellschaft in diese Führungsposition gelangt oder die Gesellschaft mit einem Geschäftsführer einen Arbeitsvertrag abschließt. In jedem Falle ist ein solcher Zusammenfall nur soweit zulässig, als der Inhalt des Arbeitsverhältnisses nicht mit den Geschäftsführungsaufgaben identisch ist und der Geschäftsführer in seiner Eigenschaft als Angestellter in der Gesellschaft zusätzlich eine untergeordnete Stellung einnimmt. In diesem Falle können allerdings sämtliche Organfunktionen einer SARL und S.A. mit einem Angestelltenverhältnis verbunden werden, vorbehaltlich der oben I. 1. genannten Regelungen für Ausländer.

Ein Mitglied des Verwaltungsrats kann jedoch nach seiner Ernennung niemals ein Angestelltenverhältnis mit der Gesellschaft eingehen[16, 17].

3. *Die Führung der SARL*

Die Geschäftsführer der SARL können aus der Mitte der Gesellschafter oder einem gesellschaftsfremden Personenkreis bestimmt werden.

a) *Ernennung und Abberufung*

Der oder die Geschäftsführer werden entweder bereits in den Gründungsstatuten benannt oder von den Gesellschaftern mit der einfachen Mehrheit der Gesellschaftsanteile ernannt. Gemäß Art. 55 des Gesetzes über die Handelsgesellschaften werden sie von den Gesellschaftern mit gleichem Mehrheitsverhältnis abberufen. Erfolgt die Abberufung ohne hinreichenden Grund, so kann der betroffene Geschäftsführer Schadenersatzansprüche geltend machen.

b) *Vergütung und Status der Geschäftsführer*

Die Gesellschafter legen Höhe und Art und Weise der Vergütung der Geschäftsführer (z. B. pauschal oder umsatzabhängig) durch Gesellschafterbeschluß

16 Cass. Soc. 7. 11. 1994, Bull. IV, S. 500 Nr. 532.

17 Vgl. zu diesen Fragen A. SAYAG, Mandat social et contrat de travail, Rev. Soc. 1981, 1 ff sowie S. MANSUY, La notion d'emploi effectif et ses conséquences sur le maintien du contrat de travail des dirigeants sociaux, Rev. Soc. 1987, 1 ff.

fest. Der steuerliche und gesellschaftsrechtliche Status des Geschäftsführers ist davon abhängig, ob er Mehrheits- oder Minderheitsanteilseigner ist, d. h. ob er direkt oder indirekt mehr als die Hälfte des Kapitals der SARL hält.

Sofern es sich um Tochtergesellschaften handelt, wird der Geschäftsführer in aller Regel Minderheitsgesellschafter sein. In diesem Falle ist er in vollem Maße in das System der sozialen Sicherheit einschließlich dem Versorgungswerk der leitenden Angestellten eingebunden. Seine Bezüge werden nach dem System der Besteuerung von Gehältern und Löhnen besteuert.

c) Die Befugnisse der Geschäftsführung

Gemäß Art. 49 des Gesetzes über die Handelsgesellschaften ist der Geschäftsführer zuständig für alle Handlungen im Rahmen der Geschäftsführung, die im Interesse der Gesellschaft liegen[18]. Dennoch können die Statuten die Befugnisse des Geschäftsführers beschränken oder von der vorherigen Zustimmung der Gesellschafter abhängig machen. Allerdings können diese Beschränkungen Dritten gegenüber nicht geltend gemacht werden, da der Geschäftsführer diesen gegenüber „mit weitestreichenden Vollmachten ausgestattet ist, in jeder Hinsicht im Namen der Gesellschaft handeln zu können“ (Art. 49 Abs. 4 des Gesetzes über die Handelsgesellschaften)[19]. Sofern mehrere Geschäftsführer ernannt wurden, werden die Befugnisse eines jeden in den Statuten aufgeteilt, ansonsten nach Maßgabe einer entsprechenden Beschlußfassung der Gesellschafter. Auch eine solche Aufteilung kann – unabhängig davon, ob sie sich aus den Statuten ergibt oder auf einem Beschluß der Gesellschafter beruht – Dritten gegenüber nicht entgegengehalten werden, da jeder einzelne Geschäftsführer nach außen volle Vertretungsmacht hat.

4. Die Verwaltung der S.A. herkömmlicher Form

Die Führung der Geschäfte einer SA herkömmlicher Form wird von einem Verwaltungsrat *(Conseil d'administration)*, dem Vorsitzenden des Verwaltungsrats *(Président du Conseil d'administration)* und ggf. einem oder mehreren Generaldirektoren *(directeurs généraux)* gewährleistet.

18 »le gérant peut faire tous actes de gestion dans l'intérêt de la société«.

19 »le gérant est investi des pouvoirs les plus étendus pour agir en toute circonstance au nom de la société«.

a) Der Verwaltungsrat (Conseil d'administration)

aa) Die Ernennung der Mitglieder

Der *Conseil d'administration* setzt sich gemäß Art. 89 des Gesetzes über die Handelsgesellschaften aus mindestens 3 und höchstens 24 Mitgliedern zusammen; er ist zuständig für die Führung der Geschäfte der SA. Die ersten Mitglieder des Verwaltungsrats werden durch die Statuten bestimmt, die Nachfolger durch Beschluß einer ordentlichen Hauptversammlung oder, für den Fall, daß ein Mitglied während seiner Amtszeit ausscheidet, durch Zuwahl seitens der übrigen Verwaltungsratsmitglieder. Die Amtszeit der Mitglieder des Verwaltungsrats wird in den Statuten festgelegt. Sie ist begrenzt auf 6 Jahre, die Amtszeit der ersten, durch die Statuten eingesetzten Verwaltungsratsmitglieder allerdings auf 3 Jahre.

Mitglied des Verwaltungsrats kann auch eine juristische Person sein; diese muß dann allerdings einen ständigen Vertreter ernennen, der denselben Regeln unterworfen ist wie natürliche Personen im Amt des Verwaltungsratsmitglieds.

Die Mitglieder des Verwaltungsrats müssen Aktionäre der Gesellschaft sein. Die Mindestzahl der Aktien, die sie halten müssen, wird in den Statuten festgelegt.

bb) Die Vergütung der Verwaltungsratsmitglieder

Die Mitglieder des Verwaltungsrats erhalten als Vergütung ein Sitzungsgeld, dessen Gesamthöhe jährlich von der Hauptversammlung festgelegt wird. Der Verwaltungsrat legt daraufhin fest, wie die Summe unter seine Mitglieder zu verteilen ist.

cc) Die Beschlußfassung

Der *Conseil d'administration* ist ein Kollegialorgan. Es ist nur dann beschlußfähig, wenn mindestens die Hälfte der Mitglieder anwesend sind (Art. 100 des Gesetzes über die Handelsgesellschaften). Ist ein Mitglied an der Teilnahme verhindert, so kann es sich vertreten lassen, allerdings nur durch ein anderes Mitglied des Verwaltungsrats. Die Beschlüsse werden mit einfacher Mehrheit der anwesenden bzw. vertretenen Mitglieder gefaßt; abweichend davon können die Statuten eine größere Mehrheit entweder für alle oder für einzelne Entscheidungen vorsehen.

Der Verwaltungsrat tritt normalerweise am Sitz der Gesellschaft zusammen, jedoch können auch hier die Statuten einen anderen Versammlungsort vorsehen oder es dem Verwaltungsrat vollständig überlassen, den Ort seiner Versammlungen zu bestimmen.

Hat die Gesellschaft einen sogenannten „Unternehmensausschuß“ *(comité d'entreprise)* eingerichtet, in dem die Arbeitnehmer vertreten sind, so kann dieser zwei oder vier Mitglieder entsenden, die das Recht haben, an allen Sitzungen des Verwaltungsrats teilzunehmen. Sie haben das gleiche Informations- und Einsichtsrecht in Dokumente wie die Mitglieder des Verwaltungsrats, haben jedoch nur eine beratende Stimme.

dd) Die Befugnisse des Verwaltungsrats

Gemäß Art. 98 des Gesetzes über die Handelsgesellschaften ist der Verwaltungsrat mit den weitestgehenden Vollmachten ausgestattet, um in jeder Hinsicht im Namen der Gesellschaft handeln zu können[20]. Er bestimmt in der Praxis sozusagen die „Richtlinien der Politik“ der Gesellschaft. Seine Beschlüsse werden anschließend umgesetzt vom Vorsitzenden des Verwaltungsrats und den Generaldirektoren, die allein Vertretungsmacht der Gesellschaft gegenüber Dritten haben.

Nach dem Gesetz ist der Verwaltungsrat mit einigen besonderen Aufgaben ausschließlich betraut worden. Es handelt sich insbesondere um

- die Zuwahl neuer Verwaltungsratsmitglieder,
- die Genehmigung von Vereinbarungen zwischen der Gesellschaft und den Mitgliedern ihrer Organe,
- die Ernennung und Abberufung des Verwaltungsratsvorsitzenden und der Generaldirektoren sowie die Festsetzung von deren Vergütung,
- die Festlegung der Zuständigkeiten, die an die Generaldirektoren abgegeben werden sollen,
- die Einberufung der Hauptversammlungen und die Festlegung der jeweiligen Tagesordnung,
- die Aufstellung des Jahresabschlusses sowie des Jahresberichts,
- den Aufruf zur Einzahlung des noch nicht voll eingezahlten Aktienkapitals,
- die Genehmigung von Kautionen, Bürgschaften und sonstigen Sicherheitsleistungen der Gesellschaft zugunsten Dritter.

20 »Le Conseil d'administration est investi des pouvoirs les plus étendus pour agir en toute circonstance au nom de la société«.

b) Der Vorsitzende des Verwaltungsrats (Président du Conseil d'administration)

aa) Ernennung und Amtszeit

Der Vorsitzende des Verwaltungsrats *(Président du Conseil d'administration)* wird vom Verwaltungsrat aus seinen eigenen Reihen ernannt. Es muß sich zwingend um eine natürliche Person handeln; der ständige Vertreter einer juristischen Person im Verwaltungsrat kann nicht zum Vorsitzenden ernannt werden. Die Amtszeit des Vorsitzenden endet zwingend mit seiner Mitgliedschaft im Verwaltungsrat. In diesem Rahmen wird die Amtszeit in den Statuten festgesetzt, anderenfalls entscheidet darüber der Verwaltungsrat selbst bei der Ernennung.

Der Verwaltungsrat kann seinen Vorsitzenden jederzeit abberufen (Art. 100 Abs. 3 des Gesetzes über die Handelsgesellschaften). Dieses Abberufungsrecht kann weder durch die Statuten noch durch eine besondere Vereinbarung begrenzt werden[21]. Desgleichen müssen die Mitglieder des Verwaltungsrats keine Rechenschaft ablegen für Vereinbarungen, die die Mehrheit anläßlich der Ernennung des Vorsitzenden getroffen hat[22]. Weder die Abberufung noch die normale Beendigung der Amtszeit geben dem Vorsitzenden einen Anspruch auf Zahlung einer Abfindung oder von Schadenersatz.

bb) Vergütung und Status

Die Vergütung des Vorsitzenden wird vom Verwaltungsrat frei festgesetzt. Sie kann pauschal oder umsatzabhängig festgesetzt werden. Sie ist zu versteuern nach Maßgabe der Steuern für Gehälter und Löhne. Der Vorsitzende unterliegt ebenfalls dem System der sozialen Sicherheit und ist in die Rentenversorgung der leitenden Angestellten eingebunden. Im Gegensatz dazu hat er jedoch keine Ansprüche auf Bezüge aus der Arbeitslosenversicherung.

cc) Aufgaben und Befugnisse

Dem Vorsitzenden obliegen zunächst alle Aufgaben, die mit dem Vorsitz des Verwaltungsrats verbunden sind, also insbesondere die Einberufung und die Leitung der Sitzungen des Verwaltungsrats. Darüber hinaus leitet er die Aktionärsversammlungen.

21 Cour d'Appel de Paris 30 octobre 1976, Revue des Sociétés 1977, S. 695 mit Anm. D. SCHMIDT.

22 Cass. Comm. 17. Mai 1971, Bull. IV, Nr. 132.

Gemäß Art. 113 des Gesetzes über die Handelsgesellschaften hat er die gleichen Vollmachten, im Namen der Gesellschaft zu handeln, wie auch der Verwaltungsrat selbst[23]. So hat er die dauernde Aufgabe, die notwendigen Entscheidungen zur Sicherstellung des reibungslosen Ablaufs des Geschäftes und zur Verwirklichung des Unternehmensgegenstandes zu treffen, als da sind die Steuerung der wirtschaftlichen Tätigkeit des Unternehmens, die Führung des Personals, der materiellen und finanziellen Mittel des Unternehmens usw. Schließlich ist der Vorsitzende des Verwaltungsrats das einzige Organ der Gesellschaft, das die Gesellschaft wirksam nach außen vertreten kann. Er ist allein bevollmächtigt, Verträge im Namen der Gesellschaft zu unterschreiben und die Gesellschaft vor Gericht und gegenüber den Behörden zu vertreten.

Der Vorsitzende kann seine Befugnisse an andere delegieren, allerdings darf diese Delegation nicht die Gesamtheit seiner Aufgaben umfassen. Sie muß bestimmt sein hinsichtlich des Aufgabengebietes und der Dauer und ist jederzeit widerrufbar.

c) Die Generaldirektoren (Directeurs Généraux)

Auf Initiative und auf Antrag des Vorsitzenden des Verwaltungsrats kann der Verwaltungsrat einen *directeur général* ernennen. In Gesellschaften, deren Gesellschaftskapital mindestens 500.000,– FF beträgt, können zwei *directeurs généraux* bestellt werden, in Gesellschaften, deren Gesellschaftskapital mindestens 10 Mio. FF entspricht, fünf, wovon mindestens drei Mitglieder des Verwaltungsrats sein müssen.

Die Amtszeit des oder der *directeurs généraux* endet mit der Ernennung eines neuen Vorsitzenden des Verwaltungsrats, wenn der Verwaltungsrat nicht etwas anderes bestimmt hat. Auch die *directeurs généraux* können jederzeit vom Verwaltungsrat abberufen werden (Art. 116 des Gesetzes über die Handelsgesellschaften). Hinsichtlich der Vergütung und des steuerlichen und sozialen Status' sind die *directeurs généraux* dem Vorsitzenden des Verwaltungsrats gleichgestellt. Die Befugnisse der *directeurs généraux* werden vom Verwaltungsrat im Einvernehmen mit dessen Vorsitzenden festgelegt. Im Hinblick auf Dritte sind die Generaldirektoren mit den gleichen Befugnissen ausgestattet wie der Vorsitzende des Verwaltungsrats. Nach der früheren Rechtsprechung konnten sie die Gesellschaft nicht vor Gericht vertreten, es sei denn, daß ihnen diese Befugnis vom Verwaltungsrat oder bereits durch die Statuten eingeräumt worden wäre[24]. Diese Rechtsprechung ist inzwischen aber aufgegeben worden.

23 Siehe dazu oben a) dd).
24 Cass. Soc. 13. April 1988, Bull. Joly, 1989, S. 82.

5. *Die Verwaltung der S.A. neuerer Form*

Jede S.A. kann bei oder nach ihrer Gründung die neue Leitungsstruktur durch Vorstand *(directoire)* und Aufsichtsrat *(conseil de surveillance)* nach Maßgabe der Artt. 118–150 des Gesetzes über die Handelsgesellschaften annehmen. Die Geschäftsführung der Gesellschaft obliegt dann einem sogenannten „*Directeur Général unique*" oder einem aus zwei bis fünf Mitgliedern zusammengesetzten Vorstandsgremium. Die Einrichtung eines solchen Gremiums ist allerdings zwingend, sobald das Stammkapital der Gesellschaft 1 Mio. FF oder mehr beträgt.

a) *Ernennung und Amtszeit des Vorstands*

Der Vorstand ist das Verwaltungsorgan der S.A. neuerer Form. Seine Mitglieder werden vom Aufsichtsrat für eine Dauer von zwei bis sechs Jahren, die in den Statuten genauer festgelegt ist, ernannt. Der Aufsichtsrat ernennt auch den Vorsitzenden; er kann ferner einen oder mehrere Generaldirektoren aus den Reihen der Vorstandsmitglieder ernennen. Über die Abberufung der Vorstandsmitglieder entscheidet die Hauptversammlung der Aktionäre auf Antrag des Aufsichtsrats gemäß Art. 121 des Gesetzes über die Handelsgesellschaften. Sofern die Abberufung ohne sachlichen Grund erfolgt, hat der Betroffene unter Umständen einen Anspruch auf Schadenersatz.

b) *Vergütung, Status*

Die Vergütung der Vorstandsmitglieder wird gemäß Art. 123 des Gesetzes über die Handelsgesellschaften vom Aufsichtsrat festgelegt. Die Vorstandsmitglieder haben den gleichen steuerlichen und sozialen Status wie der Vorsitzende des Verwaltungsrats.

c) *Die Befugnisse des Vorstands*

Gemäß Art. 124 des Gesetzes über die Handelsgesellschaften ist der Vorstand mit den gleichen umfangreichen Vollmachten ausgestattet wie der oben beschriebene Verwaltungsrat herkömmlicher Form und sein Vorsitzender[25]. Während sich allerdings der Verwaltungsrat und sein Vorsitzender diese umfassende

25 Vgl. Artt. 98 und 113 des Gesetzes über die Handelsgesellschaften, siehe oben 4 a) dd).

Befugnis untereinander aufteilen können, stehen sie dem Vorstand nur gemeinschaftlich zu.

Die Befugnis, die Gesellschaft nach außen zu vertreten, kann nur dem *Directeur Général unique,* dem Vorstandsvorsitzenden oder denjenigen Vorstandsmitgliedern übertragen werden, die zu *directeurs généraux* ernannt wurden.

6. *Die Haftung der Geschäftsführer*

Ein Geschäftsführer kann aufgrund ein und desselben Fehlers sowohl zivilals auch strafrechtlich zur Verantwortung gezogen werden. Als Haftungsgrundlagen kommen die verschiedensten Gesetzeswerke in Betracht, so z. B. zivilrechtlich die allgemeinen Haftungsnormen des Code Civil, spezialgesetzliche wie die des Gesetzes vom 24. Juli 1966 zur Regelung der Handelsgesellschaften sowie die des Steuergesetzbuchs (Code Général des Impôts).

Strafrechtliche Haftungsgrundlagen befinden sich ebenfalls in dem Gesetz vom 24. Juli 1966 zur Regelung der Handelsgesellschaften, ferner in den Gesetzen, die das Arbeits-, Wirtschafts- und Umweltrecht betreffen sowie in Gesetzen, die bestimmte Tätigkeiten regeln.

Eine zivilrechtliche und strafrechtliche Haftung kommen nebeneinander auch im Zusammenhang mit einem gerichtlichen Sanierungs- oder Liquidationsverfahren in Betracht.

Im folgenden beschränken wir uns auf die Darstellung der zivilrechtlichen Haftung des Geschäftsführers einer Gesellschaft nach dem Gesetz vom 24. Juli 1966, die zivil- und strafrechtliche Verantwortlichkeit des Geschäftsführers in Zusammenhang mit einem gerichtlichen Sanierungs- oder Liquidationsverfahren sowie der strafrechtlichen Verantwortlichkeit der Geschäftsführer für den Verstoß gegen Sicherheits- und Gesundheitsvorschriften.

a) *Die zivilrechtliche Haftung im Rahmen der Geschäftsführung*

Die zivilrechtliche Haftung des Geschäftsführers einer Gesellschaft ist für die SARL geregelt in den Artt. 52 und 53 des Gesetzes vom 24. Juli 1966 zur Regelung der Handelsgesellschaften, für die S.A. in den Artt. 244–247.

Es gibt demnach drei Tatbestandsmerkmale für eine solche Haftung, nämlich
- ein Verstoß gegen Gesetze oder Verordnungen,
- eine Verletzung der Statuten,
- Fehler im Rahmen der Geschäftsführung.

Eine Verletzung von Gesetzen oder Verordnungen liegt nicht nur dann vor, wenn das Geschäftsführungsorgan eine strafbewehrte Vorschrift des Gesetzes verletzt, sondern bereits dann, wenn es eine zwingende gesetzliche oder Verordnungsvorschrift nicht beachtet. Sie liegt also bereits dann vor, wenn der Vorsitzende des Verwaltungsrats den Sitz der Gesellschaft ohne vorherige Beschlußfassung des versammelten Verwaltungsrats verlegt oder wenn er den Gesellschaftern eine Bilanz vorlegt, ohne sich davon überzeugt zu haben, daß diese korrekt ist, und ohne die Einwendungen des Rechnungsprüfers *(commissaire aux comptes)* zur Kenntnis zu nehmen[26].

Eine Verletzung der Statuten liegt immer dann vor, wenn die Geschäftsführer eine zwingende Vorschrift der Statuten nicht beachtet haben.

Der weitaus häufigere Fall zivilrechtlicher Haftung ist aber der einer fehlerhaften Geschäftsführung. Wann eine solche vorliegt, geht aus dem Gesetz vom 24. Juli 1966 nicht unmittelbar hervor; der Begriff der fehlerhaften Geschäftsführung wird vielmehr von den Gerichten selbständig definiert. Sie kann aus einem Tun oder Unterlassen bestehen. Fehlerhafte Geschäftsführungsakte sind insbesondere solche, die dem Interesse der Gesellschaft zuwiderlaufen. Hierbei kann eine direkte Schädigung des Gesellschaftsvermögens in Betracht kommen, aber auch jede andere Fahrlässigkeit oder Nachlässigkeit im Rahmen der Geschäftsführung oder der wirtschaftlichen Betätigung. Dabei reicht jedoch ein nur unbefriedigendes oder defizitäres Ergebnis nicht aus, um eine Haftung zu begründen; hinzukommen muß auf jeden Fall ein vorwerfbares Verhalten der Geschäftsführungsorgane. Verluste, die auf ein normales wirtschaftliches Risiko zurückgehen, können diesen nicht vorgeworfen werden.

Eine Unterlassung kann dann eine Haftung auslösen, wenn sie darauf beruht, daß das Organ der Geschäftsführung die ihm zugewiesenen Aufgaben nicht oder nicht mit der nötigen Sorgfalt wahrgenommen hat, die ein reibungsloser Ablauf der Geschäfte erfordert. Die Rechtsprechung hat auf eine Haftung wegen fehlerhafter Geschäftsführung erkannt in Fällen, in denen Sanierungsmaßnahmen, die von den Behörden angeordnet waren, nicht ausgeführt wurden[27], bei mangelhafter Beaufsichtigung eines angestellten Direktors, der umfangreiche Prokura hatte[28], schließlich im Falle der Gründung einer Gesellschaft, die nicht mit einem ausreichenden Stammkapital ausgestattet war[29].

Nach Maßgabe des Gesetzes vom 24. Juli 1966 zur Regelung der Handelsgesellschaften können die Geschäftsführungsorgane gemeinsam haftbar gemacht werden; das Gericht setzt dann die Anteile eines jeden an der Schadenersatzleistung fest. Auf gemeinschaftliche Haftung wird erkannt, wenn nicht sicher festgestellt werden kann, welches oder welche der Geschäftsführungsorgane im einzelnen verantwortlich ist, ferner in Fällen, in denen der *conseil d'administra-*

26 Paris 1. 2. 1984, Revue des Sociétés 1984, S. 779 mit Anm. von D. SCHMIDT.
27 Cass. Crim. 11. 6. 1970, Bulletin d'Information des Sociétés 1970, S. 591.
28 Cass. Com. 6. 2. 1962, Bulletin Nr. III Nr. 80, S. 65.
29 Cour d'Appel de Rouen 20. 10. 1983, Revue des Sociétés 1984, S. 764.

tion als Kollegialorgan, eine Mehrheit von Geschäftsführern oder der Vorstand gehandelt hatten, ohne daß unter den Mitgliedern des Kollegialorgans eines oder mehrere als verantwortlich identifiziert werden können. Bei der Festsetzung der Anteile der Einzelnen am Schadenersatz ist das Gericht an keinerlei Vorgaben gebunden. In der Regel wird dann nach dem Grad der Verantwortung, die jedes der Mitglieder satzungs- oder vereinbarungsgemäß trägt, unterschieden.

Klagebefugt sind sowohl die Gesellschafter als auch Dritte. Ein Gesellschafter, der Geschädigter ist, kann für sich in eigenem Namen Schadenersatz verlangen. Ist der Geschädigte allerdings die Gesellschaft, so kann jeder Gesellschafter im Wege der actio pro socio Zahlung von Schadenersatz an die Gesellschaft verlangen. Außenstehenden Dritten wird es in der Regel schwerfallen, einen persönlichen und direkten Schaden nachzuweisen. Die Gerichte erkennen einen Schaden Dritter in der Regel nur unmittelbar über den Schaden an, den die Gesellschaft erlitten hat, an. In einem solchen Falle wäre die Klage des außenstehenden Dritten unzulässig. Die Klage verjährt in drei Jahren gem. Artt. 53 und 247 des Gesetzes über die Handelsgesellschaften; die Frist beginnt mit dem Tag des schädigenden Ereignisses zu laufen, sofern dieses bekannt ist, ansonsten ab Kenntnis des Geschädigten[30].

b) Zivil- und strafrechtliche Verantwortlichkeit der Führungsorgane im Zusammenhang mit einem gerichtlichen Sanierungs- oder Liquidationsverfahren

Art. 180 des Gesetzes vom 25. Januar 1985 lautet wie folgt:

> „Wird im Rahmen eines gerichtlichen Sanierungs- oder Liquidationsverfahrens einer juristischen Person ein Mangel auf der Aktivseite festgestellt und ist dieser Mangel auf einen Fehler in der Geschäftsführung zurückzuführen, so kann das Gericht bestimmen, daß die an der Geschäftsführung beteiligten Personen oder einige von ihnen, auch wenn sie nur rein rechtlich daran beteiligt sind, unabhängig davon, ob sie für ihre Tätigkeit vergütet wurden oder nicht, ganz oder teilweise und allein oder gemeinsam für die Schulden der Gesellschaft haften."

Diese Haftung des Geschäftsführers hat vier Voraussetzungen:
- die Gesellschaft muß sich in einem gerichtlichen Sanierungs- oder Liquidationsverfahren befinden;
- im Rahmen dieses Verfahrens muß sich ein Mißverhältnis zwischen Aktiv- und Passivseite zu Lasten der Aktivseite ergeben haben;
- das Geschäftsführungsorgan muß einen Fehler in der Geschäftsführung begangen haben;

30 Cass. Com. 3. 7. 1984, Dalloz 1985, S. 323.

– dieser Fehler muß ursächlich gewesen sein für den Überschuß auf der Passivseite[31].

Klagebefugt für die Klage auf Haftung für die Gesellschaftsschulden sind gemäß Art. 183 des Gesetzes vom 25. Januar 1985 der gerichtlich eingesetzte Verwalter, der Gläubigervertreter, der *commissaire à l'exécution du plan*, der die Durchführung des Sanierungsplans überwacht, der Liquidator oder der Staatsanwalt. Das Gericht kann aber auch von Amts wegen tätig werden.

Kann ein Mitglied des Verwaltungsorgans seiner Haftungspflicht nicht nachkommen, so kann das Gericht gemäß Art. 181 des Gesetzes vom 25. Januar 1985 auch über sein Vermögen ein Sanierungsverfahren eröffnen.

Das Gericht kann schließlich über das Vermögen eines Mitglieds des Verwaltungsorgans auch den persönlichen Konkurs eröffnen, wenn dieses in der Absicht, die Eröffnung eines gerichtlichen Sanierungsverfahrens über die Gesellschaft zu verhindern oder zu verzögern, und um sich die dazu erforderlichen Mittel zu beschaffen, sich in ruinöser Weise verschuldet hat oder Verpflichtungen eingegangen ist, die im Hinblick auf die Situation des Unternehmens unverhältnismäßig sind, oder wenn es nach Eintritt der Zahlungsunfähigkeit der Gesellschaft und in Kenntnis von deren Ursachen einen Gläubiger zum Nachteil der anderen bevorzugt oder es unterlassen hat, innerhalb einer Frist von 15 Tagen die Zahlungsunfähigkeit der Gesellschaft bekanntzumachen (Artt. 182 und 189 des Gesetzes vom 25. 1. 1985).

Das Gericht kann darüber hinaus in Anwendung der Artt. 196 und 197 des Gesetzes vom 25. 1. 1985 die Konkursstrafen über jedes Mitglied der Geschäftsführungsorgane verhängen, das Teile des Aktivvermögens der Gesellschaft oder sogar das gesamte Aktivvermögen unterschlagen oder verheimlicht hat, die Passiva in betrügerischer Absicht vermehrt oder die Buchführung gefälscht hat.

c) Strafrechtliche Haftung der Geschäftsführungsorgane für Verstöße gegen Sicherheits- und Gesundheitsvorschriften

Im III. Titel des Zweiten Buches des Arbeitsgesetzbuches (Code du Travail) finden sich Vorschriften bezüglich der Gesundheit, der Sicherheit und der Arbeitsbedingungen von Arbeitern und Angestellten. Die Geschäftsführungsorgane der Gesellschaft sind nach Maßgabe des Art. 263-2 des Arbeitsgesetzbuches verantwortlich für die Einhaltung dieser Vorschriften. Das jeweilige Geschäftsführungsorgan kann sich allerdings von der persönlichen Haftung befreien, indem es seine diesbezüglichen Aufgaben einem Beauftragten überträgt, den er mit der Überwachung der Einhaltung der gesetzlichen Vorschriften beauf-

31 B. Soinne, Traité Théorique et Pratique des Procédures Collectives, Nr. 1261.

tragt hat. Diese Übertragung ist allerdings nur dann wirksam, wenn der Beauftragte in Sachen der Arbeitssicherheit ausgebildet ist und nach Qualifikation im Unternehmen, Alter, persönlicher Befähigung und entsprechender Unabhängigkeit für die Erfüllung dieser Aufgaben geeignet ist. Diese Voraussetzungen sind von den Gerichten voll nachprüfbar; in der Beurteilung sind sie dabei autonom.

7. *Die Haftung der Muttergesellschaft*

Die Muttergesellschaft kann die Stellung und Funktion eines Verwaltungsratsmitglieds oder eines Mitglieds des Aufsichtsrats der Tochtergesellschaft einnehmen. Als Mitglied des Verwaltungsrats haftet sie genauso wie eine natürliche Person in dieser Funktion[32]. Als Mitglied des Aufsichtsrates ist sie dagegen gemäß Art. 250 des Gesetzes vom 24. Juli 1966 zur Regelung der Handelsgesellschaften von einer Haftung für eine fehlerhafte Geschäftsführung der Gesellschaft ausgenommen. Von daher bietet die Organisationsform der Aktiengesellschaft mit Vorstand und Aufsichtsrat, jedenfalls was die Haftungsbeschränkung angeht, eine höhere Sicherheit für die Muttergesellschaft.

Im Falle eines gerichtlichen Sanierungs- oder Liquidationsverfahrens der Tochtergesellschaft kann die Muttergesellschaft allerdings auch für die Verbindlichkeiten der Tochter in Anspruch genommen werden, und zwar dann, wenn sie rechtlich, z. B. als Mitglied des Verwaltungsrats, oder tatsächlich die Stellung eines Geschäftsführungsorgans der Tochtergesellschaft innehatte. Die Eröffnung des gerichtlichen Sanierungs- oder Liquidationsverfahrens über die Tochtergesellschaft hat im Prinzip keine Konsequenzen für die Muttergesellschaft, selbst wenn beide dieselben Geschäftsführungsorgane hatten oder die Anteile von derselben Person gehalten wurden[33]. Allerdings kann das gerichtliche Sanierungs- oder Liquidationsverfahren über die Tochtergesellschaft auf die Muttergesellschaft ausgedehnt werden, nämlich dann, wenn beide Gesellschaften ihr Gesellschaftsvermögen verbunden oder vermischt haben[34].

32 Vgl. oben 6.
33 Paris 25. 9. 1990, Gazette du Palais 1990. II. 689.
34 Cass. Com. 15. 1. 1991, Revue des Sociétés 1991 Nr. 386; Paris 13. 7. 1993 Dalloz 1993, INF. RAP. 368.

II. Die Aufsichts- und Kontrollorgane

1. Der Aufsichtsrat

Der Aufsichtsrat *(Conseil de surveillance)* setzt sich aus mindestens 3 und höchstens 24 Mitgliedern zusammen (Art. 129 des Gesetzes über die Handelsgesellschaften). Die ersten Mitglieder des Aufsichtsrats werden in den Statuten bestimmt, die nachfolgenden bestellt die ordentliche Hauptversammlung. Für den Fall, daß ein Aufsichtsratsmitglied während der Dauer seiner Amtszeit ausscheidet – oder aufgrund einer Aufgabenübertragung – können die übrigen Aufsichtsratsmitglieder neue Mitglieder durch Hinzuwahl bestellen. Die Amtsdauer des Aufsichtsrates beträgt höchstens 6 Jahre; sie wird in den Statuten näher festgelegt. Alle Mitglieder des Aufsichtsrats müssen Aktionäre der Gesellschaft sein. Die Mindestanzahl von Aktien, die sie besitzen müssen, wird in den Statuten festgelegt.

Auch eine juristische Person kann zum Mitglied des Aufsichtsrats bestellt werden; sie entsendet dann einen ständigen Vertreter.

Der Aufsichtsrat wählt einen Vorsitzenden aus den eigenen Reihen, der die Aufgabe hat, den Rat zusammenzurufen und seine Verhandlungen zu leiten. Er hat darüber hinaus auch den Vorsitz über die Aktionärsversammlung.

Der Aufsichtsrat überprüft die Geschäftsführung des Vorstands. Er entscheidet über die Zweckmäßigkeit der Entscheidungen, die vom Vorstand getroffen wurden, und darüber, ob sie im Interesse der Gesellschaft liegen. Allerdings darf der Aufsichtsrat sich nicht in die laufende Geschäftsführung der Gesellschaft einmischen, die in der ausschließlichen Zuständigkeit des Vorstands liegt. Der Vorstand hat dem Aufsichtsrat mindestens einmal pro Quartal einen Geschäftsbericht vorzulegen. Der Aufsichtsrat wiederum ist der Aktionärsversammlung gegenüber rechenschaftspflichtig und hat dieser gemäß Art. 128 des Gesetzes über die Handelsgesellschaften einmal jährlich zu berichten.

Das *comité d'entreprise* (Unternehmensausschuß) entsendet zwei oder vier Beauftragte, die an den Sitzungen des Aufsichtsrates teilnehmen und dort die gleichen Rechte haben wie im Verwaltungsrat.

2. Die Rechnungsprüfer (Commissaires aux comptes)

Jede Aktiengesellschaft muß mindestens einen Rechnungsprüfer *(commissaire aux comptes)* sowie einen Stellvertreter ernennen (Art. 218 des Gesetzes über die Handelsgesellschaften). Gesellschaften, die einen konsolidierten Jahresabschluß erstellen müssen, sind gehalten, mindestens zwei Rechnungsprüfer und zwei Stellvertreter zu bestellen (Art. 223 des Gesetzes über die Handelsgesellschaften). Die *commissaires aux comptes* werden in der Aktionärsversammlung für die Dauer von 6 Jahren ernannt.

Eine GmbH hat gemäß Art. 64 des Gesetzes über die Handelsgesellschaften einen *commissaire aux comptes* zu ernennen, wenn sie am Ende des Geschäftsjahres zwei der folgenden Schwellenwerte überschritten hat:

- Jahresbilanz: 10 Mio. FF
- Umsatz (HT): 20 Mio. FF
- durchschnittliche Anzahl der Angestellten: 50.

Alle anderen GmbH's können einen Rechnungsprüfer ernennen, sind dazu jedoch nicht verpflichtet.

Die Rechnungsprüfer können von dem Gremium, von dem sie ernannt worden sind, allerdings nicht wieder abberufen werden. Die Abberufung ist einer Entscheidung des Gerichts unter der Voraussetzung, daß sie ihr Amt fehlerhaft ausgeübt haben, vorbehalten.

Die Aufgabe der Rechnungsprüfer besteht im wesentlichen darin, die ordnungsgemäße Buchführung innerhalb der Gesellschaft und die Richtigkeit der Informationen zu überprüfen, die von den Geschäftsführern an die Aktionäre weitergegeben werden (Art. 228 des Gesetzes über die Handelsgesellschaften). Darüber hinaus wachen sie über die Gleichbehandlung aller Aktionäre. Zur Erfüllung dieser Pflichten haben sie folgende Befugnisse:

1. Sie können alle Überprüfungen, die ihnen angemessen erscheinen, jederzeit vornehmen und zu diesem Zwecke Einsicht in alle Unterlagen nehmen (Art. 229 Abs. 1 des Gesetzes über die Handelsgesellschaften).
2. Sie können ferner Ermittlungen bei Außenstehenden anstellen, die Geschäfte mit der Gesellschaft getätigt haben (Art. 229 Abs. 3 und 4 des Gesetzes über die Handelsgesellschaften).
3. Sie haben das Recht, an den Versammlungen des Verwaltungsrats bzw. des Vorstandes teilzunehmen, in denen der Jahresabschluß festgestellt wird (Art. 231 des Gesetzes über die Handelsgesellschaften).
4. Schließlich haben sie das Recht, an allen Aktionärs- bzw. Gesellschafterversammlungen teilzunehmen (Art. 231 des Gesetzes über die Handelsgesellschaften).

Die Rechnungsprüfer sind verpflichtet, der Gesellschafterversammlung oder der Aktionärsversammlung einen Bericht über die Ergebnisse der Überprüfung der Rechnungslegung des vergangenen Geschäftsjahres vorzulegen. Im Rahmen dieses Berichtes bestätigen sie entweder die Ordnungsmäßigkeit und Richtigkeit der Buchführung der Gesellschaft, oder sie verweigern diese Bestätigung. Sofern sie Unregelmäßigkeiten feststellen, die strafrechtlich relevant sind, müssen die Rechnungsprüfer dies dem zuständigen Staatsanwalt mitteilen (Art. 233 des Gesetzes über die Handelsgesellschaften), anderenfalls sie selbst strafrechtlich verfolgt werden können (Art. 457 des Gesetzes über die Handelsgesellschaften).

III. Die Mitgliederversammlungen

1. Die Gesellschafterversammlung der SARL

Die Entscheidungen der Gesellschafter einer SARL werden in der Gesellschafterversammlung getroffen. Dennoch können die Statuten vorsehen, daß alle Entscheidungen oder ein Teil der Entscheidungen auch schriftlich außerhalb der Versammlung getroffen werden können (Art. 57 des Gesetzes über die Handelsgesellschaften). Davon abgesehen müssen die Gesellschafter mindestens einmal im Jahr zusammenkommen, und zwar innerhalb von 6 Monaten nach Ende des Geschäftsjahres, um den Jahresabschluß festzustellen. Die Entscheidung über die Feststellung des Jahresabschlusses kann durch schriftlichen Beschluß nicht getroffen werden.

Die Gesellschafterversammlungen werden grundsätzlich vom Geschäftsführer einberufen. Für den Fall, daß das Amt des Geschäftsführers vakant ist oder dieser die Einberufung verweigert, können auch die Rechnungsprüfer die Gesellschafterversammlungen einberufen. Die Einberufung kann auch per Gerichtsentscheid auf Antrag eines der Gesellschafter erfolgen. Die Einladung zur Gesellschafterversammlung muß 15 Tage vorher den Gesellschaftern zugehen; diese haben innerhalb dieser Frist das Recht, Unterlagen einzusehen, und zwar, soweit es sich um die Jahreshauptversammlung handelt, den Geschäftsführungsbericht, die Inventur und den Jahresabschluß, ferner den Bericht der Rechnungsprüfer und den Wortlaut der Entscheidungen so, wie er den Gesellschaftern vorgelegt wird.

Soll eine schriftliche Beschlußfassung erfolgen, so sind die Unterlagen durch Einschreiben mit Rückschein an die Gesellschafter zu versenden. Die Gesellschafter haben sich innerhalb einer Frist von 15 Tagen dazu zu äußern.

Bei den Entscheidungen der Gesellschafter wird danach unterschieden, ob sie satzungsverändernd sind oder nicht. Im letzteren Falle ist die Zustimmung von ein oder mehreren Gesellschaftern notwendig, die mindestens die Hälfte der Gesellschafteranteile vertreten. Wird diese Mehrheit nicht bei der ersten Zusammenkunft oder schriftlichen Beratung erreicht, wird der Vorgang wiederholt. Bei der zweiten Beschlußfassung reicht allerdings die Mehrheit der abgegebenen Stimmen unabhängig davon aus, wie viele Gesellschafter teilgenommen haben oder sich haben vertreten lassen (Art. 59 des Gesetzes über die Handelsgesellschaften). Handelt es sich jedoch um Entscheidungen, die eine Satzungsveränderung zum Inhalt haben, z. B. die Änderung des Unternehmensgegenstandes, die Verlegung des Gesellschaftssitzes, Veränderungen der Kapitalausstattung, Formumwandlung der Gesellschaft etc., so ist die Zustimmung von Gesellschaftern erforderlich, die mindestens drei Vierteil der Gesellschaftsanteile vertreten (Art. 60 des Gesetzes über die Handelsgesellschaften). Mit gleicher Mehrheit wird über die Zustimmung zu einer Übertragung von Gesellschaftsanteilen abgestimmt (Art. 45 des Gesetzes über die Handelsgesellschaften).

2. *Die Hauptversammlung der S.A.*

Die Aktionärshauptversammlungen werden vom Verwaltungsrat, vom Vorstand *(directoire)* oder vom Aufsichtsrat einberufen; für den Fall, daß diese Organe die Einberufung verweigern, können sie auch von den Rechnungsprüfern einberufen werden. Auf Antrag eines oder mehrerer Aktionäre, die mindestens ein Zehntel des Gesellschaftskapitals vertreten, kann die Einberufung auch durch eine gerichtlich eingesetzte Person erfolgen. Die Frist für die Einberufung beträgt ebenfalls 15 Tage. Gemäß Art. 124 des Ausführungsdekrets zum Gesetz über die Handelsgesellschaften wird die Einladung an die Aktionäre durch einfachen Brief versandt, auf Antrag eines Aktionärs auch durch eingeschriebenen Brief (Art. 125 des Ausführungsdekrets).

Vor der Hauptversammlung haben die Aktionäre ein Informationsrecht, dessen Inhalt in den Artt. 135 und 138 des Ausführungsdekrets festgelegt ist. Ist die Feststellung des Jahresabschlusses in der Tagesordnung vorgesehen, muß die Gesellschaft folgende Unterlagen an die Aktionäre versenden oder zur Einsichtnahme am Sitz der Gesellschaft zur Verfügung stellen:

1. den Jahresabschluß und den Geschäftsbericht der Gesellschaft sowie ggf. den Konzernabschluß und den Geschäftsführungsbericht des gesamten Konzerns;
2. eine Übersicht über das Geschäftsergebnis der Gesellschaft für jedes der letzten fünf oder der seit Gründung der Gesellschaft abgeschlossenen Geschäftsjahre;
3. den Bericht des oder der Rechnungsprüfer;
4. ggf. die Stellungnahmen des Aufsichtsrates.

Alle Aktionäre haben ein Recht auf Teilnahme an den Hauptversammlungen. Sie können sich gemäß Art. 161 des Gesetzes über die Handelsgesellschaften von ihrem Ehegatten oder einem anderen Aktionär vertreten lassen. Die Vertretung durch eine andere Person ist ausgeschlossen. Die Hauptversammlungen finden statt am Sitz der Gesellschaft oder einem anderen in den Statuten dafür vorgesehenen Ort (Art. 158 des Gesetzes über die Handelsgesellschaften). Den Vorsitz über die Hauptversammlung führen die Vorsitzenden des Verwaltungsrates oder des Aufsichtsrates. Die Hauptversammlung hat ein Sekretariat *(bureau)* das sich aus dem Vorsitzenden, zwei Wahlprüfern und einem Schriftführer zusammensetzt. Es führt und bescheinigt die Anwesenheitsliste und überwacht den ordnungsgemäßen Ablauf der Versammlung.

Es gibt zwei Arten von Hauptversammlungen, die ordentliche und die außerordentliche. Die ordentliche Hauptversammlung ist zuständig für alle Entscheidungen, die nicht der außerordentlichen Hauptversammlung zugewiesen sind, insbesondere also für die Feststellung der Jahresabschlüsse und der Gewinnverwendung sowie die Ernennung und Abberufung der Gesellschaftsorgane. Die Beschlußfähigkeit ist gegeben, wenn bei erster Einberufung mindestens ein

Drittel der Stimmrechtsaktien vertreten sind; bei der zweiten Einberufung ist kein Mindestquorum mehr festgesetzt. Die Entscheidungen werden mit einfacher Mehrheit der Stimmen der stimmberechtigten Aktionäre oder ihrer Vertreter getroffen.

Die außerordentliche Hauptversammlung ist zuständig für alle Änderungen der Statuten und hier insbesondere für die Veränderungen des Gesellschaftskapitals, des Unternehmensgegenstandes, die Sitzverlegung usw. Die Beschlußfähigkeit ist bei erster Einberufung gegeben, wenn die Hälfte der Stimmrechtsaktien vertreten ist; bei zweiter Einberufung ist ein Viertel der Stimmrechtsaktien ausreichend. Die Entscheidungen werden mit Zweidrittelmehrheit der anwesenden stimmberechtigten Aktionäre oder ihrer Vertreter gefaßt.

F. Vereinfachte Gesellschaftsformen

Seit dem Gesetz vom 11. Juli 1985 kennt das französische Recht eine vereinfachte Form der SARL, die sogenannte Einmann-SARL (genannt „EURL"). Darüber hinaus hat das Parlament mit dem Gesetz vom 3. 1. 1994 die sogenannte *„société par actions simplifiée"*(S.A.S.) eingeführt, die einen Zusammenschluß von Gesellschaften von einer bestimmten Größe ermöglicht.

I. Die Einmann-SARL (EURL)

Gemäß Art. 34 des Gesetzes über die Handelsgesellschaften kann eine SARL von einer oder mehreren Personen gegründet werden[35]. Daraus folgt, daß eine GmbH nach französischem Recht von Anfang an nur einen einzigen Gesellschafter haben kann. Der Gesellschafter kann sowohl eine natürliche als auch eine juristische Person sein, allerdings keine Einmann-SARL (Art. 36-2 des Gesetzes über die Handelsgesellschaften).

Eine SARL kann gemäß Art. 36-1 des Gesetzes über die Handelsgesellschaften auch als Einmann-Gesellschaft fortbestehen, wenn sich alle Gesellschaftsanteile in einer Hand vereinigt haben.

Eine EURL kann ebenfalls eine geeignete Gesellschaftsform für die Tochtergesellschaft einer ausländischen Muttergesellschaft in Frankreich sein. Da auch die Gründungsregeln und die Regeln über den Geschäftsbetrieb der EURL im Prinzip die gleichen sind wie die einer SARL herkömmlicher Form, ist festzustellen, daß die Formvorschriften bezüglich der Beschlußfassung einer EURL wesentlich erleichtert sind durch die Tatsache, daß der Einzelgesellschafter alle

35 Une SARL »instituée par une ou plusieures personnes«.

Aufgaben der Gesellschafterversammlung ausübt (Art. 34 Abs. 2 des Gesetzes über die Handelsgesellschaften). Die Entscheidungen des Alleingesellschafters, die die Beschlüsse der Gesellschafterversammlung ersetzen, werden in chronologischer Form in einem Register hinterlegt. Sowohl der Geschäftsbericht als auch die Jahresabschlüsse und ggf. der Bericht des Rechnungsprüfers sind dem Alleingesellschafter binnen 6 Monaten nach Abschluß des Geschäftsjahres vom Geschäftsführer *(gérant)* vorzulegen.

Wie bei der SARL herkömmlicher Form auch ist die Haftung des Alleingesellschafters auf seine Einlagen beschränkt. Er haftet nicht für die Verbindlichkeiten der Gesellschaft. Dies alles spricht sehr für die Wahl dieser Gesellschaftsform für eine Tochtergesellschaft.

II. Die „Société par actions simplifiée" (S.A.S.)

Die S.A.S. ist eine vereinfachte Form der Aktiengesellschaft. Im Grunde ist das Recht der Aktiengesellschaften in vereinfachter Form zugrunde zu legen, nach dem es den Aktionären gestattet ist, die Organisation der Gesellschaft, die Zusammensetzung der Geschäftsführungsorgane, den Abstimmungsmodus und die Beziehungen unter den Aktionären frei zu bestimmen[36].

In groben Zügen stellt sich das Recht der S.A.S. wie folgt dar[37]:

1. Aktionäre einer S.A.S. können nur Gesellschaften sein, die über ein vollständig eingezahltes Stammkapital in Höhe von mindestens 1,5 Mio. FF verfügen; bei ausländischen Gesellschaften muß der Wert des Stammkapitals diesem Betrag in FF entsprechen.
2. Das Kapital der S.A.S. muß bei Zeichnung der Anteile vollständig eingezahlt werden.
3. Die Verwaltung und Organisation der Gesellschaft kann in den Statuten frei bestimmt werden.
4. Die Gesellschaft wird gegenüber Dritten vertreten durch einen Vorsitzenden, der allerdings sowohl eine natürliche als auch eine juristische Person sein kann.
5. In den Statuten sind die Bedingungen der Entscheidungsfindung innerhalb der Gesellschaft festzulegen. Es ist keine Verpflichtung zur Einberufung von Aktionärsversammlungen vorgesehen, so daß die Art und Weise der Entscheidungsfindung in den Statuten frei festgesetzt werden kann.

36 Vgl. den sogenannten „X.-De-Roux-Bericht", Dokument Nr. 258 der Assemblée Nationale vom 7. Juni 1993.

37 Ausführlich dazu: Y. GUYON, Die vereinfachte Aktiengesellschaft in Frankreich – Société par actions simplifiée (SAS) –, ZGR 1994, S. 551.

6. In den Statuten kann festgelegt werden, daß die Anteile für eine Dauer von höchstens 10 Jahren unübertragbar sind. Ferner können eine zwangsweise Übertragung der Anteile und die Zustimmungsklauseln festgelegt werden.

G. Der Schutz von Minderheiten

Im Konzernverbund haben die Tochtergesellschaften in der Regel keine typischen Minderheitsgesellschafter; ihre Gesellschafter sind in aller Regel vielmehr Mitglieder derselben Gruppe wie die Muttergesellschaft. Dennoch sollen hier die Rechte der Minderheitsgesellschafter kurz dargestellt werden. Diese werden in der Regel weiderum nur bei den Aktiengesellschaften relevant, so daß wir uns auf deren Darstellung beschränken wollen[38].

Wie alle Aktionäre verfügt der Minderheitsaktionär über die typischen Aktionärsrechte, also die vermögensrechtlichen, z. B. das Recht auf Ausschüttung einer Dividende, das Recht, über seine Aktienanteile zu verfügen, das Recht, sein Zeichnungsrecht bei einer Kapitalerhöhung auszuüben oder zu veräußern, sowie die nicht vermögensrechtlichen Rechte. Er darf demnach an jeder Hauptversammlung teilnehmen und hat das Recht, je nach Art der Hauptversammlung vorher eine festgelegte Reihe von Dokumenten einzusehen und in Kopie übersandt zu bekommen. Er kann gemäß Artt. 168, 170 des Gesetzes über die Handelsgesellschaften jederzeit eine ebenfalls festgelegte Liste von Dokumenten einsehen und in Kopie anfordern, die die letzten 3 Geschäftsjahre betreffen[39].

Ein Kapitalanteil in Höhe von mindestens 10 Prozent ist erforderlich, um

1. die gerichtliche Abberufung eines oder mehrerer Rechnungsprüfer herbeiführen zu können (Art. 225 des Gesetzes über die Handelsgesellschaften),

38 Ausführlich dazu: D. SCHMIDT, Les droits de la minorité dans les sociétés anonymes, Paris (Sirey) 1970.

39 Dazu gehören:
- die Protokolle und Anwesenheitslisten der Hauptversammlungen;
- Inventar, Jahresabschlüsse und ggf. die Konzernabschlüsse sowie die Listen der Mitglieder des Verwaltungsrats bzw. des Direktoriums und des Aufsichtsrates;
- den Bericht des Verwaltungsrates bzw. des Vorstandes, des Aufsichtsrates und ggf. der Rechnungsprüfer;
- den Wortlaut der Begründungen zu den Beschlußvorschlägen sowie Auskünfte über die Personen, die in das Amt des Verwaltungs- oder Aufsichtsrats berufen werden sollen;
- die vom Abschlußprüfer bestätigte Gesamthöhe der Bezüge, die die Spitzenverdiener in der Gesellschaft von ihr erhalten haben.

2. die gerichtliche Bestellung eines Sachverständigen herbeiführen zu können, der einzelne Maßnahmen der Geschäftsleitung begutachten soll (Art. 226 des Gesetzes über die Handelsgesellschaften),

und um

3. zweimal im Geschäftshjahr schriftliche Anfragen zu allen Tatsachen an den Vorsitzenden des Verwaltungsrats oder den Vorstand richten zu dürfen, die die fortlaufenden Geschäfte gefährden können (Art. 226-1 des Gesetzes über die Handelsgesellschaften).

Bei einem Kapitalanteil von 5 Prozent kann ein Gesellschafter (oder mehrere im Zusammenwirken) verlangen, daß ein bestimmter Tagesordnungspunkt in die Tagesordnung der Hauptversammlung aufgenommen wird. Ferner ist dies der Mindestkapitalanteil, der zur Erhebung einer Schadenersatzklage gegen die Geschäftsleitung des Unternehmens berechtigt (Art. 245 des Gesetzes über die Handelsgesellschaften).

H. Die Eigenkapitalausstattung

Wie bereits ausgeführt, beträgt das Mindestkapital einer SARL derzeit FF 50.000,–, bei einer S.A. oder einer S.A.S. – von einigen Ausnahmen abgesehen – FF 250.000,–.

Darüber hinaus sind sowohl SARL als auch S.A. und S.A.S. gesetzlich verpflichtet, eine Reserve in Höhe von 10 Prozent des Stammkapitals zu bilden. Dies geschieht durch Abschöpfung von 5 Prozent des Jahresüberschusses, der im Falle vorangegangener Verluste entsprechend herabzusetzen ist (Art. 345 des Gesetzes über die Handelsgesellschaften).

Der Saldo des Jahresüberschusses wird nach Abzug vorangegangener Verluste an die Aktionäre ausgeschüttet, in die Rücklagen eingestellt oder vorgetragen. Der Saldovortrag bildet dabei den rechnerischen Betrag von Verlusten und Gewinnen, die nicht ausgeschüttet oder in die Rücklagen eingestellt wurden. Der verbleibende Positivsaldo kann jederzeit als Dividende an die Aktionäre weitergegeben werden.

Wenn das Eigenkapital einer SARL oder S.A. aufgrund von Verlusten unter die Hälfte des Stammkapitals abgesunken ist, haben die Geschäftsführungsorgane dies den Gesellschaftern mitzuteilen. Diese entscheiden dann über die Fortführung oder die Auflösung der Gesellschaft (Artt. 68 bzw. 241 des Gesetzes über die Handelsgesellschaften). Diese Entscheidung hat spätestens vier Monate nach der Aktionärsversammlung oder der Gesellschafterversammlung zu erfolgen, in der der Verlust der Hälfte des Eigenkapitals festgestellt wurde. Die Entscheidung über die Fortführung oder die Auflösung der Gesellschaft muß in einer für öffentliche Bekanntmachungen zugelassenen Zeitung veröffentlicht werden. Sofern die Gesellschafter eine Auflösung ablehnen, muß die

Gesellschaft spätestens bis zum Schluß des zweiten auf das Jahr, in dem der Verlust festgestellt wurde, folgende Geschäftsjahr ihr Eigenkapital bis zu einem Betrag von mindestens der Hälfte des Stammkapitals wieder aufgestockt haben. Gelingt ihr dies innerhalb der Frist nicht, so kann jeder Betroffene die Zwangsauflösung der Gesellschaft bewirken. Das Gericht kann der Gesellschaft jedoch eine zusätzliche Frist von längstens 6 Monaten zur Sanierung der Eigenkapitalausstattung einräumen. Die Auflösung kommt allerdings auch dann nicht in Betracht, wenn die Gesellschaft bis zum Tag der Verkündung der gerichtlichen Entscheidung ihr Eigenkapital auf die Hälfte des Stammkapitals aufgestockt hat.

J. Kurzer steuerrechtlicher Abriß

Die SARL und die S.A. sind in Frankreich hauptsächlich zwei Steuerarten unterworfen: der Gewerbe- und der Körperschaftsteuer *(taxe professionnelle* und *impôt sur les sociétés,* I.S.).

I. Die Gewerbesteuer

Gemäß Art. 1447 des Steuergesetzbuches (Code Général des Impôts) unterliegen der Gewerbesteuer alle Personen, die in Frankreich regelmäßig und selbständig eine berufliche Tätigkeit ausüben. Ihre Grundlagen sind einerseits das Kapital und andererseits die Arbeit. Sie wird berechnet

1. auf den gesamten Ertragswert des Anlagevermögens, über das die Gesellschaft verfügt, und das sie zum Zwecke der Ausübung ihrer Tätigkeit benötigt; dieser Wert wird für Immobiliarvermögen nach dem Katasterertragswert festgesetzt und beträgt für Mobiliarvermögen 16 % des Anschaffungspreises;
2. aus einem Betrag in Höhe von 18 % der Lohn- und Gehaltssumme.

Die Gewerbesteuer wird jährlich erhoben und kommt den örtlichen Gemeinden zugute. Diese bestimmen denn auch die Höhe der Steuer; folglich kommt es sehr auf den Standort des Unternehmens an. Die mittlere Steuerhöhe betrug in den letzten Jahren zwischen 12 und 13 % des ermittelten Gesamtwerts.

II. Die Körperschaftsteuer

Bei der Körperschaftsteuer ist zu unterscheiden zwischen der Steuer auf Einnahmen der Tochtergesellschaft und der Steuer auf Gewinnabführungen an die Muttergesellschaft.

1. *Die Besteuerung von Überschüssen*

Die SARL und die S.A. unterliegen in vollem Umfang der Körperschaftsteuer *(I.S.)*. Gemäß Art. 209-1 des Steuergesetzbuches sind jedoch nur solche Überschüsse steuerbar, die von in Frankreich ansässigen Geschäftsbetrieben erwirtschaftet werden.

Die Ermittlung des steuerbaren Gewinns erfolgt wie in Deutschland auf der Grundlage der Differenz zwischen dem Nettoaktivvermögen am Ende und zu Beginn des Geschäftsjahres. Sie bemißt sich derzeit auf 33,33 %, kann jedoch bei Kapitalerträgen unter bestimmten Voraussetzungen auf 18 % heruntergesetzt werden.

2. *Die Besteuerung von Gewinnausschüttungen*

Dividenden, die von einer Gesellschaft ausgeschüttet werden, die der *I.S.* in Frankreich unterliegt, genießen in der Regel eine Steuervergünstigung auf die Körperschaftsteuer, die diese Gesellschaft zu zahlen hat. Sie kann auf die Einkommen- oder Körperschaftsteuer desjenigen Gesellschafters angerechnet werden, der die Dividenden erhält, und entspricht der Hälfte des ausgeschütteten Dividendenbetrages.

Das Deutsch-Französische Doppelbesteuerungsabkommen vom 21. Juli 1959 läßt unter bestimmten Voraussetzungen eine Übertragung dieses Steuervorteils auf einen deutschen Gesellschafter einer französischen Gesellschaft zu. Zum Ausgleich dafür ist der französische Fiskus berechtigt, eine Quellensteuer von maximal 15 % zu erheben und einzubehalten.

Diese Regelung ist jedoch nicht anwendbar, wenn es sich bei dem dividendenberechtigten deutschen Gesellschafter um eine Kapitalgesellschaft handelt. Für diesen Fall sieht Art. 9 des Doppelbesteuerungsabkommens, zuletzt geändert durch Zusatz vom 28. September 1989, vor, daß die Dividenden von der Quellensteuer befreit sind, aber auch keine Steuervergünstigung genießen.

3. *Das System der Organschaft*

Nach französischem Steuerrecht können Muttergesellschaften, die direkt oder indirekt mindestens 95 % des Kapitals der Tochtergesellschaft halten, mit dieser eine steuerliche Einheit bilden. Innerhalb dieser Einheit ist das rechnerische Ergebnis nach Gewinnen und Verlusten der gesamten Unternehmensgruppe zu ermitteln. Danach bemißt sich dann die Körperschaftsteuer des Konzerns.

Von dieser Regelung profitieren allerdings nur französische Gesellschaften, soweit sie körperschaftsteuerpflichtig sind. Eine ausländische Muttergesellschaft kann daher auch dann nicht in den Genuß einer konsolidierten Besteuerung kommen, wenn sie 95 % oder mehr des Kapitals einer französischen Tochter hält.

K. Jahresabschluß, Prüfung, Publizität

Nach dem Gesetz vom 24. Juli 1966 zur Regelung der Handelsgesellschaften sind die Handelsgesellschaften verpflichtet, einen Jahresabschluß zu erstellen, ggf. auch die Buchführung prüfen zu lassen und den Jahresabschluß zusammen mit dem Abschlußbericht zu veröffentlichen.

I. Jahresabschluß

Gemäß Art. 340 des Gesetzes vom 24. Juli 1966 zur Regelung der Handelsgesellschaften sind der Verwaltungsrat, der Vorstand oder die Geschäftsführung verpflichtet, nach Abschluß eines jeden Geschäftsjahres

a) nach Maßgabe des 2. Titels des 1. Buches des Code de Commerce (Artt. 8 bis 17) sowie des Dekrets vom 29. November 1983 zur Regelung der Buchführungspflichten von Kaufleuten und Gesellschaften ein Inventar und den Jahresabschluß aufzustellen; die Einzelheiten sind im Bilanzrahmengesetz (Plan Comptable Général) von 1982 geregelt;
b) einen Geschäftsbericht vorzulegen, aus dem sich die Lage der Gesellschaft im abgelaufenen Geschäftsjahr ergibt, die zu erwartende Entwicklung und die wichtigen Ereignisse seit dem Ende des Geschäftsjahres.

Hat die Tochtergesellschaft selbst wiederum Tochtergesellschaften, so hat sie gemäß Art. 357-1 des Gesetzes vom 24. Juli 1966 zur Regelung der Handelsgesellschaften einen konsolidierten Abschluß sowie einen Konzernbericht zu erstellen.

Der Jahresabschluß muß dem oder den Gesellschaftern bzw. den Aktionären in der Hauptversammlung innerhalb von 6 Monaten nach Abschluß des Geschäftsjahres vorgelegt werden.

II. Prüfung

Hat die Gesellschaft einen Rechnungsprüfer *(commissaire aux comptes)* bestellt, so müssen ihm der Jahresabschluß und der Geschäftsbericht jährlich mindestens einen Monat vor der Einberufung der ordentlichen Hauptversammlung vorgelegt werden. Dieser hat gemäß Art. 228 des Gesetzes vom 24. Juli 1966 zur Regelung der Handelsgesellschaften festzustellen, ob die Rechnungslegung den Erfordernissen ordnungsgemäßer Buchführung entspricht, ein realistisches Bild vom wirtschaftlichen Ergebnis des abgelaufenen Geschäftsjahres zeichnet und die finanzielle Situation und das Gesellschaftsvermögen korrekt darstellt.

III. Publizität

Die Aktiengesellschaften, und nur sie, sind gemäß Art. 293 des Dekrets vom 23. März 1967 verpflichtet, den Jahresabschluß (Bilanz und Anlagen), den Geschäftsbericht und den Bericht des Rechnungsprüfers beim Handels- und Gesellschaftsregister (Registre du Commerce et des Sociétés) zu hinterlegen, und zwar innerhalb des auf die Feststellung des Abschlusses folgenden Monats.

Ein Verstoß gegen diese Vorschriften wird durch Erhebung eines Bußgeldes in Höhe von maximal FF 20.000,– geahndet.

L. Die strafrechtliche Verantwortlichkeit von juristischen Personen

Am 1. 3. 1994 ist in Frankreich der neue Code Pénal in Kraft getreten. Seine wichtigste Neuerung für das Gesellschaftsrecht ist die Vorschrift des Art. 121-2, nach dem nunmehr auch juristische Personen für Straftaten verfolgt werden können, die ihre Organe oder Vertreter, in der Regel also der Vorsitzende des Verwaltungsrats, der Vorstand oder der Geschäftsführer in ihrem Namen begangen haben. Eine Haftung der Gesellschaft für Straftaten von Angestellten oder des rein faktischen Geschäftsführers ist im Gesetz nicht vorgesehen.

Die strafrechtliche Verfolgung wird allerdings nur durch die im Gesetz ausdrücklich vorgesehenen Tatbestände ausgelöst. Solche sind bisher z. B. Straftaten gegenüber Personen (Tötung oder fahrlässige Gewalteinwirkung), Vermögensdelikte wie Diebstahl, Untreue und Betrug, verbotenes Glücksspiel und Delikte auf dem Gebiet des unlauteren Wettbewerbs. Darüber hinaus sind Spezialgesetze auf dem Gebiet des Arbeits-, des Wirtschafts- und Gesellschaftsrechts in Vorbereitung und müssen noch dem Parlament zur Abstimmung vorgelegt werden.

Die strafrechtlichen Sanktionen, die über eine juristische Person verhängt werden können, sind in den Artt. 131-37 bis 131-49 des neuen Strafgesetzbuches festgelegt. Sie reichen von einfachen Geldbußen über das Verbot, einzelne Tätigkeiten oder die gesamte Geschäftstätigkeit weiter auszuüben und eine oder mehrere Niederlassungen zu schließen und das Verbot, Geld über den Kapitalmarkt aufzunehmen, bis zur Auflösung der Gesellschaft. Die Gesellschaft kann darüber hinaus unter gerichtliche Aufsicht gestellt werden; es kann ihr verboten werden, Schecks auszustellen oder Kreditkarten zu benutzen.

Das neue Strafgesetzbuch sieht im übrigen die Errichtung eines nationalen Strafregisters für Gesellschaften vor, zu dem neben den Behörden die Präsidenten der Handelsgerichte, die Registerrichter und die Börsenaufsichtsbehörde (Commission des Opérations de Bourse, COB) Zugang haben.

Anhang

I. Gesetzesverzeichnis und Gesetzessammlungen

Gesellschaftsgesetzbuch (Code des Sociétés), Dalloz;
Handelsgesetzbuch (Code de Commerce), Dalloz 1994 (erscheint jährlich);
Artt. 1838 bis 1844 des Zivilgesetzbuches (Code Civil), Dalloz 1994 (erscheint jährlich);
Artt. 121-2, 131-37 bis -49 des Strafgesetzbuches (Code Pénal) vom 1. 3. 1994, Dalloz 1994
Gesetz Nr. 66-537 vom 24. Juli 1966 zur Regelung der Handelsgesellschaften (Loi n° 66-537 du 24 juillet 1966 sur les sociétés commerciales);
Ausführungsdekret Nr. 67-236 vom 23. März 1967 zum Gesetz zur Regelung der Handelsgesellschaften (Décret d'application n° 67-236 du 23 mars 1967);
Artt. 1 bis 29 des Dekrets Nr. 78-704 vom 3. Juli 1978, die die allgemeinen Regelungen über Gesellschaften (zivilrechtliche und Handelsgesellschaften) enthalten;
Art. 94-II des Gesetzes Nr. 81-1160 vom 30. Dezember 1981 und das Ausführungsdekret Nr. 83-359 vom 2. Mai 1983 zur Abschaffung der Verbriefung von Wertpapieren;
Dekret Nr. 84-406 vom 30. Mai 1984 und die
Verordnung vom 9. Februar 1988 zur Regelung des Handels- und Gesellschaftsregisters (Registre du Commerce et des Sociétés);
Code Général des Impôts (Steuergesetzbuch)
Deutsch-Französisches Doppelbesteuerungsabkommen vom 21. Juli 1959
Bilanzrahmengesetz (Plan Comptable Général) vom 27. April 1982;
Dekret Nr. 83-1020 vom 29. November 1983 zur Regelung der Buchführungspflichten von Kaufleuten und Gesellschaften;
Dekret Nr. 89-938 vom 29. Dezember 1989 zur Regelung der finanziellen Beziehungen mit dem Ausland, zuletzt geändert durch die Dekrete Nr. 90-58 vom 15. Januar 1990 und Nr. 92-134 vom 11. Februar 1992 sowie dazu der Erlaß *(circulaire)* vom 15. Januar 1990.

II. Abkürzungen

Bull.	Bulletin des arrêts de la Cour de Cassation (Entscheidungssammlung des Kassationshofs)
Cass. Civ.	Cour de Cassation, Chambre Civile (die Kammern sind anschließend römisch numeriert)
Cass. Com.	Cour de Cassation, Chambre Commerciale
Cass. Crim.	Cour de Cassation, Chambre Criminelle
Cass. Soc.	Cour de Cassation, Chambre Sociale
COB	Commission des Opérations de Bourse (Börsenaufsichtsbehörde)
Dalloz	Recueil de Jurisprudence Dalloz
EURL	SARL à un seul associé (Einmann-GmbH)
INF. RAP.	Informations rapides (Kurzinformationen)
I.S.	Impôt sur les sociétés (Körperschaftsteuer)

Paris	Cour D'Appel de Paris
S.A.	Société anonyme (Aktiengesellschaft)
S.A.S.	Société par actions simplifiée (vereinfachte Aktiengesellschaft)
SARL	Société à responsabilité limitée (GmbH)
Sirey	Recueil Sirey (vgl. oben „Dalloz")

III. Literaturhinweise

LAMY SOCIETES COMMERCIALES, Editions Lamy, Paris

MEMENTO PRATIQUE FRANCIS LEFEBVRE, Societes commerciales, Editions Francis Lefebvre, Paris

HEMARD/TERRE/MABILAT, sociétés commerciales Tomes 1 à 3, Editions Dalloz, Paris

COZIAN/VIANDIER, Droit des Sociétés, Editions Littec, Paris

MERLE, Sociétés Commerciales, Editions Dalloz, Paris

JURIS-CLASSEURS, sociétés, traités et formulaires – Editions Techniques, Paris

HAMEL/LAGARDE/JAUFFRET, Droit commercial, Bd. 1 „Sociétés", Editions Dalloz, Paris

GUYON, Yves, Droit des Affaires, Bd. 1 „Droit commercial et Sociétés, 6. Aufl., Paris 1990

WITZ / D. SCHMIDT/ZIERAU, Unternehmenserwerb in Frankreich, Heidelberg 1990

IV. Adressenverzeichnis

Chambre Franco-allemande du Commerce et de l'Industrie
Deutsch-Französische Industrie und Handelskammer
18, rue Balard
F-75015 Paris
Tél: 16.1.40.58.35.35
Fax: 16.1.45.75.47.39

Bureau pour le développement Industriel en France:
Büro für Industrielle Entwicklung in Frankreich (B.I.E.F.)
IFA (Invest in France Agency) Deutschland
47 Reuterweg
60323 Frankfurt/Main
Tél: 19.49.69.724.16.53
Fax: 19.49.69.724.16.57

Direction du Trésor
Bureau D3
Télédoc 532-139
Rue de Bercy
F-75572 Paris Cedex 12

Die Gründung einer Tochtergesellschaft in Griechenland*

von

Professor DR. LEONIDAS N. GEORGAKOPOULOS, Athen

Inhaltsübersicht

* Stand: 15. November 1994

A. Einleitung

I. Gesellschaftsrecht

Das griechische Gesellschaftsrecht umfaßt Vorschriften über folgende Gesellschaftsformen: ZGB-Gesellschaft (741 f ZGB), OHG und KG (18 ff HGB), GmbH (G. Nr. 3190/1955), AG (G. Nr. 2190/1920), die Schiffahrtsgesellschaft (G. Nr. 959/1979) und mehrere Genossenschaftsarten.

II. Verfassungsrecht

Verfassungsmäßige Grundrechte von Ausländern sind u. a. das Recht auf Teilnahme am Wirtschaftsleben (Verf.-Art. 5) und auf vorherige Entschädigung bei Enteignung, die nur für Gemeinwohlzwecke zugelassen ist (Verf.-Art. 17). Die Investitionszulassungen von Auslandskapitalien gemäß G. D. Nr. 2687/1953 sind im Verf.-Art. 107 § 2 gegen Gesetzeseingriffe geschützt.

III. Völkerrecht

Die allgemein anerkannten Völkerrechtsgrundsätze gelten eo ipso in Griechenland, während Völkerrechtsverträge gesetzlich ratifiziert werden müssen (Verf.-Art. 28 § 1).

IV. EG-Recht

Das griechische Recht wird laufend dem EG-Recht angepaßt. Seit dem 16. 5. 94 ist die Drachme frei konvertierbar. Anpassungsdekrete sind auch im Bereich des Gesellschaftsrechts generell für alle EG-Richtlinien ergangen. Gleiches gilt für die Richtlinien über Bank-, Börsen- und Versicherungsrecht.

B. Gründungsvorschriften

I. Allgemeines

1. Ausländergründung

Griechische Gesellschaften können frei von ausländischen natürlichen oder juristischen Personen gegründet werden. Ausländische (soweit nicht EG-)Beteiligung ist beschränkt: (a) bei Bergbaugesellschaften (gesetzliche Zulassungspflicht), (b) bei Bankgesellschaften (bis 50 % des Kapitals) und (c) – auslegungsmäßig nach Durchgriffsregeln – bei Gesellschaften, die Geschäfte, etwa Grunderwerbsgeschäfte, zum Zweck haben, die Ausländern verboten sind. Versicherungsaktiengesellschaften müssen eine griechische Mehrheit im Verwaltungsrat aufweisen.

2. Gründungsort

Die Gründung, insbesondere die Unterzeichnung der Gründungsurkunde kann im Ausland stattfinden. Die Einhaltung der griechischen Notarform genügt (11 ZGB). Ob der griechische Konsul als Notar für Ausländer fungieren kann, hängt vom Lokalrecht ab.

II. Offene Handelsgesellschaft

1. Begriff

Die offene Handelsgesellschaft ist die Personengesellschaft, die als Außengesellschaft Handelsgeschäfte betreibt, ohne daß die Haftung der Gesellschafter eingeschränkt ist.

2. Gründer und Gesellschafter

Gesellschafter können alle inländischen oder ausländischen natürlichen oder juristischen Personen sein. Natürliche Personen müssen die volle Geschäftsfähigkeit besitzen.

3. Persönliche Folgen für die Gesellschafter

Die Gesellschafter der oHG haften unbeschränkt für alle Schulden der Gesellschaft, die während ihrer Gesellschaftereigenschaft bestehen oder begründet werden. Die Klagen können nur innerhalb von fünf Jahren nach der Veröffentlichung des Austritts des Gesellschafters oder der Auflösung der Gesellschaft erhoben werden.

Die Gesellschafter erwerben ferner automatisch die Kaufmannseigenschaft.

4. Form

Der Gesellschaftsvertrag unterliegt beweisrechtlich der privatschriftlichen Form. Eine strengere Form kann sich wegen des Inhalts der Verpflichtungen der

Gesellschafter oder des sonstigen Inhalts des Vertrages aus dem allgemeinen Zivilrecht ergeben.

5. *Veröffentlichung*

Der Gesellschaftsvertrag unterliegt der Veröffentlichung innerhalb einer Frist von 15 Tagen nach seinem Datum. Die Frist ist nicht ausschließlich. Die Veröffentlichung erfolgt in einer Abschrift oder in Zusammenfassung, die die Regelung des Außenverhältnisses der Gesellschaft enthalten soll, und besteht in der Einreichung an das Amtsgericht des Sitzes. Das Amtsgericht führt ein alphabetisches Register und ein Protokoll und erteilt Bescheinigungen an jeden Antragsteller über die bestehenden Veröffentlichungen sowie Abschriften.

6. *Unveröffentlichte Verträge*

Gesellschaftsverträge oder Teile davon, die nicht veröffentlicht sind, unterliegen einer sogenannten relativen Nichtigkeit zugunsten Dritter, nicht zugunsten eines Gesellschafters. Die Nichtigkeit kann von einem Dritten formlos geltend gemacht werden und umfaßt sowohl das Außen- als auch das Innenverhältnis.

7. *Steuerliche Formalitäten*

Die Pflicht des Amtsgerichtssekretärs, die Gesellschaftsverträge zu akzeptieren und zu registrieren, setzt eine Urkunde voraus, die dem Finanzamt zur Entrichtung der Kapitalsammlungssteuer vorgelegt worden ist und die Entrichtungsbescheinigung trägt.

Die Steuer beträgt in der Regel bei der Gründung und Vertragsänderung 1 % des Wertes der Leistungen.

8. *Sozialrechtliche Abgaben*

Gesellschaftsverträge unterliegen einer Abgabe von 1 % zugunsten der Juristenpensionsanstalt und u. U. einer Abgabe zugunsten der lokalen Anwaltspensionsanstalt von ca. 1 % des Kapitals.

9. *Nachträgliche Veröffentlichungen*

Änderungen des Gesellschaftsvertrages, die das Außenverhältnis betreffen, unterliegen der Veröffentlichung und den Abgaben sowie den steuerlichrechtlichen Formalitäten des Gründungsvertrages.

10. Folgen und Regelung

a) Folgen

Die oHG erlangt juristische Persönlichkeit mit der Veröffentlichung. Unveröffentlichte Gesellschaften, die im Außenverhältnis tätig gewesen sind, genießen juristische Persönlichkeit in dem Sinne, daß nur ein Dritter ihre Nichtigkeit geltend machen kann. Die Geltendmachung wirkt für und gegen alle. Die Rechtspersönlichkeit dauert über die Auflösung hinaus für die Liquidationszwecke.

b) Regelung

Die vertragliche Regelung der oHG unterliegt dem Grundsatz der Privatautonomie. Vertragsfreiheit kann jedoch die Haftung der Gesellschafter mit Wirkung gegen Dritte nicht ausschließen. Sie kann auch folgende gesetzliche Rechte der Gesellschafter nicht ausschließen: das individuelle Recht auf Büchereinsicht, das individuelle Recht zur Kündigung einer Gesellschaft aus wichtigem Grund, das individuelle Recht zur Kündigung einer Gesellschaft ohne wichtigen Grund, falls die Gesellschaft auf unbestimmte Zeit lautet, das kollektive Recht aller übrigen Gesellschafter zum Widerruf eines vertraglich bestellten Geschäftsführers, das kollektive Recht aller Gesellschafter zur gerichtlichen Ausschließung eines Gesellschafters wegen schuldhafter Vertragsverletzung und das individuelle Recht auf gerichtliche Bestellung eines Liquidators für die aufgelöste oHG, deren vertragliche Liquidatoren die Liquidation verzögern. Ergänzend wird das ZGB-Gesellschaftsrecht angewandt.

11. Auflösung

Die oHG wird aufgelöst: durch Vereinbarung der Gesellschafter, durch Dauerablauf (es sei denn, daß sie stillschweigend oder ausdrücklich fortgeführt wird) und durch Tod, Konkurs, Entmündigung oder Kündigung eines Gesellschafters, vorausgesetzt, daß der Vertrag diese Ereignisse nicht als Austrittsfälle vorsieht. Im Fall des Gesellschafter-Todes kann er auch die Erbenfortsetzung vorsehen.

12. Steuerrecht

Die oHG unterliegt einer eigenen Einkommensteuer (G. D. Nr. 3323/55 i. d. F. des G. Nr. 2065/92). Ihr Einkommen, ob verteilt oder nicht, wird als Einkommen der Gesellschafter im Jahre der Realisierung versteuert. Die Einkommensteuererklärung wird von der Gesellschaft dem Finanzamt eingereicht und etwaige Prozesse werden von der Gesellschaft vor den Verwaltungsgerichten geführt. Der Steuersatz der Einkommensbesteuerung des Gesellschafters beträgt 35 %. Eine Gesellschafterbesteuerung im Verteilungsfall findet nicht statt. Ein Unternehmenslohn für jeden arbeitenden Gesellschafter ist als Ausgabe der oHG anerkannt.

III. Kommanditgesellschaft

1. Begriff

Die Kommanditgesellschaft ist eine Personengesellschaft, die Handelsgeschäfte als Außengesellschaft betreibt und die Beschränkung der Haftung eines oder mehrerer, aber nicht aller Gesellschafter, vorsieht.

2. Arten

Die Kommanditgesellschaft kann entweder als einfache KG oder als KG auf Aktien errichtet werden. Im letzteren Fall bedarf sie nicht der Voraussetzungen der Gründung einer Aktiengesellschaft, sie bewirkt aber, daß die Kommanditisten ihre Rechte in Form von Beschlüssen einer Versammlung ausüben. Im Wege der Übernahme der EG-Richtlinien ist die KGaA dem Registersystem unterstellt (G. Nr. 3190/55 i. d. F. des D. Nr. 419/86).

3. Haftungsbeschränkung

Der Haftungsbetrag des Kommanditisten kann gleich seiner Einlage sein oder diese übersteigen. Die Haftungsbeschränkung wird dadurch bedingt, daß der Kommanditist als Geschäftsführer oder als Bevollmächtigter im Außenverhältnis nicht auftritt sowie dadurch, daß er seinen Namen nicht in der Firma der Gesellschaft erscheinen läßt.

4. Regelung

Die übrige Regelung der KG erfolgt nach den entsprechenden Normen, die für die oHG gelten. Die Namen der Kommanditisten müssen in der Veröffentlichung der Gesellschaft enthalten sein (h. M.).

IV. ZGB-Gesellschaft

1. Begriff

Gesellschaft bürgerlichen Rechts (ZGB-Gesellschaft) ist der Oberbegriff sowohl für alle Personengesellschaften als auch für die Gesellschaft, die nur den Bestimmungen des ZGB für Personengesellschaften unterliegt. Diese eigentliche Gesellschaft bürgerlichen Rechts ist ein schuldrechtlicher Vertrag natürlicher oder juristischer Personen, die sich gegenseitig zur Verfolgung eines gemeinsamen Zweckes durch Einlagen auf bestimmte oder unbestimmte Zeit verpflichten. Die Gesellschaft bürgerlichen Rechts hat drei Erscheinungsarten:

a) Gesellschaft mit Rechtspersönlichkeit

Eine Gesellschaft bürgerlichen Rechts erlangt Rechtspersönlichkeit, wenn sie die Veröffentlichungsvorschriften für die oHG einhält. Diese Einhaltung ist möglich, wenn der Zweck ein wirtschaftlicher, jedoch kein kommerzieller ist. Wenn der Zweck kommerziell ist, d. h. in der Betreibung von Handelsgeschäften i. S. des Gesetzes besteht, dann ist die Gesellschaft als oHG zu behandeln, auch wenn sie sich als bürgerlich-rechtliche Gesellschaft bezeichnet. Die unveröffentliche Gesellschaft, die keinen kommerziellen Zweck hat, ist keine juristische Person und ihre Gläubiger haben kein Recht, sie als nichtig zu behandeln.

b) Gesellschaft mit Bruchteilseigentum der Gesellschafter

Eine Gesellschaft kann gültig so vereinbart werden, daß das Außenverhältnis in Mitgläubigerschaft, Mitschuldnerschaft oder Bruchteilseigentum aller Gesellschafter besteht. Voraussetzung ist, daß der Zweck keine Betreibung von Handelsgeschäften i. S. des Gesetzes ist.

c) Innengesellschaft

Eine Gesellschaft kann so vereinbart werden, daß die Außenbetätigung im Namen eines oder mehrerer oder auch im Namen jedes einzelnen Gesellschafters, doch für Rechnung aller stattfindet. Diese Gesellschaftsform ist weiter als die Stille Gesellschaft, da ihr Begriff nicht voraussetzt, daß nur einer der auftretende Gesellschafter ist und daß nur einer stille ist. Die Stille Gesellschaft und die Innengesellschaft werden im griechischen Recht als einheitliche Rechtsfigur behandelt und unterliegen, ob sie einen kommerziellen Zweck haben oder nicht, den gleichen Vorschriften.

2. *Errichtung*

Die Gesellschaft wird durch formfreien Vertragsabschluß errichtet. Ausnahmsweise unterliegt der Gesellschaftsvertrag der Gesellschaft mit juristischer Persönlichkeit der privatschriftlichen Form. Formpflicht für den Gesellschaftsvertrag kann sich ergeben, wenn der übrige Inhalt des Vertrages formpflichtig ist.

3. *Regelung*

Die Geschäftsführung im Innenverhältnis ist die Gesamtgeschäftsführung aller Gesellschafter. Im Außenverhältnis gilt derselbe Grundsatz nur für die Gesellschaft mit Rechtspersönlichkeit und für die Gesellschaft mit Bruchteilseigentum der Gesellschafter. Vertragliche Abweichungen sind möglich. Eine Gesellschaft mit Bruchteilseigentum aller Gesellschafter ist im griechischen Recht keine Gesamthand. Jeder Gesellschafter ist verpflichtet, seinen Anteil am Gesellschaftsvermögen vor Beendigung der Gesellschaft nicht zu veräußern. Sein Nachfolger wird von der Unverteilbarkeit und Zweckbindung des Gesellschaftsvermögens gebunden.

Eine Veröffentlichung ist – bis auf die Gesellschaft mit Rechtspersönlichkeit – nicht erforderlich.

Die übrige Regelung ist dieselbe wie bei der oHG und KG, unter Beachtung der Eigenart der Rechtspersönlichkeit, des Bruchteilseigentums und des Charakters der Gesellschaft als Innengesellschaft im einzelnen Falle. Trotz Rechtspersönlichkeit und Bruchteilseigentum steht der Erfüllungsanspruch jedem Gesellschafter gegen jeden Gesellschafter und/oder gegen den Geschäftsführer zu. Insbesondere:

a) *Rechte des Gesellschafters*

Der Gesellschafter jeder Personengesellschaft hat das Recht der jährlichen Gewinnverteilung, das Recht der Büchereinsicht, das Recht der Kündigung, die Befugnis der Gesamtgeschäftsführung und die Befugnis der Gesamtliquidation.

b) *Pflichten des Gesellschafters*

Jeder Gesellschafter schuldet die vereinbarte Einlage, die Unterlassung von zweckwidrigen Handlungen, die Mitwirkung bei der Geschäftsführung, die Beteiligung am Verlust und die Mitwirkung bei der Liquidation.

4. *Steuerrecht*

Innengesellschaften, sowie die Gesellschaften mit Bruchteilseigentum oder mit Rechtspersönlichkeit unterliegen dem oHG-Einkommensteuerrecht. Das Gesellschaftseinkommen wird mit 35 % versteuert. Eine Gesellschafterversteuerung wegen Verteilung erfolgt nicht.

V. *Gesellschaft mit beschränkter Haftung*

1. *Begriff*

Die GmbH ist eine Gesellschaft mit Rechtspersönlichkeit, die ein Gründungskapital von 3 000 000,– Drachmen haben muß und eine Zerlegung des Kapitals in Anteile von 10 000,– Drachmen oder eines mehrfachen Betrages vorsieht.

2. *Arten*

Es sind zwei Arten von GmbH möglich, die GmbH im allgemeinen und die Transport-GmbH des Güterfernverkehrs. Letztere hat eine geringe Bedeutung in der Praxis und wird in der Fortsetzung nicht berücksichtigt.

Die übliche GmbH kann Vorzugsanteile vorsehen, falls sie durch die Kapitalien der bankverwalteten US-amerikanischen Nachkriegshilfe und deren Nachfolger finanziert worden ist. Auch diese Unterart der GmbH wird in der Fortsetzung nicht berücksichtigt.

3. *Steuerrecht*

Die Gründungskosten der GmbH an Steuern und Sozialabgaben, d. h. Kapitalsammlungssteuer und Pflichtbeiträge an die Juristen-Pensionskasse und die lokalen Anwaltspensionskassen sind dieselben wie bei der oHG. Auch die Einkommensteuer ist wie bei der oHG geregelt.

4. *Satzung*

Die Satzung der GmbH muß einen Mindestinhalt haben, der im Gesetz vorgeschrieben ist (Namen, Wohnsitz und Nationalität der Gesellschafter, Firma, Sitz, Zweck, Kapital, Einlagen, Anteile, Versicherung der Gründer über die Einzahlung des Kapitals). Lücken können nachgefüllt werden, und die Nichtigkeit wegen Nichtvollständigkeit der Satzung wird nur nach erfolglosem Ablauf einer Lückenausfüllungsfrist und nur mit Wirkung für die Zukunft vom Gericht ausgesprochen.

5. *Errichtung*

Die Errichtung der GmbH umfaßt die notarielle Beurkundung der Satzung, die auch die Kapitalübernahme durch die Gesellschafter enthalten muß, die Veröffentlichung der notariellen Urkunde am Amtsgericht des Sitzes, die nach den Vorschriften erfolgt, die für die oHG gelten, und die Veröffentlichung einer Zusammenfassung in der Regierungszeitung. Alle drei Bestandteile der Errichtung sind notwendig für die Entstehung der GmbH.

Vor Vollendung der Errichtung entsteht eine persönliche Haftung desjenigen, der im Namen der GmbH handelt, falls entweder er selbst seine Haftung vertraglich nicht ausschließt oder die entstandene GmbH die Schulden durch Erklärung innerhalb dreier Monate nach Veröffentlichung nicht übernehmen würde.

6. *Rechte der Gesellschafter*

Die Gesellschafter haben das individuelle Recht auf volle Gewinnverteilung, falls die Satzung nichts anderes vorsieht, das individuelle Recht der doppelten Stimme, d. h. einer Kopfstimme und einer Kapitalstimme, welche gleich der Anzahl der Anteile des Gesellschafters ist, das individuelle Recht auf periodische Büchereinsicht und das individuelle Recht der Anteilsveräußerung.

7. *Pflichten der Gesellschafter*

Die Gesellschafter haben die Pflicht zur vereinbarten Einlage, die voll eingezahlt sein muß bei der Gründung oder bei der Kapitalerhöhung sowie zur vereinbarten Verlustdeckung.

8. *Organe*

a) *Geschäftsführer*

Die GmbH hat nicht notwendigerweise einen oder mehrere Geschäftsführer, da beim Fehlen von Geschäftsführern die Gesamtheit der Gesellschafter die Geschäftsführung innehat. Die Satzung kann die Bestellung von Geschäftsführern vorsehen oder enthalten. Gleiches gilt für die Liquidatoren.

b) *Versammlung der Gesellschafter*

Die Versammlung der Gesellschafter ist ein Organ, das vom Geschäftsführer oder von einem gerichtlich ermächtigten Minoritätsgesellschafter einberufen wird oder durch widerspruchsloses Zusammenkommen aller Gesellschafter zu diesem Zweck stattfindet. Die Versammlung der Gesellschaft hat die Befugnis, die Statuten zu ändern, die Organe zu bestellen und bestimmte Rechtsbeziehungen zu den Organen und den Gesellschaftern zu gestalten. Die Satzung kann die Versammlung zum Geschäftsführer bestellen.

9. *Gerichtliche Bestellung von Organen*

Das Amtsgericht kann Geschäftsführer im Verfahren der freiwilligen Gerichtsbarkeit bestellen, falls die Geschäftsführer sich über die Geschäftsführung nicht einigen oder in Interessenkollision mit der Gesellschaft stehen.

Das Gericht kann Liquidatoren bestellen, wenn ein wichtiger Grund vorliegt. Ein Grund zur Bestellung kann auch in der Abwesenheit von Organmitgliedern liegen.

10. *Auflösung*

Die GmbH wird aufgelöst und tritt in Liquidation, wenn (a) die satzungsmäßige Dauer abgelaufen ist, (b) die Versammlung der Gesellschafter die Auflösung beschließt, (c) der Konkurs der GmbH ausgesprochen wird, (d) das Gericht die Einmann-GmbH aufgrund der Klage eines Dritten auflöst, (e) das Gericht die GmbH im Falle des 50%igen Kapitalverlustes aufgrund der Klage eines Dritten auflöst, (f) das Gericht die GmbH aufgrund der Klage einer 10%igen Gesellschafterminderheit aus wichtigem Grund auflöst und (g) das Gericht die GmbH wegen Nichtbefriedigung des Abfindungsanspruchs eines austrittsberechtigten Gesellschafters auflöst. Der wichtige Grund kann in der Nichteinhaltung der Gesellschaftsverpflichtungen gegenüber einem austrittsberechtigen Gesellschafter bestehen. Die Geschäftsführer des Auflösungszeitpunktes sind Liquidatoren.

11. *Veräußerung eines Geschäftsanteils*

a) *Freiwillige Veräußerung*

Das Recht der freien Veräußerung der Geschäftsanteile kann in der Satzung ausgeschlossen werden.

b) *Pflichtveräußerung*

Wenn die Satzung die Vererblichkeit des Geschäftsanteils ausschließt, ist der Gesellschaftererbe verpflichtet, diesen Geschäftsanteil zu veräußern, wenn die

Gesellschaft keine Kapitalherabsetzung zur Verwirklichung des Austritts beschließt.

c) *Form und Veröffentlichung*

Die Veräußerung erfolgt in notarieller Form, wird in das Gesellschafterregister eingetragen und bedarf der Veröffentlichung am Amtsgericht sowie in der Regierungszeitung.

d) *Vorzugsveräußerung*

Ein Vorzugsrecht der Gesellschafter im Falle der Veräußerung von Anteilen kann in der Satzung begründet werden. Ein gesetzliches Vorzugsrecht besteht nicht.

12. *Gesetzlicher Minderheitenschutz*

a) Eine 5%ige Kapitalminderheit kann die Einberufung der Versammlung verlangen.

b) Eine 10%ige Kapitalminderheit kann die gerichtliche Ersetzung der Liquidatoren verlangen.

c) Eine 10%ige Kapitalminderheit kann die gerichtliche Auflösung der Gesellschaft wegen wichtigen Grundes verlangen.

13. *Mehrheitsbefugnisse*

a) *Gesetzliche Beschlußmehrheiten*

Eine ²/₃-Kapital- und Kopfmehrheit ist für die Satzungsänderung, die vorzeitige Auflösung und die Aufforderung vorgesehener Zusatzeinlagen erforderlich. Für die anderen Beschlüsse genügt die sogenannte absolute (50 % +) Kapital- und Kopfmehrheit. Die Abberufung statutarischer Geschäftsführer bedarf ferner eines wichtigen Grundes und einer gerichtlichen Bestätigung. Gleiche Bestätigung ist erforderlich für die Ausschließung eines Gesellschafters von der gesetzlichen Gesamtgeschäftsführung aller Gesellschafter.

b) *Statutarische Sätze*

Sie können die gesetzlichen Mehrheitssätze erhöhen.

14. Bilanz

Die Bilanz der GmbH wird nach den Bilanzierungsvorschriften des Aktienrechtes aufgestellt.

15. Aufsicht

Eine Staatsaufsicht der GmbH besteht nur in der Sacheinlagenbewertung durch die Präfekturen. Eine interne Aufsicht durch besondere Aufsichtsorgane der GmbH ist im Gesetz nicht vorgesehen. Die Satzung kann aber die Geschäftsführung in Vertretung, Geschäftsführung und Aufsicht trennen. Sie kann auch sachlich die Befugnisse der Geschäftsführung zwischen mehreren Geschäftsführern verteilen.

16. Versammlungseinberufung

Sie erfolgt durch die Geschäftsführer oder die gerichtlich ermächtigte Minderheit. Die schriftliche Einberufung ist acht Tage im voraus den Gesellschaftern an die Adresse zuzustellen, die im Gesellschafterregister eingetragen ist. Die Satzung kann das Einberufungsverfahren erschweren.

17. Ausschlußfristen

Die Rechte und Pflichten der Gesellschafter unterliegen den üblichen Verjährungsfristen. Ausnahmsweise gilt eine besondere Dreimonatsfrist für das Recht des Gesellschafters, auf Anfechtung von Versammlungsbeschlüssen zu klagen.

18. Sonderbeziehungen der Gesellschafter mit der GmbH

a) Nebenleistungen

Die Satzung kann vorsehen, daß einer oder mehrere Gesellschafter oder auch alle zu bestimmten Leistungen an die Gesellschaft verpflichtet sind, vorausgesetzt, daß es keine Geldleistungen sind. Diese Leistungen können auch im Abschluß von Verträgen bestehen. Arbeitspflichten eines Gesellschafters können nur in dieser Form begründet werden, d. h. nicht als Einlage. Gleiches gilt für eine Sachgebrauchsüberlassung. Das Entgelt dieser Sonderleistungen kann entweder direkt vereinbart werden oder in einem erhöhten Gewinnanteil bestehen. Die Gewinnbeteiligung wird frei von der Satzung bestimmt.

b) Verträge mit der GmbH

Die Rückzahlung der Darlehen von Gesellschaftern an die GmbH kann die Befriedigung der Gläubiger nicht vereiteln. Dingliche Sicherheiten an Gesellschafter zur Sicherung von GmbH-Schulden aus Darlehen sind nichtig. Der Erwerb von Anlagegegenständen ist der GmbH nur nach Beschluß der Versammlung möglich, wenn Vertragspartner ein Gesellschafter oder Geschäftsführer ist. Der Erwerb von Geschäftsanteilen durch die GmbH selbst ist nichtig.

19. Außenverhältnis der Gesellschafter und Geschäftsführer

Im Falle einer nichtigen GmbH, einer Vor-GmbH, einer nicht veröffentlichten Niederlassung einer ausländischen GmbH, einer Einmann-GmbH kann die Haftung der Gesellschafter oder der Geschäftsführer für den Schaden Dritter oder die Schulden der GmbH entstehen.

Gesellschafter und Dritte können die Ersatzansprüche der GmbH gegen Geschäftsführer u. U. geltend machen.

20. Verbriefung

Eine wertpapiermäßige Verbriefung der Anteile ist nicht erlaubt.

21. Handelsregistersystem

Im Wege der Anpassung an die gesellschaftsrechtlichen Richtlinien der EG folgt die GmbH-Publizität dem Handelsregistersystem. Sie ist noch nicht praktiziert.

22. Einmann-GmbH

In Anpassung an die entsprechende EG-Richtlinie ist die Einmanngründung einer GmbH und eine Sonderregelung der Firma und der Organe der GmbH im Fall der ursprünglichen oder nachträglichen Einmanneigenschaft geregelt.

VI. Aktiengesellschaft

1. Begriff

Die Aktiengesellschaft ist eine Gesellschaft mit Rechtspersönlichkeit, deren Kapital 30 Millionen Drachmen nicht unterschreiten kann und in Aktien von je 100,– Drachmen mindestens bis 30 000,– Drachmen höchstens zerlegt ist. Die

Gründung umfaßt die Satzungsfeststellung, ihre Bewilligung oder Genehmigung durch die Präfektur und die Veröffentlichung beider im Register der Aktiengesellschaften.

2. *Arten*

Das allgemeine Aktienrecht, das für alle Aktiengesellschaften gilt, ist vom Spezial- und Individualaktienrecht zu trennen. Das Spezialaktienrecht regelt bestimmte Aktiengesellschaften abweichend vom allgemeinen Aktienrecht. Solches Spezialaktienrecht besteht hauptsächlich für Banken, Versicherungen, Schiffahrtsgesellschaften, Hypothekenbanken, Investitionsgesellschaften, Verwalter von Investmentzertifikatsvermögen und für die Tochtergesellschaften der staatlichen Investitionsbank. Ein Individualaktienrecht besteht für die griechische Notenbank (Bank von Griechenland), für die griechischen Staatsbahnen, die griechische Fernmeldeorganisation und gewisse andere ähnliche Betriebe des Staates, die in der Form einer staatlichen Aktiengesellschaft oder in der Form einer individuellgeregelten Aktiengesellschaft betrieben werden. Entsprechend sind die Aktiengesellschaften in solche zu unterscheiden, die nur dem allgemeinen Aktienrecht oder einem besonderen oder gar individuellen Aktienrecht unterstehen.

3. *Steuerrecht*

Die Gründungskosten der Aktiengesellschaft betragen ca. 50 000,– Drachmen. Stempelsteuer und Sozialversicherungsabgaben für die Gründung und Satzungsänderung sind seit 1967 abgeschafft worden. Eine Kapitalsammlungssteuer von 1 % wird bei Gründung oder Kapitalerhöhung erhoben (seit dem 1. 1. 1987).

Das jährliche Einkommen der Aktiengesellschaft wird als Einkommen der juristischen Person versteuert. Das Einkommen wird mit 35 % versteuert. Eine Besteuerung der Dividende besteht nicht.

Ausländische Aktionäre werden den gleichen Regeln unterstellt. Das griechisch-deutsche Doppelbesteuerungsabkommen vom Jahre 1967 beschränkt den Steuersatz auf 25 % der Dividende deutscher Aktionäre aus griechischen Aktiengesellschaften. Griechische GmbH, oHG und KG gelten als Niederlassung der ausländischen Gesellschafter in Griechenland, was zu ihrer personellen Besteuerung führt.

4. *Satzung*

a) *Inhalt*

Die Satzung der Aktiengesellschaft wird notariell beurkundet. Der Mußinhalt ist im Gesetz vorgeschrieben. Zusätzliche oder abweichende Bestimmungen sind gültig, nur soweit sie im Gesetz zugelassen sind (h. M.). Der Mußinhalt ist die Firma, der Zweck, das Kapital, die Dauer, die Zusammensetzung des Verwaltungsrates und der Liquidatoren, das Geschäftsjahr und die Aktienübernahme.

Die Satzung kann insbesondere Quorums- und Mehrheitssätze für die Änderungsbeschlüsse bestimmen, die höher als die gesetzlichen Quorums- und Mehrheitssätze sein können.

b) Änderung

Die Satzung kann von der Versammlung der Aktionäre geändert werden, es sei denn, daß sie im ganzen oder zum Teil die Änderung verbietet.

Die Satzungsänderung bedarf eines Versammlungsbeschlusses, seiner Bewilligung durch die Präfektur und der Veröffentlichung beider im Register der Aktiengesellschaften.

c) Genehmigung und Publizität

Satzung und Satzungsänderungen gelten ab ihrer Eintragung in das Register der Aktiengesellschaften. Sie sind gleichzeitig abrißmäßig im Regierungsblatt zu veröffentlichen. Grundsätzlich gilt das Handelsregistersystem nach Maßgabe der EG-Richtlinien.

5. Autorisiertes Kapital

Die Satzung kann den Verwaltungsrat und/oder die Versammlung der Aktionäre ermächtigen, das Kapital durch Wandelschuldverschiebungen oder Aktienausgabe zu erhöhen, welche keiner Präfekturbewilligung, keiner Veröffentlichung in der Regierungszeitung und keiner anderen Satzungsänderungsvoraussetzung bedarf. Die Grenzen dieses autorisierten oder genehmigten Kapitals sind die folgenden:

a) Der Verwaltungsrat kann zur Aktienausgabe innerhalb von fünf Jahren und bis zum Doppelten des Satzungskapitals ermächtigt werden.

b) Die Versammlung der Aktionäre kann zur Aktienausgabe bis zum Vierfachen des Gründungskapitals oder bis zum Doppelten eines späteren Kapitals ermächtigt werden.

Diese Ermächtigungen können parallel, d. h. kumulativ laufen. Falls die Ermächtigung erschöpft wurde, kann sie erneut durch Satzungsänderung erteilt werden. Die Grenze der neuen Ermächtigung wird nach dem Stand des Kapitals zum Zeitpunkt der neuen Erteilung berechnet.

6. *Vertretungs- und Geschäftsführungsorgane*

a) Verwaltungsrat

Das notwendige Vertretungs- und Geschäftsführungsorgan ist der kollegiale Verwaltungsrat. Seine Mitgliederzahl sowie etwaige Quorums- und Mehrheitssätze müssen in der Satzung vorgesehen sein. Seine Beschlüsse müssen am Sitz der Gesellschaft oder an einem anderen, satzungsmäßig festgestellten Ort im In- oder Ausland gefaßt werden. Die Festsetzung der Mitgliederzahl in der Satzung kann entweder fest oder nach Niedrigst- und Höchstzahl erfolgen. Die Mindestzahl und die Anwesendenzahl kann drei nicht unterschreiten. Vollmachten für die Vertretung im Verwaltungsrat sind nur an andere Verwaltungsratsmitglieder erteilbar. Die Amtszeit wird in der Satzung festgesetzt und kann höchstens sechs Jahre betragen. Das Amt fängt mit der Bestellung an. Juristische Personen werden nicht als Mitglieder zugelassen. Die Mitglieder werden bestellt: (a) von der Versammlung der stimmberechtigten Aktionäre, (b) von der Satzung, wenn es sich um die Mitglieder des sogenannten ersten Verwaltungsrates handelt, (c) vom übrigen Verwaltungsrat, wenn es sich um Besetzung von vorzeitigen Vakanzen handelt, und (d) von einzelnen Aktionären, wenn ihnen die Satzung dieses Recht (Entsendungsrecht) einräumt; das Entsendungsrecht kann höchstens für ein Drittel der Mitgliederzahl eingeräumt werden; seine Ausübung hat zur Folge, daß die Aktien, die dieses Recht begründen, bei der Abstimmung der Versammlung über die Bestellung der übrigen Mitglieder nicht stimmberechtigt sind; eine 10%ige Minderheit kann vom Amtsgericht den Widerruf der so entsandten Mitglieder aus wichtigem Grunde verlangen; der entsendungsberechtigte Aktionär hat jederzeit das Recht, das entsandte Mitglied zu ersetzen.

b) Freiwillige Organe

Die Satzung kann zusätzliche Vertretungsorgane vorsehen; diese Organe sind dem Verwaltungsrat gegenüber weisungsgebunden. Die Bestellung kann in der Satzung selbst erfolgen oder der Versammlung der Aktionäre überlassen werden.

7. *Revisionsorgane*

a) Ordentliche Revision

Als ordentliche Revision wird die Revision bezeichnet, die die laufende Geschäftsführung und die Bilanz zum Gegenstand hat. Sie erfolgt durch zwei bzw. einen Revisor (letzteres, wenn der Revisor freiwillig ein zugelassener Vereidigter Buchprüfer oder den gleichgestellten freien Berufsrevisoren gewählt wird) und führt zu einem Bericht der Revisoren an die Versammlung der Aktionäre. Dieser Bericht ist den Aktionären vor dem Versammlungstag mit Abstand von 48 Stunden auf Wunsch zu erteilen.

Die Revisoren werden von der Versammlung für jedes Geschäftsjahr bestellt. Sie müssen zugelassene Vereidigte Buchprüfer sein, wenn die Aktiengesellschaft eine gewisse Größe erreicht hat.

Dies ist dann der Fall, wenn die Aktiengesellschaft zur Ausgabe von Aktien über die Athener Wertpapierbörse zugelassen ist. Ferner dann, wenn sie zwei der drei von der EG-Richtlinie verlangten Schwellen in bezug auf Umsatz- und Kapitalhöhe sowie Bilanzsumme erreicht hat.

b) Außerordentliche Revision

Die Revision heißt außerordentliche, wenn sie Ansatzpunkte voraussetzt, die nicht notwendigerweise auftreten oder wiederholt werden. Diese Ansätze sind Mißstände der Verwaltung konkreter oder genereller Art. Die außerordentliche Revision wird vom Amtsgericht angeordnet, das auch den Revisor bestellt. Antragsberechtigt sind eine 5- bzw. 33 1/2%ige Aktienminderheit, der zuständige Minister und der Verwaltungsrat der Wertpapierbörse. Der Bericht der Revisoren wird an die zuständige Präfektur, die die Aufsicht über die Aktiengesellschaft ausübt, eingereicht.

8. Staatskontrolle

a) Allgemeine Aktiengesellschaft-Kontrolle

Die Aktiengesellschaft unterliegt einer Staatskontrolle, der eine geschlossene Zahl von Befugnissen im Gesetz eingeräumt wird. Die Kontrolle wird durch die sitzmäßig zuständige Präfektur ausgeübt. Die Befugnisse der Staatskontrolle umfassen (a) die Genehmigung oder Bewilligung der Gründung bzw. der Satzungsänderungen, die allein nach Gesetzmäßigkeit des Satzungsinhaltes bzw. Beschlußinhaltes und des Gründungsvorganges bzw. Beschlußvorganges erfolgt, (b) den Empfang der gesetzlich vorgeschriebenen Notifikationen der Aktiengesellschaft an die Staatskontrolle, die die Abschriften der Versammlungsprotokolle und die Bestätigung der Kapitaleinzahlungen in je einem besonderen Beschluß des Verwaltungsrates betrifft, (c) die Anordnung von Untersuchungen über Vorgehen der Aktiengesellschaft durch Kontrollorgane im Falle des Verdachtes von Gesetzwidrigkeiten oder auch nur zum Zwecke der Feststellung der Einhaltung der Gesetzesvorschriften durch die Aktiengesellschaft, (d) die Anweisung an den Verwaltungsrat, bestimmte Maßnahmen zur Einhaltung von Gesetzesbestimmungen vorzunehmen, und (e) die Auflösung der Gesellschaft in einer geschlossenen Zahl von Fällen. Das Auflösungsrecht setzt voraus, daß (aa) drei festgestellte Bilanzen der Präfektur nicht eingereicht wurden, oder (bb) daß ein Kapitalverlust in Höhe von 90 % eingetreten ist, oder (cc) daß die zweimonatige Frist zur Einreichung der Bestätigung der Kapitaleinzahlung nicht eingehalten wurde, oder (dd) daß Personen vom Verwaltungsrat nicht entfernt wurden, die wegen Delikte gegen das Gesellschaftsvermögen bestraft wurden. Die Befugnisse der Staatskontrolle umfassen auch das Recht, (f) Strafanzeige wegen Nichteinhaltung von Strafbestimmungen zu erstatten, insbesondere hinsichtlich der Pflichtveröffentlichungen und Vergehen betreffend die Versammlung der Aktionäre.

b) Spezialkontrolle

Die Aktiengesellschaft kann je nach ihrem Gegenstand einer zusätzlichen Spezialkontrolle unterliegen, die u. U. auch ihren aktienrechtlichen Status und nicht allein ihre Tätigkeit betrifft. Das geschieht für Bankaktiengesellschaften, deren Satzung und Satzungsänderung der Genehmigung der Bank von Griechenland untersteht, für Versicherungsgesellschaften, deren Satzung und Satzungsänderung der Genehmigung durch die entsprechende Direktion des Handelsministeriums untersteht, für Schiffahrtsaktiengesellschaften, die Schiffe durch Kapitaleinfuhr i. S. des Fremdinvestitionsgesetzes nach Zulassung des Handels-Marine-Ministeriums besitzen u. a. Bei Banken besteht in Fällen rechtswidrigen Verhaltens die Aufsichtsbefugnis, den Verwaltungsrat durch einen Kommissar zu ersetzen.

9. Verfassungsorgane

a) Versammlung der Aktionäre (Generalversammlung)

Alle Aktionäre sind zur Generalversammlung zugelassen, die vom Verwaltungsrat einberufen wird, wenn die Aktionäre sich bei der Aktiengesellschaft fristgemäß legitimiert haben. Die Legitimierung umfaßt die Deponierung der Aktienurkunden oder der Unterlagen bei der Gesellschaftskasse, die das Depot der Aktienurkunden bei einer Depotstelle zwecks Teilnahme an der Versammlung beweisen. Die Depotstelle ist eine Inlandsbank, eine Auslandsbank oder eine vom Verwaltungsrat dazu ermächtigte Person. Auch die Satzung kann

Depotstellen bestimmen. Die Deponierung muß fünf volle Tage vor dem Versammlungstag stattfinden.

Die Versammlung faßt ihre Beschlüsse durch Abstimmung, die nur den stimmberechtigten Aktionären zugänglich ist. Stimmberechtigte Aktionäre sind von der Abstimmung ausgeschlossen, (a) wenn die Abstimmung ihre Entlastung als Organe betrifft und die Aktionäre an der Versammlung nicht persönlich, sondern durch Vertreter teilnehmen, (b) wenn die Abstimmung die Bestellung des Verwaltungsrats betrifft und die Aktionäre von einem Entsendungsrecht Gebrauch gemacht haben, oder (c) wenn die Aktien der Aktiengesellschaft selbst gehören. Die ausgeschlossenen Stimmrechte werden in den zwei ersteren Fällen dem Quorum angerechnet, wenn sie vertreten sind. Eigene Aktien der Aktiengesellschaft vermitteln nicht einmal ein Teilnahmerecht. Aktionäre, die vom Beschluß besonders betroffen werden, stimmen auch als Sonderversammlung ab.

Vorzugsaktionäre sind entweder nur teilnahmeberechtigt oder auch stimmberechtigt, wenn ihre Aktien Stimmrechtsaktien sind.

b) Sonderversammlung

Die Vorzugsaktionäre bilden die Sonderversammlung. Diese tritt zusammen, wenn die Gesellschaft eine Herabsetzung oder Abschaffung der Vorzugsrechte beschließen will. Die Sonderversammlung genügt für die Herabsetzung oder Abschaffung nicht. Dazu ist eine Satzungsänderung erforderlich, welche von der Generalversammlung zu beschließen ist. Die Sonderversammlung beschließt mit Dreiviertelmehrheit und bedarf keines Quorums. Die Einberufungsbestimmungen (Einberufung durch den Verwaltungsrat, Veröffentlichung der Einberufung zwanzig Tage vor dem Versammlungstag) sowie die Legitimierungsbestimmungen für die Teilnehmer an der Generalversammlung gelten hier sinngemäß.

c) Befugnisse der Generalversammlung

Sie umfassen die Satzungsänderung, gewisse satzungsänderungsähnliche Maßnahmen (autorisiertes Kapital), die Bestellung der notwendigen Organe, ihre Entlastung, die Genehmigung von genehmigungsabhängigen Verträgen der Aktiengesellschaft mit Mitgliedern der Organe, Gründern und deren Verwandten und Eheleuten. Genehmigungsabhängig sind die Verträge, die über die gewöhnlichen Kundengeschäfte hinausgehen. Darlehens- und Kreditgewährungsverträge der Aktiengesellschaft mit diesen Personen sind nichtig und eine Genehmigung ist nicht möglich. Die genehmigungspflichtigen, aber nicht genehmigten Verträge sind absolut nichtig.

d) Gültigkeitsvoraussetzungen

Ein Beschluß der Generalversammlung oder der Sonderversammlung ist gültig, wenn die üblichen Voraussetzungen der Gültigkeit eines Rechtsgeschäftes vorliegen und die zusätzlichen Voraussetzungen der Gültigkeit eines solchen Beschlusses gegeben sind. Die letzteren Voraussetzungen umfassen die Einberufung durch ein zuständiges Organ, die Veröffentlichung der Einberufung in drei bzw. zwei Zeitungen und in der Regierungszeitung, je nachdem, ob der Sitz der Aktiengesellschaft außerhalb Athens liegt und dort eine Lokalzeitung herausgegeben wird, und eine Teilnahmezulassung der legitimierten Aktionäre vom Verwaltungsrat. Formalitäten, die zur Gültigkeit nicht gehören, sind die Zusammenstellung und der Aushang der Teilnahmezulassungsliste durch den Verwaltungsrat 48 Stunden vor der Versammlung. Die Einberufung muß die Tagesordnung angeben und den Ort der Versammlung genau bestimmen.

Bestimmte Beschlüsse setzen zusätzliche Gültigkeitsvoraussetzungen voraus. So ist der Kapitalherabsetzungsbeschluß von einem früheren Bericht eines Revisors abhängig, der bescheinigt, daß die Befriedigung der Gläubiger durch die Kapitalherabsetzung nicht verhindert wird. Die Feststellung der Bilanz setzt ferner voraus, daß auch die Bilanz wie die Einberufung veröffentlicht worden ist.

e) Nichtigkeitsklage

Die Klage auf Anerkennung der Nichtigkeit eines Beschlusses der Generalversammlung oder einer Sonderversammlung unterliegt einer zweijährigen Ausschlußfrist, die vom Tag der Einreichung der entsprechenden Protokollabschrift an die Präfektur beginnt. Die Frist wird auch durch mündliche oder schriftliche Erklärung an die Gesellschaft eingehalten. Die Klage eines Dritten, der nicht Aktionär ist, unterliegt dieser Frist nicht.

f) Anfechtungsklage

Beschlüsse der Generalversammlung können angefochten werden, wenn das Auskunftsrecht eines Aktionärs von der Versammlung nicht respektiert worden ist, oder wenn eine Bilanz eine sogenannte erste Dividende rechtswidrig nicht zur Verteilung bringt, d. h. entweder verschleiert oder nicht verteilt. In einem solchen Fall ist die Anfechtungsklage einer 5%igen Minderheit innerhalb einer Sechs-Monatsfrist vom Tag der Einreichung der Protokollabschrift an die Präfektur möglich. Andere Anfechtungsgründe werden ausgeschlossen (str.).

10. Gerichtliche Einmischung in die Verwaltung

Sie hat die Form, daß bei Fehlen eines Verwaltungsorgans oder auch eines notwendigen Revisionsorgans der Aktiengesellschaft das Amtsgericht befugt ist, im Wege der freiwilligen Gerichtsbarkeit oder der einstweiligen Verfügung die Lücke provisorisch auszufüllen. Antragsberechtigt ist jeder, der ein berechtigtes Interesse an der Ausfüllung hat, etwa ein Gläubiger, der an die Aktiengesellschaft eine Zustellung vornehmen will, oder ein Aktionär oder auch ein anderes Organmitglied.

Der andere Grund zur gerichtlichen Bestellung eines provisorischen Verwaltungsorgans ist der Interessenkonflikt mit der Aktiengesellschaft, etwa aus gesetzwidrigem Wettbewerb oder aus Verhinderung der Ausübung der Schadensersatzansprüche der Aktiengesellschaft gegen den Betroffenen. Der Interessenkonflikt führt zur Bestellung von neuen Mitgliedern des Verwaltungsrates, ganz oder teilweise. Ein Mitglied des Verwaltungsrates kann vom Gericht bestellt werden, wenn dies für die notwendige Mindestzahl der Mitglieder des Verwaltungsrates erforderlich ist. Ein Mitglied kann in diesem Sinne fehlen, wenn es sich weigert oder nicht imstande ist, etwa wegen Abwesenheit, an den Sitzungen des Verwaltungsrates teilzunehmen, oder wenn es wegen Meinungsverschiedenheiten den Verwaltungsrat lahmlegt.

11. Auflösung

Die Aktiengesellschaft wird durch Dauerablauf, Auflösungsbeschluß, Konkurseröffnung auf das Vermögen der Aktiengesellschaft und durch Widerruf der Gründungsgenehmigung aufgelöst. Der Auflösungsbeschluß wird durch erhöhte Mehrheit, aber nicht als Satzungsänderung gefaßt. Er bedarf also keiner Genehmigung durch die Präfektur und keiner konstitutiven Veröffentlichung. Als Widerruf der Gründungsgenehmigung wird der Akt der Präfektur bezeichnet, die für die Zukunft die Auflösung der Gesellschaft in einer beschränkten Anzahl von Fällen anordnet. Diese Fälle sind das Fehlen einer Bescheinigung durch den Verwaltungsrat, daß das Kapital rechtzeitig bei der Gründung eingezahlt worden ist, das Fallen der Netto-Aktiva unterhalb eines Zehntels des Aktienkapitals, die Unterlassung der Entfernung derjenigen Mitglieder vom Verwaltungsrat, die wegen einer Straftat gegen das Gesellschaftsvermögen bestraft worden sind oder die Unterlassung der Einreichung von drei festgestellten Jahresbilanzen an die Präfektur. Bankaktiengesellschaften können durch Akt der Bank von Griechenland auch im Fall einer Unterkapitalisierung, einer Verletzung der Kredit- oder sonstigen Bankregelung und einer Kontrollverhinderung aufgelöst werden (G. Nr. 1665/1951). Versicherungsaktiengesellschaften können auch wegen Verspätung des Betriebsbeginns nach der Gründung und wegen Vergehens gegen bestimmte Vorschriften der Aufsichtsgesetzgebung (G. D. Nr. 400/1970) aufgelöst werden.

12. Aktienarten

Die Aktien können entweder Stammaktien oder Vorzugsaktien sein, letztere mit oder ohne Stimmrecht. Alle Aktien können grundsätzlich frei in Namens- oder Inhaberurkunden verbrieft werden. Namensaktien sind vorgeschrieben (a) bis zur vollen Zahlung der Einlage und (b) bei bestimmten Gesellschaftsgegenständen, so hauptsächlich bei Bankgeschäften, Versicherungen und Rüstungsindustrien und (c) bei einem Vermögen der Aktiengesellschaft, das überwiegend in städtischen Immobilien angelegt ist.

Die Vorzugsaktien können nach dem G. Nr. 876/1979 nur noch im Verhältnis vier zu zehn (4 : 10) im Vergleich mit den Stammaktien ausgegeben werden, wenn die Aktien an der Börse zugelassen sind. Die Vorzugsrechte können Dividendenvorzug, Bauzinsenanspruch, Gewinnanteilsrecht und Liquidationserlösvorzug sein.

13. Fremdfinanzierung

a) Obligationen

Die Obligationenausgabe wird von der Generalversammlung beschlossen. Dem Obligationär steht der Kapital- und Zinsanspruch zu, der ein Gewinnanteils- oder gewinnabhängiger Gewinnanspruch mit oder ohne Währungs- und Preisindexklauseln sein kann. Der Anspruch auf Kapital und Zinsen kann mit der Produktion der Aktiengesellschaft oder mit dem Umsatz gekoppelt sein. Der Obligationär wird nach allgemeinem Steuerrecht versteuert, es sei denn, daß die Ausgabe der Obligationen vom Kapitalmarktausschuß im voraus gebilligt worden ist und einer Steuerfreistellung unterstellt wurde. Diese Freistellung kann insbesondere die Einkommensteuer betreffen. Die Bewilligung des Kapitalmarktausschusses ist auch das Mittel, den Obligationären eine Hypothek zu gewähren, die eine Wertpapierhypothek ist. Die Bewilligung des Kapitalmarktausschusses folgt einem Antrag des Ausstellers und des Eigentümers der Grundstücke und bildet den Titel zur Hypothekenregistrierung. Diese Hypothek kann Gesamthypothek auf mehrere Immobilien sein.

b) Wandelobligationen

Sie werden nach Beschluß der Generalversammlung ausgegeben. Die Umwandlung in Aktien erfolgt durch Erklärung des Inhabers an die Aktiengesellschaft. Die Ausgabe von Wandelobligationen darf 50 % des Kapitals nicht übersteigen.

14. Individuelle Rechte des Aktionärs

Der Aktionär hat für jede Aktie das Recht auf Teilnahme an der Generalversammlung, das Recht auf Dividende, das Recht auf Beteiligung am Liquidationserlös, das Recht auf Rückzahlung seiner Einlage, das Recht auf vorzugsweisen Bezug neuer Aktien und neuer Wandelobligationen, das allgemeine Auskunftsrecht (str.) und das Recht auf Verbriefung seiner Mitgliedschaft.

Er hat ferner das Recht, seine Aktie zu veräußern und zu belasten, wenn diese Aktie keiner Vinkulierung unterliegt. Im Vinkulierungsfall setzt die Veräußerung eine Erlaubnis der Aktiengesellschaft voraus, die im Zweifelsfall vom Verwaltungsrat erteilt wird. Die Satzung kann die Erteilung durch die Versammlung der Aktionäre vorsehen.

15. Minderheitsrechte der Aktionäre

a) 5%ige Aktienminderheit

Sie hat das Recht, die Einberufung der Versammlung innerhalb Monatsfrist zu erzwingen, die Vertagung einer begonnenen Sitzung der Versammlung bis zu einem Monat zu verlangen, Auskunft über die einzelnen Punkte der Tagesordnung einer Versammlung sowie über Leistungen an oder Verträge mit Mitgliedern des Verwaltungsrates und Angestellten zu verlangen, die gerichtliche Anordnung einer Kontrolle bestimmter Rechts- oder Satzungswidrigkeiten zu verlangen, auf Anfechtung von Versammlungsbeschlüssen zu klagen und in der Versammlung eine namentliche Stimmabgabe zu verlangen.

b) 10%ige Aktienminderheit

Sie hat das Recht, die gerichtliche Abbestellung der kraft Entsendungsrechtes bestellten Verwaltungsratsmitglieder aus wichtigem Grunde zu verlangen sowie das Recht, Beschlüsse der Generalversammlung über Lohnzahlungen an Verwaltungsratsmitglieder gerichtlich herabsetzen zu lassen.

c) 25%ige Aktienminderheit

Sie hat das Recht, jederzeit Auskünfte über den Gang der Geschäfte und das Vermögen der Gesellschaft zu verlangen, eine allgemeine Kontrolle der Aktiengesellschaft durch Revisoren gerichtlich zu verlangen sowie das Recht, die Geltendmachung von Ersatz- und Wettbewerbsunterlassungsansprüchen der Aktiengesellschaft gegen Mitglieder des Verwaltungsrates oder frühere solche Mitglieder zu erzwingen.

16. Mehrheitsrechte

a) Absolute Majorität

Die absolute Majorität der Generalversammlung, d. h. mehr als 50 % der an der Abstimmung beteiligten Stimmen, ist notwendig und ausreichend, wenn das Gesetz oder die Satzung keine höhere Majorität verlangen.

b) 66²/₃%ige Mehrheit

Diese Mehrheit ist erforderlich für die Satzungsänderungen der Kapitalerhöhung und -herabsetzung, Erhöhung der Aktionärsverpflichtungen, Änderung der Gewinnverteilung, Änderung der Nationalität der Gesellschaft und der Verschmelzung, der Umwandlung und der Wiederbelebung sowie für die Auflösung der Aktiengesellschaft.

c) 90- bzw. 85%ige Mehrheit

Diese Mehrheiten sind erforderlich für den Beschluß, 35 % des Jahresgewinns nicht zu verteilen bzw. in Form von Gratisaktien zu verteilen. In allen übrigen Fällen sind die 35 % bar zu verteilen.

d) Einstimmigkeit

Einstimmigkeit aller stimmberechtigten Aktionäre ist erforderlich, um Sonderrechte der Aktionäre abzuschaffen oder herabzusetzen oder eine Satzung zu ändern, die ein Änderungsverbot enthält.

17. Gewinnverwendung und Eigenfinanzierung

Einstimmigkeit in der Versammlung kann jede Gewinnausschüttung ausschließen, d. h. jede Gewinnthesaurierung beschließen. In den übrigen Fällen hat jeder Aktionär das Recht auf Verteilung von einer 6%igen Bardividende bzw.

von 35 % des Gewinns, wenn dieser höher als die 6%ige Dividende ist. Freiwillige Reserven können als Dividende verteilt werden. 5 % des Gewinns sind an die sogenannte ordentliche Reserve abzuführen, bis diese 1/3 des Kapitals erreicht hat. Eine Interimsdividende kann halbjährlich in Höhe von bis zu 50 % des Gewinnes verteilt werden.

Die Errechnung des Gewinnes und die Bilanzierung der Aktiengesellschaft weisen folgende Besonderheiten auf: (a) Gründungs- und Organisationskosten können durch Beschluß der Generalversammlung bis auf zehn Geschäftsjahre zwecks jährlicher Abschreibung aufgeteilt werden. (b) Tantiemen an die Mitglieder des Verwaltungsrates können durch Beschluß der Versammlung nur nach Befriedigung des Gewinnverteilungsanspruchs der Aktionäre gewährt werden. (c) Kumulative Vorzugsdividenden von Vorzugsaktien gehen der Dividendenverteilung an Stammaktien vor. (d) Verzinsliche Vorzugsaktien gewähren in dividendenlosen Geschäftsjahren einen gewinnabhängigen Zinsanspruch nach Maßgabe der Satzung.

18. Reservengebrauch

a) Ordentliche Reserve

Sie kann ausschließlich zur Deckung von Verlusten benutzt werden.

b) Überparibetrag

Der Überparibetrag bei der Emission von Aktien oder Wandelobligationen kann zur Deckung von Verlusten oder Gratisaktienausgaben benutzt werden, nicht aber zur Zahlung einer Dividende.

c) Außerordentliche Reserven

Sie können von der Versammlung frei, d. h. auch zur Dividendenverteilung benutzt werden.

d) Spezialreserven

Steuerrechtlich zugelassene oder vorgeschriebene Reserven werden oft in den Bilanzen als Spezialreserven oder unter noch anderen Bezeichnungen aufgeführt. Vom Aktienrecht her sind sie außerordentliche Reserven. Ihre Sonderstellung betrifft allein die steuerliche Seite.

e) Reservenbildung

Die gesetzliche Reservenbildungspflicht (5 % des jährlichen Gewinns) geht der Pflichtdividende vor. Die übrigen Reserven sind freiwillig nach Maßgabe der Satzung und gehen der Pflichtverteilung von Gewinnen nach. Die steuerlich vorgeschriebenen Reserven können entweder Pflichtreserven sein oder steuerliche Nachteile im Verteilungsfall zur Folge haben. Es kommen die Sonderrücklagen für nicht sichere Aktivposten laut der EG-Richtlinie über Bilanzen hinzu.

19. Rechtsstellung der Verwaltungsratsmitglieder und gleichgestellter Personen

a) Auftragsrecht

Das Mitglied des Verwaltungsrates ist hinsichtlich seiner Organstellung zur vollen Sorgfalt verpflichtet. Wenn es auch mit der Geschäftsführung beauftragt ist, ist es zur Wettbewerbsunterlassung verpflichtet. Es hat die Rechte eines Beauftragten, daher keinen gesetzlichen Anspruch auf Lohn. Die Satzung oder die Generalversammlung kann ihm ein Recht auf Beteiligung am Gewinn einräumen.

b) Andere Rechtsbeziehungen zur Aktiengesellschaft

Verträge der Aktiengesellschaft mit Mitgliedern des Verwaltungsrates sowie mit Eheleuten und Verwandten sind nur bedingt gültig: (a) Kredit- und Darlehensgewährungen der Aktiengesellschaft an die Personen sind in keinem Fall gültig. (b) Andere Verträge der Aktiengesellschaft mit diesen Personen sind nur dann gültig, wenn sie im voraus durch die Generalversammlung zugelassen sind. Auch Anstellungsverträge fallen hierunter. (c) Übertragungen von Gegenständen an die Aktiengesellschaft zu Anlagezwecken sind nichtig bzw. schieben die Wählbarkeit zum Verwaltungsrat auf, wenn das Entgelt ein Zehntel des Aktienkapitals übersteigt, die Übertragung innerhalb von zwei Jahren nach Gründung oder Kapitalerhöhung erfolgt und eine Bewertung des Gegenstandes durch die Präfektur nicht vorliegt.

c) Entlastung und Verzicht

Die Aktiengesellschaft kann nach einer Novelle aus dem Jahre 1962 die Mitglieder des Verwaltungsrates von der Haftung für Schadensersatz nur einstimmig entlasten. Die frühere Praxis der Mehrheitsbeschlüsse der Versammlung ist aber nicht aufgegeben worden. Der Verzicht auf Ansprüche gegen Mitglieder des Verwaltungsrates unterliegt einer vierjährigen Ausschlußfrist. Der Verzichtsvertrag kann erst nachher gültig abgeschlossen werden.

d) Verjährung

Ansprüche der Aktiengesellschaft gegen Mitglieder des Verwaltungsrates auf Schadensersatz verjähren in drei Jahren nach dem Zeitpunkt der Anspruchsentstehung. Schadensersatzansprüche aus Vorsatz verjähren in zehn Jahren.

20. Rechtsstellung von Direktoren

Direktoren der Aktiengesellschaft sind zur Wettbewerbsunterlassung verpflichtet. Sie können ferner Aktionäre der Gesellschaft bei Entlastungsabstimmungen in der Versammlung nicht vertreten. Hinsichtlich ihrer Verträge sind Direktoren den Mitgliedern des Verwaltungsrates gleichgestellt (Nr. 19 b, Nr. 19 a, c und d gelten für Direktoren nicht).

21. Verantwortung von Verwaltungsratsmitgliedern und Direktoren gegenüber Dritten

a) Finanzielle Verantwortung

Das Mitglied oder der Direktor haftet für eigene Pflichtverletzungen nach Deliktsrecht. Falls auch die Aktiengesellschaft haftet, besteht Gesamthaftung.

b) Zwangsvollstreckungsstrafen

Die Aktiengesellschaft kann zivilrechtlich zu Handlungen oder Unterlassungen im ordentlichen Verfahren oder durch einstweilige Verfügung verurteilt werden, deren Vollstreckung im entsprechenden Urteil mit Haftdrohung gegen die jeweiligen Mitglieder des Verwaltungsrates verbunden werden kann.

Gleiches gilt für die Zwangsvollstreckung von Schadensersatzansprüchen gegen die Aktiengesellschaft aus Vorsatz.

c) Haftung für Steuerschulden der Aktiengesellschaft

Der Vorsitzende des Verwaltungsrates, das sogenannte delegierte Verwaltungsratsmitglied und jeder Direktor sind strafbar, wenn die Aktiengesellschaft Steuerschulden nicht bezahlt.

d) Strafrechtliche Verantwortung

Verwaltungsratsmitglieder machen sich u. a. strafbar bei zahlreichen Pflichtverletzungen gegenüber Aktionären und Revisoren, Aufsichtsbehörden und Kontrahenten der Aktiengesellschaft sowie wegen Nichtentrichtung der Arbeitgeber- und Arbeitnehmerbeiträge an die Staatsanstalt für Sozialversicherung sowie bestimmte Branchenkassen zusätzlicher Sozialversicherung.

VII. Konzernrecht, Durchgriff und Einmanngesellschaft

1. Konzernbilanz

Eine konsolidierte Konzernbilanz wird im griechischen Recht für Aktiengesellschaft- oder GmbH-Konzerne gemäß der 7. EG-Richtlinie vorgeschrieben. Es gibt jedoch kein materielles Konzernrecht.

2. Aktionärsverträge

Die Rechtsbeziehungen der Aktionäre zur Aktiengesellschaft sind frei mit folgenden Ausnahmen:

a) Aktionäre, die Gründer gewesen sind, sowie ihre Eheleute und Verwandten unterliegen hinsichtlich ihrer Geschäfte mit der Aktiengesellschaft denselben Verboten und Beschränkungen, die für die Geschäfte der Mitglieder des Verwaltungsrates zur Aktiengesellschaft bestehen (Nr. 19, oben).

b) Erwerb von eigenen Aktien durch die Aktiengesellschaft sowie Pfandererwerb an Aktien sind verboten. Ausnahmsweise ist Aktienerwerb zwecks Amortisation des Kapitals, zwecks Erwerbs seitens einer Bank im Auftrage von Kunden und zwecks Zwangsvollstreckung oder Vergleichs sowie Pfanderwerb durch Banken bis zu 5 % des Kapitals zulässig.

c) Die Vereinigung der Aktien in den Händen eines Aktionärs ist kein Auflösungsgrund der Aktiengesellschaft. Eine Regelung von Durchgriffstatbeständen ist nicht vorhanden.

3. GmbH-Recht

Die Rechtsbeziehungen der Gesellschafter zur GmbH sind ebenfalls frei bis auf folgende Ausnahmen:

a) Darlehen an die GmbH

Darlehen der Gesellschafter an die GmbH können in der Liquidation nur nach Tilgung der Ansprüche Dritter zurückgezahlt werden. Eine Rückzahlung vor Auflösung ist nichtig, wenn sie die Befriedigung der Ansprüche Dritter unmöglich macht.

b) Dingliche Sicherheiten

Dingliche Sicherheiten an Gesellschafter können von der GmbH nicht zur Sicherung von Darlehensansprüchen eingeräumt werden.

c) Durchgriff

Der Alleingesellschafter einer GmbH haftet für Schulden der GmbH, die zur Zeit seiner Eigenschaft als Alleingesellschafter begründet wurden, wenn die GmbH aufgelöst wurde und ihre Gläubiger nicht befriedigt hat.

4. OHG, KG und ZGB-Gesellschaft mit Rechtspersönlichkeit

Die Geschäfte eines Gesellschafters mit der Gesellschaft unterliegen allein dem Selbstkontrahierungsverbot und dem Stimmverbot der Verwaltung einer juristischen Person in eigener Sache (ZGB 235, 66) (str.).

5. Einmanngesellschaft

a) Personengesellschaften

OHG, KG und ZGB-Gesellschaft können nicht als Einmanngesellschaften errichtet werden oder bestehen. Verbleibt in ihnen allein ein Gesellschafter, so wird die Gesellschaft aufgelöst. Der Erwerb aller Mitgliedschaften durch dieselbe natürliche oder juristische Person hat den Übergang des Gesellschaftsvermögens auf sie zur Folge (str.).

b) Gesellschaft mit beschränkter Haftung

Die GmbH kann nicht als Einmanngesellschaft errichtet werden, aber wohl als solche bestehen. Das Gericht kann sie auflösen, falls die Auflösung aufgrund eines berechtigten Interesses beantragt wird. Der Alleingesellschafter einer Einmann-GmbH kann für die Schulden der Gesellschaft nach Gerichtsurteil haften (vgl. oben 3 c).

c) Aktiengesellschaft

Eine Einmanngründung ist auch hier nicht möglich. Das Bestehen einer Einmanngesellschaft wird jedoch ausdrücklich im Gesetz vorgesehen (vgl. oben 2 b).

Die Durchgriffslehre ist, hauptsächlich bei der Aktiengesellschaft, mehrfach in der griechischen Rechtsprechung angewandt worden. Die Anwendung ist sowohl bei Einmanngesellschaften als auch bei Quasi-Einmanngesellschaften bejaht worden.

6. Durchgriff bei Gesellschaften mehrerer Gesellschafter

Bei Umgehungstatbeständen ist der Durchgriff auf die Gesellschafter durch deren Mehrzahl nicht ausgeschlossen, etwa wenn mehrere Ausländer eine griechische GmbH oder Aktiengesellschaft zum Erwerb eines Grundstücks in einer für Ausländererwerb verbotenen Zone gründen und beherrschen.

VIII. Verschmelzung, Spaltung und Umwandlung

1. Die Verschmelzungsfälle

Eine echte Verschmelzung i. S. einer Gesamtnachfolge bzw. Fortsetzung der juristischen Persönlichkeit durch die aufnehmende Gesellschaft ist in folgenden Fällen vorgesehen:

a) Aktiengesellschaften

Sie können die Verschmelzung vornehmen entweder durch Gründung einer neuen Aktiengesellschaft, die die Gründerinnen absorbiert, oder durch Kapitalerhöhung einer bestehenden Aktiengesellschaft, die eine oder mehrere andere Aktiengesellschaften aufnimmt, oder durch Aufkauf des Vermögens einer Aktiengesellschaft durch eine andere, die direkt an die Aktionäre der aufgekauften Gesellschaft den vereinbarten Preis (oder Tauschgegenstand) schuldet. Die Verschmelzung durch Neugründung, durch Aufnahme oder durch Aufkauf erfordert Beschlüsse der Generalversammlungen und Verträge der Gesellschaften, in den beiden ersten Fällen auch amtliche Sacheinlagebewertung. Das EG-Richtlinienrecht ist wörtlich übernommen worden.

b) Gesellschaften mit beschränkter Haftung

Die GmbH können eine Verschmelzung nur durch Neugründung oder durch Aufnahme seitens einer bestehenden GmbH durchführen. Eine amtliche Sacheinlagenbewertung seitens der Präfektur ist erforderlich, jedoch keine Bewilligung. Die Veröffentlichungen sind wie bei der Gründung bzw. der Kapitalerhöhung der GmbH vorzunehmen.

c) Andere Gesellschaften

Eine echte Verschmelzung von Genossenschaften ist ebenfalls vorgeschrieben. Eine echte Verschmelzung von Personengesellschaften wird im Schrifttum vertreten (str.).

d) Formwechselnde Verschmelzung

Sie ist in der Rechtsprechung akzeptiert, wenn die Voraussetzungen und Formalitäten sowohl der Umwandlung als auch der Verschmelzung vorliegen.

2. Die unechte Verschmelzung

Sie unterliegt keiner Beschränkung, bewirkt aber eine Einzelrechtsnachfolge.

3. Verschmelzungsbegünstigung im Steuerrecht

Einkommen-, Grunderwerbs-, Stempel- und Umsatzsteuern sowie Abgaben entfallen bei einer echten oder unechten Verschmelzung von Industrie-, Handels- und Bergbaugesellschaften (G. D. Nr. 1292/1972).

4. Spaltungsrecht

Die Einlage einer Industriebranche der Aktiengesellschaft in eine andere Aktiengesellschaft ist steuerfrei, wenn die Voraussetzungen für die Steuerbefreiung einer Verschmelzung vorhanden sind. Die Spaltung unterliegt einer besonderen privatrechtlichen Regelung durch Übernahme des EG-Richtlinienmodells.

5. *Umwandlungsrecht*

Umwandlungen von oHG und KG in GmbH, von GmbH in Aktiengesellschaft und von Aktiengesellschaft in GmbH sind als Satzungsänderung unter der Bedingung der Einhaltung der Gründungsvoraussetzungen der entstehenden juristischen Personen vorgesehen und bewirken eine Fortsetzung der Rechtspersönlichkeit in neuer Form, d. h. ohne Rechtsübertragung.

C. *Steuerrecht*

I. *Das Steuersystem*

Es umfaßt hauptsächlich die Einkommen-, Grunderwerbs-, Mehrwert-, Kapitalsammlungs-, Erbschafts-, Schenkungs- und die Stempelsteuer, jedoch keine Vermögensmehrwertsteuer. Die Besonderheiten bei der Errichtung und beim Betrieb einer Tochtergesellschaft in Griechenland sind unter B. dargelegt worden.

Seit dem 1. 1. 1987, gleichzeitig mit der Mehrwertsteuer, ist die Kapitalsammlungssteuer auf Gesellschaftsgründungen und Kapitalerhöhungen eingeführt worden.

II. *Verwaltungsgerichtsbarkeit*

Steuersachen gehören der Gerichtsbarkeit der Verwaltungsgerichte an. Die Beschwerde gegen einen Steuerbescheid schiebt die Steuerzahlung von 80 % bis zum Urteil der ersten Instanz auf. Die Zahlung der übrigen 20 % kann nur durch Gerichtsurteil aufgeschoben werden.

D. *Konkurs- und Sanierungsrecht*

I. *Konkursrecht*

Es ist im HGB (i. d. F. von 1878) einheitlich für Kaufleute und juristische Personen mit Kaufmannseigenschaft geregelt und sieht die Bestrafung der Bankrotte für Kaufleute und für Organe von juristischen Personen vor. Der Konkurs berührt die Schulden des Gemeingläubigers an den Staat und die Zwangsvollstreckung für diese nicht.

II. Sanierungsrecht

Es gibt drei Sanierungsformen und eine entsprechende Gesetzgebung:

(a) Aktiengesellschaft, oHG und KG können dem Verfahren der Gläubigerverwaltung und -geschäftsführung durch Gerichtsurteil auf Gläubigerantrag gemäß G. D. Nr. 3562/1956 unterstellt werden. Das Verfahren umfaßt den Versuch, das Unternehmen unter Gläubigerverwaltung zu retten bzw. zu liquidieren und schließt während seiner Dauer den Konkurs aus. Grund des Verfahrens ist die Zahlungseinstellung i. S. jeglichen Verzugs bei der Erfüllung von Schulden.

(b) Sanierungsverträge der Gläubigermehrheit mit der Aktiengesellschaft nach Bewilligung der Aktionärsmehrheit, wenn vom Berufungsgericht Athen genehmigt, binden die übrigen Gläubiger (G. Nr. 1892/89, Art. 44).

(c) Mit gleicher Genehmigung kann eine freie Veräußerung der Aktiva stattfinden (G. Nr. 2000/90). Sanierungsformen b) und c) sind konkursabhängig und konkurshindernd.

E. Internationales Privatrecht und Ausländerrecht

I. Internationales Privatrecht

1. Materielles Recht

a) Natürliche Personen sowie juristische Personen genießen in Griechenland diejenigen Rechte – insbesondere haben sie Rechts- und Geschäftsfähigkeit – die ihnen aufgrund des Staatsangehörigkeits- bzw. Sitzstatutes zukommen.

b) Hinsichtlich der juristischen Personen wird im griechischen IPR nicht der statutarische, sondern der sogenannte effektive Sitz als Regel akzeptiert. Ausnahmsweise wird der statutarische Sitz für Schiffsgesellschaften anerkannt, die sich in Griechenland nach Zulassung des Ministers für Handelsmarine niedergelassen haben (G. Nr. 791/1978).

2. Prozeßrecht

Ausländische Gerichtsurteile und Schiedssprüche sind in Griechenland vollstreckbar. Sie müssen vom Amtsgericht für vollstreckbar erklärt werden. Der Vollstreckung steht entgegen, daß sie dem griechischen ordre public widersprechen.

Griechenland hat den Brüsseler Vertrag über Vollstreckung und Anerkennung ausländischer Urteile in Zivil- und Handelssachen unterschrieben und übernommen.

II. Ausländerrecht

1. Natürliche Personen

Die Erwerbstätigkeit von Ausländern darf vom Standpunkt des Polizeirechts nur mit amtlicher Arbeitserlaubnis ausgeübt werden.

2. Juristische Personen

Juristische Personen können ihren Sitz in Griechenland haben, dies bewirkt aber, daß sie nach griechischem Recht beurteilt werden, da das griechische IPR ausländische juristische Personen nur dann nach ihrem Sitzstatut beurteilt, wenn statutarischer und effektiver Sitz zusammenfallen (mit Ausnahme des Falles unter I 1 b).

III. Niederlassungen ausländischer Gesellschaften

Ausländische Gesellschaften können sich in Griechenland i. d. R. ohne vorherige Zulassung niederlassen.

1. Steuerrecht

Die juristische Person ist einkommensteuerpflichtig für das Einkommen, das durch die Tätigkeit der Niederlassung in Griechenland erzielt wird. Eine andere Tätigkeit derselben juristischen Person, d. h. die Tätigkeit des Hauptsitzes oder andere Niederlassungen, ist einkommensteuerfrei (str.). Die sogenannte „Offshore-Tätigkeit" von ausländischen Gesellschaften, die mit Erlaubnis des Ministeriums für Nationalökonomie (G. Nr. 89/1967) sich in Griechenland niederlassen, ist steuerfrei.

Die 1%ige Kapitalsammlungssteuer wird auch auf die Verlegung des effektiven Sitzes von Auslandsgesellschaften nach Griechenland erhoben.

2. Publizität

Die Niederlassung einer oHG oder KG ist in das Gesellschaftsregister beim Amtsgericht einzutragen. Die Niederlassung einer ausländischen Aktiengesellschaft ist dem Handelsministerium anzuzeigen und vom Handelsministerium in der Regierungszeitung zu veröffentlichen. Sowohl bei der oHG oder KG als auch bei der Aktiengesellschaft ist die Registrierung, die Anzeige oder die Veröffentlichung keine Voraussetzung für die Gültigkeit von Rechtsgeschäften. Die einzige Folge ist die Strafbarkeit der Personen, die im Namen der ausländischen Niederlassung einer Aktiengesellschaft vor der Anzeige tätig sind.

Für die GmbH ist eine Anzeige an das Amtsgericht zwecks Registrierung im Gesellschaftsregister vorgeschrieben. Die Unterlassung der Registrierung hat zur Folge, daß der Handelnde persönlich für die Schulden haftet.

Off-shore-tätige Gesellschaften des G. Nr. 89/1967 brauchen diese Publizität nicht, da sie außerhalb Griechenlands tätig sind.

IV. Tochtergesellschaften

Die Errichtung von griechischen Tochtergesellschaften durch ausländische Muttergesellschaften findet nach dem Recht der jeweiligen Rechtsform der Tochtergesellschaft statt. Die meist benutzte Rechtsform ist die Aktiengesellschaft. Spezielle Subventionen für ausländische Tochtergesellschaften, bis auf Ausnahmen des Mutterrechts, existieren im griechischen Recht nicht.

F. Investitionsrecht und Devisen

I. Investitionsrecht

1. Allgemeines Investitionsrecht

Großinvestitionen können durch ministerielle Erlaubnis bzw. durch Vertrag mit dem Staat ihre Unterstellung unter die Begünstigungsgesetze für Großinvestitionen erreichen. Hauptgesetz ist das Gesetz Nr. 4171/1961.

Eine lokale Differenzierung der Investitionen ist Gegenstand einer mehrfach geänderten diesbezüglichen Gesetzgebung, die Prioritätszonen zugunsten der Provinzinvestitionen einführt. Die Begünstigung hat u. a. die Form von staatlichen Investitionsbeiträgen. Die Aufrechterhaltung der Begünstigung setzt voraus, daß das Unternehmen oder die entsprechenden Aktien und Geschäftsanteile nicht ohne Staatserlaubnis veräußert werden.

2. Ausländerinvestitionen

G. D. Nr. 2687/1953 gibt dem Staat die Möglichkeit, Steuer- und Devisenbegünstigungen für Ausländerinvestitionen zu gewähren. Das Steuerstatut kann auf bestimmte Zeit für konstant erklärt werden. Die Devisenbegünstigung kann in der Konvertibilität der Kapital- und Renditeausfuhr innerhalb vereinbarter Zeit- und Quotengrenzen bestehen. Die Kapitaleinfuhr kann die Form eines Aktienkapitals, eines Darlehens oder einer Einfuhr von Maschinen haben oder in Materialgüterwerten bestehen. Die Staatserlaubnis wird vom Ministerium für Nationalökonomie erteilt.

3. *Ministerialunterstützung*

Zuständig für die Investitionsunterstützung sind das Ministerium für Nationalökonomie (Athen, Syntagmaplatz) und außerhalb Athens die örtlichen Departementsbehörden.

II. Devisenrecht

Natürliche und juristische Personen, die einen Wohnsitz bzw. Sitz in Griechenland haben oder nicht, haben seit dem 16. 5. 94 ein allgemeines Recht zur Konvertibilität von Drachmen in Devisen. Sie muß durch eine Bank stattfinden. Import und Export von Devisen über den Bankweg ist ebenfalls frei.

G. Kartell- und Preisrecht

I. Kartellrecht

Das griechische Kartellrecht gibt die Grundzüge des EWG-Kartellrechtes wieder (G. Nr. 703/1977). Vereinbarungs-, Beschluß- und Harmonisierungsverhaltenskartelle sind dem Handelsministerium innerhalb Monatsfrist anzuzeigen und unter dieser Voraussetzung gültig, es sei denn, daß der Handelsminister nach Gutachten der Wettbewerbskommission eine Feststellung trifft, daß das Kartell gesetzwidrig ist und unter keine der Ausnahmen des Kartellverbotes fällt. Es kann auch ein Negativattest desselben Ministers beantragt werden. Die Abweisung des Antrages auf ein Negativattest ist nicht rückwirkend. Fusions-Kontrolle kann vom Handelsminister beschlossen werden, was noch nicht geschehen ist.

Die Mißbräuche einer beherrschenden Marktstellung oder eines Unternehmensverhältnisses sind verboten. Die entsprechenden Geldstrafen fallen ebenfalls in die Zuständigkeit des Handelsministers, der nach Gutachten der Wettbewerbskommission entscheidet.

Die Akte des Ministers unterliegen der Verwaltungsgerichtsbarkeit.

Die Unternehmensfusion kraft ausdrücklicher Vorschrift widersteht nicht dem Verbot der Vereinbarungs-, Beschluß- und Harmonisierungsverhaltenskartelle.

II. Preisrecht

Das Marktrecht gilt für die Waren und Dienstleistungen, die als lebenswichtig amtlich deklariert worden sind. Wenn diese nach amtlicher Feststellung knapp sind, ist eine Preiskontrolle möglich. Sonst ist nur eine Kontrolle des Gewinns möglich. Die Preisfixierung erfolgt durch Marktverordnungen des Handelsministers bzw. der Polizei.

III. Unlauterer Wettbewerb

Das griechische Recht kennt ein allgemeines Verbot des Verstoßes gegen die guten Wettbewerbssitten bei den Handels- und Landwirtschaftsgeschäften, das auch den Saisonschlußverkauf und ähnliche Verkaufsmodalitäten regelt (G. Nr. 146/1915).

H. EWG-Recht

Griechenland ist 1977 den Europäischen Gemeinschaften beigetreten. Davor war es ein assoziiertes Land. Die Maastricht-Reform der EWG in E. U. ist ratifiziert worden.

Anhang

I. Gesetze

Gesetze (G.) oder Gesetzesdekrete (G. D.) werden nach Nummern und Veröffentlichungsjahr zitiert (z. B. G. Nr. 2190/1920 = Gesetz Nr. 2190 aus dem Jahre 1920). Die Veröffentlichung in der Regierungsgazette wird nach Hefteinteilung (Heft A, B, C, D), Blatt (durchnumeriert in jedem Heft) und Jahr zitiert (z. B. A 14 1987 = Veröffentlichung im Heft A Blatt 14 Jahrgang 1987). „Blatt" bedeutet selbständige Nummer. Jedes Heft ist auch in den Seitenzahlen durchnumeriert, ihre Angabe ist aber unüblich.

Die wichtigsten Rechtsquellen, die im Text erwähnt werden, ihre Fundstelle und etwaige deutsche Übersetzungen, sind meist veraltet:

1. AktG = G. Nr. 2190/1920 über die Aktiengesellschaften (Einl. und Übersetzung in K. SIMITIS, Das griechische Aktienrecht, Frankfurt 1973, Metzner).
2. GmbHG = G. Nr. 3120/1955 über die GmbH (Einl. und Übersetzung von G. SCHINAS, RabelsZ 22 [1957], 334).

3. HGB = Handelsgesetzbuch aus dem Jahre 1835 (Übersetzung in KOHLERis Handelsgesetzen des Erdballes, gültig für die Handelsgesellschaften).
4. ZGB = Zivilgesetzbuch aus dem Jahre 1945 (Übersetzung in GOGOS/AUBIN, Das ZGB Griechenlands, Tübingen 1949, Mohr).
5. Verf. = Verfassung aus dem Jahre 1975.

II. Literaturhinweise

L. GEORGAKOPOULOS, Enhiridion Emporikou Dikaiou (Handbuch des Handelsrechts) I/2 (Gesellschaften), Athen 1985, S. 352 ff (ausländische Gesellschaften).

E. PERAKIS (Hrsg.), To dikaion tis A. E. (Das Recht der AG), I–II, Athen 1992.

DERS., To dikaion tis E. P. E. (Das Recht der GmbH), Athen 1994.

N. ROCAS, Jura Europae, Gesellschaftsrecht, Bd. III, München/Paris 1986, S. 100.00 ff (mit weiteren Literaturangaben).

GEORGAKOPOULOS/MINOUDIS, Empoikos Nomos etc. (Quellensammlung), I, Athen 1985.

III. Behörden

Anschriften von Behörden können nicht angegeben werden. Gesellschaftsrechtlich zuständig sind für Personengesellschaften und GmbH die örtlichen Amtsgerichte und für Aktiengesellschaft und Einlagen an GmbH die Handelsdirektionen der örtlichen Präfekturen. Das Land wird in 50 Präfekturen eingeteilt.

Investitionsrechtlich zuständig sind das Ministerium für Nationalökonomie (Athen), das Ministerium für Nord-Griechenland (Saloniki) und das Ministerium für die Aegäis (Mitilini).

Die Gründung einer Tochtergesellschaft in Großbritannien

von

Professor Robert R Pennington, University of Birmingham
und
Dr. Georg Gansen, Bonn

Inhaltsübersicht

I. Einleitung

Seit 1980 haben deutsche Unternehmen 23,46 Mrd. DM in Großbritannien investiert[1]. Damit ist Großbritannien für Deutschland eines der bedeutendsten Anlageländer, zudem sein viertgrößter Exportmarkt weltweit. Bekannt sind die Übernahmen von Plessey durch Siemens und der Privatbank Morgan Grenfell durch die Deutsche Bank 1989, des Reiseunternehmens Thomas Cook durch LTU 1992 und von Rover durch BMW 1994. Daneben ist das Land auch für die Ansiedlung deutscher Betriebs- und Produktionsstätten attraktiv[2]. Viele deutsche Großunternehmen sind dort vertreten, die meisten mit britischen Töchtern. Aber auch für die deutsche mittelständische Wirtschaft, die verstärkt auf den britischen Markt drängt, wird die unmittelbare Präsenz, etwa aufgrund moderner Zulieferverfahren und nationalen Konsumverhaltens, immer wichtiger[3].

Die Gründung einer Tochtergesellschaft in Großbritannien ist im Ergebnis nicht kompliziert. Besondere gesetzliche Hindernisse für Ausländer gibt es nicht; EU-Bürger sind Inländern sogar völlig gleichgestellt. Das wichtigste Gesetz ist der Companies Act 1985 mit den Änderungen des Companies Act 1989, der für England, Schottland und Wales Geltung hat. Er regelt eine Vielzahl von Gesellschaftstypen, von denen für die in Rede stehenden Belange lediglich die *private limited company* und die *public limited company* von Bedeutung sind. Diesen ist gemeinsam, daß sie, körperschaftlich strukturiert, die Haftung auf ein Anteilskapital beschränken und als juristische Personen definiert sind; s. 13(3) CA 1985.

1 Stand 3. August 1993
2 Zu den Ansiedlungsplänen z. B. der Mercedes-Benz AG siehe FAZ vom 7.12.1993
3 Angaben aus ATENSTAEDT, Deutsche Unternehmen in Großbritannien, Deutsche Industrie- und Handelskammer, 3. Auflage, August 1993.

Die Gründung einer *company limited by guarantee and having a share capital* – Gesellschaft mit Anteilskapital und beschränkter Nachschußpflicht – ist seit dem 22. Dezember 1980 nicht mehr zulässig; s. 1(4) CA 1985. Die *unlimited company* schließlich ist ebenfalls juristische Person und körperschaftlich strukturiert, ihre Gesellschafter haften jedoch unbeschränkt; s. 3(1)(f) CA 1985.

Anders als im deutschen Recht mit GmbH-Gesetz und Aktiengesetz sind in England die klassischen personalistischen Kapital- und die Publikumskapitalgesellschaften nicht – gewissermaßen gleichberechtigt – in verschiedenen Gesetzen geregelt. Der Companies Act 1985 geht vielmehr von der *company* als Grundform der Kapitalgesellschaft aus und regelt die Unterschiede der beschriebenen Ausgestaltungen in den jeweils einschlägigen Paragraphen. Im Gegensatz hierzu stehen die Personalhandelsgesellschaften *partnership* (Offene Handelsgesellschaft) und *limited partnership* (Kommanditgesellschaft), die im Partnership Act 1890 und im Limited Partnerships Act 1907 geregelt sind. Sie werden im vorliegenden Beitrag nicht erörtert.

1. Einschlägige Gesetze

Der Companies Act 1985 ist das Hauptgesetz des englischen Kapitalgesellschaftsrechts, er faßt die weit verstreuten Regelungen der Companies Acts 1948, 1967, 1976, 1980 und 1981, die damit aufgehoben sind, zusammen. Gemeinsam mit ihm wurden die sogenannten Nebengesetze Companies Consolidation (Consequential Provisions) Act 1985, Business Names Act 1985 und Company Securities (Insider Dealing) Act 1985 erlassen. Das erstgenannte Gesetz hebt alte Bestimmungen auf und enthält Übergangsvorschriften. Der Business Names Act 1985 regelt den Firmennamen von Unternehmen, soweit sie nicht unter dem eigenen Namen, d. h. im Falle der Gesellschaft unter dem satzungsgemäßen Namen, tätig werden. Der Companies Securities (Insider Dealing) Act 1985 enthält das gesetzliche Verbot von Insidergeschäften mit einer sehr weitreichenden Beschreibung des Insiders in ss. 1, 10, 12 und 13, die demnächst durch entsprechende Bestimmungen des Criminal Justice Act 1993 ersetzt werden. Ergänzt werden sie im Financial Services Act 1986 sowie durch s. 323 CA 1985. Der Companies Act 1989, der die genannten Gesetze ebenfalls ergänzt, nicht ersetzt, handelt in der Hauptsache von Publizitätspflichten, der Rechnungslegung, der Einreichung zum Gesellschaftsregister sowie der Pflicht zu Einzelauskünften; hinzu kommen u. a. Ergänzungen zum Recht der Verschmelzung und der Insolvenz von Gesellschaften in den Teilen VI und VII des Gesetzes. Der Insolvency Act 1986 regelt – entgegen seinem Titel – alle Formen der Auflösung von Gesellschaften, auch diejenige außerhalb einer Krise. Im Company Directors (Disqualifications) Act 1986 finden sich die Vorschriften über die Untauglichkeitserklärung und den Ausschluß von Mitgliedern der Geschäftsführung. Spezielle Regelungen für Vermögensanlagegesellschaften, einschließlich solcher zur Emission von Gesellschaftsanteilen, finden sich im Financial Services Act 1986. Mustersatzungen für die genannten Gesellschaftsformen enthält die Verordnung Companies (Tables A to F) Regulations 1985. Schließlich sind in Großbritannien auch die Kodizes der folgenden Aufsichtsorgane, als private Selbstverwaltungseinrichtungen organisiert, zu beachten: City Code on Takeovers and Mergers des Panel on Takeovers and Mergers (sog. Blaues Buch; vgl. dazu unten IX.) für Unternehmensübernahmen, Admission of Securities to Listing der Londoner Börse („Gelbes Buch") für Börsenanmeldungen und Regulation of Investment Business des Securities and Investment Board („Rotes Buch") für Vermögensanlagegesellschaften[3a].

2. Unternehmerische Betätigung in Großbritannien

Will eine deutsche Gesellschaft oder ein deutscher Unternehmer auf dem britischen Markt tätig werden, so ist zunächst zu entscheiden, ob dies mit Hilfe einer Niederlassung oder einer Tochtergesellschaft geschehen soll. Wird eine Niederlassung (*place of business*) gegründet, so gelten für die ausländische Gesellschaft (*oversea company*) die Vorschriften des 13. Teils des Companies Act 1985. Sie muß binnen eines Monats beglaubigte Satzungen in der Originalsprache und in englischer Übersetzung sowie eine Liste der *directors* zum Gesellschaftsregister einreichen. Zudem ist ein in Großbritannien ansässiger Bevollmächtigter für gerichtliche sowie Zustellungen der Verwaltung zu benennen. Die Jahresabschlüsse sind ebenfalls offenzulegen. Schließlich kann die ausländische Gesellschaft zur Firmenänderung angehalten werden, sofern Verwechslungsgefahr besteht oder dies aus anderen Gründen angezeigt ist. Die Vorschriften für britische Niederlassungen unterscheiden sich also von denjenigen für britische Tochtergesellschaften, insbesondere auch hinsichtlich Publizitätsfragen, nicht derart stark, daß sie die unternehmenspolitischen Vorteile aufwiegen könnten, die eine britische Gesellschaft in der Regel mit sich bringt. Der Gründung einer Tochtergesellschaft in Großbritannien wird daher oftmals der Vorzug zu geben sein.

3. Wahl der Gesellschaftsform

Zur Auswahl stehen hierfür die *private limited company* (im folgenden: *private company*) und die *public limited company* (im folgenden: *public company*); die

3a All diese gesellschaftsrechtlichen Regelungen finden sich in den Bänden II und III des PALMER's Company Law.

übrigen Kapitalgesellschaftsformen scheiden regelmäßig aus den genannten Gründen aus. Der wichtigste Unterschied zwischen der *private* und der *public company* besteht in dem strafbewehrten Verbot für erstere, öffentlich zur Zeichnung oder zum Kauf ihrer Anteile aufzufordern. Soll die Tochtergesellschaft ihre Anteile an der amtlichen Wertpapierbörse (*Stock Exchange*) oder der geregelten Effektenbörse (*Unlisted Securities Market*)[4] handeln lassen, so muß sie die Rechtsform der *public company* wählen. Ist dies nicht oder noch nicht beabsichtigt, so empfiehlt sich die Gründung einer *private company*, da diese weit geringeren gesetzlichen Restriktionen unterliegt. Zudem hat die typische *private company* regelmäßig weniger Gesellschafter als die *public company*, ihre Anteile werden naturgemäß weitaus seltener übertragen. Daher kann sie funktional der deutschen GmbH, die *public company* der deutschen Aktiengesellschaft gleichgestellt werden.

Nach dem alten Recht war eine britische *company* regelmäßig *public company*, soweit sie nicht ausdrücklich als *private company* gegründet wurde. Dieses Regel-Ausnahme-Verhältnis hat der Companies Act 1980 verkehrt, mit dem die strengen Kapitalschutzvorschriften der Zweiten Gesellschaftsrechtlichen EU-Richtlinie vom 13. Dezember 1976 (Kapitalschutzrichtlinie) für *public companies* in nationales Recht umgesetzt worden sind. Andernfalls wären zahllose kleine und geschlossene Gesellschaften den zum Teil völlig neuen und aus englischer Sicht äußerst strengen Kapitalregeln unterfallen, lediglich weil sie nicht als *private companies* gegründet wurden. Heute ist eine englische Kapitalgesellschaft daher immer *private company*, es sei denn, sie wird als *public company* gegründet.

Die Gründung einer *public company* ist jedoch selten. Aus praktischen Erwägungen ist ihre Errichtung durch Umwandlung einer *private company* die Regel; siehe unten zu III.2. Die Gründung einer *private company* steht daher zunächst im Vordergrund des Interesses.

II. Gründung einer private company

Die Gründungsregeln entsprechen in vielem dem deutschen Recht. Hervorzuheben ist jedoch, daß das britische Recht neben der Einheitsgründung auch die Stufengründung ähnlich § 30 AktG 1937 kennt. Zudem ist keine gerichtliche oder notarielle Beurkundung erforderlich.

4 Der sogenannte Dritte Markt (*third market*), auf dem an der amtlich notierten Börse zugelassene *broker/dealer* Anteile, die nicht zu den beiden offiziellen Märkten zugelassen waren, gehandelt haben, ist seit dem 1. Januar 1991 in den *unlisted securities market* aufgenommen.

1. Gründer

Erforderlich ist mindestens ein Gründer, der das *memorandum of association* – den Pflichtteil der Satzung, der die Grundfragen und das Außenverhältnis der Gesellschaft regelt – und gegebenenfalls die *articles of association* – den Teil der Satzung, der die Verfassung der Gesellschaft regelt – in Anwesenheit mindestens eines Zeugen unterzeichnet; s. 2(6) CA 1985. Die Einmann-*private company* läßt das britische Recht seit den The Companies (Single Member Private Limited Company) Regulations 1992 zu. Die Gesetzesregel, daß der einzige Gesellschafter nach einer Frist von sechs Monaten unbeschränkt und gesamtschuldnerisch mit der Gesellschaft für Verbindlichkeiten, die seither entstanden sind, haftet, gilt damit nurmehr für *public companies*. Für sie sind nach wie vor mindestens zwei Gründer erforderlich; s. 24 CA 1985. Der – wirtschaftliche – Alleingesellschafter einer *public company* kann sich jedoch eines Treuhänders (*nominee*) bedienen, um dieser Haftung zu entgehen; rechtliche Nachteile erfährt er dadurch nicht.

Der oder die Gründer müssen jeder mindestens einen Anteil zeichnen; s. 2(5)(b) CA 1985. Da die *private company* jedoch, anders als die *public company* (siehe unten zu III.1.), kein Mindestkapital kennt, ist für sie ein Anteilskapital von einem Penny denkbar; ein Kapital von 100 Pfund Sterling ist durchaus gebräuchlich.

2. Satzung

Der obligatorische Satzungsinhalt betrifft das *memorandum*. Betroffen sind Grundsatzfragen und das Außenverhältnis der Gesellschaft; ss. 2 und 3 CA 1985. Im einzelnen ist folgendes gefordert:

a) Die Firma

Grundsätzlich sind die Gründer in der Wahl des Firmennamens frei. Ebenso wie in Deutschland sind jedoch mögliche Verwechslungen mit Firmennamen anderer Kapitalgesellschaften, aber auch den Firmen von Personengesellschaften und Niederlassungen von Ausländern, sowie mögliche Irreführungen des Wirtschaftsverkehrs auszuschließen. Das Gesellschaftsregister (*registrar of companies*) wird die Eintragung der Gesellschaft zum Beispiel ablehnen, wenn die gewählte Firma zu Unrecht Verbindungen mit staatlichen Einrichtungen oder der britischen Krone suggeriert. Die folgenden Firmenbestandteile bedürfen zudem der Genehmigung des Wirtschaftsministers: „British", „Charitable", „Chamber of Commerce", „European", „Foundation", „Holding", „Insurance",

„International", „United Kingdom"; die Aufzählung ist nicht abschließend[5]. Am Ende des Firmennamens muß sich zudem der Zusatz „limited" oder die Abkürzung „Ltd" als Hinweis dafür finden, daß es sich um eine private limited company handelt; die public limited company führt den Zusatz „public limited company" oder „plc". Es empfiehlt sich auch in Großbritannien, die Zulässigkeit des gewählten Namens vor der Unterzeichnung der Satzung durch das Gesellschaftsregister bestätigen zu lassen; das zentrale Register für Kapitalgesellschaften in England und Wales befindet sich in Cardiff, dasjenige für schottische Kapitalgesellschaften in Edinburgh. Einschlägige Vorschriften hierzu enthalten auch die ss. 25 ff. CA 1985.

Der Firmenname ist auf allen nach außen gerichteten Geschäftspapieren zu führen: Briefen, Rundschreiben, Rechnungen, Schecks, Überweisungen, Quittungen u. a. Tut die Gesellschaft dies, ist sie nicht gehindert, zudem unter einem weiteren Namen werbend tätig zu werden, soweit sie auch hierbei die genannten Einschränkungen der Namenswahl beachtet.

b) Die Gesellschaftsform

Nur wenn es sich um eine public company handelt, ist dies in der Satzung noch einmal ausdrücklich auszuführen. Fehlt ein solcher Hinweis, handelt es sich de lege um eine private company; s. 1(3) CA 1985.

c) Der Sitz der Gesellschaft

In der Satzung selbst ist lediglich anzugeben, ob die Gesellschaft ihren Sitz in England und Wales oder in Schottland oder in Wales allein haben soll. Ein späterer Wechsel von England nach Schottland oder umgekehrt ist regelmäßig nur im Wege der Neugründung möglich. Ist der Sitz in Wales, so kann dem Register die Satzung auch in walisischer Sprache eingereicht werden, die Gesellschaft kann anstelle der Firmenzusätze „limited" oder „Ltd" die Zusätze „cyfyngedig" oder „cyf" führen. Der walisischen Satzung ist eine beglaubigte englische Übersetzung beizufügen.

Die Adresse des Gesellschaftssitzes ist nicht Gegenstand der Satzung, sie muß dem zuständigen Gesellschaftsregister jedoch mit der Anmeldung der Gesellschaft mitgeteilt werden. Das *registered office* ist bloße Zustelladresse, die Ge-

5 Vgl. The Company and Business Names Regulation 1981 (SI 1981/1685) ss. 3 – 5 mit Ergänzungen 1982 (SI 1982/1653) s. 3 und Companies Consolidation (Consequential Provisions) Act 1985 s. 31(2).

sellschaft muß hier nicht ihre Hauptverwaltung haben oder eine betriebliche Tätigkeit ausüben; oftmals handelt es sich um das Büro einer Anwaltsfirma. Diese Adresse ist jedoch gemeinsam mit dem Ort des Geschäftsregisters und der Registrierungsnummer auf allen Geschäftspapieren anzugeben. Zudem sind dort die gesetzlich vorgeschriebenen Urkunden der Gesellschaft, wie etwa die Liste und die Dienstverträge der *directors* und die Niederschriften der Gesellschafterversammlung, aufzubewahren, es sei denn, dem Gesellschaftsregister wird ein anderer Aufbewahrungsort mitgeteilt.

d) Der Gesellschaftsgegenstand

Er ist von Bedeutung in Zusammenhang mit der *ultra vires*-Doktrin, dergemäß die organschaftliche Vertretungsmacht der *directors* auf Geschäfte in Zusammenhang mit dem Gesellschaftsgegenstand beschränkt ist. Die Doktrin ist jedoch durch den European Communities Act 1972 dahingehend abgeschwächt worden, daß sich nurmehr gutgläubige Vertragspartner auf die Unwirksamkeit des Geschäfts berufen können, durch den Companies Act 1989 zudem dahingehend, daß auch die folgende Formulierung des Gegenstands zulässig ist: „umfassende wirtschaftliche Tätigkeit einer Handelsgesellschaft" (*to carry on business as a general commercial company*). Mit letzterem ist die Notwendigkeit aufgehoben, im Interesse möglichst weitgehender Befugnisse der *directors* seitenlange, ausufernde Gesellschaftsgegenstände zu formulieren[6].

e) Die Haftungsbeschränkung

Obwohl sich die beschränkte Leistungspflicht der Gesellschafter bereits aus dem Firmenzusatz ergibt, ist auf die Haftungsbeschränkung noch einmal gesondert hinzuweisen. Fehlt der Hinweis und wird die Gesellschaft versehentlich dennoch eingetragen, so wird sie zwar rechtsfähig, die Gesellschafter bleiben jedoch unbegrenzt leistungspflichtig.

f) Anteilskapital und Nennbeträge der Anteile

Das Anteilskapital – Grund- oder Stammkapital – entspricht der Summe der Nennbeträge aller Anteile, die die Gesellschaft ausgeben kann. Das britische

6 Vgl. anschaulich dazu PENNINGTON, Company Law, 6. Auflage (1990), S. 12 ff und in deutscher Sprache HESS, Der „ultravires"-Grundsatz im britischen Gesellschaftsrecht, RIW 1992, 638 ff.

Recht kennt für die *private company* kein Mindestkapital; zur *public company* siehe unten III.1. Die Gründer setzen es mit Blick auf zukünftig etwa erforderlich werdende Eigenfinanzierungen in der Regel so fest, daß ausreichendes Vermögen für die Anfangsphase der Unternehmung zur Verfügung steht, zudem aber auch spätere Ausgaben von Anteilen möglich sind. Die Anteile selbst lauten im Interesse ihre Fungibilität selten auf mehr als ein Pfund Sterling. Nennbeträge von fünfzig oder sogar fünf Pence sind gebräuchlich. Anteilskapital und Anteilsnennwert können zudem in ausländischer Währung lauten[7]. Nennwertlose Anteile gibt es in Großbritannien anders als in den Vereinigten Staaten und in Kanada nicht.

g) Die Beitrittsklausel

Am Ende des *memorandum* ist auszuführen, daß der oder die Gründer eine Gesellschaft entsprechend den Bestimmungen des *memorandum* gründen wollen. Zudem sind ihre Namen mit der Anzahl der jeweils zu übernehmenden Anteile aufzuführen; üblicherweise übernimmt ein Gründer nur einen Anteil. Es folgen die durch den oder die Zeugen zu beglaubigenden Unterschriften.

Weitere Regelungen, wie etwa Sonderrechte bestimmter Anteilsgattungen oder Zustimmungsvorbehalte für *directors*, können sowohl im *memorandum* als auch in den *articles of association* aufgenommen werden. Der Unterschied besteht darin, daß fakultative Bestimmungen des *memorandum* nur geändert werden dürfen, wenn kein Änderungsverbot besteht und Rechte der Anteilseigner nicht beeinträchtigt sind, während solche der *articles of association* auch bei Bestehen eines Änderungsverbots durch Gesellschafterbeschluß geändert werden können. Die Formulierung solcher *articles* mit Regelungen etwa der Befugnisse der Gesellschaftsorgane zur Gewinnausschüttung oder zu späteren Anteilsausgaben steht im Belieben der Gründer. Fehlt sie, so gelten die Regelungen der Mustersatzung in Table A der Companies (Tables A to F) Regulations 1985, einer Verordnung des Wirtschaftsministeriums. Diese ungewöhnlich umfangreiche Mustersatzung empfiehlt sich in jedem Fall als Prüfliste für die zu bedenkenden Regelungsgegenstände.

3. Kapitalaufbringung

Im englischen Recht ist es weder für die *private* noch für die *public company* erforderlich, daß die Gründer oder Dritte bei der Gründung sämtliche Gesell-

7 Re Scandinavian Bank Group plc (1988) Ch 87, (1987) 2 All ER 70.

schaftsanteile zeichnen. Weitergehend als bei der Stufengründung des § 30 AktG 1937 sind zudem auch die Anmeldung und Eintragung der Gesellschaft nicht von der Zeichnung aller Anteile abhängig. Vielmehr ist die Übernahme von Anteilen am Nennkapital der Gesellschaft erst nach der Eintragung zulässig. Fristen bestehen hierbei nicht.

Das in der Satzung festgesetzte Kapital ist das Nennkapital (*nominal capital*). Bis zu seiner Höhe sind die *directors* ermächtigt, auch nach der Eintragung der Gesellschaft Anteile auszugeben, ohne daß es einer kapitalerhöhenden Satzungsänderung durch Gesellschafterbeschluß bedarf; das *nominal capital* entspricht daher dem deutschen Anteilskapital zuzüglich des genehmigten Kapitals. Auch muß im Fall der *private company* – anders als bei der *public company* – gezeichnetes und ausgegebenes Kapital (*issued capital*) nicht, auch nicht teilweise, innerhalb bestimmter Fristen eingezahlt werden; fällig wird es erst mit Zahlungsaufruf der Gesellschaft (*called up capital*). Soweit Einlagen vollständig geleistet sind, entspricht das *issued* und *called up capital* dem *paid up capital*.

4. *Entstehung der private company*

Mit dem *memorandum* und gegebenenfalls den *articles of association* sind folgende Unterlagen zum Gesellschaftsregister einzureichen: die Namen des oder der *directors* sowie des *secretary* (siehe dazu unten IV.2.), die Mitteilung der Adresse des Gesellschaftssitzes (siehe dazu oben II.2.), eine eidesstattliche Versicherung eines *directors*, des *secretary* oder des Rechtsanwalts, der mit der Eintragung der Gesellschaft befaßt ist, daß die Gründungsformalitäten eingehalten worden, sowie der Nachweis, daß die Registergebühren bezahlt worden sind; die Registergebühren betragen derzeit 50 Pfund Sterling. Sind die Gründungsvorschriften eingehalten, wird die Gesellschaft in das Gesellschaftsregister eingetragen. Voraussetzung für ihre Entstehung als juristische Person ist jedoch nicht nur diese Eintragung, sondern zudem die Ausgabe des *certificate of incorporation*. Dieses beweist unwiderleglich – ähnlich der deutschen Lehre von der fehlerhaften Gesellschaft – die Existenz der Gesellschaft. Mit seiner Ausstellung kann die *private company*, anders als die *public company* (siehe dazu unten III.1.), sogleich ihre Geschäfte aufnehmen.

5. *Gründerhaftung*

Ein der deutschen Vor-GmbH vergleichbares Institut ist dem britischen Recht fremd. Verpflichtungen, die vor der Ausstellung des *certificate of incorporation* eingegangen worden sind, treffen die Handelnden in jedem Fall persönlich; das soll selbst dann gelten, wenn der verpflichtende Vertrag ausdrücklich vorsieht, Entgelte seien nur aus geleisteten Einlagen zu entrichten[8]. Damit bleiben lediglich die Möglichkeiten des erneuten Vertragschlusses (Novation) oder der Vertragsübernahme oder, ist der Vertragspartner hierzu nicht bereit, der Abtretung der Ansprüche des Handelnden an die Gesellschaft mit entsprechendem Ausgleich im Innenverhältnis; nach außen bleibt der Handelnde jedoch für die Gegenleistung verantwortlich. Zu seinem Schutz empfiehlt es sich daher möglicherweise, lediglich ein Optionsrecht zugunsten der zukünftigen Gesellschaft zu vereinbaren.

III. Gründung einer public company

Soll die britische Tochtergesellschaft ihre Anteile an der amtlichen Wertpapierbörse oder der geregelten Effektenbörse handeln lassen, so bedarf es der Rechtsform der *public company*. Da für sie grundsätzlich die gleichen Gründungsregeln wie für die *private company* gelten, ist zunächst auf die obigen Ausführungen zu II. zu verweisen. Es gelten jedoch die folgenden Besonderheiten.

1. Neugründung

Zunächst einmal hat der im *memorandum* angegebene Firmenname den Zusatz *„public limited company"* oder *„plc"*, handelt es sich um eine walisische Gesellschaft möglicherweise auch *„cwmni cyfyngedig cyhoeddus"* oder *„c.c.c."*, zu enthalten. Zudem ist anzugeben, daß es sich um eine *public company* handelt. Die Mindestzahl der Gründer beträgt zwei; das alte Recht, wonach sieben Gründer erforderlich waren, ist durch den Companies Act 1985 aufgehoben worden. Schließlich ergeben sich auch wichtige Besonderheiten hinsichtlich des Anteilskapitals. Insoweit hat der Companies Act 1980 für das britische Recht erhebliche Neuerungen gebracht[9].

a) Kapitalaufbringung

Seit dem Companies Act 1980 gilt für die *public company* ein Mindestkapital in Höhe von derzeit 50.000 Pfund Sterling; der Betrag kann durch Rechtsver-

8 Scott v Lord Ebury (1867) LR 2 CP 255.

9 Vgl. dazu GANSEN, Harmonisierung der Kapitalaufbringung im englischen und deutschen Kapitalgesellschaftsrecht, 1992, S. 23 ff.

ordnung geändert werden, insbesondere, wenn die Europäische Kommission die Mitgliedstaaten aufgrund von Kursschwankungen zur Anpassung des gesetzlichen Mindestkapitals auffordert. Da jedoch die Zeichnung eines bestimmten Teils dieses Mindestkapitals auch für die *public company* nach wie vor keine Entstehungsvoraussetzung ist, wird die Gesellschaft in das Gesellschaftsregister eingetragen, soweit sie das genannte Mindestnennkapital und jeder der Gründer mindestens einen Anteil gezeichnet hat; ebenso wie bei der *private company* gibt es auch hier keine Mindestnennwerte für Kapitalanteile. Anders als die *private company* darf die *public company* mit der Erteilung des *certificate of incorporation* aber noch nicht werbend tätig werden oder Kredite aufnehmen. Hierzu bedarf sie zusätzlich des *certificate of entitlement to do business*, kurz: *trading certificate*, s. 117(1) CA 1985. Diese zweite Urkunde erhält sie nur, wenn das genannte Mindestkapital auch tatsächlich gezeichnet (*allotted*) und auf jeden Anteil zumindest 25 Prozent der Einlage und 100 Prozent eines etwaigen Agio geleistet worden sind; entsprechende Erklärungen eines der *directors* gegenüber dem Gesellschaftsregister sind ausreichend, s. 117(1)(3)(5) CA 1985. Der Abschluß von Verträgen zwischen Eintragung und Erteilung des *trading certificate* ist zwar untersagt, aber dennoch wirksam, s. 117(8) CA 1985. Schließlich ist auch die Ausgabe der gezeichneten Anteile untersagt, solange nicht zumindest 25 Prozent des Nennwerts und 100 Prozent eines Agio gezahlt sind.

b) Sachgründung

Mit den Kapitalschutzvorschriften für die *public company* sind 1980 auch dem deutschen Recht weitgehend entsprechende Sachgründungsregeln eingeführt worden. Danach dürfen zum Beispiel Dienstleistungsversprechen, auch solche dritter Personen, nicht mehr als Leistung auf die Einlageschuld vereinbart werden; auch bereits bestehende Dienstverträge sind als Sacheinlagen nicht qualifiziert[10]. Sonstige Leistungsversprechen müssen innerhalb von fünf Jahren zu erfüllen sein; s. 102(1) CA 1985. Einlagefähig sind hingegen etwa *good will* und *know-how*, Patente, Lizenzen, Urheberrechte. Hervorzuheben als britische Besonderheit ist, daß die Gründungsgesellschafter diejenigen Anteile, die sie mit Unterzeichnung der Satzung übernehmen, nur in bar bezahlen können; s. 106 CA 1985. Da dies jedoch pro Gründer nur ein Anteil mit geringem Nennwert sein kann – siehe dazu oben II.1. – und weitere Anteile erst nach der Gründung gezeichnet werden können, wiegt diese Besonderheit leicht.

Sacheinlagen sind auch in Großbritannien durch einen unabhängigen Gutachter auf ihre Werthaltigkeit zu prüfen; s. 108 CA 1985. Dieser Gutachter

10 Vgl. JOFFE/HOCHHAUSER, The Companies Act: The Practical Guide, 1980, Rn. 4.103.

muß die Qualifikation zum Abschlußprüfer haben, er kann auch der bereits bestellte Abschlußprüfer der Gesellschaft sein; s. 384 CA 1985. Sein Gutachten muß der Gesellschaft innerhalb der letzten sechs Monate vor der betroffenen Anteilszuteilung zugegangen sein. Eine Kopie ist dem Gesellschaftsregister mit der Erklärung über die Begebung von Anteilen zu übersenden; s. 111 CA 1985. Keines Gutachtens bedarf es hingegen unter bestimmten Voraussetzungen in Fällen der Unternehmensübernahme (*take over*) oder der Verschmelzung (*merger*); dazu unten IX.

2. *Umwandlung*

Diese kosten-, arbeits- und zeitintensiven Regeln gelten, wie ausgeführt, nur für die *public company*. Aus diesem Grund und weil es für den Handel mit ihren Anteilen regelmäßig ohnehin eines gewissen Etablierungszeitraums bedarf, ist die Gründung einer *public company* im Wege der Umwandlung einer *private company* in eine solche die Regel. Die gesetzlichen Umwandlungsvorschriften haben also größere praktische Bedeutung als die dargestellten Gründungsregeln für die *public company*.

Erforderlich ist zunächst ein Beschluß der Gesellschafterversammlung der *private company* mit satzungsändernder Dreiviertelmehrheit sowie die Anpassung der Satzung an die gesetzlichen Erfordernisse: Mindestkapital, Firmenzusatz, nochmaliger Hinweis auf die Gesellschaftsform etc; siehe dazu oben 1. Zudem ist dem Gesellschaftsregister die letzte geprüfte Jahresbilanz vorzulegen, deren Stichtag nicht mehr als sieben Monate zurückliegen darf; ansonsten ist eine Zwischenbilanz zu erstellen, s. 43 CA 1985. Beizufügen ist die Erklärung mindestens eines *director* oder *secretary*, daß seit dem Stichtag keine Pfändungen oder sonstigen Veränderungen des Reinvermögens der Gesellschaft eingetreten sind, die dieses unter den Betrag des aufgerufenen Kapitals (*called up capital*) zuzüglich der nicht ausschüttungsfähigen Rücklagen (siehe dazu unten V.2.) haben sinken lassen, und daß das zugeteilte Kapital mindestens 50.000 Pfund Sterling beträgt und auf jeden Anteil zumindest ein Viertel des Nennwertes und das etwaige Agio gezahlt sind. Hingegen bedarf es keiner Prüfung von zuvor erbrachten Sacheinlagen, wenn die betreffenden Kapitalanteile vor dem Stichtag der zugrundegelegten Bilanz zugeteilt wurden; s. 44(1)(2) CA 1985.

3. *Nachgründung*

Einer Prüfung durch einen unabhängigen Sachverständigen entsprechend den genannten Regeln bedarf es auch dann, wenn eine *public company* andere Vermögensgegenstände als Geld erwirbt und die folgenden Kriterien gegeben sind:

(1) Die Vereinbarung zur Übertragung des Gegenstands wird innerhalb der ersten zwei Jahre seit dem im *trading certificate* bezeichneten Datum (2) mit einem Unterzeichner der Satzung getroffen und (3) die vereinbarte Gegenleistung beträgt mindestens ein Zehntel des gezeichneten Anteilskapitals (*allotted capital*); s. 104(1)(2) CA 1985. Keiner Prüfung bedarf es hingegen, soweit es sich um ein Verkehrsgeschäft handelt oder die Vereinbarung unter der Aufsicht des Gerichts getroffen wird. Als Verkehrsgeschäft gilt dabei jedes übliche Tagesgeschäft der Gesellschaft; die Üblichkeit bestimmt sich anhand der Unternehmenspraxis, nicht allein anhand des in der Satzung bestimmten Gesellschaftsgegenstands; s. 104(6)(a) CA 1985. Ein Geschäft unter der Aufsicht des Gerichts ist zum Beispiel im Rahmen eines gerichtlichen Vergleichsverfahrens möglich; s. 425 CA 1985. Handelt es sich hingegen um einen Nachgründungsfall, so muß zusätzlich die Gesellschafterversammlung die Vereinbarung durch einfachen Beschluß genehmigen; s. 104(4)(c) CA 1985.

Wird eine *private* in eine *public company* umgewandelt, so gelten die dargestellten Regeln für alle Geschäfte mit Personen, die im Zeitpunkt der Registerumschreibung Mitglieder der Gesellschaft waren, für zwei Jahre ab der Umschreibung; s. 104(3) CA 1985.

4. *Gründerhaftung*

Gründer einer *public company*, die vor Erteilung des *trading certificate* werbend tätig werden oder Kredite aufnehmen, haften den Vertragspartnern gemeinsam mit er Gesellschaft. Geben sie als *directors* gegenüber dem Gesellschaftsregister falsche Erklärungen ab, machen sie sich zudem strafbar. Teilen sie Anteile unter pari zu, so sind sie der Gesellschaft gegenüber zum Schadensersatz in Höhe des Disagio verpflichtet, soweit Zahlungen durch die Zeichner oder deren Rechtsnachfolger nicht zu erreichen sind[11]. Auch die Gesellschaft selbst wird hierdurch bußgeldpflichtig; s. 114 CA 1985.

Geschäfte, die die Grüner für eine *private* oder *public company* vor Erteilung des *certificate of incorporation* abschließen, binden die für die Gesellschaft handelnden Personen, nicht die Gesellschaft; s. 36C(1) CA 1985. Diese Personen sind den Vertragspartnern gegebenenfalls auch schadensersatzpflichtig; und zwar selbst dann, wenn ausdrücklich vereinbart ist, daß lediglich das spätere Gesellschaftsvermögen haften soll[12]; siehe dazu oben II.5.

11 Hirsche v Sims (1894) AC 654.
12 Vgl. Scott v Lord Ebury (1867) LR 2 CP 255.

IV. Gesellschaftsorgane

Die *company* hat lediglich zwei Organe, den *board of directors*, eine Kombination aus Geschäftsführung und Aufsichtsorgan, und die Gesellschafterversammlung (*general meeting*). Sowohl in der *private* als auch in der *public company* ist die Gesellschafterversammlung oberstes Organ mit – mangels statutarischer Übertragungen auf den *board* – nahezu umfassenden Zuständigkeiten. Die Kompetenzen des *board of directors* ergeben sich aus der Satzung und den Gesellschafterbeschlüssen. Dabei sind besondere Befugnisse, wie solche zur Satzungsänderung, insbesondere zur Veränderung des Anteilskapitals, gesetzlich zwingend der Gesellschafterversammlung vorbehalten.

1. Board of Directors

a) Kompetenzen

Nach britischem Rechtsverständnis leitet der *board of directors* seine Kompetenzen von denjenigen der Gesellschafterversammlung ab (Mandatstheorie). In der Regel werden die *directors*, wenn die Satzung nichts anderes vorsieht, durch die Gesellschafterversammlung berufen; möglich ist bis zur Grenze der Fremdbeherrschung auch die Bestellung durch Dritte[13]. Die ersten *directors* werden durch die Gründer bestellt und in *private companies* üblicherweise in der Satzung benannt. Eine Erklärung der Gründer über ihre Personen und ihre Zustimmungen sind mit der Satzung beim Gesellschaftsregister einzureichen. Die *private* company muß mindestens einen, die *public company* mindestens zwei *directors* haben. Spätere Bestellungen müssen in der *public company* im Wege von Einzelbeschlüssen der Gesellschafterversammlung erfolgen, es sei denn, alle Gesellschafter stimmen einem anderen Verfahren zu.

Disqualifiziert sind nach dem Company Directors (Disqualification) Act 1986 Personen, die wegen bestimmter Straftaten verurteilt oder in Konkursverfahren als zur Geschäftsführung von Gesellschaften ungeeignet erklärt worden sind. In *public companies* oder *private companies*, die Töchter einer *public company* sind, sind zudem solche Personen ausgeschlossen, die älter als 70 Jahre sind, es sei denn, die Gesellschafterversammlung trifft in Kenntnis des genauen Alters ausdrücklich einen anderen Beschluß; die Satzung kann dies ausschließen oder ein niedrigeres oder höheres Grenzalter bestimmen. Gemeinschuldner, denen die Restschuld bisher nicht durch ein Gericht erlassen ist, sind zwar de lege nicht disqualifiziert, ihre Bestellung bedeutet aber eine strafbare Handlung. Keine

13 Vgl. British Murac Syndicate Ltd v Alperton Rubber Co Ltd (1915) 2 Ch 186.

Disqualifikation besteht hingegen für Minderjährige, Ausländer und Kapitalgesellschaften[14]. Der Dienstvertrag mit dem *director* darf, ohne daß der Gesellschaft ein jederzeitiges Beendigungsrecht zusteht, nicht länger als fünf Jahre gelten, es sei denn, die Gesellschafterversammlung beschließt ausdrücklich eine längere Dauer. Hierbei sind Dienstzeiten in Tochterunternehmen mitzuzählen. Zulässig ist es indes, während der letzten sechs Monate einer ablaufenden Dienstperiode bereits einen neuen Dienstvertrag zu schließen; s. 319(1) bis (3) CA 1985. Die Satzung kann zudem eine bestimmte oder durch die Gesellschafterversammlung bestimmbare Anzahl von Anteilen vorsehen, die der *director* innerhalb höchstens zweier Monate ab seiner Bestellung erwerben muß, um eine gewisse wirtschaftliche Erfolgsabhängigkeit zu erhalten. Verstreicht die Frist fruchtlos, hört er auf, *director* zu sein. In der Praxis sind solche Regelungen jedoch selten.

Das britische Recht unterscheidet zwischen geschäftsführenden (*executive* oder *managing*) und aufsichtführenden oder nichtgeschäftsführenden (*non-executive*) *directors*. Der geschäftsführende *director* besorgt entsprechend dem deutschen Rechtsverständnis das Tagesgeschäft der Gesellschaft, während der aufsichtsführende *director* der Gesellschaft mit seinen besonderen Qualifikationen ohne feste Dienstzeiten zur Verfügung steht oder als Vertreter zum Beispiel von geschäftlich verbundenen Unternehmen die Geschäftsführung überwacht. In der Regel wird in der Satzung festgeschrieben, daß einer oder mehrere geschäftsführende *directors* die Tagesgeschäfte ohne Beteiligung des *board* besorgen.

Grundsätzlich sind jedoch nur alle *directors* gemeinsam vertretungsbefugt, im Fall der Delegation der Geschäftsführung in der Regel alle geschäftsführenden *directors* gemeinsam. Geschäftsleitende Entscheidungen trifft das *board meeting*. Möglich und im Interesse einer flexiblen Geschäftsführung oftmals geboten aber ist die Übertragung von Einzelvertretungsmacht durch die Satzung, den Dienstvertrag oder die Delegation durch den *board*.

Die Aufgaben der *directors* bestimmen sich, wie ausgeführt, nach der Satzung und den Gesellschafterbeschlüssen. Anders als die meisten kontinentalen Rechte kennt das britische Recht keine unübertragbaren, typischen Geschäftsführungsaufgaben. Innerhalb ihrer satzungsmäßig übertragenden Kompetenzen jedoch sind die *directors* souverän. Vorbehaltlich anders lautender Satzungsbestimmungen können die Gesellschafter sie nicht zu besonderen Maßnahmen anweisen[15]. Sieht hingegen die Satzung konkurrierende Kompetenzen der *directors* und der Gesellschafterversammlung vor, gelten die Entscheidungen der Gesellschafterversammlung als diejenigen des obersten Organs. Lediglich der Kauf und der Verkauf von Vermögensgegenstänen der Gesellschaft, die Bestellung einzelner

14 Vgl. zum letzten: Re Bulawayo Market and Offices Co Ltd (1907) 2 Ch 458.

15 Vgl. Automatic Self-Cleansing Co Ltd v Cuninghame (1906) 2 Ch 34.

directors zu geschäftsführenden *directors*, die Zahlung von Interimsdividenden und die Erhebung von Klagen im Namen der Gesellschaft sind notwendig durch die Geschäftsführer auszuführen.

b) Pflichten

Die wichtigste Pflicht der *directors* gegenüber der Gesellschaft, nicht jedoch gegenüber einzelnen Gesellschaftern, besteht darin, keine Geschäfte *ultra vires*, also außerhalb des Satzungsgegenstandes oder außerhalb der satzungsmäßig übertragenen Kompetenzen abzuschließen, es sei denn, sie werden durch Gesellschafterbeschluß sanktioniert. Im Verstoßfalle sind die befaßten *directors* der Gesellschaft gegenüber schadensersatzpflichtig, ohne daß es auf ihr Verschulden ankommt[16]. Zudem sind die *directors* der Gesellschaftergesamtheit gegenüber loyalitätspflichtig, müssen jedoch auch die Interessen der Arbeitnehmer der Gesellschaft beachten[17]. Mangels vertraglicher Grundlage besteht hingegen kein Wettbewerbsverbot. Die *directors* machen sich jedoch schadensersatzpflichtig, wenn sie Informationen aus dem Geschäftsbetrieb gesellschaftsfremd verwenden.

Das britische Recht hat umfangreiche Darlegungspflichten der *directors* entwickelt; so etwa für alle wirtschaftlichen Vorteile, die sie aus der Geschäftsführung ohne ausdrückliche Zustimmung der Gesellschafter erhalten haben, z. B. Kommissionen oder Veräußerungsgewinne aus dem Verkauf von Anteilen der Gesellschaft; letzteres gilt auch, wenn die Anteile zum Kurs- oder Marktwert erworben wurden, es sei denn, sie waren allen Gesellschaftern und der Allgemeinheit zum Kauf angeboten. Benutzt der *director* Informationen, die er nur aufgrund seiner Stellung erlangt hat, kann er für die Insidergeschäfte in Höhe des erworbenen Vorteils und des Schadens seiner Gesellschaft haftbar gemacht werden. Die Offenlegungspflicht gilt auch dann, wenn ein Geschäft der Gesellschaft ein eigenes Interesse des *director* tangiert; wird hiergegen verstoßen, ist der Vertrag wirksam, aber die Gesellschaft kann ihn anfechten, soweit der Vertragspartner nicht gutgläubig war. Der *director* macht sich schadensersatzpflichtig und ist der Gesellschaft in Höhe seines Profits verantwortlich. Dasselbe gilt für Verträge zwischen dem *director* und seiner Gesellschaft, soweit die Gesellschafterversammlung auf das Anfechtungsrecht der Gesellschaft nicht verzichtet. Dies ist bereits im Wege der Satzungsbestimmung üblich: In der Regel verzichtet die Gesellschaft in weitem Umfang auf ihr Anfechtungsrecht betreffend Rechts-

16 Vgl. Cullerne v London and Suburban General Permanent Building Society (1890) 25 QBD 485, 490.

17 Vgl. PENNINGTON aaO (Fn. 3), S. 584 f.

geschäfte zwischen *directors* und sich selbst oder ihren Beteiligungsgesellschaften unter der Voraussetzung, daß der einzelne *director* seine Interessen dem *board* offenbart. Hiermit einher geht die Bestimmung, daß *directors* die resultierenden Vorteile behalten dürfen. Besonderheiten gelten für Kaufverträge zwischen *directors* oder ihnen nahestehenden Personen und der Gesellschaft und der Gesellschaft oder verbundenen Unternehmen: Sie bedürfen der Zustimmung der Gesellschafterversammlung der beteiligten Gesellschaft, wenn der Wert des Kaufgegenstands 50.000 Pfund Sterling oder ein Zehntel des Reinvermögens der Gesellschaft entsprechend der letzten der Gesellschafterversammlung vorgelegten Jahresbilanz übersteigt; ist er niedriger als 1.000 Pfund Sterling, gilt dies nicht.

Die Inanspruchnahme der *directors* erfolgt durch die Gesellschaft selbst oder, bei Verstößen gegen fiduziarische Pflichten solcher *directors*, die gleichzeitig beherrschende Gesellschafter sind, auch durch einzelne Gesellschafter im eigenen und im Namen aller übrigen Gesellschafter (*derivative action*)[18]; siehe dazu unten VI.2. Schadensersatzansprüche verjähren grundsätzlich in sechs Jahren, im Falle des Verstoßes gegen Pflichten gemäß einem mit Siegel versehenen Dienstvertrag (*service contract under seal*) in zwölf Jahren seit dem Pflichtverstoß. Im Falle von Betrug oder arglistiger Täuschung gibt es keine Verjährung.

2. *Secretary*

Jede *company* muß zudem einen *secretary* haben, der nicht mit dem einzigen *director* identisch sein darf. *Secretary* kann wiederum auch eine andere Kapitalgesellschaft sein, was bei börsennotierten Unternehmen üblich ist[19]. Die Satzung der Gesellschaft sieht regelmäßig vor, daß er vom *board of directors* berufen und abberufen wird; der erste *secretary* wird, wie die *directors*, durch die Gründer bestellt und in der Liste der *directors* und *secretaries*, die dem Gesellschaftsregister zu übersenden ist, benannt. Qualifiziert sind in *public companies* lediglich Rechtsanwälte (*barrister* oder *solicitor*) oder Mitglieder eines der sieben Verbände der Buchhalter oder der *secretaries*[20] oder Personen, die in den vergangenen fünf Jahren mindestens drei Jahre *secretary* einer *public limited company* waren oder aufgrund ihres bisherigen Werdegangs als geeignet erscheinen; s. 286(1)(2) CA 1985. Ihre Aufgaben sind insbesondere die Ausführung der Beschlüsse der *directors*, die Organisation der Verwaltung der Gesellschaft und die Beglaubigung der Gesellschaftsurkunden, insbesondere derjenigen, die zum Gesellschaftsregister einzureichen sind.

18 Vgl. PENNINGTON, aaO (Fn. 3), S. 603.
19 Vgl. PENNINGTON, aaO (Fn. 3), S. 613.
20 Vgl. PENNINGTON, aaO (Fn. 3), S. 613.

3. *General Meeting*

a) *Kompetenzen*

Bis auf die Vertretung der Gesellschaft und die alltäglichen Geschäftsführungsmaßnahmen fallen, soweit die Satzung schweigt, alle Entscheidungen in die Kompetenz der Gesellschafterversammlung. Hierzu gehören die Bestellung und Abberufung der *directors* und der Abschlußprüfer, die Satzungsänderung, insbesondere die Veränderung des Gesellschaftskapitals, die Gewinnverwendung – dazu unten V.4. – sowie die Auflösung der Gesellschaft. Das Gesetz unterscheidet das *general meeting*, die Versammlung aller Mitglieder, und das *class meeting*, die Versammlung der Eigner von Anteilen besonderer Gattungen. *Class meetings* dienen zum Beispiel der Abstimmung über Änderungen satzungsgemäßer Gattungsrechte oder über Gegenstände, die die Satzung ausdrücklich an die Zustimmung einzelner Anteilsgattungen knüpft; dies geschieht etwa für die Auflösung, die Kapitalherabsetzung oder die Unternehmensveräußerung. Die Verfahrensregeln für *general meetings* gelten mangels anderslautender Hinweise auch für *class meetings*.

b) *Einberufung*

Ordentliche Gesellschafterversammlungen sind durch den *board of directors* jährlich, spätestens 15 Monate nach der vorangegangenen abzuhalten; erfolgt die erste Gesellschafterversammlung innerhalb 18 Monaten seit Eintragung, ist dies für das erste und das zweite Kalenderjahr nach der Eintragung ausreichend; s. 366(2) CA 1985. Außerordentliche Hauptversammlungen sind zum Beispiel für die *public company* obligatorisch, wenn das Reinvermögen der Gesellschaft nurmehr der Hälfte des aufgerufenen Kapitals (*called up capital*) oder weniger entspricht; s. 142(1) CA 1985.

Ordentliche Gesellschafterversammlungen können auch durch die Gesellschafter selbst einberufen werden. Enthält die Satzung keine besonderen Regelungen, so sind hierzu gemäß s. 370(3) CA 1985 grundsätzlich mindestens zwei Gesellschafter mit einem Zehntel des ausgegebenen Kapitals (*issued capital*) erforderlich. Table A, die Mustersatzung, schränkt dies jedoch ein: Einberufungsrechte haben die Gesellschafter danach nur, wenn im *board of directors* ein für die Einberufungsentscheidung ausreichendes Quorum nicht erreicht werden kann; dann steht das Recht allerdings jedem Gesellschafter zu. Weigern sich die *directors* trotz ausreichender Zahl, kann jeder stimmberechtigte Gesellschafter die Einberufung durch das Gericht oder den Wirtschaftsminister beantragen (dazu unten VI.2. und 3.); ss. 371(1), 367(1) CA 1985. Zudem können Gesellschafter, die gemeinsam ein Zehntel der Stimmrechte in der Gesellschaft halten, von den *directors* die Einberufung einer außerordentlichen Gesellschafterversammlung verlangen. Kommen die *directors* entsprechenden Aufforderungen innerhalb von 21 Tagen nicht nach oder soll die Versammlung später als 28 Tage nach der Einberufung stattfinden, können einzelne oder mehrere der beantragenden Gesellschafter, die die Hälfte der durch die beantragenden Gesellschafter insgesamt gehaltenen Stimmrechte innehaben, die außerordentliche Gesellschafterversammlung selbst einberufen und die so entstehenden Kosten von der Gesellschaft erstattet verlangen; s. 368(4) CA 1985.

Zudem können fünf Prozent der Stimmrechte oder mindestens 100 Gesellschafter, die insgesamt mindestens 10.000 Pfund Sterling eingezahlt haben, die Erweiterung der Tagesordnung einer ordentlichen Gesellschafterversammlung verlangen. Geht ein solcher Antrag der Gesellschaft nicht später als sechs Wochen vor dem Tag der Gesellschafterversammlung zu, müssen die *directors* die Erweiterung der Tagesordnung umgehend bekanntmachen. Geht das nicht mehr gemeinsam mit der Einladung zur Gesellschafterversammlung, müssen die beantragenden Gesellschafter die voraussichtlichen zusätzlichen Bekanntmachungskosten im voraus zahlen; ss. 376(2), 377(1)(b) CA 1985.

c) *Stimmrechte*

Regelmäßig verbrieft jeder Anteil eine Stimme. Inhaber von Vorzugsanteilen haben üblicherweise nur beschränkte oder keine Stimmrechte, Inhaber von Schuldverschreibungen ebenfalls keine. Auch die Einräumung von Mehrstimmrechten durch die Satzung ist möglich. Anteile, die eine *public company* selbst hält, vermitteln kein Stimmrecht. *Directors*, die gleichzeitig stimmberechtigte Gesellschafter sind, sind hingegen von der Abstimmung auch dann nicht ausgeschlossen, wenn ihre persönlichen Interessen betroffen sind, es sei denn, es geht um Ansprüche der Gesellschaft gegen sie selbst und sie verfügen, möglicherweise gemeinsam mit anderen *directors*, über die Stimmenmehrheit[21].

Zwar kennt das englische Recht keine fiduziarischen Schutzpflichten der Gesellschaftermehrheit gegenüber der Gesellschaft oder der Gesellschafterminderheit[22], dennoch sind bei Satzungsänderungen und Änderungen von Gattungsrechten – aber auch bei sonstigen Beschlüssen[23] – Diskriminierungen einzelner Gesellschafter oder Anteilsgattungen untersagt. Im Fall des Verstoßes hebt das Gericht den Beschluß auf Antrag auf; s. 459(1) CA 1985.

21 Vgl. Cook v Deeks (1916) 1 AC 554.
22 Vgl. Phillips v Manufacturers' Securities Ltd (1917) 116 LT 290, 269.
23 PENNINGTON, aaO (Fn. 3), S. 643.

4. *Auditors*

a) *Bestellung*

In jeder ordentlichen Gesellschafterversammlung, in der den Gesellschaftern die Gewinn- und Verlustrechnung und die Jahresbilanz vorgelegt werden, müssen ein oder mehrere Abschlußprüfer (*auditors*) für das darauffolgende Geschäftsjahr bestellt werden; ss. 384 ff. CA 1985. Die ersten Prüfer werden bei Gründung der Gesellschaft für die Zeit bis zur ersten ordentlichen Gesellschafterversammlung durch die *directors* bestimmt. Die Höhe der Vergütung, über die die Gesellschafterversammlung, bei Gesellschaftsgründung die *directors* entscheiden, ist in einem Hinweis im Jahresabschluß anzugeben; s. 390A(3)(4) und s. 390B(1)(2) CA 1985.

b) *Qualifikation*

Qualifiziert ist jede Person, die am 1. März 1990 bereits gemäß dem – alten – Companies Act 1985 qualifiziert war oder durch eine im Vereinigten Königreich gegründete und staatlich anerkannte Körperschaft als Abschlußprüfer zugelassen ist; nach altem Recht qualifiziert waren alle Mitglieder der gesetzlich anerkannten Prüferkammern[24]. Ebenso zugelassen sind Personen, die eine in Großbritannien staatlich anerkannte ausländische Qualifikation haben. Bei allen diesen kann es sich um natürliche Personen, um Personen- oder Kapitalgesellschaften und um sonstige Körperschaften handeln.

c) *Pflichten*

Hauptpflicht der *auditors* ist die Prüfung und Testierung der Buchhaltung der Gesellschaft, der Gewinn- und Verlustrechnung, der Jahresbilanz und des Geschäftsberichts der *directors*. Hierüber haben sie den Gesellschaftern zu berichten; s. 235(1) CA 1985. Dabei sind sie nicht gehindert, im Rahmen eines gesonderten Auftrags selbst den Jahresabschluß der Gesellschaft zu erstellen. Zu den ordentlichen Gesellschafterversammlungen sind sie wie Gesellschafter einzuladen und können sich dort zu allen ihre Aufgaben berührenden Gegenständen zu Wort melden; s. 390(1) CA 1985.

24 Das sind: Institute of Chartered Accountants in England and Wales, Association of Certified Accountants, Institute of Chartered Accountants in Ireland, Institute of Chartered Accountants of Scotland.

Zur Durchführung ihrer Aufgaben haben sie ganz weitreichende Informationsrechte, jederzeitigen Zugang zu den Unterlagen der Gesellschaft und umfassende Auskunftsrechte gegenüber allen leitenden Angestellten der Gesellschaft; s. 389A(1) CA 1985. Verletzen sie ihre Pflicht zu sorgfältiger Prüfung und Aufklärung, sind sie der Gesellschaft gegenüber für den Schaden verantwortlich, den diese infolge der Pflichtverletzung, etwa durch zu hohe Dividendenausschüttungen, erleidet. Von der Schadensersatzpflicht können sie durch Gesellschafterbeschluß befreit werden sowie auf Antrag durch das Gericht, wenn sie kein Verschulden trifft; s. 727(1)(2) CA 1985. Gesellschaftern, Inhabern von Schuldverschreibungen oder Optionsscheinen und Gläubigern der Gesellschaft haften sie nur, wenn sie ihnen wissentlich oder fahrlässig falsche Informationen erteilen, oder wenn sie solche der Gesellschaft in Kenntnis der Tatsache erteilen, daß sie an Dritte, etwa potentielle Anleger, weitergegeben werden. Fehlerhafte Berichte zum Jahresabschluß reichen hierzu aber nicht aus[25].

V. Gewinnausschüttung

Bis 1980 ermittelten in Großbritannien weder die *private company* noch die *public company* ihren Jahresgewinn anhand der Jahresbilanzen. Dies ist erst seit dem Companies Act 1980 und nur für die *public company* vorgeschrieben. Damit gelten seither für die *private* und die *public company* unterschiedliche Gewinnermittlungsregeln.

1. Gewinn der private company

Es ist ein Gebot der Kapitalerhaltung auch im englischen Gesellschaftsrecht, daß nur erwirtschaftete Gewinne an die Gesellschafter ausgeschüttet werden. Kapitaleinlagen und dargeliehene Mittel scheiden von vornherein aus. Ausschüttungsfähig sind lediglich die realisierten Gewinne der Gesellschaft seit ihrer Gründung abzüglich bereits erfolgter Ausschüttungen und Gewinnkapitalisierungen durch die Ausgabe von Gratisanteilen abzüglich der entstandenen Verluste, soweit sie nicht durch Kapitalherabsetzung oder Reorganisationsmaßnahmen erledigt sind[26]; spezielle Regeln gelten für Investment- und Versicherungsgesellschaften. Abschreibungen werden als realisierte Verluste behandelt, es sei denn sie betreffen Gegenstände des Anlagevermögens und erfolgen im Zuge einer Neubewertung des gesamten Anlagevermögens; s. 275(1)CA 1985.

25 Vgl. Caparo Industries plc v Dickman (1990) 2 WLR 358; Al Saudi Banque v Clarke Pixley (1990) 2 WLR 344.

26 S. 263(3) CA 1985.

2. *Gewinn der public company*

Für *public companies* gilt als zusätzliche Voraussetzung, daß das Reinvermögen das gezeichnete und zur Zahlung aufgerufene Kapital (*called up capital*) zuzüglich der der Ausschüttung entzogenen Rückstellungen um mindestens den auszuschüttenden Betrag übersteigt; s. 264(1) CA 1985. Der Ausschüttung entzogene Rückstellungen sind etwa solche für Emissionsagii (*share premium account*) und aufgrund Leistungen der Gesellschaft für rückkaufbare Anteile[27] (*capital redemption reserve*). Für die *public company* entspricht der ausschüttungsfähige Gewinn damit – wie im deutschen Recht – dem Bilanzgewinn (*balance sheet surplus*), während er für die *private company*, für die der strenge gesetzliche Kapitalschutz nicht gilt[28], dem Geschäftsgewinn (*earned surplus*) entspricht. Daraus ergeben sich zwei materielle Unterschiede: (1) Übersteigen die nicht realisierten Verluste die nicht realisierten Gewinne, mindert dies den ausschüttungsfähigen Gewinn der *public company*, nicht aber denjenigen der *private company*, bei der nicht realisierte Gewinne und Verluste grundsätzlich außer Betracht bleiben. (2) Bei der *public company* mindern Abschreibungen auch dann den Gewinn, wenn sie Gegenstände des Anlagevermögens betreffen und im Zuge einer Neubewertung des gesamten Anlagevermögens erfolgen; siehe dazu oben 1.

3. *Gewinnrücklagen*

Üblicherweise autorisiert die Satzung den *board of directors*, Teile des Gewinns eines Geschäftsjahres in Rücklagen zu stellen und damit der Gewinnverwendung durch die Gesellschafter zu entziehen. Solche Rücklagen können, soweit die Satzung nichts anderes sagt, jederzeit wieder gänzlich oder teilweise aufgelöst werden. Die entsprechenden Kompetenzen ergeben sich ebenfalls regelmäßig aus der Satzung. Spätere Verluste der Gesellschaft vermindern die Gewinnrücklagen.

Für *public companies* sieht Art. 49 des Vorschlags einer 5. EU-Richtlinie vom 20. November 1991[29] vor, daß fünf Prozent des Jahresgewinns in eine gesetzliche Rücklage einzustellen sind, bis diese zehn Prozent des gezeichneten Kapitals erreicht hat; diese Rücklage soll lediglich für Kapitalerhöhungen und Verlustabschreibungen verwandt werden dürfen. Eine gesetzliche Rücklage kennt das

27 Vgl. PENNINGTON, aaO (Fn. 3), S. 188 ff und in deutscher Sprache GANSEN, aaO (Fn. 6) S. 119 ff.
28 Vgl. zum Mindestkapital oben II.3.
29 ABlEG Nr. C 321 v. 12.12.1991.

britische Recht derzeit noch nicht. Art. 40 des Vorschlags sieht zudem vor, daß die Satzung nurmehr höchstens 50 Prozent des Jahresgewinns der Gewinnverwendung durch die Gesellschafter entziehen kann.

4. Ausschüttung

Schweigt die Satzung, entscheidet die ordentliche Gesellschafterversammlung durch einfachen Beschluß über die Gewinnverwendung. Diese Kompetenz kann statutarisch auf den *board of directors* übertragen werden. Der Umfang der Dividende ist üblicherweise durch die Satzung an die Vorschläge der *directors* gebunden[30]; sie können regelmäßig auch Zwischendividenden ausschütten[31]. Gläubiger der Dividendenschuld sind der im Gesellschaftsregister eingetragene Anteilseigner und der Besitzer eines Inhaberanteils (*share warrant* oder *bearer share certificate*); Inhaberanteile werden jedoch von britischen Gesellschaften selten ausgegeben. Gesellschafter derselben Anteilsgattung sind bei der Ausschüttung gleich zu behandeln; ausschlaggebend ist der Nennwert der Anteile, nicht die Höhe der erfolgten Einzahlung, es sei denn, die Satzung bestimmt es anders[32].

VI. Minderheitenschutz

Auf das Verbot für die Gesellschaftermehrheit, die Gesellschafterminderheit durch ihr Beschlußverhalten zu diskriminieren, ist unter IV.3.c) bereits hingewiesen worden. Das Diskriminierungsverbot des britischen Gesellschaftsrechts hat jedoch weitergehende Bedeutung.

1. Diskriminierungsverbot

Jeder Gesellschafter kann beim zuständigen Companies Court Klage erheben, wenn die Gesellschafter, ein Teil der Gesellschafter oder er allein durch ein Verhalten der Gesellschaft, der *directors* oder der beherrschenden Gesellschafter einen unbilligen Nachteil erfahren; s. 459(1) CA 1985. Das Gericht hat bei seiner Entscheidung ganz weitgehende Freiheiten; es kann jede Anordnung treffen, die es für geeignet hält, den Nachteil angemessen auszuräumen; s. 461(1) CA 1985.

30 Vgl. Table A art 102.
31 Vgl. Table A art 103
32 So Table A art 104.

Voraussetzung ist jedoch – im Gegensatz zum alten Recht[33] –, daß sich die unbillig Handelnden, seien es die *directors* oder die Mehrheitsgesellschafter, der Umstände, die die Unbilligkeit begründen, bewußt waren. Auf unbillige Nachteile haben die Gerichte zum Beispiel erkannt, wenn die *directors* Klagen der Gesellschaft gegen sich selbst auf Rückzahlung unberechtigt erhaltener Bezüge verhindern[34] oder profitable Geschäfte durch ein anderes Unternehmen betreiben lassen, das sie ebenfalls beherrschen[35], nicht jedoch, wenn sie lediglich die Folge ungünstiger Geschäftsführung waren.

2. *Gesellschafterklage*

In der Liquidation kann zudem jeder Gesellschafter gegen *directors*, leitende Angestellte, Liquidatoren oder andere Verwalter der Gesellschaft mit der Begründung auf Geldzahlung an die Gesellschaft klagen, es seien Pflichten zu Lasten des Gesellschaftsvermögens verletzt worden (*misfeasance proceedings*). Insoweit sind die rechtlichen Möglichkeiten des Einzelnen im Stadium der Abwicklung der Gesellschaft weiter als während der werbenden Tätigkeit, wo die allgemeine Prozeßstandschaftsklage (*derivative action*) nach der Regel *Foss v Harbottle*[36] zunächst regelmäßig ausscheidet, wenn die Pflichtverletzung durch einfachen Gesellschafterbeschluß sanktioniert werden kann, und nur ausnahmsweise zulässig ist, wenn es etwa um betrügerische Manipulationen[37] oder Ersatzansprüche gegen die beherrschenden Gesellschafter geht[38].

3. *Sonderprüfung*

Auf Antrag von 200 Gesellschaftern oder einem Zehntel des begebenen Kapitals (*issued capital*) – wie auch auf Antrag der Gesellschaft selbst – kann der Wirtschaftsminister einen oder mehrere Prüfer – in der Regel sind dies ein Rechtsanwalt (*barrister*) und ein Buchprüfer (*accountant*) – bestellen, um das Geschäftsgebaren der Gesellschaft zu untersuchen. Er kann zuvor die Angabe entsprechender Gründe und eine Sicherheitsleistung von bis zu 5.000 Pfund Sterling für die Verfahrenskosten verlangen. Dieselbe Möglichkeit besteht auch ohne Antrag bei Verdacht auf rechtswidriges Verhalten der Gesellschaft oder

33 Vgl. PENNINGTON, aaO (Fn. 3), S. 670.
34 Re Jermyn Street Turkish Baths Ltd (1971) 3 All ER 184.
35 Re London School of Electronics Ltd (1986) Ch 211.
36 (1843) 2 Hare 461, 67 ER 189.
37 Vgl. Cook v Deeks (1916) 1 AC 554.
38 Vgl. Bamford v Bamford (1970) Ch 212.

ihrer *directors*, etwa auf Verletzung der Informationsrechte der Gesellschafter; die Gründe müssen der Gesellschaft im konkreten Fall nicht angegeben werden[39]. Damit kann auch der einzelne Gesellschafter versuchen, im Wege der Anzeige ein Offizialverfahren in Gang zu setzen. Mißlingt dies, kann er vor Gericht gegen die ablehnende Entscheidung des Ministeriums klagen[40].

Die Rechte der Prüfer sind – insbesondere hinsichtlich der Vorlage von Geschäftsunterlagen – weitreichend und gelten wiederum auch gegenüber leitenden Angestellten der Gesellschaft. Ihre Berichte kann der Minister jedem übersenden, dessen finanzielle Interessen berührt sind, insbesondere auch den Gesellschaftern. Er kann sie sogar veröffentlichen; s. 437(3)(a)(b)(c) CA 1985. Hält er es für im öffentlichen Interesse geboten, beantragt er bei Gericht angemessene Anordnungen wie etwa die Auflösung der Gesellschaft oder diejenige auf Unterlassung oder Rückgängigmachung diskriminierenden Verhaltens. Hält er es für im öffentlichen Interesse geboten, kann er sogar Schadensersatzklagen im Namen der Gesellschaft anstrengen; s. 438(1) CA 1985.

VII. Verbundene Unternehmen

1. Tatbestände

Ein relevantes Beteiligungsverhältnis im Sinne des Rechts der verbundenen Unternehmen ist gegeben, wenn (1) die Muttergesellschaft Anteilseignerin der Tochtergesellschaft ist und allein oder gemeinsam mit weiteren Tochtergesellschaften und ihren und deren etwaigen Treuhändern die Zusammensetzung des *board of directors* in der Tochter beherrscht oder (2) allein oder gemeinsam mit weiteren Tochtergesellschaften und ihren und deren etwaigen Treuhändern mehr als fünfzig Prozent der Stimmrechte in der Gesellschafterversammlung (*general meeting*) der Tochter hält; s. 736(1)(5) CA 1985. Der Tatbestand der Beherrschung der Zusammensetzung des *board* ist gegeben, wenn die Muttergesellschaft allein oder in der beschriebenen Weise aufgrund statutarischer oder vertraglicher Rechte die Möglichkeit hat, ohne Zustimmung anderer Personen die Besetzung der Mehrheit der *board*-Sitze zu bestimmen; s. 736(2) CA 1985. Eine solche Beherrschung wird zudem gemäß s. 736(3) CA 1985 vermutet, wenn (a) die Zustimmung der Mutter allein oder gemeinsam mit den genannten Personen zur Besetzung der Mehrheit der *board*-Sitze der Tochter erforderlich ist, oder (b) nur ihre eigenen *directors* oder diejenigen der genannten Personen nach den Statuten der betroffenen Tochter qualifiziert sind, oder (c) sie allein oder gemeinsam mit den genannten Personen die Mehrheit der *board*-Sitze innehat.

39 Vgl. Norwest Holst Ltd. v Secretary of State for Trade (1978) Ch 201.
40 Vgl. PENNINGTON, aaO (Fn. 3), S. 687.

Der zweite Tatbestand, Halten der Stimmenmehrheit in der Tochter, ist auch dann gegeben, wenn er lediglich aufgrund von Stimmbindungsverträgen zugunsten der Mutter allein oder gemeinsam mit den genannten Personen erfüllt ist. Nur, wenn die Mutter gleichzeitig selbst Gesellschafterin der Tochter ist, spricht das britische Recht von einer *holding company*; vgl. s. 736(1)(c) entgegen s. 258 (2)(3) CA 1985. Mit diesem Tatbestand hat der Companies Act 1989 denjenigen des Haltens von mehr als fünfzig Prozent des *equity share capital* der alten s. 736 ersetzt.

2. *Wechselseitige Beteiligungen*

Eine Tochtergesellschaft und ihr Treuhänder können nicht Gesellschafter der Muttergesellschaft sein. Der Erwerb von Anteilen ist unwirksam. Ausnahmen bestehen jedoch unter anderem für Altgesellschaften mit wechselseitigen Beteiligungen bereits vor dem 1. Juli 1948 und für Beteiligungen, die bereits bestanden, bevor einer der beiden genannten Tatbestände eines relevanten Beteiligungsverhältnisses erfüllt war. Die Beherrschung führt dann lediglich zum Ruhen der Stimmrechte.

3. *Konzernhaftung*

Das britische Recht ist, soweit es die Rechtsbeziehungen von Mutter- und Tochtergesellschaften betrifft, weniger fortentwickelt als das deutsche Recht. Es gelten grundsätzlich die einfachen Regeln des Gesellschaftsrechts: Verbundgesellschaften sind rechtlich selbständig, eine Konzern- oder Durchgriffshaftung gibt es nicht. Eine – selbständige – Zahlungsverpflichtung kann sich allerdings aus der Tatsache ergeben, daß die Muttergesellschaft gemeinsam mit der Tochter dolos zum Schaden eines Dritten gehandelt hat. Andererseits haften die *directors* der Tochtergesellschaft dieser wegen Pflichtverletzung, wenn sie im Interesse der Mutter Geschäfte zum Nachteil der Tochter abschließen; ist sich der Vertragspartner dessen bewußt, ist der Vertrag für die Tochtergesellschaft nicht bindend[41]. Eine solche Haftung entfällt bei Bestehen eines Beherrschungsvertrags (*control contract*)[42] oder entsprechender Ermächtigungen in der Satzung der Tochtergesellschaft; Beherrschungsverträge sind in Großbritannien allerdings äußerst selten. Bedeutung haben die Tatbestände des Unternehmensverbunds im britischen Recht daher in weit überwiegendem Maße für die Rechnungs- und Offenlegungsvorschriften.

41 Vgl. Rolled Steel Products (Holdings) Ltd v British Steel Corpn (1982) Ch 478; (1986) Ch 246.

42 Siehe s. 258(2)(c) CA 1985.

4. *Konzernrechnungslegung*

Am Ende des Geschäftsjahres ist die Muttergesellschaft zur Erstellung eines Konzernabschlusses (*group accounts*) in Form einer konsolidierten Gewinn- und Verlustrechnung und einer konsolidierten Bilanz verpflichtet. Die bis dahin sehr unterschiedlichen britischen und deutschen Konzernrechnungslegungsregeln sind durch die 7. EU-Richtlinie vom 13. Juni 1983 über den konsolidierten Abschluß[43] angepaßt worden, die in Großbritannien durch den Companies Act 1989 umgesetzt worden ist[44]. Die nachfolgend geschilderten Regeln betreffen nur Gesellschaften, die nicht selbst unmittelbare Töchter anderer in der Europäischen Union gegründeter Gesellschaften sind, soweit (1) diese allein oder gemeinsam mit anderen Töchtern und ihren und deren etwaigen Treuhändern mehr als fünfzig Prozent des begebenen Kapitals (*issued capital*) halten und (2) nicht Minderheitsgesellschafter mit Anteilen von zusammen mehr als der Hälfte des restlichen Anteilskapitals oder zumindest fünf Prozent des begebenen Kapitals innerhalb von sechs Monaten nach dem Ende eines Geschäftsjahrs einen konsolidierten Konzernabschluß fordern; s. 228(1) CA 1985. Ausgenommen sind Gesellschaften, die innerhalb des Geschäftsjahrs Gegenstand konsolidierter Konzernabschlüsse nach Maßgabe des Rechts eines anderen EU-Mitgliedstaats entsprechend der 7. EU-Richtlinie sind, soweit der jeweilige Anhang zu ihrem Jahresabschluß die Befreiung von der in Rede stehenden Verpflichtung sowie den Firmennamen und das Gründungsland der Muttergesellschaft angibt, die den Konzernabschluß erstellt. Die betreffenden Gesellschaften müssen zudem mit ihren eigenen Abschlüssen auch die Konzernabschlüsse der Muttergesellschaften in der Originalsprache und in englischer Übersetzung zum Gesellschaftsregister einreichen; s. 228(2) CA 1985.

Erwirbt eine Gesellschaft die Mehrheit an einer anderen Gesellschaft, hat sie in dem konsolidierten Konzernabschluß die Aktiva und Passiva der Tochtergesellschaft mit dem Verkehrswert zum Zeitpunkt des Erwerbs anzusetzen; ausgenommen sind Aktiva, wie *good will* oder bestimmte Urheberrechte, die nur in Zusammenhang mit dem Unternehmen veräußerbar sind. Übersteigt der Wert der Tochter den Erwerbspreis, ist die Differenz als *group goodwill* zu führen, liegt er darunter, als *negative consolidation difference*.

Mit dem Buchwert zum Zeitpunkt des Erwerbs (*merger method of accounting*) dürfen Aktiva und Passiva der Tochtergesellschaft angesetzt werden, wenn folgende Voraussetzungen erfüllt sind: (1) Die Muttergesellschaft hält selbst oder über weitere Töchter oder Treuhänder zumindest 90 Prozent des *equity share capital* der betreffenden Tochter; dies ist die Summe aller Anteile, die

43 83/349 EWG.

44 Vgl. im einzelnen: PENNINGTON, aaO (Fn. 3), S. 739 ff.

– anders etwa als üblicherweise Vorzugsanteile (*preference shares*) – unbeschränkte Rechte auf Dividendenausschüttung und Teilhabe am Liquidationserlös der Gesellschaft verbriefen. (2) Aufgrund dieses Anteilserwerbs sind, etwa wegen eines *takeover*-Angebots (siehe dazu unten IX.), die Muttergesellschaft oder ihre übrigen Töchter gehalten, eigene *equity shares* auszugeben. (3) Der Verkehrswert der Gegenleistung der Mutter oder ihrer anderen Töchter für diesen Anteil, mit Ausnahme der ausgegebenen eigenen *equity shares*, hat zehn Prozent des Nennwerts dieser *equity shares* nicht überschritten. Und (4) die Anwendung der *merger method of accounting* entspricht anerkannten und praktizierten Buchungsregeln; vgl. Sch. 4A para. 10(1)(2) CA 1985. Übersteigt der Nennwert der ausgegebenen Anteile zuzüglich etwaiger Emissionsagii und des Verkehrswerts der übrigen Gegenleistungen der Mutter oder ihrer anderen Töchter den Nennwert der erworbenen Anteile, ist die Differenz als Rückstellung der konsolidierten Konzernbilanz zu buchen, liegt er darunter, sind solche Rückstellungen entsprechend zu vermindern. Emissionsagii, die aufgrund besonderer Buchungsregeln nicht den Rückstellungen der Muttergesellschaft oder anderer Töchter zuzuschreiben sind, bleiben hier jedoch außer Betracht; ss. 131, 132 CA 1985.

In den ersten konsolidierten Konzernabschluß sind alle Einnahmen und Ausgaben der Tochtergesellschaft in dem betroffenen Geschäftsjahr, nicht nur diejenigen des ab dem Erwerb verbleibenden Rumpfgeschäftsjahrs aufzunehmen; Sch. 4A para. 11(3) CA 1985.

In jedem Jahresabschluß britischer *companies* sind im Anhang die Beteiligungen an anderen Unternehmen sowie Name und Gründungsland einer etwaigen Muttergesellschaft anzugeben. Handelt es sich jedoch um Beteiligungen außerhalb Großbritanniens, entfällt eine Offenlegungspflicht, wenn die *directors* eine Angabe für geschäftsschädigend für irgendeines der Unternehmen des Verbunds halten, der Wirtschaftsminister die Unterlassung bestätigt und dies angegeben wird; s. 231(3)(4) CA 1985. Weitere Offenlegungserfordernisse ergeben sich aus Sch. 5 CA 1985.

VIII. Steuerrecht

Rechtsgrundlage für die im Rahmen des Kapitalgesellschaftsrechts interessierende Materie ist der Income and Corporation Tax Act (ICTA) 1988. Gewinne aus Kapitalvermögen regelt der Taxation of Chargeable Gains Act 1992.

1. Körperschaftssteuer

Eine im Inland ansässige Gesellschaft (*resident company*) unterliegt mit ihren inländischen und den ausländischen Gewinnen der Körperschaftssteuer. Eine nicht ansässige Gesellschaft, die in Großbritannien lediglich eine Betriebsstätte unterhält, ist mit den im Rahmen dieses Betriebs erzielten Gewinnen steuerpflichtig. Bei der Ermittlung der Gesellschaftsgewinne sind Zinszahlungen aufgrund eines Darlehens eines ausländischen Gesellschafters mit einem Anteil von mindestens 75 Prozent nicht ergebnismindernd zu berücksichtigen.

Die Körperschaftssteuer beträgt derzeit 25 Prozent für die ersten 250.000 Pfund Sterling, 35 Prozent für die darauffolgende Million, darüber hinaus 33 Prozent. Ausländische Gesellschaften zahlen Körperschaftssteuer nur auf die im Rahmen einer inländischen Betriebsstätte (*branch*) oder Handelsvertretung (*agency*) erwirtschafteten Gewinne.

2. *Doppelbesteuerungsabkommen*

Dividenden britischer Gesellschaften unterliegen nach dem deutsch-britischen Doppelbesteuerungsabkommen vom 26. November 1964[45] einer Besteuerung von 15 Prozent. Zunächst wird jedoch der britische Steuersatz von gegenwärtig 20 Prozent in voller Höhe abgeführt, der 15 Prozent übersteigende Betrag sodann auf Antrag erstattet. Auf besonderen Antrag einer mit mindestens zehn Prozent des stimmberechtigten Kapitals beteiligten ausländischen Kapitalgesellschaft wird der Abzug von vornherein auf 15 Prozent beschränkt (Freistellung). In der Sache handelt es sich um eine Körperschaftssteuervorauszahlung (*advance corporation tax*) der Gesellschaft, nicht um eine den Gesellschafter treffende Dividendensteuer[46].

3. *Besteuerung verbundener Unternehmen*

Dividenden, die eine inländische Kapitalgesellschaft an eine andere inländische Kapitalgesellschaft ausschüttet, unterliegen ebenfalls keiner Besteuerung. Die von der Dividende abzusetzende Körperschaftssteuervorauszahlung kann auf die Körperschaftssteuerschuld der leistenden Gesellschaft oder auf die durch die empfangende Gesellschaft zu zahlende Körperschaftssteuervorauszahlung angerechnet werden. Verbundene inländische Kapitalgesellschaften (*groups*)[47] können untereinander Verrechnungen vornehmen, etwa diejenige von Verlusten aus

45 BGBl. 1966 II S. 358 = BStBl. 1966 I S. 729.

46 Vgl. KORN/DIETZ/DEBATIN, Doppelbesteuerung, Großbritannien, Stand August 1992, S. 219.

47 Vgl. zur abweichenden Definition des verbundenen Unternehmens im Rechnungslegungsrecht gemäß dem Companies Act 1989 oben VII.4. und HERRMANN, Der Companies Act 1989 in Großbritannien, RIW 1991, 378, 379.

werbender Tätigkeit. Konsolidierte Steuererklärungen kennt das britische Steuerrecht hingegen nicht. Dabei kann der Eingangssteuersatz von 25 Prozent innerhalb des Verbunds nur insgesamt einmal, und zwar anteilig auf die Tochtergesellschaften verteilt, geltend gemacht werden.

IX. Takeovers and Mergers

Unter *takeover* versteht das britische Recht die Unternehmensübernahme durch Gewinnung kontrollierenden Einflusses auf eine *company* im Wege eines öffentlichen Angebots an ihre Gesellschafter – alle oder solche bestimmter Anteilsgattungen – zum Kauf ihrer Anteile (*takeover bid* oder *offer*) und die anschließende Annahme dieses Angebots. Das Verfahren richtet sich nach dem City Code on Takeovers and Mergers des Panel on Takeovers and Mergers, der zwar keinen Rechtscharakter besitzt, die Beteiligten aber aufgrund weitreichender Sanktionsmöglichkeiten des Panel – etwa öffentliche Rügen, Anweisungen an Banken und Börsenmakler, für Regelbrecher nicht tätig zu werden, oder die Aussetzung bestimmter Verhaltensbeschränkungen zugunsten der anderen Partei[48] – und nicht zuletzt aufgrund eines starken Ehrenkodex' der Londoner City bindet. Anwendung findet er auf Seiten der Bieter für alle *public* und *private companies*, auf seiten der Zielgesellschaften für alle *public* und solche *private companies*, (1) deren Anteile in den vergangenen zehn Jahren an einem der – bis 1990 – drei Märkte gehandelt worden sind (siehe oben I.3.), oder (2) deren Anteile innerhalb dieses Zeitraums für mindestens sechs Monate regelmäßig in einer Zeitung zum Kauf angeboten worden sind, oder (3) die innerhalb dieses Zeitraums dem Gesellschaftsregister zumindest einen Emissionsprospekt für ihre *equity shares* (siehe oben VII.4.) eingereicht haben; vgl. City Code, Introduction, para. 3. Als Gegenleistung kann die bietende Gesellschaft Geld oder eigene Anteile oder Schuldverschreibungen oder eine Kombination dessen offerieren; die *private company* muß dabei achtgeben, mit einem Angebot eigener Anteile nicht gegen das Verbot zu verstoßen, öffentlich zum Kauf ihrer Anteile aufzufordern (siehe oben I.3.)[49]. Im übrigen enthält der City Code eingehende Regelungen zum Verfahren des öffentlichen Angebots und der Übernahme, zur Information und Gleichbehandlung der Anteilseigner der Zielgesellschaft, zu den Treuepflichten der Beteiligten – gegenseitigen und gegenüber den Anteilseignern der Zielgesellschaft – und zur Pflicht des oder der Käufer, Kaufangebote für sämtliche übrigen stimmberechtigten Anteile und *equity shares* abzugeben,

48 City Code A2 (1); vgl. dazu BITTNER, Die EG-Übernahme-Richtlinie aus englischer Sicht, RIW 1992, 182, 186.

49 Vgl. dazu und zu möglichen Wegen: PENNINGTON, Company Law, 5. Auflage (1985), S. 1018.

sobald er oder sie mindestens 30 Prozent der Stimmrechte in der Zielgesellschaft halten. Art. 4 des Vorschlags einer 13. EU-Richtlinie vom 10. September 1990 über Übernahmeangebote[50] zieht die Grenze bei 33 1/3 Prozent, die die Mitgliedstaaten jedoch unterschreiten dürfen. Zu beachten sind zudem bei Abfassung des öffentlichen Angebots der Financial Services Act 1986, ist die bietende Gesellschaft börsennotiert oder zum geregelten Markt zugelassen, außerdem die Listing Rules oder die Unlisted Securities Market Rules, und schließlich der Fair Trading Act 1973 hinsichtlich der wettbewerbs- und der kartellrechtlichen Aspekte der Übernahme[51]. The Rules Governing Substantial Acquisitions of Shares (SARs) des City Panel on Takeovers and Mergers regeln den Erwerb bedeutender Kapitalanteile börsennotierter oder zum geregelten Markt zugelassener Gesellschaften unterhalb der Schwelle der Kontrolle über 30 Prozent der Stimmrechte.

Die vertraglich vereinbarte Übertragung des Gesellschaftsvermögens auf eine andere, eine aufnehmende oder eine gemeinsame neue Gesellschaft (*merger* oder *amalgamation*) als Gegenleistung für die Zuteilung deren Anteile setzt bei Fehlen einer Satzungsermächtigung der übertragenden Gesellschaft zunächst eine Satzungsänderung voraus[52]. Zudem ist die Zustimmung der Gesellschafter, Gläubiger und Inhaber von Schuldverschreibungen der übertragenden Gesellschaft erforderlich oder ein Beschluß mit Zustimmung des Gerichts. Anders als im deutschen Recht mit § 339 AktG ist die Verschmelzung in Großbritannien jedoch nicht ohne Liquidation der übertragenden Gesellschaft oder Gesellschaften möglich. Auch gibt es keinen gesetzlichen Übergang der Verpflichtungen der übertragenden auf die übernehmende Gesellschaft, es sei denn, das Gericht ordnet dies ausdrücklich an. Ist das nicht der Fall, sind die Gläubiger der übertragenden Gesellschaft zuvor aus dem Vermögen der aufnehmenden Gesellschaft zu befriedigen, soweit sie dies deshalb verlangen, weil das Restvermögen der übertragenden Gesellschaft hierzu nicht ausreicht. Im Fall der Weigerung können sie ein gerichtliches Liquidationsverfahren beantragen.

Anhang

1. Gesetze

Companies Act 1985
Companies Consolidation (Consequential Provisions) Act 1985
Business Names Act 1985
Company Securities (Insider Dealing) Act 1985

50 ABlEG Nr. C 240 v. 26.9.1990.
51 Vgl. dazu PENNINGTON, aaO (Fn. 49), S. 992 ff.
52 Vgl. PENNINGTON, aaO (Fn. 49), S. 977.

Criminal Justice Act 1993
Financial Services Act 1986
Insolvency Act 1986
Company Directors (Disqualifications) Act 1986

2. *Verhaltenskodizes*

City Code on Takeovers and Mergers
Admission of Securities to Listing
Regulation of Investment Business

3. *Literatur*

Palmer's Company Law, Hrsg. Clive M. Schmitthoff u. a., Bd. II und III in Loseblattform, Stevens and Sons, London.

Pennington, Company Law, 6. Auflage (1990), Butterworths, London, Dublin and Edinburgh.

Farrar's Company Law, John H. Farrar, Nigel E. Furey, Brenda M. Hannigan, Philip Wylie, 2. Auflage (1988), Butterworths, London, Dublin and Edinburgh.

4. *Adressen*

German Chamber of Industry & Commerce, Deutsche Industrie- und Handelskammer, Mecklenburg House, 16 Buckingham Gate, London SW1E 6LB

London Chamber of Commerce and Industry, 69 Cannon Street, London EC4N 5AB

The Registrar for Companies in England and Wales, The Companies Registration Office, Crown Way, Maindy, Cardiff CF4 3UZ

Zweigstelle London: Companies House, 55-71 City Road, London EC1

The Registrar of Companies for Scotland, Exchequer Chambers, 102 George Street, Edinburgh 2, Scotland.

Die Gründung einer Tochtergesellschaft in Italien

von

Professor GIOVANNI E. COLOMBO, Mailand

Inhaltsübersicht

I. Die Wahl der Gesellschaftsform

Die erste Frage, die sich im Falle der Gründung einer Tochtergesellschaft in Italien stellt, ist das Problem der Wahl der Gesellschaftsform.

Die Auswahl beschränkt sich im wesentlichen auf die zwei Typen „Aktiengesellschaft" (*società per azioni, s.p.a.*) uns „Gesellschaft mit beschränkter Haftung" (*società a responsabilità limitata, s.r.l.*; denn in keiner anderen Gesellschaftsform ist es möglich, die Haftung aller Gesellschafter auf ihren Gesellschaftsanteil zu beschränken: in der offenen Handelsgesellschaft (*società in nome collettivo*) haften alle Gesellschafter unbegrenzt und gesamtschuldnerisch für die Verbindlichkeiten der Gesellschaft; in der einfachen Kommanditgesellschaft (*società in accomandita*) und in der Kommanditgesellschaft auf Aktien (*società in accomandita per azioni*) haftet wenigstens ein Gesellschafter (*accomandatario*) unbegrenzt.

Der Nachteil der unbegrenzten Haftung des persönlich haftenden Gesellschafters könnte dann unbeachtlich werden, wenn es möglich wäre, in der Rolle des persönlich haftenden Gesellschafters eine Kapitalgesellschaft an der Gesellschaft zu beteiligen: in diesem Fall würde es ausreichen, daß die persönlich haftende Gesellschaft ein recht geringes Vermögen hätte, um die Haftung auf dieses Vermögen zu beschränken. Aber die Rechtsprechung hält dies vorherrschend für unzulässig[1]. Auf jeden Fall aber ist es herrschende Meinung, daß eine juristische Person – in unserem Fall eine Kapitalgesellschaft – nicht Geschäftsführerin einer Gesellschaft sein kann. Da nun aber in einer offenen Handelsgesellschaft und in einer Kommanditgesellschaft der Geschäftsführer ein persönlich haftender Gesellschafter sein muß, kann die ausländische Kapitalgesellschaft in solchen Gesellschaften nicht selbst die Leitung übernehmen, sondern muß die Geschäftsführung einem anderen persönlich haftenden Gesellschafter überlassen.

Hinsichtlich steuerlicher Gesichtspunkte kann die Entscheidung, welche der Gesellschaftsformen die günstigste ist, nicht generell, sondern nur anhand des konkreten Einzelfalles getroffen werden. Der nach den steuerrechtlichen Vorschriften bereinigte Gewinn einer Personengesellschaft mit Sitz in Italien unterliegt der Körperschaftsteuer (*imposta locale sui redditi*, ILOR) mit einem Steuersatz von derzeit 16,2 %. Derselbe bereinigte Gewinn wird darüber hinaus aber auch den Gesellschaftern anteilsmäßig zugeschrieben, u. zw. unabhängig davon, ob dieser Gewinn tatsächlich ausgeschüttet worden ist oder nicht. Der Gewinn wird also je nachdem, ob es sich bei dem Gesellschafter um eine natürliche oder juristische Person handelt, noch einmal entweder mit einer Einkommensteuer für natürliche Personen (*imposta sul reddito delle persone fisiche*, IRPEF) mit progressiven Steuersatz oder mit einer Einkommensteuer für juristische Personen (*imposta sul reddito delle persone giurdiche*, IRPEG) mit einem Steuersatz von derzeit 36 % belegt. Von dieser Regelung weicht auch das zwischen der Bundesrepublik Deutschland und Italien im Jahre 1992 ratifizierte Doppelbesteuerungsabkommen vom 18. Oktober 1989 nicht ab. Der bereinigte Gewinn einer Kapitalgesellschaft mit Sitz in Italien unterliegt immer sowohl der Körperschaftsteuer (ILOR) in Höhe von 16,2 % als auch der Einkommensteuer für juristische Personen mit derzeit 36 %.

Die Dividenden werden bei den Gesellschaftern besteuert, also entweder mit der Einkommensteuer für natürliche Personen (IRPEF) oder mit der Einkommensteuer für juristische Personen (IRPEG), und zwar nach dem Zuflußprinzip. Den steuerpflichtigen Gesellschaftern wird jedoch ein sog. „Steuerkredit" („*credito d'imposta*") gewährt, mit dem die von der ausschüttenden Gesellschaft bereits gezahlte IRPEG wieder ausgeglichen werden soll. Hier sieht das deutsch-italienische DBA allerdings die Möglichkeit vor, daß die von einer italienischen an eine deutsche Gesellschaft ausgeschütteten Dividenden in Italien einen Steuerabzug in Höhe von derzeit 15 % genießen. Hält die deutsche Gesellschaft jedoch mindestens 25 % des Kapitals der italienischen Gesellschaft, so wird ein Steuerabzug nur noch in Höhe von 10 % gewährt. Das DBA gewährt dem deut-

1 Vgl. zuletzt Cass. Sezioni Unite, Urt. Nr. 5636 vom 17. Oktober 1988

schen Gesellschafter, der eine Dividende erhalten hat, darüber hinaus u. U. einen Anspruch auf Erstattung einer sog. „erhöhten Ausgleichszahlung" *(„maggiorazione di conguaglio")*. Diese wird im Falle der Verteilung von Rücklagen bei der Gesellschaft erhoben und zwar für all diejenigen Rücklagen, die bis dato noch nicht als Gesellschaftseinkommen mit 36 % versteuert worden waren. Die sog. Konzern-Richtlinie Nr. 90/435 der EG vom 23. Juli 1990 (*direttiva „Madri e figlie"*) findet hier also keine Anwendung.

Einige der rechtlichen Bedenken, die sich bei der Wahl der Rechtsform einer offenen Handelsgesellschaft oder einer Kommanditgesellschaft ergeben, sind bei der Wahl der Kommanditgesellschaft auf Aktien nicht vorhanden: in solch einer Gesellschaft kann eine Kapitalgesellschaft ganz gewiß Gesellschafterin sein. Dennoch bleibt es auch in diesem Fall nach der herrschenden Meinung dabei, daß eine juristische Person nicht Geschäftsführerin und damit – da bei dieser Gesellschaftsform alle Komplementäre Geschäftsführer sind – auch nicht Komplementärin sein kann. Im übrigen folgen die Regelungen für diese Gesellschaftsform im wesentlichen denen für die *s.p.a.* – mit dem einzigen Unterschied, daß der Komplementär persönlich für die Gesellschaftsschulden haftet. Es ist daher kein konkreter Grund ersichtlich, warum man statt der *s.p.a.* oder der *s.r.l.* die Form der Kommanditgesellschaft auf Aktien wählen sollte. Die Kommanditgesellschaft auf Aktien besitzt daher in Italien auch nur geringe praktische Bedeutung.

II. Die società per azioni und die società a responsabilità limitata

1. Die innere Organisation der Kapitalgesellschaften

Die innere Organisation der Kapitalgesellschaften *s.p.a.* und *s.r.l.* in Italien ist im Grunde identisch geregelt; im folgenden sollen deshalb nur einige kurze Hinweise gegeben werden[2].

Die Organe einer Kapitalgesellschaft sind:
- die Gesellschafterversammlung (*assemblea*),
- der/die Geschäftsführer (*amministratori*),
- das Prüfungsgremium (*collegio sindacale*)[3]

wobei das letztere in kleinen *s.r.l.* nicht obligatorisch ist.

2 Für weitergehende Angaben in deutscher Sprache sei auf die Abhandlung JURA EUROPAE (Gesellschaftsrecht, Italien) verwiesen.

3 Die Aufgaben des *collegio sindacale* weichen von den Funktionen des deutschen Aufsichtsrats und denen eines Abschlußprüfers ab. Es wird hier deshalb auf die Verwendung eines dieser deutschen Fachtermini verzichtet.

a) Die Gesellschafterversammlung

Die Gesellschafterversammlung ist außer für Satzungsänderungen, die in der außerordentlichen Hauptversammlung z. B. einer *s.p.a. (assemblea straordinaria)* beschlossen werden, zuständig für die Ernennung und Abberufung der Geschäftsführer und der Mitglieder des Prüfungsgremiums sowie für die Festlegung ihrer Vergütung. Ferner beschließt sie über Haftungsklagen gegenüber einzelnen oder allen Geschäftsführern oder Prüfern.

Die Beschlüsse der Gesellschafterversammlungen sind innerhalb von drei Monaten nach Beschlußfassung oder – wenn erforderlich – Eintragung ins Handelsregister anfechtbar. Anfechtungsklage können erheben alle nicht anwesenden Gesellschafter oder Gesellschafter, die dagegengestimmt haben, ferner die Geschäftsführer und die Prüfer. Anfechtungsgrund kann jedoch nur sein, daß der jeweilige Beschluß nicht in Übereinstimmung mit der Gesellschaftssatzung oder den Gesetzen gefaßt wurde, sei es, was das förmliche Beschlußfassungsverfahren betrifft, sei es, was den materiellen Inhalt des Beschlusses betrifft. Ein besonderer Fall von Anfechtbarkeit liegt dann vor, wenn ein Beschluß mit einer Mehrheit angenommen wird, in der die Stimmen eines oder einiger Gesellschafter entscheidend sind, die in einem Interessenkonflikt mit der Gesellschaft stehen: Ist dieser Beschluß geeignet, der Gesellschaft Schaden zuzufügen, so ist er anfechtbar. Nichtig ist ein Beschluß dann, wenn er im Widerspruch zu zwingenden Normen des geltenden Rechts steht, sofern diese nicht nur den Schutz der einzelnen Gesellschafter bezwecken sollen. Die Feststellung der Nichtigkeit kann von jedem, der daran ein Interesse haben kann, gerichtlich beantragt werden.

b) Die Geschäftsführer

Nur den Geschäftsführern steht die Zuständigkeit zu, die Geschäfte der Gesellschaft zu führen und Beschlüsse der Gesellschafterversammlung umzusetzen. Sie haben u. a. die Pflicht, für den Erhalt des Gesellschaftsvermögens zu sorgen. Auch wenn die Satzung einige Kompetenzen auf dem Gebiet der Geschäftsführung der Gesellschafterversammlung einräumt, müssen die Geschäftsführer sie außer acht lassen, wenn diese den Gläubigern der Gesellschaft erkennbar zum Nachteil gereichen würden. Dies ergibt sich aus der Vorschrift des Art. 2394 C. C., nach der die Geschäftsführer auch den Gläubigern der Gesellschaft gegenüber unmittelbar verantwortlich sind, falls durch ihr Mitwirken das Gesellschaftsvermögen derart zusammengeschrumpft ist, daß es zur Befriedigung der Gesellschaftsgläubiger nicht mehr ausreicht.

Sind mehr als ein Geschäftsführer vorhanden, so wird ein Geschäftsführungsgremium gebildet (*consiglio di amministrazione*), das nach dem Mehrheitsprinzip entscheidet. Von der Entscheidungsfindung ist jedes Mitglied des Gremiums ausgeschlossen, das hinsichtlich der Operation, über die beschlossen werden soll, in einen Interessenkonflikt mit der Gesellschaft geraten könnte. Ein Beschluß, bei dem ein solcher Mit-Geschäftsführer die entscheidende Stimme abgegeben hat, kann auf Antrag der nicht anwesenden oder andersgesinnten Mit-Geschäftsführer sowie der Prüfer aufgehoben werden, sofern der Gesellschaft dadurch Schaden droht.

Der *consiglio di amministrazione* kann einzelne Geschäfte der laufenden Geschäftsführung auf einen oder mehrere seiner Mitglieder übertragen („*amministratori delegati*") und wieder an sich ziehen. Die *amministratori delegati* bleiben dabei an eventuelle Weisungen gebunden.

Geschäftsführer, die nicht mit der gebotenen Sorgfalt eines „guten Sachwalters" die ihnen durch Gesetz oder durch Satzung zugewiesenen Aufgaben erfüllen, haften dieser gegenüber für Schäden, die aus solchen Pflichtverletzungen entstanden sind. Die Entscheidung darüber, ob Haftungsklage erhoben werden soll oder nicht, trifft die Gesellschafterversammlung. Das italienische Recht kennt zwar keine Klage eines Einzelaktionärs auf Erstattung von Schäden der Gesellschaft, jedoch können Aktionäre, die zusammen mindestens ein Zehntel des Gesellschaftskapitals vertreten, ihren Verdacht auf erhebliche Unregelmäßigkeiten bei der Geschäftsführung dem Gericht zur Kenntnis bringen.

Gegebenenfalls kann auch ein einzelner Aktionär die Staatsanwaltschaft informieren, die dann ihrerseits einschreiten kann. Stellt das Gericht tatsächlich erhebliche Unregelmäßigkeiten der Geschäftsführer und/oder der Prüfer fest, so kann es die Person(en) abberufen und einen gerichtlich bestellten Geschäftsführer einsetzen. Erst dieser kann dann ohne Beschluß der Gesellschafterversammlung Haftungsklage gegen den oder die ehemaligen Geschäftsführer und/oder Prüfer erheben.

c) Das „*collegio sindacale*"

Die Aufgaben des *collegio sindacale* liegen ungefähr zwischen denen des Aufsichtsrats im deutschen Aktienrecht und der deutschen Abschlußprüfer. Sie sind nicht so umfangreich wie die des Aufsichtsrats, da es keinen Einfluß nimmt auf die Wirtschaftlichkeit von Entscheidungen, sondern nur deren Rechtmäßigkeit prüft. Andererseits gehen sie weiter als die der deutschen Abschlußprüfer, da es sich nicht auf die Überprüfung der Richtigkeit der Buchführung beschränkt. Im Falle von börsennotierten, größeren Aktiengesellschaften sowie Banken, Versicherungsgesellschaften, Investmentfonds etc. wird die Prüfung der Buchführung und der Bilanzen im übrigen auch vom Gesetz einer Wirtschaftsprüfungsgesellschaft zugewiesen.

2. *Die Bilanz*

Die heute gültige Regelung der Bilanz, und zwar gültig sowohl für die *s.p.a.* als auch für die *s.r.l.*, ist durch das Dekret Nr. 127 vom 9. April 1991 eingeführt worden. Dadurch sind in Italien die 4. und die 7. EG-Richtlinie umgesetzt worden. Diese Vorschriften sind mit dem Geschäftsjahr 1993 wirksam geworden[4]. Der Regelungsgegenstand des italienischen Dekret entspricht dem des Art. 9 der 4. EG-Richtlinie, wobei allerdings in der italienischen Regelung eine höhere Genauigkeit bei der Aufspaltung der einzelnen Bilanzposten gefordert wird. Die Gewinn- und Verlustrechnung entspricht Art. 23 der 4. EG-Richtlinie[5], allerdings wird auch hier wieder eine höhere Genauigkeit bei der Aufspaltung der Bilanzposten verlangt als die EG-Richtlinie dies tut.

Was die Bewertungskriterien betrifft, so hat man in Italien von der Option des Art. 33 der 4. EG-Richtlinie keinen Gebrauch gemacht. Den Gesellschaften bleibt demnach die Wahl, die Beteiligungen an abhängigen oder an gleichgeordneten Unternehmen nach den Kosten oder dem Nettovermögen zu bewerten. Arbeiten, die noch andauern, wie z. B. Aufträge mit längerer Laufzeit, werden nach Maßgabe der entsprechenden Fälligkeit bewertet. Dort, wo Steuergesetze Abwertungen oder Rückstellungen in einem über das wirtschaftlich zutreffende Maß hinaus zulassen und – als Voraussetzung der steuerlichen Absetzbarkeit – verlangen, daß diese Abschreibungen und Rückstellungen in die Gewinn- und Verlustrechnung aufgenommen werden, ist vorgeschrieben, daß diese Abwertungen und Rückstellungen technisch hinter den tatsächlichen Einnahmen und Ausgaben als Nrn. 24 und 25 des Art. 2425 C.C. erscheinen, damit die tatsächlichen Einnahmen und Ausgaben in den Nrn. 1–23 im Zusammenhang erscheinen und die Gesamtheit der Einnahmen und der Kosten des „wirtschaftlichen Geschäftsbereichs" steuerlich unverfälscht wiedergegeben werden.

Die gesamte Bilanz einschließlich des Vermögensstatus', der Gewinn- und Verlustrechnung und der ergänzenden Mitteilung über gegenseitige Beteiligungen ist mitsamt dem Geschäftsbericht, dem Bericht des Prüfungsgremiums und dem Protokoll über die Zustimmung in der Gesellschafterversammlung bei der Geschäftsstelle des Handelsregisters zu hinterlegen. Die Hinterlegung ist anschließend in dem Amtsblatt der Aktiengesellschaften und der GmbHs (Bollettino Ufficiale delle Società per Azioni e a Responsabilità Limitata, B.U.S.A.R.L.) bekanntzugeben.

4 Zur konsolidierten Bilanz s. u. IX.
5 Vorgeschrieben ist eine Form, gestaffelt nach den Kosten der Gesamtproduktion des Zeitraums.

3. *Hauptunterschiede zwischen società per azioni und società a responsabilità limitata*

Nunmehr erscheint es notwendig aufzuzeigen, welches die Unterschiede in den rechtlichen Regelungen der beiden Gesellschaftsformen sind, deren Wahl ratsam ist – die Unterschiede, die im Einzelfalle die Wahl der einen oder der anderen Form rechtfertigen.

a) In erster Linie ist hier darauf hinzuweisen, daß, während die Regelungen für die *s.p.a.* überwiegend aus zwingendem Recht bestehen, bei der *s.r.l.* das Gesetz wesentlich häufiger zuläßt, daß die Gründungssatzung die Normen des Gesetzes derogiert, so daß diese Vorschriften subsidiären Charakter annehmen. Daraus folgt, daß die *s.r.l.* eine Gesellschaftsform darstellt, die dem effektiven Willen der Gründungsgesellschafter angepaßt werden kann. So müssen z. B. die Geschäftsführer Gesellschafter sein, soweit nicht die Gründungssatzung etwas anderes bestimmt (Art. 2487 C.C.); die Geschäftsanteile sind teilbar, soweit nicht die Gründungssatzung etwas anderes bestimmt (Art. 2482 C.C.); die Formen der Einberufung der Gesellschafterversammlung können von der Gründungssatzung festgelegt werden (Art. 2484 C.C.); die Quoten für die Beschlußfassung der Gesellschafterversammlung können von der Gründungssatzung frei bestimmt werden. Auf einige dieser Vorschriften kommen wir noch im Verlauf dieser Untersuchung zurück.

b) Bei der *s.p.a.* müssen im Normalfall Titel emittiert werden, die die Mitgliedschaft verkörpern (*titoli azionari*; Aktien); bei der *s.r.l.* kann die Gesellschaftereigenschaft dagegen nicht in einem Dokument verkörpert werden, das die Eigenschaft eines Wertpapiers hat. Zwar ist es auch bei der *s.p.a.* möglich – durch Beschluß einer außerordentlichen Hauptversammlung – die Emission von Aktien auszuschließen. In diesem Fall ergibt sich die Gesellschaftereigenschaft ausschließlich aus der Eintragung in das Gesellschafterverzeichnis[6], so daß auch hier der Unterschied zwischen *s.p.a.* und *s.r.l.* geringer werden kann. Doch auch in diesem Falle ändert sich nichts an dem Unterschied, den wir sogleich behandeln:

c) Auch wenn die Gesellschaft keine Aktien emittiert hat, heißen die Anteile der Gesellschafter in der *s.p.a.* Aktien und haben folgende charakteristische Merkmale: Sie müssen einen gleichen Nennwert haben und sind grundsätzlich

6 Art. 5 R. D. 29. März 1942 Nr. 239

übertragbar[7]. Im Gegensatz hierzu können bei der *s.r.l.* die Anteile nicht nur einen unterschiedlichen Wert haben[8], sondern können auch von der Gründungssatzung für nicht übertragbar erklärt werden.

Die Gründungssatzung kann sich in diesem Fall darauf beschränken, eine Übertragbarkeit der Anteile unter Lebenden zu untersagen; aber sie kann auch die Übertragbarkeit von Todes wegen verbieten. Wenn dann ein Gesellschafter stirbt, muß sein Anteil nach der herrschenden und wohl richtigen Meinung zugunsten der Erben eingezogen werden und das Kapital in entsprechendem Maße herabgesetzt werden, es sei denn, daß die Gründungssatzung vorsieht, daß der Anteil auf die überlebenden Gesellschafter übergeht, wobei sein Wert an die Erben ausgezahlt werden muß.

Hierbei handelt es sich um einen besonders wichtigen Unterschied: Während es bei der *s.p.a.* nicht möglich ist, die Gesellschafterzusammensetzung stabil und unveränderlich zu halten, da die Aktien, selbst wenn sie nicht durch Papiere verkörpert sind, von Natur aus übertragbar sind, kann die Gesellschafterzusammensetzung bei der *s.r.l.* unveränderlich erhalten werden[9].

d) Während das Gesetz für die *s.p.a.* ein Mindestkapital von 200 Mio. Lire (ca. 200 000 DM) vorsieht, reicht für die Gründung einer *s.r.l.* ein Kapital von 20 Mio. Lire (ca. 20 000 DM).

e) Für die *s.p.a.* ist das Vorhandensein eines Kontrollorgans, das als internes Organ die Rechtmäßigkeit der Geschäftsführung überwacht und besondere Kompetenzen hinsichtlich der Bilanzüberwachung hat, obligatorisch. Für die *s.r.l.* ist ein Kontrollorgan nur obligatorisch, wenn das nominelle Kapital höher ist als 200 Mio. Lire oder die Gesellschaft in zwei aufeinanderfolgenden Geschäftsjahren mindestens zwei der folgenden, in dem Gesetz über die vereinfachte Bilanzierung (Art. 2435-*bis* C.C.) aufgestellten Grenzwerte erreicht: So muß sie entweder

7 Die Gründungssatzung kann die Veräußerung der Aktien zwar besonderen Bedingungen unterwerfen – z. B. durch Klauseln, die ein Vorkaufsrecht oder einen Zustimmungsvorbehalt beinhalten –, aber sie kann die Veräußerung weder verbieten noch Bedingungen unterwerfen, die faktisch einem Veräußerungsverbot gleichkommen. Um zu verhindern, daß die Zustimmungsklausel in die Richtung benutzt wird, daß sie praktisch einem Verbot der Aktienveräußerung gleichkommt, erklärt Art. 22 des Gesetzes vom 4. Juni 1985 Nr. 281 die Klauseln für ungültig, die die Aktienübertragung dem „reinen Wohlgefallen" der Gesellschaftsorgane unterordnet: Dies bedeutet nicht nur, daß die Zustimmungsverweigerung sachlich motiviert sein muß, sondern auch (nach der vorzuziehenden Meinung), daß das Statut die Gründe für eine potentielle Zustimmungsverweigerung aufführen muß.

8 Wenn der Gesellschaftsvertrag die Anteile für unteilbar erklären würde, würde dies dazu führen, daß ein Gesellschafter, der Inhaber eines Anteils ist, der ein Vielfaches des Mindestanteils von 1000 Lire beträgt, gehindert wäre, den anderen einen Teil seines Anteils abzutreten.

9 Dies gilt nicht im Fall der Zwangsenteignung eines Anteilseigners.

- Aktiva im Gesamtwert über 3.090 Mio. Lire gehabt haben und/oder
- Erlöse aus Verkäufen und Dienstleistungen („*prestazioni*") in Höhe von mehr als 6.180 Mio. Lire erzielt und/oder
- 50 Arbeitnehmer beschäftigt haben.

Dadurch und mit Hilfe von Art. 2488 C.C., zuletzt geändert durch Dekret Nr. 127 vom 9.4.1991 in Umsetzung der 4. EG-Richtlinie, soll verhindert werden, daß *s.r.l.,* die ein relativ hohes Vermögen haben und hohe Umsätze erzielen, schon dadurch die Bildung eines Kontrollorgans vermeiden können, daß sie ihr Stammkapital künstlich niedrig halten.

Wenn kein Kontrollorgan vorhanden ist, hat jeder Gesellschafter das Recht, von dem Vorstand Auskunft über die Entwicklung der Geschäfte der Gesellschaft zu verlangen und die „Bücher der Gesellschaft" einzusehen. Diese „*libri sociali*" sind nach der wohl richtigen Auffassung das Protokoll der Sitzungen und Entscheidungen des Vorstandes, das Gesellschafterverzeichnis und das Protokoll der Sitzungen und Entscheidungen der Gesellschafterversammlung, nicht die Rechnungsbücher. Demgegenüber kann eine „Revision der Geschäftsführung" mit Prüfung der Buchhaltung, des Kassenbestandes etc. von einer Gruppe von Gesellschaftern auf deren Kosten veranlaßt werden, sofern diese Gesellschafter mindestens ein Drittel des Kapitals repräsentieren.

f) Bei der *s.p.a.* können die Vorstandsmitglieder Gesellschafter oder Nicht-Gesellschafter sein; bei der *s.r.l.* müssen die Vorstandsmitglieder, soweit die Gründungssatzung nicht etwas anderes bestimmt, aus den Gesellschaftern gewählt werden. Bis 1985 schrieb der C. C. den Verwaltern der *s.p.a.* – und nicht denen der *s.r.l.* – die Pflicht vor, eine Kaution zu hinterlegen. Jetzt bedarf es dieser Pflicht nicht mehr (Gesetz vom 4. Juni 1985 Nr. 281), und somit ist eine weitere Unterscheidung zwischen *s.p.a.* und *s.r.l.* weggefallen. Darüber hinaus können die Vorstandsmitglieder einer *s.r.l.* für einen Zeitraum ernannt werden, der länger als drei Jahre ist; ihre Ernennung kann auch für unbestimmte Zeit sein, also bis auf Widerruf von seiten der Versammlung.

g) Die Formalitäten für die Einberufung einer Gesellschafterversammlung sind bei der *s.r.l.* weniger umfangreich als bei der *s.p.a.*: Statt der Veröffentlichung der Ankündigung der Einberufung in der Gazzetta Ufficiale wenigstens 15 Tage vor dem Termin der Versammlung genügt die Einladung mit eingeschriebenem Brief an jeden Gesellschafter wenigstens acht Tage vor dem Termin der Versammlung.

Höher sind hingegen bei der *s.r.l.* die erforderlichen Mehrheiten für die Gültigkeit von Beschlüssen der Gesellschafterversammlung. Für die *s.p.a.* gilt folgende Regelung: Für Beschlüsse einer ordentlichen Gesellschafterversammlung ist bei der ersten Einberufung die Anwesenheit der Hälfte des Kapitals und die Zustimmung der Mehrheit der Anwesenden erforderlich; bei der zweiten Einberufung genügt die Mehrheit der Anwesenden, so wenig es auch sein mögen. Bei der außerordentlichen Gesellschafterversammlung ist bei der ersten Einberufung die Zustimmung von mehr als der Hälfte des Gesellschaftskapitals und bei der zweiten Einberufung die Zustimmung von mehr als einem Drittel des Gesellschaftskapitals erforderlich. Einige Beschlüsse von außerordentlicher Wichtigkeit (Änderung des Gesellschaftszwecks, Umgestaltung der Gesellschaft, Verlegung des Sitzes ins Ausland, vorzeitige Auflösung, Ausgabe von Prioritätsaktien) bedürfen auch in zweiter Einberufung der Hälfte des Kapitals plus einer Jastimme. Bei der *s.r.l.* hingegen sieht das Gesetz keine zweite Einberufung vor und fordert bei der ordentlichen Versammlung die Zustimmung der Mehrheit des Gesellschaftskapitals und bei der außerordentlichen Versammlung die Zustimmung von zwei Dritteln des Kapitals.

Das Gesetz gestattet jedoch in der *s.r.l.* eine „anderweitige Regelung" durch die Satzung, sei es im Sinne der Erhöhung des Entscheidungsquorums, sei es – jedenfalls nach der herrschenden Meinung – im Sinne einer Herabsetzung.

h) Die *s.r.l.* kann im Gegensatz zur *s.p.a.* keine Obligationen emittieren.

i) Ein weiterer Unterschied zwischen der *s.p.a.* und der *s.r.l.* ist durch das Dekret Nr. 88 vom 3.3.1993 zur Umsetzung der 12. EG-Richtlinie 89/667 (sog. „Einpersonen-GmbH-Richtlinie") eingeführt worden. Gemäß der neu eingeführten Artt. 2475 und 2497 C. C. kann eine *s.r.l.* nunmehr auch von einem einzelnen Gesellschafter gegründet werden, was im Falle der *s.p.a.* nach wie vor verboten ist. In diesem Falle haftet der Gesellschafter der *s.r.l.* persönlich nicht für Verbindlichkeiten der Gesellschaft. Dies gilt auch dann, wenn die Gesellschaft zwar nicht von einem einzelnen Gesellschafter gegründet wurde, durch Ausscheiden der anderen aber nur noch ein einziger Gesellschafter übriggeblieben ist. Im Falle der *s.p.a.* dagegen haftet der verbleibende Alleinaktionär im Falle der Insolvenz der Gesellschaft voll für Gesellschaftsschulden, allerdings nur für diejenigen Verbindlichkeiten, die nach dem Ausscheiden der restlichen Aktionäre entstanden sind.

Der Vorteil der beschränkten Haftung des Alleingesellschafters einer *s.r.l.* geht jedoch u. a. dann verloren, wenn eine juristische Person Alleingesellschafterin einer *s.r.l.* ist. Es ist daher für eine Gesellschaft zwar möglich, als Alleingesellschafterin eine Tochter-*s.r.l.* zu gründen; dies ist jedoch zwingend verbunden mit der vollen Haftung für Verbindlichkeiten dieser Tochtergesellschaft.

j) Keinerlei Unterschied besteht dagegen in Hinsicht auf die Beziehungen zwischen den Organen der Gesellschaft sowie zwischen den Gesellschaftern und den Organen: Sowohl in der *s.p.a.* als auch in der *s.r.l.* ist für Entscheidungen über die Geschäftsführung ausschließlich das jeweilige Geschäftsführungsorgan zuständig, sei es ein einzelner Geschäftsführer/Vorstand oder ein Gremium, es sei denn, gemäß Satzung sind bestimmte Aufgaben der Gesellschafterversammlung zugewiesen[10]. Der einzelne Gesellschafter hat kein Weisungsrecht gegen-

10 Vgl. dazu unten IX.

über dem Geschäftsführungsorgan; auch hat keiner der Gesellschafter das Recht, Mitglieder des Geschäftsführungsorgans selbst zu bestimmen. Dieses Recht bleibt vielmehr ausschließlich der Gesellschafterversammlung vorbehalten. Die Satzung kann gemäß Artt. 2458, 2459 c. c. lediglich dem Staat oder anderen öffentlichen Einrichtungen ein Entsendungsrecht einräumen.

k) Andere Unterschiede in der rechtlichen Regelung von *s.p.a.* und *s.r.l.*, die als erheblich für die Wahl der Gesellschaftsform angesehen werden könnten, gibt es nicht. Insbesondere besteht kein Unterschied in der steuerlichen Behandlung der Übertragung von Aktien[11] und von Gesellschaftsanteilen einer *s.r.l.*

Wie man sieht, unterscheidet sich die Gesellschaft mit beschränkter Haftung nur wenig von der *s.p.a.* Sie macht es möglich, mit dem Vorteil der beschränkten Haftung eine unternehmerische Tätigkeit mit geringem Kapital zu entfalten. Der „intuitus personae", der sie von der *s.p.a.* unterscheiden müßte, findet nur in den Normen seinen Ausdruck, die die Festlegung der Unübertragbarkeit der Gesellschaftsanteile erlauben und die Gesellschafter berechtigen, soweit ein Kontrollorgan nicht besteht, die Gesellschaftsbücher einzusehen.

Insgesamt muß jedoch daran erinnert werden, daß die Regelung der *s.r.l.* weitgehend aus dispositivem Recht besteht, im Gegensatz zur Regelung der *s.p.a.* Dies läßt den Gesellschaftern eine größere Freiheit bei der Festlegung der Satzungsvorschriften.

III. Sondervorschriften für Gesellschaften, die von Ausländern gegründet werden

Die Gründung einer Tochtergesellschaft einer deutschen Gesellschaft in Italien in der Form einer *s.p.a.* oder einer *s.r.l.* stößt nur auf wenige zusätzliche Probleme im Verhältnis zur Gründung einer normalen *s.p.a.* oder *s.r.l.* An der Gründung einer Gesellschaft können sich nämlich italienische und ausländische natürliche und juristische Personen, also auch ausländische Gesellschaften beteiligen.

Nur für einzelne Wirtschaftsbereiche schreiben besondere Gesetze vor, daß die Gesellschafter oder das Kapital, das der Gesellschaft zufließt, zu einem gewissen Teil italienischer Nationalität bzw. Herkunft sein müssen:

– Eigentümer von Schiffen, die unter italienischer Flagge fahren, dürfen nur Gesellschaften sein, bei denen die Vorherrschaft nationaler Interessen hinsichtlich der Organe der Verwaltung und Geschäftsführung sichergestellt ist, sofern nicht das Transportministerium eine Ausnahmegenehmigung erteilt (Art. 143 cod. nav.). Eigentümer von Flugzeugen, die im nationalen aeronautischen Register eingetragen sind, können nur Gesellschaften sein,

11 Sie unterliegt einer geringfügigen, festen Registersteuer.

deren Kapital zu zwei Dritteln italienischen Staatsangehörigen gehört und deren Präsident sowie zwei Drittel der Vorstandsmitglieder italienische Staatsangehörige sind (Art. 751 cod. nav.).

- Bei Treuhand- und Wirtschaftsprüfungsgesellschaften müssen wenigstens zwei Drittel der Vorstandsmitglieder italienische Staatsangehörige sein[12].

Bis 1988 galt für ausländische Investitionen das Währungsgesetz Nr. 43 vom 7. Februar 1956. Dieses unterschied in der Hauptsache zwischen sog. „produktiven"[13] und „unproduktiven" Investitionen (*investimenti produttivi o non produttivi*). Erstere mußten als solche dem zuständigen Ministerium bekanntgegeben werden, damit der Erlös aus dem Verkauf von solchem Anlagevermögen sowie Dividenden frei ins Ausland überführt werden konnten, während Erträge aus sog. „unproduktiven" Investitionen und Erlöse aus dem Verkaauf dieses Anlagevermögens einer Ausfuhrbeschränkung unterlagen. So konnten bis dato nur 8 % der Erträge aus sog. „unproduktiven" Investitionen ausgeführt werden und Verkaufserlöse nur bis zu dem Betrag, der seinerzeit nach Italien eingeführt worden war. Die Währungsordnung vom 31. März 1988 (*Testo Unico delle legge valutarie*), die seit 1989 in Kraft ist, hat diese Unterscheidung aufgehoben und mit Art. 5 co. 2 eine Gesamtregelung für ausländische Investitionen geschaffen, nach der Ausländer sowie alle Personen ohne (Wohn-)Sitz in Italien (*non residenti*) nicht nur ad libitum in Lira oder ausländischer Währung in Italien investieren können, sondern auch die Erträge aus diesen Investitionen sowie Verkaufserlöse aus Anlagevermögen frei ins Ausland transferieren können.

IV. Der Gründungsvertrag einer società per azioni

Die *s.p.a.* wird durch Vertrag von zwei oder mehr Personen gegründet. Es ist nicht möglich, daß die Gesellschaft von einer einzigen Person gegründet wird, aber es steht der Möglichkeit nicht im Wege, daß einer der Vertragspartner fast das ganze Kapital zeichnet und der andere nur eine Minimalbeteiligung hat, die allerdings tatsächlich vorhanden sein muß und nicht simuliert sein darf. Wenn nach der Gründung alle Aktien sich in der Hand eines einzigen Gesellschafters vereinigen, bleibt die Gesellschaft am Leben. Doch der Alleinaktionär, sei es nun eine natürliche oder juristische Person, haftet im Falle der Insolvenz der

12 L. vom 23. November 1939 Nr. 1955, Art. 4.

13 Dies waren gemäß Art. 1 D.P.R. vom 6. Juli 1956 Nr. 758 „die Betriebe mit dem Zweck der Herstellung von Gütern oder Dienstleistungen sowie Betriebe, bei deren Tätigkeit Arbeiten zur Urbarmachung und Verbesserung des Bodens, die Errichtung von Werkstätten, Werften, Generatoren und Energieleitungsnetzen, der Aushub von Schächten oder Tunneln, der Einsatz von Schiffen und Flugzeugen sowie die Errichtung von Gebäuden und Straßen erforderlich ist".

Gesellschaft unbeschränkt für die Gesellschaftsverbindlichkeiten, die in der Zeit entstehen, in der die Aktien ganz in seiner Hand sind.

Der Codice Civile sieht eine einheitliche und eine sukzessive Gründung vor; mit dieser zweiten Form, die der Praxis der letzten Jahrzehnte fast unbekannt ist, wollen wir uns hier jedoch nicht beschäftigen.

1. Die einheitliche Gründung besteht in dem Abschluß des Gesellschaftsvertrages in Form einer öffentlichen Urkunde: Die Urkunde wird – auf der Basis des Parteiwillens – von einem Notar verfaßt, den Parteien vorgelesen und von den Parteien und dem Notar unterschrieben. Wenn eine der Parteien eine ausländische Gesellschaft oder juristische Person ist, muß die natürliche Person, die sie beim Abschluß des Gesellschaftsvertrages in Italien vertritt, dem Notar eine Vollmacht in Form einer öffentlichen Urkunde des Herkunftslandes vorlegen, die von dem italienischen Konsulat des Ortes, an dem die Vollmacht erteilt wurde, beglaubigt ist. Einer Vollmacht in einer Fremdsprache muß eine italienische Übersetzung beigefügt sein, deren Übereinstimmung mit dem Original von einer diplomatischen oder konsularischen Behörde oder einem öffentlich vereidigten Dolmetscher bestätigt werden muß[14].

Wenn der Vertreter der ausländischen Gesellschaft, die an der Gründung der italienischen Gesellschaft beteiligt ist, die italienische Sprache nicht versteht, muß die öffentliche Urkunde in zwei Sprachen abgefaßt und der ausländischen Seite von einem Dolmetscher vorgelesen werden.

2. Bisweilen verlangt das Gesetz für die Gründung einer Gesellschaft besondere verwaltungsrechtliche Genehmigungen: so für die Gründung von Banken eine vorherige Genehmigung der Banca d'Italia; für die Gründung einer Versicherungsgesellschaft die Genehmigung des Industrie- und Handelsministeriums, die jedoch nur für die rechtmäßige Ausübung des Versicherungsgewerbes, nicht aber für die Wirksamkeit der Gesellschaftsgründung erforderlich ist.

3. Die Gründungssatzung der Aktiengesellschaft muß folgende Angaben enthalten:

a) Personalien, Wohnsitz und Staatsangehörigkeit der Gesellschafter und die Zahl der von jedem gezeichneten Aktien,

b) die Bezeichnung der Gesellschaft, Sitz und eventuelle Zweigniederlassungen.

Die Bezeichnung kann ein Phantasiename sein, muß jedoch einen Hinweis auf die Gesellschaftsform – es genügt die Abkürzung *s.p.a.* – enthalten; jedoch muß eine Verwechslung mit einer anderen Firma ausgeschlossen sein (Art. 2564 C. C.).

c) den Gegenstand der Gesellschaft, d. h. die Art der Tätigkeit, die die Gesellschaft ausüben will.

14 Eine solche Beglaubigungspflicht entfällt bei deutschen notariellen Urkunden gemäß dem Abkommen zwischen Italien und der Bundesrepublik über die Befreiung von der Beglaubigungspflicht vom 7. Juni 1969 (Gesetz Nr. 176 vom 12. April 1973).

Das Gesetz sagt nicht, wie genau die Bestimmung des Gegenstandes der Gesellschaft in der Gründungssatzung spezifiziert werden muß. Die Praxis ist äußerst großzügig: Der satzungsmäßige Gegenstand einer bedeutenden italienischen Gesellschaft z. B. ist offenbar so weit, daß durch eine lange Liste der Tätigkeitsbereiche alle denkbaren wirtschaftlichen Tätigkeiten mit Ausnahme des Druckens von Zeitungen umfaßt werden. Doch erscheint es zweifelhaft, ob die Verwendung von „Oberbegriffen" wirtschaftlicher Tätigkeit, wie z. B. „Industrie" oder „Handel", dem Willen des Gesetzes entspricht[15]. Angesichts eines so allgemein formulierten Gegenstandes der Gesellschaft müßte das zuständige Gericht die Genehmigung der Gründungssatzung verweigern[16].

Für einige Gesellschaften, die in einem bestimmten Wirtschaftszweig tätig sind, ist in entsprechenden Spezialgesetzen geregelt, daß in der Satzung der Gegenstand der unternehmerischen Tätigkeit genau festgelegt werden muß. Diese Gesellschaft darf dann auch nur auf diesem Gebiet tätig werden. Dies gilt z. B. für Versicherungen und Banken, für Investmentgesellschaften, gesetzlich zugelassene Buchprüfungsgesellschaften und Börsenmaklergesellschaften;

d) die Höhe des gezeichneten und eingezahlten Kapitals.

Wie schon erwähnt, darf das Kapital nicht niedriger als 200 Mio. Lire (ca. 200 000 DM) sein. Von den Einlagen in Geld müssen sofort drei Zehntel bei einer Bank eingezahlt werden. Umstritten ist die Frage, ob die drei Zehntel vor der Errichtung der öffentlichen Urkunde eingezahlt werden müssen[17] oder ob eine Einzahlung vor der Genehmigung der Gründungssatzung durch das zuständige Gericht ausreicht[18]. Die restlichen Zehntel müssen eingezahlt werden, wenn der Vorstand es verlangt.

Sacheinlagen, die im übrigen nicht aus Werk- oder Dienstleistungen bestehen dürfen, müssen zum Zeitpunkt der Zeichnung der entsprechenden Aktien in toto eingebracht werden;

e) der Nennwert und die Zahl der Aktien und die Angabe, ob es sich um Namens- oder Inhaberaktien handelt.

Das Gesetz schreibt keinen Mindest- oder Höchstwert für die Aktien vor; es verlangt nur, daß alle den gleichen Nennwert haben. Obwohl der Codice Civile in Art. 2355 vorsieht, daß die Aktien nach Wahl der Aktionäre Namens- oder Inhaberaktien sein können[19], schreibt ein vor dem Codice Civile erlassenes und

15 Von der neueren Lehre und Rechtsprechung wird diese Frage zu Recht klar verneint.

16 Vgl. dazu unten V.

17 In diesem Sinne der Corte di Cassazione (letztlich Nr. 2745 vom 21. April 1983), der eine Gründungssatzung für nicht genehmigungsfähig hielt, bei der die Einzahlung der drei Zehntel nicht vor der Unterzeichnung erfolgte.

18 So ein Teil der Lehre. Die Praxis der Notare folgt jedoch der Entscheidung des Kassationsgerichts.

19 Soweit die Gründungssatzung nicht vorschreibt, daß es Namensaktien sein müssen.

noch heute geltendes Dekret[20] vor, daß Namensaktien obligatorisch sind – was überwiegend steuerliche Gründe hat;

f) den Wert der Guthaben und Sachen, die in Natur eingebracht werden.

Damit sichergestellt ist, daß die Einlagen nicht zum Vorteil des Einbringenden und zum Schaden der übrigen Gesellschafter und Dritter überbewertet sind, schreibt das Gesetz vor, daß der Wert der in Natur eingebrachten Sachen oder Guthaben der beeidigten Schätzung eines vom Landgerichtspräsidenten *(Presidente del Tribunale)* bestimmten Sachverständigen entsprechen muß. Wer seine Einlage in Natur leisten will, muß daher bei dem Landgerichtspräsidenten die Benennung eines Sachverständigen beantragen und muß dann der Gründungssatzung den beeideten Schätzungsbericht[21] beifügen. Ein beeideter Bericht ist nunmehr (Art. 2343- *bis* C. C. eingeführt von dem D.P.R. Nr. 30 vom 10. Februar 1986) auch für den Erwerb von Gütern oder Krediten von den Gesellschaftern oder Verwaltern, der innerhalb von zwei Jahren nach der Gründung der Gesellschaft getätigt wird, und der ein Entgelt von nicht minder als ein Zehntel des Gesellschaftskapitals vorsieht, nötig. Diese Anschaffungen müssen auch von der Versammlung autorisiert werden;

g) die Vorschriften, nach denen der Gewinn verteilt wird.

Es kann sich dabei um Vorschriften handeln, die die Gewinnverteilung beschränken, indem sie die Einstellung von zusätzlichen Rücklagen zu den gesetzlichen Rücklagen anordnen (*riserve statutarie;* vertragliche Rücklagen) oder um Vorschriften über das Verhältnis, in dem die Gewinne auf die einzelnen Arten von Aktien verteilt werden[22];

h) die Beteiligung der Gründungsgesellschafter am Gewinn.

Diesen Personen kann kein höherer Vorteil eingeräumt werden als eine Beteiligung insgesamt – d. h. für alle zusammen – von einem Zehntel des Nettogewinns nach der Bilanz für einen Zeitraum von höchstens fünf Jahren;

i) die Zahl und die Befugnisse der Vorstandsmitglieder mit einem Hinweis darauf, welche von ihnen die Gesellschaft vertreten können.

Normalerweise enthält die Gründungssatzung auch die Namen der ersten Vorstandsmitglieder[23], andernfalls kommt die Ernennung der Gesellschafterversammlung zu[24];

j) die Zahl der Mitglieder des Prüfungsgremiums.

20 R. D. vom 25. Oktober 1941 Nr. 1148.

21 Dieser muß eine Beschreibung der einzelnen eingebrachten Sachen, den geschätzten Wert jeder einzelnen Sache und eine Angabe der Bewertungskriterien enthalten.

22 Es ist nämlich möglich, in der Gründungssatzung vorzusehen, daß Aktien bei der Verteilung des Gewinns und/oder bei der Liquidation der Gesellschaft privilegiert sein sollen.

23 Das können einer oder mehrere, Gesellschafter oder Nichtgesellschafter sein; sie bleiben drei Jahre im Amt, wenn sie nicht für einen geringeren Zeitraum gewählt werden; sie können wiedergewählt werden.

24 Zur Vertretungsbefugnis des Vorstandes siehe unten VI.

Normalerweise enthält die Gründungssatzung auch die Namen der ersten Mitglieder des Prüfungsgremiums. Drei oder fünf Mitglieder sind erforderlich, zuzüglich zweier Stellvertreter. Nach der Umsetzung der 8. EG-Richtlinie durch das Dekret Nr. 88 vom 27. Januar 1992 müssen alle Mitglieder des Prüfungsgremiums im staatlichen Register der Wirtschaftsprüfer eingeschrieben sein. In der Regel müssen sie ein Universitätsdiplom in Volks- oder Betriebswirtschaftslehre oder Rechtswissenschaften haben und eine praktische Ausbildung von mindestens drei Jahren nachweisen können. Ferner müssen sie eine Zulassungsprüfung absolviert haben. Nicht zum Mitglied des Kontrollorgans ernannt werden können Verwandte oder Angehörige von Vorstandsmitgliedern bis zum vierten Grad sowie Personen, die mit der Gesellschaft oder einer von ihr kontrollierten Gesellschaft durch ein dauerndes, vergütetes Beschäftigungsverhältnis verbunden sind. Die Mitglieder des Kontrollorgans bleiben drei Jahre im Amt;

k) die Dauer der Gesellschaft.

4. Von den aufgezählten Bestandteilen der Gründungssatzung hat nicht bei allen ein Fehlen die Nichtigkeit zur Folge. Denn einige ergeben sich schon indirekt aus der Kombination mit anderen Angaben, die obligatorisch sind[25], andere werden durch subsidiäre Normen des Gesetzes ersetzt[26], so daß das Fehlen solcher Angaben weder die Nichtigkeit des Gründungsvertrags nach sich ziehen noch eine Verweigerung der Genehmigung durch das Gericht begründen kann. Andererseits kann das Fehlen der wirklich wesentlichen Angaben[27] – bis die Gesellschaft in das Unternehmensregister eingetragen ist – ein Grund für die Nichtigkeitserklärung der Gründungssatzung oder für die Verweigerung der Genehmigung durch das Gericht sein[28].

V. Genehmigung und Bekanntmachung

Die Gründungssatzung muß binnen 30 Tagen nach Vertragsschluß vom Notar oder dem Vorstand bei dem Amt für das Unternehmensregister in dem Ort hinterlegt werden, an dem sich der Sitz der Gesellschaft befindet. Da das „Unternehmensregister", das vom Codice Civile im Jahre 1942 vorgesehen wurde, niemals errichtet wurde, muß die Hinterlegung aufgrund eines früheren

25 Z. B., wenn der Wert der Einlagen jedes Gesellschafters und der Nennwert der Aktien angegeben ist, kann man daraus die Zahl der Aktien ermitteln, die jeder Gesellschafter gezeichnet hat. Weiter kann man, wenn das Nennkapital und der Nennwert jeder Aktie angegeben sind, die Gesamtzahl der Aktien errechnen.

26 Z. B., wenn keine Maßstäbe für die Gewinnverteilung angegeben sind, wird der Gewinn gleichmäßig unter allen Aktien verteilt.

27 Z. B. Wert der Sacheinlagen, Gegenstand und Bezeichnung der Gesellschaft.

28 Über die Nichtigerklärung nach der Genehmigung siehe unten VI.

Gesetzes bei der Kanzlei des Landgerichts des Ortes, an dem die Gesellschaft ihren Sitz hat, erfolgen. Mit der Gründungssatzung hinterlegt werden müssen die Quittung über die Einzahlung der drei Zehntel der Einlagen in Geld, der Schätzungsbericht über die Sacheinlagen und die Urkunde, aus der sich gegebenenfalls die Genehmigung durch die Verwaltungsbehörde ergibt.

Das Landgericht muß nachprüfen, ob die gesetzlichen Voraussetzungen für die Gründung der Gesellschaft erfüllt sind, d. h. ob die Gründungssatzung alle wesentlichen Angaben und keine gesetzwidrigen Klauseln enthält, ob die eventuell erforderlichen Genehmigungen vorhanden und die drei Zehntel der Einlagen in Geld eingezahlt sind und ob der Schätzungsbericht für die Einlagen in Natur vorliegt. Wenn dies der Fall ist, erteilt es nach Anhörung der Staatsanwaltschaft die Genehmigung der Gründungssatzung, d. h., es ordnet „die Eintragung in das Unternehmensregister" an. Andernfalls kann das Gericht nicht etwa einzelne Bestimmungen der Gründungssatzung verändern; es kann nur die Genehmigung verweigern. Aber es ist üblich, in die Gründungssatzung eine Klausel einzufügen, die ein Vorstandsmitglied ermächtigt, an der Gründungssatzung die Änderungen vorzunehmen, die das Gericht im Hinblick auf seine Genehmigung für erforderlich hält. Die Entscheidung, die die Genehmigung gewährt oder ablehnt, kann binnen 30 Tagen vor dem Appellationsgericht[29] angefochten werden.

Da das Unternehmensregister noch nicht existiert, muß die Gründungssatzung im Gesellschaftsregister, das ebenfalls bei der Kanzlei des Landgerichts des Ortes, an dem die Gesellschaft ihren Sitz hat, geführt wird, eingetragen und dort hinterlegt werden. Ferner muß sie im *Bollettino Ufficiale delle Società per Azioni e a Responsabilità Limitata*[30] veröffentlicht werden. Die Gesellschaft erlangt mit dem Tag der Eintragung in das Gesellschaftsregister Rechtsfähigkeit (Art. 2331 C.C.). Doch die Vorschriften der Gründungssatzung, die z. B. festlegen, daß die Vorstandsmitglieder beim Abschluß von Geschäften für die Gesellschaft gemeinschaftlich handeln müssen, können Dritten nicht vor Ablauf von 15 Tagen seit der Veröffentlichung der Gründungssatzung im BUSARL entgegengehalten werden[31] – eine Veröffentlichung, die immer mit erheblicher Verspätung erfolgt.

In der Zeit zwischen Vertragsschluß und Eintragung in das Gesellschaftsregister besteht die Gesellschaft noch nicht und kann keine Rechte erwerben und keine Verbindlichkeiten eingehen. Hinsichtlich der in dieser Zeit getätigten Geschäfte haften „diejenigen, die gehandelt haben", d. h. die Vorstandsmitglieder, persönlich. Sie müssen dann dafür Sorge tragen, daß die Gesellschafterversammlung mit rückwirkender Kraft ihre Handlungen billigt. Sobald „die Eintragung in das Unternehmensregister", d. h. die Eintragung in das Gesell-

29 Corte d'Appello – dem deutschen Oberlandesgericht entsprechend.

30 Abgekürzt BUSARL.

31 Gemäß D.P.R. Nr. 1127 vom 29. Dezember 1969, das die 1. Europäische Richtlinie vom 9. März 1968 durchführt.

schaftsregister erfolgt ist, können die Vorstandsmitglieder die eingezahlten drei Zehntel der Einlagen bei der Bank abheben.

Die Gesellschaftsgründung muß binnen 15 Tagen nach Abschluß des Gesellschaftsvertrages[32] der Handelskammer mitgeteilt werden, der später auch ein Exemplar der genehmigten Gründungssatzung übergeben werden muß. Wenn diese Mitteilung unterbleibt, zieht dies finanzielle Sanktionen nach sich, aber es hat keine Bedeutung im Hinblick auf die Tatsache, daß nicht bekanntgemachte Fakten Dritten nicht entgegengehalten werden können.

Ist die Gesellschaft gegründet, kann die Nichtigkeit der Gesellschaft nur wegen äußerst schwerwiegender und in der Praxis sehr seltener Gründe, die in Art. 2332 C.C. abschließend aufgezählt sind, ausgesprochen werden. Dies sind: das Fehlen einer Gründungssatzung oder die Nichtbeachtung der Form der öffentlichen Urkunde; die Nichtbeachtung der Vorschriften über die gerichtliche Kontrolle; das völlige Fehlen von wesentlichen Bestandteilen in der Gründungssatzung, also Bezeichnung, Einlagen, Höhe des Kapitals und Gegenstand der Gesellschaft; die fehlende Einzahlung der drei Zehntel; das Vorhandensein nur eines Gründers oder die mangelnde Geschäftsfähigkeit von allen Gründungsgesellschaftern.

Die Nichtigerklärung berührt nicht die Wirksamkeit der Handlungen im Namen der Gesellschaft nach der Eintragung in das Register. Sie führt zur Eröffnung der Liquidation der Gesellschaft. Die Nichtigkeit kann nicht ausgesprochen werden, wenn der Nichtigkeitsgrund durch eine Änderung der Gründungssatzung beseitigt worden ist.

VI. Die Bekanntmachung der Bestellung des Vorstandes und des Kontrollorgans

Von dem Augenblick der Eintragung in das Gesellschaftsregister an besteht die Gesellschaft rechtlich: Auf ihren Namen können Sachen überschrieben werden, sie kann Inhaber von Rechten und Verbindlichkeiten sein. Aber die Formalitäten sind noch nicht am Ende: Es ist noch notwendig, daß die Vorstandsmitglieder binnen 15 Tagen nach ihrer Ernennung ihre Eintragung in das Unternehmensregister beantragen; das ist die Aufnahme in die Handakte, die für die Gesellschaft bei der Kanzlei des Landgerichts geführt wird. Soweit die Vorstandsmitglieder die Gesellschaft vertreten können, müssen sie ihre Unterschrift bei der Kanzlei hinterlegen. Diese Eintragung muß im BUSARL bekanntgemacht werden. Die Bekanntmachung der Ernennung der Vorstandsmitglieder, die Vertretungsbefugnisse haben, muß erkennen lassen, inwieweit sie allein handeln können oder gemeinschaftlich handeln müssen.

32 D. h. eventuell noch vor der Genehmigung durch das Gericht.

Sobald dies bekanntgemacht ist, verpflichten diese Vorstandsmitglieder mit ihren Handlungen die Gesellschaft. Dritten gegenüber kann die Gesellschaft ein Überschreiten der Vertretungsmacht der Vorstandsmitglieder geltend machen, wenn ein Vorstandsmitglieder allein gehandelt hat, während sich aus dem BUSARL ergibt, daß es nur gemeinschaftlich mit einem oder mehreren anderen handeln konnte. Die anderen Beschränkungen der Vertretungsmacht der Vorstandsmitglieder können, auch wenn sie bekanntgemacht worden sind, Dritten nur entgegengehalten werden, wenn man nachweisen kann, daß sie bewußt zum Nachteil der Gesellschaft gehandelt haben; nicht einmal die Tatsache, daß eine Handlung der Vorstandsmitglieder nicht von dem Gegenstand der Gesellschaft gedeckt wird, wie er sich aus der ordnungsgemäß veröffentlichten Satzung ergibt, kann einem Dritten entgegengehalten werden, der bona fide gehandelt hat.

Schließlich muß auch die Ernennung der Mitglieder des Kontrollorgans bekanntgemacht werden – stets durch Eintragung in die Handakte der Gesellschaft bei der Gerichtskanzlei und durch Veröffentlichung im BUSARL.

VII. Die Besteuerung der Einlagen

Neben den notwendigen Kosten für die Gründung der Gesellschaft[33] müssen folgende Steuern gezahlt werden:

1. Eine Gebühr für die Regierungskonzession, die vor der Genehmigung durch das Gericht eingezahlt sein muß. Diese beträgt 500 000 Lire (ca. 500,– DM).

2. Um das Phänomen der Gesellschaften zu bekämpfen, die nur zu dem Zweck gegründet werden, um auf sie Vermögen und einzelne Güter (Wohnungen z. B.) einzutragen, hatte ein Steuergesetz von 1983 die jährliche Zahlung einer Regierungskonzessionsgebühr eingeführt, die für die *s.p.a.* 5 000 000 Lire (ca. 5000,– DM) und für die *s.r.l.* 1 000 000 Lire (ca. 1000,– DM) beträgt. Diese jährliche Steuer ist kürzlich für EG-widrig erklärt und aufgehoben worden. Dafür ist eine neue Abgabe in Höhe von jährlich 250 000,– Lire (ca. 250,– DM) für die Besetzung einer Umsatzsteuernummer für jedes Unternehmen eingeführt worden.

3. Eine Registersteuer für die Einlagen in Höhe von 1 %, soweit es sich um Einlagen in Geld oder beweglichen Sachen handelt, von 4 % für die Einbringung von industriellen Anlagen und Fabriken und von 8 % für Einlagen von anderen Immobilien. Bei der Einbringung von Immobilien kommt zu der Registersteuer eine Hypotheken- und Grundbuchsteuer in Höhe von insgesamt 2 % des eingebrachten Vermögenswertes hinzu.

33 Kosten für die Niederschrift der Gründungssatzung auf Stempelpapier, Gebühren des Notars, Gebühren für die Anträge auf Eintragungen bei der Kanzlei und für die Veröffentlichung im BUSARL.

VIII. *Die Gründung einer società a responsabilità limitata*

Für die Gründung einer Gesellschaft in Form der *s.r.l.* gelten insgesamt fast die gleichen Regelungen, die schon in Zusammenhang mit der *s.p.a.* behandelt wurden.

1. Die Gründungssatzung bedarf notarieller Beurkundung und muß angeben:
- Name, Vorname, Datum und Ort der Geburt, Wohnsitz und Staatsangehörigkeit eines jeden Gesellschafters;
- Bezeichnung und Sitz der Gesellschaft und der eventuellen Zweigniederlassungen; in der Bezeichnung muß die Gesellschaftsform angegeben sein, wobei die Abkürzung *s.r.l.* ausreicht;
- der Gegenstand der Gesellschaft;
- die Höhe des Stammkapitals (mind. 20 Mio. Lire, ca. 20 000,– DM);
- die Einlage jedes Gesellschafters und der Wert der eingebrachten Sachen und Guthaben;
- Vorschriften über die Gewinnverteilung;
- Zahl, Name und Vorname, Datum und Ort der Geburt der Geschäftsführer und ihre Befugnisse mit der Angabe, wer von ihnen die Gesellschaft vertritt;
- Zahl, Name und Vorname, Datum und Ort der Geburt der Mitglieder des Kontrollorgans, sofern ein solches Organ besteht;
- die Dauer der Gesellschaft.

Für diese obligatorischen Bestandteile der Gründungssatzung gelten die oben[34] angestellten Erwägungen. Zu beachten ist, daß eine sukzessive Gründung bei der *s.r.l.* nicht zulässig ist.

2. Die Vorschriften über die Einzahlung von drei Zehnteln der versprochenen Bareinlagen, über die Bewertung der Sacheinlagen, über die evtl. erforderlichen Genehmigungen, über die Hinterlegung, Genehmigung und Veröffentlichung der Gründungssatzung, über die Nichtigkeit der Gesellschaft, über die Bekanntmachung der Befugnisse der Geschäftsführer und über die Grenzen, in denen sie Dritten gegenüber geltend gemacht werden können, sind genau die gleichen, die wir oben bei der Behandlung der *s.p.a.* dargestellt haben. Das gleiche gilt für die Steuern und Gebühren, die bei der Gesellschaftsgründung anfallen.

IX. *Das Recht der verbundenen Unternehmen*

1. *Überblick*

Bezüglich der weiteren italienischen Regelung der *s.p.a.* und *s.r.l.* wird auf die im Anhang zitierte Literatur und auf das in deutscher Sprache verfaßte Werk

34 Vgl. oben IV.

Jura Europae, Gesellschaftsrechts, Italien verwiesen. An dieser Stelle werden daher nur die Grundzüge der spezifischen Regelung der Tochtergesellschaft dargestellt. Das italienische Recht enthält noch keine organische Regelung der Gesellschaftsgruppen. Es beschränkt sich darauf, das Phänomen der Kontrolle der Gesellschaften in Betracht zu ziehen. So werden der Tochtergesellschaft einige Verbote auferlegt, die Stimmenkreuzungen und Kapitalverwässerung verhindern sollen; auch wird ihr die Pflicht auferlegt, Informationen über die Gesellschaftsverhältnisse bei der Bilanz und im Bilanzbericht zu geben.

Es fehlen im italienischen Recht spezifische Regelungen, die die Minoritätsaktionäre und die Gläubiger der Tochtergesellschaft gegen die Gefahren einer Anwendung von Gruppenpolitiken schützen. Die in dieser Hinsicht anzuwendenden Regeln sind die generellen über das Stimmverbot des Verwalters – bei Ratsbeschlüssen – und des Gesellschafters – bei Hauptversammlungsbeschlüssen –, wenn diese sich in Konflikt mit den Interessen der Gesellschaft befinden; und die Regeln über die Verantwortung der Verwalter gegenüber der Gesellschaft (für die Nichterfüllung der mit ihrer Stellung zusammenhängenden Pflichten) und gegenüber den Gesellschaftsgläubigern (für den an dem Gesellschaftsvermögen verursachten Schaden durch die Verletzung der Pflichten der Vermögenserhaltung: diese Haftung tritt jedoch nur ein, wenn das Vermögen aufgrund nachlässigen oder illegalen Verhaltens der Verwaltung für die Befriedigung der Gläubiger unzureichend geworden ist).

Dem Gesetzeswortlaut nach haften nur die Verwalter der Gesellschaft, und nicht auch die der Muttergesellschaft oder die Muttergesellschaft selbst. Nur für den Bereich des Spezialverfahrens der sog. außerordentlichen Verwaltung der krisenbetroffenen Großunternehmen hat das Gesetz Nr. 95 vom 3. April 1979 vorgesehen, daß für die an der Tochtergesellschaft verursachten Schäden – wenn diese wegen Insolvenz einer außerordentlichen Verwaltung unterstellt ist – auch die Verwalter der Muttergesellschaft haften (und nach Art. 2049 C. C. auch die Muttergesellschaft). Es ist fraglich, ob diese Regelung auch außerhalb dieses Verfahrens analog angewendet werden kann.

2. *Einzelheiten*

Art. 2359 C. C., zuletzt geändert durch Dekret Nr. 127 vom 9. April 1991, kennt sowohl eine interne Herrschaft durch Beteiligung als auch eine externe Herrschaft durch vertragliche Beziehungen:

Eine Gesellschaft B wird von einer Gesellschaft A dann kontrolliert, wenn letztere über die Mehrheit der Stimmrechte in der Hauptversammlung der Gesellschaft B (Kontrolle „von Rechts wegen"; *controllo interno „di diritto"*) oder jedenfalls über eine ausreichende Stimmenzahl verfügt, die ihr eine beherrschende Einflußnahme ermöglicht (faktische Kontrolle; *controllo interno „di fatto"*).

Eine solche ist z. B. dann gegeben, wenn die Gesellschaft A über 40 % der Stimmrechte einer Publikumsgesellschaft verfügt, in deren Hauptversammlung üblicherweise nicht mehr als 70 bis 75 % der Stimmrechte vertreten sind. Im übrigen werden der herrschenden Gesellschaft A auch diejenigen Stimmen zugerechnet, die von einer ihrer anderen Tochtergesellschaften oder von Strohmännern bzw. Treuhandgesellschaften gehalten werden. Nicht dazugerechnet werden dagegen diejenigen Stimmrechte, die die beherrschende Gesellschaft für Dritte ausübt. Wenn also die Gesellschaft A die drei Gesellschaften X, Y und Z beherrscht und jede dieser drei Gesellschaften 20 % der Stimmrechte der Gesellschaft B hält, wird letztere von der Gesellschaft A beherrscht.

Darüber hinaus kommt ein Beherrschungsverhältnis auch auf vertraglicher Basis in Betracht: so z. B. über ein Alleinverkaufsrecht oder über Agenturverträge mit Alleinvertriebsrecht. Dabei ist anzumerken, daß im italienischen Recht Verträge, die eine Gesellschaft verpflichten, den Anweisungen einer anderen zu folgen, wie z. B. die Beherrschungsverträge und die Gewinnabführungsverträge des deutschen Rechts, als unzulässig angesehen werden.

An die Beherrschungssituation knüpft das Gesetz folgende Verbote an:

a) Die Tochtergesellschaft kann nur in den Grenzen ihrer eigenen Reserven und abgesehen von der gesetzlichen Rücklage Aktien oder Anteile der Muttergesellschaft erwerben. Der Erwerb muß von der Hauptversammlung genehmigt werden und darf unter keinen Umständen ein Zehntel des Kapitals der Muttergesellschaft überschreiten; die über diese Grenzen hinaus erworbenen oder gezeichneten Aktien oder Anteile müssen innerhalb von einem Jahr veräußert werden.

b) Die Tochtergesellschaft hat kein Stimmrecht bei den Versammlungen der Muttergesellschaft, auch nicht aufgrund der Aktien oder Anteile, die sie zulässigerweise besitzt: Diese Vorschrift soll Stimmkreuzungen vorbeugen und verhindern, daß die von der Muttergesellschaft eingesetzten Verwalter diejenigen der Muttergesellschaft in deren Versammlungen unterstützen.

c) Mitglieder des Kontrollorgans der Muttergesellschaft können nicht die Personen werden, die mit der Tochtergesellschaft ein fortdauerndes und vergütetes Arbeitsverhältnis haben.

d) Die Verwalter, die Mitglieder des Kontrollorgans und Betriebsangehörigen der Tochtergesellschaft können keine Stimmdelegation für die Versammlungen der Muttergesellschaft erhalten.

e) Die Verwalter, Generaldirektoren, Mitglieder des Kontrollorgans und Liquidatoren können Darlehen oder Garantien weder von ihrer Gesellschaft noch von der entsprechenden Mutter- oder Tochtergesellschaft erhalten.

f) Schließlich werden Informationen über die Beziehungen innerhalb der Gruppe durch die bilanzrechtlichen Regelungen sichergestellt:

aa) In der Bilanz müssen folgende Posten getrennt ausgewiesen werden: Beteiligungen an abhängigen und/oder an herrschenden Gesellschaften; Kredite, die an abhängige und/oder an herrschende Unternehmen vergeben wurden, sowie Verbindlichkeiten gegenüber abhängigen und/oder herrschenden Unternehmen. Die Gewinn- und Verlustrechnung muß ferner getrennt ausweisen: Erträge aus Beteiligungen an abhängigen Unternehmen, andere Einkünfte aus Krediten an abhängige und/oder herrschende Unternehmen sowie die finanziellen Aufwendungen gegenüber abhängigen sowie herrschenden Unternehmen.

bb) Im Anhang sind ferner alle Beteiligungen aufzulisten, egal, ob es sich um unmittelbare oder mittelbare Beteiligungen an abhängigen Unternehmen handelt. Dabei sind ihre genaue Bezeichnung, Sitz, Kapital, Nettovermögen, Gewinne oder Verluste des abgelaufenen Geschäftsjahres, der gehaltene Anteil sowie dessen Bilanzwert aufzuführen. Ferner sind unter den eingegangenen Verpflichtungen und Risiken (z. B. Bürgschaften) diejenigen an herrschende und beherrschte Unternehmen einschließlich der Schwesterunternehmen getrennt aufzuführen.

cc) Der Geschäftsbericht muß alle Beziehungen zu herrschenden und beherrschten Unternehmen einschließlich der Schwesterunternehmen aufzeigen.

dd) Mit Beginn des Geschäftsjahres 1994 müssen alle *s.p.a.* und *s.r.l.*, die ein oder mehrere Unternehmen beherrschen, eine konsolidierte Konzernbilanz im Sinne der 7. EG-Richtlinie erstellen. Dazu gehört eine vollständige Konsolidierung der abhängigen Unternehmen unter Verrechnung der Beteiligungen an Unternehmen, die in der Konzernbilanz eingeschlossen sind, nebst deren Nettovermögensanteil. Verrechnet werden ferner Darlehen und Verbindlichkeiten zwischen in der Konzernbilanz eingeschlossenen Gesellschaften, Erträge und Aufwendungen aus Geschäften, die zwischen diesen abgeschlossen wurden.

Von der Pflicht, eine konsolidierte Konzernbilanz aufzustellen, sind diejenigen Unternehmen befreit, die zusammen mit ihren abhängigen Gesellschaften in zwei aufeinanderfolgenden Geschäftsjahren folgende Grenzwerte nicht überschritten haben:

- Gesamtaktiva in Höhe von 10 Mrd. Lire,
- Erlöse aus Verkäufen und Dienstleistungen bis zu 20 Mrd. Lire,
- durchschnittliche Zahl der Angestellten 250.

Ferner sind ausgenommen alle Obergesellschaften, die ihrerseits Tochtergesellschaften in- oder ausländischer Unternehmen sind, sofern letztere selbst zur Erstellung einer konsolidierten Konzernbilanz verpflichtet sind, es sei denn, die Obergesellschaft ist selbst an der Börse notiert. Die Aufstellung kann allerdings von einem Quorum von Gesellschaftern verlangt werden, die mindestens 5 % des Gesellschaftskapitals vertreten. Einem solchen Verlangen ist dann jedenfalls Folge zu leisten.

Anhang

I. Abkürzungsverzeichnis

BUSARL	Bollettino ufficiale delle Società per Azioni e a Responsabilità Limitata
C. C.	Codice Civile
cod. nav.	codice della navigazione
D.P.R.	decreto del Presidente della Repubblica
D. legisl.	decreto legislativo
L.	legge
R.D.	regio decreto
s.p.a.	società per azioni
s.r.l.	società a responsabilità limitata

II. Gesetze

Codice Civile vom 21. April 1942.

R. D. vom 25. Oktober 1941 Nr. 1148 und R. D. vom 29. März 1942 Nr. 239 über die Verpflichtung zur Ausgabe von Namensaktien;

Gesetz vom 29. Dezember 1962 Nr. 1745 über die Einführung einer Besteuerung der ausgeschütteten Gewinne einer Gesellschaft und Beschränkung der Verpflichtung zur Ausgabe von Namensaktien;

Gesetz vom 7. Juni 1974 Nr. 216: Kleine Aktienrechtsreform;

Gesetz vom 4. Juni 1985 Nr. 281 über die Commissione Nazionale sulle Società e la Borsa. – Diese Gesetze sind in den meisten Ausgaben des Codice Civile im Anhang abgedruckt. –

Testo Unico delle leggi valutarie vom 31. März 1988.

III. Literaturhinweise

FERRARA, FRANCESCO und CORSI, FRANCO, Gli imprenditori e le società, 9 ed., Giuffrè, Milano 1994

FERRI, GIUSEPPE, Le società, 3a ed., Utet, Torino 1989

FRE‘, FRANCESCO, Società per azioni, in: Commentario del codice civile diretto da Scialoja e Branca, 5a ed., Zanichelli, Bologna, 1981

GALGANO, FRANCESCO, Le società di persone, 2a ed., Giuffrè, Milano, 1982

DERS., La società per azioni 2a ed., Cedam, Padova, 1988

COSTI, RENZO, Società in accomandita per azioni, in: Commentario del codice civile, hrsgg. von Scialoja/Branca, Zanichelli, Bologna, 1973

SANTINI, GERARDO, Società a responsabilità limitata, in: Commentario del codice civile, Hrsg. wie vor, 4ed., Zanichelli, Bologna, 1992

MARTINELLI, FELICE, Manuale delle società azionarie: disciplina legale-fiscale, Pirola, Milano, 1990 (manuale pratico)

COLOMBO, GIOVANNI E., Italien, in: Jura Europae, Gesellschaftsrecht, Beck, München

IV. Kontaktadresse

Camera di Commercio italo-germanica
Via Torriani 29
I-20124 Milano

Die Gründung einer Tochtergesellschaft in Japan

von

Professor KORESUKE YAMAUCHI, Tôkyô

und

Rechtsanwalt Dr. HEINRICH MENKHAUS, Düsseldorf/Leiden/Tôkyô*

Inhaltsübersicht

* Die Neubearbeitung möchten wir unserem ehemaligen Kollegen an der Universität Chûô, Tôkyô, Professor YOSHIHIKO KIUCHI widmen, der die beiden Vorauflagen betreut hat, aber im Jahre 1988 leider verstorben ist. Siehe dazu den Nachruf von LUTTER, JZ 1989, 36. Außerdem schulden wir unserem Kollegen Professor SHUHEI MARUYAMA Dank für die vielfältige Unterstützung bei der Neubearbeitung.

I. Einleitung

Die deutschen Direktinvestitionen in Japan erreichen seit einigen Jahren kaum mehr 1 % des deutschen Bruttosozialproduktes, obwohl die Präsenz auf den nationalen Märkten Japans aus Gründen, die hier nicht wiederholt werden sollen, anerkanntermaßen äußerst wichtig ist. Wenn das Verzeichnis der deutschen Präsenz dennoch einen ansehnlichen Katalog[1] ergibt, so liegt das überwiegend an schon älteren Engagements. Was auch immer die Gründe für dieses Versäumnis sind, mit dem Mangel rechtlicher Instrumente für eine Tätigkeit in Japan lassen sie sich nicht begründen[2]. Unter diesen Instrumenten soll an dieser Stelle nur die Gründung einer Tochtergesellschaft dargestellt werden. Diese berührt eine Reihe von Rechtsgebieten, von denen hier die aus der Inhaltsübersicht erkennbaren im einzelnen dargestellt werden. Die Rechtsgebiete sind unter dem Gesichtspunkt ausgewählt worden, daß sie auf die Auswahl der Rechtsform einer Tochtergesellschaft Einfluß haben. Deshalb bleibt das Arbeitsrecht beispielsweise unberücksichtigt, weil sich dessen Probleme unabhängig von der Rechtsform des Arbeitgebers stellen und eine Mitbestimmung der Arbeitnehmer über das Organ einer Gesellschaft in Japan nicht vorgesehen ist. Der Beitrag erörtert zwar die wesentlichen rechtlichen und tatsächlichen Grundlagen, kann aber nicht auf alle Eigenarten der japanischen Rechtsordnung eingehen[3].

1 Deutsche Industrie- und Handelskammer in Japan (Zainichi Doitsu Shôkô Kaigisho) (Hrsg.), Die deutsche Präsenz in Japan – Zainichi doitsukei kigyô sôran, 3. Aufl., Tôkyô 1993.

2 Aus der selbst in deutscher Sprache kaum mehr übersehbaren Fülle von Literatur vgl. dazu aus der letzten Zeit OHLANDT, Rechtsformen geschäftlicher Betätigung in Japan, RIW 1982, 328 ff; NEUMANN, Formen geschäftlicher Präsenz in Japan, in: Institut für Asienkunde Hamburg und Deutsche Industrie- und Handelskammer in Japan (Hrsg.), Wirtschaftspartner Japan, 3. Aufl., Hamburg 1986, S. 183 ff; DERS., Formen geschäftlicher Präsenz in Japan, in: Deutsche Industrie- und Handelskammer in Japan (Hrsg.), Investitionsfibel – Ratschläge für das Japangeschäft, 2. Aufl., Tokyo 1987, S. 13 ff; RODATZ, Formen der Tätigkeit in Japan, in: BAUM/DROBNIG (Hrsg.), Japanisches Handels- und Wirtschaftsrecht, Berlin 1994, S. 207 ff.

3 Dazu MENKHAUS, Zusammenfassung, in: Menkhaus (Hrsg.), Das Japanische im japanischen Recht, München 1994, S. 537 ff.

II. Gesellschaftsrecht

1. Systematik

Die in der Bundesrepublik Deutschland übliche Definition von Gesellschaftsrecht als dem Recht von Personenvereinigungen des Privatrechts, die durch Rechtsgeschäft gegründet werden, um einen bestimmten gemeinsamen Zweck zu erreichen, galt in Japan lange Zeit auch. Seit 1991 sind jedoch auch hier Ein-Mann-Gründungen zulässig. Zudem wird die Erkennbarkeit der Systematik dadurch erschwert, daß, wie auch in der Bundesrepublik Deutschland, eine in einem Gesetz zusammengefaßte Ordnung des Gesellschaftsrechts fehlt und dieses Rechtsgebiet unter dem Titel *kaishahô* in Japan in aller Regel nur verkürzt behandelt wird, weil unter diesen Begriff nur das Recht der Handelsgesellschaften fällt. Dem Deutschen hilft jedoch die ehemals enge Anlehnung an deutschrechtliche dogmatische Vorstellungen. Unterschiede gab es aber seit Beginn der Rezeptionsphase im späten 19. Jahrhundert, verstärkt treten sie seit dem Ende des Zweiten Weltkriegs auf. Zunächst wegen des Eingreifens der US-amerikanischen Besatzungsmacht und später infolge einer starken Ausrichtung der japanischen Interessen an den Vereinigten Staaten von Amerika finden sich viele US-amerikanische Rechtsvorstellungen auch im Gesellschaftsrecht.

Immerhin gibt es wie in der Bundesrepublik Deutschland auch in Japan einen „numerus clausus" zulässiger Personenvereinigungen. Unter den dem Bereich des Privatrechts zuzurechnenden Personenvereinigungen werden auch hier zwei Gruppen unterschieden: die mit Rechtsfähigkeit versehenen Personenvereinigungen – juristische Personen (*hôjin*) – und die nicht rechtsfähigen Personenvereinigungen, für die es in Japan keinen einheitlichen Begriff gibt. Die Grundform der mit Rechtsfähigkeit ausgestatteten Personenvereinigungen ist auch in Japan der Verein (*shadan hôjin*), der seine Regelung in Artt. 34 ff des Allgemeinen Teils des Zivilgesetzes (ZG)[4] unter der Überschrift: Juristische Personen gefunden hat. Erfaßt werden jedoch nur gemeinnützige Vereine, und diese unterliegen noch dem Konzessionssystem. Ist der gemeinsame Zweck auf Erwerb gerichtet, sind, wie in der Bundesrepublik Deutschland, die Gründer gezwungen, sich eine Rechtsform auszusuchen, die für die Gründung von Handelsgesellschaften (*kaisha*) vorgese-

4 *Minpô, Dai Ippen, Dai Nihen, Dai Sanpen* (Zivilgesetz 1., 2. und 3. Buch), Gesetz Nr. 89/1896, zuletzt geändert durch Gesetz Nr. 75/1991, abgedruckt in: *Hômu Daijin Kanbô Shihô Hôsei Chôsabu (*Abteilung für Untersuchung des Rechtspflegesystems im Sekretariat des Justizministers) (Hrsg.), Genkô Nihon hôki (Sammlung des geltenden Rechts), Loseblattsammlung Tôkyô, seit 1949. Eine aktuelle englische Übersetzung findet sich bei: Eibun Horei Sha, EHS Law Bulletin Series, Loseblattsammlung, Tôkyô, seit 1956, FA 2101.

hen ist. Diese wiederum sind in Art. 53 Handelsgesetz (HG)[5] enumerativ aufgelistet. In Übereinstimmung mit dem Recht der Bundesrepublik Deutschland folgen diese dem System der Normativbestimmungen. Im Gegensatz dazu sind aber neben der Aktiengesellschaft (*kabushiki kaisha*) auch die offene Handelsgesellschaft (*gômei kaisha*) und die Kommanditgesellschaft (*gôshi kaisha*) als juristische Personen erfaßt. Da das japanische Gesetz über Gesellschaften mit beschränkter Haftung (GmbHG)[6] jünger als das Handelsgesetz ist, ist die Gesellschaft mit beschränkter Haftung (*yûgen kaisha*) im Handelsgesetz nicht als Handelsgesellschaft mit aufgezählt, gehört aber von der Systematik her dazu und ist deshalb in Artt. 1 und 2 des genannten Gesetzes auch so beschrieben. Zu den Personenvereinigungen mit Rechtsfähigkeit gehört auch die Genossenschaft (*kyôdô kumiai*), die aber anders als in der Bundesrepublik Deutschland keine einheitliche Regelung in einem Genossenschaftsgesetz gefunden hat, sondern je nach Tätigkeitsbereich unterschiedlichen Regelungen unterliegt[7]. Der Versicherungsverein auf Gegenseitigkeit (*sôgo kaisha*) ist in Artt. 34 ff des Gesetzes über Versicherungsgeschäfte normiert[8]. Obwohl diese Rechtsform nach deutschem Rechtsverständnis schon eine Genossenschaft ist, gibt es daneben noch eine Genossenschaft für die Versicherung auf Gegenseitigkeit (*sôgo hoken kumiai*)[9].

5 *Shôhô*, Gesetz Nr. 48/1899, zuletzt geändert durch Gesetz Nr. 63/1993, abgedruckt in: Hômu Daijin, aaO (Fn. 4); Übersetzungen auf dem aktuellen Stand sind, soweit ersichtlich, nicht vorhanden. Eine ältere deutsche Übersetzung findet sich bei ISHIKAWA/LEETSCH, Das japanische Handelsrecht in deutscher Übersetzung, Köln 1988.

6 *Yûgen Kaisha Hô*, Gesetz Nr. 74/1938, zuletzt geändert durch Gesetz 63/1993, abgedruckt in: Hômu Daijin, aaO (Fn. 4), Übersetzungen auf dem aktuellen Stand sind, soweit ersichtlich, nicht vorhanden. Ältere deutsche Übersetzungen bei IWAHARA/ROTH, Das japanische GmbH-Gesetz, Innsbruck 1986, S. 15 ff, und ISHIKAWA/LEETSCH, aaO (Fn. 5), S. 217 ff auf dem Stand des Änderungsgesetzes Nr. 74/1981.

7 Z. B. *Chûsho Kigyô Tô Kyôdô Kumiai Hô* (Gesetz über mittlere und kleine Unternehmen als Genossenschaft), Gesetz Nr. 181/1949 zuletzt geändert durch Gesetz Nr. 87/1992; *Nôgyô Kyôdô Kumiai Hô* (Gesetz über landwirtschaftliche Genossenschaften), Gesetz Nr. 132/1947, zuletzt geändert durch Gesetz Nr. 63/1993, *Suisangyô Kyôdô Kumiai Hô* (Gesetz über fischereiwirtschaftliche Genossenschaften), Gesetz Nr. 242/1948, zuletzt geändert durch Gesetz Nr. 87/1992, *Shôhi Seikatsu Kyôdô Kumiai Hô* (Gesetz über Konsumgenossenschaften), Gesetz Nr. 200/1948, zuletzt geändert durch Gesetz Nr. 91/1989, *Shin'yô Kinko Hô* (Gesetz über Spar- und Darlehenskassen), Gesetz Nr. 238/1951, zuletzt geändert durch Gesetz Nr. 87/1992 und *Rôdô Kinko Hô* (Gesetz über Arbeiterkreditvereine), Gesetz Nr. 227/1953, zuletzt geändert durch Gesetz Nr. 63/1993, sämtlich abgedruckt in: Hômu Daijin, aaO (Fn. 4).

8 *Hokengyô Hô*, Gesetz Nr. 41/1939, zuletzt geändert durch Gesetz Nr. 63/1993, abgedruckt in: Hômu Daijin, aaO (Fn. 4).

9 *Gyosen Songai Tô Hoshô Hô* (Gesetz über die Entschädigung für Schäden an Fischereischiffen u. a.), Gesetz Nr. 28/1952, zuletzt geändert durch Gesetz Nr. 91/1989 und *Funanushi Sôgo Hoken Hô* (Gesetz über die Versicherung auf Gegenseitigkeit der Schiffseigner), Gesetz Nr. 177/1950, zuletzt geändert durch Gesetz Nr. 63/1993, abgedruckt in: Hômu Daijin, aaO (Fn. 4).

Grundform der nicht rechtsfähigen Personenvereinigungen ist wie in der Bundesrepublik Deutschland die Gesellschaft bürgerlichen Rechts (*minpôjô no kumiai*). Diese ist im Dritten Buch (Schuldrecht) in den Artt. 667 ff ZG geregelt. Obwohl die gesetzliche Formulierung die Deutung zuläßt, es handele sich um eine Bruchteilsgemeinschaft, nimmt ein Teil des Schrifttums eine Gesamthand an. Dafür spricht, daß nach ausdrücklicher gesetzlicher Regelung ein Gesellschafter seinen Anteil an den Vermögensgegenständen nicht ohne die Zustimmung der anderen Gesellschafter übertragen und ein Schuldner der Gesellschaft nicht mit einer Forderung gegenüber einem Gesellschafter aufrechnen kann. Nachdem das japanische Recht die offene Handelsgesellschaft und die Kommanditgesellschaft den juristischen Personen zugeschlagen hat, bleiben im Handelsgesetz als weitere nicht rechtsfähige Personenvereinigungen nur noch die stille Gesellschaft (*tokumei kumiai*) gem. Artt. 535 ff HG und die Reederei (*senpaku kyôyû*) gem. Artt. 693 ff HG. Beide haben in der Praxis keine Bedeutung.

Die Zulässigkeit von Mischformen der beiden Grundtypen wird auch in Japan diskutiert, die wichtigsten Anwendungsfälle aber sind ausdrücklich verboten. So wurde die Rechtsform der Kommanditgesellschaft auf Aktien durch Gesetz im Jahre 1950 abgeschafft und eine GmbH & Co. KG ist nicht denkbar, weil gem. Art. 55 HG eine Handelsgesellschaft nicht unbeschränkt haftender Gesellschafter einer anderen Handelsgesellschaft sein kann.

2. *Handelsgesellschaften*

Für die Gründung einer Tochtergesellschaft kommen vor dem Hintergrund dieser Systematik deshalb eigentlich nur die Handelsgesellschaften in Betracht. Die danach möglichen vier Rechtsformen verteilten sich Ende Juli 1993 wie folgt: 1.315.373 Unternehmen waren in der Rechtsform der Aktiengesellschaft organisiert, 1.690.290 in der Rechtsform der Gesellschaft mit beschränkter Haftung, 19.137 in der Rechtsform der offenen Handelsgesellschaft und 77.250 in der Rechtsform der Kommanditgesellschaft[10]. Entsprechend dieser Reihenfolge sollen die Rechtsformen im einzelnen vorgestellt werden. Dabei wird an den deutschen Begriffen der Rechtsformen festgehalten. Es ist aber mit Nachdruck darauf hinzuweisen, daß – wie bei der Zuordnung von Kommanditgesellschaft und offene Handelsgesellschaft zu den juristischen Personen schon erkennbar – die Rechtsformen in ihrer Ausgestaltung teilweise wesentlich von ihren deutschen Entsprechungen abweichen.

10 Fernmündliche Auskunft des Hômu Daijin Kanbô Shihô Hôsei Chôsabu Chôsa Tôkei Ka – Minji (Abteilung zur Untersuchung des Rechtspflegesystems im Sekretariat des Justizministers, Unterabteilung für Statistik in Zivilsachen).

3. *Aktiengesellschaft*

a) Rechtsgrundlagen

Die gesellschaftsrechtliche Regelung der Aktiengesellschaft fußt auf einer Reihe von Regelwerken. Von denen sollen hier nur die wichtigen, im Range eines formellen Gesetzes erlassenen, genannt werden. Im Mittelpunkt steht dabei das Handelsgesetz. Dort findet sich die Aktiengesellschaft unter den Artt. 165 ff im Vierten Abschnitt des Zweiten Buches mit der Überschrift: Handelsgesellschaften. Dieser Abschnitt ist seit seiner Erstfassung im Jahre 1899[11] mehrfach, nämlich in den Jahren 1911[12], 1938, 1950[13], 1962, 1966, 1974[14], 1981[15], 1990[16] und zuletzt 1993[17], entscheidend revidiert worden[18]. Neben das Han-

11 Vgl. dazu in westlichen Sprachen REHME, Das japanische Handelsrecht, ZHR 54 (1903), 359, 369 ff.

12 Vgl. dazu in westlichen Sprachen BÜNGER, Japanisches Aktienrecht, OR 1937, 512 ff und 563 ff.

13 Vgl. dazu in westlichen Sprachen BLAKEMORE/YAZAWA, Japanese Commercial Code Revisions Concerning Corporations, The American Journal of Comparative Law 2 (1953), 12 ff; MATSUDA, Das neue japanische Aktienrecht, RabelsZ 24 (1953), 115 ff und SALWIN, The New Commercial Code of Japan: Symbol of Gradual Progress Toward Democratic Goals, Georgetown Law Journal 50 (1961/62), 478 ff.

14 Vgl. dazu in westlichen Sprachen SMITH, The 1974 Revision of the Commercial Code and Related Legislation, Law in Japan 7 (1974), 113 ff.

15 Vgl. dazu in westlichen Sprachen SEKI, La Réforme du Droit des Sociétés Anonymes au Japon, Revue Internationale de Droit Comparé 1983, 567 ff und TAKEUCHI, Shareholders' Meetings Under the Revised Commercial Code, Law in Japan 20 (1987), 173 ff.

16 Vgl. dazu in westlichen Sprachen HAYAKAWA/RAIDL-MARCURE, Japanische Gesellschaftsrechtsreform: Teilnovelle 1991 zum Aktien- und GmbH-Recht, RIW 1992, 282 ff.

17 Darstellungen dieser Reform in westlichen Sprachen sind, soweit ersichtlich, noch nicht erschienen. Als japanischsprachige Veröffentlichungen seien genannt MOTOKI, *Heisei gonen kaisei kaishahô no kaisetsu* (Erläuterungen zur Reform des Handelsgesellschaftsrechts im Jahre 1993), Tôkyô 1993; SAITÔ, *Heisei gonen kaisei shôhô jitsumu taiô Q & A* (Fragen und Antworten zur Reform des Handelsgesetzes aus dem Jahre 1993 für Praktiker), Tôkyô 1993; Kin'yû Zaisei Jijo Kenkyûkai (Forschungsvereinigung zu Fragen der Finanzen) (Hrsg.), *Heisei gonen kaisei shôhô no pointo* (Die einzelnen Punkte der Reform des Handelsgesetzes im Jahre 1993), Tôkyô 1993 und Hômushô Minji Kyoku Sanjikan Shitsu (Büro des Ministerialrats in der Abteilung für Zivilsachen des Justizministeriums (Hrsg.), *Ichimon ittô heisei go nen kaisei shôhô* (Frage und Antwort – Reform des Handelsrechts im Jahre 1993), Tôkyô 1993.

18 Wegen der Revisionen der jüngsten Vergangenheit sind die Kommentierungen des Rechts der Aktiengesellschaft in westlichen Sprachen alle veraltet. Auf dem Stand der Reform von 1990 aber immerhin MURAI, Company Structure – The Japanese View, in: Japanisch Deutsches Zentrum Berlin (Hrsg.), Business Law in Europe and Japan, Berlin 1992, S. 26 ff; MATSUEDA u. a., Overview of Company Law, in: Kitagawa (Hrsg.), Doing Business in Japan, Band 1, Kapitel 7, Loseblattsammlung New York,

delsgesetz ist mit der Reform im Jahre 1974 das Gesetz über die Ausnahmen von den Vorschriften des Handelsgesetzes über die Rechnungsprüfung der Aktiengesellschaft u. a. (Ausnahmegesetz)[19] getreten. Dieses Gesetz bewirkt eine Dreiteilung der Aktiengesellschaften in kleine[19a], mittlere und große, für die jeweils andere Regeln gelten. Auch dieses Gesetz ist parallel zu den Änderungen des Rechts der Aktiengesellschaft in den Jahren 1981, 1990 und 1993 reformiert worden. Schließlich sind Handelsregistergesetz[20] und das Gesetz über Unterschriften im Bereich des Handelsrechts[21] zu beachten.

b) Struktur

Kern der Regelung der Aktiengesellschaft ist die auf das Gesellschaftsvermögen beschränkte Haftung. In Art. 200 Abs. 1 HG heißt es dementsprechend, die Haftung der Aktionäre werde durch den Ausgabebetrag der Aktien begrenzt. Die Struktur der Gesellschaft ist im übrigen durch drei Organe gekennzeichnet: Aktionärsversammlung (*kabunushi sôkai*), Verwaltungsrat (*torishimari yakkai*) und Gesellschaftsrevisor (*kansa yaku*).

Die Versammlung der Aktionäre nimmt gem. Art. 230-10 HG die ihr durch Gesetz oder Satzung zugewiesenen Aufgaben wahr. Sie kann als schwaches Organ ausgestaltet werden, indem viele Aufgaben satzungsgemäß an den Verwaltungsrat delegiert werden. Tatsächlich wird in der Rechtspraxis die durchschnittliche Dauer der ordentlichen Aktionärsversammlung vom Verwaltungsrat

Stand 9/92; SMITH, Commercial Law, in: Matsushita (Hrsg.), Japan Business Law Guide, Band 1, Loseblattsammlung North Ryde, Stand 10/92, 10-010 ff; JETRO, Setting Up Enterprises in Japan, Tokyo 1992, S. 199 ff; KUSANO, Corporate Law of Japan, in: Oghigian (Hrsg.), The Law of Commerce in Japan, New York 1993, S. 19 ff und KAWAMOTO, Handels- und Gesellschaftsrecht, in: Baum/Drobnig (Hrsg.), Japanisches Handels- und Wirtschaftsrecht, Berlin 1994, S. 47 ff.

19 *Kabushiki Kaisha No Kansa Tô Ni Kan Suru Shôhô No Tokurei Ni Kan Suru Hôritsu*, Gesetz Nr. 22/1974, zuletzt geändert durch Gesetz Nr. 62/1993, abgedruckt in: Hômu Daijin, aaO (Fn. 4). Aktuelle Übersetzungen sind, soweit ersichtlich, nicht vorhanden. Eine ältere deutsche Übersetzung findet sich bei ISHIKAWA/LEETSCH, aaO (Fn. 5), S. 295 ff auf dem Stand des Änderungsgesetzes Nr. 74/1981.

19a Dazu jüngst MARUYAMA, Die Rechtslage der kleinen geschlossenen AG in Japan, AG 1994, 115 ff.

20 *Shôgyô Tôki Hô* (Handelsregistergesetz), Gesetz Nr. 125/1963, zuletzt geändert durch Gesetz Nr. 65/1990, abgedruckt in: Hômu Daijin, aaO (Fn. 4). Aktuelle Übersetzungen sind, soweit ersichtlich, nicht vorhanden. Eine ältere deutsche Übersetzung findet sich bei ISHIKAWA/LEETSCH, aaO (Fn. 5), S. 252 ff, auf dem Stand des Änderungsgesetzes Nr. 32/1982.

21 *Shôhôchû Shomei Subeki Baai Ni Kan Suru Hôritsu*, Gesetz Nr. 17/1900 bis heute unverändert.

möglichst unter 30 Minuten gedrückt[22]. Der einzelne Aktionär kann trotz mehrfacher Stärkung seiner Rechtsposition durch den Gesetzgeber den Verwaltungsrat nicht in vollem Umfang kontrollieren. Er hat ein Einsichtsrecht in einige Unterlagen, insbesondere zur Vorbereitung auf die Hauptversammlung. Ist er im Besitz von 3 % der ausgegebenen Aktien, kann er sogar Einsicht in die Rechnungslegung verlangen. Selbstverständlich hat er ein Fragerecht in der Hauptversammlung. Ein Bezugsrecht steht ihm grundsätzlich nur zu, wenn es in der Satzung verankert ist. Ist das nicht der Fall, hat er ein solches jedenfalls gem. Art. 280-5 Abs. 2 HG dann, wenn nur vinkulierte Aktien im Umlauf sind und der Verkauf einer Aktie deshalb von der Zustimmung des Verwaltungsrates abhängig ist. Unter den Klagerechten des Aktionärs findet sich gem. Art. 267 HG das Recht im eigenen Namen einen Schaden der Gesellschaft, der durch die Tätigkeit eines Verwaltungsratsmitgliedes eingetreten ist, gegen das Verwaltungsratsmitglied auf Zahlung an die Gesellschaft geltend zu machen[23]. Daneben tritt das Klagerecht des Aktionärs aus Art. 266-3 HG gegen Verwaltungsratsmitglieder wegen eigener Schäden. Schließlich hat er u. U. noch das Recht zur Klage auf Abberufung eines Verwaltungsratsmitglieds und zur Anfechtung von bestimmten Verwaltungsmaßnahmen und Beschlüssen.

Der Verwaltungsrat vereinigt zwei Funktionen in sich und sollte deshalb wegen Verwechslungsgefahr mit dem deutschen Recht nicht Vorstand genannt werden. Er ist gem. Art. 260 Abs. 1 HG zum einen geschäftsführendes Organ der Gesellschaft, zum anderen überwacht er diese Geschäftsführung selbst. Die

22 Sollte sich im Vorfeld einer ordentlichen Aktionärsversammlung einmal andeuten, daß diese Dauer überschritten werden könnte, greifen viele Verwaltungsräte trotz Strafandrohung gern auf die Mithilfe von *sôkaiya* zurück. Bei den *sôkaiya* handelt es sich um Personen, die in Form eines Verbrechersyndikats organisiert, entweder androhen, als Aktionäre Aktionärsversammlungen zu besuchen, um dort unangehme Fragen zu stellen, oder vom Verwaltungsrat aufgefordert werden, Aktionärsversammlungen zu besuchen, damit von anderen keine unangenehmen Fragen gestellt werden, und entsprechend für ihr Fernbleiben oder ihre Teilnahme entlohnt werden. Am 14. Juli 1993 wurden vier Mitarbeiter der Aktiengesellschaft Kirin, der größten Brauerei Japans, und mehrere *sôkaiya* wegen Verstoßes gegen Art. 194-2 i.V.m. Art. 497 HG festgenommen. Die Ermittlungen der Polizei hatten ergeben, daß Kirin über Jahre hinweg 400 Mill. Yen, und allein für die reibungslose Durchführung der ordentlichen Hauptversammlung im März 1993 33 Mill. Yen gezahlt hatte.

23 Ende 1992 waren 31 solcher Klagen an Distriktgerichten anhängig. Aktionäre von Janome Mishin, dem zweitgrößten japanischen Nähmaschinenproduzenten haben am 2. bzw. 9. 8. 1993 Klage beim Distriktgericht Tôkyô gegen Verwaltungsratsmitglieder eingereicht mit dem Antrag, die Gesellschaft für die Übernahme von Schulden zu entschädigen, die der Gesellschaft von einem Großaktionär aufgezwungen wurden. Aktionäre der Effektengesellschaften Nômura, Daiwa und Sanyô tragen sich mit dem Gedanken, Verwaltungsratsmitglieder auf Entschädigung zu verklagen, die gute Kunden im Jahre 1992 für Verluste aus Wertpapiergeschäften entschädigt hatten. Ähnliche Aktivitäten gibt es bei Aktionären des Bauunternehmens Hazama, dessen Verwaltungsrat öffentliche Bauaufträge mit erheblichen Bestechungssummen an Beamte zu erlangen suchte.

Trennung der Geschäftsführung und Aufsicht durch Zuweisung der beiden Aufgaben an zwei verschiedene Organe, wie Vorstand und Aufsichtsrat im deutschen Recht, ist dem japanischen Recht fremd. Es kann sein, daß innerhalb des Verwaltungsrates diese Funktionen getrennt von verschiedenen Mitgliedern wahrgenommen werden, gesetzlich vorgesehen aber ist das nicht. Die Mitglieder des Verwaltungsrates werden gem. Art. 254 Abs. 1 HG von der Aktionärsversammlung bestimmt; dabei gewährt jede Stammaktie eine Stimme. Für die Wahl kann in der Satzung die Stimmenhäufung ausgeschlossen werden, d. h. ein Aktionär muß dann seine Stimme auf die Anzahl der zu wählenden Vorstandsmitglieder gleichmäßig verteilen und kann diese nicht auf eine Person häufen. Das hat zur Folge, daß Minderheitsaktionäre keinen Einfluß auf die Besetzung des Verwaltungsrats haben. Die Mitglieder des Verwaltungsrates müssen nicht Aktionäre der Gesellschaft sein; sie stehen gem. Art. 254 Abs. 3 HG in einem Auftragsverhältnis zur Gesellschaft, sofern sie nicht gleichzeitig – was rechtlich möglich ist – auch noch mit einem Dienstvertrag an die Gesellschaft gebunden sind. Ihre Amtsdauer beträgt, soweit sie nicht die ersten Verwaltungsratsmitglieder einer neu gegründeten Gesellschaft sind, gem. Art. 256 HG zwei Jahre. Die Verwaltungsratsmitglieder sind nicht notwendig alle vertretungsberechtigt, sondern gem. Art. 261 Abs. 1 HG beschließt das Gremium selbst, welchen Mitgliedern es Vertretungsbefugnis einräumen will. Diese Personen tragen dann die zusätzliche Bezeichnung *daihyô*, was sich in Verbindung mit der allgemeinen Bezeichnung für Verwaltungsratsmitglied *daihyô torishimari yaku* liest. Gleichwohl ist ihre Vertretungsmacht rein theoretisch auch dann nicht umfassend, weil Japan unter dem Einfluß der *ultra-vires*-Lehre die Vertretungsmacht auf den Geschäftsbereich des Unternehmens beschränkt. Praktisch wirkt sich das in aller Regel aber nicht aus, da es seit der Entscheidung des Obersten Gerichtshofs[24] aus dem Jahre 1970 im sog. *Yahata seitetsu*-Fall eigentlich kein Geschäft mehr geben kann, das außerhalb der Zweckbestimmung einer Aktiengesellschaft liegt. Innerhalb des Verwaltungsrates kann eine deutliche Hierarchie festgelegt werden. Dabei sind in der Praxis Bezeichnungen im Umlauf, die im Gesetz keine Stütze finden und für die sich auch nur schwer zutreffende deutsche Bezeichnungen finden lassen[25]. In der Reihenfolge von oben nach unten sind für den Rang von

24 *Saikô Saibansho*, Entscheidung vom 24. 6. 1970, *Saikô saibansho minji hanrei shû* (Amtliche Sammlung der Entscheidungen des Obersten Gerichtshofs in Zivilsachen) 24/6 (1970) 625 ff. Es ging um die Zulässigkeit von Spenden an politische Parteien.

25 Vorschläge für deutsche Bezeichnungen finden sich aber bei SCHEER, Das Joint Venture in Japan, in: LANGEFELD-WIRTH (Hrsg.), Joint Ventures im internationalen Wirtschaftsverkehr, Heidelberg 1990, S. 536, 548; BÜRGER, Die Personalabteilung in japanischen Unternehmen – Struktur und Funktionen, in: Deutsche Industrie- und Handelskammer in Japan/Kommission der Europäischen Gemeinschaften (Hrsg.), Personalwesen in Japan, Tokyo 1991, S. 229, 237 f, und RODATZ, Einige Bemerkungen zu den Besonderheiten im japanischen Gesellschaftsrecht, in: Menkhaus, aaO (Fn. 3), S. 247, 262 f.

Verwaltungsratsmitgliedern folgende Bezeichnungen üblich: *kaichô, shachô, fuku shachô, senmu, jômu* und *torishimari yaku*.

Der *kansa yaku* ist kein Aufsichtsrat im deutschrechtlichen Sinn, obwohl fast das gesamte deutschsprachige Schrifttum ihn so übersetzt. Ob man ihn wie hier mit Gesellschaftsrevisor, oder mit gesellschaftsinterner Prüfer, Kontrolleur, sowie Auditor übersetzen sollte, kann dahinstehen, weil in diesen Fällen die verhängnisvolle Gleichstellung mit dem Aufsichtsrat unterbleibt. Gesellschaftsrevisoren werden gem. Art. 273 Abs. 1 HG, sofern sie nicht die ersten Gesellschaftsrevisoren nach der Gründung sind, auf die Dauer von drei Jahren gewählt. An ihre Qualifikation werden von gesetzlicher Seite mit Ausnahme von Art. 280 Abs. 1 i.V.m. Art. 254-2 HG keine besonderen Anforderungen gestellt. Die Anzahl der Gesellschaftsrevisoren und ihre Befugnisse hängen von der Größe der Aktiengesellschaft ab. Bei einer großen Aktiengesellschaft, d. h. einer Gesellschaft mit einem Grundkapital von mindestens 500 Mill. Yen oder mit Gesamtverbindlichkeiten von 20 Mrd. Yen sind gem. Art. 18 Abs. 1 des Ausnahmegesetzes mindestens drei Gesellschaftsrevisoren zu wählen. Einer von ihnen muß eine Person sein, die seit fünf Jahren weder als Mitglied des Verwaltungsrats, noch als Prokurist oder Angestellter der Gesellschaft oder einer Tochtergesellschaft tätig geworden ist. Diese bilden gem. Art. 18-2 Abs. 1 des Ausnahmegesetzes zwingend einen Rat der Gesellschaftsrevisoren (*kansa yakkai*), damit insbesondere der von außerhalb der Gesellschaft berufene Gesellschaftsrevisor die anderen, die zumeist gesellschaftsintern aufgestiegen sind, kontrollieren kann. Der Rat der Gesellschaftsrevisoren kann nicht nur die Rechnungslegung überprüfen, sondern er hat auch das Recht zur Kontrolle der Geschäftsführung des Verwaltungsrats. Bei der mittleren Aktiengesellschaft reicht ein Gesellschaftsrevisor, der aber die Rechnungslegung und die Geschäftsführung kontrollieren kann. In der kleinen Aktiengesellschaft, also einer Gesellschaft mit einem Grundkapital von bis zu 100 Mill. Yen oder Gesamtverbindlichkeiten, die die Höhe von 20 Mrd. Yen nicht erreichen, schließlich ist wiederum ein Gesellschaftsrevisor ausreichend; dieser prüft aber lediglich die Rechnungslegung.

c) *Gründungsablauf*

Die Einmanngründung ist zulässig. Gem. Art. 165 HG ist vom Gründer oder den Gründern eine Satzung (*teikan*) festzustellen. Diese muß gem. Art. 166 HG wenigstens folgenden Inhalt haben:

– Unternehmensgegenstand: Dieser wird in der Praxis wegen der *ultra-vires*-Lehre durch die Formulierung „und Nebengeschäfte" erweitert, was aber nach dem soeben Ausgeführten eigentlich nicht nötig ist.

– Handelsfirma: Diese muß gem. Art. 16 HG nicht den Familiennamen eines Gründers enthalten und auch nicht aus dem Gewerbe entlehnt sein, das Unternehmensgegenstand ist. Erforderlich ist aber, daß sie sich in japanischen Schriftzeichen darstellen läßt, sich gem. Art. 19 HG eindeutig von der durch eine andere Person in derselben Gebietskörperschaft (*shi chô son [ku]*) angemeldeten Handelsfirma unterscheidet und gem. Art. 17 HG, daß sie die Gesellschaftsform enthält. Im japanischen Original der Satzung wird dabei oft neben einer Wiedergabe der Firma in japanischen Schriftzeichen auch schon die Namensführung im fremdsprachigen Ausland festgelegt. Dabei werden dann die unterschiedlichsten Begriffe für *kabushiki kaisha* verwendet. Da die meisten Übersetzungen in die englische Sprache erfolgen, erfreuen sich aus dem US-amerikanischen und britischen Recht abgeleitete Formen, wie „Corporation" oder „Company Limited" einer großen Beliebtheit. Damit kommt aber die Gründung einer Aktiengesellschaft nach japanischem Recht gerade nicht zum Ausdruck. Obwohl es eine offizielle Abkürzung für eine Aktiengesellschaft japanischen Rechts nicht gibt, soll an dieser Stelle die Buchstabenkombination *KK* empfohlen werden.

– Satzungssitz: Der Satzungssitz der Gesellschaft ist entscheidend für die handelsregisterrechtliche und gerichtliche Zuständigkeit, er hat ferner u. U. auf Fragen des Internationalen Gesellschaftsrechts Einfluß und bezeichnet schließlich den Ort, wo Aktionärsversammlungen abzuhalten sind, falls die Satzung insoweit keine abweichende Regelung enthält.

– Bekanntmachungen: Die Bekanntmachungen der Gesellschaft können gem. Art. 166 Abs. 4 HG an verschiedenen Stellen erfolgen. Benannt werden dürfen Tageszeitungen und das Amtsblatt der Staatsregierung (*kanpô*).

– Aktien: Auch in Japan sind verschiedene Aktiengattungen zulässig. Da sie mit Ausnahme der Stammaktien alle an Beschränkungen gebunden sind, wird hier der Einfachheit halber von Stammaktien ausgegangen. Diese sind als Namensaktien aufgemacht, weil Inhaberaktien in Japan nicht vorgesehen sind. In der Satzung ist die Gesamtzahl der Aktien und die Zahl der Aktien, die im Zeitpunkt der Gründung gezeichnet werden sollen, anzugeben. Auf diese Weise kann von Anfang an ein genehmigtes Kapital geschaffen werden. Bei der Abstimmung der beiden Zahlen ist aber darauf zu achten, daß der oder die Gründer gem. Art. 166 Abs. 3 HG mindestens ein Viertel der Gesamtzahl der Aktien bei der Gründung zeichnen müssen. Die Satzung muß weiter angeben, ob nennbetragslose oder Aktien mit Nennbetrag ausgegeben werden. In der Praxis finden fast ausschließlich Nennbetragsaktien Verwendung. Bei diesen muß der Nennbetrag gem. Art. 202 Abs. 1 HG einheitlich sein und die kleinste Stückelung muß gem. Art. 166 Abs. 2 HG mindestens 50.000 Yen betragen. Da gem. Art. 168-4 HG das Mindestgrundkapital einer Aktiengesellschaft 10 Mill. Yen beträgt und gem. Art. 284-2 Abs. 2 HG vom Ausgabebetrag nur der Nennbetrag dem Grundkapital zugeschlagen wird, muß eine entsprechende Anzahl von Aktien zur Zeichnung vorgesehen werden.

– Name und Wohnsitz des oder der Gründer: Von dem oder den Gründern ist die Satzung zu unterschreiben. Dabei bedienen sich Japaner auf der Grundlage des Gesetzes über Unterschriften im Bereich des Handelsrechts dem Prinzip des *kimei natsuin*, daß heißt, neben den Namen des Gründers (*kimei*) wird ein Stempel (*inkan*) gesetzt, der die Unterschrift ersetzt.

Nach Aufstellung der Satzung folgt gem. Art. 167 HG deren notarielle Beurkundung.

Gleichzeitig mit der Unterschrift unter die Satzung wird gem. Art. 169 HG angegeben, wieviele der bei Gründung zu zeichnenden Aktien der unterschreibende Gründer selbst übernimmt. Übernimmt er alle, wird von einer Simultan-, Übernahme- oder Einheitsgründung (*hokki setsuritsu*) gesprochen. Bleiben nicht übernommene Aktien übrig, handelt es sich um eine Stufen-, Zeichnungs- oder Sukzessivgründung (*boshû setsuritsu*), bei der die nicht vom Gründer bzw. den Gründern gezeichneten Aktien gem. Art. 174 HG Dritten zur Subskription angeboten werden müssen.

Sobald die Zeichnung abgeschlossen ist, ist der Ausgabebetrag, der gem. Art. 202 Abs. 2 HG nicht unter dem Nennbetrag liegen darf, einzuzahlen. In beiden Gründungsvarianten wird zu diesem Zweck ein Konto der zu errichtenden Gesellschaft bei einer Bank (*ginkô*) oder Treuhandgesellschaft (*shintaku kaisha*) eröffnet, die eine Bescheinigung über den Eingang des Geldbetrages anfertigen (Art. 170 Abs. 2 bzw. Art. 175 Abs. 2 Ziff. 10 i.V.m. Abs. 4 HG).

Liegen die entsprechenden Einzahlungsbescheinigungen vor, ist für den Fall der Stufengründung gem. Art. 180 HG die förmliche Gründungsversammlung einzuberufen. Im Fall der Simultangründung wird eine solche konstituierende Sitzung von Art. 170 Abs. 1 HG nicht ausdrücklich gefordert. In beiden Fällen aber sind in einer solchen Sitzung die Mitglieder des Verwaltungsrates bzw. der/die Gesellschaftsrevisor(en) zu wählen. Beide Organe prüfen dann die Ordnungsmäßigkeit des Gründungsvorgangs (Artt. 173-2 bzw. 184 HG).

Abschließend erfolgt gem. Art. 188 HG die Anmeldung zur Eintragung ins Handelsregister. Dort wird wiederum die formale Ordnungsmäßigkeit der Gründung überprüft. Mit der Registereintragung entsteht die Aktiengesellschaft als juristische Person.

Besonderheiten bestehen bei der Sacheinlage bzw. -übernahme gem. Art. 168 Abs. 1 Ziff. 5 und 6 HG. In diesen Fällen ist ein gerichtlich bestellter Sonderprüfer (*kensa yaku*) erforderlich. Von diesem Grundsatz gibt es indes gem. 173 Abs. 2 und 3 HG drei Ausnahmen. Eines Sonderprüfers bedarf es nicht, wenn der Gesamtbetrag des als Sacheinlage oder -übernahme festgesetzten Vermögens ein Fünftel des Grundkapitals nicht überschreitet und insgesamt nicht höher als mit 5 Mill. Yen zu bewerten ist; es sich bei der Sacheinlage oder -übernahme um Wertpapiere mit einem Börsen- oder Marktpreis handelt, und der in der Satzung festgesetzte Wert der Wertpapiere diesen nicht überschreitet, und schließlich, wenn es sich bei der Sacheinlage oder -übernahme um ein Grundstück oder

Gebäude handelt, die zu einem Wert angesetzt werden, der von einem Sachverständigen ermittelt und von einem Rechtsanwalt bestätigt wurde.

Parallel dazu ist die Sachübernahme im Nachgründungsverfahren geregelt. Einer Sonderprüfung bedarf es gem. Art. 246 Abs. 1 HG nicht, wenn die Sachübernahme ein zwanzigstel des Grundkapitals nicht überschreitet. Überschreitet sie diesen Wert, ist gem. Art. 246 Abs. 3 HG ein gerichtlich bestellter Sonderprüfer nicht erforderlich, wenn gem. Art. 172 Abs. 2 und 3 HG die Sachübernahme den im vorigen Absatz genannten Wert nicht überschreitet, oder unabhängig von diesem Wert Gegenstand der Sachübernahme Wertpapiere mit Börsen- oder Marktpreis bzw. Grundstücke und Gebäude sind und die bestehenden Beschränkungen beachtet werden.

d) Vorgesellschaft

Bis zur konstitutiv wirkenden Eintragung der Aktiengesellschaft ins Handelsregister stellt sich die Frage nach der Haftung für Vorgänge während der Gründung. Geregelt ist gem. Artt. 192 und 192-2 HG nur die gesamtschuldnerische Haftung der Gründer und der ersten Verwaltungsratsmitglieder gegenüber der Gesellschaft für die vollständige Zeichnung der Aktien, die vollständige Einzahlung der Ausgabebeträge der gezeichneten Aktien und für die Leistung von Sacheinlagen bis zum jeweils vereinbarten Wert. Gem. Art. 193 Abs. 1 tritt daneben eine gesamtschuldnerische Haftung der Gründer für Schäden der Gesellschaft, die aus einer Pflichtverletzung in der Gründungsphase resultieren. Gegenüber Dritten ist eine gesetzliche Schadensersatzpflicht der Gründer in Art. 193 Abs. 2 HG statuiert, aber eingeschränkt auf die Fälle vorsätzlicher oder grob fahrlässiger Pflichtverletzung. Für die notwendigen Gründungskosten gem. Art. 168 Abs. 1 Ziff. 8 HG haftet in jedem Fall die Gesellschaft, auch wenn die Haftung der Gesellschaft in der Satzung nicht erwähnt wird und die Gründer sich dort von ihr freigezeichnet haben. Im übrigen ist vieles streitig. Es ist aber davon auszugehen, daß für den Gründungsaufwand, der nicht notwendiger Aufwand ist, die Gründer als Gesamtschuldner haften.

e) Kosten

Die für die Gründung einer Aktiengesellschaft anfallenden Kosten können hier nicht alle aufgezählt werden, weil z. B. die Höhe einer evtl. Vergütung für die Gründer dem Gutdünken derselben ebenso überlassen werden muß, wie das Erfordernis eines gerichtlichen Sonderprüfers eintreten kann. Im einzelnen bekannt sind aber folgende Kosten:

– Stempelsteuer für die Satzung: für jedes erforderliche Exemplar mit Ausnahme des beim Notar verbleibenden 40.000 Yen[26].

– Stempelsteuer für ausgefertigte Aktienurkunden: bei einem Nennbetrag bis zu 5 Mill. Yen pro Stück 200 Yen und bei einem Nennbetrag zwischen 5 Mill. und 50 Mill. Yen pro Stück 1000 Yen usw.[27].

– Gebühr für die Eintragung der Gründung ins Handelsregister: 7‰ des Grundkapitals, mindestens aber 150.000 Yen[28].

– Kontoführungsgebühren der Banken und Treuhandgesellschaften für die Einzahlung der Ausgabebeträge der Aktien: Diese Kosten sind je nach Kreditinstitut verschieden, ebenso die Frage, ob das Konto verzinst wird. Bei der *Dai Ichi Kangyô Ginkô* beispielsweise wird unterschieden zwischen einer einmaligen Einzahlung des von allen Gründern insgesamt geschuldeten Betrages und jeweils getrennten Einzahlungen durch die Gründer. Im ersten Fall sieht die Staffel wie folgt aus:

bis zu 50 Mill. Yen	2,5 ‰
50 Mill. – 100 Mill. Yen	2,0 ‰
100 Mill. – 300 Mill. Yen	1,5 ‰
...	
9 Mrd. – 10 Mrd. Yen	0,3 ‰
...	

Im zweiten Fall sind die Gebühren höher:

bis 340 Mill. Yen	3,5 ‰
...	
1,2 Mrd. – 1,3 Mrd. Yen	2,35 ‰
...	
über 10 Mrd. Yen	1,6 ‰
...	

Außerdem wird in diesem Fall für jede Person auch noch eine Bearbeitungsgebühr erhoben.

– Notariatsgebühren für die Satzung: 50.000 Yen[29].

26 *Inshizei Hô Kazei Bukken Hyô* (Liste der Steuertatbestände des Stempelsteuergesetzes) Nr. 6: Satzung, auf dem Stand des Änderungsgesetzes Nr. 109/1988, abgedruckt in: Hômu Daijin, aaO (Fn. 4).

27 aaO (Fn. 26), Nr. 4: Wertpapiere.

28 *Shôgyô Tôki Tôroku Menkyo Zeigaku Ichiran Hyô* (Liste der Gebühren für Eintragungen ins Handelsregister), in: Hômushô Minji Kyoku Dai Yon Ka Shokuin (Vierte Abteilung des Amtes für Zivilsachen im Justizministerium) (Hrsg.), Saishin Shôgyô Tôki Dokuhon (Neuestes Handbuch für Handelsregistrierung), 7. Aufl., Tôkyô 1991, S. 17 ff.

29 Art. 35 *Kôshônin Tesûryôrei* (Verordnung über die Gebühren des Notars), Kabinettsverordnung Nr. 224/1993, abgedruckt in *Kanpô* (Amtsblatt) Nr. 1183 vom 25.6.1993, S. 3 ff.

- Gebühren eines Rechtsanwalts für das Gründungsverfahren: Mindestgebühr 100.000 Yen, ansonsten in Prozent vom Grundkapital wie folgt:

10 Mill. Yen oder weniger	4 %
über 10 Mill. Yen bis zu 20 Mill. Yen	3 %
über 20 Mill. Yen bis zu 100 Mill. Yen	2 %
über 100 Mill. Yen bis zu 200 Mill. Yen	1 %
über 200 Mill. Yen bis zu 2 Mrd. Yen	0,5 %
über 2 Mrd. Yen	0,3 %[30].

4. Gesellschaft mit beschränkter Haftung

a) Rechtsgrundlagen

Die eigentliche gesellschaftsrechtliche Rechtsgrundlage für diese Rechtsform ist schon oben genannt worden: Das japanische GmbHG von 1938[31]. Im Zuge von Reformen des Gesellschaftsrechts hat auch dieses Gesetz erhebliche Änderungen erfahren. Hervorzuheben sind die Revisionen in den Jahren 1951, 1962, 1990[32] und 1993[33]. Daneben sind wieder das Handelsregistergesetz und das Gesetz über Unterschriften im Bereich des Handelsrechts einschlägig.

b) Struktur

Die Struktur der Gesellschaft mit beschränkter Haftung ist stark der der Aktiengesellschaft angeglichen. Zentrale Eigenschaft ist deshalb auch bei ihr die Beschränkung der Haftung auf das Gesellschaftsvermögen, weshalb Art. 17 GmbHG bestimmt, daß die Gesellschafter nur in Höhe ihrer Stammeinlagen haften. Die Gesellschaft mit beschränkter Haftung hat indes im Unterschied zur Aktiengesellschaft nur zwei vorgeschriebene Organe: Die Gesellschafterversammlung (*shain sôkai*) und die Geschäftsführung (*torishimari yaku*), die keinen Rat bildet, auch wenn mehrere Geschäftsführer benannt sind. Der Gesellschaftsrevisor (*kansa yaku*) ist ein fakultatives Organ.

Sofern das Gesetz selbst nicht schon in zwingender Form der Geschäftsführung Rechte einräumt, kann dies durch die Satzung erfolgen. Gesellschafterver-

30 Nihon Bengoshi Rengôkai (Japanische Rechtsanwaltskammer), *Hôshû Tô Kijun Kitei* (Gebührenordnung u. a.) vom 26. Mai 1984, Art. 12.

31 Vgl. dazu in westlichen Sprachen IWAHARA, Das japanische GmbH-Gesetz – eine Einführung, in: IWAHARA/ROTH, aaO (Fn. 6), S. 9 ff.

32 Vgl. dazu in westlichen Sprachen HAYAKAWA/RAIDL-MARCURE, aaO (Fn. 16), S. 287 ff.

33 Da zu dieser Reform bisher keine Dokumente in westlichen Sprachen vorliegen, vgl. die oben (Fn. 17) Genannten.

sammlungen brauchen nicht stattzufinden, vielmehr kann die Beschlußfassung gem. Art. 42 GmbHG im schriftlichen Verfahren erfolgen. Normalerweise vermittelt eine Stammeinlage gem. Art. 39 GmbHG ein Stimmrecht. Der aus der Stammeinlage erwachsende Geschäftsanteil kann frei nur unter Mitgesellschaftern übertragen werden. Eine Übertragung an Dritte ist gem. Art. 19 Abs. 2 GmbHG schon von Gesetzes wegen an die Zustimmung der Gesellschafterversammlung gebunden. Zur Kontrolle der Geschäftsführung steht den Gesellschaftern wie bei der Aktiengesellschaft gem. Art. 30-2 GmbHG ein Klagerecht auf Schadensersatz an die Gesellschaft zu; dieses kann aber gem. Abs. 3 der genannten Vorschrift abbedungen werden. Die Gesellschafter haben gem. Art. 51 GmbHG ein Bezugsrecht, soweit in einem Gesellschafterbeschluß nicht darauf verzichtet worden ist.

Die Geschäftsführung setzt sich gem. Art. 25 GmbHG aus einer oder mehreren Personen zusammen. Diese werden von der Gesellschafterversammlung bestimmt, wenn sie nicht schon in der Satzung benannt worden sind. Für die Wahl kann die Satzung gem. Art. 25-2 GmbHG vorsehen, daß Stimmenhäufung möglich ist. Ein Mitglied der Geschäftsführung muß nicht selbst auch Gesellschafter sein; seine Amtszeit ist zeitlich nicht beschränkt. Setzt sich die Geschäftsführung aus mehreren Mitgliedern zusammen, hat nach der gesetzlichen Ausgangslage gem. Art. 27 Abs. 2 HG jedes Mitglied das Recht zur Einzelvertretung der Gesellschaft mit den durch die *ultra-vires*-Lehre evtl. bedingten Einschränkungen. Die Vertretungsbefugnis kann aber in der Satzung auch abweichend vom gesetzlichen Leitbild geregelt werden.

Soweit ein Gesellschaftsrevisor gem. Art. 31 GmbHG berufen ist, hat er gem. Art. 33-2 GmbHG nur das Recht zur Überprüfung der Rechnungslegung.

c) Gründungsverlauf

Seit 1991 ist auch hier die Einmanngründung möglich. Der Gesetzgeber hat diesen Umstand nicht expressis verbis geregelt, sondern vielmehr lediglich den Art. 69 Abs. 1 Ziff. 5 GmbHG, der vorsah, daß die Gesellschaft mit beschränkter Haftung aufzulösen ist, wenn nur noch ein Gesellschafter verbleibt, ersatzlos gestrichen. Gem. Art. 5 Abs. 1 GmbHG ist eine Satzung festzustellen, deren notwendiger Inhalt sich aus Art. 6 GmbHG ergibt.

Danach ist der Gegenstand des Unternehmens zu bezeichnen, der wie bei der Aktiengesellschaft mit dem Ausdruck „und Nebengeschäfte" erweitert werden kann. Die Handelsfirma ist wie bei der Aktiengesellschaft zu bilden und hat gem. Art. 3 GmbHG die Rechtsform als Zusatz aufzunehmen. Bei der Übersetzung der Firma in eine Fremdsprache sollte zur Verdeutlichung des nationalen Rechts, auf dessen Grundlage die Gesellschaft errichtet wurde, der Zusatz der Rechtsform durch die nicht offizielle Abkürzung *YK* deutlich gemacht werden. Dem einzutragenden Satzungssitz kommt dieselbe Bedeutung zu wie bei der

Aktiengesellschaft. Das anzugebende Grundkapital muß gem. Art. 9 GmbHG mindestens 3 Mill. Yen betragen. Es kann in verschiedene Einlageeinheiten, die sog. Stammeinlage, aufgeteilt sein, deren Betrag gem. Art. 10 GmbHG jeweils gleich und mindestens 50.000 Yen betragen muß. Erfolgt eine Aufteilung in Stammeinlagen, ist auch deren Anzahl in die Satzung aufzunehmen. Dabei ist darauf zu achten, daß die Summe der Stammeinlagen das Grundkapital ergibt. Schließlich sind Namen und Wohnsitz der Gründer, deren Zahl gem. Art. 8 Abs. 1 GmbHG grundsätzlich fünfzig nicht überschreiten darf, anzugeben. Mit dem *kimei natsuin* der Gesellschafter unter die Satzung wird gleichzeitig die Anzahl der von jedem zu übernehmenden Stammeinlagen gekennzeichnet.

Die Satzung muß anschließend gem. Art. 5 Abs. 2 GmbHG von einem Notar beurkundet werden.

Falls die Besetzung der Geschäftsführung der Gesellschaft mit beschränkter Haftung nicht schon in der Satzung festgelegt ist, muß gem. Art. 11 Abs. 1 GmbHG eine Gründungsversammlung stattfinden, die darüber beschließt. Die Geschäftsführung hat dann darauf zu achten, daß die Einzahlungen der Gründer auf die Stammeinlagen erfolgen. Das Verfahren ist dem bei der Aktiengesellschaft angeglichen. Gem. Art. 12 Abs. 2 GmbHG wird zu diesem Zweck bei einer Bank oder Treuhandgesellschaft ein Konto der Gesellschaft eingerichtet, auf das die Zahlungen zu erfolgen haben; die Institute bescheinigen die Einzahlungen.

Liegen diese Bescheinigungen vor, hat gem. Art. 13 GmbHG die Anmeldung zur Eintragung der Gesellschaft in das Handelsregister zu erfolgen. Mit der Eintragung ist die Gesellschaft konstitutiv entstanden. Wieder wird von der Registerbehörde nur die formelle Ordnungsmäßigkeit der Gründung geprüft. Eine gesonderte Gründungsprüfung durch die Geschäftsführung und – bei Schaffung des Organs – durch den Gesellschaftsrevisor, ist nicht vorgesehen.

Allerdings bestehen wiederum, wie bei der Aktiengesellschaft, Besonderheiten bei Sacheinlagen oder -übernahmen gem. Art. 7 Ziff. 2 und 3 GmbHG. Danach ist ein gerichtlich bestellter Sonderprüfer gem. Art. 12-2 Abs. 2 und 3 GmbHG nur dann entbehrlich, wenn der Wert der Sacheinlage oder -übernahme ein Fünftel des Grundkapitals nicht übersteigt und unter 5 Mill. Yen liegt, oder es sich um Wertpapiere mit einem Börsen- oder Marktpreis bzw. um Grundstücke oder Gebäude handelt und die bestehenden Beschränkungen beachtet werden. Doch auch für diesen Fall ist gem. Art. 12-3 GmbHG eine Prüfung des Gründungsvorgangs durch die Geschäftsführung und, soweit berufen, den Gesellschaftsrevisor erforderlich. Entsprechend ist die Nachgründung der Kontrolle eines gerichtlich bestellten Sonderprüfers unterworfen, es sei denn, das zu übernehmende Vermögen überschreitet gem. Art. 40 Abs. 3 GmbHG ein zwanzigstel des Grundkapitals nicht. Auch bei Überschreitung bedarf es eines Sonderprüfers nicht, wenn die schon genannten Voraussetzungen: geringer Betrag, Wertpapiere mit Börsen- oder Marktpreis, Grundstücke oder Gebäude gem. Art. 40 Abs. 4 GmbHG i.V.m. Art. 246 Abs. 3 HG vorliegen.

d) Vorgesellschaft

Für die Einzahlung der Stammeinlage und die Erbringung der Sacheinlage bis zu dem Wert, der in der Satzung vorgesehen ist, haften der oder die Gründer und der oder die Geschäftsführer der Gesellschaft gem. Art. 15 GmbHG gesamtschuldnerisch. Für die notwendigen Kosten der Gründung haftet gem. Art. 7 Ziff. 4 S. 2 GmbHG wie bei der Aktiengesellschaft in jedem Fall das Gesellschaftsvermögen. Im übrigen ist auch hier so gut wie alles streitig.

e) Kosten

Die für die Gründung einer Gesellschaft mit beschränkter Haftung anfallenden Kosten können hier aus den selben Gründen wie bei der Aktiengesellschaft nicht abschließend genannt werden. Die Stempelsteuer für die Satzung beträgt aber auch bei der Gesellschaft mit beschränkter Haftung für jedes erforderliche Exemplar mit Ausnahme des beim Notar verbleibenden 40.000 Yen. Eine Stempelsteuer auf Stammeinlagen fällt nicht an, weil diese gem. Art. 21 GmbHG nicht verbrieft werden können. Die Gebühr für die Eintragung der Gründung ins Handelsregister ist geringer als bei der Aktiengesellschaft. Sie beträgt zwar auch 7 ‰ des Grundkapitals, der Mindestbetrag ist aber auf 60.000 Yen reduziert. Die Kontoführungsgebühren der Banken und Treuhandgesellschaften für die Einzahlung der Stammeinlage sind jedenfalls bei der o. g. Bank dieselben wie bei der Aktiengesellschaft. Auch die Notariats- und Rechtsanwaltsgebühren unterscheiden sich nicht von denen, die bei Gründung einer Aktiengesellschaft zu zahlen sind.

5. Offene Handelsgesellschaft

Die Regelung der offenen Handelsgesellschaft findet sich zwar im Handelsgesetz, insbesondere für das Innenverhältnis gilt aber über Art. 68 HG das Recht der Gesellschaft bürgerlichen Rechts im Zivilgesetz. Die danach einschlägigen Vorschriften haben sich in den fast einhundert Jahren ihres Bestehens kaum verändert. Daneben sind auch hier wieder Handelsregistergesetz und Gesetz über Unterschriften im Bereich des Handelsrechts zu beachten.

Wie schon oben ausgeführt, ist die offene Handelsgesellschaft in Japan eine juristische Person, so daß das Gesellschaftsvermögen Zugriffsobjekt des Gläubigers ist. Die Besonderheit besteht hier zusätzlich darin, daß die Gesellschafter auch alle noch persönlich unbeschränkt haften. Art. 80 HG erklärt, daß die Gesellschafter für die Verbindlichkeiten der Gesellschaft als Gesamtschuldner haften, soweit das Vermögen der Gesellschaft zur Befriedigung des Gläubigers nicht ausreicht oder die Zwangsvollstreckung in das Vermögen der Gesellschaft ergebnislos verlaufen ist.[34] Das bedeutet, daß die Haftung der Gesellschafter subsidiär ist; der Gläubiger muß zuerst die Gesellschaft in Anspruch nehmen. Von der Trennung der beiden Vermögensmassen abgesehen, ähnelt das gesetzliche Leitbild der offenen Handelsgesellschaft in Japan dem der deutschen, insbesondere im Hinblick auf die Selbstorganschaft, Abstimmung nach Köpfen usw.

Entsprechend ist eine Einmanngründung unzulässig, vielmehr bewirkt die Reduzierung auf einen Gesellschafter gem. Art. 94 Ziff. 4 HG die Auflösung der Gesellschaft. Auch kann eine Handelsgesellschaft wegen dem schon oben erwähnten Art. 55 HG nicht Gründer sein. Der Ablauf der Gründung entspricht im wesentlichen dem bei den anderen Rechtsformen Dargestellten. Die Einlagen der Gründer sind im gegenseitigen Einvernehmen zu bestimmen und zu bewerten. Sie bilden die Grundlage für den Geschäftsanteil.

Fragen der Vorgesellschaft stellen sich hier nicht mit der Schärfe wie bei Aktiengesellschaft und Gesellschaft mit beschränkter Haftung, weil vor und nach der Gründung persönlich haftende Gesellschafter vorhanden sind.

Da die notarielle Beurkundung der Satzung, die Mithilfe einer Bank oder Treuhandgesellschaft bei Einzahlung der Einlagen und eine Sonderprüfung in bestimmten Fällen gesetzlich nicht vorgeschrieben sind, fallen als Kosten nur Rechtsanwalts- und Registergebühren sowie die Stempelsteuer für die Satzung an. Da die Rechtsanwaltsgebührenordnung nicht nach der Art der zu errichtenden Gesellschaft unterscheidet, gilt das oben Gesagte. Die Registergebühr beträgt unabhängig vom Grundkapital 60.000 Yen und als Stempelsteuer für die Satzung werden 40.000 Yen fällig, wobei aber zu beachten ist, daß mangels Pflicht zur notariellen Beurkundung der Satzung das Exemplar für den Notar entfällt.

6. *Kommanditgesellschaft*

Die Kommanditgesellschaft ist im Handelsgesetz als Dritter Abschnitt des Zweiten Buches (Handelsgesellschaften) im wesentlichen durch Verweis auf die Vorschriften der offenen Handelsgesellschaft geregelt, die wiederum nach einigen Vorschriften des Zivilgesetzes zur Gesellschaft bürgerlichen Rechts ausgestaltet ist. Daneben bedürfen auch insoweit wieder Handelsregistergesetz und Gesetz über Unterschriften im Bereich des Handelsrechts der Beachtung.

Die Besonderheit der Kommanditgesellschaft besteht darin, daß neben dem Vermögen der Gesellschaft gem. Art. 146 HG noch wenigstens eine natürliche

34 Zur Auslegung dieser Vorschrift vgl. BÜNGER, Die Haftung der Gesellschafter einer offenen Handelsgesellschaft nach japanischem und chinesischem Recht, OR 1935, 127 f.

Person unbeschränkt haftet. Die anderen Gesellschafter haften als Kommanditisten (*yûgen sekinin shain*) gem. Art. 157 Abs. 1 HG nur bis zur Höhe ihrer Einlage und nach Erbringung derselben gar nicht mehr. Eine Handelsgesellschaft kann deshalb auch Kommanditist einer Kommanditgesellschaft werden. Im übrigen gelten dieselben Grundsätze wie bei der offenen Handelsgesellschaft.

Bei der Gründung ist darauf zu achten, daß neben den obligatorischen Satzungsbestimmungen anzugeben ist, ob ein Gesellschafter unbeschränkt oder nur beschränkt haftet.

Zur Vorgesellschaft gilt ebenfalls das zur offenen Handelsgesellschaft Ausgeführte.

Die Kosten sind mit den zur offenen Handelsgesellschaft genannten identisch.

7. Gemeinschaftsunternehmen

Da sowohl bei der Aktiengesellschaft wie bei der Gesellschaft mit beschränkter Haftung Einmanngründungen möglich sind, stehen gesellschaftsrechtliche Erwägungen der Gründung von 100%igen Tochtergesellschaften nicht entgegen. Doch kann aus anderen Gründen auch bei Wahl dieser Gesellschaftsformen ein bewußtes und gewolltes Zusammenwirken mit einem oder mehreren anderen Partner(n) bezweckt sein. In diesem Fall entsteht ein Gemeinschaftsunternehmen (***kyôdô kigyô***). Dieses hat zwar in Japan keine Legaldefinition gefunden, die mit ihm verbundenen Fragen stellen sich aber wie im Recht der Bundesrepublik Deutschland. Vor der Gründung eines Gemeinschaftsunternehmens ist ein Partnerschaftsvertrag (*jointo benchâ keiyaku*) zwischen den späteren Gesellschaftern erforderlich, der dem Gesellschaftsvertrag (*setsuritsu keiyaku/teikan*) noch vorausgeht, weil sich jedenfalls der fakultative Teil des Gesellschaftsvertrages nach den Vorgaben des Partnerschaftsvertrages richtet und in aller Regel außer dem Gesellschaftsvertrag auch noch andere schuldrechtliche Abreden zwischen den Gesellschaftern getroffen werden.

Kernproblem des Partnerschaftsvertrages ist die Sicherung der Kontrolle der Gesellschafter über die Geschäftsführung des Gemeinschaftsunternehmens trotz der teilweise unabdingbaren Regeln des japanischen Gesellschaftsrechts[35]. Dabei ist insbesondere auf folgende Punkte zu achten:

35 Eingehend dazu YANAGIDA, Joint Venture, in: Kitagawa, aaO (Fn. 18), Band 5, Teil VII, Kapitel 3, Stand 4/87; RODATZ, Joint Ventures – The Japanese View, in: Japanisch-Deutsches Zentrum Berlin, aaO (Fn. 18), S. 108 ff; SMITH, Joint Venture Investments, in: Matsushita (Hrsg.) aaO (Fn. 18), S. 18 ff, OGISHI/SHISHIDO, Dutch-Japanese Comparative Legal Studies on Joint Ventures, in: Journal of the Japan-Netherlands Institute 4 (1992), S. 191 ff; ferner in: The Organising Committee of the Symposium: Dutch and Japanese Laws Compared (Hrsg.), Dutch and Japanese Laws Compared, Tokyo 1993, S. 191 ff, die sich aber alle nur mit der Aktiengesellschaft als Rechtsform des Gemeinschaftsunternehmens befassen.

– Rechtsform des Gemeinschaftsunternehmens: Sind die Gesellschafter selbst schon in der Rechtsform einer Personenvereinigung organisiert, ist Art. 55 HG zu beachten. Danach kann eine Handelsgesellschaft nicht unbeschränkt haftender Gesellschafter einer anderen Handelsgesellschaft sein, mit der Folge, daß die Gründung einer offenen Handelsgesellschaft vollständig ausgeschlossen ist, bei einer Kommanditgesellschaft der Gesellschafter nur Kommanditist werden kann.

– Kapital: Es ist genau festzulegen, wieviele Stammaktien bzw. Stammeinlagen die Gesellschafter zeichnen, weil diese den Umfang des Stimmrechts in der Aktionärs- bzw. Gesellschafterversammlung bestimmen. Um diese Stimmenverteilung auch für die Zukunft nicht zu gefährden, muß ein Bezugsrecht vorgesehen werden.

– Aktionärs- oder Gesellschafterversammlung: Hier ist durch die Festlegung qualifizierter Mehrheiten oder Quoren sicherzustellen, daß der Minderheitsgesellschafter wenigstens eine Sperrminorität hat.

– Verwaltungsrat oder Geschäftsführung: Wieviele Personen von jedem Gesellschafter für den Verwaltungsrat oder die Geschäftsführung benannt werden dürfen und welchen Rang sie darin haben, insbesondere ob ihnen auch Vertretungsbefugnis zusteht, ist ebenso zu regeln, wie die organintern erforderlichen Abstimmungsmehrheiten und Quoren.

– Gesellschaftsrevisoren: Sofern erforderlich und/oder gewünscht, ist über die Anzahl der Gesellschaftsrevisoren und ihre Benennung zu entscheiden. Daneben sollte geregelt werden, daß eine Rechnungsprüfung auch dann stattfindet, wenn das gesetzlich nicht erforderlich ist, und die Gesellschafter immer vollen Zugang zur Rechnungslegung haben. Hilfreich ist auch die Festlegung von Regeln für die Rechnungslegung.

– Übertragung von Aktien und Geschäftsanteilen: Da die Gesellschafter eines Gemeinschaftsunternehmens auf Zusammenarbeit angewiesen sind, muß die freie Übertragbarkeit der Aktien und Geschäftsanteile ausgeschlossen sein.

– Ende des Partnerschaftsvertrages: Die Gründe für die Beendigung des Partnerschaftsvertrages sind aufzuführen. Dabei ist das Schicksal der davon abhängigen Verträge zu beachten. Insbesondere ist Vorsorge für den Gesellschaftsvertrag zu treffen, indem zum Beispiel festgelegt wird, welcher Gesellschafter zu welchem Preis die Aktien oder Geschäftsanteile übernimmt.

8. Internationales Gesellschaftsrecht

Die Gründung einer Tochtergesellschaft in Japan ist für einen Ausländer nur möglich, wenn er in Japan über Rechtsfähigkeit verfügt. Soweit der Gründer eine natürliche Person ist, kommt ihm über Artt. 1 b, 2 ZG Rechtsfähigkeit zu. Die Frage, nach welchem Recht eine juristische Person errichtet sein muß, damit ihr die Rechtsfähigkeit zuerkannt wird, bestimmt sich auch in Japan nach dem Gesellschaftsstatut. Dieses ist indes, wie in der Bundesrepublik Deutschland, nicht ausdrücklich geregelt. Die Lücke wird durch die besondere Rechtsquelle *jôri* gefüllt. Das Ergebnis ist aber keineswegs eindeutig. Es überwiegt wohl immer noch die Gründungstheorie. Danach bestimmt sich das Gesellschaftsstatut nach dem Recht des Staates, in dem die juristische Person gegründet wurde. Vereinzelt vertreten wird die in der Bundesrepublik Deutschland praktisch unangefochten vertretene Sitztheorie, wonach es für das Gesellschaftsstatut darauf ankommt, wo die juristische Person ihren effektiven Verwaltungssitz[36] hat.

Folgt man der Gründungstheorie, hängt die Rechtsfähigkeit einer ausländischen juristischen Person in Japan davon ab, ob sie nach dem Recht des Staates, in dem sie gegründet wurde, Rechtsfähigkeit besitzt. Wird die Sitztheorie zugrundegelegt, muß die Gesellschaft als juristische Person in dem Staat wirksam gegründet worden sein, in dem sich ihr tatsächlicher Verwaltungssitz befindet. Das bedeutet für juristische Personen, die nach einem fremden Recht errichtet worden sind, daß sie jedenfalls dann grundsätzlich in Japan rechtsfähig sind, wenn der effektive Verwaltungssitz in dem Land liegt, nach dessen Recht sie gegründet wurden.

Der große Unterschied zum deutschen Recht besteht nun darin, daß die kollisionsrechtliche Verweisung auf das Gesellschaftsstatut für die Rechtsfähigkeit allein nicht ausreicht, sondern zusätzlich noch eine Anerkennung der fremden juristischen Personen erforderlich ist. Da es sich dabei um eine fremdenrechtliche Maßnahme handelt, wird diese unter der Überschrift Außenwirtschaftsrecht behandelt.

III. Konzernrecht

1. Nationales Konzernrecht

Verbundene Unternehmen sind auch in Japan bekannt. In der letzten Zeit wird das Phänomen insbesondere unter dem schwer zu übersetzenden Begriff *keiretsu* diskutiert. Anhand unterschiedlicher Strukturmerkmale können zwei verschiedene Gruppierungen von Unternehmensverbindungen unterschieden werden: die *rokudai kigyô shûdan* als Gruppen mit wechselseitiger Kapitalbeteiligung ohne erkennbares Spitzenunternehmen und Gruppen mit pyramidenförmiger Organisationsstruktur[37]. Obwohl das Bedürfnis nach Schutz der Min-

36 Im einzelnen GROSSFELD/YAMAUCHI, Internationales Gesellschaftsrecht in Japan, AG 1985, 229, 230 f.

37 Im einzelnen siehe HAYAKAWA, Zum gegenwärtigen Stand des Konzernrechts in Japan, in: Mestmäcker u. a. (Hrsg.), Das Gesellschaftsrecht der Konzerne im internationalen Vergleich, 1991, S. 391 ff, und TAKAHASHI, Konzern und Unternehmensgruppe in Japan – Regelung nach dem deutschen Modell?, Tübingen 1994.

derheitsgesellschafter und Gläubiger abhängiger Unternehmen innerhalb dieser Gruppen erkannt wurde, ist es aber noch nicht zur Ausformung eines eigenständigen Rechtsgebietes gekommen.

Immerhin findet der aus dem Deutschen entlehnte Begriff *kontserunhô* (Konzernrecht) jetzt auch auf diese Problemstellung Anwendung. Ob allerdings das deutsche Recht auch inhaltlich sehr hilfreich sein wird, steht zu bezweifeln, weil Gewinnabführungs- und Beherrschungsverträge so nicht vorkommen und bei den Gruppen mit wechselseitigen Beteiligungen die Verantwortlichkeit im Sinne eines faktischen Konzerns nicht leicht festzumachen sein dürfte. Die vorläufige Definition eines Konzerns ist deshalb auch viel breiter. Danach ist Konzern der Zusammenschluß rechtlich selbständiger Unternehmen, die aber bei ihrer Willensbildung nicht selbständig sind. Unter dieser Überschrift gibt es eine Reihe von Schutzvorschriften, die sich weit verstreut finden, aber immerhin so etwas wie den Beginn eines Konzernrechts bilden.

Beim Schutz des Minderheitsgesellschafters fällt zunächst auf, daß sich die Ansätze fast ausschließlich im Recht der Aktiengesellschaft finden. Nur ausnahmsweise werden auch Gesellschaften mit beschränkter Haftung mit in die Überlegungen einbezogen (vgl. Art. 211-2 Abs. 1 und 3 und Art. 241 Abs. 3 HG, Artt. 24 und 41 GmbHG). Außerdem ist der tragende Grundsatz des deutschen Rechts, die Treuepflicht des Mehrheitsgesellschafters, im japanischen Recht nicht anerkannt. Die Definition von Mutter- und Tochtergesellschaft (*oya kaisha/ko kaisha*) findet sich in Art. 211-2 Abs. 1 HG. Sie stellt nicht auf die tatsächliche Abhängigkeitsbeziehung, sondern auf das formale Kriterium ab, ob eine Gesellschaft die Mehrzahl der ausgegebenen Aktien oder Stammeinlagen an einer anderen Gesellschaft innehat. Konsequenz dieser Regelung ist, daß die Tochtergesellschaft keine Aktien oder Stammeinlagen der Muttergesellschaft erwerben darf, weil ein solcher Erwerb wegen der wirtschaftlichen Einheit, die die beiden Gesellschaften bilden, als Erwerb eigener Aktien bzw. Stammeinlagen gewertet wird, was aber in Japan immer noch grundsätzlich verboten ist[38]. Ist der Beteiligungssatz einer Gesellschaft geringer, liegt aber immer noch über 25 % der ausgegebenen Aktien oder Stammeinlagen der beherrschten Gesellschaft, fehlt gem. Art. 241 Abs. 3 HG der herrschenden Gesellschaft das Stimmrecht, wenn die beherrschte Gesellschaft auch nur eine Aktie oder eine Stammeinlage der herrschenden Gesellschaft erwirbt. Daneben gibt es eine Regelung der Inkompatibilität von Ämtern; diese gilt aber nur bei einem Gesellschaftsrevisor. Dieser darf, da er ja Organ zur Kontrolle des Verwaltungsrats oder der Geschäftsführung ist, gem. Art. 276 HG nicht gleichzeitig Verwaltungsrat einer Tochtergesellschaft sein. Mitglieder eines Verwaltungsrats oder der Geschäftsführung unterliegen einer solchen Unvereinbarkeitsregelung jedoch grundsätzlich nicht. Schließlich gibt es noch eine Reihe von Minderheitsrechten, auf die

38 Insoweit gibt es Änderungsbestrebungen.

aber schon oben (II. 3. b) eingegangen wurde. Die grundsätzlich bestehende Haftung der Mitglieder des Verwaltungsrats bzw. der Geschäftsführung für Schäden der Gesellschaft schließlich wirkt geradezu anachronistisch. Denn die Mitglieder des Verwaltungsrates oder der Geschäftsführung der beherrschten Gesellschaft haften dann für Schäden, die u. U. von der herrschenden Gesellschaft verursacht worden sind.

Beim Schutz des Gläubigers der beherrschten Gesellschaft sieht es noch schlechter aus. Die Haftung der Mitglieder des Verwaltungsrats bzw. der Geschäftsführung gegenüber Dritten (Artt. 266-3 HG und 30-3 GmbHG) gilt nicht im Konzern und eine Durchgriffshaftung der herrschenden Gesellschaft für Schulden der beherrschten Gesellschaften ist bisher nur gegenüber Arbeitnehmern der beherrschten Gesellschaft anerkannt.

2. *Internationales Konzernrecht*

Eine ausdrückliche kollisionsrechtliche Regelung des Konzernrechts findet sich ebensowenig wie die des Gesellschaftsrechts. Aber auch in der Rechtswissenschaft und -praxis hat sich noch keine Ansicht zur rechtlichen Anknüpfung des Konzernstatuts entwickelt. Das kann auch nicht überraschen, weil ja das nationale Konzernrecht noch nicht entwickelt ist. Es stellt sich deshalb nur die Frage, ob einigen der o. g. konzernrechtlichen Regelungen von japanischer Seite exterritoriale Wirkungen beigemessen werden. Insoweit ist immerhin erwogen worden, die Inkompatibilität der Gesellschaftsrevisoren zu internationalisieren, ansonsten ist aber alles streitig[39].

IV. Bilanzrecht

1. *Unternehmensbilanz*

Auch der Begriff Bilanz (*taishaku taishohyô*) ist in Japan bekannt. Das, was in der Bundesrepublik Deutschland unter dem Begriff Bilanzrecht verstanden wird, wird hier jedoch in aller Regel unter dem Ausdruck *kaikeihô*, also Recht der Rechnungslegung, zusammengefaßt. Für dieses gibt es zwei ganz unterschiedliche Ansätze. Zu unterscheiden ist die Rechnungslegung nach dem Handelsgesetz und die nach dem Effektenhandelsgesetz[40].

39 Vgl. im einzelnen YAMAUCHI, Internationales Konzernrecht in Japan, *Hôgaku Shinpô* 96/3 und 4, 1990, S. 1, 11 ff; DERS., Internationales Konzernrecht in Japan, ZGR 1991, 235 ff, gleichlautend in: LUTTER (Hrsg.), Konzernrecht im Ausland, Berlin 1994, S. 154 ff.

40 Vgl. im einzelnen PAYSEN, Rechnungslegung der Aktiengesellschaft in Japan, Tokyo 1986, S. 53 ff; HONDA, Die Handelsbilanzen der japanischen Aktiengesellschaft aufgrund des Börsengesetzes und des HGB, in: Busse von Colbe (Hrsg.), Betriebswirtschaftslehre in Japan und Deutschland, Stuttgart 1988, S. 91 ff; OTTO, Handelsrechtliche Prüfung japanischer Aktiengesellschaften, Marburg 1993.

a) Rechnungslegung nach dem Handelsgesetz

Die Rechnungslegung nach dem Handelsgesetz ist nicht einheitlich, sondern an verschiedenen Stellen geregelt. Die Regelungen sind für die Aktiengesellschaft am strengsten, weniger umfassend für die Gesellschaft mit beschränkter Haftung und fast oberflächlich für die offene Handelsgesellschaft und die Kommanditgesellschaft.

Die Rechnungslegung der Aktiengesellschaft ist im Vierten Titel des Abschnitts über die Aktiengesellschaften im Handelsgesetz erfaßt (Artt. 281–295). Als Allgemeiner Teil dieser Vorschriften sind die Regelungen im Fünften Abschnitt des Allgemeinen Teils des Handelsgesetzes unter der Überschrift „Handelsbücher" hinzuzunehmen (Artt. 32–36). Besonderheiten für die großen und kleinen Aktiengesellschaften regelt auch insoweit das Ausnahmegesetz[40a]. Die Gliederung der Bilanz ist im einzelnen in einer Verordnung des Justizministeriums festgelegt[41]. Davon gibt es Ausnahmen für bestimmte Unternehmen, die in einer weiteren Verordnung erfaßt sind[42]. Danach umfaßt der Jahresabschluß in jedem Fall die Bilanz, die Gewinn- und Verlustrechnung und den Geschäftsbericht. In einigen Fällen ist ein sog. Anhang hinzuzufügen.

Der Jahresabschluß inklusive eines Vorschlags über die Gewinnverwendung bzw. Verlustverteilung nebst Anhang ist bei der großen Aktiengesellschaft vom Verwaltungsrat gem. Art. 281 Abs. 1 HG zu erstellen und dann dem Rat der Gesellschaftsrevisoren und dem Rechnungsprüfer (*kaikei kansa nin*) zuzuleiten. Beide erstatten gem. Artt. 13 bzw. 14 Ausnahmegesetz einen Prüfungsbericht (*kansa hôkokusho*). Jahresabschluß, Prüfungsbericht des Rates der Gesellschaftsrevisoren und Prüfungsbericht des Rechnungsprüfers werden dann gem. Art. 283 Abs. 1 HG der Einladung zur ordentlichen Aktionärsversammlung beigefügt. Die Aktionärsversammlung beschließt über die Bilanz, Gewinn- und Verlustrechnung und über die Gewinnverwendung oder Verlustzuweisung; über den

40a Vgl. oben II. 3. a, S. 344.

41 *Kabushiki Kaisha No Taishaku Taishôhyô, Soneki Keisansho, Eigyô Hôkokusho Oyobi Fuzoku Meisaisho Ni Kan Suru Kisoku* (Regeln über die Bilanz, Gewinn- und Verlustrechnung, Geschäftsbericht und zugehöriger Anhang), Verordnung des Justizministeriums Nr. 31/1963, zuletzt geändert durch Verordnung Nr. 30/1988, abgedruckt in: Hômu Daijin, aaO (Fn. 4). Aktuelle Übersetzungen sind, soweit ersichtlich, nicht vorhanden. Eine ältere deutsche Übersetzung findet sich bei ISHIKAWA/LEETSCH, aaO (Fn. 5), S. 281 ff auf dem Stand der Verordnung Nr. 25/1982.

42 *Kabushiki Kaisha No Taishaku Taishôhyô, Soneki Keisansho, Eigyô Hôkokusho Oyobi Fuzoku Meisaisho Ni Kan Suru Kisoku No Tokurei Ni Kan Suru Shôrei* (Verordnung über Ausnahmen von den Regeln über die Bilanz, Gewinn- und Verlustrechnung, Geschäftsbericht und zugehöriger Anhang), Verordnung des Justizministeriums Nr. 42/1982, zuletzt geändert durch Verordnung Nr. 1/1990, abgedruckt in: Hômu Daijin, aaO (Fn. 4).

Geschäftsbericht wird nur beraten. Abschließend ist die Bilanz und die Gewinn- und Verlustrechnung dann gem. Artt. 283 Abs. 3 HG und 16 Abs. 2 Ausnahmegesetz zu publizieren. Eine Einreichung des Jahresabschlusses zum Handelsregister ist nicht erforderlich. Bei der mittleren Aktiengesellschaft ist der Ablauf ähnlich. Eine Prüfung des Jahresabschlusses durch den Rechnungsprüfer ist indes nicht vorgesehen und der abschließenden Publikationspflicht unterliegt hier nur die Bilanz. Auch bei der kleinen Aktiengesellschaft hat zwar gem. Art. 23 Abs. 3 Ausnahmegesetz der Gesellschaftsrevisor einen Prüfungsbericht anzufertigen, doch muß sich der Prüfungsbericht nicht an die Einzelheiten des Art. 281-3 Abs. 2 HG halten. Statt einer Publikation des Jahresabschlusses erfolgt hier gem. Art. 23 Abs. 4 Ausnahmegesetz dessen Auslage zur Einsicht.

Bei der Gesellschaft mit beschränkter Haftung gelten über Art. 46 GmbHG die meisten Vorschriften des Handelsgesetzes über die Rechnungslegung der Aktiengesellschaft entsprechend. In Abweichung davon findet jedoch keine Rechnungsprüfung statt. Auch ist der Prüfungsbericht des Gesellschaftsrevisors nicht erforderlich, wenn ein solcher nicht berufen ist und es besteht keine Publikationspflicht, sondern gem. Art. 43-2 GmbHG i. V. m. Art. 282 HG ist lediglich eine Auslage von Jahresabschluß und Anhang in den Geschäftsräumen vorgesehen.

Bei offener Handelsgesellschaft und Kommanditgesellschaft schließlich gilt nur der Teil des Handelsgesetzes über Handelsbücher. Danach ist nur die Erstellung einer Bilanz erforderlich. Eine wie auch immer geartete Prüfung und Publikation derselben ist nicht vorgesehen.

b) Rechnungslegung nach dem Effektenhandelsgesetz

Die Rechnungslegung nach dem Effektenhandelsgesetz tritt neben die Rechnungslegung nach dem Handelsgesetz. Sie richtet sich nach Art. 24 des Effektenhandelsgesetzes (EHG)[43]. Danach haben Aktiengesellschaften, deren Aktien an einer Effektenbörse notiert sind oder im Freiverkehr gehandelt werden, jedes Jahr dem Finanzministerium einen Wertpapierbericht (*yûkashôken hôkokusho*) vorzulegen. Den Inhalt dieses Wertpapierberichtes regelt Art. 15 der Verordnung über die Bekanntmachung u. a. des Unternehmensgegenstandes[44]. Danach

43 *Shôken Torihiki Hô*, Gesetz Nr. 25/1948, zuletzt geändert durch Gesetz Nr. 87/1992, abgedruckt in: Hômu Daijin, aaO (Fn. 4). Eine aktuelle englische Übersetzung findet sich in: Capital Markets Research Institute, Securities and Exchange Law, Tokyo 1993.

44 *Kigyô Naiyô Tô Kaiji Ni Kan Suru Shôrei*, Verordnung des Finanzministeriums Nr. 5/1973, zuletzt geändert durch Verordnung Nr. 32/1993, abgedruckt in: Hômu Daijin, aaO (Fn. 4).

ist die Aufstellung der Finanzen (*zaimu shohyô*) wesentlicher Teil des Wertpapierberichts. Dessen Inhalt wiederum regelt eine andere Verordnung[45]. Nach ihr besteht die Aufstellung der Finanzen aus der Bilanz, der Gewinn- und Verlustrechnung, der Begründung für die Verwendung des Jahresergebnisses und einem Anhang. Der Wertpapierbericht ist von einem Rechnungsprüfer zu testieren und wird beim Finanzministerium, bei der rechnungslegungspflichtigen Gesellschaft und der Effektenbörse, wo die Aktien gehandelt werden, ausgelegt.

2. *Konzernbilanz*

Eine konsolidierte Rechnungslegung gibt es in Japan erst seit 1976, und sie betrifft lediglich die Rechnungslegung nach dem Effektenhandelsgesetz[46]. Seither sind die genannten Gesellschaften verpflichtet, im Wertpapierbericht eine Aufstellung der Finanzen vorzulegen, die aus der konsolidierten Bilanz, der konsolidierten Gewinn- und Verlustrechnung sowie der konsolidierten Überschußrechnung besteht. Zu konsolidieren sind Tochtergesellschaften und assoziierte Gesellschaften. Von Tochtergesellschaften wird gesprochen, wenn die rechnungslegungspflichtige Gesellschaft direkt oder indirekt die Mehrheit der Stimmrechte innehat. Die assoziierte Gesellschaft zeichnet sich dadurch aus, daß die rechnungslegungspflichtige Gesellschaft bei ihr 20 – 50 % aller Stimmrechte besitzt und auf sie einen erheblichen Einfluß ausüben kann. Einzelheiten der Aufstellung der Finanzen regelt eine Verordnung[47].

Bei der Rechnungslegung nach dem Handelsgesetz ist es seit 1982 erforderlich, daß im Geschäftsbericht über die Lage der wichtigsten verbundenen Unternehmen berichtet wird und im Anhang bei der detaillierten Erläuterung der Posten des Jahresabschlusses Interessenkonflikte mit Verwaltungsratsmitgliedern und herrschenden Aktionären anzugeben sind.

45 *Zaimu Shohyô Tô No Yôgô, Yôshiki Oyobi Sakusei Hôhô Ni Kan Suru Kisoku* (Regeln zu Begriffen, Anordnung und Ausführung einer Aufstellung der Finanzen), Erlaß des Finanzministeriums Nr. 59/1963, zuletzt geändert durch Erlaß Nr. 41/1991, abgedruckt in: Hômu Daijin, aaO (Fn. 4).

46 Im einzelnen siehe MORIMOTO, Konzernpublizität im japanischen Recht, RabelsZ 49 (1985), 240, 246 ff und PAYSEN, aaO (Fn. 42), S. 111 ff; beide sind in einzelnen Punkten jedoch veraltet.

47 *Renketsu Zaimu Shohyô Tô No Yôgô, Yôshiki Oyobi Sakusei Hôhô Ni Kan Suru Kisoku* (Regeln zu Begriffen, Anordnung und Ausführung einer Aufstellung der Finanzen bei verbundenen Unternehmen), Erlaß des Finanzministeriums Nr. 28/1976, zuletzt geändert durch Erlaß Nr. 10/1991, abgedruckt in: Hômu Daijin, aaO (Fn. 4).

3. *Internationales Bilanzrecht*

Bei der konsolidierten Rechnungslegung nach dem Effektenhandelsgesetz sind grundsätzlich alle Tochtergesellschaften bzw. assoziierten Gesellschaften zu konsolidieren, auch die ausländischen. Bei der Rechnungslegung nach dem Handelsgesetz ist im Geschäftsbericht auch über die ausländischen verbundenen Unternehmen zu berichten.

V. *Steuerrecht*

1. *Nationales Steuerrecht*

Von den vielen Steuerarten in Japan werden hier nur diejenigen behandelt, die an die Rechtsform des Steuerpflichtigen anknüpfen. Da die Handelsgesellschaften juristische Personen sind, sind sie folgenden Steuerarten unterworfen: Körperschafts-, Einwohner- und Unternehmenssteuer (*hôjin-, jûmin-* und *jigyôzei*)[48]. Die Körperschaftssteuer ist eine nationale Steuer; bei ihr ist zwischen der allgemeinen und besonderen zu unterscheiden. Einwohnersteuer wird sowohl von der Präfektur (*to, dô, fu, ken*) als auch von der noch darunter angesiedelten Gebietskörperschaft (*shi, chô, son, [ku]*) erhoben. Die Unternehmenssteuer schließlich ist eine Steuer, die nur von der Präfektur veranlagt wird.

Die allgemeine Körperschaftssteuer ist im Körperschaftssteuergesetz[49] geregelt. Unter den danach besteuerten Einkommensarten soll hier nur das gewöhnliche Einkommen genauer dargestellt werden. Dieses wird bei Gesellschaften mit einem Grundkapital von bis zu 100 Mill. Yen mit 28 % besteuert, soweit das Jahreseinkommen nicht über 8 Mill. Yen hinausgeht. Soweit es diesen Betrag übersteigt oder Einkommen kapitalkräftigerer Gesellschaften ist, beträgt der Steuersatz 37,5 %. Besonderheiten sind bei Familiengesellschaften (*dôzoku kaisha*) zu beachten, wo die thesaurierten Gewinne einem erhöhten Steuersatz unterworfen werden. Der Begriff „Familiengesellschaft" darf dabei nicht wörtlich genommen werden. Eine Familiengesellschaft liegt auch dann schon vor, wenn 50 % oder mehr des Grundkapitals in den Händen von nur bis zu drei

48 Da sich die Steuergesetze fast jährlich ändern, ist hier besonders auf aktuelle Informationen zu achten. Zum Nachschlagen von Einzelheiten können hier deshalb nur empfohlen werden GOMI, Guide to Japanese Taxes 1993 – 94, Tokyo 1993, und KUBOI, Business Practices and Taxation in Japan, 4. Aufl., Tokyo 1992, S. 31 ff.

49 *Hôjinzei Hô*, Gesetz Nr. 34/1965, zuletzt geändert durch Gesetz Nr. 87/1993, abgedruckt in: Hômu Daijin, aaO (Fn. 4). Aktuelle Übersetzungen sind, soweit ersichtlich, nicht vorhanden. Eine ältere englische Übersetzung findet sich bei Eibun Horei Sha, Japanese Laws on English Version, Loseblattsammlung Tokyo seit 1956, DA 4100.

Anteilseignern liegen. Dabei kommt es auf familiäre Beziehungen unter den Anteilseignern gar nicht an. Vielmehr werden Familienangehörige ohnehin nur als ein Anteilseigner zusammengefaßt. Die besondere Körperschaftssteuer richtet sich nach dem gleichnamigen Gesetz[50]. Sie gilt vorerst nur für die Geschäftsjahre, die in der Zeit zwischen dem 1. April 1992 und dem 31. März 1994 enden. Ihr unterliegen alle Gesellschaften, die auch allgemeine Körperschaftssteuer zahlen. Bei ihnen wird der Betrag der fälligen allgemeinen Körperschaftssteuer abzüglich eines Freibetrages erneut einer Besteuerung mit einem Steuersatz von 2,5 % ausgesetzt.

Die Einwohnersteuer richtet sich nach dem Gesetz über lokale Steuern[51]. Danach findet die Besteuerung der Gesellschaft unabhängig vom Ort ihres Satzungssitzes an allen Orten statt, an denen die Gesellschaft eine Betriebsstätte unterhält. Insgesamt besteht die zu zahlende Steuer aus zwei Komponenten: Einem festen Betrag, der nach jeweils eingesetztem Kapital der Gesellschaft und der Anzahl ihrer Mitarbeiter variiert und einem Prozentsatz vom Betrag der Körperschaftssteuer, beide jeweils unterschiedlich für Präfektur und darunter angesiedelter Gebietskörperschaft. Auf der Präfekturebene besteht beim festen Betrag eine Bandbreite von 10.000 Yen für ein eingesetztes Kapital von 10 Mill. Yen und weniger, bis zu 750.000 Yen bei einem eingesetzten Kapital von 5 Mrd. Yen und mehr. Auf der Ebene der Kommune sind es 40.000 Yen bei einem eingesetzten Kapital von 10 Mill. Yen aber weniger als 50 Mitarbeitern, bis zu 3 Mill. Yen bei einem eingesetzten Kapital von 5 Mrd. Yen und mehr als 50 Mitarbeitern. Der Prozentsatz vom Betrag der Körperschaftssteuer beträgt in der Präfektur maximal 6 % und in der darunter angesiedelten Gebietskörperschaft maximal 14,7 %.

Auch die Unternehmenssteuer richtet sich nach dem Gesetz über lokale Steuern. Sie ist auf der Präfekturebene zu entrichten. Wie bei der Einwohnersteuer sind alle Präfekturen bezugsberechtigt, in denen eine Betriebsstätte des Unternehmens angesiedelt ist. Darauf nimmt der Steuersatz, der sich in Prozentpunkten vom Einkommen errechnet, Rücksicht. So ergibt sich außer bei Energieversorgern und Versicherungen ein Satz von 12 % bei Gesellschaften mit einem Kapital von über 10 Mill. Yen und Betriebsstätten in mindestens drei oder mehr Präfekturen. Liegen diese Voraussetzungen nicht vor, bestimmt sich der Satz wie folgt: 6 % des Einkommens von bis zu 3,5 Mill. Yen, 9 % des Einkommens über 3,5 Mill. Yen und 12 % des Einkommens über 7 Mill. Yen.

50 *Hôjin Tokubetsuzei Hô*, Gesetz Nr. 15/1993, abgedruckt in: Hômu Daijin aaO (Fn. 4).

51 *Chihôzei Hô*, Gesetz Nr. 226/1950, zuletzt geändert durch Gesetz Nr. 89/1992, abgedruckt in: Hômu Daijin, aaO (Fn. 4).

2. *Internationales Steuerrecht*

Zwischen der Bundesrepublik Deutschland und Japan besteht ein Doppelbesteuerungsabkommen[52].

VI. *Wettbewerbsrecht*

1. *Nationales Wettbewerbsrecht*

Das Wettbewerbsrecht Japans hat im Unterschied zu den vorher behandelten Rechtsgebieten eine einheitliche Regelung im Antimonopolgesetz (AMG)[53] gefunden. Bei der Gründung einer Tochtergesellschaft in Japan ist insbesondere Teil Vier dieses Gesetzes zu beachten. Darin wird zwischen einem Verbot von Dachgesellschaften (*mochikabu kaisha*) sowie abstrakter und konkreter Zusammenschlußkontrolle unterschieden[54]. Auffällig ist an der Regelung, daß die Aktiengesellschaft die Diktion bestimmt und nicht unabhängig von der Rechtsform an das Unternehmen schlechthin angeknüpft wird.

Gem. Art. 9 AMG darf keine Dachgesellschaft gegründet werden, deren einzige Aufgabe darin besteht, als Anteilseigner anderer Gesellschaften deren Geschäftspolitik zu bestimmen. Nimmt die Gesellschaft noch andere Aufgaben wahr, darf die Funktion einer Dachgesellschaft nicht ihr Hauptgeschäft sein.

Bei der abstrakten Zusammenschlußkontrolle kommt es auf den tatsächlichen Eintritt einer Wettbewerbsbeschränkung nicht an. Nach Art. 9-2 AMG darf eine Aktiengesellschaft mit einem Grundkapital von über 10 Mrd. Yen oder einem Reinvermögen von über 30 Mrd. Yen, die kein Finanzgewerbe betreibt, u. a. nicht mehr Aktien anderer Gesellschaften besitzen, als ihr eigenes Grundkapital

52 Gesetz zum Abkommen vom 22. April 1966 zwischen der Bundesrepublik Deutschland und Japan zur Vermeidung der Doppelbesteuerung bei den Steuern vom Einkommen und bei einigen anderen Steuern vom 18. Februar 1967 mit Änderungen durch Gesetz vom 2. September 1980 und 17. Februar 1983, zusammenfassend wiedergegeben bei KUBOI/PAUFLER, Unternehmung und Besteuerung in Japan, 1988, S. 207 ff.

53 *Shiteki Dokusen No Kinshi Oyobi Kôsei Torihiki No Kakuho Ni Kan Suru Hôritsu* (Gesetz betreffend das Verbot privater Monopole und zur Erhaltung eines fairen Wettbewerbs), Gesetz Nr. 54/1947, zuletzt geändert durch Gesetz Nr. 107/1992, abgedruckt in: Hômu Daijin, aaO (Fn. 4). Eine aktuelle deutsche Übersetzung findet sich bei IYORI/UESUGI/HEATH, Das japanische Kartellrecht, 2. Aufl., Köln 1994, S. 201 ff.

54 Zum Ganzen siehe aus neuerer Zeit MATSUSHITA/SCHOENBAUM, Japanese International Trade and Investment Law, Tokyo 1989, S. 139 ff; MATSUSHITA, Introduction to Japanese Antimonopoly Law, Tokyo 1990, und IYORI/UESUGI/HEATH, aaO (Fn. 53).

bzw. Reinvermögen beträgt. Abstrakt geregelt ist auch der Aktienbesitz von im Finanzgewerbe tätigen Gesellschaften. Diese dürfen gem. Art. 11 AMG, sofern sie beispielsweise Banken, Treuhand- und Effektengesellschaften sind, nicht mehr als 5 %, sofern sie Versicherungsgesellschaften sind, nicht mehr als 10 % der Aktien anderer Gesellschaften halten.

Bei der konkreten Zusammenschlußkontrolle ist eine Wettbewerbsbeschränkung erforderlich oder es muß nachgewiesen werden, daß der Zusammenschluß selbst auf unlautere Weise zustandegekommen ist. Insgesamt wird in der den Artt. 10, 13, 14, 15 und 16 AMG zugrunde liegenden Systematik unterschieden zwischen Zusammenschlüssen durch Verschmelzung, Übernahme des Geschäftsbetriebs, Vermögensübernahme, Betriebsmiete, Übernahme der Geschäftsführung und Unternehmensvertrag usw. auf der einen Seite sowie durch Anteilserwerb auf der anderen Seite. Für beide Formen hat die Wettbewerbsbehörde (*Kôsei Torihiki Iinkai*), in westlichen Publikationen zumeist unter dem Begriff „Fair Trade Commission (FTC)" aufgeführt, unterschiedliche Prüfungsmaßstäbe veröffentlicht[55].

Damit die Wettbewerbsbehörde diese Zusammenschlußtatbestände überprüfen kann, muß ein Zusammenschluß in der erstgenannten Form gem. Artt. 15 Abs. 2, 16 AMG vorher angezeigt werden und er darf jedenfalls in den ersten 30 Tagen nach Anmeldung nicht vollzogen werden. Der Zusammenschlußtatbestand in Form von Aktienerwerb wie auch die Schaffung personeller Verflechtungen muß gem. Artt. 10 Abs. 2, 13 Abs. 3 und 14 Abs. 2 AMG nachträglich angezeigt werden, wenn das Gesamtkapital der Gesellschaft 2 Mrd. Yen übersteigt.

Greift die Zusammenschlußkontrolle nicht, kommen zur Bekämpfung marktbeherrschender Unternehmen noch zwei Auffangtatbestände in Frage: die Zerschlagungsbefugnis gem. Art. 8–4 AMG und das generalklauselartige Verbot privater Monopolbildung gem. Art. 3 AMG.

2. *Internationales Wettbewerbsrecht*

Mangels eindeutiger gesetzlicher Regelung ist in Japan umstritten, inwieweit das sog. Auswirkungsprinzip vertreten werden und folglich gegen die ausländi-

55 *Kaisha No Gappei Tô No Shinsa Ni Kan Suru Jimu Shori Kijun Ni Tsuite* (Regeln zur Untersuchung von Zusammenschlüssen) vom 15.7.1980 und *Kaisha No Kabushiki Shoyû No Shinsa Ni Kan Suru Jimu Shori Kijun* (Regeln zur Untersuchung von Aktienbesitz) vom 11.9.1981, jeweils abgedruckt in: Kôsei Torihiki Iinkai Jimukyoku (Verwaltungsabteilung der Wettbewerbsbehörde) (Hrsg.), *Dokusen kinshi hô kankei hôreishû* (Sammlung der Rechtsvorschriften zum Wettbewerbsrecht), Tôkyô 1993.

sche Partei einer wettbewerbsbeschränkenden Maßnahme, die sich in Japan auswirkt, vorgegangen werden sollte[56].

VII. Finanzrecht

Der Inhalt des Begriffes Finanzrecht (*kin'yûhô*) ist in Japan nicht eindeutig[57]. An dieser Stelle wird darunter die Gesamtheit der Regelungen verstanden, die die Finanzmärkte, die auf ihnen zulässigen Instrumente und die Marktteilnehmer betreffen. Leider ist auch dieses Rechtsgebiet nicht einheitlich geregelt und da gerade im Umbruch, besonders unübersichtlich[58]. Sowohl bei der Beschaffung von Eigen- wie Fremdkapital hat die Aktiengesellschaft den größten Spielraum. Sie kann grundsätzlich Aktien (*kabu*) in sechs verschiedenen Gattungen[59] ausgeben. Dazu kommen Schuldverschreibungen (*shasai*) in vier verschiedenen Versionen[60]. Auch das Recht der Ausgabe von „Commercial Papers" haben nach der gegenwärtigen Rechtslage nur Aktiengesellschaften. Andere Handelsgesellschaften haben für Eigenkapital keinen Markt und sind für Fremdkapital in der Regel auf Märkte mit herkömmlichen Instrumenten wie Wechsel und Darlehen angewiesen. Es ist aber darauf hinzuweisen, daß es eine große Anzahl von besonderen japanischen Finanzierungsprogrammen für ausländische Investitionen, z. B. von der Japanischen Entwicklungsbank (Nihon Kaihatsu Ginkô), gibt. Auch die ausländischen Finanzmärkte kommen als Finanzierungsquelle einer in Japan gegründeten Tochtergesellschaft in Betracht. Hier sind aber vielfältige Restriktionen zu beachten, die hier nicht im einzelnen wiedergegeben werden können.

VIII. Außenwirtschaftsrecht

Unter dem Begriff Außenwirtschaftsrecht werden hier nicht nur die Regelungstatbestände verstanden, die ins japanische Gesetz zur Kontrolle des

56 Extraterritorial Application of the Antimonopoly Act – Report of the Study Group for the Antimonopoly Act on External Affairs Issues, in: FTC/Japan Views 9 (1990) 25 ff.

57 Im einzelnen dazu MENKHAUS, aaO (Fn. 3), S. 281 ff.

58 Vgl. im einzelnen MENKHAUS, Internationalisierung und Liberalisierung der japanischen Finanzmärkte?, in: Lokowandt (Hrsg.), Referate des 1. Japanologentages der OAG in Tokyo, München 1990, S. 173 ff; DERS., Strukturwandel auf den japanischen Finanzmärkten, in: Bachmayer u. a. (Hrsg.), Referate des 8. Japanologentages vom 26. – 27.9.1990 in Wien, Wien 1991, S. 403 ff.

59 Siehe im einzelnen MENKHAUS, Der japanische Kapitalmarkt, Heft 25, Reihe Japanwirtschaft, 1992, S. 11.

60 Siehe im einzelnen MENKHAUS, aaO (Fn. 59), S. 9.

Handels und Devisenverkehrs mit dem Ausland (Außenhandelskontrollgesetz)[61] aufgenommen wurden, denn das Außenwirtschaftsrecht geht weit über die dort erfaßten Fragen hinaus. Vielmehr werden hier alle Rechtsnormen des öffentlichen Rechts erfaßt, die unter der Überschrift Wirtschaftsverwaltungsrecht besondere Vorschriften für Ausländer bzw. für den Fall der Auslandsberührung vorsehen. Unter diesem Blickwinkel ergeben sich folgende Besonderheiten.

Einer ausländischen natürlichen Person kommt in Japan Rechtsfähigkeit zu, so daß sie als Gründer einer Gesellschaft auftreten kann. Bei einer ausländischen juristischen Person ist die Rechtslage anders. Hier gibt sich das japanische öffentliche Recht nicht mit der nach dem Gesellschaftsstatut bestimmten Rechtsfähigkeit zufrieden, sondern unterwirft die ausländische juristische Person dem Erfordernis einer besonderen Anerkennung. Dies ergibt sich aus Art. 36 ZG. Danach werden ausländische juristische Personen grundsätzlich nicht anerkannt, es sei denn, aus Gesetzen oder Verträgen ergibt sich etwas anderes, oder es handelt sich um ausländische Handelsgesellschaften. Auf den deutsch-japanischen Handels- und Schiffahrtsvertrag vom 1927[62] aber können sich deutsche juristische Personen wohl nicht berufen. Dort wird zwar die gegenseitige Anerkennung von Gesellschaften ausgesprochen. Nach japanischer Interpretation hat das aber lediglich die Partei- und Prozeßfähigkeit im jeweils anderen Lande zur Folge. Der Weg über den Begriff Handelsgesellschaft aber ist erfolgversprechend, weil dieser besonders weit ausgelegt wird und deshalb jede auf Erzielung von Gewinn ausgerichtete Gesellschaftsform darunter fällt.

Doch selbst wenn die ausländische juristische Person anerkannt ist, heißt das noch nicht, daß ihre Rechtsfähigkeit in Japan umfassend ist. Denn gem. Art. 36 Abs. 2 Satz 1 ZG können ausländische juristische Personen nicht mehr Rechte erwerben als japanische. Inwieweit die hier zum Ausdruck kommende *ultra-vires*-Lehre sich auf die Rechtsfähigkeit der ausländischen juristischen Person zur Gründung einer Tochtergesellschaft in Japan auswirkt, ist im einzelnen umstritten, hat aber, soweit ersichtlich, bisher noch zu keinen Versagungen geführt.

Eine ausländische juristische Person, die in Japan eine Tochtergesellschaft gründen will, muß auch nicht vorher eine Niederlassung in Japan haben. Hat sie aber eine solche und ist diese nicht ins Handelsregister eingetragen, kann diese Unterlassung der Gründung einer Tochtergesellschaft entgegenstehen.

Die Organe einer nach japanischem Recht gegründeten Handelsgesellschaft können mit Ausländern besetzt werden. Mindestens ein gesetzlicher Vertreter muß aber seinen Wohnsitz in Japan haben.

61 *Gaikoku Kawase Oyobi Gaikoku Bôeki Kanri Hô*, Gesetz Nr. 228/1949, zuletzt geändert durch Gesetz Nr. 79/1991, abgedruckt in: Hômu Daijin, aaO (Fn. 4). Eine aktuelle englische Übersetzung findet sich bei Chuo Shuppan Kikaku, Japan – Laws, Ordinances and Other Regulations Concerning Foreign Exchange and Foreign Trade, Tokyo 1993, (A) 1 ff.

62 RGBl. 1927 II 1088 ff.

Zwar wird in Japan die Unterschriftsleistung in Form der *kimei natsuin* von Ausländern nicht erwartet und es genügt deshalb die Unterschrift. An den Nachweis der Identität des die Unterschrift Leistenden bestehen aber regelmäßig verschiedene Anforderungen.

Der Erwerb von Anteilen an einer in Japan zu gründenden Handelsgesellschaft ist eine Form der Direktinvestition, die gem. Art. 26 Außenhandelskontrollgesetz grundsätzlich anzeigepflichtig ist. Die Anzeige hat gem. Art. 27 des Gesetzes vor der Zeichnung der Anteile in der dafür vorgesehenen Form an die Bank von Japan zu erfolgen, die bei der Entgegennahme in Vertretung für die jeweils zuständigen Ministerien handelt. Wenn innerhalb der von Art. 27 Abs. 2 Außenhandelskontrollgesetz vorgesehenen 30-Tages-Frist ab Eingangsbestätigung keine Nachricht vorliegt, kann die Zeichnung erfolgen. Die zuständigen Ministerien können die genannte Frist aber nach eigenem Ermessen verkürzen oder verlängern und innerhalb der jeweiligen Frist Einwendungen erheben. Diese erfolgen allerdings in aller Regel nur auf Gebieten, in denen ausländische Direktinvestitionen immer noch – z. B. aus sicherheitspolitischen Gründen – unerwünscht sind. Eine Einwendung wegen Gründung einer 100%igen Tochtergesellschaft erfolgt seit der Revision des Außenhandelskontrollgesetzes im Jahre 1979 nicht mehr.

Eine internationale Vereinbarung (*kokusaiteki kyôtei*) und ein internationaler Vertrag (*kokusaiteki keiyaku*) sind gem. Art. 6 Abs. 2 AMG dreißig Tage nach Abschluß der Wettbewerbsbehörde vorzulegen. Das gilt indes nur für solche Vereinbarungen und Verträge, die nach der von der Wettbewerbsbehörde speziell dafür erlassenen Regelung zur Anmeldung von internationalen Vereinbarungen und Verträgen[63] in aller Regel wettbewerbsbeschränkende Abreden enthalten. Da der Unterschied zwischen dem Begriff Vereinbarungen und dem Begriff Vertrag darin gesehen wird, daß bei einer Vereinbarung alle Parteien dasselbe Ziel verfolgen, während die Ziele beim Vertrag unterschiedlich sind, sind bei Gründung eines Gemeinschaftsunternehmens jedenfalls auch der Vertrag zur Gründung eines Gemeinschaftsunternehmens und der Gesellschaftsvertrag der Wettbewerbsbehörde zur Prüfung zu übersenden. Die inhaltliche Überprüfung richtet sich nach dem oben zum Wettbewerbsrecht Ausgeführten. Die Pflicht zur Anmeldung trifft die japanische Partei.

Zu beachten ist schließlich ganz allgemein, daß eine unter Beteiligung von Ausländern gegründete Handelsgesellschaft auch nach der Gründung aus fremdenrechtlichen Überlegungen nicht notwendig dieselben Rechte hat, wie eine

63 *Kokusaiteki Kyôtei Mata Wa Kokusaiteki Keiyaku No Todokede Ni Kan Suru Kisoku*, Erlaß der Wettbewerbsbehörde Nr. 1/1971, zuletzt geändert durch Nr. 1/1992, abgedruckt in: Kôsei Torihiki Iinkai Jimukyoku, aaO (Fn. 55), S. 117 ff. Vgl. dazu die Presseerklärung der Wettbewerbsbehörde vom 17.3.1992 in: FTC/Japan Views 13 (1992) 15 ff.

nach japanischem Recht gegründete Gesellschaft mit nur japanischen Anteilseignern. Denn gem. Art. 36 Abs. 2 Satz 2 ZG gilt die Gleichstellung von inländischen und ausländischen Gesellschaften dann nicht, wenn die ausländischen juristischen Personen Rechte geltend machen, die ein Ausländer nicht haben kann oder wenn besondere Gesetze oder Verträge ihnen solche Rechte verwehren. Unter die hier in Rede stehenden ausländischen Gesellschaften fallen auch die nach japanischem Recht Gegründeten, wenn sie im Sinne der Kontrolltheorie von Ausländern kontrolliert werden.

IX. Zusammenfassung: Wahl der Rechtsform

Vor diesem Hintergrund kann schließlich zusammenfassend wie folgt Stellung genommen werden:

Die Aktiengesellschaft bietet schon gesellschaftsrechtlich den größten Spielraum. Eine Einmanngründung ist zulässig, die Haftung der Aktionäre bleibt auf die Einlage beschränkt, auf Grund des Prinzips der Fremdorganschaft können qualifizierte Personen in den Verwaltungsrat berufen werden, die Rechte des Verwaltungsrates können durch eine entsprechende Satzungsgestaltung gestärkt werden, die Kontrollrechte der Aktionäre sind trotz mehrfacher Gesetzesreformen noch immer unzureichend. Ein ausgebildetes Konzernrecht besteht nicht. Das Finanzrecht bevorzugt die Aktiengesellschaft schon wegen der verschiedenen Formen zulässiger Aktien und anderer Finanzinstrumente. Andererseits darf nicht übersehen werden, daß im Bereich des Bilanz- und Wettbewerbsrechts gerade die Aktiengesellschaft im Mittelpunkt von Beschränkungen steht.

Bei der Gesellschaft mit beschränkter Haftung ist der gesellschaftsrechtliche Gestaltungsspielraum ähnlich groß wie bei der Aktiengesellschaft. Auch insoweit ist eine Einmanngründung zulässig und die Haftung der Gesellschafter auf die Stammeinlage beschränkt. Zudem kann bei ihr der Gesellschatsrevisor entfallen und die Anzahl der Geschäftsführer auf eine Person beschränkt werden. Auch ist das vorgeschriebene Grundkapital geringer und Gesellschafterbeschlüsse können auf schriftlichem Wege herbeigeführt werden. Im Rahmen des Bilanzrechts sind die Anforderungen an die Rechnungslegung nicht so hoch und die Rechnungsprüfung entfällt insgesamt. Allenfalls mit diesem Argument kann die im japanischen Schrifttum überall geäußerte Annahme gerechtfertigt werden, die Aktiengesellschaften genössen eine höhere Kreditwürdigkeit und würden deshalb als Rechtsform bevorzugt. Diese Annahme ist jedoch zweifelhaft, weil der fehlende Gläubigerschutz bei der Gesellschaft mit beschränkter Haftung auf andere Weise, z. B. durch anderweitige Verpflichtung zur Rechnungsprüfung, ausgeglichen werden kann. Eindeutige Nachteile gibt es indes im Bereich des Finanzrechts.

Bei der offenen Handelsgesellschaft und der Kommanditgesellschaft liegen die Probleme erkennbar schon im Gesellschaftsrecht. Eine Einmanngründung kommt nicht in Betracht und es ist ein persönlich haftender Gesellschafter erforderlich. Weiter gilt grundsätzlich das Prinzip der Selbstorganschaft verbunden mit dem Grundsatz der Abstimmung nach Köpfen. Diese mangelnde Flexibilität wird durch die Regelungen anderer Rechtsbereiche nicht aufgefangen, insbesondere im Steuerrecht stehen diese Gesellschaften allen anderen juristischen Personen gleich.

Anhang

Adressen

1. Bundesrepublik Deutschland

Deutsch-Japanische Juristenvereinigung e. V.
Bleichenbrücke 1/Neuer Wall, 20354 Hamburg

Deutsch-Japanisches Wirtschaftsförderungsbüro
Oststr. 110, 40210 Düsseldorf

Japan External Trade Organisation (JETRO)
Colonnaden 72, 20354 Hamburg
Königsallee 58, 40212 Düsseldorf
Roßmarkt 17, 60311 Frankfurt/Main
Max-Joseph-Str. 8, 80539 München

Japanische Botschaft
Godesberger Allee 102 – 104, 53175 Bonn

Japanische Generalkonsulate
Wachtelstr. 8, 14195 Berlin
Immermannstr. 45, 40210 Düsseldorf
Hamburger Allee 2 – 10, 60486 Frankfurt/Main
Rathausmarkt 5, 20095 Hamburg
Prinzregentenplatz 10, 81675 München

Japanische Industrie- und Handelskammer zu Düsseldorf e. V.
Immermannstr. 45, 40210 Düsseldorf

2. Japan

Deutsche Botschaft
4-5-10 Minami Azabu, Minato-ku, Tôkyô 106

Deutsches Generalkonsulat Kôbe-Ôsaka
Kôbe Kokusai Kaikan 5 F, 8-1-6 Gokôdôri, Chûô-ku, Kôbe 651

Deutsche Industrie- und Handelskammer in Japan
Akasaka Tôkyû Bldg. 7 F, Chiyoda-ku, 2-14-3 Nagata-chô, Tôkyô 100

Deutsche Industrie- und Handelskammer in Japan, Zweigstelle Ôsaka
Nakanoshima Center Bldg. 23 F, 6-2-27 Nakanoshima, Kita-ku, Ôsaka 530

Deutsches Institut für Japanstudien
Nissei Kôjimachi Bldg. 2 F, 3-3-6 Kudan Minami, Chiyoda-ku, Tôkyô 102

EU Delegation
Europa-House, 9–15 Sanbancho, Chiyoda-ku, Tôkyô 102

EU Japan Center for Industrial Cooperation
Ichibanchô 81 Bldg. 5 F, 6-4 Ichibanchô, Chiyoda-ku, Tôkyô 102

Die Gründung einer Tochtergesellschaft in Kanada

von

Maître LILIA POULIOT, L.LL., Montreal,
ALEXANDER C. SENNECKE, B.A., M.A., LL.B., Barrister and Solicitor, Toronto
und
Rechtsanwalt DR. CHRISTIAN QUACK, LL.M., Düsseldorf*

Inhaltsübersicht

I. Einleitung

Kanada hat mit seinen enormen Rohstoffvorkommen, seiner reichlich vorhandenen Energie, seiner politischen Stabilität und einem großen, aufnahmefähigen nordamerikanischen Binnenmarkt ausländische Investitionen in außergewöhnlichem Maße angezogen. Ein großer Teil davon sind Direktinvestitionen in Form von Tochtergesellschaften und Beteiligungen ausländischer Unternehmen. Ausländische Direktinvestitionen sind vor allem im Rohstoffbereich und in der verarbeitenden Industrie von erheblicher Bedeutung. 1992 betrug der Wert aus-

* Die erste und zweite Auflage dieses Beitrags wurden von Prof. R. L. SIMMONDS und Dr. C. QUACK verfaßt.

ländischer Vermögensanlagen in Kanada Can$ 239 Mrd., wobei im Vergleich zum Vorjahr die Summe um 7,1 % angestiegen ist. Größter Investor sind mit Can$ 128 Mrd. die USA vor Japan mit Can$ 59 Mrd. und Großbritannien mit Can$ 40 Mrd. Ausländische Vermögenswerte in Kanada werden dabei zu 58 % von US-Amerikanern gehalten und zu 22 % von Europäern. Ebenso sind Can$ 231 Mrd. kanadischer Staatsanleihen, d. h. mehr als 1/3 der Staatsschulden, in ausländischer Hand. Diese Zahlen belegen die wirtschaftliche Attraktivität von Kanada für ausländische Investoren[1].

Die Sorge um wirtschaftliche und kulturelle Überfremdung durch ein Übermaß an ausländischen Investitionen führte 1973 zur Einführung eines umfassenden Gesetzes zur Kontrolle ausländischer Investitionen, des Foreign Investment Review Act. Zusätzlich gab es gesonderte Kontrollen für ausländisches Eigentum in Branchen wie dem Bankgeschäft oder dem Wertpapierhandel. Steuer- und Subventionsrecht der Bundesregierung wurden im Rahmen des „National Energy Program" herangezogen, um den Anteil ausländischen Eigentums auf dem Erdöl- und Erdgassektor zu senken.

Dies alles ließ die Aussichten für ausländische Investitionen, zumindest für Direktinvestitionen, in Kanada ziemlich düster erscheinen. Die Lage war aber nie so schlecht wie sie erschien. Kanadische Regierungsbehörden, besonders die der Provinzen, haben immer um die Gunst ausländischer Investoren geworben. Die Zulassungsraten in dem Genehmigungsverfahren nach dem Foreign Investment Review Act waren hoch. Darüber hinaus wurden Mitte der achtziger Jahre die oben genannten Kontrollmaßnahmen einer Neubewertung unterzogen, was 1985 die Ersetzung des Foreign Investment Review Act durch den Investment Canada Act[2] und die Abschaffung des National Energy Program zur Folge hatte. Auf Bundes-, Provinz- und Gemeindeebene gibt es eine Fülle von Investitionsanreizen zur Förderung verschiedener wirtschaftlicher Ziele[3]. Durch das amerikanisch-kanadische Freihandelsabkommen von 1988 und das nordamerikanische Freihandelsabkommen von 1993 (NAFTA)[4] hat der Wirtschaftsstandort Kanada zusätzlich an Attraktivität gewonnen. Vor diesem Hintergrund wird der folgende Artikel die rechtlichen Aspekte eines Eintritts in den kanadischen Markt durch Gründung einer Kapitalgesellschaft *(corporation)* beschreiben. Die corporation, die einzige in Kanada existierende Form der Kapitalgesellschaft, ist das gängigste Mittel zu diesem Zweck[5].

1 Canadian Commercial Law Guide Nr. 310 vom 21.05.1993, S. 5.

2 Revised Statutes of Canada 1985 (1st Supp.), c.28. Siehe dazu unter IX.

3 Informationen darüber geben die am Ende des Artikels genannten Adressen und die großen internationalen Wirtschaftsprüfungsgesellschaften und kanadischen Banken. Empfehlenswert dazu ist ferner das Buch Canadian Industrial Incentives Legislation, Bd. 1, 1993.

4 Dazu WEBER, RIW 1990, 975 ff; BIERWAGEN/HEEGEMANN, RIW 1989, 33 ff.

5 Eine kurze Darstellung der Vor- und Nachteile personengesellschaftlicher Formen für den ausländischen Anleger erfolgt in Abschnitt X.

II. Kanadas bundesstaatliches Rechtssystem

Kanada ist ein Bundesstaat, bestehend aus zehn Provinzen und zwei Bundesterritorien. Seine Verfassung beruht auf britischem Recht. Ihr für das Gesellschaftsrecht wichtigster Teil ist der British North America Act von 1867[6], der seit 1982 den Namen Constitution Act 1867 trägt. Dieses Gesetz verteilt in *sections* (ss.) 91 f die Gesetzgebungszuständigkeiten auf Bundes- und Provinzebene. Danach ist unter anderem die Inkorporierung (d. h. die Verleihung eigener Rechtspersönlichkeit durch den Staat) von Kapitalgesellschaften mit *„provincial objects"* Sache der Provinzen, während die anderen Kapitalgesellschaften durch den Bund inkorporiert werden müssen. Demgemäß gibt es Gesellschaftsgesetze in jeder der Provinzen oder Territorien und daneben ein Bundesgesellschaftsgesetz. Die Formel *„provincial objects"* bedeutet, daß eine Provinz keine Gesellschaft mit der Berechtigung inkorporieren kann, ihre Geschäfte auch außerhalb der Provinzgrenzen zu betreiben[7]. Für solche Geschäfte muß die Gesellschaft eine besondere Lizenz oder Registrierung der jeweiligen Provinz erhalten, in der sie tätig werden will[8]. Der Erhalt dieser Lizenz ist allerdings nicht schwierig: In erster Linie wird geprüft, ob der Name der Gesellschaft nicht dem einer anderen Gesellschaft, die Geschäfte in dieser Provinz betreibt, zu ähnlich ist. Trotzdem sind die damit verbundenen Kosten und der Zeitverlust nicht unbeachtlich. Auf bundesrechtlich inkorporierte Gesellschaften finden diese Vorschriften mit der Maßgabe Anwendung, daß diese zwar in ganz Kanada tätig werden können, sich dazu jedoch in der jeweiligen Provinz registrieren lassen müssen. Die Registrierung ist dabei aber nicht mit einer rechtlichen Prüfung verbunden.

Jemand, der seine Geschäfte in Kanada über eine Kapitalgesellschaft abwickeln möchte, hat also die Wahl zwischen Bundesrecht oder den Rechten der einzelnen Provinzen oder Territorien[9]. Für diese Wahl kommt es darauf an, ob man bundesweit oder nur in einer oder in wenigen Provinzen tätig werden will. Erstreckt sich der geplante Tätigkeitsbereich über mehrere Provinzen, so ist eine bundesrechtliche Inkorporierung vorzuziehen, weil sie verwaltungs- und kostenmäßig günstiger ist als eine Gründung in einer Provinz verbunden mit

6 30 – 31 Vict., c.3 (U.K.).

7 HOGG, Constitutional Law of Canada, 3. Aufl., 1992, S. 604.

8 Alle Provinzen und Territorien haben entsprechende Gesetze zur Registrierung oder Lizensierung von in anderen Provinzen inkorporierten Gesellschaften erlassen.

9 Banken, Treuhandgesellschaften und Versicherungsgesellschaften sind dagegen nach bestimmten Gesetzen zu gründen, die eine Gründung nach Bundes- oder Provinzrecht ausschließen.

Zulassungen in weiteren Provinzen. Weiterhin sind, auch bei der Wahl zwischen verschiedenen Provinzen, steuerliche Vorteile sowie Gründungs- und Verwaltungskosten abzuwägen, ebenso wie die teilweise beträchtlichen Unterschiede zwischen den einzelnen Gesellschaftsgesetzen. Minderheitenschutz, Publizitätspflichten, Wohnsitzerfordernisse für Verwaltungsratsmitglieder *(directors)* können mitunter sehr verschieden geregelt sein. Allerdings findet sich ein zunehmendes Maß an Übereinstimmung mit dem Bundesgesetz, dem Canada Business Corporations Act[10]. Folgende Provinzen haben Gesetze in Kraft gesetzt, die dem Bundesgesetz ähnlich sind: Manitoba[11], Saskatchewan[12], New Brunswick[13], Alberta[14] und Ontario[15].

Quebec fügte 1979 die Partie I A seinem Gesellschaftsgesetz an[16], die ein System anbietet, das in vielen Punkten dem Bundesmodell folgt. Das alte Recht in Quebec ähnelte sehr dem von Prince Edward Island[17], während die verbleibenden Provinzen British Columbia[18], Nova Scotia[19] und Newfoundland[20] Gesellschaftsgesetze mehr oder weniger nach englischem Muster haben. Die *companies' ordinances* der beiden Territorien, des Yukon Territory und der Northwest Territories, folgen im großen und ganzen der zuletzt genannten Gruppe von Provinzen[21]. Bei der Feststellung, ob eine bestimmte Rechtsordnung vorteilhaftere Regeln enthält als eine andere, müssen stets die neuesten Fassungen der Gesetze berücksichtigt werden[22]. Der Rest dieses Artikels konzentriert sich auf das Gesellschaftsgesetz des Bundes, den CBCA, und auf die Gesellschaftsgesetze der beiden Provinzen, die wegen ihrer wirtschaftlichen Bedeutung wahrscheinlich die populärsten für ausländische Investoren sein werden: auf die Gesetze der Provinzen Ontario und Quebec, den OBCA und die LCQ. Die Gesetze von Manitoba, Saskatchewan und Alberta werden zwar nicht ausdrücklich angeführt, entsprechen aber in den weitaus meisten Fällen dem CBCA.

10 Revised Statutes of Canada 1985 (1st Supp.), c.44, kurz CBCA.
11 Corporations Act, Revised Statutes of Manitoba 1987, C-225.
12 Business Corporations Act, Revised Statutes of Saskatchewan 1978, c. B-10.
13 Business Corporations Act, Statutes of New Brunswick 1981, c. B-9.1.
14 Business Corporations Act, Statutes of Alberta 1981, c. B-15.
15 Business Corporations Act, Revised Statutes of Ontario 1990, c. B-16, kurz OBCA.
16 Vgl. die Loi sur les compagnies, Lois révisées du Québec, c. C-38, kurz LCQ. Gründungen nach altem Recht (Partie I) wurden allerdings seit 1990 so gut wie nicht mehr zugelassen.
17 Companies Act, Revised Statutes of Prince Edward Island 1988, c. C-14.
18 Company Act, Revised Statutes of British Columbia 1979, c. 59.
19 Companies Act, Revised Statutes of Nova Scotia 1989, c. 81.
20 Companies Act, Revised Statutes of Newfoundland 1990, c. C-36.
21 Revised Ordinances of the Yukon Territory 1986, c. 15; Revised Ordinances of the Northwest Territories 1988, c. C-12.
22 Sehr nützlich dazu sind die im Anhang aufgeführten Loseblattsammlungen.

III. Gründung einer Kapitalgesellschaft

Eine Gesellschaftsgründung in Kanada ist relativ einfach und schnell durchzuführen, insbesondere in Rechtsordnungen nach dem Muster des CBCA. Sie beginnt mit der Wahl, Prüfung und Reservierung des Gesellschaftsnamens, die dann nicht erforderlich ist, wenn eine Nummer zur Bezeichnung der Gesellschaft gewählt wird[23]. Die Nummer kann allerdings nicht ausgesucht werden, sondern wird behördenseits vergeben. Folgende Dokumente müssen aufgesetzt, von den Gründern unterzeichnet und bei der zuständigen Verwaltungsbehörde eingereicht werden[24]:

a) die *articles of incorporation*[25], das Gründungsdokument der Gesellschaft. Sie müssen mindestens enthalten:
- Den Namen der Gesellschaft,
- den Sitz der Gesellschaft, der innerhalb Kanadas liegen muß[26],
- die Art und Höchstzahl der auszugebenden Anteile, wenn diese besonders bestimmt werden sollen und
- falls mehr als eine Kategorie von Anteilen ausgegeben werden, Rechte, Vorzüge, Einschränkungen und Bedingungen für jede Anteilskategorie,
- eventuelle Beschränkungen der Übertragbarkeit der Anteile,
- die Anzahl der *directors*[27] (auch Höchst- oder Mindestzahl),
- etwaige Beschränkungen des Geschäftsgegenstandes;

b) eine *notice of registered office* als Mitteilung der genauen Adresse des Gesellschaftssitzes und eine *notice of directors* als Mitteilung der Personalien der ersten *directors*, die bis zur Gründungshauptversammlung der Gesellschaft im Amt sind[28].

23 Zur Namensgebung siehe CBCA ss. 10–12, OBCA ss. 8–12, LCQ Teil I A, Kap. VI, und die dazu ergangenen Rechtsverordnungen (regulations). Nach dem CBCA z. B. darf es sich um einen englischen oder französischen Namen handeln, der eines der Wörter „Limited", „Limitée", „Incorporated", „Incorporée", „Corporation", „Société par actions de régime fédéral" oder die Abkürzungen „Ltd.", „Ltée.", „Inc.", „Corp."oder „S.A.R.F." enthalten muß. In Quebec muß der Name in französischer Sprache gefaßt sein, obwohl eine nicht französische Fassung zum Gebrauch außerhalb Quebecs daneben zusätzlich geführt werden darf. Französisch ist die Staatssprache dieser Provinz.

24 CBCA s. 7; OBCA s. 6; LCQ arts. 123.11 und 123.14.

25 Für den Inhalt der *articles of incorporation* siehe CBCA s. 6; OBCA s. 5; LCQ art. 123.12 und die entsprechenden Rechtsverordnungen. In Quebec heißen die *articles of incorporation „statuts"*. Sie müssen in Französisch abgefaßt werden, dürfen aber von einer englischen Fassung begleitet werden.

26 CBCA s. 19; OBCA s. 14: innerhalb Ontarios; LCQ art. 123.34: innerhalb Quebecs.

27 Mitglieder des Verwaltungsrats (in Quebec: *„administrateurs")*, dazu unten IV.

28 *Notice of registered office:* CBCA ss. 7 und 19, LCQ art. 123.14 (2); *notice of directors:* CBCA ss. 7 und 106; LCQ art. 123.14 (1). Der OBCA verlangt die Aufnahme dieser Informationen in die *articles of incorporation,* ss. 14 (1) und 119.

Wenn die eingereichten Dokumente in Ordnung sind, übersendet die Behörde eine Eintragungsbestätigung *(certificate of incorporation),* deren Datum den Beginn der Existenz der Gesellschaft bezeichnet[29]. Eine Zeichnung von Anteilen ist für die Registrierung nicht erforderlich. Bis zur ersten Hauptversammlung steht der Gesellschaft eine Frist von bis zu 18 Monaten zur Verfügung.

Das Gesellschaftsdokument, das der Satzung oder dem Gesellschaftsvertrag einer deutschen Kapitalgesellschaft am nächsten kommt, sind die by-laws. Ihre Abfassung ist nicht, wie die der *articles of incorporation,* zwingend vorgeschrieben, aber durchweg üblich. Sie enthalten Regelungen des Innenverhältnisses der Gesellschaft, aber auch ihrer Vertretung nach außen. So bestimmen sie typischerweise den Tagungsort und die Geschäftsordnung der Sitzungen des *board of directors* (Verwaltungsrats) und der Hauptversammlungen, die Funktionen der leitenden Angestellten *(officers)* der Gesellschaft, die Ausgabe und Übertragungsweise von Anteilen und den Abschluß von Verträgen für die Gesellschaft – stets in Übereinstimmung mit den jeweiligen gesetzlichen Vorschriften und den *articles of incorporation.* Ein wichtiger Unterschied zwischen den *articles of incorporation* und den *by-laws* besteht darin, daß die letzteren nicht öffentlich registriert werden, während die *articles* durch die Registrierung für jeden einsehbar sind[30]. Eine besondere Legitimation muß man dafür nicht nachweisen. Entsprechend werden in der Praxis in den *by-laws* besonders solche Regelungen getroffen, die im Innenverhältnis von Bedeutung sind. Eine Änderung der *articles* verlangt eine Zweidrittelmehrheit der Hauptversammlung, während die *by-laws* als flexibleres Element lediglich mit Zustimmung der einfachen Mehrheit der Anteilseigner geändert werden können. Die Kosten des Gründungsvorgangs, einschließlich der Registrierungsgebühren, der Aufwendungen für die Namenssuche, die „Grundausstattung" der Gesellschaft (Protokollbücher für Sitzungen und Versammlungen, Anteilsregister, Anteilszertifikate etc.) und der Gebühren eines kanadischen Anwalts für das Aufsetzen der *articles of incorporation* und der anderen benötigten Dokumente betragen grob geschätzt mindestens 1.500,00 bis 2.000,00 Can$. Zwar ist es möglich, eine Gesellschaft ohne anwaltliche Unterstützung zu gründen. Wegen der Eigenarten des Gesellschaftsrechts und der steuerlichen und investitionsrechtlichen Auswirkungen einer Gründung ist dies jedoch nicht ratsam.

Hinsichtlich der Gründerhaftung gilt: Maßgeblich für die Haftungsbeschränkung auf die Gesellschaft selbst ist der Zeitpunkt der Eintragung der Gesell-

29 CBCA ss. 8, 9 und 262; OBCA ss. 6, 7 und 273; LCQ art. 123.15 und 123.16.

30 CBCA ss. 7, 266; OBCA ss. 4, 269; LCQ arts. 2.2, 123.11, 123.14 und 123.158. *By-laws* sind nur Anteilseignern und Gläubigern zugänglich, CBCA s. 21 (1), OBCA s. 145 (1), in Quebec, wo sie *règlements* heißen, sogar nur den Anteilseignern, LCQ art. 123.114.

schaft. Bis zur Bestätigung der Eintragung sind die Gründer, die für die Gesellschaft rechtsgeschäftlich tätig werden, durch diese Rechtsgeschäfte persönlich berechtigt und verpflichtet[31]. Diese haftungsrechtliche Konsequenz kann durch entsprechende vertragliche Klauseln beschränkt oder sogar ausgeschlossen werden. Ebensowenig sind sie durch Rechtsgeschäfte gebunden, wenn die Gesellschaft sie innerhalb einer angemessenen Zeit nach der Gründung übernimmt; dann tritt sie an die Stelle der Gründer. Das zweite Vorgehen ist allerdings einer gerichtlichen Prüfung unterworfen: Das Gericht kann auf Antrag einer der Vertragsparteien trotz der Übernahme die Haftung der Gründer neben der Gesellschaft oder an ihrer Stelle festlegen. Dies soll es dem Gericht ermöglichen, dort einzugreifen, wo die Gesellschaft beispielsweise unterkapitalisiert war und die Gründer davon profitiert haben. Für nach der Eintragung abgeschlossene Rechtsgeschäfte ist die Haftung der Anteilseigner beschränkt.

Schließlich ist zu erwähnen, daß nicht alle Arten von Unternehmen unter dem CBCA, dem OBCA oder der LCQ inkorporiert werden können. Beispielsweise dürfen keine Versicherungsgesellschaften unter dem CBCA oder dem OBCA gegründet werden; für sie gibt es besondere Gesetze.

IV. Aufbau einer Kapitalgesellschaft

Das kanadische Gesellschaftsrecht kennt im wesentlichen nur zwei Organe einer Kapitalgesellschaft: den *board of directors* (oft übersetzt mit „Verwaltungsrat") und die Hauptversammlung. Während der *board* mit der Führung der Geschäfte der Gesellschaft und ihrer Vertretung betraut ist, entscheidet die Hauptversammlung Grundsatzfragen, soweit ihr nicht durch eine Gesellschaftervereinbarung *(shareholder agreement)* weitergehende Kompetenzen eingeräumt werden. Sie wählt die *directors,* stimmt der Bilanz der Gesellschaft zu und ernennt den Wirtschaftsprüfer *(auditor)* bzw. Rechnungsprüfer *(accountant).* Wie üblich im anglo-amerikanischen Gesellschaftsrecht, existiert nicht zusätzlich ein gesondertes Organ für die Überwachung der Verwaltung, das mit dem deutschen Aufsichtsrat vergleichbar wäre[32].

31 CBCA s. 14 (nur schriftliche Verträge); OBCA s. 21; LCQ art. 123.8.

32 Eine gewisse Aufsichtsfunktion wird jedoch durch die Mitglieder des *board* erfüllt, die nicht in der Geschäftsführung tätig sind *(outside directors).* Eine beschränkte Aufsichtsaufgabe hat auch ein besonderer Ausschuß des *board,* das „*audit committee*", das zusammen mit den Rechnungsprüfern den Jahresabschluß zu kontrollieren hat, vgl. CBCA s. 171; OBCA s. 158. Für Unternehmen, die ihre Anteile öffentlich anbieten, ist die Bildung eines „*audit committee*" in CBCA und OBCA zwingend vorgeschrieben.

1. *Board of directors*

Der *board of directors* ist das Gesellschaftsorgan, dem die Führung der Gesellschaftsgeschäfte anvertraut ist[33]. Geschäftsführung wird sowohl als Festlegung der Geschäftspolitik als auch als Führung der Alltagsgeschäfte und Vertretung der Gesellschaft verstanden[34]. Unter Geschäftsführung fallen in Kanada auch die Entscheidungen über die Gewinnverteilung und die Geltendmachung von Rechtsansprüchen der Gesellschaft. Die Zuständigkeit der directors umfaßt weiterhin die Ernennung, Kontrolle und Entlassung der leitenden Angestellten der Gesellschaft sowie andere Personalentscheidungen, die Entlohnung der Angestellten, wie auch die der *directors* selbst, und die Ausgabe von Anteilen. Wie bereits angedeutet, haben die *directors* das Recht, *by-laws* in Kraft zu setzen und zu ändern, die bis zur nächsten Hauptversammlung wirksam bleiben, von der sie genehmigt oder verworfen werden können. Eingriffe der Anteilseigner in die genannten speziellen Zuständigkeiten der *directors* sind nur durch eine Regelung in den *articles of incorporation, by-laws* oder Vereinbarungen aller Gesellschafter *(unanimous shareholder agreements)* möglich; ein Eingriff in die allgemeine Geschäftsführungskompetenz ist sogar ausschließlich einmütigen Gesellschaftervereinbarungen vorbehalten[35].

Jede Gesellschaft muß mindestens drei *directors* haben, wenn sie ihre Anteile öffentlich anbietet, und wenigstens einen, wenn sie dies nicht tut. Wenn die Gesellschaft ihre Anteile öffentlich anbietet, darf eine bestimmte Anzahl der *directors* nicht bei der Gesellschaft angestellt sein[36]. Allerdings brauchen *directors* nicht Anteilseigner der Gesellschaft zu sein.

Die Mehrheit der *directors* muß in Kanada ansässig sein[37]. Auch bei jeder Beschlußfassung muß eine Mehrheit von in Kanada ansässigen *directors* mitwirken[38]. Allerdings gilt eine Ausnahme, wenn eine Holdinggesellschaft in Kanada

33 CBCA s. 102 (1); OBCA s. 115 (1); LCQ art. 123.72. Dazu im einzelnen QUACK, Die personalistische Kapitalgesellschaft im kanadischen Gesellschaftsrecht, 1985, S. 25–33.

34 Die Führung der Tagesgeschäfte ist im Regelfall an die leitenden Angestellten (*officers*, in Quebec: *officiers*) delegiert.

35 CBCA s. 102 (1); OBCA s. 115 (1); LCQ art. 123.91. Dazu auch unten Abschnitt VI. a. E. und QUACK, aaO (Fn. 33), S. 47–51.

36 Gem. CBCA s. 102 (2) wenigstens zwei *directors*, gem. OBCA s. 115 (3) wenigstens 1/3 des *board*. In der LCQ findet sich diese Anforderung nicht. Wann ein „öffentliches Angebot" von Anteilen vorliegt, ist umstritten. Die Rechtsprechung stellt dabei, vor allem im Zusammenhang des Kapitalmarktrechts, auf das Schutzbedürfnis des Angebotsempfängers ab: vgl. ALBOINI, Ontario Securities Law, 1980, S. 288 ff.

37 CBCA s. 105 (3); OBCA s. 118 (3). Die LCQ enthält keine Residenzpflicht.

38 CBCA s. 114 (3); OBCA s. 126 (6). Eine Ausnahme von dieser Regel besteht, wenn ein in Kanada ansässiger *director* schriftlich oder telefonisch den Geschäften zustimmt und mit ihm eine Mehrheit von in Kanada ansässigen *directors* anwesend gewesen wäre, CBCA s. 114 (4); OBCA s. 126 (7).

– selbst oder durch Tochtergesellschaften – weniger als 5 % des in der neuesten konsolidierten Bilanz ausgewiesenen Bruttoeinkommens erzielt: Dann muß nur ein Drittel ihrer *directors* in Kanada ansässig sein.

Die Wirkung dieser Ansässigkeitserfordernisse für *directors* ist durch einmütige Gesellschaftervereinbarungen abgeschwächt worden, wodurch die Geschäftsführungszuständigkeiten ganz oder teilweise auf Anteilseigner übertragen werden können, die nicht in Kanada ansässig sein müssen[39].

Die Beschlußfassung der *directors* kann nicht nur in Versammlungen, sondern auch schriftlich erfolgen, allerdings nur einstimmig[40]. Außerdem ist eine Versammlung mittels telefonischer Konferenzschaltung zulässig, wenn alle *directors* einer Versammlung auf diese Weise zustimmen.

Die *directors* werden durch die Hauptversammlung für eine Amtszeit gewählt, die mit dem Ende der dritten Jahreshauptversammlung nach der Wahl endet[41]. Die Hauptversammlung kann außerdem einen *director* durch Mehrheitsbeschluß abberufen und ersetzen[42]. Einen besonderen Grund braucht sie dafür nicht anzugeben.

Den weitgehenden Rechten der *directors* entsprechen umfangreiche Pflichten. Diese lassen sich in Sorgfaltspflichten und Treuepflichten unterteilen. Die neueren Gesellschaftsgesetze verlangen von einem *director,* daß er die Sorgfalt walten lasse, die eine angemessen umsichtige Person unter vergleichbaren Umständen walten lassen würde[43]. Der *director* muß den Geschäften der Gesellschaft einige Aufmerksamkeit widmen und allgemein in Geschäftsdingen kompetent sein[44]. Die Treuepflichten verlangen von den *directors,* redlich und in gutem Glauben mit Hinblick auf das Wohl der Gesellschaft zu handeln[45]. Beispielsweise verbieten sie übermäßige Gehaltszahlungen an die *directors*[46], den Abschluß von Verträgen für die Gesellschaft, an denen ein *director* persönlich interessiert ist, ohne Mitteilung dieses Interesses an die anderen *directors*[47], die Aneignung von

39 Näheres zu einmütigen Gesellschaftsvereinbarungen im Abschnitt VI. a. E.

40 CBCA s. 117; OBCA s. 129 (1); LCQ art. 89.3.

41 CBCA s. 106 (3); OBCA s. 119 (4). Die LCQ sieht eine Amtszeit von zwei Jahren vor, art. 88.

42 CBCA s. 109 (1) i.V.m. s. 6 (4); OBCA s. 122 (1); LCQ art. 123.77.

43 CBCA s. 122 (1) (b); OBCA s. 134 (1) (b). Eine ähnliche Wirkung haben LCQ arts. 123.83 und 123.84.

44 Vgl. HADDEN/FORBES/SIMMONDS, Canadian Business Organizations Law, 1984, S. 227 ff.

45 IACOBUCCI/PILKINGTON/PRICHARD, Canadian Business Corporation, 1977, S. 293. Vgl. auch CBCA s. 122 (1) (a); OBCA s. 134 (1) (a). Zu diesem und dem folgenden QUACK, aaO (Fn. 33), S. 103–138.

46 PALMER, Director's Powers and Duties, in: Ziegel (Hrsg.), Studies in Canadian Company Law, Bd. 1. 1967, S. 365, 382 f; BUCKLEY, Ratification and the Derivative Action under the Ontario Business Corporations Act, 22 McGill L.J. 167, 191–195 (1976).

47 Vgl. CBCA s. 120 (1); OBCA s. 132 (1); IACOBUCCI/PILKINGTON/PRICHARD, aaO (Fn. 45), S. 301 f, 308–313.

Geschäftsgelegenheiten der Gesellschaft *(corporate opportunities)*[48], und die Ausgabe von Anteilen an sie selbst oder ihre Freunde, um die Kontrolle über die Gesellschaft zu behalten[49].

Directors haften gesamtschuldnerisch, wenn Anteile gegen unzureichende Sacheinlagen ausgegeben werden oder wenn die Kapitalerhaltungsregeln, zum Beispiel bei der Aussschüttung von Dividenden oder bei finanzieller Unterstützung von Anteilseignern, *directors* oder Dritten, verletzt werden[50], sowie für höchstens sechs Monatslöhne, wenn die Gesellschaft ihre Arbeitnehmer nicht mehr bezahlen kann[51]. Von zunehmender Bedeutung ist die Haftung für Umweltschäden. Nach dem Environmental Protection Act von Ontario z. B. haften *directors* für die Gesellschaft, wenn Betriebsstätten der Gesellschaft Umweltschäden verursachen und die *directors* in dieser Beziehung nicht die notwendige Sorgfalt bei der Geschäftsführung angewandt haben[52].

Wenn ein *director* an einer Sitzung des *board* teilnimmt, wird gesetzlich vermutet, daß Beschlüsse mit seiner Zustimmung gefaßt wurden, wenn das Sitzungsprotokoll nicht seinen Widerspruch ausweist. Hat er nicht an der Sitzung teilgenommen, so muß er dem Beschluß innerhalb von sieben Tagen nach Kenntniserlangung widersprechen, um zu vermeiden, daß seine Zustimmung vermutet wird. Einer Haftung kann er auch bei tatsächlicher oder vermuteter Zustimmung entgehen, wenn er nachweist, daß er sich gutgläubig auf Berichte über die Finanzlage der Gesellschaft verlassen hat, die ihm von leitenden Angestellten oder Prüfern unterbreitet wurden, oder auf andere Berichte eines Anwalts, Rechnungsprüfers, Ingenieurs oder anderer glaubwürdiger Fachleute[53].

2. *Leitende Angestellte (officers)*

Die leitenden Angestellten werden vom *board* bestellt, der Geschäftsführungs- und Vertretungsbefugnisse an sie delegiert[54]. Normalerweise gibt es die folgenden Positionen für leitende Angestellte: *president, vice president, treasurer*

48 Die Beschränkung entspricht dem Wettbewerbsverbot im deutschen Gesellschaftsrecht. Vgl. HADDEN/FORBES/SIMMONDS, aaO (Fn. 44), S. 215 f; BECK, Corporate Opportunity Revisited, in: Ziegel (Hrsg.), Studies in Canadian Company Law, Bd. 2, 1973, S. 193; DERS., The Quickening of Fiduciary Obligation: Canadian Aero Services v. O'Malley, 53 Can. Bar Rev. 771 (1975).

49 ANISMAN, Takeover Bid Legislation in Canada: A Comparative Analysis, 1974, S. 288–296; J. SMITH, Corporate Executives in Quebec, 1978, S. 182 – 190.

50 CBCA s. 118; OBCA s. 130; LCQ art. 123.71 und 123.69.

51 CBCA s. 119; OBCA s. 131; LCQ art. 96.

52 Vgl. auch Ontario Reports (9 O.R. (3d)) 1992, Bd. 9, S. 329.

53 CBCA s. 123; OBCA s. 135; ähnlich LCQ arts. 123.84 und 123.85.

54 CBCA s. 121; Ausnahmen in s. 115 (3); OBCA s. 133; LCQ art. 91 (2) (d).

(Schatzmeister) und *secretary* (Schriftführer). Die leitenden Angestellten unterliegen denselben Sorgfalts- und Treuepflichten wie die *directors.* Auch *directors* können zu leitenden Angestellten gemacht werden; dies ist in der Praxis häufig der Fall.

3. *Hauptversammlung*

Die jährliche Hauptversammlung wird normalerweise durch die *directors* einberufen. Eine Mitteilung über die Versammlung muß die Anteilseigner mindestens 21 Tage, höchstens 50 Tage vor dem vorgesehenen Versammlungstermin erreichen[55]. Diese Mitteilung muß detailliert beschreiben, was auf der Tagesordnung der Versammlung steht. Die Versammlung kann außerhalb Kanadas abgehalten werden, wenn alle Anteilseigner dem zustimmen.

Die wichtigsten Zuständigkeiten der Hauptversammlung sind die Wahl und Abberufung der *directors* und der Rechnungsprüfer, Änderungen der *articles of incorporation* und der *by-laws* und die Zustimmung zu Kapitalherabsetzungen. Die Hauptversammlung hat aber keinen Einfluß auf die Ausgabe neuer Anteile, die völlig in der Hand der *directors* liegt.

Anteilseigner, die an Versammlungen nicht teilnehmen können, können sich durch die Erteilung von Stimmrechtsvollmachten *(proxies)* vertreten lassen. Die Werbung um Stimmrechtsvollmachten vor einer Hauptversammlung ist eingehend gesetzlich geregelt[56]. Eine Bitte um Erteilung einer solchen Vollmacht muß beispielsweise von einem detaillierten Schreiben begleitet sein, das Einzelheiten über die Personen enthält, denen die Vollmachten erteilt werden sollen, und über die Tagesordnungspunkte, für die die Stimmen abgegeben werden sollen.

Ähnlich wie die Beschlüsse des *board of directors* können auch Beschlüsse der Anteilseigner schriftlich ohne die tatsächliche Abhaltung einer Versammlung gefaßt werden, wenn alle Anteilseigner den Beschluß unterzeichnen[57].

4. *Minderheitenschutz*

Eine der wichtigsten Errungenschaften gesellschaftsrechtlicher Reform in Kanada während der siebziger Jahre war die Einführung neuer Rechtsbehelfe für eine Gesellschafterminderheit. Lediglich Quebec verweigerte sich einer dahinge-

55 CBCA s. 135; nach der LCQ findet eine Frist von 10 Tagen Anwendung: LCQ art. 97.
56 CBCA ss. 147–154; OBCA ss. 109–114; LCQ arts. 102–103; siehe auch die dazu ergangenen Rechtsverordnungen. Ähnliche Vorschriften finden sich in den Kapitalmarktgesetzen *(securities acts)* der Provinzen, beispielsweise Quebecs.
57 CBCA s. 142; OBCA s. 104; LCQ art. 123.96.

henden Rechtsänderung. Die folgenden Ausführungen gelten daher nur für das Bundesrecht und das Recht von Ontario.

Jeder Anteilseigner kann nach der Erfüllung bestimmter Vorbedingungen an Stelle der Gesellschaft Klage erheben, wenn deren Rechte verletzt wurden *(derivative action).* Diese Vorbedingungen sind eine rechtzeitige Mitteilung an die directors über die Absicht der Klageerhebung an die Gesellschaft und die Zulassung der Klage durch das Gericht[58]. Ein anderer, sehr weiter Rechtsbehelf ist die Mißbrauchsklage *(oppression remedy),* die es dem Gericht auf Antrag eines Anteilseigners ermöglicht einzugreifen, wenn das Verhalten der Gesellschaft oder die Führung der Gesellschaftsgeschäfte durch die *directors* oder die Ausübung von deren Zuständigkeiten als mißbräuchlich oder unbillig benachteiligend qualifiziert werden können oder sie unbillig die Interessen eines Anteilseigners mißachten. Das Gericht kann anordnen, was es für richtig hält, um der beanstandeten Lage abzuhelfen[59]. Weiterhin kann ein Anteilseigner bei Verstoß eines *directors* oder eines Angestellten gegen das Gesetz, die *articles of incorporation, by-laws* oder gegen einmütige Gesellschaftervereinbarungen bei Gericht einen Antrag auf Einhaltung jener Vorschriften stellen *(compliance remedy)*[60].

Die Anteilseigner können ferner das zuständige Gericht veranlassen, eine Untersuchung gegen die Gesellschaft einzuleiten; das Gericht hat dabei sehr weitgehende Befugnisse[61]. Auch in Quebec ist ein dahingehender Antrag an den Inspecteur Général des Institutions Financières möglich[62].

Ein Mittel, Minderheitsgesellschafter vor grundsätzlichen Änderungen in der Gesellschaft, die gegen ihren Willen durchgesetzt werden, zu schützen, gibt das Gesetz in Form eines Abfindungsrechts für widersprechende Anteilseigner *(appraisal remedy)*[63] zum *„fair value“*. Dieses Abfindungsrecht kann beispielsweise bei der Fusion mit einer anderen Gesellschaft, dem Verkauf oder der Vermietung von praktisch allen Aktiva der Gesellschaft oder bei gewissen Änderungen der *articles of incorporation*[64] gegeben sein.

58 CBCA s. 239; OBCA ss. 246 f. Siehe auch QUACK, aaO (Fn. 33), S. 151–172 und WELLING, Corporate Law in Canada: The Governing Principles, 2. Aufl., 1991, S. 525 ff. Eine Erörterung der Rechtslage in Quebec findet sich bei MARTEL/MARTEL, La compagnie au Québec: Les aspects juridiques, 1993, S. 784 ff.

59 CBCA s. 241; OBCA s. 248. Für die Anwendungsmöglichkeiten der Mißbrauchsklage siehe QUACK, aaO (Fn. 33), S. 187–200; HADDEN/FORBES/SIMMONDS, aaO (Fn. 44), S. 216 ff und WALDRON, Corporate Theory and the Oppression Remedy, 6 Can. Bus. L.J. 129 (1982).

60 CBCA s. 247; OBCA s. 253.

61 CBCA ss. 229 f; OBCA ss. 161 f; dazu QUACK, aaO (Fn. 33), S. 202 f.

62 Vgl. LCQ art. 110.

63 Vgl. CBCA s. 190; OBCA s. 185 (10–32), die die Abfindungsprozedur im einzelnen regeln; QUACK, aaO (Fn. 33), S. 204–213.

64 Einführung oder Änderungen von Übertragbarkeitsbeschränkungen, Änderungen oder Beschränkungen des Geschäftsgegenstandes.

Neben diesen wichtigen Rechtsbehelfen haben Minderheitsgesellschafter noch eine Anzahl von anderen Rechten. Beispielsweise können sie eine Änderung der *articles of incorporation* oder *by-laws* vorschlagen und, wenn sie über mindestens 5 % der Anteile verfügen, eine außerordentliche Hauptversammlung einberufen[65]. Möglich ist es auch, in den *articles of incorporation* eine Wahl der *directors* nach der Methode der Stimmenhäufung *(cumulative voting)* vorzusehen, was eine Minderheitsvertretung im *board* erleichtert.

5. Rechnungslegung und -prüfung

Zu jeder Jahreshauptversammlung müssen die *directors* den Jahresabschluß *(annual financial statement)* vorlegen[66]. Er muß eine Gewinn- und Verlustrechnung, die Bilanz, eine Aufstellung der Überschüsse und einen Bericht über Änderungen der Finanzlage der Gesellschaft enthalten. Der Jahresabschluß muß allen Anteilseignern mindestens 21 Tage vor der Versammlung zugesandt werden.

Jährlich wird durch die Hauptversammlung ein von der Gesellschaft unabhängiger Rechnungsprüfer bestimmt, der den Jahresabschluß der Gesellschaft prüft. Es werden nicht alle Buchungen geprüft, sondern lediglich Stichproben genommen. Dies führt dazu, daß die *directors* und *officers* ziemlich eigenständig handeln können und starken Einfluß insbesondere auf die wirtschaftlichen Informationen für die Anteilseigner nehmen können. Der Rechnungsprüfer muß der Hauptversammlung über seine Prüfung berichten. Die Anteilseigner einer Gesellschaft, die ihre Anteile nicht öffentlich angeboten hat und deren Vermögen nicht mehr als 5 Mio. Can$ übersteigt und deren Umsätze 10 Mio. Can$ nicht übersteigen, können auf die Ernennung eines Rechnungsprüfers bis zur nächsten Hauptversammlung einstimmig verzichten.

V. Finanzierung der Kapitalgesellschaft[67]

1. Kapitalaufbringung

In Kanada gibt es für Kapitalgesellschaften kein Mindestkapitalerfordernis. Das Eigenkapital, das tatsächlich durch Anteilsausgabe aufgebracht wird, wird

65 CBCA s. 143. Nach LCQ art. 99 (2) kann jeder Anteilseigner, der über Anteile für nicht weniger als 10 % des Stammkapitals verfügt, eine solche Sonderhauptversammlung einberufen.

66 CBCA s. 155 (1); OBCA s. 154 (1); LCQ art. 98 und die jeweils dazu ergangenen Rechtsverordnungen.

67 Vgl. dazu QUACK, aaO (Fn. 33), S. 227–250.

als *stated capital* bezeichnet und gesondert in den Büchern der Gesellschaft aufgeführt; die *articles of incorporation* enthalten lediglich eine Höchstzahl von Anteilen, die die Gesellschaft ausgeben darf und dies auch nur dann, wenn eine solche Höchstzahl festgelegt wurde. Für die Anteilsausgabe sind, wie bereits erwähnt wurde, die *directors* zuständig. Sie legen auch fest, was als Einlage zu leisten ist[68]. Anteile müssen nach CBCA und OBCA, nicht aber nach LCQ voll eingezahlt werden, entweder in bar, Sachwerten[69] oder geleisteten Diensten, bevor sie ausgegeben werden können. Die schwierige Aufgabe zu bestimmen, ob eine Sacheinlage angemessen ist *(fair equivalent),* obliegt ebenfalls den *directors*[70], die auch für die Differenz zwischen dem Wert der Sacheinlage und der Höhe der Einlageverpflichtung haften, wenn sie ihrer Pflicht nicht nachkommen. Dieser persönlichen Haftung kann ein *director* entgehen, wenn ihm der Nachweis gelingt, daß er nicht wußte oder nicht wissen konnte, daß die für die Anteilsaufgabe empfangene Gegenleistung nicht dem Wert des Anteils entsprach[71]. Anteilseigner haben kein gesetzliches Bezugsrecht, wenn Anteile ausgegeben werden; ein solches Recht kann aber in die *articles of incorporation* aufgenommen werden. Die Finanzierung durch Ausgabe von Schuldverschreibungen *(debentures)* gehört ebenfalls zur Zuständigkeit der *directors,* wenn die *articles of incorporation,* die *by-laws* oder eine einmütige Gesellschaftervereinbarung nichts anderes vorsehen[72].

Tritt eine Gesellschaft an den öffentlichen Kapitalmarkt heran, ist sie den strengen Publizitätserfordernissen der Kapitalmarktgesetzgebung unterworfen. Jede Provinz hat ein Kapitalmarktgesetz *(securities act),* und das System folgt im großen und ganzen dem US-amerikanischen Muster eines Anlegerschutzes durch eine dafür eingesetzte Verwaltungsbehörde *(securities commission).* Platzgründe verbieten es leider, näher darauf einzugehen[73].

2. *Kapitalerhaltung*

Um das einmal aufgebrachte Kapital zu erhalten, sieht das kanadische Gesellschaftsrecht bestimmte Entnahmebeschränkungen vor. Beispielsweise ist

68 CBCA s. 25 (1); OBCA s. 23 (1); LCQ art. 45 i.V.m. art. 13 (5).

69 CBCA s. 25 (3); LCQ art. 66. Schuldverschreibungen und Zahlungsversprechen ausgeschlossen: CBCA s. 25 (5); OBCA s. 23 (6).

70 CBCA s. 25 (4); OBCA s. 23 (4); LCQ art. 45.

71 CBCA ss. 118 (1) und (6); OBCA ss. 130 (1) und (6).

72 CBCA s. 189; OBCA s. 184 (1); LCQ art. 77.

73 Vgl. dazu HADDEN/FORBES/SIMMONDS, aaO (Fn. 44), Kap. 7; JOHNSTON, Canadian Securities Regulation, 1977 und Canadian Securities supplement 1982, 1983; ALBOINI, Ontario Securities Law, 1980; BUCKLEY, Small Issuers under the Ontario Securities Act, 1978: A Plea for Exemptions, 29 U. Toronto L.J. 309 (1979).

die Ausschüttung von Dividenden an die Voraussetzung geknüpft, daß die Gesellschaft auch nach der Ausschüttung über ausreichende Liquidität verfügt und daß das Eigenkapital *(stated capital)* nicht angetastet wird[74]. Ähnliche Voraussetzungen bestehen auch für den Erwerb eigener Anteile durch die Gesellschaft[75] und die Gewährung finanzieller Unterstützung an Anteilseigner, *directors* oder Angestellte, oder an jede andere Person zum Zwecke des Erwerbs von Anteilen der Gesellschaft[76]. Eine Herabsetzung des Eigenkapitals ist nur durch qualifizierten Mehrheitsbeschluß der Hauptversammlung möglich[77].

VI. Die personalistische Kapitalgesellschaft[78]

Das kanadische Gesellschaftsrecht unterscheidet nicht grundsätzlich zwischen großen Kapitalgesellschaften mit einem weitgestreuten Kreis von Anteilseignern und Gesellschaften, die durch ein persönliches Verhältnis zwischen den Mitgliedern und durch Eigengeschäftsführung gekennzeichnet sind und die ihre Anteile nicht öffentlich anbieten. Gesellschaften des letzten Typs werden in der Rechtsliteratur als „*close corporations*" bezeichnet. Die Gesellschaftsgesetze gelten gleichermaßen für beide Gesellschaftstypen. So sind beispielsweise Einmanngründung und Einmanngesellschaft allgemein zulässig. Trotzdem gibt es einige Sondervorschriften für Kapitalgesellschaften mit personengesellschaftlichen Zügen.

So brauchen Gesellschaften, die ihre Anteile nicht öffentlich anbieten[79], nur einen *director* zu haben. Ihren Anteilseignern steht es auch frei, ob sie einen Rechnungsprüfer bestimmen; allerdings ist eine Befreiung auf den Zeitraum bis zur nächsten Jahreshauptversammlung begrenzt und alle Anteilseigner müssen ihr zustimmen. Außerdem darf in diesem Fall die Gesellschaft nach einigen Gesetzen eine gewisse Größe nicht überschreiten[80]. Andere Ausnahmen betreffen die Durchführung der Rechnungsprüfung, den Jahresabschluß, die Vorschriften

74 CBCA s. 42; OBCA s. 38 (3); LCQ art. 123.70.

75 CBCA s. 34 (2); OBCA s. 30 (2); LCQ art. 123.56. Für rückkaufbare Anteile *(redeemable shares)* CBCA s. 36 (2); OBCA s. 32 (2); LCQ art. 123.53.

76 CBCA s. 44 (1); OBCA s. 20 (1); LCQ art. 123.66.

77 CBCA ss. 38 (1) und 2 (1) unter „*special resolution*"; OBCA s. 34 (1); LCQ art. 123.62 und 123.103.

78 Dazu im einzelnen QUACK, aaO (Fn. 33), S. 17 – 95.

79 Die Frage, wann eine Gesellschaft Anteile öffentlich anbietet, ist überaus umstritten; zur Rechtsprechung vgl. ALBOINI, aaO (Fn. 36). Weitgehend wird dabei auf das Schutzbedürfnis des Angebotsempfängers abgestellt.

80 OBCA s. 148 (1) (a) (iii): Aktiva 2,5 Mio. Can$, Bruttojahreseinkünfte 5 Mio. Can$. Die LCQ und der CBCA (seit Juni 1994) kennen diese Beschränkung nicht.

für die Werbung um Stimmrechtsvollmachten, *insider trading* und Übernahmeangebote; sie sind meistens an ein Fernbleiben vom öffentlichen Kapitalmarkt, oft aber auch an die Einhaltung einer bestimmten Höchstzahl von Anteilseignern (meistens 15) gebunden. Sehr wichtige Ausnahmen gibt es für die Publizitätspflichten der Kapitalmarktgesetzgebung: einmal für Anteile einer „*private company*"[81] und zum anderen für ein begrenztes Angebot an eine kleine Gruppe besonders qualifizierter Interessenten.

In Kapitalgesellschaften mit personalistischer Prägung zeigen die Anteilseigner oft starkes Bedürfnis, die Geschäftsführung zu beeinflussen und vertraglich zu binden. Beispielsweise sind Personalentscheidungen oft Gegenstand vertraglicher Vereinbarungen, weil die Anteilseigner häufig durch eigene Arbeit im Unternehmen ihr Brot verdienen und sich absichern wollen. Auch andere Geschäftsentscheidungen sind für die Gesellschafter von erheblicher Bedeutung, weil sie ihre Investition innerhalb der Gesellschaft verteidigen müssen, da es praktisch keinen Markt für die Anteile von personalistischen Kapitalgesellschaften gibt. Diesem Bedürfnis nach Einfluß widerspricht die uneingeschränkte Geschäftsführungskompetenz der *directors,* wie sie das Gesetz vorsieht. Dennoch haben die Gerichte die Unabhängigkeit der *directors* früher entschieden verteidigt: Vereinbarungen, die die Entscheidungsfreiheit der *directors* in Geschäftsangelegenheiten binden sollten, waren nichtig. Diese Rechtslage hat sich erst durch die Einführung der gesetzlichen Bestimmungen über einmütige Gesellschaftervereinbarungen geändert: Durch eine derartige Vereinbarung, die zwischen allen Gesellschaftern getroffen werden muß, können die Zuständigkeiten der *directors* eingeschränkt werden, und die Gesellschafter können die Geschäftsführung teilweise oder gänzlich selbst übernehmen[82]. Sie haften dann in gleichem Maße wie die *directors* vorher, während diese von ihrer Haftung befreit werden[83].

VII. Zusammenschlußvorhaben

Auch die Gründung einer Tochtergesellschaft kann einen Zusammenschlußtatbestand des kanadischen Wettbewerbsrechts erfüllen, beispielsweise wenn es sich bei der Tochtergesellschaft um ein Gemeinschaftsunternehmen mit einem kanadischen Unternehmen handelt.

Kanadas Wettbewerbsrecht ist fast so alt wie das der Vereinigten Staaten. Das gegenwärtige kanadische Wettbewerbsrecht stellt die lange verzögerte Über-

81 Zumeist wie folgt definiert: weniger als 50 Anteilseigner, Anteile vinkuliert, kein öffentliches Angebot von Anteilen.

82 CBCA s. 146 (2); OBCA s. 108 (2); LCQ art. 123.91.

83 CBCA s. 146 (5); OBCA s. 108 (5); LCQ art. 123.92.

arbeitung eines alten Gesetzes, des Combines Investigation Act, dar. Dieses alte Gesetz war bei weitem nicht so wirksam wie sein amerikanisches Gegenstück. Verurteilungen wegen wettbewerbsrechtlicher Vergehen waren selten, da das Gesetz nicht mit der nötigen Schärfe durchgesetzt und zudem von der Rechtsprechung restriktiv ausgelegt wurde.

Die neuen Gesetze, die zum größten Teil Mitte 1986 in Kraft traten[84], verlagern den Schwerpunkt der Zusammenschlußkontrolle von der strafrechtlichen Ahndung von Wettbewerbsverstößen zu einer Kontrolle durch die Verwaltung in Zivilverfahren. Ein Wettbewerbsgericht (Competition Tribunal) entscheidet auf Antrag einer staatlichen Behörde, des Director of Investigations and Research, darüber, ob ein marktbeherrschendes Unternehmen Handlungen vornimmt, die den Wettbewerb erheblich verringern, oder es sich an einem den Wettbewerb erheblich verringernden Zusammenschluß beteiligt[85]. Das Wettbewerbsgericht kann Zusammenschlüsse verbieten und ihre Rückabwicklung anordnen[86]. Das Wettbewerbsgesetz enthält außerdem eine Reihe von Vorschriften, die die Anzeige von Zusammenschlüssen oberhalb einer bestimmten Unternehmensgröße erfordern. Durch die genannten Ergänzungen hat das Wettbewerbsrecht erheblich an Bedeutung gewonnen.

VIII. Besteuerung von Kapitalgesellschaften[87]

Das kanadische Steuerrecht unterscheidet nicht zwischen Körperschaft- und Einkommensteuer, sondern spricht nur von *„income tax"*. Diese Steuer wird auf

84 Competition Tribunal Act als Teil I des Act to establish the Competition Tribunal and to amend the Combines Investigation Act and the Bank Act and other Acts in consequence thereof, Revised Statutes of Canada 1985 (2nd Supp.), c. 19, sowie der in Competition Act umbenannte Combines Investigation Act, der durch Teil II des Act to establish the Competition Tribunal and to amend the Combines Investigation Act and the Bank Act and other Acts in consequence thereof, Revised Statutes of Canada 1985 (2nd Supp.), c. 19, völlig umgestaltet wurde. Vgl. dazu TONKE, WuW 1986, 883 f, MARFELS, WuW 1986, 869–880, GOLDMANN, WuW 1989, 125–131, DAVIES/WARD/BECK, Competition Law of Canada, 1993 und ADDY/VANVEEN, Competition Law Service, 1993.

85 Competition Act s. 79 i.V.m. s. 78; s. 92 i.V.m. s. 91.

86 Competition Act s. 79 i.V.m. s. 92.

87 Aus Platzgründen kann hier nur ein grober Überblick über dieses komplexe und schnellem Wechsel unterworfene Rechtsgebiet gegeben werden. Für Einzelheiten siehe HOYER, RIW 1983, 178–191; DERS., Steuerfolgen der Rechtsformwahl bei Investitionen in Kanada, in: Internationale Wirtschafts-Briefe, F 8, Kanada, Gruppe 2, S. 121 (1982); SANDER, DB 1980, 2351 ff; MÜSSENER, Das Steuersystem Kanadas, in: Internationale Wirtschafts-Briefe, F 8, Kanada, Gruppe 2, S. 173–184 (1994); DERS., in: Mennel, Steuern in Europa, USA, Kanada und Japan (Loseblattsammlung, Stand 1994), sowie die einschlägigen Broschüren der großen internationalen Wirtschaftsprüfungsgesellschaften und kanadischen Banken.

Bundes- und Provinzebene erhoben und ist bei weitem die bedeutendste Steuer, die Gesellschaften in Kanada zu zahlen haben. Daneben fällt eine ebenfalls zu erbringende Kapitalsteuer *(capital tax)* nicht ins Gewicht[88]. Der Bund erhebt die Einkommensteuer für sich und für die Provinzen und Territorien, mit Ausnahme von Ontario, Alberta und Quebec, wo an Bund und Provinz jeweils zwei getrennte Einkommensteuererklärungen abgegeben werden müssen. Geregelt ist die von Kapitalgesellschaften zu entrichtende Einkommensteuer im Income Tax Act[89], der die Steuersätze für den Bund festlegt, und in diversen Provinzgesetzen[90]. Für die Bemessung der Einkommensteuer gelten die Grundsätze des Bundesrechts, nur in Alberta, Ontario und Quebec gibt es Sonderregelungen. Im folgenden soll hauptsächlich das Bundesgesetz behandelt werden.

Der Basiseinkommensteuersatz nach Bundesrecht ist zur Zeit 38 %. 10 % werden abgezogen, wenn das Einkommen in einer der Provinzen erzielt wurde. Die dann zusätzlich anfallenden Provinzsteuern betragen – je nach Provinz – zwischen 12,84 und 17,84 %[91]. Bei der Berechnung der Einkommensteuer der Gesellschaft wird kein Unterschied zwischen ausgeschütteten und nicht ausgeschütteten Gewinnen gemacht.

Eine Kapitalgesellschaft wird natürlich auch steuerrechtlich als eigenständige Rechtspersönlichkeit angesehen; sie wird aber in einer Reihe von Punkten anders behandelt als eine natürliche Person. Zwar wird eine in Kanada ansässige Körperschaft wie eine ansässige natürliche Person mit ihrem Welteinkommen besteuert. Das Einkommen wird aber anders als bei natürlichen Personen bestimmt, und anders ist auch die Reihe möglicher Abzüge. Auch die Steuersätze sind unterschiedlich: Körperschaften werden, im Gegensatz zu natürlichen Personen, nicht mit progressiven Sätzen erfaßt. Bei der Berechnung des zu versteuernden Einkommens gibt es eine Regel, die sich gegen eine Unterkapitalisierung von Gesellschaften, die von Ausländern kontrolliert werden, wendet: Wenn das Eigenkapital im Verhältnis zu den Verbindlichkeiten gegenüber ausländischen Anteilseignern, die 25 % oder mehr der Anteile besitzen, weniger als ein Drittel beträgt, kann der entsprechende Anteil der Zinsen, die an die Ausländer gezahlt

88 Kapitalsteuer für Quebec z. B. 0,56 %. Der Bund erhebt eine Kapitalsteuer von 0,2 % des über Can$ 10.000.000 hinausgehenden in Kanada eingesetzten Kapitals von kanadischen Kapitalgesellschaften und solchen, die eine ständige Niederlassung in Kanada haben („LCT" = Large Corporations Tax). Sie kann mit einer 3%igen Ergänzungsabgabe auf kanadische Gewinne verrechnet werden. Ontario erhebt eine Kapitalsteuer von bis zu 0,3 %.

89 Statutes of Canada 1970–71–72, c. 63. Eine aktuelle Loseblattsammlung zum kanadischen Einkommensteuerrecht, die auch den Gesetzestext enthält, ist der Canada Tax Service der Richard De Boo Ltd. (7 Bde.).

90 Entweder in dem jeweiligen allgemeinen Einkommensteuergesetz oder in einem gesonderten Corporations Tax Act, z. B. dem Corporations Tax Act, Revised Statutes of Ontario 1980, c. 97.

91 Für Klein- und Mittelunternehmen sind die Sätze niedriger.

werden, nicht bei der Einkommensermittlung abgezogen werden. Es ist also nicht möglich, eine kanadische Tochtergesellschaft vorwiegend mit Darlehen zu finanzieren, um anschließend durch den Abzug der auf die Darlehen zu zahlenden Zinsen ihr Einkommen zu vermindern und so Steuern zu sparen.

Bei Abführung von Unternehmensgewinnen einer kanadischen Gesellschaft an ausländische Personen oder Kapitalgesellschaften erhebt der Income Tax Act eine Quellensteuer *(withholding tax)* von 25 % auf Dividenden, Zinsen, Mieten, Lizenzgebühren und ähnliche Zahlungen. Auch Verwaltungsgebühren unterliegen ihr, wenn es sich nicht um einen angemessenen Betrag zur Bezahlung von Beratung oder technischen Diensten handelt[92].

Durch das deutsch-kanadische Doppelbesteuerungsabkommen[93] wird die Quellensteuer auf 15 % gesenkt. Aufgrund dieses Abkommens, das sich eng an das OECD-Musterabkommen von 1977 anlehnt, werden Einkünfte aus unbeweglichem Vermögen, Betriebsstättengewinne, Schachteldividenden und Tätigkeitseinkünfte, für die Kanada das Besteuerungsrecht hat, von der deutschen Steuer unter Anwendung des Progressionsvorbehalts freigestellt. Wenn für Einkünfte eine Freistellung erfolgt, gilt diese u. a. auch für die deutsche Vermögenssteuer. Andere Einkünfte werden in der Bundesrepublik unter Anrechnung der kanadischen Steuern besteuert.

IX. Kontrolle ausländischer Investitionen

Kanadas Gesetze zur Kontrolle ausländischer Investitionen lassen sich in zwei Gruppen unterteilen. Die erste Gruppe dient der Kontrolle ausländischer Investitionen in bestimmten Branchen. Oft handelt es sich dabei um Verbote ausländischer Investitionen mit Erlaubnisvorbehalt. Gesetzliche Vorschriften dazu finden sich auf Bundes- wie auf Provinzebene[94]: Beispiele, die bereits erwähnt wurden, sind das Bankgeschäft und der Wertpapierhandel. Die zweite Gruppe wird bestimmt durch ein Bundesgesetz, den Investment Canada Act[95], der in der neueren Zeit den strengeren Foreign Investment Review Act ersetzt hat. Das

92 Vgl. BOIDMAN/DUCHARME, Taxation in Canada – Implications for Foreign Investment, 1985, S. 27 f. Zur Besteuerung von Zinserträgen, die eine deutsche Kapitalgesellschaft aus Kanada bezieht, AULER, RIW/AWD 1982, 572 ff.

93 Wiedergegeben im BGBl. II, 1982, S. 802 ff sowie in BStBl. I, 1982, S. 753 ff. Einen Überblick über das Abkommen geben FLEISCHMANN, RIW/AWD 1984, S. 293 ff und HOYER, DB 1981, S. 2508 ff.

94 Eine sehr nützliche Loseblattsammlung dazu ist HAYDEN/BURNS/KAUFMAN, Foreign Investment in Canada: A Guide to the Law (2 Bde.), Bd. 2 unter „Other Federal Statutes“ und „Provincial Statutes“.

95 Revised Statutes of Canada (1st Supp.) 1985, c. 28, abgedruckt in HAYDEN/BURNS/KAUFMAN, aaO (Fn. 94), Bd. 2.

neue Gesetz erfaßt zwar alle Branchen, sieht eine Überprüfung von Investitionsvorhaben aber nur noch in wenigen Fällen vor. Neben diesen beiden Gruppen gibt es noch verschiedene andere Vorschriften, wie die Wohnsitzpflichten für *directors* und Regeln für Versammlungsorte in den Gesellschaftsgesetzen, die bereits oben angeführt wurden. Im Mittelpunkt der folgenden Ausführungen stehen der Investment Canada Act und seine Anwendung[96].

Nach diesem Gesetz sind die Gründung und die Übernahme („Erwerb der Kontrolle") kanadischer Wirtschaftsunternehmen durch Nichtkanadier (mit Ausnahme von US-Amerikanern oder Mexikanern) anzeigepflichtig. Neugründungen sind darüber hinaus genehmigungspflichtig, wenn sie auf in kultureller Hinsicht empfindlichen Sektoren (z. B. Verlagswesen, Film- und Musikproduktion und -verteilung) vorgenommen werden. Auch bestimmte Übernahmevorhaben von Nichtkanadiern (mit Ausnahme von US-Amerikanern oder Mexikanern) sind genehmigungspflichtig:

- direkte Übernahmen von kanadischen Unternehmen mit Aktiva von mindestens 5 Mio. Can$
- alle indirekten Übernahmen kanadischer Unternehmen mit Vermögenswerten von mindestens 50 Mio. Can$, die weniger als 50 % des Vermögens der Muttergesellschaft darstellen, deren Kontrolle erworben wird
- alle indirekten Erwerbungen kanadischer Unternehmen mit einem Vermögen von mindestens 5 Mio. Can$, die mehr als 50 % des Wertes des Vermögens der erworbenen Muttergesellschaft darstellen.

Infolge des NAFTA-Freihandelsabkommens zwischen Kanada, den Vereinigten Staaten und Mexiko von 1993 gelten Sonderregelungen für die Anlagen US-amerikanischer und mexikanischer Investoren in Kanada.

Die Anzeige der Gründung oder Übernahme muß bei einer Verwaltungsbehörde namens Investment Canada erfolgen. Für genehmigungspflichtige Anlagevorhaben ist bei Investment Canada ein Antrag auf Genehmigung zu stellen. Die Behörde leitet dann das Genehmigungsverfahren dadurch ein, daß sie mit dem Antragsteller berät, ob ein Vorhaben wenigstens wahrscheinlich von „Nutzen *(net benefit)* für Kanada" ist. Die Unterstützung und Beratung von potentiellen Anlegern ist nach dem Gesetz ausdrücklich eine Aufgabe von Investment Canada. Die weitere Beurteilung obliegt dem Bundesminister für regionale industrielle Entwicklung, an den der Vorgang weitergeleitet wird. Kommt er zu dem Schluß, daß das Vorhaben von Nutzen für Kanada ist, wird die Investition erlaubt. Findet er dies nicht, hat der Antragsteller Gelegenheit, sein Vorhaben näher zu erläutern. Wenn 45 Tage nach Antragseingang keine Entscheidung ge-

96 Vgl. dazu auch LOITZ, RIW/AWD 1986, 870 ff mit genauen Angaben der entsprechenden Vorschriften des Investment Canada Act, und PETERS, Erleichterung der kanadischen Investitionsbedingungen für Ausländer, in: Internationale Wirtschafts-Briefe, F 8, Kanada, Gruppe 3, S. 53 (1987).

fällt wurde und der Antragsteller auch nicht zur Erläuterung seines Vorhabens aufgefordert wurde, gilt die Investition als gebilligt. Unter dem früheren Foreign Investment Review Act, dessen Vorgehen ähnlich war, wurden Antragsteller sehr häufig zu Erläuterungen aufgefordert. Dadurch zog sich das ganze Genehmigungsverfahren in der Regel erheblich länger hin.

Wird eine genehmigungspflichtige Investition ohne Genehmigung vorgenommen, kann die Regierung eine Unterlassungsverfügung oder andere Maßnahmen bei Gericht beantragen. Eine – mit erheblichen Geldstrafen bewehrte – gerichtliche Anordnung der Rückgängigmachung der Investition kann erfolgen und zwangsweise – auch durch gerichtliche Einsetzung eines Treuhänders für zu verkaufende Anteile – durchgesetzt werden.

Ist die Investition nur anzeigepflichtig, reicht es, wenn der Anleger vor oder innerhalb von 30 Tagen nach der Investition eine entsprechende Mitteilung an Investment Canada macht. Investment Canada bestätigt dann unmittelbar, daß dieses Vorhaben keiner Genehmigung bedarf, zumindest nicht dann, wenn sie nicht innerhalb von 21 Tagen nach Eingang der Anzeige widerspricht.

Die gesetzlichen Voraussetzungen für eine Genehmigungs- oder Anzeigepflicht enthalten einige wichtige Begriffe, die ausführlich und komplex im Gesetz definiert sind. „Nichtkanadier“ sind im wesentlichen alle natürlichen Personen, die weder kanadische Staatsbürger noch dauernd in Kanada ansässig sind, und Gesellschaften, die durch diese Personen kontrolliert werden. Die Entscheidung, ob eine Gesellschaft kontrolliert wird, richtet sich nach teilweise widerlegbaren Vermutungen, die sich hauptsächlich auf Anteilseignerschaft gründen[97]. „Erwerb der Kontrolle“ heißt direkter oder indirekter Erwerb der Stimmenmehrheit oder Erwerb aller wesentlichen Vermögenswerte des kanadischen Unternehmens[98]. „Kanadisches Unternehmen“ ist ein Unternehmen, das in Kanada tätig ist, seinen Sitz in Kanada hat, mindestens eine Person in Kanada beschäftigt und das kanadische Vermögenswerte besitzt. Eine Folge davon ist, daß die Übertragung eines in ausländischen Händen befindlichen Unternehmens auf einen anderen Ausländer eine überprüfungspflichtige Transaktion sein kann.

Von erheblicher Bedeutung ist der Begriff des „Vorteils für Kanada“, der durch das Gesetz näher erläutert wird. Folgende Faktoren sind demnach von Gewicht: Die Auswirkungen der Investition auf die kanadische Wirtschaft (insbesondere Beschäftigung, Verarbeitung von Rohstoffen, Verwendung von kanadischen Fertigprodukten oder Dienstleistungen, Auswirkungen auf den kanadischen Export), die Höhe einer kanadischen Beteiligung (in dem konkreten Unternehmen und auf dem jeweiligen relevanten Markt), der Einfluß auf die Produktivität und die Entwicklung von Technologien in Kanada, die Wirkung

97 Siehe dazu im einzelnen Loitz, RIW/AWD 1986, 870 f.
98 Auch dazu Loitz, RIW/AWD 1986, 871.

auf den Wettbewerb innerhalb der betroffenen kanadischen Märkte, die Vereinbarkeit der Investition mit der kanadischen Industrie-, Wirtschafts- und Kulturpolitik unter Berücksichtigung der betroffenen Provinzen sowie der Beitrag der Investition zu Kanadas internationaler Wettbewerbsfähigkeit.

Der Investment Canada Act kommt ausländischen Investitionen viel weiter entgegen als der Foreign Investment Review Act, den er ersetzt. Das neue Gesetz verringert die Zahl der überprüfbaren Transaktionen erheblich, versucht, das Überprüfungsverfahren weniger langwierig und kompliziert zu gestalten und ermutigt von seiner Grundhaltung her ausländische Investitionen, eine ganz wesentliche Änderung gegenüber dem alten Gesetz.

X. Personengesellschaften; Vor- und Nachteile einer Zweigniederlassung

Nachdem sich dieser Artikel bislang mit der Erschließung des kanadischen Marktes durch die Gründung einer Kapitalgesellschaft beschäftigte, sei zum Schluß noch kurz auf alternative Gesellschaftsformen hingewiesen: Das kanadische Recht kennt eine ganze Reihe von personengesellschaftlichen Formen, in denen ein Wirtschaftsunternehmen betrieben werden kann, einschließlich der *general partnership,* vergleichbar der offenen Handelsgesellschaft, und der *limited partnership,* vergleichbar der Kommanditgesellschaft[99]. In der Regel kommen diese Gesellschaftsformen schon wegen der fehlenden Haftungsbeschränkung für ausländische Investoren nicht in Betracht. Zwar ist eine der GmbH & Co. KG vergleichbare Gestaltung möglich und aus steuerlichen Überlegungen bei Immobilienanlagen zu empfehlen. Von ausländischen Wirtschaftsunternehmen wird sie aber selten genutzt.

Bei der Frage, ob der Eintritt in den kanadischen Markt durch eine Tochtergesellschaft (Kapitalgesellschaft) oder durch eine unselbständige Zweigniederlassung erfolgen soll, sind recht komplexe Überlegungen, insbesondere steuerrechtlicher Art, anzustellen. Hier kann nur auf folgendes hingewiesen werden:

Ein ausländisches Unternehmen muß für seine Zweigniederlassung, wenn sie Geschäfte in Kanada betreibt, eine Lizenz beantragen, genauso wie die in einer bestimmten Provinz inkorporierte Gesellschaft, die in einer anderen Provinz geschäftlich tätig werden will. Nur in Quebec ist eine solche Lizenz entbehrlich. Die Zweigniederlassung muß Bücher führen und Steuererklärungen sowie Jahresberichte wie jede kanadische Gesellschaft erstellen. Zur Bestimmung des steuerpflichtigen Einkommens kann die Zweigniederlassung aufgefordert wer-

99 Vgl. HADDEN/FORBES/SIMMONDS, aaO (Fn. 44), Kap. 3, ferner für die Common-Law-Provinzen Kanadas BECK/GETZ/IACOBUCCI/JOHNSTON, Business Associations Casebook, 1979, Kap. 1 und für Quebec SMITH/RENAUD, Droit Québécois des corporations commerciales, 1974, Bd. 1, S. 48–51.

den, einen Jahresabschluß über die Tätigkeit des Gesamtunternehmens vorzulegen, selbst wenn von der ausländischen Gesellschaft völlig gesonderte Konten und Bücher geführt werden. Der Hauptunterschied zwischen Zweigniederlassung und Tochtergesellschaft liegt im Bereich der Haftung: Während die ausländische Gesellschaft für die Zweigniederlassung wie für jeden ihrer Vertreter haftet, ist die Tochtergesellschaft mit eigener Rechtspersönlichkeit auch haftungsmäßig selbständig. Dies wirkt sich insbesondere bei der Produzentenhaftung[100] aus. Was den steuerlichen Aspekt der Entscheidung angeht, so ist die ausländische Gesellschaft nach dem deutsch-kanadischen Doppelbesteuerungsabkommen einkommensteuermäßig nur insofern verpflichtet, als Gewinne durch eine Zweigniederlassung als „*permanent establishment*“[101] in Kanada gemacht wurden. Verluste der Zweigniederlassung können von der deutschen Gesellschaft übernommen werden. Daneben gibt es eine gesonderte Zweigniederlassungssteuer *(branch tax)*, die der Quellensteuer für Tochtergesellschaften entspricht, aber mit dem Unterschied, daß sie auch dann gezahlt werden muß, wenn das Einkommen nicht an die ausländische Gesellschaft abgeführt wurde. Wenn dagegen eine Tochtergesellschaft ihre Gewinne in Kanada reinvestiert, fällt die Quellensteuer für sie ersatzlos weg. Bei der Ausschüttung von Dividenden fällt dagegen Quellensteuer an. Die Gewinne einer Niederlassung sind quellensteuerfrei.

Aus diesen Gründen ist es nicht verwunderlich, daß die Gründung einer Kapitalgesellschaft die derzeit übliche Methode für eine unternehmerische Direktinvestition in Kanada ist.

Anhang

I. Abkürzungsverzeichnis

art. (arts.)	article (articles)
c.	chapter
Can.	Canadian
CBCA	Canada Business Corporations Act
L.J.	Law Journal
LCQ	Loi sur les compagnies (Quebec)
OBCA	Ontario Business Corporations Act
s. (ss.)	section (sections)

100 Dazu Speer, RIW/AWD 1985, 849–852.

101 Siehe Art. 5 des Deutsch-Kanadischen Doppelbesteuerungsabkommens.

II. Gesetzestexte (Auswahl)

Gesellschaftsrecht:

Canada Business Corporations Act, Revised Statutes of Canada (1st Supp.) 1985, c.C-44, enthalten in den Loseblattsammlungen Canada Corporations Law Reporter Bd. 2 (Don Mills, Ont.; CCH Canadian Ltd.) und Canada Corporation Manual (Scarborough, Ont.; Carswell)

Alberta Business Corporations Act, Statutes of Alberta 1981, c.B-15, enthalten in der Loseblattsammlung Alberta Corporation Manual (Scarborough, Ont.; Carswell)

British Columbia Company Act, Revised Statutes of British Columbia 1979, c.59, enthalten in den Loseblattsammlungen British Columbia Corporations Law Guide (Don Mills, Ont.; CCH Canadian Ltd.) und British Columbia Corporation Manual (Scarborough, Ont.; Carswell)

Loi sur les compagnies, Lois révisées du Québec, c.C-38, enthalten in der Loseblattsammlung Quebec Corporation Manual (Scarborough, Ont.; Carswell)

Ontario Business Corporations Act, revised Statutes of Ontario 1990, c.B-16, enthalten in den Loseblattsammlungen Ontario Corporations Law Guide (Don Mills, Ont.; CCH Canadian Ltd.) und Ontario Corporation Manual (Scarborough, Ont.; Carswell)

Alle genannten Loseblattsammlungen enthalten auch kurze Kommentare und die zu dem Gesetz gehörenden Rechtsverordnungen und Formulare.

Kapitalmarktrecht:

Stellvertretend für alle 10 Provinzgesetze sei hier nur der Securities Act, Revised Statutes of Ontario 1980, c.466, als deren modernstes genannt. Eine Loseblattsammlung aller Provinzgesetze und der dazugehörigen Rechtsverordnungen, Richtlinien und Formulare ist der Canadian Securities Law Reporter (3 Bde.; Don Mills, Ont.; CCH Canadian Ltd.).

Außenwirtschaftsrecht:

Investment Canada Act, Revised Statutes of Canada (1st Supp.) 1985, c.28, enthalten in der Loseblattsammlung HAYDEN/BURNS/KAUFMANN, Foreign Investment in Canada: A Guide to the Law (2 Bde.; Scarborough, Ont.; Prentice-Hall of Canada Ltd.).

III. Literaturhinweise

Deutsch-Kanadische Industrie- und Handelskammer (Hrsg.), Unternehmensgründung in Kanada, Bielefeld, W. Bertelsmann Verlag, 1994.

HADDEN/FORBES/SIMMONDS, Canadian Business Organizations Law, 1984.

PETERS/CARON, Das Gesellschaftsrecht Kanadas, in: Internationale Wirtschafts-Briefe, F 8, Kanada, Gruppe 3, S. 27–38, 1981.

QUACK, Die personalistische Kapitalgesellschaft im kanadischen Gesellschaftsrecht, 1985.

STIKEMANN/ELLIOTT, Doing Business in Canada, Loseblattsammlung, 2 Bde.

IV. Adressenverzeichnis

Deutsch-Kanadische Industrie- und Handelskammer
480 University Ave., Suite 1410
Toronto, Ontario
Canada M5G 1V2

Die Kammer hat Geschäftsstellen in Montreal und Edmonton.

Die kanadische Regierung unterhält eine Botschaft in Bonn, Generalkonsulate in München und Berlin und ein Konsulat in Düsseldorf. Bei der Botschaft ist ein Botschaftsrat als Investitionsexperte ausschließlich für die Beratung interessierter deutscher Investoren tätig. Es empfiehlt sich, auch hinsichtlich Fragen der Kontrolle ausländischer Investitionen (Anzeige bei Investment Canada) zunächst die Investmentabteilung der Botschaft anzusprechen. Die Adresse:

Botschaft von Kanada
Investmentabteilung
Postfach 120240
53044 Bonn

Neben den kanadischen diplomatischen Vertretungen haben folgende Provinzregierungen eigene Repräsentanten in der Bundesrepublik Deutschland.

Délégation générale du Québec
Immermannstr. 65 d
40210 Düsseldorf

Government of New Brunswick
Glockengießerwall 17
20095 Hamburg
Tel. (040) 33 31 33 40

Die Gründung einer Tochtergesellschaft in Korea

von

Professor DR. KIUON TSCHE, Seoul

Inhaltsübersicht

I. Einleitung

In den letzten fünf Jahren haben sich die Wirtschaftsbeziehungen zwischen der Bundesrepublik Deutschland und der Republik Korea besonders aus deutscher Sicht gut entwickelt.

Dies zeigt sich an dem steigenden bilateralen Warenumsatz und den zunehmenden Investitionen im jeweiligen Land. In der zweiten Hälfte der 80er Jahre hat sich das Handelsvolumen zwischen der Bundesrepublik Deutschland und Südkorea verdoppelt. Im Jahr 1985 betrug der gesamte bilaterale Handel 1,9 Mrd. US $, im Jahr 1987 schon 3,8 Mrd. US $ und im Jahr 1992 6,6 Mrd. US $[1]. Die Bundesrepublik Deutschland ist so zum drittwichtigsten Handelspartner Koreas nach den USA und Japan geworden.

Nach Angaben der deutschen Bundesbank nahm Korea Ende 1988 mit einem Bestand von 330 Mio. DM Rang 32 unter den wichtigsten Standorten für deutsche Auslandsinvestitionen ein. Die Bundesrepublik Deutschland ist der drittgrößte ausländische Investor in Korea nach den mit Abstand führenden USA und Japan. Zur Zeit sind von deutscher Seite über 70 Industrieunternehmen und drei Großbanken in Korea vertreten. Die durch die koreanische Regierung genehmigten Investitionen deutscher Unternehmen beliefen sich 1992 auf rund 474,1 Mio. US $[2]. Die Investitionsmöglichkeiten haben sich für deutsche Unternehmen durch immer weniger behördliche Einschränkungen und Behinderungen verbessert. Dies zeigt sich durch die Möglichkeit des Immobilienerwerbs für ausländische Unternehmen und die Verbesserung der Pönalisierung von Schutzrechtsverletzungen. Die Zahl der Industriesektoren, die ausländischen Investoren zugänglich sind, wurde erheblich erweitert.

Seit dem Jahre 1988 besteht nicht nur die Möglichkeit zum joint-venture sondern auch die Möglichkeit der Errichtung einer hundertprozentigen Tochtergesellschaft in Korea. Nach wie vor aber ist das joint-venture die von deutschen Firmen am häufigsten gewählte Niederlassungsform.

II. Der Plan zur Öffnung des koreanischen Marktes

Am 20. Juni 1993 hat die koreanische Regierung den neuen Fünfjahresplan für die weitere Öffnung des koreanischen Marktes bekanntgegeben. Im Einvernehmen mit den betreffenden Ministern hat der koreanische Finanzminister bekanntgegeben, daß für Ausländer Investitionen in folgende Unternehmensarten und Tätigkeiten erlaubt sind:

1 Siehe hierzu auch: Daten zur koreanischen Wirtschaft, Deutsch-Koreanische Industrie- und Handelskammer.

2 AaO (Fn. 1).

1. ab dem 1. Juli 1993:
die Bienenzucht; die Seidenraupenzucht; die Jagd und alle Dienste und Dienstleistungen in Zusammenhang mit derselben; das Sammeln von Wildpflanzen; der Abbau von Anthrazit; die Erzeugung von Lebensmitteln jeglicher Art aus Ginseng (ausgenommen Redginseng); das Wiedervertrocknen von Tabak; der Einzelhandel mit antiquarischen Büchern; die Außenreklame; der Betrieb von Schwimmhallen; das Schuhputzen;

2. ab dem 1. Januar 1994:
die Pferde- und Schafzucht; der Gartenbau und alle Dienste und Dienstleistungen im Zusammenhang mit demselben; die Fertigung von Traktoren und landwirtschaftlichen Maschinen; der Betrieb bestimmter Bauunternehmen, der aber nur im Falle der Zusammenarbeit mit einem koreanischen Bauunternehmen erlaubt ist (also als joint-venture): so der Abriß von Gebäuden, der Bau von Wohn-, Büro- und Fabrikgebäuden, der Bau von Fahrgast- und Frachtterminals, der Straßenbau, der Bau von Brücken und Tunneln, der Bau von Eisenbahnen, der Bau von Wasserwegen und Staudämmen; der Großhandel mit Insektenvertilgungsmitteln; der Einzelhandel mit Gemüse; der Betrieb von Drahtseilbahnen; der Betrieb von Autobahnen gegen Gebühr; der Betrieb von Parkplätzen; die Vermietung von Sport- und Spielgeräten; die Produktion und der Vertrieb von Spielfilmen; der Betrieb von Tanzlokalen; der Betrieb von Baseballspielanlagen; der Betrieb von Sportplätzen; der Betrieb von Friseur- und Schönheitssalons; die Eheberatung;

3. ab dem 1. Januar 1995:
der Obstanbau; die Produktion von Reiswein; der Betrieb von Samengroßhandlungen; der Großhandel mit Büchern und Drucksachen; der Betrieb von Apotheken und Drogerien; der Einzelhandel mit Büchern und Zeitungen; der Einzelhandel mit Flüssiggas; der Betrieb von Terminals für Fluggäste in der Stadtmitte; der Betrieb von Agenturen für den Transport von Luftfracht; der Betrieb von Werbeagenturen; der Betrieb von Photoateliers und -studios; der Betrieb von Fachschulen (allerdings nur zum Teil erlaubt); der Betrieb von allgemeinen Krankenhäusern und privaten Arztpraxen; der Betrieb von Zahnkliniken und privaten Zahnarztpraxen; der Betrieb von Krankenhäusern und privaten Praxen der chinesischen Heilkunde; der Betrieb von Geburtshäusern; der Betrieb von Praxen der physikalischen Therapie; der Betrieb von privaten Praxen für Akupunktur und Moxa; der Betrieb von Tierarztpraxen; die Produktion von Werbefilmen; der Betrieb von öffentlichen Aufführungshäusern;

4. ab dem 1. Januar 1996:
die Produktion von Blütenpflanzen; die Haustierzucht; der Betrieb von Getreidemühlen (erlaubt aber nur in Form eines joint-venture mit einem koreanischen Investor); der Betrieb von Verlagen und anderen Artikeln; der Betrieb

von Offsetdruckereien (erlaubt nur bis zu einem Anteil von 50 %); Einzelhandelsketten und Warenhäuser; die speziellen Bauunternehmen, die aber nur mit einer gemeinsamen Beteiligung mit einem koreanischen Investor erlaubt sind: so die Konstruktion und Errichtung industrieller Einrichtungen, Anlagen zur Abfallverwertung, die Errichtung von Einrichtungen zum Schutz der Umwelt, der Stahlbau, Drahtgeflecht und Eisenbeton, Mauereibetriebe und Dachdeckereien, der Unterwasserbau; Betriebe der Sanitäts- und Klimatechnik; die Produktion und der Einbau von Glas- und Papierschiebefenstern; Betriebe der elektrischen Installationstechnik; Betriebe der Fernmeldetechnik; Betriebe des Schall- und Wasserschutzes; Betriebe des Feuerschutzes; die Vermietung von Bauausrüstungen; der Betrieb von Post- und Paketdiensten; die Tätigkeit als Wirtschaftsprüfer und Steuerberater; die Vermittlung von Arbeitsplätzen; der Betrieb von allgemeinen Ausbildungsanstalten; der Betrieb von Rummelplätzen; die Krankenpflege; die Tätigkeit als Haushaltshilfe;

5. ab dem 1. Januar 1997:

die Produktion von Heilpflanzen, Gemüsen, Saatgut und gekeimten Bohnen und Pilzen; der Betrieb von Molkereien; die Schweine- und Geflügelzucht; die kombinierte Landwirtschaft; der Betrieb von Schlachtereien inklusive der Haustierschlachterei; der Betrieb von Verlagen und kleinen Druckereien (erlaubt nur bis zu einem Anteil von 50 %); Gasanlagen für Autos; der Großhandel mit Düngemitteln; der Außenhandel jeglicher Art für Exportgesellschaften; der Außenhandel mit: Haushaltsartikeln, Tabak, landwirtschaftlichen Produkten, Eßwaren; der Betrieb von Metzgereien; der Betrieb von Lastkraftwagen im ganzen Land sowie in einem Bezirk; die Vermietung von Flugzeugen; der Betrieb von Terminals für Lastkraftwagen; die Ausgabe von Kreditkarten; der Betrieb von Drahtfunk; der Betrieb von Kunsthallen und wissenschaftlichen Museen.

Die folgenden Betriebsarten und Tätigkeiten sind nicht erlaubt:

die Produktion von Reis und Gerste; die Rinderzucht; die Produktion von Tabak; die Herausgabe von regelmäßig erscheinenden Zeitschriften; der Betrieb von Wasserwerken; der Betrieb von Tankstellen; der Großhandel mit Fleisch; der Einzelhandel mit Getreide; verschiedene Arten von Schankwirtschaften; der Einzelhandel mit Kunstwerken und Antiquitäten; der Transport mit Eisenbahnen; der Transport mit Bussen innerhalb und außerhalb der Stadt; der Betrieb von Taxiunternehmen; der Transport im Linien- und Charterflugverkehr; der Betrieb von Krankenversicherungen; die Vermietung von Gebäuden; der Betrieb und Teilverkauf von Gebäuden; die Tätigkeit als Grundstücksmakler; die Verwaltung und Bewertung von Grundstücken; die Tätigkeit als Rechtsanwalt; die Aushilfstätigkeit bei gerichtlichen Angelegenheiten; der Betrieb von Detekteien; der Betrieb von Strandbädern und Waschhäusern; der Betrieb von Hochzeitshallen; die Wahrsagerei.

III. Das neue Kapitaleinfuhrgesetz von 1992

1. Die unzulässigen Investitionen von Ausländern

Ausländern ist nach § 9 Abs. 1 des Auslandskapitaleinfuhrgesetzes (AKG) die Beteiligung an folgenden Unternehmen untersagt:
- Unternehmen von öffentlichen Körperschaften, die der Verwirklichung einer öffentlichen Aufgabe dienen und die der Staat oder Gemeinden betreiben;
- Unternehmen, die Gefahren für die Gesundheit der Bevölkerung und die Umwelt mit sich bringen;
- Unternehmen, die einen sittenwidrigen Zweck verfolgen;
- andere Unternehmen, die durch eine Verordnung des Staatspräsidenten bestimmt werden.

Durch eine Verordnung des Staatspräsidenten können ausländische Beteiligungen an den eben genannten Unternehmen ausnahmsweise erlaubt werden (§ 9 Abs. 2 AKG).

2. Das Verfahren für Investitionen von Ausländern

Die Gründung einer koreanischen Tochtergesellschaft sowie der Erwerb einer Beteiligung an einer koreanischen Gesellschaft bedürfen der Anmeldung beim Finanzminister (§ 7 AKG). Der Finanzminister muß innerhalb von dreißig Tagen die Anmeldung akzeptieren und dies dem Anmelder bekanntgeben (§ 7–2 Abs. 1 AKG). Wenn der Anteil der ausländischen Beteiligung unter 50 % beträgt, muß der Finanzminister die Anmeldung innerhalb von 20 Tagen azeptieren. Wenn der Finanzminister innerhalb von dreißig Tagen den Anmelder nicht benachrichtigt hat, so gilt seine Anmeldung als akzeptiert (§ 7–2 Abs. 2 AKG). Der Finanzminister kann die Anmeldung auch unter bestimmten Auflagen akzeptieren (§ 7–2 Abs. 4 AKG).

Der Finanzminister kann seine Akzeptierung der Anmeldung oder eine erteilte Genehmigung der Auslandsinvestition widerrufen oder die Eintragung der ausländischen Tochtergesellschaft im Register der Auslandsinvestitionen nach § 18 AKG löschen, wenn:
- der Auslandsinvestor seine Einlage nach dem § 11 AKG nicht fristgerecht geleistet hat;
- das ausländische Unternehmen den Geschäftsbetrieb aufgegeben oder ihn über zwei Jahre hinweg eingestellt hat;
- die Gesellschaft einer Berichtigungsanordnung oder einer sonstigen Maßnahme nach § 39 Abs. 3 AKG nicht gefolgt ist;
- die Voraussetzungen eines gesetzlichen oder gesellschaftsvertraglichen Auflösungsgrundes erfüllt sind;
- der Auslandsinvestor den Widerruf der Anmeldung vorgeschlagen hat.

3. *Steuervergünstigungen*

a) Allgemeines

Unternehmen mit einem ausländischen Investitionsanteil werden bezüglich der Steuergesetze grundsätzlich so eingestuft und behandelt wie koreanische Unternehmen. Folgende Steuergesetze sind relevant: das Körperschaftsteuergesetz und das Steuerbefreiungs- bzw. Steuerminderungsgesetz. Bedeutung hat in diesem Zusammenhang auch das Kapitaleinfuhrgesetz. Dieses Gesetz gewährt Gesellschaften, an denen Ausländer beteiligt sind, und den ausländischen Gesellschaften selbst Steuervergünstigungen bei der Körperschaft-, Einkommens-, Erwerbs- sowie Vermögenssteuer und erläßt die gesamte Grundstückssteuer (§ 14 Abs. 1 AKG).

b) Die Voraussetzungen der Inanspruchnahme

Die Bereiche und Projekte, in denen eine Steuerbefreiung bzw. -reduzierung möglich ist, sind:

- Projekte, die mit einer fortschrittlichen Technologie die Fabrikationsmöglichkeiten in speziell ausgewiesenen Industrieparks bzw. Investitionsgebieten ausweiten möchten. Ballungsgebiete, wie Seoul, sind explizit von dieser Regelung ausgenommen;
- Projekte, die zur Herstellung von Produkten mit der benötigten fortschrittlichen Technologie dienen;
- Projekte, bei denen die fortschrittliche Technologie bereits im Herstellungsprozeß benötigt wird, um wiederum fortschrittliche Technologie herzustellen;
- Projekte, welche mit einer Technologie einhergehen, die für Korea wichtige wirtschaftliche und technische Vorteile bringt und in Korea bisher nicht verfügbar ist;
- Projekte, die von einem Minister in Absprache mit anderen Ministerien anerkannt sind;
- Projekte, die die Produktion eines fortschrittlichen Technologieproduktes wieder aufnehmen wollen, das früher bereits in Korea hergestellt worden ist. Bedingung dafür ist aber, daß nicht mehr als vier Jahre seit der Genehmigung für die Investition bzw. für die Technologieeinfuhr vergangen sein dürfen;
- Projekte, die einen einheimischen Produktionsprozeß einrichten, bei dem eine fortschrittliche Technik als erforderlich und unverzichtbar erscheint;
- Projekte, die in einer Freihandelszone errichtet werden (§ 14 Abs. 1 AKG).

c) Der Umfang der Steuererleichterungen

Die Erhebung der Einkommens- und Körperschaftsteuer eines ausländischen Unternehmens wird für die Dauer von vier Jahren, gerechnet von dem Gründungsdatum desselben, vollkommen ausgesetzt. Für die darauf folgenden zwei Jahre beträgt der Einkommens- und Körperschaftsteuersatz nur 50 % (§ 14 Abs. 2 AKG).

Die Einkommens- und Körperschaftsteuer wird für die Aktien- und Anteilsdividenden des Investors, die während der Dauer der Steuerbefreiung und Steuerermäßigung erwachsen sind, um 50 % gesenkt (§ 14 Abs. 3 AKG). Zölle, spezielle Verbrauchssteuern und die Mehrwertsteuer werden auch um 50 % gesenkt.

d) Der Widerruf der Steuererleichterungen

Die Gesellschaft muß die erlassenen Beträge der Einkommens- und Körperschaftsteuer nachzahlen, wenn der Finanzminister gemäß § 18 AKG die Genehmigung der Anmeldung widerrufen oder die Eintragung gelöscht hat, oder die Inhalte und die Auflagen der Genehmigung oder der Akzeptierung der Anmeldung nicht erfüllt sind, oder der Auslandsinvestor seine Aktien oder Anteile einem Koreaner oder einer koreanischen Gesellschaft übertragen hat oder die Gesellschaft ihren Geschäftsbetrieb eingestellt hat (§ 17 Abs. 1 AKG).

IV. Das koreanische Gesellschaftsrecht

1. Allgemeines

Das geltende koreanische Handelsgesetzbuch (K-HGB) wurde am 20. 1. 1962 verkündet und trat zum 1. 1. 1963 in Kraft. Es besteht aus fünf Büchern mit den Titeln: Allgemeiner Teil, Handelsgeschäfte, Handelsgesellschaft, Versicherung und Seehandel. Das Handelsrecht Koreas gehört dem deutschen Rechtskreis an.

Es läßt sich auf Arbeiten des deutschen Juristen *Hermann Rösler* zurückführen, der im Jahre 1881 im Auftrag der japanischen Regierung den Entwurf eines Handelsgesetzbuches erstellt hatte, den sich dann das koreanische Handelsgesetzbuch von 1899 anlehnte. Damit bekam das koreanische Handels- und Gesellschaftsrecht sein deutsch-rechtliches Gepräge. Die Reformen von 1911 und 1938 brachten zahlreiche Gesetzesänderungen mit sich. Die Reform von 1931 führte auch zu einer Neuregelung des GmbH-Rechts.

2. *Die Rechtsformen der Handelsgesellschaften*

Das koreanische Gesellschaftsrecht unterscheidet unter den Handelsgesellschaften die offene Handelsgesellschaft, die Kommanditgesellschaft, die Aktiengesellschaft und die Gesellschaft mit beschränkter Haftung. Alle Handelsgesellschaften sind juristische Personen (§ 171 Abs. 1 K-HGB).

Die Verfassung der Aktiengesellschaft enthält Elemente des anglo-amerikanischen Rechts, z. B. die Regeln über das „authorized" Kapital und eine Art board-System. Die stille Gesellschaft ist im Rahmen der Bestimmungen zu den Handelsgeschäften geregelt worden (§§ 78 – 86 K-HGB).

V. *Die Aktiengesellschaft*

1. *Allgemeines*

In Korea sind fast 90 % aller Handelsgesellschaften Aktiengesellschaften. Unter den 64.419 Handelsgesellschaften, die am 7.1.1991 registriert waren, befanden sich 55.412 AG, 621 GmbH, 7.151 KG und 1.235 OHG[3]. Das Recht der Aktiengesellschaften ist im Jahre 1984 weitgehend reformiert worden. Die Neuregelung trat zum 1.9.1984 in Kraft. Zu den wichtigsten Neuerungen gehörten: Die Einführung eines Mindestkapitals, die Heraufsetzung des Mindestnennbetrages der Aktien, die Anmeldepflicht für die Nichtausgabe von Aktienurkunden, die Übertragung von Namensaktien durch Übergabe der Aktienurkunde, die Einführung der Gewinnausschüttung durch Ausgabe von eigenen Aktien, die Einführung von Optionsanleihen, die Beschränkung des wechselseitigen Aktienbesitzes und die Stärkung der Stellung von Vorstand und Aufsichtsrat.

2. *Die Gründung der Aktiengesellschaft*

Die Aktiengesellschaft (AG) entsteht als juristische Person mit ihrer Eintragung in das Handelsregister (§ 172 K-HGB). Das koreanische Recht folgt insoweit dem Gründungssystem der Normativbedingungen. Eine Ausnahme besteht für Banken und Versicherungsgesellschaften, die eine staatliche Konzession benötigen. Zur Gründung einer Aktiengesellschaft stehen zwei Verfahren zur Verfügung: Die Einheitsgründung und die Stufengründung. In beiden Verfahren ist neben der normalen auch eine qualifizierte Gründung möglich. Eine qualifizierte Gründung liegt vor, wenn sich die Gründer Sondervorteile vorbe-

3 K. TSCHE, FS Tae-Ro Lee, 1992, S. 21.

halten, wenn Sacheinlagen eingebracht werden sollen oder wenn die Gründungskosten von der Gesellschaft getragen werden sollen (§ 290 K-HGB). In der gesellschaftsrechtlichen Praxis wird meist die Stufengründung gewählt, da bei diesem Verfahren eine Gründungsprüfung durch gerichtlich bestellte Gründungsprüfer – außer im Fall der qualifizierten Gründung – entfällt. Die Rechtsform der Aktiengesellschaft ist beliebt, weil sie trotz der komplizierten Gründungsregeln schnell gegründet werden: In Korea gibt es Helfer für gerichtliche Angelegenheiten, die nicht den Status eines Rechtsanwaltes besitzen und die das komplizierte Stufengründungsverfahren erledigen.

a) Die Gründer

Zur Gründung einer AG sind mindestens sieben Personen erforderlich (§ 288 K-HGB).

Eine Einmann-Gründung ist nicht zulässig. Eine in einer anderen Rechtsform betriebene Einmann-Gesellschaft kann sich auch nicht in eine Einmann-AG umwandeln. Nach herrschender Lehre ist aber die Vereinigung aller Aktien in einer Hand nach Gründung zulässig. Auch in Korea bringt die sog. Vorgesellschaft ähnliche Probleme wie in der Bundesrepublik mit sich.

b) Die Satzung

Die Gründer stellen die Satzung auf und unterschreiben sie (§ 289 K-HGB). Mit der notariellen Beurkundung wird die Satzung wirksam (§ 292 K-HGB). Spätere Satzungsänderungen, die nach Eintragung der AG im Handelsregister vorgenommen werden, bedürfen nicht mehr der notariellen Beurkundung.

Die Satzung der AG muß folgende Mindestangaben enthalten (§ 289 Abs. 1 K-HGB): Den Gegenstand der Gesellschaft, ihre Firma, die Zahl der insgesamt auszugebenden Aktien, die Gesamtzahl der bei der Gründung ausgegebenen Aktien, den Sitz der Gesellschaft, die Form der Bekanntmachungen der Gesellschaft, die Namen und den Wohnsitz der Gründer.

Die Firma muß den Zusatz „Aktiengesellschaft" führen (§ 19 K-HGB). Bei der Gründung muß mindestens 1/4 der Gesamtzahl der Aktien („authorized capital") ausgegeben werden. Mit Zustimmung aller Gründer werden die Gattung und die Zahl der auszugebenden Aktien sowie Anzahl und Betrag der Aktien, die die Gesellschaft über pari ausgibt, festgelegt, es sei denn, die Satzung enthielte bereits eine Regelung (§ 291 K-HGB). Das Mindestgrundkapital beträgt bei einer Neugründung 50 Mio. Won, dies entspricht etwa 100.000 DM. Dieses System des gesetzlichen Mindestkapitals ist ein Produkt der Handelsrechtsform von 1984 und gilt auch für die GmbH. Das Mindestkapital muß bei der Gründung in voller Höhe eingezahlt werden. Ist eine qualifizierte Gründung geplant, so müssen in die Satzung Angaben über etwaige Sondervorteile für die Gründer, die Zahlung eines Gründerlohnes oder die Erstattung des Gründungsaufwandes durch die AG, Sacheinlagen und Sachübernahmen aufgenommen werden (§ 290 K-HGB). Sacheinlagen können nur von den Gründern eingebracht werden (§ 294 K-HGB). Eine Ausnahme gilt für Auslandsinvestoren, diese können sich mittels einer Sacheinlage an einer AG beteiligen, ohne zu den Gründern zu gehören (§ 41 Abs. 3 AKG). Bei der qualifizierten Gründung sind die Gründer verpflichtet, zur Überprüfung ihrer Angaben bei Gericht die Bestellung eines Gründungsprüfers zu beantragen (§ 310 Abs. 1 K-HGB).

Die Satzung kann über den Mindestinhalt hinaus weitere Regelungen enthalten.

c) *Das Verfahren bei einer Einheitsgründung*

Die Gründer müssen alle Aktien, die bei Gründung der AG ausgegeben werden sollen, übernehmen. Der gesamte Betrag dieser Aktien ist einzuzahlen, Sacheinlagen sind zu leisten (§ 295 K-HGB). Anschließend bestellen die Gründer durch einen mit einfacher Mehrheit gefaßten Beschluß die Mitglieder von Vorstand und Aufsichtsrat. Eine übernommene Aktie gewährt eine Stimme (§ 296 K-HGB). Die Bestellung bedarf keiner notariellen Beurkundung. Der Vorstand beantragt dann bei Gericht unverzüglich die Bestellung eines Gründungsprüfers. Dieser überprüft den ordnungsgemäßen Gründungshergang, insbesondere die Übernahme aller im Rahmen der Gründung auszugebenden Aktien und die Zahlungen hierauf sowie die ordnungsgemäße Vereinbarung und Erfüllung von Sacheinlageverpflichtungen. Der Gründungsprüfer legt dem Gericht den Prüfbericht vor, von dem jeder Gründer eine Abschrift erhält. Die Gründer können bei Gericht eine schriftliche Gegenerklärung einreichen (§ 299 Abs. 3 K-HGB). Bei einer qualifizierten Gründung hat das Gericht die Möglichkeit, nach Kenntnisnahme des Prüfberichts und der etwaigen Gegenerklärungen eine Änderung der Satzung vorzunehmen und dies den Gründern mitzuteilen (§ 300 Abs. 1 K-HGB). Gegen die Änderung können die Gründer Widerspruch einlegen (§ 75 Abs. 3 K-FGG) oder innerhalb von zwei Wochen ihre Aktienübernahme widerrufen (§ 300 Abs. 2 K-HGB).

d) *Das Verfahren bei einer Stufengründung*

Die Gründer übernehmen nur einen Teil der Aktien und legen den verbleibenden Teil zur Zeichnung auf. Eine Mindestanzahl der von den Gründern zu übernehmenden Aktien ist nicht vorgeschrieben. Die übrigen Anteile werden durch Unterzeichnung von Zeichnungsscheinen übernommen, auch die Gründer können so weitere Aktien erwerben. Nach Zeichnung aller bei Gründung der Gesellschaft auszugebenden Aktien müssen diese bei dem im Zeichnungsschein bestimmten Kreditinstitut voll eingezahlt werden. Eine Aufrechnung ist nicht zulässig (§ 334 K-HGB). Das Kreditinstitut stellt über die Einzahlung eine schriftliche Bestätigung aus, für deren Richtigkeit es haftet. Die Bescheinigung wird bei der Anmeldung der Gesellschaft dem Registergericht vorgelegt. Nach der Volleinzahlung der Aktien müssen die Gründer unverzüglich die Gründungsversammlung einberufen (§ 308 Abs. 1 K-HGB). Die Gründungsversammlung bestellt die Mitglieder von Vorstand und Aufsichtsrat. Vorstands- und Aufsichtsratsmitglieder, die nicht zugleich Gründer sind, nehmen gemeinsam eine Gründungsprüfung vor. Ihr Prüfbericht wird der Gründungsversammlung vorgelegt (§ 313 Abs. 1 K-HGB). Eine Gründungsprüfung durch einen gerichtlich bestellten Prüfer findet nur im Falle einer qualifizierten Gründung statt.

e) Die Eintragung in das Handelsregister

Die AG muß von sämtlichen Vorstandsmitgliedern beim Handelsregister am Gesellschaftssitz angemeldet werden. Die Anmeldefrist beträgt bei der Einheitsgründung zwei Wochen ab Einzahlung der Aktien, bei der Stufengründung zwei Wochen nach Beendigung der Gründungsversammlung (§ 317 Abs. 1 K-HGB). Das Registergericht prüft die ordnungsgemäße Gründung anhand der Anmeldung und der beigefügten Unterlagen; sind die gesetzlichen Gründungsvorschriften nicht eingehalten worden, kann das Gericht die Eintragung der AG verweigern. Mit der Eintragung entsteht die AG als juristische Person. Die anschließende Bekanntmachung der Eintragung hat nur deklaratorische Bedeutung.

f) Die Nachgründung

Nach § 375 K-HGB bedürfen Verträge, durch die in den ersten beiden Jahren nach Eintragung der AG Sachanlagen oder andere Vermögenswerte für mehr als 5 % des Grundkapitals durch die AG erworben werden, zu ihrer Wirksamkeit eines mit Zweidrittel-Mehrheit gefaßten Beschlusses der Hauptversammlung. Die Vorschriften über die Sacheinlage und die Sachübernahme finden keine Anwendung. Eine Gründungsprüfung findet nicht statt. In diesem Punkt unterscheidet sich das koreanische vom deutschen Aktienrecht (vgl. § 52 Abs. 3 und 4 AktG).

3. *Die Haftung der an der Gründung beteiligten Personen*

a) *Die Gründerhaftung*

Die Gründer haften der AG nach Eintragung gesamtschuldnerisch für die fehlende Übernahme von Aktien bei der Gründung und für offenstehende Einlageforderungen aus der Übernahme von Aktien (§ 321 K-HGB). Nach herrschender Auffassung beschränkt sich diese Haftung aber auf geringfügige Verstöße, schwerwiegende Fehlbestände führen zur Nichtigkeit der Gründung[4]; entsprechendes gilt für die Nichterfüllung von Sacheinlageverpflichtungen.

Weiterhin haften die Gründer als Gesamtschuldner der AG für sämtliche fahrlässigen Pflichtverletzungen im Zusammenhang mit der Gründung, die zu einem Schaden der Gesellschaft geführt haben. Die Gründer haften auch Dritten gegenüber, wenn sie deren Schaden vorsätzlich oder grob fahrlässig herbeigeführt haben (§ 322 Abs. 2 K-HGB). Falls die Gründung nichtig ist, tritt eine gesamtschuldnerische Gründerhaftung für alle im Zusammenhang mit der Gründung vorgenommenen Handlungen ein (§ 326 Abs. 1 K-HGB). Ein Scheingründer haftet wie ein Gründer (§ 327 K-HGB); Scheingründer ist derjenige, der mit der Angabe seines Namens auf dem Zeichnungsschein oder einem anderen Schriftstück in Zusammenhang mit der Aktienzeichnung einverstanden war und dadurch die Gründung der Gesellschaft unterstützt hat.

Ist die Gesellschaft nicht bereit, den Schadensersatzanspruch gegen die Gründer geltend zu machen, so kann eine Aktionärsminderheit, die 5 % der ausgegebenen Aktien hält, unter den Voraussetzungen des § 403 K-HGB den Anspruch unmittelbar im Namen der Gesellschaft gerichtlich geltend machen.

b) *Die Haftung der Vorstands- und Aufsichtsratsmitglieder*

Verletzen die Mitglieder des Vorstands oder des Aufsichtsrats ihre Pflicht zur Gründungsprüfung und zur Berichterstattung nach § 313 K-HGB, sind sie der Gesellschaft oder Dritten gegenüber gesamtschuldnerisch zum Schadensersatz verpflichtet (§ 323 K-HGB). Haben sich auch die Gründer schadensersatzpflichtig gemacht, so greift eine einheitliche gesamtschuldnerische Haftung der Gründer und der Organmitglieder ein.

4 J. C. SONN, Handelsrecht, Bd. I, 1993, S. 547; K. TSCHE, Das neue Gesellschaftsrecht, 6. Aufl., 1991, S. 317; a. M. S. K. YANG, Die Fälle aus dem Handelsrecht, 1981, S. 100.

c) Die Haftung der Gründungsprüfer

Ein vom Gericht bestellter Gründungsprüfer haftet der Gesellschaft und Dritten gegenüber, wenn er seine Pflichten vorsätzlich oder grob fahrlässig verletzt. Ein von der Gründungsversammlung bestellter Gründungsprüfer haftet wie ein Vorstands- oder Aufsichtsratsmitglied[5].

4. Die Nichtigkeit der Gesellschaft

Die Nichtigkeit der Gesellschaft kann nur mittels der Nichtigkeitsklage geltend gemacht werden. Klagebefugt sind Vorstandsmitglieder und Aktionäre, auch einzelnen Aufsichtsratsmitgliedern steht ein Klagerecht zu. Die Nichtigkeitsgründe sind zahlreich. Sie beruhen im allgemeinen auf der Verletzung von Gründungsvorschriften und Regelungen in der Satzung, die mit dem Wesen der Aktiengesellschaft nicht vereinbar sind. Die Nichtigkeitsklage muß innerhalb von zwei Jahren nach Eintragung der AG in das Handelsregister erhoben werden (§ 328 Abs. 1 K-HGB), die Klagefrist ist damit kürzer als in Deutschland (§ 275 Abs. 3 AktG). Das Gericht weist die Nichtigkeitsklage ab, wenn der Mangel durch Fristablauf geheilt worden ist oder wenn die Nichtigkeit der Gründung unter Berücksichtigung der Lage der Gesellschaft und aller sonstigen Umstände unbillig wäre (§§ 328 Abs. 2, 189 K-HGB).

5. Die Übertragung der Aktien

Nach koreanischem Recht sind Aktien grundsätzlich frei übertragbar, die Satzung kann die Übertragbarkeit weder ausschließen noch erschweren (§ 335 Abs. 1 K-HGB). Der erstmalige Erwerb von Aktien durch Ausländer muß vom Finanzminister genehmigt werden (§ 7 Abs. 1 AKG), der spätere Hinzuerwerb ist anmeldepflichtig (§ 8 AKG).

Vor Eintragung der AG ist die Übertragung des Rechts zum Bezug von Aktien der Gesellschaft gegenüber unwirksam (§ 319 K-HGB). Auch die Übertragung von Aktien nach ihrer Eintragung, aber vor Ausgabe der Aktienurkunden ist der Gesellschaft gegenüber unwirksam; gibt die AG innerhalb von sechs Monaten nach ihrer Eintragung bzw. nach der Ausgabe neuer Aktien keine Aktienurkunden aus, wird die Übertragung auch der Gesellschaft gegenüber wirksam (§ 335 Abs. 2 K-HGB). Daher können Aktionäre, die nach Ablauf dieser Frist noch keine Aktienurkunden erhalten haben, ihre Aktien auch der Gesellschaft gegen-

5 K. TSCHE, aaO (Fn. 4), S. 325.

über wirksam veräußern. Die Übertragung von Aktien vollzieht sich durch Einigung und Übergabe der Aktienurkunde. Dies gilt sowohl für Namensaktien als auch für Inhaberaktien. Die früher mögliche Übertragung von Namensaktien durch Indossament und Übergabe der Aktienurkunde oder durch Übergabe der Aktienurkunde nebst einer vom Aktionär unterzeichneten und gesiegelten Übertragungsurkunde, ist durch die Handelsrechtsreform von 1984 abgeschafft worden. Die Übertragung von Namensaktien ist im Aktienbuch der Gesellschaft zu vermerken, denn der AG gegenüber gilt nur der im Aktienbuch eingetragene Inhaber einer Namensaktie als Aktionär (§ 337 K-HGB).

6. Der Erwerb eigener Aktien und wechselseitige Beteiligungen

Der AG ist es grundsätzlich untersagt, eigene Aktien zu erwerben. Das Gesetz läßt aber einige Ausnahmen zu. Nach § 341 K-HGB ist der Erwerb zulässig, wenn die Aktien eingezogen werden sollen, wenn Gesellschaften verschmolzen werden oder das gesamte Handelsgeschäft einer anderen Gesellschaft übernommen wird, wenn er notwendig ist, um einen schweren Schaden von der Gesellschaft abzuwenden oder um einen Überhang von Aktien (z. B. bei der Zusammenlegung von Aktien) auszugleichen. Die AG, die eigene Aktien zum Zwecke der Einziehung erworben hat, muß das Verfahren zur Kraftloserklärung unverzüglich einleiten. In den übrigen Fällen eines zulässigen Erwerbs eigener Aktien hat die Gesellschaft innerhalb angemessener Frist über die Aktien zu verfügen (§ 342 K-HGB). Der AG steht aus eigenen Aktien kein Stimmrecht zu, andere Mitgliedschaftsrechte ruhen (herrschende Lehre). Eine Inpfandnahme eigener Aktien ist bis zur Grenze von 5 % des ausgegebenen Aktienkapitals zulässig (§ 341-2 K-HGB).

Die Handelsrechtsnovelle von 1984 hat die Zulässigkeit wechselseitiger Beteiligungen unter Aktiengesellschaften eingeschränkt. Die Begründung einer wechselseitigen Beteiligung zwischen Mutter- und Tochtergesellschaft ist verboten. Hält die A-AG 40 % der Aktien der B-AG, so wird die A-AG zur Mutter- und die B-AG zur Tochtergesellschaft; die B-AG kann keine Aktien der A-AG erwerben (§ 342-2 K-HGB). Aber auch hier läßt das Gesetz eine begrenzte Zahl von Ausnahmen zu: Die Tochtergesellschaft kann Aktien der Muttergesellschaft im Falle der Verschmelzung, der Übernahme des Geschäftsbetriebes und, wenn es zur Ausübung ihrer Rechte notwendig ist, erwerben, muß sie aber innerhalb von sechs Monaten wieder veräußern (§ 342-2 K-HGB). Wechselseitige Beteiligungen unterhalb von 40 % sind mit den folgenden Einschränkungen zulässig: Hält die X-AG zwischen 10 % und 40 % der Y-AG und besitzt die Y-AG unter 10 % der Aktien der X-AG, so kann die Y-AG ihr Stimmrecht in der Hauptversammlung der X-AG nicht ausüben (§ 369 Abs. 3 K-HGB). Besteht eine wechselseitige Beteiligung von jeweils zwischen 10 und 40 %, so ist das Stimmrecht aus beiden Aktienpaketen blockiert.

7. *Die Organe der Aktiengesellschaft*

a) Allgemeines

Nach koreanischem Gesellschaftsrecht ist die Aktiengesellschaft ein Verein, dessen Zweck auf den Betrieb eines Handelsgeschäfts und auf Gewinnerzielung gerichtet ist (§ 169 K-HGB). Die AG ist juristische Person (§ 171 Abs. 1 K-HGB) und hat drei notwendige Organe: Den Vorstand als Geschäftsführungs- und Vertretungsorgan, den Aufsichtsrat als Überwachungsorgan und die Hauptversammlung als Willensbildungsorgan. Durch die Reform der Aktiengesellschaft von 1963 sind die Vorschriften zu Vorstand und Aufsichtsrat dem „board-system" des anglo-amerikanischen Rechts angenähert worden. Eine Einflußnahme der Arbeitnehmer auf die Unternehmensleitung nach Art der deutschen Mitbestimmung ist in Korea unbekannt.

b) Der Vorstand

Der Vorstand besteht aus mindestens drei Personen: die Satzung kann eine höhere Mitgliederzahl vorsehen (§ 383 Abs. 1 K-HGB). Vorstandsmitglied kann jede natürliche Person sein, auch eine nur beschränkt geschäftsfähige. Juristische Personen sind von der Ausübung eines Vorstandsamtes ausgeschlossen[6]. Die Satzung kann persönliche Voraussetzungen für die Wahl zumVorstandsmitglied aufstellen[7]. Nach § 387 K-HGB ist es z. B. möglich, in der Satzung eine Mindestzahl von Aktien festzulegen, die Vorstandsmitglieder in Besitz haben müssen. Aufsichtsratsmitglieder können aber nicht zugleich Vorstandsmitglieder sein (§ 411 K-HGB). Der Vorstand wird von der Hauptversammlung auf drei Jahre gewählt (§§ 382 Abs. 1, 383 Abs. 2 K-HGB). Die Wiederwahl ist möglich, die Satzung braucht dies nicht ausdrücklich vorzusehen.

Vorstandsmitglieder können jederzeit von der Hauptversammlung abberufen werden (§ 385 K-HGB); der Beschluß muß mit einer Zweidrittel-Mehrheit gefaßt werden. Eine Aktionärsminderheit von 5 % hat das Recht, die gerichtliche Abberufung eines Vorstandsmitglieds zu beantragen, wenn ein wichtiger Grund für die Abberufung besteht und die Hauptversammlung keinen Abberufungsbeschluß gefaßt hat. Das Antragsrecht erlischt, wenn der Antrag nicht innerhalb von einem Monat nach Abschluß der Hauptversammlung gestellt worden ist (§ 385 Abs. 2 K-HGB).

6 K. TSCHE, aaO (Fn. 4), S. 594; S. G. SUH, Handelsrecht, Bd. I, 1965, S. 241 und S. 518; a. M.: D. G. SUH, Vorlesung des Handelsrechts, 1985, S. 381; H. C. CHUNG, Handelsrecht, Bd. I, 1989, S. 471.

7 K. TSCHE, aaO (Fn. 4), S. 596.

Die Vergütung der Vorstandsmitglieder kann durch die Satzung selbst oder durch den Beschluß der Hauptversammlung festgelegt werden (§ 388 K-HGB). Die Entscheidung kann nicht auf andere Gesellschaftsorgane übertragen werden[8].

aa) Vorstandsbeschlüsse

Der Vorstand ist ein Kollegialorgan mit gleichberechtigten Mitgliedern. Das Gesetz bezeichnet dies als „board of directors". Aufgabe des Vorstands ist die Geschäftsführung. Entscheidungen werden durch Beschluß in der Vorstandssitzung getroffen. Jedes Vorstandsmitglied hat grundsätzlich das Recht, eine Vorstandssitzung einzuberufen. Der Vorstand kann aber durch Beschluß ein Mitglied bestimmen, das ausschließlich einberufungsberechtigt ist (§ 390 Abs. 1 K-HGB), auch die Satzung kann eine entsprechende Regelung enthalten. Das individuelle Einberufungsrecht jedes Vorstandsmitglieds bleibt erhalten, wenn der Alleineinberufungsberechtigte einem Einberufungsverlangen grundlos nicht nachkommt[9]. Der Vorstand ist beschlußfähig, wenn mehr als die Hälfte seiner Mitglieder anwesend sind. Die Satzung kann nur eine höhere Anwesenheitsquote festlegen (§ 391 K-HGB). Beschlüsse werden mit einfacher Mehrheit gefaßt. Der Vorstandsvorsitzende hat bei Stimmengleichheit kein Entscheidungsrecht[10]. Das Stimmrecht kann nur persönlich in der Sitzung ausgeübt werden. Schriftliche Stimmabgabe ist unzulässig.

Zur näheren Konkretisierung der Vorstandsaufgaben führt das Gesetz folgende Zuständigkeiten auf: Bestellung des Vorstandsmitglieds mit Vertretungsmacht (§ 389 Abs. 1 K-HGB); Ausgabe von Schuldverschreibungen (§ 469 K-HGB); Bestellung und Abberufung von Prokuristen (§ 393 Abs. 1 K-HGB); Einberufung der Hauptversammlung (§ 362 K-HGB); Billigung von Geschäften zwischen Gesellschaft und Vorstandsmitgliedern (§ 398 K-HGB); Rücklagenbildung (§ 461 Abs. 1 K-HGB); Ausgabe von Wandelschuldverschreibungen und Optionsanleihen an Aktionäre (§§ 513 Abs. 2, 516-2 Abs. 2 K-HGB); Aufstellung des Geschäftsberichts (§ 447-2 Abs. 1 K-HGB); Überwachung der Geschäftsführung (§ 393 Abs. 2 HGB); Unterhaltung von Unternehmensniederlassungen (§ 393 Abs. 1 K-HGB).

8 K. Tsche, aaO (Fn. 4), S. 608; J. C. Sonn, aaO (Fn. 4), S. 543.
9 Urteil des Obersten Gerichtshofs vom 13.2.1976.
10 K. Tsche, aaO (Fn. 4), S. 612; a. M. D. G. Suh, aaO (Fn. 6), S. 386.

bb) Vorstandsmitglieder mit Vertretungsbefugnis

Der Vorstand bestellt durch Beschluß ein oder mehrere Vorstandsmitglieder mit Vertretungsmacht aus seiner Mitte. Die Satzung kann vorsehen, daß die Bestellung durch die Hauptversammlung erfolgt (§ 389 Abs. 1 K-HGB). Diese Vorstandsmitglieder vertreten die AG gerichtlich und außergerichtlich in allen Angelegenheiten (§ 389 Abs. 3 K-HGB). Werden mehrere Vorstandsmitglieder mit Vertretungsbefugnis bestellt, so haben sie grundsätzlich Einzelvertretungsmacht, im Bestellungsbeschluß kann aber Gesamtvertretung angeordnet werden (§ 389 Abs. 2 K-HGB). Im übrigen ist der Umfang der Vertretungsmacht Dritten gegenüber nicht beschränkbar (§§ 389 Abs. 3, 209 K-HGB). Bei Rechtsstreitigkeiten zwischen der AG und einzelnen Vorstandsmitgliedern vertritt der Aufsichtsrat die Gesellschaft (§ 394 K-HGB).

cc) Die Haftung der Vorstandsmitglieder

Vorstandsmitglieder, die gegen Gesetz oder Satzung verstoßen oder ihre sonstigen Pflichten nicht erfüllen, haften der AG gesamtschuldnerisch auf Schadensersatz. Ist die Handlung durch einen Vorstandsbeschluß gebilligt worden, so haften auch die Vorstandsmitglieder, die für den Beschluß gestimmt oder keinen Widerspruch zu Protokoll erklärt haben (§ 399 K-HGB). Vorstandsmitglieder unterliegen einem Wettbewerbsverbot. Daher dürfen sie sich – ohne Einwilligung der Hauptversammlung – nicht im Geschäftszweig der AG für eigene oder fremde Rechnung betätigen, persönlich haftender Gesellschafter einer Personenhandelsgesellschaft oder Vorstandsmitglied einer anderen Kapitalgesellschaft werden. Geschäfte zwischen einzelnen Vorstandsmitgliedern und der AG bedürfen der Zustimmung des Vorstands (§ 398 K-HGB). Vorstandsmitglieder haften auch Dritten gegenüber, wenn sie vorsätzlich oder grob fahrlässig ihre Pflichten verletzen und dem Dritten dadurch ein Schaden entsteht (§ 401 Abs. 1 K-HGB). Eine Haftungsbefreiung ist nur durch einen einstimmigen Beschluß der Hauptversammlung möglich (§ 400 K-HGB).

c) Der Aufsichtsrat

Aufgabe des Aufsichtsrats ist die Überwachung der Geschäftsführung durch den Vorstand. Zahl und Qualifikation der Aufsichtsratsmitglieder sind im Gesetz nicht festgelegt. Der Aufsichtsrat wird von der Hauptversammlung bestellt (§ 409 Abs. 1 K-HGB). Seine Amtszeit endet mit dem Ende der nächsten Hauptversammlung, die spätestens nach Ablauf von zwei Jahren einberufen werden muß (§ 410 K-HGB). Aktionäre, die mehr als 3 % der Aktien besitzen, können bei den Wahlen zum Aufsichtsrat ein Stimmrecht nur bis zur Gesamthöhe von 3 % ausüben (§ 409 Abs. 2 K-HGB), die Satzung kann einen niedrigeren Prozentsatz festlegen. Vorstandsmitglieder, Prokuristen und sonstige Angestellte der AG dürfen nicht in den Aufsichtsrat gewählt werden (§ 411 K-HGB).

aa) Befugnisse des Aufsichtsrats

Zur Erfüllung seiner Kontrollaufgabe kann der Aufsichtsrat zu jeder Zeit die Bücher der AG einsehen und von den Vorstandsmitgliedern Rechnungslegung verlangen. Er ist insbesondere befugt, die Geschäftslage und die Vermögensverhältnisse der Gesellschaft zu prüfen (§ 412 Abs. 2 K-HGB). Seine Prüfungskompetenz beschränkt sich nicht auf eine reine Rechtmäßigkeitskontrolle, sondern umfaßt in wichtigen Angelegenheiten auch die Zweckmäßigkeit einer vom Vorstand getroffenen Maßnahme[11]. Jedes Aufsichtsratsmitglied hat das Recht, an den Vorstandssitzungen teilzunehmen und dort das Wort zu ergreifen (§ 391-2 Abs. 1 K-HGB)[12]. Daher muß die Gesellschaft den Aufsichtsratsmitgliedern die Einberufung einer Vorstandssitzung mitteilen (§ 390 Abs. 2 K-HGB).

Dem Aufsichtsrat steht in folgenden Fällen ein eigenes Klagerecht zu: Bei der Nichtigkeit von Gründung (§ 328 K-HGB), Aktienemission (§ 429 K-HGB), Kapitalherabsetzung (§ 445 K-HGB) und Verschmelzung (§ 529 K-HGB) sowie bei Anfechtbarkeit von Hauptversammlungsbeschlüssen (§ 376 K-HGB). Wenn ein Vorstandsmitglied gegen Gesetz oder Satzung verstößt und der Gesellschaft dadurch ein nicht wieder gutzumachender Schaden droht, kann der Aufsichtsrat Unterlassung verlangen (§ 420 K-HGB). Er hat aber in keinem Fall das Recht, die Hauptversammlung einzuberufen.

bb) Pflichten des Aufsichtsrats

Der Aufsichtsrat muß über seine Tätigkeit ein Protokoll führen, aus dem sich jede durchgeführte Überwachungsmaßnahme ergibt (§ 413-2 Abs. 1 K-HGB). Verstößt ein Aufsichtsratsmitglied gegen Gesetz oder Satzung oder droht ein solcher Verstoß, so muß der Aufsichtsrat dem Vorstand berichten (§ 391-2 Abs. 2 K-HGB).

Der Aufsichtsrat ist auch verpflichtet, der Hauptversammlung einen Tätigkeitsbericht vorzulegen. Der Mindestinhalt dieses Berichts ergibt sich aus § 447-4 Abs. 2 K-HGB, er ist vor dem Hauptversammlungstermin beim Vorstand einzureichen (§ 447-2 Abs. 1 K-HGB).

11 K. S. Lee, Gesellschaftsrecht, 1989, S. 481; a. M. J. C. Sonn, aaO (Fn. 4), S. 707; Lee/Lee, Vorlesung des Gesellschaftsrechts, 1991, S. 605 – nur Rechtmäßigkeitskontrolle.
12 A. M. J. C. Sonn, aaO (Fn. 4), S. 708.

cc) *Haftung des Aufsichtsrats*

Aufsichtsratsmitglieder haften nach § 414 K-HGB wie Vorstandsmitglieder.

d) *Der Abschlußprüfer*

Große Aktiengesellschaften, deren gesamte Aktiva zum Ende des letzten Geschäftsjahres mehr als 4 Mrd. Won (ca. 8 Mio DM) betragen, müssen den Jahresabschluß von einem externen Abschlußprüfer innerhalb von 4 Monaten nach Beginn des neuen Geschäftsjahres prüfen lassen (§ 2 ERG). Dieser Abschlußprüfer wird vom Vorstand auf Vorschlag des Aufsichtsrats bestellt. Für die Bestellung ist die Zustimmung der Hauptversammlung erforderlich (§ 4 Abs. 2 ERG).

e) *Die Hauptversammlung*

Die Hauptversammlung ist das Willensbildungsorgan der Aktiengesellschaft. Sie beschließt in den durch Gesetz oder Satzung bestimmten Fällen, außer in Geschäftsführungsangelegenheiten (§ 361 K-HGB). Faßt die Hauptversammlung dennoch einen Beschluß in Geschäftsführungsfragen, so ist der Vorstand dadurch nicht gebunden.

aa) *Die Beschlußfassung*

Das koreanische Recht unterscheidet zwischen gewöhnlichen Beschlüssen, besonderen Beschlüssen und Sonderbeschlüssen. Unterscheidungskriterien sind die Höhe des in der Abstimmung vertretenen Kapitals und die Mehrheitserfordernisse.

Gewöhnliche Beschlüsse setzen voraus, daß die Mehrheit des Aktienkapitals vertreten ist und die Mehrheit der abgegebenen Stimmen für den Beschlußantrag stimmt. Besondere Beschlüsse erfordern die Teilnahme der Kapitalmehrheit an der Abstimmung und eine Zweidrittel-Mehrheit der abgegebenen Stimmen. Sonderbeschlüsse können nur mit Zustimmung aller Aktionäre gefaßt werden.

Der gewöhnlichen Beschlußfassung unterliegen: Bestellung der Vorstands- und Aufsichtsratsmitglieder (§§ 382 Abs. 1, 409 Abs. 1 K-HGB), die Billigung der Rechnungslegung des Vorstands (§ 449 K-HGB), die Ausgabe von Aktien im Rahmen der Gewinnausschüttung (§ 462-2 K-HGB), die Festlegung der Vergütung für Vorstands- und Aufsichtsratsmitglieder (§ 388 K-HGB); die Aufhebung des Wettbewerbsverbots für Vorstandsmitglieder sowie die Ausübung des Eintrittsrechts für Rechtsgeschäfte, die unter Verletzung des Wettbewerbsverbots abgeschlossen worden sind (§ 397 K-HGB), die Bestellung eines Prüfers (§§ 367, 542 Abs. 2 K-HGB), Vertagungsbeschlüsse (§ 372 K-HGB), die Genehmigung der Liquidationsbilanz und des Liquidationsinventars (§ 533 Abs. 1 K-HGB), die Genehmigung der Liquidationsbeendigung (§ 540 Abs. 1 K-HGB) und die Abberufung des Liquidators (§ 539 Abs. 1 K-HGB).

Besondere Beschlüsse sind in folgenden Fällen erforderlich: Satzungsänderungen (§ 433 K-HGB), Kapitalherabsetzungen (§ 438 Abs. 1 K-HGB), Veräußerung des ganzen oder wesentlicher Teile des Geschäftsbetriebs (§ 374 Nr. 1 K-HGB), Abschluß, Änderung und Kündigung von Unternehmenspacht- und Betriebsüberlassungsverträgen oder eines Gewinngemeinschaftsvertrages (§ 374 Nr. 2 K-HGB), Übernahme des Geschäftsbetriebs einer anderen Gesellschaft (§ 374 Nr. 3 K-HGB), Abberufung von Vorstands- oder Aufsichtsratsmitgliedern (§§ 385 Abs. 1, 415 K-HGB), Nachgründung (§ 375 K-HGB), Auflösung (§ 518 K-HGB) und Fortsetzung der Gesellschaft nach Auflösung (§ 519 K-HGB), Unterpariemission neuer Aktien (§ 417 K-HGB), Ausgabe von Wandelschuldverschreibungen und Optionsanleihen an Dritte (§§ 513 Abs. 3, 516-2 Abs. 4 K-HGB), Bestellung der Gründer einer bei Verschmelzung entstehenden neuen Gesellschaft (§ 175 K-HGB), Zustimmung zu einem Verschmelzungsvertrag (§ 522 K-HGB) und Fortsetzung einer ruhenden Gesellschaft (§ 520-2 Abs. 3 K-HGB).

Der Verzicht auf Schadensersatzansprüchen gegen Vorstands- und Aufsichtsratsmitglieder und die Umwandlung der AG in eine GmbH müssen in Form eines Sonderbeschlusses gefaßt werden (§§ 400, 415, 604 K-HGB).

bb) Die Einberufung der Hauptversammlung

Die Hauptversammlung wird aufgrund eines Beschlusses des Vorstands einberufen, soweit das Gesetz nichts anderes bestimmt (§ 362 K-HGB). Das weitere Einberufungsverfahren ist formalisiert und wird von dem Vorstandsmitglied mit Vertretungsmacht durchgeführt. Die Rechtsprechung des koreanischen Obersten Gerichtshofs[13] hat eine Ausnahme von diesem Grundsatz zugelassen: Bei einer Einmann-AG ist die Einberufung bereits wirksam erfolgt, wenn der Einberufungsbeschluß des Vorstands in Anwesenheit des einzigen Aktionärs gefaßt und protokolliert wird[14]. Wenn das Vorstandsmitglied mit Vertretungsmacht ohne Vorstandsbeschluß die Hauptversammlung einberuft, so ist die Einberufung anfechtbar[15].

13 Urteil vom 13.4.1976 und 26.6.1977.

14 Urteil des Obersten Gerichtshofs vom 13.4.1976 und vom 11.6.1993.

15 Urteil des Obersten Gerichtshofs vom 27.10.1980; J. C. Sonn, aaO (Fn. 4), S. 653; K. Tsche, aaO (Fn. 4), S. 562.

Eine Aktionärsminderheit von 5 % des ausgegebenen Kapitals kann nach § 366 Abs. 1 K-HGB die Einberufung schriftlich unter Angabe des Zwecks und der Gründe verlangen. Kommt der Vorstand diesem Verlangen nicht unverzüglich nach, können die Aktionäre die Einberufung mit gerichtlicher Genehmigung selbst vornehmen (§ 366 Abs. 2 K-HGB). In Ausnahmefällen kann das Gericht sogar ein Vorstandsmitglied mit Vertretungsmacht unmittelbar anweisen, die Hauptversammlung einzuberufen (§ 467 K-HGB). Der Aufsichtsrat ist unter keinen Umständen zur Einberufung berechtigt.

cc) Das Stimmrecht der Aktionäre

Das Stimmrecht ist das wichtigste Mitverwaltungsrecht, es steht grundsätzlich jedem Aktionär zu. Jede Aktie gewährt eine Stimme (§ 369 Abs. 1 K-HGB). Beschränkungen des Stimmrechts durch die Satzung sowie die Ausgabe von Mehrstimmrechtsaktien sind unzulässig. Eine Ausnahme zu diesem Grundsatz sieht das Gesetz nur für Aktionäre mit stimmrechtslosen Vorzugsaktien (§ 370 Abs. 1 K-HGB), für die Wahl zum Aufsichtsrat und für Aktionäre vor, die am Gegenstand der Beschlußfassung ein besonderes Interesse haben. Bei der Bestellung der Aufsichtsratsmitglieder kann ein Aktionär nur bis zur Höchstgrenze von 3 % des ausgegebenen Aktienkapitals mitstimmen, auch wenn er ein größeres Aktienpaket innehat (§ 409 Abs. 2 K-HGB). In den beiden übrigen Fällen ist eine Stimmabgabe unzulässig (vgl. § 368 Abs. 4 K-HGB). Das Stimmrecht kann von einem Vertreter ausgeübt werden, die Bevollmächtigung bedarf der Schriftform.

Stimmrechte aus eigenen Aktien ruhen (§ 369 Abs. 2 K-HGB), bei wechselseitiger Beteiligung kommt es auf die Höhe des gegenseitigen Aktienbesitzes an[16]. Das koreanische Recht enthält keine Regelungen in Hinblick auf die Legitimationsübertragung des Stimmrechts und Stimmbindungsverträge. Beide sind in der Praxis nicht üblich. Ein Aktionär, der mehrere Aktien besitzt, kann sein Stimmrecht zu einem Tagesordnungspunkt uneinheitlich ausüben, er muß dies aber spätestens drei Tage vor dem Hauptversammlungstermin schriftlich und unter Angabe der Gründe mitteilen (§ 368-2 Abs. 1 K-HGB). Die Gesellschaft hat dann die Möglichkeit, die uneinheitliche Stimmabgabe zurückzuweisen, es sei denn, der betreffende Aktionär halte einen entsprechenden Anteil seiner Aktien für einen anderen, z. B. als Treuhänder (§ 362-2 Abs. 2 K-HGB).

Seit der Reform des K-HGB von 1984 ist es zudem verboten, einem Aktionär in Zusammenhang mit der Ausübung seines Stimmrechts einen wirtschaftlichen Vorteil zu gewähren (§ 467-2 K-HGB).

16 Siehe dazu oben V.6.

d) *Fehlerhafte Hauptversammlungsbeschlüsse*

Fehlerhafte Hauptversammlungsbeschlüsse sind entweder anfechtbar, d. h. sie können aufgrund einer Anfechtungsklage durch rechtsgestaltendes Urteil für nichtig erklärt werden, oder sie sind nichtig, d. h. ohne irgendeine Maßnahme automatisch ungültig.

Beschlüsse, die an einem Verfahrensmangel leiden, sind anfechtbar und können von jedem Aktionär, Vorstands- oder Aufsichtsratsmitglied binnen einer Frist von zwei Monaten nach Beschlußfassung mit der Anfechtungsklage angegriffen werden. Die Anfechtungsklage ist Gestaltungsklage. Die Klagebefugnis setzt nicht voraus, daß der klagende Aktionär in der Hauptversammlung gegen den Beschluß Widerspruch zu Protokoll erklärt hat[17].

Nach herrschender Lehre steht aber Aktionären mit stimmrechtslosen Vorzugsaktien kein Klagerecht zu[18]. Das der Klage stattgebende Urteil wirkt für und gegen alle Aktionäre und Organe der Gesellschaft. Das Urteil entfaltet keine Rückwirkung (§§ 376 Abs. 2, 190 K-HGB).

Beschlüsse, die an einem inhaltlichen Mangel leiden, weil sie gegen Gesetz oder Satzung verstoßen, sind nichtig. Die Nichtigkeit kann von jedermann in jeder Weise geltend gemacht werden, insbesondere durch Erhebung einer Nichtigkeitsklage (§ 380 K-HGB). Diese Klage ist auf die deklaratorische Feststellung der Nichtigkeit gerichtet[19].

Daneben kann auch die sog. Nichtbestehensklage erhoben werden, wenn zweifelhaft ist, ob überhaupt ein Beschluß gefaßt worden ist. Die Klage ist unter den Voraussetzungen der negativen Feststellungsklage zulässig.

8. *Minderheitenschutz*

Zum Schutz der Gesellschaft und der Minderheitsaktionäre vor mißbräuchlicher Stimmrechtsausübung durch einen Großaktionär sieht das koreanische HGB spezielle Rechte für Aktionärsgruppen von 5 % und 10 % des ausgegebenen Kapitals vor. Diese Minderheitsrechte werden teils durch bloße Erklärung, teils unter Mitwirkung der Gerichte ausgeübt.

Eine 5%ige Minderheitsbeteiligung berechtigt den Aktionär,

- schriftlich unter Angabe des Zwecks und der Gründe die Einberufung einer Hauptversammlung zu verlangen (§ 366 K-HGB);

17 Anders nach deutschem Aktienrecht, vgl. § 245 Nr. 1 AktG.

18 So die herrschende Lehre.

19 Urteil des Obersten Gerichtshofs vom 17. 5. 1962; J. G. SUH, aaO (Fn. 6), S. 374; J. C. SONN, aaO (Fn. 4), S. 660; a. M. H. C. CHUNG, aaO (Fn. 6), S. 458; D. G. SUH, aaO (Fn. 6); D. Y. CHUNG, Gesellschaftsrecht, 1991, S. 355 – Gestaltungsklage.

- bei Gericht die Abberufung eines Vorstandsmitglieds zu beantragen, wenn dieses eine Unredlichkeit begangen hat oder gewichtige Gründe dafür sprechen, daß es gegen seine Pflichten aus Gesetz oder Satzung verstoßen hat und die Hauptversammlung die Abberufung des Vorstandsmitglieds abgelehnt hat (§ 385 Abs. 2 K-HGB);
- bei Gericht die Abberufung des Liquidators zu beantragen, wenn dieser sichtlich ungeeignet ist oder eine schwerwiegende Pflichtverletzung begangen hat (§ 539 K-HGB);
- bei Gericht die Bestellung eines Prüfers zu beantragen, falls Tatsachen den Verdacht rechtfertigen, daß im Zusammenhang mit der Geschäftsführung der Gesellschaft Unredlichkeiten oder Verstöße gegen Gesetz oder Satzung vorgekommen sind (§ 467 Abs. 1 K-HGB);
- schriftlich und unter Angabe von Gründen zu beantragen, die Bücher einsehen zu dürfen und Abschriften anfertigen zu lassen (§ 466 Abs. 1 K-HGB);
- von der Gesellschaft die Erhebung einer Schadensersatzklage gegen die Gründer, Vorstands- oder Aufsichtsratsmitglieder zu verlangen. Kommt die AG diesem Verlangen nicht nach, hat der Aktionär das Recht, anstelle der Gesellschaft die Klage zu erheben (sog. repräsentative Klage, vgl. §§ 324, 403, 467-2 Abs. 4 K-HGB);
- von einem Vorstandsmitglied Unterlassung zu verlangen, wenn der Verdacht besteht, daß dieses durch eine bestimmte Geschäftsführungsmaßnahme gegen Gesetz oder Satzung verstößt und dadurch der AG ein nicht wiedergutzumachender Schaden droht (§ 402 K-HGB).

Eine Minderheitsbeteiligung in Höhe von 10 % berechtigt den Aktionär darüber hinaus, bei Gericht die Auflösung der Gesellschaft zu beantragen (§ 520 K-HGB).

9. Die Finanzierung der Aktiengesellschaft

Der Finanzbedarf der Aktiengesellschaft kann durch Selbstfinanzierung, durch Aufnahme von Fremdkapital oder durch eine Kapitalerhöhung gegen Einlagen gedeckt werden. Die Selbstfinanzierung erfolgt in der Regel durch Thesaurierung von Gewinnen und Bildung von Rücklagen. Fremdmittel können z. B. durch Ausgabe von Schuldverschreibungen aufgenommen werden.

a) Selbstfinanzierung

Die AG muß auch nach koreanischem Recht eine gesetzliche Rücklage bilden. In diese Rücklage sind einzustellen: 10 % des Gewinns, bis die Rücklage die

Hälfte des Grundkapitals erreicht; das Agio, das bei Überpariemission von Aktien eingenommen wird; den Überschuß, der bei einer Kapitalherabsetzung erzielt wird; sowie Überschüsse, die im Rahmen einer Verschmelzung entstehen (§§ 458, 459 K-HGB). Die gesetzliche Rücklage dient dem bilanziellen Ausgleich späterer Geschäftsverluste.

Durch Vorstandsbeschluß kann die gesetzliche Rücklage in Grundkapital umgewandelt werden (§ 461 K-HGB). Ob die Hauptversammmlung im Gewinnverwendungsbeschluß den Bilanzgewinn ganz oder teilweise von der Verteilung an die Aktionäre ausschließen kann, ist noch nicht abschließend geklärt. Das Gesetz schweigt hierzu, richtig erscheint die Auffassung, daß die Hauptversammlung – das Fehlen einer entgegenstehenden Satzungsbestimmung vorausgesetzt – durch einfachen Mehrheitsbeschluß den Bilanzgewinn ganz oder teilweise den freien Rücklagen zuführen kann.

b) Die Fremdmittelaufnahme

Die Aktiengesellschaft kann aufgrund eines Vorstandsbeschlusses Schuldverschreibungen zur Zeichnung auflegen (§ 469 K-HGB); die Entscheidung über Einzelheiten ist auf die Vorstandsmitglieder mit Vertretungsmacht übertragbar. Die Satzung kann die Entscheidung über die Ausgabe von Schuldverschreibungen auch der Hauptversammlung überlassen. Im Interesse des Verkehrsschutzes ist die Ausgabe selbst dann wirksam, wenn sie ohne Vorstandsbeschluß erfolgte oder wenn der Ausgabebeschluß gegen das Gesetz verstößt[20]. Der Gesamtbetrag der ausgegebenen Schuldverschreibungen darf den doppelten Betrag von Grundkapital und Rücklagen nicht übersteigen (§ 470 Abs. 1 K-HGB). Ist das Gesellschaftsvermögen geringer als der Gesamtbetrag vom Grundkapital und Rücklagen, so darf der Gesamtbetrag der Schuldverschreibungen den zweifachen Wert des Gesellschaftsvermögens nicht übersteigen (§ 470 Abs. 2 K-HGB). Rücklagen im Sinne des § 470 K-HGB sind nur die gesetzlichen Rücklagen, da freie Rücklagen für den Gläubigerschutz ungeeignet sind[21].

Eine besondere Form der Obligationen stellen die Wandelschuldverschreibungen dar, d. h. Schuldverschreibungen, die ein Recht auf Umtausch in Aktien geben. Die Ausgabe der Wandelschuldverschreibungen setzt einen entsprechenden Vorstandsbeschluß voraus (§ 513 Abs. 2 K-HGB). Wenn Wandelschuldverschreibungen nicht nur an Aktionäre, sondern auch an Dritte ausgegeben werden sollen, entscheidet die Hauptversammlung mit qualifizierter Mehrheit über

20 J. C. SONN, aaO (Fn. 4), S. 814; K. TSCHE, aaO (Fn. 4), S. 755.
21 K. TSCHE, aaO (Fn. 4), S. 852.

Bedingungen der Wandelschuldverschreibungen, insbesondere über die Voraussetzungen des Umtausches.

Gleiches gilt für Optionsanleihen, die auch ohne Umtausch ein Recht auf den Bezug neuer Aktien gewähren. Gewinnschuldverschreibungen und Genußrechte sind im koreanischen HGB nicht geregelt.

c) Die Kapitalerhöhung

Das koreanische HGB hat das autorisierte Kapital des amerikanischen Rechts („authorized capital") übernommen. Ein festes Grundkapital im Sinne des deutschen Aktienrechts ist unbekannt. Die Satzung setzt die Gesamthöhe des Aktienkapitals fest, bis zu der die Gesellschaft Aktien ausgeben darf (§ 289 Abs. 1 Nr. 3 K-HGB). Das in der Satzung angegebene Kapital der Gesellschaft ist dieses autorisierte Kapital. Der von Aktionären gezeichnete Teil des autorisierten Kapitals wird als ausgegebenes Kapital bezeichnet. Mindestens ein Viertel des autorisierten Kapitals muß bei Gesellschaftsgründung ausgegeben werden (§ 289 Abs. 2 K-HGB).

Eine Kapitalerhöhung ist dann durch die bloße Ausgabe neuer Aktien möglich, die sich aber innerhalb der Grenzen des autorisierten Kapitals halten muß. Der Vorstand entscheidet durch Beschluß, ob die Gesellschaft neue Aktien ausgibt und legt die Emissionsbedingungen fest (§ 416 K-HGB). Die Satzung kann diese Zuständigkeit auf die Hauptversammlung übertragen. Sonderregelungen greifen ein, wenn neue Aktien aufgrund von Wandelschuldverschreibungen ausgegeben werden (§ 513 K-HGB); wenn Aktien infolge der Umwandlung von Rücklagen in Grundkapital ausgegeben werden (§ 461 Abs. 2 K-HGB) und wenn bei einer Fusion die Aktien der übertragenden Gesellschaft in Aktien der aufnehmenden Gesellschaft umgetauscht werden (§ 461 Abs. 2 K-HGB).

Bei einer Kapitalerhöhung hat jeder Aktionär das Recht, entsprechend der Anzahl seiner Aktien neue Aktien zu zeichnen (§ 418 K-HGB). Dieses Bezugsrecht kann durch die Satzung ausgeschlossen werden. Die Satzung kann aber auch vorsehen, daß bestimmten dritten Personen ein Bezugsrecht gewährt wird. Die Übertragung von Bezugsrechten ist zulässig, wenn ein Vorstandsbeschluß die Übertragbarkeit festlegt (§ 416 Nr. 5 K-HGB) und Bezugsurkunden ausgegeben worden sind. Das Bezugsrecht kann nur mit diesen Urkunden übertragen werden (§ 420-3 Abs. 1 K-HGB).

Wenn Aktien in Höhe des autorisierten Kapitals ausgegeben worden sind, kann das autorisierte Kapital durch einen mit satzungsändernder Mehrheit gefaßten Beschluß (§ 434 K-HGB) erhöht werden. Eine Erhöhung ist auf das vierfache der bislang ausgegebenen Aktien beschränkt (§ 437 K-HGB).

10. Die Verschmelzung und die Veräußerung des Geschäftsbetriebes

Zwei Gesellschaften können in zwei verschiedenen Verfahren verschmolzen werden: Zum einen in Form der Verschmelzung durch Aufnahme, zum anderen in Form der Verschmelzung durch Neubildung; wobei von der letztgenannten Variante selten Gebrauch gemacht wird. An einer Verschmelzung können sowohl Aktiengesellschaften als auch Gesellschaften in den Rechtsformen der GmbH, OHG oder KG beteiligt sein. Wird eine Personengesellschaft mit einer Kapitalgesellschaft verschmolzen, muß die aufnehmende bzw. die neu gebildete Gesellschaft eine Kapitalgesellschaft sein (§ 174 Abs. 2 K-HGB). In der Praxis wurden bislang lediglich Aktiengesellschaften miteinander verschmolzen.

Sollen zwei Aktiengesellschaften miteinander verschmolzen werden, ist ein schriftlicher Verschmelzungsvertrag abzufassen und muß die Zustimmung der Vorstände und Hauptversammlungen der beteiligten Gesellschaften eingeholt werden (§ 522 Abs. 1 K-HGB). Der jeweilige Zustimmungsbeschluß bedarf der in § 434 K-HGB festgelegten Mehrheit, d. h. er ist mit einer Mehrheit von zwei Dritteln der Stimmen der in der Hauptversammlung vertretenen Aktionäre bei einem Quorum von mindestens 50 % des ausgegebenen Kapitals zu fassen .

Sowohl die Veräußerung des ganzen oder wesentlicher Teile des Geschäftsbetriebes als auch die Übernahme des Geschäftsbetriebes einer anderen Gesellschaft bedürfen der Zustimmung des Vorstandes und eines Beschlusses der Hauptversammlung der Aktiengesellschaft, der den Erfordernissen des § 434 K-HGB gerecht werden muß, § 374 K-HGB.

Eine Verschmelzung bzw. eine Betriebsübernahme können aufgrund wettbewerbsrechtlicher Vorschriften unzulässig sein[22].

VI. Die Gesellschaft mit beschränkter Haftung

Die GmbH ist eine rechtsfähige Handelsgesellschaft, für deren Verbindlichkeit den Gläubigern nur das Gesellschaftsvermögen haftet.

1. Die Gründung

Die Gründung einer GmbH ist wesentlich einfacher, als die einer AG. Es genügen zwei Gesellschafter, die natürliche oder juristische Personen sein können. Die Zahl der Gesellschafter darf 50 nicht übersteigen, eine gerichtliche Ausnahmegenehmigung ist nur bei Vererbung des Geschäftsanteils möglich.

22 Siehe unten VII.

Unzulässig sind die Gründung der GmbH als Einmann-Gesellschaft sowie die spätere Vereinigung aller Geschäftsanteile in einer Hand (§ 609 Abs. 1 Nr. 1 K-HGB), die automatisch zur Auflösung der Gesellschaft kraft Gesetzes führt (§ 609 Abs. 1 Nr. 3 K-HGB). Das Stammkapital der GmbH muß mindestens 10 Mio. Won (ca. 20.000 DM), die Stammeinlage eines jeden Gesellschafters muß mindestens 5000 Won (ca. 10 DM) betragen (§ 546 K-HGB). Über Geschäftsanteile dürfen keine Anteilsscheine ausgegeben werden.

Die Gründung einer Tochtergesellschaft in der Rechtsform einer GmbH & Co. KG ist in Korea unzulässig, weil eine Handelsgesellschaft nicht Gesellschafterin einer oHG oder Komplementärin einer KG werden kann (§ 173 K-HGB).

2. *Die Verfassung der GmbH*

Anders als für die AG sind für die GmbH nur zwei Organe zwingend vorgeschrieben: Der oder die Geschäftsführer und die Gesellschafterversammlung. Als fakultatives Organ tritt der Aufsichtsrat hinzu.

Die Geschäftsführer werden in der Satzung oder durch Beschluß der Gesellschafterversammlung bestellt. Die Bestellung eines Ausländers zum Geschäftsführer ist auch möglich. Die Geschäftsführer können jederzeit und ohne wichtigen Grund durch die Gesellschafterversammlung wieder abberufen werden. Sie haben grundsätzlich Einzelvertretungsbefugnis, die Gesellschafter können aber in der Satzung oder durch einen Beschluß der Gesellschafterversammlung eine andere Regelung treffen.

Die Gesellschafterversammlung ist das oberste Organ der GmbH. Sie kann über sämtliche Angelegenheiten der GmbH entscheiden. Die Beschlußfassung in schriftlicher Form ist zulässig; selbst Satzungsänderungen, die mit einer qualifizierten Mehrheit von 75 % des Kapitals gefaßt werden müssen, können mit Zustimmung aller Gesellschafter im schriftlichen Verfahren beschlossen werden. Für die Einberufung der Gesellschafterversammlung sind der Geschäftsführer und ggf. der Aufsichtsrat zuständig. Eine Gesellschafterminderheit von 5 % des Stammkapitals kann die Einberufung einer Gesellschafterversammlung verlangen. Wird dem Verlangen nicht Folge geleistet, kann die Minderheit die Gesellschafterversammlung selbst einberufen. Der Umfang des Stimmrechts hängt grundsätzlich von der Höhe des Geschäftsanteils ab, eine abweichende Regelung in der Satzung ist zulässig (§ 575 K-HGB).

Die Bildung eines Aufsichtsrats kann in der Satzung vorgesehen werden. Die Aufsichtsratsmitglieder werden dann durch die Satzung selbst oder durch Beschluß der Gesellschafterversammlung bestellt; eine Abwahl ist mit qualifizierter Mehrheit möglich. Der Aufsichtsrat überwacht Geschäftsführung und Rechnungslegung der Gesellschaft.

3. *Übertragung der Geschäftsanteile und Umwandlung der Gesellschaft*

Geschäftsanteile sind nur mit Zustimmung der Gesellschaft übertragbar. Der Zustimmungsbeschluß der Gesellschafterversammlung muß mit einer qualifizierten Mehrheit gefaßt werden. Dies gilt selbst dann, wenn der Geschäftsanteil auf einen Mitgesellschafter übertragen werden soll. Die Satzung kann die Übertragung weiter erschweren (§ 556 Abs. 1 K-HGB).

Die Umwandlung der GmbH in eine Aktiengesellschaft ist möglich. Erforderlich ist ein Umwandlungsbeschluß, der mit Zustimmung aller Gesellschafter gefaßt wird, sowie eine gerichtliche Umwandlungsgenehmigung (§ 607 Abs. 1 und 3 K-HGB).

Das Umwandlungsverfahren muß im Interesse des Gläubigerschutzes innerhalb von zwei Wochen nach dem Umwandlungsbeschluß eingeleitet werden (§§ 608, 232 K-HGB).

VII. Wettbewerbsrecht

Das Gesetz über das Antimonopol und den ehrlichen Geschäftsverkehr[23] bildet das Kernstück des koreanischen Wettbewerbs- und Kartellrechts.

Falls eine Gesellschaft eines der Aufgreifskriterien des § 7 AntimonopolG erfüllt, sind verschiedene Strukturmaßnahmen und Organisationsformen verboten. Einer Gesellschaft, die über ein Grund- oder Stammkapital von mehr als einer Mrd. Won (= 2 Mio. DM) oder über ein Reinvermögen von mehr als fünf Mrd. Won (= 10 Mio. DM) verfügt, ist eine Verschmelzung mit einer Konkurrenzgesellschaft untersagt, sofern die Verschmelzung zu einer Beschränkung des Wettbewerbs in der betreffenden Branche führt (§ 7 AntimonopolG). Weiterhin ist einer solchen Gesellschaft nicht erlaubt, das gesamte oder einen wesentlichen Teil des Handelsgeschäfts eines Konkurrenzunternehmens zu erwerben oder zu pachten sowie das gesamte oder einen wesentlichen Teil des Grundvermögens einer konkurrierenden Gesellschaft zu übernehmen. Darüber hinaus ist der Erwerb bzw. der Besitz von Aktien einer Konkurrenzgesellschaft verboten; dieses Verbot erfaßt auch mittelbare Beteiligungen in Form des Anteilserwerbs durch abhängige Gesellschaften. Schließlich ist die Gründung einer gemeinsamen Tochtergesellschaft mit einer konkurrierenden Gesellschaft und die Bestellung eines Vorstandsmitgliedes bzw. Geschäftsführers oder eines Angestellten der Gesellschaft zum Mitglied der Geschäftsführung eines konkurrierenden Unternehmens untersagt.

23 Im folgenden: AntimonopolG. Näheres zu diesem Gesetz: K. Park, Das koreanische Antimonopolgesetz, 1983.

Ausnahmen von diesen verbotenen Konzentrationsmaßnahmen können vom Minister für Wirtschaftsplanung nach Anmeldung der Unternehmensverbindung, die auf keinen Fall versäumt werden darf (§ 12 AntimonopolG), genehmigt werden. Voraussetzung der Erteilung einer Ausnahmegenehmigung ist, daß die Unternehmensverbindung der Stärkung der Konkurrenzfähigkeit koreanischer Unternehmen auf dem Weltmarkt oder der Rationalisierung der Produktion eines Industriezweiges dient.

VIII. Die Erlangung der Kontrolle über Unternehmen

1. Methoden der Erlangung der Kontrolle

Zur Erlangung der Kontrolle über ein anderes Unternehmen können verschiedene Mittel angewendet werden: Die Verschmelzung, die Übertragung des Geschäftsbetriebes, der Kauf von Aktien, das öffentliche Übernahmeangebot und der Stimmrechtskampf *(Proxy-fight* oder *-contest).*

2. Die gesetzliche Regelung

Die Verschmelzung (§§ 174, 522 ff) und die Übertragung des Geschäftsbetriebes (§ 374) sind im K-HGB geregelt[24].

Der Kauf von Aktien (-paketen), der Stimmrechtskampf und das öffentliche Übernahmeangebot sind im Effektenverkehrsgesetz geregelt.

a) Der Kauf von Aktienpaketen

Früher war es nach dem Effektenverkehrsgesetz verboten, mehr als 10 % der ausgegebenen Aktien einer börsennotierten AG zu erwerben. Durch eine Gesetzesänderung wurde diese Beschränkung 1993 abgeschafft. Daher können nunmehr uneingeschränkt Aktien über die Börse gekauft werden.

b) Das öffentliche Übernahmeangebot

1976 wurden die amerikanischen Regelungen zum öffentlichen Übernahmeangebot in das Effektenverkehrsgesetz (§§ 21 ff) übernommen. Die koreanische Regelung weist folgende Besonderheiten auf:

24 Vgl. dazu oben V.10.

- Der Bieter ist verpflichtet, ein öffentliches Übernahmeangebot bei der Effektenkontrollkommission anzumelden; eine Unterbreitung des Angebots vor Inkrafttreten der Anmeldung ist verboten.
- Lediglich der Erwerb von Aktien, der nicht im Rahmen dieses Angebots erfolgt ist untersagt; weitere Verfahrensregelungen existieren derzeit noch nicht.
- Die Effektenkontrollkommission ist ermächtigt, die Konditionen und die Modalitäten der Durchführung des Übernahmeangebots festzulegen.
- Die Effektenkommission hat bei ihren Entscheidungen freies Ermessen.

Gegen ein öffentliches (feindliches) Übernahmeangebot können die Aktiengesellschaften zwar einige Verteidigungsmaßnahmen ergreifen, aber die Beschränkungen in Hinblick auf den Erwerb eigener Aktien[25] und das Verbot von Mehrstimmrechtsaktien[26] machen es unmöglich, ähnlich wie in den USA vielfältige und effektive Verteidigungsmaßnahmen zu ergreifen. Inwieweit *poison pills, white knight defense* etc. zulässig sind, ist im Gesetz nicht geregelt.

In Anbetracht dessen, daß sich der koreanische Kapitalmarkt immer mehr öffnet und der Streubesitz zunehmen wird, werden öffentliche Übernahmeangebote an Bedeutung gewinnen. Bislang ist hiervon noch kein Gebrauch gemacht worden, da Aktien überwiegend in Familienbesitz gehalten werden und wechselseitige Beteiligungen weit verbreitet sind.

IX. Konzernrecht

1. Die Unternehmensgruppe in der Rechtswirklichkeit

Unter einer Unternehmensgruppe, der sog. *Jaebol-Gruppe*, versteht man in Korea eine Konzentration von Wirtschaftsmacht mittels mehrerer oder vieler Unternehmen, die eine Oligopol- oder gar Monopolstellung haben. Die Machtkonzentration besteht meistens in einer Markt-, Industrie- und Generalkonzentration[27].

Rechtstatsächlich leiten eine Person oder Verwandte mittels eines kleinen, unter ihrer Kontrolle stehenden Personenkreises eine Vielzahl von Unternehmen, die aufgrund der Verbindung der Unternehmen eine beherrschende Stel-

25 Siehe oben V.6.

26 Siehe oben V.7.e)cc).

27 Unter Konzentration versteht man eine beherrschende Stellung. Die Marktkonzentration ist die beherrschende Stellung im Markt eines Produktes, z. B. Personenkraftwagen; die Industriekonzentration, diejenige in einer Branche, z. B. Fahrzeugbau; die Generalkonzentration ist eine beherrschende Stellung in einem Wirtschaftszweig, z. B. der Schwerindustrie, oder gar in der gesamten Volkswirtschaft. Vgl. dazu: LEE, KYO-EOK/LEE, JAE-HYONG, Die Unternehmensgruppe und die Konzentration in der Wirtschaft, S. 17.

lung in einem oder mehreren Industriezweigen einnehmen. Diese Tendenz hat sich in den vergangenen Jahren verstärkt: Während 1987 nur 8 *Jaebol* mit mehr als 20 abhängigen Gesellschaften bestanden, erhöhte sich die Zahl 1991 auf 18. Daß derart große Zusammenschlüsse die Effektivität und Flexibilität unternehmerischer Entscheidungen beeinträchtigen, wird zunehmend auch in den *Jaebol* selbst erkannt[28].

Eine koreanische Unternehmensgruppe entsteht rechtlich durch Erwerb von Kapitalbeteiligungen an verschiedenen Unternehmen, die dann faktisch unter die einheitliche Leitung einer Person[29] oder eines Familien-Clans gestellt werden, wobei keine Mediatisierung durch eine Holding-Gesellschaft stattfindet. Banken sind, anders als z. B. in Japan, weder herrschende noch abhängige Unternehmen.

2. *Die gesetzliche Regelung*

Im koreanischen Recht existiert eine systematische Kodifikation des Rechts der verbundenen Unternehmen ebensowenig wie eine Regelung des internationalen Konzernrechts. Die Unternehmensgruppe betreffende Vorschriften sind auf verschiedene Gesetze verteilt. Hervorzuheben sind:

- Das K-HGB: Es läßt den Erwerb von Aktien der Muttergesellschaft durch eine Tochtergesellschaft nur unter engen Voraussetzungen zu (§ 342-2); bei Bestehen einer wechselseitigen Beteiligung ruht das Stimmrecht aus den Aktien, die der jeweils anderen Aktiengesellschaft gehören (§ 369 Abs. 3)[30].
- Das AntimonopolG: In ihm sind die Begriffe „Unternehmensgruppe" und „Mitgliedsgesellschaft" definiert; es regelt Konzentrationsprozesse in der Wirtschaft[31].
- Das Bankgesetz und die Verordnung für die Kreditgewährung durch Kreditinstitute regeln in § 30-2 bzw. § 5 die Kreditgewährung an zu einer Unternehmensgruppe gehörenden Mitgliedsgesellschaften.
- Die Verordnung über die Rechnungslegung börsennotierter Aktiengesellschaften verlangt in § 100 von der herrschenden Gesellschaft, daß sie einen konsolidierten Rechnungsabschluß aufstellt.
- Die Durchführungsverordnung zum Effektenverkehrsgesetz verpflichtet eine börsennotierte herrschende Gesellschaft ihrem Geschäftsbericht einen konsolidierten Rechnungsabschluß beizufügen, § 15 Abs. 2.

28 Vgl. DONG-A ILBO (Tageszeitung) vom 1.4.1991, S. 7.

29 Die Beteiligung von Großaktionären an Großunternehmen nimmt ständig zu. So sind Unternehmen wie *Hyundai* zu 67,8 %, *Samsung* zu 53,2 % und *Daewoo* zu 50,4 % in der Hand eines Großaktionärs bzw. seiner Familie oder sonstiger Vertrauter; vgl. dazu Koreanische Wirtschaftszeitung vom 17.9.1991, S. 2.

30 Vgl. dazu oben V.6.

31 Vgl. oben VII.

Wie sich schon aus dieser kurzen Aufstellung ersehen läßt, liegt der Schwerpunkt der Gesetzgebung weder im Schutz der Gläubiger noch im Schutz der außenstehenden Aktionäre der abhängigen Gesellschaft.

Die Begrifflichkeiten in diesen und anderen Gesetzen sind sehr unterschiedlich; Begriffe wie Mutter- und Tochtergesellschaft, herrschende und abhängige Gesellschaft, Mitglieds- oder assoziierte Gesellschaft etc. werden unterschiedlich verwandt, definiert und abgegrenzt[32].

X. *Steuerrecht*

Das koreanische Steuerrecht unterscheidet zwischen nationalen und lokalen (kommunalen) Steuern. Die lokalen Steuern spielen mit einem Anteil von 20 % am gesamten Steueraufkommen eine eher untergeordnete Rolle[33]. Die nationalen Steuern untergliedern sich wie folgt:

- Nationale Steuern
  - Interne Steuern
    - Direkte Steuern
      - Einkommensteuer
      - Körperschaftsteuer
      - Steuer auf übermäßig angestiegenen Wert von Grundvermögen
      - Erbschafts- und Schenkungssteuer
      - Neubewertungssteuer
      - Steuer auf übermäßige Gewinne
    - Indirekte Steuern
      - Umsatzsteuer
      - Luxussteuer
      - Alkoholsteuer
      - Telefonsteuer
      - Stempelsteuer
      - Wertpapierhandelssteuer
  - Zölle
  - Erziehungssteuer

32 Die Entscheidung darüber, ob eine Gesellschaft als abhängig zu betrachten ist, ist mitunter willkürlich. So hat der Präsident des Aufsichtsamtes für die Banken die Befugnis, darüber zu entscheiden, ob eine Gesellschaft zu einer Unternehmensgruppe gehört; § 5 Abs. 2 der Verordnung für die Kreditgewährung durch Kreditinstitute.

33 Vgl. dazu: *Steuern in Korea*, Hrsg.: Korean – German Chamber of Commerce and Industry, 2. Aufl., 1993, S. 2.

Das koreanische Einkommens- bzw. Körperschaftsteuergesetz und das mit der Bundesrepublik Deutschland geschlossene Doppelbesteuerungsabkommen differenzieren, wie international üblich, zwischen unbeschränkter und beschränkter Steuerpflicht; Anknüpfungspunkt ist der Wohnsitz bzw. Sitz des Steuersubjekts.

Das steuerbare Einkommen setzt sich aus dem globalen und dem nichtglobalen Einkommen zusammen. Diese Unterscheidung hat Bedeutung insofern, als separate Veranlagungen für das globale und die drei Einkommensarten des nicht-globalen Einkommens durchgeführt werden.

Der Körperschaftsteuersatz ist von der Höhe des zu versteuernden Einkommens abhängig. Unternehmen, deren zu versteuerndes Einkommen weniger als 100 Mio. Won beträgt, unterliegen einem Körperschaftsteuersatz von 20 %, die übrigen unterliegen einem Steuersatz von 34 %.

Zur Errechnung der steuerlichen Gesamtbelastung ist auch die Einwohnersteuer, die eine lokale Steuer ist, von Bedeutung. Einwohnersteuerpflichtig sind natürliche oder juristische Personen, die ihren (Wohn-)Sitz in Korea haben und/oder einkommens- bzw. körperschaftsteuerpflichtig sind. Ihre Bemessungsgrundlage ist die abzuführende Körperschaftsteuer und sie beträgt 7,5 %.

Unter Einbeziehung von Körperschaft- und Einwohnersteuer ergibt sich eine steuerliche Gesamtbelastung von 21,5 % bzw. 36,55 % je nachdem ob die Gesellschaft ein zu versteuerndes Einkommen von unter oder über 100 Mio. Won hat. Vergleicht man die Steuerbelastung in Korea mit maximal 36,55 % mit dem deutschen Körperschaftsteuersatz von 50 %, so stellt sich Korea als Niedrig-Steuerland dar. Unter Berücksichtigung der Steuervergünstigungen für ausländische Investoren[34] wird dieses Bild noch verbessert.

Anhang

I. Abkürzungen der Gesetze

AKG	Das Gesetz über die Einführung von Auslandskapital
ERG	Das Gesetz über die externe Revision der Aktiengesellschaft
K-FGG	Das koreanische Gesetz über die Freiwillige Gerichtsbarkeit
K-HGB	Das koreanische Handelsgesetzbuch

II. Literaturhinweise

JUNG-GAB SUH, Handelsrecht, Bd. I, 1965.
HI-CHUL CHUNG, Handelsrecht, Bd. I, 1989.
DON-GAK SUH, Vorlesung des Handelsrechts, 1985.

34 Vgl. oben III.3.c).

JU-CHAN SONN, Handelsrecht, Bd. I, 1993.
JU-CHAN SONN, Das koreanische Aktienrecht, 2. Aufl., 1989.
KIUON TSCHE, Das neue Gesellschaftsrecht, 6. Aufl., 1991.
TAE-RO LEE und CHUL-SONG LEE, Vorlesung des Gesellschaftsrechts, 1991.
DONG-YOON CHUNG, Gesellschaftsrecht, 3. Aufl., 1991.
SEUNG-KYU YANG, Die Fälle aus dem Handelsrecht, 1981.
KI-SU LEE, Gesellschaftsrecht, 1989.

III. Adressenverzeichnis

Die koreanische Handelskammer, Abteilung Auslandsinvestitionen,
Namdaemun-Ro 4-Ka, 45, Chung-Ku, Seoul 100-094, Korea

Deutsch-Koreanische Industrie- und Handelskammer
C.P.O. Box 4963
Seoul 100–649 Korea

10th Floor, KCCI Building
Namdaemun-Ro 4-Ka, 45, Chung-Ku,
Seoul 100–094 Korea

Telefon: (02) 766-1546
Telex: DKIHK K22640
Telefax: (02) 756-7828

Die Gründung von Tochtergesellschaften in Kroatien

von

Professor DR. DRAGUTIN LEDIĆ, Rijeka

Inhaltsübersicht

I. Einleitung

Die Republik Kroatien wurde am 25. Juni 1991 durch Verfassungsbeschluß zu einem souveränen, unabhängigen Staat erklärt. Damit wurde die Loslösung von der Zentralgewalt der SFR Jugoslawien vollzogen. Inzwischen ist Kroatien ein

Staat mit internationaler Anerkennung, der Mitgliedstaat der UNO wie auch vieler UNO-Organisationen wie z. B. der FAO, UNESCO, ILO, UNICEF, IBRD, IMF usw. Kroatien wurde auch Mitgliedstaat der KSZE (der Konferenz für Sicherheit und Zusammenarbeit in Europa) und der EBWE (der Europäischen Bank für Wiederaufbau und Entwicklung).

Die Republik Kroatien ist nach der am 22. Dezember 1990 von Parlament (Hrvatski Sabor) in Zagreb verabschiedeten Verfassung ein demokratischer, souveräner und marktorientierter Staat. Wichtigster Schritt dabei war die Einführung des Gewaltenteilungsprinzips in Art. 4 der kroatischen Verfassung.

Obwohl der Kriegszustand noch andauert und derzeit etwa 1/4 Kroatiens noch von Serben okkupiert ist, etabliert sich bereits ein völlig neues Rechtssystem. Das gilt vor allem für die Rückkehr zu den klassischen Freiheits-, Gleichheits- und Bürgerrechten sowie zu den sogenannten „sozialen" Grundrechten (Recht auf Gesundheit, Arbeit, Ausbildung, Sozialfürsorge, Gedanken- und Meinungsfreiheit usw.).

Wirtschaftlich bedeutsam ist die Aufhebung des gesellschaftlichen Eigentumsmonopols das ca. 90 % der Volkswirtschaft Kroatiens ausmachte. Inzwischen gibt es das gesellschaftliche (Volks-)Eigentum nur noch als eine Eigentumsform neben dem Privat-, Staats-, Genossenschafts- und gemischten Eigentumsformen.

Gemäß Art. 49 Abs. 2 der kroatischen Verfassung sichert der Staat allen Unternehmen die gleiche Rechtsstellung auf dem Markt. Monopole sind verboten. Das kroatische Recht macht keinen Unterschied zwischen den Inhabern des Eigentumsrechts und ermöglicht es gleichzeitig ausländischen Personen, unter gesetzlich festgelegten Bedingungen Eigentum zu erwerben.

Darum ist das wichtigste Ziel der Entwicklungspolitik wie auch eines neuen Rechtssystems Kroatiens die Anregung, die Beschleunigung und die Orientierung des Umwandlungsprozesses an die neuen, marktwirtschaftlichen Vorgaben. Dabei ist der wichtigste Schritt, die kroatische Wirtschaft auf eine rasche und erfolgreiche Beteiligung an den Umwandlungsprozessen vorzubereiten. In erster Linie muß sich die Wirtschaft den wesentlich veränderten einheimischen Bedingungen und der internationalen Umgebung anpassen.

Als Folge der Unabhängigkeitserklärung vom 25. Juni 1991 wurden die wichtigsten jugoslawischen Gesetze auf allen Rechtsgebieten, in denen es keinen Hinweis auf jugoslawische Institutionen gibt, die keine spezifisch jugoslawischen Sachverhalte regeln und bei denen auch keine Änderungen für notwendig erachtet wurden, in Form von Übernahmegesetzen in eigenes Recht transformiert. In den Bestimmungen der übrigen Gesetze wurden die früheren jugoslawischen Institutionen durch die entsprechenden kroatischen Institutionen ersetzt. Aus den übernommenen Gesetzen wurden viele Begriffe, die noch einen erkennbaren Bezug zu der vergangenen Gesellschafts-, Wirtschafts- und Werteordnung hatten, entfernt, so vor allem aus dem Unternehmensgesetz, dem Obligationsgesetz, dem Gesetz über die Auslandsinvestitionen, der Konkursordnung, der Zivilprozeßordnung sowie aus vielen Gesetzen auf dem Gebiet der Finanzen, der Steuern usw., im übrigen wurden die Gesetze aber zunächst unverändert übernommen.

Das heutige Rechtssystem Kroatiens ist aus drei Quellen entstanden:

1. denjenigen Vorschriften, die vom Parlament der Sozialistischen Republik Kroatien vor dem 30. Mai 1990 verabschiedet worden waren;
2. denjenigen Vorschriften, die vom Parlament der Republik Kroatien dem (kroatischen *Sabor*) nach dem 30. Mai 1990 verabschiedet worden waren und aus
3. den wichtigsten jugoslawischen Gesetzen, die in Form von Übernahmegesetzen in kroatisches Recht transformiert wurden.

Dies ist zweifellos eine unhaltbare Situation. Es ist daher einhellige Auffassung in Kroatien, daß das kroatische Recht einheitlich in Richtung zum europäischen Recht hin entwickelt werden muß.

Der offizielle Parlaments- und Regierungsstandpunkt, wie auch der der Rechtslehre[1] ist der, daß das neue kroatische Rechtssystem das deutsche und österreichische Rechtssystem als Vorbild haben soll. Das bedeutet vor allem, daß man im kroatischen Recht in Zukunft das Privatrecht und das öffentliche Recht als verschiedene Rechtsgebiete unterscheiden muß. Im ehemaligen, sog. „sozialistischen" Rechtssystem Jugoslawiens und Kroatiens war eine solche Unterscheidung nicht vorgesehen.

II. Die Entwicklung des kroatischen Handels- und Gesellschaftsrechts und das gesetzliche Umfeld für ausländische Investitionen

Das kroatische Handelsgesetz stammt wie das entsprechende ungarische Gesetz Nr. XXXVII[2] aus dem Jahre 1875. Dieses Gesetz regelte die offene Handelsgesellschaft (oHG), die Kommanditgesellschaft (KG) und die Aktiengesellschaft (AG). Praktisch war es bis 1948 in Kraft.

Obwohl im ehemaligen Jugoslawien und damit auch in Kroatien die Lage der Wirtschaft genau wie die der Wirtschaften in den ehemaligen sog. „sozialistischen" Ländern war. Unter dem Einfluß der Sowjetunion und ihrer Rechtslehre

1 J. Barbic, Zakon o trgovackim drustvima, (Handelsgesellschaftsgesetz), Privreda i pravo (Zeitschrift f. Wirtschaft und Recht) 1993, 154 ff; D. Ledic, Neka razmisljanja o trgovackim drustvima i obrtu u svijetlu nekih ponudjenih zakonskih rjesenja (Einige Überlegungen von Handelsgesellschaften und Handwerk im Hinblick auf die angebotenen gesetzlichen Lösungen), Priveda i pravo (Zeitschrift für Wirtschaft und Recht) 1993, 404.

2 Tamás Sárközy, Die Gründung einer Tochtergesellschaft in Ungarn, in: Vorauflage, S. 552.

gab es z. B. kein Handels- und Gesellschaftsrecht mehr, sondern ausschließlich ein sog. „Wirtschaftsrecht“[3]), war es das erste sog. „sozialistische“ Land, das den direkten Zufluß ausländischen Kapitals seit dem Jahre 1967 ermöglicht hat. Die ersten gesetzlichen Voraussetzungen zum Joint Venture in diesem Sinne konnte man in der Novelle zum Gesetz über die Betriebsmittel der Wirtschaftsorganisationen finden. Erstmals wurde im Jahre 1973 ein Gesetz verabschiedet, dessen Bestimmungen sich weitgehend mit den bis heute gültigen Vorschriften deckten. Das war das Gesetz über ausländische Investitionen. Nach einigen Änderungen und Ergänzungen dieses Gesetzes wurde im Jahre 1978 ein neues Gesetz mit dem Titel „Gesetz über die Investitionen von Mitteln ausländischer Personen in inländischen Organisationen der vereinten Arbeit“ verabschiedet. 1984 wurden mit der Gesetzesnovelle einige besonders restriktive Vorschriften wieder aufgehoben. Das gilt vor allem für die sog. Mehrheitsbeteiligungsklausel, nach der der Auslandskapitalanteil an einem Joint-Venture-Unternehmen 49 % nicht übersteigen durfte. Derzeit gilt im übrigen – und darauf sei hier besonders hingewiesen – noch die Regel, daß diejenigen Unternehmen, in die ein ausländischer Kapitalanteil geflossen war, in gesellschaftlichem Eigentum verblieben sind. Den ausländischen Investoren sind aber ihre gesetzlich und vertraglich zugestandenen Rechte und Pflichten geblieben.

Auf diesen Gesetzen fußt das jüngste und aktuelle „Gesetz über ausländische Investitionen“, das zusammen mit dem Unternehmensgesetz am 1. Januar 1989 in Kraft getreten ist. Beide sind in Form von Übernahmegesetzen in geltendes kroatisches Recht transformiert worden und bilden einen Teil des heutigen Rechtssystems Kroatiens.

Grundmerkmal des ganzen wirtschaftlich-rechtlichen Systems Kroatiens ist ferner die Inländergleichbehandlung von ausländischen Investoren. So gelten z. B. gemäß Art. 1 Abs. 3 des Konzessionsgesetzes, das am 5. Januar 1993 in Kraft getreten ist, die Voraussetzungen für den Erhalt einer Konzession gleichermaßen für inländische wie für ausländische Personen. Einige ausländische Konzessionäre können sogar mit Steuer- und Zollvergünstigungen rechnen. Eine Konzession wird für längstens 99 Jahre erteilt.

Kroatien ist bestrebt, bei der Verabschiedung neuer Gesetze seinen westeuropäischen Vorbildern möglichst streng zu folgen. Das ist u. a. Fall bei dem Gesetz über die Handelsgesellschaften, der Notarordnung, der Handwerksordnung, dem Gesetz über die Buchführung, ferner bei den Gesetzen auf den Gebieten der Finanzen, den Steuern, den Zoll, des Handels und der Dienstleistungen. Hierbei handelt es sich um völlig neu zu regelnde Rechtsgebiete, so daß die neue marktorientierte Zielrichtung der Wirtschaftspolitik bestmöglich umgesetzt werden konnte.

3 A. Goldstajn, trgovacku ugovorno pravo (Handelsvertragsrecht), Narodne novine Zagreb 1991, S. 137 f.

III. Die Aktiengesellschaft

1. Allgemeine Vorschriften

Aktiengesellschaft (AG) ist auch nach dem kroatischen Handelsgesellschaftsgesetz (HGG) eine Handelsgesellschaft, in der die Gesellschafter (Aktionäre) an dem in Aktien zerlegten Grundkapital beteiligt sind. Die Gesellschafter haften nicht für die Verbindlichkeiten der Gesellschaft. In Kroatien ist auch eine Einmann-Aktiengesellschaft zulässig.

Die Gründer einer AG sind die Aktionäre, die die Satzung beschlossen haben. Neben der Einheitsgründung kommt auch in Kroatien die Stufengründung in Betracht. An der Feststellung der Satzung muß sich mindestens eine Person beteiligt haben. Die AG ist, anders als die anderen Handelsgesellschaften (Art. 2 Abs. 1 HGG), juristische Person. Die Rechtspersönlichkeit entsteht durch die Eintragung ins Handelsregister (Art. 4 HGG).

In kroatien kann die AG nur einen Sitz haben, sie kann aber, ebenso wie der Einzelkaufmann und die anderen Handelsgesellschaften, außer dem Hauptverwaltungssitz mehrere Zweigniederlassungen errichten.

Der Unternehmensgegenstand einer AG kann auf jeden zulässigen Zweck gerichtet werden. Jeder Zweck ist zulässig, der nicht gesetzlich verboten ist oder gegen die guten Sitten verstößt.

Die Firma der AG hat den Gegenstand des Unternehmens und die Bezeichnung „Aktiengesellschaft" („*dionicko drustvo*") oder „AG" („d.d.") zu enthalten.

Das Grundkapital und die Aktien müssen auf einen Nennbetrag in der Währung der Republik Kroatiens, derzeit noch den kroatischen Dinar[3a], lauten (Art. 161 HGG).

Der Mindestnennbetrag des Grundkapitals muß gemäß Artikel 161 HGG einen Gegenwert von 30.000 Deutsche Mark haben[4]. Der Betrag muß durch 100 teilbar sein.

Der Mindestnennbetrag der aktien lautet auf zehn Deutsche Mark. Sein Gegenwert in kroatischer Währung wird wie bei dem Grundkapital ermittelt. Aktien, die auf einen geringeren Nennbetrag lauten, sind nichtig. Die Ausgeber haften gesamtschuldnerisch für Schäden, die aus einer solchen Ausgabe den Inhabern entstanden sind.

Die Ausgabe von Aktien, die auf einen höheren Betrag lauten, ist dagegen zulässig.

3a Vom 1. Juni 1994 an wird die Wiedereinführung der alten Währung „Kuna" (übersetzt: „Marder") erwartet.

4 Die Umrechnung der beiden Währungen erfolgt nach dem Mittelwert des Kurses, zu dem die Währungen am Tage der Registeranmeldung der Gründung oder einer Kapitalveränderungsmaßnahme gehandelt werden. Dieser Kurs wird von der Devisenbörse oder von der Volksbank Kroatiens, Narodna Banka Hrvatske, bekanntgegeben.

2. *Aktien*

Die Aktien können auf den Inhaber oder auf den Namen lauten. (Art. 165 Abs. 1 HGG) Die Aktie muß auf den Namen lauten, wenn sie vor der vollen Leistung des Nennbetrags oder des höheren Ausgabebetrags ausgegeben wird. Der Betrag der Teilleistung ist in der Aktie anzugeben.

Vor der vollen Leistung des Nennbetrags der Aktie kann man den Aktionären Zwischenscheine ausgeben. Zwischenscheine müssen auf den Namen lauten. Für Schäden aus der Ausgabe sind die Ausgeber den Inhabern als Gesamtschuldner verantwortlich.

Die Aktien die gleiche Rechte geben, bilden eine Gattung. Jede Aktie ist gemäß (Art. 169 Abs. 1 HGG) mit einem Stimmrecht verbunden. Gegen Gewährung eines Vorzugs bei der Verteilung des Gewinns, kann das Stimmrecht jedoch auch ausgeschlossen werden (Vorzugsaktien ohne Stimmrecht – Art. 169 Abs. 2 HGG).

Zusammen mit den Aktienurkunden werden die von einem Kuponbogen abtrennbaren Dividendenscheine und ein Talon ausgegeben. Ihr Inhalt ist gesetzlich vorgeschrieben (Art. 171 HGG). Die Hauptversammlung der AG ist zuständig, durch Beschluß über alle Bedingungen der Aktienausgabe zu entscheiden.

3. *Die Gründung der Aktiengesellschaft*

Die Satzung muß durch notarielle Beurkundung festgestellt werden. Bevollmächtigte müssen ebenfalls eine notariell beglaubigte Vollmacht haben.

Die Urkunde muß folgende Angaben enthalten:

1. Die Gründer und ihren (Wohn-)Sitz
2. Nennbetrag und Ausgabebetrag der Aktien und – wenn mehrere Gattungen von Aktien ausgegeben werden – die Gattung, die jeder Aktionär übernimmt,
3. der eingezahlte Betrag des Grundkapitals,
4. die beurkundete Erklärung der Gründer, daß sie die Satzung akzeptieren.

Die Satzung soll wie im deutschen AktG (§ 23 Abs. 3) außerdem zwei Angaben enthalten, nämlich die Art und Weise der Gesellschaftsbekanntmachungen und die Bestimmungen über die Bestandszeit und die Auflösung der Gesellschaft.

Bestimmt das Gesetz oder die Satzung, daß eine Maßnahme der Gesellschaft zu veröffentlichen ist, so hat dies im „Narodne novine" (Amtsblatt der Republik Kroatiens) zu geschehen. Die Satzung kann aber auch andere öffentliche Blätter als Bekanntmachungsorgane benennen.

Jeder einem einzelnen Aktionär oder einem Dritten eingeräumte besonere Vorteil muß in der Satzung unter Bezeichnung des Berechtigten festgehalten werden. Der Gesamtaufwand, der zu Lasten der Gesellschaft an Aktionäre oder Dritte als Entschädigung oder als Belohnung für die Gründung gewährt wird, ist in der Satzung gesondert festzusetzen. Andernfalls sind die Verträge und die Rechtshandlungen zu ihrer Ausführung gegenüber der Gesellschaft unwirksam. Nach der Eintragung der AG in das Handelsregister kann die Unwirksamkeit nicht mehr durch Satzungsänderung geheilt werden. Die Festsetzung von Sondervorteilen, Entschädigungen und Belohnungen können erst geändert werden, wenn die Gesellschaft fünf Jahre im HR eingetragen ist.

Sollen Aktionäre Einlagen, die nicht durch Einzahlung des Nennbetrags oder des höheren Ausgabebetrags zu leisten sind (Rechts- und Sacheinlagen) oder soll die Gesellschaft vorhandene oder herzustellende Anlagen oder sonstige Vermögensgegenstände übernehmen (Rechts- und Sachübernahme), so müssen in der Satzung festgelegt werden: die die Rechts- und Sacheinlage oder Rechts- und Sachübernahme, die Person, von der die Gesellschaft den Gegenstand erwirbt, und der Nennbetrag der für die Rechts- oder Sacheinlage auszugebenden Aktien bzw. für die bei der Rechts- oder Sachübernahme zu gewährende Vergütung. Soll die AG einen Vermögensgegenstand oder ein Vermögensrecht übernehmen, für den oder das eine Vergütung gewährt wird, und soll diese auf die Einlage eines Aktionärs angerechnet werden, so gilt dies als Sach- oder Rechtseinlage.

Sacheinlagen oder Sachübernahmen können nur Vermögensgegenstände und Vermögensrechte sein, deren wirtschaftlicher Wert feststellbar ist. Dienstleistungen können deshalb nicht Gegenstand von Sacheinlagen oder Sachübernahmen bzw. Rechtseinlagen sein. Ohne eine Festsetzung in der Satzung sind Verträge über Sacheinlagen und Sachübernahmen bzw. Rechtseinlagen und -übernahmen sowie die entsprechenden Rechtshandlungen zu ihrer Ausführung der Gesellschaft gegenüber unwirksam. Ist die AG im Handelsregister eingetragen, so wird die Gültigkeit der Satzung durch diese Unwirksamkeit nicht berührt. Ist die Vereinbarung einer Sach- bzw. Rechtseinlage unwirksam, so ist der betroffene Aktionär verpflichtet, den Nennbetrag oder den höheren Ausgabebetrag der Aktie bar einzuzahlen.

Nach Eintragung der AG ins Handelsregister kann diese Unwirksamkeit ebenfalls nicht mehr durch Satzungsänderung geheilt werden.

a) Einheitsgründung

Das kroatische Handelsgesellschaftsgesetz unterscheidet – anders als mittlerweile das deutsche AktG[5] – zwischen Einheits- und Stufengründung der AG.

5 Vgl. nur: REINHARDT/SCHULTZ, Gesellschaftsrecht, 2. Auflage, Tübingen 1981, S. 195.

Bei der Einheitsgründung erfolgt die Gründung durch Übernahme aller Aktien durch die Gründungsmitglieder, durch Feststellung und Unterschrift der Satzung und der Beurkundung des gesamten Gründungsvorgangs. Wirksam wird die Gründung allerdings erst mit der Eintragung ins Handelsregister.

Die Gründer müssen durch notarielle Beurkundung den ersten Aufsichtsrat der Gesellschaft und die Revisoren (Abschlußprüfer) für das erste Voll- oder Rumpfgeschäftsjahr bestellen.

Die Gründer müssen einen schriftlichen Bericht über den Gründungsvorgang erstellen (Gründungsbericht). Die Mitglieder des Vorstands und des Aufsichtsrats haben den Gründungsvorgang zu prüfen. Gemäß Art. 182 Abs. 2 HGG muß darüber hinaus eine Prüfung durch einen oder mehrere Prüfer (Gründungsprüfer) stattfinden, wenn

1. ein Mitglied des Vorstands oder des Aufsichtsrats zu den Gründern gehört,
2. bei der Gründung für Rechnung eines Mitglieds des Vorstands oder des Aufsichtsraats Aktien gezeichnet worden sind,
3. ein Mitglied des Vorstands oder des Aufsichtsrats sich einen besonderen Vorteil, eine Entschädigung oder Belohnung für die Gründung oder ihre Vorbereitung ausbedungen hat,
4. eine Gründung mit Sacheinlagen und Übernahmen bzw. mit Rechtseinlagen vorliegt.

Die Gründungsprüfer werden vom Gericht nach Maßgabe der entsprechenden Vorschriften bestellt.

Die Gründer sind verpflichtet, den Prüfern alle für die sorgfältige Erfüllung ihrer Prüfungspflicht erforderlichen Informationen zu geben. Bei Meinungsverschiedenheiten zwischen den Gründern und den Gründungsprüfern über den Umfang der von den Gründern zu gewährenden Informationen entscheidet das Registergericht. Die Gerichtsentscheidung ist unanfechtbar. Solange sich die Gründer weigern, der Entscheidung nachzukommen, wird der Prüfungsbericht nicht erstattet.

Die AG ist von sämtlichen Mitgliedern des Vorstands und des Aufsichtsrats zur Eintragung ins Handelsregister anzumelden (Art. 186 HGG). Der Anmeldung sind beizufügen:

1. die Satzung und die gemäß Art. 173 Abs. 1 und Art. 177 Abs. 1 HGG notwendigen Urkunden
2. im Fall der Artt. 175 und 176 die Verträge, die den Festsetzungen zugrundeliegen oder zu ihrer Ausführung geschlossen worden sind,
3. ein Nachweis über die eingezahlten Beträge sowie die Sach- und Rechtseinlagen und darüber, daß die AG hierüber frei verfügen kann,
4. eine Aufstellung der Gründungskosten mit allen einzelnen Beträgen und der Gesamthöhe der Kosten,
5. die Urkunden über die Bestellung des Vorstands und des Aufsichtsrats,

6. der Gründungsbericht und die Prüfungsberichte nebst ihren urkundlichen Unterlagen.

Das Gericht hat zu prüfen, ob die AG ordnungsmäßig errichtet und angemeldet wurde, und ob die Anmeldung nebst den beigefügten Urkunden den gesetzlichen Anforderungen entspricht. Das Gericht kann die Eintragung ablehnen, wenn die Gründungsprüfer erklären oder es offensichtlich ist, daß der Gründungs- oder der Prüfungsbericht unrichtig oder unvollständig ist oder den gesetzlichen Vorschriften nicht entspricht. Gleiches gilt, wenn die Gründungsprüfer erklären oder das Gericht der Meinung ist, daß der Wert der Sach- bzw. Rechtseinlagen nicht unwesentlich hinter dem Nennbetrag der dafür auszugebenden Aktien oder dem Wert der dafür zu gewährenden Leistungen zurückbleibt.

Ins Handelsregister werden eingetragen die Firma, der Sitz und der Gegenstand des Unternehmens der AG, die Höhe des Grund- oder des genehmigten kapitals, der Tag der Feststellung der Satzung, die Namen der Mitglieder des Vorstands, seines Vorsitzenden und der Aufsichtsratsmitglieder, deren Personenregisternummer und Wohnort, die Dauer der AG und die Vertretungsbefugnisse der Mitglieder des Vorstands.

Die Gründer sind der AG als Gesamtschuldner verantwortlich für die Richtigkeit und Vollständigkeit der Angaben, die zum Zweck der Gründung der AG gemacht worden sind. Wird die AG von den Gründungsmitgliedern durch Sacheinlagen, Sachübernahmen bzw. Rechtseinlagen oder überhöhten Gründungsaufwand vorsätzlich oder grob fahrlässig geschädigt, so sind ihr alle Gründer als Gesamtschuldner zum Ersatz des daraus entstandenen Schadens verpflichtet. Von dieser Haftung ist ein Gründer nur dann befreit, wenn er die haftungsbegründenden Tatsachen weder kannte noch bei Anwendung der erforderlichen Sorgfalt hätte kennen müssen.

Gemäß Art. 192 HGG haften der AG neben den Gründern und solchen Personen, für deren Rechnung die Gründer Aktien übernommen haben, auch die Mitglieder des Vorstands und des Aufsichtsrats gesamtschuldnerisch für Pflichtverletzungen im Zusammenhang mit der Gründung.

b) Stufengründung

Eine Stufengründung liegt dann vor, wenn die Gründungsmitglieder nach Feststellung der Satzung nur einen Teil der Aktien übernehmen und durch einen öffentlichen Zeichnungsschein die Zeichnung der übrigen Aktien ermöglichen. Die AG wird auch hier durch die Eintragung ins Handelsregister gegründet[6].

6 Auch im österreichischen Recht gibt es noch immer die Stufengründung der AG (§ 30 österr. AktG).

Der Zeichnungsschein hat zu enthalten:

1. die Firma, den Sitz, den Gegenstand des Unternehmens der AG,
2. den Nennbetrag des Grundkapitals,
3. Zahl, Art und ggf. die Gattung der auszugebenden Aktien, ihr Nennbetrag und die Zahl, Art und Gattung der Aktien die vor dem Zeichnungsschein übernommen worden sind,
4. den Tag der Feststellung der Satzung,
5. den Namen bzw. die Firma, Wohnort bzw. Sitz, und für natürliche Personen ihre Personenregisternummer,
6. der Ort, an dem die Aktien gezeichnet werden können,
7. den Zeitpunkt der Zeichnung,
8. die Frist, innerhalb derer die AG zur Eintragung ins Hanelsregister anzumelden ist, und nach deren Ablauf die Zeichner von ihrer Abnahmepflicht befreit sind,
9. den Betrag den jeder Zeichner für die gezeichneten Aktien vor der Eintragung ins Handelsregister einzahlen soll,
10. Angaben über Sondervorteile, Sach- und Rechtseinlagen, Sachübernahmen, Gründungsaufwand, Vergütungen und Entschädigungen,
11. die Art und Weise der Einberufung der Hauptversammlung,
12. den Höchstbetrag des Gründungsaufwands, der zu Lasten der AG gewährt wird.

Zeichnungsscheine, die diese Angaben nicht vollständig oder Beschränkungen der Verpflichtung der Zeichner enthalten, die über den oben in Ziff.8 genannten Antragsvorbehalt hinausgehen, sind nichtig. Auf die Unverbindlichkeit oder Nichtigkeit der Zeichnung kann sich der Zeichner jedoch nicht mehr berufen, wenn die AG im Handelsregister eingetragen ist und wenn er in der zur Beschlußfassung über die Errichtung der Gesellschaft einberufenen Hauptversammlung abgestimmt oder später als Aktionär Rechte ausgeübt oder Verpflichtungen erfüllt hat. Jede nicht im Zeichnungsschein enthaltene Beschränkung von Aktionärspflichten ist der AG gegenüber unwirksam.

Soweit nichts anderes bestimmt ist, wird vor der Eintragung der AG bei der Einberufung der Hauptversammlung und ihrer Beschlußfassung nach den Vorschriften verfahren, die nach der Eintragung maßgebend sind (Art. 203 Abs. 4 HGG).

4. *Rechtsverhältnisse zwischen der Gesellschaft und ihren Aktionären*

Ganz ähnlich dem deutschen und österreichischen Recht[7] haftet den Gläubigern für Verbindlichkeiten der AG nur das Gesellschaftsvermögen. Das bedeutet, daß die Aktionäre den Gläubigern nur insoweit persönlich für die Verbind-

7 § 53 dt. AktG, § 48 österr. AktG.

lichkeiten haften, als sie entgegen den gesetzlichen Vorschriften Zahlungen von der AG empfangen haben. Haben sie Beträge unberechtigterweise als Gewinnanteile bezogen, so besteht die Verpflichtung nur, soweit sie wußten oder infolge von Fahrlässigkeit nicht wußten, daß sie zum Bezug nicht berechtigt waren (Art. 224 Abs. 1 HGG).

Die Hauptverpflichtung der Aktionäre, nämlich die Leistung der Einlagen, wird durch Einzahlung des Nennbetrags oder eines höheren Ausgabebetrags der Aktien oder durch Sach- und Rechtseinlagen ausgeübt. Die Aktionäre haben die Einlagen nach Aufforderung durch den Vorstand einzuzahlen. Wenn die Satzung nichts anderes bestimmt, ist die Aufforderung in den Gesellschaftsblättern bekanntzumachen. Die Aktionäre, die den angeforderten Betrag nicht rechtzeitig einzahlen, haben den Betrag vom Eintritt der Fälligkeit an mit dem gesetzlichen Zinssatz zu verzinsen, wenn die Satzung keine höheren Zinsen vorgesehen hat.

Im kroatischen HGG fehlt zwar die Bestimmung des deutschen § 63 Abs. 2 Satz 2 AktG[8], aber für den Fall nicht rechtzeitig eingebrachter Sacheinlagen kann die Satzung Vertragsstrafen festsetzen.

Aktionären, die den eingeforderten Betrag nicht rechtzeitig einzahlen, kann eine Nachfrist mit der Androhung gesetzt werden, daß sie nach Fristablauf ihrer Aktien und der geleisteten Einzahlungen für verlustig erklärt werden. Die Nachfrist wird durch Einschreibebrief (lettre recommandeé) gesetzt und ist auch in den Gesellschaftsblättern bekanntzumachen. Nach fruchtlosem Fristablauf fallen die Aktien nebst aller bereits gezahlter Einlagen der Gesellschaft anheim. Der Verfall ist bekanntzugeben unter Angabe aller dazugehörigen Daten. Den Aktionären dürfen Zinsen weder zugesagt noch ausgezahlt werden.

Die Beteiligung der Aktionäre am Gewinn bestimmt sich nach dem Verhältnis zum Aktienbetrag (Art. 223 Abs. 1 HGG). Sind die Einlagen auf das Grundkapital nicht auf alle Aktien in demselben Verhältnis geleistet, so erhalten die Aktionäre aus dem verteilbaren Gewiinn vorweg einen Beitrag auf die geleisteten Einlagen. Einlagen, die im Laufe des Geschäftsjahres geleistet werden, werden im Verhältnis zu der Zeit berücksichtigt, die seit der Leistung verstrichen ist. Aus eigenen Aktien stehen der AG keine Rechte zu.

5. *Die Verfassung der AG*

a) *Der Vorstand*

Der Vorstand kann aus einer oder mehreren Personen („Direktoren") bestehen, deren Zahl in der Satzung bestimmt wird. Wenn der Vorstand aus mehreren Personen besteht, ist ein Vorstandsmitglied zum Vorsitzenden zu ernennen.

8 Auch im österreichischen AktG findet sich eine vergleichbare Vorschrift in § 57 Abs. 2, Satz 2 österr. AktG.

Zum Vorstandsmitglied kann nur eine natürliche, unbeschränkt geschäftsfähige Person bestellt werden. Die Satzung kann bestimmte Voraussetzungen für die Bestellung der Vorstandsmitglieder enthalten (Art. 239 Abs. 2 HGG). Der Vorstand hat die AG in eigener Verantwortung zu leiten. Besteht der Vorstand aus mehreren Personen, so sind sämtliche Vorstandsmitglieder nur gemeinschaftlich zur Geschäftsführung befugt. Die AG wird durch den Vorstand vertreten, und zwar auch hier wieder nur gemeinschaftlich. Ist eine Willenserklärung gegenüber der AG abzugeben, so genügt jedoch die Abgabe gegenüber einem Vorstandsmitglied.

Vorstandsmitglieder und Vorsitzender werden vom Aufsichtsrat auf höchstens fünf Jahre bestellt. Die Bestellung kann aber wiederholt werden. Der Aufsichtsrat kann die Bestellung zum Vorstandsmitglied und die Ernennung zum Vorsitzenden des Vorstands widerrufen, wenn ein wichtiger Grund vorliegt. Ist ein Vorstandssitz unbesetzt und kann ohne diesen Vorstand nicht gehandelt werden, so hat in dringenden Fällen das Gericht auf Antrag eines Beteiligten ein Vorstandsmitglied zu bestellen.

Die Vorstandsmitglieder dürfen ohne Einwilligung des Aufsichtsrats weder ein Handelsgewerbe betrieben noch im Geschäftsbereich der Gesellschaft für eigene oder fremde Rechnung Geschäfte machen. Sie dürfen darüber hinaus auch nicht Mitglieder des Vorstands oder des Aufsichtsrats oder persönlich haftende Gesellschafter einer anderen Gesellschaft sein. Verstößt ein Vorstandsmitglied gegen dieses Verbot, so kann die AG Schadenersatz fordern. Sie kann statt dessen von dem Mitglied verlangen, daß es die für eigene Rechnung gemachten Geschäfte als für Rechnung der AG eingegangen gelten läßt und die aus Geschäften für fremde Rechnung bezogene Vergütung herausgibt oder seinen Anspruch auf die Vergütung abtritt. Die Vorstandsmitglieder haben bei ihrer Geschäftsführung die Sorgfalt eines „ordentlichen und gewissenhaften Geschäftsleiters“ anzuwenden[9], und Geschäftsgeheimnisse der AG zu bewahren. Vorstandsmitglieder, die ihre Pflichten verletzen, sind der AG zum Ersatz des Schadens als Gesamtschuldner verpflichtet. ist streitig, ob sie die erforderliche Sorgfalt angewandt haben, so trifft sie die Beweislast.

b) Aufsichtsrat

Der Aufsichtsrat besteht gemäß Art. 254 Abs. 1 HGG aus mindestens drei Mitgliedern. Die Satzung kann aber eine höhere Zahl festsetzen, die Zahl der

9 M. LUTTER, Die AG 1992, 369 ff spricht u. a. über das pflichtgemäße Ermessen des Vorstands bei der Vinkulierung von Namensaktien im deutschen Recht.

Mitglieder muß jedoch ungerade sein. Gemäß Art. 254 Abs. 1 HGG ist die Zahl der Aufsichtsratsmitglieder nach oben begrenzt; sie trägt bei den AG mit dem Grundkapital von

- bis zu 3 Mio DM[10] neun (9),
- von mehr als 3 Mio DM fünfzehn (15),
- von mehr als 20 Mio DM einundzwanzig (21).

Mitglied des Aufsichtsrats kann nicht sein, wer bereits Mitglied des Vorstands der AG oder einer abhängigen Gesellschaft ist, oder wer Mitglied des Vorstands einer Kapitalgesellschaft ist, in deren Aufsichtsrat sich das Vorstandsmitglied befindet, ferner diejenigen Personen, die die Voraussetzungen gemäß Art. 239 Abs. 2 HGG nicht erfüllen. Die Anzahl der Aufsichtsratsmandate ist im übrigen auf zehn beschränkt.

Die Mitglieder des Aufsichtsrat werden von der Hauptversammlung gewählt. Die Satzung kann aber auch bestimmten Aktionären das Recht einräumen, Aufsichtsratsmitglieder zu bestellen. Soweit gesetzlich eine Arbeitnehmerbeteiligung am Aufsichtsrat vorgeschrieben ist, wird deren Anzahl ebenfalls in der Satzung festzulegen sein. Eine Arbeitnehmerbeteiligung ist derzeit jedoch für kein Gesellschaftsorgan gesetzlich vorgeschrieben.

Gehört dem Aufsichtsrat die zur Beschlußfähigkeit nötige Zahl von Mitgliedern nicht an, so hat das Gericht auf Antrag des Vorstands, eines Aufsichtsratsmitglieds oder eines Aktionärs die fehlenden Posten zu besetzen. Der Vorstand ist verpflichtet, den Antrag unverzüglich zu stellen, es sei denn, daß die Besetzung rechtzeitig vor der nächsten Aufsichtsratssitzung zu erwarten ist.

Aufsichtsratsmitglieder werden auf höchstens vier Jahre ernannt; die Ernennung kann allerdings auch hier wiederholt werden. Ein Aufsichtsratsmitglied kann – wie bereits erwähnt – nicht zugleich Vorstandsmitglied sein, es kann darüber hinaus auch nicht dauernd Stellvertreter von Vorstandsmitgliedern, Prokurist oder Bevollmächtigter der AG sein.

Der Aufsichtsrat hat die Geschäftsführung zu überwachen. Das bedeutet vor allem, der Aufsichtsrat kann die Bücher und sämtliche Geschäftsführungsunterlagen der AG, die Kasse, die Wertpapiere und anderes einsehen und prüfen. Er kann damit auch einzelne Mitglieder oder Sachverständige beauftragen. Der Aufsichtsrat hat der Hauptversammlung einen schriftlichen Bericht über seine Überwachungstätigkeit und die Ergebnisse zusammen mit seinen Vorschlägen zu erstatten. Der Aufsichtsrat kann eine Hauptversammlung auch einberufen. Er ist dazu verpflichtet, wenn das Wohl der AG dies erfordert. Für den Beschluß genügt die einfache Mehrheit.

10 Zur Umrechnung s. oben (Fn. 5).

Der Aufsichtsrat vertritt der AG gegenüber die Vorstandsmitglieder. Die Beschlußfähigkeit des Aufsichtsrats kann, soweit sie nicht gesetzlich geregelt ist, durch die Satzung bestimmt werden. Ist sie nicht durch die Satzung geregelt, so ist der Aufsichtsrat nur beschlußfähig, wenn mindestens die Hälfte der Mitglieder, aus denen er sich nach Gesetz oder Satzung zusammensetzt, an der Beschlußfassung teilnimmt.

Für die Sorgfaltspflicht und Verantwortlichkeit der Aufsichtsratsmitglieder gelten die Vorschriften über die Sorgfaltspflicht und Verantwortlichkeit der Vorstandsmitglieder sinngemäß.

c) Hauptversammlung

Soweit das Gesetz nichts anderes bestimmt, üben die Aktionäre ihre Rechte in den Angelegenheit der AG in der Hauptversammlung aus. Die Mitglieder des Vorstands und des Aufsichtsrats sollen an der Hauptversammlung teilnehmen.

Die Hauptversammlung beschließt im Rahmen ihrer Zuständigkeit über die im Gesetz und in der Satzung ausdrücklich bestimmten Fällen, namentlich über:

1. die Bestellung und die Entlastung der Aufsichtsratsmitglieder, soweit diese von ihr ernannt wurden,
2. Jahresabschlußberichte und Gewinnverwendung,
3. Entlastungen der Mitglieder des Vorstands und des Aufsichtsrats,
4. die Bestellung von Prüfern der AG,
5. Satzungsänderungen,
6. die Beschaffung und die Herabsetzung des Grundkapitals der Gesellschaft,
7. die Bestellung der Gründungsprüfer,
8. die Auflösung der Gesellschaft.

Die Hauptversammlung ist in den durch Gesetz oder Satzung bestimmten Fällen sowie immer dann einzuberufen, wenn die Interessen der AG es fordern. Die Hauptversammlung wird durch den Vorstand einberufen, der darüber mit einfacher Mehrheit beschließt. Die Hauptversammlung ist einzuberufen, wenn Aktionäre, deren Anteile zusammen den zwanzigsten Teil des Grundkapitals erreichen und die Einberufung schriftlich unter Angabe des Zwecks und der Gründe verlangen. Die Satzung kann diese Schwelle aber auch niedriger ansetzen.

Jeder Beschluß der Hauptversammlung ist durch eine notariell aufgenommene Niederschrift zu beurkunden. Die Niederschrift ist von dem Notar zu unterschreiben. Die Zuziehung von Zeugen ist nicht nötig.

Die notwendigen Mehrheiten für die Beschlüsse derr Hauptversammlung werden durch die Satzung festgelegt. Das Stimmrecht wird nach Aktiennennbeträgen ausgeübt, wobei die Satzung das Stimmrecht durch Festsetzung eines

Höchstbetrags mit Abstufungen beschränken kann. Die Aktien, die mit einem nachzuzahlenden Vorzug bei der Verteilung des Gewinns ausgestattet sind, können von dem Stimmrecht in der Hauptversammlung ausgeschlossen werden[11].

6. *Kapitalerhöhung und Kapitalherabsetzung*

Eine Kapitalerhöhung durch Ausgabe neuer Gesellschaftsanteile ist natürlich auch nach dem kroatischen HGG zulässig. Sie kann gemäß Art. 504 Abs. 1 HGG einer Mehrheit von mindestens drei Vierteln des bei der Beschlußfassung vertretenen Grundkapitals beschlossen werden. Sollen die neuen Aktien für einen höheren Betrag als den Nennbetrag ausgegeben werden, so ist der Mindestbetrag im Beschluß über die Kapitalerhöhung festzusetzen.

Wird eine Sacheinlage oder Rechtseinlage eingebracht, so müssen ihr Gegenstand oder Recht, die Person, von der die AG den Gegenstand oder das Recht erwirbt, und der Nennbetrag der bei der Sacheinlage oder Rechtseinlage zu gewährenden Aktien im Beschluß über die Kapitalerhöhung festgesetzt werden (Art. 305 Abs. 1 HGG).

Jedem Aktionär muß auf sein Verlangen ein seinem Anteil am bisherigen Grundkapital entsprechender Teil der neuen Aktien zugeteilt werden. Für die Ausübung des Bezugsrechts ist eine Frist von 14 Tagen zu bestimmen. Das Bezugsrecht der Aktionäre darf dabei dem Grundsatz nach nicht ausgeschlossen werden[12]. Mit der Ausgabe der Bezugsaktien wird die Kapitalerhöhung wirksam (Art. 321 HGG).

Durch die Kapitalherabsetzung als die förmliche Verringerung des Grundkapitals der AG ist in Kroatien möglich. Eine Herabsetzung des Grundkapitals muß ebenfalls mit einer Mehrheit von mindestens drei Vierteln es bei der Beschlußfassung vertretenen Grundkapitals beschlossen werden. In der Satzung können jedoch auch eine höhere Quelle sowie weitere Erfordernisse festgelegt werden (Art. 342 Abs. 2 HGG).

Mit der Eintragung des Beschlusses ins Handelsregister wird die Kapitalherabsetzung wirksam.

11 Zu Stimmrechtsvereinbarungen vgl. auch J. KONDRING/K. TEIPEL, Das französiche Recht der Stimmrechtsvereinbarung im Wandel, RIW 1992, 264, Zur Annäherung des französischen Rechts an andere europäische Rechtsordnungen, die Stimmrechtsvereinbarungen schon seit langem anerkennen. Die Anerkennung von Stimmrechtsvereinbarungen, so die Verfasser, vermag zu einer stabileren und wohl auch harmonischeren Leitung von Unternehmen beizutragen.

12 Für das deutsche Recht ebenso: H. ROWEDDER, Die rechtliche Gestaltung der AG und der GmbH unter Berücksichtigung der Unternehmenspraxis, in: Lutter/Semler (Hrsg.), Rechtsgrundlagen freiheitlicher Unternehmenswirtschaft, Köln 1991, S. 68.

7. *Die Auflösung der AG*

Die Auflösung einer AG erfolgt aus folgenden, im HGG aufgeführten Gründen:

1. durch Ablauf der in der Satzung bestimmten Zeit;
2. durch Beschluß der Hauptversammlung (dieser bedarf einer Mehrheit von mindestens drei Vierteln des bei der Beschlußfassung vertretenen Grundkapitals, wenn die Satzung keine größere Mehrheit oder weitere Erfordernisse daran knüpft);
3. durch rechtskräftige Gerichtsentscheidung über die Ungesetzlichkeit der Eintragung ins Handelsregister der AG;
4. durch Verschmelzung der AG in eine andere Gesellschaft durch Aufnahme oder Neugründung;
5. durch rechtskräftigen Gerichtsbeschluß, durch den die Eröffnung des Konkursverfahrens mangels Masse abgelehnt wird;
6. durch die Eröffnung des Konkursverfahrens;
7. bei Nichtigkeit der Gesellschaft.

Die Satzung kann darüber hinaus weitere Auflösungsgründe bestimmen (Art. 367 Abs. 4 HGG).

Nach der Auflösung der AG findet die Abwicklung statt, wenn nicht über das Vermögen der AG der Konkurs eröffnet worden ist. Das Vermögen der AG darf erst dann an die Aktionäre verteilt werden, wenn ein Jahr seit dem Aufruf der Gläubiger zum dritten Mal bekanntgemacht worden ist (Art. 379 Abs. 1 HGG). Die Abwickler haben den Schluß der Abwicklung zur Eintragung ins HR anzumelden. Die AG wird daraufhin gem. Art. 382 Abs. 3 HGG gelöscht.

IV. *Die Gesellschaft mit beschränkter Haftung*

1. *Die Errichtung der GmbH*

Die Gesellschaft mit beschränkter Haftung ist nach deutschem Recht eine Handelsgesellschaft mit körperschaftlicher Organisation und mit eigener Rechtspersönlichkeit, die zu jedem zulässigen, nicht notwendig gewerblichen Zweck errichtet werden kann[13]. Das ist nur eine von mehreren Definitionen, die

13 So definieren die GmbH z. B. BAUMBACH/HUECK, GmbH-Gesetz, 15. Auflage, München 1988, S. 5, sowie REINHARD/SCHULTZ, aaO (Fn. 5) S. 301, die GmbH als „… eine Gesellschaft, deren Gesellschafter mit Einlagen an dem in Stammeinlagen zerlegten Stammkapital beteiligt sind, ohne persönlich für die Gesellschaftsschulden zu haften."

Wirklichkeit stellt sich aber nicht ganz so einfach dar. Kroations HGG enthält auch eine Definition der GmbH. Demnach ist eine GmbH eine Handelsgesellschaft, die durch eine oder mehrere Personen (juristische oder natürliche) errichtet wird, die ihre Stammeinlagen in ein vorher vereinbartes Stammkapital einbringen. Die Stammeinlagen müssen nicht gleichartig sein. Kein Gesellschafter kann bei der Errichtung der GmbH mehrere Stammeinlagen übernehmen. Die Gesellschaftsanteile können nicht in Wertpapieren verbrieft werden (Art. 385 Abs. 1 HGG).

Die Gesellschafter haften nicht für die Verbindlichkeiten der GmbH. Die GmbH wird aufgrund eines Gesellschaftsvertrags errichtet. Er bedarf einer notariellen Form und ist von sämtlichen Gesellschaftern zu unterschreiben. Eine Stufengründung der GmbH ist nicht gestattet. Eine Einmann-Gründung ist bei der GmbH zulässig. In diesem Falle wird der Gesellschaftsvertrag durch eine Willenserklärung über die Errichtung der Gesellschaft mit beschränkter Haftung des Einmanngründers ersetzt, die ebenfalls der notariellen Form bedarf.

Der Gesellschaftsvertrag bzw. die Gründungserklärung müssen enthalten:

1. Namen bzw. Firma und (Wohn-)Sitz der Gründer/Gründungsgesellschaft bei natürlichen Personen ihre Matrikelnummer,
2. die Firma und den Sitz der GmbH,
3. den Gegenstand des Unternehmens,
4. die Höhe des Stammmkapitals und den Betrag der von jedem Gesellschafter auf das Stammkapital zu leistenden Stammeinlagen (bestehen diese aus Sach- oder Rechtseinlagen, müssen Gründungsvertrag und Gründungserklärung eine ausführliche Beschreibung und den Wert derselben enthalten),
5. die Dauer der GmbH,
6. die beiderseitigen Rechte und Pflichten von GmbH und Gesellschaften, die über die Einlage- bzw. Gewinnbeteiligungspflicht hinausgehen.

Das Stammkapital hat auf kroatische Währung zu lauten (Art. 389 Abs. 1 HGG) und muß einen Gegenwert von mindestens 5.000,– Deutsche Mark, haben[14]. Die Stammeinlage jedes Gesellschafters muß mindestens 200 Deutsche Mark (als Gegenwert) betragen.

Auf die Sacheinlagen und Rechtseinlagen in der GmbH sind die Vorschriften zur Regelung der Sacheinlagen in der AG entsprechend anzuwenen.

Die Anmeldung der GmbH zur Eintragung ins Hanelsregister darf erst erfolgen nach Abschluß des Gesellschaftsvertrages, nachdem die Einlagen gemäß Gesetz und Satzung eingezahlt worden sind, der oder die Geschäftsführer bestellt worden sind, und – sofern die GmbH einen Aufsichtsrat haben soll –, dieser eingerichtet worden ist. Die Firma der GmbH muß den Zusatz „d.o.o." enthalten. Werden bei der Errichtung der GmbH falsche Angaben gemacht, so haf-

14 Zur Umrechnung s. oben Fnn. 4 und 10.

ten sowohl die Gesellschafter als auch der oder die Geschäftsführer der GmbH für alle daraus entstandenen und noch entstehenden Schäden gesamtschuldnerisch nach Art. 397 Abs. 1 HGG.

2. *Rechtsverhältnisse zwischen der Gesellschaft und den Gesellschaftern*

Jeder Gesellschafter ist verpflichtet, gemäß dem Gesellschaftsvertrag und den Beschlüssen der Gesellschaftsorgane die von ihm übernommene Stammeinlage als Teil des Stammkapitals einzuzahlen. Durch eine Kapitalherabsetzung können die Gesellschafter von der Verpflichtung zur Leistung von Einlagen höchstens bis zur Höhe desjenigen Betrages befreit werden, um den das Stammkapital herabgesetzt worden ist (Art. 398 Abs. 4 HGG).

Die Gewinnverteilung erfolgt nach dem Verhältnis der eingezahlten Geschäftsanteile, wenn der Gesellschaftsvertrag nichts anderes vorsieht (Art. 406 Abs. 2 HGG). Der Geschäftsanteil eines jeden Gesellschafters wird nach der Höhe der von ihm übernommenen Stammeinlage festgesetzt, es sei denn, im Gesellschaftsvertrag ist eine andere Beteiligung vorgesehen. Die Geschäftsanteile sind veräußerlich und vererblich. Zur Abtretung von Geschäftsanteilen bedarf es eines notariellen Vertrages (Art. 412 Abs. 3 Satz 1 HGG).

Die GmbH kann eigene Geschäftsanteile, auf welche die Einlagen noch nicht vollständig geleistet sind, nicht erwerben oder als Pfand nehmen.

Die Einziehung (Amortisation) von Geschäftsanteilen darf nur erfolgen, soweit sie im Gesellschaftsvertrag zugelassen ist. Ohne die Zustimmung des Anteilsberechtigten findet die Einziehung jedoch nur statt, wenn die Voraussetzungen vor dem Anteilserwerb im Gesellschaftsvertrag festgelegt worden waren (Art. 419 Abs. 2 HGG).

3. *Die Organe der GmbH*

a) *Vorstand*

Der Vorstand der GmbH kann aus einer oder mehreren Personen bestehen und hat unter eigener Verantwortung die GmbH zu leiten (Art. 422 Abs. 1 und 2 HGG). Wenn nach dem Gesellschaftsvertrag sämtliche Gesellschafter Geschäftsführer sind, so gilt nur für diejenigen Gesellschafter, die zum Zeitpunkt der Festlegung dieser Bestimmung in der Satzung bereits Gesellschafter waren. Im Gesellschaftsvertrag kann die Bestellung von Geschäftsführern im übrigen einer öffentlich-rechtlichen Körperschaft vorbehalten werden.

Die GmbH wird durch die Geschäftsführer vertreten. Der Gesellschaftsvertrag kann, wenn mehrere Geschäftsführer vorhanden sind, zur Vertretung der

GmbH auch einen Geschäftsführer in Gemeinschaft mit einem Prokuristen berufen. Eine Beschränkung der Vertretungsbefugnis der Geschäftsführer hat nach außen keinerlei rechtliche Wirkung. Dies gilt insbesondere für den Fall, daß die Vertretung auf gewisse Geschäfte oder Arten von Geschäften oder örtlich beschränkt werden soll, oder daß die Zustimmung der übrigen Gesellschafter oder eines Organs der GmbH für einzelne Geschäfte erforderlich sein soll.

Auf das Wettbewerbsverbot, Sorgfaltspflichten, die Haftung, die Kreditgewährung und die Bezüge der Geschäftsführer sind die aktienrechtlichen Regelungen entsprechend anzuwenden.

b) Aufsichtsrat

Für GmbH's ist die Bildung eines Aufsichtsrats fakultativ. Sie ist nur dann obligatorisch,

1. wenn sie im Durchschnitt mehr als 300 Arbeitnehmer pro Jahr beschäftigen,
2. wenn die Gesellschaft eine bestimmte Tätigkeit ausübt, für die ein Aufsichtsrat gesetzlich vorgeschrieben ist.

Der Aufsichtsrat besteht aus drei Mitgliedern. Der Gesellschaftsvertrag kann eine höhere Anzahl vorschreiben, sie muß aber ungerade sein. Die Aufsichtsratsmitglieder werden durch Gesellschafterbeschluß gewählt.

Auf die Sorgfaltspflichten, die Haftung usw. der Aufsichtsratsmitglieder und des gesamten Aufsichtsrats der GmbH sind die für den Aufsichtsrat der AG geltenden Vorschriften entsprechend anzuwenden (Artt. 438 und 439 HGG).

c) Gesellschafterversammlung

Die durch Gesetz oder Gesellschaftsvertrag den Gesellschaftern vorbehaltenen Beschlüsse werden in der Gesellschafterversammlung gefaaßt, es sei denn, daß sämtliche Gesellschafter dem Beschlußthema oder wenigstens einem veränderten Abstimmungsmodus schriftlich zugestimmt haben. Die Gesellschafterversammlung ist zuständig zur Entscheidung über:

1. den Jahresabschluß, die Gewinn- und Verlustrechnung sowie die Gewinnverwendung;
2. den Anspruch auf Einzahlung der Stammeinlagen;
3. die Bestellung und die Abberufung der Geschäftsführer;
4. ggf. die Bestellung und die Abberufung der Aufsichtsratsmitglieder, sofern ein solcher gebildet werden soll;
5. die Teilung und die Übertragung von Geschäftsanteilen;
6. die Prokurabestellung für alle Geschäftsvorhaben;

7. die Maßnahmen zur Prüfung und Beaufsichtigung der Geschäftsführung;
8. die Änderung des Gesellschaftsvertrages;
9. Schadenersatzansprüche der GmbH gegenüber den Geschäftsführern und den Aufsichtsratsmitgliedern und
10. die Bestellung von Vertretern vor Gericht soweit die Geschäftsführer oder Aufsichtsratsmitglieder die GmbH nicht vertreten können.

Die Beschlußfassung der Versammlung erfolgt, soweit das Gesetz oder der Gesellschaftsvertrag nichts anderes bestimmen, durch einfache Mehrheit der abgegebenen Stimmen. Jedem Gesellschafter ist ohne Verzug nach einer auf schriftlichem Wege erfolgten Abstimmung der Inhalt der gefaßten Beschlüsse unter Angabe des Datums der Eintragung derselben ins Protokollbuch in einer von den Geschäftsführern unterzeichneten Ausfertigung durch Einschreiben zuzusenden (Art. 446 Abs. 2 HGG).

4. Änderungen des Gesellschaftsvertrages

Eine Änderung des Gesellschaftsvertrages kann nur durch Beschluß der Gesellschafter erfolgen, der notariell beurkundet werden soll. Die Änderungen werden erst mit Eintragung ins Handelsregister wirksam. Der Beschluß wird gemäß Art. 455 Abs. 2 HGG mit einer Dreiviertelmehrheit der abgegebenen Stimmen gefaßt. Sollen durch die Änderung Gesellschaftsrechte verkürzt oder Pflichten erweitert werden, so ist dies nur mit Zustimmung der betroffenen Gesellschafter möglich.

Zur Übernahme von neuen Stammeinlagen im Rahmen einer Kapitalerhöhung können von der GmbH die bisherigen Gesellschafter oder andere Personen zugelassen werden (Art. 457, Abs. 3 HGG). Die übernahmeerklärung bedarf der notariellen Beurkundung. Eine Kapitalherabsetzung kann durch eine Rückzahlung von Stammeinlagen an die Gesellschafter erfolgen, durch eine Herabsetzung des Nennbetrags der Stammeinlagen oder durch eine ganz oder teilweise Befreiung der Gesellschafter und ihrer haftungspflichtigen Vormänner von der Verpflichtung zur Volleinzahlung der Stammeinlagen.

5. Die Auflösung der GmbH

Die Auflösungsgründe der GmbH entsprechen denen der Aktiengesellschaft. Hinzu kommt ein Auflösungsbeschluß des Registergerichts gemäß Artt. 367 Abs. 2 und 3 sowie 398 Abs. 6 HGG als möglicher Auflösungsgrund. Auch hier können im Gesellschaftsvertrag weitere Auflösungsgründe beschlossen werden.

Die Liquidation erfolgt durch die Geschäftsführer, wenn im Gesellschaftsvertrag nicht dritte Personen zu Liquidatoren ernannt worden sind. Gemäß Art. 471 Abs. 3 HGG unterliegen auch die Liquidatoren dem Konkurrenzverbot.

V. Verschmelzung und Umwandlung

Im kroatischen Recht gibt es verschiedene Arten von Verschmelzungen und Umwandlungen der Gesellschaften. Die Lösungen sind ziemlich ähnlich, manchmal sogar identisch mit denen der westeuropäischen Länder. Verschmelzen können z. B. Aktiengesellschaften und GmbH's sowohl untereinander (durch Aufnahme der Neugründung) als auch wechselseitig, aber auch Gesellschaften anderer Rechtsformen untereinander.

Kroatiens Recht gestaltet die formwechselnde Umwandlung einer Handelsgesellschaft ohne Berührung der Beteiligungsverhältnisse innerhalb der Gesellschaft. Durch das förmliche Umwandlungsverfahren können eine Aktiengesellschaft in eine Gesellschaft mit beschränkter Haftung, eine Gesellschaft mit beschränkter Haftung in eine Aktiengesellschaft, eine Aktiengesellschaft oder GmbH in eine offene Handelsgesellschaft oder eine Kommanditgesellschaft und eine Personengesellschaft in eine Kapitalgesellschaft umgewandelt werden.

Die Umwandlungserklärungen müssen notariell beurkundet werden. Eine Eintragung der Gesellschaft ins Hanelsregister ist, wenn die notarielle Beurkundung der Erkärungen fehlt, regelmäßig unwirksam.

VI. Ausländische Gesellschaften und ausländisches Anlagevermögen

Von dem Tage des Inkrafttretens des Handelsgesellschaftsgesetzes, dem 1. Januar 1995 an, wurde das Gesetz über Auslandsinvestitionen, das am 1. Januar 1989 in Kraft getreten ist[15], wieder außer Kraft gesetzt[16]. Damit wird der veränderten, völlig neuen und verbesserten wirtschaftlichen Situation für ausländische Anlagevermögen in Kroatien Rechnung getragen. Die Besonderheiten für ausländische Investitionen sind denn auch nicht besonders zahlreich; deshalb finden sich auch nur wenige Vorschriften in diesem Bereich, die darüber hinaus auch gänzlich unkompliziert sind. Das Gesetz geht vom Grundsatz der Inländergleichbehandlung aus. Ausländische Gesellschaften müssen zur Aufnahme ihres operativen Geschäfts lediglich eine Zweigniederlassung in Kroatien gründen, anderenfalls sie keine gewerbliche Tätigkeit im Inland ausüben dürfen.

Der Anmeldung zur Eintragung einer Zweigniederlassung ins Handelsregister sollen folgende Unterlagen im Original und in einer beglaubigten Übersetzung beigefügt werden:

15 S. oben II.

16 Mit Inkrafttreten des Konzessionsgesetzes am 5. Januar 1993 waren die Bestimmungen der Artt. 18, 19 und 20 des Gesetzes über Auslandsinvestitionen bereits außer Kraft getreten.

1. der Auszug aus dem Register, in dem der Gründer eingetragen ist bzw. – sofern ein solches Register im Gründungsland nicht existiert – eine öffentlich beglaubigte Urkunde, aus der sich das Datum der Gründung, und die Rechtsform des/der Gründer/s ergeben;
2. der nach den Vorschriften des Gründungsstaates wirksame Beschluß des Gründers/der Gründungsgesellschaft, die Zweigniederlassung zu errichten;
3. eine öffentlich beglaubigte Abschrift der Gründungswillenserklärung, des Gesellschaftsvertrags oder der Satzung des Gründers sowie
4. einen öffentlich beglaubigten, abgekrüzten Jahresabschlußbericht des vorangegangenen Jahres.

Ein ausländischer Investor im Sinne des HGG sind neben Personen mit fremder Staatsangehörigkeit sowie juristischen Personen mit Sitz außerhalb Kroatiens auch Flüchtlinge und Staatenlose. Auch ein kroatischer Staatsangehöriger kann unter die Vorschriften für ausländische Investoren fallen, nämlich dann, wenn er seinen ständigen Aufenthalt außerhalb der Republik Kroatiens genommen hat. Unter dem Erfordernis der Gegenseitigkeit kann eine solche ausländische Person aber gemäß Art. 620 Abs. 1 HGG wie ein Inländer in Kroatien Handelsgesellschaften gründen. Sie hat im übrigen die gleichen Rechte und Pflichten wie eine inländische (juristische) Person.

Eine ausländische Kapitalgesellschaft kann persönlich haftendes Mitglied in einer Personengesellschaft sein, aber nur, soweit daneben zumindest noch eine inländische Kapitalgesellschaft oder inländische natürliche Person als persönlich haftendes Mitglied zur Verfügung steht (Abs. 2 des Art. 620 HGG).

Eine besondere öffentlich-rechtliche Erlaubnis ist für all diese Unternehmungen heute nicht mehr erforderlich.

VII. Steuerrecht

Ziel der Steuerreform in der Republik Kroatien war es, das bisherige Steuersystem in Einklang zu bringen mit den Steuersystemen der westeuropäischen Länder. Es galt insbesondere, die dort üblichen Steuerarten allmählich einzuführen, nämlich die Körperschaftsteuer, die Mehrwertsteuer, die Gesamteinkommenssteuer der natürlichen Personen und die Sozialversicherungsbeiträge.

Die neuesten Gesetze auf dem Gebiet des Steuerrechts sind das Gesetz über die Gewinnsteuer und das Gesetz über die Einkommenssteuer (beide wurden im NN 109/93 bekanntgemacht). Hierzu ist erwähnenswert, daß Steuerpflichtiger dem Gesetz über die Einkommenssteuer bei natürlichen Personen diejenige Person ist, die ein Einkommen auf dem Gebiet der Republik Kroatien hat (Art. 2 Abs. 1 des Gesetzes über die Einkommenssteuer). Das Gewinnsteuergesetz richtet sich an den Unternehmer als Steuersubjekt (Art. 2 Abs. 1 des Gesetzes über die Gewinnsteuer). Die Steuersätze betragen derzeit: In diesem Zusammenhang sei noch darauf hingewiesen, daß mit dem Tage des Inkrafttretens dieser beiden Gesetze am 1. Januar 1994 das Gesetz über die unmittelbare Steuer vollständig außer Kraft getreten ist.

Obwohl die Steuerreform in Kroatien noch nicht beendet ist, ist bereits heute abzusehen, daß die Anpassung an die Steuersysteme der westlichen Länder und insbesondere der EU es ausländischen Investoren wesentlich erleichtern wird, die steuerrechtliche Situation ihrer Vorhaben richtig einzuschätzen.

VIII. Schlußbemerkungen

Der Kriegszustand hat die Republik Kroatien nicht von ihrem Vorhaben abgehalten, große und tiefgreifende strukturelle Veränderungen im ganzen Rechts- und Wirtschaftssystem vorzunehmen. Das gilt – wie oben versucht wurde darzustellen – insbesondere auf den Gebieten der Gründung von Handelsgesellschaften, der ausländischen Investitionen und der Steuern. Über die oben beschriebenen Arten der Ausübung wirtschaftlicher Tätigkeiten hinaus, ist im Dritten Teil des kroatischen HGG (Artt. 583 bis 610) in Anlehnung an die EWIV, die Rechtsform der Wirtschaftlichen Interessengemeinschaft geregelt. Die Regelungen stimmen inhaltlich mit denen der EWIV überein. All dies zeigt deutlich, daß es in Kroatien eine deutliche Entscheidung zu Gunsten einer marktorientiereten Wirtschaftsordnung gibt, die eng verbunden ist mit der Anerkennung und Beachtung der Grundsätze von bona fides und pacta sunt servanda[17]. Diese Grundsätze werden in Zukunft auch die kroatische Rechts- und Wirtschaftspraxis beherrschen und so einen sicheren Boden für den Zufluß auch ausländischen Kapitals über die Gründung von Tochtergesellschaften in Kroatien schaffen.

Anhang

I. Abkürzungen

d.d.	dionicko drustvo (Aktiengesellschaft)
d.o.o.	drustvo s ogranicenom odgovorscu (Gesellschaft mit beschränkter Haftung)
HGG	Gesetz über Handelsgesellschaften (Kroatiens)
j.t.d.	javno trgovacko drustvo (Offene Handelsgesellschaft)
k.d.	komanditno drustvo (Kommanditgesellschaft
NN	Narodne novine (Amtsblatt der Republik Kroatiens)

17 A. GOLDSTAJN, Ugovor o stranim privatnim investicijama u Jugoslaviji (Vertrag über ausländische Privatinvestitionen in Jugoslawien), 1972, S. 126.

II. Gesetze

1. Verfassung der Republik Kroatien (NN Nr. 56/90)
2. Gesetz über die Steuern auf Produkt- und Dienstleistungsumsatz (Umsatzsteuergesetz, NN Nr. 36/91, 73/91, 18/92 und 25/93)
3. Gesetz über den Aufenthalt und die Mobilität von Ausländern (NN Nr. 53/91)
4. Zollgesetz (NN Nr. 53A/91, 33/92, 26/93 und 106/93),
5. Freizonengesetz (NN Nr. 53A/91 und 65/92)
6. Gesetz über Zolltarife (NN Nr. 53B/91, 64/91 und 25/92)
7. Gesetz über die Kroatische Wirtschaftskammer (NN Nr. 66/91 und 73/91)
8. Gesetz über Konzessionen (NN Nr. 89/92)
9. Gesetz über das Buchhaltungs- und Bilanzwesen (NN Nr. 90/92)
10. Gesetz über die Schaffung eines Devisensystems, die Devisengeschäftsführung und den Goldumsatz (NN Nr. 91A/93)
11. Gesetz über die Banken und Sparkassen (NN Nr. 94/93)
12. Gewinnsteuergesetz (NN Nr. 109/93)
13. Einkommenssteuergesetz (NN Nr. 109/93)
14. Handelsgesellschaftsgesetz (HGG, NN Nr. 111/93)

III. Literaturhinweise

BARBIC, J., Trgovacka drustva (Handelsgesellschaften), Consult Invest d.o.o. Varazdin 1991

BARBIC, J., Zakon o trgovackim drustvima i Dionicko druetvo (Handelsgesellschaftengesetz und Aktiengesellschaft) Privreda i pravo (Wirtschaft und Recht) Zagreb Nr. 3–4/1993

JAKSA/BARBIC u.a., Investitionen in Kroatien, Masmedia Zagreb, 1992.

LEDIĆ, D., Neka razmisljanja o trgovackim drustvima i obrtu u svjetlu ponudjenih zakonskih rjesenja (Einige Überlegungen von Handelsgesellschaften und Handwerk im Hinblick auf die angebotenen gesetzlichen Lösungen), privreda i pravo (Zeitschrift für Wirtschaft und Recht) Nr. 5 – 6/1993.

PARAC, Z., Zajednicke odredbe Zakona o trgovackim drustvima (Gemeinsame Bestimmungen des Handelsgesellschaftsgesetzes), Privreda i pravo (Wirtschaft und Recht) Zagreb Nr. 3 – 4/1993.

PINTARIC, T., Das neue Staatsangehörigkeits- und Ausländerrecht, JOR 2. Halbband XXXIII/1992.

RASTOVCAN, P., Trgovacka drustva (Handelsgesellschaften) Zagreb 1958.

VUKMIR, B., Drustvo s orgranicenom odgovornoscu (Gesellschaft mit beschränkter Haftung), Privreda i pravo (Wirtschaft und Recht), Zagreb Nr. 3 – 4/1993.

Wirtschaftspartner Kroatien, Kroatische Wirtschaftskammer Zagreb (Hrsg.), 1993.

IV. Adressenverzeichnis

Außenministerium
(Ministarstvo inozemnih poslova)
Visoka 22
41000 Zagreb
Tel.: 0038541/444-666
Fax: 0038541/427-594

Finanzministerium
(Ministarstvo financija)
Katanciceva 5
41000 Zagreb
Tel.: 0038541/451-555
Fax: 0038541/432-789

Wirtschaftsministerium
(Ministarstvo gospodarstva)
Avenija Vukovar 78
41000 Zagreb
Tel.: 0038541/633-444
Fax: 0038541/614-210

Justizministerium
(Ministarstvo pravosudja)
Savska cesta 41
41000 Zagreb
Tel.: 0038541/537-622
Fax: 0038541/536-621

Kroatischer Fond für Privatisierung
(Hrvatski fond za privatizaciju)
Gajeva 30/II
41000 Zagreb
Tel.: 0038541/469-100
Fax: 0038541/469-133

Nationalbank Kroatiens
(Narodna banka Hrvatske)
Trg Burze 3
41000 Zagreb
Tel.: 0038541/451-899
Fax: 0038541/413-319

Zagreber Wertpapierbörse
(Zagrebacka burza vrijednosnih papira)
Ksaver 208
41000 Zagreb
Tel.: 0038541/428-455
Fax: 0038541/420-002

Kroatische Bank für Wiederaufbau und Entwicklung
(Hrvatska banka za obnovn i razvoj)
Gajeva 30
41000 Zagreb
Tel.: 0038541/469-111
Fax: 0038541/459-166

Patentamt
(Ured za patente)
Amruseva 4
41000 Zagreb
Tel.: 0038541/422-111
Fax: 0038541/428-897

Kroatische Wirtschaftskammer
(Hrvatska gospodarska komora)
Roosveltov trg 2
41000 Zagreb
Tel.: 0038541/453-422
Fax: 0038541/448-618

Ständiges Schiedsgericht bei der Kroatischen Wirtschaftskammer
(Stalno izbrano sudiste pri Hrvatskoj privrednoj komori)
Roosveltov trg 2
41000 Zagreb
Tel.: 0038541/453-422
Fax: 0038541/448-618

Die Gründung einer Tochtergesellschaft in Litauen

von

DR. ROLF GIEBELER und JAN F. WREDE, Rechtsanwälte, Düsseldorf*

Inhaltsübersicht

I. Einleitung

Grundlage für Investitionen in Litauen ist das am 29. Dezember 1990 verabschiedete Gesetz über ausländische Investitionen („Investitionsgesetz")[1]. Das Gesetz soll ausländische Investitionen fördern und erlaubt zu diesem Zwecke

* Die Autoren danken für ihre freundliche Unterstützung Frau Rechtsanwältin NIDA MOTIEJŪNENĖ, Vilnius.

1 ŽINIOS (Gesetzblatt) 1991, Nr. 2, 20.1.1991, Pos. 38, geändert am 11. Februar 1992, ŽINIOS Nr. 7, 10. 3. 1992, Pos. 152.

den ausländischen Investoren grundsätzlich die Betätigung in allen Wirtschaftszweigen. Ausnahmen gelten nur für besonders sensible Bereiche wie beispielsweise Verteidigung, Verkehrswesen, Verlagswesen, Produktion von Alkohol, Waffen und gefährlichen Stoffen, Abbau von Bodenschätzen und anderen Naturressourcen, Fernmeldewesen, etc.[2].

Das Gesetz über Auslandsinvestitionen beschränkt auch die Form, in der der ausländische Investor in Litauen tätig werden kann, nicht. Daher steht dem ausländischen Investor grundsätzlich (anders als beispielsweise in Polen und Rußland) das gesamte Spektrum der im litauischen Recht vorgesehenen Möglichkeiten der wirtschaftlichen Betätigung offen. Insbesondere besteht grundsätzlich die Möglichkeit, Einzelunternehmen, Personengesellschaften (einschließlich Kommanditgesellschaften) oder Kapitalgesellschaften zu gründen[3].

Im folgenden werden zunächst die wesentlichen Grundzüge des litauischen Gesellschaftsrechts kurz dargestellt, wobei der Schwerpunkt auf der für den ausländischen Investor in der Regel attraktivsten Rechtsform, nämlich der Aktiengesellschaft, liegt (II.). Danach werden kurz die für die Wirtschaftstätigkeit in Litauen durch Ausländer maßgeblichen rechtlichen Rahmenbedingungen erläutert (III.).

II. Gesellschaftsformen, gesetzliche Grundlagen

Das litauische Gesellschaftsrecht ist nicht in einem, sondern in mehreren Gesetzen kodifiziert. Gewissermaßen als Grundlage dient das Unternehmensgesetz vom 8. Mai 1990[4]. Danach stehen für wirtschaftliche Tätigkeiten in Litauen sechs verschiedene Unternehmensformen zur Verfügung: Das Einzelunternehmen („*individualios [personalinės] įmonės*"), die offene Handelsgesellschaft („*tikrosios ūkinės bendrijos*"), die Kommanditgesellschaft („*komanditinės [pasitikejimo] ūkinės bendrijos*"), die Aktiengesellschaft („*akcines ir uždarosios akcines bendrovės*"), das Staatsunternehmen („*valstybinės įmonės*"), die landwirtschaftliche Gesellschaft („*žemes ūkio bendrovės*") und die Genossenschaft („*kooperatinės bendrovės [kooperatyvai]*")[5]. Das Unternehmensgesetz be-

2 Die für Ausländer nicht frei zugänglichen Wirtschaftszweige sind abschließend in dem Unternehmensgesetz vom 8. Mai 1990 (ŽINIOS 1990, Nr. 14, 20. 5. 1990, Pos. 395) und im Gesetz über die für Auslandsinvestitionen verbotenen und begrenzten Tätigkeitsbereiche vom 2. Mai 1991 (ŽINIOS 1991, Nr. 14, 20. 5. 1991, Pos. 361) abschließend geregelt und sind zusammenfassend aufgeführt bei ŠATAS, Rechtliche Rahmenbedingungen für ausländische Investitionen in Litauen, WiRO 1993, 214 f.

3 Vgl. ŠATAS, Organisationsformen der Unternehmen in Litauen, WiRO 1993, 215.

4 ŽINIOS 1990, Nr. 14, 20. 5. 1990, Pos. 395.

5 Art. 6 des Unternehmensgesetzes, geändert durch die Gesetze vom 16. 4. 1991 (ŽINIOS 1991, Nr. 13), vom 1. 6. 1993 (ŽINIOS 1993, Nr. 20) und vom 15.7.1993 (ŽINIOS 1993, Nr. 32).

schränkt sich darauf, diese verschiedenen Unternehmensformen dem Charakter nach kurz darzulegen und enthält einige allgemeine alle Unternehmenstypen betreffende Vorschriften, überläßt jedoch die Einzelheiten spezialgesetzlichen Regelungen. Solche spezialgesetzlichen Regelungen sind mittlerweile für Aktiengesellschaften[6], für Staatsunternehmen[7], für Personengesellschaften[8], für landwirtschaftliche Gesellschaften[9] und für Genossenschaften[10] in Kraft getreten. Eine spezialgesetzliche Regelung für Einzelunternehmen steht noch aus.

1. Aktiengesellschaften, allgemeines

Entgegen den meisten anderen kontinentaleuropäischen Rechtsordnungen unterscheidet das litauische Gesellschaftsrecht nicht der Rechtsform nach zwischen einer Publikumsgesellschaft und einer solchen, die für eine begrenzte Anzahl von Gesellschaftern gedacht ist. Vielmehr folgt das litauische Gesellschaftsrecht den angelsächsischen und anglo-amerikanischen Vorbildern, die nur eine Kapitalgesellschaftsform, nämlich die Aktiengesellschaft, kennen.

Um den praktischen Bedürfnissen gerecht zu werden, unterscheidet das litauische Aktiengesetz jedoch teilweise zwischen der sogenannten offenen Aktiengesellschaft, die als Publikumsgesellschaft gedacht ist, und der sogenannten geschlossenen Aktiengesellschaft, die nur für Gesellschaften mit maximal 50 Gesellschaftern (Arbeitnehmer ausgenommen) zur Verfügung steht (Art. 2 AktG). Da für ausländische Investoren in der Regel die Gründung einer Publikumsgesellschaft nicht von Interesse sein wird, wird im folgenden in erster Linie auf die geschlossene Aktiengesellschaft abgestellt und danach werden kurz die wesentlichen Unterschiede zur offenen Aktiengesellschaft erläutert.

a) Grundlage

Die geschlossene Aktiengesellschaft ist eine durch Eintragung in das entsprechende Register entstehende juristische Person. Nach Eintragung haften ihre Aktionäre ausschließlich in Höhe ihrer Einlage (Art. 2 Abs. 2 Satz 2 AktG).

6 Gesetz über Aktiengesellschaften vom 30. 7 1990, ŽINIOS 1990, Nr. 24, 31. 8. 1990, Pos. 594.

7 Gesetz über die Staatsunternehmen vom 25. 9. 1990, ŽINIOS 1990, Nr. 30, 30. 10. 1990, Pos. 709.

8 Gesetz über „wirkliche" Handelsgesellschaften vom 16. Oktober 1990, ŽINIOS 1990, Nr. 31, 10. 11. 1990, Pos. 747.

9 Gesetz über landwirtschaftliche Gesellschaften vom 16. April 1991, ŽINIOS 1991, Nr. 13, 10. 5. 1991, Pos. 328.

10 Genossenschaftsgesetz vom 1. Juni 1993, ŽINIOS 1993, Nr. 20.

b) Gründung

Die Gründung einer geschlossenen Aktiengesellschaft in Litauen vollzieht sich im wesentlichen in zwei Schritten. Zunächst müssen die zukünftigen Aktionäre vor einem Notar die Gründungsformalitäten erfüllen und insbesondere eine Satzung beschließen. Diese Satzung und die Aktiengesellschaft selbst müssen dann bei der zuständigen Behörde registriert werden.

aa) Gründer

Die geschlossene Aktiengesellschaft wird durch diejenigen Personen gegründet, die auch das Stammkapital zeichnen (Art. 5 Abs. 1 AktG). Bei der geschlossenen Aktiengesellschaft sind demnach die Gründer zugleich deren erste Gesellschafter.

Gründer einer geschlossenen Aktiengesellschaft können sowohl natürliche als auch juristische einschließlich ausländischer juristischer Personen sein. Allerdings ist die Möglichkeit einer litauischen Bank, Gründer oder Gesellschafter einer geschlossenen Aktiengesellschaft zu werden, beschränkt (Art. 4 AktG).

Voraussetzung für die Gründung ist, daß zumindest zwei Gründer beteiligt sind. Das litauische Recht erkennt derzeit die Einmann-Gesellschaft noch nicht an und sieht ausdrücklich als Auflösungsgrund vor, wenn alle Gesellschaftsanteile von nur einer Person gehalten werden. Bestrebungen, die Einmann-Gesellschaft auch in Litauen zuzulassen, bestehen bereits und zu diesem Zwecke liegt derzeit der Regierung ein vom Wirtschaftsministerium ausgearbeiteter Entwurf zur Änderung des Aktiengesetzes vor. Dieser würde die Gründung und den Betrieb der Einmann-Aktiengesellschaft ausdrücklich erlauben[11].

bb) Gründungsvereinbarung

Die Gründung kann entweder durch den Abschluß eines Gründungsvertrages, dem dann die Satzung des Unternehmens beizufügen ist, oder durch die Verabschiedung einer entsprechend gestalteten Satzung selbst erfolgen. Die Gründung ist in jedem Fall formbedürftig. Sie bedarf der notariellen Beurkundung (Art. 3 Abs. 1 AktG).

Ob die Gründungsdokumente der Beurkundung durch einen litauischen Notar bedürfen ist fraglich. Gemäß Art. 54 des Notariatsgesetzes der Republik

11 Vgl. PAKALNISKIS, Major legislative changes, East European Business Law, September 1993, 11.

Litauen werden im Ausland beurkundete Dokumente in Litauen anerkannt, sofern solche Dokumente vom Außenministerium legalisiert worden sind. Ohne Legalisierung werden solche Dokumente anerkannt, falls dies ausdrücklich vorgesehen ist[12].

Demnach wäre von der Zulässigkeit der Auslandsbeurkundung auszugehen. In der Praxis wird jedoch die Beurkundung vor einem litauischen Notar schon deshalb vorzuziehen sein, da die zu beurkundenden Dokumente im Genehmigungsverfahren den zuständigen Behörden in litauischer Sprache vorzulegen sind.

c) Satzung

Während in Deutschland für hundertprozentige Tochtergesellschaften häufig sehr kurze, nur wenige Seiten umfassende Dokumente verwandt werden, empfiehlt es sich in Litauen eine Satzung zu benutzen, die die gesellschaftsrechtlich relevanten Fragen möglichst umfassend regelt.

Die Zweckmäßigkeit einer solch umfassenden Regelung ergibt sich zum einen daraus, daß das litauische Gesellschaftsrecht insgesamt keine hohe Regelungsdichte aufweist, sondern viele Fragen nur kursorisch anspricht und deren genaue Regelung der Satzung überläßt. Zum anderen sind auch eine Reihe von Vorschriften auslegungsbedürftig und zum Teil sind die gesetzlichen Regelungen sogar widersprüchlich. Dies dürfte auf der großen Eile beruhen, in der der litauische Gesetzgeber die gesellschaftsrechtlichen Regelungen aus dem Boden stampfte, wobei vielfach mit der „heißen Nadel gestrickt" wurde[13]. Da es an einer die Vorschriften interpretierenden Rechtsprechung bislang fehlt, besteht insoweit ein nicht unerhebliches Maß an Rechtsunsicherheit, welches durch klare Bestimmungen in der Satzung zumindest eingeschränkt werden kann.

Gemäß Art. 6 Abs. 2 des Aktiengesetzes muß die Satzung zumindest die folgenden Fragen regeln:

(1) Die Firma der Gesellschaft;
(2) die Adresse der Hauptniederlassung sowie Adressen etwaiger Zweigniederlassungen;
(3) den Gesellschaftszweck;
(4) die für die Übertragung der Aktien maßgeblichen Verfahren;
(5) das Stammkapital der Gesellschaft und die Verteilung in verschiedene Aktiengattungen;

12 Art. 54 des Notariatsgesetzes vom 15. 9. 1992, ŽINIOS 1992, Nr. 28, 10. 10. 1992, Pos. 810.

13 VON DER ROPP/RAKAUSKAS, Rahmenbedingungen für ausländische Investitionen in Litauen, WiRO 1992, 249.

(6) die Anzahl der Aktien, ihren Nennwert und die damit verbundenen Gesellschafterrechte;
(7) die für die Leistung der Einlage maßgeblichen Bestimmungen;
(8) die für die Wahl bzw. die Bestellung des Direktorenrats, des Aufsichtsrates[14], des Prüfers (nur bei offenen Aktiengesellschaften)[15] maßgeblichen Bestimmungen und ihre jeweiligen Funktionen und Befugnisse;
(9) die Zuständigkeit der Hauptversammlung sowie die Bestimmungen, wann und wie eine solche einberufen wird und welche Wahlrechte bei der Hauptversammlung bestehen;
(10) die für die Verteilung von Gewinnen maßgeblichen Grundsätze;
(11) das für Veröffentlichungen seitens der Gesellschaft maßgebliche Verfahren;
(12) etwaige Erstattung von Gründungskosten, einschließlich einer etwaigen Kompensation der Gründer sowie etwaige den Gründern, anderen Gesellschaftern oder Dritten gewährten Vorrechte.

Neben diesen zu regelnden Fragen sind die Gesellschafter frei, andere Bestimmungen, die die Gesellschaft oder das Verhältnis der Gesellschafter zueinander betreffen, in die Satzung aufzunehmen, solange die jeweilige Satzungsbestimmung nicht gegen zwingendes litauisches Recht verstößt. Hinsichtlich der inhaltlichen Ausgestaltung der von der Satzung zu regelnden Fragen, sind die Gesellschafter grundsätzlich frei, sie unterliegen jedoch einer Reihe von zwingenden Beschränkungen.

Die Firma muß die jeweilige Aktiengesellschaft entweder als eine geschlossene („*uždara akcinė bendrovė*", UAB) oder als eine offene Aktiengesellschaft („*akcinė bendrovė*", AB), gegebenenfalls durch den Zusatz der entsprechenden Abkürzung, identifizieren. Ansonsten bestehen Beschränkungen hinsichtlich der Firma unter dem Gesichtspunkt der Verwechslungsgefahr, sofern eine Firmenidentität oder zumindest eine Firmenähnlichkeit besteht, die den normalen Geschäftsverkehr einer anderen Gesellschaft stören könnte (Art. 12 Abs. 1 AktG).

Hinsichtlich des Stammkapitals einer Gesellschaft sieht Art. 2 Abs. 3 für die offene Aktiengesellschaft ein Stammkapital in Höhe von mindestens 250.000,00 Rubel (nunmehr 2.500,00 Litas) vor[16]. Für die geschlossene Aktiengesellschaft sieht das Gesetz zwar ausdrücklich vor, daß ein Mindestkapital nicht besteht, faktisch ergibt sich jedoch ein Mindestkapital in Höhe von 200,00 Rubel (derzeit zwei Litas), da auch die geschlossene Aktiengesellschaft wenigstens zwei

14 Zur Funktion dieser Organe siehe unten II. 2. b), c).
15 Vgl. unten III.
16 Mit Beschluß des Litas-Komitees der Republik Litauen vom 14. Juni 1993 über die Einführung der nationalen Währung der Republik Litauen und in dem Gesetz über die Währung vom 1. Juli 1993 (ŽINIOS 1993, Nr. 27) wurde das Verhältnis der nationalen Währung Litas zum Rubel auf 1 : 100 festgelegt.

Gesellschafter haben muß und der Mindestnennwert einer Aktie oder eines „Gesellschaftszertifikates" gemäß Art. 32 Abs. 2 AktG 1,00 Litas beträgt.

Hinsichtlich der Gründungskosten bedarf es bei der Ausgestaltung der Satzung bzw. des Gründungsvertrages besonderer Vorsicht, da diese Klauseln nicht auslegungsfähig sind und eine etwaige Unklarheit zur Unwirksamkeit führt. Die Folge einer solchen Unwirksamkeit ist, daß die Erstattung von Gründungskosten nicht in Betracht kommt. Darüber hinaus besteht eine materielle Beschränkung. Die von der Gesellschaft zu übernehmenden Gründungskosten dürfen keinesfalls mehr als 10 % des Stammkapitals der Gesellschaft betragen (Art. 6 Abs. 4 AktG).

d) Registrierung

Die Aktiengesellschaft entsteht durch Eintragung der Gesellschaft in das beim Wirtschaftsministerium geführte Unternehmensregister. Einzelheiten richten sich nach den Bestimmungen des Gesetzes über das Unternehmensregister vom 31. 7. 1990[17]. Das Aktiengesetz unterscheidet dabei zwischen der Registrierung der Gesellschaft (Art. 8 AktG) und der Registrierung der Satzung (Art. 7 AktG). Bei geschlossenen Aktiengesellschaften erfolgt jedoch die Registrierung der Gesellschaft und der Satzung gemeinsam.

Die Gesellschaft entsteht rechtlich erst mit Eintragung in das entsprechende Register. Vor Eintragung darf die Gesellschaft nicht betrieben werden. Gemäß Art. 21 Satz 3 des Unternehmensgesetzes kann und soll das Finanzministerium die Betreiber einer noch nicht registrierten Gesellschaft auf Herausgabe eines etwaigen vor Eintragung erzielten Gewinnes verklagen. Folglich sollten die mit Vorgesellschaften einhergehenden rechtlichen Fragen in Litauen nicht auftreten.

Die von den Gründern anzumeldende Satzung muß deren Namen sowie deren Adresse und die Zahl der von ihnen gezeichneten Aktien angeben. Sofern die Satzung später geändert wird, muß die Satzung auch in der geänderten Fassung zur Eintragung angemeldet und eingetragen werden.

Die Anmeldung zur Eintragung der Gesellschaft erfolgt durch den „Direktorenrat" oder, sofern ein solcher nicht besteht, durch die Geschäftsführung[18]. In der Anmeldung ist anzugeben, daß alle Aktien gezeichnet sind, daß die erste Rate auf den Aktienpreis geleistet ist und daß der Direktorenrat über die bereits geleistete Einlage frei verfügen kann.

Mit der Anmeldung sind eine Reihe von Dokumenten vorzulegen. Neben den Gründungsdokumenten, d. h. der Satzung und gegebenenfalls der Gründungs-

17 ŽINIOS 1990, Nr. 24, 31. 8. 1990, Pos. 599. Geändert durch Gesetz vom 1. 6. 1993. ŽINIOS 1993, Nr. 20.

18 Zu den verschiedenen Organen der Aktiengesellschaft siehe unten II. 2.

urkunde, kann die Vorlage von staatlichen Genehmigungen notwendig sein. Dies ist insbesondere dann der Fall, wenn die von der Gesellschaft auszuübende Tätigkeit in einen der bereits oben angesprochenen besonders regulierten Wirtschaftsbereiche fällt. Sofern ausländische Investoren Gründer der Gesellschaft sind, bedürfen auch diese einer bei der Anmeldung vorzulegenden Genehmigung, deren Erteilung jedoch an keinerlei Voraussetzung gebunden ist und die kurzfristig erlangt werden kann[19]. Darüber hinaus müssen die Gründer ihren Rechtsstatus nachweisen. Für Individuen reicht insoweit die Vorlage des entsprechenden Reisepasses, Gesellschaften müssen den Nachweis in anderer geeigneter Form führen. Für deutsche Gesellschaften wird regelmäßig die Vorlage eines Handelsregisterauszuges in beglaubigter Form den rechtlichen Status der Gesellschaft ausreichend bestätigen.

Sofern es sich bei der zu gründenden Gesellschaft um eine ausländische Investition in Form eines „Joint-Venture" handelt[20], bedarf es neben der Vorlage einer etwaigen Gründungsurkunde und der Satzung auch der Vorlage des Joint-Venture-Vertrages. In diesem Fall werden die zur Gründung und Eintragung notwendigen Dokumente dem Wirtschaftsministerium in der Regel von einem der Gesellschafter (üblicherweise von litauischer Seite) vorgelegt. Sie können allerdings auch von einer von den Gründern bevollmächtigten Person vorgelegt werden, der dann auch die Registrierungsbescheinigung ausgehändigt wird.

Sämtliche Dokumente sind in der litauischen Sprache vorzulegen. Die den Status des Investors bestätigenden Urkunden müssen ins Litauische übersetzt und mit einer Bestätigung des Übersetzers versehen werden.

Neben diesen Dokumenten können im Einzelfall auch weitere Unterlagen notwendig sein. Sofern das zu gründende Unternehmen selbst produzieren soll, kann es insbesondere einer Unbedenklichkeitsbescheinigung der zuständigen Umweltbehörde bedürfen. Je nach Örtlichkeit kann es auch notwendig sein, die Zuteilungsbestätigung für Wirtschaftsflächen oder einen Mietvertrag vorzulegen.

2. *Die Organisationsstruktur der geschlossenen Aktiengesellschaft*

Das in Litauen gewählte Konzept des Aufbaus einer Aktiengesellschaft erscheint als eine Mischung zwischen den kontinental-europäischen zweistufigen Organisationsformen die zwischen Vorstand und Aufsichtsrat unterscheiden und dem anglo-amerikanisch/angelsächsischen Modell, das nur ein Organ, nämlich den *board of directors* kennt, diesem jedoch zur tatsächlichen Durch-

19 Vgl. unten III.
20 Vgl. zum Joint-Venture als gesetzlich vorgesehener Investitionsform unten VI.

führung der jeweiligen Beschlüsse sogenannte *officers* zur Seite erstellt. Das Aktiengesetz verbindet diese beiden Formen, indem es neben der Gesellschafterversammlung einen Aufsichtsrat („*stebėtojų taryba*"), einen Direktorenrat („*valdyba*") sowie wenigstens zwei geschäftsführende Angestellte („*direktoriai*"), nämlich einen Geschäftsführer („*direktorius*") und einen Finanzdirektor („*finansų direktorius*") vorsieht.

a) Gesellschafterversammlung

Das höchste Organ der Gesellschaft ist die Gesellschafterversammlung, der gemäß Art. 18 AktG insbesondere die Änderungen der Satzung, die Wahl des Aufsichtsrats bzw., sofern ein solcher nicht besteht, die Wahl der Mitglieder des Direktorenrats, deren Abberufung und die Bestimmung ihrer jährlichen Bezüge zusteht. Darüber hinaus ist die Gesellschafterversammlung für die Auflösung der Gesellschaft zuständig; sie ist berechtigt, Sonderprüfer für die Untersuchung von Angelegenheiten hinsichtlich der Geschäftsführung einzusetzen, und sie muß sich mit Fragen auseinandersetzen, die ihr von dem Direktorenrat vorgelegt werden. Die vorstehend aufgeführten Aufgaben kann die Gesellschafterversammlung nicht auf andere Organe übertragen. Das Gesetz führt auch eine Reihe weiterer, der Gesellschafterversammlung obliegender Verantwortungsbereiche auf, die die Gesellschafterversammlung jedoch bei der geschlossenen Aktiengesellschaft auf den Direktorenrat (dem Gesetzestext nach nicht den Aufsichtsrat) delegieren kann.

Die Gesellschafterversammlung ist, sofern nicht die Satzung weitergehende Voraussetzungen vorsieht, beschlußfähig, sofern die Einberufungsformalitäten eingehalten worden sind und wenigstens die Hälfte der stimmberechtigten Aktien vertreten sind. Beschlüsse werden mangels abweichender Regelung in der Satzung mit Mehrheit der vertretenen Stimmen gefaßt. Ausnahmsweise ist eine Zweidrittelmehrheit für Satzungsänderungen, Abberufungen von Mitgliedern des Aufsichtsrats oder des Direktorenrats, für die Herauf- oder Herabsetzung des Kapitals sowie für die Auflösung der Gesellschaft notwendig.

b) Aufsichtsrat

Die Aufgaben des Aufsichtsrats sind gemäß Art. 24 AktG die Bestellung und Abberufung der Mitglieder des Direktorenrats sowie die Entlassung eines Arbeitnehmers, der als Arbeitnehmervertreter Mitglied des Aufsichtsrates ist. Darüber hinaus obliegt dem Aufsichtsrat die Beaufsichtigung und Begutachtung der Tätigkeit des Direktorenrats, der Ausnutzung finanzieller Ressourcen, der Organisation der Produktion und der Geschäftsführung, der Profitabilität, der

Bezahlung der Arbeitnehmer und der Richtigkeit der Buchführung. Zu diesem Zwecke ist der Aufsichtsrat befugt, der Gesellschafterversammlung Vorlagen zu machen und die Darstellung des Direktorenrats gegenüber der Gesellschafterversammlung zu kommentieren. Zudem vertritt der Aufsichtsrat die Gesellschaft in Rechtsstreitigkeiten insbesondere mit dem Direktorenrat, seinen Mitgliedern, dem Geschäftsführer oder sonstigen Vertretern der Gesellschaft. Dem Aufsichtsrat können darüber hinaus durch die Satzung oder durch einen entsprechenden Beschluß der Gesellschafterversammlung weitere Aufgaben zugewiesen werden. Auch der Aufsichtsrat ist befugt, Sonderprüfer zur Prüfung der Rechnungslegung der Gesellschaft zu bestellen.

Zur Wahrnehmung seiner Aufgaben stehen dem Aufsichtsrat weitgehende Rechte im Hinblick auf den Zugang zu den maßgeblichen Unterlagen der Gesellschaft zu.

Der Aufsichtsrat besteht aus wenigstens drei und höchstens 15 Mitgliedern, wobei die Anzahl der Mitglieder in der Satzung der Gesellschaft festzulegen ist und durch drei teilbar sein muß. Sofern es sich um eine geschlossene Aktiengesellschaft mit weniger als 200 Angestellten handelt, werden alle Mitglieder des Aufsichtsrats durch die Gesellschafterversammlung gewählt, anderenfalls werden ein Drittel der Aufsichtsratsmitglieder von den Arbeitnehmern der Gesellschaft bestimmt. Sofern die Schwelle von 200 Mitarbeitern überschritten wird, sind geschlossene Aktiengesellschaften also mitbestimmt. Offene Aktiengesellschaften sind gemäß Art. 23 Abs. 2 Satz 1 AktG immer mitbestimmt. Die Mitglieder des Aufsichtsrats können nicht zugleich Mitglieder des Direktorenrats oder der Geschäftsführung der Gesellschaft sein.

c) *Der Direktorenrat*

Der Direktorenrat ist gemäß Art. 26 AktG mit der Leitung der Geschäfte der Gesellschaft betraut und soll diese als Kollektivorgan führen. Er kann jedoch die Teile seiner Aufgaben im von der Satzung vorgegebenen Rahmen an die Geschäftsführung der Gesellschaft delegieren.

Bei dem Direktorenrat handelt es sich um eine dem im Common Law üblichen „*board of directors*" nachgebildete Institution, die sowohl Geschäftsführungs- als auch Überwachungsfunktion übernimmt. Die Abgrenzung der Kompetenzen und Pflichten gegenüber den anderen Organen und dem Geschäftsführer bzw. dem Finanzdirektor ist dabei unklar. In der Praxis dürfte sich die Aufgabenverteilung eher nach tatsächlichen Notwendigkeiten als nach rechtlichen Gesichtspunkten richten, was einerseits vorteilhaft sein kann, andererseits aber auch das Risiko in sich birgt, daß Aufgaben gar nicht oder von verschiedenen Institutionen gleichzeitig wahrgenommen werden.

Grundsätzlich handelt der Direktorenrat als Kollektivorgan und nicht durch einzelne Mitglieder. Die kollektive Arbeitsweise wird jedoch insofern durchbrochen, als das Aktiengesetz in Art. 25 Abs. 5 vorsieht, daß die von einem Mitglied des Direktorenrats abgeschlossenen Verträge nicht schon deshalb nichtig sind, da nach den internen Zuständigkeitsregelungen, einschließlich der Satzung, ein Mitglied des Direktorenrats nicht befugt ist, die Gesellschaft zu binden. Daraus läßt sich argumentum e contrarium schließen, daß grundsätzlich von einer Alleinvertretungsbefugnis eines jeden Mitglieds des Direktorenrats sowie des Geschäftsführers auszugehen ist.

Der Direktorenrat hat, wie auch der Aufsichtsrat, mindestens drei Mitglieder, wobei die Mitglieder des Direktorenrats zugleich auch Angestellte der Gesellschaft und insbesondere Mitglieder der Geschäftsleitung der Gesellschaft sein können. Dies wird praktisch der Regelfall sein, da diejenigen Mitglieder des Direktorenrats, die nicht zugleich Angestellte der Gesellschaft sind, nur dann kompensiert werden können, wenn die Gesellschaft Gewinne erzielt. Für ausländische Investoren ist zu beachten, daß die Mitglieder des Direktorenrats einem begrenzten Wettbewerbsverbot unterliegen (Art. 27 Abs. 2 AktG). Dieses kann jedoch vom Aufsichtsrat bzw. dem Direktorenrat aufgehoben werden.

d) Geschäftsführung

Die geschäftsführenden Angestellten (Geschäftsführer und Finanzdirektor) sind verantwortlich für die Umsetzung der Entscheidungen des Direktorenrats und damit für das tägliche Geschäft des Unternehmens (Art. 29 AktG). Hinsichtlich des Geschäftsführers besteht ebenso wie hinsichtlich der übrigen Mitglieder des Direktorenrats grundsätzlich Alleinvertretungsberechtigung für die Gesellschaft. Etwas anderes ergibt sich nur dann, wenn die andere Vertragspartei entweder wußte oder hätte wissen müssen, daß es der jeweils handelnden Person intern an der notwendigen Zuständigkeit für die Vertretung der Gesellschaft fehlt.

e) Vertretung der Gesellschaft

Sofern nicht ausnahmsweise die Zuständigkeit des Aufsichtsrats bzw. des Direktorenrats als Kollektivorgan gegeben ist, wird die Gesellschaft grundsätzlich von dem Geschäftsführer und den Mitgliedern des Direktorenrats jeweils mit Alleinvertretungsberechtigung vertreten. Etwas anderes kann sich allerdings aus der Satzung bzw. aus der internen Aufgabenverteilung ergeben. Diese Beschränkungen binden jedoch im Außenverhältnis nur dann, wenn der jeweilige Erklärungsempfänger entweder wußte oder hätte wissen müssen, daß der Erklärende wegen der internen Beschränkungen nicht befugt ist, die Gesellschaft in der entsprechenden Transaktion zu vertreten (Art. 25 Abs. 5 AktG). Welcher Maßstab für das „Wissen müssen" angelegt wird, ist noch völlig offen.

Bei dem Abschluß von Verträgen für die Gesellschaft ist in jedem Fall zu beachten, daß Verträge in denen ein Mitglied des Direktorenrats ein persönliches Interesse hat, der Genehmigung des Aufsichtsrats oder, wenn ein solcher nicht existiert, des Direktorenrats bedarf (Art. 27 Abs. 3 AktG).

f) Auswirkungen auf die Praxis

Durch die Vermengung des zweigliedrigen kontinental-europäischen Systems mit dem einstufigen Common-Law-System geht eine Verwischung der Kompetenzgrenzen einher. Das Fehlen klarer Abgrenzungskriterien hinsichtlich der internen Kompetenzen und der haftungsrechtlichen Verantwortung sowie der Vertretungsbefugnis könnte, wenn sich nicht insoweit in der Praxis klare Abgrenzungskriterien entwickeln, durchaus zu erheblichen Schwierigkeiten in der tatsächlichen Leitung des Unternehmens führen. Diese Schwierigkeiten dürften direkt proportional zur Größe des Unternehmens sein, und bei kleineren Gesellschaften weniger akut auftreten. In jedem Fall sollten die potentiellen Kompetenzprobleme bei der Abfassung der jeweiligen Satzung berücksichtigt werden, um zumindest dort die jeweiligen Aufgaben- und Verantwortungsbereiche eindeutig abzugrenzen.

Bei der geschlossenen Aktiengesellschaft mit weniger als 200 Angestellten läßt sich eine Vereinfachung der Organisationsstruktur durch den Verzicht auf die Bestellung eines Aufsichtsrates erreichen. Bei größeren geschlossenen Aktiengesellschaften und offenen Aktiengesellschaften ist ein solcher Verzicht nicht möglich, bei ihnen ist die Einrichtung eines Aufsichtsrates zwingend.

3. Die Übertragung von Gesellschaftsanteilen

Die für die Übertragung von Anteilen an Aktiengesellschaften maßgeblichen Regelungen bestimmen sich zunächst danach, in welcher Form die Gesellschafterrechte verkörpert sind. Dabei unterscheidet das Aktiengesetz zwischen der Verbriefung in Aktien (Namens- oder Inhaberaktien) und in „Gesellschafterzertifikaten" (Art. 32 AktG). Bei den Aktien handelt es sich um Wertpapiere, wohingegen die „Gesellschafterzertifikate" ausdrücklich nicht als solche eingeordnet werden (Art. 32 Abs. 1 Satz 2 AktG). Auf eine Verkörperung der Gesellschafterrechte kann auch verzichtet werden.

Die Übertragbarkeit von Inhaberaktien kann durch die Satzung nicht beschränkt werden. Gesellschafter ist der Inhaber der Aktie, wobei das Gesetz insoweit ausdrücklich auf den Besitz abstellt.

Für die Übertragung von Namensaktien, Gesellschafterzertifikaten oder nicht verkörperten Gesellschafterrechten bedarf es jeweils einer entsprechenden Eintragung in das Register der Gesellschaft. Die Satzung kann zusätzliche Anforderungen oder Beschränkungen hinsichtlich der Übertragbarkeit aufstellen und insbesondere vorsehen, daß die Übertragung der Zustimmung des Direktorenrats bedarf.

Die Gesellschaftsanteile an einer geschlossenen Aktiengesellschaft dürfen nicht öffentlich gehandelt werden. Um einen solchen öffentlichen Handel zu vermeiden, verbietet das Aktiengesetz den geschlossenen Aktiengesellschaften, Aktien auszugeben; es sieht ausschließlich die Ausgabe von „Gesellschafterzertifikaten" vor. Folglich ist jede Übertragung der Gesellschafteranteile an einer geschlossenen Aktiengesellschaft an eine entsprechende Eintragung in das Gesellschafterregister der Aktiengesellschaft gebunden. Darüber hinaus ist es bei der geschlossenen Aktiengesellschaft zweckmäßig, die Übertragung an eine Zustimmung seitens der Gesellschaft zu binden, da die geschlossene Aktiengesellschaft nur maximal 50 Aktionäre haben darf. Wird die Übertragung der jeweiligen Anteile nicht an eine Genehmigung der Gesellschaft gebunden, hat diese keinerlei Möglichkeit, die Einhaltung der maximalen Gesellschafterzahl sicherzustellen.

Im übrigen erscheint das Aktiengesetz gerade hinsichtlich der Einhaltung der Höchstgrenze lückenhaft. Sofern nach den für die Übertragung der Gesellschafterrechte maßgeblichen Bestimmungen eine Zustimmung seitens der Gesellschaft nicht notwendig ist, und sofern mehr als 50 Aktien von dieser Gesellschaft ausgegeben worden sind, ist es denkbar, daß durch die Veräußerung von Aktien an Neuaktionäre die Gesamtzahl von 50 Gesellschaftern überschritten wird. Das Gesetz regelt nicht, welche Konsequenz ein solcher Verstoß nach sich zieht, ob also eine Umwandlung der geschlossenen Aktiengesellschaft in eine offene Aktiengesellschaft notwendig ist, oder ob die Übertragung, die zu einer Ausweitung der Gesellschafter über 50 hinausführt, unwirksam ist. Bei der Gründung einer geschlossenen Aktiengesellschaft können diese Rechtsunsicherheiten durch das satzungsmäßige Genehmigungserfordernis umgangen werden.

4. *Stamm- und Vorzugsaktien*

Die jeweiligen Gesellschafterrechte bestimmen sich in erster Linie nach der jeweiligen Satzung, wobei die Gestaltungsfreiheit hinsichtlich deren Festlegung durch das Aktiengesetz teilweise beschränkt ist.

Das Aktiengesetz erlaubt die Unterscheidung der Gesellschafterrechte in Stammaktien und Vorzugsaktien, wobei der Nennwert der Vorzugsaktien maximal ein Drittel des gesamten Stammkapitals der Gesellschaft betragen darf (Art. 35 Abs. 1 AktG). Je nach Bestimmung der Satzung sind die Vorzugsaktien entweder kumulativ oder nicht kumulativ, also mit oder ohne Nachzahlungsrecht. Vorzugsaktionären kann das Stimmrecht bei der Hauptversammlung durch die Satzung entzogen sein. Dieses lebt jedoch wieder auf, sofern es sich um kumulative Vorzugsaktien handelt und die Dividende in voller Höhe in zwei aufeinanderfolgenden Geschäftsjahren nicht ausgeschüttet worden ist (Art. 35 Abs. 2 AktG).

5. Die Auflösung der Gesellschaft

Die Gesellschaft wird aufgelöst, wenn sie nur noch einen Gesellschafter hat, eine in der Satzung vorgesehene Befristung der Gesellschaft abgelaufen ist, das Stammkapital zu mehr als der Hälfte durch Verlust aufgezehrt ist oder wenn ein sonstiger gesetzlicher Auflösungsgrund eingreift (Art. 10 Abs. 1 AktG). Obwohl das Aktiengesetz Gegenteiliges impliziert, ergibt sich aus Art. 23 des Unternehmensgesetzes, daß die Auflösung auch durch einen entsprechenden einstimmigen Beschluß der Aktionäre ohne besonderen Auflösungsgrund zulässig ist. Im Zweifel wird durch eine nachträgliche Satzungsänderung hinsichtlich der Dauer der Gesellschaft jedenfalls ein Auflösungsgrund geschaffen werden können.

Nachdem der Auflösungsbeschluß entweder durch die Hauptversammlung der Gesellschaft oder durch ein Gericht ergangen ist, wird ein Liquidator bestellt. Dieser ist verantwortlich, eine Eintragung im Register der Gesellschaft zu erwirken, aus der hervorgeht, daß sich die Gesellschaft in Liquidation befindet. Die Firma der Gesellschaft wird durch ein die Liquidation indizierendes Akronym ergänzt. Nach Auflösung kann die Gesellschaft nur noch solche Geschäfte tätigen, die sich auf die Liquidation beziehen, sie kann ihrem ordentlichen Geschäftsbetrieb nicht mehr weiter nachgehen (Art. 10 Abs. 2 AktG).

Die Liquidatoren stehen grundsätzlich in ihren Rechten und Pflichten den Mitgliedern des Direktorenrats gleich und sind für die Abwicklung der Gesellschaft verantwortlich. Die Liquidatoren sowie die ihnen zustehenden Befugnisse sind ebenfalls in das Register einzutragen (Art. 11 Abs. 1 AktG).

Gemäß Art. 11 Abs. 4 AktG haften die Liquidatoren gesamtschuldnerisch gegenüber der Gesellschaft und Dritten für Verluste, die durch das Fehlverhalten eines der Liquidatoren verursacht worden sind. Eine gesetzliche Beschränkung auf vorsätzliche oder grob fahrlässige Schädigungen seitens der Liquidatoren ist nicht vorgesehen. Dies dürfte zu erheblichen praktischen Problemen führen, da sich in Anbetracht des mit der Position des Liquidators verbundenen Haftungsrisikos, sofern nicht außerordentlich gut bezahlt, die Übernahme einer Liquidation keine besonders attraktive Tätigkeit sein wird. Auch insoweit erscheint eine Gesetzesänderung in der näheren Zukunft oder zumindest eine entsprechende Rechtsfortbildung durch die Rechtsprechung zwangsläufig, um praktischen Bedürfnissen gerecht zu werden.

III. Die offene Aktiengesellschaft

Die wesentlichen rechtlichen Unterschiede zwischen der geschlossenen und der offenen Aktiengesellschaft betreffen die Gründung und die Übertragung von Geschäftsanteilen sowie die Organisationsform.

Bei der Gründung ist es, anders als bei der geschlossenen Aktiengesellschaft, nicht notwendig, daß die ersten Gesellschafter zugleich die Gesellschaftsgründer sind. Allerdings muß jeder Gründer zugleich auch Gesellschafter werden. Die Gründer müssen jedoch nicht das gesamte Stammkapital zeichnen. Vielmehr erfolgt Gründung und Zeichnung der Aktien in zwei insoweit getrennten Schritten. Dem entspricht die Unterscheidung zwischen Registrierung der Satzung und Registrierung der Gesellschaft. Die Gründer registrieren die Satzung, danach beginnt die Zeichnung der Aktien und binnen sechs Monaten nach Registrierung der Satzung muß dann das gesamte Aktienkapital gezeichnet und die Gesellschaft zur Eintragung gebracht sein (Art. 8 AktG).

Hinsichtlich der Übertragbarkeit der Gesellschaftsanteile ist, wie oben dargestellt, die Möglichkeit gegeben, durch die Ausgabe von Inhaberaktien, deren Übertragung nicht an weitere Erfordernisse gebunden sein kann, eine hohe Liquidität zu schaffen. Die Aktien der offenen Aktiengesellschaften können auch an der Börse notiert werden. Diese wurde am 3. September 1993 gegründet und am 14. September 1993 eröffnet[21].

Gemäß Art. 28 muß jede offene Aktiengesellschaft einen internen Prüfer bestellen, der die Jahresabschlüsse der Gesellschaft prüft und der darüber hinaus auch andere Rechnungslegungsunterlagen, die der Hauptversammlung als Grundlage für Beschlußfassungen vorgelegt werden, zu prüfen hat. Bei der Gesellschaftsgründung obliegt dem Prüfer die Prüfung der im Zusammenhang mit der Gründung erstellten Bilanzen. Die Aufgaben und Befugnisse des Prüfers im Sinne des Art. 28 AktG gehen jedoch nicht soweit wie die des Revisionskomitees nach russischem Recht. Im Gegensatz zu diesem besteht für den Prüfer beispielsweise nicht die Möglichkeit, eine außerordentliche Hauptversammlung einzuberufen.

Hinsichtlich des bei der offenen Aktiengesellschaft zwingend vorgesehenen Aufsichtsrats ist, wie oben dargelegt, die zwingende Arbeitnehmerbeteiligung zu beachten.

IV. Personengesellschaften

Bei den Personengesellschaften unterscheidet das litauische Recht zwischen der „Allgemeinen Personengesellschaft“, die einer deutschen oHG bzw. BGB-

21 Žinios 1992 Nr. 29 (1), 20. 10. 1992, Pos. 876.

Gesellschaft entspricht, und einer „Beschränkten Personengesellschaft" mit einer Haftungsbeschränkung, die einer deutschen KG entspricht.

Grundlage der gesellschaftsrechtlichen Verhältnisse ist das Gesetz über Personengesellschaften vom 16. Oktober 1990, das sowohl die Allgemeine Personengesellschaft als auch die Beschränkte Personengesellschaft regelt[22].

Zur Gründung der Personengesellschaften bedarf es des Abschlusses eines entsprechenden Gesellschaftervertrages, wobei sowohl natürliche als auch juristische Personen Gesellschafter werden können. Ähnlich wie bei der Satzung der Aktiengesellschaft besteht auch für die Satzung der Personengesellschaft ein gesetzlich aufgestellter Katalog von Regelungsgegenständen, die anzusprechen sind. Dazu gehören neben der Firma und dem Gegenstand des Unternehmens, insbesondere die Rechte und Pflichten der Gesellschafter einschließlich der Regelung der Gewinnverteilung und Verlusttragung.

Auch der Gesellschaftsvertrag für die Personengesellschaft bedarf der notariellen Beurkundung, dies gilt auch für etwaige spätere Änderungen des Gesellschaftsvertrages.

Die Personengesellschaft entsteht durch Eintragung in das entsprechende Register und darf erst nach Eintragung ihre Geschäftstätigkeit aufnehmen. Sofern die Gesellschaft bereits vor Eintragung aktiv wird, sind – ebenso wie bei der Aktiengesellschaft – etwaige Gewinne an den litauischen Staat abzuführen (Art. 21 Unternehmensgesetz).

V. *Steuern*

Kapitalgesellschaften unterliegen in Litauen grundsätzlich einer am Gewinn des Unternehmens orientierten Gewinnsteuer. Der einheitliche Steuersatz für juristische Personen beträgt 35 %[23]. In verschiedenen gesetzlichen Regelungen sind jedoch eine Reihe von Steuervergünstigungen für ausländische Investitionen gewährt worden.

Sofern ein Unternehmen Gewinne ausschließlich aus dem Absatz von Erzeugnissen aus der eigenen Produktion erzielt und eine ausländische Beteiligung von zwischen 25 % bis einschließlich 75 % besteht, ist das Unternehmen drei Jahre nach der erstmaligen Erzielung von Gewinnen von der Gewinnsteuer befreit. Nach Ablauf dieser drei Jahre unterliegt das Unternehmen einer reduzierten Gewinnsteuer in Höhe von 20 %. Sofern ein Unternehmen mit einer ausländischen Beteiligung von zwischen 10 % und 25 % oder zwischen 75 % und 90 % und ausschließlich Gewinne aus dem Vertrieb eigener Erzeugnisse erzielt, beträgt der Steuersatz für das erste Jahr 25 %.

22 ŽINIOS 1990, Nr. 31, 10. 11. 1990, Pos. 747.

23 Gesetz vom 31. 7. 1990, ŽINIOS 1990, Nr. 24, 31. 8. 1990, Pos. 601.

Sofern ein Unternehmen neben dem Absatz eigener Erzeugnisse auch Handelsgeschäfte betreibt, die Umsätze aus dem Handelsgeschäft jedoch unter 50 % des Gesamtumsatzes liegen, findet für Gesellschaften mit einer Auslandsbeteiligung von zwischen 10 % und 90 % eine auf 30 % reduzierte Gewinnsteuer Anwendung.

Neben diesem dem Gesamtunternehmen zugute kommenden reduzierten Steuersatz besteht eine weitere Steuervergünstigung für ausländische Investitionen dahingehend, daß der auf den ausländischen Investor entfallende Gewinnanteil einem reduzierten Steuersatz unterliegt. Für Unternehmen, die vor dem 31. Dezember 1993 in Litauen gegründet worden sind, wird der auf den ausländischen Investor entfallende Gewinnanteil mit einem um 70 % geminderten Steuersatz besteuert. Diese Vergünstigung gilt für fünf Jahre, danach gilt eine weitere Reduzierung um 50 % für weitere drei Jahre.

Für Unternehmen, die zwischen dem 1. Januar 1994 und dem 31. Dezember 1995 in Litauen gegründet werden, wird der Gewinnanteil des ausländischen Investors für die Dauer von sechs Jahren mit einem um 50 % reduzierten Steuersatz belegt.

Etwaige von dem Unternehmen an den ausländischen Investor ausgeschüttete Gewinne unterliegen keiner Besteuerung in Litauen[24].

Beschlüsse über Ein- und Ausfuhrzollabgaben auf Rohstoffe und Waren werden von der Regierung der Republik Litauen gefaßt.

VI. Rechtliche Rahmenbedingungen für Wirtschaftstätigkeiten von Ausländern in Litauen

1. Investitionsbedingungen

Wie bereits dargelegt, ist Grundlage für ausländische Investitionen in Litauen das Investitionsgesetz vom 29. Dezember 1990[25]. Gemäß Art. 8 dieses Gesetzes bedarf der ausländische Investor für seine Investitionen in Litauen einer entsprechenden Genehmigung des litauischen Staates.

Die Zuständigkeit für die Erteilung dieser Genehmigung richtet sich nach dem Umfang der Investitionen. Für Investitionen mit einem Gesamtumfang von mehr als US $ 3 Millionen ist die litauische Regierung zuständig, für kleinere Investitionen erteilt die erforderliche Genehmigung grundsätzlich das Wirt-

24 Vgl. BOGUSLAWSKIJ, Die Rechtslage ausländischer Investitionen in den Nachfolgestaaten der Sowjetunion, München 1993, S. 125. Vgl. auch Law Briefs, Russia and Commonwealth Business Law Reporter 1994, S. 10.

25 ŽINIOS 1991, Nr. 2, 20.1.1991, Pos. 38.

schaftsministerium. Ausnahmsweise kann sich bei diesen Genehmigungen die Zuständigkeit der Regierung oder eines anderen Ministeriums ergeben, sofern es sich um Investitionen auf bestimmten lizenzpflichtigen Gebieten handelt. Beispielsweise erteilt die für die Ausübung juristischer Tätigkeiten notwendige Genehmigung das Justizministerium[26].

Für die Erteilung einer Genehmigung bedarf es eines entsprechenden Antrags, in dem Ausführungen über die Art der Investitionen und ihre Höhe enthalten sein müssen. Darüber hinaus müssen Informationen hinsichtlich des Investors und gegebenenfalls des in Litauen involvierten Unternehmens sowie dessen Tätigkeitsbereichs gegeben und Angaben hinsichtlich Grundstücks- und Raumbedarfs gemacht werden. Dem Antrag ist gegebenenfalls ein übersetzter und beglaubigter Registerauszug des investierenden Unternehmens beizufügen. Je nach Art der Investition können weitere Dokumente als Anlage zum Antrag notwendig sein. Insbesondere kann es einer Abstimmung mit den örtlichen Stadt- und Bezirksverwaltungen und dem zuständigen Umweltschutz-Departments nebst entsprechenden Bescheinigungen bedürfen.

Die Genehmigungsentscheidung hat innerhalb von 30 Tagen zu erfolgen. Sofern die Genehmigung verweigert wird, muß dies begründet werden. Eine Verweigerung der Genehmigung kommt nur in Betracht, sofern das Investitionsvorhaben gegen das geltende litauische Recht verstößt (Art. 8 Abs. 1 Satz 1 Investitionsgesetz). Eine Ablehnung wegen Unzweckmäßigkeit oder aus sonstigen politischen Erwägungen ist nicht vorgesehen.

Das Investitionsgesetz unterscheidet zwischen zwei möglichen Formen der Investition, der Joint-Venture-Gesellschaft („*bendra įmonė*") (Art. 12–17 Investitionsgesetz) zum einen und dem Unternehmen des ausländischen Kapitals („*užsienio kapitalo įmonė*") (Art. 18 – 19 Investitionsgesetz) zum anderen. Für beide Unternehmensformen gilt, daß sie in allen in Litauen zur Verfügung stehenden Gesellschaftsformen (mit Ausnahme des Staatsunternehmens) betrieben werden können. In jedem Fall ist zu beachten, daß gemäß Art. 11 Investitionsgesetz die Gesellschaft auf unbestimmte Dauer zu gründen ist. In der Praxis erscheint die Tätigkeit als Joint Venture die populärere Form, sich in Litauen zu engagieren. Laut Angaben vom 3. Februar 1993 gab es bis dato 416 Unternehmungen, die ausschließlich mit ausländischem Kapital gegründet wurden und in den entsprechenden Registern eingetragen sind. Dem stehen 1741 eingetragene Joint Venture gegenüber. Von diesen wurden die Mehrzahl mit russischen (702), polnischen (399) und mit deutschen Investoren (296) gegründet[27].

Sofern der ausländische Investor in Litauen in Form einer Joint-Venture-Gesellschaft operieren will, ist ein Joint-Venture-Vertrag abzuschließen, der ge-

26 Vgl. zu den Zuständigkeiten für die verschiedenen Wirtschaftsbereiche SHATAS, Erteilung von Lizenzen für ausländische Investitionen in Litauen, WiRO 1993, 366.

27 ŠATAS, Organisationsform der Unternehmen in Litauen, WiRO 1993, 215.

mäß Art. 14 des Investitionsgesetzes bestimmte Regelungen enthalten soll. Dazu gehört beispielsweise eine genaue Bezeichnung der am Joint Venture beteiligten Partner, des Unternehmensgegenstands, der Gewinn- und Verlustverteilung, der für die Liquidation der Gesellschaft maßgeblichen Bestimmungen und insbesondere auch eine Regelung darüber, wie etwaige Auseinandersetzungen auszutragen sind. Das Gesetz geht dabei wie selbstverständlich davon aus, daß etwaige Konflikte durch ein schiedsgerichtliches Verfahren gelöst werden sollen.

Für Gesellschaften oder Unternehmungen, die ausschließlich mit ausländischem Kapital gegründet werden, gelten keine Sondervorschriften.

Für den Betrieb eines Joint Ventures oder einer mit ausländischem Kapital gegründeten Gesellschaft sieht das Investitionsgesetz ausdrücklich vor, daß diese berechtigt sind, Land und Gebäude entsprechend den sonstigen Gesetzen Litauens zu mieten. Dabei darf eine Dauer des Mietverhältnisses bis zu 99 Jahren vereinbart werden[28]. Der Erwerb von Grundbesitz ist für Ausländer und juristische Personen derzeit noch nicht möglich[29]. Bis Mitte des Jahres 1994 war Grund und Boden in Litauen ausschließlich im Staatseigentum. Dieses staatliche Monopol wurde mit Wirkung zum 1. Juni 1994 aufgehoben, seitdem dürfen auch litauische Staatsbürger mit Wohnsitz in Litauen Grundstücke erwerben[30]. Eine weitgehende Liberalisierung, die auch Gesellschaften und Ausländern den Erwerb von Land erlaubt hätte, ist zunächst gescheitert. Da sich jedoch alle politischen Parteien Litauens grundsätzlich für eine Liberalisierung ausgesprochen haben, besteht die Möglichkeit, daß in absehbarer Zeit auch der Grunderwerb durch juristische Personen und Ausländer zugelassen wird[31].

Das Investitionsgesetz sieht in Art. 22 darüber hinaus vor, daß die Joint-Venture-Gesellschaften und Gesellschaften mit Auslandskapital ihr Eigentum und Vermögen bei einer litauischen Versicherung versichern sollen.

2. *Schutz ausländischer Kapitalanlagen*

Für deutsche Investoren in Litauen kommt neben den Investitionsgesetz der deutsch-litauische Vertrag über die Förderung und den gegenseitigen Schutz von Kapitalanlagen vom 20. Februar 1992 zur Anwendung. In diesem Vertrag werden deutschen Investoren Gleichbehandlung und Meistensbegünstigung, ein umfassender Eigentumsschutz, freier Transfer von Kapital und Erträge in einer

28 Gesetz über die Vermietung von Land vom 23. Dezember 1993, Žinios 1994 Nr. 4; dazu PAKALNISKIS, Lease of Land Act, East European Business Law, Februar 1994, 13.

29 LEVITS, Die Grundlagen des neuen litauischen Wirtschaftsrechts, RIW 1993, 25, 26.

30 Vgl. zu den neuen gesetzlichen Regelungen MINDACH, Litauen – Neues Bodengesetz verabschiedet, Ost-spezial 12/1994 vom 16. Juni 1994, S. 5 f.

31 Vgl. PAKALNISKIS, Restrictions on foreigners stay, East European Business Law, Juni 1994, 19.

vom Investor gewünschten frei konvertibler Währung unter voller Einbeziehung von Alt-Investitionen in den Schutz des Vertrages sowie ungehinderter Zugang zu internationaler Schiedsgerichtsbarkeit im Falle von Meinungsverschiedenheiten zugestanden. Mittlerweile sind vergleichbare Vereinbarungen von der Republik Litauen mit fast allen anderen westeuropäischen Staaten getroffen worden[32].

VII. Zusammenfassung

Das litauische Gesellschaftsrecht im allgemeinen und das Aktienrecht im besonderen sind durch eine sehr niedrige Regelungsdichte gekennzeichnet. Ursache dafür dürfte zumindest zum Teil die Mitwirkung anglo-amerikanischer Berater an den Entwürfen der jeweiligen gesetzlichen Regelungen sein. Entsprechend der Gesetzgebungstechnik in dem vom Richterrecht geprägten Rechtsraum fehlt es teilweise an detaillierten Regelungen. Vielmehr beschränkt sich das Gesetz oft auf generalklauselartige Formulierungen, die einer späteren Ausfüllung durch die Rechtsprechung bedürfen. An einer solchen fehlt es bislang aus offensichtlichen Gründen und bis durch die Rechtsprechung im Wege der Rechtsfortbildung an Gesellschaftsrecht umfassend entwickelt sein wird, werden sicherlich einige Jahrzehnte ins Land gehen. Ob Litauen gut beraten war, auf diesem Wege „das Rad neu zu erfinden“, erscheint zweifelhaft. Aus kontinentaleuropäischer Sicht wäre Litauen besser beraten gewesen, eines der mitteleuropäischen Gesetzeswerke im Grundsatz zu übernehmen und an die besonderen litauischen Verhältnisse anzupassen. Dadurch wäre Litauen nicht nur in den Genuß eines erprobten und durch Literatur und Rechtsprechung entwickelten Gesellschaftsrechts gekommen, sondern hätte auch an seine durchaus durch umfassende Gesetzeswerke geprägte Rechtstradition angeknüpft. Man möge sich vor Augen führen, daß vor dem Verlust der Unabhängigkeit im Jahre 1939 in Teilen Litauens das deutsche BGB (Memelregion), der französische Code Civil (Bezirk Polangen), das russische Zivilgesetzbuch und die Sammlung des Provinzialrechts der Ostseeprovinzen gegolten hat.

Der ausländische Investor, der in Litauen eine Tochtergesellschaft gründen und betreiben will, wird sich jedoch, zumindest derzeit, mit den in Litauen existierenden bzw. nicht existierenden gesellschaftsrechtlichen Vorschriften abfinden und seine Tätigkeit an diesen ausrichten müssen. Für ihn kann nur gelten, zumindest durch eine umfassende und detaillierte Regelung der gesellschaftsrechtlichen Verhältnisse im Gesellschaftsvertrag bzw. der Satzung ein an den Möglichkeiten ausgerichtetes Höchstmaß an Rechtssicherheit zu erzielen.

32 Von der Ropp/Rakauskas, Rahmenbedingungen für ausländische Investitionen in Litauen, WiRO 1992, 249.

Anhang

I. Gesetzesverzeichnis

Unternehmensgesetz vom 8. Mai 1990
Gesetz über ausländische Investitionen vom 29. 12. 1990 (in deutscher Sprache abgedruckt bei BOGUSLAWSKIJ, Die Rechtslage ausländischer Investitionen in den Nachfolgestaaten der Sowjetunion, München 1993, S. 314 ff.)
Gesetz über Aktiengesellschaften vom 30. 7. 1990
Gesetz über die Staatsunternehmen vom 25. 9. 1990
Gesetz über „wirkliche" Handelsgesellschaften vom 16. Oktober 1990
Gesetz über landwirtschaftliche Gesellschaften vom 16. April 1991
Genossenschaftsgesetz vom 1. Juni 1993
Die Gesetze sind in litauischer und teilweise auch in englischer Sprache von der Botschaft der Republik Litauen zu erhalten.

II. Kontaktadressen

Botschaft der Bundesrepublik Deutschland
2600 Vilnius
Sierakausko Gatvé 24/8
Tel.: 00370-2/650-182,-188
Fax: 660373, 632427
FS: 064/261193 aa wil su

Botschaft der Republik Litauen
Argelanderstraße 108 a
53115 Bonn
Tel.: 0228/91491-0
Fax: 91491-15

Die Gründung einer Tochtergesellschaft in Mexiko

von

Rechtsanwalt Dr. Dr. Walter Frisch Philipp
und Dr. Karl Offergeld, Mexico-City

Inhaltsübersicht

1. Gründung einer Aktiengesellschaft

Obwohl auch im mexikanischen Gesellschaftsrecht alle in der Bundesrepublik Deutschland bekannten Gesellschaftsformen bestehen[1], wird in der Praxis nahe-

1 Das mexikanische Allgemeine Bundesgesetz über Handelsgesellschaften enthält die „sociedad en nombre colectivo" (offene Handelsgesellschaft) (Art. 25–50), die „sociedad en comandita simple" (Kommanditgesellschaft) (Art. 51–57), die „sociedad de responsabilidad limitada" (Gesellschaft mit beschränkter Haftung) (Art. 58–86), die „sociedad anónima" (Aktiengesellschaft) (Art. 87–206) und die „sociedad en comandita por acciones" (Kommanditgesellschaft auf Aktien) (Art. 207–211).

zu ausschließlich die AG verwendet[2]. Wir beschränken uns daher nur auf diese Gesellschaftsform. Der Grund für die Beliebtheit der AG liegt in dem geringen gesetzlichen Mindestgrundkapital von nur 50.000,– neuen mexikanischen Pesos[3] (Art. 89 des mexikanischen Allgemeinen Bundesgesetzes über Handelsgesellschaften [AGH]), auf das bei der Gründung nur 20 % der Bareinlagen eingezahlt werden müssen. Darüber hinaus sind weder externe Gründungsprüfungen noch Jahresabschlußprüfungen gesetzlich vorgeschrieben. Des weiteren ist auch eine Mitbestimmung der Arbeitnehmer in den Organen der Aktiengesellschaft nicht vorgesehen[4].

1. *Die ordentliche Gründung*

a) *Die Abfassung der Satzung*

Die Gründung der AG kann im Wege der Einheits- oder der Stufengründung erfolgen (Art. 89, 92 ff AGH).

In der Praxis hat die Stufengründung allerdings keine Bedeutung mehr[5], so daß wir uns im folgenden auf die Einheitsgründung beschränken.

Art. 89 AGH verlangt eine Mindestzahl von zwei[5a] Gründern, die natürliche oder juristische Personen sein können (Art. 6 Abs. 1 AGH) und die je zumindest eine Aktie übernehmen müssen. Es sei gleich vorweggenommen, daß auch während des Bestehens der Gesellschaft diese Mindestzahl an Gesellschaftern nicht unterschritten werden darf, da die Gesellschaft sonst ex lege als aufgelöst gilt (Art. 229 Abs. 4 AGH).

2 Während von den im Jahre 1941 in Mexiko gegründeten Handelsgesellschaften nur 32,1 % die Form der Aktiengesellschaft hatten, machte der Anteil der Aktiengesellschaften 1972 97,2 % aus, die insgesamt 99 % der aufgewendeten Gründungs-Kapital-Beträge darstellten. An diesem Prozentsatz hat sich in den letzten 13 Jahren nichts wesentliches geändert (MANTILLA MOLINA, Derecho Mercantil, México D.F., 1980, S. 325).

3 Devisenmittelkurs März 1993. 1 DM = 1,90 neue Pesos. Dieses Mindestgrundkapital gilt gemäß der gesellschaftsrechtlichen Novelle (BGBl. vom 11.6.1992) für ab 12. 6. 1992 gegründete Gesellschaften.

4 Art. 131 des Bundesarbeitsgesetzes (BGBl. vom 1. 4. 1970). Nach dieser Vorschrift haben die Arbeitnehmer ein Recht auf Beteiligung am Unternehmensgewinn, es wird ihnen jedoch in derselben Bestimmung die Befugnis, „in der Leitung oder Verwaltung von Unternehmen zu intervenieren", verweigert.

5 Vgl. BAUMBACH/HUECK, Komm. z. AktG, München 1968, S. 61 zur Abschaffung der Stufengründung im geltenden deutschen Recht, und SCHIEMER, Komm. z. AktG, Wien 1986, S. 100, welcher diese Gründungsform als von „geringer Bedeutung" ansieht.

5a Mit der Novelle 1992 wurde diese Mindestzahl für ab 12. 6. 1992 gegründete Gesellschaften von 5 auf 2 herabgesetzt.

Die Einmann-Gesellschaft ist daher in jeder Gesellschaftsphase unzulässig. Besteht zwischen *allen* Gründern Einverständnis über die scheingeschäftliche Gründungsteilnahme einer oder mehrerer Personen, ist die so gegründete Gesellschaft inexistent. Durch Eintragung in das Handelsregister wird dieser Mangel allerdings geheilt (Art. 2 Abs. 2 AGH).

Beim Inhalt der Satzung sind die authentischen und die nicht-authentischen Bestandteile zu unterscheiden. Authentische Bestandteile sind generelle und abstrakte Bestimmungen (z. B. Bestimmung des Geschäftsjahres für die Zukunft in allgemeiner Weise), wogegen nicht-authentische Bestandteile, die eigentlich nicht in die Satzung gehören, dieses allgemeinen und abstrakten Charakters entbehren. Beispiel: Die Festlegung eines nur für ein bestimmtes Kalenderjahr geltenden Geschäftsjahres. Diese Unterscheidung ist von Bedeutung für die Frage der Abänderbarkeit der Satzung: Authentische Bestandteile können nur durch förmliche Satzungsänderung abgeändert werden, ausgenommen die nach Art. 123 AGH festgesetzten Bauzinsen, welche zwar den authentischen Satzungsbestandteilen zuzurechnen sind, jedoch keine körperschaftsrechtlichen, sondern gläubigerrechtliche Befugnisse der betreffenden Aktionäre beinhalten und auf Grund dessen nur mit Zustimmung jedes einzelnen abgeändert oder aufgehoben werden können. Zur Abänderung nicht-authentischer Bestandteile bedarf es einer solchen Satzungsänderung nicht. Es genügt vielmehr ein Beschluß der ordentlichen Aktionärsversammlung. Innerhalb der authentischen Satzungsbestandteile ist wiederum zwischen obligatorischen und fakultativen Satzungsbestandteilen zu unterscheiden. Die obligatorischen Satzungsbestandteile zerfallen in die absolut erforderlichen, die zur Gründung der Gesellschaft unbedingt erforderlich sind (z. B. die Festlegung der Dauer der Gesellschaft nach Art. 6 Abs. 4 AGH), und die relativ erforderlichen Bestandteile, die nur für den Fall in der Satzung enthalten sein müssen, in dem von ihnen Gebrauch gemacht werden soll (z. B. Festlegung der Fälle, in denen die Gesellschaft vorzeitig zur Auflösung gelangen soll, Art. 6 Abs. 12 AGH) oder die Festsetzung von Bauzinsen nach Art. 123 AGH.

Unbedingt erforderliche, authentische Satzungsbestandteile sind: Angaben über die Gründeraktionäre, dem Betriebsgegenstand der Gesellschaft, die Firma, die Dauer der Gesellschaft, das Grundkapital, die Einlagen der Gründer, den Sitz der Gesellschaft, die erbrachten Einlageleistungen, besondere Angaben über die Gattung und die Nennbeträge der Aktien.

Bestimmungen über das bewegliche oder veränderliche Grundkapital (*capital variable*), über noch zu erbringene ausstehende Einlagen, über die Beteiligungen der Gründeraktionäre am Jahresgewinn als Gründervorteile, über die Einziehung von Aktien und die Ausgabe von Genußscheinen anstelle eingezogener Aktien sowie über die Festsetzung von Bauzinsen zählen dagegen zu den nur relativ erforderlichen Satzungsbestandteilen.

Die Gründer haben das Recht, zusätzliche Bestandteile in die Satzung aufzunehmen, soweit nicht das Gesetz eine abschließende Regelung enthält, die der

Aufnahme von solchen fakultativen Bestimmungen entgegensteht. Andererseits ist es nicht erforderlich, daß das Gesetz die Aufnahme von fakultativen Bestimmungen aus dem betreffenden Sachgebiet ausdrücklich zuläßt. Die Zulässigkeit kann sich auch aus dem Sinnzusammenhang ergeben.

Der Gesellschaftsvertrag bedarf der notariellen Beurkundung.

b) Grundkapital, Einlagen

Das gesetzliche Mindestgrundkapital beträgt für nach dem 12.6.1992 gegründete Gesellschaften 50.000,– neue mexikanische Pesos. Es muß von den Gründern bei der Gründung vollständig übernommen werden. Die Einlagen müssen aus dem Vermögen der Gründer stammen, andere Personen dürfen diese nicht an deren Stelle erbringen. Gegenüber den Mitgründern oder gegenüber der Gesellschaft kann sich ein Gründer nicht darauf berufen, daß gemäß einer zwischen ihm und einem Dritten getroffenen Vereinbarung die von ihm übernommene Einlage für Rechnung dieses Dritten geleistet wird. Solche Vereinbarungen sind nichtig, soweit es sich um die Erfüllung von Gründerverbindlichkeiten handelt. Gültig sind hingegen Vereinbarungen zwischen den Gründern, wonach diese sich verpflichten, nach der Gründung ihre Aktien oder einen Teil der Aktien an Dritte zu übertragen, soweit sie nicht den Bestimmungen über ausländische Investitionen widersprechen und auch nicht zur Unterschreitung der Mindestgesellschafterzahl führen.

Wegen des entgeltlichen Charakters von Einlageleistungen (Gewährung von Aktien im Gegenzug zur Erbringung der Einlage) sind unentgeltliche Gründerleistungen nicht zulässig. Eine Ausnahme besteht für das aufgeld (agio), für das zwar eine gesetzliche Regelung fehlt, das aber allgemein als zulässig erachtet wird.

Art. 115 AGH verbietet die Unter-Pari-Emission. Bei Verletzung dieser Vorschrift ist die Gesellschaft berechtigt, vom betreffenden Gründeraktionär den Differenzbetrag zwischen Einlage- und Nennwert zu verlangen. Soweit es sich jedoch um Sacheinlagen oder gemischte Einlagen handelt, befindet sich in Art. 141 AGH diesbezüglich eine Beschränkung zu Lasten der Gesellschaft, nach der diese Fehlbeträge nur innerhalb von zwei Jahren vom Zeitpunkt der Unterzeichnung des Gesellschaftsvertrages an fordern kann, und dies auch nur dann, wenn der wirkliche Sacheinlagenwert um mindestens 25 % unter der hierfür im Gesellschaftsvertrag angegebenen Höhe liegt. Vergleichsmaßstab ist hier der im Zeitpunkt des Vertragsabschlusses beizumessende wirkliche Wert. Wird diese Grenze überschritten, kann der gesamte Fehlbetrag, also nicht nur der über die Toleranzgrenze hinausgehende Teil, von der Gesellschaft eingefordert werden. War jedoch bereits der im Gesellschaftsvertrag angegebene Sacheinlagenwert geringer als der Nennwert der Aktien, so findet Art. 141 AGH keine Anwendung. Die Gesellschaft kann den Fehlbetrag in diesem Fall unbegrenzt einfordern. Diese Forderung verjährt in fünf Jahren vom Zeitpunkt der Unterzeichnung des Gesellschaftsvertrags an (Art. 1045 des Handelsgesetzbuches). Diese Regelung gilt auch für Fehlbeträge bei der Erbringung von Bareinlagen.

Da es an einer gesetzlichen Regelung des aufgeldes fehlt, empfiehlt es sich, im Gesellschaftsvertrag eine Bestimmung über dessen Verwendung zu treffen, etwa zur Rücklagenbildung, um so die aus Aufgeldleistungen stammenden Werte von der Dividendenausschüttung auszuschließen.

Einlagen können in Form von Geldzahlungen oder Sachwerten erbracht werden (Art. 6 Abs. 6, 89 Abs. 3 und 4, 93 Abs. 4, 95, 100 Abs. 2, 141 AGH). Dies gilt nur für Aktiengesellschaften, die keiner gesetzlichen Sonderregelung unterworfen sind. Ein solcher Sonderfall ist z. B. die Bestimmung des Art. 9 Abs. 5 des Gesetzes über die Investmentgesellschaften (BGBl. vom 14. 1. 1985), wonach für diese Gesellschaften Sacheinlagen unzulässig sind.

Statthaft sind auch gemischte Einlagen, die sich teils aus Geld und teils aus Sachwerten zusammensetzen. Die gemischten Einlagen unterstehen in erster Linie den für sie geltenden spezifischen Vorschriften, d. h. denjenigen Vorschriften, die sich ausdrücklich auf gemischte Einlagen beziehen (z. B. Art. 141, 89 Abs. 4 AGH). Danach wird nicht nur für reine Sacheinlagen, sondern auch für gemischte Einlagen die vollständige Aufbringung schon bei Vertragsabschluß verlangt. Soweit solche spezifischen ausdrücklichen Bestimmungen nicht bestehen, wird die Auffassung vertreten, daß bei gemischten Einlagen auf den Baranteil die Vorschriften für Bareinlagen und auf den Sachanteil die für Sacheinlagen vorgesehenen Vorschriften anzuwenden sind. Es besteht im mexikanischen Recht keine § 54 dt. AktG entsprechende Bestimmung, wonach bei Fehlen einer Satzungsbestimmung über die Festsetzung von Geld- oder Sacheinlagen stets Geldeinlagen zu leisten seien. Wir vertreten jedoch die Ansicht, daß dies auch im mexikanischen Recht gelten müsse, weil dies dem Zweck des Gesetzes, die reale Kapitalaufbringung zu sichern, am ehesten entgegenkommt.

Die Beträge des Grundkapitals und der Aktiennennwerte müssen immer in mexikanischer Währung bestimmt werden. Zulässig ist es aber auch, die Einlageleistungen in ausländischer Währung anzugeben, wenn der Gegenwert zum Zeitpunkt der Einlageleistung jedenfalls dem Aktiennennwert entspricht. Auf die Berechnung sind die allgemeinen Vorschriften betreffend „Verpflichtungen zu Zahlungen in ausländischer Währung"[6] anzuwenden.

Nach Art. 89 AGH müssen Bareinlagen bei der Gründung mit 20 % des Nennwertes der betreffenden Aktien und des etwa vereinbarten Agios geleistet werden, während Sacheinlagen bei der Gründung vollständig erbracht werden müssen. Einlagen, die in ausländischer Währung bestehen, gelten insoweit als

6 Art. 8 des Währungsgesetzes (BGBl. vom 27. 7. 1931).

Geldeinlagen, da sie – anders als Sacheinlagen – teilbar sind. Verzichtsleistungen auf Forderungen gegen die Gesellschaft gelten als Sacheinlagen. Hinsichtlich von Einlagen in Form von Forderungsabtretungen, seien diese verbrieft oder nicht, besteht eine zwingende Haftung des Einlegers für die wirtschaftliche Einbringlichkeit der Forderung im Zeitpunkt der Einlagenleistung auch, wenn diese Forderung erst zu einem späteren Zeitpunkt fällig wird. Maßgeblich ist also die wirtschaftliche Lage des Drittschuldners bei Abschluß des Gründungsvertrages. Ebenso unabdingbar haftet der Einbringer dieser Forderung auch für deren Rechtsbestand (Art. 12 AGH). Bei der Erfüllung der Einlageverpflichtungen ist die Umwandlung einer Sach- in eine Geldeinlage und umgekehrt nicht zulässig (z. B. die Übergabe eines Gegenstandes an Erfüllungs Statt für eine Geldeinlage). Hierzu bedarf es einer Satzungsänderung. Eine Aufrechnung zugunsten des Einlageverpflichteten ist jedenfalls unzulässig. Dies steht zwar nicht im Gesetz, ist aber seinem Sinn und Zweck zu entnehmen. Ebensowenig wird man Rückgaben von bereits geleisteten Einlagen sowie Verzichtsleistungen der Gesellschaft als zulässig ansehen können. Auch hierfür kann man sich nur auf allgemeine Auslegungsgrundsätze, nicht aber auf Gesetzesvorschriften stützen.

Für die Erbringung der Einlageleistungen besteht kein besonderes Nachweiserfordernis. In der Praxis werden in den Gesellschaftsvertragsurkunden die Einlageleistungen festgestellt, soweit sie beim Gründungsvorgang erbracht worden sind.

Den Begriff der Sacheinlage definiert das Gesetz nicht. Es ist jedoch davon auszugehen, daß es sich um bereits bestehende, nicht also um zukünftige Sachen handeln muß, da nach Art. 89 Abs. 4 AGH Sacheinlagen bei der Gründung vollständig zu erbringen sind. Der Grundsatz schließt nicht aus, daß Forderungen eingelegt werden können, die erst später fällig werden (siehe oben, Art. 12 AGH). Sacheinlagen können also sowohl körperliche wie auch immaterielle Güter sein, insofern sie jedenfalls bilanzmäßig bewertbar sind. Auch die Einbringung von Miteigentumsanteilen ist zulässig. Dasselbe gilt für Darlehen an die Gesellschaft, sofern das Darlehen langfristig und ohne Zinsleistung gewährt wird: Der Einlagewert liegt hier nur in der Zinsersparnis. Nicht erforderlich ist die Einbringung von Eigentumsrechten, es genügt auch ein Gebrauchsrecht. In Ermangelung einer anderweitigen vertraglichen Vereinbarung ist nach Art. 11 AGH stets die Übertragung des Eigentumsrechtes an eingebrachten Sachen anzunehmen. Gebrauchsrechte an Räumlichkeiten gelten als Sacheinlagen. Es ist jedoch erforderlich, den Wert einer solchen Einlage auch aufgrund der bedungenen Nutzungslage festzulegen. Ist diese sehr kurz bemessen oder jederzeit durch den Gebrauchsgeber kündbar, ist die Sacheinlage wertlos und damit unzuläsäsig. Urheberrechte, gewerbliche Schutzrechte, Know How können Gegenstand von Sacheinlagen sein. Sie sind hierzu, wie alle Arten von Sacheinlagen, zu bewerten und der angewandte Bewertungsgrundsatz ist anzugeben.

Da eine Gründungsprüfung nicht erfolgt, wird die inhaltliche Richtigkeit (materielle Wahrheit) von Bewertungsangaben nicht überprüft. Es genügt nach

Art. 6 Abs. 6 AGH, daß Angaben über die Bewertung und die Bewertungsgrundsätze im Gesellschaftsvertrag gemacht werden (formelle Wahrheit). Gegenstand einer Sacheinlage kann auch der abgeleitete Firmenwert (goodwill) sein, da er im Unterschied zum originären Firmenwert bilanziell bewertbar ist[7].

Ein Gründeraktionär, der das Gebrauchsrecht an einer ihm gehörigen Sache einbringt, erwartet regelmäßig, daß er diese Sache im Falle der Abwicklung der Gesellschaft ohne weitere Gegenleistung zurückerhält. Das ist aber nicht immer ohne besondere Vorkehrung in der Satzung möglich. Beispiel: Der Gebrauchswert einer Sache betrage 1.000.000,– mexikanische Pesos, während die Liquidationsquote des Einbringers nur 50.000,– mexikanische Pesos betrage. In diesem Falle müßte der Gesellschafter, um die Sache zurückzuerhalten, an die Gesellschaft 500.000,– mexikanische Pesos zahlen, es sei denn die Satzung enthalte eine entsprechende Schutzbestimmung für den Aktionär.

In den letzten Jahren wird von dem sog. „beweglichen Grundkapital" (*capital variable*) bei Gesellschaftsgründungen in großem Ausmaß Gebrauch gemacht, unter anderem auch aus dem Grunde, um so ein vereinfachtes Verfahren für die nominelle Kapitalerhöhung aus Gesellschaftsmitteln infolge inflationsbedingter Aufwertung der Gesellschaftsaktiva während der Gesellschaftsexistenz zur Verfügung zu haben.

Obwohl bei wörtlicher Auslegung des Art. 213 AGH die bewegliche Kapitalsform nur bei effektiver Kapitalerhöhung mit Einlagen aus Gesellschaftermitteln zulässig ist, hält man sich in der Praxis nicht hieran und läßt sie auch für die nominelle gelten. Das *capital variable* (Art. 213 – 221 AGH) muß in der Satzung festgelegt werden; es kann verändert werden allein durch Beschluß des Vorstands oder der Aktionärsversammlung ohne Satzungsänderung. Damit ähnelt es dem deutschen „genehmigten Kapital". Außerdem gestattet es ein Austrittsrecht der Aktionäre mit Auszahlung ihres Gesellschafterguthabens. Letzterer Effekt ist mit dem dogmatischen Wesen von Kapitalgesellschaften unvereinbar. In der Praxis der Satzungsgestaltungen schließen wir ihn daher aus und lassen es mit dem vereinfachten Erhöhungsverfahren bewenden.

c) *Handelsregister*

Die Entstehung der AG mit eigener Rechtspersönlichkeit erfolgt nach Art. 2 AGH mit der Eintragung in das Handelsregister. Fehlt eine solche Eintragung, liegt eine sogenannte „irreguläre Gesellschaft" nach Art. 2 AGH vor (dazu später).

7 § 153 Abs. 5, dt. AktG läßt die Aktivierung des abgeleiteten Firmenwertes zu. Für das mexikanische Recht kann trotz Fehlens einer ausdrücklichen Gesetzesbestimmung dieselbe Ansicht vertreten werden (WALTER FRISCH PHILIPP, La Sociedad Anónima Mexicana, México D.F., 1982, S. 101).

Das Handelsregister, das in den Art. 18 – 32 des Handelsgesetzbuches und in der Verordnung über das Handelsregister[8] geregelt ist, wird von einer Verwaltungsbehörde geführt und ist damit nicht Teil der Gerichtsorganisation.

Nach der gesellschaftsrechtlichen Novelle 1992 bedarf es nunmehr keiner vorherigen gerichtlichen Bewilligung zur Handelsregistereintragung mehr. Es ist jedoch vor der Gründung die Bewilligung der Firma durch das Außenministerium einzuholen (Art. 32 der VO 1989 zum Gesetz über ausländische Investitionen).

Die Eintragung ist für Handelsgesellschaften obligatorisch, für Einzelkaufleute hingegen fakultativ (Art. 19 des Handelsgesetzbuches). Das Gesetz sieht jedoch eine Sanktion für den Fall der Unterlassung der Eintragung nicht vor. In der Praxis veranlaßt der beurkundende Notar die Eintragung der Gesellschaft. Für den Fall, daß diese nicht binnen 15 Tagen nach der Zeichnung des Gesellschaftsvertrages beantragt wird, gibt Art. 7 AGH jedem in der Gründungsurkunde genannten Aktionär einen Anspruch auf klageweise Durchsetzung der Einreichung zur Eintragung in das Handelsregister. Die Klage ist unseres Erachtens gegen die Vorstandsmitglieder der Gesellschaft zu richten. Eine gesetzliche Regelung über die Passivlegitimation fehlt.

d) Gründungsmängel

Fehler, die nicht bei der Abfassung des Gesellschaftsvertrages, sondern während des Eintragungsvorganges unterlaufen sind, z. B. die Eintragung einer unrichtigen Firma, können durch Löschung oder Berichtigung der Eintragung korrigiert werden (Art. 32 des Handelsgesetzbuches, Art. 42 und 51 der Verordnung zum Handelsregister). Bei Fehlern, die dem Vertrage selbst anhaften, muß zwischen der Phase vor und der Phase nach Eintragung der Gesellschaft unterschieden werden.

Soweit es sich um Formfehler handelt, wie z. B. das Fehlen der notariellen Beurkundung, kann jeder einzelne Gründer auf Abschluß des Vertrages in gesetzlich vorgesehener Form klagen, sofern nur zwischen den Gründern eine Einigung über die absolut erforderlichen authentischen Satzungsbestandteile stattgefunden hatte (Art. 7 AGH, Artt. 1833, 2232 des Zivilgesetzbuches für den Bundesdistrikt, ZGB D.F.). Es ist ein Grundsatz des mexikanischen Privatrechts, daß bei einem materiell zustande gekommenen Vertrag, der lediglich nicht der gesetezlich vorgeschriebenen Form entspricht, jeder Vertragspartner einen klageweise durchsetzbaren individuellen Anspruch auf Abschluß des Rechtsgeschäftes in der gehörigen Form hat.

8 BGBl. vom 22. 1. 1979.

Liegt jedoch ein inhaltlicher Gesetzesverstoß vor, sind zum Beispiel unzulässige Zinsen für die Aktionäre vereinbart worden, so kann auf die Nichtigkeit des Vertrages oder zumindest der entsprechenden Vertragsbestimmung[9] geklagt werden.

Anders ist die Rechtslage jedoch nach Eintragung der Gesellschaft in das Handelsregister. Nach Art. 2 Abs. 2 AGH kann eine eingetragene Gesellschaft nicht mehr gelöscht werden. Hiervon macht Art. 3 allerdings zwei Ausnahmen: Bei unzulässigem satzungsmäßigen Betriebsgegenstand und bei dauernder Zuwiderhandlung der Gesellschaft gegen gesetzliche Bestimmungen. Art. 2 AGH betrifft jedoch nur die Nichtigerklärung des Gesellschaftsvertrages als Ganzes und die Löschung der Gesellschaft, schließt jedoch nicht aus, daß auch nach erfolgter Eintragung einzelne unzulässige Satzungsbestimmungen für nichtig erklärt werden. Die in den beiden Ausnahmefällen mögliche Vernichtbarkeit und Löschung der Gesellschaft erfolgt jedoch lediglich ex nunc und hat somit den Charakter einer zwangsweisen Auflösung und Abwicklung der Gesellschaft (dies ergibt sich aus den Grundsätzen des Gläubigerschutzes sowie aus Art. 3 AGH).

Für im Handelsregister nicht eingetragene Gesellschaften enthält Art. 2 AGH eine besondere Regelung. Sind solche Gesellschaften Dritten gegenüber im Rechtsverkehr tätig geworden, so gelten sie aus Gründen des Verkehrsschutzes als rechtsfähig. Daneben haften die für diese sogenannte „irreguläre Gesellschaft" tätig gewordenen Personen für alle namens der Gesellschaft eingegangenen Verbindlichkeiten persönlich. Diese Handelnden-Haftung ist jedoch nur eine Ausfallhaftung. Das Innenverhältnis der fehlerhaften Gesellschaften bestimmt sich nach dem Gesellschaftsvertrag und den für eingetragene Gesellschaften geltenden Gesetzesbestimmungen. Nach dem Wortlaut des Gesetzes ist die irreguläre bzw. nichteingetragene Gesellschaft unbeschränkt rechtsfähig[10]. Aus einer teleologischen Interpretation der Gläubigerschutzfunktion der irregulären Gesellschaft folgt jedoch unserer Meinung nach eine beschränkte Rechtsfähigkeit zugunsten der Gläubiger. Die Gesellschaft ist nur passiv, nicht jedoch auch aktiv legitimiert. Gläubigerrechte der Gesellschaft können unserer Ansicht nach die Aktionäre persönlich geltend machen. Eine unbeschränkte, auch Gläubigerfunktionen einschließende Rechtsfähigkeit, quasi als Prämie für die unterlassene Registereintragung, entspricht nicht dem Zweck der irregulären Gesellschaft.

9 *Teil*nichtigkeitserklärung ist nach Art. 2238 ZGB für den Bundesdistrikt möglich, wenn der gültige Teil trotz Wegfalls des nichtigen weiterbestehen kann (objektive Voraussetzung), ausgenommen, es wird bewiesen, daß der Vertragswille auf ausschließlichen Bestand des *gesamten* Vertragsinhaltes gerichtet war (subjektive Voraussetzung).

10 BARRERA GRAF, Las Sociedades en Derecho Mexicano, México D.F., 1983, S. 245.

2. *Die Verschmelzung*

Die Verschmelzung ist in den Art. 222 ff AGH geregelt. Diese betreffen nur die Verschmelzung zwischen Gesellschaften mexikanischen Rechts. Eine internationale Verschmelzung ist bisher gesetzlich nicht vorgesehen.

Nach Art. 224 und 226 AGH kann die Verschmelzung auf zwei Wegen vonstatten gehen: In der Form der Aufnahme oder in der Form der Neugründung. Art. 182 Abs. 7 AGH verlangt dazu eine vorherige Beschlußfassung einer außerordentlichen Hauptversammlung der Aktionäre aller Gesellschaften, die an der Verschmelzung beteiligt sind. Den Abschluß eines Verschmelzungsvertrages verlangt das Gesetz nicht ausdrücklich. Ein solcher ist jedoch für die Praxis zu empfehlen, da sich aus diesem das Umtauschverhältnis der Aktien ergibt. Nach Art. 223 AGH ist der von den außerordentlichen Hauptversammlungen gefaßte Beschluß zu veröffentlichen und ins Handelsregister einzutragen. Jede an der Verschmelzung beteiligte Gesellschaft hat ferner ihre „letzte Bilanz“ zu veröffentlichen. Das Gesetz definiert jedoch nicht, ob und inwiefern sich die Jahresbilanz, die für die Gewinnverteilung maßgeblich ist, und die vermögensmäßige Verschmelzungsbilanz voneinander unterscheiden müssen bzw. dürfen. Die aufgrund der Verschmelzung erlöschende Gesellschaft hat den zu ihrer Schuldentilgung vorgesehenen Plan zu veröffentlichen. Da die aufnehmende oder neugegründete Gesellschaft auf jeden Fall Gesamtrechtsnachfolgerin der verschmolzenen Gesellschaft wird, ist diese Vorschrift nur so zu verstehen, daß die Veröffentlichung den im Einzelfall gewählten *Modus* der Schuldentilgung enthalten muß. Hierfür bestehen gemäß Art. 224 und 225 AGH mehrere Möglichkeiten: Erfüllung von Verbindlichkeiten zu deren vertragsmäßiger Fälligkeit, vorzeitige Hinterlegung von Schuldbeträgen bei Kreditinstituten, einverständliche Regelung mit allen Gläubigern der erlöschenden Gesellschaft oder einverständliche vorzeitige Erfüllung aller Verbindlichkeiten.

Die Verschmelzung wird erst drei Monate nach der Eintragung in das Handelsregister rechtswirksam (Art. 224 AGH), mit Ausnahme der Fälle, in denen von den in Art. 225 AGH erwähnten Schuldentilgungsmöglichkeiten Gebrauch gemacht wird: In diesen Fällen tritt die Verschmelzungswirkung bereits mit der Eintragung in das Handelsregister ein.

Der Gläubigerschutz ist stark ausgeprägt: Durch gerichtlichen Einspruch innerhalb der erwähnten Frist von drei Monaten können einzelne Gläubiger die Verschmelzung verhindern. Das Gesetz sieht diese Möglichkeit zwar prozessual vor, enthält jedoch hierfür keine materiellrechtliche Rechtsgrundlage. Diese kann aber darin erblickt werden, daß eine sich aufgrund der Verschmelzung ergebende Schlechterstellung der Gläubiger in ihren Befriedigungsaussichten generell unzulässig ist.

3. Die Gesellschaftsspaltung

Die Gesellschaftsspaltung (*escisión*) wurde in der gesellschaftsrechtlichen Novelle 1992 mit folgenden Grundzügen in Mexiko eingeführt: Diese besteht darin, daß das Vermögen (Aktiva und Passiva) der zu spaltenden Gesellschaft auf neu zu gründende Gesellschaften (Spaltgesellschaften) übertragen wird, wobei die wahlweise Möglichkeit besteht, die zu spaltende Gesellschaft neben den neuen Spaltgesellschaften mit ihrem verminderten Vermögen weiter bestehen oder enden zu lassen (Art. 228 bis AGH). Die neuen Gesellschaften übernehmen die Haftung für die Verbindlichkeiten der gespalteten Gesellschaft (Art. 228 bis leg. cit.). Im Großen und Ganzen kann die Spaltung als spiegelgleiche Figur der Verschmelzung betrachtet werden. Die neu zu gründenden Gesellschaften müssen aus einem ordentlichen, originären Gründungsvorgang hervorgehen, nicht also aus einem Verschmelzungsvorgang (Art. 226 AGH).

II. Die Organe der Aktiengesellschaft

1. Allgemeines zur Organisationsform

Die mexikanische Aktiengesellschaft ist noch von dem Grundsatz der unbegrenzten Herrschaft der Hauptversammlung der Aktionäre geprägt (Art. 178 AGH), wonach diese als „höchstes Organ der Gesellschaft jedwede Beschlüsse und Bestätigungen betreffend Handlungen und Geschäfte der Gesellschaft vornehmen kann und ihre Beschlüsse von der von ihr bestimmten Person oder, in Ermangelung einer solchen, vom Vorstand auszuführen sind".

Der Zuständigkeitsbereich der Hauptversammlung umfaßt somit nicht nur die grundlegenden körperschaftsrechtlichen Strukturakte, wie Änderungen der Satzung und des Grundkapitals, sondern ermöglicht ihr, in jedwedem – auch noch so kleinem – Einzelfall der Geschäftsführung mit den übrigen Gesellschaftsorganen gegenüber verbindlicher Wirkung einzugreifen. Die im deutschen Rechte seit dem Aktiengesetz von 1937 bestehende Zuständigkeitsteilung, wonach dem Vorstand die Geschäftsführung und der Hauptversammlung die Beschlußfassung über im Geseteze bezeichnete grundlegende Akte zugeordnet werden, ist dem mexikanischen Recht fremd. In diesem besteht daher der Zustand, welcher für die deutsche Aktiengesellschaft bis 1937 und für die deutsche Gesellschaft mit beschränkter Haftung auch heute noch gilt.

Die gesetzliche Organordnung ist zwingend. Satzung und Aktionärsbeschlüsse können daher wohl zusätzliche Organe, wie solche beratender Art, schaffen, jedoch niemals in die gesetzlich bestimmte Funktion der einzelnen Organe ändernd eingreifen. So sind dem widersprechende Satzungsbestimmungen, wie sie leider in der Praxis mitunter anzutreffen sind, z. B. Zuständigkeit des Vorstands zur Beschlußfassung über die Verwendung des Bilanzgewinns, ungültig.

Die ordentlichen Gesellschaftsorgane können in ihrer Funktion durch in Sonderfällen tätig werdende Organe verdrängt werden, wie z. B. durch den Konkursverwalter. Dieser Verdrängungsvorgang geht ohne formelle Absetzung der ersteren vor sich und besteht insoweit, als es der gesetzlich vorgesehene Amtsbereich der letzteren verlangt.

2. *Der Vorstand*

Der Vorstand wird von der Hauptversammlung der Aktionäre gewählt (Art. 181 AGH). Er kann aus einer oder mehreren Personen bestehen. Diese können gleichzeitig Aktionäre sein, ohne daß dies Voraussetzung wäre. In der Praxis kommt jedoch dem Vorstand nur die indirekte Geschäftsführung zu, womit er sich letzten Endes und funktionell dem deutschen Aufsichtsrat nähert, wogegen die direkte Geschäftsführung den *gerentes* obliegt, die nicht dem Vorstand angehören und so auf der Ebene von Prokuristen oder Geschäftsführern liegen.

Gesetzlich gesehen liegt jedoch die Verwaltung der Gesellschaft in den Händen des Vorstands als höchstem Verwaltungsorgan (Art. 142 AGH). Sowohl die Hauptversammlung als auch der Vorstand können *gerentes* bestellen (Art. 145, 146 AGH).

Das Amt von Vorstandsmitgliedern ist persönlicher Art, so daß sich diese keiner Vertreter in der Amtsausübung bedienen dürfen (Art. 147 AGH). Es ist jedoch möglich, außer den ordentlichen Vorstandsmitgliedern stellvertretende von der Hauptversammlung zu wählen, was zwar im Gesetz nicht ausdrücklich vorgesehen ist, jedoch dem Stande in Lehre und Praxis entspricht.

Vorstandsmitglieder sind jederzeit und ohne Angabe von Gründen von der Hauptversammlung abberufbar (Art. 142 AGH). Sie unterliegen nicht der arbeitsrechtlichen Gesetzgebung als Arbeitnehmer und stehen außerhalb der gesetzlichen Sozialversicherung.

Charakteristisch ist für das mexikanische Gesellschaftsrecht, daß die Vertretungsbefugnis von Vorstandsmitgliedern inhaltlich einschränkbar ist und dies auch Dritten gegenüber gilt, wenn die entsprechende Handelsregistereintragung gegeben ist (Art. 10 AGH). So kommt es vor, daß Vorstandsmitglieder, und sogar auch der gesamte Vorstand, nicht in besonders wichtigen und einschneidenden Angelegenheiten vertretungsbefugt sind und es zu deren Vornahme eines Hauptversammlungsbeschlusses bedarf, in welchem die entsprechende Bevollmächtigung ausgedrückt wird. Der im deutschen Aktienrecht ausgeprägte Grundsatz der Uneinschränkbarkeit der Vertretungsbefugnisse es Vorstandes nach außen, besteht also im mexikanischen Recht nicht. Hiermit wird der Aktionärsschutz in den Vordergrund gerückt und der Vertrauensschutz im Rechtsverkehr hintangestellt. Für die Praxis hat dies zur Folge, daß in den Satzungen oder in den Bestellungsbeschlüssen von Vorstandsmitgliedern deren Vertretungsbefugnisse im einzelnen detailliert aufgeführt werden, wie dies in den Vollmachten gewillkürter Vertretungen geschieht.

Derselbe rechtspolitische Gedanke des Aktionärsschutzes mit Vorrang gegenüber dem Verkehrsschutz zeigt sich auch in der Anwendung der *ultra vires*-Lehre (Art. 10 AGH), wonach nur die vom satzungsmäßigen Unternehmensgegenstand gedeckten Geschäfte gültig sind.

3. Die Aktionärsversammlung

Sie ist, wie gesagt, das oberste Gesellschaftsorgan und von ihr gehen alle Kräfte aus. Dies zeigt sich u. a. auch darin, daß sie direkt den Vorstand und die Aufsichtsorgane (*comisarios*) bestellt und über den gesamten Jahresabschluß und Gewinnverwendung entscheidet (Art. 181 AGH). Das Verwaltungs- und Aufsichtsorgan stellen nur Entwürfe oder Vorschläge für den Jahresabschluß und die Gewinnverwendung her, welche erst durch den Beschluß der jährlichen Hauptversammlung rechtlich verbindlichen Charakter erhalten.

Man kann zwischen der Hauptversammlung und der Sonderversammlung der Aktionäre unterscheiden. Letztere besteht nach Art. 195 AGH für den Fall des Vorhandenseins verschiedener Aktiengattungen, die infolge Satzungsänderung in ihren Rechten beeinträchtigt werden sollen.

Außerdem kann zwischen ordentlicher und außerordentlicher Hauptversammlung unterschieden werden (Art. 181, 182 AGH). Diese Unterscheidung beruht begrifflich gesehen nicht auf der jährlichen Periodizität der ersteren, sondern auf den Themen, welche für die Beschlußfassung vorgesehen sind. So befindet sich in Art. 182 AGH eine Aufzählung derjenigen Gegenstände, welche der Beschlußfassung durch die außerordentliche Hauptversammlung unterliegen. Es handelt sich hierbei um besonders wichtige und grundlegende Strukturakte für die Gesellschaft, wie Änderungen der Satzung und des Grundkapitals, Umwandlung und Verschmelzung der Gesellschaft und andere mehr, welche in dieser Kategorie stehen. Wichtig ist für die Praxis, daß gemäß Abs. 12 des Art. 182 AGH in der Satzung zusätzliche Gegenstände der außerordentlichen Hauptversammlung unterworfen werden können, womit ein gewisses Minderheitsrecht für die Aktionäre im Sinne einer Oppositionsbefugnis geschaffen wird, insbesondere wenn man gleichzeitig in derselben Satzung ein höheres Mehrheitserfordernis zur Beschlußfassung aufstellt. Diese Möglichkeit ist gerade für ausländische Investoren von besonderer Bedeutung, da sich diese – von den Sonderfällen der Bewilligungen von ausländischer Kapitalmehrheit abgesehen – ständig in der Minderheit befinden und so zumindest vetomäßig gesehen ein gewisses Verteidigungsrecht erhalten können.

Die Bestimmungen über die Erfordernisse von erforderlicher Stimmenmehrheit und Beschlußfähigkeit der Hauptversammlung (Art. 189 – 199 AGH) zeigen uns, daß man mehr an eine Versammlungsfunktion im Sinne eines Schutzes der Minderheit als an eine beschleunigte und entschließungsfreudige Initiative der Aktionärsversammlung gedacht hat. So scheint, daß dem Gesetze der Gedanke an das Unternehmensinteresse, wie er im deutschen Gesetez vom Jahre 1937 ausgeprägt wurde, noch fremd war. Die Gesellschaft macht so im mexikanischen Recht einen „behäbigeren" Eindruck. Gemäß den bezeichneten Gesetzesstellen ist die ordentliche Hauptversammlung nur beschlußfähig, wenn zumindest die Hälfte des Grundkapitals in ihr vertreten ist. Sollte dies nicht der Fall sein, wird sie zum zweiten Male einberufen. Diesfalls wird sie ohne besondere Voraussetzung beschlußfähig. Die außerordentliche Hauptversammlung erster Einberufung bedarf einer Beschlußfähigkeit von $^{3}/_{4}$ des anwesenden Grundkapitals. In der zweiten Einberufung wird sie ohne weiteres beschlußfähig. Die erforderliche Mehrheit zur Beschlußfassung der ordentlichen Hauptversammlung wird vom anwesenden Grundkapital gerechnet, nicht also von den abgegebenen Stimmen. Diese Mehrheit ist einfacher Art. In der außerordentlichen Hauptversammlung hingegen wird außer obiger einfacher Stimmenmehrheit noch eine qualifizierte verlangt, welche zumindest die Hälfte des Grundkapitals zu betragen hat. Somit wird im letzten Falle in *indirekter* Weise ein Erfordernis zur Beschlußfähigkeit aufgestellt, nämlich die Anwesenheit der Hälfte des Grundkapitals. Obige Mehrheitsbestimmungen gelten für Versammlungen erster und zweiter Einberufung. In den Statuten kann zur Beschlußfassung der außerordentlichen Hauptversammlung ein höheres Mehrheitserfordernis bestimmt werden, und zwar nicht nur für die ersteinberufene, sondern auch für die zweiteinberufene außerordentliche Hauptversammlung, worin der oben erwähnte Minderheitsschutz liegt.

4. *Das Aufsichtsorgan*

Die Aufsicht wird in der Gesellschaft von den *comisarios* geführt (Art. 164 bis 171 AGH). Diese können in der Praxis keinesfalls mit dem gewichtigen Aufsichtsrat deutschen Rechts verglichen werden. Sie liegen im Alltag der mexikanischen Aktiengesellschaft am Rande deren Funktion und praktisch werden sie nur zur Meinungsäußerung betreffend den Jahresabschluß herangezogen. Sie sind Individualorgane, bilden also nicht den Begriff des deutschen Aufsichtsrats als Kollegialorgan. Ihre Bestellung erfolgt von der Hauptversammlung, welche sie auch jederzeit ohne Angabe von Gründen abberufen kann. Sie haben gemäß dem Gesetze die typische und gewohnte Aufsichtsfunktion betreffend die Geschäftsführung. Ihr in der Praxis bestehender zurücktretender Charakter zeigt sich auch darin, daß auch große Unternehmen nur einen *comisario* haben, für den höchstens ein Stellvertreter bestimmt wird. Sie haben keine Vertretungsbefugnis für die Gesellschaft.

III. Recht der verbundenen Unternehmen

Es besteht derzeit im mexikanischen Gesellschaftsrecht keine Gesetzgebung betreffend die verbundenen Unternehmen. Es gibt nur eine Regelung im Sinne des Verbotes von Wettbewerbsbeschränkungen, welche sich in grundlegender Art in Art. 28 der mexikanischen Bundesverfassung befindet und für welche auch eine Ausführungsgesetzgebung (BGBl. voom 24. 12. 1992) besteht. Es ist kein allgemeines Bewilligungsverfahren für Unternehmenskonzentrationen vorgesehen. Das bedeutet aber nicht, daß jedwede Unternehmensverbindung hiermit verboten wäre, sondern nur diejenigen, welche zu wirklichen wettbewerbsbeschränkenden Ergebnissen führen oder führen können und von der Behörde hintanzuhalten sind.

Gesellschaftsrechtlich kann man überblicksweise sagen, daß der mexikanische Gesetzgeber noch keine Normen zur Regelung der wirtschaftlichen Erscheinung der Unternehmensverbindung gefunden hat. Die Grenzen liegen für ihn in der einzelnen Gesellschaft. Die Verbindungen, die zwischen den Gesellschaften hergestellt werden können, sowie deren Ergebnisse sind bisher nicht in den Normenbereich einbezogen worden. Es bestehen in entlegenen Stellen der handelsrechtlichen Gesetzgebung einige Bezugnahmen, die wir aus der Sicht des deutschen Rechts der Regelung verbundener Unternehmen zurechnen können. Es handelt sich somit um sporadische Bestimmungen, welche nur für den Kenner des mexikanischen Rechts einen gewissen Reiz des erfahrenen Sammlers ausüben können, nicht jedoch geeignet sind, um dem deutschen Leser einen charakteristischen Überblick zu bieten.

IV. Gründungsvoraussetzungen nach Auslandsinvestitionsrecht

1. Tochtergesellschaften mit ausländischen Gründern unterliegen dem 1993 erlassenen „Gesetz über ausländische Investitionen" (Art. 1)[11]. Das Recht über ausländische Investitionen bildet einen eigenen, begrifflich vom Gesellschafts-

11 BGBl. vom 27. 12. 1993 mit der für die Praxis äußerst wichtigen VO (BGBl. vom 16. 5. 1989), die noch vom früheren Gesetze stammt und bis zum Erlaß einer neuen Verordnung weiterbesteht, insoweit sie mit dem geltenden Gesetz nicht unvereinbar ist (Art. 4 der Übergangsbestimungen des geltenden Gesetzes). Das geltende Gesetz ist bedeutend ausländerfreundlicher als das frühere und brachte eine weitgehende Liberalisierung.

recht unabhängigen Normenkomplex, der zu einem wesentlichen Teil jüngeren Entstehungsdatums ist. Auch die dort enthaltenen Vorschriften sind sowohl bei der Gründung wie auch bei der Satzungsänderung von Tochtergesellschaften zu beachten.

2. Die Technologieübertragung bedarf heute keiner gesetzlichen Bewilligung mehr.

3. Nach Art. 15 und 16 des Gesetzes über ausländische Investitionen[12] und Art. 30 der zugehörigen VO ist zum Abschluß des Gesellschaftsvertrages und zu gewissen Satzungsänderungen die vorherige Bewilligung des Außenministeriums einzuholen. Dieses Genehmigungserfordernis besteht auch für rein mexikanische Gründungen. Dies erklärt, weshalb das Außenministerium nach Art. 88 AGH insbesondere zu einer Kontrolle der Firmenausschließlichkeit verpflichtet ist.

Größere Bedeutung für ausländische Investitionen haben aber die gesetzlichen Bestimmungen über die Beschränkung ausländischen Kapitals (Art. 5–9 des Gesetzes)[13].

Innerhalb von 40 Werktagen nach der notariellen Beurkundung des Gesellschaftsvertrages oder dem Eintritte ausländischer Gesellschafter sind diese Vorgänge dem Nationalen Register für ausländische Investitionen schriftlich anzuzeigen (Art. 32 des Gesetzes über ausländische Investitionen).

4. Die Vorschriften des Gesetzes über ausländische Investitionen sind auch bei der Verschmelzung zu berücksichtigen.

V. Die Zweigniederlassung

Die Ausübung einer ständigen Geschäftstätigkeit durch Ausländer in Mexiko ist durch die Gründung einer Zweigniederlassung möglich (Artt. 28 bis, 2737, 2738 ZGB D.F.). Dazu war nach Art. 251 AGH ursprünglich die Bewilligung des Bundesministeriums für Handel und Industrie einzuholen. Diese Bestimmung ist aber durch das Gesetz über ausländische Investitionen inzwischen insoweit derogiert, als anstelle des Ministeriums die nationale Kommission für ausländische Investitionen als Bewilligungsbehörde getreten ist (Art 5, 12, 13 des Auslandsinvestitionsgesetzes). Dies beruht darauf, daß das Gesetz die Tätigkeit einer ausländischen Gesellschaft über eine ihr gehörige, in Mexiko befindliche Zweigniederlassung als eine 100%ige ausländische Investition betrachtet. Neben dieser Bewilligung ist ferner die Eintragung der Zweigniederlassung in das Handelsregister erforderlich. Diese Voraussetzungen müssen erfüllt sein, damit

12 BGBl. vom 27. 12. 1993.
13 BGBl. vom 16. 5. 1989.

die ausländische Gesellschaft über ihre in Mexiko befindliche Zweigniederlassung die Rechtsfähigkeit erlangt.

Es handelt sich also hierbei nicht um bloß gewerbepolizeiliche Ordnungsvorschriften. Die Behörde bevorzugt eindeutig ausländische Investitionen in der Form von Gründungen eigener Tochtergesellschaften mit eigener Rechtspersönlichkeit, da diese Gesellschaften dann jedenfalls Gesellschaften mexikanischen Rechts sind. Weiterhin erfordert die Gründung einer solchen Zweigniederlassung den Nachweis von Gründung und Bestand der betroffenen Gesellschaft im jeweiligen Mutterland. Diese sind durch Vorlage des Gesellschaftsvertrages und eines Handelsregisterauszuges, die von einem mexikanischen Konsul mit Amtsausübungsbefugnissen im Lande des Sitzes der Gesellschaft zu beglaubigen und von einem in Mexiko gerichtlich zugelassenen Übersetzer zu übersetzen sind, nachzuweisen (Rechtsprechung des Obersten Gerichtshofs[14]).

VI. Gründungskosten, Steuerrecht, Devisenrecht

1. Gründungskosten

Für die Bewilligung des Außenministeriums zur Gesellschaftsgründung werden Gebühren von etwa 170 neuen mexikanischen Pesos erhoben[15]. Die Gebühren zur Eintragung der Gesellschaft ins Handelsregister betragen im Bundesdistrikt etwa 1.750,– neue mexikanische Pesos[16]. Abweichungen können sich bei diesen Gebühren in den einzelnen Bundesländern ergeben, da es sich hier um eine landesgesetzliche Regelung handelt. Für die Anmeldung der Gesellschaft bei der Behörde für ausländische Investitionen müssen Gebühren von etwa 400,– neuen mexikanischen Pesos entrichtet werden (Art. 71 des Bundesgebührengesetzes).

2. Steuer

Zwischen Mexiko und Deutschland wurde ein Doppelbesteuerungsabkommen auf dem Gebiete der Einkommens- (Körperschafts-) und Vermögenssteuer abgeschlossen, das am 30. 12. 1993 in Kraft getreten ist, aus dessen Anhang

14 Die Entscheidungen werden auszugsweise wiedergegeben und zitiert bei WALTER FRISCH PHILIPP, aaO (Fn. 6), S. 490 ff.

15 Art. 25 des Bundesgebührengesetzes.

16 Art. 76 Abs. 1 des Finanzgesetzes für den Bundesdistrikt.

zugleich mit dem Abkommen ein Ausführungsprotokoll im mexikanischen Bundesgesetzblatt vom 16. 3. 1994 veröffentlicht wurde. Dieses Protokoll enthält ins einzelne gehende Ausführungsbestimmungen zu den Vorschriften des Abkommenstextes.

Das Abkommen ist gemäß seinem Art. 28 auf der Quellensteuer und der Einbehaltung (Abzug) unterliegende Einkommen (Dividenden, Zinsen und Entgelte für Lizenzen an Technologie und industriellem Eigentum) ab 1. 1. 1994 anwendbar, d. h. für solche Einkommensarten, die ab diesem Tage einschließlich bezahlt oder fällig wurden, während für andere Einkunftsarten (z. B. Vermögenssteuer) der Anwendungsbeginn gemäß diesem Artikel auf den ersten Tag des auf den 30. 12. 1993 nächstfolgenden Geschäfts- oder Wirtschaftsjahres festgelegt wurde.

Das Abkommen gilt für Bundes- und Lokalsteuern gemäß dem Steuertypenkatalog in Art. 2 des Abkommens.

Einkünfte aus *unbeweglichen Gütern,* die einem Steuerpflichtigen mit Sitz in einem Vertragsstaate gehören, der von demjenigen der Belegenheit dieser Güter verschieden ist, können (wahlweise) der Besteuerung des Liegenschaftsstaates unterworfen werden (Art. 6). Für Veräußerungsgewinne enthält Art. 13 eine eigene Regelung.

Unternehmenserträgnisse (Art. 7)

Diese unterliegen der Besteuerung gemäß dem Rechte des Ortes der Belegenheit des Sitzes der tatsächlichen Unternehmensleitung. Die Erträgnisse eines ständigen Betriebes eines Unternehmens, das seinen Sitz im anderen Vertragsstaate als das betreffende Unternehmen hat, unterliegen der Besteuerung des Sitzstaates des erwähnten Betriebes.

Erträgnisse, die in anderen Artikeln des Abkommens geregelt werden, wie Einkünfte aus Immobilien, unterliegen diesen Artikeln und werden so aus den *allgemeinen* Unternehmenserträgnissen herausgenommen.

Unternehmen des internationalen Luft- und Seetransportes unterliegen der Besteuerung durch den Sitzstaat dieser Unternehmen (Art. 8).

Bei *grenzüberschreitenden Unternehmensverbindungen* innerhalb der Territorien der beiden Vertragsstaaten können auf Grund dieser Verbindung unterbliebene Erträgnisse, insoweit sie ohne Bestand einer solchen Verbindung erzielt worden wären, den Unternehmen der unterbliebenen Erträgnisse zugerechnet werden und gemäß den auf sie anzuwendenden Bestimmungen besteuert werden (Art. 9).

Betreffend *Dividenden,* welche von einer in einem Vertragsstaate gelegenen Gesellschaft an Gesellschafter derselben mit Sitz im anderen Vertragsstaate ausgeschüttet werden, enthält Art. 10 eine Regelung zur Aufteilung dieser Dividenden an die Besteuerung zwischen diesen beiden Staaten.

Hinsichtlich von *Zinsen* findet sich in Art. 11 eine Regelung obigen Verteilungszieles zwischen Schuldner- und Gläubigerstaat.

In Art. 12 wird die Zuteilung von *Gegenleistungen* (Honoraren) für *Überlassung intellektuellen Eigentums* (industriellen und urheberrechtsmäßigen) zwischen obigen beiden Vertragsstaaten je nach Sitz des Empfängers und Quelle der Zahlung geregelt.

Einkommen aus *selbständiger* (Art. 14) oder *unselbständiger* (Art. 15) *persönlicher* Tätigkeit werden in diesen Artikeln zwischen Sitz- und Leistungsort besteuerungsmäßig verteilt.

Gemäß Art. 16 können Einkünfte von *Direktoren, Vorstands- oder Aufsichtsratsmitgliedern* der Besteuerung dem Recht des Gesellschaftssitzes unterstellt werden.

Die *Vermögenssteuer* findet in Art. 22 ihre Zurechnung zum Sitzstaate des Steuerpflichtigen oder zur Belegenheit des Vermögens.

Kontrollmitteilungen zwischen den Vertragsstaaten sind in Art. 26 im Rahmen der Anwendung des Abkommens, also für deren Besteuerungen nach temporärer und sachlicher Geltung, nicht nur hinsichtlich von Personen mit Sitz in einem der beiden Vertragsstaaten vorgesehen.

3. Devisenrecht

Es gibt keinerlei devisenrechtliche Beschränkungen des Zahlungsverkehrs in Mexiko.

VII. Kollisionsrecht

Das internationale Gesellschaftsrecht Mexikos beruht im wesentlichen auf Art. 9 des Gesetzes über Staatsbürgerschaft[17], dem Art. 2736 ZGB D.F. und dem Abkommen von Montevideo vom 8. 5. 1979[18]. Danach ist mexikanisches Gesellschaftsrecht auf Gesellschaften anzuwenden, die ihren satzungsmäßigen Sitz in Mexiko haben und die nach mexikanischem Recht gegründet worden sind. Im Verhältnis zur Bundesrepublik hat das Abkommen von Montevideo keine Bedeutung, da die Bundesrepublik diesem Abkommen nicht beigetreten ist. Nach Art. 2736 ZGB D.F. ist auf das Gesellschaftsrecht nichtmexikanischer Gesellschaften deren Gründungsrecht anzuwenden.

Die Rechts- und Handlungsfähigkeit der Gründer, sofern sie natürliche Personen sind, richtet sich nach den Gesetzen ihres Wohnsitzes (Art. 13, Abs. 2

17 BGBl. vom 21. 6. 1993.
18 BGBl. vom 28. 4. 1983.

ZGB D.F., Art. 2, 81 HGB). Die Abschlußfähigkeit von juristischen Personen als Gründern richtet sich nach ihrem jeweiligen Personalstatut.

Da die Vertretung bei der Gründung grundsätzlich zulässig ist, stellen sich hier kollisionsrechtliche Fragen. Bei Vollmachtserteilung in der Republik Mexiko richten sich die Formerfordernisse grundsätzlich nach dem Zivilgesetzbuch für den Bundesdistrikt (Artt. 1, 13, und Art. 2, 81 des Handelsgesetzbuches). Wird die Vollmacht außerhalb der Republik Mexiko erteilt, ist nach Art. 79 Abs. II des Handelsgesetzbuches die Form des Errichtungsortes maßgeblich. In der Praxis wird jedoch auch in diesen Fällen das Zivilgesetzbuch für den Bundesdistrikt angewendet, so daß der ausländische Notar, der die Vollmachtserteilung beurkundet, über die Bestimmungen des Zivilgesetzbuches hinsichtlich der mexikanischen Formerfordernisse zu informieren ist. Im Ausland errichtete Vollmachten müssen jedoch von einem mexikanischen Notar protokolliert werden (Art. 92 des Gesetzes über das Notariat im Bundesdistrikt). Der Inhalt der Vollmacht muß demjenigen des Zivilgesetzbuches für den Bundesdistrikt entsprechen (Art. 1, 13 Zivilgesetzbuch und Art. 2, 81 Handelsgesetzbuch). Außerhalb Mexikos kann die Vollmacht auch vor einer mexikanischen Vertretungsbehörde oder einem mexikanischen Berufskonsul erteilt werden (Art. 98 der Verordnung des Gesetzes über den mexikanischen auswärtigen Dienst).

VIII. Aufenthalts- und Arbeitserlaubnis

1. Ausländerrecht

Die Aufenthalts- und Arbeitserlaubnis von Ausländern ist im Allgemeinen Gesetz über das Bevölkerungswesen[19] und einer entsprechenden Durchführungsverordnung[20] geregelt. Diese Bestimmungen finden auf natürliche Personen Anwendung, die sich in das Gebiet der Republik Mexiko begeben und nicht die mexikanische Staatsbürgerschaft besitzen (Art. 32). Aufenthalts- und Arbeitserlaubnis sind weitgehend deckungsgleich und werden von ein und derselben Behörde erteilt, die Generaldirektion für das Bevölkerungswesen im Innenministerium.

Gemäß Art. 41 dieses Gesetzes wird zwischen Nicht-Immigranten und Immigranten unterschieden. Bei ersteren setzt das Gesetz voraus, daß sie ihren Aufenthalt in Mexiko nicht auf unbestimmte Zeit anlegen und daher nach Ablauf einer gewissen Frist das Land wieder verlassen. Innerhalb der Gruppe der Nicht-Immigranten interessieren hier vor allem die sogenannten „Besucher"

19 BGBl. vom 7. 1. 1974.
20 BGBl. vom 31. 8. 1992.

(Art. 42 Abs. 3) und die Vorstandsmitglieder (Art. 42 Abs. 4). „Besucher" erhalten eine Maximalbewilligung von 5 Jahren. Hierunter fallen die geschäftlichen Tätigkeiten von Arbeitern, Technikern, Angestellten und Kaufleuten. Die Bewilligung für Vorstandsmitglieder ist hingegen nur für eng umgrenzte Zwecke vorgesehen. Sie gilt nur für derartige Organträger und wird für eine Dauer bis zu 5 Jahren erteilt. Sie berechtigt steets nur zu einem Verbleib bis zu 30 Tagen.

Da in der Praxis des mexikanischen Gesellschaftsrechts die Vorstandsmitglieder in der Regel nur die indirekte Unternehmensführung haben, während den Prokuristen („*gerentes*") die laufende Geschäftsführung obliegt, nahm der Gesetzgeber bei Schaffung der Immigrationserlaubnis für Vorstandsmitglieder an, daß diese zur Ausübung ihres Amtes nur periodisch nach Mexiko einreisen, so etwa zu Vorstandssitzungen, Aktionärsversammlungen usw. Anders verhält es sich mit den Immigranten, die von Art. 48 erfaßt werden. Der Gesetzgeber ging hier davon aus, daß diese Personen ihren ständigen Wohnsitz in Mexiko nehmen (Art. 52). Deshalb sieht das Gesetz (Art. 53) vor, daß nach fünfjährigem Besitze des Immigranten-Status' dessen Träger ein „*inmigrado*" (Eingewanderter) wird. Ein solcher *inmigrado* kann gemäß Art. 55 des Gesetzes jedwede Tätigkeit ohne behördliche Bewilligung aufnehmen. Im Falle von Änderungen der Tätigkeit ist lediglich dem Nationalen Register für Ausländer innerhalb von 30 Tagen Mitteilung zu machen (Art. 65). Für die Beschäftigung von Ausländern sind vor allem die Immigrationskategorien des Vertrauenspostens (Art. 48 Abs. 4) und des technischen Spezialisten (Art. 48 Abs. 6) von Bedeutung. Die Erteilung einer Arbeitsgenehmigung für diese Funktionsträger setzt voraus, daß ihre Tätigkeit von Mexikanern nicht ausgeübt werden kann, was nur wegen der Erforderlichkeit von besonderer Ausbildung, Erfahrung oder besonderem Vertrauen der Fall sein kann.

Bei der Gründung der Aktiengesellschaft sind folgende Besonderheiten zu beachten: Soll die Gründung der Aktiengesellschaft auf mexikanischem Boden erfolgen, bedarf jeder Gründer, der den Gesellschaftsvertrag persönlich unterschreibt, der entsprechenden immigrationsrechtlichen Bewilligung. Ein Touristenvisum ist hierfür nicht ausreichend. Dieses Erfordernis kann nur vermieden werden, wenn der ausländische Gründer sich von einem Mexikaner oder einem immigrationsrechtlich hierzu befugten in Mexiko wohnenden Ausländer vertreten läßt. Die Erteilung der Vollmacht ist dabei sowohl im Ausland wie auch in Mexiko zulässig. Sind Vollmachtgeber jedoch juristische Personen, so verweigern mitunter Notare die Vollmachtserteilung innerhalb von Mexiko, soweit hierfür keine immigrationsrechtliche Bewilligung vorliegt. Einer Immigrationsbewilligung bedarf es auch, um als Aktionär an einer in Mexiko abzuhaltenden Aktionärsversammlung teilzunehmen. Dies gilt auch für die Ausübung anderer Aktionärstätigkeiten, wie der Übernahme von Aktien bei Kapitalerhöhungen. Entsprechendes gilt für den Bezug von Dividenden und Liquidationsquoten innerhalb von Mexiko.

2. *Arbeitsrecht*

Gemäß Art. 7 des Bundesarbeitsgesetzes besteht für die Beschäftigung ausländischer Arbeitnehmer – ausgenommen Direktoren, Vorstandsmitglieder und Generalbevollmächtigte – eine Begrenzung auf 10 % der Belegschaft. Techniker und Akademiker müssen ausnahmslos Mexikaner sein, es sei denn, es stehen in einer bestimmten Sparte keine einheimischen Arbeitnehmer zur Verfügung. In diesen Fällen können vorübergehend bis zu 10 % der Arbeitsplätze für Techniker und Akademiker solange durch Ausländer besetzt werden, bis mit Hilfe des Arbeitgebers entsprechende mexikanische Kräfte gefunden werden bzw. ausgebildet worden sind. Die strikte Anwendung dieser Vorschrift würde bedeuten, daß ein mexikanisches Unternehmen mindestens neun mexikanische Techniker und Akademiker beschäftigen müßte, um vorübergehend einen Ausländer dieser Kategorie anstellen zu dürfen. Damit wäre es für die meisten mexikanischen Betriebe der Klein- und Mittelindustrie, die ausländische Hilfe benötigen, wohl kaum möglich, solche in Anspruch zu nehmen. Auf diesen Umstand ist es wohl zurückzuführen, daß die Immigrationsbehörde in Härtefällen von der Anwendung des Art. 7 Ausnahmen macht. Im Unternehmen tätige Ärzte müssen Mexikaner sein.

Anhang

I. Abkürzungsverzeichnis

AGH	Allgemeines Gesetz über Handelsgesellschaften (s. u. II.1.)
BGBl.	mexikanisches Bundesgesetzblatt
D.F.	XXX Distrito Federal (Bundesgebiet)
ZGB	Zivilgesetzbuch (s. unten II.1.)

II. Gesetze, Abkommen und Verordnungen

1. Código Civil para el Distrito Federal (Zivilgesetzbuch für den mexikanischen Bundesdistrikt) vom 30. 8. 1928
   Código de Comercio (Handelsgesetzbuch) vom 15. 9. 1889
   Ley General e Sociedades Mercantiles (Allgemeines Gesetz über Handelsgesellschaften) vom 28. 7. 1934, BGBl. vom 4. 8. 1934, mit der Novelle von 1992 XXX
   Ley General de Títulos y Operaciones de Crédito (Allgemeines Gesetz betreffend Wertpapiere und Kreditoperationen) vom 26. 8. 1932, BGBl. vom 27. 8. 1932
2. Nueva Ley Federal del Trabajo (Neues Bundesarbeitsgesetz) vom 23. 12. 1969, BGBl. vom 1. 4. 1970
   Ley de Instituciones de Crédito (BGBl. v. 18. 7. 1990)
   Nueva Ley de Quiebras y de Suspensión de Pagos (Neues Gesetz über Konkurs- und Vergleichsverfahren handelsrechtlicher Art) vom 31. 12. 1942, BGBl. vom 20. 4. 1943
3. Convención Interamericana sobre Conflictos de Leyes en Materia de Sociedades Mercantiles (Interamerikanisches Abkommen über Normenkollision bei Handelsgesellschaften), BGBl. vom 28. 4. 1983

4. Ley de la Inversión Extranjera (BGBl. vom 27. 12. 1993) nebst der zugehörigen DurchführungsVO (BGBl. vom 16. 5. 1989)
Ley General de Población (Allgemeines Gesetz über das Bevölkerungswesen), BGBl. vom 7. 1. 1974 nebst zugehöriger DurchführungsVO, BGBl. vom 31. 8. 1992
Obige Gesetze werden in laufend erneuerten Ausgaben vom Verlag Porrua in Mexiko-Stadt herausgegeben.

III. Weiterführende Literatur

1. Zum Gesellschaftsrecht

BARRERA GRAF, Instituciones del Derecho Mercantil, México, D.F. 1991 Editorial Porrua.
DERS. Las sociedades en derecho mexicano, UNAM, México, D.F. 1983.
FRISCH PHILIPP, La Sociedad Anónima Mexicana, 3. Aufl. 1994.
DERS. Die mexikanische Aktiengesellschaft, RIW 1981, 96.
DERS. Interamerikanisches Übereinkommen über Normenkollision bei Handelsgesellschaften, RIW 1984, 604.
DERS., La reforma a la Ley General de Sociedades Mercantiles: La Torre Enclinada de Pisa, in: XXX.
FRISCH PHILIPP/MOSER, Gesellschaftsrecht in Mexiko, Internationale Wirtschaftsbriefe, Herne/Berlin 1979.
MANTILLA MOLINA, Derecho Mercantil, Editorial Porrua, México, D.F. 1989.
RODRIGUEZ/RODRIGUEZ, Tratado de Sociedades Mercantiles, Editorial Porrua, México, D.F. 1977.

2. Zum Recht der ausländischen Investitionen

BARRERA GRAF, La regulación jurídica de las inversiones extranjeras en México, D.F. 1981.
FRISCH PHILIPP, Ausländische Investitionen und Grunderwerb durch Ausländer in Mexiko, RIW 1982, 167.
DERS., „Neuerungen im mexikanischen Investitionsrecht", RIW, No. 11/1991.
FRISCH PHILIPP/OFFERGELD, Neuerungen für ausländische Investitionen in Mexiko, RIW 1987, 507.
GOMEZ/PALACIO/GUTIÉRREZ/ZAMORA, Inversión extranjera directa, Editorial Porrua, México, D.F. 1985.

IV. Adressenverzeichnis

CIMA, Cooperación Industrial México-Alemania (Programm zur Förderung betrieblicher Kooperationen zwischen deutschen und mexikanischen Unternehmen, Förderungsprojekt der deutschen Bundesregierung/GTZ)

03849 México, D.F.
Apdo. Postal 60-468
a/c CANACINTRA
Telex: 1777466 cnitme
Tel.: 6116544
Fax: 5988980
Av. San Antonio 256
Buero

in Deutschland
GOPA
Hindenburgring 18
61343 Bad Homburg
Tel.: 06172/30040
Fax: 06172/33946.

Deutsch-Mexikanische Industrie- und Handelskammer
Bosque de Ciruelos 130-1202
Col. Bosques de las Lomas
11700 México D.F.
Tel.: 2514022
Telex 1771226 DEHAME
Fax 5967695

Die Gründung einer Tochtergesellschaft in den Niederlanden

von

Professor Dr. WILLEM VAN DER GRINTEN, Nijmegen,
bearbeitet von Professor Dr. HARRY HONÉE, Nijmegen
und Rechtsanwalt Dr. PAUL GOTZEN, Düsseldorf

Inhaltsübersicht

I. Einführung: Die Personengesellschaften

Das niederländische Recht kennt an Gesellschaftsformen einerseits die Bürgerlich-rechtliche Gesellschaft, die Offene Handelsgesellschaft und die Kommanditgesellschaft als typisch personengebundene Formen, andererseits die Gesellschaft mit beschränkter Haftung (besloten vennootschap met beperkte aansprakelijkheid, B.V.) und die Aktiengesellschaft (naamloze vennootschap, N.V.) als die beiden Varianten vom Typ Kapitalgesellschaft.

Die Gesellschaften der erstgenannten Kategorie gelten als besondere Vertragstypen. Dabei wird die Bürgerlich-rechtliche Gesellschaft im Bürgerlichen Gesetzbuch behandelt, während die Offene Handelsgesellschaft und die Kommanditgesellschaft als qualifizierte Gesellschaften im Handelsgesetzbuch angesiedelt sind. In den Niederlanden ist kürzlich eine Neukodifikation des Bürgerlichen Gesetzbuchs in Kraft getreten. Hierdurch wurden wichtige Teile des Privatrechts neu geregelt. Zahlreiche Rechtsmaterien, die anfänglich im Handelsgesetzbuch behandelt waren, wurden dabei ins Bürgerliche Gesetzbuch übernommen. Beabsichtigt ist, das Handelsgesetzbuch im Laufe der Zeit ganz verschwinden zu lassen. Eine Neukodifikation der offenen Handelsgesellschaft und der Kommanditgesellschaft hat bislang indes noch nicht stattgefunden[1].

Die Bürgerlich-rechtliche Gesellschaft und ihre qualifizierten Formen werden in der niederländischen Rechtspraxis nicht als Rechtsformen für Tochterunternehmen verwendet. Sie dürfen im vorliegenden Zusammenhang daher auch weiterhin außer Betracht bleiben. Beiläufig kann jedoch auf einen zunehmenden Gebrauch der Kommanditgesellschaft und der Offenen Handelsgesellschaft für joint-venture-Verhältnisse hingewiesen werden. Dies beruht fast ausschließlich auf steuerlichen Erwägungen.

II. Die Kapitalgesellschaften N.V. und B.V.

1. Allgemeines

Die Unterscheidung zwischen den beiden Kapitalgesellschaften N.V. und B.V., die mit der deutschen AG bzw. GmbH vergleichbar sind, kennt das niederländische Recht erst seit Mitte 1971[2]. Vorher gab es nur einen einzigen Typ: die N.V. Dies bedeutete übrigens nicht, daß dieser Typ in der Praxis nur für Zusammenschlüsse benutzt wurde, die sich an ein breit gestreutes „namenloses" Publikum richteten. Die seinerzeit geltende gesetzliche Regelung ließ vielmehr soviel Freiheit, daß die Rechtsform der N.V. sowohl für offene als auch für geschlossene Kapitalansammlungen benutzt werden konnte.

Die Entscheidung des niederländischen Gesetzgebers, dennoch die Gesellschaft mit beschränkter Haftung als eine selbständige, von der N.V. gesonderte Rechtsform zu regeln, fand ihren Ursprung daher auch nicht in einem großen

1 Vgl. dazu GOTZEN, Die Personengesellschaften des niederländischen Handelsrechts, JWB, F. 5 Niederlande, Gr. 3, S. 139 ff; DERS., Die niederländische Gesetzgebung zum Zivilrecht, ZVglRWiss 1986, 324, 337 ff.

2 Vgl. dazu SANDERS, Reform des Gesellschaftsrechts in den Niederlanden, Die AG 1971, 389 ff; STEIN, Die neuere Gesetzgebung zu den Handelsgesellschaften in den Niederlanden, ZHR 138 (1974), 101 ff.

Bedürfnis nach einer getrennten Regelung. Der direkte Anlaß zu dieser Maßnahme war vielmehr der Erlaß der ersten EG-Richtlinie zur Vereinheitlichung des Gesellschaftsrechts im Jahre 1968. Da diese Richtlinie bezüglich der Publizität einen Unterschied zwischen der AG und der GmbH macht, hielt es der niederländische Gesetzgeber für angebracht, auch in das niederländische Recht zwei Formen der Kapitalgesellschaft einzuführen.

Seit dem 1. Januar 1984, dem Zeitpunkt des Inkrafttretens des Anpassungsgesetzes an die vierte EG-Richtlinie, ist der Unterschied in der Publizitätspflicht in Wegfall gelangt. Für die N.V. und die B.V. gelten nun die gleichen Regeln. Damit ist ein in der Vergangenheit wichtiges Motiv, der B.V. den Vorzug vor der N.V. zu geben, weggefallen. Man erwartet nicht, daß dies zu einer Rückkehr zur verstärkten Nutzung der Rechtsform der N.V. führen wird. Dafür ist die B.V. zwischenzeitlich zu stark in der Praxis des niederländischen Gesellschaftsrechts verankert. Hinzu kommt, daß auch die in bestimmter Hinsicht etwas erleichterte Kapitalschutzregelung (vgl. unter II.2.) im Augenblick noch ein Motiv für die Bevorzugung der Rechtsform der B.V. sein kann. Als Regel kann gelten, daß die N.V. vor allem dann in Betracht kommt, wenn die Absicht besteht, die Gesellschaftsanteile dem Publikum anzubieten.

Die gesetzliche Regelung der N.V. und der B.V. ist in das zweite Buch des Neuen Bürgerlichen Gesetzbuchs aufgenommen worden, das von juristischen Personen handelt. Diese Regelung datiert aus dem Jahre 1976 und stellt eine abgeschlossene Phase des zuvor erwähnten Prozesses der Neukodifikation dar.

Um einen Eindruck von der Verbreitung der N.V. und B.V. zu geben, mögen folgende Zahlen dienen. Am Jahresanfang 1971, dem Jahr, in dem die B.V. als gesondert geregelte Rechtsform eingeführt wurde, gab es schätzungsweise 46.000 N.V.'s. Die meisten von ihnen sind im Laufe der darauffolgenden Jahre in B.V.'s umgewandelt worden. Daneben läßt sich gleichzeitig eine zunehmende Verbreitung der B.V. feststellen. In den letzten Jahren wurden jährlich rund 25.000 B.V.'s gegründet.

2. *Die wichtigsten Unterschiede zwischen N.V. und B.V.*

a) Der im Vorhergehenden kurz erwähnte Anlaß zur Einführung der B.V. in die niederländische Gesetzgebung erklärt, warum – anders als im deutschen Recht – die gesetzlichen Regelungen für die N.V. und B.V. größtenteils identisch sind. Seit die unterschiedliche Behandlung in der Publizitätspflicht aufgehoben ist, liegt der wichtigste Unterschied zwischen der N.V. und der B.V. darin, daß die B.V. ausschließlich Registeranteile kennt. Anteilsurkunden dürfen nicht ausgegeben werden. Des weiteren muß die Übertragbarkeit der Anteile beschränkt werden. Für die Beschränkung der Übertragbarkeit sieht das Gesetz zwei Möglichkeiten vor: das Zustimmungsverfahren und das Angebotsverfahren. Die erstgenannte Regelung macht die Übertragung von der Zustimmung eines Organs der Gesellschaft abhängig. Die letztgenannte erlaubt die Übertragung an Dritte nur, wenn die Anteile vorher den übrigen Gesellschaftern angeboten worden sind. Die Einschränkung der Übertragbarkeit der Anteile ist auch bei der N.V. zulässig. Bei der B.V. ist sie jedoch gesetzlich vorgeschrieben.

b) Ein weiterer Unterschied betrifft die Vorschriften über das Gesellschaftskapital. Am 1. September 1981 ist das Gesetz zur Anpassung der niederländischen Gesetzgebung an die Bestimmungen der zweiten EG-Richtlinie in Kraft getreten[3]. Bekanntlich regelt diese Richtlinie ausschließlich die Anpassung des Rechts der Aktiengesellschaft. Der niederländische Gesetzgeber hat es dennoch für ratsam gehalten, für die B.V. eine im großen und ganzen entsprechende Regelung zu treffen. Nicht völlig gleichlautend für die B.V. und die N.V. sind die geltenden Kapitalschutzbestimmungen. Zunächst kennt die B.V. ein niedrigeres Mindestkapital als die N.V. (vgl. unten V.). Des weiteren verdient vor allem der Umstand Beachtung, daß die Höchstgrenze, bis zu der ein Erwerb eigener Anteile zugelassen wird, mit 50 % beibehalten wird. Ein zweiter nicht unwesentlicher Unterschied ist, daß nach der B.V.-Regelung die Befugnis zum Kauf eigener Anteile und zur Ausgabe von Anteilen durch die Satzung einem anderen Organ als der Hauptversammlung der Anteilseigner übertragen werden kann. Schließlich gibt es für die Anteilseigner einer B.V. nicht aufgrund zwingender rechtlicher Regelung ein Vorzugsrecht bei der Ausgabe von Anteilen.

Die übrigen Unterschiede zwischen einer N.V. und einer B.V. sind für die Praxis von geringerer Bedeutung. Es ist jedoch nicht undenkbar, daß diese Unterschiede in Zukunft wichtiger werden, wobei insbesondere auf neue Richtlinien der Europäischen Gemeinschaften geachtet werden muß. Hat man jedoch heute die Wahl zwischen diesen beiden Rechtsformen zu treffen, so braucht den möglichen künftigen Entwicklungen nicht Rechnung getragen zu werden. Das Gesetz stellt nämlich eine einfache Möglichkeit zur Umwandlung einer N.V. in eine B.V. und umgekehrt zur Verfügung.

III. Mitbestimmungsrecht

1. Gesellschaftsrechtliche Mitbestimmung

Das niederländische Recht kennt ebenfalls seit Mitte 1971 für Kapitalgesellschaften einer bestimmten Größe eine gewisse Mitbestimmung der bei dieser

3 Vgl. dazu GOTZEN, Änderungen des Rechts der Aktiengesellschaften in den Niederlanden, JWB, F. 5 Niederlande, Gr. 3, S. 135 ff.

Gesellschaft beschäftigten Arbeitnehmer[4]. Diese Regeln gelten ungeachtet dessen, ob die Gesellschaft die Rechtsform einer N.V. oder B.V. hat. Die Bestimmungen kommen zur Anwendung, wenn die Gesellschaft ein eigenes Vermögen (Gesellschaftskapital und Rücklagen) von 25 Mio. hfl hat, wenn sie kraft gesetzlicher Verpflichtung einen Betriebsrat gebildet hat und wenn sie wenigstens 100 Arbeitnehmer in den Niederlanden beschäftigt.

Die niederländische Mitbestimmungsregelung weicht von der deutschen beträchtlich ab, obwohl in beiden Rechtssystemen die Mitbestimmung bei der Zusammensetzung des Aufsichtsrats ansetzt. Während im deutschen Recht der Aufsichtsrat teils von der Hauptversammlung und teils von den Arbeitnehmern gewählt wird, wird er nach niederländischem Recht im Mitbestimmungsmodell durch Kooptation (Zuwahl) ernannt[5]. Hierbei haben jedoch die Hauptversammlung und der Betriebsrat gleichermaßen ein Mitspracherecht. Die Hauptversammlung und der Betriebsrat können für die Ernennung der Mitglieder des Aufsichtsrats Empfehlungen aussprechen. Außerdem haben sie ein Vetorecht gegen die vom Aufsichtsrat vorgesehene Ernennung eines neuen Mitglieds. Wenn der Betriebsrat oder die Hauptversammlung von diesem Vetorecht Gebrauch machen, kann die Ernennung nicht stattfinden, wenn nicht die Unternehmenskammer beim Gerichtshof Amsterdam auf Antrag des Aufsichtsrats das Veto für unbegründet erklärt.

Im Mitbestimmungsmodell hat der Aufsichtsrat der Gesellschaft erhebliche Befugnisse, die beträchtlich weiter gehen als im herkömmlichen Modell. Der Aufsichtsrat ernennt den Vorstand, er stellt den Jahresabschluß fest – daraufhin muß der Jahresabschluß von der Hauptversammlung genehmigt werden –, und eine erhebliche Zahl von Vorstandsbeschlüssen bedarf der Genehmigung des Aufsichtsrates.

2. *Die abgeschwächte Mitbestimmungsregelung für Tochtergesellschaften von ausländischen Gesellschaften*

Auch die niederländische Tochtergesellschaft einer deutschen Gesellschaft ist grundsätzlich an die Regeln der Mitbestimmung gebunden.

Eine wichtige Ausnahme besteht jedoch für in den Niederlanden ansässige Tochtergesellschaften ausländischer Kapitalgesellschaften. Die Bestimmungen, nach denen der Aufsichtsrat die Vorstandsmitglieder bestellt und den Jahres-

4 Vgl. dazu MAEIJER, Die Arbeitnehmermitbestimmung nach der Neuregelung für die Aufsichtsräte in „großen" niederländischen Kapitalgesellschaften, ZGR 1974, 104 ff.

5 Vgl. dazu GOTZEN, Das niederländische Kooptationsverfahren zur Besetzung der Aufsichtsräte von Aktiengesellschaften, AWD 1974, 676 ff sowie HONÉE, ZGR 1982, 87 ff.

abschluß feststellt, gelten nicht, wenn wenigstens die Hälfte der Anteile der niederländischen Tochtergesellschaft im Besitz einer juristischen Person ist, deren Arbeitnehmer größtenteils außerhalb der Niederlande beschäftigt sind. Die Ernennung und die Entlassung des Vorstandes sowie die Feststellung des Jahresabschlusses liegen dann in der Kompetenz der Hauptversammlung. Das bedeutet, daß eine deutsche Muttergesellschaft als Mehrheitsgesellschafterin die Ernennung und Entlassung des Vorstands ihrer niederländischen Tochtergesellschaft bestimmt und daß sie auch deren Jahresabschluß feststellt.

Die übrigen Regelungen des Mitbestimmungsmodells gelten dagegen vollinhaltlich. Die deutsche Muttergesellschaft kann den Aufsichtsrat der niederländischen Tochtergesellschaft also weder ernennen, noch entlassen. Auch die im Gesetz genannten wichtigen Vorstandsbeschlüsse der niederländischen Tochtergesellschaft unterliegen der Zustimmung des Aufsichtsrats. In der Satzung kann überdies das Zustimmungserfordernis der Hauptversammlung festgelegt werden.

Zu beachten ist, daß bei der Gründung einer Kapitalgesellschaft nicht sofort die Regeln des Mitbestimmungsmodells eingreifen. Diese Bestimmungen gelten vielmehr erst dann, wenn die Gesellschaft während einer ununterbrochenen Frist von drei Jahren die drei erwähnten Merkmale (25 Mio. hfl Eigenvermögen, Betriebsrat und 100 Arbeitnehmer) erfüllt hat. Im ersten Stadium kann daher die Muttergesellschaft als Mehrheitsgesellschafterin den Aufsichtsrat nach ihrem Willen zusammensetzen. Sobald das Mitbestimmungsmodell anzuwenden ist, ist es dann dieser Aufsichtsrat, der das Kooptationsrecht hat.

In diesem Zusammenhang verdient noch das Kriterium Erwähnung, welches das Gesetz für die Zusammensetzung des Aufsichtsrats einer der Mitbestimmung unterworfenen Gesellschaft aufstellt. Der Aufsichtsrat muß nach der Gesetzesterminologie *naar behoren* (wie es sich gehört) zusammengesetzt sein. In Rechtsprechung und Schrifttum wird angenommen, daß der Aufsichtsrat nicht ausschließlich aus Angehörigen der Muttergesellschaft bestehen darf. In der Literatur wird allerdings die Meinung vertreten, daß die Mehrheit des Aufsichtsrats aus Personen bestehen müsse, die nicht im Dienst der Mutter- oder einer Schwestergesellschaft stehen. Weiter wird angenommen, daß wenigstens ein Teil der Aufsichtsratsmitglieder die niederländische Sprache beherrschen und mit den sozialwirtschaftlichen Verhältnissen in den Niederlanden vertraut sein muß.

3. *Betriebliche Mitbestimmung*

Kennzeichnend für die soeben besprochene Mitbestimmungsregelung ist, daß sie den Arbeitnehmern – vertreten durch den Betriebsrat – eine in der Struktur der Gesellschaft verankerte Position zuerkennt. Daneben kennt das niederländische Recht die im Betriebsrätegesetz enthaltene Regelung, durch die der Vertretung der Arbeitnehmer Befugnisse hinsichtlich der Unternehmensführung als solcher eingeräumt werden[6].

Das Betriebsrätegesetz gilt – allgemein gesagt – für Unternehmen, in denen wenigstens 35 Personen beschäftigt sind. Unter dieser Voraussetzung besteht die Verpflichtung zur Bildung eines Betriebsrats. Für die Anwendung des Gesetzes macht es keinen Unterschied, ob das Unternehmen die Rechtsform einer N.V. oder einer B.V. hat.

Die Befugnisse eines Betriebsrats können in Informations-, Beratungs- und Mitentscheidungsbefugnisse aufgeteilt werden. Für die Praxis ist besonders die Beratungsbefugnis im Hinblick auf wichtige unternehmerische Entscheidungen bezüglich der Finanz- und Wirtschaftspolitik sowie der organisatorischen Entscheidungen von Bedeutung. Die praktische Bedeutung dieser Beratungsbefugnis liegt vor allem darin, daß das Gesetz diese mit einem sogenannten Berufungsrecht untermauert hat. Dieses beinhaltet, daß der Betriebsrat gegen Entscheidungen des Unternehmers bei der Unternehmenskammer des Gerichtshofs Amsterdam Berufung einlegen kann, wenn die Entscheidung von der Stellungnahme des Betriebsrats abweicht.

In der Praxis wird gegen unternehmerische Entscheidungen nur selten Berufung eingelegt. Die Unternehmer streben in aller Regel ein Einvernehmen mit dem Betriebsrat an. Anfängliche Bedenken des Betriebsrats werden nicht selten durch nähere Erläuterungen der beabsichtigten Beschlüsse sowie durch Gutachten unabhängiger Sachverständiger ausgeräumt; außerdem sind die Unternehmer vielfach zu Kompromissen mit dem Betriebsrat bereit. Das Kriterium, an dem der Richter einen beabsichtigten Beschluß zu messen hat, lautet, daß der Unternehmer bei Abwägung der gegebenen Interessen billigerweise nicht zu seinem Beschluß hätte kommen können. Der Betriebsrat muß schlüssig vortragen, daß dieses Kriterium erfüllt ist. Bei gut fundierten Beschlüssen des Unternehmers wird der Richter nicht leicht zu dem Ergebnis gelangen, daß der Unternehmer billigerweise nicht zu dem Beschluß hätte kommen können. Der Richter nimmt nicht den Platz des Unternehmers ein. Die richterliche Überprüfung hat nur marginalen Charakter.

Der Unternehmer ist verpflichtet, dem Betriebsrat Angaben über die Tätigkeit und das Ergebnis des Unternehmens zukommenzulassen. Hat das Unternehmen die Rechtsform einer N.V. oder B.V., dann muß der Jahresabschluß dem Betriebsrat zur Beratung vorgelegt werden. Wenn eine N.V. oder B.V. eine Tochter-

6 Vgl. dazu GOTZEN, Die Mitbestimmung der Arbeitnehmer in den Niederlanden, JWB, F. 5 Niederlande, Gr. 6, S. 19 ff; MAEIJER, Der Betriebsrat in der niederländischen Unternehmung und andere Mittel zum Zweck der Mitbestimmung der Arbeitnehmer, ZFA 1979, 69 ff.

gesellschaft ist, muß auch ein konsolidierter Jahresabschluß des Konzerns vorgelegt werden; gibt es keinen konsolidierten Jahresabschluß, so muß die Tochter-N.V. oder -B.V. dem Betriebsrat schriftliche Angaben zuleiten, aus denen dieser sich einen Eindruck vom Ergebnis des Konzerns als ganzem bilden kann.

Die Beratung mit dem Betriebsrat wird seitens des Unternehmens von einem Mitglied der Geschäftsleitung des Unternehmens geführt. Hat das Unternehmen die Rechtsform einer N.V. oder B.V., wird die Beratung in der Praxis von dem Mitglied geführt, das durch den Vorstand bzw. die Geschäftsführung dazu bestimmt wird. Das Gesetz schreibt vor, daß für den Fall, daß das Unternehmen die Rechtsform einer N.V. oder B.V. hat, an Beratungssitzungen des Betriebsrats, in denen der allgemeine Geschäftsgang des Unternehmens auf der Tagesordnung steht oder in denen die Meinung des Betriebsrats zu den vorerwähnten wichtigen unternehmerischen Entscheidungen eingeholt wird, auch mindestens ein Mitglied des Aufsichtsrats teilnehmen muß. Ist die N.V. oder B.V. eine Tochtergesellschaft, dann muß nach dem Gesetz an der Versammlung des Betriebsrats nicht ein Aufsichtsratsmitglied, sondern ein Vorstandsmitglied der Muttergesellschaft teilnehmen. Es besteht allerdings der Eindruck, daß in der Praxis von dieser Vorschrift abgewichen wird und daß, wenn die niederländische Tochter-N.V. oder -B.V. einen eigenen Aufsichtsrat besitzt, ein Aufsichtsratsmitglied der Tochtergesellschaft anstelle des Vorstandsmitglieds der Muttergesellschaft an der Versammlung teilnimmt. Erwähnung verdient noch, daß der Betriebsrat beschließen kann, daß die Bestimmung über die Teilnahme der Aufsichtsratsmitglieder des Unternehmens oder der Vorstandsmitglieder der Muttergesellschaft an den Sitzungen des Betriebsrats keine Anwendung zu finden braucht; zudem bestehen dann für den Fall der Nichtbeachtung dieser gesetzlichen Vorschrift keinerlei Sanktionen.

IV. Die Gründung einer N.V. oder B.V.

1. Gründungsvorschriften

Für die Gründung einer N.V. oder einer B.V. enthält das Gesetz gleichlautende Bestimmungen. Die wichtigsten Vorschriften können wie folgt zusammengefaßt werden:

a) Seit 1. Januar 1987 gilt nicht mehr die Bestimmung, daß zumindest zwei Gründer vorhanden sein müssen. Eine Gesellschaft kann daher durch eine einseitige Rechtshandlung gegründet werden. Die schon seit langem anerkannte Rechtsgültigkeit einer Einmanngesellschaft hat dadurch ausdrücklich ihre gesetzliche Anerkennung gefunden.

Das Gesetz verlangt keine bestimmte Staatsangehörigkeit und keinen bestimmten Wohnsitz der Gründer. Die Errichtung kann sowohl durch natürliche als auch durch juristische Personen erfolgen. Auch ausländische Personengesellschaften, die nach ihrem Heimatrecht als Gründer von Kapitalgesellschaften auftreten können, sind zugelassen. Das Gesetz verlangt allerdings, daß die Gründungsurkunde in niederländischer Sprache errichtet wird und daß der Sitz der Gesellschaft in den Niederlanden liegt.

Die Gründungsurkunde muß notariell beurkundet werden. Die Beteiligung eines Notars ist also obligatorisch. Der Betrag, der von dem niederländischen Notar für seine Bemühungen in Rechnung gestellt wird, ist vor allem von der Höhe des Gesellschaftskapitals abhängig. Folgende Zahlen sollen einen Eindruck von den mit der notariellen Tätigkeit verbundenen Kosten vermitteln:

Bei einem Gesellschaftskapital von 200.000 hfl betragen die Kosten ungefähr 1000 hfl; bei einem Gesellschaftskapital von mehr als 10 Mio. hfl fallen 8402 hfl plus 0,013 % für den 10 Mio. hfl übersteigenden Betrag an.

Hauptbestandteil der Gründungsurkunde ist die Satzung. Für die Gestaltung der Satzung läßt das Gesetz einen ziemlich großen Spielraum.

b) Der Gründungsvertrag unterliegt der Kontrolle des Justizministeriums. Erforderlich ist eine von diesem erteilte Unbedenklichkeitserklärung. Deshalb wird – normalerweise durch den amtierenden Notar – dem Minister der Gründungsvertrag im Entwurf zugeschickt. Zugleich muß zugunsten der Staatskasse ein Betrag von 150 hfl eingezahlt werden. Die ministerielle Unbedenklichkeitserklärung darf nur aus den im Gesetz abschließend aufgezählten Gründen verweigert werden. Das ist dann der Fall, wenn bei Berücksichtigung des Vorlebens der Personen, welche die Leitung der Gesellschaft bestimmen oder mitbestimmen werden, eine Gefahr besteht, daß die Gesellschaft für unerlaubte Zwecke benutzt wird, daß ihre Tätigkeit zu Benachteiligung ihrer Gläubiger führen wird oder daß ein Verstoß gegen die guten Sitten, die öffentliche Ordnung oder das Gesetz vorliegt. Die Bedeutung der ministeriellen Kontrolle liegt vor allem darin, daß seitens der Behörden darauf geachtet wird, daß die Gesellschaftssatzung sich in Übereinstimmung mit dem niederländischen Recht befindet.

Der Minister hat die Kriterien, an denen er die Satzung prüft, in den sogenannten Ministeriellen Richtlinien veröffentlicht. Genügt die Satzung nicht den darin enthaltenen Normen, so wird die ministerielle Unbedenklichkeitserklärung verweigert. Die Gründung kann dann nicht stattfinden. Eine ablehnende Entscheidung des Ministers kann übrigens im Verwaltungsrechtsweg angefochten werden.

Ist die ministerielle Unbedenklichkeitserklärung erteilt und die Gründungsurkunde notariell beglaubigt, dann besitzt die Gesellschaft ihre Rechtspersönlichkeit. Sie muß danach noch ins Handelsregister eingetragen werden. Für die Eintragung im Handelsregister ist eine Abgabe zu entrichten, deren Höhe vom Eigenvermögen der Gesellschaft zuzüglich der Verbindlichkeiten mit einer Laufzeit von mehr als einem Jahr abhängig ist. Bei einem Vermögen von 1 Mio. hfl beträgt der für die Eintragung jährlich zu entrichtende Höchstsatz 1.220 hfl.

c) Unterbleibt die Eintragung im Handelsregister, so wird dadurch der rechtswirksame Bestand der Gesellschaft nicht berührt. Als Sanktion für das Versäumnis der Eintragung ordnet das Gesetz eine persönliche gesamtschuldnerische Haftung der Vorstandsmitglieder neben der Gesellschaft für jede Rechtshandlung an, durch die die Gesellschaft während des Zeitraums verpflichtet wird, in dem sie nicht eingetragen ist. Die gleiche Haftung besteht, wenn nicht den im folgenden zu besprechenden Mindesterfordernissen des eingezahlten Kapitals Genüge geleistet wird und wenn außerdem nicht auf das bei der Gründung gezeichneten Kapital wenigstens 25 % des Nennwerts eingezahlt wird.

2. *Mindestkapital und Einzahlung auf die Anteile*

Die beiden zuletzt erwähnten Fälle einer persönlichen Haftung der Vorstandsmitglieder geben Veranlassung, in aller Kürze auf einige für die Gründung wichtige Kapitalvorschriften einzugehen. Die meisten von ihnen stimmen mit den entsprechenden Vorschriften der zweiten EG-Richtlinie überein und können somit hier unbesprochen bleiben, weil sie im wesentlichen mit denen des deutschen Rechts übereinstimmen. Besondere Erwähnung verdient jedoch folgendes:

a) Das niederländische Gesetz unterscheidet nach Gesellschaftskapital, gezeichnetem Kapital und eingezahltem Kapital.

Das Gesellschaftskapital gibt an, bis zu welcher Höhe die Gesellschaft Anteile ausgeben kann.

Das gezeichnete Kapital gibt den Betrag an, bis zu dem tatsächlich Anteile gezeichnet worden sind.

Die Bezeichnung eingezahltes Kapital spricht für sich selbst: sie zielt auf den Betrag, der auf die gezeichneten Anteile effektiv eingezahlt ist.

b) Mit der Einzahlung auf die Anteile der Gesellschaft wird Kapitalverkehrsteuer fällig. Diese beträgt 1 % der Einlagen. Bei der Zeichnung neuer Anteile muß das neu gezeichnete Kapital versteuert werden. Das Gesellschaftskapital muß in Anteile gestückelt sein. Für den Nennwert der Anteile gibt es keine gesetzlichen Bestimmungen. Für nicht an der Börse notierte Anteile ist in der niederländischen Praxis allerdings eine Stückelung von 100 oder 1000 hfl gebräuchlich.

Bei börsennotierten Aktien werden in zunehmendem Maße sehr viel kleinere Stückelungen gewählt. Die Notierung erfolgt nicht in Prozenten des Nennwerts einer Aktie, sondern in deren Börsenpreis.

c) Inhaberanteile sind bei der B.V. verboten. Bei der N.V. bestimmt die Satzung, ob die Aktien Inhaber- oder Namensaktien sind. Mit allen Anteilen ist ein Stimmrecht verbunden. Nach niederländischem Recht sind Anteile ohne Stimmrecht gesetzwidrig.

d) Das Gesetz kennt sowohl für die N.V. als auch für die B.V. ein Mindestkapital. Für die N.V. beträgt das Mindestkapital 100.000 hfl, für die B.V. 40.000 hfl. Die erwähnten Mindestbeträge gelten sowohl für das gezeichnete als auch für das eingezahlte Kapital.

e) In der Regel müssen die Anteile bei der Ausgabe voll eingezahlt werden. Die Gesellschaft und die Anteilseigner können jedoch vereinbaren, daß zunächst nur Bruchteile auf die Anteile eingezahlt werden. Ein solcher Bruchteil muß wenigstens 25 % betragen.

Aufgrund der zweiten EG-Richtlinie gilt für die N.V., daß für den Fall, daß bei der Gründung für die auszugebenden Anteile ein Agio vereinbart worden ist, dieses Agio sofort voll eingezahlt werden muß. Für die B.V. hat der Gesetzgeber diese Vorschrift nicht übernommen; die Zahlung des Agios auf Anteile einer B.V. kann daher aufgeschoben werden.

Wenn auf die Anteile nicht wenigstens 25 % eingezahlt sind, besteht eine persönliche und gesamtschuldnerische Haftung der Vorstandsmitglieder für die Schulden, die sich aus im Namen der Gesellschaft verrichteten Rechtshandlungen ergeben. Diese Sanktion gilt nicht für den Fall, daß das Agio auf die Anteile einer N.V. nicht bezahlt ist. An die Nichterfüllung dieses Erfordernisses knüpft das Gesetz keine weiteren Folgen.

f) Als Regel gilt, daß die Einzahlungspflicht in niederländischer Währung besteht. Das Gesetz sieht jedoch die Möglichkeit vor, daß in fremder Währung oder „in natura" gezahlt wird. Mit Rücksicht auf diese Möglichkeit enthält das Gesetz einige besondere Bestimmungen. So gilt, daß eine Zahlung in fremder Währung bei der Gründung nur dann erfolgen kann, wenn die Gründungsurkunde dies zuläßt; nach der Gründung ist dies nur mit Zustimmung der Gesellschaft möglich. Von Bedeutung ist weiterhin die Vorschrift über den Zeitpunkt der Valuta. Als solcher gilt der Tag der Einzahlung, wenn nicht früher als einen Monat vor der Gründung gezahlt wird. Erfolgt die Einzahlung früher als einen Monat vor der Gründung, dann ist der Kurs am Tage der Gründung maßgebend.

3. *Haftung in Zusammenhang mit der Gründung und der Kapitalbeteiligung*

a) Das Gesetz bestimmt ausdrücklich, daß Rechtshandlungen, die der Gründung vorausgehen, im Namen der künftigen Gesellschaft erfolgen können. Die Rede ist dann von Handlungen im Namen der „N.V. (B.V.) in Gründung". Die Gesellschaft wird später durch diese Rechtshandlungen verpflichtet, und zwar entweder durch deren Erwähnung in der Gründungsurkunde oder dadurch, daß sie die Rechtshandlungen nach ihrer Gründung bestätigt. Eine Bindung in der Gründungsurkunde ist nur für diejenigen Rechtshandlungen möglich, die das Gesetz ausdrücklich erwähnt. Eine davon ist die Annahme von Einzahlungen auf Anteile.

Wer im Namen einer sich in Gründung befindlichen Gesellschaft handelt, ist persönlich haftbar, bis die Gesellschaft selbst gebunden ist. Diese persönliche Haftung kann jedoch ausgeschlossen werden; dazu ist allerdings eine ausdrückliche Erklärung erforderlich. Wird die Gesellschaft durch die Gründungsurkunde oder durch die Bestätigung nach der Gründung gebunden, dann ist dem Grundsatz nach die handelnde Person nicht länger haftbar. Kommt die Gesellschaft jedoch ihrer Verpflichtung aus der Rechtshandlung nicht nach, so ist die handelnde Person für den Schaden der Gegenpartei haftbar, wenn sie wußte oder billigerweise wissen mußte, daß die Gesellschaft ihre Verpflichtungen nicht erfüllen werde. Dieses Wissen wird vermutet, wenn die Gesellschaft innerhalb eines Jahres nach ihrer Gründung in Konkurs fällt.

In diesem Zusammenhang verdient weiterhin das Risiko Erwähnung, das die Vorstandsmitglieder tragen. Sie können nämlich für die leichtfertige Bestätigung der im Gründungsstadium verrichteten Rechtshandlungen haftbar gemacht werden. Das Vorstandsmitglied, welches namens der Gesellschaft die Bestätigung ausspricht, während es weiß oder redlicherweise wissen mußte, daß die Gesellschaft nicht in der Lage sein würde, die sich für sie daraus ergebenden Verpflichtungen zu erfüllen, handelt gegenüber der Gegenseite unrechtmäßig und kann deswegen haftbar gemacht werden.

b) Im Anschluß an das Vorhergehende verdient noch Erwähnung, daß in der niederländischen Rechtsprechung nicht wie in der deutschen die Lehre von der Unterkapitalisierung entwickelt worden ist. Es gibt allerdings gerichtliche Entscheidungen, in denen eine persönliche Haftung der Vorstandsmitglieder für Verbindlichkeiten der Gesellschaft angenommen worden ist, wenn sie im Zeitpunkt des Eingehens der Verpflichtung wußten, daß die Gesellschaft diese bei Berücksichtigung ihrer Vermögensverhältnisse nicht werde erfüllen können. Einigermaßen vergleichbar hiermit ist eine Entscheidung des „Hoge Raad", in der eine persönliche Haftung eines Anteilseigners gegenüber den Gläubigern der Gesellschaft für möglich erklärt wird, wenn der Anteilseigner es unterläßt, den Belangen der Gläubiger ausreichend Rechnung zu tragen[7]. Im entschiedenen Falle handelt es sich um eine schwedische Muttergesellschaft, die ihrer niederländischen Tochtergesellschaft einen bedeutenden Kredit eingeräumt hatte, zu dessen Absicherung die Tochter ihre sämtlichen Aktiva an die Muttergesellschaft übertragen hatte. Eine derartige Verhaltensweise ist unter Umständen unrechtmäßig. Als relevante Umstände im entschiedenen Fall nennt der „Hoge Raad" u. a.:

– die schwedische Muttergesellschaft besaß alle Anteile der niederländischen Tochter;
– die Tochtergesellschaft bot nach der Sicherungsübertragung für die übrigen Gläubiger keinerlei Zugriffsmöglichkeiten mehr.

7 Vgl. Hoge Raad vom 25. 9. 1981, Nederlandse Jurisprudentie 1982 Nr. 443.

V. Die innere Organisation

Als Organe der Gesellschaft sind zwingend vorgeschrieben der Vorstand und die Hauptversammlung. Als drittes Organ nennt das Gesetz den Aufsichtsrat, der jedoch nicht unbedingt erforderlich ist. Eine Ausnahme besteht für die N.V. und die B.V., auf welche die Mitbestimmungsregelung anzuwenden ist. Für diese Gesellschaften ist die Einsetzung eines Aufsichtsrats Pflicht. Der Aufsichtsrat dieser Gesellschaften muß aus mindestens drei Mitgliedern bestehen. Seit dem 1. Januar 1987 gilt für alle Kapitalgesellschaften die gesetzliche Regel, daß nur natürliche Personen Aufsichtsratsmitglieder sein können. Diese Vorschrift gilt nicht für Vorstandsmitglieder. Für die Haftung von Vorstandsmitgliedern einer juristischen Person, welche die Vorstandstätigkeit in einer anderen juristischen Person ausübt, vergleiche man unter VI.

a) Die Hauptversammlung entscheidet über den Aufbau und die Struktur der Gesellschaft. Wenn nicht das Mitbestimmungsmodell Anwendung findet, ernennt und erläßt die Hauptversammlung den Vorstand und – falls vorhanden – die Aufsichtsratsmitglieder der Gesellschaft. Außerdem stellt die Hauptversammlung den Jahresabschluß fest.

Eine Satzungsänderung kann nur durch einen Beschluß der Hauptversammlung erfolgen. Erforderlich dazu ist die absolute Stimmenmehrheit, es sei denn, die Satzung bestimmt eine größere Mehrheit. Jede Satzungsänderung muß notariell beurkundet werden. Für ihre Rechtsgültigkeit ist weiterhin die Unbedenklichkeitserklärung des Justizministers erforderlich. Zu deren Erlangung muß die Änderungsurkunde oder deren Entwurf dem Justizminister zusammen mit einem Betrag von 150 hfl zugunsten der Staatskasse zugeleitet werden. Die Unbedenklichkeitserklärung darf nur aufgrund der Erwägung verweigert werden, daß die Gesellschaft durch die Änderung einen verbotenen Charakter erhalten würde und daß die Gefahr bestände, daß die Gesellschaft nach der Änderung zu unerlaubten Zwecken benutzt wird oder daß die Änderung oder die Art ihres Zustandekommens im Widerspruch zu der öffentlichen Ordnung, dem Gesetz oder einer gesetzmäßigen Bestimmung der Satzung steht.

b) Der Vorstand ist kraft Gesetzes mit der Geschäftsführung der Gesellschaft beauftragt. Er leitet die Gesellschaft grundsätzlich autonom; ihm können also keine verbindlichen Anweisungen erteilt werden.

Hier ist allerdings einiger Spielraum vorhanden. Ausgangspunkt ist dabei, daß die Satzung dem Vorstand die Geschäftsführungsbefugnis nicht entziehen darf. Zur Geschäftsführungsbefugnis zählen u. a.: die Zusammenarbeit mit und die Beteiligung an anderen Gesellschaften oder juristischen Personen, Investitionen, Einstellung und Entlassung von Arbeitnehmern und die Festsetzung ihrer Arbeitsbedingungen. Die Satzung darf die Befugnisse des Vorstandes jedoch beschränken. So darf sie festlegen, daß bestimmte Vorstandsbeschlüsse an die Zustimmung zum Beispiel der Hauptversammlung der Anteilseigner oder des

Aufsichtsrats gebunden sind. Eine zweite Beschränkungsmöglichkeit besteht in der Zuerkennung eines Instruktionsrechts etwa an die Hauptversammlung oder den Aufsichtsrat. Aber auch hierbei gilt, daß Instruktionen nicht derart formuliert sein dürfen, daß der Vorstand keinerlei Handlungsfreiheiten mehr hat. Nach den ministeriellen Prüfungskriterien ist eine satzungsmäßige Bestimmung zugelassen, daß der Vorstand sich an Anweisungen zu halten hat, welche die allgemeinen Linien der zu verfolgenden Finanz-, Sozial-, Wirtschafts- und Personalpolitik betreffen. Ein derartiges Instruktionsrecht kommt insbesondere in den Satzungen von Tochtergesellschaften vor.

Im Zusammenhang hiermit verdient Beachtung, daß auch in der Rechtsprechung anerkannt wird, daß die Position von Vorstandsmitgliedern bei Tochtergesellschaften in der Realität der Verhältnisse eine andere ist als in selbständigen Gesellschaften. So entschied die Unternehmenskammer des Gerichtshofs Amsterdam in einem Verfahren, in dem die Frage zur Beurteilung stand, ob das Schließen eines an sich gewinnbringenden Betriebs einer Tochtergesellschaft als Schlechterfüllung angesehen werden muß oder ob bei der Beurteilung dieser Frage unter dem Gesichtspunkt der Rentabilität die finanzielle und wirtschaftliche Position des Konzerns als solchem in Betracht gezogen werden darf[8]. Davon bleibt aber unberührt – so die Unternehmenskammer –, daß der Vorstand der Tochtergesellschaft eine eigene Verantwortung hinsichtlich der Sozialpolitik hat. Die Muttergesellschaft – auch die ausländische – muß den Vorstand der Tochtergesellschaft in die Lage versetzen, diese eigene Verantwortlichkeit auszuüben. Hieraus leitet die Unternehmenskammer ab, daß die Muttergesellschaft gegenüber dem Vorstand der Tochter eine Informationspflicht hat.

c) Der Aufsichtsrat ist das Organ, dem die Überwachung der Geschäftsführung obliegt. Die Satzung kann bestimmen, daß bestimmte Vorstandsbeschlüsse dem Aufsichtsrat zur Genehmigung vorgelegt werden müssen. Wenn nach dem Mitbestimmungsmodell verfahren wird, unterliegt eine bestimmte Zahl gesetzlich festliegender Beschlüsse der Genehmigung durch den Aufsichtsrat. Es sind diejenigen Beschlüsse, die wegen ihrer finanziellen, wirtschaftlichen oder auch sozialen Tragweite von besonderer Bedeutung sind. Außerdem kann – wie bereits erwähnt – die Satzung auch für andere Beschlüsse diese Genehmigung anordnen.

8 Vgl. Gerechtshof Amsterdam, Ondernemingskamer vom 21. 6. 1979, Nederlandse Jurisprudentie 1980 Nr. 71.

VI. Haftung der Vorstandsmitglieder und derjenigen Personen, welche die Vorstandstätigkeit bestimmen

Seit dem 1. Januar 1987 kennen die Niederlande eine sogenannte Mißbrauchsgesetzgebung. Diese ist darauf ausgerichtet, Mißbrauch juristischer Personen entgegenzuwirken.

Bis dahin galt als Hauptregel, daß ein Vorstandsmitglied einer N.V. oder B.V. der Gesellschaft gegenüber für denjenigen Schaden haftbar war, den diese aufgrund einer ungenügenden Erfüllung der Vorstandstätigkeit erlitt. Die Mißbrauchsgesetzgebung bringt eine deutliche Verschärfung der Vorstandshaftung.

Zunächst können Vorstandsmitglieder für den Fall einer offensichtlich unzureichenden Vorstandstätigkeit für die Zahlung der geschuldeten Lohn- und Umsatzsteuer sowie der Sozialversicherungsprämien persönlich haftbar gemacht werden. Des weiteren können sie im Fall des Gesellschaftskonkurses vom Konkursverwalter dann für ein Defizit der Konkursmasse persönlich herangezogen werden, wenn sie ihre Vorstandstätigkeit offensichtlich unzureichend verrichtet haben und dies eine wesentliche Ursache für den Konkurs ist.

Im vorliegenden Zusammenhang soll die ziemlich schwierige neue Gesetzgebung nicht in Einzelheiten besprochen werden. Erwähnung verdient indes noch, daß dieselbe Haftung für diejenigen besteht, welche die Vorstandstätigkeit der Gesellschaft bestimmt oder mitbestimmt haben. Als Beispiel für eine denkbare Bestimmung der Vorstandstätigkeit hat der Minister die Muttergesellschaft genannt.

Die Vorstandshaftung aufgrund der Mißbrauchsgesetzgebung kann nicht dadurch unterlaufen werden, daß eine juristische Person zum Vorstand der Gesellschaft bestellt wird. Das Gesetz bestimmt, daß die Haftung eines Vorstands in der Rechtsform der juristischen Person ebenfalls für den Vorstand der juristischen Person gilt. Auf diese Weise wird erreicht, daß die Haftung schließlich immer eine natürliche Person trifft.

Die Mißbrauchsgesetzgebung hat bislang nur zu wenig Rechtsprechung geführt. Man erhält den Eindruck, daß Konkursverwalter in Konkursverfahren mit der Haftbarmachung von Mitgliedern des Vorstands bzw. der Geschäftsführung ziemlich zurückhaltend sind. Dabei wird eine Rolle spielen, daß die Inanspruchnahme dieser Personen und das Führen von Prozessen gegen sie nur Sinn machen, wenn diese zahlungsfähig sind. Geschäftsführer von in Konkurs gefallenen B.V.'s bieten aber vielfach keinerlei Zugriffsmöglichkeiten.

VII. Publizität

Die Regeln über den Jahresabschluß und dessen Publizität richten sich nach den diesbezüglichen Bestimmungen der vierten EG-Richtlinie. Eine nähere Darlegung dieser Regelung ist nicht erforderlich, weil in dieser Hinsicht die niederländische und die deutsche Gesetzgebung übereinstimmen.

Demgegenüber besteht wohl Veranlassung, eine kurze Zusammenfassung darüber zu geben, wie die entsprechende gesetzliche Regelung für Tochtergesellschaften lautet. In der Hauptsache läuft diese darauf hinaus, daß Tochtergesellschaften von der Verpflichtung entbunden sind, ihren Jahresabschluß nach den gesetzlichen Bestimmungen anzuordnen, wenn u. a. die folgenden Bedingungen erfüllt sind:

- alle Anteilseigner müssen dazu schriftlich ihre Zustimmung erteilt haben;
- die finanziellen Angaben der Tochtergesellschaft müssen in den Jahresabschluß der Muttergesellschaft konsolidiert aufgenommen sein, und dieser Jahresabschluß muß entsprechend den gesetzlichen Vorschriften, welche der vierten EG-Richtlinie entsprechen, errichtet und kontrolliert worden sein;
- die Muttergesellschaft muß für Schulden, die sich aus Rechtshandlungen der betreffenden Tochtergesellschaft ergeben, die persönliche Haftung übernommen haben.

Eine freigestellte Tochtergesellschaft braucht ihren Jahresabschluß nicht zu publizieren. Sie kann sich auf die Publikation des konsolidierten Jahresabschlusses der Muttergesellschaft beschränken.

Eine wesentliche Verschärfung der Vorstandshaftung scheint sich neuerdings in der höchstrichterlichen niederländischen Rechtsprechung anzubahnen. In einem kürzlich entschiedenen Fall hatte der alleinige Geschäftsführer einer niederländischen B.V., der zugleich über eine zwischengeschaltete Holding deren Alleingesellschafter war, die Forderung eines einzigen Gläubigers über einen längeren Zeitraum unbeglichen gelassen, während alle übrigen Gläubiger ordnungsgemäß befriedigt wurden. Die näheren Umstände wiesen deutlich darauf hin, daß das Ausbleiben der Zahlung auf Zahlungsunwillen des Geschäftsführers/Alleingesellschafters zurückzuführen war, nicht dagegen auf Zahlungsunfähigkeit der Gesellschaft. Der Hoge Raad sah in diesem Verhalten des Geschäftsführers eine unerlaubte Handlung, welche die persönliche Haftung gegenüber dem unbefriedigten Gläubiger auslöste, wobei das Gericht im Hinblick auf die Beweisführung sogar zu einer gewissen Umkehr der Beweislast gelangte[9].

Im niederländischen Schrifttum findet diese Betrachtungsweise Zustimmung, wobei die Zukunftsprognose aufgestellt wird, daß man zum gleichen Ergebnis auch dann gelangen müsse, wenn die mit „vollständiger Direktionsbefugnis" ausgestattete Person nicht zugleich direkt oder indirekt Gesellschafter ist[10].

9 Vgl. Hoge Raad vom 3. 4. 1992, Nederlandse Jurisprudentie 1992 Nr. 411.

10 Vgl. TIMMERMAN, Bewijslastverdeling bij doorbraak van aansprakelijkheid, TVVS 1993, 232 ff.

Die Freistellung gilt auch für die Tochtergesellschaft einer ausländischen Mutter, vorausgesetzt, daß letztere gesetzlichen Vorschriften unterliegt, die sich in Übereinstimmung mit der vierten EG-Richtlinie befinden. Das bedeutet, daß die niederländische Tochtergesellschaft einer deutschen Mutter unter den erwähnten Voraussetzungen von der Verpflichtung freigestellt ist, ihren Jahresabschluß entsprechend den niederländischen gesetzlichen Vorschriften zu errichten und daß ihre Publizitätspflicht auf den konsolidierten Jahresabschluß der Muttergesellschaft beschränkt ist.

VIII. Fusionsverhaltensregeln

Viele Kapitalgesellschaften werden erst während ihres Bestehens zur Tochtergesellschaft. Eine andere Gesellschaft übernimmt die Anteile einer bis dahin als selbständige wirtschaftliche Einheit auftretenden Gesellschaft, womit die wirtschaftliche Tätigkeit dieser Gesellschaft nun Teil eines größeren Ganzen wird. Das niederländische Recht kennt keine einschränkenden Maßnahmen für den Erwerb von Anteilen. Kauf und Verkauf sind völlig frei, auch wenn dies zur Folge hat, daß die Gesellschaft, deren Anteile verkauft werden, in ein wirtschaftliches Abhängigkeitsverhältnis gerät. Eine deutsche Gesellschaft kann Anteile einer niederländischen N.V. oder B.V. kaufen.

Für den Erwerb von Anteilen, der auf die Erlangung der Macht in einer Gesellschaft abzielt, hat jedoch der Sozialökonomische Rat bestimmte Regeln aufgestellt. Diese Regeln haben keine Gesetzeskraft, sie werden vielmehr als Wohlverhaltensregeln angesehen[11].

Die erwähnten Regeln können in zwei Gruppen eingeteilt werden. Die erste Gruppe will erreichen, daß dieAnteilseigner einer Gesellschaft, auf deren Anteile ein Angebot abgegeben wird, angemessen informiert werden. Diese Regeln gelten, wenn ein öffentliches Angebot auf Anteile einer niederländischen Gesellschaft abgegeben wird, die in den Niederlanden an der Börse notiert sind oder die regelmäßig von Effektenmaklern gehandelt werden. Außerdem finden sie Anwendung, wenn ein nichtöffentliches Angebot abgegeben wird, das mehr als der Hälfte der im Anteilsregister eingetragenen Inhaber von Anteilen bekanntgegeben wird.

11 Vgl. dazu H. P. WESTERMANN, Unternehmensrechtspolitik in Selbstregulierung? – Rechtsvergleichende Bemerkungen zu den niederländischen Fusionsverhaltensregeln, FS Philipp Möhring, 1975, S. 319 ff; SABROWSKY, Selbstregulierung im Wirtschafts- und Unternehmensrecht – Die niederländischen Fusionsverhaltensregeln im europäischen Vergleich, 1978.

Die zweite Gruppe von Regeln will sicherstellen, daß bei der Fusion die Interessen der Arbeitnehmer sorgfältig beachtet werden und daß den im Betrieb vertretenen Gewerkschaften ein Mitspracherecht gesichert wird. Diesen Regeln muß auch ein deutsches Unternehmen Rechnung tragen, das die Herrschaft in einem niederländischen Unternehmen erwerben möchte. Die Regeln gelten, wenn das niederländische Unternehmen wenigstens 100 Arbeitnehmer beschäftigt.

Vor einer endgültigen Einigung über die Übernahme der Anteile müssen die im Betrieb vertretenen Gewerkschaften unterrichtet werden. Die Gründe für die Übernahme müssen mitgeteilt, die zu erwartenden wirtschaftlichen und sozialen Folgen dargelegt werden. Die Vorstände des übernehmenden und des zu übernehmenden Unternehmens müssen den Gewerkschaften die Möglichkeit geben, ihre Beurteilung der Übernahme unter dem Gesichtspunkt der Arbeitnehmerinteressen abzugeben. Ein Vetorecht der Gewerkschaften besteht allerdings nicht.

IX. Übernahmeregelung

Es fand bereits Erwähnung, daß eine bestehende selbständige N.V. oder B.V. dadurch zur Tochtergesellschaft werden kann, daß ihre Anteile von einer Gesellschaft erworben werden. Vor allem bei Erwerb von Anteilen einer B.V. mit Inhaberaktien, die stark gestreut sind, kommt es vielfach vor, daß die übernehmende Gesellschaft nicht alle Aktien erwirbt. Entweder sind Inhaberaktien verloren gegangen, die Aktionäre haben keine Kenntnis von dem Angebot erlangt, oder die Aktionäre sind nicht bereit, ihre Anteile zu übertragen.

Seit 1988 bietet die niederländische Gesetzgebung die Möglichkeit, mit Hilfe des Gerichts die Anteile kleiner Minderheitsbeteiligungen zu erwerben. Das Gesetz stellt daran die Anforderung, daß der Großanteilseigner wenigstens 95 % des Kapitals der Gesellschaft hält. Der Anspruch muß gegen alle Inhaber einer Minderheitsbeteiligung gemeinschaftlich gerichtet werden. Zuständiges Gericht ist die Unternehmenskammer des Gerichtshofs Amsterdam.

Ist die genannte Voraussetzung erfüllt, muß das Gericht den Preis der Anteile festsetzen. Obwohl die Preisfestsetzung dem Gericht überlassen ist, kann dieses Sachverständige zur Bestimmung des Wertes heranziehen. In der Praxis erfolgt letzteres höchst selten. Gebräuchlich ist vielmehr, daß die antragstellende Partei dem Gericht einen Preis vorschlägt. Wenn sie kurz vor dem Gerichtsverfahren ein öffentliches Angebot für den Erwerb der Anteile abgegeben hat, wird sie einen Preis entsprechend diesem Angebot vorschlagen. In sonstigen Fällen wird sie unter Vorlage der Jahresabschlüsse der letzten Jahre eine mit dem Zertifikat eines Wirtschaftsprüfers versehene Bewertung der Anteile überreichen. Die Bewertung muß nach der Rechtsprechung der Unternehmenskammer auf der

Basis der „going-concern-Bewertung" der Gesellschaft erfolgen; der Umstand, daß es sich um Minderheitsbeteiligungen handelt, spielt keine Rolle. Die Unternehmenskammer setzt den Preis zu einem von ihr bestimmten Datum fest. Sie verurteilt den Übernehmer, den festgesetzten Preis nebst Zinsen ab dem bestimmten Datum gegen Übertragung des unbelasteten Anteils zu zahlen; sie ordnet weiterhin die Übertragung der Anteile an. Wird dieser Anordnung nicht Folge geleistet, so kann der Übernehmer den Preis samt Zinsen bis zum Tag der Hinterlegung entsprechend dem Gesetz über die Hinterlegung von Geldern hinterlegen. Mit der Hinterlegung geht das Recht an dem Anteil von Rechts wegen unbelastet auf den Übernehmer über.

Die Übernahmeregelung bietet der Muttergesellschaft, die wenigstens 95 % der Anteile hält, die Möglichkeit, alle Anteile zu erwerben. Besitzt die Mutter weniger als 95 %, so findet die Übernahmeregelung keine Anwendung. Die Gesellschaft kann allerdings ihre Beteiligung durch Ausgabe neuer Anteile erhöhen, um auf diese Weise in den Besitz der vorgeschriebenen 95 % zu gelangen.

X. Das Steuerrecht

Die steuerliche Behandlung der N.V. und der B.V. ist vollkommen identisch[12]. Als juristische Person unterliegen beide der Körperschaftsteuer. Besteuert wird der bilanzmäßig ausgewiesene Gewinn ohne Rücksicht darauf, ob und inwieweit der Gewinn ausgeschüttet wird. Dies gilt jedoch nicht für Gewinnverwendungen, die das Gesetz als Betriebskosten anerkennt. Zu letzteren gehören Ausschüttungen an Vorstandsmitglieder, Aufsichtsratsmitglieder und das Personal.

Der Steuersatz beträgt 35 % (bis hfl 250.000: 40 %).

Neben der Körperschaftsteuer kennt das Gesetz die Dividendensteuer. Diese ist eine Vorsteuer zu den persönlichen Steuern der Anteilseigner. Die Gesellschaft ist verpflichtet, von den ausgezahlten Dividenden 25 % an Dividendensteuer einzubehalten und an den niederländischen Fiskus abzuführen. Dies muß grundsätzlich auch dann geschehen, wenn eine Kapitalgesellschaft bezugsberechtigt ist, die ihren Sitz außerhalb der Niederlande hat. In diesem Falle hat die Dividendensteuer den Charakter einer selbständigen Abgabe.

Aufgrund des zwischen den Niederlanden und der Bundesrepublik Deutschland geltenden Doppelbesteuerungsabkommens wird die Dividendensteuer jedoch auf 10 % herabgesetzt, wenn eine deutsche Kapitalgesellschaft wenigstens 25 % der stimmberechtigten Anteile der N.V. oder B.V. hält. Bei einer natürlichen Person reduziert sich bei sonst gleichen Voraussetzungen die Dividendensteuer auf 15 %.

12 Vgl. dazu GOTZEN/VENEMANS, Das Steuerrecht der Niederlande, JWB, F. 5 Niederlande, Gr. 2, S. 173 ff.

XI. Schlußbemerkung

Wie sich aus dem Vorhergehenden ergibt, ist die B.V. im niederländischen Recht eine nicht eindeutig von der N.V. zu unterscheidende Rechtsfigur. Dabei kommt noch hinzu, daß der früher vorhandene wichtigste Unterschied – nämlich der Umfang der Publizitätspflicht – weggefallen ist. Dieser Beitrag kann daher auch nicht mit einer Aufzählung von Gründen abgeschlossen werden, die für die Wahl der einen oder der anderen Rechtsform für ein in den Niederlanden zu errichtendes Tochterunternehmen sprechen. Für die deutsche Muttergesellschaft macht es in der Regel keinen Unterschied, ob sie für ihre niederländische Tochtergesellschaft die Rechtsform der N.V. oder die der B.V. wählt.

In der niederländischen Gesellschaftspraxis besitzen Tochtergesellschaften im allgemeinen die Rechtsform einer B.V. Zu dieser Regel gibt es freilich Ausnahmen.

Die erste Ausnahme ergibt sich, wenn die Muttergesellschaft zwar die Mehrheit der Anteile hält, es aber noch weitere Anteilseigner gibt und die Anteile an der Börse notiert sind. Eine B.V. kann keine Inhaberanteile ausgeben, und an der Börse werden ausschließlich Inhaberanteile notiert.

Die zweite Ausnahme betrifft Versicherungsgesellschaften. Das Versicherungsgeschäft kann in den Niederlanden nicht von einer B.V. betrieben werden. Dies würde im Widerspruch zum Gesetz über die Aufsicht über den Versicherungsbetrieb stehen.

Auch niederländische Tochtergesellschaften, die das Bankgeschäft betreiben, pflegen die Rechtsform einer N.V. zu haben. Dies beruht allerdings nicht auf einer gesetzlichen Vorschrift.

Anhang

I. Abkürzungsverzeichnis

B.V.	besloten vennootschap met beperkte aansprakelijkheid
N.V.	naamloze vennootschap

II. Gesetze

A. Burgerlijk Wetboek		Bürgerliches Gesetzbuch	
Boek 2	– Rechtspersonen	*Buch 2*	– Juristische Personen
Titel 1	– Algemene bepalingen	Titel 1	– Allgemeine Bestimmungen
Titel 4	– Naamloze vennootschappen	Titel 3	– Aktiengesellschaften
Titel 5	– Besloten venootschappen met beperkte aansprakelijkheid	Titel 5	– Gesellschaften mit beschränkter Haftung
Titel 7	– Fusie	Titel 7	– Fusion

Titel 8 – Geschillenregeling en het recht von enquête	Titel 8 – Konfliktregelung und das Untersuchungsrecht
Titel 9 – De Jaarrekening en het jaarverslag	Titel 9 – Der Jahresabschluß und der Lagebericht
Boek 7A – Bijzondere overeenkomsten; vervolg	*Buch 7A* – Besondere Schuldverhältnisse; Fortsetzung
Titel 9 – Van Maatschap	Titel 9 – Gesellschaft
B. Wetboek van Koophandel	Handelsgesetzbuch
Boek 1 – Van den koophandel in het algemeen	*Buch 1* – Der Handel im allgemeinen
Titel 3 – Van de vennootschap onder eene firma en van die bij wijze van geldschieting of „en commandite“ genaamd	Titel 3 – Die offene Handelgesellschaft und die Kommanditgesellschaft
C. Wet op de ondernemingsraden	Betriebsrätegesetz

Niederlande

Textausgaben in niederländischer Sprache werden von der Verlagsgesellschaft Kluwer B.V. in Deventer herausgegeben. Eine deutsche Übersetzung aller vorgenannten Gesetze von Rechtsanwalt Dr. PAUL GOTZEN, Düsseldorf, ist 1980 in 4. Auflage erschienen bei der Deutsch-Niederländischen Verlags-GmbH, Düsseldorf.

III. *Literaturhinweise*

GOTZEN, Niederländisches Handels- und Wirtschaftsrecht, Verlagsgesellschaft Recht und Wirtschaft mbH, Heidelberg, 1979

GOTZEN, Die Gesellschaft mit beschränkter Haftung in den Niederlanden, Deutsch-Niederländische Verlags-GmbH, Düsseldorf, 2. Auflage, 1978.

VAN DER HEIJDEN / VAN DER GRINTEN, Handboek voor de naamloze en besloten vennootschap, Verlag W. H. J. Tjeenk Willink, Zwolle, 12. Aufl., 1992

JURA EUROPAE, Gesellschaftsrecht, Bd. 11 (Bearbeiter: VAN DER GRINTEN)

MAEIJER/HONÉE, Naamloze en Besloten Vennootschap (Loseblattausgabe), Verlag Samsom, Alphen aan den Rijn

VAN SCHILFGAARDE und andere, Rechtspersonen (Loseblattausgabe), Verlag Kluwer, Deventer

VAN SCHILFGAARDE, Van de BV en de NV, Arnhem, 9. Auflage, 1992.

IV. *Adressen*

Deutsch-Niederländische Handelskammer
Freiligrathstraße 25
40479 Düsseldorf
Tel.: 0211/484591
2585 EC Den Haag
Nassauplein 30
Tel.: 070/651955

Ministerie van Economische Zaken
Commissariaat voor Buitenlandse
Investeringen in Nederland
t.a.v. de heer J. Philip Marinissen
Postbus 20101
2500 EC Den Haag
Niederlande
Tel.: 0031-70-798911

Die Gründung einer Tochtergesellschaft in Österreich

von

Professor Dr. PETER DORALT, Wien*

Inhaltsübersicht

* Dieser Bericht beruht auf der von Professor WALTHER KASTNER in der Vorauflage verfaßten Arbeit. Ich danke Frau Dr. SUSANNE KALSS für ihre wertvolle Unterstützung.

I. Österreichisches Gesellschaftsrecht

Das österreichische Gesellschaftsrecht stimmt mit dem der Bundesrepublik Deutschland in vielen Bereichen überein[1].

Das heute für die offene Handelsgesellschaft (OHG), die Kommanditgesellschaft (KG) und die stille Gesellschaft geltende Recht wurde 1938/39 in Österreich mit dem deuschen HGB eingeführt. Die einschlägigen Bestimmungen des deutschen BGB, die in Deutschland das HGB ergänzen, wurden in der 4. Einführungsverordnung eingeführt und verdrängen die Gesellschaft bürgerlichen Rechts des ABGB als subsidiäre Rechtsquelle für die OHG, KG und stille Gesellschaft. Die GmbH & Co KG ist in Österreich steuer- und gesellschaftsrechtlich anerkannt[2]; sie hat allerdings nach der Steuerreform 1988 an Bedeutung verloren.

Mit dem Gesetz BGBl. 1990/257 wurden zwei neue Gesellschaftsformen, nämlich die offene Erwerbsgesellschaft (OEG) und die Kommanditerwerbsgesellschaft (KEG) eingeführt[3]. Das Gesetz verweist weitgehend auf die HGB-Bestimmungen für die OHG und KG. Die eingetragenen Erwerbsgesellschaften können nur dann gegründet werden, wenn die Gründung von OHG oder KG nicht zulässig ist. Die Gesellschaftsform steht insbesondere freien Berufen offen.

Das deutsche Aktiengesetz 1937 wurde 1938/39 in Österreich in Geltung gesetzt; das österreichische Aktiengesetz 1965 wurde deutlich weniger geändert als das deutsche Aktiengesetz, insbesondere wurde das Konzernrecht nicht besonders geregelt.

Das GmbH-Gesetz wurde 1906 nach deutschem Vorbild verabschiedet[4]. Durch die Teilreformen des GmbH-Rechts 1980 und 1982 in Österreich und die

1 Die heute geltenden Gesetze sind in WEILINGER, (Hrsg.), KODEX Handelsrecht 12. Aufl., 1993, und in LIST (Hrsg.), Handelsrecht – Gesetzestexte, 1991; NITSCHE/NOWOTNY/ZETTER, HGB, 13. Aufl., 1994, mit Kurzkommentar zu finden. Umfassende Darstellungen des Gesellschaftsrechts finden sich in KASTNER/DORALT/NOWOTNY, Grundriß des Gesellschaftsrechts, 5. Aufl., 1990; HÄMMERLE/WÜNSCH, Handelsrecht, 4. Aufl., 1990; HOLZHAMMER, Gesellschaftsrecht, 1986. Eine kurze Darstellung in englischer Sprache findet sich in HELLER/LÖBER/BAHN u.a., Austrian Business Law, 2. Aufl., 1992. In DORALT/NOWOTNY (Hrsg.), Der EG-rechtliche Anpassungsbedarf im österreichischen Gesellschaftsrecht, 1993; KOPPENSTEINER (Hrsg.), Die Auswirkungen des EU-Beitritts auf das österreichische Privatrecht und Privatwirtschaftsrecht, Bd. I Gesellschaftsrecht, 1994, werden die notwendigen Gesetzesänderungen angesichts der EG-rechtlichen Bestimmungen dargestellt.

2 KASTNER/STOLL (Hrsg.), Die GmbH & Co. KG im Handels-, Gewerbe- und Steuerrecht, 2. Aufl., 1977; KASTNER/STRAUBE, Musterverträge, GmbH & Co. KG, 2. Aufl., 1981; ARNOLD, GmbHR 1994, 371 ff.

3 KREJCI, Erwerbsgesellschaftengesetz, 1991; MÜLLER/RIEF/THIERY, Die Erwerbsgesellschaft (1994).

4 KOPPENSTEINER, Komm. zum GmbHG, 1994; KOSTNER/UMFAHRER, GmbH-Gesetz, 4. Aufl., 1993; WÜNSCH, Komm. z. GmbHG, ab 1988; GELLIS/FEIL, Komm. z. GmbHG, 2. Aufl., 1982; REICH-ROHRWIG, GmbH-Recht, 1983; ARNOLD, GmbH-Handbuch, 1983; WEILINGER, Gesellschaft mit beschränkter Haftung (GmbH), 1993.

GmbH-Reform in der Bundesrepublik hat sich die Rechtslage auseinanderentwickelt.

Das österreichische Genossenschaftsrecht ist dem deutschen ebenfalls sehr ähnlich[5].

Die Erwerbsgesellschaft nach bürgerlichem Recht ist in §§ 1175 ff ABGB geregelt, diese Bestimmungen stehen seit 1812 fast unverändert in Kraft.

Der Versicherungsverein auf Gegenseitigkeit beruht auf dem übernommenen deutschen Versicherungsaufsichtsgesetz (VAG) und wurde durch das VAG 1978 und mehrere Novellen[6] in Anlehnung an das AktG neu geordnet und weitgehend dem EG- bzw. EWR-rechtlichen Standard angepaßt[7]. Durch die VAG-Novelle 1991[8] wurde die Einbringung des Versicherungsbetriebes in eine AG unter Fortführung des Vereins als Holding ermöglicht. Auf Gewinn gerichtete Vereine unterliegen dem Vereinspatent 1852, sind konzessionspflichtig und haben kaum mehr Bedeutung im österreichischen Wirtschaftsleben[9]. Die bergrechtliche Gewerkschaft und die KG auf Aktien wurden in Österreich gesetzlich aufgegeben.

1982 wurden anläßlich der Neuordnung des österreichischen Insolvenzrechts, die u. a. die Erhaltung von finanziell bedrängten, allerdings sanierungsfähigen Unternehmen erleichtern sollte, Teilnovellen des AktG, des GmbHG und des GenG durch das GesellschaftsrechtsänderungsG (GesRÄG) 1982 beschlossen. Die insolvenzrechtlichen Bestimmungen wurden für alle Gesellschaften vereinheitlicht, so daß nun gemäß § 69 KO bei Vorliegen der Voraussetzungen für die Konkurseröffnung diese ohne schuldhaftes Zögern, spätestens aber 60 Tage nach dem Eintritt der Zahlungsunfähigkeit zu beantragen ist. Schuldhaft verzögert ist der Antrag nicht, wenn die Eröffnung eines Ausgleichsverfahrens sorgfältig betrieben worden ist[10]. Mit dem InsolvenzrechtsänderungsG 1994 (IRÄG; BGBl. 1994/153) wurden weitere prophylaktische Maßnahmen vorgesehen.

Im Rechnungslegungsgesetz 1990 (RLG)[11], das im wesentlichen als drittes Buch im HGB inkorporiert ist, aber auch andere gesellschaftsrechtliche Normen

5 KASTNER, in: Patera (Hrsg.), Handbuch des österreichischen Genossenschaftswesens, 1986, S. 117 ff; KEINERT, Österreichisches Genossenschaftsrecht, 1988.

6 BGBl. 1992, 769; BGBl. 1992, 13; BGBl. 1991, 411; BGBl. 1990, 181; BGBl. 1989, 561; BGBl. 1986, 558; BGBl. 1982, 370; BGBl. 1982, 567.

7 BARAN, Versicherungsaufsichtsrecht, 2. Aufl., 1987; DERS., VersicherungsaufsichtsG, 1994 (Kurzausgabe), KASTNER, Der Gesellschafter, 1978, S. 45 ff.

8 BGBl. 1991, 411.

9 Vgl. KORINEK/KREJCI (Hrsg.), Der Verein als Unternehmer, 1988.

10 KASTNER/DORALT/NOWOTNY, aaO (Fn. 1), S. 397 ff.

11 BGBl. 1990, 475; Der Text mit Erläuterungen ist in LUKAS/ZETTER, Rechnungslegungsgesetz, 1991, abgedruckt; ausführliche Kommentierungen bei: STRAUBE (Hrsg.), Komm. z. HGB II – Rechnungslegung, 1992; ALTENBURGER, Komm. zum Rechnungslegungsgesetz 1993; BERTL/MANDL, Handbuch des RLG, Loseblatt seit 1990. Betriebswirtschaftlich orientiert sind EGGER/SAMER, Der Jahresabschluß nach dem RLG; GRÜNBERGER, Praxis der Rechnungslegung, 2. Aufl., 1993.

des AktG und GmbHG novelliert, sind das Rechnungswesen für alle Kaufleute und Gesellschaften und auch die Konzernrechnungslegung[12] geregelt. Letztere ist 1994 für Konzerne bindend, die zwei der nachfolgenden Kriterien überschreiten, nämlich eine Bilanzsumme von 500 Mio öS, Umsatzerlöse von 1.000 Mio öS und die Zahl von 1000 Arbeitnehmer[13]. Das RLG entspricht weitgehend den EG-rechtlichen Anforderungen[14]. Über eine nähere gesetzliche Regelung des Konzernrechts[15] wird beraten, zudem wird die Anpassung des österreichischen Gesellschaftsrechtes an den EG-rechtlichen Standard vorbereitet[16].

Durch das FirmenbuchG (FBG) 1991[17], das vor allem die Umstellung des Handelsregisters auf das automationsgestützte Firmenbuch anordnet, erfuhren das Aktienrecht und das GmbH-Recht einige kleine Änderungen[18]. Mit dem FBG wurde das Handelsregister durch das Firmenbuch ersetzt und wurden die Publizitätsbestimmungen den EG-rechtlichen Anforderungen der Publizitäts-RL und der Zweigniederlassungs-RL angepaßt. Das Gesellschaftsrechtsanpassungsg 1993[19] gestattet in weitgehender Anlehnung an die 6. gesellschaftsrechtliche Richtlinie die Spaltung von Kapitalgesellschaften. Durch das Arbeitsvertragsanpassungsgesetz (AVRAG)[20] werden die Rechte der Arbeitnehmer bei Unternehmensumstruktierungen neugestaltet, wie nach der deutschen Rechtslage gehen Arbeitsverhältnisse bei derartigen Maßnahmen automatisch auf das neue Unternehmen über.

Am 23. September 1993 wurde ein Gesetz über Privatstiftungen beschlossen[21], das mittelbare Unternehmensträgerstiftungen (Holdingstiftungen), und zwar auch für privatnützige Zwecke zuläßt[22]. Daneben gilt das Bundesstiftungs- und -fondsgesetz für ausschließlich gemeinnützige Stiftungen weiter.

12 Vgl. dazu NOWOTNY, in: Straube, Komm. z. HGB II – Rechnungslegung, 1992, § 244 ff; KAPL (Hrsg.), Konsolidierungsleitfaden 1992.

13 Unternehmen mit einer Bilanzsumme von über 300 Mio., Umsatzerlösen von über 500 Mio öS und einer Zahl von über 500 Arbeitnehmern unterliegen bei Erfüllen zwei der drei Kriterien der Konsolidierungspflicht ab 1996.

14 Vgl. REIDLINGER, in: Doralt/Nowotny (Hrsg.), aaO (Fn. 1), S. 227.

15 DORALT, ZGR 1991, 252 ff; DORALT, Zur Entwicklung des österreichischen Konzernrechts, Referat zum 10. ÖJT, 1988; KREJCI, Empfiehlt sich die Einführung neuer Unternehmensformen, Gutachten zum 10. ÖJT, 1988; KOPPENSTEINER, FS Steindorff, 1990, S. 79 ff; KOPPENSTEINER, FS Ostheim, 1990, S. 403 ff.

16 KALSS, in: Doralt/Nowotny (Hrsg.), aaO (Fn. 1), S. 6.

17 BGBl. 1991, 10.

18 Zum FBG: DANZL, FBG, 1991; REICH-ROHRWIG/KURSCHEL, ecolex 1991, 22 ff; zum RLG: GRÜNWALD, ecolex 1992, 21 ff und 413 ff.

19 BGBl. 1993, 458.

20 BGBl. 1993, 459.

21 BGBl. 1993, 694; vgl. STENGEL, Das zukünftige österreichische Privatstiftungsgesetz aus deutscher Sicht, RIW 1993, 818 ff; CSOKLICH/MÜLLER/GRÖHS/HELBICH, Handbuch des PrivatstiftungsG(1994); BRUCKNER/FRIES/FRIES, Familienstiftung, 1994.

22 CSOKLICH/MÜLLER/GRÖHS/HELBICH, aaO (Fn. 21).

Das Finanzmarktanpassungsgesetz 1993, das am 1. Jänner 1994 in Kraft getreten ist[23], regelt mit dem Bankwesengesetz, dem Investmentfondsgesetz und dem Bausparkassengesetz die Bankgeschäfte neu und erfüllt damit weitgehend die EG-rechtlichen Kriterien.

Die OHG und die KG müssen Vollhandelsgewerbe betreiben, während die oEG und KEG nur gegründet werden dürfen, wenn die beiden erstgenannten Rechtsformen nicht zulässig sind. Der Gegenstand der AG ist unbeschränkt, die GmbH kann keine Versicherungs-, Beteiligungsfonds-[24], sowie Pensionskassengeschäfte[25] betreiben. Investmentgesellschaften und Glücksspielgesellschaften müssen sich in der Form der AG oder GmbH bedienen und dürfen keine anderen Geschäfte betreiben. Bankgeschäfte können nach dem Kreditwesengesetz 1979 nicht durch Einzelunternehmer betrieben werden, durch eine GmbH & Co KG nur dann, wenn eine inländische Kreditunternehmung Komplementär ist.

Neue Bankkonzessionen können an Personenhandelsgesellschaften nicht mehr verliehen werden, sie können gemäß § 8a KWG (§ 92 BWG) im Wege der Gesamtrechtsnachfolge in eine AG eingebracht werden.

Der Trend zur Haftungsbeschränkung hält auch in Österreich an, was sich in der starken Zunahme vor allem der GmbH's zeigt[26]. Auch die Zahl der Aktiengesellschaften steigt an, ebenso die Zahl der börsennotierten Aktiengesellschaften.

II. Zweigniederlassungen und Gesellschaftsformen für Tochtergesellschaften in Österreich

Eine dauernde Geschäftstätigkeit ausländischer Unternehmen ist in Österreich einerseits in der Form von eingetragenen Zweigniederlassungen, andererseits in der Form von selbständigen Tochtergesellschaften möglich. Die Regelungen über die Zweigniederlassungen wurden durch das FBG 1991 bereits weitgehend der Zweigniederlassungs-Richtlinie angepaßt[27]. Im allgemeinen werden allerdings aus folgenden Überlegungen Tochtergesellschaften gegründet: Tochtergesellschaften mit dem Sitz in Österreich können im Geschäftsleben regelmäßig besser auftreten, an ihnen sind Beteiligungen Dritter, vor allem auch Inländer, ohne weiteres möglich; sie können mit der Muttergesellschaft Ge-

23 BGBl. 1993, 532. Vgl. LUCIUS (Hrsg.), BankwesenG, 1993.

24 BGBl. 1982, 111 i. d. F. BGBl. 1993, 113; KASTNER/KOTRNOCH, Beteiligungsfondsgesetz, 1982.

25 BGBl. 1990, 281; vgl. STERN, Österreichisches Bankarchiv, 1991, S. 400 ff.

26 1992 wurden in Österreich 74.000 GmbH's gezählt: ARNOLD, GmbHR 1993, 344 ff. Derzeit bestehen rund 820 Aktiengesellschaften.

27 Vgl. SCHUHMACHER/GRUBER (Hrsg.), Rechtsfragen der Zweigniederlassung 1993.

schäfte abschließen, etwa Lizenz-, Vertriebs- und Lieferverträge; die Haftung kann bei Kapitalgesellschaften als Tochtergesellschaften leicht beschränkt werden, die Gewinnabgrenzung zur Muttergesellschaft, vor allem bei einer Produktion in Österreich, bereitet im Gegensatz zur Zweigniederlassung keine großen Schwierigkeiten, steuerlich anerkannte Verlustvorträge sind möglich. Die Haftungsbeschränkung und die Beteiligung Dritter ist nicht bloß auf Kapitalgesellschaften beschränkt, sondern auch im Rahmen er GmbH & Co KG möglich, diese Rechtsform wird aber von ausländischen Unternehmen selten gewählt.

Gemäß § 254 AktG bedarf die Zulassung einer ausländischen AG – unbeschadet zwischenstaatlicher Vereinbarungen zur Errichtung einer Zweigniederlassung in Österreich – einer Genehmigung des nach dem Unternehmensgegenstand zuständigen Ressortministers, die dem Firmenbuchgericht vorzulegen ist. Errichtet eine ausländische GmbH in Österreich eine Zweigniederlassung, ist gemäß § 107 GmbHG vorausgesetzt, daß diese als GmbH im Ausland besteht, dort eine wirkliche regelmäßige Geschäftstätigkeit ausübt, eine unbeschränkte Vertretung für den österreichischen Geschäftsbereich durch Personen mit dem gewöhnlichen Aufenthalt im Inland eingerichtet hat und Reziprozität mit dem Heimatstaat hinsichtlich Zweigniederlassungen ausländischer Gesellschaften besteht. Die Zweigniederlassung hat gesonderte Bücher zu führen. Im Zuge der Anpassung des österreichischen Gesellschaftsrechts an den EG- bzw. EWR-rechtlichen Regelungsstand, sind die Bestimmungen zumindest gegenüber den Unternehmen der EG- und EWR-Staaten zu streichen[28]. Eine ausländische GmbH, die sich an einer inländischen OHG, OEG oder als Komplementär an einer KG oder KEG beteiligt, hat vorher eine inländische Zweigniederlassung zu errichten. Abgesehen von den Bestimmungen über die Zweigniederlassungen ausländischer Gesellschaften enthält das österreichische Kapitalgesellschaftsrecht keine besonderen Bestimmungen für ausländische Gesellschaften oder ausländische Anteilsinhaber.

Im folgenden wird auf das Recht der OHG und KG (OEG und KEG) sowie auf das Genossenschaftsrecht nicht eingegangen, weil die Rechtslage der erstgenannten Rechtsformen ohnehin weitgehend mit der deutschen übereinstimmt und im Regelfall von ausländischen Unternehmen ohnehin die Kapitalgesellschaften vorgezogen werden. Die nachstehenden Ausführungen über die AG und die GmbH bieten einen kurzen Überblick über diese Gesellschaftsformen, sind jedoch keine umfassenden oder abschließenden Darstellungen[29]. Es sollen vor allem jene Vorschriften erörtert werden, die vom deutschen Recht abwei-

28 Kalss, aaO (Fn. 16), S. 2 f.

29 Siehe dazu Kastner/Doralt/Nowotny, aaO (Fn. 1); Hämmerle/Wünsch, aaO (Fn. 1); Schiemer/Jabornegg/Strasser, Komm. z. AktienG, 3. Aufl., 1993; Reich/Rohrwig, GmbH-Recht; Kostner/Umfahrer, aaO (Fn. 4); Koppensteiner, aaO (Fn. 4).

chen und für eine Tochtergesellschaft in Österreich besonderes Interesse verdienen; dabei wird kein Anspruch auf Vollständigkeit erhoben. In jedem Fall ist bei einer Gründung einer Gesellschaft in Österreich die Beiziehung eines im österreichischen Recht erfahrenen Juristen anzuraten[30].

III. Internationales Gesellschaftsrecht und Gerichtszuständigkeit

Bei der Festlegung des Personalstatuts juristischer Personen und sonstiger rechtsfähiger Personen- und Vermögensbindungen folgt das österreichische Recht – wie die meisten kontinentaleuropäischen Rechtsordnungen – der Sitztheorie[31]. Ausdrücklich knüpft das IPR-Gesetz an den tatsächlichen Sitz der Hauptverwaltung des Rechtsträgers an[32]. Die Sitztheorie wurde schon im österreichischen Staatsvertrag 1955 zugrundegelegt und die von den Alliierten vertretene Kontrolltheorie abgelehnt[33]. Die Rechtswahl ist für Fragen des Gesellschaftsrechts und gesellschaftsrechtlicher Verträge ausgeschlossen, da dieser Rechtsbereich ausdrücklich an den Sitz anknüpft und mit vielen Eingriffsnormen durchsetzt ist[34].

Sachlich zuständig ist für Angelegenheiten nach dem Aktien- und GmbH-Recht der Gerichtshof erster Instanz, der im Regelfall im sog. außerstreitigen Verfahren entscheidet[35]. Ausdrücklich werden dem Gerichtshof auch bestimmte streitige Rechtssachen, etwa die Anfechtungs- und Nichtigkeitsklagen von Hauptversammlungs- und Generalversammlungsbeschlüssen, zugewiesen. Örtlich zuständig ist das Gericht, in dessen Sprengel der satzungsmäßig festgelegte Sitz der Gesellschaft liegt. Zweigniederlassungen begründen, sofern sie in einem anderen Gerichtssprengel liegen, eine eigene Zuständigkeit. Aufgrund des zentral für ganz Österreich geführten Firmenbuchs und dem Führen der Angelegenheiten beim Gericht der Hauptniederlassung kommt dieser Zuständigkeitstrennung aber keine große Bedeutung zu. Bei Zweigniederlassungen ausländischer Gesellschaften richtet sich die Zuständigkeit nach der zuerst in

30 Mustersatzungen stehen zur Verfügung: DORALT, Aktiengesetz, 3. Aufl., 1991, hrsg. von Creditanstalt-Bankverein; FRIES, Die Aktiengesellschaft 1992; KOSTNER, Aktiengesellschaft 1984, mit umfangreichem Formularteil.

31 DORALT, Juristische Blätter 1969, 181 ff; KASTNER/DORALT/NOWOTNY, aaO (Fn. 1), S. 190 f; JABORNEGG, in: Schiemer/Jabornegg/Strasser, aaO (Fn. 29).

32 DUCHEK/SCHWIND, IPR-Gesetz 1979, S. 35; SCHWIMANN, Grundriß des internationalen Privatrechts 1982, S. 80 ff; SCHWIMANN, in: Rummel (Hrsg.), Komm. z. ABGB, 2. Aufl., 1992, § 10 IPR-G Rdn. 1 ff.

33 DORALT, Juristische Blätter 1969, 181.

34 SCHWIMANN, aaO (Fn. 32), § 35 IPR-G Rdn. 15.

35 OGH, Recht der Wirtschaft 1991, 232; vgl. JABORNEGG, aaO (Fn. 29), § 14 Rdn. 2.

Österreich errichteten Zweigniederlassung. Zuständigkeitsvereinbarungen bzw. sonstige Zuständigkeitsverschiebungen durch Parteierklärungen oder Satzungsbestimmungen sind unwirksam[36].

Der allgemeine Gerichtsstand von Handelsgesellschaften richtet sich nach dem Sitz der Gesellschaft, wobei als Sitz im Zweifel der Ort gilt, wo die Verwaltung geführt wird.

IV. Aktiengesellschaft

1. Gründung der Aktiengesellschaft

Die Feststellung der Satzung bedarf der notariellen Beurkundung. Die Satzung muß in ihrer jeweils aktuellen Fassung zum Firmenbuch eingereicht werden. Seit 1993 sind auf den Geschäftsbriefen und den Bestellscheinen der Gesellschaft die Rechtsform, der Sitz der Gesellschaft, die Firmenbuchnummer und das Firmenbuchgericht anzugeben.

Mit dem deutschen Aktienrecht 1937 wurde auch das Normativsystem übernommen. Das Konzessionssystem gilt nur für Eisenbahn-, Schiffahrts- und Luftfahrtsunternehmen sowie für Hypothekenbanken und Pensionskassen. Darüber hinaus ist die aufsichtsbehördliche Genehmigung des Unternehmensgegenstandes für den Betrieb von Banken und Versicherungen erforderlich. Die Stufengründung einer AG ist in Österreich zulässig, wird aber sehr selten, z. B. bei Seilbahnunternehmen, angewendet, die Einheitsgründung überwiegt. Zwei Personen müssen als Gründer auftreten[37], von denen einer als Treuhänder seine Aktien sofort nach der Registrierung der AG dem anderen Aktionär übertragen kann. Die Vorgesellschaft wird als Gesellschaft sui generis angesehen und wirft schwierige Haftungsprobleme auf. Die Einpersonengesellschaft ist in Österreich seit langem anerkannt, sie findet vor allem auch im Bereich der verstaatlichten Wirtschaft Anwendung. Bei Mißbrauch ist der Haftungsdurchgriff ähnlich der deutschen Literatur und Judikatur anerkannt.

Die AG darf nur einen Sitz haben, der im Inland liegen muß. Die Zulässigkeit von Mantelgründung und -kauf ist zwar umstritten, wird aber generell anerkannt. Das Grundkapital muß mindestens 1 Mio öS betragen, wovon bei einer Bargründung sofort ein Viertel eingezahlt werden muß, so daß mindestens 250.000,– öS aufgebracht werden müssen. Ein allenfalls vereinbartes Agio ist

36 OGH Evidenzblatt 1959, 81; HÄMMERLE/WÜNSCH, aaO (Fn. 1), Bd. I, S. 75; JABORNEGG, aaO (Fn. 29), § 14 Rdn. 8.

37 Durch die durch das GesellschaftsrechtsänderungsG 1993 eingeführte Spaltung ist auch die Errichtung einer Einpersonengesellschaft zulässig.

sofort zu leisten. Kapitalanlagegesellschaften müssen ein Mindestkapital von 10 Mio öS haben, das zur Gänze bar eingezahlt werden und mindestens zur Hälfte mündelsicher angelegt sein muß[38], ab 1994 muß das Mindestkapital aller Kreditinstitute, d. h. auch der Kapitalanlagegesellschaften 70 Mio öS betragen[39]. Der Nennbetrag der Aktien hat auf 100,–, 500,–, 1.000,– oder ein Vielfaches von 1.000,– öS zu lauten, Quotenaktien sind untersagt. Aktienurkunden müssen nicht ausgegeben werden; es kann auch eine Globalaktie ausgegeben werden. Nur wenn die Aktien an der Börse notieren, sollen Urkunden gedruckt sein und müssen sie bestimmte Sicherheitsanforderungen erfüllen. Die Ausstellung von Zwischenscheinen ist ebenfalls erlaubt. Die Aktien lauten auf den Inhaber, sofern die Satzung nicht Namensaktien vorsieht. Die Übertragung von Aktien kann vinkuliert werden, d. h. an die Zustimmung der Gesellschaft gebunden werden. Die Zustimmung zur Übertragung darf nur aus wichtigem Grund verweigert werden. Im Falle der Ablehnung kann das Gericht im außerstreitigen Verfahren angerufen werden. Stimmt das Gericht der Übertragung zu, kann die Gesellschaft binnen eines Monats einen ihr genehmen Erwerber namhaft machen, allerdings kann der verkaufswillige Aktionär von der Veräußerung Abstand nehmen. Vinkulierte Namensaktien sind vorgeschrieben für Aktien, mit denen das Recht auf Entsendung von Aufsichtsratsmitgliedern verbunden ist, für Nebenleistungsaktien und für Aktien der Kapitalanlagegesellschaften, Beteiligungsfondsgesellschaften, Pensionskassen und Gesellschaften von Wirtschaftstreuhändern. Neben Stammaktien können Vorzugsaktien ausgegeben werden, das Gesamtausmaß der stimmrechtslosen Vorzugsaktien darf allerdings ein Drittel des gesamten Grundkapitals nicht übersteigen. Die Ausgabe von Mehrstimmrechtsaktien ist ausgeschlossen, hingegen kann das Höchststimmrecht eingeführt werden.

2. *Kapitalaufbringung und Kapitalerhaltung*

Die gesetzlichen Hauptinstrumente des Kapitalaufbringungs- und -erhaltungsrechts sind:

- Das Erfordernis über die Mindesteinzahlung von einem Viertel des Grundkapitals bei der Eintragung der Gesellschaft.
- Die Anordnung der firmenbuchrechtlichen Prüfung, die durch die Gründungsprüfung durch die Gesellschaftsorgane und durch gerichtlich bestellte unabhängige Sachverständige ergänzt wird. Die Sacheinlagen sind genau in

38 § 2 Abs. 6 und 7 InvestmentfondsG. Für Beteiligungsfondsgesellschaften ist ein Grundkapital von 150 Mio öS, von denen 75 Mio öS eingezahlt sein müssen, vorgeschrieben.

39 § 5 Abs. 1 Z 5 BWG schreibt für alle Kreditinstitute diese Mindestgrenze vor. 70 Mio öS beträgt das Mindestkapital auch für Pensionskassen, für Glücksspielgesellschaften beträgt es 300 Mio öS.

der Satzung festzulegen und zusätzlich zur sonstigen Gründungsprüfung durch gerichtlich bestellte unabhängige Sachverständige zu prüfen.

- Innerhalb der Nachgründungsfrist von zwei Jahren sind Sachübernahmen und Sacheinlagen, die ein Zehntel des Grundkapitals übersteigen, ebenfalls von Sachverständigen zu prüfen, zudem hat die Hauptversammlung dem Geschäft mit einer Mehrheit von drei Viertel des bei der Beschlußfassung vertretenen Kapitals zuzustimmen.
- Bei Sacheinlagen im Zuge von Kapitalerhöhungen nach Ablauf der Zweijahresfrist ist hingegen eine Prüfung durch unabhängige, gerichtlich bestellte Prüfer vorläufig nicht erforderlich. Bei der Anpassung des österreichischen Gesellschaftsrechts an die EG-rechtlichen Bestimmungen wird gleich dem deutschen Recht eine Prüfung vorgeschrieben werden.
- Die Haftungsregelungen bei der Aufbringung des Grundkapitals durch Sacheinlagen.
- Der Erwerb eigener Aktien ist nur zur Abwendung eines unmittelbar drohenden schweren Schadens bis zum Ausmaß von 10 % des Grundkapitals, im Fall unentgeltlichen Erwerbs und der Gesamtrechtsnachfolge sowie bei der Einkaufskommission zulässig. Im Zuge der Anpassung an die zweite gesellschaftsrechtliche Richtlinie werden diese Bestimmungen verschärft werden.
- Nur der Bilanzgewinn darf an die Aktionäre ausgeschüttet werden; Zinsen dürfen weder zugesagt noch ausgezahlt werden.
- Verbotene Ausschüttungen sind zurück zu bezahlen. Die Rückzahlung ist ausgeschlossen, wenn ein Aktionär die Zahlung gutgläubig empfangen hat. Leichte Fahrlässigkeit schließt die Gutgläubigkeit aus.
- Bei Verlust des halben Grundkapitals ist vom Vorstand die Hauptversammlung einzuberufen und ihr davon Anzeige zu machen.

3. Organisation der Aktiengesellschaft

a) Der Vorstand

Die Aktiengesellschaft ist ähnlich dem deutschen Recht organisiert. Der *Vorstand* kann aus einer oder mehreren Personen bestehen. Die Zahl ist in der Satzung festzulegen. Kreditinstitute müssen ebenso wie Versicherungsgesellschaften und Pensionskassen mindestens zwei Vorstandsmitglieder bestellen, wobei das sogenannte Vier-Augen-Prinzip gilt, d. h. daß die Satzung die Einzelvertretungsbefugnis ausschließen muß, so daß nur zwei Vorstandsmitglieder gemeinsam die Gesellschaft vertreten können. Die Bestellung ist auf maximal 5 Jahre befristet. Die gesellschaftsrechtliche Organfunktion ist vom schuldrechtlichen Verhältnis des Vorstandsmitglieds zur AG zu trennen. Dieses wird trotz umstrittener Einzelheiten als freier Dienstvertrag angesehen[40]. Im Regelfall verweisen die Dienstverträge auf die Anwendung des Angestelltengesetzes[41]. Der Aufsichtsrat kann den Vorstand oder einzelne Mitglieder vorzeitig nur aus wichtigem Grund, unter anderem aufgrund eines sachlich gerechtfertigten Mißtrauensvotums, abberufen. Die nicht gerechtfertigte Abberufung kann vom betroffenen Vorstandsmitglied bei Gericht bekämpft werden.

Die Bestellung und Abberufung von Vorstandsmitgliedern bedürfen gemäß § 110 Abs. 3 ArbeitsverfassungsG[42] (ArbVG) einer doppelten Mehrheit[43], einerseits der nach dem Gesetz oder der Satzung angeordneten Mehrheit des Gesamtaufsichtsrats und andererseits aller von den Aktionären gewählten oder entsandten Mitglieder. Kommt die doppelte Mehrheit nicht zustande, hat das Gericht auf Antrag eines Beteiligten die Vorstandsbestellung vorzunehmen, falls es an der zur Vertretung der AG erforderlichen Anzahl von Vorstandsmitgliedern fehlt. Mangelt es bei der Abberufung an der doppelten Mehrheit, bleibt das Vorstandsmitglied in seinem Amt.

Hat der Aufsichtsrat einen Vorstandsvorsitzenden bestellt, so verfügt dieser – vorbehaltlich einer abweichenden Satzungsbestimmung – bei Stimmengleichheit über ein Dirimierungsrecht, d. h. daß seine Stimme den Ausschlag gibt. Das Recht steht nur dem Vorsitzenden, nicht hingegen seinem Vertreter zu. Die Satzung kann dem Vorsitzenden auch ein Alleinentscheidungsrecht bei Meinungsverschiedenheiten einräumen[44], was allerdings nur ausnahmsweise geschieht.

Leitlinie für die Geschäftsführung des Vorstands ist das Wohl des Unternehmens unter Berücksichtigung der Interessen der Aktionäre und der Arbeitnehmer sowie des öffentlichen Interesses. Der Vorstand hat die Gesellschaft in alleiniger Verantwortung zu führen. Der Aufsichtsrat hat sich bei seiner Überwachungstätigkeit ebenfalls an diesem Maßstab zu orientieren. Nicht bloß der

40 KASTNER/DORALT/NOWOTNY, aaO (Fn. 1), S. 223; OGH, Recht der Wirtschaft 1985, 159; 1988, 428; vgl. STRASSER, aaO (Fn. 29), § 75 AktG Rdn. 3. Gemäß § 4 Abs. 3, Ziff. 10 ASVG unterliegen Vorstandsmitglieder der Sozialversicherungspflicht nach dem Arbeiter- und Angestellten-Sozialversicherungsgesetz. In der Praxis werden gemäß § 47 Abs. 2 i. V. m. § 25 Abs. 1, Ziff. 1 lit b und § 22 Ziff. 1 EStG 1988 Vorstandsmitglieder, die an der eigenen Gesellschaft nicht wesentlich, d. h. zu nicht mehr als 25 % beteiligt sind, steuerrechtlich als Dienstnehmer angesehen und unterliegen ihre Einkünfte aus nichtselbständiger Arbeit spezifischen Steuerbegünstigungen, z. B. für das 13. und 14. Monatsgehalt, Abfindungen und bestimmte Zulagen, vgl. RUNGGALDIER/SCHIMA. Die Rechtsstellung von Führungskräften 1992, S. 138.

41 Musterverträge bei RUNGGALDIER/SCHIMA, Manager-Dienstverträge, 1992; RUNGGALDIER/SCHIMA, Die Rechtsstellung von Führungskräften.

42 FLORETTA/STRASSER, Arbeitsverfassungsgesetz, 2. Aufl., 1988.

43 KASTNER/DORALT/NOWOTNY, aaO (Fn. 1) S. 249; GEPPERT/MORITZ, Gesellschaftsrecht für Aufsichtsräte, 1979, S. 193 f, STRASSER, Kollektives Arbeitsrecht, 3. Aufl., 1990, S. 368 f; MARHOLD, Kollektivarbeitsrecht 1991, S. 264.

44 KASTNER/DORALT/NOWOTNY, aaO (Fn. 1), S. 229.

Vorstand, sondern auch der Aufsichtsrat hat das Recht, Geschäfte, die seiner Zustimmung vorbehalten sind, der Hauptversammlung zur Beschlußfassung vorzulegen, wovon allerdings außer bei Einpersonengesellschaften selten Gebrauch gemacht wird. Bei Maßnahmen, die tief in die Mitgliedschaftsrechte der Aktionäre eingreifen, ist der Vorstand wohl auch nach österreichischem Recht zur Vorlage an die Hauptversammlung verpflichtet[45]. Die Vorstandsmitglieder haben bei der Geschäftsführung die Sorgfalt eines ordentlichen und gewissenhaften Geschäftsleiters anzuwenden und haften nicht bloß der Gesellschaft, sondern auch den Gläubigern unmittelbar, sofern diese von der Gesellschaft eine Befriedigung nicht erlangen können[46]. Grundsätzlich wird die Erteilung der Entlastung bloß als Ausdruck des Vertrauens angesehen, nur einer von allen Aktionären einstimmig beschlossenen Entlastung wird für die erkennbaren Ansprüche Verzichtswirkung zuerkannt. Bei Schädigung der Gesellschaft durch Ausnutzung des Einflusses auf diese haften neben den Organen auch die einflußnehmenden Dritten. Die Verfolgung von Konzerninteressen wird nicht mehr als schutzwürdiges, haftungsbefreiendes Interesse anerkannt; Minderheitsaktionäre müssen bei Schädigung einen angemessenen Ausgleich erhalten[47].

b) Der Aufsichtsrat

Der *Aufsichtsrat* hat mindestens drei und höchstens sieben, bei einem Grundkapital über 5 Mio öS höchstens zwölf und bei einem Grundkapital über 50 Mio öS höchstens zwanzig Mitglieder, die von den Aktionären bestellt werden. Die Grenzen sind zwingend. Die Höchstzahl der Aufsichtsratsmandate, die eine Person auf sich vereinigen kann, beträgt zehn. Mandate, die zur Interessenvertretung einer Gebietskörperschaft, eines konzernmäßig verbundenen Unternehmens oder eines mit der AG in dauernder Bankverbindung stehenden Kreditinstituts verliehen werden, gelten nur als ein Sitz, jedoch darf keine Person mehr als zwanzig Sitze haben. Aufsichtsratssitze bei einer GmbH sind auf die zulässigen Mandate anzurechnen. Nach dem Unvereinbarkeitsgesetz kann ein Vorstandsmitglied einer der Kontrolle durch den Rechnungshof unterliegenden Kapitalgesellschaft in deren Konzerngesellschaften nicht mehr als fünf Aufsichtsratsmandate innehaben. Diese Regelung zielt auf die verstaatlichte Industrie ab[48]. Ab 1. April 1994 dürfen Aufsichtsratsmitglieder einer Kapitalanlagegesellschaft nicht gleichzeitig Geschäftsleiter oder Aufsichtsräte der Depotbank sein.

45 KASTNER/DORALT/NOWOTNY, aaO (Fn. 1), S. 264.
46 Das DienstnehmerhaftpflichtG ist auf Vorstandsmitglieder nicht anzuwenden.
47 KASTNER, Juristische Blätter 1987, 687; KASTNER/DORALT/NOWOTNY, aaO (Fn. 1), S. 241; REICH-ROHRWIG, aaO (Fn. 4), S. 570.
48 Vgl. KASTNER, Der Gesellschafter 1981, S. 12; JUD, Der Gesellschafter 1982, S. 113 f.

An den Sitzungen des Aufsichtsrates dürfen grundsätzlich nur Aufsichtsratsmitglieder und Vorstandsmitglieder teilnehmen, Sachverständige und Auskunftspersonen (z. B. Organmitglieder von Konzerngesellschaften) können zur Beratung über einzelne Gegenstände zugezogen werden[49]. Die Satzung kann bestimmen, daß ein Dritter zur Teilnahme bevollmächtigt wird, er darf allerdings das Stimmrecht nicht selbst ausüben, sondern die schriftliche Stimmabgabe nur als Bote überbringen. Darüber hinaus kann – abweichend vom deutschen Recht – satzungsmäßig auch bestimmt werden, daß sich ein Aufsichtsratsmitglied von einem anderen bei der Teilnahme an der Sitzung und der Stimmabgabe vertreten lassen kann.

Ein Drittel der Aufsichtsratsmitglieder kann von satzungsmäßig bestimmten Aktionären oder Inhabern von vinkulierten Namensaktien entsandt werden. Bei gleichzeitiger Wahl von mindestens drei Aufsichtsratsmitgliedern, kann eine Minderheit ebenfalls ein Mitglied entsenden, sofern diese Person bei allen drei Wahlgängen ein Drittel der Stimmen auf sich vereinen kann. Solange ein derart gewählter Minderheitenvertreter dem Aufsichtsrat angehört, kann kein weiterer Vertreter der Minderheit bestellt werden. Diesem Minderheitenrecht kommt in der Praxis keine Bedeutung zu, weil selten drei Aufsichtsratsmitglieder zugleich bestellt werden, wenig Publikumsgesellschaften existieren und die Abstimmungen sehr vieler Gesellschaften durch Stimmrechtsbindungsverträge (Syndikatsverträge)[50] prädeterminiert sind.

Nach dem ArbVG gilt das Prinzip der Drittelparität im Aufsichtsrat, was bedeutet, daß auf je zwei Vertreter der Aktionäre ein Vertreter der Arbeitnehmer kommt, wobei bei einer ungeraden Zahl der Kapitalvertreter ein weiteres Mitglied der Belegschaft hinzukommt. Die Arbeitnehmervertreter gehören dem Betriebsrat an, müssen das aktive Wahlrecht zur Betriebsratswahl haben und daher im Unternehmen beschäftigt sein. Die Betriebsratsvertreter haben grundsätzlich die gleichen Rechte und Pflichten wie die Arbeitnehmervertreter. Die Bestellung und Abberufung des Aufsichtsratsvorsitzenden und seines Stellvertreters bedürfen ebenfalls der doppelten Mehrheit. Durch die Novelle 1993[51] wurde die generelle Arbeitnehmermitbestimmung im Konzern ausgeweitet, wobei sich aber die Befugnisse nur an die Unternehmensleitung des in Österreich herrschenden Unternehmens richten.

Ausschüsse, die aus mindestens zwei Personen bestehen müssen, können mit oder ohne Entscheidungsbefugnis auch ohne Satzungsermächtigung eingerichtet

49 Kaster/Doralt/Nowotny, aaO (Fn. 1), S. 252 f.

50 Stimmrechtsbindungsverträge unter den Aktionären sind in Österreich seit langem anerkannt: Kastner, Österreichische Zeitschrift für Wirtschaftsrecht 1980, 1 ff; Kastner/Doralt/Nowotny, aaO (Fn. 1), S. 273; Schiemer, aaO (Fn. 29), § 114 AktG Rdn. 4.

51 BGBl. 1993, 460.

werden. Das Prinzip der Drittelparität gilt grundsätzlich auch für alle Ausschüsse, nur in dem Ausschuß, dem die Behandlung der Beziehungen (Dienstvertrag, Tantiemen) der Vorstandsmitglieder zur AG obliegt, haben die Arbeitnehmervertreter kein Recht auf Mitgliedschaft. In der Praxis wird der Vorstand fast immer vom Aufsichtsratsplenum bestellt; ob die Bestellung und Abberufung auch einem drittelparitätisch besetzten Ausschuß übertragen werden kann, wobei das Erfordernis der doppelten Mehrheit einzuhalten wäre, ist umstritten[52]. Häufig wird dem Präsidium des Aufsichtsrats, also dem Vorsitzenden und seinen Stellvertretern als Ausschuß die Behandlung der dienstrechtlichen Fragen der Vorstandsmitglieder sowie die allfällige Verfolgung von Schadenersatzansprüchen gegen diese übertragen.

Das Gesetz nennt – wiederum abweichend vom deutschen Recht – eine Reihe von Geschäften, die der Vorstand dem Aufsichtsrat zur Zustimmung vorzulegen hat. Trotz mangelnder Zustimmung ist allerdings das Geschäft gültig.

Der Katalog umfaßt gemäß § 95 Abs. 5 AktG:

1. Den Erwerb und die Veräußerung von Beteiligungen (§ 228 HGB) sowie den Erwerb, die Veräußerung und die Stillegung von Unternehmen und Betrieben;
2. den Erwerb, die Veräußerung und die Belastung von Liegenschaften;
3. die Errichtung und die Schließung von Zweigniederlassungen;
4. Investitionen, die bestimmte Anschaffungskosten im einzelnen und insgesamt in einem Geschäftsjahr übersteigen;
5. die Aufnahme von Anleihen, Darlehen und Krediten, die einen bestimmten Betrag im einzelnen und insgesamt in einem Geschäftsjahr übersteigen;
6. die Gewährung von Darlehen und Krediten, soweit sie nicht zum gewöhnlichen Geschäftsbetrieb gehört;
7. die Aufnahme und Aufgabe von Geschäftszweigen und Produktionsarten;
8. die Festlegung allgemeiner Grundsätze der Geschäftspolitik;
9. die Festlegung von Grundsätzen über die Gewährung von Gewinn- oder Umsatzbeteiligungen und Pensionszusagen an leitende Angestellte im Sinne des § 80 Abs. 2;
10. die Erteilung der Prokura.

Zu den in Ziffer 1 und 2 genannten Geschäften kann, zu den in Ziffer 4, 5 und 6 muß die Satzung oder der Aufsichtsrat Betragsgrenzen festsetzen. Wenn weder die Satzung noch der Aufsichtsrat Betragsgrenzen festlegen, sind alle betroffenen Geschäfte zustimmungspflichtig[53]. Darüber hinaus kann die Satzung oder der

52 KASTNER/DORALT/NOWOTNY, aaO (Fn. 1), S. 254 f. m. w. N.

53 KASTNER/DORALT/NOWOTNY, aaO (Fn. 1), S. 260; OGH, Recht der Wirtschaft 1993, 144.

Aufsichtsrat weitere Geschäfte der Zustimmung unterwerfen. Die geheime Abstimmung[54] ist ebenso zulässig wie Umlaufbeschlüsse, sofern niemand widerspricht.

In jedem Geschäftsjahr sind mindestens drei Sitzungen abzuhalten.

Die Abschlußprüfer haben den Prüfungsbericht neben dem Vorstand nicht dem Aufsichtsrat als Organ, sondern jedem einzelnen Mitglied zu übermitteln.

b) Die Hauptversammlung

Die Regelungen über die *Hauptversammlung* sind denen des deutschen Rechts ähnlich. Der Aufsichtsrat ist wie der Vorabend zur Teilnahme an der Sitzung der Hauptversammlung verpflichtet, da er im Falle der Ablehnung eines Auskunftsbegehrens eines Aktionärs durch den Vorstand endgültig[55] darüber zu entscheiden hat, ob die Angaben nach vernünftiger kaufmännischer Beurteilung tatsächlich geeignet sind, dem Unternehmen oder einem verbundenen Unternehmen einen erheblichen Nachteil zuzufügen, oder es die nationale Sicherheit des Bundes oder das wirtschaftliche Wohl des Bundes, der Länder oder Gemeinden erfordert. Die Hauptversammlung ist mindestens einmal pro Jahr zur Kenntnisnahme des Jahresabschlusses, Gewinnverteilung, Entlastung und Bestellung der Abschlußprüfer einzuberufen. Sie beschließt mit einfacher Stimmenmehrheit, es sei denn, Gesetz oder Satzung sehen erhöhte Beschlußerfordernisse vor.

Die Hauptversammlung ist vom Vorstand, vom Aufsichtsrat oder von in der Satzung ermächtigte Dritte einzuberufen. Der Aufsichtsratsvorsitzende führt den Vorsitz in der Sitzung. Banken sind zur Ausübung des Depotstimmrechts ermächtigt, es genügt eine schriftliche, auf fünfzehn Monate befristete Stimmrechtsermächtigung. Die Deklaration des Fremdbesitzes in der Hauptversammlung ist ausreichend. Stimmrechtsbindungsverträge (Syndikatsverträge) werden, sofern sie unter den Aktionären und nicht mit der Gesellschaft abgeschlossen werden, anerkannt[56]. Bei Verstoß gegen den Syndikatsvertrag ist die Stimmabgabe in der Hauptversammlung dennoch gültig. Bei Verletzung des Syndikatsvertrages kann nicht bloß ein Ersatzanspruch, sondern wohl auch ein Erfüllungsanspruch geltend gemacht werden.

54 KASTNER/DORALT/NOWOTNY, aaO (Fn. 1), S. 252; KASTNER, FS Strasser, 1983, S. 853 ff; KOPPENSTEINER, aaO (Fn. 4), § 30 g GmbHG Rdn. 10; a. A. WÜNSCH, aaO (Fn. 4), § 30 g GmbHG, Rdn. 61.

55 D. h., die Entscheidung des Aufsichtsrats kann nicht mehr angefochten werden: KASTNER/DORALT/NOWOTNY, aaO (Fn. 1), S. 289; SCHIEMER, aaO (Fn. 29), § 11 Rdn. 7.

56 KASTNER/DORALT/NOWOTNY, aaO (Fn. 1), S. 273; KASTNER, Österreichische Zeitschrift für Wirtschaftsrecht 1980, 1 ff; SCHIEMER, aaO (Fn. 29), § 114 Rdn. 4.

4. *Minderheitenschutz*

a) Neben Individualrechten wie dem Teilnahme-, Rede-, Auskunfts- und dem Stimmrecht stehen Aktionären, die allein oder gemeinsam einen bestimmten Anteil des Grundkaapitals innehaben, verschiedene Gestaltungs- und Kontrollrechte zu[56a]. Eine Minderheit von 5 % des Grundkapitals ist etwa berechtigt, die Einberufung der Hauptversammlung und die Ankündigung von Tagesordnungspunkten zu verlangen. Dieselbe Minderheit kann unter bestimmten Voraussetzungen auch die Geltendmachung von Ersatzansprüchen gegen die Gründer und Organmitglieder verlangen. Sie kann auch verlangen, daß das Gericht Abwickler bestellt und abberuft. Aktionäre, die 10 % des Grundkapitals innehaben, können die gerichtliche Bestellung von Sonderprüfern verlangen und jedenfalls Ersatzansprüche geltend machen. Diese Minderheit kann auch die einmalige Vertagung der ordentlichen Hauptversammlung verlangen, wenn der Jahresabschluß Mängel zeigt. Schließlich kann diese Minderheit die Bestellung anderer Abschlußprüfer beantragen. Seit dem RLG stehen nicht nur prozentuell bestimmten Minderheiten besondere Rechte zu, sondern auch Aktionären, die mit einem bestimmten Nominalbetrag an der AG beteiligt sind. Aktionäre, die 5 Mio ATS des Grundkapitals innehaben, können die Abschlußprüfung während der Liquidation verlangen. Aktionäre mit einer Beteiligung von 10 Mio ATS sind berechtigt, die Bestellung eines anderen Abschlußprüfers zu beantragen.

b) Neben diesen Minderheitsrechten, die an einer feststehenden Kapitalbeteiligung anknüpfen, ergeben sich aus den unterschiedlichen Beschlußmehrheiten Sperrminoritäten, so daß Aktionäre, die einen bestimmten Aktienbetrag in der Hauptversammlung vertreten, Beschlüsse – zumindest – verhindern können. Die Umwandlung der Kapitalgesellschaft auf den Hauptgesellschafter (verschmelzende Umwandlung) und in eine Personengesellschaft (errichtende Umwandlung) bedarf etwa einer Mehrheit von neun Zehntel des Grundkapitals, andere Grundlagenbeschlüsse wie die Satzungsänderung, Kapitalerhöhung, Verschmelzung oder Vermögensübertragung, bedürfen einer Mehrheit von drei Viertel des vertretenen Grundkapitals. In Anlehnung an das deutsche Seehafenurteil[57] wird in Österreich in Analogie zur Vermögensübertragung Beschlußfassung der Hauptversammlung mit Dreiviertelmehrheit bei Ausgliederung wichtiger Teilbereiche verlangt[58].

56a S. KALSS/WESSELY, Die Rechte des Aktionärs, 1994.

57 BGHZ 83, 122.

58 KASTNER/DORALT/NOWOTNY, aaO (Fn. 1), S. 264 f; HÜGEL, Verschmelzung und Einbringung, 1993, S. 93 ff; einfache Mehrheit läßt NOWOTNY, Das Recht der Arbeit 1989, S. 94 f genügen.

5. Rechnungslegung der Aktiengesellschaft

Die Rechnungslegung ist nach den Grundsätzen ordnungsgemäßer Buchführung zu führen, die Bildung von Willkürreserven ist verboten. Seit dem RLG 1990, das sich vom deutschen BilanzrichtlinienG nicht sehr unterscheidet, gilt für den Jahresabschluß (Gewinn- und Verlustrechnung und Bilanz) das Bruttoprinzip[59], d. h. die Verrechnung von Aufwendungen und Erträgen ist grundsätzlich unzulässig, allerdings sind bei einzelnen Bilanzposten ausdrücklich Saldierungsmöglichkeiten vorgesehen und dürfen bei der Offenlegung von „kleinen Aktiengesellschaften“[60] Posten zusammengefaßt werden. Kleine Aktiengesellschaften sind auch berechtigt, die Veröffentlichung des gesamten Jahresabschlusses durch die Veröffentlichung des Hinweises der Einreichung des Jahresabschlusses beim Firmenbuch zu ersetzen.

Der Jahresabschluß wird vom Vorstand aufgestellt, vom Abschlußprüfer geprüft und dann dem Aufsichtsrat vorgelegt. Der Abschlußprüfer wird von der Hauptversammlung gewählt, den Werkvertrag schließt seit dem RLG 1990 der Aufsichtsrat mit ihm ab. Zu Abschlußprüfern dürfen nur nach ihren berufsrechtlichen Vorschriften hierzu befugte Wirtschaftstreuhänder gewählt werden. Billigt der Aufsichtsrat den Jahresabschluß, ist er bindend festgestellt. Andernfalls, oder wenn dies der Vorstand und der Aufsichtsrat einvernehmlich beschließen, ist der Jahresabschluß von der Hauptversammlung festzustellen. Abgesehen von der Dotierung der gesetzlichen Rücklage schreibt das Aktienrecht keine bestimmte Verwendung des Bilanzgewinnes vor. Neben der Einstellung des Gewinns in satzungsmäßige Rücklagen liegt die Bildung weiterer Rücklagen im freien Ermessen des Vorstandes; die Hauptversammlung kann lediglich den im Jahresabschluß ausgewiesenen Bilanzgewinn in die Rücklage einstellen, sofern sie in der Satzung dazu ermächtigt ist.

Der Vorstand hat den Jahresabschluß innerhalb der ersten fünf Monate aufzustellen und ihn nach Prüfung durch den Abschlußprüfer gemeinsam mit dem Lagebericht und dem Vorschlag für die Gewinnverteilung dem Aufsichtsrat vorzulegen. Der Hauptversammlung ist der Jahresabschluß zur Kenntnisnahme und ausnahmsweise zur Beschlußfassung innerhalb der ersten acht Monate vorzulegen. Durch das InsolvenzrechtsänderungsG (IRÄG) 1994 wurden die Fristerstreckungsmöglichkeiten durch den Aufsichtsrat gestrichen, so daß die

59 NOWOTNY, in: Straube, HGB II – Rechnungslegung, § 196 Rdn. 25; GASSNER/GÖTH, in: Straube, HGB II – Rechnungslegung § 231, Rdn. 11.

60 § 221 Abs. 1 HGB i. d. F. RLG definiert die „kleine Kapitalgesellschaft“, bei der mindestens zwei von drei Kriterien überschritten werden: 200 Mio öS Bilanzsumme, 300 Mio öS Jahresumsatz, im Jahresdurchschnitt 300 Arbeitnehmer; börsennotierte AGs gelten stets als „groß“ (vgl. zur GmbH auch unten vor Fn. 97).

Hauptversammlung den Beschluß jedenfalls innerhalb von zwölf Monaten zu fassen hat.

Die Umwandlung von offenen Rücklagen, einschließlich der Gewinnvorträge ist nach dem Kapitalberichtigungsgesetz zulässig[61].

Seit 1994 ist ein Konzernabschluß zu erstellen. Die Aufstellungspflicht trifft inländische Kapitalgesellschaften, die Untergesellschaften, an denen sie beteiligt sind, einheitlich leiten oder beherrschen könnten. „Kleine" Konzerne sind davon ausgenommen[62]. Die Einbeziehung in den gleichwertigen Konzernabschluß der ausländischen Muttergesellschaft hat befreiende Wirkung, eine Regelung, die für Tochtergesellschaften deutscher Konzerne besondere Bedeutung erlangen wird. Der Konzernabschluß ist nach dem Grundsatz zu erstellen, als ob nur ein Unternehmen bestünde, in dem auch alle ausländischen Tochtergesellschaften einzubeziehen sind (Weltabschluß)[63]. Schon jetzt erstellen viele Gesellschaften freiwillig Konzernbilanzen.

6. *Die Haftung der Aktionäre und im Konzern*

Generell ist im Aktienrecht die Haftung der Aktionäre angeschlossen. Die Aktionäre – und Vorbesitzer der Aktien – haften nur für die Aufbringung der Einlagen. Nur wenn ein Gesellschafter seine gesetzlichen oder satzungsmäßigen Verpflichtungen verletzt oder wenn er sonst nach allgemeinen Regeln Haftungstatbestände verwirklicht, kann er zu Ersatzleistungen verpflichtet werden, die neben der Einlageverpflichtung bestehen. Ist ein Gesellschafter Mitglied des Vorstands (der Geschäftsführung) der Gesellschaft, haftet er nach den maßgeblichen Bestimmungen den Gläubiger schadenersatzrechtlich[64] wegen verspäteter Konkursanmeldung. Diese Haftung erstreckte der OGH in der Eumig-Entscheidung auf den beherrschenden Alleingesellschafter und bejahte ausdrücklich die Haftung eines Kreditinstituts, das als Anteilseigner maßgeblichen Einfluß auf die Geschäftsführung nahm, weil die faktische Einflußnahme (auch ohne Nachweis einer konkreten Weisung) zur unzulässigen Verzögerung der Konkurs-

61 Kastner/Mayer/Frint, Kapitalberichtigung, 1967.

62 § 246 HGB i. d. F. RLG definiert den „kleinen" Konzern an Hand von drei Größen, von welchen zwei erfüllt sein müssen: Bilanzsumme, Umsatz, Arbeitnehmerzahl; dabei werden wahlweise zwei Methoden vorgesehen (Additions-Methode: Die Zahlen der Mutter- und Tochterabschlüsse werden addiert; Nettomethode: Konsolidierte Zahlen werden zugrundegelegt.)

63 Vgl. Deutsch, in: Straube, HGB II – Rechnungslegung § 246 ff; Kapl (Hrsg.), Konsolidierungsleitfaden.

64 Vgl. Kastner/Doralt/Nowotny, aaO (Fn. 1) S. 239 f, 397 ff; Karollus, Österreichisches Bankarchiv 1990, 337 ff; Jabornegg aaO (Fn. 29), § 1 Rdn. 72.

anmeldung geführt hatte[65]. Jüngst bejahte der Gerichtshof eine Haftung der Gesellschafter, die in der Gesellschafterversammlung gegen den Beschluß Konkurseröffnung zu beantragen, gestimmt hatte[66]. Eine Haftung der Gesellschafter bei Unterkapitalisierung wird in der Literatur als Verstoß von Sorgfaltspflichten[67] bejaht. Da die Durchgriffshaftung als Teilaspekt der Geschäftsfähigkeit nach deren Personalstatut zu beurteilen ist, ist für die Beurteilung der Frage, ob eine ausländische Muttergesellschaft für die Schulden der Tochtergesellschaft einzustehen hat, das Statut der abhängigen Tochtergesellschaft maßgeblich[68].

Der Konzern bildet als solcher keinen einheitlichen Haftungsverband[69]. Eine Haftung des herrschenden Unternehmens bei Schädigung der untergeordneten Gesellschaft, deren – außenstehender – Gesellschafter und deren Gläubiger kommt aber unter verschiedenen Voraussetzungen in Betracht. Neben der Verletzung von Unternehmensverträgen kann vor allem die schädigende Einflußnahme die Haftung begründen[70].

7. *Übernahmeregelungen*

Das österreichische Recht kennt keine ausdrücklichen Regelungen über die Übernahme von Gesellschaften. Regelungsansätze finden sich im BörseG, das die Offenlegung von Beteiligungen bei Erreichen oder Überschreiten verschiedener Anteils-Schwellen zwischen 5 % – 90 % vorschreibt[71]. Die Verpflichtung, ein öffentliches Angebot ab einer bestimmten Beteiligungshöhe zu stellen, fehlt jedoch. Nach dem dem Gesellschaftsrecht inhärenten Prinzip der Gleichbehandlung der Aktionäre, das im BörseG ausdrücklich geregelt ist, sind die Organe und ihre Mitglieder grundsätzlich zur Neutralität gegenüber einem öffentlichen Angebot verpflichtet[72]. Der Vorstand hat die Aktionäre wahrheitsgetreu und objektiv über das Angebot zu informieren. Eine Regelung von Übernahmeangeboten unter Bedachtnahme auf den Entwurf der 13. gesellschaftsrechtlichen Richtlinie der EG wird erwogen.

65 OGH Juristische Blätter 1986, 713 (Eumig-Entscheidung), zu deren Inhalt s. DORALT, ZGR 1991, 283.

66 OGH, Recht der Wirtschaft 1993, 168; s. dazu DELLINGER, Wirtschaftsrechtliche Blätter 1993, 201 ff.

67 Vgl. KASTNER/DORALT/NOWOTNY, aaO (Fn. 1) S. 15; JABORNEGG, aaO (Fn. 29) § 1 Rdn. 74.

68 SCHWIMANN, aaO (Fn. 32), § 12 IPR-G Rdn. 9; JABORNEGG, aaO (Fn. 29), § 1 Rdn. 80.

69 OGH Recht der Wirtschaft 1983, 40; vgl. DORALT, ZGR 1991, 252 ff.

70 Vgl. KREJCI, aaO (Fn. 15), S. 386 ff.

71 Vgl. KALSS, Österreichisches Bankarchiv 1993, 615 ff.

72 SCHÄRF, Der Gesellschafter 1993, S. 156 ff.

8. *Verschmelzung, Umwandlung, Spaltung*

Das AktG regelt die Verschmelzung von Aktiengesellschaften und die Übernahme einer GmbH durch eine AG sowie die formwandelnde Umwandlung; die Übernahme einer AG durch eine GmbH ist im Wege der Verschmelzung nicht zugelassen. Das Verschmelzungsrecht entspricht im wesentlichen noch dem Stand des deutschen AktG von 1937, die Anpassung an die 3. EG-Richtlinie steht bevor[73]. Die übertragende, d. h. die verschmelzende und errichtende Umwandlung ist im UmwandlungsG von 1954 geregelt[74], eine Neuordnung oder gar Abschaffung der verschmelzenden Umwandlung unter Abfindung freier Aktionäre wird diskutiert. Nach dem Kreditwesengesetz (ab 1994 Bankwesengesetz) und dem insoweit parallel gestalteten Versicherungsaufsichtsgesetz gelten Sondervorschriften für die Umwandlung von Banken und Versicherungen, die keine Kapitalgesellschaften sind. Die Einbringung dieser Unternehmen ist im Wege der Gesamtrechtsnachfolge gestattet[75], wobei bei den Kreditinstituten die Zugehörigkeit zum jeweiligen Fachverband aufrecht bleibt.

Das Gesellschaftsrechtsanpassungsgesetz von 1993 sieht in weitgehender Anlehnung an die Spaltungsrichtlinie die Möglichkeit der Spaltung von Kapitalgesellschaften vor, wobei das österreichische Recht die Formen der Abspaltung und Aufspaltung kennt. Da stets ein einstimmiger Beschluß der Hauptversammlung erforderlich ist, ist auch die nichtverhältniswahrende Spaltung zulässig[76].

9. *Börse- und kapitalmarktrechtliche Vorschriften*

Durch das BörseG 1989[77] und die Börsegesetz-Novelle 1993[78] entsprechen die österreichischen Regelungen des Börsenrechts dem EG-rechtlichen Standard. Die Börse ist in drei Marktsegmente gegliedert, nämlich in den amtlichen Handel, geregelten Freiverkehr und sonstigen Handel. Zur Zulassung zum amtlichen

73 HUBER, in: Doralt/Nowotny (Hrsg.), aaO (Fn. 1), S. 105 ff; KOPPENSTEINER, FS Semler, 1993, S. 485 ff.

74 KASTNER/DORALT/NOWOTNY, aaO (Fn. 1), S. 331 ff; HÄMMERLE/WÜNSCH, aaO (Fn. 1), S. 360 ff; KOSTNER, aaO (Fn. 30), S. 114 ff.

75 KASTNER, Juristische Blätter 1986, 750 ff; ECKERT, Versicherungsrecht 1993, 392 ff; BARAN, Österreichische Versicherungsrundschau 1992, 76 ff.

76 DORALT in FS Kastner II, 1992, S. 123 ff, STERN in: Doralt/Nowotny (Hrsg.), aaO (Fn. 1), S. 137 ff; AMAN, Recht der Wirtschaft 1993, S. 138 ff; REICH-ROHRWIG, ecolex 1992, 700 ff; FRIES, ecolex 1992, 703 ff; REICH-ROHRWIG, ecolex 1993, 523 ff; UMFAHRER, Der Gesellschafter 1993, 138 ff; EISELSBERG, SpaltungsG, 1994.

77 FEUCHTMÜLLER/LUCIUS, Das neue Börsegesetz 1990; KNOBL/OPPITZ, in: Griller (Hrsg.), Banken im Binnenmarkt 1992, S. 477 ff; GANCZ, Handbuch des Börserechts 1990.

78 BGBl. 1993/529; vgl. dazu KRETSCHMER/OPPITZ, Österreichisches Bankarchiv 1994, H. 7 und 8.

Handel hat das Gesamtnominale der AG, für welche die Zulassung beantragt wird, mindestens 40 Mio öS und der Streubesitz mindestens 10 Mio öS zu betragen. Die Gesellschaft muß bereits seit mindestens drei Jahren bestehen. Abgesehen von der Pflicht, Halbjahresberichte zu erstellen, sind die Gesellschaften des amtlichen Handels und des geregelten Freiverkehrs auch zur ad-hoc-Publizität bei Veränderung wesentlicher, den Kurs beeinflussender Tatsachen verpflichtet. Die Aktionäre der amtlich notierenden Aktien unterliegen der Meldepflicht ab einer Anteilshöhe von 5 % der Stimmrechte. Bei der Zulassung zur Börse ist ein Prospekt zu erstellen und spätestens gleichzeitig mit der Bekanntmachung der Aufnahme der Notierung zu veröffentlichen, der es den Anlegern ermöglicht, sich ein Urteil über die Wertpapiere, Vermögens- und Ertragslage des Emittenten und dessen Entwicklungsaussichten sowie über seine rechtliche Stellung zu bilden. Der Emittent und alle Personen, die für den Prospekt zumindest teilweise die Verantwortung übernommen haben, sowie der Abschlußprüfer unterliegen der Prospekthaftung. Nach dem Kapitalmarktgesetz 1991[79] hat jeder Emittent, der Wertpapiere oder andere Veranlagungen öffentlich anbietet, einen Prospekt zu erstellen und zu veröffentlichen, der von Banken, einem genossenschaftlichen Prüfungsverband oder bei Vorliegen weiterer Voraussetzungen von Wirtschaftstreuhändern zu kontrollieren ist. Nach einem Urteil des Verfassungsgerichtshofs[80] sollte die Kontrollberechtigung generell auf Wirtschaftstreuhänder ausgedehnt werden. Der Emittent, die für die Prospekterstellung verantwortlichen Personen und die Kontrolleure haften solidarisch, die Kontrolleure allerdings bloß bei grober Fahrlässigkeit. Andere zivilrechtliche – insbesondere auch nach culpa in contrahendo – und vertragliche Haftungsgrundlagen bleiben daneben bestehen.

V. Gesellschaft mit beschränkter Haftung

Im Unterschied zur Aktiengesellschaft weist das Recht der GmbH[81] gleich wie in der deutschen Rechtsordnung viele personalistische Elemente auf. Wie

79 NOWAK, Handkommentar zum Kapitalmarktgesetz, 1992; GRUBER, Wirtschaftsrechtliche Blätter 1992, 1 ff; die allgemeine Prospektpflicht ersetzt die verwaltungsbehördliche Genehmigung nach dem WertpapieremissionsG.

80 Entscheidung vom 10.3.1993, G 170/92 Jus-Extra 100/1993, S. 20; BGBl. 1993, 331; Österreichisches Bankarchiv 1993, 494 mit Anmerkung LAURER.

81 KASTNER/DORALT/NOWOTNY, aaO (Fn. 1) S. 338 ff; KOPPENSTEINER, aaO (Fn. 4); WÜNSCH, aaO (Fn. 4); KOSTNER/UMFAHRER, aaO (Fn. 4); REICH-ROHRWIG, aaO (Fn. 4); GELLIS/FEIL, aaO (Fn. 4); ARNOLD, aaO (Fn. 4); WEILINGER, aaO (Fn. 4); ARNOLD, Die GmbH im österreichischen Recht, GmbHR 1993, 344 ff; Textausgaben des GmbHG: SCHÖNHERR/TORGGLER, GmbHG, 4. Aufl., 1991; WEILINGER, KODEX Handelsrecht; LIST, Handelsrecht-Gesetzestexte; eine englische Übersetzung des Gesetzestextes bietet GOLDBERG, Die GmbH, 1984; eine italienische KUNZ/VALESE, La Legge austriaca sulla s.r.l., 1994.

bereits erwähnt, sind nach den Novellen des GmbH-Rechts in Österreich und in Deutschland zu Beginn der Achtziger Jahre die schon bestehenden Unterschiede größer geworden. Ausdrücklich verweist das GmbHG nur bei der Verschmelzung auf das Aktienrecht. Die Organisation und die Überwachungsaufgabe des Aufsichtsrats sind in der AG und in der GmbH weitgehend gleich gestaltet, auch die Rechnungslegung unterliegt im wesentlichen gleichen Bestimmungen, obwohl für die „kleine" GmbH Erleichterungen bezüglich der Gliederung und der Offenlegungspflicht bestehen.

1. Gründung der GmbH

Der Abschluß des Gesellschaftsvertrages[82] bedarf eines Notariatsaktes. Die gleiche Formvorschrift gilt für Vorverträge. Die Änderung des Gesellschaftsvertrages ist notariell zu beurkunden. Zur Errichtung des Notariatsakts sowie zur notariellen Beurkundung ist nicht nur ein österreichischer, sondern auch ein mit vergleichbaren Pflichten ausgestatteter ausländischer Notar befugt[83]. Darüber hinaus können die Gründer sich durch Dritte vertreten lassen, wofür eine beglaubigte Spezialvollmacht notwendig ist[84]. Der Gesellschaftsvertrag ist in seiner jeweils aktuellen Fassung beim Firmenbuch einzureichen. Seit 1993 sind auf den Geschäftsbriefen und den Bestellscheinen der Gesellschaft die Rechtsform, der Sitz, die Firmenbuchnummer und das Firmenbuchgericht anzugeben.

Generell gilt für die Errichtung der GmbH das Normativsystem, das Konzessionssystem gilt bloß für Eisenbahn-, Schiffahrts- und Luftfahrtsunternehmen. Versicherungsunternehmen dürfen sich ebensowenig der GmbH bedienen wie Beteiligungsfondsgesellschaften, Hypothekenbanken und Pensionskassen. Das Mindeststammkapital beträgt 500.000,– öS und ist mit einem Viertel, mindestens aber mit 250.000,– öS sofort einzuzahlen, wenn die Bareinlagen diese Höhe erreichen. Nach dem ab 1994 geltenden BWG müssen alle Kreditinstitute, d. h. auch die Investmentgesellschaften, ein Stammkapital von 70 Mio öS, Gesellschaften, die Glücksspiele betreiben, ein Stammkapital von 300 Mio öS haben.

Sachgründungen sind unter verschiedenen Voraussetzungen zulässig: Die Einbringung von Sacheinlagen bis zur Hälfte des Stammkapitals ist ebenso möglich wie die Fortführung eines bereits seit fünf Jahren bestehenden Unterneh-

82 Vertragsmuster finden sich bei DORALT, in: Creditanstalt (Hrsg.), GmbHG, 2. Aufl., 1992; STRAUBE, Die GmbH, 6. Aufl, 1987; ZARL, Die GmbH, 1982; KOSTNER/UMFAHRER, aaO (Fn. 4).

83 Ausdrücklich anerkannt für einen deutschen Notar: OGH, Recht der Wirtschaft 1991, 177; Recht der Wirtschaft 1989, 191; KOSTNER/UMFAHRER, aaO (Fn. 4), S. 715 f, Rdn. 39.

84 KASTNER/DORALT/NOWOTNY, aaO (Fn. 1), S. 346.

mens durch den bisherigen Inhaber und seiner nahen Angehörigen, ohne daß weitere Voraussetzungen erfüllt werden müssen. Außerdem ist die Errichtung der GmbH durch Einbringung von Sacheinlagen uneingeschränkt gestattet, wenn die aktienrechtlichen Schutzvorschriften, d. h. vor allem die Prüfung durch unabhängige Sachverständige (Gründungsprüfer) eingehalten werden. Dieselben Regelungen gelten auch für nachträgliche Kapitalerhöhungen durch Sacheinlagen, d. h. daß die Prüfung durch unabhängige Sachverständige bei Vorliegen der Voraussetzungen stets erforderlich ist. Der Erwerb von Anlagen oder Liegenschaften für einen Betrag, der ein Fünftel des Stammkapitals übersteigt, bedarf eines Beschlusses der Generalversammlung mit einer Mehrheit von drei Viertel der abgegebenen Stimmen, wobei die Zustimmung der Generalversammlung innerhalb der ersten beiden Jahre ab der Gründung zwingend ist (Nachgründung), nachher vertraglich abbedungen werden kann. Dabei kommt es nicht darauf an, ob von einem Gesellschafter oder einem Dritten erworben wird, so daß die Vorschrift nicht nur Sachübernahmen, sondern überhaupt Großinvestitionen erfaßt.

Jeder Gesellschafter verfügt bloß über einen Geschäftsanteil, mit dem die Stammeinlage verbunden ist. Erwirbt ein Gesellschafter einen weiteren Geschäftsanteil, wächst dieser dem ersten zu. Die Stammeinlage muß mindestens 1.000,– öS betragen. Darüber kann jeder beliebige Wert gewählt werden. Über Geschäftsanteile können keine übertragbaren Wertpapiere ausgegeben werden, so daß die GmbH auch nicht börsefähig ist. Jeder Gesellschafter hat bei der Gründung sofort ein Viertel der Stammeinlage, mindestens jedoch 1.000,– öS einzubezahlen. Bei der Errichtung ist daher zweierlei zu beachten, nämlich die Mindesteinzahlung jedes Gesellschafters und darüber hinaus die Mindestaufbringung von 250.000,– öS vom gesamten Stammkapital. Seit dem Firmenbuchgesetz 1991 sind der Name und die Adresse der Gesellschafter, weiter die übernommene Stammeinlage und die darauf geleistete Einzahlung von den Geschäftsführern zum Firmenbuch anzumelden. Daraus folgt, daß auch jeder Gesellschafterwechsel unverzüglich zur Eintragung anzumelden ist. Die Übertragung eines Geschäftsanteils bedarf ebenso eines Notariatsaktes wie Vorkaufsrechte und Optionen auf Geschäftsanteile, Vorverträge und Aufgriffsrechte, was auch für treuhändische Übertragungen gilt. Die Rückübertragung des Geschäftsanteils vom Treuhänder an den Treugeber ist hingegen formfrei[85]. Die Geschäftsanteile können vinkuliert werden, wobei die Übertragung an die Zustimmung jedes Gesellschaftsorgans, aber auch eines Gesellschafters gebunden werden kann. Wird die Übertragung abgelehnt, kann der abtretungswillige Gesellschafter das Gericht anrufen, das im außerstreitigen Verfahren entscheidet;

85 OGH, ecolex 1992, 853.

bejaht es die Übertragung, kann die Gesellschaft innerhalb eines Monats einen anderen Erwerber, der bereit ist, den Geschäftsanteil zu gleichen Bedingungen zu erwerben, namhaft machen. Die Geschäftsanteile sind vererblich und wenn dies der Gesellschaftsvertrag ausdrücklich vorsieht, auch teilbar. Die Teilung wird regelmäßig an die Zustimmung der anderen Gesellschafter gebunden. Generell gilt ein striktes Verbot für den Erwerb eigener Geschäftsanteile durch die Gesellschaft, allerdings ist die Zulässigkeit des unentgeltlichen Erwerbs zu erwägen[86]. Die Rechtsprechung lehnt den Ausschluß oder den Austritt aus wichtigem Grund eines Gesellschafters ab[87], so daß nur die Einräumung eines vertraglichen Kündigungsrechts offensteht. Als Ausgleich dazu bedarf der Beschluß zur Auflösung der Gesellschaft nur der einfachen Mehrheit. Bei Kündigung sowie für den Todesfall kann ein Aufgriffsrecht der übrigen Gesellschafter vorgesehen werden.

2. *Kapitalaufbringung und -erhaltung*

Die Grundsätze der Kapitalaufbringung gelten für die GmbH ebenso wie für die AG. Die Gesellschafter haben nur Anspruch auf den Bilanzgewinn. Die Gesellschafter sind verpflichtet, jede verbotene Gewinnausschüttung rückzuerstatten, da die Rückzahlungspflicht ungleich dem deutschen Recht nicht erst bei Beeinträchtigung des Stammkapitals besteht. Der OGH hat jüngst die Prinzipien der deutschen Regelungen über die eigenkapitalersetzenden Darlehen auch im österreichischen Recht anerkannt[88]. Eine gesetzliche Bestimmung zur Regelung des eigenkapitalersetzenden Darlehens wird erwogen.

3. *Organisation der GmbH*

a) *Die Geschäftsführer*

Die Geschäftsführer werden von der Generalversammlung gewählt und abberufen. Gesellschafter können aber auch – für die Dauer ihrer Mitgliedschaft – im Gesellschaftsvertrag dazu bestimmt werden. Der Gesellschaftsvertrag kann die

86 KASTNER/DORALT/NOWOTNY, aaO (Fn. 1), S. 434; NOWOTNY, Recht der Wirtschaft 1986, 304.

87 OGH HS 2235.

88 OGH, Recht der Wirtschaft 1992, 142; OGH, Recht der Wirtschaft 1991, 290; vgl. OSTHEIM in FS Kastner II, 1992, S. 347 ff; KREJCI, ecolex 1993, 308; BYDLINSKI, Die Bürgschaft im österreichischen und deutschen Handels-, Gesellschafts- und Wertpapierrecht, 1992, S. 65 ff; JABORNEGG, aaO (Fn. 29), § 1 Rdn. 75.

Bestellung und Abberufung auch öffentlichen Körperschaften wie Bund oder Land übertragen, was allerdings sehr selten geschieht. Die Befugnis zur Bestellung und Abberufung der Geschäftsführer kann hingegen nicht dem Aufsichtsrat übertragen werden. Die Geschäftsführer können von der Generalversammlung auch ohne wichtigen Grund jederzeit abberufen werden, soweit der Gesellschaftsvertrag die Abberufung von Gesellschafter-Geschäftsführern nicht an einen wichtigen Grund bindet. Verhindert ein Mehrheitsgesellschafter seine Abberufung, können in sinngemäßer Anwendung von § 117 und § 127 HGB die anderen Gesellschafter bei Gericht eine Rechtsgestaltungsklage einbringen. Umgekehrt kann ein Minerheitsgesellschafter, der nach dem Gesellschaftsvertrag nur aus wichtigem Grund abberufen werden kann und mit den Stimmen des Mehrheitsgesellschafters abberufen wurde, bei Gericht feststellen lassen, ob tatsächlich ein wichtiger Grund vorliegt[89]. Einem Gesellschafter kann auch durch Gesellschaftsvertrag das Recht zur Nomination eines (des) Geschäftsführers eingeräumt werden, ebenso kann der Vertrag einem Gesellschafter unmittelbar ein Sonderrecht auf Geschäftsführung gewähren[90]. Generell ist die Generalversammlung auch zum Abschluß der Dienstverträge[91] mit den Geschäftsführern berufen, diese Kompetenz kann allerdings auch auf den Aufsichtsrat übertragen werden[92].

Die Geschäftsführer unterliegen den Weisungen der Generalversammlung. Ein einzelner Gesellschafter ist nicht weisungsbefugt. Gesellschaftsvertraglich kann auch dem Aufsichtsrat ein Weisungsrecht eingeräumt werden. Das Gesetz sieht einen umfangreichen, allerdings zum Teil abdingbaren Katalog von Geschäftsführungsangelegenheiten vor, die der Beschlußfassung durch die Generalversammlung vorbehalten sind. Der Generalversammlung können ebenso wie dem Aufsichtsrat noch andere Geschäfte zur Zustimmung vorbehalten werden. Darüber hinaus kann die Generalversammlung jederzeit initiativ in die Geschäftsführung eingreifen, insbesondere in einzelne Angelegenheiten eingreifen.

Grundsätzlich muß nur ein Geschäftsführer bestellt werden, Kreditinstitute müssen hingegen mindestens zwei Geschäftsführer bestellen, die die Gesellschaft nur gemeinsam vertreten können (Vier-Augen-Prinzip). Fehlt ein für die ordnungsmäßige Vertretung notwendiger Geschäftsführer, kann auf Antrag eines Beteiligten vom Gericht ein Notgeschäftsführer bestellt werden.

89 REICH-ROHRWIG, Juristische Blätter 1981, 189 ff; DORALT, Österreichische Steuerzeitung 1981, 83 ff; KASTNER/DORALT/NOWOTNY, aaO (Fn. 1), S. 375.

90 Ausführlich dazu DORALT, aaO (Fn. 82), S. 71 f.

91 Vertragsmuster finden sich bei RUNGGALDIER/SCHIMA, aaO (Fn. 41); RUNGGALDIER/SCHIMA, aaO (Fn. 41); THÖNI/OBERHOFER, Handbuch des GmbH-Geschäftsführers, 1991.

92 DORALT, aaO (Fn. 82), S. 70, Fn. 3; KOSTNER/UMFAHRER, aaO (Fn. 4), S. 394, Beispiel 29; KASTNER/DORALT/NOWOTNY, aaO (Fn. 1), S. 407.

b) Der Aufsichtsrat

Die Einrichtung eines Aufsichtsrats ist im Bereich des GmbH-Rechts meist fakultativ. Zwingend vorgeschrieben ist ein Aufsichtsrat vor allem, wenn die Zahl der Arbeitnehmer im Jahresdurchschnitt 300 übersteigt; weiters wenn eine GmbH Konzernspitze eines Konzerns mit durchschnittlich mehr als 300 Arbeitnehmern ist und schließlich, wenn eine GmbH Komplementärin einer GmbH & Co. KG ist und bei der GmbH und KG zusammen durchschnittlich mehr als 300 Arbeitnehmer beschäftigt sind; die Regel ist unanwendbar, wenn noch eine natürliche Person Komplementär ist. Wenn die GmbH Tochter einer ohnehin aufsichtsratspflichtigen Konzernspitze ist (AG oder aufsichtsratspflichtige GmbH), besteht bei der Tochter die Aufsichtsratspflicht erst ab über 500 Arbeitnehmern. Zwingend vorgeschrieben ist ein Aufsichtsrat weiters, wenn das Stammkapital 1 Mio öS und die Zahl der Gesellschafter fünfzig übersteigt, bei Auflösung durch Verfügung der Verwaltungsbehörde, bei Kapitalanlagegesellschaften und bei Gesellschaften, die Glücksspiele durchführen. Im Aufsichtsrat gilt, unabhängig davon, ob das Organ obligatorisch oder fakultativ eingerichtet wurde, die Drittelparität, so daß auf zwei Kapitalvertreter ein Arbeitnehmervertreter kommt. Die Arbeitnehmervertreter haben sowohl im obligatorischen als auch im fakultativen Aufsichtsrat grundsätzlich die gleichen Rechte wie die Kapitalvertreter. Der Aufsichtsrat kann wie im Aktienrecht Ausschüsse bilden. Die Wahl des Aufsichtsratsvorsitzenden und seines Stellvertreters bedarf, sofern diese Befugnis von der Generalversammlung auf den Aufsichtsrat übertragen wird, der doppelten Mehrheit. Der Aufgabenbereich des GmbH-Aufsichtsrats umspannt einen bis auf die Zustimmung zur Erteilung der Prokura gleichen Katalog von zustimmungspflichtigen Geschäften wie nach dem Aktienrecht[93]. Der Gesellschaftsvertrag oder ein Aufsichtsratsbeschluß können weitere Geschäfte an die Zustimmung des Aufsichtsrates binden. Dennoch können aber die Gesellschafter als höchstes Organ stets mit Weisungen in Form von Generalversammlungsbeschlüssen eingreifen. Bei aufsichtsratspflichtigen Geschäften ist aber trotzdem ein Beschluß des Aufsichtsrates einzuholen, der aber die Gesellschafter nicht bindet. Die Regelungen des GmbH-Aufsichtsrats sind eng an die aktienrechtlichen Regelungen angelehnt. Folgende Abweichungen sind zu erwähnen:

- Die Mitgliederzahl ist nach unten ebenfalls mit drei, nach oben hingegen nicht beschränkt;
- nicht bloß ein Drittel, sondern alle Kapitalvertreter können entsendet werden;
- auch Maßnahmen der Geschäftsführung können dem Aufsichtsrat übertragen werden.

93 WÜNSCH, aaO (Fn. 4), § 30 GmbHG, Rdn. 89 ff; KOPPENSTEINER, aaO (Fn. 4), § 30 GmbHG Rdn. 20 ff.

Die Einrichtung eines Beirats ist generell zulässig, allerdings darf er meines Erachtens nicht mit gesetzlichen Funktionen des Aufsichtsrat ausgestaltet werden, weil dadurch die gesetzlich geregelte Organisations- und Kompetenzstruktur und vor allem die Mitbestimmung umgangen würden[94]. Insbesondere ist die Bindung von Geschäftsführungsmaßnahmen an die Zustimmung eines Beirats wohl unzulässig (strittig).

c) *Die Generalversammlung*

Das oberste Organ der GmbH ist die *Generalversammlung*, die Versammlung der Gesellschafter, die ihre Beschlüsse in Sitzungen oder, sofern alle Gesellschafter der Art der Abstimmung zustimmen, schriftlich faßt (Umlaufbeschluß). Der Beschluß kommt auch durch einzelne Zustimmung aller Gesellschafter zu einer Maßnahme wirksam zustande. Über die Sitzungen ist eine Niederschrift aufzunehmen[95] und die Beschlüsse sind in ein Protokollbuch einzutragen. Die Gesellschafter sind von allen gefaßten Beschlüssen und ihrer Eintragung im Protokollbuch unverzüglich zu verständigen. Die Eintragung ins Protokollbuch ist deshalb wichtig, weil damit die einmonatige Frist zur Erhebung der Anfechtungsklage zu laufen beginnt. Obwohl das Gesetz nicht klar unterscheidet, ist nach überwiegender Meinung anerkannt, daß es neben anfechtbaren Beschlüssen auch Beschlüsse gibt, die wegen eines groben Verstoßes gegen Gesetzes- oder Satzungsbestimmungen nichtig sind, wobei die aktienrechtlichen Bestimmungen wohl analog anzuwenden sind[96].

Die Generalversammlung ist vom Geschäftsführer, vom Aufsichtsrat oder von im Gesellschaftsvertrag ermächtigten Dritten einzuberufen. Einer Minderheit von 10 % des Stammkapitals steht dieses Recht ebenfalls zu, sofern ihrem Verlangen nach Einberufung nicht nachgekommen wird. Die Mindestbeteiligungshöhe kann im Gesellschaftsvertrag nur verringert werden. Grundsätzlich entspricht das Stimmrecht der Höhe der übernommenen Stammeinlage, jedoch kann der Gesellschaftsvertrag personalistisch ausgestaltet werden und Mehrstimmrechte, Vetorechte oder Zustimmungsrechte einräumen. Jeder Gesellschafter muß aber zumindest eine Stimme haben. Notariell zu beurkunden sind Beschlüsse über die Änderung des Gesellschaftsvertrages, die Auflösung der Ge-

94 KASTNER/DORALT/NOWOTNY, aaO (Fn. 1), S. 401; KASTNER, FS Strasser, 1983, S. 862 ff; KASTNER, Recht der Wirtschaft 1983, 98 ff; a. A. REICH-ROHRWIG, Österreichische Juristenzeitung 1981, 315 ff; KOPPENSTEINER, aaO (Fn. 4), § 35 GmbHG Rdn. 54 bei freiwilligen Aufsichtsräten.

95 KASTNER/DORALT/NOWOTNY, aaO (Fn. 1), S. 411; DORALT, aaO (Fn. 82), S. 83, Fn. 16.

96 KASTNER/DORALT/NOWOTNY, aaO (Fn. 1), S. 421; KOPPENSTEINER, Wirtschaftsrechtliche Blätter 1988, 5; REICH-ROHRWIG, GmbH-Recht 386 ff; für das Genossenschaftsrecht hat die Rechtsprechung diesen Analogieschluß gezogen: OGH, Recht der Wirtschaft 1989, 365.

sellschaft und die Bestellung der Geschäftsführer, diese sind auch beim Firmenbuch zur Eintragung anzumelden. Darüber hinaus sind dem Firmenbuch die Bestellung eines Aufsichtsrats und die Beschlüsse bei Verlust der Hälfte des Stammkapitals bekanntzugeben.

4. *Minderheitenschutz*

Stärker als bei der AG sind die Minderheitsrechte bei der GmbH auf Transparenz der Geschäftsführung und auf die Kontrolle der Einflußnahme einzelner Gesellschafter gerichtet. Vor allem in „kapitalistisch" strukturierten Gesellschaften kommt dem gesetzlichen Schutz der Minderheit hohe Bedeutung zu. Eine Minderheit, die ein Zehntel des Stammkapitals oder 10 Mio öS des Stammkapitals hält, kann etwa eine Sonderprüfung verlangen oder unter bestimmten Voraussetzungen Ersatzansprüche geltend machen. Eine Minderheit von 10 % kann etwa auch die Generalversammlung einberufen, die Aufnahme von Tagesordnungspunkten oder die Erstellung eines vollständigen Anhangs bei „kleinen" Gesellschaften begehren. Eine Minderheit von 5 % kann in der Liquidation die Prüfung des Jahresabschlusses verlangen. Einem einzelnen Gesellschafter steht jederzeit ein weitgehendes Informationsrecht zu[96a].

5. *Rechnungslegung der GmbH*

Der Jahresabschluß ist von den Geschäftsführern aufzustellen. Hat die Gesellschaft einen Aufsichtsrat obligatorisch (nach Gesetz oder Gesellschaftsvertrag) einzurichten oder handelt es sich um eine große GmbH, so ist der Jahresabschluß von den Abschlußprüfern zu prüfen, die ihn dem Aufsichtsrat, d. h. jedem einzelnen Mitglied, zu übermitteln haben. Eine große GmbH liegt dann vor, wenn die Gesellschaft zwei der drei Kriterien erfüllt, nämlich die Überschreitung der Bilanzsumme von 200 Mio öS, der Umsatzerlöse von 300 Mio öS, – innerhalb der letzten zwölf Monate und der durchschnittlichen Zahl von 300 Arbeitnehmern im letzten Kalenderjahr. Seit dem RLG 1990 haben daher große Gesellschaften stets, kleine Gesellschaften nur, wenn sie kraft Gesetzes oder Gesellschaftsvertrag einen Aufsichtsrat einzurichten haben, Abschlußprüfer zu bestellen. Der Aufsichtsrat hat den Jahresabschluß zu prüfen und darüber der Generalversammlung zu berichten. Der Jahresabschluß wird von der Generalversammlung festgestellt, die auch über die Verwendung des Gewinnes beschließt. Die Fristenregelung der Aufstellung und Feststellung des Jahresabschlusses entspricht den aktienrechtlichen Regelungen. Eine Fristerstreckung ist seit dem IRÄG 1994 nicht mehr

96a OGH, Recht der Wirtschaft 1991, 14; 1992, 173.

möglich. Jeder Gesellschafter erhält einen aufgestellten Jahresabschluß und hat eine Woche vor Beschlußfassung der Generalversammlung das Recht auf Einsicht in Bücher und Papiere der Gesellschaft. Dieses Recht kann im Gesellschaftsvertrag eingeschränkt oder abbedungen werden, wenn ein Aufsichtsrat einzurichten ist, wobei dann jedem Gesellschafter der Gewinnverteilungsvorschlag und der Prüfungsbericht der Abschlußprüfer zuzusenden sind. Der Bilanzgewinn ist auszuschütten, falls der Gesellschaftsvertrag nicht eine Ermächtigung zu sonstiger Gewinnverwendung enthält oder die Gewinnverwendung einem Generalversammlungsbeschluß vorbehält. Nach dem RLG 1990 gelten grundsätzlich die gleichen Bilanzierungs- und Gliederungsvorschriften wie für Aktiengesellschaften. Kleine GmbHs sind allerdings berechtigt, einen gekürzten Anhang zu erstellen, zudem unterliegen sie nicht der Verpflichtung, die gebundene Kapitalrücklage zu dotieren und müssen seit dem RLG 1990 den Jahresabschluß überhaupt nicht veröffentlichen. Große GmbHs können die Veröffentlichung des Jahresabschlusses mit der Veröffentlichung eines Hinweises auf die Einreichung des Jahresabschlusses zum Firmenbuchgericht ersetzen[97]. Gesellschaften mbH, die Bankgeschäfte betreiben, unterliegen den Rechnungslegungsvorschriften nach dem BWG.

Auch die „kapitalistische Personengesellschaft", d. h., wenn neben einer Kapitalgesellschaft keine natürliche Person als persönlich haftender Gesellschafter mit Vertretungsbefugnis an der Gesellschaft beteiligt ist (GmbH & Co. KG, AG & Co. KG), unterliegt den Rechnungslegungsvorschriften für die Kapitalgesellschaften, wobei im einzelnen die der Rechtsform des geschäftsführenden Gesellschafters entsprechenden Rechtsvorschriften anzuwenden sind.

Die Kapitalberichtigung steht der GmbH ebenso wie der AG offen.

6. Verschmelzung, Umwandlung und Spaltung

Auf die Verschmelzung von GmbHs sind im wesentlichen die aktienrechtlichen Vorschriften sinngemäß anzuwenden. Die Verschmelzung einer GmbH als aufnehmende, mit einer AG als übertragende Gesellschaft ist nicht zulässig. Das Umwandlungsgesetz gilt auch für die GmbH. Nach dem Gesellschaftsrechtsanpassungsgesetz 1993 ist auch die Spaltung von GmbHs möglich.

VI. Wettbewerbsrechtliche Vorschriften

Am 23. September 1993 wurde vom Nationalrat die Novelle zum Kartellgesetz 1988 beschlossen[98]. Bestand nach den bisherigen Bestimmungen[99] bloß

97 LECHNER, in: Straube, HGB II – Rechnungslegung, § 279 Rdn. 1 ff.
98 BGBl. 1993, 693.
99 Vgl. dazu GUGERBAUER, Das Kartellgesetz, 1989; KOPPENSTEINER, Wettbewerbsrecht, 2. Aufl., Bd. I, 1989; BARFUSS/AUER, Kartellrecht, 4. Aufl., 1989.

eine Mißbrauchsaufsicht für marktbeherrschende Unternehmen, so unterliegen seit dem 1. November 1993 Unternehmenszusammenschlüsse nun erstmals einer kartellgerichtlichen Zusammenschlußkontrolle. Das Gesetz unterscheidet zwischen unerheblichen, anzeigepflichtigen (Umsatzerlös der beteiligten Unternehmen von mindestens 150 Mio öS, aber unter der Schwelle der Anmeldepflicht), anmeldepflichtigen Zusammenschlüssen und solchen, die ein Gemeinschaftsunternehmen bilden. Zusammenschlüsse unterliegen der Anmeldepflicht und der Kontrolle ab einem Gesamtumsatzerlös der beteiligten Unternehmen von 3,5 Mrd. öS und einem Mindestumsatz von 5 Mio öS von mindestens zwei der beteiligten Unternehmen[100]. Die Regelung unterscheidet nicht, auf welchem örtlichen und sachlichen Markt der Umsatz erzielt wurde. Der Zusammenschluß ist zu untersagen, wenn zu erwarten ist, daß dadurch eine marktbeherrschende Stellung entsteht oder verstärkt wird. Wenn durch den Zusammenschluß jedoch Verbesserungen eintreten, welche die Nachteile der Marktbeherrschung überwiegen, oder wenn der Zusammenschluß zur Erhaltung oder Verbesserung der internationalen Wettbewerbsfähigkeit der beteiligten Unternehmen notwendig und volkswirtschaftlich gerechtfertigt ist, ist der Zusammenschluß nicht zu untersagen. Die Nichtuntersagung kann mit entsprechenden Beschränkungen und Auflagen verbunden werden. Bereits bis zum Inkrafttreten vollzogene Zusammenschlüsse unterliegen ebensowenig der zwangsweisen Entflechtung wie Zusammenschlüsse, bei denen nachträglich hervorkommt, daß sie die Untersagungstatbestände erfüllen. Gemeinschaftsunternehmen (Joint Ventures) werden ebenfalls erstmals geregelt; das Gesetz unterscheidet zwischen konzentrativen und kooperativen Gemeinschaftsunternehmen, wobei erstere unter die Zusammenschlußkontrolle fallen, für letztere als Kartell ein Antrag auf Erteilung eines Negativattests und/oder ein Antrag auf Freistellung zu stellen ist. Mit dem Inkrafttreten des EWR-Abkommens wurden die EWR-rechtlichen Wettbewerbsregeln wirksam, die weitestgehend den EG-rechtlichen Bestimmungen entsprechen[100a]. Gemeinschafts- oder EFTA-weite Bedeutung des Zusammenschlusses ist dann anzunehmen, wenn die Unternehmen weltweit einen Umsatz von 5 Mrd. ECU und gemeinschafts- oder EFTA-weit einen Umsatz von 250 Mio ECU erzielen. Nur wenn der EFTA-Bereich allein betroffen ist, entscheidet die EFTA-Überwachungsbehörde. Mit dem Beitritt zur EU treten die EU-rechtlichen Bestimmungen in Kraft.

Sonderbestimmungen gelten für Medienunternehmen. Die österreichischen Bestimmungen sind vom Kartellgericht zu vollziehen, die EWR-rechtlichen

100 Vgl. dazu GUGERBAUER, Das Kartellgesetz, 2. Aufl., 1994; DERS., Recht der Wirtschaft 1993, 326 ff; DERS., Österreichisches Bankarchiv 1993, 51 ff; KÖCK, ecolex 1993, 607 ff; ERHART, Economy-Fachmagazin 1993, 263 ff.

100a GUGERBAUER, EWR-Kartellrecht, 1994; vgl. auch OBERNOSTERER/ERHART, Gestaltung von Absprachen im EWR-Recht, 1994.

Wettbewerbsregeln von einer eigens beim Bundesministerium für wirtschaftliche Angelegenheiten eingerichteten Wettbewerbsbehörde.

VII. Behördliche Genehmigungen

Auf die Genehmigungspflicht einer Zweigniederlassung einer ausländischen AG[101] wurde ebenso schon hingewiesen wie auf die ausnahmsweise notwendigen konzessionsbehördlichen Genehmigungen der Unternehmenserrichtung[102].

Nach dem DevisenG[103] bedarf die Beteiligung von Devisenausländern an inländischen Unternehmen zwar an sich der Zustimmung der Österreichischen Nationalbank, ohne Bewilligung ist der Gesellschaftsvertrag schwebend unwirksam und darf nicht registriert werden[104]. In drei Kundmachungen der Österreichischen Nationalbank wurden die devisenrechtlichen Bestimmungen liberalisiert. Durch Punkt 1 der Kundmachung DL 2/91 hat die Österreichische Nationalbank eine generelle Bewilligung zur Durchführung sämtlicher Geschäfte, die durch das DevG erfaßt sind, erlassen. Daher sind auch Gesellschaftsverträge unter Beteiligung von Devisenausländern generell genehmigt. Nach Punkt 3 der Kundmachung 3/91 sind Beteiligungen in Höhe von 100.000,– öS von Inländern an ausländischen Unternehmen (auch Kapitalerhöhungen), soweit es sich um Direktinvestitionen handelt, die zur Herstellung einer dauernden wirtschaftlichen Verbindung mit einem Unternehmen einen tatsächlichen Einfluß auf dessen Führung ermöglichen, zu melden. Nach Punkt 5 derselben Kundmachung sind das Bestehen von und die Umsätze auf Kontoverbindungen mit Ausländern (täglich fällige Konten, Darlehens-/Kreditkonten, Verrechnungskonten), Aufrechnungen von Forderungen und Verbindlichkeiten, die direkte Verwendung von Mitteln im Ausland, Transitgeschäfte ab je 50.000,– öS und bestimmte Guthabenstände im Ausland zu melden. Für Banken gelten besondere Bestimmungen.

Nach den Grundverkehrsgesetzen der Bundesländer[105] unterliegt der Erwerb von Liegenschaften durch Ausländer Beschränkungen, wobei diese Beschränkungen nicht bloß für Gesellschaften mit Sitz im Ausland, sondern auch für Gesellschaften mit Sitz im Inland gelten, deren Gesellschaftsanteile sich aber

101 Vgl. oben II, Fn. 27 ff.

102 Vgl. oben IV. 1., vor Fn. 37.

103 SCHWARZER/CSOKLICH/LIST, Das österreichische Währungs- und Devisenrecht, 4. Aufl., 1987, POTACS, Devisenbewirtschaftung 1990.

104 DORALT, aaO (Fn. 82), S. 92, Fn. 1; REICH-ROHRWIG, aaO (Fn. 4), S. 55 f, S. 59.

105 Abgedruckt bei PIETSCH, Grundverkehrsrecht, 1992; HUMMER/SCHWEITZER, Ausverkauf Österreichs?, 1990: HUMMER/SCHWEITZER, Raumordnung und Bodenrecht in Europa, 1993, S. 216 ff 1993/94 wurde die jüngste Generation der Grundverkehrsgesetze erlassen, vgl. Österreichische Immobilienzeitung 1994, 59 ff.

zum überwiegenden Teil in ausländischem Besitz befinden. Der Erwerb von Liegenschaften durch derartige Gesellschaften und die Übertragung ihrer Anteile bedürfen der Genehmigung der jeweils zuständigen Landesbehörde. Österreich wurde im EWR-Abkommen eine Frist bis 1995 gewährt, diese einseitig beschränkenden Bestimmungen EG- bzw. EWR-konform zu gestalten.

Die Kammer der gewerblichen Wirtschaft hat zwar Sach- oder gemischte Firmen nicht zu genehmigen, sie muß aber erklären, ob sie gegen eine gewählte Firma Einwände erhebt; diese Erklärung kann vom Firmenbuchgericht, aber auch schon vorher von den Gesellschaftsgründern eingeholt werden.

VIII. Gewerbebehördliche Vorschriften

Die österreichische Gewerbeordnung 1973 erfuhr durch die Novelle 1992/93, die mit 1. Juli 1993 in Kraft trat, die bisher umfassendste Änderung[106] und entspricht weitgehend den EG-rechtlichen Anforderungen. Die Gewerbeordnung gilt nicht für die Land- und Forstwirtschaft sowie für den Bergbau, den Betrieb von Bank- und Sparkassengeschäften und von Versicherungsunternehmen, für Eisenbahn-, Schiffahrts- und Luftfahrtunternehmen, für die besondere Aufsichtsgesetze gelten. In der novellierten Fassung kennt die GewO nunmehr grundsätzlich nur mehr Anmeldungsgewerbe, nämlich Handwerke, gebundene Gewerbe und freie Gewerbe; der Typus des konzessionierten Gewerbes, das erst nach Erlangung der Bewilligung ausgeübt werden durfte, wurde aufgehoben, allerdings fallen praktisch alle bisherigen Konzessionsgewerbe in die Gruppe der bewilligungspflichtigen gebundenen Gewerbe, für deren Ausübung bei Gewerbeantritt neben der Erfüllung allgemeiner und besonderer Voraussetzungen auch eine gewerbespezifische Zuverlässigkeit nachgewiesen werden muß[107]. Bei Umgründungen, d. h. bei Verschmelzungen, Umwandlungen, Einbringungen und Zusammenschlüssen, geht die Berechtigung zur Gewerbeausübung auf den Nachfolgeunternehmer über. Kapitalgesellschaften müssen einen gewerbebehördlichen Geschäftsführer bestellen. Der Geschäftsführer ist der Gesellschaft gegenüber zur fachlich einwandfreien Ausübung des Gewerbes und der Behörde gegenüber zur Einhaltung der gewerberechtlichen Bestimmungen verantwortlich. Er muß den für die Ausübung des Gewerbes vorgeschriebenen persönlichen Voraussetzungen entsprechen, seinen Wohnsitz im Inland haben und in der Lage sein, sich im Betrieb entsprechend zu betätigen. Handelt es sich um ein Gewerbe, für das die Erbringung eines Befähigungsnachweises vorgeschrieben ist, d. h. um ein Handwerk oder um ein gebundenes Gewerbe, dann muß der

106 RASCHAUER/SCHULEV-STEINDL, Gewerbeordnung 1993, 1993; SCHULEV-STEINDL, ecolex 1993, 197 ff; KINSCHER, GewO, 6. Aufl., 1994.

107 SCHULEV-STEINDL, ecolex 1993, 197 f.

gewerberechtliche Geschäftsführer Vorstand oder Geschäftsführer der Kapitalgesellschaft oder ein mindestens zur Hälfte der gesetzlichen Normalarbeitszeit beschäftigter Arbeitnehmer der Gesellschaft sein, der voll versicherungspflichtig ist. Bloße Prokuristen, die nicht die nach der neuen Fassung notwendigen Kriterien erfüllen, die aber bis 30. 6. 1993 wirksam als gewerberechtliche Geschäftsführer bestellt worden sind, können die gewerberechtliche Geschäftsführung nur mehr bis zum 31.12.1998 wahrnehmen[108].

IX. Ausländerbeschäftigung

Nach dem Ausländerbeschäftigungsgesetz[109] darf ein Ausländer bei einem inländischen Arbeitgeber nur beschäftigt werden, wenn der Arbeitgeber für ihn vorher eine Beschäftigungsbewilligung, die nur für einen bestimmten Arbeitsplatz und höchstens für ein Jahr gilt, erhalten hat oder wenn dem Ausländer ein maximal zwei Jahre lang geltender Befreiungsschein ausgestellt wurde, weil er schon seit 8 Jahren in Österreich beschäftigt oder mit einem österreichischen Staatsbürger verheiratet ist und seinen Wohnsitz in Österreich hat. Der Befreiungsschein, der nicht an einen bestimmten Arbeitsplatz gebunden ist, darf nur erteilt werden, wenn dem nicht wichtige oder gesamtwirtschaftliche Interessen entgegenstehen und verschiedene individuelle Voraussetzungen erfüllt sind. Durch Verordnung können Kontingente für die Beschäftigung der Ausländer festgelegt werden. Der Bewilligung bedürfen auch Vorstandsmitglieder von Kapitalgesellschaften ebenso wie betriebsentsandte Arbeitnehmer, wenn diese nicht bloß kurzfristige Leistungen erbringen. In der Praxis werden diese Genehmigungen regelmäßig erteilt. Da durch das EWR-Abkommen im Rahmen der Freiheit des Personenverkehrs die Freizügigkeit der Arbeitnehmer im gesamten Hoheitsgebiet der EG-Mitgliedstaaten und EFTA-Staaten verwirklicht wird[110], gelten diese Beschränkungen für Staatsangehörige der Vertragsstaaten nicht.

X. Abgabenrechtliche Vorschriften

Das österreichische Abgabenrecht[111] ist in seinen Grundzügen dem deutschen sehr ähnlich, weil die 1938 und in den folgenden Jahren in Kraft gesetzten

108 Filzmoser, Recht der Wirtschaft 1993, 61 ff; Novacek, Recht der Wirtschaft 1993, 205 ff.

109 Schnorr, Ausländerbeschäftigungsgesetz, 2. Aufl., 1989; Tomandl, Arbeitsrecht II, 1990, S. 3 ff; Floretta/Spielbüchler/Strasser, Arbeitsrecht I, 3. Aufl., 1988, S. 99 ff.

110 Vgl. Runggaldier, in: Runggaldier (Hrsg.), Österreichisches Arbeitsrecht und das Recht der EG, 1990, S. 184.

111 W. Doralt/Ruppe, Grundriß des österreichischen Steuerrechts I und II, 4. Aufl., 1989.

Bestimmungen 1945 in Geltung belassen wurden und in den Folgejahren auf Änderungen im deutschen Recht vielfach Bedacht genommen wurde.

Die allgemeinen Abgaben- und Verfahrensvorschriften sind in der Bundesabgabenordnung 1961, die mehrfach geändert wurde, geregelt[112].

Bei Gründung von Kapitalgesellschaften sowie einer GmbH & Co. KG (AG & Co. KG) und bei Kapitalerhöhungen oder der Leistung von Nachschüssen und Zuzahlungen ist eine Kapitalverkehrssteuer (Gesellschaftssteuer)[113] von 2 % des einbezahlten Kapitals zu entrichten. Derselben Besteuerung unterliegt die Zuführung von Anlage- oder Betriebskapital durch eine ausländische Kapitalgesellschaft an ihre inländische Niederlassung. Das GrunderwerbssteuerG 1987 hat die Befreiungstatbestände wesentlich eingeschränkt[114], so daß die Einbringung einer Liegenschaft in eine Gesellschaft generell der Steuerpflicht unterliegt.

Der Kapitalverkehrssteuer (Börsenumsatzsteuer) unterliegt die Übertragung von Aktien in der Höhe von 1,5 Promille und bei Händlergeschäften zwischen Banken in Höhe von 0,75 Promille sowie von Geschäftsanteilen einer GmbH von 5 Promille des vereinbarten Preises. Wenn bloß ein Vertragsteil Inländer ist und das Geschäft im Ausland, z. B. durch die schriftliche Annahme eines Angebotes, zustandekommt, so ermäßt sich der jeweilige Steuersatz auf die Hälfte[115].

Neben der Kapitalverkehrssteuer unterliegen nach dem GebührenG 1957[116] verschiedene Geschäfte Stempel- und Rechtsgebühren. Die Übertragung von Geschäftsanteilen einer GmbH ist ebenso mit einer 2%igen Gebühr (Zessionsgebühr) belastet wie die Übertragung von Gesellschaftsanteilen von Personengesellschaften, wobei der Betrag vom Entgelt, mindestens vom Wert des Gesellschaftsanteils berechnet wird. Gesellschaftsverträge von Personengesellschaften sind einer Gebühr von 2 % des gewidmeten Kapital, mindestens 800,– öS, unterworfen. Der gleichen Gebühr vom gewidmeten Anlage- oder Betriebskapital unterliegt die Errichtung einer inländischen Zweigniederlassung durch eine ausländische Personengesellschaft. Wird kein Vermögen gewidmet, beträgt die Gebühr 700,– öS. Die Einbringung von Grundstücken wird nicht nach dem Gebührengesetz, sondern bloß nach dem GrunderwerbssteuerG berücksichtigt. Stimmrechtsbindungsverträge gelten zwar als Gesellschaften nach bürgerlichem Recht, sie werden aber, da sie bloß mittelbar, d. h. nicht innerhalb der GesBR dem Erwerb dienen, von der Gebührenpflicht nicht erfaßt[117]. Auch im Ausland

112 STOLL, Bundesabgabenordnung, 2. Aufl., 1980.

113 DORAZIL, Kapitalverkehrssteuergesetz, 1992.

114 DORAZIL, Grunderwerbssteuergesetz, 3. Aufl., 1988, S. 158.

115 DORAZIL, Kapitalverkehrssteuergesetz, S. 252 f.

116 BGBl. 1957, 267 i. d. F. BGBl. 1992, 780; ARNOLD, Rechtsgebühren, 3. Aufl., 1993; FROTZ/HÜGEL/POPP, Kommentar zum Gebührengesetz, Loseblatt-Slg., 1981.

117 ARNOLD, aaO (Fn. 116), S. 517 f.

abgeschlossene Gesellschaftsverträge sind gebührenpflichtig, selbst wenn die Verträge nicht ins Inland gebracht werden. Protokolle einer Hauptversammlung der AG sind mit 2400,–, von Generalversammlungen der GmbH mit 1200,– öS zu vergebühren, schriftlich gefaßte Beschlüsse, d. h. Umlaufbeschlüsse, sind gebührenfrei. Gesellschafterdarlehen unterliegen gebührenrechtlichen Sondervorschriften. Durch die Novelle 1994[117a] werden im Zuge einer Anpassung an das EU-Recht massive Änderungen vorgenommen, unter anderem wird die Gesellschaftssteuer auf einen Steuersatz von 1 % abgesenkt. Die Verlegung des Sitzes einer Gesellschaft aus einem EU-Staat in das Inland ist ebensowenig steuerpflichtig wie die Kapitalzufuhr einer ausländischen EU-Gesellschaft an die österr. Zweigniederlassung. Die Erhebung der Wertpapiersteuer entfällt. Zwar wird die Börsenumsatzsteuer für die Anschaffung von GmbH-Anteilen auf 2,5 % angehoben, dafür entfällt aber die bisherige Zessionsgebühr.

Ein Unternehmen unterliegt folgenden Steuerbelastungen: Der Körperschaftssteuer und der Einkommenssteuer, soweit es sich nicht um Kapitalgesellschaften handelt. Die Einkommenssteuerprogression[118] reicht von 10 % bis 50 %. Die Steuerreform 1989 hat eine wesentliche Änderung der Ertragsbesteuerung bewirkt. Die Körperschaftssteuer[119] beträgt einheitlich für alle ausgeschütteten und nicht ausgeschütteten Gewinne 34 %, womit der bisher geltende gespaltene Körperschaftssteuersatz entfällt. Offene Gewinnausschüttungen aus einer inländischen Kapitalgesellschaft unterliegen beim Empfänger dem halben Durchschnittseinkommenssteuersatz (Halbsatzverfahren), also einem höchstens 25%igen Steuersatz. Die Gesellschaft ist verpflichtet, 22 % der Dividende vorweg als Kapitalertragssteuer einzubehalten und an das zuständige Finanzamt abzuführen; die einbehaltene Steuer wird den Gesellschaftern auf deren Einkommens- bzw. Körperschaftssteuern angerechnet. Soweit es sich allerdings um Beteiligungen zwischen juristischen Personen handelt, wird die Doppel- bzw. Mehrfachbelastung durch die Institute der Organschaft und des Schachtelprivilegs vermieden. Während das Ausmaß der Beteiligung an einer inländischen Kapitalgesellschaft für die Körperschaftssteuerbefreiung aufgrund des Schachtelprivilegs nicht mehr relevant ist, muß bei einem internationalen Schachtelprivileg die Beteiligung unmittelbar, zu mindestens 25 % und seit 12 Monaten vor dem für die Ermittlung des Einkommens maßgebenden Bilanzstichtag bestehen[120]. Die Unternehmen haben daneben die Lohnsumme zu versteuern.

117a BGBl. 1994/629; vgl. QUANTSCHNIGG, Recht der Wirtschaft 1994, 221 ff.

118 QUANTSCHNIGG/SCHUCH, Einkommenssteuer-Handbuch, 1993; SCHÖGL/WIESNER/NOLZ/KOHLER, Einkommenssteuer, 12. Aufl.

119 BAUER/QUANTSCHNIGG, Die Körperschaftssteuer KStG 1988, Loseblatt, 1989.

120 Zu den Steuerrechtsfragen einer österreichischen Holdinggesellschaft: LITTICH/SCHELLMANN/SCHWARZINGER/TRENTINI, Holdding, 1993.

Außerdem sind *Grundsteuern* und eine *Bodenwertabgabe* für unbebaute Grundstücke zu leisten. Die Aufsichtsratsabgabe wurde durch die Steuerreform 1989 abgeschafft, die Vermögensteuer durch die Reform 1993.

Nach deutschem Vorbild ist in Österreich die *Umsatzsteuer*[121] geregelt, deren Normalsatz 20 %, deren erhöhter Satz für bestimmte Güter, z. B. Personenkraftwagen, Flugzeuge oder Ersatzmotoren 32 % und deren ermäßigter Satz, z. B. für Vermietung, Personenbeförderung, die Verwertung von Urheberrechten oder für Holz- und Druckereierzeugnisse, 10 % beträgt. Ausfuhrlieferungen sind steuerbefreit. Das Steuerrecht wird durch das EWR-Abkommen nicht berührt, eine Änderung steht aber mit dem EU-Beitritt unmittelbar bevor[121a].

Österreich hat mit vielen Staaten, unter anderem mit der Bundesrepublik Deutschland, Doppelbesteuerungsübereinkommen[122] abgeschlossen.

Im Zuge einer großen Steuerreform 1993 wurde die Besteuerung von Unternehmen grundlegend umgestaltet[123]. Die Steuer auf das Betriebsvermögen, das Erbschaftssteueräquivalent, die Gewerbesteuer und die Bankplatzsteuer wurden abgeschafft. Dividenden und GmbH-Erträge werden mit 22 % und nicht mehr mit dem Halbsatz (von maximal 25 %) besteuert. Zinserträge werden bei Personengesellschaften in Zukunft nur mehr mit der Kapitalertragssteuer belastet. Als Ausgleich für diese Erleichterungen besteht eine Registrierungsgebühr von Kapitalgesellschaften in Höhe von 10.000,– öS jährlich, und es wurden die Körperschaftssteuer (34 %) und Lohnsummensteuer erhöht.

XI. Strukturverbesserung – Umgründung

Das Umgründungssteuergesetz 1991[124] trat mit dem 1. Januar 1992 in Kraft und löste damit das noch für einen Übergangszeitraum, nämlich für Beschlüsse bis zum 9. September 1992, geltende Strukturverbesserungsgesetz[125] ab, das je-

121 KOLACNY/MAYER, UmsatzsteuerG 1992, 1992; KRANICH/SIEGL/WABA, Komm. z. Mehrwertsteuergesetz, Loseblatt, 1973.

121a UmsatzsteuerG 1994, BGBl. 1994/663; vgl. GRABNER, Recht der Wirtschaft 1994, 217 ff; zu weiteren EU-Anpassungen siehe QUANTSCHNIGG, Recht der Wirtschaft 1994, 221 ff.

122 W. DORALT/RUPPE, Grundriß des österreichischen Steuerrechts I, 4. :Aufl., S. 209 ff.

123 BGBl. 1993/818 Standard vom 9./10. Juni 1993, Steuer- und Wirtschaftskartei 1993, T 35 ff; NOLZ, Die Steuerreformpläne für 1994, Recht der Wirtschaft 1993, 224; NOLZ, Steuerreformgesetz 1993 (Ministerialentwurf), ÖStZ 1993, 193 ff (Heft 13/14).

124 WUNDSAM/ZÖCHLING u. a., UmgründungssteuerG, 1992; HELBICH/WIESNER, Umgründungen auf der Grundlage des Umgründungssteuergesetzes 5. Aufl., 1993; HELBICH/GASSNER u. a. Umgründungssteuergesetz, hrsgg. von der Bank-Austria, 1992; STEINER, Steuer und Wirtschaftskartei, 1992, A I, S. 244 ff.

125 Vgl. dazu KASTNER/MAYER/FRINT, Komm. z. Strukturverbesserungsgesetz, 1970; VODRAZKA (Hrsg.), Strukturverbesserung, Praxis und Recht, FS Helbich, 1990; HELBICH, Umgründungen, 4. Aufl., 1990.

weils nur befristet gegolten hatte. Das Umgründungssteuergesetz gilt nun unbefristet. Der Grundgedanke liegt in der Bewahrung der Betriebskontinuität. Der Umstand, daß ein Unternehmen in einer anderen Rechtsform weiterbetrieben wird, soll nicht zur Auflösung und Besteuerung stiller Reserven führen. Das UmgründungssteuerG betrachtet daher wirtschaftlich den Formwechsel steuerneutral, wenn bestimmte, vom Gesetz genau festgelegte Voraussetzungen erfüllt sind. Die damit verbundene Ausnahme von der Besteuerung stiller Reserven ist kein endgültiger Verzicht auf die Besteuerung, sondern bloß ein Hinausschieben. Erfaßt werden die Umgründungsvorgänge der Verschmelzung, der Umwandlung, der Einbringung, des Zusammenschlusses, der Realteilung und der Spaltung.

I. Abkürzungen

ABGB	Allgemeines Bürgerliches Gesetzbuch
ArbVG	Arbeitsverfassungsgesetz
ASVG	Arbeiter- und Angestelltensozialversicherungsgesetz
BG	Bundesgesetz
BGBl.	Bundesgesetzblatt
BWG	Bankwesengesetz
DE	Durchführungserlaß
EWR	Europäischer Wirtschaftsraum
FBG	Firmenbuchgesetz
FS	Festschrift
G	Gesetz
GP	Gesetzgebungsperiode
HS	Sammlung handelsrechtlicher Entscheidungen
KEG	Kommanditerwerbsgesellschaft
KWG	Kreditwesengesetz
OEG	Offene Erwerbsgesellschaft
OGH	Oberster Gerichtshof
PKG	Pensionskassengesetz
RLG	Rechnungslegungsgesetz
VAG	Versicherungsaufsichtsgesetz

II. Gesetze

Allgemeines Bürgerliches Gesetzbuch vom 1. 6. 1811 i. d. F. BGBl. 1992/275.
Aktiengesetz vom 31. 3. 1965, BGBl. 1965/98 i. d. F. BGBl. 1994/153.
Arbeitsverfassungsgesetz vom 14. 12. 1973, BGBl. 1974/22 i. d. F. BGBl. 1993/460.
Arbeitsvertragsrechtsanpassungsgesetz vom 9. 7. 1993, BGBl. 1993/459.
Ausländerbeschäftigungsgesetz vom 20. 3. 75, BGBl. 1975/218 i. d. F. BGBl 1993/463.
Bankwesengesetz vom 30. 7. 1993, BGBl. 1993/532.
Beteiligungsfondsgesetz vom 18. 2. 1982, BGBl. 1982/111 i. d. F. BGBl. 1993/532.
Börsengesetz vom 8. 11. 89, BGBl. 1989/555 i. d. F. BGBl. 1990/558; 1993/529.
Bundesabgabenordnung vom 28. 6. 1961, BGBl. 1961/194 i. d. F. BGBl. 1993/257.

Deutsch-Österreichisches Doppelbesteuerungsübereinkommen vom 4. 10. 1954, BGBl. 1955/221.
Einkommenssteuergesetz BGBl. 1988/400 i. d. F. BGBl. 1993/818.
Erwerbsgesellschaftengesetz vom 25. 4. 1990, BGBl. 1990/257 i. d. F. BGBl. 1991/10.
Firmenbuchgesetz vom 11. 1. 1991, BGBl. 1991/10 i. d. F. BGBl. 1993/458.
GmbHG vom 6. 3. 1906, RGBl. 1906/58 i. d. F. BGBl. 1994/153.
Gebührengesetz vom 2. 12. 1957, BGBl. 1957/267 i. d. F. BGBl. 1994/629.
Gesellschaftsrechtsänderungsgesetz 1993 vom 9. 7. 1993, BGBl. 1993/458.
Gewerbeordnung vom 29. 11. 1973, BGBl. 1973/50 i. d. F. BGBl. 1993/532.
Grunderwerbssteuergesetz vom 29. 6. 1955, BGBl. 1955/140 i. d. F. BGBl. 1987/309.
Handelsgesetzbuch vom 10. 5. 1897 – in Österreich 1939 eingeführt – i. d. F. BGBl. 1994/153.
Investmentfondsgesetz vom 10. 7. 1963, BGBl. 1963/192 i. d. F. BGBl. 1993/532.
Kapitalmarktgesetz vom 6. 12. 1991 BGBl. 1991/625 i. d. F. BGBl. 1993/532.
Kartellgesetz vom 19. 10. 1988, BGBl. 1988/600 i. d. F. BGBl. 1993/639.
Konkursordnung vom 10. 12. 1914, BGBl. 1914/337 i. d. F. BGBl. 1991/628.
Körperschaftssteuergesetz vom 7. 7. 1988, BGBl. 1988/401 i. d. F. BGBl. 1993/818.
Pensionskassengesetz vom 17. 5. 1990 BGBl. 1990/281 i. d. F. BGBl. 1992/209.
Privatstiftungsgesetz vom 23. 9. 1993, BGBl. 1993/694.
Umgründungssteuergesetz vom 30. 12. 1991, BGBl. 1991/699.
Umsatzsteuergesetz vom 15. 6. 1972, BGBl. 1972/223 i. d. F. BGBl. 1994/663.
Umwandlungsgesetz vom 7. 7. 1954, BGBl. 1954/187 i. d. F. BGBl. 1993/458.
Versicherungsaufsichtsgesetz vom 18. 10. 1978, BGBl. 1978/569 i. d. F. BGBl. 1993/458.
Alle Gesetze sind abgedruckt in: BYDLINSKI, Österreichische Gesetze – Privatrecht; SCHÄFER, Österreichische Gesetze – Öffentliches Recht (Loseblatt) und in: HEINL/LOEBENSTEIN/VEROSTA, Das österreichiche Recht (Loseblatt).
Handels- und Gesellschaftsrechtliche Vorschriften sind abgedruckt in WEILINGER, Kodex Handelsrecht (1993), 12. Auflage; LIST, Handelsrecht-Gesetzestexte (1991).
Abgabenrechtliche Vorschriften sind abgedruckt in W. DORALT, Kodex Steuerrecht 17. Aufl. 1994.
Arbeitsrechtliche Vorschriften sind abgedruckt in MAZAL, Kodex Arbeitsrecht 11. Aufl. 1993.

III. Literaturhinweise

ARNOLD, Rechtsgebühren, 2. Auflage, 1993.
W. DORALT/RUPPE, Grundriß des österreichischen Steuerrechts, 4. Aufl. 1989.
CSOKLICH/GRÖHS/MÜLLER/HELBICH, Handbuch zum PrivatstiftungsG, 1994.
DORALT/NOWOTNY, (Hrsg), Der EG-rechtliche Anpassungsbedarf im österreichischen Gesellschaftsrecht, 1993.
GELLIS/FEIL, Gesellschaft mit beschränkter Haftung, 2. Aufl., 1982.
HÄMMERLE/WÜNSCH, Handelsrecht, 4. Aufl., ab 1990.
HASCHEK/BRAUMANN/DORALT/CSOKLICH, Österreichisches Bank- und Börsenrecht, (Gesetze, Verordnungen, Statuten, AGB), 2. Aufl. 1991.
HELBICH/WIESNER, Umgründungen auf der Grundlage des Umgründungssteuergesetzes, 5. Aufl., 1993.
HÜGEL, Verschmelzung und Einbringung, 1993.
KASTNER/DORALT/NOWOTNY, Grundriß des österreichischen Gesellschaftsrechts, 5. Aufl. 1990.
KASTNER/STOLL (Hrsg.), Die GmbH & Co. KG im Handels-, Gewerbe- und Steuerrecht, 2. Aufl., 1977.

KOPPENSTEINER, Komm. z. GmbHG, 1994.
KOSTNER, Die Aktiengesellschaft, 1984.
KOSTNER/UMFAHRER, Handbuch der GmbH, 4. Aufl., 1993.
LITTICH/SCHELLMAN/SCHWARZINGER/TRENTINI, Holding, 1993.
NITSCHE/NOWOTNY/ZETTER, HGB und Nebengesetze, 13. Aufl., 1994.
REICH-ROHRWIG, GmbH-Recht, 1983.
RUNGGALDIER/SCHIMA, Leitfaden der Rechtsstellung der Führungskräfte, 1992.
SCHIEMER, Handkommentar zum Aktiengesetz, 2. Aufl., 1986.
SCHIEMER/STRASSER/JABORNEGG, Komm. z. Aktiengesetz, 3. Aufl., 1993.
SCHÖNHERR/TORGGLER, GmbHG, 4. Aufl., 1991.
WEILINGER, Gesellschaft mit beschränkter Haftung (GmbH), 1993.
WÜNSCH, GmbH-Kommentar, ab 1988.
WUNDSAM/ZÖCHLING u. a., Umgründungssteuergesetz, 1992.

IV. Adressenverzeichnis

Bundeskammer der gewerblichen Wirtschaft
Wiedner Hauptstraße 63
A-1040 Wien

Österreichische Nationalbank
Otto-Wagner-Platz 3
A-1090 Wien

Vereinigung Österreichischer Industrieller
Schwarzenbergplatz 4
A-1030 Wien

Die Gründung einer Tochtergesellschaft in Polen

von

Dr. Janusz Marciniuk, Warschau

Inhaltsübersicht

I. Einleitung

1976 hat Polen die ersten rechtlichen Grundlagen sowohl für die Errichtung ausländischer Firmenvertretungen in Polen[1] als auch für ausländische Kapitalinvestitionen[2] geschaffen.

1 Verordnung des Ministerrates vom 6. 2. 1976 über die Bedingungen, das Verfahren sowie die zuständigen Organe bei der Erteilung von Genehmigungen an ausländische juristische und natürliche Personen zur Errichtung von Vertretungen auf dem Gebiet der VR Polen zur Führung einer Wirtschaftstätigkeit, Dz.U.Nr. 11, Pos. 63. Die noch z. Zt. geltenden Verordnungen von 1928 und 1934, und zwar: Verordnung des Ministerrates 20.12.1928 über die Zulassung ausländischer Aktiengesellschaften und Kommanditgesellschaften auf Aktien zur Tätigkeit in Polen – Dz.U.Nr. 103, Pos. 919 und

Im Jahre 1979 sind Grundsätze verabschiedet worden, die dem ausländischen Kapital eine Beteiligung an einem Joint-Venture mit polnischen Staatsunternehmen und Genossenschaften ermöglicht haben[3].

Eine weitere Entwicklung des polnischen Rechts im Hinblick auf die wirtschaftliche Tätigkeit ausländischen Kapitals in Polen ist 1982 aufgetreten.

Zunächst sah das Gesetz über das Bankrecht vom 26. 2. 1982[4] in Art. 85 eine Möglichkeit vor, eine Bank in Form einer Aktiengesellschaft mit ausländischem Kapital gründen zu können, allerdings unter Beibehaltung von mindestens 51 % des Grundkapitals durch eine polnische Partner-Bank oder den Fiskus. In begründeten Fällen konnte der Anteil der polnischen Seite jedoch weniger als 51 % betragen. Am 6. 7. 1982 hat das polnische Parlament ein neues Gesetz über die Grundsätze der Wirtschaftstätigkeit im Bereich des Kleingewerbes durch ausländische juristische und natürliche Personen auf dem Territorium der Volksrepublik Polen[5] verabschiedet. Es ist am 16. 7. 1982 in Kraft getreten und ersetzt die in Fn. 2 zitierte Verordnung und mehr als zehn weitere Rechtsgrundlagen, die die Tätigkeit ausländischer Investoren im Bereich des Kleingewerbes regelten. Seit 1982 ist die Wirtschaftstätigkeit ausländischer Investoren im Bereich des Kleingewerbes juristisch vollständig geregelt.

Die Gründung von neuen Unternehmen aufgrund des Gesetzes von 1982 ist jedoch nicht mehr möglich[6].

Die Tätigkeit in der sogenannten „Großindustrie"[7] dagegen wurde ursprünglich nach dem am 23. 4. 1986 verabschiedeten Gesetz über Gesellschaften mit ausländischer Beteiligung geregelt. Das Gesetz von 1986 hat den Beschluß Nr. 24 des Ministerrats von 1979 außer Kraft gesetzt.

Verordnung des Ministerrates vom 28. 3. 1934 über die Zulassung ausländischer Gesellschaften mit beschränkter Haftung zur Tätigkeit in Polen – Dz.U.Nr. 31, Pos. 281 waren praktisch bei Zulassung von ausländischen Investoren in Polen nicht angewandt worden.

2 Verordnung des Ministerrates vom 14. 5. 1976 über die Erteilung von Genehmigungen an ausländische juristische und natürliche Personen zur Ausübung bestimmter wirtschaftlicher Tätigkeit, Dz.U.Nr. 19, Pos. 123.

3 Beschluß Nr. 24 des Ministerrates vom 7. 2. 1979 über die Gründung und die Tätigkeit von Unternehmen mit Beteiligung ausländischen Kaapitals im Inland, mit Anlage: Richtlinien über Gründung, Organisation und Arbeitsweise von Gesellschaften mit beschränkter Haftung im Inland unter Beteiligung ausländischen Kapitals, M. P. Nr. 4, Pos. 36.

4 Dz.U.Nr. 7, Pos. 56.

5 Einheitlicher Text vom 18. 3. 1985, Dz.U.Nr. 13, Pos. 58.

6 Die z. Zt. bestehenden Unternehmen, die aufgrund des Gesetzes von 1982 gegründet worden sind, können als Einlage in das Stammkapital einer Gesellschaft mit ausländischer Beteiligung eingebracht werden.

7 Dz.U.Nr. 17, Pos. 88. Vgl. BERGMANN, RIW 1986, 695 ff; MARCINIUK, Poland: New Legislation for Joint Ventures, European Taxation 1986, 264 ff.

Eine weitere Entwicklung der polnischen Gesetzgebung in bezug auf die wirtschaftliche Tätigkeit von ausländischen Investoren in Polen ist durch die Gesetze vom 23. 12. 1988 über die Wirtschaftstätigkeit mit Beteiligung von ausländischen Subjekten[8] und vom 14. 6. 1991 über Gesellschaften mit ausländischer Beteiligung[9] gekennzeichnet.

Ausländische Investoren können darüber hinaus Anteile bzw. Aktien bei den bereits bestehenden Gesellschaften des öffentlichen Handels im Rahmen der Privatisierung erwerben und sich auf diese Weise indirekt in der Wirtschaft engagieren[10].

Von der oben skizzierten Entwicklung des polnischen Rechts in bezug auf die direkte Wirtschaftstätigkeit von ausländischen Investoren in Polen sind zwei in Kraft bleibende Normengruppen von Bedeutung. Erstens die oben bereits zitierte Verordnung des Ministerrates von 1976[10a] und das ebenfalls bereits erwähnte Gesetz von 1991[10b]. Selbst dann, wenn ein ausländischer Investor Anteile bzw. Aktien bei einer bereits bestehenden Gesellschaft ohne ausländische Beteiligung erwirbt, wird eine solche Gesellschaft automatisch dem Gesetz von 1991 unterworfen. Dem Gesetz von 1991 sind also nicht nur Neugründungen mit ausländischer Beteiligung unterworfen, sondern auch solche Gesellschaften, die durch Verkauf von Anteilen bzw. Aktien an ausländische Personen eine solche Beteiligung aufweisen.

Mit dem Investitionsgesetz von 1991 hat man einen weiteren Meilenschritt im Bereich der Betätigung von ausländischen Investoren in der polnischen Wirtschaft gemacht. Sehr viele Einschränkungen bei der Zulassung von ausländischen Investoren, die noch im Gesetz von 1988 enthalten waren, sind abgeschafft worden. So sind z. B. die Mindestanforderungen an eine ausländische Kapitalbeteiligung – eine Beteiligung am Stammkapital einer Gesellschaft durfte nicht weniger als 20 % betragen und mußte mindestens dem Umtauschwert von 50.000,– US-Dollar entsprechen – weggefallen; viele der Tätigkeitsbereiche sind z. Zt. ohne das lästige Genehmigungsverfahren erlaubt. Man könnte schon fast sagen, daß man ein spezielles Recht in bezug auf die Zulassung von ausländischen Investoren nicht mehr braucht. Im Zuge der geplanten weiteren Novellierungen der Wirtschaftsgesetze werden aller Wahrscheinlichkeit nach die noch geltenden Normen, die in Fn. 1 und Fn. 9 zitiert worden sind, abgeschafft.

8 Dz.U.Nr. 41, Pos. 326 mit Änderungen 1989 (Dz.U.Nr. 74, Pos. 442), 1990 (Dz.U. Nr. 51, Pos. 299) und 1991 (Dz.U.Nr. 31, Pos. 128).

9 Dz.U.Nr. 60, Pos. 253 mit Änderung: Dz.U.Nr. 80, Pos. 350, Dz.U.Nr. 111, Pos. 480, Dz.U. 1993, Nr. 134, Pos. 646. Im weiteren wird dieses Gesetz kurz als „Investitionsgesetz" zitiert.

10 Gesetz vom 13.7.1990 über die Privatisierung von Staatsunternehmen, Dz.U.Nr. 51, Pos. 298.

10a AaO (Fn. 1).

10b AaO (Fn. 1).

Im folgenden wird das Investitionsgesetz im Zusammenhang mit dem polnischen Gesellschafts- und Steuerrecht behandelt[11].

II. Gesellschaftsrecht

1. Rechtsgrundlage

In Polen sind die Handelsgesellschaften im Handelsgesetzbuch von 1934[12] geregelt. Art. VI § 1 des Einführungsgesetzes zum Zivilgesetzbuch vom 24. 4. 1964[13] hat die Bestimmungen des HGB über oHG[14], GmbH[15] und AG[16] in Kraft gelassen. Durch eine Novelle zum HGB vom 31. 8. 1991[17] sind die 1964 aufgehobenen Vorschriften über die KG[18] mit Wirkung zum 5. 11. 1991 in das HGB wieder eingeführt worden. Bezüglich dieser Gesellschaften gelten darüber hinaus

11 Zur weiteren Darstellung der Grundsätze über die Gründung einer Firmenvertretung und – zwecks der historischen Untersuchung – von gemischten Gesellschaften in Polen auf der Basis des Beschlusses Nr. 24 des Ministerrates wird auf PFEFFER, Ausländische Firmenvertretungen und Kapitalinvestitionen in Polen, IWB Fach 5 Gruppe 3, S. 11 ff; DERS., Gesellschaften mit ausländischer Kapitalbeteiligung in Polen, IWB Fach 5 Gruppe 2, S. 19 ff; MARCINIUK, Die Stellung der staatlichen und ausländischen Unternehmen in Polen, dargestellt anhand des neuen polnischen Wirtschafts- und Steuerrechts, HWWA-Report Nr. 64, Hamburg 1984, S. 37 ff und 64 ff; WERALSKI, Polish People's Republic: New Joint Venture Legislation, European Taxation 1977, 114 ff; DERS., The new policies and legislation concerning joint ventures in Poland, European Taxation 1980, 99 ff; KORTAN, Die Betriebswirtschaft 1981, 77 ff und MENTZ, Das internationale Steuerrecht der europäischen RGW-Länder, Köln 1984, S. 40 ff; JENSEN, Joint Ventures in Osteuropa, Kopenhagen 1986, S. 154 ff verweisen.
Zum alten Recht bezüglich der Gesetze von 1986 und 1988 siehe: HOHLOCH, Neues Recht für die wirtschaftliche Tätigkeit von Ausländern und ausländischen Unternehmen in Polen; IWB Fach 5 Gruppe 3, S. 27 ff; KUSS, RIW 1989, S. 260 – 271.

12 Verordnung des Präsidenten der Republik Polen vom 27. 6. 1934, Dz.U.Nr. 57, Pos. 502, mit Änderungen: 1946 Nr. 57, Pos. 321; 1950 Nr. 34, Pos. 312; 1964 Nr. 16, Pos. 94, 1969 Nr. 13, Pos. 95; 1988 Nr. 41, Pos. 326; 1990 Nr. 17, Pos. 98 und Nr. 51, Pos. 298; 1991 Nr. 35, Pos. 155, Nr. 94, Pos. 418 und Nr. 111, Pos. 480. Deutsche Ausgabe: Das polnische Handelsgesetzbuch, Hrsg. Polnische Gesellschaft der Übersetzer für Wirtschaft, Rechts- und Gerichtswesen und Staatliche Agentur für Auslandsinvestitionen, Stand 1. Juni 1993, Warschau 1993.

13 Dz.U.Nr. 16, Pos. 94.

14 Artt. 75–142 HGB.

15 Artt. 158–306 HGB.

16 Artt. 307–490 HGB.

17 Gesetz vom 31. 8. 1991 über die Änderung der Verordnung des Präsidenten der Republik Polen, Handelsgesetzbuch – Dz.U.Nr. 94, Pos. 418. Vgl. GRALLA, WIRO 1992, 21.

18 Artt. 143–157 HGB.

auch die Bestimmungen des HGB über die Firma[19], die Prokura[20] und das Handelsregister[21].

Für einen ausländischen Investor kommen jedoch nach Art. 1 Abs. 2 des Investitionsgesetzes als lex specialis entweder eine GmbH oder eine Aktiengesellschaft als Organisationsmodell in Betracht. Deswegen wird auch im weiteren die Darstellung des polnischen Gesellschaftsrechts auf diese beiden Gesellschaftsformen beschränkt.

2. *Gesellschaft mit beschränkter Haftung*

a) *Gründung der GmbH*

Eine GmbH darf seit dem 4. Juli 1991 generell ohne Genehmigung von einem ausländischen Investor gegründet werden. Nur die Gründung einer GmbH, die die Verwaltung von See- und Flughäfen, Immobilienverkauf und -vermittlung, Geschäfte im Bereich der Rüstungsindustrie, den Großhandel mit importierten Waren und Rechtsdienstleistungen zum Gegenstand hat, bedarf nach wie vor einer Genehmigung[22].

Darüber hinaus sind die Gesellschaften genehmigungspflichtig, an denen außer einem ausländischen Gesellschafter auch Staatsunternehmen beteiligt sind, die aber gleichzeitig als Stammeinlage einen Teil des Unternehmens einbringen[23]. Bareinlagen seitens der Staatsunternehmen begründen also nicht das Erfordernis, eine Gründungsgenehmigung einzuholen. Das für die Erteilung der Genehmigung zuständige Organ ist das Ministerium für Eigentumsumwandlungen.

Zur Gründung einer GmbH sind erforderlich[24]: der Abschluß eines Gesellschaftsvertrages bzw. die Schaffung eines Gründungsaktes, bei einer Einmann-Gründung, das Einbringen des gesamten Stammkapitals, die Bestellung der Gesellschaftsorgane und die Eintragung in das Handelsregister.

Der Abschluß des Gesellschaftsvertrages muß, um gültig zu sein, notariell beurkundet werden; dies gilt auch für die Änderung des Gesellschaftsvertrages. Der Gesellschaftsvertrag muß enthalten[25]:

19 Artt. 26, 28, 29 31–38 HGB.
20 Artt. 60–65 HGB.
21 Artt. 13–25 HGB.
22 Art. 4 Abs. 1 Ziff. 1 des Investitionsgesetzes.
23 Art. 4 Abs. 1 Ziff. 2 des Investitionsgesetzes.
24 Art. 160 HGB. Dazu HEISS/KAWECKI, Gesellschaftsgründungen und gesellschaftsrechtliche Beteiligungen Deutscher in Polen, in: Breidenbach (Hrsg.), Handbuch Wirtschaft und Recht in Osteuropa, SYST 11 PL, S. 7.
25 Art. 162 HGB.

- die Firma und den Sitz der Gesellschaft,
- den Gegenstand des Unternehmens,
- die Lebensdauer der Gesellschaft, wenn diese beschränkt ist,
- die Höhe des Stammkapitals,
- Angaben darüber, ob ein Gesellschafter nur einen oder mehrere Anteile haben kann und
- die Anzahl und die Höhe der von den einzelnen Gesellschaftern übernommenen Anteile.

Erbringt ein Gesellschafter seinen Anteil mit nicht in Geld bestehenden Einlagen, z. B. mit beweglichen oder unbeweglichen Sacheinlagen, Patent- und Urheberrechten u. ä., so sind die Person des Gesellschafters, der Gegenstand sowie die Anzahl und Höhe der ihm dafür zuerkannten Anteile im Gesellschaftsvertrag anzugeben.

Das Stammkapital der GmbH besteht aus Anteilen von gleicher und ungleicher Höhe[26]. Im Gesellschaftsvertrag wird – wie oben bereits erwähnt – bestimmt, ob ein Gesellschafter nur einen oder mehrere Anteile haben kann. Kann er mehrere Anteile haben, so müssen alle Anteile am Stammkapital gleich sein und sind in einem solchen Fall unteilbar.

Das Mindestkapital einer GmbH beträgt 40 Mio. Złoty (Mitte 1994 um DM 3000,–)[27]. Die Stammeinlage jedes Gesellschafters muß mindestens 500 000 Złoty (derzeit ca. DM 35,–) betragen. Es bestehen – wie bereits erwähnt – keine Beschränkungen mehr bezüglich der Höhe des ausländischen Anteils am Stammkapital der Gesellschaft.

Um die Gesellschaft in das Handelsregister eintragen zu können, muß vorher der Vorstand der Gesellschaft bestellt werden, da nur dem Vorstand das Recht zusteht, die Gesellschaft zur Eintragung anzumelden. Der Anmeldung der Gesellschaft sind beizufügen[28]:

- der Gesellschaftsvertrag,
- die Erklärung aller Mitglieder des Vorstandes, daß die Bareinlagen eingezahlt worden sind, und daß der Übergang der nicht in Geld zu leistenden Einlagen in die Gesellschaft zum Zeitpunkt ihrer Eintragung in das Handelsregister gesichert ist,
- der Nachweis über die Bestellung der ersten Organe der Gesellschaft mit der Angabe über die personelle Zusammensetzung, falls diese nicht schon im Gesellschaftsvertrag bestimmt wurde,

26 Art. 159 § 1 HGB.

27 Art. 159 § 2 HGB. Es muß darauf hingewiesen werden, daß in der Praxis sowohl das Stammkapital als auch die Stammeinlage weit über den vorgeschriebenen Werten liegen und meistens mindestens 100.000.000 bzw. 1.000.000 Złoty betragen.

28 Art. 167 HGB.

– die Erklärung des Vorstandes, daß die Einlagen durch einen ausländischen Investor vorschriftsmäßig erbracht wurden[29].

Gleichzeitig mit der Anmeldung ist eine von dem Vorstand unterschriebene Liste der Gesellschafter einzureichen, die Vor- und Zunamen bzw. Firma der einzelnen Gesellschafter sowie die Anzahl und den Betrag der von jedem Gesellschafter übernommenen Stammeinlage enthält. Darüber hinaus sind der Anmeldung der Gesellschaft (auch die Änderung der Zusammensetzung des Vorstandes) die vor Gericht geleisteten oder notariell beglaubigten Unterschriften der Vorstandsmitglieder beizufügen.

Durch die Eintragung in das Handelsregister erwirbt die Gesellschaft Rechtspersönlichkeit. Ist vor der Eintragung im Namen der Gesellschaft gehandelt worden, so haften die Handelnden persönlich und als Gesamtschuldner, es sei denn, die Handlungen sind nach der Eintragung von dem Vorstand anerkannt worden.

b) Organisation der GmbH

aa) Der Vorstand

Der Vorstand wird durch Gesellschafterbeschluß bestellt, wenn nichts anderes im Gesellschaftsvertrag bestimmt ist. So kann z. B. im Gesellschaftsvertrag bestimmt werden, daß die Vorstandsmitglieder vom Aufsichtsrat bestellt werden oder daß eine bestimmte Person Vorstandsmitglied werden muß. Der Vorstand einer GmbH besteht aus einer oder mehreren Personen, die sowohl Gesellschafter als auch Nichtgesellschafter sein können[30]. Die Funktion eines Vorstandsmitglieds kann nur durch natürliche Personen ausgeübt werden, allerdings auch durch Ausländer.

29 Art. 11 des Investitionsgesetzes. Bareinzahlungen müssen gemäß Art. 10 Abs. 1 und 2 in polnischer Währung erfolgen und aus nachfolgenden Quellen kommen:
- aus dem Umtausch konvertibler Währungen bei einer Devisenbank,
- aus Erträgen aus Anteilen oder Aktien an einer anderen Gesellschaft mit Sitz in Polen,
- aus dem Erlös, aus dem Verkauf oder der Einziehung von Anteilen oder Aktien einer Gesellschaft und
- aus Beträgen, die dem Gesellschafter aus der Vermögensaufteilung wegen der Abwicklung der anderen Gesellschaft zustehen, sofern alle Gläubiger der liquidierten Gesellschaft befriedigt sind.

Die Sacheinlage eines ausländischen Gesellschafters muß aus dem Ausland kommen bzw. in Polen gegenüber aus dem Umtausch kommenden Złotybeträge gekauft werden.

30 Art. 195 HGB.

Die Vorstandsmitglieder einer GmbH können jederzeit abberufen werden, es sei denn, im Gesellschaftsvertrag sind andere Bestimmungen enthalten. Insbesondere kann das Recht der Abberufung auf wichtige Gründe beschränkt werden.

Jedes Vorstandsmitglied hat das Recht, die Gesellschaft zu vertreten. Besteht der Vorstand aus mehreren Personen, so wird die Art der Vertretung der Gesellschaft im Gesellschaftsvertrag bestimmt. Sind im Gesellschaftsvertrag in dieser Hinsicht keine Bestimmungen enthalten, so müssen, wenn Erklärungen im Namen der Gesellschaft abgegeben oder Unterschriften im Namen der Gesellschaft zu leisten sind, zwei Vorstandsmitglieder oder ein Vorstandsmitglied und ein Prokurist zusammenwirken[31].

Das Recht eines Vorstandsmitglieds zur Vertretung der Gesellschaft erstreckt sich auf alle gerichtlichen und außergerichtlichen Geschäfte, die mit der Führung eines Handelsunternehmens verbunden sind, die Veräußerung und Belastung von Grundstücken sowie die Bestellung und Aufhebung der Prokura inbegriffen. Das Recht zur Vertretung der Gesellschaft kann gegenüber Dritten rechtswirksam nicht beschränkt werden.

bb) Der Aufsichtsrat

Der Aufsichtsrat (oder eine Revisionskommission) ist im allgemeinen ein fakultatives Organ. In kleinen Gesellschaften entfällt er meist, da bei wenigen Gesellschaftern die Geschäftsleitung von diesen unmittelbar wirksam überwacht werden kann. Jedem Gesellschafter steht das Recht der Kontrolle zu. Zu diesem Zweck kann jeder Gesellschafter jederzeit die Bücher der Gesellschaft einsehen, eine Bilanz für seinen Gebrauch und Aufklärung vom Vorstand verlangen.

Ein Aufsichtsrat (oder eine Revisionskommission) ist zwingend vorgeschrieben, wenn das Stammkapital 250 Mio Złoty und die Zahl der Gesellschafter 50 übersteigt[32].

Der Aufsichtsrat besteht mindestens aus drei durch Beschluß der Gesellschafter gewählten Mitgliedern. Im Gesellschaftsvertrag kann jedoch eine Art der Bestellung des Aufsichtsrats und auch eine höhere Mitgliederzahl bestimmt werden.

Zu den Pflichten des Aufsichtsrats gehören – außer der allgemeinen Überwachung der Tätigkeit der Gesellschaft – insbesondere[33]:

- die Prüfung der Bilanz, der Gewinn- und Verlustrechnung auf Übereinstimmung mit den Büchern sowie mit der tatsächlichen Lage,
- die Prüfung des Berichts und der Anträge des Vorstandes betreffend die Verteilung der Gewinne und der Deckung der Verluste,

31 Art. 199 § 1 HGB.
32 Art. 206 § 1 und 2 HGB.
33 Art. 212 § 2 HGB.

- ferner hat der Aufsichtsrat der Gesellschafterversammlung jedes Jahr einen schriftlichen Bericht über das Ergebnis obiger Prüfung vorzulegen.

Die Befugnisse des Aufsichtsrates können im Gesellschaftsvertrag erweitert werden; insbesondere kann bestimmt werden, daß der Vorstand verpflichtet ist, vor der Durchführung bestimmter Geschäfte die Genehmigung des Aufsichtsrates einzuholen. Dem Aufsichtsrat kann außerdem das Recht übertragen werden, einzelne oder alle Vorstandsmitglieder ihres Amtes zu entheben.

cc) Gesellschafterversammlung

Die Gesellschafter werden durch Wahl in der Gesellschafterversammlung oder, wenn kein Gesellschafter widerspricht, durch schriftliche Beschlußfassung als oberstes Organ der Gesellschaft tätig. Ein Beschluß der Gesellschafterversammlung ist insbesondere erforderlich für[34]:

- die Prüfung und Genehmigung des Berichts, der Bilanz sowie der Gewinn- und Verlustrechnung für das vergangene Jahr und die Erteilung der Entlastung für die Organe der Gesellschaft;
- alle Beschlüsse, die Ansprüche auf Ersatz des bei der Gründung der Gesellschaft oder bei der Ausübung der Tätigkeit des Vorstandes oder des Aufsichtsrates entstandenen Schaden betreffen;
- die Veräußerung und Verpachtung des Unternehmens sowie die Bestellung eines Nießbrauchsrechts an diesem Unternehmen;
- den Erwerb und die Veräußerung von Grundstücken, sofern im Gesellschaftsvertrag nichts anderes bestimmt ist, und
- die Rückerstattung von Nachschüssen.

Eine Änderung des Gesellschaftsvertrages erlangt erst nach entsprechendem Beschluß der Gesellschafter und notarieller Beglaubigung Gültigkeit. Soweit nicht anders im Gesellschaftsvertrag bestimmt, trifft die Gesellschafterversammlung auch die Entscheidung über die Verteilung des Gewinns bzw. Deckung von Verlusten.

Die Einberufung der Gesellschafterversammlung obliegt dem Vorstand. Der Aufsichtsrat und auch die Revisionskommission haben nur dann das Recht zur Einberufung einer ordentlichen Gesellschafterversammlung, wenn sie der Vorstand nicht binnen sechs Monaten nach Ablauf eines jeden Geschäftsjahres oder einer im Gesellschaftsvertrag bestimmten Frist einberuft. Außerdem steht den Aufsichtsorganen das Recht zu, eine außerordentliche Gesellschafterversammlung einzuberufen, so oft sie es für angezeigt erachten und der Vorstand die Versammlung nicht binnen zwei Wochen, nachdem der Aufsichtsrat oder die Revisionskommission einen entsprechenden Antrag gestellt hat, einberuft.

34 Art. 221 HGB.

Der Gesellschaftsvertrag kann auch anderen Personen eine derartige Befugnis zuerkennen, so z. B. dem Gesellschafter oder den Gesellschaftern, die mindestens ein Zehntel des Stammkapitals vertreten[35].

Die Gesellschafterversammlung ist im allgemeinen ohne Rücksicht auf die Anzahl der in ihr vertretenen Geschäftsanteile beschlußfähig, es sei denn, der Gesellschaftsvertrag oder die Vorschriften des HGB bestimmen etwas anderes. Jeder Gesellschafter muß mindestens eine Stimme besitzen. Ist im Gesellschaftsvertrag nichts anderes bestimmt, so entfällt auf jeweils 100.000 Złoty eines Geschäftsanteils eine Stimme.

c) *Rechnungslegung der GmbH*

Binnen drei Monaten nach Ablauf des Geschäftsjahres ist der Vorstand verpflichtet:

- eine mit dem letzten Tag des Geschäftsjahres abschließende Bilanz, die Gewinn- und Verlustrechnung für das vergangene Geschäftsjahr aufzustellen und
- einen schriftlichen Geschäftsbericht über die Tätigkeit der Gesellschaft in diesem Zeitraum zu erstatten.

Diese Schriftstücke muß der Vorstand darüber hinaus den Gesellschaftern zugänglich machen und den Aufsichtsorganen vorlegen[36].

Nach Genehmigung der Bilanz, der Gewinn- und Verlustrechnung, des Geschäftsberichts sowie der Abschrift des Beschlusses durch die Gesellschafterversammlung hat der Vorstand diese Dokumente binnen zwei Wochen dem Registergericht einzureichen. Bei Gesellschaften besteht eine erweiterte Publizitätspflicht: Bilanz und Gewinn- und Verlustrechnung müssen in dem Amtsblatt „Monitor Polski B" (Abk.: „M.P.B.") veröffentlicht werden.

3. *Aktiengesellschaft*

a) *Gründung einer AG*

Das polnische Recht kennt zwei Formen der Gründung einer AG: Stufengründung und Einheitsgründung. Da die Einheitsgründung das Feld beherrscht, wird im folgenden nur diese Methode dargestellt.

35 Art. 227 HGB.
36 Art. 246 § 1 HGB.

Eine AG besteht mit Eintragung ins Handelsregister; mit der Eintragung erwirbt die Gesellschaft eine eigene Rechtspersönlichkeit. Die Personen, die im Namen der Gesellschaft vor deren Eintragung ins Handelsregister tätig waren, haften persönlich und als Gesamtschuldner[37].

Der Anmeldung ins Handelsregister sind beizufügen[38]:

- die Satzung,
- die Verhandlungen über die Errichtung der Gesellschaft und die Übernahme der Aktien,
- die Erklärung sämtlicher Vorstandsmitglieder, daß die in der Satzung vorgeschriebenen Einzahlungen auf die Aktien geleistet worden sind und daß der Übergang der nicht in Geld bestehenden Einlagen auf die Gesellschaft im Zeitpunkt der Eintragung ins Handelsregister gesichert ist,
- Angaben über die Bestellung der Organe der Gesellschaft und ihrer persönlichen Zusammensetzung,
- der Nachweis der Genehmigung und Bestätigung der Satzung durch die zuständige Behörde, sofern dies zur Entstehung der Gesellschaft erforderlich ist.

Die Satzung der AG muß, um gültig zu sein, notariell beurkundet werden. Personen, die die Satzung unterschreiben, gelten als Gründer der Gesellschaft. Es müssen mindestens drei Gründer vorhanden sein. Als Gründer können jede natürliche und juristische Person und der Staat auftreten.

Die Satzung der AG muß bestimmen[39]:

- die Firma und den Sitz der Gesellschaft,
- den Gegenstand des Unternehmens,
- die Zeitdauer der Gesellschaft im Falle einer Befristung,
- die Höhe des Grundkapitals, die Art der Einziehung des Grundkapitals, die Nennbeträge der Aktien und deren Anzahl sowie den Hinweis, ob die Aktien auf den Namen oder auf den Inhaber lauten,
- die Anzahl der Aktien der einzelnen Gattungen und die mit ihnen verbundenen Rechte, wenn Aktien mehrerer Gattungen eingeführt werden sollen,
- die Vor- und Zunamen bzw. die Firma sowie die Anschrift bzw. den Sitz der Gründungsmitglieder und
- die Organisation der Vorstands- und Aufsichtsorgane.

Darüber hinaus müssen in der Satzung zur Vermeidung der Unwirksamkeit Bestimmungen enthalten sein über:

- die Anzahl und die Gattungen der Titel zur Teilnahme am Gewinn oder an der Verteilung des Gesellschaftsvermögens sowie der mit ihnen verbundenen Rechte,

37 Art. 335 HGB.
38 Art. 331 § 1 HGB.
39 Art. 309 HGB.

- alle mit den Aktien verbundenen Pflichten zu Leistungen für die Gesellschaft, außer der Verpflichtung zur Einzahlung des Entgelts für die Aktien, und
- die Bedingungen und die Art des Einziehens von Aktien.

Das Mindestkapital einer AG beträgt 1 Mrd. Złoty[40]. Es besteht ebenso wie bei einer GmbH keine Mindestbeteiligung mehr für einen ausländischen Investor. Das Kapital kann durch Barzahlung oder durch nicht in Geld bestehende Einlagen oder durch beide Arten zugleich gedeckt werden. Aktien, die für nicht in Geld bestehende Einlagen ausgegeben werden, müssen vor der Eintragung der Gesellschaft ins Handelsregister voll gedeckt sein, die gegen Barzahlung ausgegebenen Aktien dagegen mindestens zu einem Viertel ihres Nennbetrages. Für einen geringeren als den Nennbetrag dürfen Aktien nicht ausgegeben werden. Werden sie für einen höheren Betrag ausgegeben, so muß der Mehrbetrag vor der Eintragung ins Handelsregister voll einbezahlt werden. Der Nennbetrag der Aktien hat mindestens auf 10.000,– Złoty zu lauten.

b) Organisation der AG

aa) Der Vorstand

Der Vorstand kann aus einem oder mehreren Mitgliedern bestehen. Die Mitglieder des Vorstands werden von der Hauptversammlung gewählt, es sei denn, die Satzung bestimmt etwas anderes. Der erste Vorstand kann höchstens für zwei Jahre, die nachfolgenden Vorstände können höchstens für drei Jahre berufen werden. Die Satzung kann eine teilweise Erneuerung des Vorstandes in den oben bezeichneten Zeiträumen in der Weise bestimmen, daß eine bestimmte Anzahl von Vorstandsmitgliedern der Reihe nach entweder durch Los oder nach der Dauer ihrer Tätigkeit ausscheidet[41].

Die Befugnis eines Vorstandsmitgliedes zur Vertretung der Gesellschaft erstreckt sich auf alle gerichtlichen und außergerichtlichen Handlungen, die mit der Führung irgendeines Handelsunternehmens verbunden sind. Eine Ausnahme bilden die in Art. 388 Ziff. 3, 4 und 5 HGB bezeichneten Angelegenheiten, für die ein Beschluß der Hauptversammlung erforderlich ist. Dies sind:

- die Veränderung und Verpachtung des Unternehmens sowie die Bestellung eines Nießbrauchrechts an diesem Unternehmen,
- die Veräußerung der Fabrikgrundstücke der Gesellschaft und
- die Ausgabe von Schuldverschreibungen.

40 Art. 311 § 1 HGB. Siehe auch die Anmerkung in Fn. 29.
41 Art. 367 § 1 und 2 HGB.

Besteht der Vorstand aus mehreren Personen, so wird die Art der Vertretung durch die Satzung geregelt. Enthält die Satzung in dieser Hinsicht keine Bestimmungen, so ist zur Abgabe von Erklärungen und zur Zeichnung im Namen der Gesellschaft die Mitwirkung von zwei Vorstandsmitgliedern oder eines Vorstandsmitglieds in Gemeinschaft mit einem Prokuristen erforderlich.

bb) Die Aufsichtsorgane

Die Aktiengesellschaft muß einen Aufsichtsrat oder eine Revisionskommission oder beide Organe haben, falls letzteres in der Satzung vorgesehen ist. Für eine Gesellschaft, deren Grundkapital mehr als fünf Milliarden Złoty beträgt, ist ein Aufsichtsrat dabei obligatorisch.

Der Aufsichtsrat besteht aus mindestens fünf durch die Hauptversammlung gewählten Mitgliedern. Die Satzung kann eine andere Art der Berufung der Mitglieder des Aufsichtsrates festlegen[42]. Die Zahl der Mitglieder der Revisionskommission ist gesetzlich auf fünf beschränkt.

Die Mitglieder des ersten Aufsichtsrates (oder der ersten Revisionskommission) können höchstens für ein Jahr, die Mitglieder der folgenden Aufsichtsorgane für den Zeitraum von drei Jahren berufen werden. In der Satzung kann eine teilweise Erneuerung der Aufsichtsorgane auf dieselbe Art und Weise wie beim Vorstand verankert werden.

Außer den üblichen Pflichten des Aufsichtsrates bezüglich der Überwachung der Tätigkeit der Gesellschaft und Prüfung der Bilanz und der Gewinn- und Verlustrechnung steht dem Aufsichtsrat das Recht zu, aus wichtigen Gründen einzelne oder alle Mitglieder des Vorstandes ihrer Posten zu entheben. Der Aufsichtsrat ist außerdem zuständig für die Bestellung von Aufsichtsratsmitgliedern zur zeitweiligen Führung der Geschäfte anstelle von einzelnen Mitgliedern des Vorstandes, wenn diese ihre Tätigkeit nicht ausüben können.

Im Gegensatz zum Aufsichtsrat verfügt die Revisionskommission über engere Befugnisse. Sie ist nämlich zuständig für die Prüfung der Bilanz, der Gewinn- und Verlustrechnung, des Geschäftsberichts und der Anträge des Vorstands betreffend die Verteilung der Gewinne oder die Deckung der Verluste. Bei einer Gesellschaft jedoch, die keinen Aufsichtsrat hat, können die Pflichten der Revisionskommission in der Satzung erweitert und ihr sogar die ständige Aufsicht über die Tätigkeit der Gesellschaft übertragen werden[43].

Die Beschlüsse der Aufsichtsorgane werden mit einfacher Mehrheit der Stimmen der Anwesenden gefaßt, sofern die Satzung nichts anderes bestimmt[44].

42 Art. 379 § 1 und 2 HGB.
43 Art. 385 HGB.
44 Art. 387 § 1 HGB.

cc) *Die Hauptversammlung*

Ein Beschluß der Hauptversammlung ist, außer in den in der Satzung bezeichneten Angelegenheiten, erforderlich für[45]:

- die Prüfung und Genehmigung des Geschäftsberichts, der Bilanz sowie der Gewinn- und Verlustrechnung für das vergangene Jahr,
- die Entlastung der Organe der Gesellschaft bezüglich der von ihnen ausgeübten Obliegenheiten,
- alle Beschlüsse, die Ansprüche auf Ersatz eines bei Gründung der Gesellschaft oder in Ausübung der Tätigkeit des Vorstandes oder der Aufsichtsorgane entstandenen Schadens betreffen,
- die Veräußerung und Verpachtung des Unternehmens sowie die Bestellung eines Nießbrauchrechts an diesem Unternehmen,
- die Veräußerung der Fabrikgrundstücke der Gesellschaft,
- die Ausgabe von Schuldverschreibungen sowie
- die Beschlußfassungen über die Verteilung des Gewinns oder die Deckung der Verluste.

Der Kompetenz der Hauptversammlung unterliegt natürlich die Berufung und Abberufung der Gesellschaftsorgane, sofern es nicht in der Satzung anders festgelegt ist.

Die ordentliche Hauptversammlung hat binnen sechs Monaten nach Ablauf eines jeden Geschäftsjahres stattzufinden. Diese Frist kann durch die Satzung um einen weiteren Monat verlängert werden. Sie wird vom Vorstand einberufen. Das Recht zur Einberufung der ordentlichen Hauptversammlung steht den Aufsichtsorganen nur zu, wenn sie nicht rechtzeitig von dem Vorstand einberufen wird. Eine außerordentliche Hauptversammlung können Aufsichtsorgane jederzeit einberufen.

Eine Aktie gewährt in der Hauptversammlung regelmäßig ein Stimmrecht. Das Stimmrecht der Aktionäre, die eine größere Anzahl von Aktien besitzen, kann durch die Satzung jedoch auch eingeschränkt werden.

Die Beschlüsse über die Ausgabe von Schuldverschreibungen, über die Satzungsänderung, die Veräußerung des Unternehmens, die Vereinigung von Gesellschaften und die Auflösung der Gesellschaft werden mit einer Mehrheit von drei Vierteln der abgegebenen Stimmen gefaßt. Die Satzung kann jedoch auch strengere Bedingungen für die Fassung solcher Beschlüsse festlegen. Zur Fassung eines Beschlusses über die Änderung des Gegenstandes der Gesellschaft ist eine Mehrheit von zwei Dritteln der abgegebenen Stimmen erforderlich. In diesem Falle besitzt jede Aktie eine Stimme ohne Vorrecht oder Einschränkung. Andere Beschlüsse werden, soweit in der Satzung nichts anderes bestimmt ist, mit einfacher Mehrheit der abgegebenen Stimme gefaßt.

45 Art. 388 HGB.

Jeder Beschluß der Hauptversammlung bedarf zu seiner Gültigkeit der notariellen Beurkundung.

c) *Rechnungslegung der AG*

Der Jahresabschluß wird vom Vorstand aufgestellt, vom Abschlußprüfer geprüft und erst dann dem Aufsichtsrat bzw. der Revisionskommission vorgelegt.

Nach Art. 420 § 1 HGB hat der Vorstand binnen drei Monaten nach Ablauf des Geschäftsjahres eine mit dem letzten Tag des Geschäftsjahres abschließende Bilanz, die Gewinn- und Verlustrechnung für das vergangene Geschäftsjahr aufzustellen und einen schriftlichen Geschäftsbericht über die Tätigkeit der Gesellschaft in diesem Zeitraum zu erstatten und den Aufsichtsorganen vorzulegen. In der Satzung kann diese Dreimonatsfrist um einen weiteren Monat verlängert werden.

Die durch die Hauptversammlung genehmigte Bilanz sowie die Gewinn- und Verlustrechnung sind binnen zwei Wochen vom Tage ihrer Genehmigung an zu veröffentlichen. In derselben Zeit reicht der Vorstand die oben genannten Dokumente bei dem Registergericht ein. Genauso wie bei einer GmbH findet die Veröffentlichung im Monitor Polski B statt.

III. Steuerrecht

1. Rechtsgrundlage

Die Besteuerung ausländischer Investitionen in Polen, in Form einer GmbH bzw. Aktiengesellschaft unterliegt den Grundsätzen, die auch bei inländischen juristischen Personen ohne Beteiligung eines ausländischen Investors Geltung finden. Zentrale Bedeutung kommt dem Körperschaftsteuergesetz vom 15. 2. 1992 zu[46]. Darüber hinaus ist auf das zwischen der Volksrepublik Polen und der Bundesrepublik Deutschland am 18.12.1972 abgeschlossene Doppelbesteuerungsabkommen zu verweisen[47].

46 Dz.U. 1993, Nr. 106, Pos. 482 mit späteren Änderungen. Im weiteren wird dieses Gesetz kurz als „KStG" zitiert. Im Bereich der Besteuerung von natürlichen Personen gilt das Einkommenssteuergesetz vom 26. 7. 1991 – Dz.U. 1993, Nr. 90, Pos. 416 mit späteren Änderungen. Diese Problematik wird jedoch in diesem Beitrag nicht behandelt. Siehe dazu: MARCINIUK, Besteuerung deutscher Investoren in Polen in: Breidenbach (Hrsg.), Handbuch Wirtschaft und Recht in Osteuropa, SYST 75 PL S. 1 ff.

47 BGBl. 1975 II, S. 654 und 1349 i. d. F. des Protokolls vom 24. 10. 1979, BGBl. 1981 II, S. 306.

2. *Besteuerung mit Körperschaftsteuer*

a) *Gewinnermittlung*

Eine durch einen ausländischen Investor in Polen gegründete GmbH oder Aktiengesellschaft unterliegt als juristische Person mit Sitz in Polen der unbeschränkten Steuerpflicht[48]. Steuerobjekt ist das „Welteinkommen" des Steuerpflichtigen.

Einkommen in diesem Sinne ist der Überschuß der Einkünfte aus allen Quellen nach Abzug der Kosten für die Erzielung dieser Einkünfte. Sind diese Kosten höher als die Einkünfte selbst, hat man einen Verlust zu verzeichnen[49].

Als Kosten in diesem Sinne sind alle Betriebsausgaben anzusetzen, die zur Erzielung der Einkünfte und zur Finanzierung der betroffenen juristischen Personen im Steuerjahr getätigt worden sind[50]. Nicht als Betriebsausgaben gelten jedoch die 53 Arten von Aufwendungen, die in Art. 16 KStG aufgelistet sind und nachstehend auszugsweise wiedergegeben werden:

- Ausgaben für den Erwerb von Grund und Boden und das Nießbrauchsrecht an demselben sowie Ausgaben für den Erwerb oder die eigenständige Herstellung anderer Anlagevermögen sowie nichtmaterieller und rechtlicher Werte, wenn diese unter die Amortisationsabschreibungen fallen,
- Ausgaben für den Erwerb von Anteilen an Gesellschaften und von Wertpapieren,
- Abschreibungen und Einzahlungen für verschiedene Fonds, es sei denn, gesonderte Gesetze sehen die Pflicht oder die Möglichkeit der Schaffung solcher Fonds durch den Steuerpflichtigen in der Aufwendungsbelastung oder die Vornahme von Einzahlungen in diese Fonds vor,
- Ausgaben für die Abzahlung von Verbindlichkeiten einschließlich Darlehen (Kredite) sowie die Tilgung von Kapital, das im Zusammenhang mit der Schaffung (dem Erwerb), der Erweiterung oder der Verbesserung der Einkunftsquellen aufgebracht wurde,
- Zinsen auf eigenes Kapital, das vom Steuerpflichtigen in die Einkunftsquelle eingebracht wurde,
- Schenkungen und Spenden jeglicher Art,
- einmalige Entschädigungen für Arbeitsunfälle und Berufskrankheiten sowie erhöhte Versicherungsbeiträge im Falle der Verschlechterung der Arbeitsbedingungen,

48 Art. 3 Abs. 1 KStG.
49 Art. 7 Abs. 1 und 2 KStG.
50 Art. 15 KStG.

- Kosten der Zwangsvollstreckung bei Nichterfüllung von Verpflichtungen,
- Bußgelder und Geldstrafen, die in Straf- und Finanzstrafverfahren sowie Verwaltungsverfahren verhängt wurden, sowie Zinsen auf diese Bußgelder und Geldstrafen,
- Strafen, Abgaben und Entschädigungen sowie Zinsen auf diese Verpflichtungen für:
  - einen Verstoß gegen Umweltvorschriften
  - die Nichterfüllung von Auflagen zuständiger Aufsichts- und Kontrollorgane bei Verstößen im Bereich von Arbeitssicherheit und Arbeitshygiene.
- Außenstände, die als uneinbringlich, z. B. weil verjährt abgeschrieben wurden,
- Zinsen für Verzug bei Verbindlichkeiten, auf die die Abgabenordnung anzuwenden ist.

Nur in einem Fall ist bei der Körperschaftsbesteuerung nicht das Einkommen Besteuerungsobjekt, sondern die gesamten Einkünfte. Dies gilt für Dividenden und andere Einkünfte aus Gewinnen juristischer Personen mit Sitz in Polen[51]. Solche Einkünfte stellen ein selbständiges Steuerobjekt dar.

Bemessungsgrundlage für die Körperschaftsteuer ist der im Jahresabschluß des Steuerpflichtigen ausgewiesene Bilanzgewinn, vermindert um[52]:

- Schenkungen für wissenschaftliche, kulturelle und ähnliche gemeinnützige Zwecke bis zu einer Höhe von 10 % des erzielten Gewinns,
- Mitgliedsbeiträge für Organisationen, bei denen eine Mitgliedschaft des Steuerpflichtigen obligatorisch ist,
- Beiträge, wie die Exploitationsgebühr, die die Gewinnung von Bodenschätzen mindern,
- Ausgaben für den Bau eines eigenen Mehrfamilienhauses, sofern die Wohnungen vermietet werden, sowie Ausgaben für den Kauf eines entsprechenden Grundstücks.

Art. 11 KStG enthält eine Art „Arm's-Length"-Prinzip. Wickelt der Steuerpflichtige, der Geschäftsbeziehungen mit einer im Ausland ansässigen Person hat, seine Geschäfte so ab, daß er keine oder geringere Gewinne erzielt als zu erwarten gewesen wäre, wenn diese Bindung nicht bestanden hätte, so bleibt diese Bindung bei der Gewinnermittlung des Steuerpflichtigen unberücksichtigt. Ist eine Festlegung des Gewinns aufgrund der Handelsbücher nicht mehr möglich, wird der Gewinn geschätzt.

51 Art. 7 Abs. 3 Ziff. 2 in Verbindung mit Art. 22 KStG.
52 Art. 18 Abs. 1 KStG.

b) Steuersatz und Steuerbefreiung

Der Körperschaftsteuersatz beträgt 40 %[53]. Wird durch den Steuerpflichtigen ein Verlust erwirtschaftet, ist Verlustvortrag möglich. Die zeitliche Begrenzung für den Verlustvortrag beträgt 3 Jahre[54]. Verlustrücktrag ist nicht möglich.

Die aufgrund des Gesetzes über Gesellschaften mit ausländischem Kapital von 1988 gegründeten Gesellschaften sind in den ersten drei Jahren ab der ersten Rechnungsstellung von der Körperschaftsteuer befreit. Eine solche Steuerbefreiung für die genannten Gesellschaften hat auch das neue Investitionsgesetz vom 14. Juni 1991 in Art. 37 Abs. 1 aufrechterhalten. Diejenigen Gesellschaften, die erst nach dem 4. Juli 1991 gegründet wurden[55], kommen nicht automatisch in den Genuß einer dreijährigen Steuerbefreiung. Solche Gesellschaften können jedoch aufgrund eines an den Finanzminister gestellten Antrags unter folgenden Prämissen für einen Zeitraum von bis zu 6 Jahren von der Körperschaftsteuer befreit werden[56]:

- wenn die Einlagen ausländischer Gesellschafter in das Stammkapital den Betrag von 2 Mio ECU übersteigen, *und*
- die Tätigkeit der Gesellschaft in schwach strukturierten und von Arbeitslosigkeit bedrohten Regionen Polens aufgenommen wird *oder*
- die Gesellschaft die Einführung neuer Technologien gewährleisten kann *oder*
- der Exportanteil am gesamten Umsatz der Gesellschaft mindestens 20 % ausmachen wird.

Eine solche Befreiung von der Körperschaftsteuer war möglich für die Gesellschaften, bei denen ausländische Investoren Aktien bzw. Anteile bis zum 31. 12. 1993 übernommen haben.

3. Besteuerung auf Gesellschafterebene

a) Besteuerung im Falle einer juristischen Person

Die Quellensteuer auf den Gewinnanteil (Dividenden) einer juristischen Person, die in Polen weder Sitz noch Geschäftsleitung hat, beträgt nach nationalem Recht 20 % der Einkünfte[57]. Der Besteuerung unterliegen dabei sowohl die von

53 Art. 19 KStG.
54 Art. 7 Abs. 4 KStG.
55 Inkrafttreten des Investitionsgesetzes.
56 Art. 23 Abs. 1 des Investitionsgesetzes.
57 Art. 22 KStG; siehe auch: SAMOCHOWIEC, RIW 1993, 486 ff.

dem Gesellschafter vereinnahmten Gewinnanteile als auch solche, die zur Aufstockung des Kapitals verwendet werden[58].

Der Kapitalertragssteuersatz in Höhe von 20 % ermäßigt sich jedoch nach den Bestimmungen des Art. 10 Abs. 2 Buchstabe a) des DBA auf 5 % für deutsche Gesellschafter, die die Rechtsform einer Kapitalgesellschaft besitzen und über mindestens 25 % des Kapitals der polnischen Gesellschaft verfügen. Ist der Anteil des deutschen Gesellschafters geringer als 25 %, beträgt der Quellensteuersatz von in Polen ausgezahlten Dividenden 15 %.

b) Besteuerung im Falle einer natürlichen Person

Die Besteuerung von Dividenden einer natürlichen Person wird in Form einer Pauschale erfolgen. Der Steuersatz beträgt, ebenso wie bei juristischen Personen, 20 %[59].

Für natürliche Personen, die in Deutschland ansässig sind, wird der nach nationalem Recht Polens geltende 20%ige Kapitalertragssteuersatz nach Art. 10 Abs. 2 Buchstabe b) des DBA auf 15 % reduziert.

4. Quellenbesteuerung

Sowohl in Art. 29 EStG als auch in Art. 21 KStG ist die Quellenbesteuerung in Höhe von 20 % der Einkünfte für die Nutzung oder das Recht auf Nutzung von Patenten, für den Verkauf von Urheberrechten, Erfindungen, Formeln und Verfahren vorgesehen. Mit Quellensteuer werden darüber hinaus Einnahmen aus der Nutzungsüberlassung gewerblicher, kaufmännischer oder wissenschaftlicher Ausrüstung sowie Einnahmen aus der Überlassung gewerblichen, kaufmännischen oder wissenschaftlichen Know Hows besteuert. Eine Besteuerung nach polnischem Recht kommt jedoch nur dann in Frage, wenn das DBA es nicht anders vorsieht.

Da die oben aufgelisteten Einkunftsquellen weitgehend der Empfehlung des Art. 12 Abs. 2 OECD-Musterabkommen entsprechen, sind diese nach dem Doppelbesteuerungsrecht als Lizenzgebühren einzustufen. Nach Art. 12 DBA Polen-Deutschland sind Lizenzgebühren im Quellenstaat steuerbefreit. Der Betriebsstättenvorbehalt des Art. 12 Abs. 3 DBA ist natürlich zu berücksichtigen.

58 Art. 10 KStG.
59 Art. 30 Abs. 1 Ziff. 1 EStG.

IV. Zusammenfassung

Das polnische Investitionsgesetz von 1991 hat nur noch wenig mit den vormaligen Joint-Venture-Gesetzen gemein. Das Investitionsgesetz hat viele der früheren administrativen Hindernisse entschärft und neue Anreize zur Investition in Polen geschaffen. Die für ausländische Investoren notwendige Rechtssicherheit ist zusätzlich durch zahlreiche Investitionsabkommen, die Polen mit anderen Ländern abgeschlossen hat, verstärkt worden. Ein gutes Beispiel dafür stellt der Vertrag vom 10. 11. 1989 zwischen der Bundesrepublik Deutschland und der Republik Polen über die Förderung und den gegenseitigen Schutz von Kapitalanlagen[60] dar. Dem uneingeschränkten Gewinntransfer, Transfer von Erlösen aus dem Verkauf von Gesellschaftsanteilen, aus Liquidationserlösen und Erlösen aus Entschädigungszahlungen im Falle der Enteignung steht wohl nach dem neuen nationalen als auch internationalen Recht Polens nichts mehr im Wege. Bleibt nur zu hoffen, daß die geschaffene Rechtssicherheit den Zufluß frischen ausländischen Kapitals nach Polen zur Folge haben wird.

Anhang

I. Abkürzungsverzeichnis

Dz.U.	Dziennik Ustaw (= polnisches Gesetzblatt)
EStG	Einkommensteuergesetz (polnisches)
HGB	Handelsgesetzbuch (polnisches)
KStG	Körperschaftsteuergesetz (polnisches)
M.P.	Monitor Polski (= polnisches Amtsblatt)
Pos.	Position
ZGB	Zivilgesetzbuch (polnisches)

II. Gesetze (Auswahl)

1. Abkommen zwischen der Volksrepublik Polen und der Bundesrepublik Deutschland zur Vermeidung der Doppelbesteuerung auf dem Gebiete der Steuern vom Einkommen und vom Vermögen vom 18. 12. 1972 i. d. F. des Protokolls vom 24. 10. 1979, BGBl. 1975 II S. 654 und 1349, BGBl. 1981 II S. 306.
2. Gesetz vom 3. 4. 1964 „Zivilgesetzbuch", Dz.U.Nr. 16, Pos. 93.
3. Einkommenssteuergesetz vom 26. 7. 1991, Dz.U. 1993, Nr. 90, Pos. 416 mit Änderungen.
4. Gesetz vom 6. 7. 1982 über die Grundsätze der Ausübung der Wirtschaftstätigkeit im Bereich des Kleingewerbes durch ausländische juristische und natürliche Personen auf dem Gebiet der Volksrepublik Polen; Einheitlicher Text vom 18.5.1985, Dz.U.Nr. 13, Pos. 58.

60 BGBl. 1990 II, S. 606.

6. Gesetz über Gesellschaften mit ausländischer Beteiligung (Investitionsgesetz) vom 14. 6. 1991, Dz.U.Nr. 60, Pos. 253 mit Änderungen.
7. Verordnung des Präsidenten Polens vom 27. 6. 1934 „Handelsgesetzbuch", Dz.U.-Nr. 57, Pos. 502 mit Änderungen.
8. Verordnung des Ministerrates vom 6. 2. 1976 über die Bedingungen, das Verfahren sowie die zuständigen Organe bei der Erteilung von Genehmigungen an ausländische juristische und natürliche Personen zur Errichtung von Vertretungen auf dem Gebiet der Volksrepublik Polen zur Ausübung einer Wirtschaftstätigkeit, Dz.U.Nr. 11, Pos. 63.
9. Verordnung des Ministerrates vom 20. 12. 1928 über die Zulassung ausländischer Aktiengesellschaften und Kommanditgesellschaften auf Aktien zur Tätigkeit in Polen, Dz.U.Nr. 103, Pos. 919.
10. Verordnung des Ministerrates vom 28. 3. 1934 über die Zulassung ausländischer Gesellschaften mit beschränkter Haftung zur Tätigkeit in Polen, Dz.U.Nr. 31, Pos. 281.
11. Gesetz vom 13. 7. 1990 über die Privatisierung von Staatsunternehmen, Dz.U.Nr. 51, Pos. 298.
12. Vertrag zwischen der Bundesrepublik Deutschland und der Republik Polen über die Förderung und gegenseitigen Schutz von Kapitalanlagen vom 10. 11. 1989, BGBl. 1990 II S. 606.

Es wird auch auf die deutsche Wiedergabe der polnischen Gesetze von der Bundesstelle für Außenhandelsinformationen in Köln hingewiesen. Man muß jedoch darauf achten, ob die zur Verfügung stehenden Gesetze den letzten Rechtsstand wiedergeben.

III. Literaturhinweise

BERGMANN, W., Neue Joint Venture-Gesetzgebung in Polen, RIW 1986, 695–697.

GRALLA, E., Polen: HGB-Vorschriften über die Kommanditgesellschaft, WIRO 1992, S. 21–23.

HEISS, L./KAWECKI, A. W., Gesellschaftsgründungen und gesellschaftsrechtliche Beteiligungen Deutscher in Polen, in: Breidenbach (Hrsg.), Handbuch Wirtschaft und Recht in Osteuropa, SYST 11, S. 1–15.

HOHLOCH, G., Neues Recht für die wirtschaftliche Tätigkeit von Ausländern und ausländischen Unternehmen in Polen, IWB Fach 5 Gruppe 3, S. 27–38.

HOHLOCH, G., Reform des Rechts der Gemeinschaftsunternehmen in Polen, IWB Fach 5 Gruppe 3, S. 41–50.

JENSEN, J. V., Joint Ventures in Osteuropa, Civilokonomernes Forlag A/S, Kopenhagen 1986, S. 154–222.

KORTAN, J., Gemischte Gesellschaften in Polen, Die Betriebswirtschaft 1981, 77–82.

KUSS, K.-J., Neues Investitionsrecht in Polen, RIW 1989, S. 260 – 271.

KUSS, K.-J., Neue Investitionsmechanismen in Osteuropa: Anteilserwerb – Unternehmensverkauf – Unternehmenspacht, RIW 1993, S. 99–108.

LEHMANN, CH./VILLENA, R., Rechtliche Grundlagen für Investitionen in Polen, DStR 1992, S. 396–402.

MARCINIUK, J., Neue Regelungen für ausländische Investoren in Polen, RIW 1983, S. 408–413.

MARCINIUK, J., Die Stellung der staatlichen und ausländischen Unternehmen in Polen, dargestellt anhand des neuen polnischen Wirtschafts- und Steuerrechts, HWWA-Report Nr. 64, Hamburg 1984.

MARCINIUK, J., Poland: New Legislation for Joint Ventures, European Taxation 1986, S. 264–266.

MARCINIUK, J., Besteuerung deutscher Investoren in Polen, in: Breidenbach (Hrsg.), Handbuch Wirtschaft und Recht in Osteuropa, SYST 75, S. 1–9.

MENTZ, D., Das internationale Steuerrecht der europäischen RGW-Länder, Köln 1984.

PFEFFER, J., Ausländische Firmenvertretungen und Kapitalinvestitionen in Polen, IWB Fach 5 Gruppe 3, S. 1–18.

PFEFFER, J., Gesellschaften mit ausländischer Kapitalbeteiligung in Polen, IWB Fach 5 Gruppe 3, S. 19–22.

PFEFFER, J., Die Gründung von Gesellschaften und der Erwerb von Gesellschaftsbeteiligungen in Polen, EWS 1992, S. 121–125.

RAJSKI, J., Le nouveau régime juridique des petits investissements étrangers en Pologne, Revue de droit des affaires internationales 1987, S. 217–231.

RAJSKI, J., La nouvelle loi polonaise sur les sociétés à participation étrangère, Revue de droit des affaires internationales 1987, S. 217–231.

SAMOCHOWIEC, J., Besteuerung von Dividenden in Polen, RIW 1993, S. 486–488.

WERALSKI, M., Polish People's Republic: New Joint Venture Legislation, European Taxation 1977, 114–119.

WERALSKI, M., The new policies and legislation concerning joint venture in Poland, European Taxation 1980, 99–105.

WERALSKI, M., Polish People's Republic: New Rules Affecting Joint Ventures and Foreign Businesses, European Taxation 1983, 143–148.

Österreichisches Bundesministerium für wirtschaftliche Angelegenheiten (Hrsg.), Das Polnische Gesellschaftsrecht und die Bestimmungen über Ausländische Investitionen, Schriftenreihe Wirtschaftsraum Mitteleuropa, Heft 1, 1993.

IV. Adressenverzeichnis

Ministerstro Wspołpracy Gospodarczej z Zagranica
(Ministerium für die Wirtschaftliche Zusammenarbeit mit dem Ausland)
Plac Trzech Krzyzy 5
00-507 Warszawa
Tel.: 00482/693-5354
Telex: 814-501 MHZ pl

Botschaft der Republik Polen
Büro des Handelsrates
An der Alteburger Mühle 6
50968 Köln
Tel.: 0221/38-02-32
Telex: 8885382 bvh d

Izba Prezemysłowo-Handlowa Investorów Zagranicznych
(Industrie- und Handelskammer von ausländischen Investoren)
Krakowskie Przedmiescie 47/51
00-071 Warszawa
Tel.: 004822/26-32-01
Telex: 817105 inpol pl

Krajowa Izba Gospodarcza
(Polnische Wirtschaftskammer)
Trebacka 4
00-052 Warszawa
Tel.: 004822/26-02-21
Telex: 814361 pihz pl

PAIZ – Die staatliche Agentur für Auslandsinvestitionen
Aleja Róz 2
00-559 Warszawa
Tel.: 004822/29-57-17, 21-89-04, 21-06-23
Tel/Fax international: 0048/3912-0444

Institut für Gesellschaftsrecht und Ausländische Investitionen GmbH
Generaldirektor: Univ. Prof. Dr. Stanislaus Wlodyka
PL - 30-103 Kraków
ul. Stachowicza 5
Tel.: 0048-12-22-65-69
Fax: 0048-12-22-65-69
Telex: 032569

Die Gründung einer Tochtergesellschaft in Portugal

von

Professor DR. JOSÉ ENGRÁCIA ANTUNES, Porto*

Inhaltsübersicht

* Der Beitrag wurde aus dem Englischen übertragen von Rechtsanwältin BARBARA BRENNER (Teil I–IV) und Herrn Syndikus Dr. GEORG GANSEN (Teile V–VII), beide Bonn.

I. Einführung

Seit seinem Eintritt in die Europäische Wirtschaftsgemeinschaft im Jahre 1986 ist Portugal ein interessantes Ziel für Auslandsinvestitionen geworden. Einer Erhebung des ICEP zufolge (einer offiziellen Einrichtung, die für die Durchführung und Überprüfung von Auslandsinvestitionen verantwortlich ist) hat Portugal in den letzten Jahren einen bemerkenswerten Aufwärtstrend erlebt, was direkte Auslandsinvestitionen angeht; diese sind von annähernd 24,5 Mrd. Escudos im Jahre 1986 auf 798,5 Mrd. Escudos im Jahre 1991 angestiegen. Mit fast 14 Prozent ist Deutschland dabei der zweitgrößte Investor[1]. Neben den günstigen politischen und wirtschaftlichen Bedingungen (gesellschaftliche Stabilität, attraktive Finanzierungs- und Steuersysteme) sollen hier die ebenfalls besonders attraktiven rechtlichen Grundlagen besprochen werden.

Das portugiesische Wirtschafts- und Handelsgesetz ist in den 80er Jahren tiefgreifend reformiert worden. Das dem Wirtschafts- und Handelsrecht zugrundeliegende Gesetzeswerk, das inzwischen ein Jahrhundert alt geworden war – der Commercial Code von 1888 (Código do Comércio) war immer noch sein Kernstück –, ist erheblich erweitert worden, und zwar durch die Einführung einer Reihe von neuen Techniken und Rechtsformen, die die Gründung und das Tätigwerden von Unternehmen erleichtern und unterstützen[2]. Darüber hinaus verfügt Portugal im Vergleich zu anderen Aufnahmeländern derzeit – mit Ausnahme einiger weniger Schlüsselbereiche der Wirtschaft – über eine besonders offene und liberale Rahmengesetzgebung für die Niederlassung ausländischer Unternehmen im Inland[3].

1 ICEP, Foreign Investment in Portugal, Lissabon, 1993.

2 Zum früheren Recht siehe: OLAVO, Die Errichtung einer Tochtergesellschaft in Portugal, in: ZGR 1974, 483–497.

3 Zu der vergleichsweise regulativen Politik anderer Aufnahmeländer vgl. WALLACE, Legal Control of Multinational Enterprises, Den Haag, 1982.

1. Das anwendbare Recht

Die Niederlassung eines ausländischen Unternehmens in Portugal, insbesondere über portugiesische Tochtergesellschaften, unterliegt heute einer Vielzahl von rechtlichen Regelungen sowohl privatrechtlicher als auch öffentlich-rechtlicher Natur. Einschlägig ist in der Hauptsache das neue Gesetz über die Handelsgesellschaften von 1986 (Código das Sociedades Comerciais, im Folgenden „CSC“, bestätigt durch das Dekret Nr. 282/86 vom 2. 9. 1986). Durch dieses neue Gesetz wurden verschiedene verstreute Einzelgesetze zusammengefaßt und aktualisiert und dadurch eine umfassende Regelung der Handelsgesellschaften geschaffen: Obgleich das Gesetz auch einige eigenständige Lösungen im rechtsvergleichenden Sinne enthält, wurden viele Lösungen ausländischer Rechtsordnungen übernommen und zwar hauptsächlich des deutschen und französischen Gesellschaftsrechts; ferner wurde bereits eine große Anzahl von EG-Richtlinien zum Gesellschaftsrecht, auch solcher, die noch nicht in Kraft getreten waren, wie z. B. die 9. Konzernrechtsrichtlinie, bereits umgesetzt. Neben diesem CSC gelten heute insbesondere das Gesetz über das Handelsregister von 1986[4], das Gesetz über den Wertpapiermarkt von 1991[5] und die Konkursordnung von 1993[6]. Weitere Gesetze regeln besondere Aspekte der Niederlassung, der Gründung und der Tätigkeit einer Tochtergesellschaft, wie z. B. das Gesetz über Auslandsinvestitionen von 1986[7], das Gesetz über die Einkommenssteuer juristischer Personen von 1988[8], das Anti-Trust-Gesetz von 1988[9] und den Allgemeinen Bilanzplan von 1989[10]. Schließlich wirken, wenn auch weniger bedeutsam, das frühere Handelsgesetzbuch von 1888[11] und das Bürgerliche Gesetzbuch von 1966[12] als Grundregeln über die Tätigkeit von Kaufleuten und über Gesellschaften im allgemeinen nach.

4 Código do Registo Comercial, bestätigt durch das Dekret Nr. 403/86 vom 3. 12 .1986 (ergänzt durch das Dekret Nr. 42/89 vom 3. 2. 1989).

5 Código do Mercado de Valores Mobiliários, bestätigt durch das Dekret Nr. 142-A/91 vom 10. 4. 1991.

6 Código dos Processos Especiais de Recuperação da Empresa e da Falência, bestätigt durch das Dekret Nr. 132/93 vom 23. 4. 1993.

7 Código do Investimento Estrangeiro, bestätigt durch das Dekret Nr. 197-D/86, vom 18. 7. 1986.

8 Código do Imposto sobre o Rendimento das Pessoas Colectivas, bestätigt durch das Dekret Nr. 442-B/88 vom 30. 11. 1988.

9 Lei Anti-Trust, bestätigt durch das Dekret 428/88 vom 19. 11. 1988.

10 Plano Oficial de Contabilidade, bestätigt durch das Dekret Nr. 410/89 vom 21. 11. 1989.

11 Código Comercial, in Kraft gesetzt durch das Gesetz vom 28. 6. 1888.

12 Código Civil, bestätigt durch Dekret Nr. 473/44 vom 25. 11 .1944, geändert durch Dekret Nr. 496/77 vom 25. 11. 1977.

2. *Rechtsformen unternehmerischer Tätigkeit*

Es gibt eine Vielfalt rechtlicher Formen für wirtschaftliche Organisationen, in denen ein ausländisches Unternehmen seine Tätigkeit in Portugal aufnehmen kann. Drei Hauptformen sollen hier vorgestellt werden, und zwar – eingeteilt nach ihrer jeweiligen inneren Organisation – der Einzelkaufmann, die Zweigstelle und die Gesellschaft.

Der Einzelkaufmann (*Empresário em Nome Individual*) – mit ca. 800.000 übrigens die meistverbreitete Unternehmensform in Portugal – ist definiert als eine natürliche Person, die als Kaufmann in einem Handels- oder Industriegewerbe tätig ist und deshalb unter die Regeln des Handelsgesetzbuches fällt (insbesondere unter die Regeln über das Handelsregister, die Führung eines Handelsnamens, die Buchführung und die Aufstellung einer Jahresbilanz: Art. 18 des portugiesischen HGB). Eines seiner Hauptmerkmale ist die Verpflichtung, den eigenen Namen im Firmennamen zu führen und über alle Aktiva, auch hinsichtlich der Verbindlichkeiten, mit denen sie belastet sind, Buch zu führen. Seit 1986 gibt es zum Einzelkaufmann jedoch eine wichtige Alternative: den sog. Einzelkaufmann mit beschränkter Haftung (*Estabelecimento Individual de Responsabilidade Limitada*), eine Unternehmensform, die den Einzelkaufmann in die Lage versetzt, einen Teil seines persönlichen Vermögens für die unternehmerische Tätigkeit abzusondern, der allein für die Geschäftsverbindlichkeiten haftet, ohne jedoch eine Gesellschaft gründen zu müssen. Diese Unternehmensform, die keine eigene Rechtspersönlichkeit hat und nur von natürlichen Personen errichtet werden kann, bedarf eines notariellen Gründungsaktes und ist beim Handelsregister (Conservatória do Registo Comercial), einzutragen. Sie hat ein vorgeschriebenes Mindestkapital in Höhe von 400.000,– Escudos; der Firmenname besteht aus dem Namen des Inhabers und der Bezeichnung „Estabelecimento Individual de Responsabilidade Limitada" (oder einfach „EIRL")[13].

Interessanter für ein ausländisches Unternehmen ist jedoch z. B. die Errichtung einer selbständigen Zweigniederlassung (*Sucursal*). Das besondere Erscheinungsbild dieser Art der Niederlassungen (oder anderer, gleichwertiger Formen örtlicher Vertretungen, wie z. B. Agenturen oder Bürovertretungen) ist, daß sie

13 Dekret Nr. 248/86 vom 25. 8. 1986. Um dem Einzelunternehmer die beschränkte Haftung zu garantieren, ist das portugiesische Gesetz demnach nicht dem deutschen Vorbild einer Einmanngesellschaft gefolgt (§ 1 GmbHG, eingeführt durch die GmbH-Novelle von 1980), sondern hat sich dafür entschieden, diese Institution als reines „Zweckvermögen" ohne Rechtspersönlichkeit zu definieren. Heute wird die Vereinbarkeit dieser gesetzgeberischen Entscheidung mit der Zulässigkeit der hundertprozentigen Tochtergesellschaft (s. u. II.2.) und den Verpflichtungen zur Harmonisierung gemäß der inzwischen ratifizierten 12. EG-Richtlinie über Einmanngesellschaften in Zweifel gezogen.

über keine eigenständige Rechtspersönlichkeit verfügen, aber dennoch ein eigenes Management und eigene Vertriebswege (*trading capacities*) besitzen[14]. Mit Ausnahme des notariellen Gründungsakts muß ihre Gründung ungefähr den gleichen Formalitäten genügen wie die Gründung von Gesellschaften, insbesondere müssen sie in dem Handelsregister der Region eingetragen werden, in der die Niederlassung angesiedelt werden soll, ferner in das Staatliche Register Juristischer Personen (Registo Nacional de Pessoas Colectivas)[15]. Außerem sind sowohl die Geschäftsführung als auch die Summe aller Aktiva, mit der die Zweigniederlassung ausgestattet ist, offenzulegen[16]. Diese Formalitäten werden allerdings nur solchen ausländischen Unternehmen auferlegt, die länger als ein Jahr in Portugal geschäftlich tätig sind (Art. 10 b CRC). Verstöße werden mit einer gemeinsamen Haftung des ausländischen Unternehmens und seiner örtlichen Geschäftsführung für fehlerhafte Akte innerhalb der Geschäftsführung, unter Umständen sogar mit der gerichtlichen Auflösung der örtlichen Niederlassung selbst (Art. 4 CSC) geahndet.

Eine dritte und letzte Form ist schließlich die der Gesellschaften (*sociedades*), die grundsätzlich eines förmlichen Gründungsakts bedürfen (zu den bestehenden Typen von Gesellschaften s. u. I.3.). Die Gesellschaft als Rechtsform bietet ausländischen Unternehmen den wohl angemesseneren rechtlichen Rahmen, sofern sie eine dauerhafte Tätigkeit in Portugal anstreben: In Betracht kommen dafür sowohl die Gründung einer neuen portugiesischen Tochtergesellschaft als auch der Kauf von Anteilen an einer bereits bestehenden inländischen Gesellschaft. Die Voraussetzungen hinsichtlich beider dieser Möglichkeiten sind sowohl für inländische als auch für ausländische Investoren gleich: sowohl natürliche als auch juristische Personen können Mitglieder einer Gesellschaft sein; die Ausgabe von Aktienkapital kann entweder nur an die Gesellschafter oder öffentlich erfolgen (s. u. II.4.), und der Erwerb von Stammanteilen kann entweder durch Privatverkauf oder durch öffentliche Übernahmeangebote (OPA – *Oferta Pública de Aquisição* – bzw. OPT – *Oferta Pública de Troca*) (s. u. V.1.) erfolgen. Ausländische Aktionäre einer portugiesischen Gesellschaft sind lediglich noch durch das Verbot für ausländische Unternehmen, eine portugiesische Aktiengesellschaft zu hundertprozentigem Eigentum zu gründen (s. u. II.1.) sowie die Pflicht, die Zeichnung oder den Erwerb von Anteilen, die mehr als

14 Wie in den meisten anderen Ländern (einschließlich Deutschlands), unterscheidet auch das portugiesische Recht scharf zwischen einer unselbständigen (*sucursal*) und einer selbständigen Zweigniederlassung (*filial*) von ausländischen Unternehmen.

15 Dekret Nr. 144/83 vom 31. 3. 1983.

16 Obwohl es kein vorgeschriebenes Mindestkapital gibt, sollte die Zweigniederlassung mit einem Mindestkapital ausgestattet sein, das zur Gründung einer portugiesischen Gesellschaft gleichwertigen Typs nötig wäre.

20 Prozent des Stammkapitals einer portugiesischen Gesellschaft darstellen, vorher anzuzeigen (s. u. VII.3.)[17], gegenüber Inländern benachteiligt.

3. Gesellschaftsformen

a) Gesellschaften bürgerlichen Rechts und Handelsgesellschaften

Ähnlich wie im französischen und belgischen Recht gibt es im portugiesischen Recht zwei Grundformen von Gesellschaften: die Gesellschaften bürgerlichen Rechts (*sociedades civis*) und die Handelsgesellschaften (*sociedades comerciais*). Die Unterscheidung ergibt sich daraus, daß auch im portugiesischen Recht nicht jede geschäftliche und wirtschaftliche Betätigung als handelsrechtlich eingestuft wird: Bestimmte Tätigkeiten werden als originär bürgerlich-rechtlich angesehen, so z. B. landwirtschaftliche und handwerkliche Tätigkeiten, der Abbau von Bodenschätzen, geistige Betätigungen, freie Berufe usw. (vgl. Art. 230 Código Comercial).

Die Gesellschaft bürgerlichen Rechts ist im portugiesischen bürgerlichen Gesetzbuch definiert als ein Zusammenschluß von zwei oder mehr Personen, und zwar natürlichen oder juristischen Personen, die Güter in Form von Bargeld, Waren und/oder Dienstleistungen einbringen, um gemeinsam eine wirtschaftliche Tätigkeit mit Gewinnerzielungsabsicht aufzunehmen (Art. 980 CC). Diese Rechtsform wird in der Hauptsache von den freien Berufen wie Anwälten, Wirtschaftsprüfern und Steuerberatern, Ärzten, Künstlern und Ingenieuren

17 Das portugiesische Recht kennt darüber hinaus eine Vielfalt von gesetzlichen Instrumenten zur Zusammenarbeit zwischen Unternehmen sowohl vertraglicher als auch organisatorischer Natur, durch die ein ausländisches Unternehmen sich mit einem portugiesischen zusammenschließen kann. Eines davon ist der sog. ergänzende Zusammenschluß von Unternehmen (*Agrupamento Complementar de Empresas*, abgekürzt ACE), der vergleichbar ist mit deutschen und französischen Pendants. Es versetzt natürliche und juristische Personen inklusive Gesellschaften in die Lage, sich zusammenzuschließen, um ihre jeweiligen eigenen Arbeitsbedingungen sowie das Ergebnis ihrer jeweiligen Geschäftsaktivitäten zu verbessern, wobei es ihnen verboten ist, Gewinne zu erzielen (Gesetz Nr. 4/73 vom 4. 7. 1973 und das Dekret Nr. 430/73 vom 25. 8. 1973). Die ACE hat eine von ihren Mitgliedern unabhängige Rechtspersönlichkeit und kann mit oder ohne Aktienkapital gegründet werden; die Mitglieder sind jedenfalls nur subsidiär und gemeinsam verantwortlich für alle Verbindlichkeiten der Vereinigung; ihre Anteile dürfen ferner nicht aus übertragbaren Wertpapieren bestehen. Dagegen ist das Konsortium (*Contrato de Consórcio*) lediglich eine schriftliche Übereinkunft, nach der natürliche Personen oder Gesellschaften sich zusammenschließen, um gemeinsam bestimmte Ziele zu verfolgen, z. B. Vertriebswege auszunutzen und/oder natürliche Ressourcen zu erforschen und zu nutzen (Dekret Nr. 231/81 vom 28. 7. 1981).

genutzt. Im Gegensatz zur deutschen Gesellschaft bürgerlichen Rechts haben jedoch einige dieser Gesellschaften eine eigene Rechtspersönlichkeit. Sie dürfen dann jedoch keine nicht gewinnbringenden Ziele verfolgen. Der Gesellschaftsvertrag enthält keine zwingenden Vorschriften bis auf die Art der Einlage, die die Partner zu erbringen haben. Vorbehaltlich anderer Regelung im Gesellschaftsvertrag sind alle Partner gemeinsam vertretungsbefugt und für die Geschäftsführung verantwortlich. Sie haften auch gemeinsam und persönlich für Gesellschaftsschulden, jedoch nur subsidiär zu der Gesellschaft selbst. Das bedeutet, daß zwar jeder Partner unmittelbar von Gesellschaftsgläubigern in Anspruch genommen werden kann, jedoch kann er verlangen, daß zunächst auf die Aktiva der Gesellschaft zurückgegriffen wird (Art. 997 CC und Art. 826 Nr. 2 CPC).

Die Handelsgesellschaften sind in einem eigenen Gesetzbuch geregelt. In diesem Gesetzbuch über die Handelsgesellschaften (Código das Sociedades Comerciais, Abk.: „CSC") sind vier Typen von Gesellschaften vorgesehen: die oHG (*Sociedade em Nome Colectivo*), die Kommanditgesellschaft (*Sociedade em Comandita*), die GmbH (*Sociedade por Quotas*), und die Aktiengesellschaft (*Sociedade Anónima*). Trotz ihrer offensichtlichen Unterschiede hinsichtlich Satzungsinhalt und Organisation (s. u. I.3.b) haben diese Gesellschaftsformen einige Merkmale gemeinsam: Im Gegensatz zum deutschen Recht verfügen sie alle über eine eigene Rechtspersönlichkeit; sie dürfen nur handelsrechtliche Ziele verfolgen, weshalb sie als Kaufleute gelten und den Vorschriften des Handelsgesetzbuchs unterliegen, insbesondere was Buchführungs- und Publizitätspflichten angeht (s. o., I.2.), sie sind alle bestimmten, annähernd gleichen Gründungsvorschriften unterworfen (die Eintragung ins Gesellschaftsregister wirkt bei allen konstitutiv), und sie müssen einen Handelsnamen führen.

Abgesehen von den oben genannten vier Grundtypen von Gesellschaften, sieht das Gesetz noch eine Reihe von Gesellschaften besonderer Art vor, die in der Regel ein besonderes wirtschaftliches Ziel verfolgen oder in besonderen Bereichen tätig sind. Dabei handelt es sich insbesondere um Banken, Versicherungen und Finanzinstitute[18]. Zu erwähnen ist hier besonders die Holdinggesellschaft (*Sociedade Gestora de Participações Sociais*)[19], deren ausschließlicher Gesellschaftszweck darin besteht, Stammanteile an anderen Gesellschaften zu halten und zu verwalten. Diese Gesellschaftsform ist in Portugal als Muttergesellschaft innerhalb eines Konzerns sehr verbreitet. Sie genießt im übrigen einige Steuervorteile sowie Steuerbefreiungen (insbesondere was die Doppelbesteue-

18 Wegen einer Auflistung dieser besonderen Gesellschaftstypen siehe die Hinweise unten I.4.

19 Eingeführt durch das Dekret Nr. 495/88 vom 20. 12. 1988.

rung angeht[20]), darf jedoch keine eigene Handels- oder Produktionstätigkeit aufnehmen. Verstöße können wiederum mit der Auflösung der Gesellschaft geahndet werden.

Obwohl das Gesetz also streng zwischen bürgerlich-rechtlichen und Handelsgesellschaften unterscheidet, ist nach dem Gesetz jedoch die Möglichkeit eröffnet, eine rein bürgerlich-rechtliche Gesellschaft in eine handelsrechtliche umzuwandeln; sie ist dann allerdings ebenfalls dem Recht der Handelsgesellschaften unterworfen (Art. 1 Nr. 4 CSC).

b) Personen- und Kapitalgesellschaften

Die oben genannten vier Gesellschaftstypen lassen sich weiter unterscheiden in Personengesellschaften und Kapitalgesellschaften, ähnlich dem deutschen Recht. Die Personengesellschaften, insbesondere also die oHG (Art. 175 bis 196 CSC) und die Kommanditgesellschaft (Art. 465 bis 480 CSC)[21] sind gekennzeichnet durch das Personalitätsprinzip („intuitus personæ") und die einfachere Ausgestaltung ihrer inneren Organisation und Reglementation. Das persönliche Element spiegelt sich deutlich wider in den einschlägigen Vorschriften: Die Personengesellschaften sind gekennzeichnet von der unbegrenzten persönlichen Haftung der Gesellschafter (*sócios*) für Gesellschaftsschulden (ähnlich wie bei den bürgerlich-rechtlichen Gesellschaften haften die Partner nur subsidiär zu der Gesellschaft und gesamtschuldnerisch); dem Fehlen eines gesetzlichen Mindestkapitals und der Zulässigkeit von Einlagen in Form von Dienstleistungen. Anteile (*partes*) sind ferner nur mit ausdrücklicher Zustimmung aller anderen Gesellschafter übertragbar und der Name zumindest eines der Gesellschafter muß in dem Handelsnamen der Gesellschaft erscheinen. Die Partner sind gleich-

20 Vergleichbar dem früheren deutschen „Schachtelprivileg" sind nach dem portugiesischen Recht 95 % der Dividenden, die eine Gesellschaft erhält, steuerlich absetzbar, vorausgesetzt, daß beide ihre Hauptverwaltung in Portugal haben. Nur die restlichen 5 % sind als Einkommen zu versteuern (s. u. VII.1.). Während andere Muttergesellschaften von dieser steuerlichen Absetzbarkeit nur dann profitieren, wenn sie Stammanteile von mehr als 25 % halten, gilt diese Einschränkung für reine Holdinggesellschaften nicht (Art. 18 Estatutos dos Beneficios Fiscais).

21 Auch das portugiesische Gesetz kennt zwei Untertypen der Kommanditgesellschaft: die einfache Kommanditgesellschaft (*sociedade em comandita simples* gemäß Art. 474 – 477 CSC) und die Kommanditgesellschaft auf Aktien (*sociedade em comandita por acções* gem. Artt. 477 bis 480 CSC). Letztere verbindet Elemente der einfachen Kommanditgesellschaft (z. B. die unbeschränkte persönliche Haftung des Komplementärs) mit solchen der Aktiengesellschaft (z. B. das Erfordernis eines Mindeststammkapitals, aufgeteilt in Aktien, sowie eines Minimums von fünf beschränkt und einem unbeschränkt haftenden Gesellschafter).

mäßig an der Geschäftsführung der Gesellschaft beteiligt, jedoch sind sowohl Mehrstimmenwahlrecht als auch die Annahme von Beschlüssen durch einfache Mehrheit möglich, sofern dies im Gesellschaftsvertrag vorgesehen ist. Der Tod eines Gesellschafters hat die fakultative Auflösung der Gesellschaft zur Folge. Schließlich gibt es auch ein Konkurrenzverbot für die Gesellschafter[22].

Der Prototyp der Kapitalgesellschaften ist die Aktiengesellschaft (Artt. 271 bis 464 CSC). Diese ist rein kapitalistisch ausgerichtet („intuitus pecuniæ"). Die gesetzmäßigen Anforderungen sind besonders komplex und umfassend. So ist die Haftung der Aktionäre *(accionistas)* auf ihren Aktienanteil beschränkt. Die Gesellschaft muß ein Mindeststammkapital haben, Aktien *(acções)* sind in der Regel frei übertragbar (privat oder öffentlich, an eingetragene Gesellschaften), die Organisation der Gesellschaft ist komplex und in weiten Teilen zwingend (z. B. muß sich die Teilnahme an der Entscheidungsfindung innerhalb der Gesellschaft mittelbar oder unmittelbar an dem Stimmrecht orientieren, mit dem der Kapitalanteil jeweils verbunden ist). Dies sind jedoch keine eindeutigen Merkmale für Aktiengesellschaften. Es gibt Mischformen wie z. B. die Gesellschaft mit beschränkter Haftung (Artt. 196 bis 270 CSC), die sowohl Elemente der Personen- als auch der Kapitalgesellschaften aufweist. Wie letztere müssen auch die Gesellschaften mit beschränkter Haftung ein gesetzliches Mindestkapital aufweisen; die Haftung ihrer Mitglieder (*sócios-quotistas*) ist auf das Eigenkapital beschränkt, d. h., die Mitglieder sind nicht nur für die Einzahlung ihrer eigenen Anteile (*quotas*) verantwortlich, sondern haften auch in Höhe der nicht eingezahlten Anteile der anderen Partner. Mit der Personengesellschaft hat sie die nicht freie Übertragbarkeit der Anteile gemeinsam – diese ist an die ausdrückliche Zustimmung der Gesellschaft gebunden – sowie das Konkurrenzverbot für die Mitglieder.

22 Wie im deutschen Recht, so besteht auch im portugiesischen Recht der Hauptunterschied zwischen der oHG und der KG darin, daß die letztere einen oder mehrere Gesellschafter hat, die nicht persönlich für die Gesellschaftsschulden haften (*sócios comanditários*). Gemäß Art. 465 Nr. 1 CSC ist jedoch mindestens ein persönlich haftender Gesellschafter erforderlich, der – vorbehaltlich einer anderen Regelung im Gesellschaftsvertrag – auch geschäftsführungs- und vertretungsbefugt ist (Art. 470 CSC). Zwar kann im Gesellschaftsvertrag eine Stimmenverteilung vorgesehen werden, jedoch müssen die persönlich haftenden Gesellschafter jedenfalls über mehr als die Hälfte der Stimmrechte der beschränkt haftenden Gesellschafter verfügen (Art. 472 Nr. 2 CSC). Auch im portugiesischen Recht sind Kommanditgesellschaften zulässig, deren einziger persönlich haftender Gesellschafter eine GmbH oder Aktiengesellschaft ist (insofern vergleichbar mit der deutschen GmbH & Co. KG). Diese Gesellschaftsform hat jedoch keine besondere praktische Bedeutung erlangt. Z. Zt. kann nicht einmal festgestellt werden, ob portugiesische Gerichte bereit sind, ausländische Gesellschaften als persönlich haftende Gesellschafter einer inländischen Kommanditgesellschaft zuzulassen.

c) *Inländische und ausländische Gesellschaften*

Eine Gesellschaft ist dann dem portugiesischen Recht unterworfen, wenn sie ihren Hauptsitz im Inland hat (Art. 1 Nr. 3 CSC). Der Hauptsitz wird definiert als der Ort, an dem die Gesellschaft ihren tatsächlichen, nicht den rein förmlichen, d. h. satzungsmäßigen Sitz hat. Maßgeblich ist deshalb nicht, wo die Gesellschaft gegründet wurde, ob der satzungsmäßige Sitz der Gesellschaft im Ausland liegt oder ob die Gesellschaft Produktionseinheiten im Inland unterhält oder nicht[23].

4. *Wahl der Gesellschaftsform*

In der portugiesischen Wirtschaft sind die kleinen und mittelständischen Unternehmen mit 99,2 % aller bestehenden Unternehmen und circa 45 % des Bruttoinlandsprodukts bei weitem in der Mehrzahl. Dabei herrscht der Einzelkaufmann als Geschäftsform – wie oben I.2. bereits erwähnt – mit einer Anzahl von derzeit 791.996 vor. Unter den Gesellschaften spielen die Handelsgesellschaften die größte Rolle, und dabei insbesondere die Kapitalgesellschaften: Gesellschaften mit beschränkter Haftung rangieren an erster Stelle (158.630), gefolgt von den Aktiengesellschaften mit derzeit 4.403 Unternehmen. Personengesellschaften fallen demgegenüber weit ab: offene Handelsgesellschaften finden sich nur mit 668 und Kommanditgesellschaften sind mit 8 Unternehmen heute nahezu völlig verschwunden. Die anderen Geschäftsformen, wie z. B. Gesellschaften bürgerlichen Rechts (1.336), Vereine (3.338) und Einzelkaufleute mit beschränkter Haftung (20), sind heute ziemlich bedeutungslos[24]. Dies rührt allerdings auch daher, daß Gesellschaften bürgerlichen Rechts keine Handelsgeschäfte aufnehmen dürfen (s. o. I.3.a.) und Vereine, obwohl sie sehr häufig auftreten, gemäß Art. 2 des Dekrets Nr. 454/80 vom 9. 10. 1980 keine wirtschaftlichen Ziele verfolgen dürfen.

Wegen ihrer stabilen Geschäftsform kommt für ausländische Investoren wie auch für inländische eigentlich nur die Kapitalgesellschaft als Rechtsform in

23 Der satzungsmäßige Sitz ist jedoch nicht vollkommen unmaßgeblich: Wenn die Satzung der Gesellschaft als Sitz einen Ort auf portugiesischem Gebiet bestimmt, kann diese Gesellschaft Dritten nicht entgegenhalten, daß ein anderes Recht, nämlich das des Gründungsstaates, gelte, oder das Recht des Staates, in dem der effektive Verwaltungssitz belegen ist. Siehe dazu ganz allgemein: NITSCHE, Das portugiesische Internationale Privatrecht der juristischen Personen, in: AWD 1973, 12–15.

24 Quelle: Instituto National de Estatística, Características das Empresas Portuguesas, Lissabon, 1993.

Betracht. In der Praxis sind fast ausschließlich Gesichtspunkte des Gesellschaftsrechts ausschlaggebend, da die Steuer-, Arbeits- und Kartellgesetze für alle Arten von Gesellschaften fast identisch sind. Hervorzuheben ist hier, daß die Steuersätze für jede gesellschaftlich organisierte Einheit gleich sind, und daß es auf dem arbeitsrechtlichen Gebiet keine Mitbestimmungspflichten gibt. Die Gesellschaft mit beschränkter Haftung ist die wohl angemessenste Form für kleine und mittlere Unternehmen, weil sie nur ein geringes Mindestkapital erfordert, im Innenverhältnis flexibler ist (eine Einzelgeschäftsführung ist zulässig, ein Aufsichts- und Prüfungsgremium ist nicht erforderlich, außerdem gibt es keine zwingenden Buchprüfungspflichten), und weil die Kontrolle über die Gesellschaft in den Händen des Mehrheitspartners besser konzentriert werden kann. So ist der Geschäftsführer wegen aller gesellschaftlichen Angelegenheiten unmittelbar der Hauptversammlung verantwortlich, und auch das Doppelstimmrecht und andere Sonderrechte für Mitglieder der Geschäftsführung sind zulässig.

Obwohl die Aktiengesellschaft derzeit in der Praxis nur eine untergeordnete Rolle spielt, ist sie die passendste Organisationsform für eine große Anzahl von Unternehmen, die in der Lage sind, an die Börse zu gehen, und zwar sowohl für mittelständische (mit dem traditionellen zweistufigen System) als auch für große Kapitalgesellschaften (mit dem moderneren Dreistufensystem). Die Aktiengesellschaft bietet einen ziemlich effizienten Schutz für Gläubiger und Minderheitsaktionäre. Vorgeschrieben ist diese Gesellschaftsform im übrigen für Unternehmen, die in bestimmten Wirtschaftszweigen tätig sind und deshalb besonderen Regelungen unterworfen sind, z. B.

- Risikokapitalgesellschaften[25]
- Immobilienverwaltungsgesellschaften[26]
- Factoringgesellschaften[27]
- Leasinggesellschaften[28]
- Investmentgesellschaften[29]
- Kapitalanlage- und Handelsbanken[30]
- regionale Entwicklungsgesellschaften[31]

25 Sociedades de Capital de Risco (Art. 2 Nr. 1 des Dekrets Nr. 17/86 vom 5. 2. 1986).

26 Sociedades de Gestão e de Investimento Imobiliário (Dekret Nr. 291/85 vom 24.7.1985).

27 Sociedades de Factoring (Art. 6 des Dekrets Nr. 56/86 vom 18.3.1986).

28 Sociedades de Locação Financeira (Art. 2 des Dekrets Nr. 103/86 vom 19. 5. 1986).

29 Sociedades de Investimento (Art. 2 des Dekrets Nr. 77/86 vom 2. 5. 1986).

30 Bancos de Investimento e Bancos Comerciais (Art. 4a des Dekrets Nr. 23/86 vom 18. 2. 1986).

31 Sociedades de Desenvolvimento Regional (Art. 2 des Dekrets Nr. 499/80 vom 20. 10. 1980).

– Broker und Maklergesellschaften[32]
– Holdinggesellschaften[33] usw.

Im folgenden wird die Darstellung der Gesellschaften deshalb auf die Beschreibung der Gesellschaft mit beschränkter Haftung und der Aktiengesellschaften beschränkt. Es sollen die Hauptgemeinsamkeiten und Unterschiede hinsichtlich der Gründung, der Organisation, der Finanzierung und der Umwandlung herausgestellt werden.

II. Die Gründung einer Gesellschaft

1. Der Gründungsprozeß

Die Gründung einer Tochtergesellschaft in Portugal unterliegt einer Reihe von Maßnahmen, die besonders komplex und deshalb von dem Investor von langer Hand vorzubereiten sind. Dieser Gründungsweg beinhaltet drei Hauptformalitäten: Die erste ist die Ausarbeitung und Unterzeichnung des Gründungsvertrages (*Escritura de Constituição*) und der Gesellschaftssatzung (*Estatutos Sociais*) durch alle Gründungsmitglieder vor einem Notar gemäß Art. 7 Nr. 1 CSC[34–35].

Als nächstes muß die Eintragung der Gründungsakte binnen 90 Tagen nach der Unterzeichnung beim Handelsregister (Conservatória do Registo Comercial) des Ortes beantragt werden, an dem der Hauptverwaltungssitz belegen sein soll (Artt. 5 CSC und 15 Nr. 1, 25 Nr. 1 CRC). Dieser Schritt ist besonders bedeutsam, denn die Gesellschaft erhält erst durch die Eintragung ihre Rechtspersönlichkeit. Die Eintragung hat also konstitutiven Charakter und ist wichtiger Bezugspunkt im Hinblick auf die Haftung der Gründungsmitglieder. Schließlich muß die Satzung der Gesellschaft binnen 30 Tagen nach der Eintragung im

32 Sociedades Correctoras e Financeiras de Corretagem (Art. 5 des Dekrets Nr. 229/88 vom 4. 7. 1988), für die jedoch beide Formen der hier besprochenen Kapitalgesellschaften zulässig sind.

33 S. o. I.3.a).

34 In der Regel sind vorher jedoch noch einige weitere Formalitäten zu erfüllen, wie z. B. die Anmeldung der Auslandsinvestition bei der ICEP gemäß Art. 5 des Dekrets Nr. 197-D/86 vom 18. 7. 1986 (s. u. VII.3.), die Erlaubnis, den vorgeschlagenen Handelsnamen zu führen und ein provisorischer Handelsregisternachweis von der RNPC gemäß Artt. 17 Nr. 1 und 53 Nr. 1 des Dekrets Nr. 42/89 vom 3. 2. 1989; weiterhin muß das erforderliche Mindestkapital gemäß Art. 202 Nr. 3 und 277 Nr. 3 CSC auf ein Konto lautend auf die zukünftige Gesellschaft bei der General Deposit Bank (Caixa Geral de Depósitos) eingezahlt werden.

35 Besondere Erlaubnispflichten gibt es darüber hinaus für Gesellschaften, die in den oben unter I.4. genannten Wirtschaftszweigen tätig sind.

Diário da República veröffentlicht werden. Dies geschieht durch den Notar. Ein Verstoß gegen die Veröffentlichungspflicht führt dazu, daß Dritte im Hinblick auf den Inhalt des Gesellschaftsvertrages gutgläubig sein können (Artt. 166–168 CSC und 71 CRC).

Dieser Gründungsprozeß, von der Ausarbeitung des Gründungsvertrages an bis zur Veröffentlichung im Diário da República, dauert in der Regel acht bis zehn Wochen[36].

2. *Die Mitglieder*

Gemäß Artt. 7 Nr. 2 und 197 CSC sind zur Gründung einer GmbH nach portugiesischem Recht mindestens zwei Personen erforderlich, die Gründung einer Aktiengesellschaft bedarf gemäß Art. 273 CSC mindestens 5 Personen[37]. Unerheblich ist dabei, ob es sich um natürliche oder juristische Personen handelt und welcher Nationalität diese sind. Unerheblich ist auch, ob es sich bei einer juristischen Person um eine privatrechtliche oder öffentlich-rechtliche Einrichtung handelt, und ob sie gesellschaftlich organisiert ist oder nicht.

Obwohl das portugiesische Gesellschaftsrecht traditionell dem vertraglichen Modell anhängt, ist heute gemäß Art. 488 CSC unter bestimmten Voraussetzungen auch die zu Alleineigentum gehaltene, hundertprozentige Tochtergesellschaft anerkannt. Jedoch ist es nur Aktiengesellschaften erlaubt, als einzige Gesellschafterin eine andere Gesellschaft zu gründen und zu halten. Ferner müssen beide Gesellschaften ihren Hauptverwaltungssitz im Inland haben, so daß ausländische Unternehmen nur mittelbar über die Einschaltung inländischer Tochtergesellschaften oder über *trusts* oder Strohfirmen in den Genuß dieser Vorschrift kommen können. Im übrigen wird durch die Zulässigkeit einer hundertprozentigen Tochtergesellschaft ab initio eine konzernrechtliche Beziehung geschaffen, auf die die traditionellen gesellschaftsrechtlichen Regelungen nicht mehr anwendbar sind. Der beherrschenden Gesellschaft wird z. B. eine uneinge-

36 Es gibt darüber hinaus gemäß Art. 35 Nr. 1 des Dekrets Nr. 42/89 vom 3. 2. 1989 weitere besondere Vorschriften im Hinblick auf die Eintragung beim RNPC, so z. B. die Bekanntgabe des Datums, wann die Gesellschaft ihre Tätigkeit aufgenommen hat, ferner müssen die Gesellschaftsbücher gemäß Art. 95 CIRC bei der Steuerbehörde eingetragen werden. Die Gesellschaft muß ferner bei der Sozialversicherungsbehörde angemeldet und eingetragen werden und eine Erlaubnis ihrer geplanten Arbeitszeiten einholen (Art. 3 des Dekrets Nr. 103/80 vom 9. 5. 1980, Art. 7 des Dekrets Nr. 491/85 vom 26. 11. 1985). Gegebenenfalls sind Industrielizenzen anzugeben und jedenfalls müssen ausländische Arbeitnehmer und ihre Versicherung angegeben werden.

37 Im Falle der Aktiengesellschaft reichen gemäß Art. 273 Nr. 2 CSC ausnahmsweise ebenfalls zwei Personen aus, wenn eine davon der Staat, eine staatliche Einrichtung oder ein staatliches Unternehmen ist.

schränkte Befugnis zur Einmischung in die Geschäftsführung des beherrschten Unternehmens zugestanden; ferner haftet das beherrschende Unternehmen Gläubigern des abhängigen Unternehmens voll für dessen Verbindlichkeiten und ist verpflichtet, Verluste des abhängigen Unternehmens auszugleichen[38].

3. Die Satzung der Gesellschaft

Der Teil der Gesellschaftssatzung, der das Innenverhältnis der Gesellschaft regelt, ist das Kernstück jeder Gesellschaftsgründung. Er ist besonders wichtig bei der Gründung einer GmbH, für die das Gesetz besonders viel Freiraum bei der Ausgestaltung des Innenverhältnisses gewährt. Diese Regelungen sind zum Teil zwingender, zum Teil fakultativer Art. Obwohl für Aktiengesellschaften die meisten Bestimmungen zwingender Art sind, können andere ebenfalls von großer Bedeutung für innere Organisation, Kapitalausstattung und Fremdfinanzierung sein: so z. B. die Wahl der Art der Geschäftsführung, die Einführung qualifizierter Mehrheiten, die Einführung von besonderen Regeln bei der Wahl der Geschäftsführungsmitglieder sowie die Art der auszugebenden Aktien und die Kapitalerhöhung.

Gemäß Art. 9 CSC sind folgende Angaben zwingend:

- die vollständigen Namen (oder Handelsnamen) der Gründungsmitglieder;
- die Art der zu gründenden Gesellschaft;
- der Geschäftsgegenstand der Gesellschaft, der so präzise wie möglich angegeben werden muß (unbestimmte Begriffe wie „und anderes“ sind ausdrücklich unzulässig);
- das nominelle Eigenkapital der Gesellschaft, das bei der GmbH mindestens 400.000 Escudos und bei der Aktiengesellschaft 5 Mio. Escudos betragen muß;

38 Zwar ist es richtig, daß eine GmbH grundsätzlich nicht von einem Alleingesellschafter gegründet werden kann, jedoch ist die nachträgliche Reduzierung der Gesellschafter auf einen einzelnen durchaus zulässig, und zwar in beiden Gesellschaftsformen. In diesem Falle droht jedoch die Auflösung der Gesellschaft, wenn der verbleibende Alleingesellschafter nicht binnen eines Jahres den Eintritt weiterer Gesellschafter sichert (Artt. 142 Nr. 1a, 143, 464 Nr. 3 und 4 CSC). Während dieses Jahres ist die Gesellschaft besonderen, strengen Regeln unterworfen: Im Falle des Konkurses riskiert der verbleibende Alleingesellschafter, unbeschränkt für diejenigen Verbindlichkeiten zu haften, die nach dem Ausscheiden der früheren Mitgesellschafter begründet worden sind, sofern die Gläubiger Fehler bei der Geschäftsführung nachweisen können (Art. 84 CSC). Für den Fall, daß der verbleibende Alleingesellschafter selbst eine GmbH oder Aktiengesellschaft ist, so nimmt das Gesetz eine konzernrechtliche Beziehung zwischen beiden Gesellschaften ex lege an mit der Folge, daß zwar nicht mehr die Auflösung droht, jedoch sind ab diesem Moment die Regeln über die hundertprozentige Tochtergesellschaft (Art. 489 CSC; s. unten VI) anwendbar.

- die Anzahl und der Wert der Anteile, in die das Kapital aufgeteilt werden soll (jeder Anteil – *quota* – hat einen Mindestnennwert von 20.000 Escudos, jede Aktie – *acção* – einen Mindestnennwert von 1.000 Escudos);
- Art und Höhe der Einlage, die jedes Mitglied für die ihm übertragenen Anteile zu erbringen hat (dazu unten IV);
- den Handelsnamen der Gesellschaft, der bis auf eine Bezeichnung des Gesellschaftstyps[39] keinerlei Restriktionen unterworfen ist, und schließlich
- den Hauptverwaltungssitz der Gesellschaft, durch den ihr Sitz, das zuständige Handelsregister und der Ort, an dem die Hauptversammlungen abzuhalten sind, bestimmt werden[40].

Fakultativ sind Angaben über die geplante Lebensdauer der Gesellschaft, sofern sie ausnahmsweise begrenzt werden sollte, die Beteiligung der Mitglieder bzw. Aktionäre an den Verlusten und Gewinnen der Gesellschaft, wenn sie ausnahmsweise nicht dem Kapitalanteil des Mitglieds/Aktionärs entspricht, sowie besondere Vergünstigungen für die Gründungsmitglieder zu machen. Im Falle einer GmbH können Bestimmungen über die Einräumung besonderer Stimmrechte, z. B. eines Doppelstimmrechts, aufgenommen werden, ferner Bestimmungen über die Geschäftsführung der Gesellschaft, z. B. über die Ernennung der Geschäftsführer. Bei Aktiengesellschaften können z. B. Bestimmungen darüber aufgenommen werden, in welchen Fällen die Organe der Geschäftsführung ohne die sonst notwendige Zustimmung der Hauptversammlung allein entscheiden dürfen, z. B. in Angelegenheiten der Kapitalerhöhung, beim Erwerb von Anteilen an Personengesellschaften oder an Gesellschaften mit einem anderen Geschäftsgegenstand oder bei der Ausgabe von Schuldverschreibungen.

4. *Private und öffentliche Zeichnung von Anteilen*

Eine Aktiengesellschaft kann von Gesetzes wegen sowohl durch eine private wie auch durch öffentliche Anteilszeichnung gegründet werden.

Die private Zeichnung ist unter mittleren und sogar einigen großen Aktiengesellschaften sehr verbreitet, und zwar dann, wenn die Gründungsgesellschafter allein in der Lage sind, das notwendige Grundkapital aufzubringen. Anderenfalls werden die Anteile gemäß Art. 279 CSC der Öffentlichkeit zur Zeichnung angeboten *(constituição com apelo à subscrição pública)*. Eine Ausschreibung gilt

39 Eine GmbH muß deshalb gemäß Art. 200 CSC immer auf „Limitada" oder abgekürzt „L.da" lauten und eine Aktiengesellschaft gemäß Art. 275 CSC auf „Sociedade Anónima" oder abgekürzt „S.A.".

40 Im Falle der Aktiengesellschaft sind ferner Bestimmungen über die Art der Aktien zu treffen, und zwar hinsichtlich ihrer Form (Inhaber-, Namensaktien oder unzertifizierte Aktien) und ihres Inhalts (z. B. Vorzugsaktien, s. u. IV.2.) sowie über die Art der Geschäftsführung und der Beaufsichtigung der Gesellschaft (s. u. III.3.a).

dann als öffentlich, wenn sie sich an eine unbestimmte Personenzahl oder an einen unbestimmten Personenkreis wendet, oder, gemäß Artt. 116 und 118 CMVM, wenn sie über eine Konsortialbank erfolgt. In jedem Falle sind die Gründungsgesellschafter (*fundadores*) gehalten, das Mindestkapital von 5 Mio. Escudos zu zeichnen und über zwei Jahre zu halten.

Die Gründung einer Gesellschaft über eine öffentliche Ausschreibung der Kapitalanteile ist die komplexere Form und verläuft wie folgt: Zunächst ist die Gesellschaftssatzung auszuarbeiten und im Handelsregister einzutragen. Sodann sind die Ausgabebedingungen auszuarbeiten. Danach kann die öffentliche Ausschreibung erfolgen, und zwar sowohl von den Gesellschaftern selbst als auch – was häufiger der Fall sein wird – über eine Konsortialbank, die übrigens auch das Ausgaberisiko übernehmen kann. Die daraufhin einzuberufende Gründungshauptversammlung muß über die Form der Gesellschaft entscheiden und die Mitglieder der Gesellschaftsorgane einschließlich des Aufsichtsgremiums ernennen. Jedes Gründungsmitglied und jeder Aktionär haben dabei eine Stimme, und zwar unabhängig von der gehaltenen Kapitalmenge. Sodann ist der Gründungsvertrag zu unterzeichnen und die Gesellschaft zur Eintragung ins Handelsregister anzumelden.

5. *Die Haftung der Gründungsmitglieder*

In Anbetracht der Dauer des Gründungsprozesses bis zur Eintragung ist es nicht ungewöhnlich, daß die Gesellschaft bereits vor der Eintragung ihre Geschäftstätigkeit aufgenommen hat. Die Gründungsgesellschafter haften jedenfalls voll für alle Verbindlichkeiten der Gesellschaft, die in dem Zeitraum vor der Unterzeichnung des Gesellschaftsvertrages begründet wurden, jedoch nur gemeinschaftlich und subsidiär zu der Gesellschaft selbst. Darüber hinaus können die zuständigen amtlichen Stellen gemäß Artt. 37 und 172 CSC die Auflösung der Gesellschaft betreiben. Diese Rechtsfolgen können gemäß Art. 19 Nr. 1 c CSC vermieden werden, wenn alle restlichen Gründungsformalitäten inzwischen erledigt und diejenigen Geschäftsführungsakte, die zu der Verbindlichkeit geführt haben, im Gründungsvertrag ausdrücklich genehmigt worden sind.

Für Verbindlichkeiten, die nach der Unterzeichnung des Gründungsvertrages, aber noch vor der Eintragung entstanden sind, haften gemäß Art. 40 Nr. 1 CSC sowohl die handelnden Gesellschafter als auch diejenigen, die zu dem Handeln ausdrücklich oder stillschweigend ermächtigt haben, gemeinschaftlich und unbegrenzt, jedoch auch hier nur wieder subsidiär zum Gesellschaftsvermögen. Sie werden von den Haftungsfolgen jedoch auch hier wiederum befreit, wenn die die Verbindlichkeit begründenden Handlungen entweder noch im Gründungsvertrag genehmigt oder von der Gesellschaft innerhalb von 90 Tagen nach der

Eintragung im Handelsregister anerkannt wurden (Artt. 40 Nr. 2, 19 Nr. 1 d CSC)[41].

6. *Die Kosten der Gründung*

Zunächst muß erwähnt werden, daß es in Portugal nur wenige „Konfektions"-Gesellschaften gibt; die meisten Gesellschaften werden „nach Maß" gefertigt. Demnach bemessen sich die Kosten, bei denen zu unterscheiden sind die Gründungskosten, die für die Tätigkeit des Notars, für die Eintragung ins Handelsregister und in das Staatliche Register Juristischer Personen (RNPC) anfallen und auch die Stempelsteuer umfassen, und den gesetzlichen Gebühren, die je nach Schwierigkeit der Vorverhandlungen und der Höhe des Eigenkapitals der Gesellschaft von spezialisierten Beratungsfirmen erhoben werden können.

Die o. g. Gründungskosten ergeben sich aus der folgenden fixen Tabelle und bemessen sich nach dem ausgewiesenen Kapital der Gesellschaft.

Kostentabelle:

1. Notarkosten:

Grundgebühr	1.600 Esc.
plus:	200 Esc. pro Anteil/Aktie

zusätzliche Gebühr auf Basis des Kapitalwertes (plus 30 % bei Handelsgesellschaften):

pro 1.000 Escudos oder Bruchteilen davon:

bis 200.000 Esc.	10 Esc.
200.000 bis 1 Mio. Esc.	5 Esc.
1 bis 10 Mio. Esc.	4 Esc.
über 10 Mio. Esc.	3 Esc.

2. Kosten der Eintragung ins Handelsregister

Grundgebühr:	3.000 Escudos
ab 100.000 Esc. Eigenkapital:	s. o. (Notartabelle), jedoch ohne Zuschlag von 30 %

3. Kosten der Eintragung ins RNPC

41 In Übereinstimmung mit der 1. EG-Richtlinie darf eine Gesellschaft nach ihrer Eintragung ins Handelsregister jedoch nur in ganz engen Grenzen als nichtig angesehen werden: so z. B., wenn der Gründungsvertrag fehlt oder zwingende Bestimmungen in der Gesellschaftssatzung fehlen; ferner, wenn die Gesellschaft ein rechtswidriges Ziel zum Gegenstand hat oder das gesetzliche Mindestkapital nicht erreicht wurde (Art. 42 CSC).

Grundgebühr: .... 1.500 Escudos
plus: .... 0,5 % des Eigenkapitals

Sofern der Handelsname der Gesellschaft ausländische Begriffe enthält, beträgt diese zusätzliche Gebühr mindestens 25.000,– Esc., jedoch weniger als 500.000,– Esc.

4. Stempelsteuer:

1,5 % vom Eigenkapital der Gesellschaft.

Beispielsweise würden die Kosten für die Gründung einer GmbH bzw. einer Aktiengesellschaft, die jeweils nur das gesetzliche Mindestkapital von 400.000,– bzw. 5 Mio. Escudos aufgebracht haben, insgesamt ca. 25.000,– bzw. 100.000,– Escudos betragen.

Die gesetzlichen Gebühren für die Beratung würden zwischen 150.000,– und 750.000,– Escudos liegen.

III. Die Organe einer Gesellschaft

1. Allgemeines

Im Gegensatz zu dem o. g. Gründungsprozeß unterscheiden sich die GmbH und die Aktiengesellschaft hinsichtlich ihrer inneren Organisation und der Entscheidungsbefugnisse erheblich.

Eine Aktiengesellschaft hat drei Organe: die Hauptversammlung (*Assembleia Geral*), das Geschäftsführungs- und das Aufsichtsgremium (*Conselho de Administração* und *Conselho Fiscal*).

Die Hauptversammlung (*Assembleia Geral*) ist das oberste Entscheidungsorgan der Gesellschaft. Diese Stellung rührt jedoch ausschließlich daher, daß ihre Entscheidungsbefugnis originärer und nicht derivativer Natur ist, und daß sie allein über die Besetzung der übrigen Organe befinden kann. Ihre Kompetenzen sind gesetzlich genau umrissen und werden im übrigen – positiv oder negativ – durch die Gesellschaftssatzung bestimmt. Sie ist demnach allzuständig für Aufgaben, die nicht anderen Organen zugewiesen sind. Ähnlich dem französischen Recht sieht das portugiesische Gesellschaftsrecht auf der Managementebene zwei Modelle vor: das traditionelle zweistufige Modell mit Verwaltungs- und Aufsichtsrat (*Conselho de Administração* und *Conselho Fiscal*) und das modernere dreistufige Modell mit einem Geschäftsführungs-, einem Vorstandsgremium und einem Abschlußprüfer (*Direcção*, *Conselho Geral* und *Revisor Oficial de Contas*) wobei jeweils das Geschäftsführungsgremium den Aktionären gegenüber die größere Bedeutung hat.

Die Organisation einer GmbH folgt einer einfacheren und flexibleren Struktur: In der Regel verfügt sie nur über die Hauptversammlung (*Assembleia Geral*) und die Geschäftsführung (*Gerência*). Von einer bestimmten Größe an mag es für die GmbH jedoch ebenfalls sinnvoll sein, einen Abschlußprüfer (*Revisor Oficial de Contas*) zu bestellen. Das Kräftegleichgewicht der Organe einer GmbH ist jedoch völlig anders als bei der AG: Während die Hauptversammlung das oberste und herrschende Organ ist, ist die Geschäftsführung weisungsgebunden und lediglich für die Verfolgung des Gesellschaftszwecks und die Vertretung nach außen zuständig[42].

2. *Die Hauptversammlung*

a) *Aktiengesellschaft*

Der Vorsitzende beruft die Hauptversammlung ein, und zwar entweder in den gesetzlich vorgeschriebenen Abständen oder wenn ein Gesellschaftsorgan dies für notwendig erachtet oder eine Aktionärsminderheit, die mindestens 5 % des Kapitals vertritt, dies beantragt (Art. 375 CSC). Der Antrag ist zu richten an den Vorsitzenden und muß die Gründe für die Einberufung und die Tagesordnungspunkte enthalten, die diskutiert werden sollen. In jedem Falle ist die Einberufung zusammen mit der Tagesordnung u. a. einen Monat vor dem Termin der Hauptversammlung bekanntzugeben (Art. 377 CSC). Wie das deutsche Recht unterscheidet das portugiesische nicht zwischen ordentlichen und außerordentlichen Hauptversammlungen. Das Gesetz verlangt lediglich, daß eine Hauptversammlung pro Jahr, und zwar im ersten Quartal eines jeden Jahres abzuhalten ist, in der der Geschäftsbericht und die Jahresbilanz vorzulegen, die Gewinnausschüttungen zu beschließen, der Vorstand und die Prüfer zu entlasten sind. Hier wird auch über die Entlassung und Neuwahl von Mitgliedern der Geschäftsführung oder des Aufsichtsrates entschieden (Art. 376 CSC).

An der Hauptversammlung nehmen alle stimmberechtigten Aktionäre teil, und zwar entweder persönlich oder durch einen Vertreter[43]. Die Satzung kann jedoch auch die Teilnahme nicht stimmberechtigter Aktionäre vorsehen.

42 Es gibt in Portugal keine Tradition der Beteiligung der Arbeitnehmer an der Entscheidungsfindung der Gesellschaft; ein Betriebsrat oder eine Arbeitnehmerbank im Aufsichtsrat wie im deutschen Recht ist dem portugiesischen Recht unbekannt (zu den Ausnahmen s. unten II.3.a).

43 Im Gegensatz zum deutschen Recht unterliegt die Bevollmächtigung im portugiesischen Recht jedoch strengen Voraussetzungen: so kommt eine Vertretung von mehr als fünf Aktionären nur unter sehr engen Bedingungen des Art. 381 CSC in Betracht und eine sog. „Blankovollmacht" (*mandato em branco*) wie im deutschen Recht gibt es in

In der Regel hat jeder Aktionär eine Stimme pro Aktie (Art. 384 Nr. 1 CSC). Gemäß Art. 341 CSC ist jedoch auch die Ausgabe stimmrechtsloser Aktien, sog. Vorzugsaktien, zulässig. Mehrstimmrechtsaktien sind jedoch nicht erlaubt (Art. 384 Nr. 5 CSC). Andererseits gibt es eine Vielzahl von Möglichkeiten, ein Mißverhältnis zwischen Aktienkapital und Stimmrecht herzustellen: So kann z. B. die Gesellschaftssatzung ein Höchststimmrecht pro Anteilseigner vorsehen, unabhängig von der Anzahl der gehaltenen Aktien. Diese Begrenzung muß aber allgemeingültig sein und darf nicht auf eine Benachteiligung einzelner, z. B. ausländischer Aktionäre abzielen. Ferner kann eine Mindestanzahl von Aktien festgelegt werden, von der an überhaupt Stimmrechte erworben werden können. Diese Mindestanzahl darf jedoch 100.000 Escudos des Aktienkapitals der Gesellschaft nicht überschreiten. Im letzteren Fall können die Aktionäre, die die Mindestzahl nicht auf sich vereinigen, sich jedoch zusammenschließen und sich von einem Mitaktionär vertreten lassen, um eine Stimme zu erhalten.

Das Gesetz selbst stellt ein solches Mißverhältnis her, indem es Aktien, die die Gesellschaft selbst hält, von ihrem Stimmrecht entkleidet (Art. 324 Nr. 1 CSC). Das gleiche gilt für wechselseitig gehaltene Aktien (Art. 485 Nr. 3 CSC) und Aktien, deren Einlagen fällig und unbezahlt geblieben sind (Art. 384 Nr. 4 CSC).

Die Zuständigkeiten der Hauptversammlung sind einem System von Besonderheit und Subsidiarität unterworfen: Einerseits sind sie auf diejenigen Aufgaben beschränkt, die ihr von Gesetzes wegen oder durch die Satzung zugewiesen wurden. Sie hat z. B. neben den oben bereits aufgeführten Aufgaben die ausschließliche Entscheidungsbefugnis über die gesetzliche und wirtschaftliche Organisation der Gesellschaft, insbesondere also alle satzungsändernden Maßnahmen (z. B. Kapitaländerungsmaßnahmen, die Ausgabe von Schuldverschreibungen, die Verlegung des Hauptverwaltungssitzes), größere Veränderungen in der Gesellschaftsstruktur (Umwandlungen, Fusionen, Aufspaltungen, Gründung von Tochtergesellschaften) und die Auflösung der Gesellschaft selbst[44]. Ähnlich den Forderungen der herrschenden Lehre in Italien und Deutschland gesteht das portugiesische Gesetz gemäß Art. 373 Nr. 2 CSC der Hauptver-

Portugal überhaupt nicht. Besondere Regeln über die Ausübung von Stimmrechten durch Kreditinstitute existieren nur im Bereich von Broker- und Händlergesellschaften (Art. 2 Nr. 2a des Dekrets Nr. 229-I/88 vom 4. 7. 1988).

44 Über Maßnahmen, die in das Aufgabengebiet der Geschäftsführung gehören, beschließt die Hauptversammlung gemäß Art. 373 Nr. 3 CSC dagegen nur auf Antrag des Geschäftsführungsgremiums selbst. Ähnlich der „Holzmüller"-Entscheidung in Deutschland jedoch wird auch in Portugal inzwischen ein generelles Zustimmungserfordernis der Hauptversammlung für bestimmte Maßnahmen der Geschäftsführung gefordert (s. z. B. ANTUNES, Os Direito dos Sócios da Sociedade – Mãe na Formação e Direcção dos Grupos de Sociedades, UCP Braga 1994).

sammlung andererseits aber auch ungeschriebene, subsidiäre Zuständigkeiten zu, sofern diese nicht ausdrücklich anderen Organen der Gesellschaft zugewiesen sind.

Die Beschlüsse der Hauptversammlung werden mit einfacher Mehrheit gefaßt, und zwar unabhängig von der Menge des vertretenen Kapitals, vorbehaltlich einer anderslautenden Regelung in der Satzung. Lediglich für einige besondere Maßnahmen fordert das Gesetz ein Quorum von in der Regel mindestens einem Drittel des Aktienkapitals zur Herstellung der Beschlußfähigkeit und eine qualifizierte Mehrheit von in der Regel zwei Dritteln der abgegebenen Stimmen für die Beschlußfassung (Artt. 383 und 386 CSC).

b) GmbH

Die Hauptversammlung einer GmbH wird von der Geschäftsführung der Gesellschaft einberufen, und zwar entweder auf eigene Initiative oder auf schriftlichen Antrag eines einzelnen Mitglieds. Die Einladung muß mindestens 15 Tage vorher erfolgen (Art. 248 CSC)[45].

Die Stimmverteilung sieht eine Stimme pro Kapitalanteil im Wert von 250 Escudos vor. Hier ist allerdings die Einräumung von Doppelstimmrechten möglich, sofern der jeweilige Anteilseigner nicht mehr als 20 % des Gesellschaftskapitals hält (Art. 250 Nrn. 1 und 2 CSC).

Im Gegensatz zur Aktiengesellschaft ist die Hauptversammlung der GmbH nahezu allzuständig: Sie kann nicht nur den Geschäftsführern direkte Weisungen erteilen – dies allerdings nur in Beschlußform –, sondern über alle Angelegenheiten der Geschäftsführung Entscheidungen treffen. Insbesondere kann die Zuständigkeit durch die Gesellschaftssatzung auch beliebig erweitert werden (Art. 246 CSC).

Gesetzlich ist kein Mindestquorum für die Beschlußfähigkeit vorgesehen. Jedoch kann die Satzung etwas anderes bestimmen. Die Beschlüsse werden gefaßt durch einfache Mehrheit der abgegebenen Stimmen (Art. 250 Nr. 3 CSC). Nur ausnahmsweise ist eine $^3/_4$-Mehrheit erforderlich, nämlich dann, wenn die Satzung dies bestimmt, oder – von Gesetzes wegen – bei z. B. satzungsändernden Maßnahmen.

45 Auf die fristgerechte Einladung kann gemäß Art. 54 Nr. 1 CSC nur verzichtet werden im Falle der sog. „Universalversammlungen" (*assembleias universais*), d. h., wenn alle Mitglieder anwesend sind und sie sich mit der Behandlung der vorgeschlagenen Tagesordnungspunkte einverstanden erklärt haben. Dies gilt im übrigen sowohl für die AG als auch für die GmbH.

3. *Management und Prüfung der Gesellschaft*

a) *Aktiengesellschaft*

Wie oben (III.1.) bereits erwähnt, läßt das Gesetz zwei verschiedene Formen von Verwaltung und Aufsicht über eine Aktiengesellschaft zu (s. Art. 278 CSC):

Im traditionellen Zwei-Stufen-System gibt es lediglich zwei notwendige Organe: Auf der Ebene der Verwaltung ist dies der Verwaltungsrat (*Conselho de Administração*) und auf der Aufsichtsebene das Gremium der Abschlußprüfer (*Conselho Fiscal*).

Der Verwaltungsrat ist mit allen Aufgaben der Verwaltung beauftragt; er allein kann die Gesellschaft nach außen vertreten (Art. 405 CSC). Art. 406 CSC sieht eine Liste von Angelegenheiten vor, die ausdrücklich in die Entscheidungskompetenz des Verwaltungsrats fallen, so z. B. die Errichtung neuer Geschäftszweige, den Erwerb von Anteilen an anderen Gesellschaften und die Aufnahme von Beziehungen zu anderen Unternehmen, erhebliche Veränderungen der Unternehmensorganisation, usw. Die Auflistung des Art. 406 CSC hat dabei lediglich beispielhaften, nicht etwa abschließenden Charakter. Was die Vertretungsbefugnis nach außen betrifft, so kennt das portugiesische Recht keine *ultra-vires*-Doktrin, so daß eine Aktiengesellschaft immer an Verbindlichkeiten gebunden ist, die die Geschäftsführer in ihrem Namen eingehen, auch wenn diese damit ihre innere Befugnis und gar den Gesellschaftsgegenstand überschritten haben, vorbehaltlich immer der Gutgläubigkeit der Geschäftspartner (Art. 409 CSC).

Die Mitglieder des Verwaltungsrats werden entweder schon in der Satzung benannt oder von der Hauptversammlung gewählt. Sie müssen übrigens nicht unbedingt Aktionäre sein; auch gibt es keine Beschränkungen hinsichtlich der Staatsangehörigkeit. Es muß sich lediglich um natürliche Personen handeln. Der Verwaltungsrat besteht je nach Satzung, in der Regel jedoch aus einer ungeraden Zahl von Mitgliedern. Das Gesetz erlaubt nur bei Gesellschaften, deren Kapital weniger als 20 Mio. Escudos beträgt, einen Einzelgeschäftsführer (Art. 390 Nr. 2 CSC). Die Amtszeit der Mitglieder des Verwaltungsrats ist auf vier Jahre begrenzt bei einer Wiederwahlmöglichkeit, und sie sind von der Hauptversammlung durch einfache Mehrheit abberufbar (Art. 391, 409 CSC). Die Haftung der Mitglieder des Verwaltungsrats ist relativ streng:

Sowohl an die Geschäftsführer einer GmbH als auch an die Verwaltungsratsmitglieder einer Aktiengesellschaft wird der Sorgfaltsmaßstab eines „sorgfältigen und umsichtigen Geschäftsführers..." angelegt, „... der die Interessen der Gesellschaft, aber auch der Aktionäre bzw. Gesellschafter und der Angestellten bestmöglich wahrt" (Art. 64 CSC). Ihre Haftung wird noch dadurch verschärft, daß sie gesamtschuldnerisch haften (Art. 73 CSC), daß die Beweislast umgekehrt wird (Art. 72 Nr. 1 CSC) und Haftungsfreistellungen oder ein Verzicht auf den

Schadensersatzanspruch durch die Gesellschaft sowie anderweitige Schadensregulierungen nicht in Betracht kommen (Art.74 CSC). Schließlich gibt es auch strafrechtliche Sanktionen gemäß Artt. 509 ff CSC.

Der *Conselho Fiscal*, das für die Aufsicht, die Prüfung der Bücher und der Bilanzen zuständige Gremium, wird von der Hauptversammlung gewählt (Art. 415 CSC). Unter den gleichen Voraussetzungen wie der Einzelgeschäftsführer ist auch hier die Bestellung einer einzelnen Person zulässig (Art. 413 Nr. 4 CSC). Der *Conselho Fiscal* ist zuständig für die Aufsicht über die Gesellschaft, die Prüfung der Bücher sowie die Überwachung der Einhaltung der Gesetze und der Gesellschaftssatzung (Art. 420 CSC). Er hat deshalb das Recht, vertrauliche Auskünfte die Geschäftsführung betreffend vom Vorstand einzuholen und an dessen Sitzungen teilzunehmen (Art. 421 CSC). Für die Wahl zum Mitglied des *Conselho Fiscal* gelten strenge Voraussetzungen. Gemäß Art. 414 CSC darf ein potentielles Mitglied vorher z. B. nicht Mitglied des Verwaltungsrats oder – beim dreistufigen Modell – des Vorstandes gewesen sein, und zwar weder der Gesellschaft selbst, noch eines anderen, beherrschten oder sonst verbundenen Unternehmens. Ferner darf es sich nicht um Personen oder Familienmitglieder von Personen handeln, die mit der Gesellschaft in wirtschaftlichen Beziehungen stehen.

Im Falle, daß die Gesellschaft das dreistufige System angenommen hat, kommt die Verteilung der Kompetenzen dem deutschen Recht sehr nahe:

Der *Conselho Geral* entspricht dabei seiner Funktion nach dem Aufsichtsrat einer deutschen Aktiengesellschaft: Er hat Entscheidungskompetenz in allen Fragen von übergeordneter Bedeutung, die bei dem herkömmlichen zweistufigen Modell bei der Hauptversammlung, beim Verwaltungsrat oder bei den Abschlußprüfern liegt. Er entscheidet z. B. über die Ernennung und Entlastung von Vorstandsmitgliedern, prüft und bestätigt den Geschäftsbericht und die Jahresbilanz, die von dem Vorstand vorgelegt werden, ernennt den Vorstandsvorsitzenden und vertritt die Gesellschaft gegenüber den Vorständen (Art. 441 CSC).

Die Mitglieder des Aufsichtsrates werden entweder durch Satzung bestellt oder von der Hauptversammlung gewählt. Die Amtszeit beträgt maximal vier Jahre, jedoch ist eine Wiederwahl möglich. Die Mitglieder müssen stimmberechtigte Aktionäre sein. Eine Arbeitnehmervertretung im Aufsichtsrat ist nicht vorgesehen. Vorbehaltlich einer anderslautenden Regelung in der Satzung muß der Aufsichtsrat eine ungerade Zahl von Mitgliedern haben, wobei die Anzahl höher sein muß als die der Vorstandsmitglieder, jedoch kleiner als 15 (Artt. 434, 435 CSC). Es gibt zwar keine Begrenzung, was die Ämterhäufung von Aufsichtsräten angeht, jedoch unterliegt eine wechselseitige Amtsinhaberschaft bei anderen Gesellschaften gewissen Beschränkungen durch Art. 437 Nr. 1 CSC. Obwohl der Aufsichtsrat keine direkte Geschäftsführungsbefugnis hat, kann per Gesetz, durch Satzung oder vom Aufsichtsrat selbst bestimmt werden, daß der Vorstand zur Durchführung bestimmter Maßnahmen der Genehmigung des Aufsichtsrats bedarf.

Die *Direcção* entspricht von ihrer Zusammensetzung und Funktion her dem Geschäftsführungsgremium des herkömmlichen zweistufigen Modells. Im weiteren wird wegen der engen Anlehnung an das deutsche System vom „Vorstand" gesprochen. Für den Vorstand gibt es allerdings ein Verbot der wechselseitigen Amtsinhaberschaft mit anderen Gesellschaften nach Maßgabe des Art. 425 Nr. 5c CSC, und seine Kompetenzen sind teilweise – wie oben beschrieben – auf den Aufsichtsrat verlagert. Obwohl in Portugal eine Mitbestimmungstradition fehlt, muß der Aufsichtsrat gemäß Art. 427 Nr. 3 CSC einen Arbeitsdirektor ernennen, sobald der Vorstand aus mehr als nur einer Person besteht.

Schließlich ist von der Hauptversammlung ein gesetzlicher Abschlußprüfer (*Revisor Oficial de Contas*) zu bestellen, und zwar unabhängig von der Größe der Gesellschaft. Zum Abschlußprüfer kann auch ein Unternehmen von gesetzlich zugelassenen Abschlußprüfern bestellt werden. Die Abschlußprüfer können nur für die Dauer von weniger als 3 Jahren ernannt werden. Sie unterliegen den gleichen Einschränkungen, was gesellschaftsübergreifende Tätigkeiten betrifft, wie der o. g. *Conselho Fiscal* des herkömmlichen zweistufigen Modells; gemäß Art. 446 CSC haben sie Zugang zu allen Büchern der Gesellschaft.

b) GmbH

Das Geschäftsführungs- und Prüfungssystem der GmbH ist wesentlich einfacher und flexibler als das der Aktiengesellschaft, da es lediglich aus einem Organ, nämlich der Geschäftsführung (*Gerência*) besteht. Die Geschäftsführung kann aus einer oder mehreren Personen bestehen, allerdings auch wieder nur aus natürlichen Personen, die jedoch nicht Gesellschafter der GmbH sein müssen. Die Geschäftsführer werden entweder durch Satzung bestimmt oder von der Gesellschafterversammlung gewählt (Art. 252 CSC). Dabei kann die Satzung einem einzelnen Gesellschafter ein besonderes Vorschlagsrecht zugestehen. Die Geschäftsführer sind den Gesellschaftern gegenüber weisungsgebunden und sind nur innerhalb der vom Gesetz und der Satzung vorgegebenen Grenzen handlungsbefugt (Art. 259 CSC)[46]. Sie unterliegen einem Wettbewerbsverbot und können jederzeit durch einfachen Mehrheitsbeschluß der Gesellschafterversammlung abberufen werden. Im Gegensatz zur Aktiengesellschaft ist die Ernennung eines gesetzlichen Abschlußprüfers für GmbH's nur von einer bestimmten Größe an zwingend, und zwar, wenn sie entweder einen Jahresabschluß von mehr als 180 Mio. Escudos oder einen Gesamtnettowarenumsatz von mehr als 370 Mio Escudos aufweist, oder wenn sie mehr als 50 Mitarbeiter beschäftigt.

46 RAU, Die Vertretung der Portugiesischen GmbH – ein Lotteriespiel? RIW 1986, 20 ff.

IV. *Kapitalausstattung und Finanzierung*

1. *Grundkapital*

Auch im portugiesischen Recht ist ein Mindeststammkapital vorgeschrieben. Es beträgt für GmbH's 400.000,– Escudos und für Aktiengesellschaften 5 Mio. Escudos. Es ist bei der Aktiengesellschaft aufgeteilt in Aktien (*acções*) mit einem Mindestnennwert von 1.000,– Escudos pro Stück. Sie müssen alle den gleichen Nennwert haben, sind zertifiziert und können privat oder an der Börse (Bolsa de Valores) frei gehandelt werden.

Im Falle der GmbH heißen sie Anteile (*quotas*) und haben einen Mindestnennwert von 20.000,– Escudos. Abweichend muß ihr Nennwert in jedem Falle ein Vielfaches von 250 Escudos betragen. Sie können einen unterschiedlichen Nennwert haben, sind jedoch nicht zertifiziert und können auch nicht an der Börse gehandelt werden.

a) *Kapitalaufbringung*

Im Interesse von Dritten sind die Gründungsmitglieder gesetzlich gehalten, das gesamte Gründungskapital selbst zu zeichnen. Anderenfalls oder, wenn die auf die Anteile zu erbringende Einlage nicht geleistet wurde, droht der Gesellschaft gemäß Artt. 42, lit. b und d und 52 CSC die Auflösung.

Im Gründungsvertrag müssen der Nennwert der Anteile, der Ausgabepreis und die Art und Höhe der von den Mitgliedern darauf zu leistenden Einlage angegeben werden. Dabei können sie wählen zwischen Bareinlagen und Sacheinlagen. Einlagen in Form von Dienstleistungen oder Arbeitsleistung sind jedoch nicht zulässig. Sacheinlagen können aus Immobiliar- oder Mobiliargütern bestehen; sie müssen jedoch immer pfandrechtsfähig sein und ihr Wert muß gemäß Artt. 20, lit. a und 28 CSC vorher von einem gesetzlich zugelassenen Abschlußprüfer geprüft und genehmigt worden sein. Ihr Wert muß dem Nennwert der gezeichneten Anteile entsprechen. Unter-pari-Emissionen und non-pari-Emissionen sind deshalb verboten. Die Summe der Bareinlagen ist vor Wirksamwerden des Gründungsakts auf ein Konto bei einem Finanzinstitut einzuzahlen, das auf die Gesellschaft lautet. Die Gesellschaft kann das Geld jedoch nach Eintragung ins Handelsregister, unter Umständen sogar bereits vor der Eintragung, jedoch nach Wirksamwerden des Gründungsakts, wieder abrufen.

Gemäß Art. 26 CSC ist jedoch – beschränkt auf Bareinlagen – eine teilweise Zurückstellung der Einlagepflicht auf eine bestimmte Zeit zulässig. Voraussetzung dafür ist gemäß Artt. 277 Nr. 2 und 285 Nr. 1 CSC, daß die betroffenen Einlagen bei Aktiengesellschaften 70 % und bei GmbH's 50 % des Grundkapitals nicht überschreiten. Die zeitliche Grenze beträgt 5 Jahre, gerechnet vom

Inkrafttreten des Gründungsvertrages der Aktiengesellschaft an bzw. seit Gründung der GmbH. Im Falle der GmbH gilt dies jedoch gemäß Artt. 202 Nr. 2 und 203 Nr. 1 CSC nur dann, wenn der Nennwert der betroffenen Einlagen unter dem gesetzlichen Mindestkapital liegt. Die Mißachtung der Voraussetzungen für eine Zurückstellung der Einlagepflicht durch einen Gesellschafter wird im Falle der Aktiengesellschaft mit einer persönlichen Haftung des Einlageschuldners, im Falle der GmbH mit einer gesamtschuldnerischen Haftung aller Gesellschafter für die Aufbringung des gesamten Kapitals sanktioniert.

b) Kapitalerhaltung

Um zu gewährleisten, daß sich das Gesellschaftsvermögen und das ausgewiesene Grundkapital entsprechen, sind im Gesetz verschiedene Maßnahmen getroffen worden: Zum einen verbietet das Gesetz, einmal eingezahlte Einlagen zurückzugewähren und nicht realisierte oder versteckte Gewinne auszuschütten. Die Verwaltungsratsmitglieder bzw. Mitglieder des Vorstandes einer Aktiengesellschaft und die Geschäftsführer einer GmbH haften für die Einhaltung dieser Vorschriften. Darüber hinaus sind die unter Mißachtung des Verbots ausgezahlten Gewinne zurückzuerstatten (Artt. 31 bis 34 CSC). Eine andere kapitalerhaltende Vorschrift geht dahin, ein mögliches Mißverhältnis zwischen tatsächlichem Gesellschaftsvermögen und Grundkapital zu begrenzen: Geht das Gesellschaftsvermögen unter die Marge von 50 % des Grundkapitals der Gesellschaft, so muß das jeweilige Geschäftsführungsorgan eine Hauptversammlung einberufen mit dem Ziel, entsprechende Maßnahmen zu beschließen. In Frage kommen in diesem Fall nur die Auflösung der Gesellschaft, eine Kapitalherabsetzung oder die Erhebung neuer Einlagen, die das Vermögen der Gesellschaft wieder auf mindestens $^2/_3$ seines Nominalkapitals anheben sollen (Art. 35 CSC). Darüber hinaus gibt es auch im portugiesischen Recht das Verbot des Erwerbs eigener Aktien. Ein abgeleiteter Erwerb eigener Aktien kommt für Aktiengesellschaften nur bis zu einem Wert von höchstens 10 % der eigenen Aktien und für einen Zeitraum von höchstens drei Jahren in Betracht. Dabei ruht jedoch das Stimmrecht dieser eigenen Aktien. Verstöße werden mit einer Zwangsveräußerung der Aktien im Jahr nach dem Erwerb sanktioniert. GmbH's müssen eine besondere Rücklage in der doppelten Höhe des Betrages bilden, den sie für die eigenen Anteile gezahlt hat. Widrigenfalls kann der Anteilserwerb für unwirksam erklärt werden (vgl. Artt. 316 bis 324 bzw. 220 CSC).

c) Kapitalerhöhung und Kapitalherabsetzung

Kapitalerhöhungen und Kapitalherabsetzungen bedürfen einer Satzungsänderung und können nur durch qualifizierten Mehrheitsbeschluß der Hauptversammlung durchgeführt werden, also mit einer Mehrheit von 2/3 der abgegebenen Stimmen bei der Aktiengesellschaft und 3/4 des vertretenen Kapitals bei der GmbH. Die Satzungsänderung muß veröffentlicht und ins Register eingetragen werden (Artt. 87 ff CSC). Allerdings kann die Satzung einer Aktiengesellschaft dem Verwaltungsrat bzw. dem Vorstand die Befugnis einräumen, das Aktienkapital bis zu einem bestimmten Betrag heraufzusetzen (genehmigtes Kapital), und zwar durch Ausgabe neuer Aktien gegen Bareinlagen für einen Zeitraum von nicht mehr als fünf Jahren (Art. 456 CSC). Im Gegensatz zum deutschen Recht gibt es keine Begrenzung, weder hinsichtlich der Anzahl der Kapitalerhöhungen, die in diesem Zeitraum innerhalb des genehmigten Kapitals durchgeführt werden, noch hinsichtlich der Höhe des Nennbetrages. Das Gesetz verlangt lediglich, daß in der Satzung der Höchstbetrag jeder Kapitalerhöhung genau beziffert und die Art der Aktien, d. h. die Rechte, die damit verbunden werden, festgelegt werden.

Eine Kapitalerhöhung kann entweder durch den Zufluß frischen Kapitals, d. h. durch Erbringung neuer Einlagen von (neuen) Aktionären durchgeführt werden (effektive Kapitalerhöhung), oder durch die Umwandlung von sonstigen Gesellschaftsmitteln in Grundkapital (nominelle Kapitalerhöhung). Alle Gesellschafter/Aktionäre haben ein Vorkaufsrecht bezüglich der neu auszugebenden Aktien, entsprechend ihrer bis dahin gehaltenen Beteiligung. Dieses Vorkaufsrecht kann nur von der Hauptversammlung mit gleicher Mehrheit wie die Kapitalerhöhung selbst, und nur unter der relativ unspezifischen Voraussetzung eingeschränkt werden, daß dies im Interesse der Gesellschaft liegt (Art. 266 bzw. 460 CSC).

Eine Kapitalherabsetzung kann unter zwei Voraussetzungen durchgeführt werden: Wird sie zu dem Zweck der Auflösung und Verteilung von Reserven durchgeführt, so ist dazu wie für eine Kapitalerhöhung ein satzungsändernder Beschluß der Hauptversammlung mit qualifizierter Mehrheit erforderlich, notarielle Beurkundung und Eintragung ins Handelsregister. Wird sie zum Zwecke der Deckung von Verlusten durchgeführt, so ist zusätzlich eine richterliche Genehmigung erforderlich. Darüber hinaus gibt es aber auch andere Formen der Kapitalherabsetzung durch Eliminierung von gesellschaftseigenen Anteilen (Art. 463 CSC), durch Rückkauf von Aktien (Art. 345 Nrn. 6 und 7 CSC) oder durch Tilgung von Anteilen (Artt. 232 bzw. 346 CSC).

d) Grundkapital und die Haftung der Gesellschafter

Die Haftung der Aktionäre ist auf ihre Einlage beschränkt. Ansonsten haftet lediglich das Vermögen der Gesellschaft für Verbindlichkeiten (Art. 271 CSC). In der GmbH haftet das gesamte Stammkapital für Verbindlichkeiten. Zwar ist auch hier die Haftung der Gesellschafter auf ihre Einlage beschränkt, jedoch haften hier alle Gesellschafter gemeinsam für nicht gezahlte Einlagen anderer Gesellschafter (Art. 197 Nr. 1 CSC).

Die Haftung der Aktionäre bzw. Gesellschafter kann jedoch in einzelnen Fällen durch Gesetz oder Satzung erweitert werden. Wichtigstes Beispiel dafür ist die oben bereits erwähnte unbegrenzte Haftung des (verbleibenden) Einzelgesellschafters gemäß Art. 84 CSC (s. o. II.2.). Wie oben bereits beschrieben, läßt das Gesetz zwar grundsätzlich keine Gründung von Gesellschaften durch einen einzelnen Gesellschafter von Anfang an zu, eine Gründung in Form einer 100%igen Tochtergesellschaft zum Beispiel, bei der die Muttergesellschaft alleinige Gesellschafterin ist, ist jedoch zulässig. Auch eine Reduzierung der Gesellschafterzahl nach der Gründung auf einen verbleibenden Gesellschafter ist zulässig. Im letzteren Fall haftet der Einzelgesellschafter voll für Verbindlichkeiten, die nach der Reduzierung begründet wurden, sofern die Gläubiger nachweisen, daß auch eine Vermischung von persönlichem und Gesellschaftsvermögen vorliegt.

Die Haftung kann aber auch auf freiwilliger Basis ausgedehnt werden, z. B. durch die Vereinbarung von sog. Nebenleistungspflichten (*prestações acessórias*; Artt. 209 bzw. 287 CSC) oder – nur im Falle der GmbH – durch Begründung von Nachschußpflichten einzelner oder aller Gesellschafter durch Beschluß der Gesellschafterversammlung (*prestações suplementares*; Artt. 210 – 213 CSC). Ferner kann in der Satzung einer GmbH festgelegt werden, daß einzelne Gesellschafter den Gesellschaftsgläubigern bis zu einer bestimmten Höhe unmittelbar haften (Art. 198 CSC).

2. *Aktien und sonstige Beteiligungen: Arten und Übertragbarkeit*

Im Gegensatz zu den Anteilen an einer GmbH gibt es eine beachtliche Typenvielfalt bei Aktien.

Hinsichtlich ihrer Form ist zu unterscheiden in zertifizierte und unzertifizierte Aktien. Erstere sind entweder als Inhaberaktien (*acções ao portador*) oder als Namensaktien (*acções nominativas*) ausgestaltet, sofern das Gesetz oder die Satzung nichts anderes bestimmen (vgl. Art. 299 CSC). Die sog. unzertifizierten Aktien (*acções escriturais*) werden nur durch automatische, elektronische Buchung auf dem Konto des Berechtigten geführt, und zwar in aller Regel – für eingetragene Aktiengesellschaften zwingend – bei einer Bank oder der Börse (Artt. 56 ff CMVM).

Dem Inhalt nach ist zu unterscheiden in Stammaktien und Vorzugsaktien, (Art. 302 CSC). Erstere sind mit den gesetzlich ausgestalteten Rechten und Pflichten verbunden, so z. B. mit dem Stimmrecht von einer Stimme pro Aktie und dem Anspruch auf Gewinnbeteiligung im Verhältnis zu seiner Beteiligung am Grundkapital. Die Vorzugsaktie gibt Sonderrechte: Sie kann ausgestaltet sein als stimmrechtslose Vorzugsaktie; dann vermittelt sie eine Bevorzugung bei der

Ausschüttung von Dividenden. Sie kann – allerdings nur unter strengen Voraussetzungen – weiter als rückkaufbare Vorzugsaktie ausgestaltet werden und – im Zuge von Privatisierungen zahlreicher staatlicher Betriebe – als sog. *„golden share"*. Verboten ist u. a. jedoch die Ausgabe von Mehrstimmrechtsaktien, nennwertlosen Aktien, nachrangigen Aktien und Arbeitnehmeraktien. Insoweit ist die gestalterische Freiheit der Unternehmen, was Aktien angeht, eingeschränkt.

Die rechtliche Ausgestaltung der Übertragbarkeit von Aktien und GmbH-Anteilen ist sehr verschieden. In Anbetracht des strengen Personalitätsprinzips bei der GmbH ist die Übertragung von GmbH-Anteilen nur sehr eingeschränkt möglich: Zum einen bedarf es dazu – mit Ausnahme der gesetzlichen Rechtsnachfolge – der notariellen Beurkundung des Übertragungsvorgangs. Die Gesellschaftssatzung kann die Übertragung auch generell ausschließen. Ist nichts weiter geregelt, so bedarf die Übertragung gemäß Art. 228 CSC darüber hinaus der Genehmigung der Gesellschaft. Dies gilt nur dann nicht, wenn die Anteile innerhalb der Familie des Inhabers oder innerhalb der Gesellschaft übertragen werden sollen. Die Gesellschaft ist daher über das Vorhaben, die Verkaufsbedingungen sowie die Identität des zukünftigen Erwerbers zu informieren. Über die Genehmigung oder Ablehnung entscheidet die Gesellschafterversammlung. Die Genehmigung gilt jedoch als erteilt, wenn die Gesellschafterversammlung sich binnen 60 Tagen nach Eingang des Antrags nicht geäußert hat. Für den Fall, daß die Gesellschaft der Übertragung nicht zustimmen sollte, ist sie gemäß Artt. 230, 231 CSC verpflichtet, dem betroffenen Gesellschafter eine Ablösung zu den gleichen Konditionen anzubieten, die in dem Antrag auf Zustimmung zu dem geplanten Transfer angegeben waren.

Im Gegensatz dazu herrscht bei der Aktiengesellschaft der Grundsatz der freien Übertragbarkeit der Anteile. Diese kann auch nicht aufgrund der Gesellschaftssatzung ausgeschlossen oder eingeschränkt werden. Inhaberaktien gehen deshalb unproblematisch durch reinen Übertragungsakt auf den Erwerber über, wogegen Namensaktien nur durch schriftlichen Übertragungsakt und Eintragung ins Aktienbuch der Gesellschaft übergehen. Einschränkungen dieses Grundsatzes können sich aber aus dem Gesetz, und hier aus Art. 328 CSC ergeben. So sind z. B. für den Fall, daß die Gesellschaft geschlossen gehalten werden soll, drei Arten von Einschränkungen zulässig: Den übrigen Anteilseignern kann ein Vorkaufsrecht eingeräumt werden, die Übertragung kann an die Zustimmung der Gesellschaft gebunden werden, und schließlich kann die Übertragung unter bestimmten Voraussetzungen auch daran gebunden werden, daß das Interesse der Gesellschaft maßgeblich ist.

3. Rücklagen

Es gibt drei Hauptarten von Rücklagen. Die wichtigste ist die gesetzliche Rücklage *(reserva legal)*: Nach dem Gesetz muß jede Kapitalgesellschaft mindestens fünf Prozent des Jahresüberschusses zurückstellen – die Satzung kann eine höhere Prozentzahl vorsehen –, solange die gesetzliche Rücklage der GmbH 200.000,– Escudos und diejenige der Aktiengesellschaft ein Fünftel des Grundkapitals unterschreitet. Gesetzliche Rücklagen, gedacht als wichtiger Schutz der Gläubiger, können lediglich für zwei Anlässe verwandt werden: zur Deckung von Jahresfehlbeträgen und zur Kapitalerhöhung (Artt. 295, 296 CSC). Die anderen beiden gebräuchlichen Rücklagen sind fakultativer Natur. Eine ist die satzungsmäßige Rücklage (*reserva estatutária*), die durch die Satzung vorgesehen wird. Die andere ist die freie Rücklage (*reserva livre*), beschlossen durch die Gesellschafterversammlung, um einen Teil oder den gesamten Jahresüberschuß zurückzustellen: Die Rückstellung bis zu fünfzig Prozent bedarf einer einfachen Mehrheit, höhere Einbehalte erfordern eine Zustimmung von mindestens drei Vierteln des vertretenen Grundkapitals (Artt. 218 Nr. 1, 294 Nr. 1 CSC). Solange diese fakultativen Rücklagen nicht durch die Satzung beschränkt sind, können sie zu jedem Zweck verwandt werden, einschließlich der Ausschüttung an Gesellschafter.

4. *Fremdfinanzierung*

Es gibt weitere wichtige Mittel zur Finanzierung der Gesellschaft. Das wichtigste ist die Ausgabe von Schuldverschreibungen, die in Aktiengesellschaften sehr gebräuchlich, aber ebenso für GmbH's zugelassen ist[47]. Sie setzt dreierlei voraus:

1. Das Anteilskapital der Gesellschaft ist vollständig gezeichnet (mit Ausnahme besonderer staatlicher Genehmigungen), ihre Satzung ist seit mindestens zwei Jahren registriert und die letzten beiden Jahresabschlüsse sind ordnungsgemäß bestätigt;
2. der Gesamtbetrag der Schuldverschreibungen übersteigt nicht das eingezahlte Anteilskapital, es sei denn, das Justiz- und Finanzministerium erteilt Dispens;
3. die Satzung enthält eine entsprechende Ermächtigung der Geschäftsführung, oder die Gesellschafterversammlung faßt einen Beschluß mit einfacher Mehrheit (Artt. 348–350 CSC). Das Gesetz sieht eine Vielzahl von Schuldverschreibungen vor, nämlich einfache Schuldverschreibungen, Gewinnschuldverschreibungen mit fester, veränderlicher oder Vorzugsverzinsung, Gewinnschuldverschreibungen mit Emissionsagio oder Bonus (letztere verbriefen das Recht auf eine Prämie bei Ausgabe oder bei Erlöschen), Wandelschuldverschreibungen, Optionsanleihen (mit dem Recht,

47 Verordnung Nr. 160/87 vom 3. 4. 1987.

einen oder mehrere Anteile zu zeichnen), *self-bonds*, die die Gesellschaft selbst erwirbt, unverkörperte, elektronisch registrierte Schuldverschreibungen und Bank-Schuldverschreibungen von Banken und Investmentgesellschaften.

Das Gesetz sieht als weiteres Fremdfinanzierungsmittel Nebenleistungspflichten der Gesellschafter vor (*prestações acessórias*: Artt. 209, 287 CSC). Die Satzung kann hinsichtlich Höhe, Natur (bar oder in Sachwerten einschließlich Dienstleistungen) und Art und Weise der Vergütung (z. B. Verzinsung) spezifizierte Nebenleistungen vorsehen, die zusätzlich zur Einlage zu erbringen sind. Diese Leistungen, deren gebräuchlichste der Darlehensvertrag und die Stundung von Verbindlichkeiten sind (*contrato de suprimento*: Art. 243 CSC), erhöhen das Vermögen, nicht aber das Eigenkapital der Gesellschaft[48]. Zudem gibt es für GmbH's die Möglichkeit, in der Satzung Gesellschafterbeschlüsse zur Begründung weiterer Bareinlagepflichten vorzusehen (*prestações suplementares*: Artt. 210–213 CSC). Diese Einlagen dürfen nicht verzinst werden, und bei ihrer Rückzahlung sind die Kapitalerhaltungsregeln zu beachten[49].

V. Fusionen und Unternehmenskäufe (Mergers and Acquisitions)

Für den ausländischen Investor mögen auch die folgenden Instrumente unternehmerischer Konzentration und Kontrolle von Bedeutung sein: Übernahme, Verschmelzung und Spaltung.

1. Take-over

Obwohl es über eine besondere Tradition hierzu nicht verfügt, enthält das portugiesische Recht umfassende Regelungen zum öffentlichen Angebot von Wertpapieren, die zwei Sachverhalte betreffen: das öffentliche Angebot des Kaufs (OPA – *Oferta Pública de Aquisição*) und das öffentliche Angebot des Verkaufs (OPV – *Oferta Pública de Venda*)[50]. Wichtig können sie für ein ausländisches Unternehmen werden, wenn es den portugiesischen Markt durch Erwerb einer nationalen Aktiengesellschaft betritt; zum einen, weil der nicht

48 Obwohl es kapitalersetzende Gesellschafterdarlehen i. S. d. § 32a GmbHG nicht kennt, sieht auch das portugiesische Recht vor, daß solche Darlehen im Konkurs der Gesellschaft erst nach vollständiger Befriedigung der übrigen Gläubiger zurückgeführt werden und auch nicht mit Verpflichtungen der betroffenen Gesellschafter aufgerechnet werden dürfen; Art. 254 Nr. 3 CSC.

49 Vgl. VENTURA, Sociedades por Quotas, I, S. 203 ff, 333 ff.

50 Artt. 306–315 CSC und Artt. 523–606 CMVM.

öffentliche Erwerb kontrollierenden Einflusses nicht möglich ist, oder weil das öffentliche Kaufangebot rechtlich vorgeschrieben ist.

In der Regel kann ein öffentliches Angebot nur hinsichtlich einer einzelnen Wertpapierart der Zielgesellschaft (Anteile, Schuldverschreibungen, Optionsanleihen) gemacht werden, dabei jedoch den Erwerb eines kontrollierenden Einflusses oder denjenigen einer Minderheitsbeteiligung bezwecken[51]. Obwohl das öffentliche Angebot sowohl für die bietende Gesellschaft als auch für die adressierten Gesellschafter im Grundsatz fakultativ ist, gibt es Fälle obligatorischer Angebote. Zum einen muß die bietende Gesellschaft ein umfassendes öffentliches Angebot abgeben, wenn die Zielgesellschaft durch öffentliche Anteilsemission entstanden ist, ihre Satzung keine Vorzugsrechte von Gesellschaftern hinsichtlich Erwerb und Tausch von Anteilen vorsieht, und die zu erwerbenden Anteile oder anderen Wertpapiere – gemeinsam mit denen etwaiger Treuhänder – mehr als fünfzig Prozent der Stimmrechte verbriefen[52]. Zum anderen ist jede Gesellschaft gehalten, den Minderheitsgesellschaftern ein Kaufangebot zu unterbreiten, sobald sie mindestens neunzig Prozent des Anteilskapitals einer anderen Gesellschaft hält[53]; ähnlich der deutschen Eingliederung, der britischen *compulsory acquisition* und dem amerikanischen *freeze-out*.

2. *Verschmelzung*

Trotz der existierenden Hemmnisse für grenzüberschreitende Verschmelzungen ist diese ein weiteres wichtiges Mittel zur Konzentration, mittels dessen zwei und mehr Kapitalgesellschaften – auch solche verschiedenen Typs – vereinigt werden können; Artt. 97–117 CSC. Wie in den meisten europäischen Staaten gibt es auch in Portugal zwei Arten der Verschmelzung, von denen die erste in der Praxis vorherrscht: die Aufnahme einer Gesellschaft durch eine andere im Wege der Übertragung ihres gesamten Vermögens und der Zuteilung von Anteilen an der aufnehmenden Gesellschaft an die Gesellschafter der übertragenden; ähnlich der amerikanischen *reorganization* und der britischen *recon-*

51 Entgegen der Tradition anderer Länder verlangt das portugiesische Recht nur sehr unbestimmt, daß die Menge der Wertpapiere das Angebot rechtfertigt, wenn es gleichzeitig Teilgebote zuläßt: Die Aufsichtskommission für den Wertpapierhandel (Comissão do Mercado de Valores Mobiliários), die die Mindestmenge festsetzen kann, hat bestimmt, daß das Angebot auf mindestens fünf Prozent des Anteilskapitals der Zielgesellschaft gerichtet sein muß; Anordnung 91/4 vom 22. 7. 1991.

52 Art. 313 CSC und Artt. 528–531 CMVM; dort sind auch weitere Sachverhalte beschrieben, bei denen das öffentliche Angebot obligatorisch ist.

53 Art. 490 CSC. Macht die herrschende Gesellschaft sechs Monate ab Erwerb der relevanten Anteilsquote kein Angebot, erlangen die Minderheitsgesellschafter ein Recht, ihr ihre Anteile zu verkaufen.

struction. Die zweite Art ist die Gründung einer neuen Gesellschaft, die zwei oder mehr andere Gesellschaften in der beschriebenen Weise aufnimmt; ähnlich der amerikanischen *consolidation*, anders aber als die britische *amalgamation*, bei der die Gesellschaften Mitglieder einer von der neuen Gesellschaft geführten Unternehmensgruppe werden. Diese Verschmelzungen können insbesondere wegen der besonderen steuerlichen Vorteile – Artt. 62–64 CIRC – attraktiv sein. Freilich ist das allgemeine Kartellrecht mit seinen präventiven behördlichen Prüfverfahren zu beachten (siehe dazu unten VII.2.).

3. Spaltung

Es mag im Gegensatz hierzu angezeigt sein, eine Gesellschaft in zwei oder mehr Teile zu spalten, ohne die Gesamtkontrolle zu verlieren; dies aus unternehmerischen Gründen (Dekonzentration des Anteilsbesitzes) oder aus steuerlichen (Gesellschaftsspaltungen sind unter bestimmten Voraussetzungen steuerfrei). Das Gesetz eröffnet hierfür drei Wege: Die Gesellschaft kann Unternehmensteile in eine oder mehrere neue Gesellschaften ausgliedern (einfache Spaltung); dieses Verfahren wird regelmäßig gewählt, um aus einer Gesellschaft eine Unternehmensgruppe zu machen, indem die ausgegliederten Teile zu einheitlichen Betriebsvermögen oder Anteilsbeteiligungen zusammengeführt werden. Die Gesellschaft kann zum Zweck der eigenen Beendigung ihr Vermögen in verschiedene Teile spalten, mit denen neue Gesellschaften gründet werden (Spaltung mit Beendigung). Schließlich kann sie die ausgegliederten Vermögensteile mit anderen Gesellschaften verschmelzen (Spaltung mit Verschmelzung), Artt. 118–129 CSC. In allen Fällen kann die Spaltung durch Zuteilung von Anteilen der anderen Gesellschaften an die Gesellschafter der gespalteten Gesellschaft oder durch Anteilstausch erfolgen oder durch Barleistungen an diese.

VI. Das Recht der verbundenen Unternehmen[54]

Portugal war das dritte Land der Welt, das gesetzliche Regeln für verbundene Unternehmen erlassen hat, nach dem deutschen Aktiengesetz von 1965 und dem brasilianischen Gesetz für Kapitalgesellschaften von 1976. Diese Regeln finden sich im CSC (Artt. 481 – 508-E), stark beeinflußt von dem deutschen Modell zum Schutz der abhängigen Gesellschaft, der Minderheitsgesellschafter und der Gläubiger.

Hinsichtlich ihres Anwendungsbereichs ergeben sich zwei grundlegende Unterschiede zum deutschen Recht: Zum einen gelten sie nur für Rechtsverhält-

54 Siehe als Überblick LUTTER/OVERRATH, Das portugiesische Konzernrecht von 1986, ZGR 1991, 394 ff.

nisse zwischen Aktiengesellschaften, GmbH oder KGaA; es gibt keine Rechtsprechung, die eine entsprechende Anwendung für andere Gesellschaftstypen bestimmt hätte. Zudem gelten sie grundsätzlich nur für solche Gesellschaften, die ihren Hauptsitz in Portugal haben. Damit erfahren ausländische Gesellschaften – bis auf die nachfolgend erwähnten Ausnahmen – freiere Bedingungen für Unternehmensverbindungen als inländische.

Im portugiesischen Recht sind verbundene Unternehmen solche Gesellschaften, die miteinander in einer der nachfolgend beschriebenen vier Arten verbunden sind (Artt. 482 CSC): Verbindung durch einfache Beteiligung, durch wechselseitige Beteiligung, durch die Möglichkeit beherrschenden Einfluß oder durch Konzernierung. Eine Verbindung durch einfache Beteiligung (Art. 483 CSC) besteht, sobald eine Gesellschaft an einer anderen zu zehn Prozent oder mehr ihres Anteilskapitals beteiligt ist und ein weiterer Verbindungssachverhalt nicht vorliegt; in diesem Fall hat die beteiligte Gesellschaft die Pflicht, die Beteiligung der anderen schriftlich anzuzeigen, wenn auch eine ausdrückliche Strafbewehrung fehlt. Von einer wechselseitigen Beteiligung (Art. 485 CSC) ist die Rede, wenn zwei Gesellschaften mit mindestens zehn Prozent des Anteilskapitals aneinander beteiligt sind. Dann ist es derjenigen Gesellschaft, die ihrer Mitteilungspflicht zuletzt nachgekommen ist, untersagt, weitere Anteile an der anderen zu erwerben; der Verstoß hiergegen führt nicht zur Nichtigkeit der Anteile, jedoch können die Geschäftsführer straf- und zivilrechtlich belangt werden, und die Mitgliedschaftsrechte aus der zehn Prozent überschreitenden Beteiligung – mit Ausnahme des Rechts auf Teilnahme am Liquidationserlös – ruhen. Die Möglichkeit beherrschenden Einflusses (Artt. 486 f CSC) ist gegeben, wenn eine Gesellschaft an einer anderen die Mehrheit der Anteile oder der Stimmrechte hält oder das Recht hat, die Mehrheit der Mitglieder der Geschäftsführung oder des Aufsichtsrats zu bestimmen. Da diese Unternehmensverbindung jedoch keine speziellen Rechtsfolgen zeitigt – wie etwa eine Ersatzpflicht für schädigenden Einfluß wie im deutschen Recht –, nimmt der sogenannte faktische Konzern kaum rechtlichen Raum ein: Die einzigen Rechtsfolgen sind das Verbot für die abhängige Gesellschaft, Anteile an der herrschenden zu erwerben (Verstöße führen zur Unwirksamkeit des Erwerbs, es sei denn er erfolgt über die Börse; hier ruhen jedoch die Mitgliedschaftsrechte) und das Gebot zur Offenlegung in beiden Jahresabschlüssen[55]. Im Gegensatz zum deutschen Recht enthält das por-

55 Diese Regeln gelten auch für ausländische Gesellschaften, z. B. solche, deren Hauptverwaltungssitz im Ausland liegt. Für jede ausländische Gesellschaft, die nach portugiesischem Recht herrschend ist, gilt folgendes: Die abhängige portugiesische Gesellschaft darf keine Anteile an ihr erwerben; es gelten die oben geschilderten Verstoßfolgen. Die herrschende deutsche Gesellschaft ist gemeinsam mit den Mitgliedern der Geschäftsführung oder des Aufsichtsrats der abhängigen gegenüber ersatzpflichtig, wenn sie letztere veranlaßt, ihre Sorgfaltspflichten zu verletzen (Art. 83 CSC). Beide Gesellschaften müssen die Kapitalbeteiligung zudem offenlegen.

tugiesische schließlich auch keine grundlegende Beschreibung des Konzerns. Es sieht jedoch drei Sachverhalte vor, die zur Konzernierung führen können: den Beherrschungsvertrag (Artt. 493 bis 508 CSC), die vertragliche horizontale Verbindung (Art. 492 CSC) und die vollständige Beherrschung (Artt. 488 bis 491 CSC). Während der Verbund aufgrund eines Beherrschungsvertrags hinsichtlich der Folgen, Änderung und Auflösung des Vertrags, insbesondere hinsichtlich des Weisungsrechts der herrschenden Gesellschaft und der Kompensationsansprüche der abhängigen Gesellschaft, der Minderheitsgesellschafter und der Gläubiger weitgehend den deutschen Regelungen folgt und der Verbund aufgrund vertraglicher horizontaler Beziehung des Mangels wegen einschlägiger Vorschriften nach wie vor *terra incognita* bleibt, bietet die vollständige Beherrschung, etwa durch den Erwerb von 100 Prozent des Anteilskapitals, einige innovative Aspekte. Einer ist, daß das Recht nicht nur den vollständigen derivativen Erwerb der Anteile an bestehenden Gesellschaften zuläßt, sondern auch, ähnlich dem brasilianischen Recht, die Gründung von Einmann-Tochtergesellschaften; dies gilt allerdings nur für Aktiengesellschaften. Ein anderer ist, daß das Recht, das im Fall der Unternehmensverbindung durch Beherrschungsvertrag die Mitwirkung der Gesellschafterversammlung der Obergesellschaft verlangt, die Verbindung durch originären Erwerb von 100-Prozent-Beteiligungen allein der Geschäftsführung überläßt[56].

Daneben sind die Vorschriften für verbundene Unternehmen außerhalb des Gesellschaftsrechts zu beachten, insbesondere im Rechnungslegungsrecht die Pflicht zur Aufstellung eines konsolidierten Konzernabschlusses entsprechend der 7. EU-Richtlinie[57], im Steuerrecht (etwa zur Besteuerung konsolidierter Gruppengewinne oder zur Befreiung von Doppelbesteuerung[58]) und im Börsenrecht (hier gibt es ergänzende Vorschriften zur Offenbarungspflicht von Anteilen an börsennotierten Gesellschaften)[59].

VII. Weitere rechtliche Regelungen

1. Steuerrecht

Die für den ausländischen Investor in Portugal wichtigsten Steuern sind die Körperschafts-, die Umsatz- und die Vermögenssteuer.

56 Das Recht des Unternehmensverbunds aufgrund vollständiger tatsächlicher Beherrschung folgt mit nur punktuellen Unterschieden demjenigen des Verbunds aufgrund Beherrschungsvertrags; vgl. die Verweisungsnorm Art. 491 CSC.

57 Verordnung Nr. 239/91 vom 2.7.1991 und Artt. 508-A bis 508-D CSC.

58 Artt. 45 und 58–72 CIRC; ähnlich dem deutschen Schachtelprivileg der früheren §§ 27 ff KStG; siehe auch unten VII.1.

59 Artt. 345–348 CMVM.

Die Körperschaftssteuer (*Imposto sobre o Rendimento das Pessoas Colectivas*) gilt sowohl für juristische Personen, deren registrierte Hauptverwaltung oder die tatsächliche Geschäftsführung in Portugal sitzt, als auch für Zweigniederlassungen ausländischer Gesellschaften: Jedes Steuerjahr sind 36 Prozent des körperschaftlichen Einkommens abzuführen. Damit in Verbindung steht die spezielle Kommunalsteuer (*derramas*), die die Kommunalverwaltung auf das steuerbare Einkommen erheben kann, so daß beide Steuern zusammen ca. 40 Prozent betragen, je nach Höhe des jeweiligen lokalen Kommunalsteuersatzes, der zehn Prozent nicht übersteigen darf[60]. Bei der Feststellung des steuerbaren Einkommens ist auf die Möglichkeiten der Vermeidung von sowohl nationaler als auch internationaler Doppelbesteuerung zu achten: Steuerfrei sind zum einen ca. 95 Prozent der Dividenden an Gesellschafter portugiesischer Korporationen, vorausgesetzt, sie halten für zwei aufeinanderfolgende Jahre mindestens ein Viertel des Anteilskapitals. Zudem gibt es auf internationaler Ebene Doppelbesteuerungsabkommen zwischen Portugal und anderen Staaten, die den Körperschaftssteuersatz begrenzen und regelmäßig vorsehen, daß im Land der Entstehung des Gewinns besteuert wird; im Vertrag mit Deutschland sind Steuersätze von 15 Prozent auf Dividenden, 10 bis 15 Prozent auf Zinsen und 10 Prozent auf Lizenzgebühren vorgesehen. Ebenfalls wichtig sind die Möglichkeiten der Steuersenkung durch Abschreibungen, Tilgungen und Rückstellungen sowie die Existenz von Steuerfreibeträgen aufgrund Doppelbesteuerung, Fiskalbeihilfen oder Quellenbesteuerung[61].

Die wichtigste Umsatzsteuer ist die Mehrwertsteuer (*Imposto sobre o Valor Acrescentado*), eine – indirekte – Konsumsteuer, die auf alle Waren- und Dienstleistungsumsätze erhoben wird und deren Höhe sich aus der Differenz zwischen der von den Kunden erhaltenen und der an die Zulieferer geleisteten Mehrwertsteuerzahlungen errechnet. Der Regelsteuersatz beträgt 16 Prozent, für bestimmte Produkte ist er auf 5 Prozent reduziert, z. B. für die Mehrheit unverpackter oder zubereiteter Lebensmittel, Pharmazeutika, und für Luxusartikel auf 30 Prozent erhöht.

Schließlich gibt es wichtige Vermögenssteuern, deren häufigste die Grunderwerbssteuer (*Sisa*), die bei jeder Übertragung von Grundvermögen aufgrund eines Kaufvertrags anfällt und regelmäßig 10 Prozent beträgt, und eine Kommunalsteuer (*Imposto Autárquico*) sind, die auf den Grundstückswert erhoben wird und etwa ein Prozent beträgt.

60 Andere ausländische Unternehmen, die keine feste Adresse in Portugal haben – weil sie z. B. nur gelegentlich gewinnbringend dort tätig werden –, werden mit 25 Prozent besteuert, es sei denn, es betrifft Lizenzgebühren aus Urheberrechten (15 Prozent), Erlöse auf dem Kapitalmarkt (20 Prozent), Einkommen aus Vermögen (16 Prozent) oder Gehälter und Tantiemen von Geschäftsführern (25 Prozent).

61 Näher dazu BARROCAS/SARMENTO, Tax Law and the Corporate Legal Framework in Portugal, in: International Business Lawyer 1990 (Nr. 8), S. 379 ff.

2. *Wettbewerbsrecht*

Das ausländische Unternehmen, das den portugiesischen Markt betritt, muß sich der Existenz eines Wettbewerbsrechts bewußt sein, das für Konzentrationssachverhalte die Pflicht zur vorherigen Anzeige bei den portugiesischen Kartellbehörden vorsieht (Verordnung Nr. 428/88 vom 19. 11. 1988). Das gilt für jede Unternehmenskonzentration mit nationalem Bezug, soweit die folgenden Voraussetzungen kumulativ erfüllt sind:

Es muß sich einerseits um Zusammenschlüsse durch Verschmelzung oder Erwerb beherrschenden Einflusses handeln. Letzteres ist der Fall, wenn eine Gesellschaft die Kontrolle über eine andere ausübt oder ein Konzernverhältnis besteht – siehe oben VI. – und sie mindestens 10 Prozent des Vermögens der anderen oder 10 Prozent der Stimmrechte erwirbt, vorausgesetzt, sie kann aufgrund von Satzungsklauseln oder Stimmbindungsverträgen die Beschlüsse der Gesellschafterversammlung oder der Geschäftsführer beeinflussen. Dasselbe gilt, wenn eine Gesellschaft die Geschäftsführung einer anderen hinsichtlich der Unternehmens-, Investitions-, Produktions- und Vertriebsentscheidungen bestimmen kann.

Zudem muß der Zusammenschluß zu einem der folgenden drei Resultate führen: Der gemeinsame Jahresumsatz der betroffenen Unternehmen beträgt mindestens 5 Mrd. Escudos, der Marktanteil des Hauptprodukts mindestens 20 Prozent des portugiesischen oder 5 Prozent des EU-Marktes, oder aber die Marktstruktur ist erheblich beeinträchtigt. Ein ausländisches Unternehmen, das sich derart mit einem einheimischen zusammenschließen will, muß dies zuvor unter Angabe der Vertragspartner, der Ziele und der Art und Weise des beabsichtigten Zusammenschlusses dem Handels- und Industrieministerium anzeigen, das dies im Fall eklatanten Gesetzesverstoßes untersagen, die Anzeige der Kartellbehörde zur Prüfung weiterleiten, oder aber den Zusammenschluß freigeben kann; erfolgt innerhalb von 15 Tagen seit Anzeige keine Antwort des Ministeriums, gilt dies als Freigabe.

3. *Das Recht ausländischer Investitionen*

Im Gegensatz zu anderen Ländern, in die investiert wird, beschränkt das portugiesische Recht ausländische Investitionen nicht, wodurch diese von 1986 bis 1991 um etwa 300 Prozent steigen konnten[62]. Die einschlägige Gesetzgebung hat die Grundregel der Freiheit aller ausländischen natürlichen und juristischen

62 Vgl. ICEP, Foreign Investment in Portugal, Lissabon, 1993.

Personen statuiert, auf allen der privaten Wirtschaft eröffneten Gebieten unternehmerisch tätig zu werden[63], sowie den Grundsatz absoluter Gleichbehandlung von In- und Ausländern (Art. 1 Verordnung Nr. 214/86 vom 2.8.1986)[64].

Die rechtliche Behandlung ausländischer Investitionen kann nach zwei Systemen erfolgen: Das Antragssystem und ein spezielles Vertragssystem. Ersteres gilt für normale Investitionen, so alle Geschäfte, die auf die Herstellung stabiler, langfristiger wirtschaftlicher Verbindungen zielen, aufgrund derer unmittelbar oder mittelbar – z. B. über inländische Treuhänder – Entscheidungsmacht von Ausländern entsteht oder gestärkt wird[65]. Hier muß der Investor lediglich einen Antrag stellen und mit Ausfüllen des offiziellen Formblatts „ICEP – Investimento, Comércio e Turismo de Portugal" (Art. 5 Verordnung Nr. 197-D/86 vom 18. 7. 1986 und Art. 1 Verordnung Nr. 143/89 vom 29. 4. 1989) die rechtlichen, finanziellen und wirtschaftlichen Aspekte seiner Pläne offenbaren[66]. Das zweite System findet ausschließlich auf ausländische Investitionen Anwendung, die Märkte öffnen, erweitern oder modernisieren sollen, die für die portugiesische Wirtschaft von besonderer Bedeutung sind; angenommen wird dies regelmäßig, wenn die Investition einen Wert von 5 Mio. Escudos überschreitet, die Struktur der portugiesischen Wirtschaft berührt und zu ihrer Entwicklung und Internationalisierung beiträgt. Dann wird unmittelbar zwischen dem ausländischen Investor und dem portugiesischen Staat ein öffentlich-rechtlicher Investitionsvertrag ausgehandelt, der Steuererleichterungen und son-

63 Nach dem Gesetz Nr. 46/77 vom 8. 7. 1977 und der Verordnung Nr. 449/88 vom 10. 12. 1988 gibt es einige wenige Sektoren, auf denen Privatwirtschaft nicht zugelassen ist, nämlich die Lagerung und Verteilung von Wasser zum öffentlichen Verbrauch, das Betreiben von Abwassersystemen, Postdienste, Seehafengeschäfte sowie bestimmte Industrien mit Verbrauchssteuerpflicht, solche, auf denen nur gemischte Joint Ventures mit öffentlich-rechtlicher Mehrheitsbeteiligung erlaubt sind (Telekommunikation und Waffenindustrie) und solche, auf denen befristete öffentlich-rechtliche Konzessionen erteilt werden (Petrochemie, Eisenbahn und Ausbeutung von Bodenschätzen). Schließlich gibt es Sektoren, auf denen es öffentlich-rechtliche Beschränkungen lediglich im Hinblick auf die Zweckmäßigkeit der Marktverteilung gibt, so für Banken und – in geringerem Maß – für Versicherungen.

64 Zudem gibt es einige Beschränkungen für den Erwerb von Anteilen an re-privatisierten Gesellschaften durch Ausländer.

65 Das portugiesische Recht enthält eine Liste der Geschäfte, die unter die einschlägigen Regelungen fallen, so die Gründung einer Zweigniederlassung, die Gründung und der Erwerb eines Unternehmens, der Erwerb von Anteilen an Unternehmen oder Unternehmensgruppen egal welcher Form, Beteiligung an sonstigen Joint Ventures oder stille Beteiligungen, teilweise und vollständige Übernahme von Handels- oder Industrieunternehmen durch Erwerb des Vermögens oder Betriebspacht sowie Bauunternehmungen; Art. 3 Verordnung Nr. 197-D/786 vom 18. 7. 1986.

66 Gewöhnliche Anzeigen werden regelmäßig innerhalb von zwei oder drei Wochen bearbeitet. Ergeht innerhalb von zwei Monaten keine Entscheidung, gilt dies als Zustimmung.

stige Anreize enthält; Verwaltungsverordnung Nr. 24/86 vom 18. 7. 1986 und Nr. 17/93 vom 1. 6. 1993.

Alle ausländischen Investitionen werden darüber hinaus auf der Grundlage der Angaben des Investors und der Zentralbank (Banco de Portugal) beim ICEP registriert[67]. Es gibt allerdings Ausnahmen von dem o. g. Antragssystem derart, daß lediglich eine Registrierung vorgenommen wird, nämlich für den originären und derivativen Erwerb von Anteilen an einer portugiesischen börsennotierten Gesellschaft, soweit der ausländische Erwerber insgesamt nicht mehr als zwanzig Prozent der Anteile hält und keine Kontrolle über die Gesellschaft erwirbt, sowie für den Handel mit Aktien zwischen Ausländern, der Teil eines Investment-Geschäftes ist, wenn beide Parteien ihren Sitz in einem EU-Mitgliedsland haben.

Anhang

I. Abkürzungsverzeichnis

CC	Código Civil (Bürgerliches Gesetzbuch)
CCom	Código Comercial (Handelsgesetzbuch)
CIRC	Código do Imposto sobre o Rendimento das Pessoas Colectivas (Gesetz über die Einkommenssteuer Juristischer Personen)
CMVM	Código do Mercado dos Valores Mobiliários (Gesetz über den Wertpapiermarkt)
CPC	Código do Processo Civil
CRC	Código do Registo Comercial (Gesetz über das Handeslregister)
CSC	Código das Sociedades Comerciais (Gesetz über die Handelsgesellschaften)
Esc.	Portugiesischer Escudo
ICEP	Investimento, Comércio e Turismo de Portugal (Investitionen, Handel und Fremdenverkehr in Portugal, bestätigt durch das Dekret Nr. 143/89, vom 29. 4. 1989)
RNPC	Registo Nacional de Pessoas Colectivas (Staatliches Register Juristischer Personen)

II. Gesetzestexte

NETO, Aurora (ed.), Legislação Comercial Livraria Petrony, Lissabon, 1993.

67 Die Registrierung ist wichtig, weil nur sie die Rückführung von Kapital und Gewinnen gewährleistet und den Entzug und die Verstaatlichung ohne Ausgleichsanspruch hindert.

III. *Literaturverzeichnis*

L'Investissement au Portugal. Braga, 1990.

BRITO, CARLOS DE SOUSA, Foreign Investment in Portugal. In: International Business Lawyer, 1993 (1), 29–31.

MAITLAND-WALKER, JULIAN, Guide To European Company Laws. Portuguese Report, 347–369. Sweet & Maxwell, London, 1993.

LUTTER, MARCUS/OVERRATH, HANS-PETER, Das portugiesische Konzernrecht von 1986, in: Zeitschrift für Gesellschafts- und Unternehmensrecht, 1991, Heft 3, 394–411.

SCHOLTISSEK, WOLFGANG, Die Rechnungslegung in Portugal. In: IWB 1984, 799–810.

STIEB, STEPHAN, Das portugiesische Gesetz über die Handelsgesellschaften (1986) und das Recht des Handelsregisters. Köln: Bundesstelle für Außenhandelsinformation, 1987.

STIEB, STEPHAN, Die Gründung von Zweigniederlassungen und Tochtergesellschaften in Portugal. Neuregelung des portugiesischen Gesellschaftsrechts. In: Internat. Wirtschaftsbriefe, 1988, 14, 509–522.

VENTURA, RAÚL, Estudos Vários Sobre Sociedades Anónimas, Coimbra 1993.

VENTURA, RAÚL, Sociedades por Quotas, III vols., Coimbra 1989 ff.

IV. *Adressenverzeichnis*

ICEP – Investimento, Cómercio e Turismo de Portugal
Av. 5 de Outubro, 101
1016 Lisboa Codex

Associação Industrial Portuguesa
Praça das Indústrias – Pavilhão da FIL
1300 Lisboa

Câmara de Comércio e Indústria Luso-Alemã
Avenida da Liberdade, 38, 2°
1200 Lisboa

Die Gründung einer Tochtergesellschaft in Schweden

von

ROLF SKOG, Stockholm*

Inhaltsübersicht

* Der Beitrag wurde aus dem Englischen übersetzt von Herrn Syndikus Dr. GEORG GANSEN, Bonn/München.

I. Einführung

1. Die schwedische Industrie

Unter den skandinavischen Staaten hat Schweden die bedeutendste Volkswirtschaft. Ihr Produktionswert, das Bruttoinlandsprodukt, betrug 1992 nahezu 1.500 Milliarden schwedische Kronen. 300.000 Gesellschaften – Einzelfirmen nicht mitgerechnet – beschäftigten etwa 2,5 Millionen Arbeitnehmer.

In den vergangenen zehn Jahren ist die Zahl der ausländischen Unternehmungen in Schweden stark gestiegen. Derzeit arbeiten 230.000 Menschen in schwedischen Gesellschaften, deren Anteile zu mehr als 50 % in ausländischen Händen sind. Das sind fast doppelt so viele wie noch vor zehn Jahren. Dieser Anstieg resultiert hauptsächlich aus ausländischen Übernahmen schwedischer Gesellschaften. Zwischen 1980 und 1990 erwarben Ausländer Stimmenmehrheiten in 925 schwedischen Gesellschaften, die zum Zeitpunkt des Erwerbs insgesamt 150.000 Arbeitnehmer beschäftigten.

Ungeachtet der großen Anzahl schwedischer Gesellschaften können die industrielle Produktion und Beschäftigung sehr weitgehend einem beschränkten Kreis großer Gesellschaften zugeordnet werden. Im Jahre 1990 gab es insgesamt 300 Gesellschaften mit 500 Arbeitnehmern oder mehr. Diese beschäftigten insgesamt 1 Millionen Menschen in Schweden.

Fast alle dieser größeren Gesellschaften sind Aktiengesellschaften, viele von ihnen an der Stockholmer Aktienbörse notiert. Insgesamt wurden dort Ende 1992 fast 200 Gesellschaften mit einem Börsenkapital von insgesamt 550 Milliarden Kronen geführt.

Die rasche Liberalisierung gesetzlicher Vorschriften betreffend den Erwerb von schwedischen Aktien durch Ausländer gegen Ende der achtziger Jahre führte dazu, daß ihr Anteil in internationalen Aktienfonds stieg. Der Blick auf die Struktur der Aktionäre börsennotierter Aktiengesellschaften bestätigt diese Entwicklung. Die ausländischen Beteiligungen betragen heute 25 % des gesamten Börsenwerts, ein Vielfaches mehr als nur ein paar Jahre zuvor.

2. *Grundformen wirtschaftlicher Organisationen*

Eine ausländische Gesellschaft, die in Schweden werbend tätig werden will, kann dies entweder mit Hilfe einer schwedischen Tochtergesellschaft oder einer Zweigniederlassung tun. Der vorliegende Beitrag beschäftigt sich in der Hauptsache mit der Gründung einer schwedischen Tochtergesellschaft. Zweigniederlassungen sind im folgenden unter VIII. behandelt.

Die Grundformen geschäftlicher Organisationen in Schweden sind Gesellschaften (*bolag*) und Vereinigungen (*föreningar*). Der vorliegende Beitrag handelt ausschließlich von der *bolag*. Sie findet sich in den Formen der einfachen Gesellschaft (*enkla bolag*), der Handelsgesellschaft (*handelsbolag*), der Kommanditgesellschaft (*kommanditbolag*) und der Aktiengesellschaft (*aktiebolag*).

a) Die am wenigsten qualifizierte Form der *bolag* ist die einfache Gesellschaft (*enkelt bolag*). Als solche gilt zunächst jede Vereinigung zweier oder mehrerer natürlicher oder juristischer Personen in der Form der *bolag*, es sei denn, sie weist die spezifischen Merkmale anderer Formen der *bolag*, etwa die offene Handelsgesellschaft, auf. Die einfache Gesellschaft besitzt keine Rechtsfähigkeit; sie wird üblicherweise als bloßes Vertragsverhältnis zwischen den Teilhabern beschrieben. Daher ist auch nicht sie, sondern einer oder mehrere der Teilhaber Träger des Vermögens, das Gegenstand ihrer Unternehmungen ist, und die Pflichten aus den durch die Gesellschaft begründeten Verbindlichkeiten treffen diejenigen Teilnehmer, die an dem zugrundeliegenden Rechtsgeschäft beteiligt waren.

Die einfache Gesellschaft wird zumeist als Form der Zusammenarbeit verschiedener Gesellschaften für einzelne Unternehmungen gewählt, so z. B. in der Bauindustrie. Ein auf Dauer angelegtes Unternehmen darf nach geltendem Recht hingegen nicht in der Form der einfachen Gesellschaft betrieben werden, es sei denn, es handelt sich um land- oder forstwirtschaftliche Betriebe. Allerdings hat das schwedische Parlament eine Gesetzesänderung beschlossen, um die einfache Gesellschaft für alle Arten von Unternehmungen ohne Ansehen ihrer Dauer verfügbar zu machen. Das neue Recht trat am 1. Januar 1995 in Kraft.

Laut offiziellen schwedischen Statistiken gab es im Jahr 1992 ungefähr 2.000 einfache Gesellschaften. Diese Statistiken berücksichtigen allerdings nur solche Gesellschaften, die zum Zweck der Umsatzbesteuerung registriert sind oder Angestellte haben. Ihre tatsächliche Zahl ist wahrscheinlich wesentlich größer.

Die offene Handelsgesellschaft (*handelsbolag*) unterscheidet sich von der einfachen Gesellschaft insbesondere durch ihre eigene Rechtspersönlichkeit; sie selbst ist Trägerin von Rechten und Pflichten, ist aktiv und passiv parteifähig und kann im eigenen Namen Anträge bei den Behörden stellen. In der Regel wird die offene Handelsgesellschaft durch zwei oder mehr natürliche oder juristische Personen gegründet, die ein gemeinsames Gewerbe betreiben wollen. Sie ist im Handelsregister, Patent- und Registeramt einzutragen, wird allerdings bereits mit Abschluß des Gesellschaftsvertrags als wirksam gegründet behandelt. Bereits von diesem Zeitpunkt an wird ihr daher auch Rechtspersönlichkeit zugesprochen. Ab dem 1. Januar 1995 ist jedoch die Registrierung wieder Voraussetzung für die wirksame Gründung geworden. Eine offene Handelsgesellschaft darf ihr eigenes Aktivvermögen haben, eine Verpflichtung hierzu besteht jedoch nicht. Deshalb haften für Verbindlichkeiten nicht nur die Gesellschaft selbst, sondern auch ihre Gesellschafter gesamtschuldnerisch.

Die Kommanditgesellschaft (*kommanditbolag*) ist eine offene Handelsgesellschaft, in der ein oder mehrere Teilnehmer – die Kommanditisten – ihre Haftung für Gesellschaftsschulden auf den Betrag ihrer Einlage begrenzt haben. Zumindest ein Gesellschafter, der Komplementär, muß jedoch persönlich unbegrenzt haften. Dies können allerdings auch juristische Personen mit wiederum begrenzter Haftung, also etwa Aktiengesellschaften, sein.

Die Gesamtzahl offener Handelsgesellschaften einschließlich der Kommanditgesellschaften betrug 1992 mehr als 70.000. Wiederum berücksichtigen die Statistiken allerdings nur solche Gesellschaften, die aus Gründen der Umsatzbesteuerung registriert sind oder Angestellte haben.

b) In Schweden gibt es derzeit nur eine Gesellschaftsform ohne persönliche Haftung der Gesellschafter, die *aktiebolag* (Aktiengesellschaft). Bis vor kurzem hat es der schwedische Gesetzgeber abgelehnt, neben der *aktiebolag* einen weiteren Gesellschaftstypus mit beschränkter Haftung entsprechend den meisten kontinentalen Rechten zuzulassen oder die *aktiebolag* nach britischem Beispiel in zwei Kategorien zu unterteilen[1]. Dies ist einer der Gründe dafür, daß sie nicht nur für große, sondern auch für sehr kleine Gesellschaften die gebräuchliche Rechtsform wirtschaftlicher Unternehmungen ist. Hingegen hat der schwedische Gesetzgeber bereits seit langem die *aktiebolag* mit nur einem Anteilseigner, die sog. Einmann-*aktiebolag* zugelassen.

In der schwedischen Industrie ist die *aktiebolag* die bei weitem vorherrschende Form der Gemeinschaftsorganisation. Im Jahre 1992 gab es insgesamt 200.000

1 Vgl. dazu unten I.4.

aktiebolag, die umsatzsteuerpflichtig waren oder zumindest einen Angestellten hatten. Die Zahl steigt ständig an.

3. *Gesellschaftsrecht*

Das schwedische Recht entstammt in der Hauptsache dem römisch-germanischen Recht. Das gilt auch für das Gesellschaftsrecht.

Die erste umfassende Kodifizierung der Handelsgesellschaften erfolgte im Jahr 1734, das erste Aktiengesetz wurde etwas mehr als hundert Jahre später, 1848 erlassen. Heute finden sich die einschlägigen Vorschriften im Personengesellschaftsgesetz aus dem Jahr 1980 und dem Aktiengesetz von 1975.

Für *aktiebolag* mit speziellen Gegenständen, so etwa Banken und Versicherungsgesellschaften, gelten zum Teil Spezialgesetze. Auch diese Regelungen basieren jedoch zu einem großen Teil auf den Vorschriften des Aktiengesetzes[2].

4. *Die Anpassung des schwedischen Rechts an die Anforderungen der EU*

Schweden und die übrigen EFTA-Staaten haben mit der EU und deren Mitgliedern den Vertrag zur Gründung des Europäischen Wirtschaftsraums geschlossen. In diesem Zusammenhang und im Zusammenhang mit Schwedens Beitritt zur EU gibt es seit mehreren Jahren Bemühungen, das schwedische Recht den Anforderungen der EU anzupassen.

Dieser Harmonisierungsprozeß hat bereits dazu geführt, daß viele Erschwernisse für ausländische Investitionen in der schwedischen Industrie beseitigt wurden. Während der achtziger Jahre wurde das Devisenkontrollsystem stufenweise abgeschafft, die Vorschriften betreffend ausländische Käufe schwedischer Aktien waren 1991 nicht mehr in Kraft, und im Jahr darauf wurde die Möglichkeit für *aktiebolag* aufgehoben, sog. gebundene Aktien auszugeben, die nur durch schwedische Staatsbürger erworben werden konnten. Heute können ausländische Staatsbürger und Gesellschaften Aktien an schwedischen Aktiengesellschaften zu denselben Bedingungen erwerben wie schwedische Staatsangehörige selbst.

Im Auftrag des Justizministeriums ist ein Vorschlag zur Anpassung des schwedischen Gesellschaftsgesetzes an die gesellschaftsrechtlichen EU-Richtlinien vorgelegt worden. Dieser geht von der Voraussetzung aus, daß die *aktiebolag* in zwei Kategorien unterteilt wird, die private und die Publikums-*aktiebolag*, er enthält aber keine weiteren Änderungen der Grundstruktur oder

2 Eine ausführliche Liste der einschlägigen Gesetze findet sich in der Anlage zu diesem Beitrag.

der Prinzipien des Gesetzes. Die Änderungen sind am 1. Januar 1995 in Kraft getreten.

II. Die Gründung der aktiebolag

Der einfachste Weg zur Gründung einer schwedischen *aktiebolag* ist für ausländische Gesellschaften der Kauf einer bereits wirksam gegründeten Gesellschaft von einer der Beratungsfirmen, die sich auf das Gründen und Veräußern von Gesellschaften spezialisiert haben. Dennoch ist eine gewisse Kenntnis von der Art und Weise der Gründung einer *aktiebolag* zu empfehlen. Die folgenden Ausführungen sind daher auch dann von Interesse, wenn keine Intention besteht, an allen Gründungsschritten aktiv teilzunehmen.

Die schwedische *aktiebolag* entsteht im Wege der Sukzessivgründung oder der Simultangründung.

Die Sukzessivgründung beginnt mit einer kleinen Gruppe von Gründern, die eine Gründungsurkunde aufsetzen und unterzeichnen, mit der sie sich auf die Gründung einer *aktiebolag* einigen. Diese Gründer bieten einer größeren Gruppe die Zeichnung von Anteilen an, woraufhin alle Anteilszeichner schließlich in der Gründungsversammlung beschließen, die Gesellschaft zu gründen. Die Gesellschaft beantragt sodann ihre Eintragung ins Gesellschaftsregister.

Die Sukzessivgründung der *aktiebolag* ist in der Praxis sehr ungewöhnlich. Tatsächlich werden alle *aktiebolag* im Wege des Simultanverfahrens gegründet: Die Gründer setzen in einem gemeinsamen Akt die Gründungsurkunde auf, zeichnen die Aktien und halten die Gründungshauptversammlung ab, in der sie die Gründung der Gesellschaft einvernehmlich beschließen. Danach wird wiederum ein Antrag auf Eintragung in das Gesellschaftsregister gestellt.

Die folgenden Ausführungen zur Gesellschaftsgründung betreffen gleichermaßen das Sukzessiv- wie das Simultanverfahren.

1. Gründer

Die *aktiebolag* wird durch einen oder mehrere Gründungsgesellschafter gegründet. Natürliche Personen mit Wohnsitz innerhalb des Europäischen Wirtschaftsraums ebenso wie juristische Personen, die nach dem Recht eines Staates des Europäischen Wirtschaftsraums gegründet worden sind und ihren Sitz, ihre Hauptverwaltung oder den Hauptteil ihrer gewerblichen Tätigkeit innerhalb eines solchen Staates haben, werden Gründer sein können. Gewerbliche Personengesellschaften und juristische Personen, die nach dem Recht eines Staates des Europäischen Wirtschaftsraums gegründet worden sind, können ihrerseits jedoch nur als Gründer auftreten, wenn jeder Teilhaber mit unbegrenzter Haftung seinen Wohnsitz innerhalb dieses Gebiets hat.

Jeder Gründer muß volljährig und darf weder für geschäftsunfähig erklärt worden sein, noch darf er Gemeinschuldner eines Konkursverfahrens sein, es sei denn, die Restschuld ist ihm bereits erlassen worden.

2. *Gründungsurkunde*

Ungeachtet dessen, ob die Gesellschaftsgründung sukzessiv oder simultan erfolgt, beginnt sie damit, daß der oder die Gründer eine Gründungsurkunde mit dem folgenden Inhalt aufsetzen und unterzeichnen:

1. Einen Entwurf der Satzung[3].
2. Bestimmungen zum Preis einer jeden Aktie; die Zahlung darf dabei den Nennwert der Aktie nicht unterschreiten.
3. Bestimmung einer Zahlungsfrist; die Gesellschaft muß innerhalb von sechs Monaten ab Unterzeichnung der Gründungsurkunde zur Eintragung angemeldet werden, zu diesem Zeitpunkt müssen die Einlagen geleistet sein[4].
4. Bestimmungen zu Sacheinlagen, den weiteren Bedingungen für die Aktienzeichnung, zur Zahlung der Gründungskosten durch die Gesellschaft und zu Sonderrechten einzelner Personen.

Soweit es sich um eine Sukzessivgründung handelt, muß die Gründungsurkunde zudem folgendes enthalten:

5. Bestimmungen zum Zeitpunkt und zu der Art und Weise der Durchführung der Gründungsversammlung[5].

3. *Satzung – Mindestinhalt*

Der Entwurf der Satzung muß Bestimmungen zu den folgenden Gegenständen enthalten:

1. Die Firma der Gesellschaft; der Name, unter dem die Gesellschaft werbend tätig werden soll, muß die Bezeichnung „*aktiebolag*“ oder die Abkürzung „AB“ enthalten. Der Name muß sich klar von anderen Firmennamen unterscheiden, die bereits im Aktiengesellschaftsregister eingetragen sind.

2. Den Sitz der Gesellschaft; der Satzungssitz muß in Schweden liegen. Andererseits besteht keine Verpflichtung, den Sitz in die Gemeinde zu legen, in der die Gesellschaft hauptsächlich geschäftlich tätig wird.

3. Eine allgemeine Beschreibung des Gegenstands der Gesellschaft; die Satzung muß Auskunft darüber geben, welche Art von Geschäften die Gesellschaft betreiben soll, die rechtliche Praxis hat jedoch eine sehr freie Interpretation die-

3 Zum Inhalt vgl. unten II.3. und 4.
4 Vgl. unten II.7.
5 Vgl. unten II.3. Nr. 8.

ser Anforderung entwickelt. Die Satzungen der überwiegenden Mehrzahl der Aktiengesellschaften enthalten lediglich die Angabe des oder der zukünftigen Geschäftsarten „und ähnlicher Unternehmungen".

4. Das Grundkapital oder gegebenenfalls das Mindest- und das Höchstkapital; entsprechend den derzeitigen Regeln muß eine *aktiebolag* ein Grundkapital von mindestens 50.000 Kronen in schwedischer Währung haben. Statt der Angabe eines festen Grundkapitals kann die Satzung jedoch auch ein Mindest- und ein Höchstkapital angeben. Das Mindestkapital darf nicht niedriger sein als ein Viertel des Höchstkapitals und darf 50.000 Kronen nicht unterschreiten.

5. Die Nennbeträge der Aktien; normalerweise ist das Grundkapital in Aktien unterteilt. Ist dies der Fall, muß jede Aktie den gleichen Nennwert haben. Einen Mindestbetrag hierfür gibt es nicht. Die Ausgabe von nennwertlosen Aktien ist jedoch nicht möglich.

6. Die Anzahl, gegebenenfalls die Mindest- und die Höchstzahl der Mitglieder des Verwaltungsrates und, falls vorhanden, ihrer Stellvertreter und der einzelnen Amtszeiten; das Gesellschaftsrecht geht davon aus, daß eine *aktiebolag* mindestens drei Mitglieder des Verwaltungsrates hat, erlaubt es jedoch auch, daß kleinere Gesellschaften nur ein oder zwei Mitglieder des Verwaltungsrates haben[6]. Die Amtszeit eines Geschäftsführers darf vier Geschäftsjahre nicht überschreiten.

7. Die Anzahl und gegebenenfalls die Mindest- und die Höchstzahl der Abschlußprüfer und ihre Amtszeiten im einzelnen; dem Gesetz reicht dabei selbst für die größten Aktiengesellschaften ein Abschlußprüfer aus. Andererseits kann auch eine Prüfungsgesellschaft beauftragt werden. In diesem Fall muß sie eine natürliche Person benennen, die für die Prüfung verantwortlich zeichnet. Ein Prüfer kann für eine begrenzte und für eine unbegrenzte Zeitspanne bestellt werden.

8. Die Art und Weise der Einberufung der Hauptversammlung; die Einladung zur Hauptversammlung wird durch den Verwaltungsrat veröffentlicht. Die Art und Weise, in der das geschehen soll, muß sich aus der Satzung ergeben, z. B. durch Veröffentlichung in einer bestimmten Tageszeitung. Die Einladung zur Hauptversammlung darf nicht früher als vier Wochen und – es sei denn, die Satzung sieht ein anderes vor – nicht später als zwei Wochen vor dem Zeitpunkt der Versammlung veröffentlicht werden.

9. Die Zuständigkeiten der Hauptversammlung; die Tagesordnung einer ordentlichen Hauptversammlung muß zumindest die folgenden Punkte enthalten: 1. Die Ernennung des Versammlungsleiters. 2. Die Bestätigung der Stimmliste. 3. Die Bestimmung des Protokollführers. 4. Vorlage des Jahres- und des Prüfungsberichts. 5. Die Feststellung der Gewinn- und Verlustrechnung und der Bilanz. 6. Die Verwendung des Gesellschaftsgewinns oder -verlusts entspre-

6 Vgl. unten V.2.

chend der festgestellten Bilanz. 7. Die Entlastung der Mitglieder des Verwaltungsrates und des geschäftsführenden Direktors. Auch wenn diese Gegenstände zwingend vorgeschrieben sind, müssen sie dennoch in der Satzung enthalten sein. Zusätzlich kann sie weitere Punkte bestimmen, die der Hauptversammlung vorgelegt werden sollen[7].

10. Das Geschäftsjahr; nach dem Buchführungsgesetz muß das Geschäftsjahr zwölf Kalendermonate enthalten. Diese sollen entweder mit dem Kalenderjahr zusammenfallen oder vom 1. Mai bis zum 30. April, vom 1. Juli bis zum 30. Juni oder vom 1. September bis zum 31. August dauern. Die nationale Steuerbehörde kann in bestimmten Fällen Ausnahmen von der Zwölfmonatsregel zulassen. In Konzernen sollen alle Gesellschaften dasselbe Geschäftsjahr haben.

4. Satzung – fakultativer Inhalt

Neben den genannten Regeln kann die Satzung jede weitere Bestimmung enthalten, es sei denn, sie verstößt gegen das Aktiengesetz oder andere Gesetze. Beispiele für freiwillige Satzungsbestimmungen sind:
- die Gesellschaft soll einen anderen Zweck haben als den, Gewinne für die Aktionäre zu erwirtschaften;
- im Fall der Übertragung der Aktie auf einen Dritten soll dieser verpflichtet sein, die Aktie den Mitgesellschaftern zum Kauf anzubieten;
- die Gesellschaft soll Aktien haben, die hinsichtlich der Gewinnbezugsrechte differieren;
- die Gesellschaft soll Aktien haben, die hinsichtlich der Stimmrechte differieren;
- die Stimmrechte einzelner Gesellschafter in der Gesellschafterversammlung soll auf bestimmte Höchstgrenzen schränkt sein;
- Streitigkeiten zwischen der Gesellschaft und ihren Aktionären sollen durch Schiedsrichter entschieden werden.

Einige dieser Beispiele werden im folgenden näher behandelt.

5. Zeichnung und Ausgabe der Aktien

Der nächste Schritt zur Gründung der Gesellschaft ist die Zeichnung der Aktien. Sie soll in der Gründungsurkunde oder in einer getrennten Zeichnungsliste erfolgen, der eine Kopie der Gründungsurkunde beigefügt ist. Die Gründer entscheiden darüber, wer Aktien der Gesellschaft zeichnen darf und wann dies geschieht. Das Gesetz verlangt nicht, daß die Gründer selbst Aktien zeichnen.

7 Vgl. V.1.

Nach der Zeichnung entscheiden die Gründer über die Anzahl der Aktien, die jeder Zeichner erhält.

Bei der Gründung im Wege des Simultanverfahrens zeichnen die Gründer alle Aktien selbst und halten sodann die Gründungsversammlung ab.

6. *Die Gründungsversammlung*

Nach der Zeichnung und Ausgabe der Aktien wird die Gründungsversammlung abgehalten, um endgültig zu entscheiden, ob die Gesellschaft gegründet werden soll. Die Gründungsurkunde muß Bestimmungen darüber enthalten, in welcher Form die Einladung zu der Gründungsversammlung zu veröffentlichen ist[8].

Der Gründungsbeschluß kann unter der Bedingung geschlossen werden, daß das gesamte Nennkapital oder jedenfalls das Mindestkapital entsprechend der Gründungsurkunde gezeichnet und ausgegeben worden ist.

Sodann sind der Verwaltungsrat und der Abschlußprüfer zu wählen. Für beide gibt es die Regel, daß sie nicht minderjährig oder für geschäftsunfähig erklärt oder Gemeinschuldner eines Konkursverfahrens sein dürfen, es sei denn, die Restschuld ist ihnen bereits erlassen worden. Zudem muß zumindest die Hälfte der Mitglieder des Verwaltungsrats ihren Wohnsitz innerhalb des Europäischen Wirtschaftsraums haben.

Wird die Gesellschaft simultan gegründet, so ist die Gründungsversammlung eine reine Formalität. Haben die Gründer in diesem Fall die Gründungsurkunde mit dem Entwurf für die Satzung aufgesetzt und unmittelbar anschließend die Aktien gezeichnet, beenden sie die Gesellschaftsgründung, indem sie die (fiktive) Niederschrift der Gründungsversammlung erstellen.

7. *Einlageleistungen*

Der Zeichner von Aktien ist verpflichtet, entsprechend den Bestimmungen der Gründungsurkunde Einlagen zu leisten. Zahlt er nicht, so können die entsprechenden Beträge eingeklagt werden. Hat dies keinen Erfolg, so kann die Gesellschaft versuchen, den Zeichner zu überzeugen, dies freiwillig einem Dritten zum Kauf anzubieten. Als letztes Mittel kann der Verwaltungsrat die Aktien einziehen.

Bareinlagen einschließlich etwaiger Aufgelder dürfen nur auf ein Konto geleistet werden, das die Gründer bei einer schwedischen Bank eröffnet haben. Sind Aktien gegen Sacheinlagen ausgegeben worden, so ist das Eigentum auf die

8 Vgl. oben II.2.

Gesellschaft zu übertragen. Die Verpflichtung zur Einlageleistung kann nicht mit Ansprüchen gegen die Gesellschaft aufgerechnet werden.

8. Eintragung im Aktiengesellschaftsregister

Der letzte Schritt der Gesellschaftsgründung, sei es im Wege der Sukzessiv- oder der Simultangründung, ist der Antrag auf Eintragung in das Aktiengesellschaftsregister, das in Schweden durch das Patent- und Registeramt geführt wird. Auch wenn die Gesellschaft rechtlich bereits durch den entsprechenden Beschluß in der Gründungsversammlung entstanden ist, wird dies hinfällig, soweit dem Antrag auf Eintragung nicht entsprochen wird. Erst durch die Eintragung erhält die Aktiengesellschaft zudem die eigene Rechtspersönlichkeit.

Der Antrag auf Eintragung der Gesellschaft muß innerhalb von sechs Monaten ab der Unterzeichnung der Gründungsurkunde gestellt werden. Ihm sollte die schriftliche Bestätigung einer Bank beigefügt werden, daß der Gesamtbetrag der Einlagen auf eines ihrer Konten bezahlt worden ist. Sind Sacheinlagen zu leisten, muß mit dem Eintragungsantrag eine schriftliche Bestätigung des Gründungsprüfers vorgelegt werden, daß „alle Vermögensgegenstände, die nicht in Geld bestehen, auf die Gesellschaft übertragen worden sind“, daß „diese Vermögensgegenstände in der Gründungsurkunde nicht mit einem höheren Wert als dem tatsächlichen Wert für die Gesellschaft angesetzt worden sind“, und daß „diese Vermögensgegenstände den Unternehmungen der Gesellschaft dienen oder ihnen zu dienen bestimmt sind“.

Mit der Eintragung erhält jede *aktiebolag* eine eigene Registernummer, die sie bis zu ihrer Beendigung behält. Auf diese Weise kann die Gesellschaft zum Beispiel durch Steuerbehörden leicht identifiziert werden, selbst wenn sie den Firmennamen ändert.

9. Verträge im Namen der Gesellschaft vor Eintragung

Für Verträge im Namen der Gesellschaft, die vor der Registrierung geschlossen werden, haften die für die Gesellschaft handelnden Personen gesamtschuldnerisch. Mit der Eintragung jedoch gehen die Verpflichtungen auf die Gesellschaft über, vorausgesetzt, sie ergeben sich aus der Gründungsurkunde oder sind nach der Gesellschaftsgründung entstanden.

III. Grundkapital

1. Anfangsgröße des Grundkapitals

Wenn die Gesellschaft im Aktiengesellschaftsregister eingetragen worden ist, entspricht ihr Anteilskapital dem Gesamtbetrag der Aktien die gezeichnet und ausgegeben worden sind, abzüglich der Aktien, die eingezogen und nicht an Dritte verkauft worden sind. Das Grundkapital darf im Zeitpunkt der Eintragung 50.000 Kronen nicht unterschreiten.

Übersteigt der Betrag, der für die Aktien im Zusammenhang mit der Gesellschaftsgründung gezahlt worden ist, die Summe der Nennbeträge, so ist das Agio in die gesetzliche Rücklage einzustellen. Ebenfalls in die gesetzliche Rücklage einzustellen ist jährlich ein Betrag von mindestens 10 % des Reingewinns nach Abzug der Schulden. Dies gilt solange, bis diese Rücklage 20 % des Grundkapitals entspricht. Das Grundkapital, die gesetzliche Rücklage und die etwaige Neubewertungsrücklage ergeben das gesetzlich gebundene Eigenkapital, während das verbleibende Grundkapital als nicht gebundenes Grundkapital beschrieben wird.

2. *Erhöhung des Grundkapitals*

Das Grundkapital kann durch die Zeichnung neuer Aktien gegen Barleistung erhöht werden (effektive Erhöhung) oder durch die Ausgabe von Aktien oder die Erhöhung der Nennwerte bereits ausgegebener Aktien ohne Gegenleistung (nominelle Erhöhung).

Der Kapitalerhöhungsbeschluß ist in der Hauptversammlung zu treffen. Soweit die Satzung ein Mindest- und Höchstkapital vorsieht und sich die Erhöhung innerhalb des Spannbreite hält, kann der Beschluß mit einfacher Mehrheit gefaßt werden. Ist das Grundkapital jedoch auf einen bestimmten Betrag festgeschrieben oder übersteigt die Erhöhung das vorgesehene Höchstkapital, muß dem Beschluß zur Ausgabe neuer Aktien eine Satzungsänderung vorangehen, zu der es der qualifizierten Mehrheit bedarf[9].

Handelt es sich um eine Barkapitalerhöhung, haben die Aktionäre ein Bezugsrecht entsprechend der Anzahl ihrer bisherigen Aktien. Das Bezugsrecht kann jedoch in der Satzung oder in dem Erhöhungsbeschluß ausgeschlossen werden. Das damit mögliche Risiko der Minderheitsaktionäre ist begrenzt, da einzelnen Aktionären oder Dritten nicht durch Beschlüsse der Hauptversammlung unzulässige Vorteile zum Schaden der Gesellschaft oder der Aktionäre zugesprochen werden dürfen[10].

Ebenso wie bei der Gesellschaftsgründung dürfen junge Aktien regelmäßig nicht unter pari ausgegeben werden. Erfolgt die Ausgabe jedoch über die Stockholmer Wertpapierbörse, können die Aktien mit einem Disagio gezeichnet werden, vorausgesetzt, der Differenzbetrag wird dem Grundkapital durch Umbuchung aus anderem Eigenkapital der Gesellschaft oder aufgrund einer

9 Vgl. unten IV.1.
10 Vgl. unten V.1.

Neubewertung des Anlagevermögens gutgeschrieben. Dieses Verfahren kann als Kombination aus effektiver und nomineller Kapitalerhöhung beschrieben werden.

Im Gegensatz zum Verfahren bei der Gesellschaftsgründung erlaubt das Gesetz es bis zu einem gewissen Maß, daß Verpflichtungen zur Einlageleistung auf junge Aktien mit Ansprüchen gegen die Gesellschaft verrechnet werden. Dies ist jedenfalls zulässig, soweit der Kapitalerhöhungsbeschluß eine entsprechende Bestimmung enthält. Dasselbe gilt für Gesellschaften, deren gebundenes Eigenkapital vor der Erhöhung mindestens 1 Mio Kronen beträgt, vorausgesetzt, der Verwaltungsrat stimmt der Aufrechnung zu. Eine solche Zustimmung ist zu werweigern, wenn die Aufrechnung den Interessen der Gesellschaft oder ihrer Gläubiger widerspricht.

Der Antrag auf Eintragung des Kapitalerhöhungsbeschlusses darf nicht später als sechs Monate seit dem Beschluß gestellt werden. Bei kleineren Aktiengesellschaften müssen zum Zeitpunkt der Eintragung alle Aktien vollständig eingezahlt worden sein. Größere Gesellschaften können die Kapitalerhöhung registrieren lassen, wenn die Hälfte der Bareinlagen geleistet worden sind. Im letzteren Fall müssen die restlichen Zahlungen innerhalb von sechs Monaten nach der Eintragung folgen.

3. *Andere Formen der Finanzierung*

In der Regel werden die Unternehmungen der Gesellschaft nur zu einem geringen Teil durch Kapitaleinlagen der Aktionäre finanziert. Die Aufnahme von Fremdkapital ist die wichtigere Finanzierungsquelle. Das Aktiengesetz behandelt die übliche Fremdfinanzierung in keiner Weise. Das Gesetz enthält jedoch Vorschriften zu bestimmten Arten von Darlehen, insbesondere solchen, bei denen der Darlehensgeber gesellschaftergleiche Rechte erhält.

In diesem Zusammenhang ist es erwähnenswert, daß das Gesetz ein unbedingtes Verbot sogenannter Gewinnschuldverschreibungen enthält, zum Beispiel partiarischer Darlehen, deren Rückführungskurs von der Entwicklung der Gesellschaftskapitals abhängt. Den Gesellschaften ist es zudem untersagt, Darlehen aufzunehmen, die anders als durch Zahlung eines bestimmten Geldbetrags zurückzuführen sind oder durch einen Währungsschwankungen unterliegenden Geldbetrag. Dies gilt nicht für Wandelschuldverschreibungen.

4. *Kapitalerhaltung*

Vor der Gründung einer Tochtergesellschaft im Ausland empfiehlt es sich, auch die dortigen Kapitalerhaltungsregeln zu studieren. Diese Regeln werden im folgenden kurz beschrieben. Dabei beschränken sich die Ausführungen im wesentlichen auf diejenigen Vorschriften, die die Möglichkeiten der Aktionäre einschränken, Eigenmittel der Gesellschaft durch Dividendenausschüttung oder Kapitalherabsetzung, durch den Erwerb eigener Aktien oder die finanzielle Hilfe durch die Gesellschaft zugungsten ihrer Aktionäre zu verringern.

a) Gewinnausschüttung

Dividendenbeschlüsse sind durch die Hauptversammlung zu fassen. Sie bedürfen der einfachen Mehrheit. Dabei dürfen Ausschüttungen den Betrag nicht überschreiten, der sich aus der festgestellten Bilanz des letzten Geschäftsjahrs und bei Muttergesellschaften aus der festgestellten konsolidierten Jahresbilanz als Gewinn der Gesellschaft oder des Konzerns ergibt zuzüglich Gewinnvorträgen und ungebundener Rücklagen. Vor der Beschlußfassung über eine Gewinnausschüttung müssen Abzüge in Höhe der festgestellten Verluste sowie hinsichtlich der Beträge gemacht werden, die nach dem Gesetz, der Satzung oder den Verpflichtungen gegenüber der Muttergesellschaft in das gebundene Eigenkapital einzustellen oder aus dem nicht gebundenen Kapital in das gebundene Eigenkapital zu übertragen sind.

Die Hauptversammlung kann keine Dividende beschließen, die höher ist als durch den Verwaltungsrat vorgeschlagen und gebilligt. Eine weitere Einschränkung ergibt sich aus dem sog. „Vorsichtsprinzip". Danach dürfen Dividenden nicht ausgeschüttet werden, soweit dies ordnungsgemäßer Geschäftsführung widerspräche. Deshalb müssen bei der Entscheidung über die Höhe der Dividende sowohl die Konzerninteressen als auch die Kapitalbedürfnisse der Gesellschaft und der Muttergesellschaft sowie die sonstigen finanziellen Verhältnisse beachtet werden. Zwischendividenden sind nicht zulässig.

b) Kapitalherabsetzung

Der Beschluß zur Kapitalherabsetzung verbunden mit Rückzahlungen an die Aktionäre muß durch die Hauptversammlung auf Vorschlag oder mit Zustimmung des Verwaltungsrats gefaßt werden. Er bedarf der einfachen Mehrheit. Soweit die Satzung infolge der Kapitalherabsetzung geändert werden muß, bedarf der entsprechende Beschluß der qualifizierten Mehrheit. Im Falle der Kapitalherabsetzung haben die Gesellschaftsgläubiger das Recht, vollständig befriedigt zu werden oder ausreichende Sicherheiten zu erhalten.

c) Erwerb eigener Aktien

Eine *aktiebolag* darf eigene Aktien nicht erwerben. In Schweden bestimmt das Recht, anders als in den meisten der übrigen europäischen Staaten, ein striktes

Verbot des Erwerbs eigener Aktien. Dementsprechend ist es Tochtergesellschaften ebenso untersagt, Aktien an der Muttergesellschaft zu erwerben. Die ausgesprochenen seltenen Ausnahmen zu diesen Verboten können hier vernachlässigt werden.

d) Kredite an Aktionäre und Dritte

Grundsätzlich darf die Gesellschaft Personen keine Kredite gewähren, die Aktien an ihr halten oder Mitglieder des Verwaltungsrats oder geschäftsführender Direktor der Gesellschaft sind. Dieses Verbot gilt ebenso für Konzerngesellschaften. Darüber hinaus sind enge Verwandte der genannten Personen betroffen sowie Gesellschaften, auf die sie entscheidenden Einfluß ausüben könnten. Ebenfalls untersagt ist die Besicherung eines Fremdkredits durch die Gesellschaft.

Hierzu gibt es Ausnahmen, von denen vorliegend lediglich die Kreditgewährung an andere Konzerngesellschaften erwähnt werden soll. So darf die Tochtergesellschaft der Muttergesellschaft Kredite gewähren.

e) Zwangsliquidation

Im Zusammenhang mit den oben erörterten Fragen dürfen die Regeln betreffend die Zwangsliquidation wegen Vermögensverfalls nicht übersehen werden. Diese sehen vor, daß die Gesellschaft aufgelöst werden muß, wenn ihr Eigenkapital die Hälfte des registrierten Aktienkapitals unterschreitet, es sei denn, es werden Maßnahmen zur Deckung der Differenz ergriffen. Der Verwaltungsrat ist verpflichtet, solche Maßnahmen in die Wege zu leiten, sobald es Gründe für die Annahme gibt, das Eigenkapital der Gesellschaft sei unter die genannte Schwelle gesunken. Sollte er diese Pflicht verletzen, läuft er Gefahr, gesamtschuldnerisch für die Schulden der Gesellschaft zu haften.

IV. Aktien und Aktienübertragung

1. Aktiengattungen

Grundsätzlich verbriefen alle Aktien an einer *aktiebolag* gleiche Rechte. Die Satzung kann jedoch verschiedene Aktiengattungen vorsehen oder die Gesellschaft berechtigen solche auszugeben. In der Praxis gibt es hauptpsächlich zwei Unterscheidungen, Aktien mit differenzierten Stimmrechten und Aktien mit differenzierten Gewinnbezugsrechten.

Aktien mit differenzierten Stimmrechten sind insbesondere in großen Gesellschaften gebräuchlich. Bis zur Mitte der vierziger Jahre ließ die Rechtsprechung jede Ausgestaltung zu. Heute ist der Spielraum für Differenzierungen begrenzter. Aktien mit Mehrstimmrechten (gemeinhin „A-Aktien" genannt) dürfen nicht mehr als das Zehnfache der Stimmrechte verbriefen, die aus anderen Aktiengattungen („B-Aktien") folgen[11]. Da das Recht jedoch das zahlenmäßige Verhältnis der Aktien mit verschiedenen Stimmrechten zueinander nicht vorschreibt, bietet das System dennoch ausreichende Möglichkeiten, mit einer begrenzten Anzahl von Aktien die Stimmenmehrheit in der Gesellschaft zu erwerben. Stimmrechtslose Aktien sind nicht erlaubt.

Aktien mit unterschiedlichen Gewinnbezugsrechten, sog. Vorzugsaktien und gewöhnliche Aktien, sind – jedenfalls unter den großen Gesellschaften – weit weniger verbreitet als Aktien mit verschiedenen Stimmrechten.

Eine *aktiebolag* kann auch sog. „wandelbare Anteile" ausgeben, die später in Aktien einer anderen Gattung umgewandelt werden können.

2. *Aktienbuch*

In allen *aktiebolag* muß der Verwaltungsrat ein sog. „Aktienbuch" über alle Aktien und Aktionäre führen. Existieren Aktien verschiedener Gattungen, so muß das Aktienbuch die jeweilige Gattung jeder Aktie angeben. Es ist eine öffentliche Urkunde, die jedermann zugänglich ist.

Obwohl Personen, die Aktien kaufen, nicht zwingend in das Aktienbuch eingetragen werden müssen, ist die Eintragung doch in ihrem eigenen Interesse, da erst mit ihr die Aktionärsrechte ausgeübt werden können.

3. *Aktienurkunden*

Die *aktiebolag* darf Urkunden über eine oder mehrere Aktien ausgeben. Obwohl das Recht die Ausgabe solcher Aktienurkunden nicht vorschreibt, es sei denn, der Aktionär verlangt sie, geben in der Praxis nahezu alle Gesellschaften Aktienurkunden aus. Diese erleichtern die Übertragung der Aktienrechte.

Aktienurkunden müssen in jedem Fall auf den Namen lauten. Inhaberanteile dürfen nicht ausgegeben werden.

11 Aufgrund der Übergangsvorschriften dürfen Gesellschaften mit Aktien, deren Stimmrechte bereits vor dem 1. Januar 1948 um mehr als das Verhältnis 1 : 10 differierten, weiterhin Aktien mit solchen Stimmrechten ausgeben. Dies erklärt, warum die Stimmrechte der Aktien einiger sehr großer schwedischer Gesellschaften im Verhältnis 1 : 1000 differieren.

Soweit verschiedene Aktiengattungen bestehen, muß die Urkunde die Gattung der entsprechenden Aktie bezeichnen. Ebenso muß es angegeben sein, wenn die Aktie besonderen Bestimmungen unterfällt, wenn z. B. die Übertragbarkeit in irgendeiner Weise eingeschränkt ist.

4. Aktienübertragung

Wie in den meisten anderen Staaten geht auch das schwedische Aktiengesetz von der freien Übertragbarkeit der Aktien aus. Da der Gesetzgeber frühere Vorschriften, die in weitem Umfang die Beschränkung des Erwerbs von Aktien an schwedischen Gesellschaften durch Ausländer erlaubten, außer Kraft gesetzt hat, ist heute nur noch eine Art von Beschränkung der Aktienübertragung erlaubt: die Bestimmung eines Vorkaufsrechts in der Satzung. Kurz beschrieben sieht sie vor, daß, sobald die Aktie auf einen neuen Eigner übertragen worden ist, dieser verpflichtet ist, ihn den übrigen Aktionären oder dritten Personen entsprechend den Bestimmungen der Satzung zum Kauf anzubieten. Entsprechendes ist in Gesellschaften mit wenigen Aktionären sehr gebräuchlich.

5. Die Wertpapierzentrale

Große *aktiebolag* können ihre Aktienverwaltungen entlasten, indem sie der Wertpapierzentrale, kurz *VPC-system*, beitreten. Eine besondere Gesellschaft, *Värdepapperscentralen VPC*, an der zu gleichen Teilen die schwedische Regierung und schwedische Börsenhändler beteiligt sind, übernimmt die Aufgabe, sowohl die Aktienbücher der Gesellschaften aufzubewahren als auch sämtliche Veränderungen hinsichtlich der Aktien einzutragen. Damit ist die traditionelle Verwaltung der Aktienbriefe und der übrigen Dokumente betreffend die Aktien durch ein computergestütztes System ersetzt. Das *VPC-system* steht allen *aktiebolag* zur Verfügung, wird jedoch in der Hauptpsache durch Gesellschaften mit zahlreichen Aktionären in Anspruch genommen. Gesellschaften, die an der Stockholmer Wertpapierbörse notiert sind, müssen notwendig Mitglieder des *VPC-system* sein.

V. Die Gesellschaftsorgane

Das schwedische Aktiengesetz sieht vier Gesellschaftsorgane vor: Die Hauptversammlung, den Verwaltungsrat, den geschäftsführenden Direktor und die Abschlußprüfer. Die Hauptversammlung ist das oberste Gesellschaftsorgan. Der Verwaltungsrat, der regelmäßig in seiner Gesamtheit durch die Hauptversammlung gewählt wird, ist verantwortlich für die Organisation der Gesellschaft und für die Verwaltung der Gesellschaftsangelegenheiten. Der geschäftsführende Direktor, der durch den Verwaltungsrat bestellt wird, ist zuständig für die tägliche Verwaltung. Die Abschlußprüfer, die durch die Hauptversammlung bestellt werden, prüfen u. a. den Jahresbericht und die Finanzangaben des Verwaltungsrats und des geschäftsführenden Direktors.

1. *Die Hauptversammlung*

Entscheidungen für die *aktiebolag* trifft letztendlich die Hauptversammlung. An ihr nehmen die Aktionäre teil, die im Aktienbuch aufgeführt sind. Diese können ihre Rechte auch durch Vertreter, die im Besitz einer schriftlichen und datierten Vollmacht sein müssen, ausüben lassen. Eine solche Vollmacht ist höchstens für den Zeitraum eines Jahres seit Ausstellung gültig.

Eine ordentliche Hauptversammlung ist innerhalb von sechs Monaten ab dem Ende des Geschäftsjahres der Gesellschaft abzuhalten. Sie ist durch den Verwaltungsrat entsprechend den Bestimmungen der Satzung bekanntzumachen[12]. Das Gesetz verlangt, daß die ordentliche Hauptversammlung folgende Beschlüsse faßt:

1. Feststellung der Gewinn- und Verlustrechnung und der Bilanz und, sofern die Gesellschaft eine Muttergesellschaft ist, Feststellung der konsolidierten Gewinn- und Verlustrechnung und der konsolidierten Bilanz;
2. Verteilung des Gewinns oder Verlusts entsprechend der festgestellten Bilanz;
3. die Entlastung der Mitglieder des Verwaltungsrates und der geschäftsführenden Direktoren.

Das Gesetz sieht zudem vor, daß der Verwaltungsrat und der Abschlußprüfer in der ordentlichen Hauptversammlung gewählt werden.

Zudem kann die Satzung weitere, fakultative Gegenstände vorsehen, wie etwa Beschlüsse über die Vergütung des Verwaltungsrats und des Abschlußprüfers.

Auch Gegenstände, die in der Satzung nicht vorgesehen sind, können in der Hauptversammlung behandelt werden, da jeder Aktionär das Recht hat, sämtliche Angelegenheiten der Gesellschaft in der Versammlung behandeln zu lassen, vorausgesetzt, sein Verlangen erreicht die Gesellschaft früh genug, um den entsprechenden Tagesordnungspunkt in der Einladung aufzuführen.

Außerordentliche Hauptversammlungen können abgehalten werden, sofern es der Verwaltungsrat für erforderlich hält. Solche Versammlungen sind zudem einzuberufen, wenn ein Abschlußprüfer oder Aktionär, die gemeinsam ein Zehntel aller Aktien halten, es schriftlich und aus einem bestimmten Grund verlangen.

12 Vgl. oben II.3.

Beschlüsse in der Hauptversammlung werden durch Abstimmung gefaßt. Die Anzahl der Stimmen jedes einzelnen Aktionärs bestimmt sich nach den Stimmrechten seiner Aktien. Jede Aktie verbrieft eine Stimme, es sei denn, die Satzung sieht Aktien mit Mehrstimmrechten vor[13].

Das Aktiengesetz sieht vor, daß niemand mit mehr als einem Fünftel der in der Versammlung vertretenen Aktien abstimmen darf, es sei denn die Satzung bestimmt etwas anderes. Aus diesem Grund enthalten die Satzungen der meisten Gesellschaften eine Bestimmung, die es erlaubt, sämtliche Stimmrechte uneingeschränkt auszuüben. Andererseits gibt es auch Beispiele, für noch weitergehende Einschränkungen durch die Satzung, insbesondere unter Banken und Versicherungsgesellschaften.

Grundsätzlich darf jeder Aktionär an der Beschlußfassung über jedweden Gegenstand teilnehmen, auch wenn er ein besonderes Interesse am Ergebnis der Beschlußfassung hat. Ein Mehrheitsaktionär ist z. B. nicht gehindert, an der Beschlußfassung über eine Vereinbarung zwischen der Gesellschaft und einer anderen, ebenfalls durch ihn beherrschten Gesellschaft teilzunehmen.

Ein Beschluß der Hauptversammlung ist regelmäßig mit der Zustimmung der Hälfte der abgegebenen Stimmen gefaßt. Im Fall der Stimmengleichheit hat der Versammlungsleiter die entscheidende Stimme. Anders allerdings sind die Regeln im Fall der Personenwahl: Hier gilt der Kandidat als gewählt, auf den die meisten Stimmen entfallen, bei Stimmengleichheit entscheidet das Los, es sei denn, die Hauptversammlung hat vor dem Wahlgang ein anderes Verfahren bestimmt.

Zur Änderung der Satzung ist eine qualifizierte Mehrheit erforderlich. Ein entsprechender Beschluß ist wirksam, soweit ihn zwei Drittel der abgegebenen Stimmen und der in der Versammlung vertretenen Aktien zu fassen. Satzungsänderungen, die bereits bestehende Rechte der Aktionäre gegenüber der Gesellschaft betreffen, bedürfen einer größeren Mehrheit.

Entsprechend dem Gleichbehandlungsgebot verbietet es das Gesetz der Hauptversammlung, Beschlüsse zu fassen, durch die ein Gesellschafter oder ein Dritter einen unzulässigen Vorteil zu Lasten der Gesellschaft oder anderer Aktionäre erfährt. Entsprechende Beschlüsse können durch die ordentlichen Gerichte für unwirksam erklärt werden.

2. *Der Verwaltungsrat*

Eine *aktiebolag* muß einen Verwaltungsrat haben, der für die innere Verfassung der Gesellschaft und die Leitung ihrer Geschäfte verantwortlich ist. Der Verwaltungsrat muß zudem dafür Sorge tragen, daß die Organisation der Rech-

13 Vgl. oben IV.1.

nungslegung und die Verwaltung des Gesellschaftsvermögens einer wirksamen Kontrolle unterliegen. Soweit ein geschäftsführender Direktor bestellt worden ist – zwingend für große Gesellschaften[14] –, ist er verantwortlich für die tägliche Geschäftsführung der Gesellschaft entsprechend den Richtlinien und Weisungen des Verwaltungsrats.

Der Verwaltungsrat soll in der Regel aus mindestens drei Mitgliedern bestehen. Ist das Anteilskapital oder das Höchstkapital der Gesellschaft niedriger als eine Mio. Kronen, so darf der Verwaltungsrat lediglich aus einem oder zwei Mitgliedern bestehen, vorausgesetzt, daß zumindest ein Ersatzmitglied bestellt ist. Die allgemeinen Anforderungen an die Mitglieder behandelt Teil II. 6. unten.

Der Verwaltungsrat wird durch die Hauptversammlung gewählt, es sei denn, die Satzung sieht vor, daß einer oder mehrere Mitglieder in anderer Weise bestellt werden sollen, z. B. durch die Regierung. Wie bereits dargestellt gilt der Kandidat als gewählt, der die größte Zahl der Stimmen auf sich vereinigen kann. Dies hat zur Folge, daß ein Aktionär, der mehr als die Hälfte der Stimmrechte hält, die vollständige Kontrolle über die Zusammensetzung des Verwaltungsrats gewinnen kann.

Die Amtszeit der Mitglieder ist in der Satzung festzuschreiben[15]. Sie darf nicht mehr als vier Geschäftsjahre betragen. Ein Mitglied des Verwaltungsrats kann jedoch beliebig oft wiedergewählt werden. Ungeachtet der festgesetzten Amtszeit können die Gesellschafter ein Mitglied jederzeit in einer Gesellschafterversammlung entlassen, ohne daß dies zu begründen wäre. Zudem kann das Mitglied sein Amt jederzeit niederlegen.

Besteht der Verwaltungsrat aus mehreren Mitgliedern, bedarf er eines Vorsitzenden. Dessen Aufgabe ist es, dafür zu sorgen, daß die erforderlichen Sitzungen des Verwaltungsrats stattfinden und die Protokolle ordnungsgemäß geführt werden. Soweit der Verwaltungsrat aus mindestens drei Mitgliedern bestehen muß und ein geschäftsführender Direktor vorgeschrieben ist, z. B. in Gesellschaften mit einem Grundkapital oder einem Höchstkapital von mindestens einer Mio. Kronen, darf der geschäftsführende Direktor nicht zum Vorsitzenden des Verwaltungsrats bestellt werden. Für kleinere Gesellschaften gibt es solche Beschränkungen nicht. In Gesellschaften mit nur einem oder einigen wenigen Aktionären ist es nicht unüblich, daß der Verwaltungsrat lediglich ein Mitglied hat, das gleichzeitig als geschäftsführender Direktor der Gesellschaft agiert.

Das Gesetz über die Vertretung der Arbeitnehmer im Verwaltungsrat sichert diesen einen gewissen Einfluß. Das Gesetz gibt den örtlichen Gewerkschaften in Gesellschaften mit mindestens 25 Arbeitnehmern das Recht, zwei Mitglieder und zwei Ersatzmitglieder des Verwaltungsrates zu berufen. Ist die Gesellschaft in verschiedenen Geschäftssparten tätig und hat sie mehr als 1000 Arbeitnehmer,

14 Vgl. unten V.3.
15 Vgl. oben II.3. Nr.6.

so haben die Gewerkschaften das Recht, drei Mitglieder und je ein Erstatzmitglied zu bestellen. Diese Vorschriften dürfen jedoch nicht dazu führen, daß die Anzahl der durch die Arbeitnehmer bestellten Mitglieder diejenige der Mitglieder übersteigt, die durch die Hauptversammlung gewählt werden. In Gesellschaften mit einem von der Hauptversammlung gewählten Mitglied haben die Arbeitnehmer ebenfalls lediglich einen Sitz, in Gesellschaften mit zwei von der Hauptversammlung gewählten Mitgliedern zwei Sitze. In der Praxis sind die Arbeitnehmervertreter gehindert, innerhalb des Verwaltungsrats eine Mehrheit zu bilden. Im Falle gleicher Besetzung behält die Hauptversammlung den entscheidenden Einfluß dadurch, daß sie ihren oder eines ihrer Mitglieder zum Vorsitzenden mit entscheidender Stimme bestellt. Die Stellung der Arbeitnehmervertreter im Verwaltungsrat ist grundsätzlich die gleiche wie die der anderen Mitglieder. Sie sind in gleicher Weise verantwortlich.

Die Beschlußfähigkeit des Verwaltungsrats setzt voraus, daß mehr als die Hälfte der Mitglieder oder ihre durch die Satzung geforderte größere Anzahl anwesend ist. Entscheidungen des Verwaltungsrats werden grundsätzlich mit der einfachen Mehrheit getroffen. Soweit nicht sämtliche Mitglieder anwesend sind, ist die Zustimmung von mehr als einem Drittel aller Mitglieder des Verwaltungsrats erforderlich. Dabei darf der Beschluß nur gefaßt werden, wenn alle Mitglieder, soweit zumutbar, die Möglichkeit hatten, an anderer Erörterung der betreffenden Angelegenheit teilzunehmen, und ihnen ausreichende Informationen hierzu erteilt worden sind.

Im Gegensatz zu den erwähnten Vorschriften für Aktionäre darf ein Mitglied des Verwaltungsrats nicht in Angelegenheiten tätig sein, die Vereinbarungen zwischen ihm selbst und der Gesellschaft betreffen oder solche zwischen der Gesellschaft und Dritten, soweit er ein erhebliches Interesse an ihnen hat, das mit Interessen der Gesellschaft kollidieren könnte.

Auch der Verwaltungsrat darf keinen Beschluß fassen, der einem Aktionär oder einem Dritten einen unzulässigen Vorteil zu Lasten der Gesellschaft oder eines anderen Aktionärs verschaffen könnte. Ein entsprechender Beschluß würde als unwirksam behandelt.

Der Verwaltungsrat vertritt die Gesellschaft und zeichnet für diese. Diese Zuständigkeiten betreffen den Verwaltungsrat in seiner Gesamtheit. Er kann allerdings eines seiner Mitglieder, den geschäftsführenden Direktor oder eine dritte Person bevollmächtigen, die Gesellschaft zu vertreten und für diese zu zeichnen, es sei denn, die Satzung verbietet eine solche Delegierung.

3. Der geschäftsführende Direktor

In einer *aktiebolag*, die ein Grundkapital oder ein Höchstkapital von mindestens einer Mio. Kronen hat, muß der Verwaltungsrat einen geschäftsführenden

Direktor bestellen. In einer *aktiebolag*, für die die Bestellung eines geschäftsführenden Direktors nicht zwingend ist, kann sich der Verwaltungsrat dennoch entschließen, einen solchen zu bestimmen. Im Gegensatz zu vielen anderen Staaten kann ungeachtet der Größe der Gesellschaft lediglich ein geschäftsführender Direktor bestellt werden. Der Verwaltungsrat kann zudem einen oder mehrere Ersatzgeschäftsführer bestellen.

Der geschäftsführende Direktor ist verantwortlich für die täglichen Angelegenheiten der Gesellschaft entsprechend den Richtlinien und Anweisungen des Verwaltungsrats. Nicht zuständig ist er demnach für solche Geschäfte, die angesichts des Umfangs und der Natur der Unternehmungen der Gesellschaft ungewöhnlich oder von besonders großer Bedeutung sind. Das Gesetz gibt dem geschäftsführenden Direktor allerdings das Recht, auch solche Geschäfte zu tätigen, wenn die Entscheidung des Verwaltungsrats nicht ohne erhebliche Nachteile für die Gesellschaft abgewartet werden kann. Macht der geschäftsführende Direktor von diesem Recht Gebrauch, muß er den Verwaltungsrat so bald wie möglich über sein Vorgehen informieren.

Der geschäftsführende Direktor ist regelmäßig ein Mitglied des Verwaltungsrats, muß dies aber nicht sein. Ungeachtet dessen hat er das Recht, an Versammlungen des Verwaltungsrats teilzunehmen und dort seine Ansichten vorzutragen. In der Praxis legt er schriftliche Berichte zu denjenigen Angelegenheiten vor, die in den Versammlungen des Verwaltungsrats behandelt werden. Die Regeln über die notwendigen Voraussetzungen für die Mitglieder des Verwaltungsrats gelten gleichermaßen für den geschäftsführenden Direktor[16].

Die vorgenannte Vorschrift betreffend Beschlüsse des Verwaltungsrats (und der Hauptversammlung), nach der Entscheidungen untersagt sind, die einem Aktionär oder einem Dritten einen unzulässigen Vorteil zu Lasten der Gesellschaft oder eines anderen Aktionärs verschaffen könnten, gilt ebenfalls für den geschäftsführenden Direktor.

Wie ausgeführt kann der Verwaltungsrat den geschäftsführenden Direktor bevollmächtigen, die Gesellschaft zu vertreten und für sie zu zeichnen. Aber auch im Fall fehlender Vollmacht vertritt dieser die Gesellschaft und zeichnet für sie bei gewöhnlichen Geschäften.

4. Die Abschlußprüfer

Eine *aktiebolag* muß mindestens einen Abschlußprüfer haben. Er wird regelmäßig durch die Hauptversammlung gewählt. Dessen ungeachtet soll er jedoch nicht nur die Interessen der Aktionäre vertreten, sondern gleichzeitig sicherstellen, daß die Geschäftsführung der Gesellschaft den Vorschriften des Gesetzes

16 Vgl. oben II.6.

und den Satzungsbestimmungen folgt, die den Schutz der Gesellschaftsgläubiger, der Arbeitnehmer, zukünftiger Aktionäre, Aktionärsminderheiten und einzelner Aktionäre bezwecken. Die grundsätzlichen Anforderungen an die Qualifikation des Abschlußprüfers behandelt Teil II. 6. oben.

Eine *aktiebolag* muß Geschäftsbücher entsprechend den Vorschriften des Gesetzes über die Buchführung führen. Zudem muß die Gesellschaft für jedes Geschäftsjahr einen Jahresabschluß bestehend aus einer Gewinn- und Verlustrechnung, einer Bilanz und dem Geschäftsbericht vorlegen. Der Geschäftsbericht muß Informationen enthalten, die sich nicht aus der Gewinn- und Verlustrechnung oder der Bilanz ergeben, aber dennoch für die Einschätzung der Ergebnisse und der Finanzlage der Gesellschaft von Bedeutung sind. Er muß zudem den Vorschlag des Verwaltungsrats zur Gewinnverwendung enthalten.

Der Jahresabschluß darf dem Prüfer der Gesellschaft nicht später als einen Monat vor der ordentlichen Hauptversammlung vorgelegt werden. Dieser ist verpflichtet, sowohl den Jahresabschluß und die Finanzberichte als auch die Geschäftsführung des Verwaltungsrats und des geschäftsführenden Direktors entsprechend den allgemein anerkannten Prüfungsstandards zu überprüfen.

Die Abschlußprüfer müssen der Hauptversammlung einen Prüfungsbericht vorlegen. Dieser soll zum einen die Erklärung enthalten, ob der Jahresabschluß den Anforderungen des Gesetzes entsprechend aufgestellt worden ist. Zudem ist eine besondere Erklärung zur Feststellung der Bilanz, der Gewinn- und Verlustrechnung und der vorgeschlagenen Verteilung von Gewinn- und Verlust der Gesellschaft erforderlich.

Schließlich soll der Bericht in jedem Fall auch eine Erklärung zur Entlastung der Mitglieder des Verwaltungsrates und der geschäftsführenden Direktoren enthalten.

Wenn die Hauptversammlung die Bilanz, die Gewinn- und Verlustrechnung und die vorgeschlagene Verwendung der Gewinne und Verluste der Gesellschaft festgestellt hat, sind die Niederschrift des Versammlungsprotokolls und die Prüfungsberichte zum Aktiengesellschaftsregister einzureichen.

VI. Verbundene Unternehmen

Nach der grundlegenden Definition des Aktiengesetzes handelt es sich um verbundene Unternehmen, wenn eine *aktiebolag* als beherrschende Gesellschaft so viele Aktien an einer schwedischen oder ausländischen abhängigen Gesellschaft hält, daß auf sie mehr als die Hälfte der Stimmen entfallen. Die Vorschrift findet gleichermaßen auf mittelbare Beteiligungen Anwendung; hält eine abhängige oder eine beherrschende Gesellschaft gemeinsam mit einer oder mit mehreren Töchtern, oder halten verschiedene abhängige Gesellschaften gemeinsam die Stimmenmehrheit in einer schwedischen oder ausländischen Gesellschaft (der abhängigen Gesellschaft), so ist diese ebenfalls von der Muttergesellschaft abhängig im Sinne des Gesetzes.

Diese Grundregel wird ergänzt durch eine zweite Vorschrift, nach der von einem Unternehmensverbund auszugehen ist, wenn eine Aktiengesellschaft in anderer Weise, aufgrund ihres Aktienbesitzes oder aufgrund besonderer Vereinbarungen die alleinige Kontrolle über eine Gesellschaft und einen erheblichen Anteil an den Ergebnissen ihrer Unternehmungen hat. Diese Regel wird in der Praxis jedoch nicht angewandt.

Im Gegensatz zum deutschen Recht enthält das schwedische Aktiengesetz keine näheren Regelungen der verbundenen Unternehmen. Die Definition des Unternehmensverbunds dient im wesentlichen dazu, Mindestanforderungen an die Aufstellung des konsolidierten Konzernabschlusses festzulegen.

VII. Verschmelzungen

Das Aktiengesetz definiert die Verschmelzung. Sie kann entweder durch eine Aufnahme vollzogen werden, indem die Rechtspersönlichkeit einer *aktiebolag* in der einer anderen aufgeht, oder durch Neugründung, indem zwei oder mehrere *aktiebolag* sich zu einer neuen Rechtspersönlichkeit vereinigen. Das Gesetz enthält zudem nähere Regelungen für eine vereinfachte Verschmelzung verbundener Unternehmen, sofern die beherrschende Gesellschaft alle Aktien der abhängigen Gesellschaft hält.

Eine beherrschende Gesellschaft, die 90 % der Aktien mit 90 % der Stimmrechte einer abhängigen Gesellschaft besitzt, hat das Recht, die restlichen Aktien von den Aktionären zu erwerben. Im Gegenzug zu dem Erwerbsrecht des Mehrheitsaktionärs haben auch die Minderheitsaktionäre das Recht, von der beherrschenden Gesellschaft den Kauf ihrer Aktien zu verlangen.

Die weiteren Einzelheiten des Verschmelzungsrechts können an dieser Stelle nicht erörtert werden.

VIII. Ausländische Niederlassungen

Wer in Schweden unternehmerisch tätig werden möchte ohne dort eine Gesellschaft zu gründen, kann dies mit Hilfe einer schwedischen Niederlassung tun. Eine solche Niederlassung kann ohne staatliche Genehmigung gegründet werden, vorausgesetzt, sie wird zum Niederlassungsregister, das bei dem Patent- und Registeramt geführt wird, angemeldet. Die Vorschriften für solche Niederlassungen sehen – in Kürze beschrieben – vor, daß eine Niederlassung einen eigenen Firmennamen und selbständige Geschäftsbücher führen sowie einen eigenen geschäftsführenden Direktor haben muß.

Der Firmenname muß den Namen der ausländischen Gesellschaft, ergänzt durch das Wort *filial* (Niederlassung), führen und die Nationalität der Gesellschaft deutlich machen. Er muß zudem deutlich von anderen Firmennamen des Aktiengesellschafts- und des Niederlassungsregisters zu unterscheiden sein.

Der geschäftsführende Direktor muß seinen Wohnsitz im Europäischen Wirtschaftsraum haben.

Die Geschäftsbücher der Niederlassung müssen schließlich getrennt von denjenigen der Gesellschaft geführt werden. Der geschäftsführende Direktor legt der Registrierungsbehörde jährlich eine beglaubigte Kopie der Geschäftsbücher der Niederlassung und des Prüfungsberichts für das vergangene Geschäftsjahr zusammen mit entsprechenden Urkunden der Gesellschaft vor, vorausgesetzt, diese werden in dem Land des Gesellschaftssitzes offengelegt.

Zur Zeit gibt es in Schweden etwa 200 ausländische Niederlassungen.

IX. Fusionskontrolle

Das schwedische Wettbewerbsgesetz ist vor kurzem den europäischen Anforderungen angepaßt worden. Sinn und Zweck des Gesetzes ist es, Hindernisse für einen wirksamen Wettbewerb auf den Gebieten der Produktion und des Vertriebs von Waren, Dienstleistungen und anderen Produkten auszuräumen und zu verhindern.

Das Gesetz spricht zwei Verbote aus: Das erste betrifft wettbewerbsverzerrendes Zusammenwirken, das zweite richtet sich gegen den Mißbrauch einer beherrschenden Marktstellung. Das Verbot gegen wettbewerbsverzerrendes Zusammenwirken adressiert Unternehmungen, die Vereinbarungen treffen mit dem Ziel oder dem Effekt der Wettbewersbeschränkung. Das Verbot des Mißbrauchs einer beherrschenden Marktstellung betrifft Verhaltensweisen, die andere Gesellschaften oder die Konsumenten beeinträchtigen. Die beherrschende Marktstellung als solche ist nicht verboten; lediglich der Mißbrauch der Stellung mit der Folge der Behinderung des Wettbewerbs ist untersagt.

Das Gesetz enthält daneben Regelungen zur Fusionskontrolle. Beträgt der Gesamtumsatz der Parteien einer Fusion – gemeint ist nicht nur der Zusammenschluß im Sinne des Aktiengesetzes, sondern auch der Fall eines Unternehmenskaufs – mehr als 4 Milliarden Kronen, so muß dieser der schwedischen Wettbewerbsbehörde angezeigt werden. Ist die erwerbende Partei Teil eines Verbunds verschiedener Unternehmen, die unter gemeinsamer Kontrolle oder in anderer Weise verbunden sind, so gilt der Gruppenumsatz in diesem Zusammenhang als ihr Jahresumsatz. Auf Ersuchen der Wettbewerbsbehörde kann das Gericht den Erwerb verbieten. Eine solche Entscheidung ist zwingend, sofern der Unternehmenserwerb eine beherrschende Marktstellung verstärkt und damit die Existenz oder die Entwicklung eines funktionierenden Wettbewerbs auf dem gesamten schwedischen Markt oder in wesentlichen Teilen desselben behindert oder behindern könnte, und dies den öffentlichen Interessen zuwiderläuft.

X. Takeover-Regeln

Eine schwedische Gesetzgebung auf dem Gebiet der Unternehmensübernahmen fehlt. Das Börsenkomitee der schwedischen Wirtschaft hat Empfehlungen betreffend Übernahmen an der schwedischen Aktienbörse herausgegeben, die dem britischen Übernahmegesetz (Takeover Code) ganz deutlich nachempfunden sind. Sie haben zum Ziel, den Aktionären ausreichende Informationen zur Bewertung eines öffentlichen Angebots zu sichern. Im Gegensatz zum britischen Recht enthalten sie jedoch keine Regelungen hinsichtlich obligatorischer Kaufangebote.

XI. Die Besteuerung der Aktiengesellschaft

1. Steuersatz

Eine schwedische Aktiengesellschaft ist hinsichtlich sämtlicher Einkünfte steuerpflichtig. Die Einkommensteuer wird auf das steuerbare Reineinkommen erhoben. Die Steuerrate beträgt 28 %, wobei das gesamte Einkommen der Gesellschaft als Geschäftseinkommen aus ein und derselben Quelle behandelt wird. Zu steuerfreien Rückstellungen siehe unten 12.

2. Kommunale Einkommensteuern

Eine Aktiengesellschaft zahlt keine kommunalen Einkommensteuern.

3. Kapitalzuwachssteuer

Das gesamte Einkommen einer Aktiengesellschaft wird als Geschäftseinkommen besteuert einschließlich der Gewinne aus dem Verkauf von Aktien, Grundeigentum und anderer Vermögenswerte, ungeachtet der Betriebsnotwendigkeit. Gewinne aus dem Verkauf schwedischer Aktien und bestimmter anderer Wertpapiere schwedischer Gesellschaften sind Gegenstand einer Regelung, der gemäß nur die Hälfte der Gewinne besteuert wird, nur die Hälfte der Verluste abzugsfähig ist. Zudem sind Verluste aus der Veräußerung bestimmter Vermögensgegenstände (zuvorderst Wertpapiere) außerhalb der gewöhnlichen Geschäftstätigkeit nur mit Gewinnen aus Geschäften mit gleichen Vermögensgegenständen zu verrechnen. Verluste, die im Jahr ihrer Entstehung nicht verrechnet werden können, können vorgetragen werden. Verluste aus der Veräußerung von ausländischen Aktien, die innerhalb der gewöhnlichen Geschäftstätigkeit gehalten werden, können in vollem Umfang auch mit anderem Einkommen verrechnet werden.

4. *Doppelbesteuerungsvergünstigungen*

Das schwedische Steuersystem sieht eine umfassende Entlastung hinsichtlich Steuern vor, die außerhalb Schwedens entstehen, und zwar sowohl durch Doppelbesteuerungsabkommen als auch durch einseitige schwedische Vorschriften. Die Gutschriften für Auslandsbesteuerungen nach den Doppelbesteuerungsabkommen und nach dem nationalen Recht unterliegen jedoch bestimmten Begrenzungen.

5. *Quellensteuer*

Dividenden einer schwedischen Aktiengesellschaft werden mit 30 % besteuert. Nach den meisten Doppelbesteuerungsabkommen wird diese Steuer jedoch reduziert oder erlassen. Soweit ein solches Abkommen etwas anderes nicht bestimmt, werden Abgaben als Einkommen aus schwedischen Quellen allerdings mit der gewöhnlichen Rate besteuert. Zinsen, die von einer nicht in Schweden ansässigen Person gezahlt werden, unterliegen keiner Quellensteuer, es sei denn, sie wären Einkommen aus gewöhnlicher Geschäftstätigkeit.

6. *Abschreibungen*

Kapitalgesellschaften können Maschinen und Ausrüstungen nach zwei Methoden abschreiben: Buchwert- oder Restwertabschreibung. Beide Methoden betreffen Maschinen, Ausrüstung und bestimmte Immaterialgüter.

Bei der Buchwertabschreibung kann die Aktiengesellschaft für steuerliche Belange in jedem Geschäftsjahr Beträge nach eigener Wahl in den Büchern abschreiben, vorausgesetzt, sie überschreiten nicht die Zahlen, die sich aus den beiden alternativen Berechnungsmethoden des Steuerrechts ergeben (degressive und lineare Methode).

Die Abschreibung nach der degressiven Methode läßt jedes Jahr Abzüge bis zu 30 % des Buchwerts des gesamten Maschinenparks und der sonstigen Ausrüstung der Gesellschaft zu Jahresbeginn zu, erhöht um Anlagevermögen, das im Laufe des Jahres erworben worden ist und zum Jahresende noch im Eigentum der Gesellschaft steht, und vermindert um die Beträge, die für Vermögensgegenstände erhalten worden sind, die in früheren Jahren erworben und im laufenden Geschäftsjahr verkauft worden sind. Die Höhe des Abzugs ist freigestellt; die Gesellschaft kann jedes Jahr auch weniger als die genannten 30 % abschreiben.

Die lineare Methode sieht eine jährliche Abschreibung in Höhe von 20 % vor. Ungeachtet der Höchstbeträge nach der degressiven Methode kann die Gesellschaft in jedem Jahr linear 20 % der Erwerbskosten ihres Anlagevermögens abschreiben.

Die Restwertabschreibung erlaubt der Gesellschaft in jedem Jahr für Steuerbelange maximal 25 % des Buchwerts der gesamten Betriebsausrüstung zum Ende des vorangegangenen Geschäftsjahrs abzuziehen, erhöht um die Kosten für Neuerwerbungen in diesem Jahr, die sich noch im Eigentum der Gesellschaft befinden, und vermindert um die Veräußerungserlöse für Vermögensgegenstände, die in früheren Jahren erworben und im laufenden Geschäftsjahr veräußert worden sind.

Ungeachtet der Maximalabschreibung nach diesen Methoden kann die Gesellschaft jederzeit Abschreibungen vornehmen, um den Restbuchwert ihrer Betriebsausrüstung dem aktuellen Verkehrswert anzupassen. Kosten für Maschinen und Ausrüstung, deren voraussichtliche Lebensdauer drei Jahre nicht überschreitet, können bereits im Erwerbsjahr vollständig abgeschrieben werden.

Die Abschreibungsmöglichkeiten bei Immobilienvermögen sind weniger großzügig. Die erlaubten Abzüge für Industriebauten betragen linear 3 bis 5 %, für Büros und Geschäftsbauten linear 2 %. Abschreibungen von Grundstücken sind nicht möglich, wohl jedoch der Kosten der Verwendungen auf Grundstücke, wie etwa Zufahrten, Kanalanschlüsse, Parkplätze etc.

7. Besteuerung von Dividenden

Dividendenzahlungen einer schwedischen Aktiengesellschaft sind bei den Aktionären normalerweise nicht steuerbar, weder bei Obergesellschaften noch bei natürlichen Personen.

Dividendenzahlungen ausländischer Gesellschaften sind nur steuerfrei, wenn die Beteiligung im Rahmen des Geschäftsbetriebs gehalten wird oder 25 % übersteigt; dies unter der Voraussetzung, daß die ausländische Gesellschaft einer Steuer unterliegt, die mit der schwedischen Einkommensteuer für Aktiengesellschaften vergleichbar ist.

8. *Verlustvortrag*

Der Verlust eines Geschäftsjahres kann vorgetragen und im darauffolgenden Geschäftsjahr von dem steuerbaren Einkommen abgesetzt werden. Ergibt dieses wiederum einen Verlust, können die akkumulierten Verluste wiederum im folgenden Jahr abgesetzt werden. Dabei gibt es spezielle Einschränkungen für die Veräußerungen von Gesellschaften, die in erster Linie zum Zwecke der Verwendung solcher Verlustvorträge erfolgen. Im Ergebnis werden sowohl die absetzbaren Beträge als auch die einzelnen Verwendungsarten beschränkt. Verlustrückträge sind nicht zulässig.

9. *Geschäfte zwischen verbundenen Parteien*

Schwedische Steuerregeln bestimmen, daß auf Geschäfte zwischen verbundenen Parteien gewöhnliche wirtschaftliche Maßstäbe anzuwenden sind, so etwa die gleichen Preise und Konditionen, die zwischen unabhängigen Parteien ausgehandelt worden wären. Zwar liegt die Beweislast hier bei den Steuerbehörden, die Gesellschaft muß jedoch alle notwendigen Informationen erteilen, die erforderlich sind, um die in Rede stehenden Preise und Konditionen zu bewerten.

10. *Konsolidierung von Einkommen*

Die Abgabe konsolidierter Steuererklärungen durch verbundene Gesellschaften ist nicht zulässig. Zulässig ist es jedoch, Einkommen zwischen den Gesellschaften einer Gruppe im Wege von Konzernumlagen zu übertragen.

11. *Steuerzeitraum*

Die Einkommensteuerpflicht der Gesellschaft richtet sich nach ihrem Geschäftsjahr.

12. *Steuerfreie Rückstellungen*

Das alte System für steuerfreie Rückstellungen, „SURV", ist nicht fortgesetzt worden und die Hälfte der Rückstellungen zum Ende 1993 ist steuerfrei, die andere Hälfte über 5 Jahre beginnend mit dem Geschäftsjahr 1994, steuerpflichtig.

Statt dessen kann eine Aktiengesellschaft jährlich Mittel bis zu dem Betrag zurückstellen, der einem Viertel ihres steuerbaren Einkommens entspricht.

Diese Rückstellung muß innerhalb von fünf Jahren zum Zwecke der Versteuerung aufgelöst werden. Sinn und Zweck ist es, so doch eine Möglichkeit zum Verlustrücktrag zu schaffen.

13. Inventarbewertung

Für Steuerzwecke entspricht der Wert des Inventars den Beschaffungskosten oder dem niedrigeren realen Wert (Nettowarenwert) gemäß einer Bestandsaufnahme oder einer anderen zuverlässigen Bewertungsmethode. Der Beschaffungswert errechnet sich nach der FIFO-Methode. Der reale Wert ist der Nettowarenwert oder, unter bestimmten Bedingungen, der Beschaffungswert abzüglich 3 % für unverkäufliche Vermögensgegenstände.

Die Möglichkleit, durch vormals erlaubte Abschreibungen des Inventarwerts um 50 % steuerfreie Rücklagen zu bilden, ist im Zuge der Steuerreform aufgehoben worden. Vorangegangene Abschreibungen werden bei den Veranlagungen 1992 bis 1995 dem steuerpflichtigen Einkommen zugeschrieben.

14. Mehrwertsteuer

Handels- und Dienstleistungsunternehmen in Schweden einschließlich der Importeure sind mehrwertsteuerpflichtig. Die Steuer richtet sich nach dem Gewinn aus der Veräußerung von Vermögensgegenständen oder der Leistung von Diensten. Im Fall importierter Waren richtet sich die Steuer nach dem Zollwert zuzüglich anfallender Zollabgaben. Bei der Berechnung der endgültigen Steuerschuld können Steuern, die beim Erwerb von Waren und Diensten gezahlt worden sind, abgezogen werden, so daß effektiv nur der Wertzuwachs steuerpflichtig ist.

Seit dem 1. Januar 1993 beträgt die Mehrwertsteuerrate 25 % des Nettopreises. Für bestimmte Waren und Dienstleistungen ist sie seit 1992 auf 21 % oder 12 % ermäßigt, so für Lebensmittel und nicht alkoholische Getränke, Personentransporte, Hotel- und Restaurantdienstleistungen.

15. Arbeitgeberbeiträge zur Sozialversicherung

Alle Arten von Erwerbs- oder Geschäftseinkommen gehen in die Berechnung der Arbeitgeberbeiträge ein, d. h. entweder sind die vollen Sozialversicherungsbeiträge zu zahlen oder eine spezielle Lohnsteuer bis zu 17,69 %.

Auch der Angestellte ist sozialabgabenpflichtig, entsprechend Gesetz und Vereinbarung in Höhe eines bestimmten Prozentsatzes des Bruttogehalts. Der

Prozentsatz beträgt 31 nach dem Gesetz zuzüglich einer tarifvertraglichen Steigerung, die zwischen 5 und 10 % liegt.

16. Steuern auf natürliche Rohstoffe

Es gibt keine spezielle Steuer für die Ausbeutung natürlicher Rohstoffe. Es existieren jedoch Steuern auf Energieverbrauch, manche zum Zweck des Umweltschutzes.

17. Andere Steuern

Grundsteuer. Der Einheitswert von Grundvermögen beträgt 75 % des geschätzten Verkehrswerts. Eigentümer von Bauland zahlen eine jährliche Steuer von 1,5 % bei Privathäusern und 2,5 % bei Appartmenthäusern. Für Bürogebäude besteht hingegen keine Steuerpflicht.

Kapitalvermögensteuer. Schwedische Gesellschaften zahlen keine Vermögensteuer.

Anhang

I. Gesetzestexte

1. Personengesellschaften:

Lagen om handelsbolag och enkla bolag (Gesetz über die Personengesellschaft), SFS 1980: 1102

Handelsregisterlagen (Das Handelsregistergesetz), SFS 1974; 157

2. Aktiengesellschaften (aktiebolag):

Aktiebolagslagen (Aktiengesetz), SFS 1975; 1385. Das Gesetz ist ins Deutsche übersetzt, vgl. Das schwedische Aktienrecht, 2. Aufl., 1986.

Lagen om införande av aktiebolagslagen (Einführungsgesetz zum Aktiengesetz, SFS 1975, 1386.

Aktiebolagsförordningen (Verordnung für Aktiengesellschaften), SFS 1975, 1387.

Firmalagen (Gesetz über die Handelsfirma), SFS 1974: 156.

Aktiekontolagen (Gesetz über die Aktienkonten), SFS 1989: 827.

Försäkringsaktiebolagslagen (Gesetz über Versicherungsgesellschaften), SFS 1982, 713.

Bankaktiebolagslagen (Gesetz über Bankgesellschaften), SFS 1987, 618.

3. Rechnungslegung:

Bokföringslagen (Gesetz über die Buchführung), SFS 1976: 125.

Lagen om årsredovisning m. m. i vissa företag (Gesetz über den Jahresbericht etc.), SFS 1980: 1103

4. Aktienhandel:

Lagen om handel med finansiella instrument (Gesetz über den Wertpapierhandel), SFS 1991: 980

Lagen om börs- och clearingsverksamhet (Gesetz über die Aktienbörse und den Abrechnungsverkehr), SFS 1992: 543.

Insiderlagen (Insidergesetz), SFS 1990: 1342. Das Gesetz ist ins Englische übersetzt, vgl. The Swedish Insider Act. Juristförlaget, Stockholm, 1991.

Rekommendation om utformning av prospekt (Empfehlungen für die Erstellung des Börsenprojekts), herausgegeben vom Börsenkomitee der schwedischen Wirtschaft 1986. Die Empfehlungen sind ins Englische übersetzt, vgl. NBK Recommendations, Juristförlaget, Stockholm, 1990

Rekommendation rörande offentliggörande vid förvärv av större aktieposter m. m. (Empfehlungen zur Offenlegung erheblichen Aktienerwerbs etc.), veröffentlicht vom Börsenkomitee der schwedischen Wirtschaft 1991.

5. Öffentliche Kaufangebote:

Rekommendation rörande offentligt erbjudande om aktieförvärv (Empfehlungen für öffentliche Angebote zum Ankauf von Anteilen), herausgegeben vom Börsenkomitee der schwedischen Wirtschaft 1988. Die Empfehlungen sind ins Englische übersetzt, vgl. NBK Recommendations, Juristförlaget, Stockholm, 1990.

6. Mitbestimmung:

Lagen om medbestämmande i arbetslivet (Gesetz über die Mitbestimmung am Arbeitsplatz), SFS 1976: 580

Lagen om styrelserepresentation för de anställda (Gesetz über die Arbeitnehmervertretung), SFS 1987: 1245.

7. Handelsniederlassungen ausländischer Gesellschaften:

Lag om utländska filialer m.m. (Gesetz über die Handelsniederlassungen ausländischer Gesellschaften etc.), SFS 1992: 160.

Förordning om utländska filialer (Verordnung über die Handelsniederlassungen ausländischer Gesellschaften), SFS 1992: 308.

8. Fusionskontrolle:

Konkurrenslagen (Wettbewerbsgesetz), SFS 1993: 20. Das Gesetz ist ins Englische übersetzt, vgl. The Swedish Competition Act, Ministry of Industry and Commerce, 1993.

9. Steuerrecht:

Lagen om statlig inkomstskatt (Einkommensteuergesetz), SFS 1947:576.

II. Literatur

G. KARNELL, The law of associations, with special regard to company law, i S. Strömholm (red), An introduction to Swedish law, 2ed. Stockholm, 1988.

H. NIAL, Om handelsbolag och enkla bolag (On trading partnerships and non-trading partnerships) 3ed., Stockholm 1988.

K. Rodhe, Aktiebolagsrätt (Company Law), 16ed. uppl. Stockholm, 1993.

R. SKOG, Ausländischer Erwerb von aktien in schwedischen Unternehmen, RIW 1993, 198.

R. SKOG, Adapting the Swedish Companies Act to the Requirements of the European Union, ICCLR 1994 (8), 286.

III. Adressen

Tysk-Svenska Handelskammaren
(Deutsch-Schwedische Handelskammer)
Verdandigatan 2
11424 Stockholm

Kommerskollegium
Box 1209
11182 Stockholm

Sveriges Industriförbund
(Dachverband der schwedischen Industrie)
Box 5501
11485 Stockholm

Aktiebolagsregistret
(Aktiengesellschaftsregister)
Patent- och registreringsverket
Patent- und Registeramt)
85181 Sundsvall

Die Gründung einer Tochtergesellschaft in der Schweiz

von

Professor DR. ALAIN HIRSCH, Genf,
Professor DR. JACQUES-ANDRÉ REYMOND, Genf,
Rechtsanwalt Professor DR. PIERRE LOUIS MANFRINI, Genf

Inhaltsübersicht

1. Teil

Einführung

von

Professor DR. ALAIN HIRSCH, Genf

I. Die vorliegende Darstellung untersucht, welche grundlegenden Rechtsfragen sich für ein deutsches Unternehmen stellen, das eine Tochtergesellschaft in der Schweiz gründen will.

Die Gründung einer Tochtergesellschaft – dies kann man von vornherein feststellen – wirft im Prinzip weder Schwierigkeiten handels- und gesellschaftsrechtlicher noch finanzieller Art auf. Untersucht werden sollen im folgenden lediglich die besonderen Probleme, die sich bei der Errichtung von Tochtergesellschaften ergeben, bei denen die Muttergesellschaft, wie dies regelmäßig der Fall ist, alleinige Anteilseignerin ist. Nicht behandelt wird das Verhältnis zwischen Mehrheits- und Minderheitsaktionären. Ebensowenig wird die Übertragung von Aktien behandelt, sofern es sich um Namensaktien handelt. Auch die anderen Rechtsfragen, die sich während des Betriebes der Gesellschaft ergeben können, werden hier nicht behandelt.

Demgegenüber widmen wir zwei Fragen besondere Aufmerksamkeit, die für die Praxis besonders wichtig sind. Zum einen bedarf es nämlich einer behördlichen Bewilligung, damit Ausländer sich in der Schweiz niederlassen können, um den Betrieb der Tochtergesellschaft zu leiten. Zum anderen spielen steuerliche Erwägungen immer eine große Rolle bei der Entscheidung, eine Tochtergesellschaft zu gründen. Diese beiden Fragenkomplexe sollen daher aus vornehmlich praktischer Sicht im folgenden genauer untersucht werden. Obwohl die nichtjuristischen Aspekte der Gründung einer Tochtergesellschaft in der Praxis manchmal eine größere Rolle spielen als die rein juristischen, sollen sie hier außer Betracht bleiben. Es handelt sich dabei insbesondere um die politischen, wirtschaftlichen und sozialen Aspekte, die das Unternehmen selbst oder seine Führungskräfte persönlich betreffen können, nämlich die Stabilität des politischen Systems, der Rechtsprechung und der Verwaltung, die Stabilität des Wirtschafts- und Währungssystems, die Art der Beziehungen zu den Arbeitnehmern (insbesondere den Gewerkschaften), die Qualität des Transports- und Kommunikationswesens, die Wohnungs- und Ausbildungssituation, Freizeiteinrichtungen etc.

Wir gehen grundsätzlich davon aus, daß die schweizerische Tochtergesellschaft einen wirtschaftlichen Zweck verfolgt, insbesondere ein Handels- oder

Fabrikationsgewerbe betreibt. Eine andere Möglichkeit, die besondere Probleme mit sich bringt, darf aber nicht völlig außer acht gelassen werden: nämlich die Gründung einer Tochtergesellschaft als Finanzgesellschaft (Holding-, Basis-, Domizilgesellschaft, Gesellschaft zur Auswertung gewerblicher Schutzrechte, usw.).

II. Ein ausländisches Unternehmen, das in der Schweiz eine Tochtergesellschaft gründen will, bedient sich hierzu im Normalfall der Rechtsform der Aktiengesellschaft. Denn sowohl die Personengesellschaften als auch die Genossenschaften kommen aus praktischen Erwägungen für die Gründung von Tochtergesellschaften kaum in Betracht. Die 1936 in der Schweiz eingeführte Gesellschaft mit beschränkter Haftung hat nie wirkliche Bedeutung gewonnen. Ende 1991 bestanden in der Schweiz ungefähr 165 000 Aktiengesellschaften, aber 3000 Gesellschaften mit beschränkter Haftung. Die Zahl der Gesellschaften mit beschränkter Haftung ist allerdings im Jahr 1993 sprunghaft auf 4.200 angestiegen. Der Grund dafür liegt wahrscheinlich in der Reform des Rechts der Aktiengesellschaften und hier insbesondere in der Erhöhung des Mindestkapitals von SFr 50.000,– auf SFr 100.000,–. Es ist deshalb derzeit schwer vorherzusagen, ob eine dauerhafte „Renaissance" der GmbH stattfinden wird oder ob es sich nur um ein vorübergehendes Phänomen handelt.

Diese Zurückhaltung gegenüber der GmbH hat verschiedene Gründe. Zum einen ist das Recht der Aktiengesellschaft ausreichend nachgiebig gestaltet, so daß sich diese Rechtsform den Bedürfnissen auch kleinerer Unternehmen gut anpassen läßt. In dieser Hinsicht bietet also die GmbH nicht nur keine grundlegenden Vorzüge gegenüber der Aktiengesellschaft, sondern weist im Gegenteil sogar einige gewichtige Nachteile auf: Ihr Stammkapital darf zwei Millionen Franken nicht übersteigen, die Gesellschaftsanteile sind durch mangelnde Verkehrsfähigkeit gekennzeichnet, die Gesellschafter können ihre Anonymität nicht wahren, usw. Allgemein gesagt genießt die GmbH keinen guten Ruf, und da sie nicht sehr bekannt ist, raten die Juristen von ihrer Gründung ab.

Zum anderen bietet die GmbH auch aus steuerlicher Sicht keinerlei Vorteile. Allerdings bestand bis 1971 eine Ausnahme für deutsche Unternehmen, die in der Schweiz eine Tochtergesellschaft gründen wollten. Während der Geltung des alten Doppelbesteuerungsabkommens zwischen der Schweiz und Deutschland behandelte der deutsche Fiskus die schweizerische Tochtergesellschaft in der Form der GmbH als Betriebsstätte. Diese Ausnahmebestimmung, die die Gründung zahlreicher Gesellschaften mit beschränkter Haftung in der Schweiz durch deutsche Unternehmen bewirkte, wurde auf Verlangen der deutschen Finanzverwaltung in das neue Abkommen von 1971 nicht mehr aufgenommen.

Aus den genannten Gründen geht die vorliegende Darstellung von einer Gründung der schweizerischen Tochtergesellschaft in der Rechtsform der Aktiengesellschaft aus.

III. Die Gründung einer Aktiengesellschaft durch ein ausländisches Unternehmen bereitet keine Schwierigkeiten. Die Statuten der Gesellschaft bedürfen der notariellen Beurkundung (Artt. 629 und 647 OR). Meist sind sie eher belanglos und weichen kaum von der gesetzlichen Regelung ab, besonders dann nicht, wenn es sich, wie regelmäßig, um eine Tochtergesellschaft ohne Minderheitsaktionäre handelt.

Das Mindestgrundkapital ist gemäß Art. 621 OR auf 100.000 Franken festgelegt.

Ferner muß die Gesellschaft formal von wenigstens drei Aktionären gegründet werden. Jedoch kann ein Aktionär praktisch die Gesamtheit der Aktien zeichnen, während die beiden anderen nur treuhänderisch an der Gründung mitwirken und ihre Aktien kurz danach dem Alleinaktionär übertragen. Denn Art. 625 Abs. 2 OR, der die Möglichkeit der Auflösung einer Einmann-Aktiengesellschaft durch richterlichen Beschluß vorsieht, hat keine praktische Bedeutung.

IV. Probleme können sich aus der Zusammensetzung des Verwaltungsrats ergeben.

1. In der Schweiz gibt es zwar keine gesetzliche Regelung, nach der eine Beteiligung der Arbeitnehmerschaft am Verwaltungsrat vorgesehen ist. Daraus folgt, daß die Hauptversammlung grundsätzlich vollkommen frei ist bei der Auswahl der Verwaltungsratsmitglieder. Dagegen muß gemäß Art. 711 OR die Mehrheit des Verwaltungsrats aus in der Schweiz wohnhaften Schweizer Bürgern bestehen (Art. 708 Abs. 1, Satz 1 OR). Will das deutsche Unternehmen nur eine Person betrauen, muß diese also beide Bedingungen erfüllen. Wünscht die Muttergesellschaft, im Verwaltungsrat durch einen Deutschen (ungeachtet seines Wohnsitzes) oder durch eine in Deutschland ansässige Person (ungeachtet ihrer Nationalität) vertreten zu sein, muß sie wenigstens zwei weitere, in der Schweiz wohnhafte Schweizer Bürger als Verwaltungsräte bestimmen.

Von diesem Mehrheitserfordernis kann mit Genehmigung des Bundesrates (bzw. des eidgenössischen Justiz- und Polizeidepartements) abgegangen werden, wenn die Tätigkeit der Gesellschaft „hauptsächlich in der Beteiligung an anderen Unternehmen besteht (Holdinggesellschaft) und wenn letztere sich mehrheitlich im Ausland befinden“ (Art. 708 Abs. 1, Satz 2 OR). Derartige Gesuche sind verhältnismäßig selten (etwa 15–20 pro Jahr), und im allgemeinen erfolgt eine Bewilligung, die jedoch nie so weit geht, es der Holdinggesellschaft zu gestatten, überhaupt kein schweizerisches Verwaltungsratsmitglied zu haben.

Diese Regel, nach der im Verwaltungsrat eine schweizerische Mehrheit herrschen muß, ist häufig kritisiert worden. Der Gesetzgeber hat jedoch anläßlich der Neufassung des Rechts der Aktiengesellschaften im Jahre 1991 beschlossen, an dieser Regelung festzuhalten. Diese Regel provoziert hin und wieder Konflikte zwischen der schweizerischen Verwaltung einer Tochtergesellschaft und ihrer ausländischen Muttergesellschaft derart, daß die schweizerischen Verwaltungsratsmitglieder angesichts ihrer Zuständigkeiten und Verantwortlichkeiten eine direkte Einflußnahme der Konzernleitung unter Umgehung des Verwaltungsrats nicht dulden. Diese Reaktion wird noch gefördert und gerechtfertigt durch den neuen Art. 716 a OR, der nun ausdrücklich die sog. „unveräußerlichen“ Befugnisse des Verwaltungsrats aufzählt, u. a.:

- „die Oberleitung der Gesellschaft und die Erteilung der nötigen Weisungen“;
- „die Ausgestaltung des Rechnungswesens, der Finanzkontrolle sowie der Finanzplanung, sofern diese für die Führung der Gesellschaft notwendig ist“;
- „die Oberaufsicht über die mit der Geschäftsführung betrauten Personen, namentlich im Hinblick auf die Befolgung der Gesetze, Statuten, Reglemente und Weisungen“.

Obwohl also die juristische Unabhängigkeit der Tochtergesellschaft auf der juristischen Ebene bedeutsam ist und man die eigene Verantwortung der Verwaltungsratsmitglieder insbesondere im Hinblick auf die Gläubiger akzeptieren und auch befürworten muß, so muß man doch feststellen, daß die internationalen Konzerne sich mehr und mehr nach Handlungsbereichen organisieren und weniger nach geographischen Einheiten. Diese Organisation wird durch die strengen Regeln über die Rolle der Verwaltungsratsmitglieder in den Tochtergesellschaften nicht gerade erleichtert.

2. Des weiteren kann der Verwaltungsrat die Zeichnungsbefugnis seiner Mitglieder nicht nach Gutdünken regeln. Die Gesellschaft muß durch mindestens ein in der Schweiz ansässiges Verwaltungsmitglied, dessen Nationalität allerdings keine Rolle spielt, gültig vertreten werden können (Art. 708 Abs. 2 OR). Diese Regel hindert aber die Gesellschaft nicht, sich auch durch im Ausland wohnhafte Verwaltungsräte vertreten zu lassen.

3. Endlich bestimmt Art. 707 Abs. 1 OR, daß die Mitglieder der Verwaltung Aktionäre sein müssen, wobei jedoch die fiduziarische Übertragung einer einzigen Aktie an jedes schweizerische Mitglied genügt. Diese Bestimmung – sie scheint ohnehin nur Ordnungsvorschrift zu sein – wird im übrigen nicht immer beachtet. Falls sich kein Aktionär der Bestellung eines Verwaltungsratsmitgliedes ohne formelle Aktionärseigenschaft widersetzt, zieht die Verletzung dieser Vorschrift offenbar keinerlei praktische Folgen nach sich.

In Art. 707 Abs. 3 OR ist festgelegt, daß eine juristische Person, die Aktionär ist, selbst nicht Mitglied des Verwaltungsrats sein kann. Sie kann aber für dieses Amt Vertreter bestellen. Die so von einer juristischen Person ernannten Verwaltungsratsmitglieder müssen dabei nicht notwendig selbst Aktionäre sein.

V. Schließlich muß jede Aktiengesellschaft notwendig einen Revisor haben. Gemäß dem neuen Art. 727 OR muß der Revisor in der Schweiz entweder seinen Wohnsitz, seinen Gesellschaftssitz oder zumindest eine im Handelsregister eingetragene Zweigniederlassung haben. Die Gesellschaft kann natürlich auch mehrere Revisoren ernennen, was natürlich zusätzliche Kosten verursacht: Es genügt dann, daß einer der Revisoren seinen Sitz im Inland hat.

Das neue Recht schreibt vor, daß der Revisor von der Gesellschaft unabhängig sein muß. Dennoch schadet eine gewisse Abhängigkeit von der Muttergesellschaft nicht, wenn keiner der Aktionäre oder Gläubiger dagegen Einwände erhebt (Art. 727 c OR).

Das neue Recht sieht ferner vor, daß der Revisor über die notwendigen Qualifikationen verfügen muß, um seiner Aufgabe gerecht zu werden. Das Gesetz präzisiert die Einzelheiten dieser Qualifikation allerdings nicht weiter, die je nach Bedeutung und Tätigkeitsfeld der zu beaufsichtigenden Gesellschaft durchaus verschieden sein können, mit Ausnahme der Fälle, in denen die Gesellschaft Obligationsanleihen ausgegeben hat oder ihre Aktien an Börsen notiert werden, was im Falle einer Tochtergesellschaft eher selten der Fall sein wird; ferner, wenn sie eine bestimmte wirtschaftliche Bedeutung erlangt hat, nämlich wenn zwei der nachstehenden Größen in zwei aufeinander folgenden Geschäftsjahren überschritten werden:

- Bilanzsumme von 20 Mio. Franken
- Umsatzerlös von 40 Mio. Franken
- 200 Arbeitnehmer im Jahresdurchschnitt.

Für diese Fälle sind die besonderen Anforderungen an die Qualifikation der Revisoren in der Verordnung des Bundesrates vom 15. Juni 1992 (RS 221.302) festgelegt.

2. Teil

Besteuerung

von

Professor DR. JACQUES-ANDRÉ REYMOND, Genf

I. Gründung der Tochtergesellschaft

1. Die Ausgabe von Aktien oder anderen Beteiligungsrechten

Auf die Ausgabe von Aktien oder Anteilsscheinen anläßlich der Gründung einer Aktiengesellschaft oder einer Gesellschaft mit beschränkter Haftung erhebt der Bund aufgrund des Bundesgesetzes über die Stempelabgaben vom

27. Juni 1973 (StG)[1] eine Stempelabgabe, welche vom Nennwert oder höheren Ausgabepreis berechnet wird. Der Satz dieser Stempelabgabe beträgt grundsätzlich 3 %, doch sieht das Gesetz für bestimmte Fälle eine Herabsetzung desselben vor, namentlich für Gesellschaftsfusionen (Art. 9 StG), oder gar eine Befreiung von der Steuer (Art. 6 StG).

Die für die Gründung einer Tochtergesellschaft mit minimalem Kapital anfallenden Kosten, einschließlich Stempelabgaben, Notariatsgebühren (die konstituierende Generalversammlung ist Gegenstand einer öffentlichen Urkunde), Handelsregistergebühren und Beratungskosten, können auf ungefähr 5000 Franken geschätzt werden.

2. *Aktionärsdarlehen*

Die Eigenfinanzierung einer Tochtergesellschaft wird häufig durch Vorschüsse ergänzt, welche ihr die Muttergesellschaft gewährt oder für welche diese die Rückzahlung garantiert. Solche Darlehen haben mehrere Vorteile: Einerseits sind sie nicht der Emissionsabgabe unterworfen; andererseits vermindern die an die Muttergesellschaft bezahlten Zinsen den steuerbaren Ertrag der Tochtergesellschaft. Diese Zinsen werden keiner Quellensteuer unterworfen[2].

Die Steuerverwaltungen haben natürlich keine Befugnis, den Gesellschaften die Art ihrer Finanzierung vorzuschreiben. Immerhin schreiten sie ein, wenn die Zinssätze überhöht sind[3] oder wenn die Aktionärsdarlehen bestimmte Grenzen überschreiten, gemessen am Verhältnis von Eigenkapital zu Bilanzsumme[4] oder am Verhältnis von Fremdkapital zu Eigenkapital[5], immer dann also, wenn der Fiskus mit Recht die Finanzierung der Gesellschaft als ungewöhnlich und im Widerspruch zur wirtschaftlichen Realität befindlich betrachtet. In solchen Fällen betrachtet er die Darlehenszinsen als verdeckte Gewinnausschüttungen. Diese werden also der Quellensteuer unterworfen und zum steuerbaren Ertrag

1 Systematische Sammlung des Bundesrechtes (SR) 641.10.

2 Andererseits ist folgendes zu berücksichtigen: Der Satz der Schweizerischen Ertragsteuern hängt im allgemeinen von der Rendite des in der Gesellschaft investierten Eigenkapitals ab, d. h. vom prozentualen Verhältnis des Reinertrages zum steuerlichen Eigenkapital. Die Finanzierung durch Aktionärsdarlehen kann deshalb die Anwendung eines höheren Ertragsteuersatzes zur Folge haben.

3 Zur Zeit beträgt der von der Eidgen. Steuerverwaltung zugelassene Maximalzinssatz für Aktionärsdarlehen 6 1/2 %.

4 Für die Ertragsteuer des Bundes (direkte Bundessteuer) wurde befunden, daß das Eigenkapital mindestens 20 % der Bilanzsumme erreichen muß; siehe BGE 99 I b 371 (i. S. Genossenschaft X).

5 Gemäß einem Kreisschreiben der Eidgen. Steuerverwaltung vom 17. 7. 1953 für die Quellensteuer (Verrechnungssteuer) dürfen die Aktionärsdarlehen das 6fache des Eigenkapitals nicht überschreiten.

der Gesellschaft aufgerechnet. Insoweit die Darlehen ungewöhnlich sind, werden sie den eigenen Mitteln zugezählt[6].

II. Die direkten Steuern auf den Reinertrag und das Eigenkapital[7]

1. Allgemeines

Die schweizerischen Gesellschaften werden eidgenössischen Steuern, deren Sätze in der Bundesverfassung fixiert sind, und kantonalen Steuern gemäß dem Gesetz desjenigen Kantons, in dem sie ihren Sitz, und – allenfalls – desjenigen Kantons, in dem sie eine Betriebsstätte haben, unterworfen. Die Souveränität der Kantone auf dem Gebiet der Steuern hat zu deutlichen Unterschieden in der Steuerbelastung geführt. Es ist hier natürlich nicht möglich, die in Kraft stehenden Steuergesetze von 26 Kantonen zu prüfen und zu vergleichen. Zu erwähnen ist hier jedoch das am 1. Januar 1993 in Kraft getretene Bundesgesetz vom 14. Dezember 1990 über die Harmonisierung der direkten Steuern der Kantone und Gemeinden (StHG)[8]. Dieses Rahmengesetz, an welches die Kantone ihre Gesetzgebung innerhalb einer Achtjahresfrist anzupassen haben, wird die interkantonalen Disparitäten merklich ausgleichen. Seine Tragweite ist jedoch insoweit begrenzt, als es keine Harmonisierung der Steuersätze vorschreibt.

Im allgemeinen – vorbehaltlich der den Domizilgesellschaften gewährten Vergünstigungen – werden die Töchter ausländischer Gesellschaften den gleichen Steuern unterstellt wie die von Aktionären in der Schweiz beherrschten Gesellschaften. Eine Diskriminierung wird übrigens von den Staatsverträgen verboten, im Falle von Deutschland insbesondere durch Art. 23 Abs. 3 des Doppelbesteuerungsabkommens vom 11. August 1971 (nachfolgend: „das Abkommen")[9]. Das Abkommen schließt ebenfalls (in Art. 5 Abs. 6) die Anwendung der Theorie der „Organschaft" aus, welche erlaubte, die Tochtergesellschaft als Zweigniederlassung der Muttergesellschaft zu behandeln. Allerdings haben die Steuerbehörden das Recht, die deklarierten Gewinne dann zu berichtigen, wenn Gesellschaften der gleichen Gruppe Transaktionen zu Bedingungen ausführen,

6 Immerhin wird zugestanden, daß der formelle Charakter der Stempelabgabe es ausschließt, daß ihr die Gewährung von Aktionärsdarlehen unterstellt werden; siehe ASA 27, S. 229 (i. S. X SA).

7 Die Gesellschaften mit beschränkter Haftung und die Aktiengesellschaften werden von den Schweizer Steuergesetzen und vom Doppelbesteuerungsabkommen Deutschland–Schweiz vom 11. 8. 1971 gleichbehandelt.

8 SR 642.14.

9 AS 1973 II 3128. Das Abkommen wird durch zwei Zusatzprotokolle vom 30. November 1978 (AS 1980 II 1427) und vom 17. Oktober 1989 (AS 1990 III 1807) vervollständigt.

die das Prinzip des *dealing at arm's length* verletzen und Gewinnverlagerungen bewirken. Dieses Recht, vom Abkommen ausdrücklich anerkannt (namentlich in den Art. 9, 11 Abs. 4 und 12 Abs. 4), wird in der deutschen Gesetzgebung bestätigt und präzisiert durch die Vorschriften des Außensteuergesetzes[10]. Die in solcher Weise von einem Staat vorgenommenen steuerlichen Aufrechnungen begründen eine quasi-Doppelbesteuerung (zum Nachteil eines Konzerns), welche zwar keine Verletzung des Abkommens darstellt, aber allenfalls durch das von diesem (siehe Art. 26) vorgesehene Verständigungsverfahren beseitigt oder gemildert werden kann.

2. *Direkte Bundessteuern*

a) Steuern auf den Reinertrag

Die direkte Bundessteuer (dBSt), früher als „Eidgen. Wehrsteuer" (WSt) bekannt, wurde eingeführt durch den Bundesratsbeschluß über die Erhebung einer direkten Bundessteuer vom 9. Dezember 1940 (BdBSt), der mehrmals geändert wurde und ab dem 1. Januar 1995 durch das Bundesgesetz vom 14. Dezember 1990 über die direkte Bundessteuer (DBG) ersetzt wird[11]. Diese Steuer wird jedes Jahr erhoben, aber nur alle zwei Jahre veranlagt, und zwar auf der Grundlage des durchschnittlichen Reinertrages der vorangehenden zwei Jahre: Der der Steuer 1993/94 unterworfene Reinertrag entspricht z. B. dem Durchschnitt der Ergebnisse der Geschäftsjahre 1991 und 1992[12]. Ab 1995 hingegen wird die Jahressteuer auf der Grundlage des Reinertrags des laufenden Jahres veranlagt (Art. 79 DBG). Die direkte Bundessteuer erfaßt den weltweiten Ertrag der schweizerischen Gesellschaften. Die Steuer wird jedoch nach dem System der Befreiung mit Progressionsvorbehalt herabgesetzt um den Anteil, der auf ausländische Grundstücke oder ausländische Betriebsstätten entfällt (Art. 55 BdBSt). Die ausländischen Steuern können vom Reinertrag in Abzug gebracht werden (Art. 49 Abs. 2 BdBSt). Ebenfalls abziehbar sind die Verluste (oder genauer: die Summe der durchschnittlichen Verluste) der drei vorangegangenen Berechnungsperioden (Art. 58 Abs. 2 BdBSt).

Die Sätze der Reinertragssteuer, welche von der Rendite der Gesellschaft, d. h. vom prozentualen Verhältnis des steuerbaren Reinertrages zum steuerlichen Eigenkapital, abhängen, betragen mindestens 3,63 % und höchstens 9,8 %. Dieser Maximalsatz gelangt zur Anwendung, sobald die Rendite der Gesellschaft 23,15 % erreicht.

10 BBl. 1972 I 1713 und 1974 I 3656.

11 SR 642.11 und AS 1991 II 1184.

12 Die für das Jahr der Gründung pro rata temporis und ebenfalls für das folgende Jahr geschuldete Steuer wird aufgrund der Ergebnisse des ersten Geschäftsjahres berechnet.

Der Beschluß über die Erhebung einer direkten Bundessteuer (wie übrigens auch die kantonalen Steuergesetze) enthält keine Bestimmung, keinen Mechanismus (wie z. B. das System der Steueranrechnung oder des gespaltenen Satzes) zur Milderung der wirtschaftlichen Doppelbesteuerung, die dann entsteht, wenn eine Gesellschaft Gewinne an natürliche Personen ausschüttet. Demgegenüber wird die wirtschaftliche Dreifachbesteuerung teilweise bzw. vollständig beseitigt: Hat eine Gesellschaft eine Beteiligung von mindestens 20 % am Nominalkapital einer anderen schweizerischen oder ausländischen Gesellschaft oder eine prozentual kleinere, aber im Wert mindestens 2 Mio. Franken ausmachende Beteiligung, so ermäßigt sich der auf den Reinertrag geschuldete Steuerbetrag im Verhältnis des Beteiligungsertrages zum gesamten Rohertrag (Art. 59 BdBSt). Ab 1995 hingegen wird für die Ermäßigung der gesamte Reinertrag bestimmend sein; vom privilegierten Beteiligungsertrag soll ein Beitrag von 5 % für Verwaltungsspesen abziehbar sein (Art. 69 und 70 DBG). Nur die Dividenden, nicht aber die Gewinne aus dem Verkauf einer Beteiligung genießen dieses Holdingprivileg.

Der Beschluß über die Erhebung einer direkten Bundessteuer gewährt den sogenannten Sitz- oder Domizilgesellschaften („base companies“) keine Steuervergünstigungen. Was die Dienstleistungsgesellschaften betrifft, welche zum Zwecke haben, den verbundenen Gesellschaften Management-, Buchhaltungs- und andere Dienste zu leisten, so werden diese im allgemeinen auf einem auf 10 % der Selbstkosten angesetzten Reinertrag besteuert.

b) *Steuer auf das Nominalkapital und Reserven*

Gemäß Art. 60 BdBSt wird von den Gesellschaften eine Ergänzungssteuer auf das Eigenkapital zum Satz von 0,825 ‰ erhoben. Das Eigenkapital umfaßt das einbezahlte Grundkapital, die offenen und stillen Reserven, welche für die Ertragssteuer aufgerechnet wurden.

3. *Kantonale Steuern*

a) *Handels- und Fabrikationsgesellschaften*

Es wurde bereits betont, daß die Steuerbelastung schweizerischer Gesellschaften, seien sie nun von schweizerischen Aktionären oder ausländischen Gesellschaften kontrolliert, nicht in allen Kantonen gleich hoch ist. Sie kann ebenfalls innerhalb eines Kantons von Gemeinde zu Gemeinde variieren[13]. Die Maximal-

13 Die Gemeinden erheben eine zusätzliche Steuer, im allgemeinen in der Form eines Steuerzuschlages von einem bestimmten Prozentsatz der einfachen Kantonssteuer.

sätze der Reinertragssteuern bewegen sich zwischen 20 und 40 %, so daß es also (zumindest bis zum Ende der Anpassungsfrist ans StHG) ratsam erscheint, vor der Wahl des Gesellschaftssitzes die Steuertarife wie auch die übrigen Gesetzesbestimmungen, welche für die schlußendliche Steuerbelastung von Bedeutung sind (Abziehbarkeit der Steuern, Verlustverrechnung, Abschreibungssätze etc.), zu vergleichen. Allerdings sind oft auch andere Umstände (günstige Verbindungen, Verhältnisse auf dem Arbeitsmarkt) für die Sitzwahl bestimmend.

Für die Sitzwahl kann entscheidend sein, daß einige Kantone vorübergehend denjenigen Gesellschaften, die sich auf ihrem Gebiet neu niederlassen, Steuerbefreiungen und Steuerermäßigungen gewähren. Man muß jedoch beachten, daß der Reinertrag einer Gesellschaft, die in anderen Kantonen als im Sitzkanton Betriebsstätten hat, zwischen den betroffenen Kantonen aufgeteilt wird. Dies geschieht gemäß den vom Bundesgericht auf dem Gebiet der interkantonalen Doppelbesteuerung aufgestellten Regeln[14]. Der Wahl es Sitzes kommt in diesem Falle eine relativ kleine Bedeutung zu.

Alle Kantone erheben eine ergänzende Steuer auf das Nominalkapital und die offenen sowie die als Ertrag versteuerten stillen Reserven der Kapitalgesellschaften. Der Satz dieser Steuer variiert zwischen 1 ‰ und 5 ‰.

Schließlich werden von den Gesellschaften im allgemeinen gewisse Gebühren (Beurkundungsgebühren etc.) oder lokale Steuern erhoben. Diese Abgaben begründen selten eine ins Gewicht fallende Belastung.

b) Sitzgesellschaften und Holdinggesellschaften

Die Vorteile, die sich aus den von der Schweiz abgeschlossenen Doppelbesteuerungsabkommen[15] ergeben, kombiniert mit den von verschiedenen Kantonen an Gesellschaften ohne Handels- oder Gewerbebetrieb gewährten Privilegien, haben die Gründung von zahlreichen ausländisch beherrschten Holding- und Domizilgesellschaften begünstigt.

14 Diese richterlichen Bestimmungen, vergleichbar mit den Bestimmungen in den Doppelbesteuerungsabkommen, beruhen auf Art. 46 Abs. 2 der Bundesverfassung. Dort wird der Erlaß eines Bundesgesetzes zur Vermeidung der interkantonalen Doppelbesteuerung vorgesehen. Dieses Gesetz ist indessen bis heute nicht verabschiedet worden.

15 Ägypten, Australien, Belgien, China, Côte d'Ivoire, Dänemark, Deutschland, Finnland, Frankreich, Griechenland, Großbritannien, Irland, Island, Italien, Japan, Kanada, Malaysia, Neuseeland, Niederlande, Norwegen, Österreich, Pakistan, Polen, Portugal, Rußland, Schweden, Singapur, Spanien, Sri Lanka, Südafrika, Südkorea, Trinité und Tobago, Ungarn, Vereinigte Staaten (Abkommen unterzeichnet mit: Bulgarien, Indien, Luxemburg, Marokko, Rumänien und Tunesien).

aa) Die Domizilgesellschaften

Obwohl die Schweiz nicht annähernd gleiche Steuervergünstigungen wie die traditionellen Steuerparadiese gewährt und demzufolge die Wahl dieses Landes nicht ausschließlich durch steuerliche Überlegungen bestimmt wird, spielen diese Vergünstigungen doch eine bedeutende Rolle. Das trifft insbesondere zu für sogenannte Fakturations- oder für Transitgesellschaften, die sich (unter dem Titel eines Alleinvertreters, Agenten, Lizenzgebers etc.) zwischen eine Muttergesellschaft und ihre Abnehmer, Lieferanten oder ausländische Tochtergesellschaften schieben, und die es einem Konzern erlauben, einen Teil seines Gewinnes in der Schweiz zu realisieren. Einige Kantone befreien diese Gesellschaften von jeglicher Ertragssteuer (sie bezahlen also nur die direkte Bundessteuer), andere berechnen diese Steuer zu einem ermäßigten Satz, andere noch besteuern sie nur für die Gewinne, welche auf die Tätigkeit am Sitz zurückgeführt werden können (das StHG sieht das letztgenannte System vor). Werden die Einkünfte – Provisionen, Verkaufsgewinne etc. – solcher Gesellschaften im Staat, aus welchem sie kommen, nicht einer Quellensteuer unterworfen, so bleiben die von der Schweiz erlassenen Vorschriften über die mißbräuchliche Inanspruchnahme von Doppelbesteuerungsabkommen[16] wirkungslos.

Die Staaten, denen die Gesellschaften angehören, welche in der Schweiz Domizilgesellschaften begründen, verfügen über verschiedene Mittel zur Bekämpfung der damit oftmals bezweckten Steuerflucht. So kann der deutsche Fiskus, wir haben es bereits erwähnt, beim Ergebnis einer Gesellschaft, welche ihre Tochter in den Genuß von unzulässigen Vergünstigungen bringt, steuerliche Aufrechnungen vornehmen. Er kann ebenfalls die Annahme treffen, daß diese Tochtergesellschaft den Ort ihrer wirklichen Leitung in Deutschland habe, wo sie somit besteuert werden müsse (Art. 4 Abs. 8 des Abkommens)[17]. Schließlich hat er zuweilen aufgrund der Bestimmungen des Außensteuergesetzes das Recht, der deutschen Muttergesellschaft die Gewinne ihrer Tochter zuzurechnen[18], dies nach dem Prinzip des steuerlichen Durchgriffes und in Befolgung des amerikanischen Vorbildes. Obwohl das Abkommen den Gebrauch dieses letzterwähnten Mittels zur Bekämpfung der Steuerflucht auszuschließen scheint (siehe Art. 10 Abs. 8), wird es ausdrücklich erwähnt im Verhandlungsprotokoll vom 29. September 1971.

16 Siehe hiernach bb).

17 Die Schweiz behält sich allerdings das Recht vor, die Dividenden der Tochtergesellschaft der Quellensteuer zu unterwerfen (Art. 4 Abs. 2 des Abkommens). Wenn der schweizerische Fiskus bestreitet, daß die betreffende Gesellschaft den Ort der wirklichen Leistung in Deutschland habe, so wird die Gesellschaft, vorausgesetzt, ein Verständigungsverfahren bringt keine Lösung des Konfliktes, doppelt besteuert.

18 Dies ist der Fall, wenn der Steuersatz, dem die Tochtergesellschaft unterworfen ist, geringer ist als 30 % und wenn ihre Einkünfte zu mindestens 10 % (oder 120.000 DM) nicht von einer aktiven Tätigkeit stammen.

bb) Die Holdinggesellschaften

Praktisch alle Kantone befreien die reinen Holdinggesellschaften, deren Einkommen sich ausschließlich aus Beteiligungserträgen zusammensetzt, von der Ertragssteuer. Diese Steuerbefreiung ist nicht zu beanstanden. Diskutabel dagegen sind die Privilegien, die mehrere Kantone denjenigen Gesellschaften (gelten sie nun als Holding- oder als Domizilgesellschaften) gewähren, welche Zinsen und Lizenzgebühren aus ausländischer Quelle einnehmen. Diese Gesellschaften können trotz der Privilegierung aufgrund der schweizerischen Doppelbesteuerungsabkommen die Rückerstattung der im Staat des Schuldners erhobenen Quellensteuer verlangen. Dieser Schuldner wird ferner in der Regel seine Leistungen vom steuerbaren Ertrag in Abzug bringen. Ist die schweizerische Gesellschaft gehalten, die eingenommenen Zinsen und Lizenzgebühren weiterzugeben, so tut sie dies häufig nicht in der Form von Gewinnausschüttungen, sondern in der Form von Zinsen, Löhnen etc., welche die Schweiz mit keiner Quellensteuer belegt.

Die Mißbräuche, welche ihren Grund in den erwähnten Steuerprivilegien hatten, provozierten vor mehr als 20 Jahren die Intervention der Eidgenossenschaft. Gemäß einem Bundesratsbeschluß vom 14. Dezember 1962[19] – erläutert von der Eidgen. Steuerverwaltung in einem Kreisschreiben vom 31. Dezember 1962 – kann eine schweizerische Gesellschaft, welche direkt oder indirekt von ausländischen Aktionären beherrscht wird, die abkommensgemäße Steuerentlastung nur dann beanspruchen, wenn die folgenden Voraussetzungen erfüllt sind:

- Die verzinslichen Kreditoren dürfen nicht mehr als das 6fache des Eigenkapitals ausmachen und die Schulden dürfen nicht zu einem $6^1/_2$ % übersteigenden Satz verzinst werden.
- Von den Einkünften, für die eine Steuerentlastung beansprucht wird, dürfen höchstens 50 % zur Erfüllung von Ansprüchen (Bezahlung von Schuldzinsen, Lizenzgebühren etc.) gegenüber Personen im Ausland verwendet werden.
- Mindestens 25 % des Bruttobetrages der abkommensbegünstigten Einkünfte müssen als Gewinn ausgeschüttet werden, also als Dividenden, welche der Quellensteuer unterliegen.

Der Umstand, daß eine schweizerische Tochtergesellschaft somit gezwungen wird, einen gewissen, 50 % der ausländischen Einkünfte ausmachenden Gewinn zu deklarieren, beraubte die Gründung einer solchen Gesellschaft allerdings nicht der Attraktivität, solange dieser Gewinn nur der eidgenössischen Ertragsteuer unterworfen ist. Aus diesem Grund haben Frankreich (siehe Art. 14 des Abkommens von 1966), dann insbesondere Deutschland (siehe Art. 23 Abs. 2

19 Bundesratsbeschluß betreffend Maßnahmen gegen die ungerechtfertigte Inanspruchnahme von Doppelbesteuerungsabkommen des Bundes, SR 672.202.

des Abkommens) und Italien (siehe Art. 23 Abs. 2 des Abkommens von 1976) verlangt und auch erlangt, daß die abkommensgemäße Rückerstattung ihrer an der Quelle erhobenen Steuern den Gesellschaften mit kantonalen Steuerprivilegien verweigert wird. Wohlverstanden, diese Maßnahmen beschlagen nur, wie erwähnt, diejenigen Gesellschaften, deren Einkünfte einer Quellensteuer unterworfen werden. Sie belegen also nicht die Fakturationsgesellschaften, welche ihren Gewinn aus dem Einkauf und Wiederverkauf von Gütern speisen.

III. Quellensteuern

Die Dividenden, einschließlich der Gratisaktien, welche eine schweizerische Tochter an ihre Muttergesellschaft in Deutschland ausschüttet, werden einer Quellensteuer, der Verrechnungssteuer, unterworfen, deren Satz zur Zeit 35 % beträgt[20]. Gemäß Art. 10 Abs. 2 lit. b und Art 28 des Abkommens wird diese Steuer der Muttergesellschaft auf Verlangen zurückerstattet, soweit sie 5 % übersteigt.

Im Gegensatz zu den Bankzinsen und Obligationenzinsen werden die Entschädigungen für gewöhnliche Darlehen – wie beispielsweise diejenigen einer Muttergesellschaft an ihre Tochter – der Verrechnungssteuer nicht unterstellt. Die Eidgenossenschaft erhebt ebenfalls keine Quellensteuer auf Lizenzvergütungen.

IV. Liquidationssteuern

1. Steuern auf den Liquidationsgewinn

Der Wertzuwachs, den eine Gesellschaft anläßlich ihrer Liquidation realisiert, bzw. der steuerlich als realisiert gilt (namentlich anläßlich der Überführung von Aktien auf die Aktionäre), wird einer vollen Jahressteuer unterworfen[21], welche zum gleichen Satz wie die Ertragssteuer erhoben wird. Der steuerbare Betrag entspricht den stillen Reserven auf den Aktiven der aufgelösten Gesellschaft und den nicht mehr gerechtfertigten Rückstellungen, abzüglich abfällige Verluste und Liquidationskosten.

Die Holding- und Domizilgesellschaften sind in den Kantonen insoweit von der Liquidationssteuer befreit, als sie keine Steuer auf den jährlichen Reinertrag zu bezahlen haben.

20 Diese Steuer ist geregelt im Bundesgesetz über die Verrechnungssteuer vom 13. Oktober 1965 (SR 642.21).

21 Siehe Art. 53 Abs. 2 BdBSt; die kantonalen Steuergesetze enthalten ähnliche Bestimmungen.

2. *Quellensteuer auf den Liquidationsüberschuß*

Der an die Aktionäre (nach Rückzahlung des Nennkapitals) ausgeschüttete Liquidationsüberschuß wird der Verrechnungssteuer von 35 % unterworfen. Im Verhältnis Deutschland-Schweiz sind die Maßnahmen des internen oder Abkommensrechts zur Vermeidung der wirtschaftlichen und internationalen Doppelbesteuerung in bezug auf den Liquidationsüberschuß die gleichen wie in bezug auf die jährlichen Gewinnausschüttungen[22].

3. Teil

von

Professor DR. PIERRE LOUIS MANFRINI, Genf*

A. *Gesetzliche Regelung über den Aufenthalt und die Niederlassungen von Ausländern*

Die schweizerische Tochtergesellschaft eines ausländischen Konzerns, die im Inland ausländisches Personal beschäftigen will, sieht sich mit der Gesetzgebung über den Aufenthalt und die Niederlassung von Ausländern konfrontiert.

Diese ist grundsätzlich in dem Bundesgesetz über den Aufenthalt und die Niederlassung von Ausländern vom 26. März 1931 (ANAG)[23] und seine Durchführungsverordnungen[24] geregelt. Diese Rahmengesetzgebung wird parallel ergänzt durch ein System der Kontingentierung von Erlaubnissen, das auf die Verordnung vom 6. Oktober 1986 zur Begrenzung der Anzahl von Ausländern zurückgeht[25]. Die Schweiz verfolgt diese Politik der Kontingentierung seit 1963[26].

Folgende Aufenthalts- und Arbeitserlaubnisse können in der Schweiz beantragt werden:

1. für ein Jahr (jährlich erneuerbar)
2. für drei Jahre (verlängerbar für ein viertes Jahr)
3. für 18 Monate (nicht verlängerbar)

* Dieser Beitrag wurde aus dem Französischen übertragen von Rechtsanwältin BARBARA BRENNER, Bonn.

22 Siehe hiervor III.

23 Loi Fédérale sur les séjours et l'établissement des étrangers, RS 142.20.

24 Vgl. insbesondere: Durchführungsverordnung RS 142.201.

25 RS 823.21.

26 Vgl. MACHERET, Die Gründung einer Tochtergesellschaft in der Schweiz, in: Vorauflage S. 444 ff.

4. für 6 Monate (nicht verlängerbar)
5. für 4 Monate (nicht verlängerbar)
6. für 120 Tage (die über ein Kalenderjahr verteilt genutzt werden können)
7. für Grenzgänger.

I. Die einjährige Arbeitserlaubnis

1. Die einjährige Arbeitserlaubnis wird je nach Fall von dem jeweiligen Kanton oder der Bundesbehörde (Bundesamt für Industrie, Handwerk und Arbeit) innerhalb der jährlich neu festgelegten Kontingente erteilt.

Die Kriterien, nach denen die kantonalen Einheiten festgelegt werden, sind folgende:

Das antragstellende Unternehmen muß darlegen, daß die Einstellung eines ausländischen Arbeitnehmers notwendig ist, damit das Unternehmen

- besser zur Wirtschaft des Kantons beitragen kann;
- Arbeitsplätze für örtliche Arbeitnehmer einrichten oder erhalten kann;
- seine Steuerzahlungen aufrechterhalten oder sogar verbessern kann.

Auf Bundesebene werden die Kontingente nach Maßgabe der Verordnungen des Bundesrates zur Begrenzung der Zahl der Ausländer festgelegt. Ein Ausländer kann z. B. dann eingestellt werden, wenn dadurch ein Minimum von 10 bis 15 Arbeitsplätzen für örtliche Arbeitnehmer geschaffen oder erhalten werden kann.

2. Der Inhaber einer Jahreserlaubnis kann nach Ablauf des Jahres beantragen, den Arbeitgeber und den Kanton zu wechseln.

3. Nach zehnjährigem Aufenthalt wird die Jahreserlaubnis in eine sogenannte C-Erlaubnis (Niederlassungserlaubnis) umgewandelt, die es dem Inhaber erlaubt, in Zukunft ohne weitere Erlaubnis im Land zu verbleiben und zu arbeiten.

Arbeitnehmer, die aus einem der 17 europäischen Länder stammen, mit denen die Schweiz bilaterale Niederlassungsabkommen abgeschlossen hat[27], erhalten die C-Erlaubnis nach fünfjährigem Aufenthalt. Es handelt sich insbesondere um folgende Länder: Deutschland, Belgien, Dänemark, Spanien, Finnland, Frankreich, Großbritannien, Griechenland, Irland, Island, Italien, Liechtenstein, Luxemburg, Norwegen, Niederlande, Portugal und Schweden.

II. Die Arbeitserlaubnis für 3 Jahre

Eine dreijährige Arbeitserlaubnis kann innerhalb des bundesweiten Kontingents insbesondere in den folgenden Fällen beantragt werden:

27 Vgl. die Hinweise im Anhang zu diesem Beitrag.

- für Führungskräfte und besonders qualifizierte Spezialisten, deren Aufenthalt in der Schweiz notwendig ist, um ein wichtiges Projekt oder einen ungewöhnlichen Auftrag durchzuführen;
- für Führungskräfte und Spezialisten von Gesellschaften, die auf internationaler Ebene arbeiten, sofern sie sich mit ihrem Aufenthalt und ihrer Aktivität in der Schweiz für eine Karriere innerhalb des Konzerns im Ausland vorbereiten.

III. Arbeitserlaubnis für 18 Monate

Eine Arbeitserlaubnis für 18 Monate kann folgenden Personen erteilt werden:
- Praktikanten, die sich auf eine bedeutende Stellung bei einem verbundenen Unternehmen vorbereiten;
- Studenten im Rahmen ihrer Ausbildung;
- einer Montage- und Baumannschaft eines ausländischen Unternehmens, das keinerlei verbundenes Unternehmen in der Schweiz hat;
- besonders ausgebildeten Spezialisten, die für die Durchführung eines außergewöhnlichen Auftrags innerhalb des Unternehmens notwendig sind.

IV. Arbeitserlaubnis für 6 Monate (Kantonskontingent)

Die sechsmonatige Arbeitserlaubnis wird von den Kantonen erteilt, und zwar insbesondere Praktikanten im Hinblick auf eine kurze Ausbildungsdauer; die Erlaubnis kann nicht verlängert werden.

V. Arbeitserlaubnis für 4 Monate

Die Arbeitserlaubnis für maximal 4 Monate pro Kalenderjahr wird ebenfalls von den Kantonen erteilt und kann sehr schnell erlangt werden, z. B., um einem Unternehmen aus einer schwierigen Situation zu helfen. Sie wird nur qualifizierten Arbeitskräften erteilt, und das Ziel sowie die Dauer des Aufenthaltes müssen genau festgelegt sein.

VI. Arbeitserlaubnis für 120 Tage

Diese Arbeitserlaubnis kann von Unternehmen für solche Angestellte beantragt werden, die innerhalb eines Kalenderjahres nicht mehr als 120 Tage in der Schweiz verbringen werden. Diese 120 Tage können auf mehrere Aufenthalte,

z. B. 2 Tage pro Woche oder 7 Tage pro Monat verteilt werden. Diese Arbeitserlaubnis ist nützlich vor allem für Führungspersonal, z. B. Verwaltungsratsmitglieder der Gesellschaften, die viel reisen und ihren Hauptwohnsitz im Ausland beibehalten.

VII. Arbeitserlaubnis für Grenzgänger

In den Zollgrenzbezirken der Kantone Genf, Vaud, Jura, Neuchâtel und Basel wird die Arbeitserlaubnis für Grenzgänger Arbeitnehmern erteilt, die in Anrainerstaaten beheimatet sind, und die deshalb täglich in diese Kantone zur Arbeit einreisen.

B. Die gesetzliche Regelung des Immobilienerwerbs durch ausländische Personen; Änderungsvorhaben

Mit der Errichtung einer Tochtergesellschaft in der Schweiz ist in der Regel auch der Kauf einer Immobilie verbunden und damit das Bundesgesetz über den Immobilienerwerb durch ausländische Personen vom 16. Dezember 1963 (im folgenden abgekürzt: „LFAIE")[28] anwendbar. Das Gesetz ist auch dann betroffen, wenn die ausländische Gesellschaft über eine im Inland zu gründende Tochtergesellschaft ein Grundstück kaufen will.

1. Die Gesetzgebung greift hierzu verschiedene Fälle auf, die im folgenden analysiert werden sollen. Die ausländische Gesellschaft wird ihre Tochtergesellschaft in der Schweiz entweder durch eine Neugründung, oder, was häufiger vorkommen wird, durch den Kauf einer schweizerischen Gesellschaft, die bereits über eine wirtschaftliche Infrastruktur verfügt, etablieren. Gemäß Art. 2 LFAIE ist in solchen Fällen derzeit noch eine Erlaubnis der zuständigen kantonalen Behörde erforderlich.

2. Art. 4 Abs. 1 Buchst. b LFAIE verbindet mit dem Kauf einer Immobilie zwingend den Erwerb eines Teils einer Gesellschaft, deren effektiver Vermögenswert zu mehr als einem Drittel aus Immobilien besteht, die in der Schweiz belegen sind, wenn die ausländische Person dadurch eine beherrschende Stellung erhält oder ausbaut. Eine solche beherrschende Stellung wird durch den Kauf von Aktien gemäß Art. 6 Abs. 2 LFAIE in dem Moment erreicht, in dem die ausländische Gesellschaft mehr als ein Drittel des Aktienkapitals besitzt bzw. mehr als ein Drittel der Stimmrechte in der Hauptversammlung hält (Art. 6 Abs. 2 Buchst. a und b LFAIE). Voraussetzung für die Anwendung dieser Regel ist jedoch, wie oben bereits angedeutet, daß die Bilanz der zukünftigen schwei-

28 RS 211.412.41.

zerischen Tochtergesellschaft ein effektives Aktivvermögen ausweist, das zu mehr als einem Drittel aus Immobilien besteht, die in der Schweiz belegen sind. Der Begriff des effektiven Wertes des Vermögens ist aber gleichzusetzen mit dem Begriff des Verkaufswertes. Das setzt technisch voraus, daß die Aktivposten in der Gesellschaftsbilanz neu bewertet werden, denn die Grundstücke werden in den Bilanzen von schweizerischen Gesellschaften häufig in der Tat nach ihrem historischen Wert, der dem Kaufwert entspricht, geführt. Dieser Kaufwert ist natürlich deutlich niedriger als der Verkaufswert. Das Verfahren, mit dem festgestellt werden soll, ob die erforderliche Quote erreicht wurde oder nicht, wird in der Praxis gleichzeitig eine Neubewertung der anderen Aktiva nach sich ziehen, wie z. B. des Aktienbestands oder sonstiger Beteiligungen an dritten Gesellschaften. Es sei hier nochmals darauf hingewiesen, daß bei der Berechnung der Quote gemäß Art. 4 Abs. 1 Buchst. d LFAIE lediglich die schweizerischen Grundstücke in Anrechnung gebracht werden; ausländische Immobilien finden dabei keine Berücksichtigung.

Die Anwendbarkeit der schweizerischen Gesetze und die Zuständigkeit der schweizerischen Behörden ist unabhängig von dem Ort, an dem der Vertrag über den Kauf der Anteile an der zukünftigen schweizerischen Tochtergesellschaft geschlossen wurde. Die Tatsache z. B., daß die Transaktion in Deutschland stattfindet, ferner, daß sich die Aktien der schweizerischen Gesellschaft tatsächlich im Ausland befinden, schließt die Anwendbarkeit des LFAIE nicht aus. Dieses regelt faktisch alle Transaktionen unabhängig vom Ort ihrer Durchführung von dem Augenblick an, in dem der Erwerb von schweizerischem Grund und Boden betroffen ist.

Sobald der Kauf einer schweizerischen Gesellschaft, die damit eine Tochtergesellschaft eines ausländischen Unternehmens wird, durchgeführt worden ist, und sofern das LFAIE Anwendung findet, kann die oben erwähnte, gemäß Art. 2 LFAIE erforderliche Genehmigung erteilt werden, sofern die Tochtergesellschaft in der Schweiz Handelsgeschäfte für Rechnung des ausländischen Konzerns tätigt. Gemäß Art. 8 Abs. 1 Buchst. a LFAIE kann die Genehmigung nur solchen Unternehmen erteilt werden, die Handel treiben, Produkte herstellen oder in einem anderen Industriezweig tätig sind oder ein Handwerk oder einen freien Beruf ausüben, sofern das Grundstück diesen Aktivitäten zu dienen bestimmt ist. Wenn diese Voraussetzungen erfüllt sind, kann die Genehmigung nicht mehr versagt werden. Der Behörde verbleibt dann kein Ermessensspielraum mehr.

Auf diesem Hintergrund definiert Art. 3 der Verordnung über den Erwerb von Immobilien durch Ausländische Personen (abgekürzt im folgenden: OAIE) vom 1. Oktober 1984[29], wann eine solche auf Dauer angelegte Einrichtung vorliegt, die die Voraussetzungen für diese Genehmigung erfüllt. Dazu sind insbe-

29 RS 111.412.411.

sondere zwei Merkmale erforderlich: Zum einen muß die ausländische Gesellschaft fortan an der Geschäftsführung der schweizerischen Gesellschaft beteiligt sein; ferner muß schon die ausländische Gesellschaft ihre Aktivitäten schwerpunktmäßig in der angegebenen Branche haben. Dieses zweite Erfordernis, über dessen Gesetzmäßigkeit man zumindest diskutieren kann, bringt Probleme, wenn der Konzern seine Aktivitäten erweitern will.

3. Der zweite hier zu erläuternde Fall ist der, daß der ausländische Konzern im Inland eine neue schweizerische Gesellschaft gründet. In diesem Fall findet das LFAIE ebenfalls Anwendung, wenn die neue Gesellschaft ein Grundstück im Inland erwerben will.

Sobald es um den Erwerb einer Immobilie geht, wird diese schweizerische Tochtergesellschaft nämlich, obwohl sie wirtschaftlich gesehen eine schweizerische Gesellschaft ist, gemäß Art. 5 Abs. c sowie Art. 6 LFAIE als ausländische juristische Person angesehen, sofern die schweizerische Gesellschaft eine 100prozentige Tochter des ausländischen Konzerns ist und dieser deshalb eine beherrschende Stellung innerhalb der in der Schweiz beheimateten Gesellschaft hat. Auch dieser Erwerb unterliegt damit der Genehmigungspflicht durch die zuständigen kantonalen Behörden (vgl. Art. 2 LFAIE).

Das LFAIE findet dabei nicht nur dann Anwendung, wenn es sich um den Erwerb eines Eigentumsrechts, eines Wohnrechts oder eines Nießbrauchs an einem Grundstück handelt (Art. 4 Abs. 1 a LFAIE). Es findet vielmehr auch auf andere Erwerbstatbestände Anwendung, sofern es dabei um Grundstücke geht. Insbesondere sind damit gemeint Anteilskäufe an einer Immobiliengesellschaft, aber auch solche Rechte an Grundstücken, die praktisch einem Eigentumsrecht gleichkommen, wie z. B. der Abschluß von langjährigen Mietverträgen, die über das im Geschäftsleben Übliche hinausgehen und den Vermieter in ein besonderes Abhängigkeitsverhältnis zu dem Mieter bringt. Unter bestimmten Umständen kann deshalb der Abschluß von gewerblichen Mietverträgen mit einer Laufzeit von mehr als 15 Jahren genehmigungspflichtig sein.

Die schweizerische Tochtergesellschaft kann darüber hinaus im übrigen auch nur eine begrenzte Grundstücksfläche anmieten. Gemäß Art. 10 OAIE muß das angemietete Grundstück der Tätigkeit des zu errichtenden Unternehmens dienen, d. h., daß die Fläche auch der Ausdehnung des Unternehmens entsprechen muß. Das Unternehmen muß deshalb schon zum Zeitpunkt der Antragstellung konkrete Nutzungspläne bezüglich der Oberfläche glaubhaft machen, und zwar sowohl kurzfristige als auch mittelfristige Pläne. Dadurch soll vermieden werden, daß die ausländische Konzernmutter über ihre schweizerische Tochtergesellschaft Grund und Boden in der Schweiz einzig zu dem Zweck erwirbt, aus den Immobilien selbst Einkünfte zu erzielen. Ein solcher Grunderwerb würde eine unzulässige Investition nach dem LFAIE darstellen. Dazu kommt, daß die Genehmigung nur mit der Auflage erteilt werden kann, das Grundstück 10 Jahre lang nicht weiterzuverkaufen (Art. 11 OAIE).

Fehlt die Genehmigung für eine Investition, die dem LFAIE unterliegt, so ist diese nichtig. Dies ergibt sich aus den Artt. 26 ff LFAIE.

4. Schließlich ist das LFAIE anwendbar, wenn der ausländische Konzern im Rahmen einer Reorganisation Aktien der schweizerischen Tochtergesellschaft – sei es innerhalb des Konzerns oder außerhalb – übertragen will. Für diese Fälle gilt das oben zu 2. Gesagte mutatis mutandis. Die Anwendbarkeit des LFAIE und hier insbesondere des Art. 4 Abs. 1 lit. d, nach dem die Übertragung von Aktien einer Handelsgesellschaft, deren Aktivvermögen zu mehr als einem Drittel aus Grundvermögen besteht, genehmigungspflichtig ist, kann in diesem Zusammenhang auch nicht dadurch umgangen werden, daß zwischen diese Gesellschaft und den ausländischen Konzern eine schweizerische Holdinggesellschaft geschaltet wird.

Aus realistischer Sicht hat die schweizerische Verwaltung dadurch die Möglichkeit, den gesamten Vorgang, mit dem Anteile der schweizerischen Holding übertragen werden sollen, aus konsolidierter Sicht zu betrachten. Diese Interpretation ist bereits verschiedentlich von der Rechtsprechung des Bundesgerichts sowie von der Lehre aufgegriffen worden. In seinem Beschluß vom 9. Februar 1979[30] hat das Bundesgericht sich wie folgt geäußert:

> „Sofern eine Holding im Besitz der gesamten Aktien einer Immobiliengesellschaft ist, entspricht es dem Sinn und Zweck dieser Vorschrift sowie der Bundesverordnung über den Erwerb von Immobilien durch im Ausland ansässige Personen, daß diese beiden Gesellschaften in diesem Zusammenhang wie eine Einheit behandelt werden können; um nämlich entscheiden zu können, ob eine Gesellschaft als schweizerische i.S.d. Art. 3 Buchst. c LFAIE betrachtet werden kann, verlangt das Gesetz von den Behörden die Erforschung der tatsächlichen wirtschaftlichen Gegebenheiten“.

In der Lehre wird in diesem Zusammenhang vertreten, daß in einer Mutter-Tochter-Beziehung die beiden Gesellschaften jedenfalls als eine einzige anzusehen sind:

> „Es kommt häufig vor, daß beispielsweise eine Holding-Gesellschaft den gesamten Aktienbestand einer Immobiliengesellschaft oder einen Teil davon hält. Um beurteilen zu können, ob die erstere ebenso wie eine Immobiliengesellschaft zu behandeln ist, muß man die wirtschaftlichen Gegebenheiten zugrunde legen und beide Gesellschaften wie eine Einheit betrachten[31].“

Diese Anleihe an die Technik der konsolidierten Bilanz bei verbundenen Unternehmen wird auch von MÜHLEBACH und GEISMANN vertreten[32]:

30 ATF 105 Ib 310.

31 VOYAME, L'acquisition d'immeubles par des étrangers et la société immobilière, in: Les Etrangers en Suisse, Recueil de travaux publiés par la Faculté de Droit de Lausanne à l'occasion de l'assemblée de la Sociéte Suisse des Juristes à Lausanne, 1982, S. 117; siehe auch VAUTIER, La Jurisprudence sur l'Acquisition d'Immeubles par des Personnes à l'Etranger en Relation avec le Nouveau Droit, RDAF, 1984, S. 425 ff, insbes. S. 430.

32 Kommentar zum Bundesgesetz über den Erwerb von Grundstücken durch Personen im Ausland, Baden, 1986, S. 45 (Originalzitat).

„Unseres Erachtens ist bei Holdinggesellschaften mit Beteiligungen an Immobiliengesellschaften (im weiteren wie engeren Sinn), die nicht ihrerseits als Immobiliengesellschaften stricto sensu betrachtet werden müssen, immer von der konsolidierten Bilanz auszugehen (so u. E. auch Reize, Allgemeine Probleme, S. 23 ff). Aufgrund dieser Prüfung ergibt sich, ob man es überhaupt mit einer Immobiliengesellschaft im weiteren Sinn zu tun hat (wenn der Grundstücksanteil über $^1/_3$ der Gesamtaktiva liegt). Im ersten Fall ist die Bewilligungspflicht gegeben, sofern eine beherrschende Stellung erworben wird. Wird keine beherrschende Stellung erworben, ist die Bewilligungspflicht nicht gegeben ..."

Die gleiche Auffassung wird vertreten von PERRIG[33] sowie in dem Gemeinschaftswerk, veröffentlicht vom Zentrum für Europäische Juristische Studien[34].

Unter Zugrundelegung dieser gesamtheitlichen Betrachtung der Holding und ihrer schweizerischen Tochtergesellschaft ergibt sich für die Behörden auch, ob nach den konsolidierten Konten die schweizerischen Immobilien nach ihrem Verkaufswert mehr als ein Drittel der Aktiva ausmachen. Falls ja, wird die gesamte Transaktion der behördlichen Genehmigungspflicht unterstellt mit der Rechtsfolge der Nichtigkeit der Transaktion und strafrechtlichen Sanktionen gemäß Artt. 28 ff LFAIE.

Ein Verfahren nach dem LFAIE kann unterschiedlich lange dauern, in der Regel aber ca. drei Monate. Darin inbegriffen sind allerdings nicht nur der Zeitraum, den das Studium der Akten sowie die Entscheidungsfindung der zuständigen kantonalen Behörden in Anspruch nimmt, sondern auch die Fristen für die beiden Rechtsmittel, die gemäß Artt. 20 und 21 LFAIE vorgesehen sind und jeweils 30 Tage betragen.

5. Im Zusammenhang mit der Anpassung des schweizerischen Rechtes an das Recht der Europäischen Gemeinschaft hatte der Bundesgesetzgeber zunächst einer Bundesverordnung zugestimmt, mit der das LFAIE abgeändert werden sollte. Diese Verordnung sah vor, daß die oben beschriebenen Beschränkungen beim Kauf von gewerblichen Immobilien für solche Gesellschaften aufgehoben werden sollten, die ihren Sitz, ihre Hauptverwaltung oder ihre Hauptniederlassung in einem Mitgliedstaat der Europäischen Union haben. Diese Öffnung ist allerdings nach dem negativen Votum des schweizerischen Volkes vom 6. Dezember 1992 nicht in Kraft getreten. Mit Datum vom 23. März 1994 (BBl. 1994 II 497) hat der Bundesrat den beiden Kammern allerdings einen neuen Gesetzentwurf vorgelegt, der die vorbezeichnete Liberalisierung erneut zum Gegenstand hatte. Diesmal fand der Entwurf die Zustimmung des Bundesparlaments. Das LFAIE wurde demnach durch Gesetz vom 7. Oktober 1994 wie folgt geändert:

33 PERRIG, L'acquisition d'immeubles en Suisse par des personnes à l'étranger, S. 174.
34 Les prises de participations: l'exemple des offres publiques d'achat, 1990, S. 669 ff.

(1) Gemäß Art. 2 des neuen Gesetzes sind nur noch die Immobilienkäufe solcher Gesellschaften genehmigungspflichtig, deren einziges Ziel es ist, das Kapital zu kommerziellen Zwecken anzulegen. Im Umkehrschluß ergibt sich daraus, daß der Erwerb von Immobilien durch die schweizerische Tochtergesellschaft einer ausländischen Muttergesellschaft, die sich in der Schweiz niederläßt, ohne weiteres zulässig ist, wenn das Grundstück dem jeweiligen Gesellschaftszweck zu dienen bestimmt ist (s. a. Art. 3 Abs. 2 lit. a des neuen Gesetzes). Die Einholung einer Genehmigung durch die zuständige Kantonalbehörde ist also für sie nunmehr entbehrlich. Dadurch wird der Immobilienmarkt für ausländische Gesellschaften, die sich im Inland betätigen wollen, vollständig freigegeben.

(2) Durch die Änderung vom 7. Oktober 1994 wurde der Art. 4 Abs. 1 lit. d) des LFAIE abgeschafft. Dieser setzte, wie oben (S. 681 oben) beschrieben, die Übernahme der Kontrolle über eine schweizerische Gesellschaft durch eine ausländische Gesellschaft, wodurch erstere eine Tochtergesellschaft der letzteren werden sollte, mit dem Erwerb von Immobilien durch ausländische Gesellschaften gleich, wenn gemäß der Bilanz der schweizerischen Gesellschaft das Gesellschaftsvermögen zu mehr als einem Drittel aus Grundvermögen besteht. Diese Gleichstellung, die stark kritisiert wurde, ist durch das neue Gesetz nun ebenfalls abgeschafft worden. Das bedeutet, daß die Übernahme einer schweizerischen Gesellschaft durch eine ausländische auch dann unbegrenzt möglich ist, wenn die erstere über Grundvermögen im Inland verfügt. Der einzige Vorbehalt ergibt sich aus der Beibehaltung von Buchstabe b) des vorbenannten Artikels und gilt für reine Immobiliengesellschaften, d. h. für Gesellschaften, deren alleiniger Gesellschaftszweck der Handel mit Grundstücken ist. In allen anderen Fällen wurde der Erwerb von Grundvermögen vollständig freigegeben, d. h. unabhängig gemacht von behördlichen Genehmigungen.

(3) Die vorstehend beschriebenen Änderungen haben natürlich auch den Effekt, daß alle damit zusammenhängenden Restriktionen aufgehoben werden, also z. B. die mengenmäßige Begrenzung der Erdoberfläche, respektive der Grundstücksgröße, die von ausländischen Unternehmen zu wirtschaftlichen Zwecken erworben werden kann. Ebenso entfallen fortan die aus Art. 3 OIAE herrührenden Erfordernisse, wonach der ausländische Konzern verpflichtet ist, sich aktiv an der Geschäftsführung der schweizerischen Gesellschaft zu beteiligen, und wonach dieser bereits schwerpunktmäßig in derselben Branche tätig gewesen sein mußte.

Aus alledem ergibt sich, daß der maßgebliche Teil der oben behandelten Beschränkungen mit dem Inkrafttreten der o. g. Gesetzesänderung entfallen wird. Das Gesetz ist am 18. Oktober 1994 veröffentlicht worden und mußte nach schweizerischem Verfassungsrecht zum Zeitpunkt der Drucklegung dieses

Buches noch ein Referendum-Verfahren durchlaufen. Die Frist, ein solches Referendum zu beantragen, wird am 16. Januar 1995 ausgelaufen sein. Sollte, was derzeit zu erwarten ist, ein Referendum durchgeführt werden, so wird eine Entscheidung über das Inkrafttreten nicht vor Ende 1995 bis Anfang 1996 zu erwarten sein.

C. *Öffentlich-rechtliche Vorschriften betreffend die Errichtung einer Industrie-Niederlassung in der Schweiz*

1. Ein ausländischer Konzern, der seine Aktivitäten über eine Tochtergesellschaft in der Schweiz entfalten will, wird ferner mit den gesetzlichen Regelungen der Raumplanung konfrontiert, von der der jeweilige Standort betroffen ist. In der Schweiz ist die Raumplanung geregelt in dem Gesetz vom 22. Juni 1979 (im folgenden: „LAT“[35]). Gemäß Art. 22 LAT ist die Genehmigung zur Errichtung oder Veränderung einer baulichen Einrichtung zu versagen, wenn das Bauwerk oder die Anlage der geplanten Nutzung des Gebietes nicht entspricht. Die Nutzung selbst ist festgelegt in dem Flächennutzungsplan i. S. d. Artt. 14 ff LAT. Demnach muß ein gewerbliches Gebäude oder eine industrielle Anlage auf einem Gelände errichtete werden, das gemäß Art. 19 LAT ausgestattet ist und innerhalb einer gemäß Art. 15 LAT bebaubaren Zone belegen ist. Dazu kommt, daß die bebaubare Zone nach dem Flächennutzungsplan solche gewerblichen oder industriellen Anlagen zuläßt.

Darüber hinaus kann der Bau einer industriellen Niederlassung je nach seiner Art eine Umweltverträglichkeitsstudie im Sinne von Art. 9 des Bundesumweltschutzgesetzes vom 7. Oktober 1993[36] (im folgenden: „LPE“) erforderlich machen. Die Arten von Industrieanlagen, die eine solche Umweltverträglichkeitsstudie erforderlich machen, sind aufgezählt und definiert im Anhang zur Verordnung der Bundesregierung vom 19. Oktober 1988 zur Regelung der Umweltverträglichkeitsstudien[37]. Daraus geht hervor, daß sogar die einfache Errichtung eines Parkplatzes oder eines Parkhauses für mehr als 300 PKW eine solche Studie erforderlich macht, und selbstverständlich gilt dies auch für Industrieanlagen auf dem Gebiet der Chemie und der Metallverarbeitung. Im Bereich des Handels ist dies z. B. der Fall für Einkaufszentren mit einer Verkaufsfläche von mehr als 5000 m^2 (s. aber oben B. 5.).

Weitere umweltschutzrechtlichen Regelungen, die die schweizerische Tochtergesellschaft betreffen können, sind z. B. die Regelung über chemische Substanzen (Artt. 26 ff LPE) sowie die abfallrechtlichen Regelungen. Die Kommer-

35 RS 700.
36 RS 814.01; vgl. RAUSCH, Kommentar zum Umweltschutzgesetz, Art. 9, Nrn. 1 ff.
37 RS 814.011.

zialisierung dieser Substanzen erfordert in der Tat für den Hersteller oder den Importeur eine vorgeschaltete autonome Kontrolle, die die Umweltverträglichkeit der Produkte feststellen soll. Darüber hinaus werden den Händlern Informationspflichten und Etikettierungspflichten auferlegt mit dem Ziel, umweltgefährdende Verwendungen zu verhindern.

D. Gesetzliche Regelungen im Bereich des Bankwesens

Gemäß Art. 3 des Bundesgesetzes über die Banken und Sparkassen vom 8. November 1934[38] ist die Errichtung und Tätigkeit einer Bank, die zwar nach dem schweizerischen Recht organisiert ist, jedoch in ausländischen Händen ist, von einer Vielzahl gesetzlicher Voraussetzungen abhängig. Darunter fällt das Erfordernis der Gegenseitigkeit mit dem Staat, in dem die Muttergesellschaft ihren Sitz hat. Dazu kommt, daß die Firma dieser Bank nicht auf einen rein schweizerischen Charakter dieser Niederlassung schließen lassen darf. Schließlich muß die fremdbeherrschte schweizerische Bank versichern, daß sie die schweizerische Geld- und Währungspolitik beachten wird.

Was das oben genannte Gegenseitigkeitsprinzip betrifft, bestimmt Art. 5 der Verordnung des Bundesrates über die Banken vom 17. Mai 1972[39], daß die Gegenseitigkeit insbesondere dann verbürgt ist, wenn in der Schweiz beheimatete Personen oder Unternehmen im Heimatstaat der beherrschenden Gesellschaft ebenfalls Banken eröffnen können, und wenn diese dort nicht strengeren Bestimmungen unterliegen als ausländische Banken in der Schweiz.

Zu erwähnen ist hier wiederum, daß im Zusammenhang mit der Anpassung des Bundesrechts an das EG-Recht vorgesehen war, das Bundesgesetz über die Banken dahingehend zu ändern, daß die vorgenannten Zusatzbedingungen zugunsten von in EG-Ländern beheimateten (juristischen) Personen, die eine Bank in der Schweiz eröffnen wollen, wegfallen sollen. Darüber hinaus sah der Bundeserlaß zur Änderung des Bundesgesetzes über die Banken und die Sparkassen vor, der schweizerischen Filiale zu erlauben, alle notwendigen Informationen an die Muttergesellschaft weiterzugeben, die notwendig waren, um eine Aufsicht innerhalb des Konzerns sicherzustellen. Der schweizerische Gesetzgeber wollte sich insoweit an die EG-Richtlinie Nr. 83/350 anschließen. Nach der negativen Volksabstimmung ist jedoch auch dieser Erlaß nicht in Kraft getreten. Auch hier ist jedoch in naher Zukunft eine gesetzliche Regelung zu erwarten, die diese Öffnung auf dem Gebiet des Bankwesens selbständig einführen soll.

38 RS 952.0.
39 RS 952.02.

Anhang

I. Bilaterale Abkommen über den Aufenthalt von ausländischen Arbeitnehmern in der Schweiz

- Traité d'établissement du 13 novembre 1909 entre la Confédération suisse et l'Empire allemand, RS 0.142.111.361.
- Traité d'établissement du 4 juin 1887 entre la Suisse et la Belgique, RS 0.142.111.721.
- Echange de lettres des 9 août/31 octobre 1989 entre la Suisse et l'Espagne concernant le traitement administratif des ressortissants d'un pays dans l'autre après une résidence régulière et ininterrompue de cinq ans, RS 0.142.113.328.1.
- Traité du 23 février 1882 sur l'établissement des Français en Suisse et des Suisses en France, RS 0.142.113.491.
- Traité d'amitié, de commerce et d'établissement réciproque du 6 septembre 1855 entre la Confédération suisse et sa Majesté la Reine du Royaume Uni de la Grande Bretagne et d'Irlande, RS 0.142.671.
- Conv. d'établissement et consulaire du 22 juillet 1868 entre la Suisse et l'Italie (avec décl.), RS 0.142.114.541; Accord du 10 août 1964 entre la Suisse et l'Italie relatif à l'émigration de travailleurs italiens en Suisse, RS 0.142.114.548.
- Echange de lettres du 12 mars 1992 entre la Suisse et la Grèce concernant le traitement administratif des ressortissants d'un pays dans l'autre après une résidence régulière et ininterrompue de cinq ans, RS 0.142.113.722.
- Echange de lettres du 12 avril 1990 entre la Suisse et le Portugal concernant le traitement administratif des ressortissants d'un pays dans l'autre après une résidence régulière et ininterrompue de cinq ans, RS 0.142.116.546.

II. Anwendbare Gesetze und Verordnungen

1. Loi fédérale sur l'aménagement du territoire vom 22. Juni 1979 (LAT), RS 700 = Raumplanungsgesetz (RPG).
2. Loi fédérale sur les banques et caisses d'épargnes vom 8. November 1934, RS 952.0 = Bundesgesetz über das Banken- und Sparkassenwesen.
3. Loi fédérale sur la protection de l'environnement vom 7. Oktober 1983 (LPE), RS 814.01 = Umweltschutzgesetz (USG).
4. Loi fédérale sur les séjours et l'établissement des étrangers vom 26. März 1931, RS 142.20 = Bundesgesetz über den Aufenthalt und die Niederlassung von Ausländern (ANAG).
5. Règlement d'exécution de la loi fédérale sur le séjour et l'établissement des étrangers, RS 142.201 = Ausführungsverordnung zum Bundesgesetz über den Aufenthalt und die Niederlassung von Ausländern.
6. Loi fédérale sur l'acquisition d'immeubles par les personnes à l'étranger vom 16. Dezember 1983 (LFAIE), RS 211.412.41 = Bundesgesetz über den Erwerb von Grundstücken durch Personen im Ausland (BewG).
7. Ordonnance sur l'acquisition d'immeubles par des personnes à l'étranger vom 1. Oktober 1944 (OAIE), RS 211.412.411 = Verordnung über den Erwerb von Grundstücken durch Personen im Ausland (BewV).
8. Ordonnance du Conseil Fédéral sur les Banques vom 17. Mai 1972, RS 952.02 = Verordnung des Bundesrates über das Bankenwesen.
9. Ordonnance du 6 octobre 1986 limitant le nombre des étrangers, RS 823.21 = Verordnung über die Begrenzung der Zahl der Ausländer (BVO).

10. Ordonnance du 19 octobre 1988 relative à l'étude d'impact sur l'environnement, RS 814.011 = Verordnung vom 19. Oktober 1988 zur Regelung der Umweltverträglichkeitsstudie.
11. Bundesgesetz über Aufenthalt und Niederlassung der Ausländer vom 26. März 1931, RS 142.20.
12. Vollziehungsverordnung des Bundesrats zum ANAG vom 1. März 1949, RS 142.201; Bundesgesetz über die Banken und Sparkassen vom 8. November 1934, RS 952.0.
13. Bundesgesetz über den Erwerb von Grundstücken durch Personen im Ausland vom 16. Dezember 1983 – RS 299.412.49.
14. Verordnung über den Erwerb von Grundstücken durch Personen im Ausland vom 1. Oktober 1984 (BewV) – RS 219.412.499.
15. Bundesgesetz über die Stempelabgaben vom 27. Juni 1973 – RS 641.10.
16. Bundesgesetz über das Schweizer Obligationenrecht vom 14. Juni 1881, revidiert am 30. März 1911 – RS 220.
17. Bundesgesetz über die Verrechnungssteuer vom 13. Oktober 1965 – RS 642.2.
18. Bundesratsbeschluß betreffend Maßnahmen gegen die ungerechtfertigte Inanspruchnahme von Doppelbesteuerungsabkommen des Bundes vom 14. Dezember 1962 – RS 672.202.
19. Bundesratsbeschluß über die Erhebung einer direkten Bundessteuer vom 9. Dezember 1940 i. d. F. vom 13. Januar 1982 – RS 642.11.
20. Verordnung des Bundesrats über die Begrenzung der Zahl der Ausländer vom 6. Oktober 1986 – RS 823.21.

Alle genannten Gesetze sind abgedruckt in der Systematischen Sammlung des Bundesrechts.

III. Abkürzungsverzeichnis

ANAG	Bundesgesetz über Aufenthalt und Niederlassung der Ausländer
AS	Amtliche Sammlung der Bundesgesetze und Verordnungen
ASA	Archiv für Schweizerisches Abgabenrecht
ATF	Arrêts du Tribunal Fiscal (Entscheidungssammlung des Schweizerischen Finanzgerichts)
BewG	Bundesgesetz über den Erwerb von Grundstücken durch Personen im Ausland
BewV	Verordnung über den Erwerb von Grundstücken durch Personen im Ausland
BBl.	Bundesblatt (Feuille Fédérale, FF)
BG	Bundesgesetz
BGE	Entscheidungen des Schweizerischen Bundesgerichts
BIGA	Bundesamt für Industrie, Gewerbe und Arbeit
BR	Bundesrat
BVerf	Bundesverfassung
BVO	Verordnung über die Begrenzung der Zahl der Ausländer
dBSt	direkte Bundessteuer
EFTA	Europäische Freihandels-Assoziation
EJPD	Eidgenössisches Justiz- und Polizeidepartement
EVR	Eidgenössisches Volkswirtschaftsdepartement
LAT	Loi fédérale sur l'aménagement du territoire vom 22. Juni 1979 (Raumplanungsgesetz, RPG)
LFAIE	Loi fédérale sur l'acquisition d'immenbles par des personnes à l'étranger vom 16. Dezember 1983 (s. a. BewG)

LPE	Loi fédérale sur la protection de l'environnement vom 7. Oktober 1983 (Umweltschutzgesetz, s. USG)
NR	Nationalrat
OAIE	Ordonnance sur l'acquisition d'immeubles par des personnes à l'étranger vom 1. Oktober 1944 (s. a. BewV)
OECD	Organisation für Wirtschaftliche Entwicklung und Zusammenarbeit
OR	Obligationenrecht
RDAF	Revue de Droit Administratif et de Droit Fiscal
RDS	Revue de Droit Suisse
RPG	Raumplanungsgesetz vom 22. Juni 1979, (s. auch LAT)
RS	Recueil Systématique (s. auch SR)
SR	Systematische Sammlung des Bundesrechts
StG	Bundesgesetz über die Stempelabgaben
UNO	Organisation der Vereinten Nationen
USG	Umweltschutzgesetz vom 7. Oktober 1983 (s. auch LPE)
VO	Verordnung
VV	Vollziehungsverordnung
WSt	Wehrsteuer (direkte Bundessteuer)
ZBGR	Schweizerische Zeitschrift für Beurkundungs- und Grundbuchrecht

IV. Literaturhinweise

E. Kaenzig, Die Eidgenössische Wehrsteuer (Direkte Bundessteuer), 2. Aufl., Basel 1982.

K. Locher/W. Meier/R. von Siebenthal, Doppelbesteuerungsabkommen Schweiz/ Deutschland 1971 und 1978, Basel.

H. Masshardt, Wehrsteuer-Kommentar, Ausgabe 1980, Zürich.

W. R. Pfund, Die Eidgenössische Verrechnungssteuer, I. Teil, Basel 1971.

V. Kontaktadressen

Industrie- und Handelskammer
Deutschland–Schweiz
Talacker 41
CH–8001 Zürich

Die Gründung einer Tochtergesellschaft in Singapur

von

Rechtsanwalt DR. THOMAS R. KLÖTZEL, Stuttgart

Inhaltsübersicht

I. Einführung

Die Republik Singapur ist ein vergleichsweise junger Staat. Der vor der Südspitze der malayischen Halbinsel gelegene Stadtstaat wurde am 9. August 1965 unabhängig. Singapur gehört heute zu den wachstumsstärksten Nationen im südost-asiatischen Wirtschaftsraum. Für 1994 wird mit einer Steigerung des Bruttosozialprodukts um ca. 9–10 % gegenüber dem Vorjahr gerechnet[1]. Poli-

1 The Straits Times – Weekly Edition –, 13. August 1994, S. 1.

tische Stabilität, eine hervorragende Infrastruktur sowie die freizügige Handhabung und gezielte Förderung von Auslandsinvestitionen haben Singapur neben anderen Faktoren zu einem bedeutenden Standort für ausländische Unternehmen in Südostasien gemacht.

Das Rechtssystem Singapurs beruht aufgrund der kolonialen Vergangenheit auf dem Common Law Englands. Bis heute spielt englisches Recht in Singapur eine bedeutende Rolle. Am 12. November 1993 trat der The Application of English Law Act 1993 in Kraft. Dieses Gesetz beseitigte bestehende Unsicherheiten, insbesondere hinsichtlich der Anwendung englischen Gesetzesrechts in Singapur. Sect. 3 des Application of English Law Act 1993 beschränkt jetzt die ständige Rezeption englischen Rechts in Singapur auf das Common Law Englands unter Einschluß der Prinzipien und Regeln der *equity*. Sect. 5 Civil Law Act 1979, der ursprünglich vorbehaltlich anderweitiger singapurischer Regelungen bewirkte, daß im Bereich des Gesellschaftsrechts das Recht der Personen- und Kapitalgesellschaften Englands (*law of partnership, corporation*) in Singapur Anwendung fand, wurde durch Sect. 6 The Application of English Law Act 1993 abgeschafft. Sect. 4 The Application of English Law Act 1993 legt in Verbindung mit dem First Schedule diejenigen englischen Gesetzeswerke fest, die auch in Singapur unmittelbare Geltung haben.

Die im Bereich des Gesellschaftsrechts wichtigsten Gesetze sind:

- Companies Act (Chapt. 50), revised Edition 1990; er beruht auf der Australian Uniform Companies' Legislation von 1961, die sich ihrerseits am englischen Companies Act 1948 orientierte[2]
- Der englische Partnership Act 1890[3]
- Business Registration Act 1973

Eine weitere bedeutsame Rechtsquelle bildet das Richterrecht. Es gilt das Prinzip der „*stare decisis*“[4]. Damit wird die Bindungswirkung früherer Gerichtsentscheidungen beschrieben. Das höchste Gericht Singapurs ist jetzt der singapurische *Court of Appeal*. Er ist, ähnlich wie das englische *House of Lords* nicht an seine eigenen Entscheidungen gebunden und kann, nach einer Erklärung des *Chief Justice* von Anfang Juli 1994, von früheren Entscheidungen abweichen, wenn sich die politischen, sozialen und wirtschaftlichen Bedingungen geändert haben und die starre Anwendung der *doctrine of precedent* zu ungerechten Entscheidungen führen würde. Die bis Februar 1994 zulässige Revision gegen Entscheidungen des *Court of Appeal* zum Judicial Committee of the Privy Council, einer Abteilung des House of Lords, wurde durch den

2 WOON, Company Law, Singapur 1988, S. 4.

3 Vgl. Sect. 4 (1) The Application of English Law Act 1993 in Verbindung mit dem First Schedule, Part II, No. 4.

4 Vgl. hierzu SCHÜTZE, Handels- und Wirtschaftsrecht von Singapur und Malaysia, 1987, S. 28 f.

Judicial Committee (Repeal) Act 1994 abgeschafft. Seine Entscheidungen binden singapurische Gerichte im Falle einer Revision gegen singapurische Urteile. Im übrigen werden Entscheidungen des Privy Council und von sonstigen englischen, malayischen, indischen oder anderen Gerichten von Mitgliedsstaaten des Commonwealth als bindende oder überzeugende Rechtsquellen herangezogen[5].

II. Rechtliche Organisationsformen

Der ausländische Investor verfügt in Singapur über verschiedene Organisationsformen, die er in Abhängigkeit von seinen Plänen und Zielen wählen kann. Die mit Abstand am weitesten verbreitete Gesellschaftsform ist die Kapitalgesellschaft mit personalistischer Struktur. Sie wird unten unter III. ausführlich behandelt. Darüber hinaus ist auf folgende Organisationsformen hinzuweisen:

1. Zweigniederlassung

Die rechtlichen Rahmenbedingungen für die Errichtung der Zweigniederlassung einer ausländischen Gesellschaft (*branch of a foreign company*) sind in Sect. 365 ff Companies Act geregelt. Gemäß Sect. 4 Companies Act sind als ausländische Gesellschaften anzusehen:

- Gesellschaften und Personenvereinigungen, die außerhalb von Singapur inkorporiert sind;
- nicht inkorporierte Personenvereinigungen, die nach ihrem Gründungsstatut klagen oder verklagt werden oder Eigentum erwerben können.

a) Eintragungsverfahren

Bevor die Zweigniederlassung ihre Geschäftstätigkeit aufnimmt, muß zunächst ein Namensreservierungsverfahren gem. Sect. 378, 27 (11) und (12) Companies Act (hierzu näher unten III. 4. a)) durchgeführt werden. Sodann müssen folgende Dokumente beim Registrar of Companies eingereicht werden:

- ein beglaubigter Handelsregisterauszug des Stammhauses;
- eine beglaubigte Abschrift der Satzung des Stammhauses;
- eine Liste der zur Vertretung des Stammhauses berechtigten Personen, unter Angabe des vollen Namens, der Passnummer, der Nationalität, der Wohnanschrift, des Zeitpunktes der Bestellung und des Berufes;

5 IBRAHIM, International Encyclopaedia of Comparative Law, Vol. 1, National Reports, Singapore, S. 57.

- im Falle der Entsendung einer vertretungsberechtigten Person nach Singapur, eine Vollmacht, aus der sich die Befugnisse des nach Singapur entsandten und dort ansässigen Organmitglieds ergeben;
- eine Urkunde über die Bestellung zweier Bevollmächtigter, die befugt sein müssen, Zustellungen an das Stammhaus entgegen zu nehmen; Bevollmächtigte können nur natürliche Personen mit ständigem Aufenthalt in Singapur sein;
- die Errichtung eines Rechtssitzes der Zweigniederlassung, der während der Geschäftsstunden für die Öffentlichkeit zugänglich sein muß;
- eine Versicherung der vom Stammhaus eingesetzten Bevollmächtigten in der hierfür gesetzlich vorgeschriebenen Form.

Schließlich ist die Eintragungsgebühr an den Registrar of Companies zu zahlen, deren Höhe sich gemäß Nr. 1, 2, 17 des Second Schedule zum Companies Act nach der Höhe des Kapitals des Stammhauses richtet. Sämtliche Dokumente in deutscher Sprache, also insbesondere der Handelsregisterauszug und die Satzung der Gesellschaft müssen mit einer beglaubigten Übersetzung ins Englische eingereicht werden.

Nach Prüfung der Eintragungsunterlagen erteilt der Registrar of Companies eine Urkunde über die Registrierung. Mit ihrer Aushändigung ist das Eintragungsverfahren abgeschlossen. Die Zweigniederlassung kann dann ihren Geschäftsbetrieb aufnehmen. Eine Eintragung kann gemäß Sect. 369 (1) Companies Act nur abgelehnt werden, wenn die ausländische Gesellschaft einen gesetzwidrigen Zweck verfolgt oder nationale Sicherheitsinteressen betroffen sind.

b) Verwaltung der Zweigniederlassung

Die singapurische Zweigniederlassung eines ausländischen Unternehmens hat umfangreiche gesetzliche Pflichten gegenüber dem Registrar of Companies. Folgende Obliegenheiten sind von besonderer Bedeutung:

- Sämtliche Änderungen der gesellschaftsrechtlichen Verhältnisse, also beispielsweise Satzungsänderungen, Kapitalerhöhungen oder Änderungen in den persönlichen Verhältnissen der vertretungsberechtigten Personen müssen gemäß Sect. 372 Companies Act binnen eines Monats nach Eintritt der Änderung dem Registrar of Companies mitgeteilt und unter Beifügung beglaubigter Übersetzungen ins Englische nachgewiesen werden.
- Gemäß Sect. 373 (1) Companies Act muß das Stammhaus binnen zwei Monaten nach der Feststellung des Jahresabschlusses durch die Gesellschafter des Stammhauses seinen Jahresabschluß mit der Bilanz und der Gewinn- und Verlustrechnung sowie dem Lagebericht mit einer Übersetzung ins Englische beim singapurischen Handelsregister einreichen.

- Sect. 373 (5) Companies Act schreibt vor, daß das Stammhaus noch eine separate, in Singapur geprüfte Bilanz erstellen und beim singapurischen Handelsregister einreichen muß, aus der sich die Aktiva und Passiva hinsichtlich der in Singapur entfalteten Geschäftstätigkeit ergeben. Insoweit sind die für singapurische Kapitalgesellschaften geltenden Erfordernisse zu beachten.

Werden gesetzliche Pflichten nicht eingehalten, so können gemäß Sect. 386 Companies Act Bußgelder verhängt werden, für deren Zahlung die zu bestellenden Bevollmächtigten gemäß Sect. 370 (2) (c) Companies Act persönlich haften.

2. *Repräsentanz*

Bestimmte Aktivitäten eines ausländischen Unternehmens in Singapur werden gemäß Sect. 366 (2) Companies Act nicht als die Ausübung einer Geschäftstätigkeit angesehen. Dies gilt beispielsweise für ausschließlich werbliche Aktivitäten, wenn sich hieraus ergebende Angebote außerhalb von Singapur angenommen und zu verbindlichen Verträgen werden. Vor diesem Hintergrund erlaubt Singapur ausländischen Unternehmen die Errichtung einer Repräsentanz (*representative office*). Eine gesetzliche Regelung fehlt. Zuständig für die Anmeldung der Repräsentanz eines ausländischen Unternehmens ist das singapurische Trade Development Board, das eine allgemein anerkannte Verwaltungspraxis entwickelt hat[6].

Eine Repräsentanz darf folgenden Zwecken dienen:

- Pflege von Geschäftskontakten mit Vertretern und Kunden des ausländischen Stammhauses;
- Entgegennahme von Aufträgen für das ausländische Stammhaus, die jedoch vom Stammhaus angenommen und ausgeführt werden müssen;
- Marktforschung und Kundenberatung;
- Schaffung von Marktbewußtsein für die Produkte und Serviceleistungen des ausländischen Unternehmens durch Werbung und Promotion.

Wenn die Tätigkeit hierauf beschränkt bleibt, wird die Unterhaltung einer Repräsentanz ohne weiteres erlaubt. In der Regel ist die Erlaubnis zeitlich befristet. Verlängerungen sind möglich.

Die Repräsentanz ist unter Angabe des Firmennamens und des Sitzes des Stammhauses sowie der Repräsentanz beim Trade Development Board anzumelden. Der Anmeldung sind folgende weitere Angaben und Dokumente beizufügen:

6 PICK, Legal Aspects of Trade and Investment in Singapore and Malaysia, in: CAMPBELL/WOLFF, Legal Aspects of Business Transactions and Investment in the Far East, 1988, S. 55 ff (86).

- Unternehmensgegenstand und Kapital des Stammhauses;
- Angaben zu den Gesellschaftern des Stammhauses, deren Nationalität und die jeweiligen Anteile am Gesellschaftskapital;
- Testierte Jahresabschlüsse des Stammhauses der vergangenen drei Geschäftsjahre;
- Beglaubigter Auszug aus dem Handelsregister.

Sämtliche Unterlagen in deutscher Sprache müssen zusammen mit beglaubigten Übersetzungen ins Englische vorgelegt werden. Broschüren, die über die Geschäftstätigkeit des Stammhauses Aufschluß geben, sind zweckmäßig.

3. *Personengesellschaften*

Sect. 1 des in Singapur geltenden englischen Partnership Act 1890 definiert die Personengesellschaft als Rechtsbeziehung von zwei oder mehr Personen, die sich zur gemeinsamen Geschäftsausübung zum Zwecke der Gewinnerzielung zusammengeschlossen haben. Gesellschafter der *partnership* können neben natürlichen Personen auch Unternehmen (*corporations*) sein. Der englische Limited Partnership Act 1907 findet nach Maßgabe des The Application of English Law Act 1993 in Singapur keine Anwendung mehr. Bereits vor der jetzt erfolgten gesetzlichen Klarstellung konnte diese der deutschen Kommanditgesellschaft vergleichbare Personengesellschaft in Singapur de facto nicht gegründet werden. Es fehlte an den hierfür erforderlichen handelsregisterlichen Instrumenten[7].

Die *partnership* hat keine Rechtsfähigkeit. Das Vermögen steht den Gesellschaftern gesamthänderisch (*jointly*) zu[8]. Die Höchstzahl der Gesellschafter ist auf zwanzig beschränkt, Sect. 17 (3) Companies Act[9].

Ausländische Unternehmen, die sich in der Rechtsform der *partnership* organisieren wollen, müssen gemäß Sect. 21 Business Registration Act eine natürliche Person zum örtlichen Bevollmächtigten (*local manager*) bestellen[10], die, wenn sie nicht die singapurische Staatsangehörigkeit besitzt, über eine Arbeitserlaubnis in Singapur verfügen muß.

Die Personengesellschaft muß bei Aufnahme ihrer Geschäftstätigkeit beim Registrar of Companies and Businesses mit einem Vordruck angemeldet werden. Die Anmeldung hat nur deklaratorische Bedeutung. Verstöße gegen die Anmeldepflicht sind strafbewehrt.

7 WOON, aaO (Fn. 2), S. 3, Fn. 12.

8 SIA, Business Firms and Companies, Singapore 1985, S. 31.

9 Ausnahmen gelten für die *partnership* von Mitgliedern freier Berufe (Rechtsanwälte, Ärzte, Wirtschaftsprüfer), vgl. WOON, aaO (Fn. 2), S. 2.

10 SIA, aaO (Fn. 8), S. 28.

Die Gesellschafter haften mit ihrem gesamten Vermögen für die Verbindlichkeiten der *partnership,* wenn das Gesamthandsvermögen nicht zur Deckung der Schulden ausreicht.

III. Recht der Kapitalgesellschaften

1. Allgemeines

Die Kapitalgesellschaft singapurischen Rechts (*company*) hat eine eigene Rechtspersönlichkeit.

Mit Erteilung des *certificate of incorporation* durch den Registrar of Companies erlangt die Gesellschaft Rechtsfähigkeit. Sie kann unter anderem klagen und verklagt werden. Die Haftung der Gesellschafter ist im Liquidations- oder Konkursfall (*winding-up*) auf dasjenige beschränkt, was die Gesellschafter in das Vermögen der Gesellschaft einzubringen haben (Sect. 19 (5) Companies Act).

2. Formen der Kapitalgesellschaften

a) Beschränkt und unbeschränkt haftende Kapitalgesellschaften

Sect. 17 (2) Companies Act unterscheidet drei Typen von Kapitalgesellschaften. Abgrenzungsmerkmal ist der Umfang der Haftung der Gesellschafter, wenn das Vermögen der Gesellschaft nicht zur Deckung der Verbindlichkeiten ausreicht.

Die bedeutendste Form ist die Gesellschaft, bei der die Haftung der Gesellschafter auf den Nominalwert der gezeichneten Geschäftsanteile beschränkt ist (*company limited by shares*). Eine weitere Form ist die Gesellschaft, bei der die Haftung der Gesellschafter auf einen Betrag begrenzt ist, für dessen Zahlung sich die Gesellschafter verbürgt haben (*company limited by guarantee*). Schließlich kann auch eine *unlimited company* gegründet werden. Sie zeichnet sich dadurch aus, daß die Gesellschafter unbeschränkt für die Verbindlichkeiten der Gesellschaft haften.

b) Personalistische Kapitalgesellschaften und Publikumsgesellschaft

Eine beschränkt oder unbeschränkt haftende Kapitalgesellschaft ist gemäß Sect. 1 Companies Act als *private company* (personalistische Kapitalgesellschaft) anzusehen, wenn

- das Recht zur Übertragung von Geschäftsanteilen statutarisch beschränkt ist;
- die Höchstzahl ihrer Gesellschafter auf 50 beschränkt ist;
- Angebote an die Öffentlichkeit, Geschäftsanteile oder Schuldverschreibungen der Gesellschaft zu zeichnen oder Gelder bei der Gesellschaft anzulegen, untersagt sind.

Gesellschaften, die keine personalistische Struktur im vorstehenden Sinne haben, sind Publikumsgesellschaften (*public companies*)[11].

Eine personalistische Kapitalgesellschaft, die nicht mehr als zwanzig Gesellschafter, die alle natürliche Personen sind, hat und an der kein Unternehmen unmittelbar oder mittelbar beteiligt ist, ist gemäß Sect. 4 Companies Act eine *exempt private company*. Dieser Gesellschaftstyp unterliegt unter bestimmten Voraussetzungen weniger strengen Rechnungslegungsvorschriften gegenüber dem Registrar of Companies. Weiter kann diese Gesellschaft ihren Direktoren oder Gesellschaften, an denen Direktoren beteiligt sind, Darlehen gewähren[12].

c) *Verbundene Unternehmen*

Sect. 5 Companies Act definiert als Tochtergesellschaft (*subsidiary*) eine Gesellschaft, die von einer anderen Gesellschaft beherrscht wird oder deren gezeichnete Geschäftsanteile zu mehr als 50 % von einer Gesellschaft gehalten werden. Die herrschende oder mehrheitlich beteiligte Gesellschaft ist die Muttergesellschaft (*holding company*). Sect. 5 A, 5 B Companies Act enthalten die Begriffsbestimmungen für die *ultimate holding company* und die *wholly owned subsidiary*.

Der Begriff *associated company* hat keine rechtliche Bedeutung. Die Bilanzierungsgrundsätze der Singapore Society of Accountants erfordern die Offenlegung von Beteiligungen von mehr als 20 % und unter 49 %, soweit sie von der zu prüfenden Gesellschaft gehalten werden und sofern ein spürbarer Einfluß (*significant influence*) ausgeübt wird[13].

3. *Strukturmerkmale der Kapitalgesellschaft*

Die in Singapur am weitesten verbreitete Gesellschaftsform ist die personalistische Kapitalgesellschaft. Ihre wesentlichen Merkmale werden nachstehend erläutert.

11 PILLAI, Company Law and Securities Regulation in Singapore, Singapore 1987, S. 9.
12 Vgl, WOON, aaO (Fn. 2), S. 8; PILLAI, aaO (Fn. 11), S. 8 f.
13 PILLAI, aaO (Fn. 11), S. 24.

a) Kapital

Die Höhe des Kapitals, das für eine Gesellschaft eingetragen werden soll, muß aus der Satzung hervorgehen. Dieser Betrag ist das genehmigte Kapital (*authorized capital*)[14]. Eine Mindesthöhe des Kapitals ist nicht vorgesehen. Eine *private company limited by shares* kann daher mit zwei Geschäftsanteilen, die einen Nominalwert von jeweils S $ 1,– haben, gegründet und eingetragen werden. Eine hinreichende Kapitalisierung ist aber immer schon dann zwingend erforderlich, wenn ein Ausländer zum lokalen Direktor der singapurischen Tochtergesellschaft bestellt werden soll. Der Controller of Immigration erteilt nämlich nur dann eine Arbeitserlaubnis (*employment pass*), wenn die Kapitaldecke der Gesellschaft ausreichend ist.

Im Rahmen des *authorized capital* können Geschäftsanteile geschaffen und von den Gesellschaftern gezeichnet werden. Das sogenannte *issued* oder *paid-up capital* wird entweder als Bar- oder Sacheinlage eingebracht. Gemischte Einlagen sind zulässig. Die Einlagen sind üblicherweise nach Aufforderung durch die Gesellschaft zu leisten (*call on shares*).

Die Haftung der Gesellschafter ist auf den Nominalwert der von ihnen gezeichneten Anteile beschränkt. Sind die Anteile voll eingezahlt, so haften die Gesellschafter darüber hinaus nicht für die Verbindlichkeiten der Gesellschaft.

b) Gesellschafter

Das Gesellschaftsrecht Singapurs kennt keine Bestimmungen, die das Halten von Beteiligungen durch ausländische Gesellschafter regeln. 100 % des Gesellschaftskapitals können daher von Ausländern oder ausländischen Unternehmen gehalten werden.

Sofern lediglich natürliche Personen Gesellschafter sind, muß die Gesellschaft immer zwei Gesellschafter haben. Dies folgt aus Sect. 42 Companies Act, wonach die Gesellschaft und ein etwaiger Alleingesellschafter ordnungswidrig handeln, wenn die Zahl der Gesellschafter für länger als sechs Monate unter zwei absinkt und die Geschäftstätigkeit der Gesellschaft gleichwohl fortgesetzt wird. Für sämtliche Verbindlichkeiten, die während einer solchen Phase entstehen, haftet der verbleibende Gesellschafter persönlich. Diese Bestimmung findet jedoch keine Anwendung, wenn eine *holding company* Alleingesellschafterin ist.

Die Willensbildung der Gesellschafter erfolgt in Gesellschafterversammlungen (vgl. hierzu noch unten, III.4. b)). Gesetzlich vorgeschrieben ist eine Jahreshauptversammlung. Zwischen den *Annual General Meetings* dürfen nicht mehr als 15 Monate liegen, Sect. 175 (1) Companies Act. Im übrigen können Gesell-

14 WOON, aaO (Fn.2), S. 280.

schafterversammlungen nach Maßgabe der Satzung oder auf Verlangen von einem oder mehreren Gesellschaftern einberufen werden, die mindestens 10 % des geleisteten und stimmberechtigten Kapitals halten.

Soweit in der Satzung der Gesellschaft nichts anderes bestimmt ist, haben die Gesellschafter folgende Ansprüche und Rechte:

- Einhaltung der Satzung;
- Unterbindung von rechtswidrigen und außerhalb des Unternehmensgegenstands liegenden Rechtsgeschäften;
- Zugang zu den Büchern der Gesellschaft und Erteilung bestimmter Informationen;
- Teilnahme und Abstimmung bei Gesellschafterversammlungen;
- faire Behandlung[15].

Die Gesellschafter können auf die Führung der Geschäfte der Gesellschaft durch den *board of directors* keinen Einfluß nehmen. Insbesondere sind Weisungen der Gesellschafter an die Geschäftsführung ausgeschlossen. Die Leitung der Gesellschaft obliegt ausschließlich dem *board of directors*[16].

c) Board of Directors

Oberstes Leitungs- und Aufsichtsorgan der Gesellschaft ist der *board of directors*. Sect. 145 (1) Companies Act schreibt vor, daß jede singapurische Gesellschaft mindestens zwei Direktoren haben muß. Einer dieser Direktoren muß seinen gewöhnlichen Aufenthalt in Singapur haben. Die singapurische Staatsangehörigkeit ist nicht erforderlich. Ein ausländischer *local director* benötigt eine Arbeitserlaubnis. Es ist nicht erforderlich, daß die Direktoren am Kapital der Gesellschaft beteiligt sind. Die Satzung kann jedoch für Direktoren *qualifying shares* vorsehen.

Der Aufgabenbereich des *board of directors* läßt sich in drei Bereiche untergliedern. Zunächst handeln die Direktoren für die Gesellschaft innerhalb der ihnen durch die Satzung zugewiesenen Befugnisse. Diese sind üblicherweise generalklauselartig weit gefaßt[17]. Weiter obliegt dem *board of directors* die Überwachung der für die Gesellschaft handelnden Bevollmächtigten und Angestellten. Schließlich sind die Direktoren dafür verantwortlich, daß die Gesellschaft nach Maßgabe der gesetzlichen Vorschriften geführt wird[18]. Sect. 157 (1) Companies Act verlangt von einem Direktor, jederzeit aufrichtig (*honestly*) zu handeln und bei der Erfüllung der Pflichten seines Amtes sachgerechte Sorgfalt (*reasonable diligence*) walten zu lassen.

15 Woon, aaO (Fn. 2), S. 107.
16 Woon, aaO (Fn. 2), S. 105.
17 Vgl. Fourth Schedule des Companies Act, Table A, Art. 73 ff.
18 Woon, aaO (Fn. 2), S. 187.

Die Mitglieder des *board of directors* können nur gemeinschaftlich durch Beschlüsse handeln, die nach Maßgabe der statutarischen Bestimmungen zu fassen und gemäß Sect. 188 Companies Act in das Protokollbuch (*minute book*) der Gesellschaft aufzunehmen sind[19].

Einzelne Direktoren können zu sogenannten *managing directors* bestellt werden. Eine entsprechende Befugnis des *board of directors* ergibt sich regelmäßig aus der Satzung[20]. Ein *managing director* hat im allgemeinen jedenfalls eine Anscheinsvollmacht, die sich auf den Abschluß sämtlicher, zum gewöhnlichen Geschäftsbetrieb der Gesellschaft gehörender Rechtsgeschäfte erstreckt[21].

d) *Company's Secretary*

Sect. 171 Companies Act bestimmt, daß jede Gesellschaft einen oder mehrere Schriftführer (*secretaries*) haben muß. Der Aufgabenbereich des *company's secretary* ist gesetzlich festgelegt. Hierzu gehören unter anderem die Ausfertigung von Dokumenten, die beim Registrar of Companies einzureichen sind und die Verwahrung des *minute book* und des *shareholders' registry* der Gesellschaft. Häufig werden dem *company's secretary* vom *board of directors* weitergehende Befugnisse bei der Verwaltung der Gesellschaft eingeräumt[22].

Die Novelle des Companies Act von 1987 hat für den *company's secretary* bestimmte Qualifikationsmerkmale festgelegt. So gehören beispielsweise Rechtsanwälte und Wirtschaftsprüfer zu den Personen, die das Amt des *company's secretary* ausüben können, Sect. 171 (1 A) lit (c) Companies Act.

e) *Company Auditor*

Gemäß Sect. 205 (1) Companies Act muß der *board of directors* binnen drei Monaten nach Gründung der Gesellschaft einen oder mehrere Prüfer (*auditors*) bestellen. Die Direktoren müssen in der Jahreshauptversammlung der Gesellschaft eine geprüfte Gewinn- und Verlustrechnung sowie eine geprüfte Bilanz vorlegen, die mit einem Prüfungsbericht zu versehen ist, Sect. 203, 204 (1), (4) Companies Act. *Company auditor* können nur gemäß Sect. 9 Companies Act befähigte und zugelassene Personen oder Firmen sein. Hierzu gehören die praktizierenden Mitglieder der Singapore Society of Accountants[23]. Bevor der *com-*

19 Pillai, aaO (Fn. 11), S. 76.
20 Vgl. Fourth Schedule des Companies Act, Table A, Art. 91.
21 Woon, aaO (Fn. 2), 51.
22 Pillai, aaO (Fn. 11), S. 75 f.
23 Pillai, aaO (Fn. 11), S. 126.

pany auditor vom *board of directors* bestellt wird, muß er seine Bereitschaft zur Übernahme dieses Amtes schriftlich erklärt haben, Sect. 10 (7) Companies Act.

Die wesentlichen, in Singapur zu beachtenden Bilanzierungsgrundsätze sind im Ninth Schedule des Companies Act niedergelegt.

4. *Gründungsverfahren*

a) *Firma*

Das Verfahren zur Gründung einer singapurischen Gesellschaft beginnt mit einem Antrag beim Registrar of companies zur Prüfung und Reservierung des vorgesehenen Firmennamens. Die Firma muß nicht dem Gegenstand des Unternehmens entlehnt sein. Auch eine Personenfirma ist nicht vorgeschrieben. Sect. 27 (1) Companies Act legt die Erfordernisse fest, die für die Genehmigung und Reservierung eines Firmennamens gelten. Danach kann ein Name nicht eingetragen werden, wenn er

– unerwünscht ist; oder
– einer bereits eingetragenen Firma gleicht oder hiermit verwechslungsfähig ist.

Die Verwendung bestimmter Namen oder Namensbestandteile kann auch per Verordnung untersagt sein[24]. Im Falle einer Gesellschaft mit beschränkter Haftung ist der Zusatz „*Limited*“ oder „*Berhad*“ erforderlich, Sect. 27 (7) Companies Act. Soll eine personalistische Kapitalgesellschaft gegründet werden, muß bei der beschränkt haftenden Gesellschaft gemäß Sect. 27 (8) Companies Act der Zusatz „*Private*“ oder „*Sendirian*“ unmittelbar vor dem Bestandteil „*Limited*“ eingefügt werden. Die Kürzel „*Pte. Ltd.*“ oder „*Sdn. Bhd.*“ sind erlaubt.

Der Registrar of Companies teilt in der Regel binnen weniger Tage mit, ob die gewünschte Firma zur Verfügung steht. Wenn dies der Fall ist, wird der vorgesehene Firmenname für zwei Monate reserviert. Eine einmalige Verlängerung der Reservierung um zwei Monate ist möglich. Solange die Reservierung wirkt, kann keine gleichlautende oder ähnliche Firma eingetragen werden.

b) *Satzung*

Die Satzung der Gesellschaft ist in *memorandum* und *articles of association* enthalten. Sie ist in zwei Abschnitte gegliedert.

Sect. 22 Companies Act legt den notwendigen Inhalt des *memorandum of association* fest. Darin müssen die Firma, die Gesellschaftsform, das Kapital und

24 Vgl. hierzu die Übersicht bei SIA, aaO (Fn. 8), S. 16 ff.

der Unternehmensgegenstand enthalten sein. Der Unternehmensgegenstand ist üblicherweise sehr weit gefaßt. Neben dem eigentlichen Geschäftszweck, den *main objects*, werden regelmäßig eine Vielzahl von Rechtsgeschäften aller Art aufgeführt. Der Grund hierfür ist die *doctrine of ultra vires* des Common Law. Sie gilt jedoch im Verhältnis der Gesellschaft zu Dritten gemäß Sect. 25 Companies Act in Singapur nur noch mit Einschränkungen.

Sect. 23 Companies Act schreibt unter anderem vor, daß Spenden für mildtätige Zwecke vom Unternehmensgegenstand einer singapurischen Gesellschaft umfaßt sein müssen. Subs. (2) verweist im übrigen in Ermangelung anderweitiger Regelungen der Gesellschafter im *memorandum of association* auf den Third Schedule des Companies Act, der einen umfassenden Geschäftsgegenstandskatalog enthält.

Das *memorandum of association* ist von den Gründungsgesellschafter in Gegenwart eines Zeugen zu unterzeichnen. Im Falle der Gründung von Tochtergesellschaften durch Ausländer ist es aus Vereinfachungsgründen üblich, daß als Gründungsgesellschafter und erste Direktoren Rechtsanwälte auftreten, die nach Erteilung des *certificate of incorporation* ihre treuhänderisch gehaltenen Gründungsanteile und ihre Organstellungen auf den Auftraggeber übertragen.

Den zweiten Abschnitt der Satzung bilden die *articles of association*. Sie regeln die innere Organisation der Gesellschaft und deren Geschäftsführung. Wenn die Gesellschafter keine anderweitige Regelung treffen, gelten gemäß Sect. 36 (2) Companies Act die im Table A des Fourth Schedule des Companies Act enthaltenen Regelungen. Anderweitige Bestimmungen sind zulässig, soweit sie nicht rechtswidrig sind oder gegen den Companies Act oder das *memorandum of association* verstoßen. Weiter können Gesellschaftern nicht vom Companies Act eingeräumte Rechte entzogen werden[25].

Die im Table A festgelegten Bestimmungen betreffen unter anderem folgende Regelungsgegenstände:

- Ausgabe von Geschäftsanteilen und die Änderung von hiermit verknüpften Rechten;
- Pfandrecht der Gesellschaft an Geschäftsanteilen;
- Aufforderung zur Erbringung der Einlagen auf gezeichnete Geschäftsanteile;
- Regelungen zur Übertragung von Geschäftsanteilen;
- Rechtsnachfolge in Geschäftsanteile;
- Einziehung von Geschäftsanteilen;
- Änderung des Kapitals der Gesellschaft;
- Regelungen im Hinblick auf die Durchführung und den Ablauf von Gesellschafterversammlungen;
- Bestellung, Abberufung und Vollmachten von Direktoren;

25 Pillai, aaO (Fn. 11), S. 56 f.

- Rechte der Direktoren untereinander;
- Gewinnverwendung und Bildung von Rücklagen;
- Kapitalisierung von Gewinnen.

Die Satzung der Gesellschaft kann nach Maßgabe der in *memorandum* und *articles of association* enthaltenen Bestimmungen geändert werden. Es gilt das Mehrheitsprinzip. Art. 51 des Table A sieht eine Abstimmung nach Köpfen („*on a show of hands*") vor, wenn kein Gesellschafter eine Abstimmung nach Kapitalanteilen („*a poll*") verlangt.

Bestimmte Beschlußgegenstände erfordern eine *special resolution* (z. B. Änderung der Firma, Umwandlung, Liquidation). Ein derartiger Beschluß bedarf gemäß Sect. 184 (1) Companies Act einer qualifizierten Mehrheit von 75 % der stimmberechtigten Gesellschafter. Die Ladungsfrist für Gesellschafterversammlungen, bei denen über Angelegenheiten befunden werden soll, die eine *special resolution* der Gesellschafter erfordern, beträgt 21 Tage.

Die Gründung der Gesellschaft wird dadurch eingeleitet, daß nach Genehmigung des Firmennamens und vor Ablauf der Namensreservierungsfrist beim Registrar of Companies folgende Unterlagen eingereicht werden:

- das von den Gründungsgesellschaftern unterzeichnete *memorandum* und *articles of association*;
- die Versicherung, daß sämtliche Erfordernisse des Companies Act im Zusammenhang mit der Gründung der Gesellschaft ordnungsgemäß erfüllt sind, Sect. 19 (2) Companies Act;
- ein Identitätsnachweis, der die Personalien der Gründungsgesellschafter enthält und der von einem Notar, einem Rechtsanwalt oder einem Wirtschaftsprüfer beglaubigt werden muß, Sect. 19 (3) Companies Act;
- die Zustimmung zur Bestellung zum Direktor, die gleichfalls von einer hierzu befugten Person zu beglaubigen sind, Sect. 146 (1) Companies Act;
- die Mitteilung des Rechtssitzes der Gesellschaft, Sect. 143 Companies Act.

Das Gründungsverfahren wird mit der Erteilung des *certificate of incorporation* durch den Registrar of Companies abgeschlossen. Vor Erlangung der Rechtsfähigkeit abgeschlossene Verträge können von der Gesellschaft nach erfolgter Gründung gemäß Sect. 41 (1) Companies Act mit Rückwirkung genehmigt werden. Vor der Genehmigung haften die für die zu gründende Gesellschaft handelnden Personen persönlich, soweit nicht ausdrücklich eine persönliche Haftung ausgeschlossen wurde, Sect. 41 (2) Companies Act.

c) Kosten

Die gesetzlichen Gebühren für die Anmeldung oder Eintragung oder sonstigen gesellschaftsrechtlichen Angelegenheiten, mit denen der Registrar of Companies zu befassen ist, sind im Second Schedule des Companies Act geregelt. Für die Gründung fällt eine Mindestgebühr von S $ 1.000,–. Die Gebühr steigt in Abhängigkeit von der Höhe des *authorized capital*. Bei einem *authorized capital* von S $ 100.000,– beträgt die Gebühr S $ 1.300,–, bei S $ 1.000.000,–, S $ 3.900,– und bei S $ 10 Mio., S $ 6.900,–. Bei der Anmeldung der Zweigniederlassung eines ausländischen Unternehmens fällt, in Abhängigkeit vom Kapital des Stammhauses, die Hälfte der vorstehenden Gebühren an.

Hinzu kommt das Honorar für den mit der Gründung befaßten Rechtsanwalt oder Wirtschaftsprüfer, dessen Höhe sich nach dem mit der Gründung verbundenen Zeitaufwand bemißt. Schließlich fallen noch diverse kleinere Auslagen für Beurkundungen und Handelsregisteranmeldungen (*stamp and oath fees, filing fees*), die Druckkosten für *memorandum* und *articles of association*, die Bücher der Gesellschaft (*minute book, shareholders' registry*) und das Siegel der Gesellschaft (*company seal*) an.

Anhang

1. Abkürzungsverzeichnis

Sect.	Section
Subs.	Subsection

2. Literaturverzeichnis

IBRAHIM, AHMAD, International Encyclopaedia of Comperative Law, 1987, Volume 1, National Reports, Singapore

PICK, ROBERT D. A., Legal Aspects of Trade and Investment in Singapore and Malaysia, in: CAMPBELL, DENIS/WOLFF, ARTHUR, Legal Aspects of Business Transactions and Investment in the Far East, 1988

PILLAI, PHILIP N., Company Law and Securities Regulation in Singapore, Singapore 1987

SCHÜTZE, ROLF A., Handels- und Wirtschaftsrecht von Singapur und Malaysia, 1987

SIA, SUAT HWA, Business Firms and Companies, Singapore 1985

WOON, WALTER C. M., Company Law, Singapore 1988

ZWART, SARA G., A Favourable Climate for Foreign Investment in Singapore: Recent Changes in the Companies Act Hold Directors to Strict Standards of Accountability, The International Lawyer 1987, 357 ff

3. Adressenverzeichnis

Botschaft der Bundesrepublik Deutschland
545 Orchard Road
14th Floor Far East Shopping Centre
Singapore 0923
Tel: 0065 – 7371355
Fax: 0065 – 7372653

German Business Association
39A Jalan Peminpin
#05-00 Union Centre
Singapore 2057
Tel: 0065 – 3536841
Fax: 0065 – 3536962

Singapore International
Chamber of Commerce
50 Raffles Place #03-02
Shell Tower
Singapore 0104
Tel: 0065 – 2241255

Singapore Trade Development Board
1 Maritime Square # 10 – 40 (Lobby D)
World Trade Center
Telok Blangah Road
Singapore 0409
Tel: 0065 – 2719388
Fax: 0065 – 2740770

Deutsche Niederlassung des Singapore Trade Development Board
Goethestraße 5
60313 Frankfurt a/M
Tel: 069 – 281743
Fax: 069 – 285039

Singapore Economic Development Board
– Amt für Wirtschaftsförderung –
250 North Bridge Road #24 – 00
Raffles City Tower
Singapore 0617
Tel: 0065 – 3362288
Fax: 0065 – 3396007

Deutsches Büro des Singapore Economic Development Board
Untermainanlage 7
60329 Frankfurt a/M.
Tel: 069 – 233838
Fax: 069 – 252882

Die Gründung einer Tochtergesellschaft in der Slowakei

von

DR. PAVEL KUBIČEK, Bratislava

Inhaltsübersicht

I. Einleitung

1. Formen unternehmerischer Tätigkeit von ausländischen Personen in der Slowakei

Das Handelsgesetzbuch geht von dem Grundsatz der Gleichbehandlung mit Inländern aus, soweit sich aus dem Gesetz nichts anderes ergibt.

Ausländische Personen können sich daher auf dem Gebiet der Slowakischen Republik wie folgt betätigen:

Sie können sich an der Gründung einer slowakischen juristischen Person beteiligen, ferner sich an einer schon gegründeten juristischen Person als Gesellschafter beteiligen oder selbst eine juristische Person in der Slowakei gründen, hier insbesondere eine Gesellschaft mit beschränkter Haftung sowie eine Aktiengesellschaft, wobei eine Aktiengesellschaft nur von einer juristischen Person gegründet werden kann. Hierbei sei schon jetzt erwähnt, daß eine Einmann-Gesellschaft als solche nicht gegründet werden kann, sondern nur dadurch entstehen kann, daß die slowakischen Gesellschafter im Inland ihre Beteiligung an der Gesellschaft aufgeben. Dies gilt sowohl für die Gesellschaft mit beschränkter Haftung als auch für die Aktiengesellschaft.

Nach dem slowakischen Handelsgesetzbuch sind alle ausländischen Personen, die im Ausland werbend tätig werden können, auch im Inland dazu zugelassen. Im Sinne des Handelsgesetzbuches gelten sie als Unternehmer und können insbesondere Gesellschaften oder Organisationsbestandteile ausländischer Gesellschaften auf dem Gebiet der Slowakischen Republik errichten. Die ausländische juristische Person ist dann selbst ermächtigt, den Antrag auf Eintragung ins Handelsregister zu stellen.

2. *Die gesetzliche Infrastruktur für ausländische Investoren*

Im Ergebnis kann man sagen, daß das slowakische Handelsgesetzbuch eine verhältnismäßig liberale rechtliche Regelung der unternehmerischen Möglichkeiten in der Slowakischen Republik enthält. Jedoch ist hier nicht nur das Handelsgesetzbuch einschlägig; vielmehr sind darüberhinaus die im Anhang zu diesem Beitrag genannten Gesetze zu berücksichtigen, insbesondere das Gewerbegesetz, das die Erlaubnis zur gewerblichen Tätigkeit und die damit zusammenhängende Kontrolle der Gewerbetreibenden regelt, das Devisengesetz sowie Sondervorschriften, die die Tätigkeit auf dem Gebiet des Banken-, Versicherungs-, Sparkassen- und Börsenwesens regeln.

Das Eigentum ausländischer Personen im Zusammenhang mit ihrer unternehmerischen Tätigkeit in der Slowakischen Republik ist gesetzlich geschützt. diesen Schutz garantiert auch bereits die Verfassung der Slowakischen Republik, die die Unantastbarkeit des legal erworbenen Privateigentums garantiert. Darüber hinaus sind ausländische Investoren über bilaterale Verträge, die den Investitionsschutz in der Slowakischen Republik regeln, gesichert.

Wie oben bereits angedeutet, kommen für die unternehmerische Aktivität eines ausländischen Unternehmens in der Slowakei die Rechtsformen der Aktiengesellschaft und der Gesellschaft mit beschränkter Haftung in Betracht. Im folgenden soll deshalb kurz dargestellt werden, wie diese beiden Gesellschaftsformen in der Slowakei rechtlich geregelt sind.

II. *Die Aktiengesellschaft*

Die Aktiengesellschaft ist auch nach slowakischem Recht eine Kapitalgesellschaft mit eigener Rechtspersönlichkeit. Ihr Stammkapital ist aufgeteilt in eine bestimmte Aktienzahl zu einem bestimmten Nennwert. Das Handelsgesetzbuch ermöglicht die Ausgabe folgender Aktientypen:
- Inhaberaktien *(au porteur)*,
- Namensaktien *(au nom)*,

ferner die Ausgabe von
- Arbeiteraktien und
- Vorzugsaktien.

Die Ausgabe von Zinsaktien ist allerdings untersagt.

1. *Die Gründung der Aktiengesellschaft*

Zur Gründung einer Aktiengesellschaft sind mindestens zwei Gründer erforderlich; eine Einmann-Gründung ist jedoch zulässig, wenn der Gründer eine juristische Person ist. Im letzteren Fall ist es ausreichend, wenn der Gründer eine Gründungsurkunde unterzeichnet. Gründen zwei oder mehrere Gründer eine Aktiengesellschaft, so schließen sie einen Gründungsvertrag. Die Unterschriften auf der Gründungsurkunde und auf dem Gründungsvertrag müssen öffentlich beglaubigt sein. Gründungsurkunde und Gründungsvertrag müssen die Statuten der Gesellschaft enthalten. Das Mindestkapital ist auf 1 Mio. Sk festgelegt.

Gemäß § 136 Handelsgesetzbuch müssen Gründungsvertrag bzw. Gründungsurkunde folgendes beinhalten:
- die Firma, den Sitz der Gesellschaft und den Gegenstand der unternehmerischen Tätigkeit;
- Grundkapital;
- die Anzahl der Aktien und deren Nennwert; wenn verschiedene Aktien ausgegeben werden, ihre Bezeichnung und die mit ihnen verbundenen Rechte;
- die Einlagen der einzelnen Gründer auf die gezeichneten Anteile;
- bei Sacheinlagen die Bezeichnung des eingebrachten Gegenstandes und seine sachverständig festgestellte Bewertung.

a) *Die Gründung der Gesellschaft durch öffentliche Ausgabe von Aktien*

Falls eine Gesellschaft zur Gründung ihr Kapital durch öffentliche Ausgabe von Aktien aufbringt, müssen Gründungsvertrag und Gründungsurkunde zusätzlich zu den oben genannten Angaben folgendes enthalten:

- Zeit und Ort der Aktienausgabe;
- Vorgehensweise bei der Zeichnung von Aktien, die das geplante Stammkapital überschreiten;
- Ort und Zeit der Einzahlung von gezeichneten Aktienanteilen und ihre Höhe;
- die Form der Einberufung der Gesellschafterversammlung der Aktionäre.

Die Gründungsmitglieder sind verpflichtet, sofern es sich um eine Stufen- und nicht um eine Einheitsgründung der Gesellschaft handelt, öffentlich mitzuteilen, daß sie eine Aktiengesellschaft gründen. Die potentiellen Aktionäre sind sodann aufzufordern, ihre Anteile am Stammkapital zu zeichnen.

Soll eine Sacheinlage, die üblicherweise von einem Gründungsmitglied geleistet wird, eingebracht werden, so ist deren Wert vorläufig von einem Gerichtssachverständigen festzusetzen, damit die Zeichner überprüfen können, ob und in welcher Höhe die Einlage geleistet wurde.

Die Aktienzeichnung endet mit der Eintragung in das Aktionärsbuch. Die Zeichner sind verpflichtet, gleichzeitig mit der Zeichnung bereits zehn Prozent der gezeichneten Summe auf ein von den Gründungsmitgliedern bestimmtes Konto einzuzahlen: Damit soll gewährleistet sein, daß die Aktionäre nicht ohne Grund von der Zeichnung wieder Abstand nehmen und die angefallenen Kosten für diesen Fall gedeckt sind.

Sobald die Aktien gezeichnet sind, sind die Gründungsmitglieder verpflichtet, die Aktionäre zu der Gründungshauptversammlung einzuladen, die innerhalb von 60 Tagen nach der Zeichnung der letzten Aktien stattfinden soll.

b) Die Gründung einer Gesellschaft ohne öffentliche Ausgabe von Aktien

Gemäß § 172 HGB können die Gründungsmitglieder das gesamte Kapital auch selbst zeichnen. In diesem Falle ist die förmliche Zeichnung der Aktien nicht notwendig; die Gründungsmitglieder können die Aufteilung der Aktien vielmehr vertraglich festlegen. Auch eine Gründungshauptversammlung ist nicht erforderlich. Die Gesellschaftsorgane, d. h. der Vorstand und der Aufsichtsrat, werden von den Gründungsmitgliedern ernannt. Die Gründungsmitglieder selbst nehmen die rechtliche Stellung der Hauptversammlung ein. Die Gründer legen vertraglich die Statuten der Gesellschaft fest; die Entscheidung der Gründer muß als notarielles Protokoll formuliert werden. Im übrigen gelten die allgemeinen Bestimmungen über die Gründung von Aktiengesellschaften entsprechend.

Das gleiche gilt auch dann, wenn einziger Gründer der Gesellschaft eine juristische Person ist, die das gesamte Grundkapital hält.

2. *Die Statuten der Aktiengesellschaft*

Die Statuten der Aktiengesellschaft haben den Charakter eines Gesellschaftsvertrages zwischen den Aktionären; das Gesetz legt den Inhalt dieser Statuten zwingend fest. Vor der Eintragung der Gesellschaft im Handelsregister untersucht das Registergericht, ob die Statuten die durch § 173 HGB festgelegten Anforderungen erfüllen. Nach dieser Vorschrift müssen die Statuten bei Strafe der Nichteintragung über § 163 HGB hinaus folgendes beinhalten:
- die Art und Weise der Einberufung der Gesellschafterversammlung, ihre Zuständigkeiten und die Art der Beschlußfassung;
- die Anzahl der Vorstands- und Aufsichtsratsmitglieder sowie der Mitglieder der anderen Organe, deren Zuständigkeitsbereich und die Art und Weise ihrer Entscheidungsfindung;
- die Höhe des anfänglichen Reservefonds sowie Höhe und Art und Weise der Nachschußpflichten;
- Art und Weise der Gewinnaufteilung;
- die Sanktion bei nicht rechtzeitiger Einzahlung der Einlagen;
- die Art der Kapitalerhöhung bzw. Kapitalherabsetzung;
- die Vorgehensweise bei der Ergänzung und der Veränderung der Statuten.

Gemäß § 174 HGB müssen die Statuten darüber hinaus Angaben enthalten über
- die Ausgabe verschiedenartiger Aktien (z. B. Arbeiteraktien), ihre Bezeichnung, Anzahl und die mit ihnen verbundenen Rechte;
- die Voraussetzungen der Schuldscheinausschreibung gemäß § 164 HGB und die mit den Schuldscheinen verbundenen Rechte.

Darüber hinaus können natürlich nach Belieben der Aktionäre weitere Bestimmungen in die Statuten aufgenommen werden, die das Gesetz nicht nennt.

Die Statuten können nachträglich geändert werden. Bestimmte Maßnahmen können nur durch gleichzeitige Änderung der Statuten durchgeführt werden, so z. B. die Erhöhung und Herabsetzung des Stammkapitals. solche Veränderungen treten jedoch erst nach Eintragung in das Handelsregister in Kraft.

3. *Die Eintragung der Aktiengesellschaft ins Handelsregister*

Die Aktiengesellschaft erhält ihre Rechtspersönlichkeit erst mit Eintragung in das Handelsregister. Bis zu diesem Moment handeln die Gründungsmitglieder als selbständige rechtliche Subjekte, ihre rechtlichen Handlungen wirken nicht für oder gegen die Gesellschaft.

Der Antrag auf Eintragung in das Handelsregister wird von allen Vorstandsmitgliedern gemeinsam unterzeichnet. Voraussetzung für die Eintragung ist, daß die Gründungshauptversammlung, sofern eine solche vorgeschrieben ist, stattgefunden hat, wenn ferner das gesamte Stammkapital gezeichnet wurde und mindestens dreißig Prozent des Stammkapitals mit Ausnahme der Arbeiteraktien eingezahlt wurden. Ferner ist vorher über die Statuten der Gesellschaft abzustimmen und die Mitglieder der Gesellschaftsorgane müssen gewählt werden. Im übrigen muß bei genehmigungspflichtigen Tätigkeiten der Gesellschaft die Genehmigung vorliegen.

Dem Antrag auf Eintragung ins Handelsregister sind beizufügen:
- Gründungsvertrag bzw. Gründungsurkunde;
- die beschlossenen Statuten;
- das notarielle Protokoll, mit dem nachgewiesen wird, daß die Gründungshauptversammlung stattgefunden hat. Soweit im Falle der Einheitsgründung eine solche nicht erforderlich ist, ist das notarielle Protokoll über den entsprechenden Beschluß der Gründungsmitglieder beizufügen.

4. Rechte und Pflichten der Aktionäre

Die wichtigsten Rechte der Aktionäre sind:
- Das Recht auf Gewinnanteil (Dividende),
- das Recht auf Anteil am Liquidationserlös im Fall der Auflösung der Gesellschaft;
- das Recht auf Teilnahme an der Verwaltung der Gesellschaft.

Diese Rechte sind jedoch daran gebunden, daß der Aktionär seine Einlage voll eingezahlt hat. Die Pflichten werden begründet bei der Stufengründung der Aktiengesellschaft mit Unterzeichnung der Zeichnerurkunde, bei der Einheitsgründung der Gesellschaft mit Unterzeichnung des Gründungsvertrages oder der Gründungsurkunde.

Das Handelsgesetzbuch gewährt Minderheitsaktionären, die wenigstens eine zehnprozentige Beteiligung am Stammkapital haben, darüber hinaus folgende Rechte: Sie können den Vorstand um Einberufung einer außerordentlichen Gesellschafterversammlung ersuchen sowie die Aufnahme eines bestimmten Tagesordnungspunkts in den Tagesordnungsplan erwirken und den Aufsichtsrat um Überprüfung der Tätigkeit des Vorstands in bestimmten Angelegenheiten angehen. Darüber hinaus kann jeder Aktionär rechtswidrige Beschlüsse der Gesellschafterversammlung anfechten.

5. Die Organe der Aktiengesellschaft

Wie oben bereits erwähnt ist die Aktiengesellschaft eine juristische Person. Sie handelt durch folgende Organe:

- Gesellschafterversammlung,
- Vorstand,
- Aufsichtsrat.

Darüber hinaus gibt es leitende Angestellte, die als (General-) Direktoren die einzelnen Abteilungen der Aktiengesellschaft arbeitsteilig leiten. Sie haben jedoch keine Organfunktion und sind dem Vorstand gegenüber unmittelbar verantwortlich.

a) Die Gesellschafterversammlung als höchstes Organ der Gesellschaft

Alle Aktionäre haben das Recht, an den Verhandlungen der Gesellschafterversammlung teilzunehmen, Auskünfte zu verlangen, Einwände und Vorschläge vorzubringen und über sie abzustimmen. Die Gesellschafterversammlung ist als höchstes Organ zuständig für die Veränderung der Statuten, die Entscheidung über eine Erhöhung bzw. Herabsetzung des Grundkapitals sowie die Schuldscheinausschreibung, die Wahl und Abberufung der Vorstandsmitglieder, falls die Statuten nicht bestimmen, daß sie vom Aufsichtsrat gewählt oder abberufen werden (§ 194 Abs. 1 HGB), ferner für die Wahl und Abberufung der Aufsichtsratsmitglieder mit Ausnahme der gemäß § 200 HGB gewählten Aufsichtsratsmitglieder sowie über die Wahl und Abberufung die Mitglieder anderer, durch die Statuten bestimmter Organe. Sie ist ferner zuständig für die Beschlußfassung über den Jahresrechnungsabschluß, über die Gewinnverteilung und die Bestimmung der Tantiemen, zur Entscheidung über die Auflösung der Gesellschaft sowie zur Entscheidung über alle weiteren Fragen, die gesetzlich oder durch die Statuten der Gesellschafterversammlung zugewiesen sind.

Die Gesellschafterversammlung wird mindestens einmal jährlich vom Vorstand einberufen, falls das Gesetz nichts anderes festlegt, und zwar in der durch die Statuten bestimmten Form und Frist. Sie ist generell beschlußfähig durch einfache Mehrheit der Stimmen der anwesenden Aktionäre, falls das Gesetz oder die Statuten nicht eine andere Mehrheit verlangen. So ist nach dem Gesetz z. B. eine Zweidrittelmehrheit dann erforderlich, wenn es um die Veränderung der Statuten, die Erhöhung bzw. Herabsetzung des Grundkapitals sowie die Auflösung der Gesellschaft geht. Über diese Entscheidungen muß im übrigen ein notarielles Protokoll angefertigt werden.

b) Vorstand

Der Vorstand ist das geschäftsführende Organ der Gesellschaft. Er wird von der Gesellschafterversammlung aus dem Kreis der Aktionäre oder anderer Personen für die in den Statuten bestimmte Zeit gewählt, jedoch begrenzt auf fünf

Jahre. Gemäß § 194 Abs. 1 HGB kann in den Statuten festgelegt werden, daß die Vorstandsmitglieder vom Aufsichtsrat in einer dort festgelegten Art und Weise gewählt und abberufen werden. Per Gesetz ist die Mindestzahl der Vorstandsmitglieder auf drei Personen festgelegt. Sie variiert jedoch je nach Größe der Aktiengesellschaft. Die Zahl der Vorstandsmitglieder und die Zusammensetzung des Vorstandes werden in den Statuten festgelegt. Die Vorstandsmitglieder wählen ihren Vorsitzenden selbst. Die Beschlüsse des Vorstandes werden mit einfacher Mehrheit der Stimmen seiner Mitglieder gefaßt, wenn nicht in den Statuten eine andere Mehrheit vorgesehen ist.

Über die Vorstandssitzung und ihre Beschlüsse werden Protokolle angefertigt, die vom Vorsitzenden des Vorstandes und dem Protokollführer zu unterzeichnen sind.

Die Aufgaben des Vorstandes bestehen in der Hauptsache darin, die Beschlüsse der Gesellschafterversammlung umzusetzen sowie Vorschläge für die Gesellschafterversammlung auszuarbeiten. Er bestimmt ferner die wesentlichen Entwicklungslinien der Gesellschaft. Wichtige Pflichten des Vorstandes sind die Ausarbeitung des Jahresrechnungsabschlusses und eines Vorschlages für die Gewinnverteilung. Er berichtet der Gesellschafterversammlung über die unternehmerische Tätigkeit, über die Eigentumsverhältnisse in der Gesellschaft und über ihre Handelspolitik in den durch die Statuten festgelegten Zeiträumen, jedoch mindestens einmal jährlich. Insbesondere ist der Vorstand verantwortlich für die ordnungsgemäße Buchführung innerhalb der Gesellschaft.

c) Aufsichtsrat

Der Aufsichtsrat ist ein weiteres obligatorisches Organ der Aktiengesellschaft und ist zuständig für die Kontrolle der gesamten Tätigkeit der Aktiengesellschaft. Er ist befugt, der Gesellschafterversammlung und dem Vorstand Maßnahmen vorzuschlagen, die er für wichtig hält. Aus dem Sinn des Aufsichtsrats ergibt sich, daß die Mitgliedschaft im Aufsichtsrat mit der Ausübung weiterer Funktionen in der Gesellschaft nicht vereinbar ist. Ein Aufsichtsratsmitglied darf deshalb nie gleichzeitig Vorstandsmitglied, Prokurist oder eine im Handelsregister eingetragene vertretungsberechtigte Person der Gesellschaft sein.

Der Aufsichtsrat besteht aus mindestens drei Mitgliedern und setzt sich aus dem Kreis der Aktionäre und dritten Personen zusammen. Mitarbeiter der Gesellschaft selbst können einen Aufsichtsratssitz nur dann erwerben, wenn deren Mitarbeit sich gemäß Gesetz auf die Kontrolle der Leitung und die wirtschaftliche Tätigkeit der Gesellschaft beschränkt (Arbeitnehmervertreter). In diesem Fall wird das Aufsichtsratsmitglied nicht von der Gesellschafterversammlung gewählt, sondern von der Versammlung der Mitarbeiter. Ein solcher Mitarbeitervertreter im Aufsichtsrat ist gesetzlich vorgesehen, wenn die Gesellschaft zum

Zeitpunkt der Wahl der Aufsichtsratsmitglieder mindestens fünfzig Personen im Hauptarbeitsverhältnis beschäftigt. In diesem Fall wählt die Versammlung der Mitarbeiter ein Drittel der Aufsichtsratsmitglieder aus den eigenen Reihen.

Die Aufsichtsratsmitglieder haben das Recht, das Handeln in allen Angelegenheiten der Gesellschaft zu überprüfen; sie haben Einblick in alle Buchhaltungsunterlagen der Gesellschaft und das Recht, den Stand der wirtschaftlichen Tätigkeit zu ermitteln. Umfang und Ausgestaltung dieses Rechtes sollten in den Statuten gründlich geregelt werden. Sie haben ferner das Recht, an der Gesellschafterversammlung der Gesellschaft teilzunehmen und können Vorschläge zur Tagesordnung unterbreiten. Eine besonders wichtige Pflicht des Aufsichtsrates ist die Prüfung des Jahresrechnungsabschlusses, der Bilanzen und der Vorschläge zur Gewinnverteilung; auch der Aufsichtsrat hat darüber jedes Jahr der Gesellschafterversammlung zu berichten.

Ergeben sich Meinungsverschiedenheiten zwischen den Mitarbeitervertretern im Aufsichtsrat und den übrigen Aufsichtsratsmitgliedern, so sind beide Meinungen der Gesellschafterversammlung bekanntzumachen.

Der Aufsichtsrat hat das Recht, die Gesellschafterversammlung einzuberufen, wenn dies im Interesse der Gesellschaft liegt. Dies ist z. B. dann der Fall, wenn der Aufsichtsrat feststellt, daß die Vorstandsmitglieder die Interessen der Gesellschaft verletzen, indem sie ihre Aufgaben unsorgfältig und nicht ordnungsgemäß erfüllen. Kommt es dabei zu einer gerichtlichen Auseinandersetzung mit dem gesamten Vorstand oder einzelnen Vorstandsmitgliedern, so wird die Gesellschaft vor Gericht durch den Aufsichtsrat vertreten.

d) Andere Organe der Gesellschaft

Die Aktiengesellschaft kann nach eigenem Bedarf auch weitere Organe außer den gesetzlich festgelegten bilden. Als solche Organe kommen in Betracht z. B. die Direktoren (Generaldirektoren) als leitende Angestellte sowie das gesamte Direktorium der Aktiengesellschaft, ferner die Kommissionen als Beratungsorgane des Vorstandes. Letztere bestehen in der Regel aus einem oder mehreren Vorstandsmitgliedern, Sachverständigen und Mitarbeitern der Aktiengesellschaft.

6. Die Erhöhung und Herabsetzung des Grundkapitals

Die Höhe des Grundkapitals ist in den Statuten festgelegt. Die Notwendigkeit, eine Kapitalherabsetzung oder Kapitalerhöhung vorzunehmen, ergibt sich entweder aus dem wirtschaftlichen Erfolg der Gesellschaft oder aus einem Sanierungsbedarf. Dazu müssen die Statuten geändert und das Registergericht informiert werden.

a) Kapitalerhöhung

Sofern die Aktiengesellschaft zur Ausübung ihrer Tätigkeit weiteres Kapital benötigt, kann sie dies beschaffen, indem sie neue Aktien ausgibt, Sachwerte veräußert oder eine bedingte Kapitalerhöhung vornimmt. Gleichzeitig mit der Einberufung der Gesellschafterversammlung zwecks Änderung der Statuten müssen die Gründe für die vorgeschlagene Kapitalerhöhung sowie die Art und Anzahl der neu ausgegebenen Aktien oder die Änderung des Nominalwertes der bisherigen Aktien mitgeteilt werden. Falls eine Kapitalerhöhung durch Ausgabe neuer Aktien vorgeschlagen wird, ist mit der Einladung oder Mitteilung die Zeichnungsfrist anzugeben. Falls die Ausgabe von neuartigen Aktien vorgeschlagen wird, sind die mit ihnen verbundenen Rechte anzugeben und mitzuteilen, welche Folgen dies für die mit den alten Aktien verbundenen Rechte haben wird.

Falls die Kapitalerhöhung durch Sacheinlagen vorgenommen werden soll, ist in der Einladung oder Mitteilung an die Aktionäre der Gegenstand der Sacheinlage und der dafür veranschlagte Wert anzuführen. Die Gesellschafterversammlung hat dann zu prüfen, welchen Wert die Sacheinlage tatsächlich hat.

b) Kapitalherabsetzung

Über eine Kapitalherabsetzung entscheidet die Gesellschafterversammlung auf Antrag des Vorstandes mit Zweidrittelmehrheit der Stimmen der anwesenden Aktionäre. Falls sich das Gesellschaftskapital auf mehrere Aktienarten verteilt, ist die Zweidrittelmehrheit der Stimmen der anwesenden Aktionäre zu jeder Aktienart notwendig. Der Beschluß der Gesellschafterversammlung über die Kapitalherabsetzung umfaßt den Grund, den Umfang und die Art und Weise, wie sie vollzogen werden soll, sowie die Vorlagefrist der Aktien bei der Gesellschaft.

Es gibt mehrere Methoden, das Stammkapital herabzusetzen. So kann z. B. der Nennwert der Aktien herabgesetzt werden, indem neue Aktien mit einem niedrigeren Nennwert gegen die alten eingetauscht werden oder, indem der Nennwert auf den alten Aktien schriftlich mit Unterschrift zweier zur Vertretung der Gesellschaft berechtigter Vorstandsmitglieder geändert wird. Das Kapital kann ferner durch Einziehung einer bestimmten Zahl von Aktien aus dem Umlauf herabgesetzt werden, und zwar so, daß die auf Aufforderung des Vorstandes vorgelegten Aktien oder durch Los bestimmte Aktien zurückgekauft werden. Die Vorgehensweise bei dieser Maßnahme wird von der Gesellschafterversammlung gemeinsam mit dem Beschluß über die Kapitalherabsetzung festgelegt.

Der Beschluß der Gesellschafterversammlung über die Kapitalherabsetzung wird in das Handelsregister eingetragen; der Antrag auf Eintragung ist vom Vorstand innerhalb von 30 Tagen nach Beschlußfassung beim Handelsregister eingetragen; der Antrag auf Eintragung ist vom Vorstand innerhalb von 30 Tagen nach Beschlußfassung beim Handelsregister zu stellen. Die Kapitalherabsetzung wird wirksam vom Tag ihrer Eintragung ins Handelsregister an; die Eintragung hat insoweit konstitutive Bedeutung. Der Beschluß ist zudem mindestens zweimal hintereinander zu veröffentlichen.

Der Vorstand ist verpflichtet, den Umfang der Kapitalherabsetzung innerhalb von 30 Tagen nach Beschlußfassung allen Gläubigern mitzuteilen, deren Forderungen gegen die Gesellschaft vor Eintragung des Kapitalherabsetzungsbeschlusses in das Handelsregister entstanden sind. Die Gläubiger sind dann berechtigt innerhalb von 90 Tagen nach Zugang dieser Mitteilung, ansonsten innerhalb von 90 Tagen nach der zweiten Veröffentlichung, Erfüllung ihrer Forderungen zu verlangen. Die Erfüllung kann dabei auch im Wege der Bestellung eines Pfandrechts, einer Bürgschaft usw. erfolgen (vgl. §§ 151, 544 ff BGB, soweit §§ 297 ff HGB). Kann eine Einigkeit über die Art und Weise der Begleichung der Forderungen nicht erzielt werden, so entscheidet das Gericht.

7. *Die Auflösung der Gesellschaft*

Die Hauptversammlung entscheidet über die Auflösung der Gesellschaft, und zwar gemäß § 187 Abs. 2 HGB mit Zweidrittelmehrheit der Stimmen der anwesenden Aktionäre. Über die Abstimmung ist ein notarielles Protokoll anzufertigen. Für die Auflösung gilt im übrigen § 68 HGB.

Die Gesellschafterversammlung bestimmt den Liquidator der Gesellschaft. Sofern in den Statuten nichts anderes bestimmt ist, können Aktionäre, die mindestens ein Zehntel des Stammkapitals halten, gerichtlich die Abberufung des Liquidators erwirken und eine andere Person einsetzen.

Gemäß §§ 70 und 75 HGB wird der Liquidationserlös nach Befriedigung aller Gläubiger unter den Aktionären im Verhältnis zum Nennwert ihrer Aktien aufgeteilt, sofern die Statuten nichts anderes vorsehen. Lediglich dann, wenn die Aktien nicht in voller Höhe eingezahlt wurden, wird den Aktionären zunächst die eingezahlte Summe ausgezahlt; nur der verbleibende Rest wird unter den Aktionären im Verhältnis zum Nennwert ihrer Aktien aufgeteilt. Die Aktionäre haften jedoch gemäß § 56 Abs. 6 HGB für Verpflichtungen der Gesellschaft, die nach dem Erlöschen der Gesellschaft entstanden sind, und zwar bis zur Höhe ihres Anteiles am Liquidationserlös (§ 61 Abs. 4 HGB).

III. Die Gesellschaft mit beschränkter Haftung

Die Gesellschaft mit beschränkter Haftung (GmbH) ist die zweite für eine Tochtergesellschaft interessante Form der Kapitalhandelsgesellschaft mit eigener Rechtspersönlichkeit. Ihre Haftung ist auf ihr gesamtes Vermögen beschränkt.

1. *Gründung*

Eine GmbH wird in der Regel von mehreren Personen durch Gesellschaftsvertrag gegründet. In der Slowakei ist jedoch auch die Gründung durch eine einzelne Person möglich; der Gründungsakt erfolgt dann durch Aufnahme eines notariellen Protokolls. Die Gesellschaft entsteht durch Eintragung in das Handelsregister; der Eintragung kommt auch hier wiederum konstitutive Wirkung zu.

Der Gesellschaftsvertrag muß Angaben enthalten über die Firma und den Sitz der Gesellschaft, die Identität der Gesellschafter durch Angabe des Namens und der Anschrift bzw. für den Fall, daß eine juristische Person Gesellschafterin ist, des Sitzes, ferner Angaben über den Gegenstand der unternehmerischen Tätigkeit, die Höhe des Stammkapitals sowie Art, Zeit und Höhe der Einlage jedes Gesellschafters bei Gründung der Gesellschaft, im Falle von Sacheinlagen auch deren Gegenstand. Ferner sind anzugeben Namen und Anschriften der ersten Geschäftsführer und die Art und Weise, wie die Gesellschaft vertreten wird. Sofern ein Aufsichtsrat errichtet wird, ist ferner dessen Zusammensetzung nebst Namen und Adressen der Aufsichtsratsmitglieder anzugeben. Sollte die Gesellschaft Statuten herausgeben wollen, so ist auch diese Absicht im Gesellschaftsvertrag festzulegen. Die oben genannten Vorschriften gelten auch im Falle der Einmanngründung für das entsprechend aufzusetzende notarielle Protokoll.

Eine Gesellschaft mit beschränkter Haftung kann höchstens 50 Mitglieder haben. Das Mindestkapital ist auf 100.000 Sk festgelegt. Der minimale Einlagewert eines Gesellschafters beträgt 20.000 Sk.

2. *Organe*

Eine Gesellschaft mit beschränkter Haftung hat folgende Organe:
- Gesellschafterversammlung,
- Geschäftsführung,
- Aufsichtsrat (fakultativ).

a) *Gesellschafterversammlung*

Die Versammlung der Gesellschafter ist das höchste Organ der Gesellschaft. Sie ist zuständig für alle Entscheidungen grundsätzlichen Charakters, wie z. B.:
- Abstimmung über den Jahresrechnungsabschluß, die Gewinnverteilung und die Verlustdeckung,
- Abstimmung über die Statuten und ihre Veränderung,
- Entscheidung über Veränderungen des Gesellschaftsvertrages,
- Entscheidung über die Veränderungen des Stammkapitals,

- die Ernennung, Abberufung und Vergütung der Geschäftsführer sowie der Aufsichtsratsmitglieder,
- den Ausschluß eines Gesellschafters aus der Gesellschaft sowie die Entscheidung über die Auflösung der Gesellschaft, sofern der Gesellschaftsvertrag dies zuläßt.

Die Gesellschafterversammlung entscheidet ferner über alle Fragen, die durch Gesetz, Gesellschaftsvertrag oder Statuten der Entscheidungsbefugnis der Gesellschafterversammlung zugewiesen sind. Sie entscheidet z. B. auch über die Genehmigung oder die Nichtgenehmigung von Handlungen der Gründer in der Vorgründungsphase der Gesellschaft.

Die Gesellschafterversammlung entscheidet grundsätzlich durch einfache Mehrheit der Stimmen der anwesenden Gesellschafter mit Ausnahme der Fälle, in denen gemäß § 127 Abs. 4 HGB eine Zweidrittelmehrheit der Stimmen der Gesellschafter notwendig ist. Dies ist z. B . der Fall bei der Genehmigung von Handlungen in der Vorgründungsphase, bei der Abstimmung über die Aufstellung und Abänderung der Statuten sowie des Gesellschaftsvertrages, ferner bei der Entscheidung über die Auflösung der Gesellschaft. Sie wird von den Geschäftsführern grundsätzlich mindestens einmal im Jahr einberufen, wenn nicht durch Gesetz, Gesellschaftsvertrag bzw. Statuten ein kürzerer Zeitraum festgelegt ist. Die Geschäftsführer sind verpflichtet, eine Gesellschafterversammlung einzuberufen, wenn der Reservefonds auf weniger als die Hälfte des Wertes im Vergleich zur vorangegangenen Gesellschafterversammlung absinkt.

Termin und Tagesordnung der Gesellschafterversammlung müssen den Gesellschaftern mindestens 15 Tage vorher schriftlich mitgeteilt werden, wenn sich aus dem Gesellschaftsvertrag nichts anderes ergibt.

Gegen einzelne Beschlüsse der Gesellschafterversammlung, die im Widerspruch mit rechtlichen Vorschriften, dem Gesellschaftsvertrag bzw. den Statuten stehen, steht den Gesellschaftern, den Geschäftsführern oder den Aufsichtsratsmitgliedern die Möglichkeit offen, Anfechtungsklage zu erheben.

b) Geschäftsführer

Der oder die Geschäftsführer haben die Stellung eines statutarischen Organs der Gesellschaft, d. h. sie handeln in allen Angelegenheiten für die Gesellschaft. Ihre Zuständigkeit kann nur durch Gesellschaftsvertrag, Statuten oder Gesellschafterversammlung beschränkt werden. In der Praxis finden sich in der Regel Beschränkungen im Gesellschaftsvertrag derart, daß die Befugnis der Geschäftsführer, Verträge abzuschließen zugunsten der Gesellschafterversammlung beschränkt wird. Auch die Befugnis Kredite aufzunehmen oder Kredite zu gewähren ist in der Regel summenmäßig beschränkt. Gegenüber Dritten sind solche Beschränkungen allerdings unwirksam

Geschäftsführer einer GmbH kann nur eine natürliche Person sein, die unter bestimmten Voraussetzungen auch eine ausländische Staatsbürgerschaft innehaben kann. Die Geschäftsführer unterliegen einem gesetzlichen Konkurrenzverbot, d. h. sie dürfen in erster Linie nicht im eigenen Namen oder auf eigene Rechnung Verträge abschließen, die mit der unternehmerischen Tätigkeit der Gesellschaft zusammenhängen oder Interessen der Gesellschaft verletzen. Letzteres Verbot wird durch Gesellschaftsvertrag in der Regel auch auf die Gesellschafter ausgedehnt. Die Geschäftsführer sind gemäß § 135 HGB verpflichtet zur ordnungsgemäßen Buchhaltung, sie haben eine Liste der Gesellschafter zu führen und sind verpflichtet, die Gesellschafter über die Angelegenheiten der Gesellschaft zu informieren. Weitere Pflichten der Geschäftsführer ergeben sich gewöhnlich aus dem Gesellschaftsvertrag.

c) *Aufsichtsrat*

Ein Aufsichtsrat wird gemäß § 137 HGB nur dann errichtet, wenn es der Gesellschaftsvertrag vorsieht. Die Aufsichtsratsmitglieder werden von der Gesellschafterversammlung gewählt und abberufen. Der Aufsichtsrat besteht aus mindestens drei Personen und ist zuständig für die Beaufsichtigung der Tätigkeit der Geschäftsführer sowie die Überprüfung des Jahresrechnungsabschlusses.

Er hat ferner der Gesellschafterversammlung in der durch den Gesellschaftsvertrag bestimmten Frist, ansonsten einmal jährlich Bericht zu erstatten und ist befugt, in die Geschäftsbücher sowie die Buchhaltungs- und andere Unterlagen der Gesellschaft Einblick zu nehmen und die darin enthaltenen Angaben zu überprüfen. Sie sind ferner berechtigt, an der Gesellschafterversammlung teilzunehmen und haben jederzeit auf Wunsch Rederecht. Der Aufsichtsrat kann die Gesellschafterversammlung einberufen, wenn dies im Interesse der Gesellschaft liegt.

Auch für die Aufsichtsratsmitglieder gilt das Konkurrenzverbot.

3. *Veränderungen des Stammkapitals*

Das Stammkapital kann z. B. durch neue Einlagen heraufgesetzt werden, wobei die bisherigen Gesellschafter ein Vorzugsrecht auf neue Einlagen haben. Das Stammkapital kann ferner aus dem übrigen Vermögen der Gesellschaft aufgestockt werden; in diesem Falle wird die Einlage eines jeden Gesellschafters im Verhältnis zu den bisher geleisteten Einlagen erhöht.

Eine Kapitalherabsetzung kommt nur unter bestimmten Voraussetzungen in Betracht, da in diesem Fall die Positionen der Gläubiger der Gesellschaft gefährdet sind. Eine Herabsetzung des Stammkapitals der Gesellschaft hat folgende Voraussetzungen:

- Das Stammkapital darf nicht unter 100.000 Sk absinken.
- Die Höhe der Kapitalherabsetzung ist auf die gesetzlich festgelegte Art und Weise zu veröffentlichen.
- Bereits bestehende Forderungen von Gläubigern der Gesellschaft sind zu befriedigen oder sonst abzusichern.

4. *Erlöschen der Gesellschaft*

Die Gesellschaft erlischt, sobald sie im Handelsregister ausgetragen wird. Vorher wird die Gesellschaft aufgelöst und zwar aus den gesetzlich gemäß § 68 HGB geregelten Gründen oder gemäß § 151 lit. b HGB im Einklang mit dem Gesellschaftsvertrag. Sofern die Gesellschaft einen rechtlichen Nachfolger hat, kann sie ohne Liquidation aufgelöst werden. Eine Liquidation wird auch dann notwendig, wenn nicht das gesamte Kapital der Gesellschaft auf einen Rechtsnachfolger übertragen wird. Falls der Liquidator eine Überschuldung der GmbH in Liquidation feststellt, stellt er unverzüglich Konkursantrag gemäß § 72 Abs. 2 HGB.

IV. *Steuern und Abgaben*

1. *Das Steuersystem*

Ab dem 1. Januar 1993 ist eine neue Steuerreform in Kraft getreten, die es sich zur Aufgabe gemacht hat, das Steuersystem als Mittel zur Führung der gesamten Wirtschaftspolitik nutzbar zu machen. Gleichzeitig sollte das Steuersystem auf demokratische Füße gestellt werden, d. h., es folgt dem Prinzip der Steuergerechtigkeit, der Steuereignung sowie insgesamt der Rechtsstaatlichkeit bei der Auferlegung von Steuern. Ziel war es ferner, die einschlägigen Steuerarten, insbesondere die auf unternehmerische Tätigkeit, mit den Steuerarten der Länder der Europäischen Union zu harmonisieren, ohne dabei allerdings die tradierten und bewährten Institutionen des slowakischen Steuerrechtes völlig außer Betracht zu lassen.

In dem Gesetz Nr. 212/1992 Slg. werden demnach folgende Steuerarten geregelt:

1. Mehrwertsteuer,
2. Verbrauchssteuer,
3. Einkommensteuer,
   a) Einkommensteuer der natürlichen Personen,
   b) Einkommensteuer der juristischen Personen,

4. Immobiliensteuer,
5. Straßensteuer,
6. Erbschafts- und Schenkungssteuer,
7. Steuer aus Immobilienübertragung,
8. Umweltschutzsteuer.

2. *Einkommensteuern*

a) Die Einkommensteuer der natürlichen Personen

Die Einkommensteuer der natürlichen Personen wird erhoben unabhängig davon, ob der Steuerpflichtige im Handelsregister eingetragen ist oder nicht. Dieser Steuer unterliegen sämtliche Einnahmen des Steuerpflichtigen und zwar alle geldlichen und nicht geldlichen Einnahmen. Die Höhe der Einnahmen kann geschätzt werden. Zu versteuern sind alle Einnahmen, die nach Abzug aller absetzbaren Kosten im Kalenderjahr zugeflossen sind. Das nachfolgende Schema gibt einen Überblick über die derzeitigen Einkommensteuersätze für natürliche Personen, ausgehend von einem Basissteuersatz von 15 %:

vom Betrag über	bis	Steuersatz
0	60.000	15 %
60.000	120.000	9.000 + 20 %
120.000	180.000	21.000 + 25 %
180.000	540.000	36.000 + 32 %
540 000	1.080.000	151.000 + 47 %
1.080.000	und mehr	367.200 + 47 %

b) Einkommensteuer der juristischen Personen

Der Einkommensteuer für juristische Personen unterliegen alle Gesellschaften mit Ausnahme der öffentlichen Unternehmen. Steuergegenstand sind die Einnahmen aus der gesamten Tätigkeit sowie die Erträge des gesamten Vermögens, wenn sich aus dem Gesetz nichts anderes ergibt. Steuerbasis ist die Differenz zwischen allen nicht steuerbefreiten Einnahmen und allen abzugsfähigen Kosten unter Beachtung ihrer sachlichen und zeitlichen Zusammenhänge in dem Steuerzeitraum. Der allgemeine Steuersatz beträgt derzeit 45 %.

Soweit mit anderen Ländern Doppelbesteuerungsabkommen existieren, gehen die darin getroffenen Regelungen den nationalen Einkommensteuergesetzen vor mit der Folge, daß widersprüchliche nationale Regelungen insoweit unwirksam sind.

3. *Kosten der Unternehmensgründung und laufende Abgaben*

Mit der Unternehmensgründung in der slowakischen Republik sind folgende Kosten und laufende Abgaben verbunden:

a) Verwaltungsgebühr

Gemäß Gesetz Nr. 320/1992 Slg. in der Fassung des Gesetzes Nr. 181/1992 Slg. werden folgende Gebühren erhoben:

- Erstellung des Gewerbescheines 1.000 Sk
- Erstellung des Konzessionsscheines 2.000 Sk

b) Lokalabgaben

Durch Gesetz Nr. 544/1990 Slg. in der Fassung der Gesetze Nr. 72 und 44/1992 wird eine sogenannte „Lokalisationsabgabe" erhoben, und zwar für alle Gebäude, die nicht zu Wohnzwecken genutzt werden, sondern der unternehmerischen Tätigkeit dienen. Die Lokalisationsabgabe wird mit jährlich 20 % von der Summe erhoben, die der jährlichen Miete für diese Räume entspricht. Ausgangspunkt für die Berechnung ist die maximale, nach Sondervorschriften festgesetzte Miete.

Als weitere Lokalabgaben werden folgende Gebühren erhoben:

- Gebühr für die Benutzung einer Wohnung oder ihres Teiles zu anderen als zu Wohnzwecken,
- Gebühren für Werbung.

c) Gerichtsgebühren

Gemäß Gesetz Nr. 71/1992 Slg. in der Fassung der Gesetze Nr. 89/1991 und Nr. 150/1993 Slg. werden für die erste Eintragung oder die Löschung im Handelsregister folgende Gebühren erhoben:

- Für die Aktiengesellschaften 10.000 Sk.
- Für andere Gesellschaften (z. B. Genossenschaften und andere juristische Personen) 3.000 Sk.

d) Notargebühren

Nach der Richtlinie Nr. 31/1993 Slg. werden für das notarielle Protokoll einschließlich der beglaubigten Abschriften im Zusammenhang mit der Gesellschaftsgründung oder der Gesellschafterversammlung folgende Gebühren erhoben:

- Von den ersten 100.000 Sk. 2 %
- von den Beträgen über 100.000 bis 500.000 Sk. 1 %
- von den Beträgen über 500.000 bis 1 Mio. Sk. 0,5 %
- von allen weiteren Beträgen über 1 Mio. Sk. 0,2 %

mindestens 400 Sk., maximal 30.000 Sk.

Diese Gebühren können sich erhöhen, wenn der Notar außergewöhnlich schwierige und/oder zeitlich anspruchsvolle Leistungen erbringen muß, z. B. bei Anwendung fremden Rechts oder einer fremden Sprache, maximal aber um 100 %.

e) *Rechtsanwaltsgebühren*

Die Anwaltsgebühren werden durch die Richtlinie Nr. 240/1990 geregelt. Demnach kann ein Rechtsanwalt entweder ein angemessenes Stundenhonorar verlangen, eine Pauschalgebühr oder eine anteilige Gebühr, die sich am Wert der Sache orientiert. Das vertraglich vereinbarte Honorar darf dabei jedoch nicht niedriger sein, als die Gebührenordnung dies für dieselbe Angelegenheit festsetzt. Die gesetzlich festgelegte Gebühr berechnet sich wie folgt:

bis 1.000 Sk	200 Sk
1.000 bis 5.000 Sk	300 Sk
5.000 bis 10.000 Sk	400 Sk
10.000 bis 200.000 Sk	400 Sk + 10 Sk für jede angefangenen 1.000 Sk
über 200.000 Sk	2.3000 Sk + 10 Sk für jede angefangenen 10.000 Sk.

Diese gesetzliche Gebührenordnung wird mit Bezug auf ausländische Mandanten jedoch praktisch nicht angewendet, da sie relativ niedrig angesetzt ist.

V. *Wettbewerbsrecht*

Das Wettbewerbsrecht ist in dem Gesetz Nr. 63/1991 Slg. in der Fassung des Gesetzes Nr. 495/1992 Slg (Gesetz über den Schutz des wirtschaftlichen Wettbewerbs) geregelt und untersagt die Abschließung von Kartellverträgen zwischen den Unternehmen, die geeignet sind, den wirtschaftlichen Wettbewerb einzuschränken oder völlig auszuschließen. Von dieser Regel gibt es allerdings zwei Ausnahmen: die erste Gruppe betrifft Verträge über die einheitliche Anwendung von allgemeinen Geschäftsbedingungen wie Liefer- oder Zahlungsbedingungen, die allerdings keine Preisvereinbarungen enthalten dürfen.

Andererseits können Ausnahmen vom slowakischen Kartellamt zugelassen werden.

Verträge von Unternehmen über die Fusion ihrer Betriebe unterliegen der Kontrolle des Kartellamtes, wenn sie zu Beschränkungen des Wettbewerbes auf einem relevanten Markt führen können. Dabei reicht ein Marktanteil von 30 % vom Gesamtumsatz auf dem Markt aus. Solche Verträge bedürfen zu ihrer Gültigkeit der Genehmigung des slowakischen Kartellamtes. Erreicht ein Unternehmen allein oder in Zusammenwirkung mit anderen Unternehmen auf dem Markt eine solche Stellung, daß es dem Wettbewerb gar nicht (Monopolstellung) oder nur unwesentlich (dominante Stellung) ausgesetzt ist, ist es verpflichtet, diese Tatsache dem Kartellamt unverzüglich mitzuteilen. Dabei liegt eine dominante Stellung dann vor, wenn das Unternehmen den Markt in einem Kalenderjahr mit mindestens 30 % der gleichen, vergleichbaren oder austauschbaren Ware versorgt. Eine solche dominante Stellung oder gar eine Monopolstellung darf darüber hinaus nicht derart mißbraucht werden, daß andere Unternehmen oder die Verbraucher beeinträchtigt werden oder das öffentliche Interesse geschädigt wird. Dabei ist zu bemerken, daß nicht die Erreichung einer dominanten oder einer Monopolstellung selbst verboten ist, sondern lediglich ihr Mißbrauch. Eine Verletzung des Mißbrauchverbots kann mit einer Geldstrafe von bis zu 5 % vom Umsatz des letzten Geschäftsjahres geahndet werden. Gegen eine unerlaubte Handlung im Rahmen des wirtschaftlichen Wettbewerbs kann jedermann gerichtlich vorgehen. Die Klage kann gerichtet werden auf Unterlassung, Wiederherstellung des ursprünglichen Wettbewerbs, Schadensersatz sowie Herausgabe des unberechtigt erlangten Gewinns. Das Gericht kann auf Antrag die Veröffentlichung des Urteils auf Kosten der unterlegenen Partei genehmigen und dabei auch Umfang, Form und Art und Weise der Veröffentlichung festlegen.

VI. Sitzverlegung

Das slowakische Handelsgesetzbuch läßt die Verlegung des Sitzes einer ausländischen juristischen Person in die Slowakische Republik unter der Bedingung zu, daß die Rechtsordnung des Staates, in dem die juristische Person bis dahin ihren Sitz hatte, dies zuläßt. Ferner muß dies auch nach der Rechtsordnung desjenigen Staates zulässig sein, nach dessen Recht die Gesellschaft gegründet wurde.

Anhang

1. Gesetze

Bürgerliches Gesetzbuch – Gesetz Nr. 40/1964 Slg.;
Handelsgesetzbuch – Gesetz Nr. 513/1991 Slg. in der Fassung des Gesetzes Nr. 264/1992 Slg. und des Gesetzes 600/1992 Slg.;
Gesetz Nr. 455/1991 Slg. über die gewerbliche Tätigkeit;

Gesetz Nr. 111/1990 Slg. über die staatliche unternehmerische Tätigkeit in der Fassung des Gesetzes Nr. 14/1993 Slg. und des Gesetzes Nr. 174/1993 Slg.;
Gesetz Nr. 63/1991 Slg. über den Schutz des wirtschaftlichen Wettbewerbs, zuletzt geändert durch das Gesetz Nr. 495/1992 Slg.;
Gesetz Nr. 328/1991 Slg. über den Konkurs und den Vergleich, zuletzt geändert durch das Gesetz Nr. 122/1992 Slg.;
Gesetz Nr. 248/1992 Slg. über die Investitionsgesellschaften und Investitionsfonds in der Fassung des Gesetzes Nr. 600/1992;
Gesetz Nr. 212/1992 Slg. über das Steuersystem;
Gesetz Nr. 286/1992 über die Einkommensteuer in der Fassung des Gesetzes Nr. 626/1992 Slg. und des Gesetzes Nr. 124/1993 Slg.,
Gesetz Nr. 214/1992 Slg. über die Börse und den Handel mit Wertpapieren;
Gesetz Nr. 528/1990 Slg. (Devisengesetz);
Gesetz Nr. 563/1991 Slg. (Bilanzgesetz);
Gesetz Nr. 65/1965 Slg. (Arbeitsgesetzbuch);
Zum Zeitpunkt der Drucklegung lag ferner bereits der Entwurf eines Gesetzes über die Holding vor.

II. Adressenverzeichnis

Slowakische Handels- und Wirtschaftskammer (SOPK)
Gorkého 9
81603 Bratislava

Regionalkanzlei der SOPK
Švermova 43
97590 Banská Bystrica

Regionalkanzlei der SOPK
Južná trieda 2/A
04001 Košice

Slowakischer Industrieverband
Zwäz priemyslu Slovenskey republiky
Drieňová 24
82603 Bratislava

Ministerium für Landwirtschaft und Ernährung
Suvorovova 12
81266 Bratislava

Ministerium für Industrie
Stromová 1
83336 Bratislava

Ministerium für Verwaltung und Privatisierung
Drieňová 24
82009 Bratislava

Finanzministerium
Štefanovičova 5
81308 Bratislava

Die Gründung einer Tochtergesellschaft in Slowenien

von

Professor DR. ŠIME IVANJKO, Maribor,
und DR. CHRISTA JESSEL-HOLST, Hamburg

Inhaltsübersicht

I. Einleitung

Im langjährigen Prozeß des Zerfalls der Sozialistischen Föderativen Republik Jugoslawien hat mit der Deklaration der Unabhängigkeit und Selbständigkeit der Republik Slowenien am 25. Juni 1991, die am 8. Oktober 1991 wirksam geworden ist, in Slowenien die Beseitigung des sozialistischen Rechtssystems[1] begonnen. Auf der Grundlage der am 23. Dezember 1991 verabschiedeten Verfassung der Republik Slowenien[2] wurde die Schaffung einer neuen, mit den westeuropäischen Rechtsordnungen harmonisierenden Rechtsordnung in Angriff genommen. Dabei genießt das Wirtschaftsrecht besondere Aufmerksamkeit.

Mit Rücksicht darauf, daß für das Wirtschaftsrecht vor allem die Frage des Eigentums an den Produktionsmitteln wichtig ist, begann man sofort mit der Schaffung diesbezüglicher Regelungen, wobei insbesondere die Vorschriften über die Privatisierung und die Entstaatlichung sowie das Gesetz über die Eigentumsumwandlung von Unternehmen zu nennen sind. Gleichzeitig wurde durch entsprechende Gesetze im Rahmen der vorhandenen Möglichkeiten das von der sozialistischen Regierung während des Krieges und danach durch Agrarreform, Konfiskation und verschiedene Verstaatlichungsmaßnahmen den früheren Eigentümern zugefügte Unrecht beseitigt: Das Gesetz über die Entstaatlichung[3] regelt die Rückgabe von Vermögen, das durch staatliche Zwangsmaßnahmen weggenommen worden war. Durch das Gesetz über die Genossenschaften erhalten diese das genossenschaftliche Vermögen zurück[4]. Das Gesetz über die Wohnungsverhältnisse ermöglicht den Inhabern des Wohnrechts die Erlangung von

1 Zum System der Selbstverwaltung und Organisation von Wirtschaftssubjekten im sozialistischen System siehe ausführlich IVANJKO/ZABEL, Statusno pravo organizacij združenega dela, 3. Aufl., Ljubljana 1984.

2 Die Republik Slowenien hat ihre staatliche Selbständigkeit durch die Deklaration über die Selbständigkeit und Unabhängigkeit der Republik Slowenien ausgerufen, durch welche die Verfassung der Sozialistischen Föderativen Republik Jugoslawien ihre Gültigkeit verlor (Uradni list RS Nr. 1 vom 25. 6. 1991). Die Verfassung der Republik Slowenien ist veröffentlicht in Uradni list RS 1991 Nr. 33.

3 Uradni list RS 1991 Nr. 27 und 1993 Nr. 31.

4 Uradni list RS 1992 Nr. 13.

Eigentum an den Wohnungen[5]. Durch das Gesetz über die Eigentumsumwandlung von Unternehmen wird das gesellschaftliche Eigentum an den Produktionsmitteln beseitigt und zugleich das auf die Prinzipien der Selbstverwaltung begründete System der Unternehmensleitung abgeschafft[6]. Die aufgrund der erwähnten Gesetze ausgelösten Prozesse sind außerordentlich schwierig und komplex und verursachen immer wieder neue Probleme. Ihre Durchführung stößt auf Widerstände bestimmter Strukturen, die ihre auf dem ehemaligen System basierenden Privilegien verlieren[7]. Um die slowenische Wirtschaft erneut in Wirtschaftseinheiten auf der Grundlage des Privateigentums organisieren zu können, war die Aufhebung des noch in der sozialistischen SFRJ verabschiedeten Unternehmensgesetzes dringend geboten. Dieses galt jedoch bis Juli 1993 in der Republik Slowenien als Republikgesetz fort und regelte statusrechtliche Fragen der Unternehmen auf der Grundlage der neuen verfassungsrechtlichen Prinzipien[8].

II. Gemeinsame Vorschriften für alle Wirtschaftsgesellschaften

1. Einleitung

Das von der Versammlung (also dem Parlament) der Republik Slowenien am 27. 5. 1993 verabschiedete Gesetz über die Wirtschaftsgesellschaften (Zakon o gospodarskih družbah, im folgenden: ZGD)[9] regelt die Grundlagen des Unternehmensrechts in der Republik Slowenien. Das Gesetz ist sehr umfangreich, denn es umfaßt 597 Paragraphen und regelt alle Statusfragen eines Unternehmens, das sich in eine Gesellschaft umwandelt. Es handelt sich um eine Vereinheitlichung und Zusammenfassung des Gesellschaftsrechts, das bisher in der

5 Uradni list RS 1991 Nr. 18.

6 Das Gesetz über die Eigentumsumwandlung von Unternehmen hat die Versammlung der Republik Slowenien am 11. November 1992 verabschiedet (Uradni list RS 1992 Nr. 20 und 1993 Nr. 31).

7 Siehe IVANJKO, Die Denationalisierung und Privatisierung sowie Erneuerung des Gesellschaftsrechts in der Republik Slowenien, Recht in Ost und West, 1993, S. 193 ff.

8 Das Unternehmensgesetz (Službeni list SFRJ 1988 Nr. 77; 1989 Nr. 40; 1990 Nr. 46 und 61) wurde durch Art. 4 des Einführungsgesetzes zur Verfassungsurkunde über die Souveränität und Unabhängigkeit der Republik Slowenien (Uradni list RS 1991 Nr. 1) mit Wirkung vom 25. 6. 1991 als slowenisches Gesetz übernommen.

9 Uradni list RS 1993 Nr. 30. Das Gesetz ist am 11. Juli 1993 in Kraft getreten und hat das jugoslawische Gesetz über die Unternehmen aufgehoben. Deutsche Übersetzung siehe: Gesellschaftsrecht der Republik Slowenien mit einführenden Worten von KOCBEK und PUHARIČ, deutsche Bearbeitung v. TISCHLER, Verlag Uradni list Republike Slovenije, Ljubljana 1993. Zum Entwurf vgl. BRUS, RIW 1993, S. 557 ff.

Republik Slowenien in einer größeren Anzahl von Gesetzesvorschriften geregelt war[10].

Das Gesetz über die Wirtschaftsgesellschaften regelt die Bedingungen für die Gründung und Leitung der Gesellschaften, ihre Statuscharakteristika sowie die Möglichkeiten wirtschaftlicher Betätigung ausländischer Unternehmen in der Republik Slowenien. Dabei ist der Einfluß des deutschen Rechts insbesondere bei der Regelung von Aktiengesellschaft und GmbH unverkennbar. Einige Lösungen sind dem romanischen Rechtskreis entnommen, vor allem aus Frankreich, Italien und Spanien. Außerdem wurden die Richtlinien der Europäischen Union und das Statut der Europäischen Aktiengesellschaft berücksichtigt. Die Arbeiten an dem Gesetz dauerten über drei Jahre.

Im allgemeinen Teil des Gesetzes finden sich die „Gemeinsamen Bestimmungen", welche sich auf alle Arten von Gesellschaften beziehen, im besonderen Teil sind die einzelnen Gesellschaftsformen geregelt. Im allgemeinen Teil sind z. B. Bestimmungen über die Firma, den Sitz, die Vertretung einschließlich der Prokura, das Konkurrenzverbot, die Sicherung der Geschäftsgeheimnisse und das Registrierungsverfahren enthalten. Besondere Aufmerksamkeit ist den Geschäftsbüchern und Jahresabschlüssen gewidmet worden, wobei die Vorgaben durch die Richtlinien der Europäischen Union berücksichtigt werden. Der besondere Teil regelt die Personen- und die Kapitalgesellschaften: Die Gesellschaft mit unbeschränkter Haftung (sie entspricht der deutschen Offenen Handelsgesellschaft), die Kommanditgesellschaft, die Stille Gesellschaft, die Aktiengesellschaft, die Kommanditgesellschaft auf Aktien und die Gesellschaft mit beschränkter Haftung.

In einem besonderen Kapitel, dem Recht der verbundenen Unternehmen, werden Konzern und Holding besonders ausführlich behandelt. Aus dem französischen Recht und dem Recht der Europäischen Union wurde die Institution der Wirtschaftlichen Interessengemeinschaft entnommen, die den Status einer juristischen Person besitzt. Im anschließenden Kapitel werden die Statusänderungen wie Übernahme und Fusion sowie die Umwandlung von Gesellschaften geregelt. Für Verstöße sieht das Gesetz sehr hohe Geldstrafen (bis zu einem Betrag von umgerechnet 100.000 DM) vor.

2. *Charakteristika der Wirtschaftsgesellschaften*

In Slowenien können verschiedene Arten von Rechtssubjekten Wirtschaftstätigkeiten ausüben: Wirtschaftsgesellschaften, Einzelkaufleute, Genossenschaf-

10 Z. B. regelt das Gesetz über wirtschaftliche öffentliche Dienste nur solche Unternehmen, die öffentliche Dienste durchführen (Uradni list RS 1993 Nr. 32).

ten und in bestimmten Fällen auch Anstalten. Für ausländische Investoren ist die Betätigung in der Rechtsform einer Wirtschaftsgesellschaft, die kraft Gesetzes juristische Person ist und dadurch gekennzeichnet wird, daß sie am Markt selbständig eine gewinnbringende Tätigkeit als ausschließliche Tätigkeit ausübt (Art. 1 ZGD), am geeignetsten. Als gewinnbringend gilt jede Tätigkeit, die auf dem Markt einen Erwerbsgewinn bringt. Wirtschaftsgesellschaften können Personengesellschaften (Gesellschaften mit unbeschränkter Haftung, Kommanditgesellschaft und Stille Gesellschaft) oder aber Kapitalgesellschaften (GmbH, Aktiengesellschaft und Kommanditgesellschaft auf Aktien) sein. Alle Gesellschaften können auch nichtwirtschaftliche Tätigkeiten zum Gegenstand haben, wobei ungeachtet ihres Gegenstandes Kapitalgesellschaften stets als Wirtschaftsgesellschaften angesehen werden. Die Wirtschaftsgesellschaften sind berechtigt, sich zu verbundenen Unternehmen zusammenzuschließen und wirtschaftliche Interessenvereinigungen zu gründen.

Außer den Gesellschaften kann auch ein selbständiger Einzelunternehmer eine Wirtschaftstätigkeit ausüben. Darunter versteht das Gesetz über die Wirtschaftsgesellschaften eine natürliche Person, die am Markt eine selbständige gewinnbringende Tätigkeit als ihre ausschließliche Tätigkeit ausübt (Art. 1 Abs. 7 ZGD).

3. *Rechtspersönlichkeit*

Alle Gesellschaften, mit Ausnahme der Stillen Gesellschaft, sind juristische Personen; sie können Eigentümer von beweglichen und unbeweglichen Sachen, Träger von Rechten und Pflichten sein und sie haften im Rechtsverkehr. Vor Gericht sind sie parteifähig (Art. 2 ZGD). Die Eigenschaft einer juristischen Person erhält die Gesellschaft mit der Eintragung in das Handelsregister. Wer im Namen einer Gesellschaft auftritt, die noch nicht in das Handelsregister eingetragen wurde, haftet für die eingegangenen Verpflichtungen mit seinem gesamten Vermögen (Art. 3 ZGD).

4. *Gegenstand der Gesellschaft*

Die Gesellschaften führen Geschäfte aller Art durch, ausgenommen solche Tätigkeiten, die durch ein Gesetz als nichtwirtschaftlich definiert sind. Die Tätigkeit, d. h. der Gegenstand der Gesellschaft muß im Register eingetragen sein; Seitengeschäfte, die unmittelbar zur Durchführung der Tätigkeit dienen, bedürfen jedoch keiner Eintragung.

Die ultra-vires-Theorie hat keinen Eingang in das Gesetz gefunden. Daher sind Rechtsgeschäfte, die die Gesellschaft mit dritten Personen unter Überschreitung ihres im Register eingetragenen Gegenstands abschließt, wirksam, es sei denn, die dritte Person wußte von der Überschreitung oder hätte davon wissen müssen. Die Tatsache der Eintragung einer Tätigkeit bedeutet nicht, daß die dritte Person von der Überschreitung wußte oder wissen mußte (Art. 4 ZGD). Die Gesellschaft kann ihren Gegenstand ändern. Verstöße gegen die Vorschriften über den Gegenstand der Gesellschaft werden mit Geldstrafen geahndet.

5. Haftung für Verbindlichkeiten der Gesellschaft

Alle Gesellschaften haften aufgrund ihrer Eigenschaft als juristische Person für ihre Verbindlichkeiten mit ihrem gesamten Vermögen (vollständige Haftung). Bei Personengesellschaften haften subsidiär auch die Gesellschafter persönlich, und zwar bei der Gesellschaft mit unbeschränkter Haftung alle Gesellschafter mit ihrem gesamten Vermögen, im Falle einer Kommanditgesellschaft dagegen nur der Komplementär. Bei einer Stillen Gesellschaft haften die Träger mit ihrem gesamten Vermögen, der stille Gesellschafter dagegen nur dann, wenn sein Name in der Firma der Gesellschaft enthalten ist (Art. 164 ZGD). Der Einzelunternehmer haftet für seine Verbindlichkeiten mit seinem gesamten Vermögen (Art. 5 Abs. 1 Satz 1 ZGD).

Im Zusammenhang mit der Haftung für die Verbindlichkeiten von Kapitalgesellschaften regelt das Gesetz ausführlich die Durchgriffshaftung (Art. 6 ZGD). Die Gesellschafter einer GmbH bzw. einer AG haften den Gläubigern unbeschränkt,

a) wenn sie die Gesellschaft als juristische Person dazu mißbrauchen, ein Ziel zu erreichen, das für sie als Einzelne verboten ist;
b) wenn sie die juristische Person zur Schädigung ihrer Gläubiger mißbraucht haben;
c) wenn sie entgegen dem Gesetz mit dem Vermögen der juristischen Person wie mit ihrem eigenen Vermögen gewirtschaftet haben oder
d) wenn sie zu ihren Gunsten oder zugunsten einer anderen Person das Gesellschaftsvermögen verringert haben und wußten oder wissen mußten, daß dies zu Lasten Dritter erfolgen würde[11].

6. Bekanntmachungen der Gesellschaft

Jede Gesellschaft muß im Amtsblatt der Republik Slowenien („Uradni list RS“) als Mindestangaben die im Gerichtsregister eingetragenen Angaben veröffent-

11 Das bisherige jugoslawische Gesellschaftsrecht kannte ebenfalls das Institut der Durchgriffshaftung bei AG und GmbH als Einmanngesellschaften (siehe Art. 149 a Unternehmensgesetz).

lichen. Bestimmte Angaben müssen darüber hinaus in Tageszeitungen verlautbart werden. Die Bekanntmachungen der Gesellschaft müssen grundsätzlich (Art. 10 Abs. 2 ZGD) in slowenischer Sprache abgefaßt und veröffentlicht werden. In Gebieten, in denen italienische oder ungarische Volksgruppen leben, kann auch die italienische bzw. ungarische Sprache benutzt werden (Art. 10 Abs. 2 ZGD).

7. *Firma der Gesellschaft*

a) *Allgemeines*

Jede Gesellschaft muß eine Firma haben, in der sich ein Hinweis auf die Tätigkeit der Gesellschaft befindet (Art. 12 ZGD). Die Firma kann auch einen Phantasiezusatz enthalten, der jedoch nicht zu Irrtümern bezüglich Art und Umfang der Geschäftstätigkeit der Firma verleiten darf (Art. 13 ZGD). Die Verwendung des Wortes „Slowenien“ sowie von auf den Staat oder die Gemeinden hinweisenden Zusätze bedürfen der Genehmigung der slowenischen Regierung bzw. der betreffenden Kommune (Art. 15 ZGD). Ausländische Staaten oder internationale Organisationen dürfen in der Firma nicht genannt werden (Art. 14 ZGD). Die Firma der Gesellschaft muß sich von anderen Firmen in der Republik Slowenien unterscheiden (Art. 21 Abs. 1 ZGD)[12]. Die Firma der Gesellschaft genießt den Schutz des öffentlichen und des Zivilrechts. Z. B. muß das Gericht einen Antrag auf Firmeneintragung zurückweisen, wenn eine derartige Firma schon in irgendeinem Register auf dem Gebiet der Republik Slowenien eingetragen ist (vgl. Art. 23 ZGD).

Das Gesetz kennt auch die beabsichtigte Firma, wobei jeder präsumtive Gründer verlangen kann, daß das Gericht die Firma einträgt, ohne daß gleichzeitig auch eine Gesellschaft gegründet wird. Die beabsichtigte Firma wird vom Gesetz ein Jahr lang geschützt. Wenn während dieser Zeit keine Gründung erfolgt, streicht das Gericht die Firma aus dem Register (Art. 22 ZGD).

b) *Einzelheiten der Firmenbildung*

Jede Firma muß auch einen Hinweis auf die Gesellschaftsform und gemäß Artt. 27 f ZGD die folgenden Angaben enthalten:

- Die Firma einer Gesellschaft mit unbeschränkter Haftung muß den Familiennamen von mindestens einem Gesellschafter und die Abkürzung „d.n.o.“ aufweisen;

12 Bisher mußte sich die Firma lediglich von anderen Firmen im Gebiet des Registergerichts unterscheiden.

- die Firma einer Kommanditgesellschaft muß den Familiennamen von mindestens einem Komplementär und die Bezeichnung „k.d." enthalten;
- die stille Gesellschaft wird unter der Firma ihres Trägers tätig, wobei ein auf einen stillen Gesellschafter hinweisender Zusatz „s.t.d." erlaubt ist;
- die Gesellschaft mit beschränkter Haftung benutzt den Zusatz „d.o.o.";
- die Aktiengesellschaft die Kennzeichnung „d.d.";
- die Kommanditgesellschaft auf Aktien die Bezeichnung „k.d.d.";
- die Firma einer Doppelgesellschaft wird nicht besonders gekennzeichnet, jedoch muß sie die vollständige Firma des Komplementärs und die vollständige Firma der Kommanditgesellschaft oder anderen Gesellschaft enthalten.

8. Sitz der Gesellschaft

Sitz der Gesellschaft ist der Ort, an dem die Gesellschaft in das Register eingetragen ist (Art. 29 ZGD). Es ist möglich als Eintragungsort entweder den Ort zu wählen, an dem die Gesellschaft ihre wirtschaftliche Tätigkeit ausübt, oder den Ort, wo überwiegend ihre Verwaltungsgeschäfte geführt werden (Art. 30 ZGD).

9. Vertretung der Gesellschaft

Die Gesellschaft wird durch ihre gesetzlichen Vertreter oder durch Bevollmächtigte vertreten. Ein Vertreter ist eine Person, die vom Gesetz oder im Gründungsakt Vollmacht erhalten hat, wohingegen der Bevollmächtigte aufgrund einer Vollmacht des Vertreters tätig wird. Nach dem Gesetz wird die Gesellschaft mit unbeschränkter Haftung uneingeschränkt von den Gesellschaftern vertreten. Der Komplementär vertritt die Kommanditgesellschaft. Vertreter der GmbH ist der Geschäftsführer, Vertreter der Aktiengesellschaft der Vorstand.

Die Gesellschaft kann in dem im Gründungsakt vorgesehenen Verfahren einer oder mehreren Personen Prokura erteilen. Es ist auch eine gemeinsame Prokura möglich. Der Prokurist hat Vollmacht für alle Rechtshandlungen, die in den Geschäftskreis der Gesellschaft fallen, wobei jedoch die Veräußerung und Belastung des unbeweglichen Vermögens einer besonderen Vollmacht bedürfen (Artt. 33 ff ZGD).

Die Vollmacht wird in Artt. 89 ff des Gesetzes über Schuldverhältnisse vom 30. 3. 1978 geregelt, das in Slowenien fortgilt (im folgenden: GSchuldverhältnisse). Wenn ein Bevollmächtigter Geschäfte abschließt, für die die Schriftform vorgeschrieben ist, muß die Vollmacht schriftlich erteilt werden (Art. 90 GSchuldverhältnisse).

10. *Wettbewerbsverbot*

Das Gesetz verbietet den Gesellschaftern einer Gesellschaft mit unbeschränkter Haftung, den Komplementären von Kommanditgesellschaften, den Gesellschaftern und den Geschäftsführern einer GmbH, den Vorstands- und Aufsichtsratsmitgliedern einer Aktiengesellschaft und den Prokuristen, in anderen Gesellschaften oder als Einzelunternehmer in derselben Stellung oder aber als Mitarbeiter zu wirken, wenn ein Wettbewerbsverhältnis zur ersten Gesellschaft besteht (Art. 41 ZGD).

Bei Verletzung des Wettbewerbsverbots besteht ein Anspruch der Gesellschaft auf Schadensersatz, außerdem kann die Gesellschaft verlangen, daß ihr der Täter die auf eigene Rechnung oder auf Rechnung der anderen Gesellschaft abgeschlossenen Geschäfte überläßt und daß er der Gesellschaft sein Recht auf Schadensersatz abtritt (Art. 42 ZGD).

Alle Gesellschafter und Mitarbeiter sind verpflichtet, Geschäftsgeheimnisse zu bewahren. Der Kreis der dazu gehörenden Handlungen und Angaben wird von der Gesellschaft bestimmt (Artt. 39 f ZGD).

11. *Eintragung der Gesellschaft*

Alle Gesellschaften müssen in dem beim Gericht geführten Register eingetragen sein (Art. 43 ff ZGD). Das Verfahren in Registerangelegenheiten wird durch ein besonderes Gesetz geregelt[13]. Im Register eingetragene Angaben werden im Amtsblatt veröffentlicht. Die Anmeldung der Angaben hat durch den Vertreter der Gesellschaft zu erfolgen.

Auf den Geschäftsdokumenten jeder Gesellschaft müssen die vollständige Firma und der Sitz sowie das Gericht, bei dem die Gesellschaft eingetragen ist, und die Nummer der Registereintragung angegeben werden. Falls die Gesellschaft über einen Aufsichtsrat verfügt, ist auch der Vor- und Familienname des Vorsitzenden des Aufsichtsrates aufzuführen. Bei einer GmbH und einer Aktiengesellschaft muß ferner der Betrag des Stamm- bzw. Grundkapitals angegeben werden.

12. *Führung der Geschäftsbücher*

Die Gesellschaften müssen Geschäftsbücher führen und Jahresabschlüsse im Einklang mit den Rechnungslegungsvorschriften ausarbeiten. Hinsichtlich der

13 In Slowenien gelten noch immer die Verordnung über das Verfahren bei der Registrierung juristischer Personen (Službeni list SFRJ 1990 Nr. 74) und andere registerrechtliche Vorschriften aus dem damaligen Jugoslawien.

Führung der Geschäftsbücher differenziert das Gesetz zwischen kleinen, mittleren und großen Gesellschaften (Art. 51 ZGD).

Kleine Gesellschaften sind solche, bei denen im Durchschnitt weniger als fünfzig Personen beschäftigt sind und deren Jahreseinkommen weniger als 200 Mio. Tolar beträgt. Eine mittlere Gesellschaft hat weniger als 250 Beschäftigte und ein Jahreseinkommen von unter 800 Mio. Tolar. Als große Gesellschaften gelten unabhängig von der Anzahl der Beschäftigen und dem Jahreseinkommen Banken und Versicherungsorganisationen, außerdem Gesellschaften mit mehr als 250 Beschäftigten bzw. ab 800 Mio. Tolar Jahreseinkommen.

Bei großen und mittleren Aktiengesellschaften und großen GmbHs und verbundenen Gesellschaften gilt der Grundsatz der unbedingten Revision innerhalb von sechs Monaten nach Ablauf des Geschäftsjahres (Art. 53 ZGD)[14].

13. Einzelunternehmer

Eine natürliche Person kann sich wirtschaftlich betätigen, indem sie auf dem Markt als selbständiger Einzelunternehmer auftritt. Für ihn gelten die gesetzlichen Bestimmungen über den Gegenstand der Tätigkeit, die Firma, den Sitz, Filialen, Prokura, Geschäftsgeheimnis und Wettbewerbsverbot in gleicher Weise wie für die Gesellschaften (Art. 72 Abs. 1 ZGD). Die Firma des Unternehmers muß seinen Vor- und Familiennamen sowie einen abgekürzten Hinweis darauf enthalten, daß es sich um einen selbständigen Unternehmer („s.p.") handelt (Art. 73 ZGD). Der Unternehmer kann seine Tätigkeit jederzeit einstellen, indem er die Beendigung der Geschäftstätigkeit der Steuerverwaltung meldet (Art. 76 ZGD).

III. Die Personengesellschaften

1. Die Gesellschaft mit unbeschränkter Haftung („d.n.o.")

Das Gesetz regelt die Gesellschaft mit unbeschränkter Haftung in Anlehnung an die Offene Handelsgesellschaft des deutschen HGB in der Weise, daß diese Gesellschaft juristische Person ist und ihre Gesellschafter für die Verbindlichkeiten der Gesellschaft subsidiär mit ihrem gesamten Vermögen haften (Art. 77 ZGD). Die Bestimmungen über die Gesellschaft mit unbeschränkter Haftung sind relativ ausführlich und finden auch auf den Komplementär einer Komman-

14 Das Verfahren ist neuerdings im Gesetz über die Revision geregelt (Uradni list RS 1993 Nr. 32).

ditgesellschaft Anwendung (Art. 136 Abs. 2 ZGD). Subsidiär gelten die Vorschriften des Zivilrechts (Art. 78 ZGD)[15].

a) Die Gründung und die Rechtsverhältnisse der Gesellschafter

Die Gesellschaft wird von mindestens zwei Gesellschaftern durch Abschluß eines Vertrages gegründet. Sie können die Rechtsverhältnisse zueinander vollkommen frei regeln. Das Gesetz schreibt kein Mindestkapital vor, das die Gesellschafter in die Gesellschaft einlegen müssen. Wenn nichts anderes vereinbart worden ist, müssen die Gesellschafter gleiche Einlagen einzahlen. Den Wert der Sacheinlagen bestimmen sie autonom.

Jeder Gesellschafter muß mit derselben Sorgfalt wie in eigenen Angelegenheiten handeln. Er muß der Gesellschaft den Schaden ersetzen, den er ihr vorsätzlich oder grob fahrlässig zugefügt hat. Im Hinblick auf Verletzungen des allgemeinen Wettbewerbsverbots entscheiden die übrigen Gesellschafter über die Geltendmachung von Ansprüchen gegen den Verletzer. Sie können gegebenenfalls auch die Auflösung der Gesellschaft verlangen (Art. 85 ZGD). Über seinen Anteil darf ein Gesellschafter nicht ohne die Zustimmung der übrigen verfügen (Art. 98 ZGD).

b) Die Geschäftsführung

Alle Gesellschafter sind zur Führung der Geschäfte der Gesellschaft berechtigt. Es ist jedoch möglich, durch Gesellschaftsvertrag die Geschäftsführung einem oder mehreren Gesellschaftern zu übertragen und die Geschäftsführungsbefugnis der übrigen Gesellschafter auszuschließen (Art. 86 ZGD). Im Gesellschaftsvertrag kann auch bestimmt werden, daß die Gesellschafter, die die Geschäfte führen, die Anweisungen der übrigen Gesellschafter berücksichtigen müssen (Art. 89 ZGD). Im Rahmen der Geschäftsführung sind die Gesellschafter berechtigt, alle Handlungen durchzuführen, die normalerweise zum Geschäftsbetrieb der Gesellschaft gehören (Art. 90 ZGD). Entscheidungen der Gesellschafter werden einstimmig gefaßt, wenn nicht der Gesellschaftsvertrag Stimmenmehrheit genügen läßt (Art. 94 ZGD).

15 Das oben (II.9.) erwähnte Gesetz über Schuldverhältnisse regelt den zivilrechtlichen Gesellschaftsvertrag nicht. Deshalb werden aufgrund eines besonderen Gesetzes vom 6. April 1946 über die Aufhebung von Rechtsvorschriften die Bestimmungen des österreichischen ABGB, das in Slowenien bis zur Schaffung des Königreichs Jugoslawien im Jahre 1918 gegolten hat, als Rechtsregeln angewandt.

c) *Die Vertretung*

Im Rechtsverkehr mit Dritten vertritt jeder Gesellschafter die Gesellschaft, sofern er nicht durch den Gesellschaftsvertrag von der Vertretung ausgeschlossen ist. Der Gesellschaftsvertrag kann bestimmen, daß die Gesellschafter die Gesellschaft nur gemeinsam vertreten können (Art. 99 ZGD). Die Vertretungsbefugnis kann einem einzelnen Gesellschafter entzogen werden, wenn ein triftiger Grund vorliegt, insbesondere bei schwerer Pflichtverletzung oder Unfähigkeit zur ordnungsgemäßen Vertretung (Art. 100 ZGD).

d) *Die Haftung der Gesellschafter*

Für die Verbindlichkeiten der Gesellschaft haften die Gesellschafter den Gläubigern subsidiär mit ihrem gesamten Vermögen. Ein Gläubiger kann jeden Gesellschafter auf Erfüllung der Verpflichtung in Anspruch nehmen, wenn die Gesellschaft auf seine vorherige schriftliche Aufforderung hin nicht erfüllt hat. Gegenüber dem Gläubiger der Gesellschaft haften die Gesellschafter als Gesamtschuldner (Art. 101 ZGD). Wenn ein neuer Gesellschafter in eine schon bestehende Gesellschaft eintritt, haftet er ebenso wie die anderen Gesellschafter für die vor seinem Eintritt entstandenen Verbindlichkeiten (Art. 104 ZGD).

e) *Die Beendigung der Gesellschaft*

Die Gesellschaft mit unbeschränkter Haftung wird gemäß Artt. 106 ff ZGD in folgenden Fällen aufgelöst:

- mit Ablauf der Zeit, für welche sie gegründet war, wobei die Dauer im Gründungsvertrag festgelegt sein muß;
- durch Beschluß aller Gesellschafter;
- durch Konkurs wegen Zahlungsunfähigkeit gemäß besonderem Gesetz;
- durch Kündigung des Gesellschaftsvertrages, die im Falle der Errichtung der Gesellschaft auf unbestimmte Zeit jeder Gesellschafter zum Ende des Geschäftsjahres aussprechen kann; dieses Kündigungsrecht kann nicht im voraus ausgeschlossen oder erschwert werden;
- durch Gerichtsentscheidung auf die von einem Gesellschafter bei Vorliegen eines triftigen Grundes erhobene Auflösungsklage hin.

Die Gesellschaft wird auch aufgelöst, wenn aus irgendeinem Grund die Zahl der Gesellschafter unter zwei sinkt und wenn der verbliebene Gesellschafter nicht innerhalb eines Jahres alles Erforderliche unternimmt, um die Gesellschaft den Vorschriften des Gesetzes über die Wirtschaftsgesellschaften anzupassen. Wenn es dem verbleibenden Gesellschafter nicht gelingt, einen anderen Gesellschafter zu finden, setzt er die vormals von der Gesellschaft betriebene Wirtschaftstätigkeit als Einzelunternehmer fort (Art. 116 ZGD).

In der Regel wird die Gesellschaft immer dann aufgelöst, wenn einer der Gesellschafter den Vertrag kündigt, stirbt oder seine Mitgliedschaft auf irgendeine andere Art beendet, außer wenn im Gesellschaftsvertrag festgelegt ist, daß die Gesellschaft zwischen den übrigen Gesellschaftern fortbesteht (Art. 112 Abs. 1 ZGD).

In allen Fällen der Beendigung der Gesellschaft wird ein Liquidationsverfahren durchgeführt. Die Liquidatoren werden von den Gesellschaftern ernannt. Der Beginn des Liquidationsverfahrens muß beim Registergericht angemeldet werden. Die Liquidatoren müssen die laufenden Geschäfte beenden, die Forderungen eintreiben, das Rest-Vermögen versilbern und die Gläubiger auszahlen, wobei sie zur Abwicklung der nichtbeendeten Geschäfte auch neue Geschäfte abschließen dürfen (Art. 123 Abs. 1 ZGD).

2. *Die Kommanditgesellschaft („k.d.")*

Die Kommanditgesellschaft ist ebenfalls eine Personengesellschaft, die von zwei oder mehr natürlichen oder juristischen Personen gegründet worden ist, von denen mindestens ein Gesellschafter für die Verbindlichkeiten der Gesellschaft mit seinem gesamten Vermögen haftet (Komplementär) und mindestens ein Gesellschafter für diese Verbindlichkeiten nicht haftet (Kommanditist) (Art. 136 Abs. 1 ZGD). Mit Rücksicht darauf, daß auf die Kommanditgesellschaft subsidiär die Bestimmungen über die Gesellschaft mit unbeschränkter Haftung anwendbar sind, regelt das Gesetz die Kommanditgesellschaft nicht sehr ausführlich.

a) Die Gründung

Die Kommanditgesellschaft ist juristische Person und muß in das Handelsregister eingetragen werden, wobei sich die Eintragungspflicht auch auf die Kommanditisten und auf die Höhe ihrer Einlagen erstreckt. Die Namen der Kommanditisten brauchen nicht öffentlich bekanntgemacht zu werden, sondern es genügt die Verlautbarung ihrer Anzahl. Eine Kommanditgesellschaft wird durch Abschluß eines Gesellschaftsvertrages gegründet, in dem die Gesellschafter ihre rechtlichen Beziehungen vollkommen frei regeln können. Das Gesetz greift nur dann in ihre Beziehungen ein, wenn eine vertragliche Regelung fehlt (Art. 138 ZGD).

b) Die Rechtsstellung des Kommanditisten

Angesichts dessen, daß die Stellung des Komplementärs in der Kommanditgesellschaft der des Gesellschafters in einer Gesellschaft mit unbeschränkter Haftung entspricht, regelt das Gesetz lediglich die Stellung des Kommanditisten, wobei insbesondere bestimmt ist, daß der Kommanditist:
- nicht zur Führung der Geschäfte der Gesellschaft berechtigt ist;
- der Geschäftsführung des Komplementärs nicht widersprechen darf, sofern es sich um gewöhnliche Geschäfte im Rahmen des Gegenstandes der Gesellschaft handelt;
- berechtigt ist, eine Abschrift des Jahresabschlusses zu verlangen;
- das Recht zur Überprüfung der ordnungsgemäßen Führung der Geschäftsbücher hat;
- nicht zur Vertretung der Gesellschaft berechtigt ist; er aber die Stellung eines Prokuristen oder eines besonderen Bevollmächtigten innehaben kann;
- gegenüber den Gläubigern für Verbindlichkeiten der Gesellschaft nicht haftet, außer bis zur Höhe der laut Gesellschaftsvertrag geschuldeten, jedoch nicht geleisteten Einlage;
- Anspruch auf Gewinnbeteiligung hat.

Für den Kommanditisten gilt das Wettbewerbsverbot nur kraft ausdrücklicher Festlegung im Gesellschaftsvertrag.

Seine Einlage kann der Kommanditist in Geldmitteln, Sachen oder Rechten leisten. Nach der Eintragung der Gesellschaft in das Register gilt im Verhältnis zu den Gläubigern der Gesellschaft die im Register eingetragene Einlage als Kommanditeinlage. Hat die Kommanditgesellschaft bereits vor Eintragung in das Register ihre Geschäfte aufgenommen, so haftet der Kommanditist, der dem Geschäftsbeginn zugestimmt hat, für die vor Eintragung entstandenen Verbindlichkeiten wie ein Komplementär, außer wenn dem Gläubiger seine Beteiligung als Kommanditist bekannt war (Art. 151 ZGD).

3. Die Doppelgesellschaft

Als besondere Form der Kommanditgesellschaft regelt das Gesetz die Doppelgesellschaft, bei der einziger Komplementär eine Kapitalgesellschaft ist oder alle Komplementäre Kapitalgesellschaften sind (Art. 154 ZGD). Regelfall in der Praxis ist eine Kommanditgesellschaft, deren Komplementär eine GmbH ist[16]. Diese Gesellschaftsform verbindet positive Eigenschaften von Kapital- und Personengesellschaften. Insbesondere vermeiden die Gründer von Doppelgesell-

16 Bisher wurde in Slowenien erst eine derartige Gesellschaft registriert und zwar, aufgrund früheren Rechts, nämlich die Fondholding d.o.o. & Kontraktinvest k.d.d. Maribor.

schaften die persönliche Haftung für die Verbindlichkeiten der Gesellschaft. Steuerrechtlich gibt es jedoch keine besonderen Vorteile, da diese neue Gesellschaftsform in den vorhandenen Steuervorschriften überhaupt nicht erwähnt wird. Es ist aber zu erwarten, daß die Steuergesetzgebung auch an diese neue Gesellschaftsform angepaßt werden wird.

Die gesetzlichen Bestimmungen über die Doppelgesellschaft berühren weder die Regelungen der Kapitalgesellschaften, die Komplementäre von Doppelgesellschaften sind, noch die Regelungen der Personengesellschaften, die einer Doppelgesellschaft angehören. Das Gesetz läßt ausdrücklich zu, daß eine Gesellschaft nur zum Zwecke der Aufnahme als Komplementär in eine Doppelgesellschaft gegründet wird (Art. 154 ZGD). Für die Gründung von Investitionsgesellschaften ist diese Form ausgesprochen interessant.

Dagegen verbietet das Gesetz aus Gründen des Gläubigerschutzes die Umwandlung bestehender Kapitalgesellschaften in Doppelgesellschaften (Art. 155 ZGD). Im Rechtsverkehr muß die Doppelgesellschaft unter der vollständigen Firma des Komplementärs und der Firma der Kommanditgesellschaft auftreten. In den Geschäftsdokumenten muß wie bei einer Kapitalgesellschaft neben der Firma der Doppelgesellschaft auch der Name des Geschäftsführers bzw. der Vorstandsmitglieder des Komplementärs einer Doppelgesellschaft angegeben werden[17].

Doppelgesellschaften können auch derart von Kapitalgesellschaften errichtet werden, indem sie eine Gesellschaft mit unbeschränkter Haftung gründen, bei der alle Gesellschafter Gesellschaften ohne persönlich haftenden Gesellschafter sind. In diesem Fall gelten die Bestimmungen über die Doppelgesellschaft entsprechend (Art. 158 ZGD).

4. Die Stille Gesellschaft („s.t.d.")

Die Stille Gesellschaft ist keine juristische Person. Das Gesetz reiht sie unter die Personengesellschaften ein. Die Stille Gesellschaft entsteht durch einen Vertrag, aufgrund dessen der stille Gesellschafter mit einer Vermögenseinlage in das Unternehmen des Trägers der Stillen Gesellschaft eintritt und entsprechend seiner Einlage einen Anspruch auf Gewinnbeteiligung erlangt.

a) Die Gründung

Das slowenische Recht regelt die Stille Gesellschaft ähnlich wie das deutsche: Der Träger kann mehrere Stille Gesellschaften gründen und kann jedesmal die gegenseitigen Beziehungen vollkommen frei vereinbaren, hat jedoch mit der

17 Ausführlicher IVANJKO, Dvojna in tiha družba (Doppel- und stille Gesellschaft), Nova zakonodaja o gospodarskih družbah, Gospodarski vesnik, Ljubljana 1992.

Sorgfalt zu handeln, die er in eigenen Angelegenheiten anwendet. Der Vertrag über die Gründung einer Stillen Gesellschaft muß schriftlich geschlossen werden. Gesetzliche Regelungen greifen grundsätzlich nur ein, soweit der Vertrag Lücken enthält (Art. 160).

b) Die Stellung des stillen Gesellschafters

Der Träger der Stillen Gesellschaft muß am Jahresende Gewinn und Verlust ausrechnen und dem stillen Gesellschafter seinen Gewinnanteil auszahlen. Verluste trägt der stille Gesellschafter nur bis zur Höhe der eingetragenen Einlage. Anspruch auf Gewinnbeteiligung hat er erst nach Deckung der Verluste. Der stille Gesellschafter haftet nicht für die Verpflichtungen der Gesellschaft gegenüber ihren Gläubigern, es sei denn, sein Name ist in der Firma des Trägers der Gesellschaft enthalten.

c) Die Beendigung der Stillen Gesellschaft

Eine Stille Gesellschaft endet durch Vereinbarung zwischen Träger und stillem Gesellschafter, mit Ablauf der Zeit, für die sie gegründet war, oder mit Liquidation des Trägers der Stillen Gesellschaft. Der stille Gesellschafter kann den Vertrag auch, soweit ein Kündigungsrecht vereinbart worden ist, kündigen. Außer wenn der Träger der Stillen Gesellschaft durch Konkurs endet, muß bei Beendigung der Stillen Gesellschaft der Träger dem stillen Gesellschafter seine Einlage in Geld auszahlen (Art. 166 ZGD).

Wenn in Erwartung eines Konkurses der Träger der Stillen Gesellschaft und der stille Gesellschafter innerhalb eines Jahres vor Konkurseröffnung die Gläubiger einvernehmlich durch vollständige oder teilweise Rückzahlung der Einlage des stillen Gesellschafters oder Verzicht auf seine Beteiligung am Verlust geschädigt haben, besteht ein gesetzliches Anfechtungsrecht, es sei denn, der Konkurs beruht auf Umständen, die erst nach Abschluß der Vereinbarung über die Rückgabe entstanden sind (Art. 168 ZGD).

IV. Die Kapitalgesellschaften

1. Die Aktiengesellschaft („d.d.“)

a) Überblick

Die Aktiengesellschaft ist im slowenischen Recht ähnlich geregelt wie im deutschen. Obwohl die Aktiengesellschaft ihrer theoretischen Konzeption nach ein personifiziertes Kapital darstellt, bei dem die Gesellschaft für ihre Verpflichtungen selbst haftet, trennt das Gesetz die Aktiengesellschaft als Träger einer Unternehmertätigkeit vom Unternehmen als funktional organisiertem Kapital. Nach slowenischem Recht ist die Aktiengesellschaft vor allem eine Rechtsform zur Sammlung von Kapital durch Organisation einer großen Zahl von Aktionären. Das Gesetz will die Aktiengesellschaft als eine Gesellschaft definieren, die ihr Grundkapital auf Aktien verteilt hat. Das Aktienkapital ist der wirtschaftliche Rechtsträger der gesamten Konstruktion der Aktiengesellschaft. Es stellt eine wirtschaftliche Transmission dar, wonach die Aktionäre mit dem gesamten Gesellschaftsvermögen wirtschaften. Wesentlich für die Aktiengesellschaft ist, daß sie den Gläubigern gegenüber für ihre Verpflichtungen mit ihrem gesamten Vermögen haftet und daß die Aktionäre, ausgenommen im Fall der Durchgriffshaftung (Art. 6 ZGD), nicht haften. Die gesetzlichen Bestimmungen für die Aktiengesellschaft gelten sinngemäß subsidiär auch für die GmbH und für die Kommanditgesellschaft auf Aktien.

b) Die Gründung

aa) Grundkapital und Satzung

Nach slowenischem Recht muß eine Aktiengesellschaft von mindestens fünf natürlichen oder juristischen Personen (Gründer) errichtet werden, die die Satzung gemeinsam durch Unterzeichnung feststellen (Art. 170 ZGD).

Die Gründer müssen durch Verkauf von Aktien die Aufbringung des Grundkapitals in Höhe von mindestens 3 Mio. Tolar[18] gewährleisten (Art. 172 ZGD). Aktien mit einem niedrigeren Nennbetrag als 1.000 Tolar sind nichtig. Höhere Nennbeträge von Aktien müssen auf 2.000 Tolar bzw. ein Vielfaches davon lauten (Art. 173 ZGD). Grundkapital und Aktien müssen in Tolar ausgedrückt sein (Art. 171 ZGD). Im Gründungsverfahren können den Aktionären anstatt Aktien Zwischenscheine über ihre Anteile und deren Bezahlung ausgehändigt werden.

Die Satzung der Gesellschaft muß notariell beurkundet sein und zwingend Bestimmungen über Namen und Wohnort bzw. Firma und Sitz eines jeden Gründers, Firma und Sitz der Gesellschaft, den Gegenstand der Gesellschaft, den Betrag des Grundkapitals, den Nennwert der Aktien, Anzahl und Gattungen der Aktien, die Verwaltung der Gesellschaft, die (für die Gesellschaft wie auch für die Aktionäre wichtige) Art der Veröffentlichung von Mitteilungen

18 Der Tolar ist die slowenische Nationalwährung. Im August 1993 entspricht 1 DM = 70 Tolar (SIT).

und die Art der Auflösung der Gesellschaft enthalten (Art. 184 ZGD). In der Satzung können aber auch andere Angelegenheiten geregelt werden.

Bei der Gründung werden zwei Verfahren unterschieden: die gleichzeitige (simultane) und die Stufengründung (sukzessive Gründung).

bb) Die Simultangründung

Bei der Simultangründung wird eine Aktiengesellschaft dergestalt gegründet, daß die Gründer die Satzung feststellen und unterzeichnen und alle Aktien übernehmen. Die Gründung der Gesellschaft ist erfolgt, wenn alle Aktien übernommen worden sind; den Status einer juristischen Person erlangt die Gesellschaft aber erst mit der Eintragung in das Handelsregister, und erst dann kann sie mit der Geschäftsführung beginnen.

Bei der Gründung müssen die Gründer die Aktien zum Nennwert oder zu einem höheren Wert kaufen. Unter Nennwert dürfen die Aktien dagegen nicht ausgegeben werden. Sie können in Geld oder mit Sacheinlagen eingezahlt werden, wobei aber mindestens ein Drittel des Grundkapitals bar eingezahlt werden muß (Art. 191 Abs. 3 ZGD). Die Bareinzahlung muß mit gesetzlichen Zahlungsmitteln auf das Bankkonto der in der Gründung befindlichen Gesellschaft erfolgen. Sacheinlagen müssen derart in die Gesellschaft eingebracht werden, daß diese ab ihrer Eintragung in das Register frei und dauerhaft darüber verfügen kann. Von den gegen Bareinlagen ausgegebenen Aktien müssen vor der Eintragung der Gesellschaft mindestens 25 % des Nennwerts eingezahlt sein.

Die Mitglieder des Vorstandes und des Aufsichtsrates prüfen die ordnungsgemäße Durchführung des Gründungsverfahrens (Art. 194 Abs. 1 ZGD) und melden anschließend die Gesellschaft zur Eintragung in das Register an. Der Anmeldung sind die Satzung und die Urkunde über die Errichtung der Gesellschaft beizufügen. Einzutragen sind alle wesentlichen Angaben über die Gesellschaft, insbesondere jedoch die Höhe des eingezahlten Kapitals und die Anzahl der ausgegebenen Aktien. Die Vorstandsmitglieder müssen ihre Unterschrift bei Gericht hinterlegen (Art. 198 ZGD). Alle im Handelsregister eingetragenen Angaben werden im Amtsblatt veröffentlicht. Die Gründer haften der Gesellschaft gegenüber als Gesamtschuldner für den durch ungenaue Angaben in Verbindung mit der Gründung verursachten Schaden.

cc) Die Stufengründung

Bei der Stufengründung (sukzessiven Gründung) wird die Aktiengesellschaft durch die Bekanntmachung der Einladung zur öffentlichen Zeichnung von Aktien (Prospekt) errichtet. Mindestens fünf Gründer verabschieden die Satzung und veröffentlichen den Prospekt, aufgrund dessen die zukünftigen Aktionäre Aktien zeichnen können. Die Zeichnung der Aktien ist nur bei einer Bank möglich. Die Frist für die Zeichnung und Einzahlung der Aktien darf nicht länger als drei Monate, gerechnet vom Beginn des Zeichnungsverfahrens, sein (Art. 208 Abs. 1 ZGD). Wenn die Zeichnung erfolgreich war, müssen die Gründer binnen 15 Tagen nach Ablauf der im Prospekt angegebenen Zeichnungsfrist den Zeichnern die Aktien zuteilen. Innerhalb von zwei Monaten nach dem Ende der Zeichnung müssen die Gründer eine Gründungsversammlung einberufen, auf der der Gründungsbericht der Gründer und der Gründungsprüfungsbericht der Gründungsprüfer verlesen, die Gründungskosten genehmigt und die Organe der Aktiengesellschaft gewählt werden. Der Gründungsvorgang ist abgeschlossen, wenn die Gründungsversammlung alle im Zusammenhang mit der Gründung der Gesellschaft erforderlichen Beschlüsse gefaßt hat. Die Gründungsversammlung ist beschlußfähig, wenn 15 % des gezeichneten Kapitals vertreten sind; jede Aktie hat eine Stimme; entschieden wird mit der Mehrheit der auf der Versammlung vertretenen Aktien.

c) Die Aktien

Nach dem Gesetz sind Aktien Wertpapiere, die auf den Inhaber oder auf den Namen lauten können. Zwischenscheine müssen immer auf den Namen lauten (Art. 176 ZGD). Man unterscheidet Stammaktien und Vorzugsaktien. Stammaktien geben dem Inhaber Stimmrecht, Mitverwaltungsrechte, das Recht auf Gewinnbeteiligung (Dividende) und auf einen entsprechenden Teil des nach der Liquidation der Gesellschaft verbleibenden Vermögens (Art. 177 ZGD). Alle Aktien, die die gleichen Rechte gewähren, bilden eine Gattung (Art. 178 ZGD). Jede Aktie gewährt eine Stimme, und es ist gesetzlich verboten, Aktien auszugeben, die bei gleichem Nennbetrag unterschiedlich hohe Stimmrechte einräumen (Art. 179 ZGD). Aktien können aufgrund eines Spezialgesetzes (Gesetz über den Wertpapiermarkt)[18a] auch in nichtverkörperter Form ausgegeben werden (Art. 183 ZGD). Alle Namensaktien müssen im Aktienbuch eingetragen sein. Die Übertragung von Namensaktien erfolgt durch Indossament und Eintragung in das Aktienbuch.

Eigene Aktien darf die Gesellschaft nur in bestimmten Ausnahmefällen und höchstens auf ein Jahr besitzen (Art. 240 ZGD). Aus eigenen Aktien hat sie keine Rechte.

18a Uradni list RS 1994 Nr. 6.

d) Die Organe der Aktiengesellschaft

Hinsichtlich der Organe der Aktiengesellschaft hat sich der slowenische Gesetzgeber für ein dualistisches System als Regelfall entschieden. Das Grundmodell hierfür bildet die Europäische Aktiengesellschaft. Die Gesellschaft muß zwingend über eine Hauptversammlung und einen Vorstand verfügen. Die Bildung eines Aufsichtsrates ist weitgehend fakultativ; er wird nur in einigen bestimmten Fällen vorgeschrieben.

aa) Die Hauptversammlung

Die Hauptversammlung ist das Forum der stimmberechtigten Aktionäre (Artt. 281 ff ZGD). Sie beschließt über die Verteilung des Gewinns, den Jahresabschluß, die Ernennung und Abberufung des Aufsichtsrats, sofern vorhanden, Satzungsänderungen, Kapitalerhöhungen und -herabsetzungen sowie über die Auflösung der Gesellschaft. Das Gesetz unterscheidet nicht zwischen ordentlichen und außerordentlichen Versammlungen. Einberufen wird die Hauptversammlung vom Vorstand. Dieser muß eine Hauptversammlung einberufen, wenn dies von Aktionären verlangt wird, die zusammen mehr als $^1/_{20}$ des Grundkapitals halten (Art. 284 Abs. 1 ZGD). Zur Hauptversammlung wird mindestens einen Monat im voraus eingeladen, unter Bekanntgabe der Tagesordnung und etwa beabsichtigter Satzungsänderungen. Die Anträge der Aktionäre müssen der Gesellschaft innerhalb einer Woche nach Bekanntgabe der Einladung zugesandt werden. Diejenigen Aktionäre, die stimmberechtigte Inhaberaktien besitzen, können mitwirken und mit abstimmen, wenn sie die Aktien bei einer Bank oder der Gesellschaft bzw. bei einer in der Einladung bestimmten Stelle hinterlegen. Auf der Hauptversammlung muß ein Notar anwesend sein, der die Beschlüsse der Versammlung beurkundet (Art. 292 Abs. 1 ZGD). Innerhalb von 24 Stunden nach Abschluß der Hauptversammlung muß der Vorstand die notariell beglaubigte Protokollabschrift dem Register übermitteln (Art. 292 Abs. 4 ZGD). Die Hauptversammlung ist beschlußfähig, wenn stimmberechtigte Aktionäre, die mindestens 15 % des Grundkapitals vertreten, anwesend sind. Wenn bei der ersten Einberufung die Beschlußfähigkeit nicht erreicht wurde, wird eine neue Hauptversammlung einberufen, die unabhängig vom vertretenen Grundkapital beschlußfähig ist (Art. 295 ZGD). Die Hauptversammlung entscheidet mit der Mehrheit der abgegebenen Stimmen der Aktionäre (einfache Mehrheit), sofern nicht durch die Satzung oder das Gesetz etwas anderes bestimmt ist (Art. 296 ZGD). Der Aktionär kann sein Stimmrecht persönlich oder über einen Vertreter bzw. Bevollmächtigten sowie über Finanz- und andere Organisationen ausüben (Art. 298 ZGD). Die Aufhebung oder Einschränkung der Rechte der Vorzugsaktionäre ist nur mit deren Zustimmung möglich. Hierüber entscheiden die

Vorzugsaktionäre auf einer getrennten Versammlung durch einen gesonderten Beschluß (Art. 304 ZGD). Bei Stammaktien kann das Stimmrecht nur durch Gesetz ausgeschlossen werden.

bb) Der Vorstand

Der Vorstand leitet die Aktiengesellschaft selbständig und in eigener Verantwortung. Er besteht aus einem oder mehreren Mitgliedern (Direktoren). Wenn die Gesellschaft keinen Aufsichtsrat besitzt, muß der Vorstand mindestens drei Mitglieder haben (Art. 242 Abs. 2 ZGD). Mindestens einer der Direktoren oder ein Prokurist muß Staatsbürger der Republik Slowenien sein. Bei mehreren Vorstandsmitgliedern muß die Mehrheit die slowenische Staatsbürgerschaft haben (Art. 246 Abs. 5 ZGD)[19].

Im Falle eines mehrgliedrigen Vorstands werden die Entscheidungen einstimmig gefällt, wenn die Satzung keine andere Regelung vorsieht. Jedes Vorstandsmitglied besitzt eine Stimme (Art. 247 ZGD). Der Vorstand vertritt und repräsentiert die Gesellschaft. Alle Vorstandsmitglieder sind berechtigt, die Gesellschaft uneingeschränkt zu vertreten, wenn die Satzung nichts anderes bestimmt. Der Aufsichtsrat bestellt die Vorstandsmitglieder und den Vorstandsvorsitzenden für einen Zeitraum von höchstens fünf Jahren, mit der Möglichkeit der Wiederwahl. Wenn es keinen Aufsichtsrat gibt, bestellt die Hauptversammlung den Vorstand. Sofern es aus irgendwelchen Gründen unmöglich ist, Vorstandsmitglieder zu bestellen, erfolgt dies durch das Gericht (Artt. 250 f ZGD). Der Vorstand ist verpflichtet, den Aufsichtsrat bzw. die Hauptversammlung über die Geschäftsführung der Gesellschaft zu unterrichten. Bei Feststellung eines Verlusts der Gesellschaft, der die Hälfte des Grundkapitals erreicht, muß der Vorstand innerhalb von 48 Stunden die Hauptversammlung einberufen und sie entsprechend informieren (Art. 257 ZGD). Die Vorstandsmitglieder können Vertreter haben (Art. 260 ZGD). Vorstandsmitglieder haften für den Schaden, den sie der Gesellschaft oder den Aktionären zugefügt haben, außer wenn sie den Nachweis erbringen, daß sie ordentlich und gewissenhaft ihren Verpflichtungen nachgekommen sind (Art. 258 ZGD).

cc) Der Aufsichtsrat

Ein Aufsichtsrat muß in einer Aktiengesellschaft nur dann eingerichtet werden, wenn die Gesellschaft ein Grundkapital von 300 Mio. Tolar erreicht, im

19 Dieser Absatz 5 wurde erst im letzten Augenblick bei der Abstimmung im Parlament eingefügt.

Jahresdurchschnitt mehr als 500 Mitarbeiter beschäftigt, sie sukzessive gegründet wurde, die Aktien an der Börse gehandelt werden oder wenn die Zahl der Namensaktionäre der Gesellschaft 100 übersteigt. Hat die Gesellschaft keinen Aufsichtsrat, so stehen dessen Befugnisse der Hauptversammlung zu (Art. 261 ZGD).

In allen übrigen Fällen entscheidet die Gesellschaft in der Satzung darüber, ob ein Aufsichtsrat gebildet wird.

Der Aufsichtsrat muß mindestens drei Mitglieder haben[20]. Mitglied des Aufsichtsrates kann nur eine unbeschränkt geschäftsfähige natürliche Person sein. Wer bereits in zehn Gesellschaften Aufsichtsratsmitglied ist, kann keinem weiteren Aufsichtsrat angehören (Art. 263 ZGD). Die Hauptversammlung wählt die Aufsichtsratsmitglieder auf eine Dauer von höchstens vier Jahren; Wiederwahl ist zulässig (Artt. 264 f ZGD). Die Aufsichtsratsmitglieder sind beim Handelsregister anzumelden. Der Aufsichtsrat kann verschiedene Ausschüsse bilden. Beschlußfähig ist er, wenn mindestens die Hälfte der Mitglieder anwesend ist. Es kann auch schriftlich oder telefonisch abgestimmt werden (Art. 271 ZGD). Der Aufsichtsrat beaufsichtigt die Geschäftsführung der Gesellschaft, kann die Bücher durchsehen, die Hauptversammlung einberufen und erteilt, sofern in der Satzung vorgesehen, die Zustimmung zu einzelnen Vorstandsbeschlüssen (Art. 274 ZGD).

e) Erhöhung und Herabsetzung des Grundkapitals

Über die Erhöhung und Herabsetzung des Grundkapitals entscheidet die Hauptversammlung mit der Mehrheit von mindestens $^3/_4$ des bei der Beschlußfassung vertretenen Grundkapitals, wenn nicht die Satzung eine andere Kapitalmehrheit bestimmt (Art. 309 ZGD). Die Erhöhung erfolgt durch Ausgabe neuer Aktien. Die Aktionäre können die Aktien auch gegen Sacheinlagen übernehmen. Die Satzung kann den Vorstand für längstens fünf Jahre nach Eintragung des Kapitalerhöhungsbeschlusses bzw. der Satzungsänderung in das Register ermächtigen, das Grundkapital bis zu einem bestimmten Nennbetrag durch Ausgabe neuer Aktien zu erhöhen (genehmigtes Kapital), (Art. 328 ZGD). Das erhöhte Grundkapital kann auch aus Mitteln der Gesellschaft durch Umwandlung der Rücklagen und des nicht ausgeschütteten Gewinns gebildet werden (Art. 333 Abs. 1 ZGD).

20 Nach Art. 78 des Mitbestimmungsgesetzes (Uradni list RS 1993 Nr. 42) muß bei Gesellschaften mit bis zu 1000 Beschäftigten mindestens 1/3 und bei Gesellschaften mit mehr als 1000 Beschäftigten mindestens die Hälfte der Aufsichtsratsmitglieder von den Beschäftigten gewählt werden.

Bei der Kapitalherabsetzung wird die reguläre und die vereinfachte Form unterschieden (Artt. 347 ff ZGD). Über die reguläre Herabsetzung des Grundkapitals (durch Verringerung des Nennbetrages der Aktien bzw. durch Vereinigung der Aktien, wenn der niedrigste Nennbetrag nicht mehr herabgesetzt werden kann) entscheidet die Hauptversammlung mit Dreiviertel-Mehrheit. Der Beschluß über die Herabsetzung des Grundkapitals muß in das Register eingetragen werden. Den Gläubigern ist Sicherheit zu leisten (Art. 350 ZGD). Die vereinfachte Grundkapitalherabsetzung erfolgt zum Ausgleich für einen niedrigeren Wert des Vermögens, zur Verlustabdeckung und zur Übertragung von Mitteln in die Rücklage (Art. 354 ZGD).

An die Aktionäre darf Gewinn erst ausgeschüttet werden, wenn die Reserven 10 % des Grundkapitals erreicht haben (Art. 355 ZGD).

f) Nichtigkeit und Anfechtbarkeit von Beschlüssen der Hauptversammlung

Beschlüsse der Hauptversammlung sind nichtig, wenn sie dem Gesetz oder der Moral und der öffentlichen Ordnung zuwiderlaufen oder wenn sie nicht ordnungsgemäß niedergeschrieben sind (Art. 359 ZGD). Die Frist zur Geltendmachung der Nichtigkeit beträgt drei Monate nach Beschlußfassung bzw. Bekanntmachung des Beschlusses (Art. 360 ZGD). Die Nichtigkeit wird vom Gericht festgestellt. Jedes Vorstandsmitglied, jedes Aufsichtsratsmitglied sowie jeder Aktionär kann die Nichtigkeit geltend machen.

Außerdem kann ein Aktionär jeden Beschluß der Hauptversammlung anfechten, der im Gegensatz zu den Grundzielen der Gesellschaft oder den guten Geschäftssitten steht und darauf gerichtet ist, wenigstens einen Aktionär oder die Interessen der Gesellschaft zu schädigen. Die Frist für die Anfechtungsklage beträgt einen Monat (Artt. 364 f ZGD). Seine Anfechtungsabsicht muß ein anwesender Aktionär auf der Hauptversammlung bekanntgeben. Nicht anwesende Aktionäre sind nur dann anfechtungsberechtigt, wenn sie rechtswidrig an der Teilnahme gehindert wurden, sie nicht ordnungsgemäß geladen waren oder der fragliche Punkt nicht auf der Tagesordnung stand (Art. 366 ZGD). Der Beschluß über die Gewinnverteilung kann ausnahmsweise von jedem Aktionär oder aber vom Aufsichtsrat innerhalb von drei Monaten nach Beschlußfassung angefochten werden (Art. 368 ZGD).

h) Die Auflösung der Gesellschaft

Die Aktiengesellschaft kann durch Liquidation oder durch Konkurs aufgelöst werden. Für das Konkursverfahren ist 1993 ein besonderes Gesetz über Zwangsvergleich und Konkurs verabschiedet worden[20a]. Es entspricht den aktuellen Lösungen auf dem Gebiet des Insolvenzrechts und kennt auch die finanzielle Reorganisation, die den Vorschlägen zur Reform des deutschen Insolvenzrechts entnommen wurde.

Das Gesetz über die Wirtschaftsgesellschaften regelt die Gründe für die Auflösung der Gesellschaft und das Liquidationsverfahren ausführlich. Die Gesellschaft endet durch Ablauf der im Gesellschaftsvertrag bestimmten Zeit, oder aber wenn die Hauptversammlung mit einer Mehrheit von mindestens drei Vierteln des vertretenen Kapitals die Auflösung beschließt. Die Gesellschaft wird auch dann beendet, wenn der Vorstand 12 Monate hindurch nicht tätig gewesen ist, d. h. wenn die Gesellschaft über einen derartigen Zeitraum hinweg nicht werbend tätig gewesen ist, oder wenn das Grundkapital der Gesellschaft unter das gesetzliche Minimum absinkt (Art. 371 ZGD). Den Beschluß über die Auflösung der Gesellschaft faßt die Hauptversammlung oder das Gericht (Art. 372 ZGD). Die Hauptversammlung ernennt einen oder mehrere Liquidatoren, die in der Regel Vorstandsmitglieder sind (Art. 377 ZGD). Der Liquidator muß im Liquidationsverfahren alle rechtlichen Beziehungen auflösen, die Liquidationsmasse verwerten und das Vermögen auf die Aktionäre aufteilen.

Das Gesetz sieht auch ein verkürztes Liquidationsverfahren für kleinere oder praktisch nicht werbend tätige Gesellschaften vor. Hierbei müssen alle Aktionäre bei Gericht die Löschung der Gesellschaft beantragen und eine notariell beglaubigte Erklärung einreichen, daß alle Verbindlichkeiten der Gesellschaft bezahlt sind, die Verhältnisse mit den Beschäftigten geregelt sind und sie persönlich etwaige Verbindlichkeiten der Gesellschaft übernehmen (Art. 394 Abs. 1 ZGD).

2. *Die Kommanditgesellschaft auf Aktien („k.d.d.“)*

Eine Kommanditgesellschaft auf Aktien ist eine Kapitalgesellschaft, bei welcher mindestens ein Gesellschafter für die Verbindlichkeiten der Gesellschaft mit seinem gesamten Vermögen haftet (Komplementär) und darüber hinaus Kommanditaktionäre, die nicht persönlich für die Verpflichtungen der Gesellschaft haften, einen Anteil am Grundkapital in Aktien halten (Art. 399 ZGD). Gegründet wird die Kommanditgesellschaft auf Aktien, indem mindestens fünf Personen (ein Komplementär und vier Kommanditaktionäre) eine Satzung feststellen. Wenn die Satzung nichts anderes bestimmt, bilden die Kommanditaktionäre einen Ausschuß zu ihrer Vertretung (Art. 404 ZGD).

20a Uradni list RS 1993 Nr. 67.

3. *Die Gesellschaft mit beschränkter Haftung („d.o.o.")*

Die slowenische Regelung der GmbH folgt deutschen und österreichischen Vorbildern. Soweit ausdrückliche Regelungen für die GmbH fehlen, finden die Bestimmungen über die Aktiengesellschaft entsprechende Anwendung.

a) *Die Gründung*

Errichtet werden kann die GmbH entweder von mindestens zwei Gesellschaftern durch Vertrag oder aber von einem Gesellschafter durch Gründungsakt. Die Gesellschaft kann höchstens 50 Gesellschafter haben, jedoch kann der Wirtschaftsminister eine höhere Zahl genehmigen (Art. 408 ZGD). Gesellschafter können natürliche oder juristische Personen sein. Die Gründer müssen ein Stammkapital von mindestens 1,5 Mio. Tolar bereitstellen, wobei jede Stammeinlage mindestens 10.000 Tolar betragen muß (Art. 410 ZGD). Der Gesellschaftsvertrag ist in notarieller Form abzuschließen und von allen Gesellschaftern zu unterzeichnen. Das Stammkapital kann durch Bar- oder Sacheinlagen aufgebracht werden. Ein Drittel des Stammkapitals muß zwingend in Geld eingezahlt werden. Jeder Gesellschafter hat sofort ein Viertel auf die Stammeinlage einzuzahlen. Die Summe aller bar eingezahlten Stammeinlagen muß mindestens 750.000 Tolar betragen (Art. 410 ZGD). Wenn die Gründer Sacheinlagen einbringen, müssen die Gesellschafter einen diesbezüglichen Bericht verfassen und unterzeichnen. Betragen die Sacheinlagen mehr als 10 Mio. Tolar, so ist ihr Wert von einem bevollmächtigten Revisor festzustellen. Die Gründer haften gesamtschuldnerisch für den vorsätzlich oder grob fahrlässig verursachten Schaden aus Nicht- bzw. fehlerhafter Leistung von Sacheinlagen bzw. ihrer zu hohen Bewertung.

b) *Der Geschäftsanteil*

Die Gesellschafter besitzen Geschäftsanteile an der Gesellschaft. Ein solcher Anteil kann einer oder mehreren Personen zustehen. Im letzteren Fall üben die Mitinhaber ihre Rechte gemeinsam aus und haften gemeinsam für Verpflichtungen aus dem Geschäftsanteil (Art. 415 ZGD). Geschäftsanteile können abgetreten und vererbt werden. Für die Abtretung ist ein Vertrag erforderlich, der notariell beurkundet werden muß. Sofern der Gesellschaftsvertrag nichts anderes bestimmt, haben die Gesellschafter bei der Abtretung von Gesellschaftsanteilen ein Vorkaufsrecht. Wollen mehrere Gesellschafter den Geschäftsanteil kaufen, so erwerben sie Miteigentum daran. In Hinblick auf die Abtretung an Dritte kann im Gesellschaftsvertrag das Erfordernis der Zustimmung der Mehrheit oder aller Gesellschafter vereinbart werden (Art. 416 ZGD). Die Geschäftsanteile können geteilt werden, wobei aber der Wert der neuen Geschäftsanteile nicht unter 10.000 Tolar betragen darf. Das Gesetz kennt auch das Institut der Kaduzierung. Danach kann ein Gesellschafter aus der Gesellschaft ausgeschlossen werden, wenn er mit der Einzahlung seines Anteils in Verzug gerät. Der Gesellschafter muß von der drohenden Kaduzierung schriftlich benachrichtigt werden und eine Frist zur Erfüllung seiner Verpflichtung erhalten, die mindestens einen Monat betragen muß (Art. 421 ZGD). Es kann vertraglich vereinbart werden, daß die Gesellschafter außer der Einzahlung des Anteils auch andere Verpflichtungen (Nebenleistungen) gegenüber der Gesellschaft erfüllen müssen. Die Gesellschafter haben Anspruch auf Beteiligung am Gewinn entsprechend der Höhe ihrer Geschäftsanteile, wenn nicht der Gesellschaftsvertrag etwas anderes bestimmt (Art. 429 ZGD).

c) Die Hauptversammlung

Die Gesellschafter verwalten die Gesellschaft durch Fassung von Beschlüssen auf der Hauptversammlung (Art. 441 ZGD). Sie entscheiden über alle wesentlichen Fragen. Je erreichte 10.000 Tolar Stammeinlage geben dem Gesellschafter eine Stimme, wobei der Gesellschaftsvertrag auch abweichende Regelungen vorsehen kann (Art. 440 ZGD). Eigene Anteile kann die Gesellschaft nur ausnahmsweise für eine bestimmte Zeit halten; zur Ausübung von Rechten ist sie in diesem Fall nicht befugt (Art. 435 ZGD). Die Hauptversammlung wird nach Bedarf vom Geschäftsführer einberufen. Dazu bedarf es einer schriftlichen Benachrichtigung unter Bekanntgabe der Tagesordnung eine Woche im voraus. Die Hauptversammlung ist beschlußfähig, wenn Gesellschafter anwesend sind, die mehr als die Hälfte der gesamten Stimmen besitzen (Art. 444 ZGD). Der Gesellschaftsvertrag kann bestimmen, daß im Falle der Beschlußunfähigkeit eine erneut einberufene Hauptversammlung unabhängig von der Zahl der anwesenden Gesellschafter beschlußfähig ist. Gesellschafter, deren Geschäftsanteil mindestens 1/10 des Grundkapitals ausmacht, können die Einberufung der Hauptversammlung im Rahmen ihrer Rechte als Minderheitsgesellschafter verlangen (Art. 445 ZGD).

d) Der Aufsichtsrat

Bei einer GmbH ist ein Aufsichtsrat nicht unbedingt erforderlich. Wenn er jedoch eingerichtet wird, gelten für ihn dieselben Bestimmungen wie für den Aufsichtsrat einer Aktiengesellschaft (Art. 448 ZGD).

e) Der Geschäftsführer

Die GmbH hat einen oder mehrere Geschäftsführer (Direktoren), die in eigener Verantwortung die Geschäfte der Gesellschaft führen und sie vertreten. Geschäftsführer werden von der Hauptversammlung bzw. sofern vorhanden, vom Aufsichtsrat bestellt. Sie können jederzeit abberufen werden, wobei ihnen die Gesellschaft im Regelfall eine Abfindung in 24facher Höhe ihres Monatsgehalts geben muß, wenn sie ohne wichtigen Grund abberufen worden sind. Wenn die Gesellschaft mehrere Geschäftsführer hat, muß der Gesellschaftsvertrag festlegen, ob sie einzeln geschäftsführungs- und vertretungsberechtigt sind oder als Kollegialorgan handeln (Art. 449 ZGD).

f) Änderungen des Gesellschaftsvertrages und Auflösung

Jede Änderung des Gesellschaftsvertrages muß von einem Notar beglaubigt und in das Handelsregister eingetragen werden. Das Stammkapital wird durch Beschluß der Hauptversammlung der Gesellschaft erhöht bzw. herabgesetzt (Art. 451 ZGD).

In bezug auf die Auflösung der Gesellschaft gelten sinngemäß die entsprechenden Regelungen für die Aktiengesellschaft (Art. 456 ZGD).

g) Die Einmann-Gesellschaft

Wenn eine GmbH nur von einer Person gegründet wird, muß der Gründungsakt notariell beurkundet werden (Art. 457 ZGD). Der Einzelgründer muß die Bareinlage auf die Stammeinlage vollständig leisten oder aber dem Gericht eine Urkunde über eine entsprechende Sicherheitsleistung vorlegen (Art. 458 ZGD). Der Einzelgründer entscheidet selbständig über die Geschäftsführung der Gesellschaft. Seine Beschlüsse müssen in das Beschlußbuch eingetragen werden, das vom Notar bis zur Eintragung zu bestätigen ist. Nicht in das Beschlußbuch eingetragene Beschlüsse haben keine Rechtswirkung (Art. 459 ZGD).

V. Die Wirtschaftliche Interessengemeinschaft

Die Regelung der wirtschaftlichen Interessengemeinschaft erfolgte in Anlehnung an die Regelungen zur EWiV der Europäischen Union. Eine solche Gemeinschaft kann von zwei oder mehr natürlichen oder juristischen Personen auch ohne festes Kapital gegründet werden (Artt. 496 f ZGD). Sie ist juristische Person (Art. 498 ZGD). Die Mitglieder haften für Verbindlichkeiten der Gemeinschaft mit ihrem gesamten Vermögen (Art. 499 ZGD). Die Gründung erfolgt durch Vertrag (Art. 501 ZGD). Die Entscheidungen werden auf der Hauptversammlung der Gemeinschaft getroffen (Art. 503 ZGD). Geleitet wird die Gemeinschaft von der Verwaltung, die aus einer oder mehreren Personen besteht (Art. 504 ZGD). Die wirtschaftliche Interessengemeinschaft ist nicht darauf gerichtet, eigenen Gewinn zu erzielen, sondern soll Tätigkeiten durchführen, mit denen sie die gewinnerzielende Geschäftstätigkeit ihrer Mitglieder erleichtert und fördert (Art. 496 ZGD). Für die Liquidation gelten die Vorschriften über die Aktiengesellschaft entsprechend (Art. 509 Abs. 3 ZGD).

VI. Das Recht der verbundenen Unternehmen

Die gesetzliche Regelung der verbundenen Gesellschaften in Artt. 460 ff ZGD stellt eine Zusammenfassung der entsprechenden Bestimmungen des deutschen Aktienrechts dar. Verbundene Gesellschaften sind selbständige Gesellschaften, die zueinander in dem Verhältnis stehen, daß:

- eine Gesellschaft an der anderen eine Mehrheitsbeteiligung besitzt (Gesellschaft mit Mehrheitsbeteiligung und Gesellschaft mit Mehrheitseigentum);
- eine Gesellschaft von der anderen abhängig ist (abhängige und beherrschende Gesellschaft);
- sie in einem Konzern verbunden sind;
- sie wechselseitig beteiligt sind;
- die Gesellschaften durch Unternehmensverträge verbunden sind (Art. 460 ZGD).

Die Gesellschaft befindet sich im Mehrheitseigentum einer anderen Gesellschaft, wenn letztere die Mehrheit der Stimmrechte besitzt (Art. 461 ZGD). Zur beherrschenden Gesellschaft vgl. Art. 462 ZGD.

Bei den Konzernen unterscheidet das Gesetz drei Arten (Art. 463 ZGD): Den tatsächlichen Konzern, bei dem mehrere Gesellschaften durch einheitliche Leitung verbunden sind; den vertraglichen Konzern, bei dem die Gesellschaften durch einen Beherrschungsvertrag verbunden sind, und den Gleichordnungskonzern bestehend aus voneinander unabhängigen selbständigen Gesellschaften, die durch eine einheitliche Leitung verbunden sind.

Eine Gesellschaft, die mehr als ein Viertel der Aktien einer anderen Kapitalgesellschaft besitzt, muß ihr dies sofort schriftlich mitteilen. Die Mitteilung muß veröffentlicht werden (Art. 465 ZGD).

Die Verbundenheit von Gesellschaften kann sich auch auf Unternehmensverträge stützen, wobei das Gesetz drei Arten unterscheidet:

- die Profitgemeinschaft, bei der die Gesellschaften den Gewinn ganz oder teilweise vereinigen;

- den Vertrag über teilweise Gewinnabführung (eine Gesellschaft verpflichtet sich, einen Teil ihres Gewinns an eine andere Gesellschaft abzuführen);
- den Vertrag über die Unternehmenspacht (Art. 467 ZGD).

VII. Wettbewerbs- und Kartellrecht

Die wirtschaftliche Betätigung ist in Einklang mit den Wertungen der Verfassung der Republik Slowenien grundsätzlich frei. Die Freiheit wirtschaftlicher Betätigung ist nur im Interesse der Funktionsfähigkeit des Marktes eingeschränkt. Das Auftreten am Markt und der Schutz des Wettbewerbs werden in erster Linie durch das Gesetz zum Schutz des Wettbewerbs[21] und das Handelsgesetz[22] geregelt. Daneben finden sich auch noch diesbezügliche Vorschriften im Gesetz über Schuldverhältnisse[23].

Verboten sind alle Handlungen, die entweder den Wettbewerb einschränken oder den Usancen bzw. der guten Handelstradition im Hinblick auf das Auftreten am Markt widersprechen.

1. Wettbewerbsrecht

Das Gesetz zum Schutz des Wettbewerbs untersagt unlautere Handlungen, Kartellabsprachen und unzulässige Spekulationen (das ist das Zuwarten auf eine günstige Marktlage).

Das Verbot der unlauteren Wettbewerbshandlung ist als Generalklausel mit Regelbeispielen konzipiert. Nach der Generalklausel liegt eine unlautere Handlung vor, wenn ein Verhalten am Markt im Gegensatz zur „guten Geschäftstradition" steht, was zu einer Schädigung eines anderen Marktteilnehmers führt oder führen kann. Als konkrete Formen derart unlauterer Handlungen zählt das Gesetz beispielhaft folgende Verhaltensweisen auf: Die unwahre Werbung, die Irreführung der Verbraucher, das Anschwärzen anderer Unternehmen, das Verheimlichen von Fehlern, die willkürliche Auflösung von Verträgen, die Gewährung oder das Versprechen von Vorteilen an ein anderes Unternehmen, um dem Gewährenden eine Handlung zum Schaden eines dritten Unternehmens oder der Verbraucher oder ähnliches zu ermöglichen.

Ein weiteres Verbot betrifft den Mißbrauch einer vorherrschenden Stellung am Markt. Diese liegt dann vor, wenn der Marktanteil des betreffenden Unternehmens in der Republik Slowenien mehr als 40 % beträgt, (§ 10 Gesetz zum Schutz des Wettbewerbs).

21 Uradni list RS 1993 Nr. 18.
22 Uradni list SFRJ 1990 Nr. 46. Dieses Gesetz findet nunmehr als slowenisches Gesetz Anwendung.
23 Vgl. oben II.9.

Das Amt für Wettbewerbsschutz kann den Zusammenschluß von Unternehmen, der erfolgt, um auf dem Markt eines bestimmten Produktes oder einer bestimmten Dienstleistung einen Anteil von mehr als 50 % zu erzielen, untersagen.

Besondere Aufmerksamkeit widmet das Gesetz den Kartellen. Kartellvereinbarungen sind verboten und haben keine Rechtswirkungen. Kartellvereinbarungen sind Abreden jeglicher Form über die Bedingungen am Markt, die eine Einschränkung des Wettbewerbs zur Folge oder zum Ziel haben. Insbesondere sind die Aufteilung des Marktes und Preisabsprachen untersagt. Weiterhin sind Produktionsabsprachen bzw. Ein- und Verkaufskartelle unzulässig. Gleiches gilt für jegliche Form der Einschränkung der Forschungs-, Entwicklungs- und Innovationstätigkeit.

Das Gesetz verbietet auch Spekulationen.

Für die Einhaltung der Vorschriften zum Schutz des Wettbewerbs ist das Amt für Wettbewerbsschutz zuständig. Dieses Amt ist von der Regierung der Republik Slowenien eingerichtet worden. In ihm arbeiten Praktiker, die von den Unternehmen, den Kammern und Verbraucherorganisationen entsandt werden, sowie angesehene Wirtschafts- und Rechtswissenschaftler. Zu seinen Aufgaben und Befugnissen gehört z. B. die Ermittlung von Kartellabsprachen, die Zusammenschlußkontrolle, soweit dies unter Wettbewerbsgesichtspunkten relevant ist, das Verhängen von Sanktionen gegenüber denjenigen, die das Gesetz zum Schutz des Wettbewerbs verletzen. Darüber hinaus gibt es den Gerichten sachverständige Hinweise im Hinblick auf die Konkretisierung der Generalklauseln „gute Geschäftstradition" und „Regeln des Wettbewerbs".

Verstöße gegen das Gesetz zum Schutz des Wettbewerbs werden zivil- und strafrechtlich sanktioniert. Zu den zivilrechtlichen Sanktionen gehören die Nichtigkeit des betreffenden Rechtsgeschäfts, das Verbot der Ausführung unlauterer Maßnahmen, die Restitution, die Verpflichtung zur Leistung von Schadensersatz und die Veröffentlichung der diesbezüglichen Urteile (§§ 26 und 27 des Gesetzes zum Schutz des Wettbewerbs). Strafrechtlich werden Verstöße mit Geldstrafe geahndet.

Eine große Bedeutung hat in diesem Zusammenhang auch das Ehrengericht bei der slowenischen Wirtschaftskammer, das im Falle von Zuwiderhandlungen Ehrenstrafen ausspricht.

2. *Verbraucherschutz*

Der Verbraucherschutz wird in Slowenien derzeit noch durch Gesetze des ehemaligen Jugoslawien, die nunmehr als slowenische Gesetze Anwendung finden, geregelt. Ein spezielles Gesetz zum Schutz der Verbraucher ist derzeit in Vorbereitung.

VIII. Steuer- und Devisenrecht

1. Devisenrechtliche Bestimmungen

Ein ausländischer Investor kann das Kapital, das er für die Gründung einer Gesellschaft einführen will, frei von allen Abgaben und Zöllen einführen. Er hat das Recht, für sein Unternehmen benötigte Devisen frei anzukaufen und kann erzielte Gewinne ohne devisenrechtliche Einschränkungen in das Ausland transferieren.

2. Das Steuersystem

Die Vorschriften über die Besteuerung sind auf mehrere Gesetze verteilt. Das Einkommenssteuergesetz[24] regelt die Einkommenssteuer der natürlichen Personen. Steuerbar ist jegliches Einkommen, das unter eine der Einkommensarten, z. B. Gehälter und Löhne, Einkünfte aus Landwirtschaft, aus selbständiger Tätigkeit, aus Kapital, Vermögen oder Vermögensrechten, fällt.

Erbschaft- und Schenkungssteuer sowie die Steuer auf bestimmte Vermögensarten sind im Gesetz über die Steuern von Bürgern[25] geregelt.

Wichtigstes Gesetz im Hinblick auf die Besteuerung der Wirtschaftsgesellschaften ist das Gesetz über die Gewinnsteuer für juristische Personen[26].

3. Das Gesetz über die Gewinnsteuer für juristische Personen

Nach dem Gesetz über die Gewinnsteuer für juristische Personen unterliegt der Gewinn, den ausländische juristische Personen durch dauernde oder vorübergehende Betätigung in Slowenien erzielen, der Besteuerung (Art. 4 Abs. 1). Bei der Ermittlung des zu versteuernden Gewinns werden von den erzielten Einkünften des Steuerpflichtigen die Geschäftsaufwendungen, die Finanzierungskosten (Zinsen) und die außerordentlichen Aufwendungen (mit Ausnahme von Steuern, Geldstrafen und Verzugszinsen) in Abzug gebracht (Art. 9). Der so ermittelte steuerpflichtige Gewinn vermindert sich um 50 % des Betrages, den der Steuerpflichtige aus dem Gewinn des laufenden Jahres für die Deckung von Verlusten aus dem Vorjahr vorgesehen hat (Art. 15).

24 Bereinigte Fassung: Uradni list RS 1992 Nr. 14.
25 Bereinigte Fassung: Uradni list RS 1991 Nr. 8.
26 Uradni list RS 1990 Nr. 48 und 1991 Nr. 32.

a) Regelsteuersatz und Steuerermäßigungen

Der Steuersatz beträgt 30 % (Art. 18). An dieser Stelle ist darauf hinzuweisen, daß das Gesetz für Steuerpflichtige, die eine Geschäftstätigkeit neu aufnehmen, Ermäßigungen des Steuersatzes vorsieht. Demnach zahlt eine Gesellschaft im ersten Jahr ihrer Tätigkeit keine Steuern, im nächsten Jahr ermäßigt sich der Steuersatz auf 44 % und im dritten Jahr auf 77 % des Regelsteuersatzes. Wurde die Gesellschaft in einem demographisch gefährdeten Gebiet gegründet, so ist sie sogar für die ersten drei Geschäftsjahre von der Steuerzahlung befreit und zahlt im vierten Jahr 50 % und im fünften Jahr 75 % des Regelsteuersatzes (Art. 21). Gesellschaften, die in zollfreien Gebieten gegründet worden sind, zahlen auf den Teil ihres Gewinnes, der durch den Export von Waren und Dienstleistungen erzielt worden ist, in den ersten fünf Jahren nach der Gründung keine Steuern (Art. 24a).

Gesellschaften, die eine dauernde Investitionsrücklage bilden, wird eine Steuerermäßigung in Höhe der Einstellung in die Rücklage, höchstens jedoch 20 % des zu versteuernden Gewinns gewährt (Art. 20).

Die Besteuerung der Dividenden erfolgt an der Quelle, d. h. die Gesellschaft behält 15 % der ausgeschütteten Dividende ein und führt diesen Betrag direkt an das Finanzamt ab.

Auf die von einer juristischen Person ausgezahlten Gehälter muß diese Steuern in Höhe von 12 % gemäß dem Gesetz über die Besteuerung von ausgezahlten persönlichen Gehältern[27] zahlen.

b) Steuern in der Unternehmensgruppe

Bei verbundenen Unternehmen, sei es in Form eines faktischen oder eines Vertrags-Konzerns, und bei Gesellschaften, die durch andere Unternehmensverträge verbunden sind, gilt das Prinzip der einmaligen Versteuerung des Gewinns. Das bedeutet z. B., daß die Tochtergesellschaft Gewinnsteuer auf den von ihr erzielten Gewinn zahlt und daß die Muttergesellschaft, wenn der versteuerte Gewinn auf sie übertragen wird, auf diesen Ertrag aus der Beteiligung keine Steuern zahlen muß.

IX. Die Rechtsstellung ausländischer Unternehmen

Für die Rechtsstellung ausländischer Unternehmen, die auf dem Gebiet der Republik Slowenien geschäftlich tätig werden wollen, ist in erster Linie das

27 Uradni list RS 1990 Nr. 48.

ZGD (Artt. 559–568 ZGD) maßgeblich. Daneben sind das Gesetz über die Außenhandelstätigkeit (GAT), das die Geschäftstätigkeit ausländischer Personen in Slowenien regelt (Artt. 20, 21), und das Kollisions-Gesetz[28], das Fragen des Personalstatuts und der Anwendbarkeit ausländischen Rechts regelt, von Bedeutung.

1. Der Begriff „ausländisches Unternehmen"

Das ZGD definiert den Begriff „ausländisches Unternehmen" für seinen Anwendungsbereich (Art. 559 Abs. 1 ZGD), obwohl die Regelung dessen, was ein ausländisches Unternehmen ist, in den Regelungsgegenstand des Internationalen Privatrechts gehört. Dabei macht es allerdings nicht den Versuch, eine eingehende Regelung des Begriffs „Unternehmen" zu treffen, zumal dies im Hinblick auf Funktionsweise und Organisation in die Zuständigkeit anderer Disziplinen gehört. Vielmehr stellt es auf den Rechtsträger eines Unternehmens, also die Gesellschaft ab.

Wird von einer ausländischen natürlichen oder juristischen Person (ggf. unter Beteiligung slowenischer Gesellschafter) eine Gesellschaft mit Sitz in Slowenien gegründet, wird diese (neue) Gesellschaft als inländische juristische Person betrachtet.

2. Die gesetzliche Regelung

Das ZGD folgt der Sitztheorie. Das bedeutet, daß jede natürliche oder juristische Person, die eine Geschäftstätigkeit ausübt und ihren Wohnsitz bzw. Sitz außerhalb der Republik Slowenien hat, ausländisches Unternehmen ist (Art. 559 ZGD). Diese Regelung gilt zwar nach ihrem Wortlaut nur für den Bereich des ZGD, wird aber in Anbetracht ihrer systematischen Bedeutung auch in anderen Bereichen anwendbar sein. Weiterhin ist in Art. 559 Abs. 2 ZGD bestimmt, daß das Recht des Staates anzuwenden ist, in dem das Unternehmen seinen Sitz hat. Das Recht des Sitzstaates wird für alle Fragen angewendet, es sei denn, daß einzelne Gesetze etwas anderes bestimmen. Mithin beurteilen sich z. B. Rechtspersönlichkeit, Gründung, Mindestkapital, Eintragung in das Handelsregister, innere Organisation, Vertretung, Rechte und Stellung der Gesellschafter etc. nach dem Recht des Sitzstaates. Andererseits ist in Hinblick auf Rechtsgeschäfte,

28 Gesetz über die Regelung von Kollisionen der Gesetze mit den Vorschriften anderer Staaten bei bestimmten Verhältnissen vom 15. 2. 1982 (Službeni list SFRJ Pos. 525); deutsche Übersetzung von LIPOWSCHECK, in: RabelsZ 49 (1985), 544 ff.

die ein ausländisches Unternehmen auf dem Staatsgebiet der Republik Slowenien abschließt, das von den Kollisionsnormen berufene Recht maßgeblich. Damit stellt sich die Frage, wie der Konflikt der Regelung im ZGD mit derjenigen in Art. 17 des Kollisionsgesetzes zu lösen ist; nach dieser Norm ist für eine juristische Person das Recht des Staates, in dem sie gegründet worden ist, maßgeblich (Gründungstheorie).

In der Literatur wird teilweise darauf hingewiesen, daß der „Sitz-Grundsatz" in Ergänzung zum „Gründungs-Grundsatz" verwandt wird. Teilweise wird auch versucht, aus den beiden Theorien eine Kompromiß-Theorie zu entwickeln: Unter Hervorhebung der positiven Elemente beider Theorien unterscheidet man zwischen den inneren und den äußeren Rechtsverhältnissen der Gesellschaft. Die Verhältnisse zwischen den Gesellschaftern (Innenverhältnis) sollen nach dem Recht des Gründungsstaates, die äußeren Verhältnisse gegenüber Gläubigern, Arbeitnehmern, Minderheitsgesellschaftern etc. sollen nach dem Recht des Sitzstaates beurteilt werden. Uns erscheint diese „Kompromiß-Konstruktion" nicht annehmbar: Einerseits eröffnet sie die Möglichkeit der Manipulation und andererseits birgt sie Risiken bei der Rechtswahl. Den Gesellschaftern darf nicht gestattet werden, ein Recht auszuwählen, das ihnen besonders zusagt.

Eine andere Kompromiß-Lösung ist im derzeit geltenden Kollisionsgesetz enthalten. Nach Art. 17 Abs. 2 wird im Hinblick auf eine juristische Person, die nach dem Recht des Staates A gegründet worden ist, ihren tatsächlichen Sitz aber im Staat B hat, das Recht des Staates B, also des Sitzstaates angewendet. Diese Lösung scheint praktikabel zu sein, aber sie ermöglicht die Wahl eines für die Gesellschafter günstigeren Rechts. Darüber hinaus bringt sie kaum ein Mehr an Klarheit, vor allem deswegen, weil die Prüfung, ob sich der Sitz im Gründungsstaat befindet, immer notwendig ist.

Im übrigen ist darauf hinzuweisen, daß die Anwendung des ausländischen Rechts immer dann ausgeschlossen ist, wenn es in Widerspruch zur Öffentlichen Ordnung Sloweniens steht.

3. *Der Grundsatz der Inländergleichbehandlung*

Wenn im Gesetz nichts anderes bestimmt ist, werden ausländische und slowenische Unternehmen rechtlich gleichbehandelt. Sie haben bei der Teilnahme am Rechtsverkehr in Slowenien die gleichen Rechte und Pflichten und die gleiche Haftungsverantwortlichkeit wie Gesellschaften, die ihren Sitz in Slowenien haben. Die wirtschaftliche Betätigung ist in Slowenien frei; das gilt sowohl für Wirtschaftsgesellschaften als auch für Handwerker, die in ihrem Heimatstaat über eine entsprechende Zulassung verfügen.

4. *Die Erbringung von Dienstleistungen in Slowenien*

Grundsätzlich kann eine ausländische juristische Person in Slowenien Dienstleistungen erbringen. Die Dienstleistungsfreiheit kann durch die Regierung der Republik Slowenien in gewissen Grenzen eingeschränkt werden. So kann sie bestimmen, daß bestimmte Dienstleistungen nur dann von Ausländern erbracht werden dürfen, wenn die Gegenseitigkeit verbürgt ist. Oder sie kann ausländischen Personen die Ausübung bestimmter Tätigkeiten verbieten, wenn diese keine Tochtergesellschaft mit Sitz in Slowenien errichten oder wenn sie keine Kooperationsvereinbarung mit einer inländischen natürlichen oder juristischen Person schließen. Weiterhin kann sie einem ausländischen Unternehmen zur Auflage machen, zur Erbringung bestimmter Leistungen nur eine bestimmte Anzahl von Mitarbeitern zu beschäftigen oder den Anteil ausländischer Staatsangehöriger zu beschränken (Art. 20 Abs. 3 GAT).

5. *Die Errichtung von Filialen*

Art. 561 ZGD läßt zu, daß ausländische Unternehmen ihre Geschäftstätigkeit auch durch Filialen ausüben können[29]. Der Begriff „Filiale" ist im Gesetz nicht definiert und in der Praxis werden darunter so verschiedenartige Dinge wie Geschäftseinheit, Betrieb, Niederlassung etc. verstanden. Im Hinblick auf bestimmte Geschäftsgegenstände ist die Errichtung von Filialen an zusätzliche, über die im folgenden dargestellten hinausgehende Voraussetzungen gebunden.

Der Gegenstand der Geschäftstätigkeit, die die slowenische Filiale ausübt, muß der gleiche sein wie derjenige, der für das ausländische Unternehmen in seinem Heimatstaat eingetragen ist. Über den Umfang und die Art und Weise der Ausübung der Geschäftstätigkeit der Filiale entscheidet das dafür zuständige Organ des Unternehmens in dem Beschluß, der die Errichtung einer Filiale zum Gegenstand hat. Das ausländische Unternehmen muß in seinem Heimatstaat seit mindestens zwei Jahren im (Handels-)Register eingetragen oder werbend tätig sein, ehe es eine slowenische Filiale errichten darf (Art. 563 ZGD).

Die Errichtung einer Filiale ist von der Erteilung einer staatlichen Genehmigung – zuständig ist das Außenministerium –, die nicht die Erteilung einer Konzession, sondern lediglich die Genehmigung der Kapitaleinfuhr unter Befreiung von Zollgebühren darstellt, abhängig. Diese Genehmigung ist insofern von Bedeutung, als die slowenische Filiale, ähnlich wie eine Tochtergesellschaft, mit Kapital ausgestattet werden muß.

29 Die Möglichkeit, Filialen zu gründen, ist in Einklang mit der 11. gesellschaftsrechtlichen Richtlinie der EU (Richtlinie 89/666) geregelt.

Weiterhin muß die Filiale in das Handelsregister eingetragen werden. In der Anmeldung zum Handelsregister sind der Sitz und die Firma der Filiale, der Geschäftsgegenstand und der Name der Person, die die Filiale und das ausländische Unternehmen vertritt, anzugeben, und der Registerauszug, die Satzung und eine Kurzform des Geschäftsberichts des ausländischen Unternehmens für das Vorjahr sowie der Beschluß zur Errichtung einer Filiale sind beizufügen (Art. 562 Abs. 2 3. Hs. ZGD). Wenn ein ausländisches Unternehmen mehrere Filialen in Slowenien gründet, muß es eine von ihnen in der Anmeldung auf Eintragung in das Handelsregister als Hauptfiliale bezeichnen (Art. 566 ZGD).

Der Vertreter der Filiale und des ausländischen Unternehmens muß seinen Wohnsitz in der Republik Slowenien haben, braucht aber nicht slowenischer Staatsbürger zu sein (Art. 567 ZGD). Ein Vertreter kann mehrere Filialen vertreten; der Vertreter der Hauptfiliale ist kraft Gesetzes gleichzeitig auch Vertreter der übrigen Filialen, unbeschadet der speziell für diese bestellten Vertreter.

Das ausländische Unternehmen haftet für die Verbindlichkeiten der Filiale.

6. Die zukünftige Entwicklung des Internationalen Gesellschaftsrechts

In Hinblick auf die unterschiedliche Behandlung ausländischer juristischer Personen im ZGD und im Kollisionsgesetz ist unserer Ansicht nach erforderlich, daß in einem zukünftigen slowenischen Kollisionsgesetz – wie bereits im derzeitigen ZGD – die Sitztheorie zugrunde gelegt wird. Darüber hinaus müssen Kollisionsnormen für Wirtschaftsgesellschaften in Gründung und für Unternehmensverträge entwickelt werden, da diese Fragen zur Zeit noch nicht geklärt sind und hierfür Bedarf besteht.

Anhang

I. Literatur

BREIDENBACH, STEFAN (Hrsg.), Handbuch Wirtschaft und Recht in Osteuropa, München, Loseblatt-Slg. (auch: Gesetzestext in dt. Sprache).

BOHINC, RADO/IVANJKO, ŠIME/KOCBEK, MARJAN et al., Zakon o gospodarskih družbah s komentarjem, Gospodarski vestnik, Ljubljana 1993.

BOHINC, RADO, Upravljanje gospodarskih družb, Lege artis, d.o.o., Ljubljana 1993.

IVANJKO, ŠIME, Die Denationalisierung und Privatisierung sowie Erneuerung des Gesellschaftsrechts in der Republik Slowenien, in: ROW 1993, S. 193 ff.

Podjetje in delo, Ljubljana 1993, (Zeitschrift)

II. Adressen

Für allgemeine wirtschaftliche Informationen

Gospodarska zbornica Slovenije (Handelskammer)
Slovenska c. 35
SLO 61000 Ljubljana

Für juristische Informationen

Institut za gospodarsko pravo pri Pravni fakulteti
(Institut für Handels-, Gesellschafts- und Wirtschaftsrecht der Juristischen Fakultät)
Mladinska 9
SLO 62000 Maribor

Für juristische Vorschriften und Literatur

Verlag Uradni list RS
Slovenska 9
SLO 61000 Ljubljana

Für wirtschaftliche und finanzielle Beratung

Fondholding družba za upravljanje z naložbami d.o.o. und
Kontraktinvest investicijski sklad k.d.d.
(Gesellschaft für Anlageverwaltung GmbH und Anlagefonds KGaA)
Heroja Bracića 14
SLO 62000 Maribor

Die Gründung einer Tochtergesellschaft in Spanien

von

Professor DR. JOSÉ MIGUEL EMBID IRUJO
und Professor DR. JOSÉ VICENTE PEDRAZA BOCHÓNS, Castellón*

Inhaltsübersicht

* Aus dem Spanischen übersetzt und bearbeitet von wiss. Mitarbeiter KAI HASSELBACH, Köln/Jena, und Rechtsanwältin BARBARA BRENNER, Bonn.

A. Einleitung

Der nachfolgende Bericht über die Situation von Tochtergesellschaften ausländischer Muttergesellschaften in Spanien wird folgende Themen schwerpunktmäßig behandeln: einerseits das Recht der Handelsgesellschaften unter besonderer Berücksichtigung der Kapitalgesellschaften und andererseits die unmittelbar mit der unternehmerischen Tätigkeit verbundenen steuerrechtlichen Sachverhalte. Es ist zweifellos so, daß gerade die Kenntnis des Rechts der Gesellschaftsformen und ihrer Einbindung in das Wirtschaftsleben die Entscheidung für eine Investition in einem ausländischen Staat begünstigt. Gerade die juristisch-steuerrechtliche Rechtspraxis des jeweiligen Landes muß bei derartigen Investitionsentscheidungen berücksichtigt werden, um das Rentabilitätsniveau der Investition feststellen zu können.

Im spanischen Recht sind in beiden Bereichen in den letzten Jahren ganz wesentliche Veränderungen vorgenommen worden, die das bislang festgefügte Erscheinungsbild verändert haben. Diese Veränderungen sind in erheblichem Maße die Folge der Einbindung Spaniens in die Europäische Union und haben besondere Auswirkungen im Gesellschaftsrecht gezeitigt. Festzustellen ist hier allerdings, daß der Zyklus der Gesetzesänderungen noch nicht abgeschlossen ist, da z. B. die GmbH-Reform noch aussteht. Ähnliches ergibt sich im Steuerrecht, das schon immer in verstärktem Maße von gesetzgeberischer Instabilität geprägt war und insgesamt eine größere Abhängigkeit von den konkreten Widrigkeiten des Marktes und der Wirtschaftspolitik geboten hat.

B. Gesetzliche Regelung der wichtigsten Gesellschaftsformen im spanischen Recht

I. Allgemeines

Das Recht der Handelsgesellschaften ist heute in drei grundlegenden Gesetzestexten geregelt, u. zw. zunächst im Handelsgesetzbuch von 1885 (*Código de comercio*), das einen kurzen Überblick über die allgemeinen Vorschriften sowie das Recht der offenen Handelsgesellschaft (*sociedad colectiva*), der Kommanditgesellschaft (*sociedad comanditaria simple*) und der KGaA (*sociedad comanditaria por acciones*) enthält; ferner in dem Gesetz über die Aktiengesellschaften (*Ley de sociedades anónimas, L.S.A.*) vom 22. Dezember 1989, in Kraft seit 1. Januar 1990, und schließlich im Gesetz über die Gesellschaften mit beschränkter Haftung (*Ley de sociedades de responsabilidad limitada, L.S.R.L.*), das mit einigen nachträglichen Änderungen seit dem 17. Juli 1953 in Kraft ist. Diese vorgenannten Gesellschaftsformen gelten in Spanien traditionell als Handelsgesellschaften. Darüber hinaus sind die Genossenschaften in Spanien ausführlich gesetzlich geregelt.

Was die Verbreitung der drei Gesellschaftstypen im Rechtsleben angeht, so sind die Kapitalgesellschaften (besonders die AG und die GmbH) absolut vorherrschend. Bis zum Inkrafttreten des neuen Gesetzes über die Aktiengesellschaften war vor allem die AG in der spanischen Praxis von erheblicher Bedeutung. Die Statistik zeigt, daß bis 1990 von den Gesellschaften, deren Gesellschafter nicht für Gesellschaftsschulden haften, drei Viertel Aktiengesellschaften und die übrigen GmbH waren. Die Personengesellschaften ihrerseits zeigen in der Praxis nur eine geringe Bedeutung; sie liegt im übrigen auch mehr im rechtstechnischen und systematischen Bereich als im eigentlich unternehmerischen.

II. Die verbleibende Bedeutung des Código de comercio

Was die wichtigsten Gesellschaftsformen angeht, so haben die allgemeingültigen Rechtsnormen, die der Código de comercio für das Gesellschaftsrecht vorhält, zugunsten von spezialgesetzlichen Einzelregelungen an Bedeutung verloren. Sie sind zudem auf Fragen der Form und der Organisationsstruktur von Gesellschaften (Artt. 116–124 C. com.) sowie der Auflösung der Gesellschaft (Artt. 218–238 C. com.) beschränkt. Letztere spielen aber nur für die Personengesellschaften und im Zusammenhang mit der Teilauflösung einer GmbH noch eine gewisse Rolle.

1. Der Gesellschaftsbegriff im Código de comercio

Bei der Definition der Handelsgesellschaft ist die Vorschrift des Art. 116 C. com. – insoweit eine Grundnorm des spanischen Rechts – dennoch maßgeblich. In sehr weitgehender Übereinstimmung mit dem Inhalt des Art. 1665 des spanischen Zivilgesetzbuches (Código Civil), der die Gesellschaft bürgerlichen Rechts regelt, bestimmt Art. 116 C. com., daß „der Gesellschaftsvertrag, mit dem sich zwei oder mehr Personen verpflichten, Güter, Unternehmungen oder eine andere vergleichbare Sache in gemeinschaftliche Verwaltung zu überführen, um Gewinn zu erzielen, immer dann – ungeachtet seiner Art – ein handelsrechtlicher Vertrag [ist], wenn er in Übereinstimmung mit den Vorschriften dieses Gesetzbuches abgeschlossen wird. Wenn die Handelsgesellschaft einmal gegründet worden ist, so hat sie Rechtspersönlichkeit hinsichtlich aller ihrer Handlungen und Vertragsabschlüsse". Die einfache Lektüre des Gesetzestextes zeigt deutlich den allen römisch-rechtlich orientierten Rechtssystemen gemeinsamen französischen Einfluß, der unter anderem in der Gewinnerzielungsabsicht als offensichtlich wesentlichem Merkmal des Gesellschaftsbegriffs sichtbar wird[1]. Allerdings hat der spanische Gesetzgeber bei der Regelung bestimmter Gesellschaftsformen, konkret der AG und der GmbH, vom Kriterium der Gewinnerzielungsabsicht Abstand genommen und auch die „Kaufmannseigenschaft aus Formgründen" zugelassen. Folglich gelten Aktiengesellschaften und GmbH heute ungeachtet ihres Gesellschaftszwecks – also auch dann, wenn dieser nicht auf Gewinnerzielung gerichtet ist – gemäß Artt. 3 L.S.A. und L.S.R.L. stets als Kaufleute.

Art. 116 des C. com. regelt ferner den Gegenstand der zu erbringenden Einlage. Neben Geld und geldwerten Gütern sind grundsätzlich auch „Unternehmungen" (*industria*) einlagefähig. Damit sind im wesentlichen Dienstleistungen gemeint, deren Einbringung jedoch nur bei Personengesellschaften zulässig ist. Bei den Kapitalgesellschaften ist die Einbringung von Dienstleistungen oder Gewerben als Kapitaleinlage nicht möglich; sie kann jedoch als Nebenleistung zugelassen werden (Art. 36 L.S.A. und Art. 10 L.S.R.L.).

2. *Die Gründungsvoraussetzungen nach dem Código de comercio*

Voraussetzungen für den Erwerb einer eigenen Rechtspersönlichkeit sind gemäß Art. 119 C. com. die Erteilung einer öffentlichen Gründungsurkunde und die Eintragung ins Handelsregister. Diese Eintragung ist zwingend (Art. 19 Abs. 2 C. com.), auch wenn ihre Bedeutung für die verschiedenen Handelsgesellschaften unterschiedlich ist. So hat sie konstitutive Wirkung für die Kapitalgesellschaften und nur deklaratorische für die Personengesellschaften. Bleibt hinzuzufügen, daß über die Eintragung hinaus in Übereinstimmung mit den EG-Richtlinien die Veröffentlichung im Amtsblatt des Handelsregisters erforderlich ist, damit die Eintragung Dritten gegenüber Wirksamkeit erlangt (Art. 21 Abs. 1 C. com.).

1 Siehe zu diesen Fragen die grundlegende Arbeit von J. GIRON TENA, Derecho de sociedades, I. Parte general, Madrid 1976.

3. *Gesellschaftsformen*

Im Código de comercio sind ferner die nach spanischem Recht zulässigen Gesellschaftsformen aufgezählt. Gemäß Art. 122 C. com sind daher zulässig die oHG, die KG und die KGaA (*comanditaria simple o por acciones*), die AG und die GmbH. Die GmbH ist allerdings erst im Zusammenhang mit dem Beitritt Spaniens zur Europäischen Gemeinschaft und der damit verbundenen Reform des Gesellschaftsrechts eingefügt worden. Davor war sie jedoch praktisch seit dem Jahr 1953, in dem das GmbH-Gesetz erlassen wurde, vom Gesetzgeber bereits anerkannt worden und hatte auch aufgrund der notariellen Praxis in Spanien im Wirtschaftsleben bereits Verbreitung gefunden.

Art. 122 C. com. enthält nach nahezu einhelliger Auffassung in der Lehre eine abschließende Aufzählung der im spanischen Recht zulässigen Gesellschaftstypen. Wir sehen uns also einem Numerus-clausus-System gegenüber, in dem atypische Gesellschaftsformen unzulässig sind. Damit ist jedoch zunächst nur die „Atypizität ersten Grades“ gemeint, also solche Gesellschaftsformen, die dem gesetzlichen Typenkatalog widersprechen. Etwas anderes gilt für die sogenannte „Atypizität zweiten Grades“, bei der in den Gesellschaftsvertrag lediglich Klauseln aufgenommen werden, die vom gesetzlichen Leitbild abweichen. Im Lichte des auch im spanischen Recht verankerten Prinzips der Vertragsfreiheit[2] handelt es sich dabei um ein ohne weiteres zulässiges Phänomen, solange nicht von grundlegenden Strukturmerkmalen des in Frage stehenden Gesellschaftstyps abgewichen wird[3]. Insoweit hat der spanische Gesetzgeber für bestimmte Gesellschaftstypen jüngst eine Reihe von Grundregeln zur Begrenzung der Vertragsfreiheit festgelegt. So wurden für die Aktiengesellschaft Art. 10 L.S.A. und für die GmbH Art. 174 Abs. 14 der Handelsregisterverordnung erlassen; in den angeführten Vorschriften ist von „Gestaltungsprinzipien“ (*principios configuradores*) für den jeweiligen Gesellschaftstyp die Rede, die – ohne weitere Erläuterung – dem oben genannten Zweck dienen sollen.

III. *Kapitalgesellschaften*

1. *Allgemeines*

Die zur Zeit gültigen Rechtsnormen auf dem Gebiet des Kapitalgesellschaftsrechts sind wesentlich vom Europäischen Gemeinschaftsrecht beeinflußt. Der Beitritt Spaniens zur Europäischen Gemeinschaft machte bekanntlich u. a. eine Reform des spanischen Gesellschaftsrechts erforderlich mit dem Ziel, es den

2 Vgl. Art. 1255 Código civil.

3 Vgl. dazu L. FERNANDEZ DE LA GANDARA, La atipicidad en Derecho de sociedades, Zaragoza 1977.

Vorgaben der europäischen Rechtsvereinheitlichung anzupassen[4]. Das setzte zunächst einmal den Erlaß eines neuen Aktiengesetzes voraus, in dem Teile des Aktiengesetzes von 1951 an die EG-Richtlinien angepaßt und andere unverändert beibehalten wurden. An zweiter Stelle stand die Reform des Código de comercio, bei der unter anderem gesetzliche Regeln für die KGaA eingeführt wurden (Art. 151–157 C.com.)[5]. Drittens wurde das zur Zeit gültige GmbH-Gesetz geändert, wobei die Regelungen der GmbH an diejenigen der Aktiengesellschaft angenähert wurden. Zuletzt wurde noch – mit königlicher Verordnung vom 29. Dezember 1989 – die neue Handelsregisterverordnung verabschiedet.

Dieser umfangreiche und komplexe Reformprozeß kann insgesamt als gelungen bewertet werden. Das spanische Kapitalgesellschaftsrecht entspricht heute vollständig den Vorgaben des Gemeinschaftsrechts und weist einen beachtlichen Grad an Homogenität und Modernität auf. Zentrale Bedeutung hat dabei das Gesetz über die Aktiengesellschaften (L.S.A.), das – ungeachtet der vergleichsweise schwindenden Bedeutung dieses Gesellschaftstyps in der Praxis – das umfassendste spanische Regelwerk auf dem Gebiet des Gesellschaftsrechts darstellt. Es dient denn auch als Bezugsgesetz für eine ganze Reihe von Vorschriften über die GmbH und die KGaA. Der gesetzgeberische Reformprozeß auf dem Gebiet des Gesellschaftsrechts kann aber noch nicht als abgeschlossen angesehen werden, zumal gerade jetzt der Entwurf eines GmbH-Gesetzes[6] im Parlament diskutiert wird, der – wenn er denn verabschiedet werden sollte – das zur Zeit geltende Gesetz von 1953 ablösen würde. Weiterhin fehlt ein allgemeines Gesetz zur Regelung des Gesellschaftsrechts. Nach verschiedenen Ansätzen wird seine Ausarbeitung derzeit von neuem von einer Expertengruppe im Auftrag der allgemeinen Kodifikationskommission in Angriff genommen.

2. *Die Aktiengesellschaft*

a) Allgemeine Vorschriften

Angesichts des Umfangs des Aktiengesetzes von über dreihundert Artikeln beschränken wir uns hier auf die Darstellung seiner Grundprinzipien sowie der

4 Zum Reformprozeß vgl. A. ROJO (Hrsg.), La reforma de la ley de sociedades anómimas, Madrid 1987; ALONSO UREBA et al., La reforma del Derecho español de sociedades de capital; QUINTANA (Hrsg.), El nuevo Derecho de las sociedades de capital, Madrid 1989.

5 Zu dieser Rechtsfigur vgl. FERNANDEZ DE LA GANDARA, La sociedad comanditaria por acciones, in: URIA/MENENDEZ/OLIVENCIA, Comentario al régimen de las sociedades mercantiles, Band XIII, Madrid 1993; GOMEZ CALERO, La sociedad en comandita por acciones, Barcelona 1991.

6 Siehe zu diesem Entwurf AGUILERA et al., La reforma del Derecho de sociedades de responsabilidad limitada, RdS-Sonderheft, Pamplona 1994.

wichtigsten durch die Neufassung eingeführten Änderungen. Nach den allgemeinen Vorschriften ist die AG als klassische Kapitalgesellschaft, d. h. mit Ausschluß der Gesellschafterhaftung für die Gesellschaftsschulden gemäß Art. 1 L.S.A., beibehalten worden. Das Gesetz gibt keinerlei Ansatzpunkte für Ausnahmen von dieser Grundregel, so daß es den Gerichten überlassen bleibt, die Voraussetzungen für das aus dem angelsächsischen Rechtskreis herrührende „Lüften des Schleiers" (*levantamiento del velo*) bei der juristischen Person festzulegen[7].

Das gesetzliche Mindestkapital ist gemäß Art. 4 L.S.A. auf zehn Millionen Peseten festgesetzt. Der spanische Gesetzgeber ist dabei weit über das von der EG-Richtlinie 77/91 vorgeschriebene Mindestkapital von 25.000,–ECU hinausgegangen. Die Rechtsform der Aktiengesellschaft sollte so auf Unternehmen einer bestimmten Größenordnung beschränkt werden, was nach den Statistiken des Handelsregisters in der Praxis auch erreicht worden ist.

Schließlich hat das Gesetz in Art. 6 Abs. 1 L.S.A. auch eine neue Regelung bezüglich des Firmensitzes getroffen, indem es vorschreibt, daß dieser „innerhalb des spanischen Territoriums" belegen sein muß, und zwar dort, „wo sich der tatsächliche Schwerpunkt der Verwaltung und der Unternehmensleitung oder die wichtigste Niederlassung bzw. Betriebsstätte befindet". Fallen der im Handelsregister eingetragene Sitz und der gesetzlich vorgeschriebene Sitz auseinander, so haben Dritte gemäß Art. 6 Abs. 2 L.S.A. die Wahl, auf welchen sie zurückgreifen wollen.

b) Errichtung der Gesellschaft

Das zweite Kapitel (Artt. 7–35 L.S.A.) behandelt die Gründung der Gesellschaft[8]. Wie in Spanien üblich – und auch in Übereinstimmung mit der 2. EG-Richtlinie – unterscheidet man zwischen Einheitsgründung (*fundación simultanea*) und Stufengründung (*fundación sucesiva*), wobei letztere allerdings in der Praxis kaum Interesse findet. Für beide Arten der Gründung gelten die umfassenden Vorschriften über den Inhalt der öffentlichen Gründungsurkunde (Art. 8 L.S.A.) und der Satzung (Art. 9 L.S.A.) gleichermaßen. Auf die Bedeutung der „Gestaltungsprinzipien bei der Aktiengesellschaft" (Art. 10 L.S.A.), die nach

7 Zum „Lüften des Schleiers" siehe R. De Angel, La doctrina del „levantamiento de velo" de la persona jurídica en la reciente Jurisprudencia, 2. Aufl., Madrid 1991; Boldo, El „levantamiento del velo" y la personalidad de las sociedades mercantiles, Madrid 1993; Boldo, El „levantamiento del velo" y la personalidad de las sociedades mercantiles, Madrid 1993.

8 Vgl. Alonso Ureba et al., Derecho de sociedades anónimas, Band 1: La fundación, Madrid 1991.

dem Gesetz die Grenzen der Vertragsfreiheit bei der Gründung von Gesellschaften festlegen, ist bereits hingewiesen worden[9]. Auch auf die soeben behandelte konstitutive Wirkung der Registereintragung für die Entstehung der Gesellschaft im Verhältnis zu Dritten, die mit der Veröffentlichung im Amtsblatt des Handelsregisters zustande kommt, sei nochmals hingewiesen. In jedem Fall erlangt die Aktiengesellschaft mit der Eintragung eine eigenständige Rechtspersönlichkeit. Die traditionelle Verpflichtung der Gründungsmitglieder zur vollständigen Zeichnung des Aktienkapitals ist ebenso beibehalten worden wie die Einzahlung eines Viertels des Aktienwerts, welcher sich nunmehr nach dem Nennwert einer jeden Aktie errechnet (Art. 12 L.S.A.).

Was die Einheitsgründung angeht, so ist die Mindestzahl von drei Gründern nach altem Recht unverändert geblieben (Art. 14 Abs. I L.S.A.). Zwar ist auch eine Einpersonengründung zulässig, dies jedoch gemäß Art. 14 Abs. 2 L.S.A. nur, soweit der alleinige Gesellschafter der Staat, eine Autonome Gemeinschaft, eine lokale Gebietskörperschaft oder ein davon abhängiges Organ oder eine sonstige davon abhängige Einrichtung ist. In jedem Fall hat die Einpersonengesellschaft – sowohl bezüglich schon bestehender als auch noch zu gründender Gesellschaften – im geltenden Recht keine Änderungen erfahren müssen[10].

Neuerungen gibt es jedoch bei der Behandlung der Vorgründungsgesellschaft (*sociedad en formación*, Art. 15 L.S.A.) und der Scheingesellschaft (*sociedad irregular*, Art. 16 L.S.A.). Nach dem Aktiengesetz von 1951 konnte es im eigentlichen Sinne keine echte Vorgründungsgesellschaft geben, wie sie in anderen Rechtssystemen existiert; es gab allerdings eine sog. „Gründerhaftung" (*responsabilidad de los gestores*) für Handlungen und Rechtsgeschäfte der Gründungsmitglieder in der Zeit vor Eintragung der Gesellschaft. Heute hingegen kann man die Vorgründungsgesellschaft als eigenständige Gesellschaft bezeichnen: Sie haftet mit dem aus den Einlagen der Gesellschafter bestehenden Vermögen „für die zur Eintragung der Gesellschaft unabdingbaren Handlungen und Rechtsgeschäfte, für die Geschäfte der Vorstandsmitglieder innerhalb der ihnen durch die Gründungsurkunde für die Phase vor der Eintragung eingeräumten Vertretungsmacht und für diejenigen Geschäfte, die durch von allen Gesellschaftern zu diesem Zweck besonders beauftragte Personen abgeschlossen werden" (Art. 15 Abs. II L.S.A.).

9 Vgl. dazu J. DUQUE, Escritura, estatutos y límites a la libertad estatutaria en la fundación de sociedades anónimas, in: ALONSO UREBA et al., aaO (Fn. 8), S. 105 ff.

10 Aus den zahlreichen Arbeiten zu diesem Thema vgl. nur: ALONSO UREBA, La sociedad unipersonal, in: ALONSO UREBA et al., aaO (Fn. 4), S. 217 ff; BISBAL, La sociedad anónima unipersonal, in: ROJO (Hrsg.), aaO (Fn. 4), S. 71 ff; BOQUERA MATARREDONA, La concentración de acciones en un solo socio en las sociedades anónimas, Madrid 1990; M. BOTANA, La sociedad de responsabilidad limitada de socio único en los Derechos comunitario y español, CDC (Heft 8) 1990, 33 ff.

Davon zu unterscheiden ist die Scheingesellschaft, also eine Gesellschaft, die ohne Registereintragung am Geschäftsverkehr teilnimmt und sich Dritten gegenüber im Rechtsverkehr als echte Gesellschaft ausgibt. In Spanien ist viel über die Beurteilung einer derartigen Gesellschaft und ihrer Rechtshandlungen diskutiert worden; sie ist auch häufig Gegenstand von Gerichtsurteilen gewesen[11]. Der Gesetzgeber hat versucht, diese Streitigkeiten über die Scheingesellschaft zu überwinden und ist dabei der weithin anerkannten Auffassung von GIRON TENA gefolgt. Demnach wird eine Scheingesellschaft nunmehr als solche anerkannt, wenn die Eintragung ein Jahr nach der Verleihung der öffentlichen Gründungsurkunde noch nicht vorgenommen worden ist, es sei denn, der Wille der Gesellschafter, auf eine Eintragung zu verzichten, ist mittlerweile deutlich geworden. In einem derartigen Fall „kann jeder Gesellschafter die Auflösung der Gesellschaft verlangen“ und gegebenenfalls seine Einlage zurückfordern. Wenn die Gesellschaft jedoch bereits am Rechtsverkehr teilgenommen hat oder, wie das Gesetz sagt, „ihre Geschäftstätigkeit aufgenommen oder fortgesetzt hat“, unterliegt sie entweder dem Recht der offenen Handelsgesellschaft oder dem Recht der Gesellschaft bürgerlichen Rechts (Art. 16 Abs. 2 L.S.A.), je nachdem, ob der Gesellschaftszweck kaufmännischer oder nichtkaufmännischer Natur ist.

Zuletzt sind im Bereich der Gründung der Aktiengesellschaft noch die Regeln über die Nichtigkeit (Art. 34–35 L.S.A.) von Interesse. Es handelt sich dabei um zwei Vorschriften zur Umsetzung der EG-Richtlinie 68/151/EWG, in denen es um die Nichtigkeitsgründe und um die Folgen der Nichtigkeit geht. Das spanische Recht ist hier eng an die Vorgaben der Richtlinie angelehnt[12] und unterscheidet in Art. 34 L.S.A. zwischen Nichtigkeitsgründen objektiv vermögensrechtlichen Charakters (z. B.: Verstoß des Gesellschaftszwecks gegen ein gesetzliches Verbot, fehlende Angabe des Gesellschaftskapitals, fehlende Angabe der minimalen Kapitalaufbringung, u.s.w.) und solchen Nichtigkeitsgründen, die in der Person der Gesellschafter liegen (Geschäftsunfähigkeit aller Gründungsgesellschafter, Fehlen von zumindest zwei übereinstimmenden Willenserklärungen beim Gründungsvertrag). Mit der Nichtigkeitserklärung durch das Gericht wird das Liquidationsverfahren eröffnet (Art. 35).

c) Einlagen

Als Einlagen im Rahmen der Aufbringung des Gesellschaftskapitals können gemäß Art. 36 L.S.A. nur „Güter oder Vermögensrechte von wirtschaftlichem

11 Vgl. GIRON TENA, aaO (Fn. 2), S. 230 ff; FARIAS BATLLE, La sociedad irregular en la Jurisprudencia del Tribunal Supremo (1970–1992), Madrid 1993.

12 Zur Nichtigkeit des Gesellschaftsvertrags s. FERNANDEZ RUIZ, La nulidad de la sociedad anónima en el Derecho comunitario y en el Derecho español, Madrid 1991; BOQUERA MATARREDONA, La nulidad de las sociedades anónimas, Madrid 1992.

Wert" dienen. Unter diese enge Begriffsbestimmung fällt – in Anlehnung an die EG-Richtlinie 77/91 – nicht die Erbringung von Dienstleistungen (also von „Unternehmungen" im Sinne des Código de comercio), so daß der streng kapitalistische Charakter der Aktiengesellschaft gewahrt bleibt. Wie wir bereits festgestellt haben, verlangen weder der vermögensrechtliche Charakter der Aktiengesellschaft noch das Prinzip der effektiven Kapitalaufbringung notwendigerweise, daß die einlagefähigen Güter „entziehbar oder pfändbar sind"[13]. Dennoch ist es erforderlich, daß das jeweilige Gut vermögensrechtlichen Charakter hat, also „in die Bilanz eingestellt und nach objektiven Kriterien bewertet werden kann sowie veräußerlich oder verkäuflich ist". Aus diesem Grund kommen als Einlagen in eine Aktiengesellschaft keine Güter der Allgemeinheit in Betracht, die dem Gemeingebrauch oder hoheitlichem Gebrauch dienen[14].

Was die Bareinlagen betrifft, so liegt die wichtigste Neuerung in der jetzt von Art. 40 L.S.A. geforderten Kontrolle der tatsächlichen Erbringung der Einlagen. Während früher die Bareinlagen oft nicht oder nicht vollständig erbracht wurden, ist dies heute ein Nichtigkeitsgrund (Art. 34 L.S.A.). Zur besseren Kontrolle schreibt Art. 40 L.S.A. nunmehr vor, daß vor einem in der Gründungsurkunde zu benennenden Notar „die tatsächliche Erbringung der Bareinlagen entweder durch Vorlage und Übergabe des auf den Namen der Gesellschaft lautenden Einzahlungsscheins eines Kreditinstituts nachzuweisen oder aber die Einlage durch Aushändigung der Geldsumme zu leisten" ist.

Bei den Sacheinlagen hingegen schreibt das Gesetz die Hinzuziehung sog. „unabhängiger Experten" (*expertos independientes*) vor, die den Wert und die Eigenschaften des Einlagegegenstandes feststellen (Art. 38 L.S.A. und Artt. 302 bis 313 der Handelsregisterverordnung). Gemäß den Vorgaben der EG-Richtlinie 77/91 ist im spanischen Recht ein externer Kontrollmechanismus für Sacheinlagen eingerichtet worden. Dem Handelsregister-Beamten am Sitz der Gesellschaft verbleibt dabei aber lediglich die Zuständigkeit für die Ernennung der Experten[15].

Auf Bareinlagen ausländischer Gesellschafter sind das Gesetz Nr. 18/1992 über Investitionen von Ausländern vom 1. Juli 1992 sowie die Königliche Verordnung Nr. 671/1992 vom 2. Juli 1992 anzuwenden, die beide bis auf einige

13 Vgl. LOJENDIO, Fundación de la sociedad anónima. Aportaciones sociales y dividendos pasivos, in: URIA/MENENDEZ/OLIVENCIA, Comentario al régimen legal de las sociedades mercantiles, Band III, Teilband 3, Madrid 1993.

14 Siehe dazu ALONSO UREBA, La sociedad mercantil de capital como forma de la empresa pública local, Madrid 1988.

15 Zur Rechtsfigur der unabhängigen Experten vgl. LOJENDIO, aaO (Fn. 13); SANCHEZ MIGUEL, La valoración de las aportaciones no dinerarias o „in natura" en la sociedad anónima, in: ALONSO LEDESMA et al., Derecho mercantil de la Comunidad Económica europea. Estudios en homenaje a José Girón Tena, Madrid 1991, S. 937 ff.

Verwaltungsformalitäten, z. B. eine allgemeine Anmeldepflicht für Auslandsinvestitionen, investitionsfreundlich ausgestaltet sind[16].

Zuletzt sind im Kapitel über die Gründung der Gesellschaft noch die Vorschriften über den entgeltlichen Erwerb (*adquisiciones onerosas*) und die Einzahlung noch nicht erbrachter Teilnennbeträge (*dividendos pasivos*) von Interesse. Entgeltliche Erwerbsgeschäfte, die die Gesellschaft in den ersten beiden Jahren nach der Gründung tätigt, bedürfen gemäß Art. 41 L.S.A. der Zustimmung der Hauptversammlung (*Junta general*)[17]. In Art. 41 L.S.A. sind zugleich auch die Garantien festgelegt, die die Zustimmung der Hauptversammlung begleiten müssen. Die Artt. 42–46 L.S.A. ihrerseits befassen sich mit den *dividendos pasivos*[18], also dem Teil des Nennbetrags der Aktie, der vom Aktionär nicht sofort eingezahlt werden muß. Eine eingehende Auseinandersetzung mit diesem Problem verbietet sich hier; es bleibt jedoch festzuhalten, daß Art. 43 L.S.A. eine präzise Definition des sog. „Aktionärsverzugs" (*mora del accionista*) enthält: Ein solcher Verzug liegt vor, „sobald die durch Gesellschaftsvertrag, Gesellschafterbeschluß oder durch Entscheidung der geschäftsführenden Verwalter der Gesellschaft festgelegte Frist für die Zahlung des zunächst zurückbehaltenen Teils des Nennwerts der Aktien abgelaufen ist". Die meisten Rechte des in Verzug geratenen Aktionärs werden dann suspendiert (Art. 44 L.S.A.), und die Gesellschaft kann sich unter den Voraussetzungen des Art. 45 L.S.A. für die nicht geleisteten Zahlungen schadlos halten.

d) Aktien

Der Begriff „Aktie" wird vom Gesetz in dreifacher Bedeutung gebraucht: als ziffernmäßiger Teil des Grundkapitals, als Ausdruck der Summe von Rechten und Pflichten des Aktionärs und als Wertpapier. Im Hinblick auf den Kapitalwert muß der Aktie eine tatsächlich erbrachte Vermögenseinlage gegenüberstehen, denn eine Unterpari-Emission ist grundsätzlich unzulässig. Zulässig hingegen ist die Überpari-Emission von Aktien (Art. 47 L.S.A.).

Soweit mit dem Begriff der Aktie die Rechte und Pflichten der Gesellschafter bezeichnet sind, ist Art. 48 L.S.A. einschlägig, der die wichtigsten Rechte des Aktionärs aufzählt. Dazu gehören das Dividendenrecht, das Recht auf Auszahlung der Liquidationsquote, das Recht auf Widerspruch gegen Gesellschafterbeschlüsse, das Informationsrecht etc. Im spanischen Recht gibt es unterschiedliche Arten von Aktien, je nach Art der damit verbundenen Rechte (Art. 49 L.S.A.). Zulässig ist z. B. die Ausgabe von Vorzugsaktien (*acciones privilegiadas*,

16 Vgl. dazu LOJENDIO, aaO (Fn. 13).

17 Vgl. ROJO, Adquisiciones onerosas por sociedad anónima durante el período inicial, in: ALONSO LEDESMA et al., aaO (Fn. 15), S. 849 ff.

18 Hierzu E. BELTRAN, Los dividendos pasivos, Madrid 1988.

Art. 50 L.S.A.), die ein Vorrecht hinsichtlich Dividenden, Liquidationsquote etc. vermittelt. Die Ausgabe von Mehrstimmrechtsaktien ist nicht zulässig, wogegen stimmrechtslose Aktien als zulässige Sonderform anerkannt sind (Art. 90–92 L.S.A.)[19]. Zu den vorrangigen Pflichten des Aktionärs gehört die Pflicht zur Erbringung der Einlage, die nach den oben angeführten Grundsätzen gegebenenfalls die Pflicht zur Erbringung weiterer Nebenleistungen beinhalten kann. Auf die wichtige Frage der weiteren Gesellschafterpflichten – wie z. B. die sogenannte Treuepflicht –, die sich gerade bei Aktiengesellschaften mit einer begrenzten Zahl von Aktionären stellt, kann hier nicht weiter eingegangen werden.

Die Artt. 51–65 L.S.A. beschäftigen sich sodann mit der Aktie als Wertpapier (*valor mobiliario*). Die Bezeichnung als „verbriefter Wert" (*titulo-valor*), wie es unter der Geltung des Aktiengesetzes von 1951 üblich war, ist heute nicht mehr angemessen. Es ist nämlich keineswegs zwingend erforderlich, daß die Rechtsstellung des Gesellschafters in einem derartigen Dokument niedergelegt ist, sondern man kann über die Technik der „Konto-Notierung" (*anotación en cuenta*, Art. 60 L.S.A.) auch gänzlich von der Verwendung von Schriftstücken Abstand nehmen. Dabei handelt es sich um ein weiteres Beispiel der „Entmaterialisierung" des Wertpapierbegriffs, die besondere Bedeutung bei denjenigen Aktiengesellschaften erlangt, deren Aktien an der Börse oder einem sonstigen offiziellen Umlaufmarkt notiert sind. Zu beachten ist hier das Gesetz über den Wertpapiermarkt vom 28. Juli 1988, ergänzt durch eine Vielzahl späterer Rechtsverordnungen[20]. Das Aktiengesetz jedenfalls beschäftigt sich ausführlich mit den Eigenschaften der Aktie als Wertpapier, indem es den Inhalt der Urkunde (Art. 53 L.S.A.), die Führung eines Registers für Namensaktien (Art. 55 L.S.A.) und die Besonderheiten der Übertragung von Aktien regelt. Zu diesem letzten Punkt ist anzumerken, daß die Übertragbarkeit der Aktien durch entsprechende Bestimmungen in der Satzung eingeschränkt werden kann (Art. 63 f L.S.A.). Diese Möglichkeit war bereits nach dem Aktiengesetz von 1951 vorhanden[21]; das Gesetz läßt es daher z. B. zu, die Aktiengesellschaft mit dem Charakter einer „geschlossenen" Einheit zu versehen. Unwirksam sind jedoch in jedem Fall vertragliche Bestimmungen, die „die Übertragung der Aktie praktisch unmöglich machen" (Art. 63 Abs. 2 L.S.A.).

Dieser wichtige Abschnitt im Gesetz wird – nach der Behandlung von Miteigentum und dinglichen Rechten an Aktien (Art. 66–73 L.S.A.)[22] – abgeschlos-

19 Siehe dazu L. PORFIRIO CARPIO, Las acciones sin voto en la sociedad anónima, Madrid 1992.

20 Siehe zu diesem Punkt F. ALONSO ESPINOSA, Mercado primario de valores negociables, Barcelona 1994.

21 Aufschlußreich insoweit ferner BROSETA, Restricciones estatutarias a la libre transmisibilidad de acciones, 2. Aufl., Madrid 1984.

22 Siehe dazu PANTALEON, Copropriedad, usufructo, prenda y embargo, in: URIA/MENENDEZ/OLIVENCIA, aaO (Fn. 13), Band IV, Madrid 1992.

sen durch die Regelung des Erwerbs eigener Aktien und des Konzernrechts (Art. 74–81 L.S.A.)[23] sowie der wechselseitigen Unternehmensbeteiligungen (Art. 82–89 L.S.A.). Die Regelung des Erwerbs eigener Aktien ist stark durch das Gemeinschaftsrecht geprägt. Das Gesetz befaßt sich ausgiebig mit dem (unzulässigen) Ersterwerb und dem (unter den Voraussetzungen des Art. 75 L.S.A. gestatteten) derivativen Erwerb eigener Aktien. In jedem Fall unterfallen die einmal erworbenen eigenen Aktien (bzw. die einer beherrschenden Gesellschaft) aber der Regelung des Art. 79 L.S.A., wonach das Stimmrecht und sonstige mit diesen Aktien verbundene Mitgliedschaftsrechte ausgesetzt werden können; die zu diesen Aktien gehörigen Vermögensrechte hingegen werden gleichmäßig auf die übrigen Aktien verteilt. Dennoch zählen derartige Aktien bei der Feststellung der Beschlußfähigkeit der Hauptversammlung mit. Auch muß auf der Passivseite der Bilanz „eine unangreifbare Reserve in der Höhe der von der Gesellschaft gehaltenen und auf der Aktivseite der Bilanz eingestellten eigenen Aktien sowie der Aktien der beherrschenden Gesellschaft" eingestellt werden (Art. 79 Abs. 3 L.S.A.). Ebenfalls sehr restriktiv geregelt oder sogar verboten sind sonstige Geschäfte mit eigenen Aktien oder mit Aktien der beherrschenden Gesellschaft (z. B. die Verwendung als Sicherheit oder die finanzielle Unterstützung beim Erwerb von Aktien).

e) Organe

Das Kapitel über die Organe ist von der Reform weniger berührt worden. In diesem Bereich fehlt bekanntlich der auf anderen Gebieten bestimmende Einfluß des Gemeinschaftsrechts, da die fünfte EG-Richtlinie über die Organe immer noch nicht in Kraft getreten ist. Der spanische Gesetzgeber hat deshalb seinerseits einige Neuerungen in die traditionelle Organisationsstruktur des Aktiengesetzes von 1951 eingeführt[24]. Beibehalten wird allerdings die Unterscheidung zwischen der Hauptversammlung (*junta general*) und dem Verwaltungsorgan (*órgano de administración*), ohne daß hier jedoch klare Kompetenzzuweisungen erfolgen. Was die Hauptversammlung betrifft[25], so wird weiterhin zwischen der ordentlichen und weiteren außerordentlichen Hauptversammlungen unterschieden. Aufgabe der ordentlichen Hauptversammlung sind die Prüfung der Ge-

23 Vgl. dazu Paz Ares, Negocios sobre las propias acciones, in: Alonso Ureba et al., aaO (Fn. 4), S. 475 ff.

24 Einen Überblick über diesen Problembereich geben Rodriguez Aritgas/Esteban Velasco, Los órganos de la sociedad anónima, in: Pau Pedron et al., El nuevo régimen jurídico de la sociedad anónima, Madrid 1991, S. 97 ff.

25 Vgl. Uria/Menendez/Muñoz, La Junta general de accionistas, in: Uria/Menendez/Olivencia (Hrsg.), aaO (Fn. 13), Band V, Madrid 1992.

schäftsführung und der Rechnungslegung sowie die Beschlußfassung über die Gewinnverwendung nach Maßgabe des Art. 95 L.S.A. Sie ist einzuberufen während der ersten sechs Monate eines jeden Geschäftsjahres. Verglichen mit dem Aktiengesetz von 1951 ist das für die Beschlußfähigkeit erforderliche Quorum gesenkt worden, und zwar sowohl für gewöhnliche Beschlüsse (Art. 102 L.S.A.) als auch für satzungsändernde (vgl. Art. 103 L.S.A.). Die Hauptversammlung „gilt als beschlußfähig, sofern die auf die erste Einladung hin erschienenen oder vertretenen Aktionäre wenigsten zwanzig Prozent des stimmberechtigten gezeichneten Kapitals vertreten. Die Satzung kann jedoch ein höheres Quorum festsetzen" (Art. 102 Abs. 1 L.S.A.). Die auf eine zweite Einladung hin zusammengetretene Aktionärsversammlung hingegen ist beschlußfähig „ohne Rücksicht auf das darin vertretene Kapital" (Art. 102 Abs. 2 L.S.A.).

Weitere Besonderheit des Hauptversammlungsrechts ist die Möglichkeit, durch die Satzung die Anwesenheits- und Stimmrechte zu beschränken; dabei handelt es sich um ein sehr nützliches Mittel der Verteidigung gegen feindliche Übernahmeversuche[26].

Zu beachten ist weiterhin die Regelung der Stellvertretung in der Hauptversammlung[27]. Hier finden sich die Rechtsfiguren der „öffentlichen Anmeldung der Vollmacht" (*solicitud pública de representación*, Art. 107 L.S.A.), die aus der 5. EG-Richtlinie übernommen wurde, und der sog. „Familienvollmacht" (*representación familiar*, Art. 108 L.S.A.), eine im spanischen Recht bislang unbekannte Regelung, die zur Flexibilisierung der allgemeinen Stellvertretungsregeln beitragen soll. Grundsätzlich muß die Vollmacht nämlich gemäß Art. 106 L.S.A. in schriftlicher Form und speziell für den jeweiligen Hauptversammlungstermin erteilt werden. Schließlich ist auf die ausführliche Regelung der Anfechtung von Beschlüssen der Hauptversammlung in den Artt. 115–122 L.S.A. hinzuweisen. Die Anfechtung gilt als das geeignete Instrument – insbesondere für Minderheitsgesellschafter – zur Kontrolle der Rechtmäßigkeit von Beschlüssen der Hauptversammlung und zur Verteidigung gegen Beschlüsse, die dem Gesellschaftsinteresse zuwiderlaufen. Die derzeitige Regelung[28] scheint von der Absicht getragen zu sein, Rechtsstreitigkeiten innerhalb der Gesellschaft zu vermeiden; sie ermöglicht es, den Anfechtungsgrund schon während des Anfechtungsverfahrens zu beseitigen bzw. einen ungültigen Beschluß ohne Wirkung zu lassen oder zu ersetzen, so daß die Anfechtung nicht fortgeführt zu werden braucht (Art. 115 L.S.A.). Die gerichtliche Nichtigkeitsklage gegen rechtswidrige Beschlüsse wiederum verfristet nach einem Jahr, es sei denn, daß es sich um

26 Vgl. SANCHEZ-CALERO GUILARTE, La limitación del número máximo de votos correspondientes a un mismo accionista, in: RDBB (Heft 42) 1991, S. 271 ff.

27 Siehe dazu RODRIGUEZ ARTIGAS, La representación de los accionistas en la Junta general de la sociedad anónima, Madrid 1990.

28 Siehe URIA/MENENDEZ/MUÑOZ, aaO (Fn. 25), S. 307 ff.

einen Beschluß handelt, der angesichts des mit ihm verfolgten Zwecks oder seines Inhalts gegen die öffentliche Ordnung verstößt. In diesen Fällen tritt eine Verfristung oder Verjährung der Nichtigkeitsklage nicht ein. Ist der Beschluß dagegen nicht nichtig, sondern lediglich anfechtbar (z. B. wegen eines Satzungsverstoßes oder weil zugunsten eines oder mehrerer Gesellschafter dem Interesse der Gesellschaft zuwidergehandelt wird), ist die Anfechtungsklage binnen 40 Tagen zu erheben (Art. 116 L.S.A.).

Die Vorschriften über die Verwaltung der Aktiengesellschaft[29] teilen sich in zwei große Blöcke auf. Der erste davon enthält die von der jeweiligen Organisationsform der Verwaltung unabhängigen allgemeinen Vorschriften über das Verwaltungsorgan (Artt. 123–135 L.S.A.), während der zweite sich ausschließlich mit dem Verwaltungsrat (*Consejo de administración*) befaßt (Artt. 136–143 L.S.A.). Überraschenderweise finden sich die verschiedenen Aufbaumodelle für die Verwaltung der Aktiengesellschaft nicht im Aktiengesetz, sondern in der Handelsregisterverordnung (Art. 124). Demnach sind folgende Möglichkeiten der Verwaltungsorganisation vorgesehen: die Ernennung eines Alleinverwalters (*administrador único*), zweier gesamthänderisch gebundener Verwalter (*administradores mancomunados*), zweier oder mehrerer gemeinschaftlich handelnder Verwalter (*administradores solidarios*), eines Verwaltungsrates mit oder ohne Exekutivausschuß (*comisión ejecutiva*) bzw. einem oder mehreren gewählten Beratern (*consejeros delegados*). Verwalter kann sowohl eine natürliche wie auch eine juristische Person sein (Art. 125 L.S.A.). Soweit nicht eine entsprechende Satzungsbestimmung entgegensteht, kann ein Aktionär zum Verwalter gewählt werden (Art. 123 Abs. 2 L.S.A.). Die Amtszeit des Verwalters ist in der Satzung festgelegt; sie darf fünf Jahre nicht überschreiten, allerdings ist eine Wiederwahl zulässig (Art 126 L.S.A.). Die Vertretungsmacht der Verwalter ist entsprechend den Vorgaben der EG-Richtlinie 68/151 sehr detailliert geregelt. Der Gesellschaftszweck stellt danach grundsätzlich die Grenze der Vertretungsmacht dar; eine Ausnahme gilt jedoch für Rechtsgeschäfte mit Dritten, die „gutgläubig und nicht grob fahrlässig" auf die Vertretungsmacht der Verwalter vertraut haben, obwohl deren Handeln vom Gesellschaftszweck nicht gedeckt war[30].

Zuletzt regelt das Gesetz noch minutiös die Haftung der Verwalter gegenüber der Gesellschaft, den Aktionären oder Dritten für „rechts-, satzungs- oder sorgfaltswidriges Handeln" (Art. 133 Abs. 1 L.S.A.)[31].

29 Vgl. E. Polo, Los administradores y el Consejo de administración de la sociedad anónima, in: Uria/Menendez/Olivencia, aaO (Fn. 13), Band VI, Madrid 1992.

30 Dazu Saenz Garcia de albizu, El objeto social en la sociedad anónima, Madrid 1990.

31 Vgl. Alonso Ureba, Presupuestos de la responsabilidad social de los administradores de una sociedad anónima, RDM 1990, 639 ff; Sanchez Calero, Supuestos de responsabilidad de los administradores en la sociedad anónima, in: Alonso Ledesma et al., aaO (Fn. 15), S. 905 ff.

Wird ein Verwaltungsrat eingesetzt, so werden seine Mitglieder durch Mehrheitsbeschluß der Hauptversammlung gewählt. Es gibt jedoch zwei Ausnahmen: Im Fall einer Vakanz können die Verwaltungsratsmitglieder gemäß Art. 138 L.S.A. durch Hinzuwahl (*designación por cooptación*) ein Verwaltungsratsmitglied selbst bestimmen; in der Hauptversammlung kann ferner statt durch einfache Mehrheit auch nach dem Verhältniswahlrecht[32] gewählt werden. Diese letzte Möglichkeit stellt ein Instrument des Minderheitenschutzes dar, da eine Minderheit – sofern sie bedeutend genug ist – hierbei die Möglichkeit hat, einen eigenen Vertreter in den Verwaltungsrat zu entsenden. Neu ist auch die Anfechtbarkeit seiner Beschlüsse, die nunmehr sowohl für einzelne Verwalter als auch für Aktionäre besteht, die mindestens fünf Prozent des Stammkapitals halten. Dieses wichtige Kontrollinstrument gegenüber dem Verwaltungsorgan, mit dem eine der zahlreichen Lücken im Gesetz geschlossen worden ist, ist allerdings nur äußerst knapp geregelt, nämlich durch Verweisung auf die entsprechenden Vorschriften über die Anfechtung von Beschlüssen der Hauptversammlung.

f) Satzungsänderungen

Der sechste Abschnitt des Gesetzes behandelt die Satzungsänderungen, wobei besonderes Gewicht auf die Erhöhung und die Herabsetzung des Kapitals gelegt wird. Es werden dabei ganz allgemein eine Reihe von Voraussetzungen für jede Art von Satzungsänderungen festgelegt. Hierbei sind die von der EG-Richtlinie 77/91 vorgeschriebene Pflicht der Verwalter zur Erstellung eines Änderungsberichtes sowie das Recht eines Teils der Aktionäre auf umfassende Information über die Satzungsänderung hervorzuheben. Ist ein Gesellschafter mit der Satzungsänderung nicht einverstanden, so hat er bei bestimmten Satzungsänderungen ein Austrittsrecht aus der Gesellschaft, so z. B. bei der Änderung des Gesellschaftszwecks gemäß Art. 147 L.S.A. oder der Verlegung des Gesellschaftssitzes ins Ausland gemäß Art. 149 L.S.A.

Bei der Neuregelung der Vorschriften über die Satzungsänderung zwecks Kapitalerhöhung hat der spanische Gesetzgeber zwar die Vorgaben der 2. EG-Richtlinie umgesetzt, die nationale Rechtstradition ansonsten aber weitestgehend unangetastet gelassen. Auffallend unter den Änderungen sind vor allem die Möglichkeit, eine Kapitalerhöhung zur Schuldentilgung durchzuführen (Art. 156 L.S.A.)[33] sowie eine Reihe weiterer Vorschriften über Kapitalerhöhungen unter Verwendung von Geld- und Sacheinlagen.

32 Zu dieser Frage siehe MARTINEZ SANZ, La representación proporcional de la minoría en el Consejo de Administración de la Sociedad Anónima, Madrid 1992.

33 Dazu GALAN LOPEZ, El aumento del capital por compensación de créditos, in: ALONSO LEDESMA et al., aaO (Fn. 15), S. 435 ff.

Das Bezugsrecht für Aktien und nunmehr auch für Wandelschuldverschreibungen (*suscripción preferente*) ist allgemein in Art. 158 L.S.A. geregelt, gefolgt von Art. 159 L.S.A., der die Möglichkeit vorsieht, das Bezugsrecht ganz oder teilweise auszuschließen. Die Voraussetzungen hierfür sind denen für die Satzungsänderung ähnlich; die Entscheidung über den Ausschluß steht dabei der Hauptversammlung zu[34], sofern „das Interesse der Gesellschaft dies verlangt" (Art. 159 Abs. 1 L.S.A.). Neu eingefügt ins spanische Recht sind an dieser Stelle auch die sog. „unvollständige Zeichnung" von Aktien gemäß Art. 161 L.S.A. (*suscripción incompleta*) und das Erfordernis der Eintragung nicht nur des Beschlusses über die Kapitalerhöhung selbst, sondern auch seiner tatsächlichen Durchführung ins Handelsregister gemäß Art. 162 L.S.A. Für den Fall der *suscripción incompleta* sieht Art. 161 Abs. 1 L.S.A. vor, daß „eine Kapitalerhöhung in Höhe des gezeichneten Kapitals nur stattfindet, wenn die Emissionsbedingungen diese Möglichkeit ausdrücklich vorsehen". Als Ausnahme von der Entscheidungskompetenz der Hauptversammlung in Fragen der Kapitalerhöhung sieht das zur Zeit geltende spanische Recht noch die Rechtsfigur des genehmigten Kapitals (*capital autorizado*) vor, die es dem Verwaltungsorgan ermöglicht, das Kapital bis zu einer von der Hauptversammlung festgelegten Bewilligungsgrenze zu erhöhen (Art. 153 Abs. 1, lit. b L.S.A.).

Bezüglich der Kapitalherabsetzung enthält das geltende Recht keine wesentlichen Neuerungen. Beibehalten wurde die Verpflichtung zur Kapitalherabsetzung aufgrund von Verlusten, wenn diese das Gesellschaftsvermögen „auf weniger als zwei Drittel des Stammkapitals vermindert haben, und der Verlust auch binnen eines Geschäftsjahres der Gesellschaft nicht ausgeglichen werden konnte" (Art. 163 Abs. 1 L.S.A.). Erfolgt die Kapitalherabsetzung aus diesem Grund, so entfällt auch das Widerspruchsrecht der Gläubiger aus Art. 166 L.S.A. Dieses besteht jedoch fort, wenn die Herabsetzung zur Einrichtung oder Erhöhung der gesetzlichen Mindestreserve durchgeführt wird, wenn sie zu Lasten der Erlöse oder der stillen Reserven geht oder die Gesellschaft kostenlos ausgegebene Aktien zurückkauft (Art. 167 Abs. 2 und 3 L.S.A.). Zuletzt ist noch auf Art. 169 L.S.A. hinzuweisen, der die mit einer anschließenden Erhöhung des Kapitals verbundene Herabsetzung regelt, ein Phänomen, das im Finanzjargon *„operación acordeón"* genannt wird[35]. Dabei handelt es sich um eine Vorschrift, die eine bereits bestehende Praxis aus wirtschaftlichen Krisenzeiten in gesetzliche Formen gegossen hat. Das Stammkapital kann dabei nur dann auf Null oder unter die gesetzlich festgelegte Mindestkapitalsumme herabgesetzt werden, wenn

34 Vgl. ALONSO LEDESMA, Algunas consideraciones sobre el juego de la cláusula del interés social en la supresión o limitación del derecho de suscripción preferente, in: ALONSO LEDESMA et al., aaO (Fn. 15), S. 31 ff. Siehe auch SANCHEZ ANDRES, El derecho de suscripición preferente del accionista, Madrid 1973.

35 Vgl. BELTRAN, En torno a los requisitos de la „operación acordeón", RDM 1991, 75 ff.

„gleichzeitig die Erhöhung des Kapitals auf eine dem Gesetz entsprechende oder eine höhere Summe beschlossen wird" (Art. 169 Abs. 1 L.S.A.). Die Bezugsrechte der Aktionäre müssen dabei in jedem Fall beachtet werden.

g) Jahresabschluß

Bei der Regelung des Jahresabschlusses (*cuentas anuales*) macht sich der Einfluß der EG-Richtlinie 78/600, der Bilanzrichtlinie, auf das spanische Aktienrecht deutlich bemerkbar. Der Jahresabschluß ist in den Artt. 171–222 L.S.A. geregelt, die – wie es die Richtlinie vorsieht – auf alle Arten von Kapitalgesellschaften Anwendung finden. Wie es das Gemeinschaftsrecht vorschreibt, bilden die Unterlagen, aus denen sich der Jahresabschluß zusammensetzt (die Bilanz, die Gewinn- und Verlustrechnung und der Lagebericht) eine Einheit und sollen „ein zuverlässiges Bild (*imagen fiel*) des Vermögens, der finanziellen Lage und der Erträge der Gesellschaft" liefern (Art. 172 L.S.A.)[36]. Auf die Einzelheiten der Bestimmungen über die betriebswirtschaftliche Gesamtrechnung und die Erstellung der jährlich von den Verwaltern der ordentlichen Hauptversammlung vorzulegenden Buchführungsunterlagen kann an dieser Stelle nicht eingegangen werden.

Von erheblicher Bedeutung ist jedoch, daß je nach Größe der Gesellschaft gegebenenfalls auch eine vereinfachte Buchführung erstellt werden kann[37]. Dabei kommen sowohl eine verkürzte Bilanz als auch eine verkürzte Gewinn- und Verlustrechnung in Betracht. Das Gesetz bestimmt insoweit – in Übereinstimmung mit der Richtlinie – die konkrete Unternehmensgröße nach Jahresumsatz und Beschäftigtenzahl, die die Grenze für eine derart vereinfachte Buchführung bildet. Diejenigen Gesellschaften, die in den Genuß einer verkürzten Bilanz kommen, sind zusätzlich von der Verpflichtung befreit, den Jahresabschluß durch einen unabhängigen Wirtschaftsprüfer nachprüfen zu lassen (Art. 203 L.S.A.). Ansonsten ist eine derartige Prüfung des Jahresabschlusses für alle Aktiengesellschaften (und – in Ausweitung dieses Grundsatzes – für alle sonstigen Kapitalgesellschaften ab einer bestimmten Größenordnung) vorgeschrieben, was für Spanien einen deutlichen Fortschritt im Bereich der Buchprüfung dar-

36 Zum Grundsatz des „*imagen fiel*" vgl. GONDRA ROMERO, Significado y función del principio de „imagen fiel" („true and fair view") en el sistema del nuevo Derecho de balances, in: ALONSO LEDESMA et al., aaO (Fn. 15), S. 555 ff. Zur volkswirtschaftlichen Gesamtrechnung ausführlich VICENT CHULIA, Las cuentas anuales in: A. ROJO (Hrsg.), aaO (Fn. 4), S. 225 ff. Zur Rechnungsprüfung vgl. GALAN CORONA, La revisión de cuentas en la sociedad anónima, in: ROJO/ABBADESSA (Hrsg.), Il diritto delle società per azioni: problemi, esperienze, progetti, Mailand 1993, S. 515 ff.

37 Vgl. EMBID IRUJO, Reflexiones sobre el régimen jurídico de las pequeñas y medianas empresas en la reforma del Derecho de sociedades español, in: A. MENENDEZ (Hrsg.), ¿Sociedad anónima o sociedad de responsabilidad limitada? La cuestión tipológica, Madrid 1992, S. 121 ff.

stellt. Was das weitere Verfahren der Buchprüfung betrifft, das für Auswahl und den Bericht des Wirtschaftsprüfers in den Artt. 204–211 L.S.A. nur skizzenhaft geregelt ist, so ist das Gesetz vom 12. Juli 1988 zur Umsetzung der EG-Richtlinie 84/253 einschlägig.

In dem Kapitel, das den Jahresabschluß behandelt, regelt das Gesetz auch die Gewinnverwendung, die zum Zuständigkeitsbereich der Hauptversammlung gehört, ferner die Verpflichtung zur Erfüllung einer Reihe von Verbindlichkeiten, die vor der Ausschüttung der Dividenden an die Aktionäre erfüllt sein müssen (Art. 213 L.S.A.). Geregelt werden insbesondere die sog. „Vorschußdividenden" (*dividendos a cuenta*)[38], oder, wie es das Gesetz zutreffender ausdrückt, „Vorauszahlungen auf die Dividende" (Art. 216 L.S.A.). Schließlich werden die Hinterlegung und die Veröffentlichung des Jahresabschlusses (Artt. 218–222 L.S.A.), zu der alle Kapitalgesellschaften gleichermaßen verpflichtet sind, und die in Art. 221 L.S.A. vorgesehenen Sanktionen geregelt.

h) Änderungen der Rechtspersönlichkeit

Eine Gesellschaft kann ihre Rechtspersönlichkeit verändern[39]. So kann sie den Untergang der Gesellschaft als juristischer Person durch Verschmelzung und Spaltung oder zumindest einen Wechsel der Gesellschaftsform im Wege der Umwandlung herbeiführen. Die Umwandlung hat im Vergleich zu dem Aktiengesetz von 1951 keine erheblichen Änderungen erfahren[40]. Beibehalten wurde z. B. das Austrittsrecht des Aktionärs, der mit der Umwandlung der Aktiengesellschaft in eine Personengesellschaft nicht einverstanden ist (Art. 225 L.S.A.). Erhebliche Veränderungen ergeben sich dagegen durch die Umsetzung der EG-Richtlinie 78/855 im Bereich der Verschmelzung von Unternehmen (Artt. 233–251 L.S.A.)[41]. Außerdem befaßt sich das spanische Recht auf der Grundlage der EG-Richtlinie 82/891 zum ersten Mal mit der Aufspaltung von Unternehmen (Artt. 252–259 L.S.A.)[42]. Obwohl diese Rechtsfiguren nur im Aktiengesetz

38 Zu dieser Rechtsfigur vgl. MASSAGUER, Los dividendos a cuenta en la sociedad anónima, Madrid 1990; GARCIA-CRUCES, Los dividendos a cuenta, Madrid 1991.

39 Siehe dazu EMBID IRUJO, En torno a las modificaciones estructurales de las sociedades mercantiles (fusión, escisión y otros procedimientos similares), in: ROJO/ABBADESSA, aaO (Fn. 36), S. 685 ff.

40 Vgl. AREAN LALIN, La transformación de la sociedad anónima en sociedad de responsabilidad limitada, Madrid 1991.

41 Zu dieser Frage s. LARGO GIL, La fusión de sociedades, Madrid 1992; SEQUEIRA, Fusión, in: SANCHEZ CALERO (Hrsg.), Comentarios a la ley de sociedades anónimas, Band VII, Madrid 1993.

42 Vgl. CERDA ALBERO, Escisión de la sociedad anónima, Valencia 1993; SANTOS, Escisión, in: SANCHEZ CALERO (Hrsg.), aaO (Fn. 41); RODRIGUEZ ARIGAS, Escisión, in: URIA/MENENDEZ/OLIVENCIA, aaO (Fn. 13), Band X, Madrid 1993.

zu finden sind, gelten die Regeln über die Verschmelzung und über die Aufspaltung ebenso für die übrigen Handelsgesellschaften; das gilt insbesondere für alle Kapitalgesellschaften, bei denen jedoch die Besonderheiten der jeweiligen Gesellschaftsform zu beachten sind.

Auf alle Einzelheiten im Bereich der Verschmelzung und der Aufspaltung kann hier nicht eingegangen werden. Festzustellen ist jedoch, daß die Regelung des Verschmelzungsrechts weitaus umfassender ist und, eben weil sie aus dem Gemeinschaftsrecht abgeleitet wurde, ergänzend auch auf die ohne Zweifel lückenhafte Regelung der Aufspaltung Anwendung findet (Art. 254 L.S.A.). Für beide Arten der Strukturänderung hat das spanische Recht einen streng verfahrensbezogenen Ansatzpunkt gewählt[43]; es unterscheidet zwischen der Vorbereitungsphase, der Entscheidungs– und der Ausführungsphase. Die Vorbereitungsphase dient der Beschlußfassung auf der Geschäftsführungsebene der beteiligten Gesellschaften (oder der Gesellschaft) über die Grundzüge des Verschmelzungs– bzw. Aufspaltungsvorhabens. Dazu werden die vorgeschriebenen Berichte der Verwalter und der unabhängigen Buchprüfer erstellt (Artt. 236, 237, 256 und 257 L.S.A.), die später den Gesellschaftern und Dritten als Informations- und Entscheidungsgrundlage bezüglich der geplanten Strukturveränderung zur Verfügung gestellt werden. Ebenso sind die Verschmelzungs– (Art. 239 L.S.A.) und die Umwandlungsbilanz zu erstellen. In der zweiten Phase wird der endgültige Beschluß über die geplante Strukturveränderung gefaßt. Dieser fällt in jedem Fall in die Zuständigkeit der Gesellschafter, bei der Aktiengesellschaft also gemäß Art. 240 L.S.A. in die der Hauptversammlung.

Zur Durchführung der formwechselnden Maßnahme sind gemäß Artt. 244 und 245 L.S.A. eine öffentliche Urkunde und die Eintragung ins Handelsregister erforderlich (beide Vorschriften beziehen sich ausdrücklich nur auf die Spaltung). Bei der Verschmelzung geht die eine Gesellschaft in der anderen auf oder es entsteht eine gänzlich neue Gesellschaft, während bei der Aufspaltung lediglich die Gesellschaft geteilt wird (wobei ein Teil erlöschen kann). Gleichzeitig gehen das Gesellschaftsvermögen und der Gesellschafterbestand ungeteilt auf die Verschmelzungsgesellschaft oder die durch die Teilung neu entstandenen Gesellschaften über. In beiden Fällen werden die durch den Fusions- oder Aufspaltungsprozeß entstandenen Gesellschaften zu Gesamtrechtsnachfolgerinnen der an diesem Prozeß beteiligten Gesellschaften. Dabei steht den Gesellschaftsgläubigern im Falle der Verschmelzung – wie bei der Kapitalherabsetzung auch[44] – gemäß Art. 243 L.S.A. ein Widerspruchsrecht zu[45]. Für den Fall der

43 Siehe dazu EMBID IRUJO, La fusión y la escisión en la nueva ley de sociedades anónimas, in: PAU PEDRON et al., aaO (Fn. 24), S. 150.

44 Art. 166 L.S.A.; siehe oben III.2.f), S. 725.

45 Siehe dazu VARA DE PAZ, La protección de los acreedores en la fusión y escisión de sociedades, in: ALONSO LEDESMA et al., aaO (Fn. 15), S. 1099 ff.

Aufspaltung hingegen ist es im Schrifttum umstritten, ob den Gläubigern ein derartiges Recht zusteht. Das Gesetz jedenfalls regelt zu ihrem Schutz nur die Haftung der durch die Aufspaltung entstandenen Gesellschaften für die Schulden der aufgespaltenen Gesellschaft (Art. 259 L.S.A.). Wichtig ist, daß das heutige spanische Recht das Austrittsrecht der mit dem Verschmelzungsprozeß nicht einverstandenen Gesellschafter, das diesen nach dem Aktiengesetz von 1951 zugestanden hatte, abgeschafft hat; dadurch wird die Tendenz zur weiteren Unternehmenskonzentration durch derartige Maßnahmen ohne Zweifel verstärkt werden[46].

i) Auflösung und Liquidation

Die Regeln über die Auflösung und Liquidation der Gesellschaften finden sich in Kapitel IX des L.S.A. (Artt. 260–281). Hier ist insbesondere auf einige Neuerungen bei der Auflösung hinzuweisen[47]. Zunächst sind z. B. in Art. 260 Abs. 3 und 5 L.S.A. eine Reihe von im Aktiengesetz von 1951 noch nicht enthaltenen zusätzlichen Auflösungsgründen wie z. B. der Handlungsfähigkeit des Verwaltungsorgans, die zur Funktionsunfähigkeit der Gesellschaft führt, oder das Absinken des Stammkapitals unter die gesetzliche Mindestsumme, eingeführt worden. Die Aufgaben der Verwalter bei der Auflösung sind dabei sehr eng gefaßt. Das Gesetz sieht die vollständige Auflösung aller Gesellschaften vor, bei denen einer der in Art. 260 L.S.A. aufgezählten Auflösungsgründe vorliegt. Die Verwalter sind hierbei zu „pflichtgemäßem Vorgehen" (*actuación diligente*) verpflichtet; sie müssen „binnen zwei Monaten die Hauptversammlung einberufen, damit diese den Auflösungsbeschluß fassen kann" (Art. 262 Abs. 2 L.S.A.). Auf die Einladung zur Hauptversammlung hin kann jeder Aktionär ohne weiteres den Verwaltern seine Ansicht darüber mitteilen, ob „ein legitimer Grund für die Auflösung besteht" (Art. 262 Abs. 2 a. E. L.S.A.). Kommt ein Auflösungsbeschluß nicht zustande oder wird sogar das Gegenteil beschlossen, so haben die Verwalter eine gerichtliche Auflösungsentscheidung herbeizuführen. Kommen sie allen diesen Verpflichtungen nicht nach, so „haften die Verwalter gemeinschaftlich für die Schulden der Gesellschaft" (Art. 262 Abs. 5 L.S.A.). In jedem Fall beginnt mit der Auflösung der Gesellschaft die Phase der Liquidation, es sei denn, es läge eine vollständige Verschmelzung oder Aufspaltung der Gesellschaft

46 Vgl. FLAQUER, La protección de los accionistas en los procedimientos de fusión de sociedades, CDC 1991, 1099 ff.

47 Siehe zu dieser Frage MUÑOZ, Disolución y derecho a la cuota de liquidación en la sociedad anónima, Valladolid 1991; BELTRAN, La disolución de la sociedad anónima, Madrid 1991; J. MARIA DE EIZAGUIRRE, Disolución y liquidación, in: SANCHEZ CALERO (Hrsg.), aaO (Fn. 41), Band VIII, Madrid 1991.

vor, oder die Aktiva und Passiva der Gesellschaft gingen auf sonstige Weise vollständig auf einen anderen Rechtsträger über (Art. 266 L.S.A.). Die weitere Ausgestaltung der Liquidation unterscheidet sich nicht wesentlich von den Regelungen anderer europäischer Länder.

j) Schuldverschreibungen

An letzter Stelle regelt das Aktiengesetz in Kapitel X (Artt. 282–310) recht ausführlich die Ausgabe von Schuldverschreibungen (*obligaciones*) als Finanzierungsinstrument für die Gesellschaft[48]. Die Möglichkeit der Ausgabe derartiger Wertpapiere ist nicht unbeschränkt. Art. 282 L.S.A. sieht insoweit vor, daß der Gesamtemissionsbetrag „die Summe des eingezahlten Gesellschaftskapitals zuzüglich der in der zuletzt geprüften Bilanz und dem Bilanzberichtigungs- und Aktualisierungsbericht dargelegten Reserven" nicht übersteigen darf. Zuständig für die Beschlußfassung über die Ausgabe von Schuldverschreibungen ist die Hauptversammlung (Art. 103 L.S.A.), die dabei stets zwei Vorgaben zu erfüllen hat: Zum einen muß eine Schutzorganisation der Inhaber von Schuldverschreibungen, das sog. „*sindicato de obligacionistas*", gegründet werden, zum anderen muß die Gesellschaft eine Person zum Treuhänder (*comisario*) berufen, „die den Vertrag über die Ausgabe der Schuldverschreibungen im Namen der zukünftigen Inhaber abschließt" (Art. 283 Abs. 2 L.S.A.). Anschließend regelt das Gesetz das Verfahren der Emission und die denkbaren Sicherheiten (Art. 284 L.S.A.), um sich sodann ausführlich mit der Errichtung und der Arbeitsweise des *sindicato de obligacionistas* zu beschäftigen (Artt. 295–305 L.S.A.). Zuletzt ist noch auf die besondere Bedeutung hinzuweisen, die das Gesetz einer auch im spanischen Schrifttum viel beachteten Sonderform der Schuldverschreibungen, den Wandelschuldverschreibungen (*obligaciones convertibles*) beimißt[49].

3. Die Gesellschaft mit beschränkter Haftung

a) Allgemeines

Die Ausführlichkeit, mit der die Grundlagen der Aktiengesellschaft hier dargestellt worden sind, entspricht einerseits dem Umfang der gesetzlichen Rege-

48 Siehe dazu umfassend ALONSO ESPINOSA, Asociación y derechos de los obligacionistas, Barcelona 1988; DE ANGULO, Obligaciones, in: SANCHEZ CALERO (Hrsg.), aaO (Fn. 47); DOMINGUEZ, La emisión de obligaciones por sociedades anónimas (títulos y obligacionistas), Pamplona 1994.

49 Hierzu ausführlich GARCIA DE ENTERRIA, Le obbligazioni convertibili in azioni, Mailand 1989.

lung im Aktiengesetz, dessen Vorschriften vielfach Modellcharakter für andere Gesellschaftsformen aufweisen; andererseits entspricht sie auch der Bedeutung, die dieser Gesellschaftsform in der Praxis immer noch zukommt. Es ist jedoch nicht zu verkennen, daß die Gesellschaft mit beschränkter Haftung seit dem Inkrafttreten des neuen Aktiengesetzes im Jahre 1990 immer weitere Verbreitung findet. Die größere Formenstrenge des Aktiengesetzes, das Mindeststammkapital und vor allem die Notwendigkeit der Beteiligung von unabhängigen Buchprüfern in der Gründungsphase der Aktiengesellschaft haben das Interesse der Wirtschaft auf die wesentlich einfacher konzipierte Rechtsform der GmbH gelenkt. Nach den statistischen Angaben des Zentralen Handelsregisters (geregelt in den Artt. 343–393 der Handelsregisterverordnung) waren von den im Jahre 1993 knapp 70.000 eingetragenen Gesellschaften über 90 Prozent GmbH und nur etwa fünf Prozent Aktiengesellschaften. Diese Tatsache verbirgt jedoch keineswegs die offensichtlichen Lücken des GmbH-Gesetzes vom 17. Juli 1953[50], das von der Reform des Gesellschaftsrechts unberührt blieb.

b) Zusammenfassende Darstellung des GmbH-Rechts

Auch im spanischen Recht ist es für die GmbH als Gesellschaftsform charakteristisch, daß die Gesellschafter nicht für die Gesellschaftsschulden haften (Art. 1 L.S.R.L.). Dieses kapitalistische Grundprinzip wird jedoch abgeschwächt durch eine Reihe von personalistischen Einflüssen, unter denen die Tatsache besonders hervorsticht, daß das Stammkapital in gleich große, unteilbare Anteile aufgeteilt ist, „die weder in börsenfähige Wertpapiere noch in Aktien umgewandelt werden können" (Art. 1 a. E. L.S.R.L.). Die gemäß Artt. 20 ff L.S.R.L. beschränkte Übertragbarkeit der Gesellschaftsanteile wie auch die Begrenzung der Gesellschafterzahl auf maximal 50 gemäß Art. 1 L.S.R.L. geben der GmbH das Gepräge einer „geschlossenen" Gesellschaft. Des weiteren setzt das spanische Recht das Mindeststammkapital bei der GmbH auf 500.000,– Peseten fest (Art. 3 L.S.R.L.). Dieses muß, anders als bei der Aktiengesellschaft, schon im Zeitpunkt der Gründung vollständig eingezahlt werden. In Ergänzung zu diesen allgemeinen Angaben bleibt noch zu sagen, daß die GmbH im spanischen Recht unabhängig von ihrem Gesellschaftszweck stets Handelsgesellschaft ist. Damit hat sie, ähnlich wie die Aktiengesellschaft, Kaufmannseigenschaft Kraft Rechtsform (Art. 3 L.S.R.L.).

50 Dazu allgemein MENENDEZ (Hrsg.), aaO (Fn. 37); CARLON, Ley de sociedades de responsabilidad limitada, in: Comentarios al Código de comercio y legislación mercantil especial, Band XXIII, Madrid 1984; GARRIDO DE PALMA, La sociedad de responsabilidad limitada, Madrid 1992.

Die Zahl der Gründungsgesellschafter muß gemäß Art. 116 C. com. zumindest zwei betragen, was aber keine Besonderheit des GmbH-Rechts ist. Die Formvorschriften entsprechen dem, was wir bereits kennengelernt haben; die öffentliche Urkunde und die Eintragung ins Handelsregister haben hier konstitutive Wirkung. Die Regeln des Aktiengesetzes über die Vorgesellschaft und die Nichtigkeit des Gesellschaftsvertrages finden gemäß Art. 6 L.S.R.L. auch auf die GmbH Anwendung; eine Unterscheidung zwischen Gründungsurkunde und Satzung hingegen findet nicht statt (Art. 7 L.S.R.L.). Die Regelung des Einlagenrechts wiederum ist der der Aktiengesellschaft ähnlich, jedoch mit der wichtigen Ausnahme, daß bei der Einbringung von Sacheinlagen die Hinzuziehung von unabhängigen Sachverständigen nicht erforderlich ist. Zum Ausgleich bestimmt jedoch Art. 9 L.S.R.L., daß „die Gesellschafter gemeinschaftlich gegenüber der Gesellschaft und gegenüber Dritten für die tatsächliche Erbringung der Einlagen sowie dafür haften, daß diese den in der Gründungsurkunde angegebenen Wert haben“[51].

Auch die Bestimmungen über die Organe sind deutlich an das Aktiengesetz angeglichen. So gelten für das Verwaltungsorgan die Vorschriften des Aktienrechts, „wenn nicht das L.S.R.L. eine abweichende Regelung enthält“ (Art. 11 L.S.R.L.). Derartige Regelungen kommen jedoch kaum vor; sie haben ihren Schwerpunkt in der Bestimmung, daß die Geschäftsführer „weder für eigene noch für fremde Rechnung Geschäfte im Tätigkeitsbereich der Gesellschaft abschließen dürfen“ (Art. 12 L.S.R.L.). Beschlüsse der Gesellschafter können auch außerhalb einer Gesellschafterversammlung gefaßt werden, sofern nur „im Einklang mit dem Gesetz oder dem Gesellschaftsvertrag sichergestellt ist, daß dabei der authentische Wille der Gesellschafter erfaßt wird“ (Art. 14 L.S.R.L.)[52]. Die Gesellschafterversammlung ist dagegen allein für die Beschlußfassung zuständig, wenn die Zahl der Gesellschafter 15 überschreitet oder wenn der Gesellschaftsvertrag dies vorsieht (Art. 14 L.S.R.L.). Die Beschlüsse werden mit Stimmenmehrheit gefaßt, wobei sich das Stimmengewicht nach den Geschäftsanteilen, nach Köpfen oder nach einer Verbindung beider Kriterien richtet. In allen weiteren Fragen, mit Ausnahme einiger Punkte von allerdings nur geringer Bedeutung, findet kraft ausdrücklicher gesetzlicher Verweisung das Aktiengesetz Anwendung (Art. 15 L.S.R.L.).

Die vielleicht wichtigsten Besonderheiten des GmbH-Rechts finden sich bei der Regelung der Übertragung von Geschäftsanteilen (Artt. 20–22 L.S.R.L.). Die insoweit dispositiven Vorgaben des Gesetzes können, soweit die Befugnis hierzu in der Satzung ausdrücklich vorgesehen ist, durch den Gesellschafterbeschluß

51 Vgl. CARLON, aaO (Fn. 50), S. 112 ff.

52 Siehe BARBA DE VEGA, La adopción de acuerdos por escrito en las sociedades de responsabilidad limitada, in: RDM 1978, 51 ff; siehe auch CARLON, aaO (Fn. 50), S. 159 ff.

abgeändert werden[53]. Bei der Übertragung unter Lebenden geht das Gesetz von der grundsätzlich freien Übertragbarkeit innerhalb des Kreises der Gesellschafter aus und begründet zugleich eine Art von Vorkaufsrecht der verbleibenden Gesellschafter für den Fall, daß ein Gesellschafter beabsichtigt, seinen Geschäftsanteil auf einen gesellschaftsfremden Dritten zu übertragen. Lehnen die verbleibenden Gesellschafter die Übernahme des Geschäftsanteils ab, so kann die Gesellschaft den Anteil erwerben, indem sie eine Kapitalherabsetzung durchführt. Ist auch die Gesellschaft zur Übernahme nicht bereit, so steht der Übertragung des Geschäftsanteils an den Dritten nichts mehr im Wege. Der Gesellschaftsvertrag kann zwar hiervon abweichende Regelungen vorsehen, nach h. M. ist es jedoch unzulässig, die Übertragung völlig in das Belieben des betreffenden Gesellschafters zu stellen. Auch eine Bestimmung, die zur faktischen Unübertragbarkeit des Anteils führen würde, wäre mit dem Gesetz nicht zu vereinbaren. Die Übertragung muß in jedem Fall öffentlich beurkundet werden, was selbstverständlich durch eine notarielle Urkunde, aber auch durch die Urkunde eines Handelsmaklers (*Corredor de Commercio*) geschehen kann.

Was die Übertragung von Todes wegen angeht, so kann der Erbe oder Vermächtnisnehmer in die Gesellschafterstellung des Erblassers eintreten. „Der Gesellschaftsvertrag kann jedoch vorsehen, daß die überlebenden Gesellschafter innerhalb der dort festgelegten Frist den Geschäftsanteil des Verstorbenen erwerben können“ (Art. 21 L.S.R.L.). Zuletzt ist noch darauf hinzuweisen, daß jede Art von Übertragung den Geschäftsführern schriftlich mitgeteilt werden muß, da ansonsten „der eintretende Gesellschafter die ihm in der Gesellschaft zustehenden Rechte nicht ausüben kann“ (Art. 22 L.S.R.L.).

Eine Besonderheit des GmbH-Rechtes ist das Informationsrecht der Gesellschafter[54], das im Gegensatz z. B. zu dem der Aktionäre sehr umfangreich ausgestaltet ist. Gemäß Art. 26 L.S.R.L. hat nämlich „jeder Gesellschafter das Recht, zum Zeitpunkt und innerhalb der Frist, die der Gesellschaftsvertrag vorsieht, allein oder zusammen mit einem Sachverständigen den Jahresabschluß der Gesellschaft nebst allen Anlagen einzusehen“. Im Schrifttum ist teilweise versucht worden, den Inhalt dieser Vorschrift eng auszulegen; es dürfte jedoch nicht einfach sein, diese weite Norm mit Hilfe einer noch vertretbaren Auslegung einzuschränken.

Eine weitere Besonderheit ist die Regelung der sog. „Teilauflösung“ (*disolución parcial*). Damit wird die Möglichkeit eröffnet, einen Gesellschafter wegen Nichterfüllung seiner Verpflichtungen aus der Gesellschaft auszuschließen[55]. Art. 31

53 Siehe GIRON TENA, La transmisión „inter vivos“ de participaciones en la sociedad de responsabilidad limitada, Bilbao 1956; CARLON, aaO (Fn. 50), S. 255 ff.

54 S. dazu J. A. RUEDA, El derecho de información en la sociedad de responsabilidad limitada, RDM 1987, 303 ff; CARLON, aaO (Fn. 50), S. 255 ff.

55 Siehe dazu GARCIA VILLAVERDE, La exclusión de socios. Causas legales, Madrid 1977, S. 254 ff.

L.S.R.L. nimmt insoweit Bezug auf die Regelung der Ausschließung von Gesellschaftern im Código de comercio und erklärt dessen Art. 218, Abs. 1 (Verwendung des Gesellschaftsvermögens für eigene Zwecke), Abs. 2 (Einmischung in fremde Geschäftsführungskompetenzen) und 7 (sonstige Vertragsverletzungen) für auf die GmbH entsprechend anwendbar. Geschäftsführende Gesellschafter können weiterhin auch dann ausgeschlossen werden, wenn sie gegen das zugunsten der Gesellschaft bestehende Wettbewerbsverbot des Art. 12 L.S.R.L. verstoßen haben. Die Regelung des Ausschlusses eines Gesellschafters ist somit einer der Punkte, bei denen personalistische Merkmale im Recht der GmbH hervortreten.

c) Grundzüge des Entwurfs eines GmbH-Gesetzes

Angesichts der nur lückenhaften gesetzlichen Regelung und der weiten Verbreitung der GmbH als Gesellschaftsform ist nunmehr endlich der Prozeß der Reform des GmbH-Gesetzes angelaufen. Ein entsprechender Gesetzentwurf war zum Zeitpunkt der Drucklegung auch bereits Gegenstand parlamentarischer Beratungen; sollte er verabschiedet werden, würde die derzeit gültige Regelung vollständig entfallen. Es handelt sich dabei um einen umfangreichen Text, mit dem das GmbH-Recht wesentlich umfassender geregelt werden soll, als das zur Zeit der Fall ist. Nach der Präambel zu diesem Gesetzentwurf ist es beabsichtigt, ein „flexibles und einfaches" GmbH-Recht zu schaffen. In der Neuregelung sollen sich personalistische und kapitalistische Elemente auf harmonische Weise verbinden, wodurch die GmbH wieder eine besonders „geschlossene" Form erhalten soll. Der Entwurf soll ferner einen besseren Schutz der Minderheitsgesellschafter schaffen.

Der anschließende Text des Entwurfs wurde diesen Vorgaben jedoch nicht gerecht. So überwiegt z. B. der kapitalistische Charakter der GmbH im Vergleich zu den personalistischen Elementen deutlich, zumal letztere lediglich beim Austritt und beim Ausschluß von Gesellschaftern deutlich werden. Weiterhin ist der Entwurf dem neuen Aktiengesetz erkennbar nachgebildet, wodurch die bereits im geltenden GmbH-Gesetz angelegte Annäherung der beiden Gesellschaftsformen noch verstärkt wird. Das wird vor allem bei der Regelung des Organisationsrechts sowie der Kapitalerhöhungen und -herabsetzungen und ähnlicher Problembereiche deutlich. Auch der „geschlossene" Charakter der GmbH wird in dem Entwurf kaum deutlich, da dieser einerseits in einer Vielzahl von Normen die Übertragbarkeit der Geschäftsanteile kaum beschränkt und andererseits die Höchstzahl der Gesellschafter nach oben hin erweitert hat. Dennoch ist unverkennbar, daß der Entwurf eine stärkere Flexibilisierung des GmbH-Rechts erreicht, da er eine beträchtliche Zahl dispositiver Regelungen enthält. Der Vertragsfreiheit verbleibt damit bei der konkreten Ausgestaltung der jeweiligen Gesellschaftsstruktur ein erheblicher Spielraum.

Eine ähnlich positive Bewertung läßt die Regelung der Stellung der einzelnen Gesellschafter und der Minderheitsgesellschafter jedoch nicht zu. Hier bestehen im Gegensatz zu den ambitionierten Vorgaben der Präambel noch zahlreiche Gesetzeslücken, die den von dem Entwurf eigentlich angestrebten Minderheitenschutz noch vermissen lassen.

Die ersten Stellungnahmen zu dem Entwurf im Schrifttum waren denn auch keineswegs positiv[56]. Gerügt wird vor allem, daß dem Entwurf ein klares, zusammenhängendes Gesamtkonzept für die GmbH fehlt.

C. Die Besteuerung der Gesellschaften im spanischen Recht

I. Vorbemerkung

Neben der Besteuerung des Unternehmensgewinns und des Einkommens der Gesellschafter sind bei einer umfassenden Darstellung des spanischen Gesellschaftssteuerrechts die Abgaben, die mit der Gründung einer Gesellschaft verbunden sind, sowie die staatlichen Verbrauchssteuern und nicht zuletzt die zahlreichen verfahrensrechtlichen Verpflichtungen, denen der steuerpflichtige Unternehmer nachzukommen hat, zu behandeln. Hinzu kommen kommunale Steuern, die auf die bloße Ausübung der Unternehmertätigkeit und auf die Inhaberschaft bestimmter Vermögenswerte erhoben werden.

Eine Gesellschaft unterliegt in Spanien grundsätzlich allen im spanischen Steuerrecht bekannten Abgabearten mit Ausnahme allein derjenigen Steuerarten, die – wie z. B. die Einkommensteuer, die Vermögenssteuer, die Erbschafts- und Schenkungssteuer – ausschließlich bei natürlichen Personen anfallen können[57].

56 Siehe anstatt vieler FERNANDEZ DE LA GANDARA, El problema tipológico: consagración del sistema dualista sociedad anónima – sociedad de responsabilidad limitada, und VELASCO SAN PEDRO, Concepto y caracteres de la sociedad de responsabilidad limitada: el problema de las fuentes; beide in: AGUILERA et al., aaO (Fn. 6), S. 13 ff, 35 ff.

57 Zum spanischen Steuerrecht insgesamt sowie zur Besteuerung der Gründung, der Unternehmenstätigkeit und der Auflösung einer Gesellschaft: FERREIRO et al., Curso de Derecho Tributario. Parte especial (Sistema tributario: Los tributos en particular), 9. Aufl., Madrid 1993; GARCIA AÑOVEROS et al., Manual del sistema tributario español, Madrid 1993; ALBINANA GARCIA-QUINTANA, Sistema tributario español y comparado, Madrid 1992; LOPEZ BERENGUER, Manual de Derecho Tributario. Parte especial, Madrid 1990 (mit Anhang 1992); SIMON/CARRETERO, Curso de introducción al sistema impositivo estatal, Madrid 1991.
Das Steuerrecht des Einzelunternehmers und der Gesellschaften wird behandelt von MARTIN OVIEDO, Fiscalidad de las empresas, Madrid 1988. Die steuerrechtlichen Auswirkungen der jüngsten Reform des Handelsrechts werden dargestellt in: El nuevo Derecho de Sociedades y su incidencia tributaria, hrsgg. vom Instituto Español de Consejeros Tributarios, Madrid 1990.

Der folgende Bericht wird sich wegen des begrenzten Umfangs auf die Darstellung der Besteuerung der Unternehmensgewinne beschränken und zunächst einen Überblick über die steuerlichen Auswirkungen der Unternehmensgründung, gefolgt von einer Darstellung der wichtigsten Grundsätze der Besteuerung des Gesellschaftsgewinns, geben. Zum Abschluß wird auf die neu eingeführte Grundsteuer für nicht ortsansässige Unternehmen (*Impuesto sobre bienes inmuebles de entidades no residentes*) eingegangen werden.

II. Die Besteuerung der Gründung der Gesellschaft und der Aufnahme der Geschäftstätigkeit

Im Bereich der Gründung der Gesellschaft und der Aufnahme ihrer Geschäftstätigkeit bestehen eine ganze Reihe von steuerrechtlichen Verpflichtungen, die – um die bereits bestehende Verwirrung noch zu vergrößern – gegenüber den unterschiedlichsten Arten von Gebietskörperschaften zu erfüllen sind.

1. Steuerverwaltung

Jede Gesellschaft muß sich zunächst in ein Steuerregister eintragen lassen, das unter der Bezeichnung „Unternehmensregister" (*Indice de entidades*) bei den Finanzämtern (Delegaciones de la Agencia Estatal de Administración Tributaria, früher: Delegaciones de Hacienda) geführt wird. Dem kann die Gesellschaft nachkommen, indem sie zu Beginn ihrer Tätigkeit die „Erklärung über die Aufnahme der Geschäftstätigkeit" (*declaración de comienzo de actividades*) abgibt, aufgrund derer ihr dann die Steuernummer (*Código de Identificación Fiscal*, C.I.F.) zugeteilt wird[58].

2. Kommunale Steuern

Wichtigste kommunale Einnahmequelle ist zunächst die Gewerbesteuer (*Impuesto sobre Actividades Económicas*), deren Rechtsgrundlage sich zumindest ansatzweise aus den Artt. 79 ff des Gesetzes über die kommunale Haushalts-

58 Die Aufnahme in das „Unternehmensregister" ist in Art. 28 des Körperschaftssteuergesetzes (Ley del Impuesto sobre Sociedades, Nr. 61/1978, L.I.S.) vom 27. Dezember 1978 geregelt. Die Steuererklärungen, die bei der Aufnahme, der Änderung und der Einstellung der Geschäftstätigkeit abzugeben sind, werden in der Kgl. Verordnung Nr. 1041/90 vom 27. Juli 1990 geregelt, dessen Art. 17 vorschreibt, daß die „Erklärung über die Aufnahme der Geschäftstätigkeit" die ansonsten zur Körperschaftsteuererfassung erforderliche „Vorlage der Mitteilung der Aufnahme der Geschäftstätigkeit beim Unternehmensregister" ersetzt.

wirtschaft (*Ley Reguladora de las Haciendas Locales*, L.R.H.L., Nr. 39/1988 vom 28. Dezember 1988)[59] findet. Gegenstand der Besteuerung ist die Ausübung einer unternehmerischen (einschließlich der freiberuflichen) sowie künstlerischen Tätigkeit innerhalb des spanischen Staatsgebiets; ihr unterfällt jede Art von wirtschaftlicher Tätigkeit schon allein aufgrund ihrer bloßen Ausübung, unabhängig von der Nationalität oder dem Wohnsitz des Gewerbetreibenden.

Diese Steuer ersetzt seit Inkrafttreten des Gewerbesteuergesetzes am 1. Januar 1992 als einzige steuerliche Einnahmequelle der Gemeindehaushalte folgende Steuerarten: die Gewerbe- und Industriesteuer (*Licencia Fiscal de Actividades Comerciales e Industriales*), die Freiberufler- und Künstlersteuer (*Licencia Fiscal de Actividades Profesionales y de Artistas*), die Ortssteuer (*Impuesto Municipal sobre Radicación*), die Luxussteuer (*Impuesto Municipal sobre Gastos Suntuarios*) und die Werbesteuer (*Impuesto Municipal sobre la Publicidad*).

Aus der ausführlichen Darstellung des Steuertatbestandes im Gesetz ergibt sich, daß zu den Steuerpflichtigen nicht nur natürliche und juristische Personen, sondern auch nicht rechtsfähige Körperschaften zählen, die steuerpflichtigen Geschäften nachgehen (Art. 84 L.R.H.L.). Entscheidendes Element für die Steuerpflicht ist also stets die Ausübung einer bestimmten Tätigkeit, nicht aber die Ansässigkeit an einem bestimmten Tätigkeitsort[60]; das eröffnet zudem die Möglichkeit, daß ein und dieselbe Person in bezug auf mehrere Steuertatbestände gleichzeitig steuerpflichtig sein kann[61].

Bei der Festsetzung der Steuer werden zwei unterschiedliche Verfahren kombiniert: Ein Mindeststeuersatz – der sich aus der Steuersatzverordnung ergibt – wird (in der Regel[62]) erhöht um eine vom Gemeinderat entsprechend der Einwohnerzahl der Gemeinde festgelegten Hebesatz; er erhöht sich zudem noch um einen bestimmten Betrag je nach der Lage des Unternehmensstandorts im Gemeindegebiet[63] sowie um einen Zuschlag von maximal 40 Prozent des Min-

59 Siehe außerdem Kgl. Verordnungen Nrn. 1175/90 vom 28. September 1990 und 1259/91 vom 2. August 1991, mit denen die Gebührenordnung (*Instrucción y Tarifas*) eingeführt wurde, nach der sich die Steuerschuld berechnet. Die dazugehörigen Verwaltungsvorschriften finden sich in der Kgl. Verordnung Nr. 1172/91 vom 26. Juli 1991.

60 Instruktiv sind insoweit die Urteile des Obersten Gerichtshofs vom 13. Dezember 1985 und 24. Dezember 1986, bei denen es um die Besteuerung bestimmter Dienstleistungsunternehmen ging, die Spielhallen betrieben, obwohl die Konzession zu deren Betrieb eigentlich an gemeinnützige Einrichtungen vergeben worden war.

61 Das betonen RUBIO DE URQUIA und ARNAL SURIA in „Ley reguladora de las Haciendas Locales", Madrid 1989, S. 327 ff.

62 Die Verwendung des Hebesatzsystems ist zwar ins Belieben der Gemeinde gestellt (Art. 88 des Gesetzes Nr. 39/1988), in der Praxis hat sie sich jedoch allgemein durchgesetzt.

63 Dabei sollte berücksichtigt werden, daß ein derartiger sog. „abgewogener Zuschlag" (*indice ponderado*) je nach Lage des Unternehmens im Gemeindegebiet den Mindeststeuersatz selbst dann noch erhöhen kann, wenn dieser aufgrund des erwähnten Bevölkerungsindex' schon einmal erhöht worden ist.

deststeuersatzes zugunsten der Provinzhaushalte. Alles in allem handelt es sich um ein extrem kompliziertes Bemessungssystem, das zweifellos zu immer höheren Steuersätzen führen wird – und zwar ganz besonders im Vergleich zu den einzelnen Steuerarten, an deren Stelle es getreten ist –, und das zumindest Zweifel an der ihm theoretisch zugrundeliegenden reinen Steuererhebungsfunktion aufkommen läßt. Hierdurch erklärt sich auch die mit Eifer geführte juristische und politische Diskussion um die Einführung dieses Systems sowie die Verzögerung beim Inkrafttreten des Gesetzes[64]; das umso mehr, als die nunmehr gewerbesteuerpflichtigen Unternehmen bezüglich ihres Gewinns ja bereits der Körperschaftssteuer unterlagen. Ebenfalls wenig hilfreich für die Durchführung der Steuererhebung ist die Festsetzung einer Obergrenze für den Mindeststeuersatz, der 15 Prozent des zu erwartenden Durchschnittsgewinns eines jeden Unternehmens nicht überschreiten darf (Art. 81 Abs. 2, Satz 4 L.R.H.L.), da sich der Steuerpflichtige zumeist aufgrund der Unkenntnis des zu erwartenden Gewinns kaum auf diese Obergrenze berufen kann. Aufgrund der häufig divergierenden wirtschaftlichen Resultate bei den verschiedenen Unternehmen kann diese Bestimmung eher zu einer ungerechtfertigten Ungleichbehandlung führen[65].

Weiterhin ist auch hervorzuheben, daß es sich bei der Gewerbesteuer um eine periodische Steuer handelt, bei der das Steuerjahr mit dem Kalenderjahr übereinstimmt und die am 1. Januar eines jeden Jahres fällig wird (Art. 90 L.R.H.L.). Diese Grundregel wird jedoch in zwei Ausnahmefällen durchbrochen:

1. Stimmt der Zeitpunkt der Aufnahme der Geschäftstätigkeit nicht mit dem Jahresanfang überein, so berechnet sich der Steuersatz nach der Zahl der verbleibenden Jahresdrittel, und zwar unter Einschluß desjenigen Jahresdrittels, in dem die Geschäftstätigkeit aufgenommen wurde. Infolgedessen ist die Aufteilung des Besteuerungszeitraums quantitativ ohne Bedeutung, wenn der Geschäftsbeginn in das erste Jahresdrittel fällt; in diesem Fall wird die Steuer für das gesamte Steuerjahr festgesetzt.

2. Auch im Fall der Betriebsaufgabe wird der Steuersatz nach Jahresdritteln (unter Ausschluß des Jahresdrittels der Betriebsaufgabe selbst) berechnet, so daß der Steuerpflichtige eine Rückerstattung für diejenigen Jahresdrittel verlangen kann, in denen er kein Gewerbe mehr betrieben hat[66].

64 Die 3. Übergangsregelung zum L.R.H.L. sah das Inkrafttreten des Gesetzes zum 1. Januar 1991 vor; dies wurde jedoch durch eine Reihe von Gesetzen (zuletzt durch das Gesetz Nr. 6/1991 vom 11. März 1991) auf den 1. Januar des Folgejahres verschoben.

65 Siehe dazu COLLADO YURRITA, El Impuesto sobre Actividades Económicas en la Ley Reguladora de las Haciendas Locales y en el R.D. Legislativo de Tarifas e Instrucción del impuesto, R.T.T. (Heft 11), S.89.

66 Diese letzte Form der Quotelung fand sich in der ursprünglichen Fassung des Gesetzes noch nicht; sie wurde erst kürzlich durch Art. 7 des Gesetzes Nr. 22/93 vom 29. Dezember 1993 (Ley de medidas fiscales de reforma del régimen jurídico de la función pública y de la protección por desempleo) eingefügt.

Zur Verwaltung der Gewerbesteuer dient eine Liste der Gewerbesteuerpflichtigen, die jedes Jahr in dem jeweiligen Gemeindegebiet erstellt wird; dabei stützt man sich auf die Steuererklärungen (*declaración de alta*), die die Unternehmen als Steuerpflichtige einreichen müssen.

Vor Aufnahme der Geschäftstätigkeit ist die Einholung einer gemeindlichen Gewerbeerlaubnis einzuholen. Sie wird gegen Entrichtung einer einmaligen Verwaltungsgebühr erteilt[67]. Da sich die Erlaubnis auf die jeweilige Betriebsstätte bezieht, sind so viele Gewerbeerlaubnisse einzuholen, wie Betriebsstätten (darunter fällt auch der Firmensitz der Gesellschaft) bestehen.

3. Staatliche Steuern

Neben den kommunalen und den Provinzsteuern werden auch vom Staat selbst eine Reihe von Steuern erhoben, die – je nach der Art der Güter oder Vermögensrechte, die in die Gesellschaft eingebracht worden sind, sowie der kaufmännischen oder „bürgerlich-rechtlichen" Rechtsform der beteiligten Personen – nebeneinander anfallen können.

Die Geschäftstätigkeit einer Gesellschaft ist unabhängig von der Art der von ihr getätigten Geschäfte mit einer ganzen Reihe von Rechtsgeschäften verbunden, die in irgendeiner Weise mit dem Gesellschaftsvertrag in Verbindung stehen. Das spanische Steuerrecht unterwirft diese Rechtsgeschäfte einer besonderen sog. „Vermögensübertragungs- und Beurkundungssteuer" (*Impuesto sobre transmisiones patrimoniales y actos jurídicos documentados*), genauer gesagt deren Fallgruppe „gesellschaftsrechtliche Rechtsgeschäfte" (*operaciones societarias*). Hiervon erfaßt werden die Gründung der Gesellschaft, die Erhöhung oder Herabsetzung des Stammkapitals, die Verschmelzung, Aufspaltung oder Auflösung der Gesellschaft, die Erbringung von Sondereinlagen zum Zwecke des Verlustausgleichs und die Verlegung des Sitzes der Gesellschaft nach Spanien; letzteres allerdings nur dann, wenn dieser sich zuvor nicht in einem Mitgliedsstaat der Europäischen Union befunden hat.

Die Regelung dieser Steuertatbestände findet sich heute im zweiten Abschnitt (Artt. 19–26) der Königlichen Verordnung Nr. 1/1993 vom 24. September 1993, mit der die Neufassung des o. g. Steuergesetzes in Kraft gesetzt wurde. Es handelt sich dabei um eine Vorschrift, die einen bunten Strauß von Gesetzen vereinheitlicht und vereinfacht, die durch zahlreiche ältere Reformgesetze eingeführt worden waren. Dabei ist anzumerken, daß der genannte Abschnitt (mit Aus-

67 Diese Gebühr entsteht nur nach Maßgabe des Art. 20 des Gesetzes Nr. 39/88 vom 28. Dezember 1988; Gebührenschuldner ist die Gesellschaft selbst (Art. 23), da sie auch die Nutznießerin der genehmigungspflichtigen Tätigkeit ist.

nahme des Art. 26, in dem es um die Arten der Besteuerung geht) auf das Gesetz Nr. 29/1991 vom 16. Dezember 1991 zurückgeht, das seinerseits wiederum der Umsetzung verschiedener Normen des Europäischen Gemeinschaftsrechts dient[68].

Die Gründung ist an und für sich ein Steuertatbestand, der allein auf die Gesellschaften im streng juristischen Sinne zugeschnitten ist[69]. Allerdings erfaßt dieser Tatbestand auch eine Reihe sonstiger Körperschaften, die den Gesellschaften angenähert sind (Art. 22 n. F.). Klares Ziel ist es dabei, die Steuergleichheit zu wahren und Steuerhinterziehungen zu verhindern. Der obige Steuertatbestand erfaßt somit nicht nur die Gründung jeglicher Art von Gesellschaften, sondern auch juristischer Personen sonstiger Art, die mit Gewinnerzielungsabsicht tätig werden (z. B. Vereine, Stiftungen), der stillen Gesellschaften (*contratos de cuentas en participación*), der Miteigentumsgemeinschaften an Schiffen und sonstige Miteigentumsgemeinschaften, die unter Lebenden gegründet und unternehmerisch tätig werden.

In allen diesen Fällen wird die Steuer gemäß Art. 49 Abs. 1, lit. b n. F. „an dem Tag [fällig], an dem das besteuerte Rechtsgeschäft abgeschlossen wird". Für die Gesellschaften ist das der Tag der öffentlichen Beurkundung des Gründungsaktes. Sie sind selbst Steuerschuldner, auch wenn die Gründer und die Verwalter subsidiär haften, etwa weil sie die Verantwortung für die Einbringung des Gesellschaftskapitals oder die Übergabe von Vermögensgegenständen übernommen haben (Art. 23 und 24 n. F.).

Was nunmehr den Steuersatz betrifft, so hat sich der spanische Gesetzgeber an die Vorgabe des Gemeinschaftsrechts gehalten, der Gründung von Gesellschaften keine steuerlichen Hürden in den Weg zu stellen; er hat aus diesem Grunde den Steuersatz einheitlich auf die symbolische Höhe von einem Prozent festgesetzt[70].

Die Einheitlichkeit der Rechtslage, die bis hierher festzustellen war, verschwindet jedoch bei der Regelung der Besteuerungsgrundlage; hier wird unter-

68 Zur Bedeutung dieses Gesetzes im Bereich der Besteuerung der „gesellschaftsrechtlichen Rechtsgeschäfte" siehe MUÑOZ DEL CASTILLO, La reforma del Impuesto sobre Operaciones Societarias en la Ley de Adaptación a la Normativa Comunitaria, in: Noticias CEE 1993, S. 96 ff.

69 Siehe zur Besteuerung der Gründung einer Gesellschaft CAYON GALIARDO, Aspectos fiscales de la sociedad en constitución y del régimen transitorio de la Ley, in: El nuevo Derecho de sociedades y su incidencia tributaria, Instituto Español de Consejeros Tributarios (Hrsg.), Madrid 1990, S. 79 ff.

70 Gleiches gilt auch für die übrigen „gesellschaftsrechtlichen Rechtsgeschäfte", die alle mit einem Steuersatz von einem Prozent besteuert werden. Besonders deutlich wird die wirtschaftliche Neutralität des Steuerrechts jedoch im Bereich der Verschmelzung und der Aufspaltung von Gesellschaften, die gänzlich von der hier zu behandelnden Steuer befreit sind (Art. 48 Abs. 1, Unterabs. B, Satz 10 n. F.).

schieden zwischen den Gesellschaften mit beschränkter Gesellschafterhaftung, und den übrigen Gesellschaftsformen: Während bei ersteren der Nominalwert des Stammkapitals der Besteuerung zugrunde gelegt wird, soll bei der zweiten Gruppe der Realwert der Einlagen maßgeblich sein (Art. 25 Abs. 1 und 2 n. F.). Diese Differenzierung ist nicht ohne Bedeutung und soll hier kurz erörtert werden:

– Die dargestellte Unterscheidung wirkt zum einen dem Trend der Rechtspraxis entgegen, die Gesellschaftsformen mit begrenzter Gesellschafterhaftung zu begünstigen, indem der Nominalwert des Gesellschaftskapitals als Besteuerungsgrundlage festgelegt wird; denn auf diese Weise wird eine Eigenbewertung der Einlagen verhindert[71].

– Andererseits lassen die genannten Vorschriften zwar die Absicht erkennen, zwischen Personen– und Kapitalgesellschaften unterscheiden zu wollen. Die Wahl der Begriffe ist dabei jedoch so unklar, daß zur präzisen Bestimmung der Inhalte auf die Definitionen des Handelsrechts zurückzugreifen ist. Ungeklärt bleibt dabei vor allem die Behandlung derjenigen Gesellschaftsformen, in denen es sowohl unbeschränkt als auch beschränkt haftende Gesellschafter gibt[72].

Noch komplizierter wird das Recht der Besteuerung der Unternehmensgründung, wenn – wie oben bereits angesprochen – bei der Gründung Sacheinlagen von Gewerbetreibenden oder Freiberuflern eingebracht werden. Sofern diese Einlagen aus Anteilen am jeweiligen Unternehmensvermögen bestehen, liegt eine Übertragung von Sachwerten vor, die der Mehrwertsteuer (*Impuesto sobre el Valor Añadido*, I.V.A.) unterfällt[73]. Diese kann jedoch auf die Gründungssteuer angerechnet werden.

Eine Vermögensübertragung ist jedoch anders zu bewerten, wenn sie das gesamte Betriebsvermögen eines Unternehmens betrifft, denn eine solche Übertragung unterfällt nach dem klaren Wortlaut des Art. 7 Abs. 1, lit. a) des spanischen UStG (*Ley del Impuesto sobre el Valor Añadido*, L.I.V.A.) nicht der Mehrwertsteuer. Wie im Schrifttum schon festgestellt worden ist[74], ergibt sich aus dieser Vorschrift, daß die bloße Auswechselung des Unternehmenssubjekts nicht zur Besteuerung eines solchen Rechtsgeschäfts führt, das sich im Bereich der Gütererzeugung oder der Erbringung von Dienstleistungen in keiner Weise auswirkt. Diese Freistellung von der Mehrwertsteuer ist jedoch von einer peinlich genauen

71 Siehe dazu GOMEZ GONZALVO, Incidencia fiscal en la empresa de la nueva legislación de sociedades mercantiles, in: RTT (Heft 9) 1990, 61.

72 Nach Ansicht von PEREZ ROYO, Curso de Derecho Tributario. Parte especial, in: FERREIRO et al., aaO (Fn. 57), S. 451, wäre es der richtige Weg, diese Fälle hinsichtlich der Besteuerungsgrundlage und dann auch der Besteuerung differenziert zu behandeln.

73 Siehe Art. 8 Abs. 2 des UStG Nr. 37/92 vom 28. Dezember 1992.

74 J. M. BUNES IBARRA/A. ORTUÑO IGLESIAS, I.V.A. e I.E. Medios de Transporte, Ed. Ciss, Valencia, Manual de hojas intercambiables, S. 18/10-IVA.

Erfüllung der gesetzlichen Tatbestandsvoraussetzungen abhängig; sie kommt nur in Betracht, wenn bei der Übertragung die Einheit des Unternehmensvermögens zusammengehalten, dieses also an einen einzigen Erwerber übertragen wird (so z. B. bei der Neugründung einer Gesellschaft). Weiterhin ist es erforderlich, daß der Erwerber die bisherige Geschäftstätigkeit des übertragenen Unternehmens fortführt, wenn auch über den materiellen Inhalt und die zeitlichen Umstände dieser Fortführung im Gesetz nichts gesagt ist[75].

Noch ein letzter Hinweis ist erforderlich, bei dem es um die Sacheinlagen von natürlichen Personen geht, die weder zu den Gewerbetreibenden noch zu den Freiberuflern zählen. Es gibt Fälle, bei denen aus einem derartigen Rechtsgeschäft bei demjenigen, der die Einlage erbringt, ein Vermögenszuwachs entsteht, der der Einkommensteuer (*Impuesto sobre la renta de los Personas Fisicas*, I.R.P.F.) unterfällt. Das ist möglich, wenn der Wert, den die eingebrachten Güter und Vermögensrechte im Zeitpunkt des ursprünglichen Erwerbs durch den Leistenden hatten, niedriger war als folgende Werte zum Zeitpunkt der Einbringung: der Nominalwert der ausgehändigten Aktien oder Anteilsscheine, der Kurswert der erlangten Wertpapiere am Tag der Erbringung der Einlage oder am unmittelbar vorangegangenen Tag, der Wert der Einlage auf vermögenssteuerlicher Berechnungsgrundlage oder der Wert der Einlage gemäß dem Wertgutachten, das als Anlage zur Gründungsurkunde bei der Anmeldung zur Eintragung ins Handelsregister beizubringen ist. Diese zuletzt genannte Vergleichsgröße wurde durch das Einkommensteuergesetz Nr. 18/1991 vom 6. Juni 1991 neu eingeführt[76].

III. Die Besteuerung des Unternehmensgewinns

1. Vorbemerkung

Vor der Reform des spanischen Steuerrechts im Jahre 1978 wurden Aktiengesellschaften, was die Gewinnbesteuerung und die Besteuerung der Vermögensübertragung anging, im Vergleich zu allen übrigen Gesellschaftsformen höher besteuert.

75 Dabei ist darauf zu achten, daß die Übertragung der zum Betriebsvermögen gehörigen unbeweglichen Sachen in jedem Fall der Vermögensübertragungssteuer unterfällt (Art. 7 Abs. V des betreffenden Gesetzes).

76 Durch dieses Gesetz wurde der bisherige Meinungsstreit darüber beendet, ob dem Bericht der „unabhängigen Buchprüfer“ in steuerrechtlicher Hinsicht Rechtserheblichkeit zukommt oder nicht. Dies wurde vor der Neuregelung des Einkommensteuerrechts noch verneint von GOMEZ GONZALVO, aaO (Fn. 71), S. 62.

Seit der Durchführung der Reform aber verläuft die Entwicklung genau umgekehrt. Die verschiedenen Arten von Gesellschaften sind in steuerrechtlicher Hinsicht mittlerweile nicht nur gleichgestellt worden, die jüngste Reform des Einkommensteuerrechts durch das Gesetz Nr. 18/1991 vom 6. Juni 1991 hat auch zu einer merklichen Annäherung der Behandlung von Gesellschaften und Einzelunternehmern geführt.

Vor diesem Hintergrund ist darauf hinzuweisen, daß die Ausarbeitung eines Gesetzentwurfs über die Neuregelung des Körperschaftsteuerrechts (*Ley del Impuesto sobre Sociedades*, L.I.S.) ursprünglich bis zum 31. Dezember 1992 erfolgen sollte. Dieser Entwurf sollte dem verbreiteten Bedürfnis nach einer Neuregelung der seit nunmehr anderthalb Jahrzehnten unveränderten Rechtslage in diesem Bereich nachkommen, zumal das geltende Recht durch bedeutende Entwicklungen in jüngerer Zeit faktisch überholt war. Aus diesem Grunde war es durchaus vernünftig, das ganze Bündel von Maßnahmen, die im Zusammenhang mit der Reform des Gesellschaftsrechts erlassen worden waren, in einem Gesetz zusammenzufassen; hiermit wäre man auch den Anforderungen des Europäischen Binnenmarktes und der zunehmenden internationalen Verflechtung der Wirtschaft gerecht geworden. Ein weiterer Umstand, der auf Fortsetzung der Reformen drängt, ist die Neuregelung des Einkommensteuerrechts, die auch auf die Besteuerung der Gesellschaften wichtige Auswirkungen zeitigt (z. B. im Bereich der Steuerklarheit und des Verbots der Verrechnung gegenseitiger Forderungen unter verbundenen Unternehmen nach Erlaß des Steuerbescheides).

Die Frist für die endgültige Ausarbeitung des Entwurfs einschließlich der 3. Zusatzbestimmung zum spanischen UStG wurde jedoch auf Ende 1993 verschoben, da der ursprüngliche Endtermin mit den Parlamentswahlen in Spanien Mitte 1993 zusammengefallen wäre.

Darüber hinaus mußten die im Bericht des Ausschusses der Unabhängigen Experten für die Körperschaftsteuerreform enthaltenen Empfehlungen noch umgesetzt werden[77]. Dieser sehr beachtliche sog. „Ruding-Bericht“ schlägt vor, die Steuersätze in der Europäischen Gemeinschaft auf einer Bandbreite von 30–40 % (der niedrigste Satz besteht derzeit in Irland und liegt bei 10 %, der höchste in Deutschland bei 57,5 %) zu vereinheitlichen und die Besteuerungsgrundlagen zu harmonisieren. Der Bericht lag allerdings bereits am 28. März 1992 vor, also mehrere Monate vor der Verschiebung des Termins.

Einen eindeutigen Schluß kann man aus dem Dargestellten jedoch ziehen: Rechtsgrundlage für die Körperschaftsteuer ist zur Zeit weiterhin das Gesetz

77 Siehe dazu MARTIN JIMENEZ, El Informe del Comité de Expertos Independientes en Imposición sobre las Sociedades de 18 de marzo 1992, in: C.R.E.D.F. (Heft 80) 1993, 639 ff.

Nr. 61/1978 vom 27. Dezember 1978 (L.I.S.)[78]; jedoch wird derzeit an einer Reihe von – in ihrer Durchführbarkeit allerdings noch zweifelhaften – Änderungsentwürfen gearbeitet.

Die Verzögerung der Gesamtreform hat derweil immer schädlichere Folgen, da sie der Tendenz zu fragmentarischen Lösungen Vorschub leistet und zu einem immer unüberschaubareren Normen-Wirrwarr führt. Bei alledem darf auch nicht außer Acht bleiben, daß die Reformbestrebungen eigentlich eine Antwort auf einige wirklich wichtige Fragen finden sollten: Zu denken ist dabei unter anderem an die veralteten Bewertungsmethoden für das Unternehmensvermögen und an das Fehlen von Inflationsausgleichsfaktoren bei der Errechnung der Wertsteigerung in einem Unternehmen. Erforderlich wäre also eine gut abgewogene Auswahl von wirtschaftspolitischen Maßnahmen, die Anreize zu Investitionen geben und den Aufbau neuer Unternehmen fördern.

2. *Wichtige Gesichtspunkte des Körperschaftsteuerrechts*[79]

Die Ermittlung des steuerpflichtigen Gewinns sowie die Festsetzung der Abgabenschuld erfolgen bei der Körperschaftsteuer durch ein ausgiebiges und umständliches Verfahren, bei dem viele Probleme ungelöst sind und deren rechtliche Vorgaben z. T. noch unbefriedigend sind. In Anbetracht des begrenzten Umfangs dieses Berichts werden wir jedoch die wesentlichen Grundlagen der Besteuerung des Gewinns aus wirtschaftlicher Unternehmenstätigkeit darstellen.

a) Der Begriff des Steuerpflichtigen und der Anwendungsbereich des Gesetzes

Bei der Frage, wer (körperschaft-) steuerpflichtig ist, können wir uns zunächst an die Legaldefinition des Art. 4 Abs. 1 L.I.S. halten. Demnach ist Steuersubjekt, wer „Inhaber von Rechten und Pflichten, ausgestattet mit eigener Rechtspersönlichkeit und nicht der Einkommensteuer unterworfen"[80] ist.

78 Das Gesetz ist seit seiner Verkündung in vielen wichtigen Teilbereichen geändert worden, z. B. durch die Kgl. Verordnung Nr. 2631/82 vom 14. Oktober 1982, durch die die Neuregelung des Gesetzes in Kraft gesetzt wurde.

79 Die Grundzüge des Körperschaftsteuerrechts in den Mitgliedstaaten der Europäischen Gemeinschaft sind nachzulesen bei TIRARD, La fiscalité des sociétés dans la C.E.E., Paris 1991. Zum spanischen Körperschaftsteuerrecht vgl. die Monographie von GOTA LOSADA, Tratado del Impuesto sobre Sociedades, 3 Bände, Madrid 1989–1990; QUINTAS BERMUDEZ, Comentarios al Reglamento del Impuesto sobre Sociedades, Madrid 1984; SANZ GADEA, Impuesto sobre Sociedades (comentarios y casos prácticos), 3 Bände. Ed. Centro de Estudios Financieros, Madrid 1992.

80 Siehe dazu ESEVERRI MARTINEZ, La definición del sujeto pasivo en el Impuesto sobre Sociedades, C.R.E.D.F. (Heft 30) 1981, 315 ff.

Die Körperschaftsteuer wird im gesamten spanischen Staatsgebiet erhoben; Sonderregelungen gelten für das Baskenland und die Provinz Navarra und sind z. T. in internationalen Doppelbesteuerungsabkommen enthalten[81].

Bei spanischen Gesellschaften dient der weltweit erzielte Gewinn als Bemessungsgrundlage für die Körperschaftsteuer (Art. 6 Abs. 1 L.I.S.); als spanische Gesellschaft gilt dabei jedes Unternehmen, das nach spanischem Recht gegründet wurde, seinen Sitz auf spanischem Territorium hat, oder seine Verwaltung in diesem Gebiet führt (Art. 9 L.I.S.).

Demgegenüber wird bei ausländischen Gesellschaften nur der Teil des Gesamtgewinns besteuert, der auf spanischem Territorium erzielt worden ist[82] (Art. 4 Abs. 1, lit. b L.I.S.), wobei es allerdings eine Rolle spielt, ob die Gesellschaft in Spanien eine Niederlassung unterhält oder nicht; insoweit richtet sich das spanische Recht nach den Vorgaben des Art. 5 des Musterentwurfs für Doppelbesteuerungsabkommen der O.E.C.D. (Art. 7a L.I.S.). Hierbei wird folgende Unterteilung vorgenommen:

– Niederlassungen mit fortwährender Geschäftstätigkeit (*Establecimiento permanente con actividad continuada*): In diesem Fall wird nur der Teil des Gewinns und des Vermögenszuwachses besteuert, der von der Niederlassung selbst erwirtschaftet worden ist.

– Niederlassungen mit sporadischer Geschäftstätigkeit (*Establecimiento permanente con actividad esporádica*): Derartige Niederlassungen können sich entweder dem Recht der ersten oder dem der nachfolgenden Gruppe unterwerfen.

– Niederlassungen ohne eigenständige Geschäftstätigkeit[83] (*Establecimiento permanente que no cierra un ciclo mercantil*): Aufgrund der Tatsache, daß derartige Niederlassungen in Spanien zwar Aufwendungen haben können, aber selbst keinerlei Gewinn erwirtschaften, könnte man schon am Vorliegen der Tat-

81 Obwohl die Körperschaftsteuer grundsätzlich in ganz Spanien erhoben wird, gibt es aus historischen Gründen Sonderregelungen im Baskenland und in Navarra, die beide in diesem Bereich eigenständige Gesetzgebungskompetenzen haben. Für das Baskenland gilt demnach das Gesetz Nr. 12/81 vom 13. Mai 1981 (zuletzt geändert durch das Gesetz Nr. 27/90 vom 26. Dezember 1990) und für Navarra das Gesetz Nr. 28/90 vom 26. Dezember 1990. Daneben gibt es das DBA vom 5. Dezember 1966 zwischen der Bundesrepublik Deutschland und Spanien, das in Spanien am 13. Juli 1967 ratifiziert wurde und sowohl die Doppelbesteuerung vermeiden als auch der Steuerflucht bei der Einkommen- und Vermögensteuer vorbeugen soll.

82 Zur körperschaftsteuerlichen Behandlung von nicht in Spanien ansässigen Gesellschaften siehe GONZALEZ POVEDA, Tributación de no residentes, 2. Auflage, Madrid 1993.

83 Gemeint sind Zweigniederlassungen, die ihren Gewinn unmittelbar an die ausländische Hauptniederlassung abführen müssen, die ihnen entstehenden Aufwendungen aber selbst zu finanzieren haben; ein besteuerungsfähiger Ertrag ist bei dieser Konstruktion dem Grunde nach nicht vorhanden (Anm. d. Übers.).

bestandsvoraussetzung der Erzielung von Einkünften zweifeln. Dessen ungeachtet bestimmt Art. 329 R.I.S., daß auch in diesem Fall ein vom Finanzministerium festzusetzender Steuersatz erhoben wird (dieser liegt zur Zeit bei 15 % der von der Niederlassung gehabten Aufwendungen)[84].

Gesellschaften ohne Niederlassung in Spanien hingegen werden für jedes einzelne hier getätigte Geschäft entsprechend ihrem Gewinn besteuert[85].

b) Die Bestimmung der Steuerbemessungsgrundlage

Als Steuerbemessungsgrundlage dient der im Steuerjahr erzielte Ertrag (Art. 11 L.I.S.), wobei das erste Steuerjahr regelmäßig mit dem Geschäftsjahr der Gesellschaft gleichgesetzt wird; es darf jedoch zwölf Monate nicht überschreiten (Art. 21 L.I.S.)[86]. Diese Regelung beruht auf dem Prinzip der Unabhängigkeit der Steuerjahre; durchbrochen wird sie jedoch insoweit, als Verluste aus einem Geschäftsjahr in die fünf darauffolgenden Geschäftsjahre fortgeschrieben werden können (Art. 18 L.I.S.)[87].

84 Diese Regelung wurde allerdings vom Obersten Gerichtshof (Tribunal Superior de Justicia, T.S.) in Madrid mit Urteil vom 30. November 1991 für nichtig erklärt, da sie gegen die Grundsätze vom Vorbehalt und vom Vorrang des Gesetzes verstößt.

85 Steuerfrei sind jedoch solche Erträge und Wertsteigerungen, die von Unternehmen mit Sitz in anderen EG-Mitgliedstaaten erzielt werden, sofern sie nicht über eine Zweigniederlassung in Spanien verfügen.
Davon abgesehen hat das Haushaltsgesetz für 1994 (Nr. 21/93, vom 29. Dezember 1993) für ausländische Unternehmen ohne Zweigniederlassung in Spanien folgende Steuersätze festgelegt: Mindeststeuersatz 25 %, bei Abführung erheblicher Beträge an das Mutterunternehmen jedoch nur 14 %; auf Wertsteigerungen im Unternehmensvermögen 35 %; auf Rückversicherungsgeschäfte 4 %.

86 Zum Begriff des Steuerjahres s. MORENO CEREZO, El Impuesto sobre Sociedades, Madrid 1981, S. 192 f.

87 Zu dieser Frage s. PONT MESTRES, En torno a la compensación de pérdidas en el Impuesto sobre Sociedades: deslinde entre saneamiento financiero y compensación de perdidas, C.T. (Heft 45) 1983, 161 ff.
Das oberste Finanzgericht hat in seinem Urteil vom 11. Juli 1989 klar und deutlich festgestellt, daß „die Möglichkeit des Ausgleichs von Verlusten eine Ausnahme vom Grundsatz der Eigenständigkeit der Steuerjahre ist; sie ermöglicht es, bei der Festsetzung der Steuerbemessungsgrundlage für ein bestimmtes Steuerjahr steuerwirksame Verlustzuweisungen aus vorangegangenen Steuerjahren zu berücksichtigen. Mit der so entstehenden ‚fünfjährigen Bemessungsgrundlage' (*base del quinquenio*) werden alle steuerlichen Zuweisungen aus einem Zeitraum von fünf Jahren zusammengerechnet; auf dieser Grundlage erfolgt dann die Besteuerung für fünf Steuerjahre unter Einschluß des Jahres, in dem die Steuerzahlung fällig wird. Dies wird so durchgeführt, daß vom positiven Ergebnis eines jeden Steuerjahres ein Teil der Verluste aus früheren Jahren abgezogen wird; über die Einzelheiten entscheidet der Steuerpflichtige nach eigenem Ermessen".

Der Grundsatz der Besteuerung auf der Grundlage der Buchführung durchzieht das gesamte Körperschaftsteuerrecht, erfährt jedoch eine Ausnahme im Bereich der verbundenen Unternehmen *(operaciones vinculadas)*[88]. Hier arbeitet das Gesetz mit der unwiderleglichen Vermutung marktgerechter Bewertung gegenseitig erbrachter Leistungen[89], ohne die Möglichkeit gegenseitiger Verlustzuweisungen nach Erlaß des Steuerbescheides zu eröffnen (Art. 16 Abs. 3 und 4 L.I.S.). Ziel dieser Regelung ist es, die Verwendung wettbewerbswidriger Verrechnungspreise und die Verschiebung von Gewinnen im Wege der Preisgestaltung zu unterbinden. Diese Behandlung der verbundenen Unternehmen ist ein deutlicher Beweis für die zunehmende, im klaren Gegensatz zum verfassungsrechtlichen Prinzip der wirtschaftlichen Leistungsfähigkeit (*capacidad económica*) stehende Verwendung von Fiktionen und Vermutungen ins Steuerrecht. Selbst

88 Zum Problem der steuerlichen Behandlung verbundener Unternehmen vgl. COMBARROS VILLANUEVA, Régimen tributario de las operaciones entre sociedades vinculadas en el Impuesto sobre Sociedades, Madrid 1988, sowie CALVO ORTEGA, Aspectos tributarios de las operaciones vinculadas y de los grupos de sociedades, in: Jornadas sobre grupos de sociedades. Su adaptación a las normas de las Comunidades europeas, Ed. CEOE-Universidad Alcalá de Henares, 1987.

89 Im Gegensatz zur Entgeltlichkeitsvermutung beim Erwerb von Waren (Art. 3 Abs. 3 L.I.S.), die durch den Steuerpflichtigen widerlegt werden kann, ist die Fiktion marktgerechter Bewertung aus Art. 16 L.I.S. „die einzige und zwingende Bewertungsmethode..., es handelt sich dabei um... eine zwingende gesetzliche Bestimmung, die auf der Wirksamkeit der gesetzlichen Vermutung (*presunción iuris et de iure*) beruht und die Möglichkeit des Gegenbeweises völlig ausschließt“ (Urteil des Obersten Finanzgerichts vom 29. September 1993).
Das Oberste Finanzgericht hat weiterhin für die Festsetzung des Marktpreises in den Fällen, in denen ein klar bestimmbarer Markt nicht besteht, auf die Notwendigkeit der Beachtung folgender Regeln hingewiesen (Urteil vom 3. April 1991):
„1. Als Referenzgegenstand hat stets der gleiche geographische Markt zu dienen; diese Voraussetzung ist auch logisch berechtigt, da bei der Preisentwicklung am Markt niemals nur Angebot und Nachfrage eine Rolle spielen, sondern auch andere Faktoren unterschiedlichsten Charakters (wie z. B. die durchschnittliche Höhe des Pro-Kopf-Einkommens, der wirtschaftliche Entwicklungsstand, die politischen Verhältnisse und die Verbreitung von Mono– bzw. Oligopolen auf dem betreffenden Markt) einen Einfluß ausüben, die von den jeweiligen Eigentümlichkeiten des betreffenden Landes abhängig sind.
2. Die Bezugsgeschäfte müssen sich auf dasselbe Handelsgut beziehen.
3. Die Bezugstransaktionen müssen sich vom Umfang her entsprechen, da der Preis einer Ware stets abhängig ist von der Gesamtsumme der dafür durchgeführten Geschäfte.
4. Die Handelsstufe, auf der die zu vergleichenden Geschäfte abgewickelt werden, muß ebenfalls offensichtlich die gleiche sein, denn schließlich sind die Preise unterschiedlich, je nachdem, ob ein Verkauf vom Hersteller zum Großhändler, vom Großhändler zum Einzelhändler oder vom Einzelhändler zum Endverbraucher stattfindet.
5. Zuletzt ist noch erforderlich, daß die Bezugsgeschäfte im gleichen Zeitraum abgewickelt werden.“

wenn man dies jedoch als Ausnahme akzeptieren wollte, dann ist es doch offensichtlich, daß der Unterschied zwischen Buchführung und Steuerrecht (und folglich auch zwischen den in beiden Bereichen errechneten Unternehmenserträgen) selbst dann besteht, wenn sowohl die Bewertungsgrundsätze als auch die Dokumentationspflicht hinsichtlich Buchung von Rechnungen und Aufbewahrung der Belege[90] peinlich genau beachtet werden.

Problematisch ist ferner, daß Ausgaben nur dann steuerlich abzugsfähig sind, wenn sie „notwendig" waren (Art. 13 L.I.S.). Es ist jedoch schwierig, diese Voraussetzung hinreichend genau zu umschreiben, da dieser Begriff zu unbestimmt ist. Aus diesem Grunde hat die Rechtsprechung den Begriff der Notwendigkeit zur „beweisbedürftigen Tatsache" erklärt, so daß das bloße Vorliegen einer Ausgabe für die steuerliche Abzugsfähigkeit nicht ausreicht[91].

Die Finanzämter bestehen unter Berufung auf die ältere Rechtsprechung[92] darauf, die steuerliche Abzugsfähigkeit nur solcher Ausgaben anzuerkennen, die aus rechtlichen oder wirtschaftlichen Gründen unvermeidlich sind. Allerdings hat die Rechtsprechung ihren Standpunkt später insoweit abgemildert, als der Begriff der notwendigen Ausgaben nicht mehr so eng zu fassen sei, daß hierunter „nur der Ankauf von Material, die Anschaffung von Maschinen, der Personalaufwand und dergleichen mehr" fielen. So können „Sonderaufwendungen zugunsten bestimmter Kunden, die andere Kunden nicht erhalten, durchaus steuerlich abzugsfähig sein"[93], wenn diese aus Gründen der Konkurrenzfähigkeit erbracht werden. Dennoch bleibt es nach der jüngsten Rechtsprechung[94] dabei, daß die lediglich „nützlichen" oder schenkweise aufgewendeten Ausgaben steuerlich nach wie vor nicht abzugsfähig sind.

90 Vgl. dazu MAGRANER MORENO, La justificación del gasto en el Impuesto sobre Sociedades: la factura completa como medio de prueba, in: C.R.E.D.F. (Heft 74) 1992, 283 ff.

91 Vgl. die Entscheidung des Obersten Verwaltungsgerichts (Audiencia Nacional) vom 5. Oktober 1993, die auf den Vorgaben des Urteils des Obersten Gerichtshofs vom 27. Februar 1989 und denen des Urteils des Territorialgerichts (Audiencia Territorial) von Palma de Mallorca vom 9. November 1988 beruht.

92 So hat der Oberste Gerichtshof mit Urteilen vom 17. Februar 1987 sowie vom 4. und 18. Juni, 16. Juli und 20. September 1988 die steuerliche Abzugsfähigkeit solcher Ausgaben verneint, die der Steuerpflichtige zur Anschaffung von Weihnachtsgeschenken, Jubiläumsgaben und Kalendern für seine Angestellten gemacht hatte.

93 Urteil des Obersten Gerichtshofs vom 14. Dezember 1989.

94 Vgl. die Urteile des Obersten Verwaltungsgerichts vom 6. Juli, 14. September und 5. Oktober 1993 sowie die Entscheidungen des Obersten Finanzgerichts vom 24. März und vom 9. Juni 1993.
Dessen ungeachtet sieht die Finanzverwaltung nach einer Entscheidung der Obersten Finanzbehörde (Dirección General de Tributos) vom 30. November 1992 Sondergeschenke bei Großeinkäufen (*regalos en función del volumen de pedidos*) nicht als reine Geschenke, sondern als Preisnachlässe an, die ihrerseits wiederum steuerlich abzugsfähig sind.

In der Praxis werden denn auch letztlich eine ganze Reihe von Betriebsausgaben als steuerlich abzugsfähig anerkannt, so z. B. Repräsentationsaufwendungen, Tagungskosten, Ausgaben für Werbung etc. Auch Zuwendungen an wohltätige Einrichtungen oder Einrichtungen zur Wirtschaftsförderung werden nicht als unnötige und damit nicht abzugsfähige Betriebsausgaben, sondern als abzugsfähige Gewinnverwendungen angesehen (Art. 13 L.I.S. und Artt. 121 ff R.I.S.).

Im Schrifttum wird jedoch vielfach eine Neuregelung der Absetzbarkeit von Betriebsausgaben gefordert: Die Schärfe der zur Zeit geltenden Regelung soll abgemildert werden, ohne daß Möglichkeiten zur Steuerhinterziehung geschaffen oder etwa die steuerliche Abzugsfähigkeit der verdeckten Gewinnausschüttung eingeführt würde. Zumindest diejenigen Betriebsausgaben sollten abzugsfähig sein, die bei der jeweiligen unternehmerischen Tätigkeit üblicherweise anfallen und objektiv der Erzielung von Einnahmen dienen[95].

Ein weiteres schwieriges Thema ist die Besteuerung der Wertsteigerungen und -minderungen des Unternehmensvermögens. Wertsteigerungen[96] sind dabei als Erträge sonstigen Einkünften aus der Unternehmertätigkeit gleichgestellt; sie werden nach denselben Grundsätzen besteuert, ohne daß zwischen lang- und kurzfristigen Wertveränderungen unterschieden wird. Eine Steuerbefreiung ist hier jedoch möglich, wenn der erzielte Ertrag binnen zwei Jahren wieder in Wirtschaftsgüter gleicher Art und Zweckbestimmung investiert wird. Das gleiche gilt für Wertsteigerungen, die durch ausländische Unternehmen ohne Niederlassung in Spanien unmittelbar aus staatlichen Mitteln erzielt werden (Art. 23 c Abs. 2 L.I.S., zuletzt geändert durch Art. 68 des Haushaltsgesetzes für 1994, Nr. 21/1993, vom 29. Dezember 1993).

In diesem Zusammenhang sei auf einen weiteren Punkt hingewiesen, in dem sich die Einkommen– und die Körperschaftsteuer erheblich unterscheiden: Bei letzterer kann nämlich ein Wertzuwachs allein durch einen buchungstechnischen Vorgang entstehen[97], wobei eine derartige Buchung alle Voraussetzungen des Tatbestandsmerkmals „Vermögensveränderung" erfüllt. Folglich führt (sofern nicht ein Spezialgesetz diese Wirkung abschwächt) eine buchungstechnische Erfassung des Anstiegs der Aktiva zur Erhöhung des steuerpflichtigen Ver-

95 Vgl. PEREZ ROYO, Manual del Impuesto sobre la Renta de las Personas Físicas, Madrid 1992, S. 157, sowie MAGRANER MORENO, La elaboración por la jurisprudencia del concepto de gasto necesario en el Impuesto sobre Sociedades, C.R.E.D.F. (Heft 71) 1991, 430.

96 Siehe hierzu FERNANDEZ JUNQUERA, Los incrementos de patrimonio y el concepto de renta, Valladolid 1988, sowie PONT MESTRES, Los incrementos de patrimonio y la prescripción en el Impuesto sobre Sociedades: lucimiento de cuentas, descubrimiento de patrimonios ocultos, adquisiciones a título gratuito, Madrid 1992.

97 Siehe dazu GONZALEZ, Algunas reflexiones sobre los efectos fiscales de la Ley 19/1989; in: Cuadernos de formación, Inspección de los Tributos, Nr. 9.

mögens, was zur Folge hat, daß die Unternehmen einfach die ursprünglichen Buchwerte unverändert beibehalten.

Dieses Problem ist keineswegs ohne Bedeutung, denn aufgrund der zusätzlichen Steuerlast fällt kein ausreichender Ertrag mehr an, aus dem die letztlich unvermeidliche Erneuerung des Produktivvermögens finanziert werden könnte. Es kann somit durchaus zu einer Ausschüttung fiktiver Gewinne und einer fortschreitenden Entkapitalisierung des Unternehmens kommen. Vom juristischen Standpunkt her und im Sinne der Stimmigkeit des Steuerrechts wird so die Körperschaftsteuer, konzipiert als Steuer auf den Unternehmensertrag, de facto in eine Art Vermögensteuer umgewandelt, obwohl eine solche für Unternehmen rein formell gerade nicht existiert.

Ein weiterer, in der Literatur ebenfalls mit Nachdruck angeprangerter Mangel des Körperschaftsteuerrechts ist das Fehlen von besteuerungstechnischen Instrumentarien zur Korrektur der inflationsbedingten Abwertung des Unternehmensvermögens. Läßt man nämlich diesen Einfluß außer Betracht, so kommt es bei der Weiterveräußerung des betreffenden Vermögensgegenstandes nicht nur zur Besteuerung des tatsächlich erwirtschafteten, also realen Mehrwerts, sondern auch zur Besteuerung rein nominaler Mehrwerte. Noch weitergehend läßt sich sagen, daß hier eine Besteuerung einer bloß fiktiven unternehmerischen Leistungsfähigkeit vorliegt, was im offenen Widerspruch zum Sinn und Zweck der Körperschaftsteuer steht und außerdem gegen das in Art. 31 Abs. 1 der spanischen Verfassung verankerte Prinzip verstößt, die Steuerlast an die tatsächlichen wirtschaftlichen Gegebenheiten beim Steuerpflichtigen zu knüpfen.

c) Die Höhe der Steuerschuld und der Steuereinzug

Bei der Festsetzung der Steuerschuld wird zunächst die gesamte Besteuerungsgrundlage mit einem allgemeinen Steuersatz von 35 % belegt. Hierdurch erhält man den Steuergrundbetrag, aus dem sich nach Abzug einer Reihe von Freibeträgen der Steuerendbetrag ergibt. Abgezogen wird in einem ersten Schritt ein Freibetrag, der sowohl die innerstaatliche[98] und die internationale Doppelbesteuerung als auch eine Reihe spezieller Steuervergünstigungen berücksichtigt. Sodann werden die Investitionsfreibeträge[99] und zuletzt noch die bereits geleisteten Steuervorauszahlungen abgezogen. Hierunter fallen sowohl die Steuerabzüge anderer Steuerpflichtiger zu Lasten des Unternehmens (Vorsteuern) als auch die von diesem unmittelbar geleisteten Vorauszahlungen.

98 Ausführlich dazu: RUIZ GARCIA, La deducción por dividendos en el sistema tributario español, Madrid 1991.

99 Dazu ausführlich GARCIA LUIS, Impuesto sobre Sociedades: desgravaciones por inversiones y creación de empleo, Valladolid 1990.

Mit dem weitgefaßten Bereich der Steuerfreibeträge und -abzüge können wir uns hier nicht in extenso beschäftigen; es erscheint uns aber dennoch notwendig, auf eine Reihe neugeregelter, recht interessanter Punkte einzugehen:

Jedes Unternehmen ist verpflichtet, jeweils zum 20. April, Oktober und Dezember Vorauszahlungen auf die Körperschaftsteuer zu leisten. Die Höhe dieser Zahlungen bestimmt sich gemäß dem Haushaltsgesetz für 1994 nach einer der zwei nachfolgenden Berechnungsmethoden, nämlich entweder

– in Höhe von 20 % der Steuersumme des vor dem jeweiligen Vorauszahlungstermin zuletzt abgeschlossenen Steuerjahres (entscheidend ist der Ablauf der Frist zur Abgabe der Steuererklärung), oder

– in Höhe von 20 % der aktuellen Besteuerungsgrundlage für die letzten drei, neun bzw. elf Monate, jedoch unter Abzug der von anderen Steuerpflichtigen zu Lasten der Gesellschaft einbehaltenen Beträge und der bereits geleisteten Vorauszahlungen. Diese zweite (neue) Möglichkeit stimmt eher mit dem Grundsatz der wirtschaftlichen Leistungsfähigkeit überein, da sie die Höhe der zu leistenden Vorauszahlungen an die im jeweiligen Steuerjahr tatsächlich erzielten Einkünfte knüpft.

Was die Investitionsfreibeträge angeht, so gibt es zur Zeit einerseits den Arbeitsbeschaffungsfreibetrag, der sich auf 700.000,– Peseten pro Person und Jahr für jede zeitlich unbefristete Einstellung eines Behinderten auf eine Vollzeitstelle beläuft, sowie andererseits einen identischen Freibetrag jeweils für Investitionen in neue Produktionsmittel und in das Verlagswesen, für Forschungs- und Entwicklungsausgaben und für Investitionen im geschichtlich-künstlerischen Bereich. Dabei sind jedoch noch folgende Neuerungen in der Rechtslage zu beachten: Zum einen wird ein 25prozentiger Steuerabzug auf Investitionen in die Gründung von Tochtergesellschaften oder Zweigniederlassungen gewährt. Zum anderen wird die Möglichkeit wieder eingeführt, beim Steuerabzug für Investitionen in neue Produktionsmittel auch solche Gegenstände mit einzubeziehen, die im Wege des Mietkaufs erworben wurden, sofern deren Abschreibungssatz mindestens 10 Prozent beträgt.

Ein weiteres Gesetz (Nr. 22/1993, ebenfalls vom 29. Dezember 1993), hat eine Steuerbefreiung in Höhe von 95 Prozent des Steuergrundbetrages für die in 1994, 1995 und 1996 beginnenden Steuerjahre zugunsten von Unternehmen eingeführt, die zwischen dem 1. Januar und dem 31. Dezember 1994 neu gegründet wurden.

Insgesamt ist es leicht zu erkennen, daß es sich nicht um eine ausgewogene Gesamtreform dieser steuerrechtlichen Problematik handelt, sondern um wirtschaftsbelebende Konjunkturmaßnahmen.

Wir beschließen diesen Teilabschnitt mit dem Hinweis darauf, daß die Körperschaftsteuer nach dem System der Selbstveranlagung verwaltet wird. Die Körperschaftsteuererklärung ist binnen 25 Tagen nach Abschluß der Rechnungsprüfung in der Gesellschaft vorzulegen und der geschuldete Betrag zu überweisen; sind jedoch sechs Monate seit der Erstellung der Bilanz vergangen, ohne daß eine Rechnungsprüfung stattgefunden hat, so endet die Frist für die Abgabe der Steuererklärung am nächstfolgenden Werktag (Art. 289 R.I.S.).

3. *Sondersteuer auf Grundstücke von Ausländern*

Zum Abschluß dieser Darstellung der Unternehmensbesteuerung im spanischen Recht ist noch ein letzter Hinweis auf einen jüngst eingeführten Steuertatbestand erforderlich. Es handelt sich dabei um die Sondersteuer auf Grundstücke, die im Eigentum von Ausländern stehen (*Impuesto especial sobre bienes inmuebles de entidades no residentes*); sie ist durch die 6. Zusatzbestimmung zum Einkommensteuergesetz[100] in das spanische Rechtssystem eingeführt worden. Ihr Zweck ist es „zu verhindern, daß ausländisches Eigentum an Immobilien es erschwert oder unmöglich macht, diejenigen Steuern einzuziehen, die auf Grundstücke oder mit ihnen in Zusammenhang stehende Transaktionen anfallen“[101].

Wie schon aus dem Titel des Gesetzes ersichtlich, sind Grundlage der Besteuerung das Eigentum oder ähnliche Rechtstitel nicht in Spanien ansässiger Unternehmen an Grundstücken oder an dinglichen Nutznießungs- und Gebrauchsrechten an Grundstücken. Nur Unternehmen, die diese Voraussetzung erfüllen, sind somit steuerpflichtig; die Steuerschuld wird fällig jeweils zum 31. Dezember eines jeden Jahres; der Steuersatz beträgt 5 Prozent des im Grundbuch eingetragenen Grundstückswerts.

Insgesamt ist nicht zu erwarten, daß dieser geringe Steuersatz bei der Entscheidung für ein bestimmtes Kapitalanlageobjekt von Bedeutung sein wird. Das gilt hauptsächlich deshalb, weil die Grundsteuer einerseits vom körperschaftsteuerpflichtigen Ertrag des Unternehmens abzuziehen ist und andererseits mit Steuerbefreiungen großzügig umgegangen wird. Diese werden z. B. ausländischen Staaten und Körperschaften des öffentlichen Rechts sowie internationalen Organisationen gewährt, ferner Unternehmen, die vor dem 4. August 1990 in einem Staat ihren Sitz hatten, mit dem ein Doppelbesteuerungsabkommen mit gegenseitiger Informationspflicht besteht, ferner Unternehmen, die in Spanien eine fortlaufende und nicht mit den Immobilien in untrennbarem Zusammenhang stehende Geschäftstätigkeit ausüben, und zuletzt noch jedem Unternehmen, das in der Lage ist, die Herkunft der investierten Mittel nachzuweisen und über die Träger seines Gesellschaftsvermögens Auskunft zu geben.

100 Zu dieser Sondersteuer s. MORENO FERNANDEZ, El Impuesto Especial sobre Bienes Inmuebles de Entidades no residentes, R.D.F.H.P., Nr. 220.

101 Siehe GARCIA AÑOVEROS et al., Manual del sistema tributario español, aaO (Fn. 57), S. 282.

Anhang

I. Abkürzungsverzeichnis

1. Gesetzestexte und Steuerarten

C. com.	Código de comercio (Handelsgesetzbuch)
I.R.P.F.	Impuesto sobre la renta de las Personas Físicas (Einkommensteuergesetz)
I.V.A.	Impuesto sobre el Valor Añadido (Mehrwertsteuer)
L.I.S.	Ley del Impuesto sobre Sociedades (Körperschaftsteuergesetz)
L.I.V.A.	Ley del Impuesto sobre el Valor Añadido (Mehrwertsteuergesetz)
L.R.H.L.	Ley reguladora de los Haciendas locales (Gewerbesteuergesetz)
L.S.A.	Ley de sociedades anónimas (Aktiengesetz)
L.S.R.L.	Ley de sociedades de responsabilidad limitada (GmbH-Gesetz)
R.I.S.	Reglamento del Impuesto sobre Sociedades (Körperschaftsteuerverordnung)

2. Zeitschriften

CDC	Cuadernos de Derecho y Comercio
C.R.E.D.F.	Civitas. Revista Española de Derecho Financiero
C.T.	Crónica Tributaria
R.D.B.B.	Revista de Derecho Bancario y Bursátil
R.D.F.H.P.	Revista de Derecho Financiero y Hacienda Pública
RDM	Revista de Derecho Mercantil
RDS	Revista de Derecho de Sociedades
R.T.T.	Revista Técnica Tributaria
T.F.	Tribuna Fiscal (Revista Tributaria y Financiera)

II. Adressenverzeichnis

Cámara Oficial de Comercio e Industria
Calle Huertas, 13
28080 Madrid

Registro Mercantil Central
Paseo de la Castellana, 44
28080 Madrid

Ministerio de Economía y Hacienda
Calle Alcalá, 9
und
Paseo de la Castellana, 162
28080 Madrid

In allen Provinzhauptstädten Spaniens befindet sich jeweils eine Niederlassung der örtlichen Handelskammer (Cámara de Comercio), ein Sitz des Handelsregisters (Registro Mercantil) und eine Vertretung des Wirtschaftsministeriums (Ministerio de Economía y Hacienda).

III. Weiterführende Literatur

Neben der in den Fußnoten angegebenen Literatur wird empfohlen:

R. BONARDELL / J. MEJIAS / U. NIETO, La reforma de la ley de sociedades de responsabilidad limitada, Madrid 1994.

Die Gründung einer Tochtergesellschaft in Taiwan

von

Rechtsanwalt KUO-CHING WANG, Taipeh

Inhaltsübersicht

I. Einleitung

1. Der Standort Taiwan

Für ausländische Unternehmen, die eine Niederlassung im asiatisch-pazifischen Raum gründen wollen, dürfte die Liberalisierung und Internationalisierung der Wirtschaft in Taiwan seit Mitte der achtziger Jahre einen erheblichen Investitionsanreiz darstellen. Neben dem Abbau des Schutzes der einheimischen Industrie, einer Reihe von Deregulierungsmaßnahmen hinsichtlich der Devisenkontrolle und des Finanzwesens ist das „Projekt des asiatisch-pazifischen Betriebszentrums" von großer Bedeutung.

Dieses Projekt wurde auf dem Hintergrund der sich in den letzten Jahren abzeichnenden Tendenz entwickelt, daß immer mehr ausländische Investoren ihre Unternehmen in Taiwan zum Betriebszentrum für Produktion, Forschung und Entwicklung sowie Arbeitskraftunterstützung im ostasiatisch-pazifischen Raum entwickelt haben. Dabei haben sie außer der günstigen geographischen Lage, der hohen Produktivität, des reichlich vorhandenen Kapitals, der Preisstabilität und der Kaufkraft von Taiwan auch die von taiwanesischen Unternehmen auf dem chinesischen Festland und in Südostasien etablierten Unternehmensnetze und Vertriebskanäle im Auge gehabt.

Um diese wirtschaftlichen Vorteile zu verstärken und Taiwan als Standort für ein asiatisch-pazifisches Betriebszentrum mit zusätzlichen Funktionen in den Bereichen Management, Vertrieb, Finanzierung, Training, Informationssammlung und Gestaltung von Unternehmenspolitik attraktiver zu gestalten, sind im Rahmen des „Projekts des asiatisch-pazifischen Betriebszentrums" ein weiterer Ausbau der Infrastruktur, Reformen des Finanz- und Kreditwesens sowie mehr als 50 Gesetzesnovellierungen in Gang gekommen.

2. *Zweigniederlassungen und Tochtergesellschaften*

Um in Taiwan tätig werden zu können, stehen einer ausländischen Gesellschaft gemäß dem Handelsgesellschaftsgesetz (HGG)[1] im Grunde zwei Möglichkeiten zur Verfügung: die Zweigniederlassung und die Tochtergesellschaft.

Bei der Errichtung einer Zweigniederlassung muß die ausländische Gesellschaft zunächst eine Person zu ihrem gerichtlichen und außergerichtlichen Vertreter in Taiwan bestellen (§§ 372 Abs. 2, 435 Abs. 1 Nr. 8 HGG) und sich vom Ministerium für Wirtschaft anerkennen lassen. Dann kann sie eine Lizenz zur Errichtung einer Niederlassung erhalten und eine solche einrichten. Anschließend kann sie ihre Geschäftstätigkeit aufnehmen (§ 371 Abs. 2 HGG). Bei der Gründung einer Tochtergesellschaft kann eine ausländische Gesellschaft sowohl eine neue Tochtergesellschaft gründen als auch im Wege des Anteils- oder Vermögenserwerbs eine bereits vorhandene taiwanesische Gesellschaft als Tochtergesellschaft übernehmen.

Während die Geschäftstätigkeit einer Tochtergesellschaft grundsätzlich keinen Beschränkungen unterliegt, darf eine Zweigniederlassung einer ausländischen Gesellschaft nicht die Herstellung von Waren betreiben. Außer den steuerlichen Vergünstigungen für Tochtergesellschaften in Form einer Aktiengesellschaft bestehen zwischen einer Zweigniederlassung und einer Tochtergesellschaft einer ausländischen Gesellschaft hinsichtlich ihrer rechtlichen Stellung keine wesentlichen Unterschiede. Eine anerkannte ausländische Gesellschaft ist, soweit das Gesetz nichts anderes angeordnet hat, rechtlich einer taiwanesischen Gesellschaft gleicher Rechtsform gleichgestellt (§ 375 HGG). Rechtliche Beschränkungen durch ein Gesetz oder auf Grund eines Gesetzes, wie z. B. beim Erwerb des Grundstücks (§ 376 HGG, §§ 18 bis 24 Landgesetz), gelten in gleicher Weise für die Zweigniederlassung wie für die Tochtergesellschaft einer ausländischen Gesellschaft.

Vor der Errichtung einer Zweigniederlassung oder einer Tochtergesellschaft kann ein Investor eine staatliche Erlaubnis zur geplanten Investition gemäß der Verordnung betreffend Investitionen durch Ausländer (SIFN)[2] beantragen. Durch diese Erlaubnis können der Investor und sein Unternehmen in den Genuß bestimmter Vergünstigungen kommen und vor Enteignung geschützt werden[3]. Der Investitionsschutz und die Vergünstigungen wirken sowohl zugunsten einer Zweigniederlassung als auch zugunsten einer Tochtergesellschaft (§ 6

1 Gongsi Fa (Handelsgesellschaftsgesetz) vom 26. Dezember 1929, zuletzt geändert am 10. November 1990.

2 Waiguoren Touzi Tiaoli (Verordnung betreffend Investitionen durch Ausländer, Statute for Investment by Foreign Nationals) vom 14. Juli 1954, zuletzt geändert am 26. Mai 1989, vgl. unten VII.

3 Vgl. unten VIII.2.

SIFN). So kann eine Zweigniederlassung eines ausländischen Investors, die unter dem Schutz der SIFN errichtet wurde, wie eine Tochtergesellschaft Waren herstellen. Im übrigen findet Inländergleichbehandlung statt (§ 20 SIFN).

3. Die Wahl der Rechtsform der Tochtergesellschaft

Die Republik China auf Taiwan verfügt über ein Rechtssystem, das seit der Jahrhundertwende nach kontinental-europäischem Muster und in starker Anlehnung an das deutsche Rechtssystem entwickelt wurde. Im Rahmen des Gesellschaftsrechts und sonstiger Rechtsbereiche, die im engen Zusammenhang mit der Gründung einer Tochtergesellschaft stehen, sollte man aber trotz der Ähnlichkeit der Rechtssysteme gravierende Unterschiede nicht vernachlässigen.

Im Gegensatz zum deutschen Recht sind Handelsgesellschaften im HGG einheitlich geregelt. Das HGG kennt vier Formen der Handelsgesellschaften: die Offene Handelsgesellschaft (OHG), die Gesellschaft mit beschränkter Haftung (GmbH), die Kommanditgesellschaft (KG) sowie die Aktiengesellschaft (AG) (§ 2 Abs. 2 HGG). Anders als das deutsche Recht sind alle vier Arten der Handelsgesellschaft juristische Personen und müssen zum Zwecke der Gewinnerzielung gegründet werden (§ 1 HGG).

Der Statistik zufolge sind zum Ende des Jahres 1993 mehr als 99,98 % der Handelsgesellschaften einschließlich der Tochtergesellschaften ausländischer Unternehmen in Form der AG bzw. der GmbH organisiert und mehr als 77,59% des eingetragenen Kapitals der Handelsgesellschaften in der Rechtsform der AG eingesetzt[4]. Die Hauptgründe für die Wahl dieser Rechtsformen liegen zunächst darin, daß AG und GmbH gegenüber einer OHG oder KG den Vorteil der auf das Gesellschaftsvermögen beschränkten Haftung aufweisen. Hinzu kommen Vorteile bei der Beschaffung des Kapitals einer AG[5]. Ein weiterer Anreiz besteht

4 Die folgende Tabelle gibt eine Übersicht über die Zahl der Handelsgesellschaften aller Formen und ihres Kapitaleinsatzes.

	Zahl	Kapital (in NT $ 1000)
AG	131 417	4 298 815 268
GmbH	330 331	1 241 174 267
KG	16	26 218
OHG	38	405 346
Summe	461 802	5 540 421 099

1000,– NT $ = ca. 63,– DM
Quelle: Das Ministerium für Wirtschaft der Republik China
Stand: 31. Dezember 1993.

5 Vgl. unten V.

darin, daß eine AG im Vergleich zur GmbH bestimmte steuerrechtliche Begünstigungen genießt, die in erster Linie durch die inzwischen außer Kraft gesetzte Verordnung über die Investitionsförderung und die unlängst eingeführte Verordnung zur Förderung der Industrie (SUI)[6] gewährt werden. Schließlich hat eine AG in gewissen Geschäftskonstellationen, z. B. bei bestimmten öffentlichen Bauprojekten, mehr Zugangsmöglichkeiten als eine GmbH.

Dieser Beitrag beschäftigt sich mit den Grundzügen der wichtigsten einschlägigen Regeln über die Gründung einer Tochtergesellschaft in Taiwan und soll deutschen Unternehmen vor, aber auch nach ihrem Kapitaleinsatz ein grundlegendes Verständnis dieser Regeln ermöglichen.

II. Die Gründung einer Aktiengesellschaft

1. Die Grundlagen

Eine AG ist eine von mindestens sieben Aktionären gegründete Handelsgesellschaft (§ 2 Abs. 1 Nr. 4 HGG). Eine Einmann-AG ist in Taiwan nicht zulässig[7]. Das Kapital einer AG ist in Aktien zerlegt. Für ihre Verbindlichkeiten haftet nur das Gesellschaftsvermögen.

Im Gegensatz zum deutschen Recht, das heute nur die Einheitsgründung kennt, kennt das chinesisch-taiwanesische Recht sowohl die Einheitsgründung als auch die Stufengründung. Eine Einheitsgründung liegt vor, wenn die Gründer alle bei der Gründung auszugebenden Aktien übernehmen. Dagegen wird von einer Stufengründung gesprochen, wenn die im Gründungsstadium auszugebenden Aktien zum Teil durch Zeichnung beim Publikum untergebracht werden. Die Wahl zwischen den beiden Formen steht den Gründern frei, soweit das bei der Gründung mindestens aufzubringende Kapital die Summe von 200 Mio. NT$ nicht überschreitet[8].

6 Cujin Chanye Shengji Tiaoli (Verordnung zur Förderung der Industrie) vom 29. Dezember 1990.

7 Dies schließt nicht aus, daß ein oder mehrere Gründer Treuhänder sind, was in der Praxis häufig bei Gründung durch Ausländer der Fall ist.

8 § 156 Abs. 4 HGG ermächtigt die zuständige Behörde, das Ministerium für Wirtschaft, einen Schwellenwert für das bei der Gründung einer AG mindestens aufzubringende Kapital zu bestimmen, bei dessen Überschreitung eine Ausgabe von Aktien an das Publikum und somit eine Stufengründung stattfinden muß. Nach einer 1981 erlassenen Bestimmung des Ministeriums liegt der Schwellenwert bei 200 Mio. NT $. Dies wird jedoch dadurch relativiert, daß das Ministerium für Wirtschaft 1988 eine Einheitsgründung in einem Fall zuließ, in dem der Schwellenwert überschritten wurde.

2. *Die Einheitsgründung*

a) *Die Gründer*

Zur Gründung einer AG sind mindestens sieben Gründer notwendig. Als Gründer kommen nicht nur inländische, sondern auch ausländische natürliche oder juristische Personen in Betracht, vorausgesetzt, daß mindestens die Hälfte der Gründer ihren Wohnsitz in Taiwan hat (§ 128 Abs. 1 HGG). Von dieser Einschränkung befreit sind die nach der SIFN ausgeführten Investitionen durch Ausländer (§ 18 SIFN). Juristische Personen können ein Gründer sein, wenn sie Handelsgesellschaften sind (§ 128 Abs. 3 HGG).

b) *Die Satzung*

Der erste Schritt zur Gründung einer AG ist die Feststellung der Satzung durch die Gründer. Die Satzung muß von allen Gründern unterzeichnet werden. Eine notarielle Beurkundung ist ebensowenig erforderlich wie eine tatsächliche Teilnahme an der Gründung. Das HGG unterscheidet den absolut obligatorischen Inhalt, dessen Fehlen zur Nichtigkeit der Satzung und somit der Gründung der AG führt, von dem relativ obligatorischen Inhalt, der erst nach der Festlegung in der Satzung rechtlich wirksam wird. Darüber hinaus kann die Satzung sonstige Bestimmungen enthalten, soweit diese nicht gegen die guten Sitten oder zwingende Vorschriften verstoßen.

aa) *Der obligatorische Inhalt der Satzung*

Gemäß § 120 HGG muß die Satzung einer AG folgende Angaben enthalten:
- Die Firma, die von den Gründern frei gewählt werden kann. Sie muß einen Hinweis auf die Gesellschaftsform enthalten (§ 2 Abs. 2 HGG) und darf nur aus chinesischen Schriftzeichen gebildet werden. Zur Vermeidung von Verwechslungsgefahren darf die Firma nicht dem Namen einer Behörde, einer Körperschaft oder einer sonstigen Organisationsform des öffentlichen Rechts sowie einer privatrechtlichen Korporation im öffentlichen Interesse ähneln (§ 18 Abs. 1 HGG). Von der Firma einer bereits in das Handelsregister eingetragenen, nicht dasselbe Gewerbe betreibenden Gesellschaft muß sich die Firma einer neuen Gesellschaft durch zusätzliche Schriftzeichen, z. B. durch die Angabe des betriebenen Gewerbes unterscheiden (§ 18 Abs. 2 HGG). Schließlich darf die Firma nicht gegen die guten Sitten verstoßen (§ 18 Abs. 4 2. Hs. HGG).

- Den Gegenstand der Gesellschaft, der – ähnlich wie im deutschen § 23 Abs. 3 Nr. 2 AktG – konkret und präzise bestimmt werden muß.
- Die Gesamtzahl der Aktien und den Nennbetrag einer Aktie. Die Ausgabe nennbetragsloser Aktien ist unzulässig. Es bestehen keine Vorschriften in Hinblick auf den Mindestnennbetrag; anders nur bei börsennotierten Gesellschaften: Hier beträgt der kleinste zulässige Nennwert 10 NT $. Das Gesamtkapital der AG bestimmt sich aus der Gesamtzahl der Aktien und ihren Nennwerten. Werden Aktien stufenweise ausgegeben, stellt das Gesamtkapital das genehmigte Kapital dar[9], das von dem bei Gründung der AG aufzubringenden Mindestkapital zu unterscheiden ist. Letzteres muß mindestens 1 Mio. NT $ betragen und 25 % des Gesamtkapitals überschreiten. Liegt der Gegenstand der AG in bestimmten Branchen, sind höhere absolute Mindestbeträge vorgeschrieben; so z. B. in der Automobilindustrie, wo das ausgegebene Kapital mindestens 100 Mio. NT $ betragen muß.
- Den Sitz der Gesellschaft. Gemeint ist der Sitz der Hauptverwaltung der Gesellschaft, von wo aus alle Betriebsstätten und Niederlassungen gesteuert werden, und der von einer Niederlassung zu unterscheiden ist (§ 3 HGG).
- Die Form der Bekanntmachungen, die Anzahl der Direktoren und der Kontrolleure[10] sowie die Dauer ihrer Bestellungsperiode[11] und das Datum der Feststellung der Satzung.
- Den Prozentsatz des Teiles des Gewinns, der den Mitarbeitern der Gesellschaft zusteht, es sei denn, daß die Gesellschaft durch eine Genehmigung der zuständigen Behörde von dieser Verpflichtung befreit worden ist (§ 235 Abs. 2 HGG).
- Die Beschränkung des Stimmrechts derjenigen Aktionäre, die mehr als 3 % der ausgegebenen Aktien halten (§ 179 Abs. 1 HGG).

bb) Der fakultative Inhalt der Satzung

Gemäß § 130 HGG können bei Bedarf folgende Angaben in die Satzung aufgenommen werden:
- Die Gründung von Niederlassungen.
- Die Anzahl der im Falle einer Stufengründung bei der Gründung auszugebenden Aktien.[12]
- Die Auflösungsgründe.

9 Vgl. unten V.1.
10 Ein Kontrolleur nimmt Aufgaben wahr, die denjenigen eines deutschen Aufsichtsrats vergleichbar sind.
11 Vgl. dazu unten III.2. und 3.
12 Vgl. dazu unten V.1.

- Die Gattungen der ausgegebenen Aktien und die jeweils in ihnen verkörperten Rechte und Pflichten. Einzelheiten sind in § 157 HGG geregelt. So ist z. B. die Ausgabe von Dividenden-Vorzugsaktien mit und ohne Stimmrecht zulässig, die Ausgabe von Mehrstimmrechtsaktien hingegen unzulässig.
- Die Sondervorteile der Gründer und deren Namen.
- Die Anzahl der Aktien, die im Tausch gegen Wandelschuldverschreibungen bezogen werden können.

Zur Wirksamkeit der oben genannten Festlegungen sowie in anderen Vorschriften genannter Möglichkeiten der Ausgestaltung einer AG, z. B. die Ausgabe von Inhaberaktien (§ 166 HGG), bedarf es der Niederlegung in der Satzung. Zu beachten ist, daß die Übertragbarkeit von Aktien in der Satzung nicht ausgeschlossen oder erschwert werden darf (§ 163 Abs. 1 HGG).

c) Das Verfahren

Nach der Feststellung der Satzung müssen sämtliche, in der Gründungsphase mindestens auszugebenden Aktien von den Gründern übernommen werden. Hierfür bedarf es keiner bestimmten Form. Nach der Übernahme aller Aktien haben die Gründer das Kapital entsprechend der Zahl der übernommenen Aktien voll einzuzahlen. Die Einlagen bestehen gewöhnlich aus Bargeld. Darüber hinaus sind Sacheinlagen zulässig, sofern deren Gegenstand dem Bedürfnis der Gesellschaft entspricht (§ 131 Abs. 3 HGG). Der Gegenstand einer Sacheinlage soll einen feststellbaren wirtschaftlichen Wert haben. Es gilt in der Regel der Marktpreis. In Ausnahmefällen kann der Wert von einem Sachverständigen geschätzt werden.

Im Anschluß an die Aufbringung des Kapitals, bzw. gleichzeitig, haben die Gründer mindestens drei Direktoren und einen Kontrolleur zu bestellen (§§ 131 Abs. 1, 192 Abs. 1, 216 Abs. 1 HGG). Innerhalb von 15 Tagen nach Annahme der Bestellung müssen mindestens die Hälfte der Direktoren und ein Kontrolleur die Eintragung der Gesellschaft bei der zuständigen Behörde, dem Ministerium für Wirtschaft, beantragen. Dem Antrag auf Eintragung in das Handelsregister sind alle notwendigen Unterlagen beizufügen (§§ 418 1. Hs, 419 Abs. 1 HGG). Die zuständige Behörde wird nach Einreichung des Antrags zunächst gemäß den Richtlinien zur Prüfung der Eintragung einer Handelsgesellschaft eine Gründungsprüfung vornehmen. Die Prüfung ist sehr umfangreich: Geprüft werden nicht nur die formale Richtigkeit der beigefügten Unterlagen, sondern insbesondere auch die Angemessenheit der Sacheinlage, des Gründungsaufwands sowie der den Gründern gewährten oder zu gewährenden Sondervorteile. Bei einem gegen das Gesetz verstoßenden Antrag haben die Antragsteller den Mangel oder den Fehler zu beseitigen. Gegebenenfalls kann die zuständige Behörde im Wege der Auflage eine Ergänzung einer etwaigen Wertdifferenz der Sacheinlagen, oder die Erstattung des Gründungsaufwands bzw. der den Gründern gewährten Sondervorteile verlangen.

Die Gründung einer AG wird mit der Eintragung in das Handelsregister und der Erteilung einer Lizenz beendet. Erst dann wird die AG eine juristische Person und darf nach außen hin unternehmerisch tätig werden.

3. Die Besonderheiten der Stufengründung

Die Stufengründung unterliegt nicht nur den Vorschriften des HGG, sondern, wenn die Gründer die Aktien der zu gründenden AG später an der Börse handeln lassen wollen, auch denjenigen des Börsengesetzes[13]. Der erste Schritt der Stufengründung ist – wie bei der Einheitsgründung – die Feststellung der Satzung. Soweit die Gründung zugleich nach dem Börsengesetz erfolgt, müssen in der Satzung das Verhältnis der Gesamtzahl der Namensaktien, die sich jeweils im Besitz aller Direktoren und Kontrolleure befinden, zur Gesamtzahl der Aktien der AG, entsprechend den von der zuständigen Behörde angeordneten Prozentsätzen, festgelegt werden (§ 26 des Börsengesetzes). Ferner muß der Nennbetrag einer Aktie bei mindestens 10 NT $ liegen.

Bei der Stufengründung brauchen die Gründer zwar nicht alle der mindestens auszugebenden Aktien zu übernehmen (§ 132 Abs. 2 HGG), aber die Anzahl der von ihnen übernommenen Aktien darf 25 % grundsätzlich nicht unterschreiten (§ 133 Abs. 2 HGG). Ausnahmsweise kann ein niedrigerer Prozentsatz vom Finanzministerium angeordnet werden, wenn eine stärkere Publikumsbeteiligung an der zu gründenden AG als wünschenswert angesehen wird (§ 28 Abs. 1 des Börsengesetzes).

Die Stufengründung ist durch die Aktienzeichnung durch das Publikum gekennzeichnet. Die nicht von den Gründern übernommenen Aktien können dem Publikum mit Genehmigung und unter Aufsicht der Kommission für Börsenverwaltung zur Zeichnung angeboten werden. Dies kann durch die Gründer selbst oder unter Einschaltung eines Kreditinstituts, das auf der Grundlage eines Vertriebs- oder eines Vertretungsvertrags tätig wird, erfolgen (§ 132 Abs. 2 HGG, §§ 16 Abs. 1, 71, 72 des Börsengesetzes). Eine Überpariemission ist zulässig. In der Praxis werden gewöhnlich Treuhand- und Investitionsgesellschaften oder Spezialkreditinstitute für den Verkauf der für das Publikum bestimmten Aktien eingeschaltet.

13 Zhengjuan Jiaoyi Fa (Börsengesetz) vom 30. April 1968, zuletzt geändert am 29. Januar 1988.

Die Gründungsversammlung, die von den Gründern innerhalb von zwei Monaten nach Einzahlung des Kapitals durch das Publikum einberufen werden soll, bildet eine weitere Besonderheit der Stufengründung. Sie ermöglicht es den Publikumsaktionären, sich über die zu gründende Gesellschaft zu informieren und aufgrund dieser Informationen ihre Entscheidung über die Gründung der Gesellschaft zu treffen. Die Gründungsversammlung bestellt die Direktoren und den oder die Kontrolleure und kann den Inhalt der Satzung ändern.

Mit dem Antrag der Direktoren und Kontrolleure auf Eintragung in das Handelsregister beginnt der Prüfungsprozeß beim Ministerium für Wirtschaft. Mit der Eintragung in das Handelsregister und der Erteilung einer Lizenz kann die AG als juristische Person ihre Geschäftstätigkeit aufnehmen. Insoweit besteht im Vergleich zur Einheitsgründung kein Unterschied.

4. Die Gründerhaftung

Gegenüber der Gesellschaft sind die Gründer gesamtschuldnerisch verpflichtet, die bei der Gründung mindestens auszugebenden, noch nicht übernommenen Aktien zu übernehmen und die ausstehenden Einlagen zu leisten (§ 148 HGG). In den Fällen, in denen der Gesellschaft durch unangemessen hohen Gründungsaufwand oder Gewährung von Sondervorteilen für die Gründer, eine Überbewertung der Sacheinlagen, die Verletzung der oben genannten Pflicht zur Kapitaleinzahlung oder sonstige Pflichtverletzungen ein Schaden entsteht, haben die Gründer den Schaden zu ersetzen.

Einem Dritten gegenüber haften die Gründer gemeinsam mit der Gesellschaft gesamtschuldnerisch auf Schadensersatz, soweit sie diesem Dritten bei der Ausführung der Gründungsangelegenheiten rechtswidrig einen Schaden zugefügt haben (§§ 23, 8 Abs. 2 HGG). Für die Schulden der Gesellschaft, die vor der Eintragung in das Handelsregister entstanden sind, haften die Gründer gesamtschuldnerisch (§ 155 Abs. 2 HGG).

Bei der Stufengründung haften die Gründer den gutgläubigen Publikumsaktionären gegenüber für ihre Täuschungshandlung allein (§ 20 Börsengesetz) oder gemeinsam mit dem beauftragten Kreditinstitut und der Gesellschaft gesamtschuldnerisch für unwahre Angaben in dem an das Publikum gegebenen Prospekt (§ 32 Abs. 1 und 3 des Börsengesetzes).

III. Die Organe der Aktiengesellschaft

Eine AG muß über drei Organe verfügen: Hauptversammlung, Vorstand und Kontrolleur. Der Prüfer ist ein fakultatives Organ. Das HGG kennt keine Arbeitnehmermitbestimmung im Sinne des deutschen Rechts.

1. *Die Hauptversammlung*

a) *Zuständigkeiten*

Alle Aktionäre bilden die Hauptversammlung, die das oberste Organ einer AG ist. Sie kann unter anderem in den folgenden Angelegenheiten beschließen:
- Bestellung und Abberufung der Direktoren und Kontrolleure sowie Festsetzung deren Entgelts (§§ 198, 199, 196, 216 Abs. 1, 227 HGG);
- Anerkennung der Rechnungslegung und Entlastung der Direktoren und Kontrolleure (§§ 228, 230, 231 HGG);
- Satzungsänderungen (§ 277 HGG) einschließlich der Erhöhung des Gesamtkapitals und Kapitalherabsetzungen;
- Klageerhebung gegen Direktoren oder Kontrolleure wegen Pflichtverletzung (§§ 212, 225 Abs. 1 HGG);
- Verwendung des Gewinns (§§ 184 Abs. 1, 240 Abs. 1 bis 3 HGG);
- Wahl von Prüfern (§§ 173 Abs. 3, 184 Abs. 2, 331 Abs. 2 HGG);
- Angelegenheiten, die die Grundlagen der AG betreffen, z. B. Abschluß, Änderung und Kündigung von Unternehmensverträgen, Vermögensübertragung, Fusion und Auflösung (§§ 185, 316 HGG).

Mittels einer Satzungsbestimmung lassen sich die Zuständigkeiten der Hauptversammlung ausdehnen, soweit dies nicht gegen die guten Sitten oder zwingende Regelungen verstößt.

b) *Einberufung*

Eine ordentliche Hauptversammlung findet mindestens einmal jährlich statt (§ 170 Abs. 1 Nr. 1 HGG). Eine außerordentliche Hauptversammlung findet statt, soweit dies notwendig ist (§ 170 Abs. 1 Nr. 2 HGG). Eine Hauptversammlung wird in der Regel durch den Vorstand einberufen (§ 171 HGG). Ausnahmsweise kann sie von einem Kontrolleur einberufen werden, wenn dieser dies für notwendig hält (§ 220 HGG), oder wenn ein Gericht dies wegen des Berichts des Prüfers verlangt (§ 245 Abs. 3 HGG). Außerdem kann eine Minderheit von Aktionären, die gemeinsam mehr als 3 % der ausgegebenen Aktien mindestens ein Jahr hindurch besitzen, den Vorstand auffordern, eine Hauptversammlung einzuberufen (§ 173 Abs. 1 HGG). Wenn der Vorstand dieser Aufforderung nicht nachkommt oder wenn der Vorstand oder Kontrolleur wegen Anteilsveräußerungen[14] nicht mehr dazu in der Lage ist, die Hauptversammlung einzuberufen, kann die Aktionärsminderheit die Hauptversammlung selbst einberufen (§ 173 Abs. 2 HGG).

14 Vorstandsmitglieder müssen Aktionäre sein. Vgl. dazu unten III.2.

c) *Stimmrecht und Mehrheitserfordernisse*

Jeder Aktie wird im Prinzip ein Stimmrecht zugewiesen (§ 179 Abs. 1 HGG). Das Stimmrecht wird also grundsätzlich nach der Zahl der Aktien ausgeübt. Ein Mehrstimmrecht ist unzulässig. Bei einem Aktionär, der über mehr als 3 % der ausgegebenen Aktien verfügt, muß das Stimmrecht durch die Satzung beschränkt werden (§ 179 Abs. 1 HGG). Nach § 178 HGG gilt ein Stimmrechtsverbot bei Befangenheit; Befangenheit schließt auch die Ausübung des Stimmrechts als Bevollmächtigter aus.

Die Beschlüsse der Hauptversammlung lassen sich in drei Gruppen einteilen: normale Beschlüsse, ordentliche Sonderbeschlüsse und außerordentliche Sonderbeschlüsse. Bei allen Beschlüssen ist die Beschlußfähigkeit von dem Verhältnis der Zahl der Aktien der anwesenden Aktionäre zur Zahl der ausgegebenen Aktien abhängig. So wird die Hauptversammlung erst dann beschlußfähig, wenn die Anteile der anwesenden Aktionäre beim normalen Beschluß mindestens die Hälfte (§ 174 HGG), beim ordentlichen Sonderbeschluß zwei Drittel (z. B. § 277 Abs. 2 HGG) und beim außerordentlichen Sonderbeschluß drei Viertel der ausgegebenen Aktien (z. B. § 316 HGG) erreicht haben. Zur Annahme eines Beschlusses ist die Zustimmung der einfachen Mehrheit des anwesenden Kapitals notwendig.

2. *Der Vorstand*

a) *Zusammensetzung und Aufgaben*

Der Vorstand ist das Geschäftsführungsorgan einer AG. Er ist nach dem US-amerikanischen Muster des „board of directors" konzipiert. Der Vorstand entscheidet im Innenverhältnis der Gesellschaft über die Geschäftsführung. Nach § 202 HGG kann er in allen Angelegenheiten durch Beschluß bestimmen, abgesehen von denjenigen Angelegenheiten, die das HGG in die Zuständigkeit der Hauptversammlung gegeben hat. Beschlüsse des Vorstands können – wie die der Hauptversammlung – in drei Kategorien eingeteilt werden: normale Beschlüsse, ordentliche Sonderbeschlüsse und außerordentliche Sonderbeschlüsse[15].

Der Vorstand besteht aus mindestens drei Mitgliedern, die das HGG als Direktoren bezeichnet (§ 192 Abs. 1 HGG). Die Direktoren werden jeweils für höchstens drei Jahre bei der Gründung der Gesellschaft von den Gründern bzw. der Gründungsversammlung und nach der Gründung von der Hauptversammlung bestellt. Anders als im deutschen Recht müssen die Direktoren auch

15 Vgl. oben III.1.c).

Aktionäre sein. Ist ein Aktionär eine juristische Person, so kann ihr Vertreter als Direktor bestellt werden.

Unter den Direktoren können Exekutivdirektoren gewählt werden. Die Zahl der Exekutivdirektoren darf drei nicht unterschreiten und ein Drittel der Gesamtzahl der Direktoren nicht überschreiten (§ 208 Abs. 2 HGG). Mindestens die Hälfte von ihnen müssen ihren Wohnsitz in Taiwan haben (§ 208 Abs. 5 HGG). Die Exekutivdirektoren führen das laufende Tagesgeschäft nach Maßgabe der gesetzlichen Vorschriften, der Satzung und der Beschlüsse der Hauptversammlung sowie des Vorstandes (§ 208 Abs. 4 HGG).

Der Vorstand muß einen Vorstandsvorsitzenden haben, der von den Direktoren durch einen ordentlichen Sonderbeschluß gewählt wird. Dieser vertritt die Gesellschaft nach außen (§ 208 Abs. 1 HGG). Im Innenverhältnis verfügt der Vorstandsvorsitzende über die Geschäftsführungsbefugnis. Er leitet die Hauptversammlung und die Sitzungen des Vorstandes und der Exekutivdirektoren und kann diese einberufen (§ 208 Abs. 3 HGG). Der Vorstandsvorsitzende muß die Staatsangehörigkeit der Republik China und seinen Wohnsitz in Taiwan haben (§ 208 Abs. 5 HGG). Werden Exekutivdirektoren bestellt, so wird der Vorstandsvorsitzende von diesen gewählt (§ 208 Abs. 2 HGG).

b) Wettbewerbsverbot und Haftung

Die in der Praxis bedeutendste Pflicht der Direktoren ist das Wettbewerbsverbot. Nach § 209 Abs. 1 HGG darf ein Direktor ohne Einwilligung der Hauptversammlung, die mittels eines ordentlichen Sonderbeschlusses erteilt wird, nicht im Rahmen des Unternehmensgegenstandes der Gesellschaft für eigene oder dritte Rechnung tätig werden. Zuwiderhandlungen eines Direktors gegen das Wettbewerbsverbot lösen ein Eintrittsrecht der Gesellschaft aus; d. h. sie kann mittels eines normalen Beschlusses der Hauptversammlung von jenem verlangen, daß er die durch die Zuwiderhandlung erlangten wirtschaftlichen Vorteile an die Gesellschaft überträgt (§ 209 Abs. 5 HGG).

Direktoren, die der Gesellschaft durch eine Pflichtverletzung Schaden zugefügt haben, haften ihr gegenüber auf Schadensersatz. Gegenüber einem Dritten haften die Direktoren und die Gesellschaft gesamtschuldnerisch, soweit sie den Dritten bei der Geschäftsführung rechtswidrig geschädigt haben (§ 23 HGG).

3. Der Kontrolleur

Eine AG muß als Überwachungsorgan mindestens einen Kontrolleur einsetzen, der von der Hauptversammlung jeweils auf drei Jahre bestellt wird. Das HGG kennt kein Überwachungsorgan, das dem Aufsichtsrat im deutschen

Recht entsprechend, als Kollegialorgan verfaßt ist. Die Anzahl der Kontrolleure und ihre Amtsperiode sind Bestandteil des Mindestinhalts der Satzung. Als Kontrolleur kommt nur ein Aktionär (§ 216 Abs. 1 HGG), der nicht als Direktor, Prokurist oder sonstiger Angestellter der Gesellschaft tätig ist (§ 222 HGG), in Betracht. Ist eine juristische Person, z. B. eine ausländische AG, Aktionär, so kann ihr Vertreter als Kontrolleur bestellt werden. Wieviele Anteile der Kontrolleur besitzt, ist im Prinzip unerheblich. Die Sonderregelungen in § 26 des Börsengesetzes gelten nur für eine AG, deren Aktien durch das Publikum gezeichnet wurden. Gibt es mehrere Kontrolleure, so muß einer von ihnen seinen Wohnsitz in Taiwan haben (§ 216 Abs. 1 HGG).

Aufgabe des Kontrolleurs ist in erster Linie die Überwachung der Geschäftsführung. Er kann die Geschäfts- und Finanzlage der Gesellschaft ermitteln, die Geschäftsbücher einsehen, vom Vorstand Auskunft verlangen und ferner die Jahresbilanz, die Gewinn- und Verlustrechnung sowie den Geschäftsbericht prüfen. Verstößt der Vorstand gegen das Gesetz oder die Satzung, so kann der Kontrolleur ihn auf Unterlassung in Anspruch nehmen (§ 218-2 HGG). In bestimmten Fällen, z. B. bei Verhandlungen oder in einem Prozeß zwischen der Gesellschaft und einem Direktor (§ 213 HGG), kann der Kontrolleur die Gesellschaft nach außen hin vertreten. Bei mehreren Kontrolleuren kann jeder Kontrolleur allein die Überwachungsaufgabe ausüben (§ 221 HGG).

4. Der Prüfer

Der Aufgabenbereich des Prüfers, der ein gesetzliches und fakultatives Organ ist, umfaßt in erster Linie die Prüfung der Gründung sowie der Geschäfts- und Finanzlage der Gesellschaft. Über die Einsetzung und die Bestellung des Prüfers entscheidet die Gründungsversammlung (§ 146 Abs. 2 HGG) bzw. die Hauptversammlung (§ 184 Abs. 2 HGG). Ferner kann das Gericht auf Antrag von Aktionären, die mehr als 3 % der ausgegebenen Aktien über ein Jahr hindurch in ihrem Besitz halten, einen Prüfer bestellen (§ 245 Abs. 1 HGG).

IV. Rechnungslegung und Gewinnverwendung der Aktiengesellschaft

1. Die Rechnungslegung

Zuständig für die Rechnungslegung ist der Vorstand unter Mitwirkung des Kontrolleurs. Im Vergleich zum deutschen Recht, das im Hinblick auf die für die Rechnungslegung anwendbaren Vorschriften die Kapitalgesellschaften in verschiedene Größenklassen einteilt, ist für die Rechnungslegung nach dem taiwanesischen Recht das wesentliche Kriterium, ob eine AG ihre Aktien oder Schuldverschreibungen an das Publikum ausgegeben hat oder nicht.

a) *Die Rechnungslegung nach dem HGG*

Nach § 228 Abs. 1 HGG hat der Vorstand einer AG am Ende eines jeden Geschäftsjahres die folgenden Unterlagen anzufertigen und diese 30 Tage vor der Hauptversammlung dem Kontrolleur zur Prüfung vorzulegen:
- einen Geschäftsbericht;
- eine Bilanz;
- ein Inventar, das die Hauptvermögensgegenstände enthalten soll;
- eine Gewinn- und Verlustrechnung;
- eine Aufstellung über etwaige Veränderungen von Rechten und Interessen der Aktionäre;
- eine Aufstellung des Cash-flow und
- einen Vorschlag für die Gewinnverwendung bzw. Verlustdeckung.

Der Kontrolleur hat diese Unterlagen nach § 219 Abs. 1 HGG zu prüfen, wobei ein Wirtschaftsprüfer im Auftrag des Kontrolleurs eingeschaltet werden kann (§ 219 Abs. 2 HGG). Über das Ergebnis seiner Prüfung hat der Kontrolleur der Hauptversammlung schriftlich Bericht zu erstatten. Er muß diesen Bericht dem Vorstand so rechtzeitig zuleiten, daß dieser von den Aktionären 10 Tage vor der Hauptversammlung mit den anderen vom Vorstand vorzulegenden Unterlagen eingesehen werden kann (§§ 219 Abs. 1, 229 HGG).

Der Vorstand hat sodann die genannten Unterlagen und den Prüfungsbericht des Kontrolleurs der Hauptversammlung zur Billigung vorzulegen (§ 230 Abs. 1 1. Hs. HGG). Zur Prüfung dieser Unterlagen und Berichte kann die Hauptversammlung einen Prüfer bestellen (§ 184 Abs. 2 HGG). Nach der Billigung durch die Hauptversammlung muß der Vorstand die genannten Aufstellungen und Berichte an alle Aktionäre verteilen (§ 230 Abs. 1 Halbs. 2 HGG). Mit der Billigung der Rechnungslegung gelten die Direktoren und der bzw. die Kontrolleure als entlastet, sofern kein rechtswidriges Verhalten vorliegt (§ 231 HGG).

b) *Die Rechnungslegung nach dem Börsengesetz*

Bei der Rechnungslegung einer AG, deren Aktien oder Schuldverschreibungen an das Publikum ausgegeben wurden, einschließlich der börsennotierten Gesellschaften, sind zusätzliche Sonderregelungen nach dem Börsengesetz einzuhalten. So ist eine Prüfung und Bestätigung der Rechnungslegung durch Wirtschaftsprüfer notwendig. Diese Gesellschaften müssen ferner die Bilanz, die Gewinn- und Verlustrechnung, die Aufstellung über die Veränderung von Rechten und Interessen von Aktionären, eine Aufstellung über die Veränderung der Finanzlage mit den zugehörigen Bemerkungen sowie eine Einzelheitstabelle bei der zuständigen Behörde einreichen und diese veröffentlichen (§ 36 Abs. 1 Börsengesetz).

c) *Die Rücklagen*

Die Buchführung der AG ist in erster Linie im Gesetz über die Handelsbuchführung[16] geregelt, worauf hier nicht eingegangen wird. Unter den Sonderregelungen, die das HGG für bestimmte Posten der Bilanz aufstellt, sind die über die Bildung der Rücklagen hervorzuheben[17]. Das HGG kennt gesetzliche und besondere Gewinnrücklagen sowie Kapitalrücklagen. Nach § 237 Abs. 1 HGG hat die AG 10 % des Jahresgewinns nach Steuern in die gesetzliche Gewinnrücklage einzustellen, bis die gesetzliche Gewinnrücklage die Höhe des Gesamtkapitals erreicht hat. Nach § 237 Abs. 2 HGG kann eine besondere Gewinnrücklage geschaffen werden. Agio bei einer Überpariemission und die Erträge aufgrund des Wertzuwachses der Vermögenswerte, einer Verfügung über Vermögensgegenstände und einer Verschmelzung sowie die Einkünfte aus Schenkungen sind nach der zwingenden Vorschrift des § 238 HGG in die Kapitalrücklage einzustellen. Die Rücklagen dürfen nach § 239 Abs. 1 1 Hs. HGG grundsätzlich nur zur Deckung des Verlustes verwandt werden. In Ausnahmefällen können sie mit einem Beschluß der Hauptversammlung oder, soweit dies in der Satzung bestimmt ist, einem Beschluß des Vorstands in haftendes Kapital umgewandelt werden. Den Aktionären sind dann neue Aktien im Verhältnis zu den von ihnen gehaltenen Anteilen zuzuteilen (§ 241 Abs. 1 HGG).

2. *Die Gewinnverwendung*

Die Hauptversammlung beschließt über die Gewinnverwendung. Bei Gesellschaften, deren Aktien an das Publikum ausgegeben wurden, insbesondere bei börsennotierten Gesellschaften, kann der Vorstand die Ausschüttung der Dividenden durch Ausgabe neuer Aktien beschließen, soweit dies in der Satzung vorgesehen ist (§ 240 Abs. 6 HGG).

Ist Gewinn entstanden, so kann die Gesellschaft erst nach der Verlustdeckung und der Einstellung in die gesetzliche Gewinnrücklage die Dividende festsetzen (§ 232 Abs. 1 HGG). Bei der Ausschüttung der Dividenden darf der Prozentsatz des Dividendenanteils für Angestellte, der in der Satzung bestimmt ist, nicht geschmälert werden.

Ist Verlust entstanden, so darf grundsätzlich keine Dividende ausgeschüttet werden, es sei denn, daß die gesetzliche Gewinnrücklage mehr als 50 % des Gesamtkapitals erreicht hat oder daß in einem Geschäftsjahr, in dem die Gesellschaft mit einem Gewinn abschloß, bereits ein Betrag in Höhe von mehr als

16 Shangye Kuaiji Fa (Gesetz über die Handelsbuchführung) vom 7. Januar 1948, zuletzt geändert am 8. Januar 1968.

17 Zu sonstigen Sonderregelungen vgl. §§ 234 Abs. 2, 236, 242, 243 sowie 244 HGG.

20 % des Gewinnes dieses Jahres in die Gewinnrücklage eingestellt war (§ 232 Abs. 2 HGG). In diesem Fall können die Überschüsse der Gewinnrücklagen als Dividenden verteilt werden.

Dividenden lassen sich in Form von Bargeld oder – nach einem ordentlichen Sonderbeschluß – entweder ganz oder zum Teil in Form von neuen Aktien ausschütten (§ 240 Abs. 1 HGG).

V. Die Kapitalbeschaffung der Aktiengesellschaft

Neben der Selbstfinanzierung durch Thesaurierung von Gewinnen kann eine AG in Taiwan ihre Aufgaben durch die Aufnahme neuer Mittel finanzieren. Außer dem üblichen Weg der Fremdmittelbeschaffung, z. B. durch Aufnahme von Bankkrediten, ist im Rahmen des Aktienrechts die Ausgabe von Schuldverschreibungen möglich. In Hinblick auf die Eigenkapitalbeschaffung sind die Kapitalerhöhung und das genehmigte Kapital von großer Bedeutung.

1. Das genehmigte Kapital

Die Institution des genehmigten Kapitals wurde durch die Novelle von 1966 nach dem US-amerikanischen und dem japanischen Vorbild in das HGG eingeführt. Nach § 156 Abs. 2 HGG können die Aktien einer AG stufenweise ausgegeben werden. Bei der Gründung einer AG müssen mindestens 25 % der gesamten Aktien (d. h. des Gesamtkapitals) ausgegeben werden. Die restlichen Aktien lassen sich jederzeit vollständig oder zum Teil ausgeben, soweit der Vorstand dies für notwendig erachtet. Hierzu bedarf es keines Beschlusses der Hauptversammlung sowie keiner Satzungsänderung und deren Eintragung in das Handelsregister. Das Gesamtkapital ist das durch die Satzung genehmigte Kapital. Im Vergleich zum deutschen Recht wird die Ermächtigung an den Vorstand, neue Aktien auszugeben, nicht für eine bestimmte Dauer erteilt.

Sinn und Zweck des genehmigten Kapitals liegen darin, daß einerseits eine AG ihr Eigenkapital nach eigenem Bedarf und entsprechend den Bedürfnissen des modernen Kapitalmarktes beschaffen kann, andererseits aber auch das Prinzip des festen Grundkapitals in bestimmtem Ausmaß aufrechterhalten wird.

Im Rahmen des genehmigten Kapitals bedarf die Ausgabe neuer Aktien eines ordentlichen Sonderbeschlusses des Vorstandes (§ 266 Abs. 2 HGG). Die neuen Aktien können nur an einen bestimmten Personenkreis oder nach Erteilung einer Genehmigung durch die zuständige Behörde an das Publikum ausgegeben werden (§ 268 Abs. 1 HGG). Auf jeden Fall muß den Angestellten einer AG ein gesetzliches Bezugsrecht auf 10 bis 15 % der neuen Aktien eingeräumt werden, soweit nichts anderes durch eine für den Unternehmensgegenstand der AG zuständige Behörde bestimmt wird (§ 267 Abs. 1 HGG). Auf den restlichen Anteil der neuen Aktien steht den bisherigen Aktionären ein Bezugsrecht entsprechend ihrer Beteiligung zu (§ 267 Abs. 3 HGG).

2. Die Kapitalerhöhung

Das Gesamtkapital, das durch die in der Satzung festgesetzte Gesamtzahl der Aktien festgelegt wird, darf erst nach der vollständigen Ausgabe der Aktien erhöht werden (§ 278 Abs. 1 HGG). Eine Kapitalerhöhung setzt die Erhöhung der Aktiengesamtzahl voraus und ist deswegen mit einer Satzungsänderung verbunden. Dafür ist ein ordentlicher Sonderbeschluß durch die Hauptversammlung notwendig (§ 277 Abs. 2 HGG).

3. Die Ausgabe von Schuldverschreibungen

Die Ausgabe von Schuldverschreibungen unterliegt nicht nur einem qualifizierten Beschluß des Vorstands, d. h. Teilnahme von mehr als zwei Dritteln der Direktoren an der Sitzung und Zustimmung von mehr als der Hälfte der Teilnehmer (§ 245 HGG), sondern sie bedarf außerdem auch einer Genehmigung der zuständigen Behörde für Wertpapierumsatz, also der Kommission für Wertpapierumsatz des Finanzministeriums (§ 248 Abs. 1 HGG). Ferner hat der Vorstand der Hauptversammlung hierüber zu berichten (§ 248 Abs. 1 HGG). Zulässig sind Schuldverschreibungen mit oder ohne Sicherheiten, Namens- oder Inhaberschuldverschreibungen sowie Wandelschuldverschreibungen. In der Praxis wird bei der Ausgabe von Schuldverschreibungen regelmäßig ein Kreditinstitut eingeschaltet.

VI. Die Gesellschaft mit beschränkter Haftung

1. Die Rechtsnatur der GmbH

Die GmbH ist eine Handelsgesellschaft, die von nicht weniger als fünf und nicht mehr als einundzwanzig Gesellschaftern gegründet wird (§ 2 Abs. 1 Nr. 2 HGG). Eine Einmann-GmbH ist in Taiwan nicht zulässig. Im Fall einer Erbschaft oder eines Vermächtnisses darf die Zahl der Gesellschafter einundzwanzig überschreiten (§ 98 Abs. 2 HGG). Für die Verbindlichkeiten einer GmbH haftet nur das Vermögen der Gesellschaft. Der GmbH haften die Gesellschafter persönlich nur in Höhe ihrer Einlageschuld (§ 99 HGG). Dieses Prinzip darf nicht durch die Satzung oder einen Beschluß der Gesellschafter durchbrochen werden (§ 106 Abs. 1 HGG). Eine Nachschußpflicht ist unzulässig.

2. *Die Gründung einer GmbH*

a) *Die Gesellschafter*

Im Vergleich zur Gründung einer AG ist die Gründung einer GmbH einfacher. Alle Gründungsgesellschafter müssen die Satzung der GmbH unterzeichnen, brauchen aber nicht persönlich an der Gründung teilzunehmen. Ausländer können gemeinsam mit Inländern eine GmbH errichten, vorausgesetzt, daß mindestens die Hälfte der Gesellschafter die Staatsangehörigkeit der Republik China und ihren Wohnsitz in Taiwan haben und daß deren Einlagen insgesamt mehr als 50 % des Stammkapitals ausmachen (§ 98 Abs. 1 HGG). Von dieser Einschränkung sind die nach der SIFN genehmigten Investitionen durch Ausländer befreit (§ 18 SIFN).

b) *Die Satzung*

Der erste Schritt zur Gründung einer GmbH ist die Feststellung der Satzung. Diese braucht nicht von einem Notar beurkundet zu werden. Als Mindestinhalt muß eine Satzung die folgenden Angaben enthalten (§ 101 HGG):

- Die Firma der GmbH;
- den Gegenstand des Unternehmens;
- Namen und Wohnsitz bzw. Sitz der Gesellschafter;
- das Stammkapital und die Geschäftsanteile aller Gesellschafter. Das Stammkapital muß mindestens 500.000 NT $ betragen. Die branchenspezifischen Mindesthöhen des Stammkapitals sind in einer Verordnung des Ministeriums für Wirtschaft vorgeschrieben.
- Verhältnisse oder Kriterien der Gewinn- und Verlustverteilung. Die Verlustverteilung entspricht dem Wesen der GmbH im Sinne des HGG nicht. Man spricht hier von einem Fehler des Gesetzgebers;
- den Sitz der Gesellschaft;
- die Anzahl und Namen der Direktoren;
- die Form der Bekanntmachungen;
- den Prozentsatz des Dividendenanteils für Angestellte soweit die GmbH von dieser Verpflichtung nicht befreit wird (§ 110 Abs. 3, § 235 Abs. 2 HGG) und
- das Datum der Satzungsfeststellung.

Die Satzung kann darüber hinaus weitere Angelegenheiten regeln.

Da Anzahl und Namen der Direktoren in der Satzung anzugeben sind, wird das Geschäftsführungsorgan der GmbH bereits in der Gründungsphase, d. h. mit Feststellung der Satzung, bestellt.

c) *Das Verfahren*

Nach der Satzungsfeststellung müssen die Gesellschafter entsprechend den von ihnen übernommenen Geschäftsanteilen ihre Einlage vollständig erbringen (§ 100 Abs. 1 HGG). Sacheinlagen sind zulässig. Nach Einlageerbringung müssen alle Gesellschafter innerhalb von 15 Tagen nach der Satzungsfeststellung bei der zuständigen Behörde die Eintragung in das Handelsregister anmelden. Die zuständige Behörde nimmt dann eine Gründungsprüfung vor. Das Gründungsverfahren endet mit der Eintragung der GmbH in das Handelsregister und der Erteilung einer Lizenz. Erst dann wird sie eine selbständige juristische Person und kann ihre Geschäfte aufnehmen.

3. *Die Organe der GmbH*

a) *Die Gesamtheit der Gesellschafter*

Seit der Reform von 1980 kennt das HGG an Stelle der Gesellschafterversammlung die Gesamtheit der Gesellschafter als das Willensbildungsorgan einer GmbH. In der Praxis ist jedoch weiter die Bezeichnung Gesellschafterversammlung üblich.

Die Gesamtheit der Gesellschafter ist keine Gesellschafterversammlung, hat aber eine ähnliche Stellung wie die Hauptversammlung einer AG. Die Beschlußfassung der Gesamtheit der Gesellschafter kann ohne Versammlung erfolgen; eine schriftliche Abstimmung ist zulässig.

Die Abstimmung erfolgt im Prinzip unabhängig von den Geschäftsanteilen, d. h. nach Köpfen. Alle Gesellschafter haben also gleiches Stimmrecht (§ 102 Abs. 1 S. 1 HGG). Dies läßt sich jedoch durch die Satzung ändern (§ 102 Abs. 1 S. 2 HGG).

Die Zuständigkeit der Gesamtheit der Gesellschafter reicht weit. Alle im folgenden aufgezählten Angelegenheiten bedürfen ihrer einstimmigen Zustimmung: Die Bestellung und Abberufung des Direktors (§§ 101 Abs. 1 Nr. 7, 113, 47 HGG); die Umwandlung der Gesellschaft (§ 106 Abs. 4 HGG); die Übertragung des Geschäftsanteils des Direktors (§ 111 Abs. 3 HGG); die Bildung von Sondergewinnrücklagen (§ 112 Abs. 2 HGG); Satzungsänderungen, die Verschmelzung und Auflösung der Gesellschaft (§§ 113, 47, 72, 71 Abs. 1 Nr. 3 HGG) und die Vermögensveräußerung bei Liquidation (§§ 113, 84 Abs. 2 HGG).

Der Zustimmung mindestens der Hälfte der Gesellschafter unterliegen die Kapitalerhöhung (§ 106 Abs. 1 Satz 1 HGG), die Übertragung des Geschäftsanteils der Gesellschafter mit Ausnahme des Direktors (§ 111 Abs. 1 HGG) sowie die Bestellung, Abberufung und Gehaltsfestsetzung eines Prokuristen (§ 29 Abs. 2 Nr. 2 HGG).

b) Der Direktor

Das HGG nennt das Geschäftsführungs- und Vertretungsorgan einer GmbH Direktor. Eine GmbH muß mindestens einen Direktor, darf aber nicht mehr als drei Direktoren haben (§ 108 Abs. 1 Satz 1, 1. Hs. HGG). Ein Direktor muß auch Gesellschafter sein (§ 108 Abs. 1 S. 1 Halbs. 2 HGG). Werden mehrere Direktoren bestellt, so kann die Satzung bestimmen, daß einer von ihnen die Funktion des Generaldirektors übernimmt, der die Gesellschaft vertritt (§ 108 Abs. 1 Satz 2 HGG).

Der Direktor wird einstimmig von der Gesellschaft der Gesellschafter bestellt und abberufen (§§ 101 Abs. 1 Nr. 7, 113, 47 HGG). Die Bestellung darf nicht jederzeit widerrufen werden. Da der Direktor selbst ein Gesellschafter ist, ist die Abberufung eines Direktors bei einer unbefristeten Bestellung ohne seine Zustimmung unmöglich, es sei denn, es liegt einer der gesetzlich geregelten Abberufungsfälle vor (§§ 108, 30 HGG).

Der Direktor führt die Geschäfte der GmbH und vertritt sie (§ 108 Abs. 1 HGG). Gibt es mehrere Direktoren, so bedarf die Vornahme eines Geschäfts grundsätzlich der Zustimmung von zwei Direktoren; die Alltägsgeschäfte darf jeder Direktor allein führen, wenn hiergegen ein anderer Direktor keinen Widerspruch erhebt. Alle Direktoren haben Einzelvertretungsbefugnis, soweit kein Generaldirektor bestellt wird. Eine Beschränkung der Vertretungsmacht gilt nicht gegenüber Dritten (§§ 108 Abs. 3, 57, 58 HGG).

Auf das Verhältnis des Direktors zur Gesellschaft findet das Recht des Auftragsvertrages Anwendung. Der Direktor unterliegt einem Wettbewerbsverbot.

Ein Direktor einer GmbH haftet der Gesellschaft und Dritten gegenüber in gleicher Weise wie ein Direktor einer AG.

c) Das Aufsichtsorgan

Das HGG sieht für die GmbH keinen Kontrolleur vor. Nach § 109 HGG dürfen alle Gesellschafter mit Ausnahme der Direktoren das Aufsichtsrecht ausüben. Sie haben gegenüber dem Direktor Auskunftsrecht und können in die Akten, Unterlagen und Bücher der Gesellschaft Einsicht nehmen (§§ 109, 48 HGG). Außerdem kann ein Gesellschafter, der über ein Jahr Geschäftsanteile von mehr als 3 % des Stammkapitals besitzt, beim Gericht die Bestellung eines Prüfers zur Prüfung der Finanz- und Vermögenslage der Gesellschaft beantragen.

4. Rechnungslegung und Gewinnverwendung

Auf die Rechnungslegung und die Gewinnverwendung bei der GmbH finden grundsätzlich die Vorschriften über die Rechnungslegung und die Gewinnverwendung bei der AG entsprechende Anwendung[18]. Unterschiedlich ist jedoch die Anerkennung der Rechnungslegung: Verantwortlich für die Rechnungslegung ist der Direktor (§ 110 Abs. 1 HGG). Dieser muß die im § 228 Abs. 1 HGG genannten Unterlagen[19] aufstellen und sie den Gesellschaftern zur Billigung vorlegen (§ 110 Abs. 1 HGG). Erheben die Gesellschafter binnen eines Monats nach Zugang der Unterlagen keinen Einwand, so gelten diese als gebilligt. Im übrigen ist auf die Darstellung unter IV. zu verweisen.

VII. Die Besteuerung

1. Das Steuersystem

Die Steuern in Taiwan sind nach der Ertragshoheit in drei Gruppen eingeteilt: die Nationalsteuern, die Provinzialsteuern und die Landkreissteuern. Nach dem Gegenstand der Besteuerung lassen sich die Steuern in Steuern auf Einkommen und Vermögen, Verkehrssteuern und Verbrauchssteuern einteilen. Eine Übersicht über das Steuersystem und die wichtigsten Steuerarten in Taiwan bietet die folgende Tabelle[20]:

Ertragshoheit	Steuern auf Einkommen und Vermögen	Verkehrssteuern	Verbrauchssteuern
Staat	Einkommensteuer Körperschaftssteuer Erbschaftssteuer Schenkungssteuer Bergbaugebietssteuer	Wertpapierumsatzsteuer	Produktsteuer
Provinz	Kraftfahrzeugsteuer	Stempelsteuer	Mehrwertsteuer
Landkreis	Grundstückssteuer Grundstückswertzuwachssteuer Agrarlandsteuer Haus- und Wohnungssteuer	Vertragssteuer beim Immobilienverkehr	Vergnügungssteuer

18 Vgl. § 110 Abs. 3 HGG.
19 Vgl. oben IV.1.
20 Die Ertragshoheit relativiert sich dadurch, daß bei der Erbschafts- und Schenkungssteuer auch Provinz und Landkreis am Aufkommen beteiligt werden, bei allen genannten Provinzsteuern der Landkreis am Aufkommen beteiligt ist und die Provinz bei der Grundstückswertzuwachssteuer beteiligt wird.

Zwischen Deutschland und Taiwan ist außer dem Doppelbesteuerungsabkommen über Schiffahrtseinkommen kein allgemeines Doppelbesteuerungsabkommen abgeschlossen worden.

2. *Die Einkommenssteuer*

Die Einkommenssteuer und Körperschaftssteuer sind einheitlich im Einkommenssteuergesetz (EStG)[21] geregelt. Steuersubjekt der Einkommenssteuer ist die natürliche Person. Ob sie ihren Wohnsitz in der Republik China hat, ist für die Steuerpflicht unerheblich. Ausländer, die Einkommen aus Inlandsquellen haben und sich in einem Kalenderjahr länger als 183 Tage in Taiwan aufgehalten haben, werden als inländische Steuerpflichtige betrachtet (§ 7 Abs. 1 EStG) und müssen eine Steuererklärung abgeben. In anderen Fällen erfolgt die Besteuerung an der Quelle.

Im Gegensatz zur unbeschränkten Steuerpflicht im deutschen Recht gilt in Taiwan das Prinzip der beschränkten Steuerpflicht; d. h. steuerbar sind nach § 2 EStG die in der Republik China erzielten Einkünfte, die in § 8 EStG näher bestimmt werden. Darin aufgezählt sind Einkünfte aus gewinnerzielenden Unternehmenstätigkeiten, aus nichtselbständigen Dienstleistungen, aus Zinsen, aus Vermietung und Verpachtung, aus Lizenzgebühren, aus Vermögensrechtsverkehr, aus Land- und Forstwirtschaft, aus Spekulationsgewinnen oder Preisen und sonstige Einkünfte. Einkünfte aus Inlandsquellen sind z. B. bei Lizenzgebühren anzunehmen, wenn von dem Lizenzgegenstand, bei dem es sich um ein Patent, Warenzeichen, Urheberrecht oder Know-how handeln kann, in der Republik China Gebrauch gemacht wird. Zahlungsort und -weise der Lizenzgebühr spielen dabei keine Rolle. Dividenden eines Gesellschafters aus einer Handelsgesellschaft sind steuerrechtlich im Inland erzielt, wenn die Gesellschaft nach dem HGG gegründet und eingetragen worden ist.

Bei der Einkommenssteuer gilt ein progressiver Tarif (§ 5 Abs. 2 EStG). Der höchste Tarif in 1993 war 40 %, der Grundfreibetrag lag bei 60.000,– NT $.

3. *Die Körperschaftssteuer*

Steuersubjekt ist das gewinnerzielende Unternehmen, das auf dem Gebiet der Republik China betrieben wird (§ 3 Abs. 1 EStG). Der Körperschaftssteuer unterliegen nicht nur Handelsgesellschaften, sondern auch Einzelunternehmen, Unternehmen in Form einer zivilrechtlichen Gesellschaft sowie gewinnerzielende Unternehmen in sonstigen Rechtsformen.

21 Suodeshui Fa (Einkommenssteuergesetz) vom 17. Februar 1943, zuletzt geändert am 30. Juli 1993.

Steuerobjekt ist das Einkommen. Das Unternehmen ist für Zwecke der Körperschaftssteuer unbeschränkt steuerpflichtig, wenn es seine Hauptverwaltung im Inland hat (§ 3 Abs. 2 Satz 1 EStG). Dies schließt einen Steuerabzug aus. Für Unternehmen, deren Hauptverwaltung sich im Ausland befindet, gilt die beschränkte Steuerpflicht, wobei nur das Einkommen aus Inlandsquellen zu versteuern ist (§ 3 Abs. 3 EStG).

Bemessungsgrundlage ist das zu versteuernde Einkommen des Steuersubjekts in einem Kalenderjahr. Bei der Körperschaftssteuer gilt ein progressiver Tarif (§ 5 Abs. 5 EStG). Der höchste Tarif in 1993 war 25 %, der Grundfreibetrag lag bei 50.000,– NT $.

4. *Die Mehrwertsteuer*

Die Mehrwertsteuer ist im Gewerbesteuergesetz (GewStG)[22] geregelt. Steuerpflichtiger der Umsatzsteuer ist nach § 2 GewStG der Unternehmer, der Waren liefert oder Dienstleistungen erbringt, der Konsignator bzw. Besitzer eingeführter Waren und der Käufer einer Dienstleistung eines ausländischen Unternehmens, einer Anstalt, Personenvereinigung oder Organisation, das bzw. die auf dem Gebiet der Republik China keine feste Geschäftsstelle hat. Hat ein ausländisches Unternehmen, das z. B. eine internationale Spedition betreibt, und auf dem Gebiet der Republik China über keine feste Geschäftsstelle verfügt, einen Vertreter, so ist dieser der Steuerpflichtige. Eine feste Geschäftsstelle eines ausländischen Unternehmens gilt stets als Unternehmer im Sinne des § 2 GewStG.

Steuerobjekt der Mehrwertsteuer sind alle entgeltlichen Lieferungen von Waren und Dienstleistungen in der Republik China sowie die Einfuhr von Waren in die Republik China (§ 1 GewStG).

Der § 10 des GewStG kennt zwei Steuersätze: 5 % und 10 %. In Ausnahmefällen gilt z. B. ein Steuersatz von 15 % für Restaurants mit Unterhaltungsprogramm, ein Steuersatz von 25 % für Sondergaststätten.

5. *Die Steuervergünstigungen*

Die wichtigsten steuerlichen Vergünstigungen sind in der Verordnung zur Förderung der Industrie (SUI) enthalten, die nur bis 30. 6. 1998 gelten und der Verbesserung der Industriestruktur dienen soll. Bevorzugt werden nur Unternehmen in der Form einer AG (§ 3 SUI) und bestimmte Investoren. Eine Tochtergesellschaft eines ausländischen Unternehmens kann die Steuervergünstigungen genießen, unabhängig davon, ob sie eine Investition nach der SIFN darstellt.

22 Yingyeshui Fa (Gewerbesteuergesetz) vom 13. Juni 1931, zuletzt geändert am 30. Juli 1993.

Eine der Vergünstigungen besteht in der beschleunigten Abschreibung bestimmter Anlagegüter, z. B. Anlagen für Forschung und zur Verminderung des Energieverbrauches oder zur Energieumstellung (§ 5 SUI). Ferner wird ein Steuerabzug bei Investitionen in den Bereichen Automatisierung, Umweltschutz, Forschung und Entwicklung (§ 6 SUI) sowie bei Investitionen, die der Förderung der Wirtschaft in strukturschwachen Gebieten dienen (§ 7 SUI), gewährt.

Zugunsten eines ausländischen Investors, der mit einer Erlaubnis zur Investition gemäß der SIFN eine Tochtergesellschaft in der Form einer AG gegründet hat, können weitere Vergünstigungen gewährt werden. Bei der Steuer auf Dividenden, die an einen Investor, der keinen Wohnsitz, bzw. keine feste Geschäftsstelle in Taiwan hat, von seiner Tochtergesellschaft in Taiwan ausgeschüttet werden, kann ein Quellensteuerabzug von 20 % (statt 35 %) durchgeführt werden (§ 11 Abs. 1 SUI). Dasselbe gilt auch für die Besteuerung der Dividenden, die ein privater Investor erhält, der zwar keinen Wohnsitz in Taiwan hat, jedoch als Direktor, Kontrolleur oder Prokurist bei seinem Unternehmen in Taiwan tätig ist, und der sich dort deswegen in einem Kalenderjahr mehr als 183 Tage aufgehalten hat (§ 11 Abs. 2 SUI). Der Investor wird in diesem Fall also nicht als inländischer Steuerpflichtiger behandelt und braucht keine Steuererklärung bei der Finanzbehörde abzugeben.

VIII. Sonderregelungen für Investitionen durch Ausländer

Ein ausländisches Unternehmen kann seine Investitionen in Taiwan – einschließlich der Gründung einer Tochtergesellschaft – auch mit einer staatlichen Erlaubnis nach der SIFN tätigen. Durch diese Erlaubnis werden ausläische Investitionen bevorzugt, geschützt und kontrolliert.

1. Investitionen im Sinne der Ausländer-Investitionsverordnung

a) Der Investor

Als Investor einer Investition im Sinne der SIFN kommen sowohl ausländische natürliche Personen als auch ausländische juristische Personen in Betracht (§ 2 Abs. 1 und 3 SIFN). Die Staatsangehörigkeit einer ausländischen juristischen Person bestimmt sich nach dem Recht, nach dem diese errichtet wurde (§ 2 Abs. 2 SIFN)[23].

23 Vgl. unten X.1.

b) Die Investitionsbranche

Das Spektrum der Branchen, in denen Investitionen getätigt werden können, ist durch die Novelle von 1989 ausgedehnt worden. Einschränkungen ergeben sich daraus, daß einige Unternehmensgegenstände verboten und andere genehmigungsbedürftig sind. Davon abgesehen können Investoren ihr Kapital in irgendeiner Branche einsetzen.

Nach § 5 Abs. 1 SIFN sind Investitionen in Unternehmen, die gegen die öffentliche Sicherheit oder die guten Sitten verstoßen, oder die hoch umweltbelastend sind, sowie in Unternehmen, die gegen ein rechtlich gewährtes Monopol verstoßen oder durch ein anderes Gesetz verboten sind, verboten.

Genehmigungsbedürftig sind Versorungs-, Kredit-, Versicherungs-, Presse- und Verlagsunternehmen sowie Unternehmen, die durch andere Gesetze oder Verordnungen eingeschränkt werden (§ 5 Abs. 2 SIFN). Die SIFN ermächtigt außerdem die Regierung, den Exekutiv-Yuan, die Branchen der verbotenen und eingeschränkten Investitionen konkret zu bestimmen (§ 5 Abs. 3 SIFN).

c) Die Formen der Investition

Dem Investor stehen nach § 4 SIFN mehrere Investitionsformen zur Verfügung. Er kann ein neues Unternehmen allein oder gemeinsam mit anderen Ausländern, der Regierung der Republik China sowie inländischen natürlichen oder juristischen Personen gründen. Er kann aber auch ein bereits vorhandenes Unternehmen durch Teilnahme an einer Kapitalerhöhung vergrößern. Darüber hinaus kommt der Kauf von Aktien oder Schuldverschreibungen eines bereits vorhandenen Unternehmens und die Gewährung von Darlehen bzw. die Leihe von Maschinen, sonstigen Einrichtungen oder Rohstoffen in Betracht.

d) Die Gegenstände der Einlage

Einlagen in eine Tochtergesellschaft können nach § 3 SIFN sowohl Geld- als auch Sacheinlagen sein. Die Geldeinlage kann aus überwiesenen oder nach Taiwan eingeführten Devisen bestehen. Devisen im Sinne der SIFN ist auch bereits früher investiertes Kapital, das zur Übertragung der Investition auf die neue Gesellschaft oder durch Herabsetzung des Kapitals oder Auflösung und Liquidation des anderen Unternehmens mit Genehmigung desinvestiert wurde, sowie Kapitalgewinne, Reinerträge, Früchte oder sonstige Erträge, soweit sie als Eigenkapital reinvestiert werden. Die erlaubten Sacheinlagen reichen von Maschinen, Einrichtungen oder Rohstoffen, die zum eigenen Gebrauch mit eigenen Devisen importiert werden, bis hin zu Know-how oder Patenten.

2. *Die Begünstigungen und der Schutz*

a) *Die Befreiung von gesellschaftsrechtlichen Beschränkungen*

Ein großer Vorteil der Investitionen nach der SIFN liegt in der Befreiung von den Beschränkungen des HGG über die obligatorische Beteiligung chinesischer Staatsbürger etc. Nach § 18 Abs. 1 SIFN sind die folgenden Vorschriften des HGG bei Investitionen nach der SIFN außer Kraft gesetzt:

– § 98 Abs. 1 HGG (Staatsangehörigkeit und Wohnsitz der Gesellschafter sowie der Anteil am Stammkapital einer GmbH, der von chinesischen Staatsangehörigen gehalten werden muß);
– § 108 Abs. 2 HGG (Staatsangehörigkeit und Wohnsitz des Direktors einer GmbH);
– § 128 Abs. 1 HGG (Staatsangehörigkeit und Wohnsitz des Gründers einer AG);
– § 208 Abs. 5 HGG (Staatsangehörigkeit und Wohnsitz des Vorstandsvorsitzenden und seines Stellvertreters, Wohnsitz des Exekutivdirektors) und
– § 216 Abs. 1 HGG (Wohnsitz des Kontrolleurs).

Außerdem braucht eine mit einer Erlaubnis nach der SIFN gegründete Tochtergesellschaft in Form einer AG nicht nach § 156 Abs. 4 HGG Aktien an das Publikum auszugeben[24] und ebensowenig nach § 267 HGG bei Kapitalerhöhungen mindestens einen Anteil von 10 % der neuen Aktien für Angestellte bereitzustellen, soweit der Anteil des ausländischen Investors 45 % des Gesamtkapitals der Tochtergesellschaft erreicht.

Die Befreiungen von den gesellschaftsrechtlichen Beschränkungen führen dazu, daß ein ausländisches Unternehmen eine Tochtergesellschaft völlig unter eigener Kontrolle in Taiwan errichten kann.

b) *Die Befreiung von öffentlich-rechtlichen Beschränkungen*

Mit einer Sondergenehmigung der Regierung, des Exekutiv-Yuan, wird ein Investor oder sein Unternehmen nach § 19 SIFN von bestimmten öffentlich-rechtlichen Beschränkungen befreit:

– Die Beschränkungen der §§ 5 Abs. 1 und 3, 8 Abs. 1 und 43 Nr. 2 des Berggesetzes[25] werden außer Kraft gesetzt, mit dem Ergebnis, daß der Investor bzw. sein Unternehmen ein Bergrecht oder eine auf dem Bergrecht lastende Hypothek erwerben oder ein Bergbauunternehmen betreiben kann.

24 Vgl. Fn. 7.
25 Kuang Ye Fa (Berggesetz) vom 26. Mai 1930, zuletzt geändert am 14. April 1978.

- Die Beschränkung des § 17 Nr. 7 des Landgesetzes[26] gilt nicht; ein Investor bzw. sein Unternehmen kann ein Bergbauland oder ein dingliches Recht daran erwerben oder mieten.
- Die Beschränkungen des § 2 Nr. 3 Alt. 1 bis 4 und Nr. 4 des Schiffahrtsgesetzes[27] werden außer Kraft gesetzt, vorausgesetzt, daß das Unternehmen nicht Binnen- oder Küstenschiffahrt betreibt und als Joint-venture geführt wird. Dies führt dazu, daß ein von ausländischen Investoren organisiertes Unternehmen ein Schiff unter der Flagge der Republik China führen darf.
- Die Aufhebung der Beschränkungen des § 10 Abs. 1 Nr. 3 Alt. 1 bis 5 und § 45 Abs. 1 des Gesetzes über die zivile Luftfahrt[28] führt dazu, daß das nach der SIFN gegründete Unternehmen ein Flugzeug mit der Nationalität der Republik China haben kann.

c) Das Devisenrecht

Devisen unterliegen im Prinzip der staatlichen Kontrolle nach der Devisenverordnung[29]. Zum Schutz der ausländischen Investitionen gewährt § 13 SIFN dem Investor ein Devisenexportrecht. Er kann also die Überweisung der jährlichen Reinerträge und Früchte aus seiner Investition in Form von Devisen ins Ausland beantragen. Das gilt nach einem Jahr ab Beginn des Unternehmensbetriebs auch für das festgestellte eingesetzte Kapital und den Kapitalgewinn aus der Investition. Da seit 1987 die Devisenbewirtschaftung zum großen Teil dereguliert ist und die Überweisung von Devisen von bis zu fünf Millionen US $ pro Jahr ins Ausland nicht mehr genehmigungspflichtig ist, spielt das Devisenexportrecht des Investors im Rahmen der Begünstigungen der Investition nach der SIFN keine erhebliche Rolle mehr.

d) Das Enteignungsverbot

Die Enteignung ist nicht ohne weiteres verboten. Ein nach der SIFN gegründetes Unternehmen, an dem ein ausländischer Investor mit weniger als 45 % des Gesamtkapitals beteiligt ist, kann aus Gründen der nationalen Sicherheit gegen

26 Tudi Fa (Landgesetz) vom 30. Juni 1930, zuletzt geändert am 29. Dezember 1989.

27 Chuanbo Fa (Schiffahrtsgesetz) vom 4. Dezember 1930, zuletzt geändert am 28. Dezember 1983.

28 Min Yong Hangkong Fa (Gesetz über die zivile Luftfahrt) vom 30. Mai 1953, zuletzt geändert am 19. November 1984.

29 Guanli Waihui Tiaoli (Devisenverordnung) vom 11. Januar 1949, zuletzt geändert am 26. Juni 1987.

angemessene Entschädigung enteignet werden (§ 15 SIFN). Das Enteignungsverbot gilt zwanzig Jahre und nur für solche Unternehmen, in denen der Anteil der Ausländer den Schwellenwert von 45 % erreicht und diese Beteiligung zwanzig Jahre hindurch aufrechterhalten wird (§ 16 Abs. 1 SIFN). Hat der Investor gemeinsam mit einem Überseechinesen investiert, so werden die Anteile des Überseechinesen bei der Berechnung der 45 %-Beteiligung mitgerechnet, soweit diese zu den Investitionen durch Überseechinesen im Sinne der Verordnung betreffend Investitionen durch Überseechinesen[30] zählen (§ 16 Abs. 2 SIFN).

e) Die Gleichbehandlung

Abgesehen von den oben genannten Begünstigungen und dem Enteignungsverbot wird ein nach der SIFN gegründetes Unternehmen mit einem von einem Inländer betriebenen Unternehmen desselben Gewerbes gleich behandelt (§ 20 SIFN).

3. Das Verfahren

a) Die zuständige Behörde

Zuständig für die Abwicklung einer Investition nach der SIFN ist das Zentrum für Industrieentwicklung und Investition (Industrial Development and Investment Center, IDIC) des Ministeriums für Wirtschaft.

b) Die Investitionserlaubnis

Der Investor hat vor dem Kapitaleinsatz beim IDIC eine Erlaubnis zur Investition zu beantragen. Vorzulegen sind das Antragsformular, das beim IDIC erhältlich ist und auf chinesisch ausgefüllt werden muß, sowie die notwendigen Unterlagen. Diese schließen eine Bescheinigung der Staatsangehörigkeit des Investors, beglaubigt von der dortigen Vertretung der Republik China und eine Ausfertigung des Unterschriftsstempels des Investors ein. Wird ein Rechtsanwalt eingeschaltet, so ist die Vollmachtsurkunde von der Vertretung der Republik China zu beglaubigen. Zu beachten ist, daß im Antragsformular die rechtlichen, insbesondere steuerrechtlich zulässigen Begünstigungen, ausführlich mit ihren Rechtsgrundlagen aufgeführt werden.

30 Huaqiao Hui Guo Touzi Tiaoli (Verordnung betreffend Investitionen durch Überseechinesen) vom 19. November 1955, zuletzt geändert am 26. Mai 1989.

Das IDIC wird nach Einreichung des vollständigen Investitionsantrags diesen entweder allein überprüfen oder ihn an die im jeweiligen Falle zuständigen Behörden weiterleiten, um deren Stellungnahme einzuholen und diese bei der Entscheidung mit zu berücksichtigen.

Nach § 8 Abs. 3 SIFN soll eine Entscheidung über die Investition innerhalb von zwei Monaten nach Einreichen des vollständigen Antrags getroffen werden. In der Praxis reichen gewöhnlich vier Wochen aus.

IX. Das Recht gegen Wettbewerbsbeschränkungen

1. Die gesetzliche Grundlage

Das Wettbewerbsrecht in Taiwan findet seine gesetzliche Grundlage in erster Linie im Gesetz über den fairen Handel (FHG)[31], in dem die Wettbewerbsbeschränkungen und der unlautere Wettbewerb einheitlich geregelt sind. Das am 4. Februar 1992 in Kraft getretene FHG ist das Ergebnis einer Politik zur Liberalisierung und Internationalisierung der Wirtschaft in Taiwan. Dadurch will der Gesetzgeber die Handelsordnung aufrechterhalten, die Interessen der Verbraucher schützen, den fairen Wettbewerb gewährleisten sowie die Stabilität und das Wachstum der Wirtschaft fördern.

Das FHG enthält sieben Abschnitte:

(1) Allgemeine Vorschriften (§§ 1 bis 9 FHG);
(2) Monopole, Zusammenschlüsse und Kartelle (§§ 10 bis 17 FHG);
(3) Unfairer Wettbewerb (§§ 18 bis 24 FHG);
(4) Die Kommission für den fairen Handel (§§ 25 bis 29 FHG);
(5) Schadensersatz (§§ 30 bis 34 FHG);
(6) Straf- und Bußgeldvorschriften (§§ 35 bis 44 FHG) und
(7) Schlußbestimmungen (§§ 45 bis 49 FHG).

Zuständig für die Durchsetzung des FHG ist die Kommission für den fairen Handel (§ 25 FHG), die eine unabhängige Stellung besitzt (§ 28 FHG). Sie hat zur Wahrnehmung ihrer Aufgabe eine umfangreiche Ermittlungsbefugnis und kann verwaltungsrechtliche Maßnahmen treffen (§§ 25 bis 27 FHG). Ein Unternehmen, das als Partei am Ermittlungsverfahren beteiligt ist, ist verpflichtet, dem Komitee die erforderlichen Auskünfte zu erteilen (§ 27 FHG).

Verstöße gegen das FHG können straf- (§§ 36 bis 38 FHG), verwaltungs- (§§ 41 bis 43 FHG) und zivilrechtliche Rechtsfolgen (§§ 30 bis 34 FHG) auslösen. Im Rahmen des Schadensersatzanspruchs besteht ein Anspruch auf Her-

31 Gongping Jiaoyi Fa (Gesetz über den fairen Handel) vom 4. Februar 1991.

ausgabe des durch den Verstoß erzielten Gewinns (§ 32 Abs. 2 FHG). Im Gegensatz zum deutschen Recht ist ein „Schadensersatz" in dreifacher Höhe des Schadens zulässig (§ 32 Abs. 1 FHG).

Für den internationalen Anwendungsbereich gilt das Wirkungsprinzip: Das FHG findet somit einerseits Anwendung auf Wettbewerbsbeschränkungen, die zwar im Ausland veranlaßt werden, sich jedoch im Inland auswirken; andererseits wird seine Anwendung auf das Verhalten inländischer Unternehmen ausgeschlossen, soweit es keine Auswirkung auf den Wettbewerb im Inland hat.

2. *Das Kartellverbot*

Ein Kartell im Sinne des FHG liegt vor, wenn ein Unternehmen durch Verträge, Vereinbarungen oder Übereinkommen in anderen Rechtsformen mit einem anderen Unternehmen, mit dem es im Wettbewerb steht, gemeinsam über den Preis von Waren oder Dienstleistungen entscheidet, oder die Mengen, Techniken, Produkte, Einrichtungen oder Unternehmenstätigkeiten beschränkt (§ 7 FHG).

Kartelle sind grundsätzlich verboten. Ausnahmefälle bilden nur die in § 14 FHG aufgezählten Kartelle, soweit diese zugunsten der Gesamtwirtschaft und im öffentlichen Interesse zustandegekommen sind. Diese Kartelle sind im Grunde mit den Normen- und Typenkartellen, den Rationalisierungskartellen, den Spezialisierungskartellen, den Exportkartellen, den Importkartellen, den Strukturkrisenkartellen sowie den Kooperationskartellen im deutschen Recht vergleichbar.

Für die Befreiung vom Kartellverbot ist eine vorherige Erlaubnis der Kommission für den fairen Handel, die mit Bedingungen, Beschränkungen und Auflagen verbunden werden kann, unentbehrlich. Die Gültigkeit der Erlaubnis darf einen Zeitraum von drei Jahren nicht überschreiten, kann jedoch auf Antrag verlängert werden. Während ihrer Gültigkeit kann die Erlaubnis widerrufen oder geändert werden, soweit der Grund für ihre Erteilung nicht mehr besteht.

Verstöße gegen das Kartellverbot werden bestraft (§ 35 FHG).

3. *Die Monopolaufsicht*

Das FHG spricht von einem Monopol, wenn ein Unternehmen auf einem bestimmten Markt keinem Wettbewerb ausgesetzt ist oder eine überragende Stellung hat und die Fähigkeit besitzt, den Wettbewerb zu beseitigen. Als Monopol gelten auch zwei oder mehr Unternehmen, soweit zwischen ihnen praktisch kein Preiswettbewerb besteht und sie in ihrer Gesamtheit die genannten Voraussetzungen eines Monopols erfüllen (§ 5 Abs. 1 und 2 FHG). Die Unternehmen, die eine Monopolstellung besitzen, werden regelmäßig von der Kommission für den fairen Handel bekanntgemacht (§ 10 Abs. 2 FHG).

Monopole sind nicht verboten, sondern stehen unter Mißbrauchsaufsicht. Einem Unternehmen, das eine Monopolstellung besitzt, sind nach § 10 Abs. 1 FHG die folgenden Verhaltensweisen verboten:

- mit unlauteren Mitteln unmittelbar oder mittelbar die Teilnahme eines anderen Unternehmens am Wettbewerb zu behindern,
- die Entgelte von Waren oder Dienstleistungen willkürlich zu bestimmen, aufrechtzuerhalten oder zu verändern,
- ohne sachlich gerechtfertigten Grund die Handelspartner zu veranlassen, ihm Sondervergünstigungen zu gewähren,
- in sonstiger Weise seine Marktstellung mißbräuchlich auszunutzen.

Die Verbote sind mit Strafe bewehrt (§ 35 FHG).

4. Die Zusammenschlußkontrolle

Die Definition des Zusammenschlusses von Unternehmen ist der des § 23 Abs. 2 GWB in der Fassung von 1957 ähnlich. Nach § 6 FHG liegt ein Zusammenschluß vor, wenn ein Unternehmen

- mit einem anderen Unternehmen verschmilzt,
- Anteile an einem anderen Unternehmen besitzt oder erwirbt, die ein Drittel der Stimmrechte oder des Kapitals des anderen Unternehmens ausmachen,
- den Betrieb oder das Vermögen eines anderen Unternehmens ganz oder zu einem wesentlichen Teil erwirbt oder pachtet,
- häufig gemeinsam mit einem anderen Unternehmen oder im Auftrag eines anderen Unternehmens den Betrieb führt oder
- unmittelbar oder mittelbar die Geschäftsführung oder Berufung oder Abberufung eines Organs eines anderen Unternehmens kontrolliert.

Im Gegensatz zum deutschen Recht kennt das FHG nur die Anzeige vollzogener Zusammenschlüsse. Eine beobachtende Zusammenschlußkontrolle besteht nicht. Der Zusammenschluß von Unternehmen ist grundsätzlich erlaubt. Er bedarf nach § 11 FHG einer Genehmigung erst dann, wenn er einen der folgenden Schwellenwerte übersteigt:

- wenn die beteiligten Unternehmen durch den Zusammenschluß einen Marktanteil von einem Drittel erreichen;
- wenn eines der am Zusammenschluß beteiligten Unternehmen einen Marktanteil von mindestens einem Viertel hat oder
- wenn die Umsatzerlöse eines der am Zusammenschluß beteiligten Unternehmens im letzten Geschäftsjahr den von der zentralen zuständigen Behörde bekanntgemachten Betrag überschritten hat.

Eine Genehmigung wird erteilt, soweit die gesamtwirtschaftlichen Vorteile des Zusammenschlusses den durch diesen ausgelösten Nachteil der Wettbewerbsbeschränkung überwiegen (§ 12 FHG).

Wird ein genehmigungsbedürftiger Zusammenschluß von Unternehmen ohne Genehmigung vollzogen, so kann die Kommission für den fairen Handel den Zusammenschluß verbieten und den Unternehmen aufgeben, innerhalb einer bestimmten Frist den Zusammenschluß rückgängig zu machen, die erworbenen Anteile ganz oder zum Teil zu veräußern, den Betrieb zum Teil Dritten zu überlassen bzw. Organe abzuberufen, oder sonstige erforderliche Maßnahmen vorzunehmen. Handeln die Unternehmen gegen eine der genannten Auflagen, kann die Kommission ihnen gebieten, sich aufzulösen, oder den Betrieb endgültig oder vorläufig einzustellen.

Rechtswidrige Zusammenschlüsse sind nach § 40 FHG mit einer Geldbuße belegt.

X. Gesellschaftsstatut und Anerkennung ausländischer Gesellschaften

Im Rahmen des internationalen Privatrechts sind das Gesellschaftsstatut und die Anerkennung ausländischer Gesellschaften für die Betätigung eines ausländischen Unternehmens in Taiwan von erheblicher Bedeutung.

1. Das Gesellschaftsstatut

Das Gesellschaftsstatut ist im Internationalen Privatrecht Taiwans nicht eindeutig geregelt.

Im Gegensatz zum deutschen Recht wird in Taiwan bei einer juristischen Person ebenso von der Staatsangehörigkeit und damit dem Heimatrecht gesprochen wie bei einer natürlichen Person. Das Heimatrecht wird als Statut einer juristischen Person angesehen. Welchen Staates Recht als Heimatrecht einer juristischen Person gilt, hängt im Prinzip vom Sitz der juristischen Person ab. So sieht das IPR-Gesetz[32] im Anschluß an die Vorschrift des § 1 über das Statut einer natürlichen Person in § 2 vor, daß als das Heimatrecht einer von der Republik China anerkannten ausländischen juristischen Person das Recht des Staates, in dem diese ihren Sitz hat, gilt. Das IPR-Gesetz verfolgt also die Sitztheorie.

32 She Wai Minshi Falü Shiyong Fa (Gesetz über die Rechtsanwendung bei Zivilsachen mit Auslandsberührung) vom 6. Juni 1953.

Bei Handelsgesellschaften gelten jedoch Sondervorschriften, denen die Gründungstheorie zugrundeliegt. So kommen als ausländische Handelsgesellschaften im Sinne des HGG nur die Handelsgesellschaften in Betracht, die gemäß einem ausländischen Recht gegründet und eingetragen wurden (§ 4 HGG). Im Rahmen der Investitionen nach der SIFN bestimmt sich die Staatsangehörigkeit einer ausländischen juristischen Person nach dem Recht, nach dem diese errichtet wurde (§ 2 Abs. 2 SIFN).

2. *Die Anerkennung ausländischer Gesellschaften*

Die Zulässigkeit unternehmerischer Betätigung einer ausländischen Gesellschaft in Taiwan setzt ihre Anerkennung voraus. Eine ausländische Gesellschaft darf sich nicht in Taiwan gewerblich betätigen, solange sie nicht durch die zuständige Behörde ein Anerkennungszertifikat und eine Niederlassungslizenz erhalten hat (§ 371 Abs. 2 HGG).

Voraussetzung für die Anerkennung einer ausländischen Gesellschaft sind ihre wirksame Gründung und die Ausübung einer gewerblichen Tätigkeit in ihrem Heimatland. Eine ausländische Gesellschaft darf die Anerkennung nicht beantragen, wenn sie nicht in ihrem Heimatland gegründet und eingetragen wurde und ihre Geschäfte aufgenommen hat (§ 371 Abs. 1 HGG).

Eine anerkannte ausländische Gesellschaft wird mit einer inländischen Gesellschaft gleicher Art rechtlich behandelt.

Nicht anerkannte ausländische Gesellschaften dürfen sich in Taiwan nicht gewerblich betätigen. Zuwiderhandlungen führen zur Nichtigkeit der betreffenden Rechtsgeschäfte und der gesamtschuldnerischen Haftung der Handelnden und der ausländischen Gesellschaft (§ 15 EGATZGB[33]).

Anhang

I. Abkürzungsverzeichnis

EGATZGB	Einführungsgesetz zum Allgemeinen Teil des Zivilgesetzbuchs
EStG	Einkommenssteuergesetz
FHG	Gesetz über den fairen Handel
GewStG	Gewerbesteuergesetz
HGG	Handelsgesellschaftsgesetz
IDIC	Zentrum für Industrieentwicklung und Investition (Industrial Development and Investment Center)

33 Minfa Zongze Shixing Fa (Einführungsgesetz zum Allgemeinen Teil des Zivilgesetzbuchs) vom 24. September 1929, zuletzt geändert am 4. Januar 1982.

IPR-Gesetz	Gesetz über die Rechtsanwendung bei Zivilsachen mit Auslandsberührung
SIFN	Verordnung betreffend Investitionen durch Ausländer (Statute for Investment by Foreign Nationals)
SUI	Verordnung zur Förderung der Industrie (Statute for Upgrading Industry)

II. Gesetze

Kuang Ye Fa (das Berggesetz) vom 26. Mai 1930, zuletzt geändert am 14. April 1978.

Zhengjuan Jiaoyi Fa (das Börsengesetz) vom 30. April 1968, zuletzt geändert am 29. Januar 1988.

Guanli Waihui Tialoi (die Devisenordnung) vom 11. Januar 1949, zuletzt geändert am 26. Juni 1987.

Minfa Zongze Shixing Fa (das Einführungsgesetz zum Allgemeinen Teil des Zivilgesetzbuchs) vom 24. September 1929, zuletzt geändert am 4. Januar 1982.

Suodeshui Fa (das Einkommensteuergesetz) vom 17. Februar 1943, zuletzt geändert am 30. Juli 1993.

Gongping Jiaoyi Fa (das Gesetz über den fairen Handel) vom 4. Februar 1991.

Shangye Kuaiji Fa (das Gesetz über die Handelsbuchführung) vom 7. Januar 1948, zuletzt geändert am 8. Januar 1968.

She Wai Minshi Falü Shiyong Fa (das Gesetz über die Rechtsanwendung bei Zivilsachen mit Auslandsberührung) vom 6. Juni 1953.

Min Yong Hangkong Fa (das Gesetz über die zivile Luftfahrt) vom 30. Mai 1953, zuletzt geändert am 19. November 1984.

Yingyeshui Fa (das Gewerbesteuergesetz) vom 13. Juni 1931, zuletzt geändert am 30. Juli 1993.

Gongsi Fa (das Handelsgesellschaftsgesetz) vom 26. Dezember 1929, zuletzt geändert am 10. November 1990.

Tudi Fa (das Landgesetz) vom 30. Juni 1930, zuletzt geändert am 29. Dezember 1989.

Waiguoren Touzi Tiaoli (die Verordnung betreffend Investitionen durch Ausländer) vom 14. Juli 1954, zuletzt geändert am 26. Mai 1989.

Huaqiao Hui Guo Touzi Tiaoli (die Verordnung betreffend Investitionen durch Überseechinesen) vom 19. November 1955, zuletzt geändert am 26. Mai 1989.

Cujin Chanye Shengji Tiaoli (die Verordnung zur Förderung der Industrie) vom 29. Dezember 1990.

Chuanbo Fa (das Schiffahrtsgesetz) vom 4. Dezember 1930, zuletzt geändert am 28. Dezember 1983.

III. Literaturhinweise

FUCHS, INGRID: Jeder soll dem andern als Sprungbrett dienen. Wirtschaftsbeziehungen Deutschland – Taiwan. Bonn als Schlüssel zur EG, Taipeh als Tor zum Festland, Beilage der Süddeutschen Zeitung Nr. 230, 5. Oktober 1993, S. 18;

GÄLLI, ANTON: Spiel mit vielen Kugeln – Konturen eines großchinesischen Wirtschaftsblocks, München 1993;

GUO, FENGYOU: Qiao Wai Touzi Shenqing Shiwu (Die Antragspraxis bei Investitionen durch Überseechinesen und Ausländer), 2. Aufl., Taipeh 1989;

KE, FANGZHI: Gongsi Fa Lun (Das Handelsgesellschaftsrecht), 2. neubearb. Aufl., Taipeh 1993;

KWANG HWA VERLAG, (Hrsg.), Taiwan Handbuch. Die Republik China, 2. Aufl., Taipeh 1993.

TAXATION AND TARIF COMMISSION OF THE MINISTRY OF FINANCE, (Hrsg.), Taxation in the Republic of China, Taipeh 1991.

WANG, JIANXUAN, Zushui Fa (Das Steuerrecht), 17. Aufl., Taipeh 1993.

IV. Adressenverzeichnis

Vertretung der Regierung der Republik China:
Taipei Wirtschafts- und Kulturbüro
Villichgasse 17/IV. OG
53177 Bonn
Tel.: 02 28/36 40 14-18
Fax: 02 28/35 48 74

Vertretung des Wirtschaftsministeriums der Republik China:
Taipei Handelsbüro
Dr. jur. WEI-CHWEN WONG
Mainzer Landstraße 51/III. OG
60329 Frankfurt/M.
Tel.: 0 69/25 01 05
Fax: 0 69/23 79 79

Vertretung der Deutschen Industrie- und Handelskammer:
German Trade Office Taipei
Direktor: Dr. JÜRGEN FRANZEN
4th F. Min-Sheng E. Rd. Sec. 3
Taipei, Taiwan
Republic of China
Tel.: 00 88 62/5 06 24 67
Fax: 00 88 62/5 06 81 82

Die Gründung einer Tochtergesellschaft in der Tschechischen Republik

von

Rechtsberater ALEXANDER J. BĚLOHLÁVEK, Prag
und HILDEGARD ZIEMONS, Bonn

Inhaltsübersicht

I. Einleitung

1. Entwicklung der rechtlichen Rahmenbedingungen

Bis 1985 war Ausländern eine unternehmerische Betätigung in der damaligen ČSSR nur aufgrund von Kooperationsvereinbarungen mit tschechoslowakischen Unternehmen möglich. Eine Verbesserung der Investitionsmöglichkeiten für ausländische Unternehmen brachte erstmals das Gesetz Nr. 173/1988 Slg.[1], das zunächst eine ausländische Mehrheitsbeteiligung an einem Joint-venture[2] und nach der Novelle durch das Gesetz Nr. 112/1990 auch die Gründung einer 100%igen Tochtergesellschaft erlaubte. Durch das im April 1990 verabschiedete neue Aktiengesetz[3], das nunmehr das Aktienrecht umfassend regelte, und die gleichzeitige Novelle des Wirtschaftsgesetzbuches[4], wurde die Bandbreite der zur Verfügung stehenden Gesellschaftsformen erweitert, indem die Rechtsformen der Gesellschaft mit beschränkter Haftung, der Kommanditgesellschaft und der Offenen Handelsgesellschaft eingeführt wurden.

Die heutige rechtliche Situation ist maßgeblich durch das Handelsgesetzbuch[5] und das im November 1991 novellierte Bürgerliche Gesetzbuch[6] geprägt, die zum 1. Januar 1992 in Kraft traten und durch das Verfassungsgesetz der Tschechischen Republik[7] unverändert in deren Rechtsordnung überführt worden sind. Durch das Handelsgesetzbuch wurden alle bis dahin gesellschaftsrechtlich relevanten Gesetze außer Kraft gesetzt.

Die Wirkung dieser Gesetzesreformen auf die unternehmerische Betätigung in der Tschechischen Republik ist an der Entwicklung der Gesellschaftsgründungen abzulesen: Existierten bis April 1990 nur 1000 Joint-ventures auf dem

1 Sammlung der Gesetze.
2 Bis 1990 standen als Rechtsformen eines Joint-venture nur die Aktiengesellschaft, geregelt im Gesetz über die Aktiengesellschaften von 1949, und die Vereinigung zur Verfügung.
3 Gesetz Nr. 104/1990 Slg.
4 Gesetz Nr. 103/1990 Slg., das das Wirtschaftsgesetzbuch (Gesetz Nr. 109/1964 Slg.) änderte.
5 Gesetz Nr. 513/1991 Slg.
6 Gesetz Nr. 40/1964 Slg., zuletzt geändert durch das Gesetz Nr. 509/1991 Slg.
7 Gesetz Nr. 4/1993 Slg.

gesamten Gebiet der ČSFR, stieg deren Zahl bis zum Ende des Jahres 1990 allein in Prag auf über 1000 und vervielfachte sich bis Ende 1991. Ende 1993 bestanden allein in Prag ca. 20.000 Gesellschaften mit beschränkter Haftung[8].

2. *Rechtsquellen*

Für die unternehmerische Betätigung in der Tschechischen Republik sind folgende Gesetze von besonderer Bedeutung:

Das *Handelsgesetzbuch*, das neben den bereits erwähnten Gesellschaftsformen auch die stille Gesellchaft, das Firmenrecht, das Handelsregister und die Grundprinzipien des Handelsrechts und Teile des Obligationenrechts regelt.

Das *Bürgerliche Gesetzbuch*, dessen Regelungen subsidiär auch für Gesellschaften und Unternehmen gelten.

Das *Devisengesetz*[9] legt in seiner heutigen Form die innere Konvertibilität der Tschechischen Krone fest[10].

Das *Gesetz über die Außenwirtschaftsbeziehungen*[11] hat das Lizenzsystem für die Ein- bzw. Ausfuhr bestimmter Waren (z. B. Waffen, Gifte und Arzneimittel) eingeführt und regelt die Einzelheiten, die sich aus internationalen Verträgen und Handelsabkommen der Tschechischen Republik ergeben. Weiterhin regelt es die Stellung der Tschechischen Handels- und Industriekammer und der noch existierenden staatlichen Außenhandelsunternehmen sowie deren Auflösung.

3. *Rechtsformen unternehmerischer Betätigung*

Ausländischen Unternehmen[12] stehen alle Möglichkeiten unternehmerischer Betätigung offen, die auch tschechischen Unternehmen erlaubt sind, § 21 Abs. 1 HGB. So besteht neben der Beteiligung an einer Gesellschaft bzw. der Gründung einer 100%igen Tochtergesellschaft die Möglichkeit, eine „Organisationseinheit" des Betriebes zu gründen.

8 Die GmbH ist die am weitesten verbreitete Gesellschaftsform.

9 Das Devisengesetz von 1990 (Nr. 162/1989 Slg.) wurde mehrfach geändert, zuletzt durch das Gesetz Nr. 228/1992 Slg. und die dazugehörigen Durchführungsbestimmungen Gesetz Nr. 303/1992 Slg.

10 Vgl. dazu im Einzelnen unten II.2.

11 Gesetz Nr. 42/1980 Slg., es wurde zwischenzeitlich mehrfach geändert und zunehmend liberalisiert.

12 Der Begriff des Ausländers im Sinne des Handels– und Gesellschaftsrechts ist vom devisenrechtlichen Ausländerbegriff, dazu unten II. 2., streng zu unterscheiden. Ausländer im Sinne des HGB ist jede natürliche oder juristische Person, die ihren Wohnsitz bzw. Sitz außerhalb der tschechischen Republik hat, § 21 Abs. 2 HGB.

a) *Die Errichtung einer Niederlassung*

Unter dem Begriff „Organisationseinheit des Betriebes" werden die Zweigniederlassung, die Handelsvertretung, das Service-Büro und die Repräsentanz zusammengefaßt[13], § 7 HGB. Voraussetzung der Errichtung einer Niederlassung[14] sind u. a. ein Antrag des ausländischen Unternehmens auf Eintragung der Niederlassung in das Handelsregister[15] und die Erteilung eines Gewerbescheines bzw. einer Gewerbekonzession[16] erforderlich. Weiterhin müssen die Personen, die für die Niederlassung handeln sollen bzw. verantwortlich im Sinne des Gewerberechts sind, über eine Aufenthaltserlaubnis verfügen[17] und ihren Wohnsitz in der Tschechischen Republik haben.

Die Niederlassung ist mit dem Tag der Eintragung in das Handelsregister zur Ausübung ihrer Tätigkeit, die ebenfalls in das Handelsregister eingetragen werden muß und sich nach dem Unternehmensgegenstand des ausländischen Unternehmens richtet, berechtigt, § 21 Abs. 3 HGB. Da sie als Bestandteil des ausländischen Unternehmens gilt, ist sie devisenrechtlich als Ausländer zu behandeln[18] und in Hinblick auf die internen Rechtsverhältnisse und die Haftung der Gesellschafter finden die Regeln der Rechtsordnung Anwendung, nach der das errichtende Unternehmen gegründet wurde.

b) *Die Beteiligung an Unternehmen*

aa) Ein ausländisches Unternehmen kann uneingeschränkt und ohne staatliche Genehmigung Tochtergesellschaften gründen[19]. Als Rechtsformen stehen die Offene Handelsgesellschaft und die Kommanditgesellschaft, die im Gegensatz zum deutschen Recht juristische Personen, im übrigen aber ähnlich geregelt sind, und die Gesellschaft mit beschränkter Haftung sowie die Aktiengesellschaft zur Verfügung.

13 Im folgenden wird nur der Begriff Niederlassung verwendet.

14 Vgl. dazu auch A. VERNY, Rahmenbedingungen für ausländische Handelsagenturen und Niederlassungen in der Tschechischen und Slowakischen Republik, in: Breidenbach (Hrsg.), Handbuch Wirtschaft und Recht in Osteuropa, München.

15 Näheres zum Handelsregister unter III.1.

16 Der Gewerbeschein bzw. die Gewerbekonzession sind in den §§ 45–56 Gewerbegesetz (Gesetz Nr. 455/1991 Slg.) geregelt.

17 Vgl. dazu das Gesetz Nr. 123/1992 Slg.

18 Zu den Rechtsfolgen des Status als Devisenausländer siehe unten II.2.

19 Vgl. dazu auch: DRÜKE, Die Gründung von Unternehmen mit ausländischer Kapitalbeteiligung, in: Breidenbach (Hrsg.), Handbuch Wirtschaft und Recht in Osteuropa, München.

Weiterhin gibt es die Möglichkeit, eine stille Gesellschaft, eine bürgerlichrechtliche Stiftung, eine Interessenvereinigung juristischer Personen, eine Vereinigung oder eine Genossenschaft zu gründen. Die letztgenannten Rechtsformen werden allerdings in der Praxis von ausländischen Unternehmen selten in Anspruch genommen.

bb) Eine wichtige Einschränkung besteht in Hinblick auf die Gründung eines Joint-venture, wenn der tschechische Mit-Gründer ein Staatsunternehmen oder eine Handelsgesellschaft ist, an der der Staat oder eine Kommune mehrheitlich beteiligt ist: um eine Umgehung der Privatisierungsvorschriften zu vermeiden, ist eine spezielle Genehmigung der tschechischen Regierung notwendig[20].

c) *Der Erwerb von Immobilien*

Der Erwerb von Immobilien[21] ist Ausländern grundsätzlich untersagt. Hiervon gibt es jedoch mehrere Ausnahmen von denen die praktisch relevantesten der Erwerb durch Erbschaft und Tausch sowie der Erwerb eines Gebäudes, das auf einem dem Ausländer gehörenden Grundstück errichtet worden ist, sind.

Eine tschechische Gesellschaft mit ausländischer Beteiligung kann, wie jedes andere tschechische Rechtssubjekt, Grundeigentum erwerben. Tochtergesellschaften ausländischer Unternehmen in der Tschechischen Republik können also ohne Beschränkung Grundeigentum erwerben. Der Eigentumsübergang vollzieht sich mit der Eintragung in das Liegenschaftskataster, das im wesentlichen dem deutschen Grundbuch entspricht.

II. Investitionsschutz- und Devisenrecht

1. Investitionsschutzrecht

Ausländische Investitionen genießen in der Tschechischen Republik besonderen Schutz. Neben bilateralen Investitionsschutzabkommen[22] gewährt Art. 42 der Charta der Grundrechte und Freiheiten[23] Ausländern grundsätzlich alle in der Charta verbrieften Rechte, zu denen auch die Vermögensrechte gehören.

20 Vgl. dazu § 45 des Gesetzes Nr. 92/1991 Slg. über die große Privatisierung in der aufgrund mehrfacher Änderungen revidierten Fassung.

21 Vgl. dazu auch: PÖHLMANN/GÖPFERT, Der Erwerb von Grundeigentum sowie von Nutzungsrechten in der Tschechischen Republik, in: Breidenbach (Hrsg.), Handbuch Wirtschaft und Recht in Osteuropa, München.

22 Vgl. dazu den Vertrag zwischen der Bundesrepublik Deutschland und der CSFR über die Förderung und den gegenseitigen Schutz von Kapitalanlagen vom 2. 10. 1990.

23 Vgl. dazu die Gesetze Nr. 1 und 2/1993 Slg.

Ein spezieller Schutz gegen Enteignungen wird durch § 25 HGB gewährleistet. Nach dieser Vorschrift sind sowohl das Vermögen einer Handelsgesellschaft, an der ein Ausländer beteiligt ist, als auch die Beteiligung selbst bzw. jedes andere mit dem Unternehmen verbundene Vermögensinteresse des Ausländers gegen Enteignung geschützt. Eine Enteignung ist nur zu bestimmten Zwecken zulässig und darf nur aufgrund eines Gesetzes und gegen Entschädigung erfolgen, die in Höhe des vollen Wertes des betroffenen Vermögens und in konvertierbarer Währung ohne Transferbeschränkungen gewährt werden muß.

2. *Devisenrecht*

Das Devisengesetz unterscheidet zwischen Devisenin- und Devisenausländern. Deviseninländer ist, wer als natürliche Person seinen dauernden tatsächlichen Wohnsitz im Inland bzw. als juristische Person seinen Sitz daselbst hat. Alle anderen Personen sind Devisenausländer, § 5 Abs. 1 Devisengesetz.

a) Wie bereits oben angedeutet, ist die tschechische Krone intern konvertierbar. Innere Konvertibilität bedeutet, daß jeder Deviseninländer in Fremdwährung eingehende Zahlungen in Kronen umtauschen muß, während in Fremdwährung zu leistende Zahlungen bei Bereitstellung des entsprechenden Kronenbetrags durch ihn von der Nationalbank in Devisen umgetauscht und in das Ausland transferiert werden, §§ 11 ff Devisengesetz.

Eine Ausnahme von diesem Zwangsumtausch bestand bis Ende 1993 nur für Bareinlagen, die ein ausländischer Gesellschafter an die Gesellschaft leistete: In diesem Fall darf die Gesellschaft ein Fremdwährungskonto halten, §§ 11 Abs. 3 und 22 Devisengesetz. Die außerordentlich günstige Entwicklung der Devisenreserven (im Februar 1994 betrugen die Fremdwährungsreserven 6,4 Mrd. US $) veranlaßte die tschechische Nationalbank, die Angebotspflicht für Deviseneinnahmen einzuschränken und ein vereinfachtes Genehmigungsverfahren für inländische juristische Personen, die ein Fremdwährungskonto einrichten wollen, einzuführen.

Die volle Konvertibilität soll bis 1998 erreicht werden.

b) Als weitere Folge der Devisenbewirtschaftung bedarf die Aufnahme von Krediten im Ausland der Genehmigung durch die tschechische Nationalbank, § 14 Abs. 2 Devisengesetz.

c) Gewinne und Erlöse aus dem Verkauf einer Beteiligung bzw. der Liquidation der Gesellschaft können frei transferiert werden. Dies wird zum einen durch das mit der Bundesrepublik geschlossene Investitionsschutzabkommen[24] gewährleistet. Zum anderen werden nach dem Devisengesetz und entsprechenden Vorschriften der tschechischen Nationalbank Gewinnansprüche auslän-

24 BGBl. 1992 II S. 294.

discher Gesellschafter wie Vertragsverbindlichkeiten eines Deviseninländers gegenüber einem Devisenausländer behandelt und nach dem oben a) dargestellten Mechanismus zum jeweiligen offiziellen Tageskurs von der Nationalbank umgetauscht.

Sonstige Zahlungen, die weder unter das Investitionsschutzabkommen fallen, noch im Ausland zahlbar sind, können von einem Devisenausländer nicht umgetauscht und in das Ausland transferiert werden, da er kein Umtauschrecht hat, § 36 Devisengesetz.

III. Gemeinsame handelsrechtliche Vorschriften

1. Das Handelsregister

Das Handelsregister (§§ 27 ff HGB) ist ein öffentliches Register, in das die vom Gesetz vorgeschriebenen Angaben eingetragen werden. Es genießt gemäß § 27 Abs. 2 HGB öffentlichen Glauben, d. h. gegenüber demjenigen, der im Vertrauen auf eine Eintragung handelt, kann sich derjenige, den die Eintragung betrifft, nicht auf die Unrichtigkeit der Eintragung berufen. Es wird bei den Kreisgerichten am Sitz eines Bezirksgerichtes, also nicht bei jedem Kreisgericht geführt[25].

Die Eintragungen erfolgen in der Regel auf Antrag der Gesellschaft. Antragsberechtigt sind die Vertreter der Gesellschaft, die unabhängig von der gesellschaftsvertraglichen Regelung den Antrag gemeinschaftlich stellen müssen, also z. B. alle Mitglieder des Vorstands auch dann, wenn sie einzelvertretungsberechtigt sind. Die Unterschriften der Anmeldenden müssen amtlich beglaubigt werden und dem Antrag sind die Schriftstücke beizulegen, die die anzumeldende Tatsache belegen, § 31 HGB.

2. Die Firma

Die Firma, also die Bezeichnung, unter der ein Unternehmen im Geschäftsverkehr auftritt (vgl. § 8 HGB), kann bei einer juristischen Person sowohl als Sach- als auch als Personen- oder als gemischte Firma gebildet werden, § 9 HGB. Als Sachfirma kann auch eine Phantasiebezeichnung gewählt werden.

§ 9 Abs. 2 Satz 3 HGB schreibt vor, daß die Firma einen Hinweis auf die Rechtsform enthalten muß; demzufolge muß die Firma im Falle einer GmbH den Zusatz „*společnost s ručením omezeným*" oder die Abkürzung „*spol. s r.o.*" bzw. „*s. r.o.*" (vgl. § 107 HGB), die Firma einer Aktiengesellschaft den Zusatz

25 Es gibt in der Tschechischen Republik nur 7 Registergerichte.

„akciová společnost“ oder die Abkürzung *„akc. spol.“* bzw. *„a. s.“* (vgl. § 154 Abs. 2 HGB) enthalten.

Weiterhin muß die Firma eines Unternehmens von der anderer Unternehmen unterscheidbar sein. Um dieser Anforderung gerecht zu werden, reicht die Angabe eines anderen Sitzes in der Firma, sofern die Unternehmen nicht in der gleichen Branche tätig sind oder miteinander in Wettbewerb stehen, § 10 Abs. 1 HGB.

3. Die Rechnungslegung

Unternehmen sind zur doppelten Buchführung verpflichtet, § 36 HGB. Die Einzelheiten nach der diese erfolgt, sind in dem Gesetz über die Rechnungslegung niedergelegt[26]. Die Bücher müssen grundsätzlich in Kronen geführt werden; enumerativ aufgezählte Ausnahmen betreffen z. B. Forderungen und Verbindlichkeiten in ausländischer Währung.

Der Jahresabschluß wird vom Vorstand bzw. von den Geschäftsführern aufgestellt. Er muß vom Aufsichtsrat gebilligt und von der Haupt- bzw. Gesellschafterversammlung festgestellt werden. Eine Prüfung durch einen Wirtschafts- oder Buchprüfer (Auditor)[27] ist zwingend bei einer Aktiengesellschaft, § 39 HGB; bei einer GmbH ist die Testierung nur dann erforderlich, wenn im betreffenden Geschäftsjahr

- der Reinumsatz (Gesamterlös abzüglich darauf entfallender Mehrwertsteuer) mehr als 40 Millionen Kronen oder
- das Netto-Vermögen der Gesellschaft mehr als 20 Millionen Kronen beträgt.

IV. Gewerberecht

1. Der Begriff des Gewerbes und die Gewerbeerlaubnis

Gegenstand einer GmbH oder einer AG kann grundsätzlich jede Tätigkeit sein. Möchte die Gesellschaft ein Gewerbe[28] betreiben, so benötigt sie einen Gewerbeschein oder eine Gewerbekonzession, § 10 Gewerbegesetz.

26 Gesetz Nr. 563/1991 Slg.

27 Die Anforderungen, die an einen Wirtschaftsprüfer gestellt werden, sind im Gesetz Nr. 524/1992 Slg. über die Abschlußprüfer und die Kammer der Abschlußprüfer der tschechischen Republik aufgestellt.

28 Der Begriff Gewerbe ist im Gewerbegesetz (Gesetz Nr. 455/1991 Slg.) sehr weit definiert, § 2 Gewerbegesetz, und wird im übrigen negativ bestimmt, § 3 Gewerbegesetz; so gelten z. B. die Tätigkeiten der Ärzte, Rechtsanwälte, Banken und Versicherungen nicht als Gewerbe.

Die sprachliche Umschreibung des Gewerbes und damit des Unternehmensgegenstandes ist vorgeschrieben[29], Abweichungen sind nicht möglich. Während einige Gewerbetätigkeiten sehr weit gefaßt sind (z. B. umfaßt „Ankauf von Ware zwecks Weiterverkauf und der Verkauf" den Groß- und Einzelhandel, Ex- und Import von Waren aller Art, mit Ausnahme lizensierter Waren wie Waffen), sind andere sehr eng gefaßt. Daher empfiehlt es sich, vorab mit der zuständigen Gewerbebehörde Kontakt aufzunehmen und die Fassung des Gegenstandes abzuklären.

Die Gewerbeerlaubnis wird von den Gründern der Gesellschaft vor der Anmeldung zum Handelsregister beantragt, §§ 45, 46 Gewerbegesetz. Sie muß vor der Eintragung vorliegen, § 10 Gewerbegesetz. Demzufolge haben die Gründer in der Anmeldung zum Handelsregister zu versichern, daß die Gewerbeerlaubnis im Zeitpunkt der Eintragung vorliegen wird.

2. *Die Voraussetzungen zum Betrieb eines Gewerbes*

a) *Der verantwortliche Vertreter*

Unabhängig davon, ob das Gewerbe von einer in der Tschechischen Republik ansässigen juristischen Person oder von einem ausländischen Unternehmen betrieben werden soll, muß von dieser ein „verantwortlicher Vertreter" bestellt werden, § 5 Abs. 4 Gewerbegesetz. Dieser muß mindestens 18 Jahre alt und rechtsfähig sein, er darf nicht einschlägig vorbestraft sein[30], § 6 Gewerbegesetz, und er muß ggf. über fachliche Qualifikationen und Praxis verfügen, § 7 Gewerbegesetz.

Der „verantwortliche Vertreter" ist nur für die ordnungsgemäße Ausübung des Gewerbes in Übereinstimmung mit den Gewerbevorschriften verantwortlich, § 11 Gewerbegesetz, und wird nicht in das Handelsregister eingetragen.

b) *Die Erteilung einer Gewerbeerlaubnis*

aa) Der Antrag auf Erteilung der Gewerbeerlaubnis ist an die örtlich zuständige Gewerbebehörde zu richten. Wenn er vollständig ist, wird die Erlaubnis innerhalb von 15 Tagen von der Gewerbebehörde ausgestellt, § 47 Abs. 1 Gewerbegesetz.

29 Für „gebundene" und Handwerksgewerbe sind die Formulierungen in den Anlagen zum Gewerbegesetz und für die sog. „freien" Gewerbe in Verwaltungsvorschriften der Gewerbebehörden, die auf der „einheitlichen Klassifizierung ökonomischer Aktivitäten" beruhen, niedergelegt.

30 Dies wird durch einen Strafregisterauszug bzw. ein Führungszeugnis belegt, vgl. § 46 Gewerbegesetz.

Gemäß § 46 muß eine juristische Person dem Antrag u. a. beifügen: das polizeiliche Führungszeugnis des verantwortlichen Vertreters, den Nachweis darüber, daß die Gemeinde mit der Ansiedlung der Betriebsstätte einverstanden ist, und bei handwerklichen bzw. gebundenen Gewerben den Nachweis der fachlichen Eignung des verantwortlichen Vertreters.

bb) Die Konzessionsurkunde für konzessionierte Gewerbe wird nach einem ähnlichen Verfahren ausgestellt. Hier ist weitere Voraussetzung der Erteilung der Konzession, daß der Bewerber und sein verantwortlicher Vertreter über die erforderliche Zuverlässigkeit verfügen, § 53 Abs. 1 Gewerbegesetz. Konzessionierte Gewerbe sind beispielsweise: Waffenherstellung, Schädlingsbekämpfung, Alarmanlageninstallation, Antiquitätenhandel, Betrieb eines Reisebüros, Gastwirtschaften mit Alkoholausschank, Betrieb eines Hotels mit mehr als zwei Sternen.

V. Die Aktiengesellschaft

1. Die Gründung der Gesellschaft

Das tschechische Recht kennt neben der Einheits- oder geschlossenen Gründung, bei der die Gründer alle Aktien übernehmen, auch die Stufen- oder offene Gründung, bei der die Aktien der zu gründenden Gesellschaft öffentlich zur Zeichnung angeboten werden[31].

a) Der Gründungsvertrag

Die Gründung erfolgt durch Abschluß eines Gründungsvertrages. Dieser bedarf der einfachen Schriftform und die Unterschriften der Gründer müssen notariell beglaubigt werden, § 162 Abs. 1 HGB. Der Gründungsvertrag muß neben einem Entwurf der Satzung mindestens folgende Klauseln enthalten, § 163 Abs. 1 HGB:

- Firma, Sitz und Gegenstand der Gesellschaft;
- das vorgesehene Grundkapital, Anzahl, Art, Gattung und Nennbetrag der Aktien;
- die gezeichneten Einlagen der einzelnen Gründer;
- im Falle von Sacheinlagen: deren Gegenstand und Wert, wobei eine Wertermittlung durch einen Sachverständigen vorgeschrieben ist.

31 Vgl. in diesem Zusammenhang auch: ZIEBE, Das Börsenrecht und der Börsenhandel in der Tschechischen und der Slowakischen Republik, in: Breidenbach (Hrsg.), Handbuch Wirtschaft und Recht in Osteuropa, München.

Falls eine Stufengründung beabsichtigt ist, § 163 Abs. 2 HGB, müssen darüber hinaus Ort und Frist der Zeichnung, das Verfahren bei Überzeichnung, Ort, Zeitpunkt und Höhe der Einzahlungen auf die Aktien sowie die Art und Weise der Einberufung der Gründungshauptversammlung angegeben und im Amtsblatt veröffentlicht werden.

b) Das Grundkapital und seine Aufbringung

aa) Das Mindestgrundkapital einer Aktiengesellschaft beträgt eine Million Kronen, § 162 Abs. 3 HGB. Handelt es sich um eine Stufengründung, müssen die Zeichner 10 % des gezeichneten Betrages in einer von den Gründern festgelegten Frist einzahlen, § 165 Abs. 3 HGB. Bis zur Gründungshauptversammlung bzw. zur Anmeldung zum Handelsregister muß es in Höhe von mindestens 30 % des Nennbetrages der Aktien, § 168 HGB, und eines Agios von mindestens 5 % des Nennbetrages, das in dieser Höhe in den Reservefonds[32] einzustellen ist, eingezahlt werden. Der Restbetrag muß – wenn in der Satzung keine kürzere Frist festgelegt ist – innerhalb eines Jahres nach Eintragung der AG eingezahlt werden, § 177 Abs. 1 HGB.

bb) Das Grundkapital kann durch Bar– oder durch Sacheinlagen aufgebracht werden. Einlagefähig sind Sachen, Forderungen, Unternehmen oder Unternehmensteile. Ihre Bewertung durch einen Sachverständigen ist zwingend vorgeschrieben. Der Eigentumsübergang vollzieht sich eo ipso mit der Eintragung der Gesellschaft, anders ist es bei Grundstücken: die AG erwirbt das Eigentum erst durch Eintragung der Gesellschaft in das Liegenschaftskataster.

Falls der Wert der Sacheinlagen am Tag der Eintragung nicht den bei der Gründung vereinbarten Wert erreicht, kann die Gesellschaft vom Inferenten den Ersatz der Differenz in bar verlangen, § 59 Abs. 5 HGB. Gerät ein Aktionär mit der Erbringung seiner Einlageleistung in Verzug, so hat die AG Anspruch auf Verzugszinsen in Höhe von 20 % p.a.; leistet er auch auf die Mahnung hin nicht innerhalb der Nachfrist, kann seine Beteiligung kaduziert werden, § 177 HGB.

c) Die Gründungshauptversammlung

Die Gründungshauptversammlung muß innerhalb von sechzig Tagen nach dem Zeitpunkt stattfinden, in dem die Nennbeträge der gezeichneten Aktien das vorgesehene Grundkapital erreichen, § 169 Abs. 3 HGB.

32 Der Reservefonds, der einer gesetzlichen Rücklage entspricht, muß auf einem Konto der Gesellschaft gehalten werden.

Sie ist beschlußfähig, wenn die Hälfte des Grundkapitals vertreten ist, § 170 Abs. 2 HGB, und beschließt mit einfacher Mehrheit, § 170 Abs. 3 HGB. Sie muß notariell protokolliert werden, § 171 Abs. 5 HGB.

Sie beschließt u. a. über die Gründung der AG, die Annahme oder Zurückweisung von Überzeichnungen und setzt den Wert der Sacheinlagen fest, § 171 Abs. 1 bis 3 HGB.

aa) Die Annahme der Satzung

In der Gründungsversammlung wird die Satzung der Gesellschaft angenommen. Die Gründer legen den Satzungsentwurf zur Abstimmung vor. Die Satzung muß folgenden Mindestinhalt haben, § 173 HGB:
- Firma und Sitz der Gesellschaft;
- Unternehmensgegenstand;
- Höhe des Grundkapitals und das Verfahren der Einzahlung der Aktien;
- Anzahl und Nennbetrag der Aktien sowie, ob es sich um Namens– oder Inhaberaktien bzw. Stamm– oder Aktien anderer Gattungen handelt;
- das Verfahren zur Einberufung der Hauptversammlung, ihre Kompetenzen sowie die Art und Weise der Beschlußfassung;
- Zahl der Mitglieder des Vorstands, des Aufsichtsrats und der sonstigen Organe sowie deren Zuständigkeit und Art der Beschlußfassung;
- die Höhe des anfänglichen Reservefonds (gesetzliche Rücklage) und die Höhe, bis zu der die Gesellschaft verpflichtet ist, den Reservefonds aufzufüllen sowie das Einzahlungsverfahren;
- die Art und Weise der Gewinnverteilung;
- die Folgen der verspäteten Einzahlung gezeichneter Aktien;
- die Art und Weise der Erhöhung und Herabsetzung des Grundkapitals;
- das Verfahren für Satzungsänderungen

sowie ggf. die Bedingungen, unter denen Wandelschuldverschreibungen ausgegeben werden können, und sonstige Angelegenheiten, die nach dem Willen der Gründer bzw. Aktionäre in der Satzung geregelt werden sollen, § 174 HGB.

bb) Die Bestellung der Mitglieder des Vorstands und des Aufsichtsrats

Eine weitere Aufgabe der Gründungsversammlung besteht darin, die Mitglieder des Vorstandes sowie des zwingend vorgeschriebenen Aufsichtsrates zu bestimmen. Sowohl in den Aufsichtsrat als auch in den Vorstand können Personen berufen werden, die nicht über die tschechische Staatsangehörigkeit verfügen.

Jedoch müssen die Mitglieder des Vorstands ihren Wohnsitz in der Tschechischen Republik haben und über eine Aufenthaltserlaubnis verfügen. Gleiches gilt für die etwaigen Prokuristen der AG.

Im Falle einer geschlossenen Gründung findet keine Gründungshauptversammlung statt. Die Gründer treffen selbst die erforderlichen Entscheidungen, die notariell beurkundet werden, § 172 HGB.

d) Die Eintragung der Gesellschaft

Der Vorstand reicht den Antrag auf Eintragung der Gesellschaft beim zuständigen Handelsregister ein. Dieser Antrag ist von allen Mitgliedern des Vorstands zu unterzeichnen, § 175 Abs. 2 HGB, wobei die Unterschriften der amtlichen Beglaubigung bedürfen (vgl. § 31 Abs. 4 HGB).

Dem Antrag auf Eintragung der Gesellschaft sind beizufügen, § 175 Abs. 3 HGB:

- der Gründungsvertrag bzw. die Gründungsurkunde;
- die Satzung;
- das notarielle Protokoll über die Gründungshauptversammlung;
- die Gewerbeanmeldungsbestätigung;
- der Nachweis, daß mindestens 30 % der Bareinlagen eingezahlt sind;
- ggf. die Aufenthaltserlaubnis eines ausländischen Vorstandsmitgliedes mit Wohnsitz in der Tschechischen Republik sowie
- falls einer der Gründer eine juristische Person ist, deren Handelsregisterauszug, ggf. in von einem tschechischen Konsulat beglaubigter Übersetzung.

Das Registergericht entscheidet durch Beschluß über den Eintragungsantrag. Mit der Eintragung der AG in das Handelsregister ist sie entstanden. Sie kann nunmehr uneingeschränkt werbend tätig werden.

Die sich daraus ergebende Problematik der Vor-Gesellschaft und der mit dieser verbundenen Haftungsfragen wird im tschechischen Recht z. T. dadurch entschärft, daß die Gesellschaft vor ihrer Eintragung nur beschränkt tätig werden kann; z. B. ist sie lediglich berechtigt, Vorverträge zu schließen.

e) Die Einmann-AG

Eine Einmann-Gründung ist nur unter der Voraussetzung zulässig, daß der Einmann-Gründer eine juristische Person ist (§ 162 Abs. 1 HGB). Die Errichtung einer Einmann-AG erfolgt nicht nur durch Gesellschaftsvertrag sondern durch eine notarielle Gründungsurkunde (§ 162 Abs. 2 HGB), in der auch die ansonsten von der Gründungshauptversammlung zu treffenden Entscheidungen niedergelegt werden.

In Hinblick auf die Kapitalaufbringung bestehen für die Einmann-AG keine Besonderheiten.

2. *Die Aktien*

Aktienurkunden oder Buchaktien dürfen erst dann ausgegeben werden, wenn die Aktien voll eingezahlt sind. Vor Eintragung der AG wird von den Gründern über die eingezahlten Beträge eine Empfangsbestätigung ausgestellt, § 168 Abs. 2 HGB, die nach der Eintragung in das Handelsregister durch einen Zwischenschein ersetzt wird, §§ 168 Abs. 3, 176 Abs. 1 HGB. Buchaktien wurden im Zuge der großen Privatisierung eingeführt und sind Wertrechte, die im Computersystem des Zentrums für Wertpapiere verbucht sind.

Das tschechische Recht unterscheidet wie das deutsche Recht Inhaber- und Namensaktien, § 156 Abs. 1 HGB.

Bei den Aktiengattungen ist neben der Ausgabe von Stammaktien und Vorzugsaktien mit Dividendenvorrecht, § 159 Abs. 1 HGB[33], die nur bis zur Höhe von 50 % des Grundkapitals ausgegeben werden dürfen, lediglich die Ausgabe von Belegschaftsaktien, § 158 HGB, zulässig. Letztere sind Namensaktien, die bis zur Höhe von 5 % des Grundkapitals ausgegeben und nur unter den Arbeitnehmern und Ruheständlern der Gesellschaft gehandelt werden dürfen.

Verboten ist die Ausgabe von Mehrstimmrechts- bzw. zinstragenden Aktien, § 159 Abs. 2 HGB.

3. *Kapitalerhaltung und Finanzierung der AG*

a) *Die Kapitalerhaltung*

Der Erwerb eigener Aktien ist nur zulässig, wenn
- er aus dem über dem Grundkapital liegenden Vermögen erfolgt

und
- er im Wege der Gesamtrechtsnachfolge bzw. durch Schenkung erfolgt oder
- es sich um Belegschaftsaktien handelt oder
- die Gesellschaft ihr Kapital herauf- oder herabsetzt.

Eigene Aktien dürfen höchstens für drei Jahre im Besitz der Gesellschaft verbleiben; danach sind sie zu veräußern oder im Rahmen einer Kapitalherabset-

33 Vgl. das Wertpapiergesetz (Nr. 591/1992 Slg.), novelliert durch die Gesetze Nr. 89/1993 Slg. und 331/1993 Slg.; sowie das Gesetz über Investitionsgesellschaften und Investitionsfonds, Nr. 248/1992 Slg. Die Ausgabe stimmrechtsloser Vorzugsaktien ist auch möglich; das Stimmrecht lebt sofort auf, wenn eine Dividendenzahlung nicht erfolgt, § 159 Abs. 3 HGB.

zung einzuziehen, § 161 HGB. Einer 100%igen Tochtergesellschaft ist der Erwerb von Aktien der Muttergesellschaft untersagt.

Zu Lasten des Grundkapitals bzw. des Reservefonds dürfen keine Dividenden ausgeschüttet werden; dennoch erfolgte Zahlungen sind zurückzuerstatten, wobei jedoch gutgläubige Aktionäre geschützt werden, § 179 Abs. 1 HGB. Eine Rückzahlung der Einlagen ist untersagt, § 179 Abs. 2 HGB.

b) Die Kapitalerhöhung

Eine ordentliche Kapitalerhöhung kann aufgrund eines entsprechenden Beschlusses der Hauptversammlung gegen Bar- und/oder gegen Sacheinlagen erfolgen. Eine Kapitalerhöhung gegen Bareinlagen ist nur zulässig, wenn zuvor alle Aktien eingezahlt worden sind, während die Kapitalerhöhung gegen Sacheinlagen zu jedem beliebigen Zeitpunkt erfolgen darf, § 203 HGB. Die Aktionäre haben ein Bezugsrecht, das nur durch eine Satzungsbestimmung ausgeschlossen werden kann, § 204 Abs. 2 HGB.

Daneben bestehen die Möglichkeiten einer bedingten Kapitalerhöhung, §§ 207, 210 HGB, und einer Kapitalerhöhung aus Gesellschaftsmitteln, §§ 208 f. HGB.

c) Die Kapitalherabsetzung

Voraussetzung einer Kapitalherabsetzung ist ein mit 2/3-Mehrheit gefaßter Beschluß der Hauptversammlung, in dem die wichtigsten Details enthalten sind, § 211 HGB. Der Beschluß wird vom Vorstand zweimal im Abstand von 30 Tagen veröffentlicht und den bekannten Gläubigern mitgeteilt. Die Gläubiger der Gesellschaft können Sicherheitsleistung verlangen, § 215 HGB. Die Kapitalherabsetzung kann frühestens 90 Tage nach der letzten Bekanntmachung in das Handelsregister eingetragen werden, § 216 HGB.

Die Kapitalherabsetzung wird durch Einziehung von Aktien, Abstempelung oder Ausgabe neuer Aktien mit niedrigerem Nennwert durchgeführt, § 213 HGB. Nach Eintragung in das Handelsregister kann – ohne daß eine Sperrfrist zu beachten ist – der Herabsetzungsbetrag an die Aktionäre ausgezahlt werden, § 216 Abs. 3 HGB.

d) Eigenfinanzierung durch Rücklagen

Neben dem bereits erwähnten Reservefonds kann die AG auch weitere freie Rücklagen bilden.

Der Reservefonds dient zur Abdeckung von Verlusten und Risiken aus der Geschäftstätigkeit sowie zur Vorbereitung von Sanierungsmaßnahmen, § 67 HGB. Von dem Gewinn nach Steuern müssen jährlich mindestens 5 % in den Reservefonds eingestellt werden, bis dieser 20 % des Grundkapitals oder einen in der Satzung angegebenen höheren Betrag erreicht hat, § 217 HGB. Die in den Reservefonds eingestellten Beträge müssen auf einem Bankkonto deponiert oder in sonstigen liquiden Vermögenswerten angelegt werden.

e) Die Ausgabe von Wandelschuldverschreibungen

Neben der Kreditaufnahme bei Banken und Gesellschaftern kann die AG sich durch die Ausgabe von Wandelschuldverschreibungen am Kapitalmarkt finanzieren. Dabei ist allerdings zu beachten, daß die Obergrenze hierfür bei der Hälfte des Grundkapitals liegt, § 160 HGB.

4. Die Organe der AG

a) Die Hauptversammlung

Die Hauptversammlung ist das oberste Organ der AG, § 184 Abs. 1 HGB.

Sie wird mindestens einmal im Jahr einberufen, § 184 Abs. 2 HGB. Eine außerordentliche Hauptversammlung ist auf Antrag von Aktionären, die mindestens 10 % des Grundkapitals vertreten, einzuberufen, § 181 HGB. Der Vorstand muß eine Hauptversammlung einberufen, wenn $^1/_3$ des Grundkapitals verloren oder die Gesellschaft über einen Zeitraum von drei Monaten zahlungsunfähig ist, § 193 HGB.

Sie ist beschlußfähig, wenn mindestens 30 % des Grundkapitals vertreten sind, § 185 Abs. 1 HGB. Beschlüsse werden in der Regel mit einfacher Mehrheit gefaßt, falls die Satzung keine höheren Mehrheiten vorschreibt, § 186 Abs. 1 HGB.

Lediglich für Beschlüsse über Satzungsänderungen, Kapitalmaßnahmen und die Auflösung der Gesellschaft ist eine Mehrheit von 2/3 der abgegebenen Stimmen und eine notarielle Protokollierung erforderlich, § 187 Abs. 2 HGB. Werden durch einen Hauptversammlungsbeschluß die Rechte einzelner Aktionäre beeinträchtigt, müssen über die genannten Mehrheitserfordernisse hinaus auch $^2/_3$ der Betroffenen zustimmen, § 186 Abs. 2 HGB.

In die Kompetenz der Hauptversammlung ist die Entscheidung über folgende Angelegenheiten unentziehbar verwiesen, § 187 Abs. 1 HGB:
- Satzungsänderungen;
- Kapitalerhöhung und Kapitalherabsetzung sowie die Ausgabe von Wandelschuldverschreibungen;

- Bestellung und Abberufung der Mitglieder des Aufsichtsrates mit Ausnahme der Arbeitnehmervertreter;
- Feststellung des Jahresabschlusses, Entscheidung über die Gewinnverwendung und Festsetzung der Tantiemen[34] der Vorstands- und Aufsichtsratsmitglieder;
- Entscheidung über die Ausgabe von Aktienurkunden bzw. die Umstellung auf Buchrechte;
- Auflösung der Gesellschaft.

Grundsätzlich ist sie auch für die Bestellung und Abberufung der Mitglieder des Vorstands zuständig, sofern die Satzung dies nicht dem Aufsichtsrat zuweist. Darüber hinaus kann jede andere Angelegenheit durch das Gesetz oder die Satzung in die Zuständigkeit der Hauptversammlung verwiesen werden.

Die Hauptversammlung ist zu protokollieren, § 188 HGB. Beschlüsse können von jedem Aktionär und von jedem Mitglied des Vorstands oder des Aufsichtsrats wegen Verletzung eines Gesetzes oder der Satzung mittels einer Klage angefochten werden, § 183 HGB.

Jeder Aktionär hat das Recht, in der Hauptversammlung Auskunft über die Angelegenheiten der Gesellschaft zu verlangen, § 180 HGB.

b) Der Vorstand

aa) Zusammensetzung

Der Vorstand ist das Geschäftsführungs- und Vertretungsorgan der Gesellschaft, § 191 HGB. Er besteht aus mindestens drei Mitgliedern, die für die Dauer von maximal fünf Jahren bestellt werden können, § 194 Abs. 1 HGB, wobei die Möglichkeit der Wiederwahl besteht. In der Praxis ist es jedoch üblich, daß nur die Hälfte der Mitglieder aktiv an der Geschäftsführung beteiligt ist. Die übrigen Mitglieder, bei denen es sich häufig um Aktionäre, Rechtsanwälte, Vertreter der Kommunen oder der Gläubigerbanken handelt, beschränken sich in der Regel auf Repräsentativfunktionen. Die Mitglieder des Vorstands müssen in das Handelsregister eingetragen werden, § 191 Abs. 1 HGB, und unterliegen einem Wettbewerbsverbot, § 196 HGB.

bb) Geschäftsführung

Der Vorstand leitet die Gesellschaft. Das bedeutet, daß er zur Entscheidung aller Fragen berufen ist, die nicht vom Gesetz oder von der Satzung in die Zu-

34 Daneben besteht die Möglichkeit, Mitarbeiter der Gesellschaft am Gewinn zu beteiligen, § 178 Abs. 4 HGB.

ständigkeit der Hauptversammlung verwiesen werden, § 191 Abs. 1 HGB. Er ist den Weisungen der Hauptversammlung, die diese in Hinblick auf die Geschäftsführung erteilt, unterworfen, § 194 Abs. 4 HGB.

Zu den ihm vom Gesetz ausdrücklich zugewiesenen Aufgaben gehören die Verantwortlichkeit für die Buchführung, die Aufstellung des Jahresabschlusses und eines Gewinnverwendungsvorschlages und die Berichtspflicht gegenüber der Hauptversammlung, § 192 HGB.

cc) Vertretung

Die Vertretungsbefugnis der Vorstandsmitglieder ist Dritten gegenüber unbeschränkbar, obwohl sie im Innenverhältnis in Bezug auf bestimmte Angelegenheiten bzw. in Hinblick auf einzelne Personen durch die Satzung oder Beschlüsse des Aufsichtsrates bzw. der Hauptversammlung beschränkt werden kann, § 191 Abs. 2 HGB. Vorbehaltlich einer abweichenden Satzungsbestimmung haben die Mitglieder des Vorstands Einzelvertretungsbefugnis, § 191 Abs. 1 HGB; es kann aber auch Gesamtvertretung oder eine unechte Gesamtvertretung angeordnet werden.

c) Der Aufsichtsrat

Der Aufsichtsrat besteht aus mindestens drei Mitgliedern. In Gesellschaften, die mehr als 50 Arbeitnehmer beschäftigen, wird $1/3$ der Mitglieder des Aufsichtsrates von der Belegschaft gewählt, § 200 Abs. 1 HGB. Im übrigen werden die Mitglieder von der Hauptversammlung bestellt. Die Amtsperiode der Aufsichtsratsmitglieder darf fünf Jahre nicht überschreiten, § 200 Abs. 2 HGB; es besteht die Möglichkeit der Wiederwahl. Zum Mitglied des Aufsichtsrats darf nicht gewählt werden, wer Mitglied des Vorstands oder Prokurist oder sonstiger in das Handelsregister eingetragener Bevollmächtigter der Gesellschaft ist, § 200 Abs. 4 HGB.

Zu den Aufgaben, die das Gesetz dem Aufsichtsrat zuweist, gehört die Überwachung der Geschäftsführung durch den Vorstand, § 197 HGB, sowie die Billigung der Bilanz und des Gewinnverwendungsvorschlages, § 198 HGB.

Er besitzt ein umfassendes Auskunfts- und Einsichtsrecht und kann die Vornahme einzelner Geschäfte von seiner Zustimmung abhängig machen. Darüber hinaus kann er dem Vorstand umfassende Weisungen erteilen. In der Praxis ist die Bedeutung des Aufsichtsrates jedoch noch nicht sehr groß, da Aktionärsvertreter als „non-executive“-Mitglieder im Vorstand vertreten sind.

VI. Die Gesellschaft mit beschränkter Haftung

Die Gesellschaft mit beschränkter Haftung ist die mit Abstand am häufigsten gewählte Gesellschaftsform in der Tschechischen Republik.

1. Die Gründung der Gesellschaft

a) Der Gesellschaftsvertrag

Die Gründung erfolgt durch Abschluß des Gesellschaftsvertrages. Der Vertrag bedarf der Schriftform und muß von den Gründern, die sich durch Bevollmächtigte[35] vertreten lassen können, unterschrieben werden; die Unterschriften müssen notariell beglaubigt werden. Die Zahl der Gesellschafter ist auf fünfzig begrenzt.

Der Gesellschaftsvertrag muß mindestens folgendes beinhalten:

- Firma, Sitz und Gegenstand der Gesellschaft;
- Name und Anschrift der Gesellschafter;
- Höhe des Stammkapitals und der Stammeinlagen der einzelnen Gesellschafter;
- Art und Weise sowie Zeitpunkt der Leistung der Einlagen; ggf. bei Sacheinlagen den Gegenstand der Einlage und die Art seiner Bewertung;
- Name und Anschrift der Geschäftsführer und die Art ihrer Vertretungsbefugnis;
- Name und Anschrift der Mitglieder des Aufsichtsrates, sofern ein solcher eingerichtet wird.

Daneben können weitere Angelegenheiten in der Satzung geregelt werden, so z. B. die Nachschußpflicht, die Höhe des Stimmrechts, wobei Mehrstimmrechte möglich sind, von der gesetzlichen Regelung abweichende Anteile am Gewinn bzw. Liquidationserlös etc.

b) Die Statuten

Neben dem Gesellschaftsvertrag können die Gründer bzw. nach der Eintragung die Gesellschafterversammlung auch Statuten beschließen. Diese normieren in der Regel Details der inneren Organisation der Gesellschaft, so z. B. die Geschäftsordnung der Geschäftsführer oder des Aufsichtsrates.

35 Die Vollmacht bedarf der Schriftform und die Unterschrift des Vollmachtgebers muß notariell beglaubigt werden.

c) *Das Stammkapital und die Stammeinlage*

aa) *Das Stammkapital*

Das Mindeststammkapital einer GmbH beträgt 100.000 Kronen, § 108 Abs. 1 HGB. Bis zur Anmeldung der Gesellschaft müssen auf die Bareinlagen mindestens 30 % eingezahlt und Bar- und Sacheinlagen[36] im Wert von mindestens 50.000 Kronen zur freien Verfügung der Gesellschaft stehen, § 111 Abs. 1 HGB. Falls der Gesellschaftsvertrag nichts anderes bestimmt, muß der Restbetrag der Einlagen spätestens fünf Jahre nach der Eintragung in das Handelsregister in die Gesellschaft eingebracht werden, § 113 Abs. 1 HGB. In Hinblick auf Sacheinlagen ist darauf hinzuweisen, daß sie vor der Anmeldung noch nicht vollständig geleistet werden müssen.

Ist eine Sacheinlage überbewertet worden oder erreicht ihr Wert den im Gesellschaftsvertrag angegebenen aus anderen Gründen nicht, so hat die Gesellschaft einen Anspruch gegen den Inferenten auf Zahlung der Differenz in bar, §§ 59 Abs. 5 i. V. m. 109 Abs. 2 S. 3 HGB.

Falls ein Gesellschafter seine Einlage nicht fristgemäß erbringt, hat die Gesellschaft Anspruch auf Verzugszinsen in Höhe von 20 % p. a., § 113 Abs. 2 HGB. Darüber hinaus kann sie den säumigen Gesellschafter nach Setzung einer Nachfrist ausschließen, § 113 Abs. 3 und 4 HGB, und den Geschäftsanteil auf einen oder mehrere andere Gesellschafter oder Dritte übertragen oder ihn unter Herabsetzung des Stammkapitals einziehen.

bb) *Der Reservefonds*

Wie in der AG ist auch in der GmbH ein Reservefonds einzurichten, der bei der Gründung der Gesellschaft mindestens in Höhe von 5 % des Stammkapitals zu dotieren ist und in den Folgejahren in Höhe von 5 % des Bilanzgewinns nach Steuern aufzustocken ist, bis er mindestens 10 % des Stammkapitals erreicht hat, § 124 Abs. 1 HGB. Über seine Verwendung entscheidet der Geschäftsführer nach Maßgabe des § 67 HGB[37].

cc) *Stammeinlage und Geschäftsanteil*

Jeder Gesellschafter kann nur eine Stammeinlage innehaben. Der Mindestbetrag einer jeden Stammeinlage beträgt 20.000 Kronen. Höhere Beträge müssen durch 1000 teilbar sein.

36 Vgl. zu den Sacheinlagen oben V.1.b)bb), allerdings ist in der GmbH die Prüfung der Werthaltigkeit durch einen Sachverständigen grundsätzlich nicht obligatorisch.

37 Vgl. dazu auch oben V.3.d).

Die Mitgliedschafts– und Vermögensrechte werden durch den Geschäftsanteil verkörpert, § 114 HGB. Mangels abweichender Vereinbarungen im Gesellschaftsvertrag bemißt er sich nach der Höhe der Stammeinlage.

Der Gesellschaftsvertrag kann die Teilung (und die Übertragbarkeit) des Geschäftsanteils auch für die Fälle der Gesamtrechtsnachfolge ausschließen oder von der Zustimmung der übrigen Gesellschafter abhängig machen, §§ 116, 117 HGB.

Die rechtsgeschäftliche Übertragung des Geschäftsanteils an Mitgesellschafter bedarf der Zustimmung der übrigen Gesellschafter, § 115 HGB; eine Übertragung an Dritte ist nur zulässig sofern und soweit sie im Gesellschaftsvertrag ausdrücklich zugelassen wurde. Im letztgenannten Fall haftet der Veräußerer neben dem Erwerber für die Erfüllung der Einlageverpflichtung, § 115 Abs. 2 HGB.

d) Die Eintragung der Gesellschaft

Innerhalb von 90 Tagen nach Abschluß des Gesellschaftsvertrages bzw. nach Erteilung der Gewerbeerlaubnis muß die Gesellschaft zum Handelsregister angemeldet werden, § 62 Abs. 1 HGB. Der Antrag auf Eintragung muß von allen Gesellschaftern unterschrieben werden, § 112 I HGB; ihre Unterschriften sind notariell zu beglaubigen, § 31 Abs. 4 HGB.

Ihm sind folgende Unterlagen beizufügen, §§ 112 II i. V. m. 31 Abs. 2 HGB:
- der Gesellschaftsvertrag und ggf. die Statuten;
- ein Nachweis über die Erfüllung der Einlagepflicht;
- die Gewerbeanmeldungsbestätigung, § 30 Abs. 1 HGB

und

ggf. die Aufenthaltserlaubnis der ausländischen Geschäftsführer bzw. Prokuristen, § 30 Abs. 3 HGB, sowie ein (übersetzter) und beglaubigter Handelsregisterauszug derjenigen Gründer, die juristische Personen sind.

Im Gegensatz zum deutschen Recht werden in das Handelsregister auch die Namen und Anschriften der Gesellschafter sowie die Höhe der jeweils von ihnen übernommenen Stammeinlagen eingetragen, § 31 Abs. 2 lit. c) HGB.

Die Gesellschaft entsteht am Tag der Eintragung, § 62 Abs. 1 HGB. Die vor der Eintragung begründeten Rechte gehen mit Ausnahme des Eigentums an Grundstücken eo ipso auf die GmbH über. Verpflichtungen, die vorher begründet worden sind, gehen auf die Gesellschaft über, sofern nicht die Gesellschafterversammlung innerhalb von drei Monaten widerspricht, § 64 Abs. 3 GmbHG.

e) Die Einmann-Gründung

Nach tschechischem Recht ist die Gründung durch einen einzigen Gründer zulässig. Im Gegensatz zur AG kommen hierfür natürliche und juristische Personen gleichermaßen in Betracht.

Die Errichtung der GmbH erfolgt durch eine notariell beurkundete Gründungsurkunde. Im Unterschied zur mehrgliedrigen GmbH muß der Einmann-Gründer seine gesamten Einlagen der Gesellschaft schon vor der Anmeldung zum Handelsregister zur Verfügung stellen. Falls Sacheinlagen eingebracht werden, werden sie üblicherweise durch einen Sachverständigen bewertet.

Falls eine mehrgliedrige Gesellschaft durch Vereinigung aller Geschäftsanteile zur Einmann-GmbH wird, muß der Gesellschafter die ausstehenden Einlagen innerhalb von drei Monaten leisten, § 119 HGB.

2. *Kapitalerhaltung und Kapitalmaßnahmen*

a) *Die Kapitalerhaltung*

Der Erwerb eigener Geschäftsanteile ist verboten, § 120 HGB. An die Gesellschafter darf nur der Bilanzgewinn ausgeschüttet werden. Auszahlungen zu Lasten des Stammkapitals bzw. des Reservefonds sind ebenso untersagt wie eine Rückzahlung der Einlagen; dennoch erfolgte Zahlungen sind zurückzuerstatten, ohne daß es einen Gutglaubensschutz gibt, § 123 HGB.

b) *Kapitalmaßnahmen*

aa) *Nachschüsse*

Der Gesellschaftsvertrag kann eine Nachschußpflicht vorsehen. Deren Höhe (maximal die Hälfte des Stammkapitals) muß im vorhinein festgelegt werden, § 121 HGB. Nachschüsse erhöhen nicht das Stammkapital.

bb) *Kapitalerhöhung*

Eine Kapitalerhöhung kann aufgrund eines mit 2/3 Mehrheit gefaßten Beschlusses der Gesellschafterversammlung erfolgen. Sie kann aus Gesellschaftsmitteln bzw. gegen Bar- und/oder Sacheinlagen erfolgen, §§ 142, 144 HGB. Eine Kapitalerhöhung gegen Bareinlagen ist nur zulässig, wenn zuvor alle Stammeinlagen eingezahlt worden sind, während die Kapitalerhöhung gegen Sacheinlagen zu jedem beliebigen Zeitpunkt erfolgen darf.

Die Gesellschafter haben ein gesetzliches Bezugsrecht, das sie innerhalb eines Monats ausüben müssen, § 143 HGB.

cc) *Kapitalherabsetzung*

Durch einen mit 2/3-Mehrheit gefaßten Beschluß der Gesellschafterversammlung kann das Kapital der Gesellschaft unter Beachtung der Mindestbeträge herabgesetzt werden, § 146 HGB. Zur Durchführung der Kapitalerhöhung müssen die Geschäftsführer zweimal im Abstand von 30 Tagen den Herabsetzungsbeschluß verbunden mit einem Gläubigeraufruf im Amtsblatt veröffentlichen, § 147 Abs. 1 HGB. Die Kapitalherabsetzung kann erst im Handelsregister eingetragen werden, wenn allen Gläubigern Sicherheit oder Befriedigung gewährt worden ist. Eine Sperrfrist für die Rückzahlung des Herabsetzungsbetrages an die Gesellschafter besteht nicht.

3. *Die Organe der GmbH*

a) *Die Gesellschafterversammlung*

Die Gesellschafterversammlung ist das oberste Organ der GmbH, § 125 HGB. Sie wird mindestens einmal jährlich vom Geschäftsführer einberufen, sowie dann, wenn der Reservefonds seit der letzten Versammlung um die Hälfte gesunken ist, § 128 HGB, oder wenn dies von einer Minderheit von 10 % des Stammkapitals beantragt wird, § 129 Abs. 2 HGB.

Ex lege ist sie in folgenden Angelegenheiten zuständig:

- Ablehnung von Handlungen, die von den Gründern vor der Eintragung der Gesellschaft vorgenommen worden sind[38];
- Feststellung der Bilanz und des Gewinnverwendungsvorschlages;
- Änderungen der Satzung und der Statuten;
- Kapitalherauf- und -herabsetzungen;
- Bestellung, Abberufung und Vergütung der Geschäftsführer und der Mitglieder des Aufsichtsrates;
- Bestellung und Abberufung der Prokuristen;
- Auflösung der Gesellschaft und
- Ausschluß eines Gesellschafters.

Darüber hinaus kann sie jede andere Angelegenheit, die in die Kompetenz eines anderen Organs verwiesen ist, an sich ziehen, § 125 HGB.

38 Generell gehen alle Rechte und Pflichten, die von den Gründern vor Eintragung der GmbH begründet worden sind, ex lege auf die GmbH über. Dieser Rechtsübergang ist jedoch auflösend bedingt: Wenn die Gesellschafterversammlung die betreffenden Rechtsgeschäfte innerhalb einer Frist von drei Monaten einstimmig ablehnt, sind die Handelnden – ähnlich einem falsus procurator deutschen Rechts – Inhaber der betreffenden Rechtsposition.

Die Gesellschafterversammlung ist beschlußfähig, wenn mindestens die Hälfte des Stammkapitals vertreten ist[39]. Je 1000 Kronen Stammeinlage gewähren eine Stimme.

Beschlüsse werden grundsätzlich mit einfacher Stimmenmehrheit gefaßt; einer Mehrheit von $^2/_3$ der Stimmen der anwesenden Gesellschafter bedürfen Satzungsänderungen, Kapitalmaßnahmen und die Auflösung der Gesellschaft, § 127 HGB.

Beschlüsse der Gesellschafterversammlung können von jedem Gesellschafter, Geschäftsführer oder Mitglied des Aufsichtsrates innerhalb von drei Monaten wegen Verletzung des Gesetzes, des Gesellschaftsvertrages oder der Statuten angefochten werden, § 131 HGB. Im Gesetz sind keine weiteren Voraussetzungen der Anfechtung geregelt; daher erscheint es nicht erforderlich zu sein, Widerspruch zu Protokoll anzumelden, und die Verwirkung des Anfechtungsrechts im Wege der Zustimmung zu dem Beschluß erfolgt nach allgemeinen Regeln.

Die Gesellschafter haben ein umfassendes Auskunfts- und Einsichtsrecht, § 122 Abs. 2 HGB.

b) Der Geschäftsführer

Der oder die Geschäftsführer werden von der Gesellschafterversammlung bestellt, § 133 Abs. 3 HGB. Ihr Rechtsverhältnis zur GmbH wird nach den Vorschriften des Auftragsverhältnisses geregelt, § 66 Abs. 2 HGB. Die Geschäftsführer müssen in das Handelsregister eingetragen werden.

Grundsätzlich sind die Geschäftsführer nur zur gemeinsamen Geschäftsführung befugt, § 134 HGB. Ihre Geschäftsführungsbefugnis kann durch den Gesellschaftsvertrag, die Statuten oder Beschlüsse der Gesellschafterversammlung beschränkt werden, § 133 Abs. 2 HGB.

Der Geschäftsführer muß die Gesellschafterliste führen, die Gesellschafter informieren und ist für die Buchführung der GmbH verantwortlich, § 135 HGB. Er unterliegt einem umfassenden Wettbewerbsverbot, so sind ihm z. B. der Abschluß von Geschäften im Tätigkeitsbereich der Gesellschaft, sei es für eigene, sei es für fremde Rechnung und der Eintritt als persönlich haftender Gesellschafter oder Organmitglied in eine andere Gesellschaft untersagt, § 136 HGB. Verstößt er gegen das Wettbewerbsverbot, so kann die Gesellschaft die Herausgabe des Gewinns verlangen oder selbst in den Vertrag eintreten, § 65 Abs. 2 HGB.

Im Außenverhältnis gilt Einzelvertretungsbefugnis; im Gesellschaftsvertrag kann jedoch auch echte oder unechte Gesamtvertretung angeordnet werden. Andere Beschränkungen der Vertretungsmacht, die grundsätzlich möglich sind,

39 Eine Bevollmächtigung ist zulässig. Sie muß schriftlich erteilt werden und die Unterschrift des Vollmachtgebers muß notariell beglaubigt werden, § 126 HGB.

sind im Außenverhältnis unwirksam, es sei denn, der Geschäftspartner weiß um diese Beschränkung.

c) Der Aufsichtsrat

Die Einrichtung eines Aufsichtsrats ist fakultativ und er ist zwingend mitbestimmungsfrei. Er besteht aus mindestens drei von der Gesellschafterversammlung gewählten Mitgliedern, die nicht Geschäftsführer der Gesellschaft sein dürfen. Seine Mitglieder unterliegen dem gleichen Wettbewerbsverbot wie die Geschäftsführer, § 139 HGB.

Zu den Aufgaben des Aufsichtsrats gehört die Überwachung der Geschäftsführung, die Prüfung des Jahresabschlusses und die Berichterstattung an die Gesellschafterversammlung. Er ist berechtigt, Einsicht in die Bücher der Gesellschaft zu nehmen und an den Gesellschafterversammlungen teilzunehmen, §§ 138, 140 Abs. 1 HGB.

4. Beendigung der Mitgliedschaft und Auflösung der Gesellschaft

a) Die Beendigung der Mitgliedschaft

Ein Gesellschafter kann die Mitgliedschaft in der GmbH nicht kündigen. Er kann aber auf Ausscheiden aus der Gesellschaft klagen, wenn ihm ein weiteres Verbleiben in der Gesellschaft nicht zuzumuten ist, § 148 HGB. Weiterhin endet die Mitgliedschaft, wenn über sein Vermögen ein Konkursverfahren eröffnet worden ist.

Außer in den Fällen der Kaduzierung kann ein Gesellschafter durch Gerichtsurteil ausgeschlossen werden, wenn er seine Pflichten trotz Mahnung in schwerwiegender Weise verletzt hat und auf die Möglichkeit des Ausschlusses hingewiesen worden ist, § 149 HGB.

In all diesen Fällen steht dem Ausscheidenden eine Abfindung zu, deren Höhe im vorhinein im Gesellschaftsvertrag festgelegt werden kann, § 150 HGB.

b) Die Auflösung der Gesellschaft

Die Gesellschaft wird aufgelöst, wenn einer der in § 68 HGB genannten Auflösungsgründe[40] vorliegt oder die Gesellschafter dies bei Gericht beantragen,

40 Auflösungsgründe im Sinne von § 68 Abs. 3 HGB sind: Zeitablauf, Zweckerreichung, Auflösungsbeschluß der Gesellschafterversammlung, Verschmelzungs-, Spaltungs- oder Umwandlungsbeschluß, Eröffnung oder Ablehnung des Konkursverfahrens und Gerichtsurteil.

§ 151 HGB. Im Anschluß an die Auflösung findet normalerweise[41] die Liquidation statt, die von einem von der Gesellschafterversammlung ernannten Liquidator durchgeführt wird, § 153 Abs. 1 HGB. Der Liquidator zieht die Forderungen ein und berichtigt die Verbindlichkeiten, § 72 HGB. Nach Abschluß des Verfahrens stellt er eine Liquidationsabschlußbilanz und einen Vorschlag zur Verteilung des Liquidationserlöses auf, die von der Gesellschafterversammlung festgestellt bzw. angenommen werden, § 75 HGB. Eine Sperrfrist für die Auszahlung des Liquidationserlöses besteht nicht.

Nach Löschung der Gesellschaft im Handelsregister ist sie beendet.

VII. Steuern und sonstige Abgaben

Das Steuersystem der Tschechischen Republik ist zum 1. 1. 1993 durch eine Reihe neuer Steuergesetze grundlegend umgestaltet worden[42].

1. Einkommenssteuer

Die Einkünfte natürlicher und juristischer Personen unterliegen gleichermaßen der Einkommenssteuer, die im Einkommenssteuergesetz geregelt ist[43]. Die Bemessungsgrundlage wird ähnlich wie im deutschen Recht ermittelt, wobei in Hinblick auf Abschreibungen etc. die Vorschriften des Rechnungslegungsgesetzes maßgebend sind. Es besteht die Möglichkeit eines Verlustvortrags.

Seit dem 1. 1. 1994 wird das Einkommen von Kapitalgesellschaften mit 42 % besteuert.

Im Bereich der Besteuerung natürlicher Personen, die in diesem Zusammenhang für Offene Handelsgesellschaften und Kommanditgesellschaften relevant ist, da diese nicht selbst Einkommenssteuersubjekt sind[43a], gilt ein progressiver Tarif, der von 15 % bei einem zu versteuernden Einkommen von weniger als

41 D. h. wenn keine Rechtsnachfolge oder kein Konkursverfahren stattfindet.

42 Instruktiv zur früheren Rechtslage: SALZMANN, Steuerrechtliche Rahmenbedingungen für ausländische Investitionen in der ČSFR, in: Breidenbach (Hrsg.), Handbuch Wirtschaft und Recht in Osteuropa, München; zur heutigen Rechtslage unter Einbeziehung des Zollrechts: VERNY/KATUŠČÁK, Zoll- und Abgabenbestimmungen der Tschechischen und der Slowakischen Republik, in: Breidenbach (Hrsg.), Handbuch Wirtschaft und Recht in Osteuropa, München.

43 Gesetz Nr. 286/1992 Slg. in der Fassung des Gesetzes Nr. 323/1993 Slg.

43a Bei der Kommanditgesellschaft wird der auf das Kommanditkapital entfallende Gewinn bei der Gesellschaft versteuert und netto ausgeschüttet, während der auf die Komplementäre entfallende Gewinn brutto ausgeschüttet und von diesen mit ihrem individuellen Steuersatz versteuert wird, vgl. § 13 Abs. 3 des Gesetzes Nr. 75/94 Slg.

60.000 Kronen bis zu 44 % für das über 1.080.000 Kronen liegende Einkommen reicht, vgl. § 16.

Eine Steuerbegünstigung für Unternehmen mit ausländischer Beteiligung wird nicht mehr gewährt. Wohl ist im Einkommenssteuergesetz eine Ermächtigung an das Parlament vorgesehen, den Steuersatz in Hinblick auf bestimmte Tätigkeiten herabzusetzen. Bislang wurde aber von dieser Möglichkeit kein Gebrauch gemacht.

2. *Kapitalertragssteuer*

Die Kapitalertragssteuer wird direkt an der Quelle abgeführt. Der Steuersatz beträgt 25 % für ausgeschüttete Dividenden bzw. Gewinnanteile und 15 % für Zinserträge.

Einer Quellensteuer in Höhe von 25 % unterliegen die meisten Inlandseinkünfte von ausländischen natürlichen und juristischen Personen, d. h. solchen Personen, die sich nicht länger als 180 Tage im Jahr in der Tschechischen Republik aufhalten. Diese Regelung gilt z. B. für Einkünfte aus technischer oder sonstiger Beratungs- und Vermittlungstätigkeit, Lizenzen, Vermietung, selbständiger Tätigkeit von Architekten, Künstlern etc. und aus Vorträgen.

Zahlungen im Rahmen von Finanzierungsleasing unterliegen einer Quellensteuer von 1 %.

3. *Doppelbesteuerungsabkommen*

Mit einer Reihe von Staaten, u. a. mit der Bundesrepublik Deutschland, sind Doppelbesteuerungsabkommen geschlossen worden. Nach dem deutsch-tschechischen Doppelbesteuerungsabkommen darf die im Ursprungsstaat erhobene Steuer auf Dividenden nicht mehr als 15 % und, falls der Steuerpflichtige an der ausschüttenden Gesellschaft eine Beteiligung von mehr als 25 % besitzt, nicht mehr als 5 % betragen, Art. 10. Nach Art. 11 dürfen in der Tschechischen Republik vereinnahmte Zinsen nur dort veranlagt werden.

Die Bezüge deutscher Aufsichtsratsmitglieder können in beiden Staaten besteuert werden, Art. 16[44]. In der Regel findet eine Anrechnung der in der Tschechischen Republik gezahlten Steuern bzw. ihrer Bemessungsgrundlage bei der Veranlagung in Deutschland statt[45].

44 Gemäß Art. 15 sind die Einkünfte sonstiger deutscher Arbeitnehmer, also auch der Vorstandsmitglieder bzw. Geschäftsführer, nur in der Tschechischen Republik steuerbar.

45 Vgl. dazu im Einzelnen Art. 23.

4. Mehrwertsteuer

Seit dem 1. 1. 1993 ist auch in der Tschechischen Republik ein an westeuropäischen Vorbildern orientiertes Mehrwertsteuersystem eingeführt worden. Einem Mehrwertsteuersatz von 23 % unterliegen die meisten Waren und ausgewählte Dienstleistungen, z. B. im Gastgewerbe, Fremdenverkehr und Kfz-Reparaturgewerbe. Für die übrigen Dienstleistungen und ausgewählte Waren, z. B. Grundnahrungsmittel, Brennstoffe, Energie, gilt ein ermäßigter Steuersatz von 5 %. Weite Bereiche sind allerdings von der Mehrwertsteuer nicht erfaßt, so z. B. Post, Rundfunk und Fernsehen, Versicherungen, Erziehung und Ausbildung, medizinische Dienstleistungen und medizinische Güter.

5. Sonstige Steuern

Neben den genannten Steuern gibt es noch Erbschafts-, Schenkungs-, Grundverkehrs-, Immobilien- und Straßensteuer[46].

Von Bedeutung für ausländische Investoren ist die Grundverkehrssteuer: Steuersubjekt ist der Verkäufer, der Käufer haftet lediglich subsidiär für die ordnungsgemäße Abführung durch den Verkäufer. Der Steuertarif, der für Grundstücksgeschäfte unter Nicht-Verwandten gilt, beträgt 5 % des Wertes[46a]. Der zugrundeliegende Wert ist nicht immer der vereinbarte Kaufpreis. Nach der Bekanntmachung Nr. 393/1991 Slg. wird der Wert der Immobilie durch ein sog. Eurogutachten ermittelt. Weicht er vom Kaufpreis ab, so ist der Mittelwert Bemessungsgrundlage.

6. Sozial- und Krankenversicherungsabgaben

Eine erhebliche Belastung der Unternehmen stellen die Sozial- und Krankenversicherungsabgaben dar, die insgesamt 48,5 % des Bruttolohns betragen.

Die Sozialversicherung umfaßt die Krankenversicherung, den Gesundheitsfonds, die Renten- und die Arbeitslosenversicherung. Sozialversicherungspflichtig ist das gesamte Einkommen aus unselbständiger Arbeit.

Der Beitragssatz zur Rentenversicherung beträgt 27,20 %, davon werden 20,40 % vom Arbeitgeber und 6,80 % vom Arbeitnehmer getragen. Der Beitragssatz zur Krankenversicherung beträgt 13,5 % und wird zu 2/3 vom Arbeitgeber und zu 1/3 von den Arbeitnehmern getragen. In den Gesundheitsfond

46 Letztere betrifft nur die gewerblich genutzten und ausländischen Fahrzeuge.

46a Vgl. Gesetz Nr. 322/93 Slg.

(Beitragssatz 4,8 %) und die Arbeitslosenversicherung (Beitragssatz 3 %) zahlen Arbeitgeber und Arbeitnehmer im Verhältnis 3 : 1 ein.

Die Beiträge zur Sozialversicherung werden wie in Deutschland vom Arbeitgeber abgeführt.

Auf eine Darstellung der Sozial- und Krankenversicherung der Selbständigen wird an dieser Stelle verzichtet.

VIII. Fusionskontrolle, Wettbewerbs- und Kartellrecht[47]

1. Fusionskontrolle

a) Unternehmenszusammenschlüsse unterliegen in der Tschechischen Republik den Bestimmungen des Gesetzes zum Schutze des wirtschaftlichen Wettbewerbs[48]. Danach sind Zusammenschlußvorhaben von den beteiligten Unternehmen beim Amt der Tschechischen Republik für den Wettbewerb[49] anzumelden, wenn sie zu einer Beschränkung des wirtschaftlichen Wettbewerbs auf dem relevanten Markt führen oder führen können. In jedem Fall besteht eine Anmeldepflicht, wenn der Marktanteil der beteiligten Unternehmen mehr als 30 % beträgt.

b) Das Wettbewerbsamt kann den Zusammenschluß genehmigen, wenn seitens der Unternehmen nachgewiesen wird, daß gegenüber den Nachteilen, die durch die Wettbewerbsbeschränkung entstehen können, die wirtschaftlichen Vorteile überwiegen. Es kann ein Zusammenschlußvorhaben also auch dann genehmigen, wenn der zukünftige Marktanteil der beteiligten Unternehmen 30 % übersteigt.

Das Wettbewerbsamt ist berechtigt, die Genehmigung zeitlich zu begrenzen oder mit weiteren Bedingungen zu verknüpfen. Entscheidet das Wettbewerbsamt nicht innerhalb von drei Monaten über das angemeldete Zusammenschlußvorhaben, gilt die Fusion als genehmigt.

2. Kartelle

Kartellabsprachen und sonstige Wettbewerbsbeschränkungen sind grundsätzlich nicht erlaubt. Sie können jedoch im Ausnahmefall vom Wettbewerbsamt auf Antrag erlaubt werden. Erlaubte Kartellabsprachen sind in ein beim Amt geführtes Kartellregister einzutragen.

47 Vgl. dazu: VERNY, Die kartellrechtlichen Bestimmungen in der Tschechischen und Slowakischen Republik, in: Breidenbach (Hrsg.), Handbuch Wirtschaft und Recht in Osteuropa, München.

48 Gesetz Nr. 63/1991 Slg. in der Fassung des Gesetzes Nr. 495/1992 Slg.

49 Das Amt (im folgenden: Wettbewerbsamt) hat seinen Sitz in Brünn.

3. *Unlauterer Wettbewerb*

Das Recht des unlauteren Wettbewerbs[50] ist in den §§ 41 ff des HGB geregelt. Verboten ist jedes Wettbewerbsverhalten, das im Widerspruch zu den guten Sitten steht und geeignet ist, den übrigen Marktteilnehmern (einschließlich der Verbraucher) Schaden zuzufügen, § 44 Abs. 1 HGB. Diese Generalklausel wird durch verschiedene gesetzlich definierte Regelbeispiele ergänzt; so sind insbesondere verboten:

- irreführende Werbung und irreführende Bezeichnungen sowie das Hervorrufen einer Täuschungsgefahr;
- Ausnutzung des Rufs eines Produkts, Unternehmens etc.;
- Herabsetzung der Konkurrenz;
- Bestechung;
- Verletzung von Geschäftsgeheimnissen und
- Gesundheits- und Umweltgefährdung.

Die zivilrechtlichen Sanktionen reichen vom Unterlassungsanspruch über die Gewinnabschöpfung hin zu Schadensersatz und Schmerzensgeld, § 53 HGB. Neben der Individualklage des Geschädigten besteht auch die Möglichkeit einer Verbandsklage.

IX. *Internationales Privatrecht*

1. *Die Sitzverlegung*

Das tschechische internationale Privatrecht erlaubt in § 26 HGB den Zuzug ausländischer Gesellschaften. Eine im Ausland gegründete Gesellschaft kann ihren Sitz in die Tschechische Republik verlegen, wenn das Recht ihres Gründungsstaates und das Recht des eventuell davon verschiedenen Sitzstaates den Wegzug gestatten. Die Sitzverlegung wird mit der Eintragung in das Handelsregister am neuen Sitz wirksam.

Nach der Sitzverlegung gilt in ihrem Innenverhältnis das Recht des Gründungsstaates fort, jedoch mit einer Einschränkung: Ihr Haftungsregime darf nicht schwächer ausgeprägt sein, als das einer der Rechtsform nach vergleichbaren tschechischen Gesellschaft.

50 Vgl. dazu: HAJN, Das Recht des unlauteren Wettbewerbs in der ČSFR, in: Breidenbach (Hrsg.), Handbuch Wirtschaft und Recht in Osteuropa, München.

2. *Die Wahl des Vertragsstatuts*

Das Gesetz über das Internationale Privat- und Verfahrensrecht[51] läßt im Bereich des Schuldrechts grundsätzlich eine Rechtswahl zu.

Da das gesellschaftsrechtliche Mitgliedschaftsverhältnis – mit Ausnahme des Anspruchs auf Dividendenzahlung bzw. Gewinnausschüttung – vom tschechischen Recht nicht als typische Obligation betrachtet wird, kommt eine Rechtswahl insoweit und aufgrund dieses Gesetzes nicht in Betracht.

3. *Die Rechtswahl bei der Gründung*

§ 24 Abs. 2 HGB gestattet es, die Gründung einer Gesellschaft mit ausländischer Beteiligung auch nach ausländischem Recht vorzunehmen. Diese Möglichkeit wirft indes Probleme bei der praktischen Umsetzung auf: Das Auseinanderfallen von Gründungs- und Entstehungsrecht[52] kann zu Friktionen führen, z. B. auf dem Gebiet des Gewerbe-, Firmen- bzw. Vertretungsrechts; insbesondere erweist sich die Festlegung des Unternehmensgegenstandes als äußerst problematisch. Darüber hinaus dürfte der Eintragungsprozeß sich dadurch verzögern, daß das tschechische Registergericht vor der Eintragung die Ordnungsmäßigkeit der Gründung nach ausländischem Recht überprüfen muß.

Anhang

1. *Adressen*

Deutsch-Tschechische und Slowakische Wirtschaftsvereinigung e. V.
Altebornstraße 1
60389 Frankfurt
Tel.: 0 69-47 34 33
Fax: 0 69-47 61 54

Československá obchodní a průmyslová komora (Tschechoslowakische Handels- und Industriekammer)
Argentinská 38
17005 Praha 7
Tel.: 00 42-2-87 52 16
Fax: 00 42-2-87 52 16

Lokale Handels- und Industriekammern befanden sich zum Zeitpunkt der Drucklegung noch im Aufbau.

51 Gesetz Nr. 97/1963 Slg.

52 Die Entstehung der Gesellschaft durch Eintragung in das Handelsregister aufgrund eines Beschlusses des Registergerichts folgt zwingend tschechischem Recht.

2. *Literatur*

a) Gesetzestexte in deutscher Sprache:

BREIDENBACH, STEFAN, Handbuch Wirtschaft und Recht in Osteuropa, München, Loseblatt.

BRUNNER, GEORG/SCHMID, KARIN/WESTEN, KLAUS, Wirtschaftsrecht der osteuropäischen Staaten, Baden-Baden, Loseblatt.

b) Weiterführende Literatur:

BĚLOHLÁVEK, ALEXANDER, Rechtliche Bedingungen für ausländische Investitionen – Tschechoslowakei, Hrsg.: Schweizerische Zentrale für Handelsförderung, Zürich, Loseblatt seit 1982.

DĚDIČ, JAN/BAUMGARTNER, CHRISTIAN, Tschechisches und slowakisches Wirtschaftsrecht, Wien, 1994.

DORALT, PETER/SVOBODA, SVATOPLUK/SOLT, PETER, GmbH-Mustervertrag ČSFR mit Kommentar, Wien, 1992.

DRÜKE, HEINER, Die Gründung von Unternehmen mit ausländischer Kapitalbeteiligung, in: Breidenbach, Hrsg., Handbuch Wirtschaft und Recht in Osteuropa, München, Loseblatt.

GÖPFERT, BURKHARD/SCHRONK, ROBERT, Das Arbeitsrecht der Tschechischen und der Slowakischen Republik, in: Breidenbach, Hrsg., Handbuch Wirtschaft und Recht in Osteuropa, München, Loseblatt.

HAJN, PETR, Das Recht des unlauteren Wettbewerbs in der ČSFR, in: Breidenbach, Hrsg., Handbuch Wirtschaft und Recht in Osteuropa, München, Loseblatt.

KŘÍŽ/BĚLOHLÁVEK, A., Das neue Gesellschaftsrecht in der Tschechoslowakei, in: Der Gesellschafter, 1992 Heft 4.

KUNZ, O. et al., The Commercial Laws of the Czech and Slovak Federative Republik, in: Lester Nelson (ed.), Digest of Commercial Laws of the World, New York, Loseblatt.

PAULUS, CHRISTOPH/GÖPFERT, BURKHARD/STUNA, STANISLAV/ZOULIK, FRANTIŠEK, Konkurs- und Vergleichsrecht in der Tschechischen und der Slowakischen Republik, in: Breidenbach, Hrsg., Handbuch Wirtschaft und Recht in Osteuropa, München, Loseblatt.

PILTZ, ALBRECHT/VERNY, ARSÈNE, Die Folgen der Teilung der ČSFR in die Tschechische und die Slowakische Republik, in: Breidenbach, Hrsg., Handbuch Wirtschaft und Recht in Osteuropa, München, Loseblatt.

PÖHLMANN, WERNER/GÖPFERT, BURKHARD, Der Erwerb von Grundeigentum sowie von Nutzungsrechten in der Tschechischen Republik, in: Breidenbach, Hrsg., Handbuch Wirtschaft und Recht in Osteuropa, München, Loseblatt.

VERNY, ARSÈNE/KATUŠČÁK, Ludovit, Zoll– und Abgabenbestimmungen der Tschechischen und der Slowakischen Republik, in: Breidenbach, Hrsg., Handbuch Wirtschaft und Recht in Osteuropa, München, Loseblatt.

VERNY, ARSÈNE, Rahmenbedingungen für ausländische Handelsagenturen und Niederlassungen in der Tschechischen und Slowakischen Republik, in: Breidenbach, Hrsg., Handbuch Wirtschaft und Recht in Osteuropa, München, Loseblatt.

Die Gründung einer Tochtergesellschaft in der Türkei

von

Professor Dr. TUĞRUL ANSAY, Ankara/Hamburg

Inhaltsübersicht

I. Einleitende Bemerkungen über ausländische Investitionen

1. Ausländische Kapitalinvestitionen haben in der türkischen Geschichte eine tiefe Spur hinterlassen. Während der Niedergangszeit des osmanischen Reiches haben ausländische Firmen durch den Erwerb lebenswichtiger Konzessionen die wirtschaftliche Existenz des Landes entscheidend mitbestimmt[1]. Bis zur Aufhebung der sogenannten Kapitulationen, kurz nach Beginn des ersten Weltkrieges, waren Großhandel, Industrie, Energieversorgung, Verkehr und Bankbereich unter ausländischem Einfluß[2]. Mit der Gründung der türkischen Republik

1 TEZEL, Cumhuriyet Döneminin İktisadi Tarihi, 1923–1950, Ankara 1982, S. 62 ff, 79 ff; KEYDER, Dünya Ekonomisi İçinde Türkiye, 1923–1929, Ankara 1982, S. 128 ff.

2 HERSHLAG, Turkey, The Challenge of Growth, 2. Aufl., Leiden 1968, S. 33 ff, 40 f; WALSTEDT, State Manufacturing Enterprise in a Mixed Economy, The Turkish Case, Baltimore 1980, S. 60.

begann – als Reaktion – eine gegenüber ausländischem Kapital zurückhaltende Periode, die sich bis in die vierziger Jahre hinzog.

Ein für ausländische Kapitalanleger freundlicheres Klima konnte sich in den fünfziger Jahren durchsetzen. Mit der Demokratisierung des politischen Lebens wurde in der Türkei eine marktorientierte liberale Wirtschaftspolitik begonnen. Die hohen Auslandsschulden und die im Hintergrund stehenden internationalen Organisationen wie der Internationale Währungsfonds und die Weltbank erzwangen die Öffnung der Türkei für ausländisches Kapital und ausländische Firmenniederlassungen[3]. Die Fünfjahrespläne haben den willkommenen Anteil des ausländischen Kapitals in der Entwicklung der türkischen Wirtschaft stets betont[4]. Der neueste Fünfjahresplan von 1989[5] und der Regierungsbeschluß über die Strategie und die Ziele dieses Planes[6] haben die Rolle des ausländischen Kapitals für die kommenden Jahre bestätigt.

Die ideologische Auseinandersetzung zwischen den Befürwortern der ausländischen Investitionen in der Türkei und ihrer radikalen Gegner ist seit 1980 nicht mehr aktuell. Als die Türkei den Höhepunkt einer wirtschaftlichen Krise erreicht hatte, wurde am 24. Januar 1980 von der Regierung ein umfangreiches Sanierungsprogramm verabschiedet, das grundsätzlich auch heute noch gilt. Als Bestandteil dieser liberalen Wirtschaftspolitik wurde eine Steigerung der türkischen Exporte und eine Erhöhung der Importe ausländischen Kapitals in die Türkei angeregt. Dementsprechend wurden noch günstigere Rahmenbedingungen für ausländisches Kapital geschaffen und die Devisenvorschriften gelockert. Trotz der politischen Änderungen in der Türkei haben die Regierungen seit 1980 dieses Programm weitergeführt[7].

Die Türkei hat außerdem ein Assoziierungsabkommen mit der Europäischen Gemeinschaft geschlossen[8]. Dieses Abkommen und eine eventuelle Vollmitgliedschaft in den Gemeinschaften bezwecken unter anderem die Abschaffung von

3 Insbesondere für die Forderungen des IWF, siehe WERLE, „Modell" Türkei: Ein Land wird kaputtsaniert, 1983, S. 89 ff, 96 ff.

4 Second Five Year Development Plan, 1968–1972, Ankara 1969, S. 686; Yeni Strateji ve Kalkinma Plani, Üçüncü Beş Yil, 1973–1977, S. 894 f, DPT Yayini Nr. 1272, Ankara 1973; Dördüncü Beş Yillik Kalkinma Plani, 1979–1983, DPT Yayini Nr. 1664, Ankara/Nisan 1979, S. 665.

5 Sechster Fünfjahresplan 1990–1994, Parlamentsbeschluß vom 22. 6. 1989, Beschluß Nr. 62; Offizielle Gazette (R.G.) vom 26. 7. 1989, S. 31 (Nr. 120 ff).

6 Ministerialbeschluß vom 11. 10. 1992, R. G. vom 4. 11. 1992.

7 Am 24. 1. 1980 regierte eine rechts-orientierte Partei in der Türkei. Die Militärregierung hat die Politik dieser Regierung fortgesetzt, OECD Wirtschaftsberichte, Türkei, Mai 1984, S. 28 ff.

8 Sogenanntes Assoziierungsabkommen vom 12. 9. 1963, BGBl. II/1964, S. 510 und Zusatzprotokoll vom 20. 12. 1973, BGBl. II/1972, S. 387. Ein Antrag auf Vollmitgliedschaft wurde am 14. April 1987 gestellt.

Zöllen, freie Kapitalbewegungen zwischen der Türkei und den Ländern der Europäischen Gemeinschaft. Die engen wirtschaftlichen Beziehungen zu den Nahostländern und die vorgesehene Brückenfunktion in die Länder der ehemaligen Sowjetunion, insbesondere in die Länder Zentral-Asiens, sind ein weiterer Grund für die Öffnung gegenüber ausländischem Kapital in der letzten Dekade. Bei der Privatisierung öffentlicher Unternehmen wurden ausländische Investoren gern gesehen. Es ist nicht zu erwarten, daß sich der allgemeine auslandskapitalfreundliche Trend in der näheren Zukunft ändert.

Durch die günstige politische Atmosphäre und entsprechende rechtliche Erleichterungen ist die Zahl der ausländischen Investoren in den letzten Jahren gestiegen[9/10].

2. Die ersten bedeutenden Erscheinungen der wirtschaftlichen Liberalisierung sind das Gesetz über die Förderung ausländischer Investitionen von 1951 und 1954[11] sowie das Bergbau-Gesetz[12] und das Petroleum-Gesetz aus dem Jahre 1954[13]. Parallele Änderungen in den Steuergesetzen wurden ebenfalls verwirklicht. Die wichtigsten Regelungen sind aber in den Ministerialerlassen mit Gesetzeskraft oder in anderen sekundären Normen zu finden: Zur Vermeidung von Amtsschimmel und zur Vereinfachung des Entscheidungsprozesses bevorzugen die amtierenden Regierungen unmittelbare Lösungen. Sie machen zuneh-

9 In der Zeit von 1951–1980 haben ausländische Investoren in der Türkei insgesamt für 228 Millionen US Dollar Genehmigungen erhalten. Seit 1980 sind die Investitionen weiter gestiegen. Die Netto-Kapitalleistungen aus der Bundesrepublik Deutschland haben bis 1980 insgesamt 2746,10 Millionen Tl. betragen (Auslandsinvestitionen insgesamt 10.643,50 Millionen Tl.). Ab 1981 haben die Investitionen aus der Bundesrepublik Deutschland zugenommen. Quellen: Foreign Investment Regulation and Application Forms, Foreign Investment Directorate, Ankara, Januar 1985, S. 1; Yeni Strateji ve Kalkinma Plani, 3. Beş Yil, 1973–1977, DPT Yayini Nr. 1274, Ankara, S. 894; Werle, aaO (Fn. 3), S. 154 ff, 204 ff; Bundesanzeiger vom 14. 4. 1984, S. 1. Außerdem: Erdilek, Direct Investment in Turkish Manufacturing, Tübingen 1982, Institut für Weltwirtschaft an der Universität Kiel, Nr. 169, S. 257 f; Olle, Auslandsinvestitionen deutscher Unternehmen in Entwicklungsländern – empirische Trends zu Beginn der 80er Jahre, Außenwirtschaft 1984, 241 ff, 246. Kooperationsführer Türkei, Hrsg.: GTZ/DEG/BfAI, 1988, S. 47 ff.

10 Durch einen Ministerratsbeschluß (Nr. 85/9206, R.G. vom 9. 3. 1985) wurde der Steuersatz für die Gewinne ausländischer Kapitalanleger, die mit ihren in der Türkei erwirtschafteten Einkünften beschränkt steuerpflichtig sind, von bisher 20 auf 0 % gesenkt, NfA 1985, Nr. 74. Die Vorschriften über den Erwerb von Grundstücken in der Türkei wurden zugunsten der Ausländer geändert, Gesetz Nr. 3278 vom 22. 4. 1986, R. G. vom 6. 5. 1986.

11 Gesetz Nr. 5821, R. G. vom 9. 8. 1951 und Gesetz Nr. 6224 vom 18. 1. 1954, R. G. vom 23. 1. 1954.

12 Gesetz Nr. 6309 vom 2. 3. 1954, R. G. vom 8. 3. 1954. Das Bergbaugesetz wurde geändert, Gesetz Nr. 3213 vom 4. 6. 1985, R. G. vom 15. 6. 1985.

13 Gesetz Nr. 6326 vom 7. 3. 1954, R. G. vom 16. 3. 1954.

mend von ihrer Rechtssetzungsmacht im Verordnungswege Gebrauch und haben hierfür die Kompetenzen verschiedener Behörden in den Geschäftsbereich einer speziellen Abteilung im Planungsamt eingegliedert. Kürzlich hat das Staatssekretariat für Finanzen und Außenwirtschaft diese Funktion übernommen. Der umfangreichste und wichtigste Ministerratserlaß über Devisen ist der Erlaß Nr. 30 vom 7. 7. 1984[14], der aufgrund des Gesetzes zum Schutz der türkischen Währung vom 20. 2. 1930[15] ergangen ist. Dieser Erlaß, der ausländisches Kapital von Restriktionen befreien will, hat innerhalb von sieben Monaten zwischen Dezember 1983 und Juli 1984 bereits drei Änderungen erfahren. Ein anderer Rahmenerlaß vom 24. 1. 1980 über Auslandsinvestitionen wurde zuerst am 12. 2. 1986 und vor kurzem am 4. 3. 1992 durch einen anderen ersetzt.[16]

a) Das Recht der Auslandsinvestitionen ist im Gesetz zur Förderung der Investitionen ausländischen Kapitals geregelt[17], das durch einen Rahmenerlaß des Ministerrats[18] ergänzt wurde. Erste Voraussetzung für die Sonderbehandlung von ausländischem Kapital ist nach diesem Gesetz, daß es der wirtschaftlichen Entwicklung der Türkei dient. Ausländisches Kapital darf nur in denjenigen Bereichen eingesetzt werden, die auch türkischen Privatunternehmen offenstehen. Außerdem darf durch ausländisches Kapital keine Monopolstellung oder ein Sonderprivileg geschaffen werden (Art. 4 Abs. 1, Rahmenerlaß vom 4. 3. 1992).

Die Bewilligungen und Genehmigungen werden freilich je nach der politischen Richtung einer Regierung gelockert oder erschwert. So hatte der Rahmenerlaß vom 24. Januar 1980 die Abteilung für ausländische Investitionen des Staatlichen Planungsamts beauftragt, in begrenztem Umfang selbständig Genehmigungen zu erteilen, wenn die Bedingungen dieses Erlasses erfüllt sind. Nach dem neuen Erlaß Nr. 92/2789 vom 4. 3. 1992 darf nun das Staatssekretariat für Finanzen und Außenwirtschaft die Anträge genehmigen, wenn das ausländische Kapital die 150-Millionen US-Dollar-Grenze nicht übersteigt (Art. 4 Abs. 2, Rahmenerlaß vom 4. 3. 1992). Für Genehmigungen überhalb dieser Summe ist nach wie vor der Ministerrat zuständig.

Unter ausländischem Kapital versteht das Gesetz: Kapital in Form ausländischen Geldes; Maschinen, Einrichtungen, Werkzeuge und ähnliche Güter, Maschinenteile, Ersatzteile und Material sowie vom Komitee anerkannte sonstige Güter; immaterielle Rechte wie Lizenzen, Patente und Warenzeichen sowie Dienstleistungen.

14 Erlaß Nr. 84/8224 vom 21. 6. 1984, R. G. vom 7. 7. 1984 und Ministerial-Kommuniqué Nr. 84–30/1 vom 7. 7. 1984, R. G. vom 7. 7. 1984.

15 Gesetz Nr. 1567 vom 20. 2. 1930, R. G. vom 25. 2. 1930.

16 Rahmenerlaß Nr. 92/2789, in Kraft seit 20. 3. 1992, R. G. vom 20. 3. 1992. G. TEKINALP, Türk Yabancilar Hukuku, 4. Aufl., 1992, S. 139 ff.

17 Oben Fn. 11.

18 Erlaß Nr. 89/14391 vom 7. 8. 1989, in R. G. vom 11. 8. 1989.

Auch die Reinvestition von Gewinnen bedarf der Genehmigung (Art. 3 und Art. 2 Abs. a, 4). Ausländisches Personal, das bei den zugelassenen Firmen beschäftigt ist, darf seine Verdienste grundsätzlich in die eigene Landeswährung zum gültigen offiziellen Wechselkurs transferieren (Art. 7 Abs. c). Ferner akzeptiert das Gesetz für die Investoren das Recht auf Gewinntransfer und Kapitalrückführung in die Währung des Ursprunglandes, wobei der gültige offizielle Wechselkurs zugrunde gelegt wird (Art. 4). Auf Antrag stellt das zuständige Ministerium Garantien für Aktien und Interimsscheine aus, die das ausländische Kapital repräsentieren (Art. 5).

Das Gesetz hebt weiterhin Arbeitsverbote auf, die für Ausländer in verschiedenen Spezialgesetzen eingeführt worden waren (Art. 7 Abs. a).

Art. 10 des Gesetzes enthält eine Inländergleichbehandlungsklausel. Danach stehen alle inländischem Kapital und einheimischen Unternehmen zuerkannten Rechte, Befreiungen und Begünstigungen auch ausländischem Kapital und ausländischen Unternehmen einer gleichen Branche unter gleichen Bedingungen zu.

Der Rahmenerlaß vom 4. 3. 1992 über das Gesetz zur Förderung der Investitionen ausländischen Kapitals hat mehrere Erleichterungen für ausländische Investoren gebracht. Er legt fest, daß sämtliche Gewinne, Dividenden, Zinsen sowie Einnahmen aus Lizenzverträgen usw. in der Türkei wieder frei investiert werden können (Art. 7). Die im früheren Erlaß Nr. 8/168 aufgeführten Verpflichtungen, daß die ausländischen Kapitalanleger nur in bestimmten Sektoren investieren und in einigen Bereichen nur gemeinsam mit bestimmten türkischen Staatsunternehmen joint ventures bilden können, wurden ebenso abgeschafft. Das Staatssekretariat hat jetzt über fast alle Fragen selbständig zu entscheiden. Dieses Amt erteilt auch die Arbeitsgenehmigungen für ausländisches Personal des privaten Sektors[19].

b) Ein zweites Gleis für ausländisches Kapital hat der bereits erwähnte Ministerratserlaß Nr. 30 vom 21. 6. 1984[20] betreffend das Gesetz zum Schutz der türkischen Währung vom 20. 2. 1930[21] freigegeben[22]. Dieser Erlaß zielt auf eine Verringerung der Devisenrestriktionen und stellt insbesondere die Einfuhr türkischer und ausländischer Währung frei. Er enthält aber auch Vorschriften über ausländisches Kapital.

Der Rahmenerlaß Nr. 86/10353 vom 12. 2. 1986 und der ihn ersetzende Rahmenerlaß vom 4. 3. 1992 haben die Vorschriften über ausländisches Kapital

19 Art. 6, Rahmenerlaß vom 4. 3. 1992.
20 Oben Fn. 14.
21 Oben Fn. 15.
22 Die Anreize des Ministerratserlasses Nr. 30 haben teilweise die Vergünstigungen des Gesetzes über die Förderung ausländischer Investitionen überschritten. Siehe Ü. Tekinalp, Türk Sermaye Hukukunun Anailkeleri, Milletlerarasi Hukuk ve Milletlerarsi Özel Hukuk Bülteni, 1984, Nr. 1, 39 ff.

des Erlasses Nr. 30 praktisch außer Kraft gesetzt. Die Investitionen, die nach dem Ministerratserlaß Nr. 30 eine Genehmigung für ihren Tätigkeitsbereich bekommen haben, unterliegen nun dem neuen Rahmenerlaß vom 4. 3. 1992[23].

c) Eine weitere Investitionsform für ausländisches Kapital ist die Gründung eines speziellen Investitionsfonds (Özel Yatirim Fonu). Bekommt ein solcher Fonds, der als Aktiengesellschaft gegründet werden soll, die Genehmigung des Ministerrats, dann darf dieser Fonds ohne weitere Genehmigungen in verschiedenen Geschäftsbereichen investieren[24].

II. Rechtsformen der wirtschaftlichen Betätigung

1. Gesellschaftsformen

Die in der Bundesrepublik Deutschland bekannten Gesellschaftsformen gibt es grundsätzlich auch in der Türkei. Die Handelsgesellschaften des türkischen Handelsgesetzbuchs sind die Aktiengesellschaft, die Gesellschaft mit beschränkter Haftung, die Kommanditgesellschaft auf Aktien, die Kommanditgesellschaft und die der deutschen offenen Handelsgesellschaft entsprechende Kollektivgesellschaft. Alle diese Gesellschaftsformen besitzen Rechtspersönlichkeit. Die Kommanditgesellschaft auf Aktien wird sehr selten gegründet. Die Bemühungen in den siebziger Jahren, Genossenschaften als Handelsunternehmenstyp zu verwenden, sind erfolglos geblieben.

Außer den Handelsgesellschaften des Handelsgesetzbuches gibt es im türkischen Obligationengesetz Vorschriften über die einfache Gesellschaft, die keine Rechtsperson ist, aber – wie die Gesellschaft des bürgerlichen Rechts – eine große Verbreitung hat.

Es gibt Gesellschaften, in denen das gesamte Kapital von Ausländern gehalten wird. Überwiegend bevorzugen ausländische Anleger aber gemeinsame Investitionen mit türkischen Partnern. Es gibt auch gemischt-wirtschaftliche Gesellschaften, an denen auch staatliche türkische Unternehmen beteiligt sind[25].

Da ausländische Investoren bisher fast ausschließlich die Rechtsform von AG und GmbH gewählt haben[26], werden im folgenden nur diese zwei Gesellschaftstypen erörtert.

23 Rahmenerlaß Nr. 92/2789, Art. 1.

24 Kommuniqué des Staatssekretariats für das Schatzwesen und den Außenhandel, R. G. vom 25. 2. 1984, Art. 5 und 25, siehe NfA 1984, Nr. 14, S. 3. Dieser Typ der Aktiengesellschaft ist außerdem als Ersatz zu den Zinsvorschriften des Banksystems gedacht.

25 Siehe ERDILEK, aaO (Fn. 9), S. 34 ff.

26 Kooperationsführer Türkei, aaO (Fn. 10), S. 82 f.

2. *Die Aktiengesellschaft (Anonim Şirket)*

a) Allgemeines

Das Recht der Aktiengesellschaft ist im Handelsgesetzbuch (HGB) geregelt[27]. Zwar ist dieses Gesetz seit dem 1. 1. 1957 in Kraft, aber der aktienrechtliche Teil stammt teilweise noch aus dem früheren HGB 1926, das seinerseits vom französischen und deutschen Recht beeinflußt war. Die Änderungen sind in Anlehnung an die aktienrechtlichen Vorschriften des schweizerischen Obligationengesetzes von 1936 vorgenommen worden. Das Aktienrecht spiegelt deshalb im wesentlichen die in den westlichen Industrieländern um die Jahrhundertwende herrschenden Vorstellungen wider. Neuerdings wurden einige Vorschriften über Quoten sowie die Beschlußfassung geändert. Außerdem hat das Kapitalmarktgesetz von 1981 einige zeitgemäße Vorschriften für Publikumsaktiengesellschaften und für Aktiengesellschaften mit besonderen Tätigkeitsbereichen – wie etwa Investmentaktiengesellschaften oder andere Vermittlungsinstitutionen – eingeführt[28].

b) Gründung

aa) Die Gründung einer Publikumsaktiengesellschaft ist im Handelsgesetzbuch den lang andauernden, teuren Formalitäten der Stufengründung unterstellt. Das Kapitalmarktgesetz erfordert außerdem die Einschaltung eines Promotors als Gründungsvermittler und die Genehmigung der Kapitalmarktbehörde. Für ausländische Investoren kommt diese Gründungsform in der Regel nicht in Betracht. Es wird hier deshalb die Errichtung einer sogenannten geschlossenen Aktiengesellschaft im Wege der Simultangründung dargestellt. Eine simultangegründete Aktiengesellschaft kann aber später in die Form einer Publikumsaktiengesellschaft umgewandelt werden. Ausländische Kapitalinhaber können natürlich auch Aktien an einer Publikumsaktiengesellschaft erwerben.

Die Satzung, die gleichzeitig der Gesellschaftsvertrag ist, muß in türkischer Sprache gefaßt und vom Gründer persönlich oder durch schriftlich bevollmächtigte Vertreter unterschrieben werden.

Die Gründung einer Aktiengesellschaft erfordert mindestens fünf Gründer, die die Satzung gleichzeitig zeichnen müssen[29], sich verpflichten müssen, das

27 Kapitel 4 über Handelsgesellschaften des tHGB (Artt. 269–474) wurde von E. E. HIRSCH übersetzt und erläutert, in: Das türkische Aktienrecht, Berlin 1958. In diesem Aufsatz habe ich grundsätzlich diese Übersetzung benutzt. Ziffern ohne Gesetzesangabe sind Artikel des tHGB.

28 KapitalmarktG vom 28. 7. 1981, Nr. 2499, R. G. vom 30. 7. 1981; vgl. unten II.2. f.

29 Die Unterschriften bedürfen notarieller Beurkundung (Art. 279 Abs. 1).

gesamte Kapital zu übernehmen (Art. 278 Abs. 1). Hinsichtlich der Person der Gründer bestehen keine besonderen gesetzlichen Anforderungen. Die Gründer können sich vertreten lassen. Sowohl ausländische natürliche wie juristische Personen sind als Gründer zugelassen. Nach herrschender Lehre und der Praxis kann jedoch eine juristische Person nur dann Gründer sein, wenn ihre Satzung sie dazu ermächtigt[30]. Die Zahl der Gründer ist gleichzeitig die Mindestzahl der Aktionäre. Einmann-Gesellschaften läßt das Handelsgesetzbuch nicht zu. Sinkt nach der Eintragung der Gesellschaft die Zahl der Aktionäre unter fünf herab oder fehlt es der Gesellschaft an den gesetzlich vorgeschriebenen Organen, so kann der Richter auf Antrag eines Aktionärs oder eines Gläubigers oder des Handelsministeriums die Auflösung verfügen, sofern die Gesellschaft nicht binnen einer angemessenen Frist den gesetzmäßigen Zustand wiederherstellt (Art. 435 Abs. 1). Um die gesetzlich vorgeschriebene Mindestzahl zu erfüllen, werden in der Praxis häufig Strohmänner eingesetzt. In diesen Fällen haften die Geschäftsherren oder Drittpersonen, für deren Rechnung die Geschäfte gemacht worden sind, in demselben Umfang wie die Gründer (Art. 278 Abs. 3) für Schäden, die durch die Gründung entstanden sind.

Den Mindestinhalt der Satzung schreiben die Artt. 279 und 303 vor. Vom Industrie- und Handelsministerium wurde eine Mustersatzung erarbeitet. Um Verzögerungen bei dem für die Einwilligung zuständigen Ministerium zu vermeiden, ist es angebracht, die Satzung in Anlehnung an diese Mustersatzung vorzubereiten. Die Gesellschaft muß eine Firma führen, die in der Satzung genannt werden soll. Diese Firma muß den Gegenstand des Unternehmens kennzeichnen und die Bezeichnung *Anonim Şirket* (Aktiengesellschaft) oder deren Abkürzung (A.Ş.) enthalten. Zunächst können Phantasienamen hinzugefügt werden. Enthält die Firma den Namen einer oder mehrerer natürlicher Personen, so darf die Bezeichnung Anonim Şirket nicht abgekürzt werden. Die Firma muß sich außerdem von bereits in das Handelsregister eingetragenen Firmen in der Türkei unterscheiden (Art. 47 Abs. 2).

Eine Aktiengesellschaft darf nur für wirtschaftliche Zwecke gegründet werden. Der Gesellschaftszweck und der Gegenstand der Gesellschaft sind genau und umfassend zu bezeichnen. Um Probleme bei der Rechtsfähigkeit oder beim Vertretungsumfang zu vermeiden, ist es auch zu empfehlen, den Unternehmensgegenstand in der Satzung möglichst genau zu formulieren. Das türkische Gesellschaftsrecht kennt eine auf den bekanntgemachten Gesellschaftsgegenstand beschränkte Rechts- und Handlungsfähigkeit. Zwar erkennen die Lehre und die Gerichte Rechtsfähigkeit auch für solche Geschäfte an, die nur mittelbaren Bezug zu dem Gegenstand der Gesellschaft haben, doch sind solche Rechtsgeschäfte, die weder unmittelbaren noch mittelbaren Bezug zum Gegenstand der

30 ANSAY, Anonim Şirketler Hukuku, 6. Aufl., Ankara 1982, S. 46.

Gesellschaft haben, auch im Außenverhältnis nichtig (ultra vires)[31]. Die Vertragsparteien können jedoch Schadensersatz von der Verwaltung der Gesellschaft beanspruchen. Außerdem kann ein Anspruch aus ungerechtfertigter Bereicherung geltend gemacht werden. Die Rechts- und Handlungsfähigkeit einer juristischen Person unterliegt dem Recht des Verwaltungssitzes, der in der Satzung angegeben ist. Befindet sich jedoch der tatsächliche Sitz der Verwaltung einer ausländischen Gesellschaft in der Türkei, kann türkisches Recht angewendet werden.[32]

Da Ausländern bestimmte Tätigkeiten untersagt sind bzw. zusätzlichen Anforderungen unterliegen, kommt dem Zweck und dem Gegenstand der Gesellschaft bei der Gründung durch Ausländer eine wichtige Bedeutung zu.

bb) Kapital und Aktien

Das Mindestkapital einer Aktiengesellschaft beträgt 500.000,– Tl. Aufgrund des Wertverlustes der türkischen Währung in den letzten Jahren entspricht dies heute umgerechnet ca. 50,– DM[33]. Das Grundkapital ist in der Satzung anzugeben. Es kann durch Bar- oder Sacheinlagen erbracht werden. Mindestens ein Viertel der Bareinlagen müssen vor der Gründung bei einer kreditwürdigen Bank hinterlegt und von dieser dem Vorstand zur freien Verfügung gestellt werden, sobald die Gesellschaft in das Handelsregister eingetragen und die Eintragung bekanntgemacht worden ist. Die Satzung bestimmt ferner, wann und wie die Restsumme des Barkapitals eingezahlt werden soll (Art. 279 Nr. 3; sonst Art. 406).

Als Sacheinlagen kommen alle Gegenstände in Betracht, deren Wert in Geld berechnet werden kann. Der Geldwert der Sacheinlagen sowie deren genaue Bezeichnung muß in der Satzung angegeben werden. Diese Angaben werden durch vom Gericht zu ernennende Sachverständige geprüft. Die Rechte an den Sacheinlagen gehen mit der Entstehung der Aktiengesellschaft auf diese über (Artt. 285, 140 Abs. 2 und 3).

Das Grundkapital ist in gleiche Anteile zu teilen. Der Mindestnennwert beträgt 500,– Tl. Die Unter-Pari-Emission ist verboten. Dagegen ist die Über-Pari-Emission möglich. Der Überschuß aus der Emission ist für die Bildung einer gesetzlichen Rücklage zu verwenden (Art. 466 Nr. 1).

31 ANSAY, aaO (Fn. 30), S. 26 f.

32 Gesetz über das internationale Privat- und Zivilverfahrensrecht, Nr. 2675, R. G. vom 22. 5. 1982, Art. 8 Abs. 4.

33 Die Höhe des Mindestkapitals ist für die Banken und Aktiengesellschaften, die in bestimmten Bereichen tätig werden, speziell geregelt.

Es können Namens- und Inhaberaktien geschaffen werden. Gegen Sacheinlagen werden vor Ablauf der ersten zwei Jahre keine Inhaberaktien ausgegeben. Auch für noch nicht völlig geleistete Bareinlagen werden nur Namensaktien ausgestellt. Inhaberaktien sind frei übertragbar. Das gilt grundsätzlich auch für Namensaktien. Die Übertragung von Inhaberaktien geschieht durch schlichte Ablieferung der Aktie. Die Übertragung von Namensaktien erfordert eine Übertragungsbewilligung (Indossament, Unterschrift) und die Ablieferung der Aktie (Art. 416). Außerdem muß die Übertragung im Aktionärsbuch der Aktiengesellschaft eingetragen werden. Vor einer solchen Eintragung kann der Erwerber seine Rechte gegenüber der Aktiengesellschaft nicht geltend machen. Die Übertragung von Namensaktien kann in der Satzung beschränkt werden (vinkulierte Aktien). Die Zustimmungskompetenz hat der Verwaltungsrat. Ist die Vinkulierung in der Satzung gestattet, so braucht der Verwaltungsrat einen Grund für die Ablehnung der Zustimmung nicht zu nennen (Art. 418).

Vorzugsaktien, die ein Vorzugsrecht auf Dividenden sowie – bei der Auflösung der Gesellschaft – auf das Kapital oder das Stimmrecht gewähren sind zulässig (Art. 401). Jede Aktie muß mindestens ein Stimmrecht gewähren. Aktien ohne Stimmrecht sind nicht zulässig. Eigene Aktien darf eine Aktiengesellschaft nur in Ausnahmefällen erwerben (Art. 329). Holdinggesellschaften sind vom Gesetz jedoch grundsätzlich gestattet.

cc) Das weitere Gründungsverfahren

Die Gründung einer Aktiengesellschaft vollzieht sich in den folgenden amtlichen Prüfungsstufen:

(1) Die Einwilligung des zuständigen Ministeriums wird erteilt, wenn die Satzung nicht gegen zwingende gesetzliche Vorschriften verstößt.

(2) Außerdem muß die Gründung gerichtlich bestätigt werden. Um diese Bestätigung zu erhalten, müssen die Gründer am Sitz der Gesellschaft die folgenden Unterlagen einreichen: eine Erklärung über die Erfüllung der für die Gründung der Aktiengesellschaft erforderlichen Bestimmungen, die Satzung, die Bescheinigung einer Bank über die Einzahlung des gesetzlich geforderten Teils der Kapitaleinlagen, den Sachverständigenbericht über die Bewertung der Sacheinlagen und der Sachübernahme, falls diese vorhanden sind.

(3) Zum Schluß wird die gerichtlich bestätigte Gesellschaft in das Handelsregister des Ortes eingetragen, an dem sie ihren Sitz hat. Der Registerführer ist auch verpflichtet zu prüfen, ob die gesetzlichen Voraussetzungen für eine Eintragung erfüllt sind (Art. 300, 34).

In der Praxis spielt die Einwilligung durch das Industrie- und Handelsministerium die wichtigste Rolle. Die weiteren Bestätigungen sind mehr oder weniger Formalitäten. Fälle, in denen das Registeramt die Eintragung trotz vorheriger doppelter Prüfung abgelehnt hat, sind kaum zu finden[34].

Mit der Eintragung im Handelsregister erhält die Aktiengesellschaft die Rechtspersönlichkeit[35] (Abs. 301). Die Eintragung sowie bestimmte Angaben aus der Satzung werden außerdem in der Handelsregisterzeitung veröffentlicht (Art. 300, 37 Abs. 3).

dd) Nachgründung, Gründungsmangel, Gründerhaftung

Wenn die Aktionäre einer geschlossenen, simultangegründeten Aktiengesellschaft innerhalb von fünf Jahren nach der Eintragung der Gesellschaft ihre Aktien „durch Aufforderung" an das Publikum veräußern wollen, so sind die entsprechenden Vorschriften des Handelsgesetzbuchs und des Kapitalmarktgesetzes über die Stufengründung zu beachten (Artt. 304, 4 ff des KapitalmarktG). Verträge, die innerhalb von zwei Jahren nach der Eintragung der Aktiengesellschaft über den Erwerb eines Unternehmens, einer Anlage oder anderer Sachen und Rechte durch die Gesellschaft zu einem den zehnten Teil des Grundkapitals übersteigenden Preis abgeschlossen werden, sind nur wirksam, wenn die Schutzmaßnahmen des Gesetzes gegen Gesetzesumgehung, wie z. B. Erstattung eines Sachverständigenberichts, erfüllt sind (Art. 311).

Die Eintragung in das Handelsregister hat grundsätzlich heilende Wirkung. Gründungsmängel einer errichteten Aktiengesellschaft können grundsätzlich nachträglich nicht geltend gemacht werden (Art. 299 Abs. 5). Wenn aber die Interessen der Gläubiger oder Aktionäre bei der Gründung der Gesellschaft durch Nichtbeachtung der gesetzlichen Bestimmungen oder der Satzung erheblich gefährdet oder verletzt worden sind, so kann gerichtlich die Feststellung begehrt werden, daß die Gesellschaft als nicht gegründet gilt (Art. 299).

Ist vor der Eintragung in das Handelsregister im Namen der Gesellschaft gehandelt worden, so haften die Handelnden persönlich und als Gesamtschuldner. Jedoch werden die Handelnden von der Haftung befreit, und es haftet nur die Gesellschaft, wenn die Verpflichtungen ausdrücklich im Namen der zukünftigen Gesellschaft eingegangen und innerhalb einer Frist von drei Monaten nach der Eintragung in das Handelsregister von der Gesellschaft übernommen worden sind (Art. 301 Abs. 2).

Die Gründer haften gesamtschuldnerisch für die Schäden, die aufgrund wahrheitswidriger Erklärungen, Urkunden oder Belege entstehen (Art. 305). Sie tra-

34 ANSAY, The Control of Formation of Corporations in Turkey, Batider 1963, S. 73 ff.

35 Vor der Eintragung im Handelsregister wird eine Aktiengesellschaft als einfache Gesellschaft betrachtet, HIRSCH, Türkisches Recht vor deutschen Gerichten, Berlin 1981, S. 128.

gen auch die Haftung, wenn sie den Anschein erwecken, daß das Grundkapital gezeichnet oder aufgebracht worden ist, obwohl es nicht voll gezeichnet oder sein Gegenwert nicht entsprechend den gesetzlichen Bestimmungen geleistet worden ist (Art. 306). Eine Haftung besteht ferner dann, wenn sie bei der Bewertung von Sacheinlagen, Unternehmen oder anderen Sachen, die zur Übernahme bestimmt sind, eine absichtliche Täuschung begehen (Art. 307).

Außerdem haften die Mitglieder des ersten Verwaltungsrates sowie die Kontrolleure für die Verletzung ihrer Prüfungspflicht hinsichtlich der Gründung (Art. 308).

c) Die Organe der Aktiengesellschaft

Die drei gesetzlichen Pflichtorgane einer Aktiengesellschaft sind der Verwaltungsrat, die Kontrollstelle und die Hauptversammlung der Aktionäre. Die Satzung darf die Einrichtung weiterer Organe bestimmen.

aa) Die Verwaltung

Die Gesellschaft wird vom Verwaltungsrat geführt, der aus mindestens drei Mitgliedern besteht. Die Verwaltungsratsmitglieder (Direktoren) werden von der Hauptversammlung für höchstens drei Jahre gewählt. Die Wiederwahl ist zulässig. Die Vertretung verschiedener Aktiengattungen in der Verwaltung kann durch Satzungsbestimmung ermöglicht werden.

Die Direktoren müssen natürliche Personen sein. Juristische Personen, die Aktionäre sind, dürfen durch natürliche Personen im Verwaltungsrat vertreten werden.

Auch der Direktor muß Aktionär sein, wobei jedoch eine einzige Aktie genügt. Außerdem ist es nicht erforderlich, daß der gewählte Direktor bereits im Zeitpunkt der Wahl Aktionär ist. Auch die Vorschrift, wonach jeder Direktor Aktien im Nennwert von 5000,– Tl. als Sicherheit zu hinterlegen hat, hat wegen des Wertverlustes der türkischen Währung keine praktische Bedeutung mehr. Der Direktor braucht weder seinen Wohnsitz in der Türkei zu haben, noch die türkische Staatsangehörigkeit zu besitzen. Eine Ausnahme besteht diesbezüglich hinsichtlich von Geschäftstätigkeiten, die ausschließlich türkischen Staatsangehörigen vorbehalten sind[36].

Verwaltungsratsbeschlüsse werden, wenn die Satzung nichts anderes bestimmt, mit der einfachen Mehrheit der Anwesenden gefällt. Bei den Entschei-

36 ANSAY, aaO (Fn. 30), S. 99.

dungen hat jeder Direktor eine Stimme, die nur persönlich, nicht aber durch einen Vertreter, ausgeübt werden darf (Art. 330 Abs. 1).

Beschlüsse können auch ohne Zusammentreffen der Direktoren gefaßt werden, wenn kein Direktor eine mündliche Beratung verlangt und wenn auf schriftlichem Wege von den anderen zugestimmt wird. An Beschlüssen, an denen die Direktoren oder ihre näheren Angehörigen eigenes Interesse haben, dürfen die Direktoren nicht mitwirken (Artt. 330 Abs. 2, 332).

Die Direktoren können durch die Hauptversammlung abberufen werden (Art. 316), und zwar ohne einen Anspruch auf Abfindung, selbst dann, wenn die Abberufung ohne Grund erfolgt.

Die größeren Gesellschaften, die eine Mehrzahl von Direktoren haben, bilden in der Praxis Ausschüsse, in denen auch nicht gewählte Direktoren mitwirken können. Der Verwaltungsrat kann Generaldirektoren ernennen, sofern die Satzung dies gestattet. Der Generaldirektor ist zur Geschäftsführung berechtigt und verpflichtet. Er muß nicht Mitglied des Verwaltungsrates sein. Wenn aber die Satzung nichts anderes vorsieht, muß mindestens ein Verwaltungsratsmitglied zur Geschäftsführung berechtigt sein. Ist die Vertretungsbefugnis nicht in der Satzung geregelt, so ist jeder Direktor allein zur Geschäftsführung und Vertretung der Gesellschaft befugt, wobei allerdings mindestens zwei Unterschriften benötigt werden. Abweichungen gegenüber der Doppelvertretungsmacht bedürfen der Eintragung ins Handelsregister (Art. 319).

Die Vertretungsmacht der Direktoren ist durch den Gegenstand der Gesellschaft begrenzt. Die Geschäfte, die zum Betrieb eines derartigen Handelsgewerbes gehören, werden als intra vires betrachtet. Die Begrenzung der Vertretungsmacht auf den Gesellschaftsgegenstand ist Dritten gegenüber grundsätzlich unwirksam[37]. Der Gesellschaft gegenüber sind die Direktoren zur Loyalität verpflichtet. Ohne Einwilligung der Hauptversammlung darf kein Direktor im eigenen oder fremden Namen persönlich oder durch Mittelsleute ein Rechtsgeschäft tätigen, das in den Rahmen des Gegenstandes der Gesellschaft fällt (Art. 334 Abs. 1). Er darf ohne Einwilligung der Hauptversammlung weder für eigene noch für fremde Rechnung ein in den Handelsbereich der Gesellschaft fallendes Rechtsgeschäft abschließen, noch sich als unbeschränkt haftender Gesellschafter an einer Gesellschaft beteiligen, die im gleichen Handelszweig tätig ist (Art. 335 Abs. 1).

bb) Die Kontrolle

(1) Die Überwachung der Verwaltung und die Geschäftsführung einer Aktiengesellschaft wird von einem oder mehreren Kontrolleuren wahrgenom-

37 Ansay, aaO (Fn. 30), S. 114 ff.

men. Die Kontrolleure prüfen nicht nur die Rechnungslegung der Gesellschaft, sondern sie sind auch verpflichtet, den Verwaltungsrat und andere Personen, die an der Geschäftsführung beteiligt sind, zu überwachen. Als ihre wesentlichen Aufgaben, die durch die Satzung oder einen Beschluß der Hauptversammlung nicht eingeschränkt werden dürfen, nennt das Handelsgesetzbuch (Art. 353):

1. Die Aufstellung des Bilanzschemas in Gemeinschaft mit den Verwaltungsratsmitgliedern;
2. Die Prüfung der Bücher der Gesellschaft mindestens einmal alle sechs Monate, um sich über die Geschäfte der Gesellschaft zu orientieren und dafür zu sorgen, daß die erforderlichen Eintragungen sorgfältig vorgenommen werden;
3. Kontrollen der Gesellschaftskasse in nicht länger als drei Monate betragenden Abständen;
4. Einsicht der Bücher der Gesellschaft mindestens einmal im Monat und Prüfung, ob die als Pfand oder Sicherheit oder zwecks Aufbewahrung der Gesellschaftskasse gegebenen Wertpapiere jeder Art vorhanden und richtig verbucht sind;
5. Prüfung, ob die in der Satzung enthaltenen Vorschriften über die Teilnahme der Aktionäre an der Hauptversammlung eingehalten werden;
6. Prüfung des Voranschlages und der Bilanz;
7. Beaufsichtigung der Auflösungsgeschäfte;
8. Einladung der Aktionäre zu ordentlichen und außerordentlichen Hauptversammlungen, sofern es der Verwaltungsrat unterläßt;
9. Anwesenheit auf der Hauptversammlung;
10. Überwachung der Verwaltungsratsmitglieder hinsichtlich der Einhaltung von Gesetz und Satzung.

Die Kontrolleure werden von der Hauptversammlung für drei Jahre gewählt. Das Handelsgesetzbuch verlangt von einem Kontrolleur keine seinen umfangreichen Verpflichtungen entsprechenden Eigenschaften. Lediglich mehr als die Hälfte der Kontrolleure müssen die türkische Staatsangehörigkeit besitzen (Art. 347). Nähere Verwandtschaft mit den Direktoren verbietet die Kontrolleurstätigkeit (Art. 349). Direktoren, Geschäftsführer oder Angestellte einer Aktiengesellschaft dürfen nicht zu Kontrolleuren gewählt werden (Art. 347 Abs. 4). Sie brauchen weder Aktionär zu sein, noch einen tatsächlichen Wohnsitz in der Türkei zu haben. Auch juristische Personen dürfen zu Kontrolleuren gewählt werden[38].

(2) In bestimmten im Handelsgesetzbuch genannten Fällen ist die Wahl eines Sonderprüfers oder seine Ernennung durch das Gericht möglich.

38 ANSAY, aaO (Fn. 30), S. 166.

(3) Außerdem besteht eine staatliche Überwachung. Das Industrie- und Handelsministerium hat darüber zu wachen, daß den gesetzlichen Bestimmungen und der Satzung in vollem Umfang Rechnung getragen wird. Ein Vertreter des Ministeriums ist bei jeder Hauptversammlung anwesend. Er überwacht die Gesetzmäßigkeit der Verhandlungen. Zur Gültigkeit der Beschlüsse ist erforderlich, daß er das Versammlungsprotokoll unterzeichnet (Artt. 378, 297).

(4) Bei Publikumsaktiengesellschaften erfüllt auch die Kapitalmarktbehörde eine Überwachungsfunktion.

cc) Die Hauptversammlung

Einige wichtige Entscheidungen der Aktiengesellschaft werden in der Versammlung der Aktionäre getroffen. Das Gesetz unterscheidet zwischen ordentlichen und außerordentlichen Hauptversammlungen. Bestimmte, gesetzlich vorgesehene Beschlüsse müssen in einer ordentlichen Hauptversammlung getroffen werden, wie z. B. die Feststellung des Geschäftsberichts, der Jahresbilanz, der Gewinn- und Verlustrechnung, sowie der Gewinnverteilungsvorschlag des Verwaltungsrates, die Festsetzung der Vergütung und Tagegelder für die Mitglieder des Verwaltungsrates und die Kontrolleure, sofern diese nicht in der Satzung festgelegt sind, die Wahl von Direktoren und Kontrolleuren (Art. 369).

Die ordentliche Hauptversammlung tagt, solange in der Satzung nichts anderes vorgesehen ist, wenn mindestens ein Viertel des Grundkapitals vertreten ist. Wird bei der ersten Sitzung dieses Quorum nicht erreicht, so ist die Hauptversammlung in der zweiten Sitzung beschlußfähig, ohne Rücksicht auf die Höhe des vertretenen Kapitals (Art. 372). Die Beschlüsse werden mit der einfachen Mehrheit der vorhandenen Stimmen gefaßt (Art. 378 Abs. 1).

In Ausnahmefällen ist eine außerordentliche Hauptversammlung einzuberufen, beispielsweise für Entscheidungen über Satzungsänderungen, insbesondere Gegenstandsänderungen. Auf außerordentlichen Hauptversammlungen der Aktionäre ist eine qualifizierte Mehrheit für die Beschlußfähigkeit erforderlich. Die harten Bestimmungen des Gesetzes über das Quorum und über die Höhe der abgegebenen Stimmen wurden vor kurzem gelockert (Art. 388 in der Fassung vom 4. 7. 1989, R. G. vom 4. 7. 1989).

Die ordentliche Hauptversammlung muß innerhalb von drei Monaten nach Ablauf des Geschäftsjahres und mindestens einmal jährlich einberufen werden. Aktionäre, die zusammen mindestens ein Zehntel des Aktienkapitals repräsentieren, können vom Verwaltungsrat jederzeit die Einberufung einer außerordentlichen Hauptversammlung verlangen. Wird diesem Verlangen nicht entsprochen, so kann das Gericht die Aktionäre ermächtigen, die Hauptversammlung selbst einzuberufen.

Die Aktionäre müssen mindestens zwei Wochen vor der Versammlung durch Veröffentlichung in der Handelsregisterzeitung über die Einberufung informiert werden. Aktionäre, die Namensaktien besitzen, sind per Einschreibebrief einzuladen (Art. 368).

Die Hauptversammlung findet am Ort des Gesellschaftssitzes statt. Vertretung in der Versammlung ist möglich. Bei Namensaktien muß die Vollmacht schriftlich erteilt, bei Inhaberaktien müssen die Aktienurkunden eine Woche vor dem Sitzungstag bei der Gesellschaft hinterlegt werden (Art. 360 Abs. 3).

Jede Aktie gewährt mindestens eine Stimme (Art. 290 Abs. 3). Wer in irgendeiner Weise an Geschäftsführungsangelegenheiten beteiligt war, ist bei Beschlüssen über die Entlastung von Direktoren nicht stimmberechtigt (Art. 374 Abs. 2). Kein Aktionär darf das Stimmrecht bei Verhandlungsgegenständen ausüben, bei denen er selbst oder einer seiner näheren Verwandten betroffen ist (Art. 374 Abs. 1).

d) Minderheitenschutz

Neben dem Erfordernis einer qualifizierten Mehrheit bei wichtigen Entscheidungen in der Hauptversammlung gewährt das Handelsgesetzbuch den einzelnen Aktionären und Aktionärsgruppen Minderheitsrechte, die sie gegenüber dem Verwaltungsrat oder den Mehrheitsaktionären zusätzlich schützen sollen.

aa) Schadensersatzklage gegen die Direktoren

Aktionäre, die mindestens 10 % des Grundkapitals repräsentieren, können verlangen, daß die Gesellschaft eine Schadensersatzklage gegen die Verwaltung erhebt (Art. 341). Außerdem können einzelne Aktionäre (und Gesellschaftsgläubiger) selbst gegen die Verwaltung auf Schadensersatz klagen, wenn die Direktoren ihre gesetzlichen oder satzungsmäßen Pflichten vorsätzlich oder fahrlässig verletzt haben (solidarische Haftung der Verwaltungsratsmitglieder). Der Schadensersatz wird jedoch nicht dem klagenden Aktionär, sondern nur der Gesellschaft gewährt (Art. 309 Abs. 1).

Eine von der Hauptversammlung erteilte Entlastung hat die Wirkung eines Verzichts auf Schadensersatzansprüche. Ein Hauptversammlungsbeschluß über die Bestätigung der Jahresbilanz hat, falls nicht ausdrücklich das Gegenteil erklärt wird, die Bedeutung einer Entlastung der Verwaltungsratsmitglieder, der anderen Direktoren sowie der Kontrolleure. Jedoch wird diesen Personen die Entlastungswirkung dann nicht zuteil, wenn in der Bilanz Umstände nicht offengelegt oder Unrichtigkeiten enthalten sind, die den wahren Zustand der Gesellschaft nicht erkennen lassen (Art. 380).

Die Schadensersatzansprüche der Aktionäre verjähren innerhalb von zwei Jahren von dem Tag an, an dem der Geschädigte Kenntnis vom Schaden und von der Person des Ersatzpflichtigen erlangt hat, jedenfalls aber mit Ablauf von fünf Jahren nach dem Tag der schädigenden Handlung[39] (Artt. 340, 309 Abs. 4).

bb) Anfechtung der Hauptversammlungsbeschlüsse

Beschlüsse der Hauptversammlung, die gegen die Bestimmungen von Gesetz, Satzung oder die Grundsätze von Treu und Glauben verstoßen, können angefochten werden. Jeder Aktionär, der gegen den Beschluß gestimmt hat und diesen Umstand in das Protokoll hat aufnehmen lassen, ist berechtigt, innerhalb von drei Monaten nach dem Tag des Beschlusses die Anfechtungsklage zu erheben. Das Anfechtungsrecht besteht auch dann, wenn der Aktionär zu Unrecht an der Ausübung seines Stimmrechts gehindert wurde, wenn die Ladung zur Hauptversammlung nicht ordnungsgemäß erfolgt ist und wenn unberechtigte Personen sich an der Abstimmung beteiligt haben[40] (Art. 381 Abs. 1). In der Praxis von großer Bedeutung ist die Anfechtungsklage wegen Verstoßes gegen Treu und Glauben, insbesondere bei Verletzung von Minderheitsinteressen, wie etwa mißbräuchlichen Kapitalerhöhungen, die lediglich den Zweck haben, die Minderheit auszutrocknen[41].

cc) Wohlerworbene Rechte

Über die wohlerworbenen Rechte wie die Mitgliedschaft, das Stimmrecht, das Recht auf Erhebung der Anfechtungsklage, das Dividendenbezugsrecht und das Recht auf Beteiligung am Liquidationserlös (Art. 385) kann ohne Zustimmung der betroffenen Aktionäre durch die Hauptversammlung nicht verfügt werden.

dd) Weitere Rechte der Aktionäre

Die Aktionäre haben nur ein begrenztes Auskunftsrecht. Sie werden vor der jährlichen ordentlichen Hauptversammlung rechtzeitig über die Gewinn- und Verlustrechnung, die Bilanz sowie den Geschäftsbericht informiert (Art. 362). Eine Einsichtnahme in die Geschäftsbücher und Unterlagen ist nur mit aus-

39 Umstritten bei der Gesellschaftsklage, ANSAY, aaO (Fn. 30), S. 147 f.

40 In der Lehre und Praxis unterscheidet man jedoch anfechtbare und nichtige Beschlüsse. Nichtigkeit kann jederzeit behauptet werden, ANSAY, aaO (Fn. 30), S. 193 ff.

41 ANSAY, aaO (Fn. 30), S. 198 ff.

drücklicher Ermächtigung der Hauptversammlung oder aufgrund eines Beschlusses des Verwaltungsrats und unter Wahrung des Geschäftsgeheimnisses gestattet. Jeder Aktionär ist außerdem berechtigt, die Kontrolleure auf zweifelhafte Gegebenheiten aufmerksam zu machen und die erforderliche Aufklärung zu verlangen (Art. 363 Abs. 1). Jeder Aktionär kann sich bei den Kontrolleuren über die Geschäftsführung der Direktoren beschweren.

Aktionäre, die ein Zehntel des Grundkapitals repräsentieren, sind befugt, von der Hauptversammlung die Bestellung eines Sonderprüfers zur Untersuchung von Unregelmäßigkeiten bei der Geschäftsführung oder Verstößen gegen Gesetzes- oder Satzungsvorschriften sowie der Richtigkeit der Bilanz zu verlangen. Wird einem solchen Antrag nicht entsprochen, so können die Aktionäre das Recht auf Bestellung eines Sonderprüfers durch das Gericht verlangen (Art. 348).

e) Kapital und Finanzierung

aa) Grundkapital und Gesellschaftsvermögen

Das türkische Aktiengesellschaftsrecht ist auf dem Grundkapitalsystem aufgebaut. Das Mindestkapital wird in der Satzung festgelegt. Die Geschäftserfolge der Gesellschaft werden nach dem Verhältnis von Gesellschaftsvermögen zu Gesellschaftskapital bemessen. Besteht begründete Besorgnis einer Überschuldung, muß der Verwaltungsrat eine Zwischenbilanz erstellen. Sind zwei Drittel des Grundkapitals nicht mehr gedeckt, gilt die Gesellschaft als aufgelöst, solange die Hauptversammlung nicht beschlossen hat, das Grundkapital aufzufüllen oder sich mit dem übriggebliebenen Drittel zu begnügen[42] (Art. 324).

Mindestens ein Zwanzigstel des Reingewinns muß jährlich als allgemeiner Reservefonds ausgewiesen werden, bis zu einer Gesamthöhe von ein Fünftel des gezahlten Grundkapitals (Art. 466 Abs. 1).

Der allgemeine Reservefonds darf, soweit er die Hälfte des Grundkapitals nicht übersteigt, nur zur Deckung von Verlusten oder zu Maßnahmen verwendet werden, die geeignet sind, in schlechteren Geschäftszeiten das Unternehmen zu schützen, die Arbeitslosigkeit zu vermindern oder deren Folgen zu mildern (Art. 466 Abs. 3).

Solange gesetzlicher und freiwilliger Reservefonds sowie weitere gesetzliche und satzungsmäßige Rücklagen und Rückstellungen vom Reingewinn nicht abgezogen worden sind, darf eine Dividende nicht verteilt werden (Art. 469, Art. 15 KapitalmarktG).

42 Sobald die Forderungen der Gesellschaftsgläubiger nicht mehr durch die Aktiven gedeckt sind, hat der Verwaltungsrat den Richter zu benachrichtigen. Der Richter kann die Konkurseröffnung aufschieben, Art. 324 Abs. 2.

bb) Erhöhung des Grundkapitals

Eine Kapitalerhöhung ist nur dann gestattet, wenn die Aktienbeträge schon völlig eingezahlt sind. Die Hauptversammlung entscheidet durch Satzungsänderung über die Erhöhung des Grundkapitals und die Aktiengesamtzahl. Für Einzelheiten der Kapitalerhöhung gelten in der Regel die Vorschriften über die Gründung einer Aktiengesellschaft (Art. 392).

Hat die Hauptversammlung nichts Gegenteiliges beschlossen, so haben die Aktionäre bei der Kapitalerhöhung ein Bezugsrecht (Art. 394).

Werden die Aktien der Öffentlichkeit angeboten, sind die Vorschriften über Publikumsaktiengesellschaften anwendbar[43].

f) Publikumsaktiengesellschaften

Das Kapitalmarktgesetz vom 28. 7. 1981[44] hat die Publikumsaktiengesellschaften zusätzlichen Vorschriften unterstellt. Das Gesetz findet Anwendung, wenn Aktien oder andere Arten von Wertpapieren einer Aktiengesellschaft der Öffentlichkeit angeboten werden. So wird eine geschlossene, simultangegründete Aktiengesellschaft als Publikumsaktiengesellschaft behandelt, wenn sie z. B. Anleiheobligationen der Öffentlichkeit anbietet. Auch wenn die Zahl der Aktionäre einer Aktiengesellschaft durch einzelne Verkäufe oder durch Erbfolge usw. 100 übersteigt, unterliegen solche Aktiengesellschaften ebenso den gesetzlichen Vorschriften für Publikumsgesellschaften.

Das Kapitalmarktgesetz bringt für Publikumsgesellschaften und deren Aktionäre einige Vorteile[45]: Sie dürfen ein registriertes Kapital führen. Danach ist der Verwaltungsrat berechtigt, ohne Generalversammlungsbeschluß und ohne Erfüllung der zusätzlichen Formalitäten des Handelsgesetzbuchs das Kapital der Gesellschaft zu erhöhen (Art. 12 KapitalmarktG). Außerdem kann die Satzung den Verwaltungsrat zur Ausgabe von Anleiheobligationen ermächtigen. Diese Gesellschaften dürfen auch Wandelobligationen herausgeben (Artt. 13 und 14 KapitalmarktG).

Für die Aktionäre einer Publikumsaktiengesellschaft ist ein jährlicher Mindestgewinnanteil gesetzlich garantiert, der von der Kapitalmarktbehörde festgesetzt wird. Eine Publikumsaktiengesellschaft darf nicht durch Festsetzung offensichtlich unangemessener Verrechnungspreise für verbundene Unternehmen und überzogene Geschäftsführergehälter ihren Jahresgewinn schmälern (Art. 15 Abs. 3 KapitalmarktG).

43 Vgl. unten II.2. f.
44 Oben Fn. 28.
45 Ü. TEKINALP, Sermaye Piyasasi Hukukunun Esaslari, Istanbul 1982.

Die Bilanzen, wie auch die Gewinn- und Verlustrechnungen sowie die jährlichen Berichte der Kontrollstelle und des Verwaltungsrats einer Publikumsaktiengesellschaft müssen nach einem einheitlichen Schema vorbereitet werden (Artt. 16, 22 b KapitalmarktG).

Alle Publikumsaktiengesellschaften und diejenigen Aktiengesellschaften, die bei der Vermittlung von Wertpapieren tätig sind, unterliegen zusätzlich – über die Bestimmungen für normale Aktiengesellschaften hinaus – der begrenzten Aufsicht der Kapitalmarktbehörde, einer neugegründeten, teilweise unabhängigen staatlichen Organisation.

3. Die Gesellschaft mit beschränkter Haftung (Limited Şirket)

Der zweite Gesellschaftstyp, der in der Praxis häufiger anzutreffen ist, ist die Gesellschaft mit beschränkter Haftung. Auch dieser Gesellschaftstyp ist im Handelsgesetzbuch geregelt. Die Vorschriften des Gesetzes entsprechen überwiegend dem Titel 28 über die GmbH des schweizerischen Obligationengesetzes. Die türkische GmbH ähnelt einer Aktiengesellschaft. Sie besitzt Rechtspersönlichkeit, ein festes Grundkapital und hat Gesellschafter, deren Haftung beschränkt ist. Die folgenden Ausführungen verdeutlichen die Unterschiede der GmbH zur AG[46].

Die Gründung einer GmbH kann durch mindestens zwei Personen erfolgen. Die Höchstzahl der Gesellschafter beträgt 50. Die Zahl der Anteilsinhaber darf später auch für längere Zeit nicht weniger als zwei betragen. Sinkt die Zahl der Anteilsinhaber unter zwei oder fehlt es der Gesellschaft an den notwendigen Organen, so kann der Richter auf Begehren eines Gesellschafters oder eines Gläubigers die Auflösung verfügen, sofern die Gesellschaft nicht binnen angemessener Frist den gesetzmäßigen Zustand wiederherstellt (Art. 504).

Die Gründer haben die Satzung zu unterschreiben und ihre Unterschrift notariell beglaubigen zu lassen. Gründer einer GmbH können auch andere Handelsgesellschaften, GmbH oder AG, sein[47]. Auch ausländische Gesellschaften können im selben Umfange wie ausländische Staatsangehörige eine GmbH gründen oder Anteile an einer bereits bestehenden GmbH erwerben. Name, Wohnsitz und Staatsangehörigkeit der Gründer müssen in das Handelsregister eingetragen werden (Artt. 510 Nr. 2, 511 Nr. 4).

Das gesetzlich festgelegte Mindestgrundkapital einer GmbH beträgt 10 000,– Tl. (ca. 1,50 DM). Davon muß mindestens ein Viertel vor der Gründung aufgebracht werden.

Die Gesellschafter einer GmbH sind keine Aktionäre; jeder hat einen Anteil am Grundkapital. Die Anteile können nicht als Namens- oder Inhaberwert-

46 Allgemein dazu siehe HIRSCH, aaO (Fn. 35), S. 93–109.
47 Oben Fn. 30.

papiere verbrieft werden. Die Scheine, die die Anteile bescheinigen, sind keine Wertpapiere, sondern nur Beweisurkunden (Artt. 503 Abs. 2, 518 Abs. 3). Außerdem kann eine Bescheinigung nur über den ganzen Anteil eines Partners ausgestellt werden (Art. 518 Abs. 4).

Die Firma einer GmbH ist eine Sachfirma, die den Gegenstand und die Bezeichnung „Ltd. Ş" enthalten soll. Die Firma darf einen Phantasienamen bzw. den Namen eines oder mehrerer Gesellschafter enthalten. Die Haftung der Gesellschafter ist auf die von ihnen gezeichneten Anteile beschränkt. Für die Geschäfte vor der Gründung haften aber alle Gründer als Gesamtschuldner und unbeschränkt.

Für die Gründung einer GmbH ist die Einwilligung des Industrie- und Handelsministeriums erforderlich, doch wird eine GmbH ohne gerichtliche Prüfung in das Handelsregister eingetragen.

Ein Verwaltungsrat ist bei der GmbH nicht obligatorisch. Mindestens ein Geschäftsführer übernimmt die Funktion des Verwaltungsrats. Durch die Satzung oder durch Gesellschafterbeschluß kann die Geschäftsführung und Vertretung auch Personen übertragen werden, die nicht Gesellschafter sind (Art. 541). Der Geschäftsführer, der nicht Gesellschafter ist, kann durch Gesellschafterbeschluß jederzeit abberufen werden (Art. 543 Abs. 2). Wenn nichts anderes in der Satzung bestimmt ist, dann erfüllen die Gesellschafter die Verwaltungsfunktion und vertreten die Gesellschaft gemeinsam (Art. 540 Abs. 1).

Auch die Geschäftsführer müssen weder die türkische Staatsangehörigkeit besitzen noch brauchen sie einen türkischen Wohnsitz zu haben (Art. 511 Nr. 7). Sie haben ähnliche Rechte und Pflichten wie die Direktoren einer Aktiengesellschaft (Anzeigepflicht bei Kapitalverlust und bei Überschuldung, Art. 545; Wettbewerbsverbot, Art. 547).

Eine GmbH, die mehr als 20 Gesellschafter hat, ist zur Bildung eines Kontrollorgans verpflichtet. In diesem Falle werden die aktienrechtlichen Vorschriften entsprechend angewendet (Art. 548 Abs. 1).

Auf die Gesellschafterversammlung einer GmbH sind die Vorschriften über die Hauptversammlung der Aktiengesellschaft entsprechend anwendbar, wenn die Gesellschafterzahl 20 übersteigt (Art. 536 Abs. 1). Bei 20 oder weniger Gesellschaftern dürfen Beschlüsse durch schriftliche Abstimmung, ohne Abhaltung einer Gesellschafterversammlung getroffen werden (Art. 536 Abs. 2).

Gesellschafterbeschlüsse werden mit den Stimmen der Gesellschafter gefaßt, die mindestens mehr als die Hälfte des einbezahlten Kapitals repräsentieren (Art. 536 Abs. 3). In einigen Fällen ist aber die erforderliche Stimmenzahl für Beschlüsse, je nach der Gesamtzahl der Gesellschafter in der GmbH und je nach Gegenstand der Abstimmung, unterschiedlich geregelt. Besondere Mehrheitsanforderungen bestehen in Hinsicht auf die Übertragung von Gesellschaftsanteilen an Nicht-Gesellschafter. Die Übertragung ist nur zulässig, wenn mindestens drei Viertel aller Gesellschafter, die zugleich mindestens drei Viertel des

Grundkapitals vertreten, zustimmen (Art. 520 Abs. 2). Dasselbe gilt für die Auflösung der GmbH (Art. 549 Nr. 2). Für eine Satzungsänderung reichen die Stimmen, die zwei Drittel des Grundkapitals repräsentieren (Art. 513 Abs. 1). Die Beschlüsse über eine Haftungsänderung der Gesellschafter oder über eine Kapitalerhöhung bedürfen einstimmiger Gesellschafterbeschlüsse (Art. 513 Abs. 1). Sind an der Gesellschaft nicht mehr als fünf oder weniger Gesellschafter beteiligt, dann werden alle Satzungsänderungen nur einstimmig gefaßt (Art. 513 Abs. 1).

Über alle Stammeinlagen wird ein Anteilsbuch geführt, in dem die Namen der Gesellschafter, die Summe der einzelnen Teilbeträge und die darauf erfolgten Leistungen, sowie jeder Übergang eines Gesellschaftsanteils und jede sonstige Änderung dieser Tatsache eingetragen werden (Art. 519 Abs. 1). Falls Änderungen vorgenommen worden sind, ist zu Beginn jedes Kalenderjahres dem Handelsregisteramt eine von den Geschäftsführern unterzeichnete entsprechende Liste mitzuteilen (Art. 519 Abs. 2).

Die Abtretung eines Geschäftsanteils sowie die Verpflichtung zur Abtretung müssen schriftlich vereinbart sein und bedürfen zu ihrer Gültigkeit einer notariellen Beurkundung (Art. 520 Abs. 5). Die Abtretung eines Gesellschaftsanteils kann in der Satzung gänzlich ausgeschlossen werden (Art. 520 Abs. 4).

Für nicht voll eingezahlte Kapitalanteile haften die Gesellschafter bis zur Höhe der von ihnen übernommenen Einlage persönlich. Für einen ausgeschlossenen Gesellschafter besteht diese Haftung bis fünf Jahre nach der Eintragung des Ausscheidens in das Gesellschafterbuch fort (Art. 531 Abs. 1).

Bei Vorliegen eines wichtigen Grundes kann die GmbH auf Antrag eines Gesellschafters durch Gerichtsbeschluß aufgelöst werden (Art. 549 Nr. 4).

4. *Gründungskosten*

Die wichtigsten Kosten bei Gründung einer AG oder GmbH sind die Notargebühren. Sie betragen für die Bestätigung der Unterschrift jedes Gründers, der die Satzung unterschrieben hat, 5 pro 1000 des Gesellschaftskapitals, höchstens ca. 1.000,– DM.

Eine zusätzliche Gründungsabgabe beträgt 10 pro 1000 des Gesellschaftskapitals bis 100 Millionen Tl., 7,5 pro 1000 für weitere 100 Millionen Tl. des Gesellschaftskapitals, höchstens aber 77.399.000 Tl. (ca. 11.000,– DM). Die Registergebühren und die Veröffentlichungsgebühren sind gering[48].

48 Höchstens 19.349,600 Tl. (ca. 2.700,– DM). Damga Vergisi Kanunu, Gesetz Nr. 488, R. G. vom 11. 7. 1964, mit Änderungen, zuletzt mit dem Gesetz Nr. 3689 vom 15. 12. 1990, R. G. vom 20. 12. 1990 und die Bekanntmachung Nr. 23, R. G. vom 18. 12. 1992. Harçlar Kamunu, Gesetz Nr. 492, R. G. vom 17. 7. 1964, mit Änderungen, zuletzt mit dem Gesetz Nr. 3689 vom 15. 12. 1990, R. G. vom 20. 12. 1990 und die Bekanntmachung Nr. 19, R. G. vom 18. 12. 1992.

Die Kosten der anwaltlichen Beratung ergeben sich aus der Gebührenordnung für Rechtsanwälte. Die dort enthaltenen Mindestsätze sind sehr gering. In der Praxis wird daher meistens ein freies Honorar vereinbart.

5. *Umwandlung oder Verschmelzung*[49]

Eine Aktiengesellschaft kann unter folgenden Voraussetzungen ohne Liquidation in eine GmbH umgewandelt werden (Art. 553): Das Grundkapital der GmbH darf nicht niedriger sein als das Grundkapital der Aktiengesellschaft. Durch Bekanntmachung muß den Aktionären der Aktiengesellschaft die Gelegenheit gegeben werden, sich zum Nennbetrag ihrer Aktien an der neuen Gesellschaft zu beteiligen. Außerdem muß diese Beteiligung der Aktionäre insgesamt mindestens zwei Drittel des Grundkapitals der bisherigen Gesellschaft betragen. Mit der Umwandlung wird die Aktiengesellschaft aufgelöst und eine neue GmbH erwirbt Rechtspersönlichkeit an ihrer Stelle.

Auch die Umwandlung einer GmbH in eine Aktiengesellschaft ist möglich. Allerdings müssen dann die Gründungsformalitäten einer neuen Aktiengesellschaft erfüllt sein. Diese ist jedoch dann eine Fortsetzung der erloschenen GmbH (Art. 152). Außerdem erwirbt eine geschlossene Aktiengesellschaft durch das Anbieten von Aktien oder anderen Wertpapieren in der Öffentlichkeit die Form einer Publikumsgesellschaft.

Das Handelsgesetzbuch regelt die Verschmelzung zwischen gleichartigen Gesellschaften. Für die Verschmelzung müssen die beteiligten Gesellschaften die maßgebenden Formalitäten erfüllen (Art. 148). Wenn von keinem Gläubiger Widerspruch erhoben wird, dann wird die Verschmelzung vollzogen und die verbleibende oder neu gegründete Gesellschaft tritt an die Stelle der erloschenen Gesellschaft. Alle Rechte und Verbindlichkeiten gehen auf die verbleibende oder neu gegründete Gesellschaft über (Artt. 151 Abs. 1, 146 Abs. 2). Bei der Verschmelzung von Aktiengesellschaften ist eine getrennte Vermögensverwaltung zum Schutz der Gläubiger vorgesehen, bis die Schulden der aufgelösten Gesellschaft bezahlt oder sichergestellt sind (Artt. 451, 452 Abs. 1).

6. *Verbundene Unternehmen*

Nach dem türkischen Grundgesetz soll der Staat die tatsächliche oder sich aus Verträgen ergebende Bildung von Monopolen und Kartellen verhindern (Art. 167 Grundgesetz). Verbundene Unternehmen sind aber immer noch nicht gesetzlich

49 Siehe H. S. TÜRK, Die Umwandlung der Handelsgesellschaften, 1964.

geregelt[50]. Es gibt auch keine Fusionskontrolle. Da in den letzten Jahren viele Unternehmen unter einer Dachgesellschaft organisiert worden sind, wurde das Problem neuerdings in der Literatur häufiger diskutiert. Die gegenwärtige Regierung bevorzugt sogar die Konzentration in großen Unternehmen.

7. *Zweigniederlassung, Vertreter, Verbindungsstelle*

Kaufmännische Tätigkeiten von Ausländern können in der Türkei auch durch Gründung einer Zweigniederlassung oder Benennung eines Vertreters oder durch eine Verbindungsstelle ausgeübt werden. Diese Unternehmensformen sind im Provisorischen Gesetz über Ausländische Aktiengesellschaften sowie Kommanditgesellschaften auf Aktien und Versicherungsgesellschaften von 1330/1915 geregelt[51]. Die Vorschriften des Handelsgesetzbuches über die Agentur *(Acentalik)* und einige weitere Vorschriften des Obligationengesetzes sind ebenfalls anwendbar. Ausländische Investoren erhalten die Genehmigung des Ministeriums, wenn das Kapital für die erwähnten Unternehmen in ausländischer Währung aufgebracht ist und wenn keine Gewinne- oder ähnliche Kapitaltransferbewilligungen begehrt werden[52].

Zweigniederlassungen werden im Handelsregister eingetragen. Die Firma muß den Ort der Hauptniederlassung und der Zweigstelle angeben (Artt. 42 Abs. 2, 50). Der Manager einer Zweigniederlassung braucht kein türkischer Staatsangehöriger zu sein. Er soll aber einen türkischen Wohnsitz haben (Art. 42 Abs. 4). Für ihre Zweigniederlassung haftet die ausländische Gesellschaft unbeschränkt[53]. Geschäfte von Vertretern oder Zweigniederlassungen begründen für ausländische Firmen die türkische Gerichtsbarkeit (Art. 119 Abs. 2).

III. Steuerrecht[54]

Kapitalgesellschaften entrichten eine einheitliche festgelegte Körperschaftssteuer. Zur Zeit ist der Steuersatz auf 46 % festgelegt. Es gibt aber verschiedene Steuererleichterungen und Steuerbefreiungen.

50 Nach Art. 466 Abs. 4 gelten die Vorschriften des HGB über Gewinnverteilung und über den Verwendungszweck des allgemeinen Reservefonds nicht für Gesellschaften, deren Zweck hauptsächlich in einer Beteiligung an anderen Unternehmen besteht. Außerdem gilt Art. 15 Abs. 3 KapitalmarktG.

51 Das Gesetz stammt aus der Zeit des osmanischen Reiches. Text des Gesetzes abgedruckt in: SEVIG, Türkiye'nin Yabancilar Hukuku, Istanbul 1981, S. 202 ff.

52 Kommuniqué Nr. 84–30/1 vom 7. 7. 1984, aaO (Fn. 14), Art. 6 Abs. d. und Durchführungsverordnung vom 25. 5. 1986, R. G. vom 25. 5. 1986, Art. 5.

53 KARAYALÇIN, Ticaret Hukuku, Bd. I, 3. Aufl., Ankara 1968, S. 188.

54 Im allgemeinen FISCHER/ANDIC/BURKERT, Finanzsystem und Finanzverwaltung der Türkei, Köln 1983.

Körperschaften, die ihren juristischen Sitz oder ihren Geschäftssitz in der Türkei haben, sind unbeschränkt steuerpflichtig und zahlen die Körperschaftssteuer nach Maßgabe ihres weltweiten Einkommens. Dagegen sind Körperschaften, die weder ihren juristischen Sitz noch ihren Geschäftssitz in der Türkei haben, nur mit den Einkünften, die sie in der Türkei erzielen, steuerpflichtig.

Kapitalgesellschaften müssen darüber hinaus einen Teil des Gewinns von der auszuschüttenden Dividende als Quellensteuer abführen. Jedoch sind Dividenden, die türkische Gesellschaften an nicht ansässige Gesellschafter zahlen, von der türkischen Quellensteuer befreit, wenn sie im Staate des Gesellschafters (Muttergesellschaft) ebenfalls steuerbefreit sind[55].

Für Warenlieferungen und für Dienstleistungen innerhalb der Türkei sowie für Warenimporte besteht eine 10%ige Mehrwertsteuer.

IV. Deutsch-Türkische Abkommen

Zweiseitige Abkommen zwischen der Bundesrepublik Deutschland und der Türkei haben zusätzliche Erleichterungen für deutsche Investoren in der Türkei ermöglicht. Die beiden Länder haben einen Handelsvertrag sowie ein Niederlassungsabkommen[56] geschlossen. Letzteres gewährt die völlige Gegenseitigkeit für Staatsangehörige und für juristische Personen (Gesellschaften) beider Länder (Art. 1). Insbesondere sichert es die Inländergleichbehandlung hinsichtlich des gesetzlichen und gerichtlichen Schutzes der Person und ihres Vermögens zu (Art. 13).

Ferner enthält der Vertrag vom 20. Juni 1962 zwischen der Bundesrepublik Deutschland und der Türkei über die gegenseitige Förderung und den gegenseitigen Schutz von Kapitalanlagen[57] weitere Vorschriften über deutsche Gesellschaften und Kapitalanlagen in der Türkei. Nach Art. 1 dieses Vertrages verpflichtet sich jede Vertragspartei, in ihrem Hoheitsgebiet Kapitalanlagen von Staatsangehörigen und Gesellschaften der anderen Vertragspartei in Übereinstimmung mit ihren Rechtsvorschriften zuzulassen, sie nach Möglichkeit zu fördern und die Erteilung von erforderlichen Genehmigungen wohlwollend zu behandeln. Nach Art. 2 verpflichtet sich jede Vertragspartei, die Staatsangehörigen und Gesellschaften der anderen Vertragspartei hinsichtlich ihrer beruflichen und wirtschaftlichen Betätigung keinen ungünstigeren Bedingungen zu unterwerfen als ihre eigenen Staatsangehörigen und Gesellschaften oder Staatsangehörige und Gesellschaften eines Drittstaates.

55 Ministerratsbeschluß Nr. 85/9206, R. G. vom 9. 3. 1985, siehe: NfA 1985, Nr. 74; Recht der Internationalen Wirtschaft 1985, 673 f.

56 BGBl. II/1930, S. 1026 und RGBl. II/1927, S. 76.

57 BGBl. II/1965, S. 1193.

Der Vertrag enthält auch Vorschriften über die Enteignung (Art. 3) und gewährleistet den Transfer des Kapitals und der Erträge sowie – im Falle einer Liquidation – den Transfer des Erlöses (Art. 4).

Ein Doppelbesteuerungsabkommen zwischen der Türkei und der Bundesrepublik Deutschland ist ebenfalls in Kraft getreten[58].

Anhang

I. Gesetze

Das türkische Handelsgesetzbuch vom 29. 6. 1956, Gesetz Nr. 6762
Kapitalmarktgesetz vom 28. 7. 1981, Gesetz Nr. 2499
Gesetz zum Schutz der türkischen Währung vom 20. 2. 1930, Gesetz Nr. 1567
Gesetz über die Förderung ausländischer Investitionen vom 18. 1. 1954, Gesetz Nr. 6224.

II. Literaturhinweise

ANSAY, Anonim Şirketler Hukuku, 6. Aufl., Ankara 1982.
POROY/TEKINALP/ÇAMOĞLU, Ortakliklar ve Kooperatif Hukuku, 3. Aufl., Istanbul 1984.
E. E. HIRSCH/TEKINALP, Das türkische Aktienrecht, Berlin 1993.

III. Behörden und Organisationen

State Planning Organisation
Foreign Investment Directorate
Necatibey Cad. Nr. 110
Yücetepe
Ankara/Türkei
Tel.: 296376/297575/308720
Telex: 42110 dpt tr

Yabanci Sermaye Koordinasyon Dernegi
(Association for Foreign Capital Coordination)
OTIM
Ihlamur Sergi Sarayi
Besiktas
Istanbul
Tel.: 1725094-95

58 Es wurde mit dem Gesetz Nr. 3264 am 27. 2. 1986 vom Türkischen Parlament ratifiziert, R. G. vom 4. 3. 1986. BGBl. II/1989, 866.

Die Gründung einer Tochtergesellschaft in Ungarn*

von

Professor DR. TAMÁS SÁRKÖZY, Budapest
und HILDEGARD ZIEMONS, Budapest/Bonn

Inhaltsübersicht

* Die Abhandlung berücksichtigt die Gesetzgebung bis zum 1. Juni 1994.

I. Einleitung

1. Die Entwicklung des rechtlichen Rahmens

Im Vergleich zu anderen osteuropäischen Staaten besitzt Ungarn im Bereich des Wirtschaftsrechts eine längere Tradition. Der Unterschied liegt weniger darin, daß die Gesellschaftsformen der GmbH[1] und der AG[2] de iure weiterbestanden haben, sondern darin, daß im Zuge der Wirtschaftsreform von 1968 die sogenannte sozialistische Marktwirtschaftskonzeption eingeführt wurde, in deren Gefolge dann eine zunehmende Verrechtlichung des wirtschaftlichen Lebens stattfand. Sozialistischen Wirtschaftsorganisationen stellte das Zivilgesetzbuch zahlreiche Rechtsformen zur Verfügung und das Schuld- und Sachenrecht waren ebenfalls umfassend geregelt.

Ausländische Beteiligungen an ungarischen Gesellschaften in den Rechtsformen der AG und der GmbH wurden erstmals im Jahre 1970 durch eine Regierungsverordnung[3], die 1972 durch eine Verordnung des Finanzministers[4] ergänzt wurde, ermöglicht. Die zahlreichen Vorschriften und Genehmigungserfordernisse[5] hatten jedoch zur Folge, daß von dieser Form der Joint-ventures nur wenig, und wenn, dann nur von größeren Unternehmen Gebrauch gemacht wurde[6].

1988, also noch vor den ersten freien Wahlen im Mai 1990, begann der Übergang zur marktwirtschaftlichen bürgerlichen Gesellschaft als Folge und Fortsetzung der Wirtschaftsreform von 1968. Es wurden bedeutende Gesetze verabschiedet, so das Gesetz Nr. VI von 1988 über die Wirtschaftsgesellschaften[7] und das Gesetz Nr. XXIV von 1988 über die Investitionen von Ausländern in Ungarn[8], die in der Folgezeit durch mehrere Reformen liberalisiert wurden. Durch weitere Gesetze wurden bis 1990 die wesentlichen Grundlagen des ungarischen Wirtschaftsrechts geschaffen. Beispielhaft seien erwähnt: Das Gesetz Nr. XIII von 1989 über die Umwandlung von Wirtschaftsorganisationen[9], die Gesetzes-

1 Die GmbH wurde im Gesetz Nr. V von 1930 geregelt.
2 Für die AG war das Gesetz Nr. XXXV von 1875 (Handelsgesetzbuch), das insoweit nicht aufgehoben war, maßgebend.
3 Gesetzesverordnung Nr. 19 von 1970.
4 Verordnung Nr. 28/1972 (X.3.) PM.
5 Vgl. dazu SÁRKÖZY, in: Lutter (Hrsg.), Die Gründung einer Tochtergesellschaft im Ausland, 2. Aufl., 1988.
6 So wurden 1987 nur rund 100 Joint-ventures gegründet.
7 Im folgenden: GWG.
8 Im folgenden: AIG. Vgl. zur alten Fassung des AIG: WINKLER/ZIEMONS, Ausländische Investitionen in Ungarn, in: Breidenbach (Hrsg.), Handbuch Wirtschaft und Recht in Osteuropa, München, Rz. 11.
9 Dieses Gesetz wurde zwischenzeitlich in modifizierter Form als dritter Teil in das GWG integriert.

verordnung Nr. 23 von 1989 über die gerichtliche Firmenregistrierung und die Aufsicht über die Firmen zur Wahrung der Gesetzlichkeit[10], das Gesetz Nr. V von 1990 über das Einzelunternehmen, das Gesetz Nr. VI von 1990 über die Emission von Wertpapieren und die Börse und das Gesetz Nr. LXXXVI von 1990 über den unlauteren Wettbewerb. Nachdem so die Weichen für eine Wirtschaftsordnung nach westeuropäischem Vorbild schon vor der Wende gestellt worden waren, wurden in der Folgezeit noch weitere wichtige Gesetze erlassen, so das Gesetz Nr. XVIII von 1991 über die Rechnungslegung, das Gesetz Nr. II von 1991 über die Abwicklung, den Konkurs und die Liquidation, das Gesetz Nr. X von 1993 über die Produkthaftung, die sich weitgehend an Richtlinien der Europäischen Gemeinschaft orientieren.

Auch wenn der Gesetzgebungsprozeß auf dem Gebiet des Wirtschaftsrechts noch nicht als abgeschlossen betrachtet werden kann, es also immer neue Gesetze gibt, ist dennoch eine gewisse Sicherheit vor „überraschenden“ Gesetzen gegeben, da sich der ungarische Gesetzgeber der Rechtsvergleichung bedient und vor allem bewährte Instrumente des deutschsprachigen Rechtsraumes übernommen hat[11] und im übrigen Richtlinien und Verordnungen der Europäischen Union berücksichtigt werden.

Da der ungarische Gesetzgeber mit den vorgenannten Gesetzen, die jeweils in erstaunlich kurzer Zeit vorbereitet und verabschiedet wurden, zunächst nur die Grundlage für eine Marktwirtschaftsordnung schaffen wollte, hat er viele Fragen, für die in der Übergangs- und Anfangsphase kein praktisches Bedürfnis bestand, unbeantwortet gelassen. Vielmehr sollten diese Punkte der Lösung durch die Praxis überlassen werden bzw. in Gesetzesnovellen berücksichtigt werden.

2. *Das Umfeld*

Neben den rechtlichen sind aber auch die tatsächlichen Rahmenbedingungen geeignet, ein günstiges Investitionsklima zu schaffen. Denn der ungarische Markt läßt ein beachtliches Wachstumspotential erwarten; Ungarn verfügt über eine relativ gute Infrastruktur mit guten Anbindungen an West- und Osteuropa; der Ausbildungsstand der Arbeitnehmer ist relativ hoch und dennoch ist das Lohn- und Preisniveau noch relativ niedrig und last but not least birgt Ungarn aufgrund seiner Bevölkerungsstruktur so gut wie keine Gefahr ethnischer Konflikte und läßt aufgrund seiner Tradition eine gewisse Stabilität erwarten.

10 Im folgenden: Eintragungs-und AufsichtsVO.

11 Wenn auch teilweise stark modifiziert, vgl. nur die offene Gründung bei der Aktiengesellschaft und die Amortisation von Aktien, die im deutschen Aktienrecht abgeschafft wurden.

Diese Rahmenbedingungen spiegeln sich auch in den in Ungarn getätigten Investitionen wider: Bis Ende Juni 1993 wurden in Ungarn ca. 15.000 Unternehmen mit ausländischer Beteiligung und ca. 300 rein ausländische Gesellschaften mit einem Kapital von insgesamt rund 5 Milliarden US $ registriert. Während Anfang der Neunziger Jahre vorwiegend große (multinationale) Unternehmen in Ungarn investierten (40 % des ausländischen Kapitals stammen aus dem US $-Raum) gründen nunmehr verstärkt mittelständische und Klein-Unternehmen aus den europäischen Nachbarländern Tochtergesellschaften in Ungarn.

3. *Das Ausländerinvestitionsgesetz*

Die Investitionstätigkeit[12] von Ausländern[13] in Ungarn wird primär durch das Ausländerinvestitionsgesetz[14] bestimmt. In seiner heutigen Fassung ist es durchgängig vom Gedanken der Inländergleichbehandlung geprägt, wobei dem ausländischen Gesellschafter bzw. einer Gesellschaft mit ausländischer Beteiligung vielfach wirtschaftliche Vorteile eingeräumt werden.

So kann ein ausländischer Gesellschafter Sacheinlagen zollfrei importieren[15], die Gesellschaft kann die grundsätzlich[16] in Devisen eingebrachte Bareinlage zum zollfreien Import von Produktionsmitteln verwenden[17], und ein ausländischer Gesellschafter ist für etwaige staatliche Enteignungs- oder enteignungsgleiche Maßnahmen zum tatsächlichen Wert in Devisen zu entschädigen[18]. Neben Steuervergünstigungen, die einer Gesellschaft mit ausländischer Beteiligung unter bestimmten Voraussetzungen gewährt werden[19], ist eine große Begünsti-

12 Vgl. dazu im einzelnen WINKLER/ZIEMONS, aaO (Fn. 8).

13 Wer Ausländer ist, bestimmt sich nach den devisenrechtlichen Bestimmungen, vgl. § 2 lit. a) AIG; einschlägig ist § 3 Abs. 1 der Gesetzesverordnung Nr. 1 von 1974 über die planmäßige Devisenwirtschaft.

14 Das Gesetz Nr. XXIV von 1988 regelt nur die Beteiligung an Gesellschaften. Die hier Ausländern gemachten Garantien werden durch das Deutsch-Ungarische Investitionsschutzabkommen von 1987 (BGBl. 1987 II S. 439), das als völkerrechtlicher Vertrag nach den allgemeinen Regeln und auch nach § 6 Abs. 1 AIG und den entsprechenden Vorschriften in den Spezialgesetzen, z. B. § 7 Abs. 2 GWG, Vorrang genießt, wiederholt.

15 Vgl. § 18 Abs. 1 AIG.

16 § 12 AIG schreibt vor, daß ein Ausländer seine Bareinlage in einer konvertierbaren Währung einlegen muß, es sei denn, er reinvestiert Geld, das aus einer Gewinnausschüttung oder der Abwicklung einer anderen ungarischen Gesellschaft bzw. der Veräußerung einer Beteiligung stammt.

17 Vgl. § 31 Abs. 3 AIG.

18 Vgl. § 1 AIG.

19 Vgl. § 12 des Gesetzes LXXXVI von 1991 in der Fassung des Gesetzes Nr. IC von 1993 über die Körperschaftssteuer, im folgenden KöStG; siehe dazu unten VI.

gung darin zu sehen, daß ein ausländischer Gesellschafter seine Forderungen aus der Beteiligung (Dividenden und Gewinnansprüche, Abwicklungs- bzw. Verkaufserlös) ohne Genehmigung frei in das Ausland transferieren kann[20], auch wenn die Gesellschaft nicht über entsprechende Devisenguthaben verfügt. Eine Gesellschaft mit ausländischer Beteiligung kann uneingeschränkt ausländische Personen beschäftigen, sei es als leitender Amtsträger, d. h. Mitglied des Geschäftsführungsorgans, sei es als Arbeitnehmer. Die hierzu notwendigen Aufenthalts- bzw. Arbeitserlaubnisse werden problemlos erteilt. Obgleich die ausländischen Mitarbeiter vielfach aufgrund ihres Wohnsitzes in Ungarn als Deviseninländer zu behandeln sind, können sie bis zu 50 % ihres versteuerten Einkommens ohne devisenbehördliche Genehmigung in Devisen in ihren Herkunftsstaat transferieren[21]. Falls sie die ungarischen Sozial- und Rentenversicherungsleistungen nicht in Anspruch nehmen wollen, braucht die Gesellschaft keine Kranken-, Sozial- und Rentenversicherungsbeiträge an ungarische Einrichtungen abzuführen[22].

II. Die Rechtsformen wirtschaftlicher Betätigung

1. Die Beteiligung an Gesellschaften

Eine ausländische natürliche oder juristische Person sowie eine in das Handelsregister ihres Heimatlandes eingetragene (teilrechtsfähige) Gesellschaft kann gemäß den Bestimmungen des AIG und des GWG Gesellschafter einer Wirtschaftsgesellschaft werden[23]. Dabei ist auch eine 100%ige Beteiligung möglich, wenn, wie bei der Gesellschaft mit beschränkter Haftung[24] und der Aktiengesellschaft[25] die Einmann-Gesellschaft vom GWG zugelassen wird.

Das GWG stellt unter Typenzwang aber bei weitgehender Satzungsautonomie[26] sechs verschiedene Gesellschaftsformen zur Verfügung.

20 Vgl. § 32 Abs. 1 AIG.
21 Vgl. § 33 AIG.
22 Vgl. § 26 Abs. 2 AIG.
23 Vgl. § 3 AIG.
24 Vgl. § 156 Abs. 1 GWG.
25 Vgl. § 250 GWG.
26 Die Satzungsautonomie ist bei der Aktiengesellschaft, wie im deutschen Recht, weitgehend eingeschränkt.

a) *Die offene Handelsgesellschaft*

Die gesetzliche Regelung der offenen Handelsgesellschaft[27] (Közkereseti társaság, kkt) entspricht weitgehend der deutschen. Abweichend vom deutschen Recht können alle Anmeldungen von den vertretungsberechtigten Gesellschaftern vorgenommen werden[28]; Gesellschafterbeschlüsse können mit Ausnahme einiger gesetzlich vorgeschriebener Fälle mit einfacher Stimmenmehrheit gefaßt werden[29]; zum Ausschluß eines Gesellschafters sowie zur Entziehung der Geschäftsführungs- bzw. Vertretungsbefugnis ist lediglich ein mit einer Mehrheit von zwei Dritteln gefaßter Gesellschafterbeschluß erforderlich[30] und die persönliche Haftung der Gesellschafter für Gesellschaftsverbindlichkeiten ist kraft gesetzlicher Anordnung subsidiär[31].

b) *Die Kommanditgesellschaft*

Auch die gesetzliche Regelung der Kommanditgesellschaft[32] (*Betéti társaság, bt*) entspricht weitgehend dem deutschen Recht.

c) *Die Vereinigung*

Die Vereinigung[33] (*Egyesülés*) ist eine Rechtsform, die in Anlehnung an die Europäische Wirtschaftliche Interessenvereinigung (EWIV) bzw. das französische groupement d'intérêt économique geschaffen worden ist. Obgleich die Vereinigung eine juristische Person ist, ist kein Mindestkapital erforderlich. Gesellschafter können nur juristische Personen sein[34].

d) *Das Gemeinschaftsunternehmen*

Das Gemeinschaftsunternehmen[35] (*Közös Vállalat, kv*) ist eine Kapitalgesellschaft, deren Gesellschafter (ausschließlich zugelassen sind juristische Personen) für die Verbindlichkeiten des Gemeinschaftsunternehmens als Bürgen haften.

27 Vgl. §§ 55–86 GWG.
28 Vgl. § 14 Abs. 2 Eintragungs- und AufsichtsVO.
29 Vgl. § 66 GWG.
30 Vgl. § 66 Abs. 3 GWG.
31 Vgl. § 75 GWG.
32 Vgl. §§ 94–102 GWG.
33 Vgl. §§ 103–126 GWG.
34 Vgl. § 6 Abs. 4 GWG.
35 Vgl. §§ 127–154 GWG.

e) *Die Gesellschaft mit beschränkter Haftung und die Aktiengesellschaft*

Dazu unten sub III und IV.

f) *Andere Rechtsformen*

Das ungarische Zivilgesetzbuch[36] von 1959 kennt noch weitere Gesellschaftsformen, die vornehmlich von der öffentlichen Hand genutzt werden; so die Tochtergesellschaft[37], ein rechtlich selbständiger Betriebsteil eines Staatsunternehmens, einer Genossenschaft oder eines Staatshaushaltsorganes. Die kommunalen Selbstverwaltungen, Vereine oder gesellschaftliche Organisationen konnten Unternehmen[38], stiftungsähnliche Gebilde, gründen.

Diese juristischen Personen müssen bis zum 31. 12. 1996 in Aktiengesellschaften oder Gesellschaften mit beschränkter Haftung umgewandelt werden.

Daneben existieren noch Staatsunternehmen in den vielfältigsten, im Gesetz Nr. VI von 1977 über die Staatsunternehmen geregelten Formen. Diese müssen jedoch allesamt in die Rechtsform einer GmbH oder einer AG umgewandelt werden[39]. Die Privatisierungsgesetze (Gesetze Nr. LIII und LIV von 1992) schreiben die Modalitäten der Veräußerung[40] von in Aktiengesellschaften oder Gesellschaften mit beschränkter Haftung umgewandelten Staatsunternehmen und eine etwaige zwingende staatliche Mindestbeteiligung vor.

2. *Die Mitgliedschaft in Genossenschaften*

Genossenschaften, die in allen volkswirtschaftlichen Sektoren tätig sind, haben in Ungarn eine mehr als einhundertjährige Tradition. Unter der Geltung des Genossenschaftsgesetzes von 1992[41] haben sie ihre sozialistischen Züge abgelegt und sich sehr stark an den westeuropäischen Typ angenähert. So sind sie nunmehr ein freiwilliger Zusammenschluß, der vom Gedanken der Selbsthilfe getragen ist und eine den Interessen der Mitglieder dienende unternehmerische

36 Vgl. § 70–74 ZGB.
37 Vgl. § 74 ZGB.
38 Vgl. § 70 ZGB.
39 Vgl. die Gesetze Nr. LIII und LIV von 1992. Während für die Vorbereitung der Umwandlung Termine verbindlich festgelegt wurden, ist ein fester Endtermin nicht vorgeschrieben. Es ist aber davon auszugehen, daß die Umwandlungen 1996 abgeschlossen sein werden.
40 Ausschreibung oder Plazierung über die Börse.
41 Gesetz Nr. I von 1992 über die Genossenschaften, im folgenden: GenG.

oder sonstige Tätigkeit ausübt[42]. Die Mitgliedschaft steht natürlichen wie juristischen Personen offen, wobei die Zahl der juristischen die der natürlichen Personen nicht übersteigen darf. Die Beiträge der Mitglieder können in persönlichen Dienstleistungen oder in Vermögensbeiträgen bestehen.

3. *Vertretungen ausländischer Unternehmen*

Das ungarische Recht kennt keine Niederlassungen ausländischer Gesellschaften im Sinne des deutschen Gesellschaftsrechts. Ausländische Unternehmungen können jedoch in drei Formen auf dem ungarischen Markt präsent sein: In Form einer Handelsvertretung[43], die u. a. Verträge vermitteln und im Namen des Prinzipals abschließen kann und ein Kommissionswarenlager führen darf[44]. Im Gegensatz dazu darf ein Informations- oder Servicebüro[45] nur die Produkte bzw. Dienstleistungen des Prinzipals bewerben und sonstige Informations- und Kundendienstaufgaben übernehmen[46].

Daneben kann das ausländische Unternehmen direkt am ungarischen Markt agieren[47] und z. B. auf Messen etc. Verträge abschließen oder auch ein ungarisches Unternehmen mit seiner Vertretung beauftragen.

4. *Einzelunternehmen*

Ausländer dürfen in Ungarn noch keine Einzelunternehmen gründen[48].

III. Die Gesellschaft mit beschränkter Haftung

Die Gesellschaft mit beschränkter Haftung (*Korlátolt felelősségű társaság, kft*) ist die am weitesten verbreitete Gesellschaftsform in Ungarn. Das liegt zum einen daran, daß die Gesellschaft mit beschränkter Haftung im Verhältnis zur Aktiengesellschaft weniger stark formalisiert und institutionalisiert und damit

42 Vgl. § 3 GenG.
43 Vgl. §§ 1 ff Verordnung des Handelsministers Nr. 3/1988 (II.26.) KeM über die Handelsvertretungen und Informations- bzw. Servicebüros von Ausländern, im folgenden: HandelsV-VO.
44 Vgl. § 7 HandelsV-VO.
45 §§ 8 ff HandelsV-VO.
46 Vgl. § 8 Abs. 1 HandelsV-VO.
47 Vgl. § 12 HandelsV-VO.
48 Vgl. § 2 Abs. 1 Gesetz Nr. V von 1990 über das Einzelunternehmen.

flexibler ist, und zum anderen darin begründet, daß die Gesellschafter ihre GmbH aufgrund weitgehender Satzungsautonomie ihren Bedürfnissen anpassen können.

1. Die Gründung einer GmbH

a) Der Gesellschaftsvertrag

Grundlage der GmbH ist der Gesellschaftsvertrag (im Falle der Einmann-GmbH die Gründungsurkunde[49]). Im Gesellschaftsvertrag müssen die folgenden Festlegungen enthalten sein[50]:

- Firma, Sitz und Gegenstand der Gesellschaft;
- Namen und Anschriften der Gesellschafter;
- Betrag und Zusammensetzung des Stammkapitals und die Beträge der einzelnen Stammeinlagen;
- Umfang des Stimmrechts und Regelungen für den Fall der Stimmengleichheit;
- die ersten Geschäftsführer und die Art ihrer Vertretungs- und Zeichnungsberechtigung;
- Art und Weise sowie Zeitpunkt der Restzahlung auf noch nicht vollständig eingezahlte Bareinlagen; sowie
- die Mitglieder des ersten Aufsichtsrates und der erste Buchprüfer, falls diese jeweils obligatorisch sind.

Fehlt eine dieser Angaben, so ist der Gesellschaftsvertrag nichtig[51].

Der[52] oder die Gesellschafter der GmbH müssen den Gesellschaftsvertrag unterschreiben[53]. Sie können sich hierbei jedoch – wie bei allen anderen Rechtshandlungen auch – vertreten lassen. Dabei muß die Vollmacht in einer notariellen oder einer Privaturkunde mit voller Beweiskraft[54] erteilt werden[55]. Der

49 Vgl. § 157 Abs. 3 GWG.

50 Vgl. §§ 21 Abs. 1 und 157 Abs. 1 GWG.

51 Vgl. § 21 Abs. 2 GWG.

52 Vgl. §§ 5 i. V. m. 156 Abs. 1 GWG. Eine Einmann-Gründung ist auch durch Ausländer/ausländische Kapitalgesellschaften möglich. Auf die Einmann-GmbH finden die allgemeinen Vorschriften ergänzt durch einige Sondernormen, die z. B. die Kapitalaufbringung betreffen, Anwendung.

53 Vgl. § 19 Abs. 3 GWG.

54 Das Gesetz Nr. III von 1991 über die Zivilprozeßordnung regelt, wann eine Privaturkunde mit voller Beweiskraft vorliegt. Sie muß entweder eigenhändig geschrieben und unterschrieben sein, oder wenn sie nicht eigenhändig geschrieben ist, muß die Echtheit der Unterschrift von zwei Zeugen bekundet oder gerichtlich oder notariell beglaubigt werden; vgl. § 196 Abs. 1.

55 Vgl. § 19 Abs. 3 GWG.

Gesellschaftsvertrag ist formgültig, wenn er notariell beurkundet oder von einem Rechtsanwalt gegengezeichnet wurde[56].

b) Die Anmeldung zum Handelsregister

Innerhalb von 30 Tagen nach der Feststellung des Gesellschaftsvertrages muß die Gesellschaft zwecks Eintragung und Bekanntmachung zum Handelsregister angemeldet werden[57]. Zuständig für die Entgegennahme der Anmeldung ist eine Abteilung des Komitats- bzw. hauptstädtischen Gerichts, in dessen Bezirk die Gesellschaft ihren Sitz hat[58], die als Registergericht fungiert. Die Anmeldung wird von den Geschäftsführern in vertretungsberechtigter Zahl vorgenommen[59].

Mit der Eintragung[60] in das Handelsregister entsteht die GmbH rückwirkend auf den Zeitpunkt des Abschlusses des Gesellschaftsvertrages[61]. Dadurch stellen sich die Probleme der Vor-GmbH bzw. des Vorbelastungsverbotes nicht. Nach Eintragung der Gesellschaft mit beschränkter Haftung kann die Nichtigkeit der Gesellschaft nur durch gerichtliches Urteil, z. B. wegen Nichtigkeit des Gesellschaftsvertrages oder wegen Geschäftsunfähigkeit aller Gesellschafter, festgestellt werden[62].

c) Die Kapitalaufbringung

Der Mindestbetrag des Stammkapitals beträgt 1 Million Forint[63] und die Stammeinlagen der Gesellschafter müssen auf mindestens 100.000 Forint lauten und ohne Rest durch 10.000 teilbar sein[64].

Das Stammkapital kann sowohl durch Bar- als auch durch Sacheinlagen aufgebracht werden.

56 Vgl. § 19 Abs. 2 GWG.
57 Vgl. §§ 23 Abs. 1 GWG und 14 Abs. 2 Eintragungs- und AufsichtsVO.
58 Vgl. § 7 Abs. 2 Eintragungs- und AufsichtsVO.
59 Vgl. § 14 Abs. 2 Eintragungs- und AufsichtsVO; zu den beizufügenden Unterlagen, Erklärungen etc. vgl. die Verordnung 13/1989 (XII.16.) IM über die Firmenregistrierung und das Handelsregister sowie die zusammenfassende Darstellung bei WINKLER/ZIEMONS, Die Gründung einer Kapitalgesellschaft in Ungarn, in: Breidenbach (Hrsg.), aaO (Fn. 8), Rz. 71 ff.
60 Die Eintragung darf nur im Falle einer Rechtsverletzung verweigert werden. Nach Verweigerung der Eintragung wird die Gesellschaft mit beschränkter Haftung in Gründung nach den Vorschriften über die zivilrechtliche Gesellschaft abgewickelt.
61 Vgl. § 24 Abs. 1 GWG. Die ex tunc-Wirkung der Eintragung gilt für alle eintragungspflichtigen Tatsachen auch im Falle einer Änderung.
62 Vgl. § 27 GWG.
63 Vgl. § 158 Abs. 2 GWG.
64 Vgl. § 159 Abs. 1 GWG.

aa) Bareinlagen

Die Bareinlagen müssen bei der Gründung mindestens 30 % des Stammkapitals ausmachen und sich auf mindestens 500.000 Forint belaufen[65]. Bis zur Anmeldung der Gesellschaft müssen mindestens 500.000 Forint oder die Hälfte einer jeden Bareinlage eingezahlt sein[66].

Eine Bareinlageverpflichtung kann nicht durch Aufrechnung mit einer Forderung gegen die Gesellschaft erfüllt werden[67]. Ob Forderungen gegen Dritte als Bareinlage eingebracht werden können, ist derzeit noch offen; die Frage dürfte jedoch zu bejahen sein, nicht zuletzt deshalb, weil dem ungarischen Recht die Rechtsfigur der verdeckten oder verschleierten Sacheinlage fremd und die Frage der Vollwertigkeit von Forderungen noch nicht hinreichend problematisiert ist. Da die GmbH nach Einreichung der Anmeldung frei über die Bareinlagen verfügen kann[68], ist die Vollwertigkeit des Kapitals nur am Anmeldungsstichtag gegeben. Wenn von der Möglichkeit, nicht die gesamten Bareinlagen vor der Anmeldung einzuzahlen, Gebrauch gemacht wurde, müssen die Restbeträge innerhalb von einem Jahr nach der Eintragung der GmbH entsprechend den Festlegungen im Gesellschaftsvertrag eingezahlt werden[69].

Während ungarische Gesellschafter ihre Stammeinlage in Forint bezahlen können, müssen ausländische Gesellschafter, sofern sie nicht Erträge bzw. Erlöse aus einer anderen ungarischen Gesellschaft reinvestieren, ihre Einlageverpflichtung in einer konvertierbaren Währung erfüllen[70]. Der Betrag wird für die Buchführung[71] der GmbH anhand des offiziellen Kurses der ungarischen Nationalbank umgerechnet[72], obgleich er auf ein Fremdwährungskonto der GmbH eingezahlt werden muß[73].

bb) Sacheinlagen

Die Sacheinlagen müssen der GmbH vor der Anmeldung vollständig zur Verfügung gestellt werden[74]. Einlagefähig sind der Zwangsvollstreckung unter-

65 Vgl. § 160 GWG.
66 Vgl. § 161 Abs. 2 Satz 1 GWG.
67 Vgl. § 163 Abs. 1 GWG.
68 Vgl. § 161 Abs. 2 Satz 1 GWG.
69 Vgl. § 161 Abs. 4 GWG.
70 Vgl. § 12 Abs. 1 AIG.
71 Mit Ausnahme der Gesellschaften auf zollfreiem Gebiet (dazu unten V), die ihre Bücher auch in Fremdwährung führen kann, müssen die Bücher immer in Forint geführt werden.
72 Vgl. § 31 Abs. 2 AIG.
73 Vgl. § 31 Abs. 3 AIG.
74 Vgl. § 161 Abs. 2 GWG.

liegende Sachen und solche geistigen Werke oder sonstige Rechte, die die GmbH später ohne die Zustimmung Dritter übertragen kann[75]. Damit ist die früher so beliebte Möglichkeit, ein Mietrecht oder besondere Kenntnisse als Sacheinlage einzubringen, durch die 1991 erfolgte Änderung des GWG ausgeschlossen worden.

Die Bewertung der Sacheinlagen steht grundsätzlich im freien Ermessen der Gesellschafter. Diese Freiheit wird jedoch in zweifacher Weise eingeschränkt: Zum einen dadurch, daß die Festsetzung nicht oberhalb des Wertes erfolgen darf, den ein in einigen Gesellschaften obligatorischer Buchprüfer[76] festgelegt hat. Zum anderen indirekt durch die Haftung der Gesellschafter für die Vollwertigkeit der Sacheinlage[77].

cc) Schlecht- bzw. Nichterfüllung der Einlageverpflichtung

Leistet ein Gesellschafter seine Einlage nicht, kann er von der Gesellschaft nach einer Mahnung und Setzung einer dreißigtägigen Nachfrist ausgeschlossen werden[78]. Der Geschäftsanteil wird dann versteigert, unter Umständen auch eingezogen[79]. Ist der Gesellschaft durch die Nichtleistung der Einlage ein Schaden entstanden, haftet der säumige Gesellschafter der GmbH auf vollen Schadensersatz[80].

Falls der Gesellschafter auf die oben erwähnte Mahnung hin zahlt, hat die GmbH Anspruch auf die zivilrechtlichen Zinsen gemäß § 232 ZGB[81], die zur Zeit 20 % betragen, im Gesellschaftsvertrag kann aber auch ein niedrigerer Zinssatz festgelegt werden[82]. Die verspätete Einbringung einer Sacheinlage ist grundsätzlich sanktionslos, jedoch kann im Gesellschaftsvertrag die Zahlung einer Vertragsstrafe vereinbart werden[83].

75 Vgl. § 161 Abs. 3 GWG.
76 In einer Einmann-GmbH und in einer GmbH mit einem Stammkapital von mehr als 50 Millionen Forint ist zwingend ein Buchprüfer zu bestellen, § 39 Abs. 2 GWG. Der Buchprüfer ist mit dem deutschen Wirtschaftsprüfer vergleichbar.
77 Nach § 22 Abs. 3 GWG haftet ein Gesellschafter 5 Jahre lang verschuldensunabhängig für die Vollwertigkeit seiner Sacheinlage und § 162 Abs. 2 GWG läßt denjenigen Gesellschafter, der die Überbewertung seiner Sacheinlage vorsätzlich veranlaßt oder sonst bei der Gründung arglistig gehandelt hat, für den gleichen Zeitraum für jeden daraus erwachsenen Schaden haften.
78 Vgl. § 164 GWG.
79 Vgl. §§ 165 f GWG.
80 Vgl. § 164 Abs. 4 GWG.
81 Vgl. § 22 Abs. 4 GWG.
82 Die Vereinbarung eines höheren Zinssatzes ist unwirksam, vgl. § 232 ZGB.
83 Vgl. § 22 Abs. 4 GWG.

d) *Die Kosten der Gründung*

Neben den Rechtsanwaltskosten für Beratung und Gegenzeichnung des Gesellschaftsvertrages, die gesetzlich nicht geregelt sind, fallen folgende Kosten an:

Für die Eintragung sind Gebühren in Höhe von 2 % des Stammkapitals, mindestens jedoch 10.000 Forint und höchstens 300.000 Forint zu entrichten[84]. Die Bekanntmachung der Gründung im vom Justizministerium herausgegebenen Amtsblatt „Cégközlöny" kostet 10.000 Forint[85] und der Notar verlangt pro Exemplar der von ihm erteilten Beglaubigungen 700 Forint. Eine Gesellschaftsteuer kennt Ungarn nicht. Die Kosten der Gründung können, wenn dies unter Angabe des Betrages im Gesellschaftsvertrag vereinbart worden ist, von der GmbH getragen werden.

2. *Die Struktur der GmbH*

a) *Der Geschäftsführer*

Die GmbH hat einen[86] oder mehrere Geschäftsführer, die für höchstens 5 Jahre von der Gesellschafterversammlung mit der Möglichkeit der Wiederwahl bestellt werden[87]. Fremdorganschaft ist möglich und die Geschäftsführerfunktion kann sowohl von einer natürlichen als auch von einer juristischen Person wahrgenommen werden[88]. Es werden keine weiteren persönlichen Anforderungen gestellt, als daß zum Geschäftsführer solche Personen nicht bestellt werden dürfen, die wegen einer Straftat verurteilt worden sind oder gegen die ein Berufsverbot verhängt worden ist; ferner kann eine Person, die in den beiden Jahren vor der Eröffnung des Liquidationsverfahrens über das Vermögen einer anderen Wirtschaftsgesellschaft für mindestens 1 Jahr bei dieser als Mitglied der Geschäftsführung tätig war, für einen Zeitraum von 2 Jahren nicht zum Geschäftsführer etc. bestellt werden[89].

84 Vgl. § 45 Abs. 1 lit. a) des Gesetzes Nr. XCIII von 1990 über die Gebühren.

85 Vgl. § 6 Abs. 1 lit. b) der Verordnung Nr. 11/1991 (IX.4.) IM über die Veröffentlichung und die Kostenerstattung von Firmenbekanntmachungen.

86 Sollte die Gesellschaft einmal ohne Geschäftsführer sein, so beruft das Registergericht auf Antrag eines Gesellschafters, eines Gläubigers oder einer sonstigen interessierten Person eine Gesellschafterversammlung ein, § 206 GWG; einen gerichtlich bestellten Notgeschäftsführer gibt es also nicht.

87 Vgl. § 30 Abs. 1 GWG.

88 Vgl. § 28 Abs. 3 GWG.

89 Vgl. § 29 GWG; auch Ausländer können ohne Einschränkung Geschäftsführer sein.

Die Geschäftsführungs- und Vertretungsbefugnis ist umfassend, kann aber im Gesellschaftsvertrag beschränkt werden; vom Gesetz ist eine Beschränkung in zwei Fällen angeordnet: Beim Abschluß von Verträgen, deren Geschäftswert ein Viertel des Stammkapitals übersteigt, oder die mit Gesellschaftern geschlossen werden[90]. Im Falle einer Beschränkung der Geschäftsführungsbefugnis müssen die entsprechenden Geschäfte mittels eines Beschlusses der Gesellschafterversammlung genehmigt werden.

Beschränkungen der Vertretungsmacht sind im Außenverhältnis nicht wirksam[91]; doch ist statt Einzelvertretung die Festlegung jeder Form der Gesamtvertretung möglich.

Zu den zwingenden Aufgaben des Geschäftsführers gehören die Führung von Gesellschafterliste[92] und Beschlußregister[93], die Buchführung, die Aufstellung von Bilanz und Vermögensverzeichnis[94] etc[95]. Diese Aufgaben muß er mit „der Sorgfalt einer Person, die ein derartiges Amt bekleidet," erfüllen[96]. Für die Verletzungen der Sorgfaltspflicht[97] haften die Geschäftsführer als Gesamtschuldner nach allgemeinen zivilrechtlichen Grundsätzen[98], mit Ausnahme derjenigen, die der Maßnahme widersprochen haben[99]. Für Schäden, die die Geschäftsführer Dritten verursachen, ordnet das Gesetz die Haftung der Gesellschaft an[100]. Die Geschäftsführer unterliegen einem gesetzlichen Wettbewerbsverbot; bei Verstößen kann die Gesellschaft wahlweise Schadensersatz oder Auskehr des Erlöses aus der Wettbewerbshandlung verlangen[101]. Sie können jederzeit von der Gesellschafterversammlung durch einen mit Dreiviertelmehrheit gefaßten Beschluß abberufen werden.

b) Die Gesellschafterversammlung

aa) Zuständigkeit

Oberstes Organ der GmbH ist die Gesellschafterversammlung. Der Katalog der Angelegenheiten, die in ihre ausschließliche Zuständigkeit fallen[102], ent-

90 Vgl. § 183 Abs. 2 lit. g) GWG.
91 Vgl. § 199 Abs. 2 GWG.
92 Vgl. § 213 GWG.
93 Vgl. § 194 GWG.
94 Vgl. § 202 GWG.
95 In Bezug auf die Arbeitnehmer der GmbH ist er Arbeitgeber im Sinne des Arbeitsgesetzbuches.
96 Vgl. § 32 Abs. 1 GWG.
97 Es gibt keine Beweislastumkehr.
98 Vgl. §§ 339–344, 355–360 ZGB.
99 Vgl. § 32 Abs. 3 GWG.
100 Vgl. § 207 GWG.
101 Vgl. § 200 GWG.
102 Vgl. § 183 Abs. 2 GWG.

spricht im wesentlichen dem deutschen § 46 GmbHG[103]. Darüber hinaus kann sie durch eine entsprechende Bestimmung im Gesellschaftsvertrag jede Angelegenheit an sich ziehen[104]; ob das auch durch einen Gesellschafterbeschluß möglich ist, erscheint fraglich[105]; daher empfiehlt sich die Aufnahme einer „Rückholklausel" in den Gesellschaftsvertrag.

bb) Einberufung

Die Gesellschafterversammlung ist mindestens einmal jährlich[106], sowie dann, wenn es das Interesse der Gesellschaft erfordert, das Stammkapital durch Verluste zur Hälfte aufgezehrt wird[107] oder wenn dies von einer Minderheit der Gesellschafter (10 % des Stammkapitals) verlangt wird[108]. Sie wird, falls der Gesellschaftsvertrag nichts anderes bestimmt, von den Geschäftsführern[109] unter Angabe der Tagesordnung mindestens 15 Tage vor dem Termin[110] einberufen. Jeder Gesellschafter kann Ergänzungen der Tagesordnung verlangen[111]. Ist eine Gesellschafterversammlung nicht beschlußfähig, weil die Hälfte des Stammkapitals nicht präsent ist, kann sie sofort wiederholt werden.

cc) Beschlußfassung

Die Anzahl der Stimmen je Stammeinlage muß im Gesellschaftsvertrag festgelegt werden[112], dabei ist zu beachten, daß jedem Gesellschafter mindestens eine Stimme pro 100.000 Forint Stammeinlage zusteht[113]. Die Frage des Stimmrechtsausschlusses[114] ist über die Generalklausel der „Betroffenheit durch den Beschluß" unter Anführung von Regelbeispielen gelöst. Die Gesellschafter, die ihre

103 Hervorzuheben ist lit. h), wonach alle Verträge, die vor der Eintragung der GmbH geschlossen wurden, von der Gesellschafterversammlung genehmigt werden müssen.
104 Vgl. § 183 Abs. 2 lit. e) GWG.
105 Da das ungarische Recht einen satzungsdurchbrechenden Gesellschafterbeschluß nicht kennt.
106 Vgl. § 183 Abs. 1 GWG.
107 Vgl. § 189 Abs. 2 GWG.
108 Vgl. § 190 Abs. 1 GWG, in diesem Fall entscheidet die Gesellschafterversammlung, ob die Kosten von der GmbH getragen werden (§ 190 Abs. 2 GWG).
109 Vgl. § 189 Abs. 1 GWG.
110 Vgl. § 191 Abs. 1 GWG.
111 Vgl. § 191 Abs. 3 GWG.
112 Auch Mehrstimmrechtsgeschäftsanteile sind möglich.
113 Vgl. § 187 Abs. 1 GWG.
114 Vgl. § 187 Abs. 2 GWG.

Beschlüsse auch außerhalb der Gesellschafterversammlung fassen können[115], beschließen im Regelfall mit einfacher Mehrheit[116]. Höhere Mehrheiten, die z. B. bei Änderung des Gesellschaftsvertrages[117], bei Ausschluß eines Gesellschafters[118] oder beim Erwerb eigener Geschäftsanteile[119] (Dreiviertelmehrheit) vom Gesetz festgelegt werden, können im Gesellschaftsvertrag auch für andere Angelegenheiten vereinbart werden. Ein Gesellschafterbeschluß wird wirksam, wenn er vom Geschäftsführer unterzeichnet, von einem anwesenden Gesellschafter beglaubigt und anschließend vom Geschäftsführer in das Beschlußregister eingetragen worden ist[120]. Hat der Gesellschafterbeschluß eine Satzungsänderung zum Inhalt, muß er in einer notariellen oder von einem Rechtsanwalt gegengezeichneten Urkunde niedergelegt sein[121] und zum Handelsregister angemeldet werden[122]; das Registergericht prüft vor der Eintragung die Übereinstimmung mit dem Gesetz und mit der Satzung[123].

dd) Haftung für Gesellschafterbeschlüsse

Falls der GmbH durch einen Gesellschafterbeschluß ein Schaden entstanden ist, haften die an der Beschlußfassung beteiligten Gesellschafter als Gesamtschuldner. Voraussetzung ist, daß sie wußten oder hätten wissen müssen, daß er bedeutende Interessen der GmbH verletzt[124].

c) Der Aufsichtsrat

Bei der GmbH unterscheidet man zwischen einem fakultativen und einem obligatorischen Aufsichtsrat.

aa) Obligatorischer Aufsichtsrat

Neben dem mitbestimmten Aufsichtsrat, der dem deutschen Aufsichtsrat nach dem Betriebsverfassungsgesetz von 1956 vergleichbar ist, kann ein obliga-

115 Vgl. § 182 GWG.
116 Vgl. § 186 Abs. 1 GWG.
117 Vgl. § 216 Abs. 1 GWG.
118 Vgl. § 182 Abs. 1 GWG.
119 Vgl. § 179 Abs. 1 GWG.
120 Vgl. § 194 Abs. 1 GWG.
121 Vgl. § 19 Abs. 2 GWG.
122 Vgl. § 14 Eintragungs- und AufsichtsVO i. V. m. § 12 HandelsregisterVO.
123 Vgl. § 18a Eintragungs- und AufsichtsVO.
124 Vgl. § 188 GWG.

torischer Aufsichtsrat auch nur aus Vertretern der Gesellschafter zusammengesetzt sein.

In einer GmbH mit mehr als 200 Vollzeitbeschäftigten muß ein Aufsichtsrat gebildet werden, in den ein Drittel der Mitglieder[125] von den Arbeitnehmern entsandt werden[126], deren dissenting vote in der Gesellschafterversammlung bekannt gegeben werden muß[127]. Im Falle einer mehrgliedrigen GmbH ist die Bildung eines Aufsichtsrates ferner dann vorgeschrieben, wenn die GmbH über ein Stammkapital von mehr als 20 Millionen Forint verfügt oder mehr als 25 Gesellschafter hat[128].

bb) Fakultativer Aufsichtsrat

Die Einrichtung eines Aufsichtsrats im Gesellschaftsvertrag ist möglich, wenn dies durch die Zahl der Gesellschafter, die Bedeutung oder den Charakter ihrer Geschäftstätigkeit gerechtfertigt ist[129]. Mit dieser auslegungsbedürftigen Bestimmung soll verhindert werden, daß in Kleinst-GmbH Aufsichtsräte eingerichtet werden.

cc) Aufgaben

Der Aufsichtsrat hat grundsätzlich lediglich Kontrollfunktion[130] – Zustimmungsvorbehalte etc. sind dem ungarischen Gesellschaftsrecht fremd. Im Rahmen seiner Kontrollaufgabe kann der aus mindestens drei Mitgliedern[131] bestehende Aufsichtsrat Berichte und Auskünfte einfordern, die Bücher und Papiere einsehen oder durch Sachverständige überprüfen lassen[132]. Er muß alle der Gesellschafterversammlung vorgelegten Berichte, die Bilanz und die Vermögensaufstellung prüfen und darüber einen Bericht verfassen[133]. Die Mitglieder des Aufsichtsrates unterliegen dem gleichen Wettbewerbsverbot wie die Geschäftsführer[134]. Sie können zwar in mehreren Gesellschaften Aufsichtsratsmit-

125 Diese müssen Arbeitnehmer der Gesellschaft sein.
126 Vgl. § 13 Abs. 1 und 2 GWG.
127 Vgl. § 210 Abs. 2 GWG.
128 Vgl. § 34 Abs. 2 GWG.
129 Vgl. § 34 Abs. 1 GWG.
130 Allerdings kann er den Geschäftsführern Weisungen in bezug auf die Geschäftsführung erteilen.
131 Vgl. § 34 Abs. 1 GWG.
132 Vgl. § 36 Abs. 1 GWG.
133 Vgl. § 36 Abs. 2 GWG.
134 Vgl. § 214 GWG.

glied sein, müssen hiervon jedoch die betreffenden Gesellschaften vor ihrer Bestellung unterrichten[135].

d) Minderheitenschutz

Sofern die Gesellschafterversammlung einen entsprechenden Beschluß unterlassen oder abgelehnt hat, kann eine Minderheit, die 10 % des Stammkapitals vertritt, eine Sonderprüfung verlangen[136] oder Schadensersatzansprüche der Gesellschaft gegen Gesellschafter, Geschäftsführer etc. mit der actio pro socio einklagen[137].

Jeder Gesellschafter kann von den Geschäftsführern Auskünfte und Einsicht in die Bücher verlangen[138]; dieses Recht ist nicht durch eine Klausel zum Schutz der Interessen der GmbH relativiert. Weiterhin hat er ein unentziehbares Recht auf den ausschüttbaren Teil des Bilanzgewinns[139].

e) Die gerichtliche Überprüfung von Gesellschafterbeschlüssen

Gesellschafterbeschlüsse können in zwei verschiedenen Verfahren gerichtlich überprüft werden:

aa) Anfechtungsklage

Die Anfechtungsklage kann vor dem ordentlichen oder einem Schiedsgericht[140] von jedem Gesellschafter oder einem Geschäftsführer oder einem Mitglied des Aufsichtsrates wegen einer Verletzung der Satzung oder des Gesetzes anhängig gemacht werden[141]. Die Klagefrist beträgt 30 Tage[142], besondere Formalien, z. B. Widerspruch zu Protokoll, brauchen nicht erfüllt zu werden. Ausreichend aber auch notwendig ist, daß der betreffende Gesellschafter nicht

135 Vgl. § 31 GWG.
136 Vgl. § 195 GWG.
137 Vgl. § 196 GWG.
138 Vgl. § 203 GWG.
139 Vgl. § 22 GWG.
140 Gemäß § 18 GWG bzw. § 44 AIG können die Gesellschafter für Streitigkeiten aus dem Gesellschaftsvertrag die Zuständigkeit eines in- oder ausländischen Schiedsgerichts vereinbaren. Eine Möglichkeit, von der bei den meisten Joint-ventures Gebrauch gemacht wird.
141 § 44 Abs. 1–3 GWG.
142 Vgl. § 45 Abs. 1 GWG.

für den Beschluß gestimmt hat[143]. Das Urteil hat Wirkung inter omnes, unabhängig davon, ob es den Beschluß aufhebt oder die Klage abweist[144].

b) Die registergerichtliche Überprüfung

Anstatt die Anfechtungsklage zu erheben, können die Anfechtungsberechtigten auch eine Überprüfung der Rechtmäßigkeit des Beschlusses durch das Registergericht beantragen[145]. Dieses Verfahren endet jedoch regelmäßig nicht mit der Aufhebung des Beschlusses, sondern mit der Aussetzung des Beschlusses[146] und wird praktisch nie angewandt.

3. Eigenkapital und Finanzierung

a) Kapitalerhaltung

Zahlungen, die während des Bestehens der Gesellschaft zu Lasten des zur Deckung des Stammkapitals notwendigen Vermögens an die Gesellschafter vorgenommen worden sind, sind von diesen zurückzuzahlen[147]; dabei wird der gute Glaube der Gesellschafter (vgl. §§ 31 Abs. 2, 32 deutsches GmbHG) nicht geschützt. Ein indirekter Schutz des Stammkapitals wird dadurch gewährleistet, daß die GmbH nur eigene voll eingezahlte Geschäftsanteile und nur in Höhe von einem Drittel des Stammkapitals erwerben darf und diese dann innerhalb eines Jahres zu veräußern oder durch Herabsetzung des Stammkapitals einzuziehen sind[148]. Da kapitalersetzende Gesellschafterdarlehen unbekannt sind, können von den Gesellschaftern gewährte vorbehaltlich etwaiger devisenrechtlicher Erfordernisse Darlehen uneingeschränkt an diese zurückgezahlt werden.

b) Nachschüsse

Im Gesellschaftsvertrag kann eine Nachschußpflicht unter Angabe eines Höchstbetrages, der nicht auf die Stammeinlage beschränkt ist, festgelegt werden. Nachschüsse dürfen von der Gesellschafterversammlung nur dann einge-

143 Vgl. § 44 Abs. 5 GWG. Es sei denn, es liegt ein Fall des Irrtums, der Drohung oder der Täuschung vor.
144 Vgl. § 44 Abs. 6 GWG.
145 Vgl. § 19 Abs. 3 Eintragungs- und AufsichtsVO.
146 Vgl. § 20 Abs. 1 lit. c) Eintragungs- und AufsichtsVO.
147 Vgl. §§ 177, 178 GWG. Eine Ausnahme gilt für Zahlungen, die Entgelt für eine Nebenleistung sind.
148 Vgl. § 179 GWG.

fordert werden, wenn sie zur Deckung von Verlusten erforderlich sind[149] und können, da sie der Kapitalbindung nicht unterliegen, zurückgezahlt werden, sofern die Stammeinlagen voll eingezahlt sind[150].

c) *Kapitalerhöhung*

Nach vollständiger Einzahlung des Stammkapitals kann die Gesellschafterversammlung einstimmig eine Kapitalerhöhung beschließen[151]. Im Beschluß muß festgelegt werden, ob die Erhöhung aus Gesellschaftsmitteln[152] erfolgt oder durch Einlagen und ob das gesetzliche Bezugsrecht ausgeschlossen wird. Auf die Kapitalerhöhung sind die Gründungsvorschriften mit Ausnahme derer über das Verhältnis von Bar- und Sacheinlagen[153] entsprechend anzuwenden[154].

d) *Kapitalherabsetzung*

Bei der Herabsetzung des Kapitals sind die Vorschriften über die Mindestbeträge von Stammkapital und Stammeinlagen zu berücksichtigen. Nach Anmeldung zum Handelsregister ist der Kapitalherabsetzungsbeschluß zusammen mit einem Gläubigeraufruf zweimal im Abstand von 30 Tagen im Amtsblatt zu veröffentlichen[155]. Nach Ablauf von drei weiteren Monaten kann die Kapitalherabsetzung eingetragen werden, wenn den widersprechenden Gläubigern Sicherheit geleistet wurde bzw. sie befriedigt worden sind. Nach der Eintragung können Rückzahlungen an die Gesellschafter erfolgen[156].

e) *Kredite*

Die GmbH kann in Ungarn uneingeschränkt Kredite aufnehmen. Zur Aufnahme von Krediten im Ausland[157] bedarf sie jedoch einer Genehmigung der ungarischen Nationalbank. Angesichts der vielen bereits bestehenden Kreditinstitute, die Tochtergesellschaften ausländischer Banken sind, ist es jedoch kein Problem, den Kreditbedarf in Ungarn zu decken.

149 Vgl. § 168 GWG.
150 Vgl. § 178 Abs. 2 GWG.
151 Vgl. § 218 Abs. 2 GWG.
152 Vgl. § 221 GWG.
153 Das bedeutet, daß eine Kapitalerhöhung auch nur gegen Sacheinlagen erfolgen kann.
154 Vgl. §§ 219, 220, 222 GWG.
155 Vgl. § 225 GWG.
156 Vgl. § 226 GWG.
157 Hierunter sind nicht nur Kredite, die von Kreditinstituten gewährt werden, zu verstehen, sondern auch Kredite, die bei ausländischen Gesellschaftern oder Dritten aufgenommen werden.

4. Die werbende Tätigkeit der Gesellschaft

a) Der Gegenstand der Gesellschaft

Der Grundsatz, daß eine GmbH jede beliebige Tätigkeit ausüben kann, erfährt zwei wichtige Einschränkungen: Zum einen dürfen Versicherungs- und Bankgeschäfte nur in der Rechtsform der Aktiengesellschaft betrieben werden[158]. Zum anderen begründet das Gesetz Nr. XVI von 1991 über die Konzessionen[159] für verschiedene volkswirtschaftlich besonders relevante[160] bzw. besonders gefährliche Tätigkeiten[161] und die Nutzung öffentlichen Eigentums[162] ein Staatsmonopol. Nach Abschluß eines Konzessionsvertrages können aber auch GmbH mit (ausschließlich) privater Beteiligung[163] derartige Tätigkeiten ausüben[164], ohne daß eine derartige Konzessionsgesellschaft weiteren Beschränkungen während ihrer werbenden Tätigkeit unterliegt; allerdings kann nach ihrer Auflösung das Vermögen erst an ihre Gesellschafter ausgekehrt werden, wenn der ihr zur Nutzung überlassene „Gegenstand" in bestimmungsgemäßem Zustand an die öffentliche Hand zurückgegeben wurde[165].

Der Gegenstand der Gesellschaft muß in der Satzung genau unter Verwendung des Schlüssels des einheitlichen staatlichen statistischen Systems angegeben werden.

b) Der Beginn der Tätigkeit

Nach Einreichung des Antrags zur Anmeldung der GmbH beim Registergericht kann die Gesellschaft ihre Tätigkeit aufnehmen[166]. Allerdings müssen alle vor der Eintragung von der (Vor-)GmbH geschlossenen Verträge von der Gesellschafterversammlung genehmigt werden[167] und es besteht eine gesamtschuld-

158 Vgl. die Gesetze Nr. LXIX und LXIII von 1991.
159 Im folgenden: KonzG.
160 Z. B. Elektroenergieversorgung, Postdienst, vgl. § 1 Abs. 1 lit. c), j), k), l) und m) KonzG.
161 Z. B. Herstellung und Vertrieb von radioaktiven Stoffen und Narkotika, vgl. § 1 Abs. 1 lit. e), f), g), h) und i) KonzG.
162 Dabei handelt es sich im wesentlichen um Liegenschaften und Anlagen, die den öffentlichen Sachen des deutschen Rechts entsprechen, z. B. Straßen und Häfen, vgl. § 1 Abs. 1 lit. a), b), c) und d) KonzG.
163 Es muß mindestens ein ungarischer Gesellschafter beteiligt sein, vgl. § 20 Abs. 1 KonzG.
164 Vgl. § 2 lit. b) i.V.m. § 3 KonzG.
165 Vgl. § 26 Abs. 3 KonzG und § 52 Abs. 3 GWG.
166 Vgl. § 161 Abs. 2 Satz 1 GWG.
167 Vgl. § 183 Abs. 2 lit. h) GWG.

nerische Handelndenhaftung[168], die aber mit Eintragung der GmbH und der oben genannten Genehmigung der Rechtsgeschäfte erlischt[169]. Etwaige, nach der Anmeldung entstandene Verluste müssen nicht aufgefüllt werden, da ein Vorbelastungsverbot nicht existiert.

c) Erwerbsvorgänge

Da die GmbH rückwirkend auf den Zeitpunkt des Abschlusses des Gesellschaftsvertrages als juristische Person entsteht, kann sie, wie jedes Rechtssubjekt, am Rechtsverkehr teilnehmen. Das bedeutet, daß sie Verträge und Vergleiche schließen, Eigentum und Rechte erwerben, klagen und verklagt werden kann. Wichtig ist in diesem Zusammenhang, daß sie als ungarische Rechtsperson uneingeschränkt Grundeigentum[170] erwerben kann. Der Beteiligung an anderen Gesellschaften bzw. die Gründung von (100%igen) Tochtergesellschaften ist nahezu uneingeschränkt möglich. Eine Einschränkung ergibt sich nur aus den wettbewerbsrechtlichen Vorschriften, nicht aber aus konzernrechtlichen Gesichtspunkten, da für die GmbH keine diesbezüglichen Regelungen bestehen.

5. Die Beendigung der Mitgliedschaft

Die Mitgliedschaft in der GmbH kann durch Übertragung des Geschäftsanteils oder durch Auflösung der Gesellschaft beendet werden.

a) Die Übertragung des Geschäftsanteils

aa) Gesamtrechtsnachfolge

Grundsätzlich geht der Geschäftsanteil im Falle des Todes bzw. der Auflösung eines Gesellschafters auf seine Rechtsnachfolger über. Diese Gesamtrechtsnachfolge kann im Gesellschaftsvertrag ausgeschlossen werden. In diesem Fall wird der Geschäftsanteil entweder von den anderen Gesellschaftern gemäß den Festlegungen in der Satzung erworben oder er wird unter Erstattung seines Wertes eingezogen[171]. Es empfiehlt sich – nicht nur für diesen Fall –, in der Satzung eine Klausel über die Bestimmung des Wertes des Geschäftsanteils aufzunehmen; derzeit ist eine reine Buchwertklausel am gebräuchlichsten.

168 Vgl. § 25 Abs. 1 GWG.
169 Vgl. § 25 Abs. 2 GWG.
170 Vgl. dazu WINKLER/ZIEMONS, aaO (Fn. 8), Rz. 51 ff.
171 Vgl. § 175 GWG.

bb) Einzelrechtsnachfolge

Vorbehaltlich entsprechender Festlegungen im Gesellschaftsvertrag ist der Geschäftsanteil unter den Gesellschaftern frei übertragbar[172].

Dagegen ist die Übertragung auf gesellschaftsfremde Dritte nicht so ohne weiteres möglich: Vom GWG wird zwingend vorgeschrieben, daß nur voll eingezahlte Geschäftsanteile übertragbar sind und daß die Gesellschafter, die GmbH und eventuell eine von der Gesellschafterversammlung bestimmte Person ein Vorkaufsrecht haben[173]. Dies ist ebenso wie das gesetzliche Vorkaufsrecht im Falle einer Zwangsvollstreckung in den Geschäftsanteil[174] Ausdruck der personalistischen Struktur der GmbH. Hat keiner der Berechtigten von seinem Vorkaufsrecht Gebrauch gemacht, so kann der Geschäftsanteil formfrei übertragen werden[175]. Mit der Eintragung in die Gesellschafterliste, die aufgrund einer in einer öffentlichen oder voll beweiskräftigen Urkunde verbrieften Mitteilung des Erwerbers erfolgt, in der er die Bestimmungen der Satzung als für sich verbindlich erklärt[176], ist er Gesellschafter geworden.

Als logische Konsequenz des Prinzips, daß jeder Gesellschafter nur einen Gesellschaftsanteil innehaben kann[177], ist eine Teilung der Geschäftsanteile nur im Falle der Übertragung möglich[178].

b) Die Auflösung

Wenn die GmbH nicht durch Zeitablauf, Umwandlung oder gerichtlichen Beschluß aufgelöst[179] wird, ist zur Auflösung ein mit Dreiviertelmehrheit gefaßter Beschluß der Gesellschafterversammlung erforderlich[180]. Nach dem Auflösungsbeschluß findet die Abwicklung statt. Geborene Abwickler sind die Geschäftsführer, auf Antrag einer Minderheit von 10 % des Stammkapitals kann aber auch vom Registergericht[181] ein Abwickler, mit dem die Mehrheit der Gesellschafter einverstanden ist[182], bestellt werden. Nach der Anmeldung des Auflösungs-

172 Vgl. § 170 GWG.
173 Vgl. § 171 GWG.
174 Vgl. § 173 GWG.
175 In diesem Zusammenhang ist darauf hinzuweisen, daß das ungarische Recht das Abstraktionsprinzip nicht kennt.
176 Vgl. § 174 GWG.
177 Vgl. § 169 Abs. 2 GWG.
178 Vgl. § 176 GWG.
179 Zu den Auflösungsgründen im einzelnen vgl. § 46 Abs. 1 GWG.
180 Vgl. § 227 GWG.
181 Vgl. § 48 Abs. 2 GWG.
182 Vgl. § 49 GWG.

beschlusses ist dieser verbunden mit einem Gläubigeraufruf dreimal im Amtsblatt zu veröffentlichen. Frühestens 6 Monate nach der letzten Veröffentlichung kann das Vermögen der GmbH nach Rückzahlung der Nachschüsse unter den Gesellschaftern verteilt werden[183]. Die im Rahmen der Abwicklung vom Abwickler zu erstellenden Bilanzen, Verzeichnisse etc. müssen von der Gesellschafterversammlung gebilligt werden[184]. Mit der auf Antrag erfolgenden Löschung ist die GmbH beendet[185]. Für später bekannt werdende Verbindlichkeiten der GmbH haften die Gesellschafter in Höhe des von ihnen empfangenen Abwicklungserlöses[186].

6. *Einmann-GmbH*

Die für die Einmann-GmbH bestehenden Sondervorschriften sind teilweise bereits dargestellt worden, darüber hinaus sind folgende Regelungen von Bedeutung:

Bei der Gründung bzw. sobald eine GmbH zur Einmann-Gesellschaft wird, muß dieser Umstand zum Handelsregister angemeldet werden, ein Unterlassen hat die unbeschränkte Haftung des Gesellschafters zur Folge[187]. Die Einziehung bzw. der Erwerb eines Geschäftsanteils durch die Gesellschaft ist unzulässig[188], da er eine Kein-Mann-Gesellschaft zur Folge hätte. Falls der Gesellschafter auch alleiniger Geschäftsführer ist, bedürfen Gesellschafterbeschlüsse zu ihrer Wirksamkeit nicht der Eintragung in das Beschlußregister[189]. Ein Aufsichtsrat muß nur dann eingerichtet werden, wenn die GmbH mehr als 200 Arbeitnehmer beschäftigt[190].

IV. Die Aktiengesellschaft

1. Die Gründung einer Aktiengesellschaft

a) Das Gründungsverfahren

Das ungarische Recht stellt zwei verschiedene Verfahren zur Gründung einer Aktiengesellschaft (*Részvénytársaság, rt*) zur Verfügung: Die geschlossene

183 Vgl. § 230 GWG.
184 Vgl. §§ 51 Abs. 1 und 52 Abs. 1 GWG.
185 Vgl. § 46 Abs. 2 GWG.
186 Vgl. § 54 Abs. 3 GWG.
187 Vgl. § 161 Abs. 1 GWG.
188 Vgl. § 181 GWG.
189 Vgl. § 194 Abs. 3 GWG.
190 Vgl. § 34 Abs. 3 GWG.

Gründung, die im wesentlichen dem deutschen Recht entspricht, und die offene Gründung, die Züge der Gründung nach altem deutschem Aktienrecht trägt, und, obwohl vom Gesetz aufgrund ihrer systematischen Stellung als Normalfall gedacht, sehr selten praktiziert wird.

aa) Die offene Gründung

Der[191] oder die Gründer geben in notariell oder privat beurkundeter Form[192] einen Gründungsentwurf heraus, der den Anforderungen des Gesetzes Nr. VI von 1990 über den Absatz und Vertrieb einzelner Wertpapiere sowie die Wertpapierbörse bezüglich eines Prospekts entsprechen muß[193] und die Modalitäten der Zeichnung und die wesentlichen Angaben über die zu gründende Aktiengesellschaft wiedergibt[194]. Die Zeichnung erfolgt innerhalb der Zeichnungsfrist durch Unterzeichnung eines Zeichnungsscheins und Einzahlung von 10 % des gezeichneten Betrages[195]. Sind alle Aktien gezeichnet worden[196], ist innerhalb von 60 Tagen nach Ablauf der Zeichnungsfrist die Gründungshauptversammlung einzuberufen[197]; bis zu deren Beginn müssen 30 % auf jede gezeichnete Aktie eingezahlt sein[198]. Neben der Entscheidung über die Annahme oder Zurückweisung[199] von Überzeichnungen beschließt die Gründungshauptversammlung über die Gründung, die Satzung etc. und genehmigt die bis zur Gründungshauptversammlung geschlossenen Verträge[200].

bb) Die geschlossene Gründung

Bei dieser Form der Gründung übernehmen der oder die Gründer alle Aktien, zahlen 30 % auf diese ein und stellen statt der Satzung eine Gründungsurkunde auf. Das Gesetz stellt klar, daß Gründungsentwurf, Gründungshauptversammlung und Zeichnung nicht erfolgen[201], ansonsten aber allgemeines Gründungsrecht Anwendung findet.

191 Die Einmann-Gründung ist gemäß § 250 Satz 2 GWG zulässig.
192 Vgl. § 252 Abs. 2 GWG.
193 Vgl. § 252 Abs. 3 lit. i) GWG.
194 Vgl. § 252 Abs. 3 lit. a) bis h) GWG.
195 Vgl. § 254 GWG. Diese Einzahlungsverpflichtung trifft, ebenso wie die gemäß § 257 Abs. 3 GWG, nur die Bar-Einleger; Sacheinleger sind davon befreit.
196 Vgl. § 257 Abs. 1 i. V. m. § 256 GWG.
197 Vgl. § 257 Abs. 1 GWG.
198 Vgl. § 257 Abs. 3 GWG.
199 Sofern die Zeichnungen nicht bereits von den Gründern zurückgewiesen worden sind.
200 Vgl. dazu den Katalog in § 258 lit. a) bis h) GWG.
201 Vgl. § 260 GWG.

b) Die Satzung

Zwingender Inhalt der Satzung ist:

Firma, Sitz, Dauer und Gegenstand der AG; die Höhe des Grundkapitals; die Bedingungen der Einzahlung der Aktien und die Folgen ihrer Unterlassung; Anzahl, Nennwert und Art der Aktien; Regelungen betreffend die Hauptversammlung, den Vorstand, den Aufsichtsrat und den Buchprüfer, sowie die Zeichnung für die AG, die Gewinnverteilung und die Veröffentlichung von Bekanntmachungen[202]. Andere, das Kapital betreffende Bestimmungen, z. B. bezüglich der Sacheinlagen, bedürfen der Aufnahme in die Satzung. Fakultativer Satzungsinhalt kann weiterhin jede Angelegenheit sein, die die Aktionäre in der Satzung regeln möchten[203].

c) Die Eintragung in das Handelsregister

Die Mitglieder des Vorstands[204] müssen die AG innerhalb von 30 Tagen nach Feststellung der Satzung zur Eintragung in das Handelsregister anmelden[205]. Die Eintragung darf erst erfolgen, wenn die allgemeinen Eintragungsvoraussetzungen vorliegen und nachgewiesen worden ist, daß die Gründungshauptversammlung stattgefunden hat, alle Aktien gezeichnet und zu mindestens 30 % eingezahlt worden sind[206].

Nachdem der Eintragungsantrag gestellt worden ist, kann die AG ihre Geschäfte aufnehmen. Im Gegensatz zur GmbH bedürfen die zwischen Anmeldung und Eintragung geschlossenen Verträge nicht der Genehmigung durch die Hauptversammlung, weil die AG kraft ausdrücklicher Anordnung ab Anmeldung frei über das eingezahlte Kapital verfügen kann[207].

2. Die Aktie

Wenn 10 % auf die Aktien eingezahlt worden sind, kann die AG nicht übertragbare Aktienanweisungen ausstellen, die zur Teilnahme an der Gründungshauptversammlung berechtigen[208]. Sie belegen gegenüber der AG ebenso wie die

202 Vgl. § 261 Abs. 1 GWG.
203 Vgl. § 261 Abs. 2 lit. f) GWG.
204 In vertretungsberechtigter Zahl.
205 Vgl. § 23 GWG i. V. m. der Eintragungs- und AufsichtsVO.
206 Vgl. § 262 GWG.
207 Vgl. § 262 Abs. 3 GWG.
208 Vgl. § 238 Abs. 1 GWG.

nach der Eintragung in das Handelsregister ausstellbaren Zwischenscheine, daß der Eigentümer des Papiers Aktionär ist[208a]. Voraussetzung für die Ausstellung von Zwischenscheinen ist, daß der Aktionär 30 % auf seine Aktie eingezahlt hat[208b]. Erst nach vollständiger Einzahlung des Grundkapitals können Aktien ausgegeben werden[209].

a) Namens- und Inhaberaktien

Die AG kann in der Satzung grundsätzlich frei bestimmen, ob sie Inhaber- oder Namensaktien ausgibt, es sei denn, ein Gesetz schreibt für bestimmte Gesellschaftsgegenstände[209a] Namensaktien vor[210].

Eine weitere wichtige Einschränkung betrifft ausländische Aktionäre: Sie können nur Namensaktien halten[211]. Erwerben sie durch Erbfall oder in sonstiger Weise Inhaberaktien, so können sie damit gegenüber der AG keine Aktionärsrechte ausüben und die Aktien müssen innerhalb von einem Jahr bzw. drei Monaten nach dem Erwerb in Namensaktien umgewandelt werden[212].

Erst mit der Eintragung in das vom Vorstand geführte Aktienbuch, bei der die Echtheit der Übertragungserklärung (Indossament) nicht geprüft wird[213], gilt der Inhaber einer Namensaktie gegenüber der AG als Aktionär[214].

b) Aktiengattungen

Neben Stammaktien kann die AG entsprechend den Bestimmungen der Satzung Vorzugsaktien bis zur Hälfte ihres Grundkapitals ausgeben[215]. Vorzugsaktien können im Hinblick auf jedes Aktionärsrecht ausgegeben werden[216]; so werden häufig auch Mehrstimmrechtsaktien[217] ausgegeben. Die am häufigsten vertretene Aktiengattung ist aber die (stimmrechtslose) Dividendenvorzugs-

208a Bis zum Beweis des Gegenteils, vgl. § 238 Abs. 3 GWG.
208b Vgl. § 238 Abs. 2 GWG.
209 Vgl. § 239 GWG.
209a Bezüglich des Gegenstandes der AG gelten die gleichen Vorschriften wie für die GmbH. Siehe dazu oben III.
210 Vgl. § 240 Abs. 1 und 4 GWG.
211 Vgl. § 13 Abs. 2 AIG.
212 Vgl. § 240 Abs. 3 GWG.
213 Vgl. § 241 GWG.
214 Vgl. § 240 Abs. 2 GWG.
215 Vgl. § 242 Abs. 4 GWG.
216 Vgl. § 242 Abs. 3 GWG.
217 Ihre Zulässigkeit ergibt sich implizit auch aus § 269 Abs. 1 GWG.

aktie[218], deren Stimmrecht auflebt, wenn die AG mindestens ein Jahr lang nicht die volle Garantiedividende gezahlt hat[219].

Zinstragende Aktien, also Aktien, die neben der Dividende zu einem festgelegten Zins berechtigen, können bis zu einer Höhe von 10 % des Grundkapitals ausgegeben werden; der Zinsanspruch ist auch dann zu erfüllen, wenn die AG keinen Gewinn erwirtschaftet hat[220].

Als dritte (Haupt-)gattung kennt das GWG die Belegschaftsaktie, die im Rahmen einer Kapitalerhöhung aus Gesellschaftsmitteln geschaffen werden kann. Sie ist eine Namensaktie, die unentgeltlich oder unter pari ausgegeben werden kann und unter den Arbeitnehmern der AG frei übertragbar ist, die aber an die AG verkauft werden muß, wenn das Arbeitsverhältnis endet[221].

c) Wandel- und Optionsanleihen

Neben Optionsanleihen kann die AG auch Wandelanleihen[222] auflegen. Die Ausgabe von Genußscheinen ist im GWG nicht vorgesehen.

3. Das Grundkapital

a) Kapitalaufbringung

Das Grundkapital einer AG muß mindestens 10 Millionen Forint betragen[223] und kann sowohl durch Sach- als auch durch Bareinlagen aufgebracht werden. Die Einlageverpflichtungen müssen spätestens ein Jahr nach der Eintragung der AG erfüllt sein[224].

aa) Sacheinlagen

Sacheinlagen[225] müssen durch einen Buchprüfer vorbewertet werden[226] und die Gründer müssen die Grundlagen, aufgrund derer sie den Wert der Sachein-

218 Vgl. § 242 Abs. 1 und 2 GWG.
219 Vgl. § 272 GWG.
220 Vgl. § 245 GWG.
221 Vgl. § 244 GWG.
222 Vgl. § 246 GWG; zur für letztere notwendigen bedingten Kapitalerhöhung vgl. §§ 260 ff GWG.
223 Vgl. § 251 Abs. 1 GWG.
224 Vgl. § 264 Abs. 1 GWG.
225 Einlagefähig sind die gleichen Gegenstände wie bei der GmbH, vgl. § 253 Abs. 1 GWG.
226 Vgl. §§ 252 Abs. 2 lit. f); 253 Abs. 3 GWG.

lage endgültig in der Satzung bzw. im Gründungsentwurf festsetzen, schriftlich festhalten[227]. Eine formelle Sachgründungsprüfung findet darüber hinaus nicht statt. Die Inferenten und die sonstigen an der Gründung Beteiligten haften nach den gleichen Regeln wie in der GmbH[228].

bb) Bareinlagen

Bei der Gründung muß der Anteil der Bareinlagen am Grundkapital mindestens 30 % oder 5 Millionen Forint betragen[229]. Bareinleger müssen den Restbetrag[230] einzahlen, wenn sie hierzu vom Vorstand entsprechend den Festlegungen in der Satzung aufgefordert worden sind[231].

b) Kapitalerhaltung

Der Kapitalerhaltung dient zunächst einmal das Rückzahlungsverbot[232], das durch die Regelungen im Hinblick auf den Erwerb eigener Aktien ergänzt wird: Eigene Aktien dürfen nicht zu Lasten des Grundkapitals und nur in Höhe von maximal 33 % des Grundkapitals erworben werden und müssen innerhalb von drei Jahren nach dem Erwerb veräußert werden[233]. Im Vergleich zum deutschen Recht ist dieser Kapitalschutz relativ schwach ausgeprägt: Der Fall der financial assistance ist nicht erfaßt und der Erwerb eigener Aktien ist nicht an bestimmte Erwerbszwecke gebunden.

c) Kapitalmaßnahmen

aa) Kapitalerhöhung

Eine Kapitalerhöhung kann sowohl aus Gesellschaftsmitteln als auch gegen Einlagen durchgeführt werden[234]. Sie ist zulässig, wenn folgende Voraussetzungen erfüllt sind:

227 Vgl. § 253 Abs. 2 GWG.
228 Siehe dazu oben III.
229 Vgl. § 251 Abs. 2 GWG.
230 Der Restbetrag beträgt nach der Zahlung von 30 % des gezeichneten Aktienkapitals bis zur Gründungshauptversammlung bzw. Anmeldung der AG 70 % des Nominalwerts zuzügl. etwaigen Agios.
231 Vgl. § 264 Abs. 1 GWG.
232 Vgl. §§ 266 Abs. 4, 267 Abs. 1 GWG.
233 Vgl. § 247 GWG; wenn nicht im Hinblick auf die Veräußerung von der Möglichkeit der Amortisation gemäß § 248 GWG Gebrauch gemacht wird.
234 Vgl. § 301 Abs. 2 GWG.

– Beschluß der Hauptversammlung mit einer Mehrheit von Dreivierteln der Stimmen[235]
– die AG ist seit mindestens einem Jahr tätig[236] und
– das Grundkapital ist vollständig eingezahlt[237].

Das Bezugsrecht der Aktionäre ist nur teilweise geregelt:

Im Falle der Kapitalerhöhung gegen Einlagen besteht ein Bezugsrecht der Aktionäre nur dann, wenn die Hauptversammlung dies mit Dreiviertel-Mehrheit beschließt[238], ebenso kann bestimmten dritten Personen ein Bezugsrecht eingeräumt werden[239]. Ausgenommen den Fall, daß den Aktionären oder bestimmten Dritten ein Bezugsrecht eingeräumt wird, muß der Kapitalerhöhungsbeschluß und das Angebot zur Zeichnung junger Aktien entsprechend den Anforderungen des Gesetzes Nr. VI von 1990 über den Absatz und Vertrieb von Wertpapieren und die Wertpapierbörse veröffentlicht werden[240]. Bei Zeichnung ist auf die jungen Aktien ein von der Hauptversammlung festgelegter Betrag, mindestens aber 30 % des Nennwertes einzuzahlen[241]. Falls nicht alle Aktien gezeichnet werden, gilt die Kapitalerhöhung als fehlgeschlagen[242].

Die Kapitalerhöhung muß innerhalb von 30 Tagen nach dem entsprechenden Hauptversammlungsbeschluß zum Handelsregister angemeldet werden[243]. Ist die Kapitalerhöhung durchgeführt worden, ist dies nach Anmeldung durch den Vorstand einzutragen und bekanntzumachen[244].

bb) Kapitalherabsetzung

Nachdem die Hauptversammlung den Kapitalherabsetzungsbeschluß mit Dreiviertel-Mehrheit[245] gefaßt hat, meldet der Vorstand diesen innerhalb von

235 Ausgenommen den Fall der Kapitalerhöhung aus Gesellschaftsmitteln – hier ist die einfache Mehrheit ausreichend, vgl. §§ 282 i. V. m. § 278 Abs. 1 lit. b) GWG.
236 Vgl. § 301 Abs. 4 GWG.
237 Vgl. § 301 Abs. 1 GWG; für den Fall, daß die Kapitalerhöhung ausschließlich gegen Sacheinlagen erfolgt, braucht das Kapital nicht vollständig eingezahlt zu sein. Hiermit soll der Kauf von Unternehmen gegen Gewährung von Aktien erleichtert werden.
238 Vgl. § 303 Abs. 1 lit. b) GWG.
239 Vgl. § 303 Abs. 4 GWG. Nur im Fall der Kapitalerhöhung aus Gesellschaftsmitteln besteht ein gesetzliches Bezugsrecht der Aktionäre, das aber durch einfachen Hauptversammlungsbeschluß abbedungen werden kann, vgl. § 305 Abs. 2 GWG.
240 Vgl. § 303 Abs. 5 GWG.
241 Vgl. § 303 Abs. 1 lit. a) GWG.
242 Vgl. § 303 Abs. 4 GWG.
243 Vgl. § 308 Abs. 1 GWG.
244 Vgl. § 308 Abs. 4 und 5 GWG.
245 Vgl. § 282 i. V. m. § 278 Abs. 1 lit. b) GWG.

30 Tagen zum Handelsregister an und veranlaßt die zweimalige Veröffentlichung im Amtsblatt, die mit einem Gläubigeraufruf zu verbinden ist[246]. Gläubigern, die sich innerhalb von 90 Tagen nach der letzten Veröffentlichung melden, ist Sicherheit oder Befriedigung zu gewähren[247].

Die Kapitalherabsetzung kann durch Umtausch, Abstempelung, Zusammenlegung oder Einziehung der Aktien erfolgen[248]. Auf Antrag der AG trägt das Registergericht die Kapitalherabsetzung ein, wenn

- seit der letzten Bekanntmachung mindestens 90 Tage verstrichen sind und
- widersprechenden Gläubigern Sicherheit oder Befriedigung gewährt worden ist[249].

Sofort nach der Eintragung, d. h. ohne ein Sperrjahr oder ähnliches können aufgrund der Kapitalherabsetzung zu Lasten des Grundkapitals Zahlungen an die Aktionäre vorgenommen werden[250].

4. Die Organe der Aktiengesellschaft

a) Der Vorstand

Der Vorstand, der aus mindestens drei Mitgliedern besteht, ist das Geschäftsführungs- und Vertretungsorgan der AG[251]. Mangels entgegenstehender Regelung in der Satzung sind seine Mitglieder einzelvertretungsberechtigt[252]. Während die Vertretungsbefugnis Dritten gegenüber nicht wirksam eingeschränkt werden kann, kann die Geschäftsführungsbefugnis durch einen Beschluß der Hauptversammlung oder des Aufsichtsrates oder durch die Satzung eingeschränkt werden[253], die Stellung des Vorstands ist letztlich mit der eines deutschen GmbH-Geschäftsführers vergleichbar.

Vom Gesetz werden dem Vorstand folgende Aufgaben zugewiesen: Erstellung von Bilanz und Vermögensverzeichnis sowie Gewinnverwendungsvorschlag; Führung der Bücher der Gesellschaft; Berichtspflichten gegenüber der Hauptversammlung[254] und Einberufung der Hauptversammlung, wenn die AG ein Drittel ihres Kapitals verloren hat oder sie die Zahlungen eingestellt hat und

246 Vgl. § 311 GWG. Obgleich das Gesetz den Gläubigeraufruf nicht ausdrücklich vorschreibt, ist dieser zu empfehlen.
247 Vgl. § 312 GWG.
248 Vgl. § 313 GWG.
249 Vgl. § 316 Abs. 1 und 2 GWG.
250 Vgl. § 316 Abs. 3 GWG.
251 Vgl. § 285 Abs. 1 GWG.
252 Vgl. § 286 Abs. 1 GWG.
253 Vgl. § 287 GWG.
254 Vgl. § 288 GWG.

ihr Vermögen die Verbindlichkeiten nicht deckt[255]. Im Hinblick auf die Anforderungen an die Person sowie für Bestellung, Abberufung und Entlohnung gelten für den Vorstand die gleichen Regeln wie für den Geschäftsführer einer GmbH[256]; zuständig dafür ist aber die Hauptversammlung.

b) Der Aufsichtsrat

In jeder AG muß ein Aufsichtsrat gebildet werden[257]. Beschäftigt die AG mehr als 200 Arbeitnehmer, sind ein Drittel seiner Mitglieder von diesen aus ihren Reihen zu wählen[258]. Hat sie weniger Arbeitnehmer, werden seine Mitglieder ausschließlich von der Hauptversammlung gewählt, die zwar auch Nichtaktionäre in den Aufsichtsrat berufen darf, nicht aber Arbeitnehmer[259]. Hinsichtlich Doppelmandatschaft, persönlicher Eignung, Wettbewerbsverboten etc. sind die gleichen Vorschriften anzuwenden wie bei der GmbH.

Zu den Aufgaben des Aufsichtsrats gehören die Teilnahme an der Hauptversammlung[260], die Vertretung der AG gegenüber Vorstandsmitgliedern und die Einberufung der Hauptversammlung, wenn dies im Interesse der AG erforderlich ist[261]. Seine Hauptaufgabe ist jedoch die Überwachung der Geschäftsführung des Vorstands. Um diese Aufgabe auszuüben, ist ihm ein umfassendes Auskunfts- und Informationsrecht eingeräumt[262] worden und wird ihm ein etwaiger Innenrevisor unterstellt[263]. Obgleich ihm keine ausdrücklichen Zustimmungsvorbehalte eingeräumt sind, kann er doch auf die Geschäftsführung des Vorstands Einfluß nehmen: Er kann seine Geschäftsführungsbefugnis im Wege eines Weisungsbeschlusses einschränken[264].

c) Der Buchprüfer

Die AG muß einen Buchprüfer bestellen[265], der keinerlei persönliche Bindung zur AG haben darf und in das Buchprüferregister eingetragen sein muß[266]. Der

255 Vgl. § 289 GWG.
256 Siehe dazu oben III.2.
257 Vgl. § 34 Abs. 2 lit. a) GWG.
258 Vgl. § 13 GWG.
259 Vgl. § 291 Abs. 2 GWG.
260 Vgl. § 293 GWG.
261 Vgl. § 294 GWG.
262 Vgl. § 295 Abs. 2 GWG.
263 Vgl. § 36 GWG.
264 Vgl. § 287 GWG.
265 Vgl. § 39 Abs. 2 GWG.
266 Vgl. § 40 GWG.

ungarische Buchprüfer ist mit dem deutschen Wirtschaftsprüfer vergleichbar. Der Buchprüfer hat umfassende Einsichts- und Informationsrechte und kann u. a. die Kasse, die Verträge und die Konten überprüfen[267]. Diesen Rechten stehen umfangreiche Pflichten gegenüber: Er prüft und testiert alle der Hauptversammlung vorgelegten Berichte (insbesondere die Bilanz)[268], er muß den Aufsichtsrat informieren, wenn eine bedeutende Verringerung des Kapitals zu befürchten ist oder ein Sachverhalt vorliegt, der eine Haftung des Vorstands bzw. des Aufsichtsrats auslösen würde[269]. Falls die Hauptversammlung notwendige Beschlüsse nicht faßt, muß der Buchprüfer das Registergericht informieren, das daraufhin die notwendigen Maßnahmen veranlaßt[270].

d) Die Hauptversammlung

Die Hauptversammlung findet mindestens einmal im Jahr statt[271]. Sie ist ausschließlich zuständig für: Satzungsänderungen; Kapitalmaßnahmen; Bilanzfeststellung und Gewinnverteilung; Bestellung und Abberufung der Mitglieder des Aufsichtsrats, des Vorstands und des Buchprüfers[272]. Die in den § 278 Abs. 1 GWG genannten Befugnisse können ihr nicht entzogen werden, aber die Satzung kann weitere Angelegenheiten in die ausschließliche Kompetenz der Hauptversammlung verweisen. Anhand der Teilnehmerliste[273], in die die Teilnehmer nebst den ihren zugehörigen Aktien eingetragen werden, wird die Beschlußfähigkeit (50 % des stimmberechtigten Kapitals[274]) ermittelt. Ist dieses Quorum nicht erreicht, muß innerhalb von 15 Tagen eine erneute Hauptversammlung einberufen werden[275]. Die zusammen mit der Einladung veröffentlichte Tagesordnung[276] kann auf Antrag von Aktionären, die 10 % des Kapitals vertreten, erweitert werden[277]. Der Umfang des Stimmrechts der Aktionäre (bzw. ihrer Bevollmächtigten[278]) ist in der Satzung festgelegt[279]. Es ist möglich,

267 Vgl. § 41 Abs. 1 GWG.
268 Vgl. § 41 Abs. 2 GWG.
269 Vgl. § 42 Abs. 1 GWG.
270 Vgl. § 42 Abs. 2 GWG.
271 Vgl. § 279 Abs. 1 GWG.
272 Vgl. § 278 Abs. 1 GWG.
273 Vgl. § 280 GWG.
274 Vgl. § 281 Abs. 1 GWG.
275 Vgl. § 281 Abs. 2 GWG.
276 Vgl. § 279 Abs. 3 GWG.
277 Vgl. § 274 GWG.
278 Vgl. § 271 GWG.
279 Vgl. § 270 GWG.

ein Höchststimmrecht zu verankern[280]. Beschlüsse werden, wenn das Gesetz (insbesondere § 282 GWG) oder die Satzung keine höhere Mehrheit vorschreiben, mit einfacher Mehrheit gefaßt[281]. Über die Hauptversammlung ist ein Protokoll, in dem u. a. die wichtigsten Ereignisse der Hauptversammlung, die Anträge und die Beschlüsse niedergelegt werden, anzufertigen[282].

Die Anfechtung eines Hauptversammlungsbeschlusses folgt den gleichen Vorschriften wie die Anfechtung eines Beschlusses in der GmbH[283].

e) Minderheitenschutz

Jeder Aktionär kann vom Vorstand Auskunft zu Angelegenheiten der Tagesordnung verlangen. Es besteht aber nur dann ein Anspruch auf Auskunft, wenn der Antrag mindestens acht Tage vor dem Beginn der Hauptversammlung gestellt wird und die Beantwortung nicht bedeutende wirtschaftliche Interessen der AG gefährdet[284]. Eine Minderheit, die mindestens 10 % des Kapitals vertritt, kann die Einberufung einer außerordentlichen Hauptversammlung[285] oder eine Sonderprüfung[286] beantragen.

5. Der Erwerb von Beteiligungen

In Ungarn gibt es kein Konzernrecht nach deutschem Modell. Lediglich der Erwerb einer bedeutenden oder einer Mehrheitsbeteiligung an einer anderen AG ist im GWG, in Anlehnung an die Take-over-Richtlinie der EG, geregelt. Voraussetzung für die Anwendung dieser Vorschriften ist jedoch, daß sowohl die erwerbende als auch die Zielgesellschaft in Ungarn registrierte Gesellschaften sind. Das bedeutet, daß eine AG an Gesellschaften anderer Rechtsform, z. B. an einer GmbH, uneingeschränkt[287] Beteiligungen erwerben kann.

280 Vgl. § 269 GWG.
281 Vgl. § 282 GWG.
282 Vgl. § 284 GWG.
283 Siehe dazu oben III.
284 Vgl. § 268 GWG.
285 Vgl. § 273 GWG.
286 Vgl. § 275 GWG.
287 Einschränkungen können sich aber aus dem Gesetz Nr. LXXXVI von 1990 über den unlauteren Wettbewerb unter dem Gesichtspunkt der Fusionskontrolle ergeben.

a) Der Erwerb einer bedeutenden Beteiligung

Der beabsichtigte Erwerb einer bedeutenden Beteiligung, d. h. einer Beteiligung, die mehr als 25 % des Grundkapitals oder mehr als ein Viertel der stimmberechtigten Aktien der anderen AG ausmacht[288], braucht der anderen AG noch nicht angezeigt werden. Erst wenn der Erwerbsvorgang abgeschlossen ist, muß die Ziel-AG hiervon unterrichtet und der Erwerb im Amtsblatt bekannt gemacht werden[289], andernfalls können aus den Aktien keine Rechte geltend gemacht werden[290].

b) Der Erwerb einer Mehrheitsbeteiligung

aa) 50 %-Beteiligung

Im Vergleich zum Erwerb einer bedeutenden Beteiligung unterliegt der Erwerb einer Mehrheitsbeteiligung (mehr als 50 % des Grundkapitals oder mehr als 50 % der Stimmen in der Hauptversammlung[291]) mehr Beschränkungen. Vor dem Erwerb muß die AG die Ziel-AG von ihrer Absicht unterrichten, den Aktionären derselben ein Kaufangebot hinsichtlich der benötigten Aktien unterbreiten und beide Erklärungen im Amtsblatt veröffentlichen[292]. Erst 30 Tage nach der Veröffentlichung dürfen Aktien aufgrund des Angebots gekauft werden. Wenn der Erwerbsvorgang abgeschlossen ist, kann jeder Aktionär der abhängigen Gesellschaft innerhalb von 90 Tagen von der über die Mehrheitsbeteiligung verfügenden AG verlangen, daß sie entweder seine Aktien mindestens zum Angebotspreis kauft oder ihm eine Dividendengarantie gibt[293]. Neben dieser Kaufverpflichtung droht der über die Mehrheitsbeteiligung verfügenden AG auf unbegrenzte Zeit eine unbeschränkte Haftung für die Verbindlichkeiten der abhängigen Gesellschaft: Auf Antrag von Gläubigern, die mindestens 20 % der Verbindlichkeiten der Gesellschaft vertreten, kann das Gericht die unbeschränkte Haftung der Mutter-AG anordnen, wenn diese die abhängige AG beeinflußt hat, eine für jene nachteilige Gesellschaftspolitik zu betreiben[294].

288 Vgl. § 322 Abs. 1 GWG.
289 Vgl. § 322 Abs. 2 GWG.
290 Vgl. § 322 Abs. 3 GWG.
291 Vgl. § 323 Abs. 1 GWG.
292 Vgl. § 323 Abs. 2 und 3 GWG.
293 Vgl. § 326 Abs. 1 GWG.
294 Vgl. § 326 Abs. 3 GWG.

bb) Mehr als 75%ige Beteiligung

Falls die Beteiligung mehr als 75 % des Kapitals der abhängigen AG ausmacht, haftet die (dann als herrschende AG bezeichnete) Mutter-AG ex lege unbeschränkt für die Verbindlichkeiten der abhängigen AG[295].

Außenstehende Aktionäre können jederzeit eine Garantiedividende oder den Kauf bzw. Umtausch ihrer Aktien in solche der herrschenden Gesellschaft verlangen[296]. Gläubiger, die über nicht fällige, vor dem Erwerb der Mehrheitsbeteiligung entstandene Forderungen verfügen, können innerhalb von 90 Tagen nach der Bekanntmachung von der herrschenden AG Sicherheit verlangen[297]. Korrespondierend zu diesen Pflichten kann der Vorstand der herrschenden AG dem Vorstand der abhängigen AG unmittelbare Weisungen erteilen[298].

c) Wechselseitige Beteiligungen

Falls zwei Aktiengesellschaften wechselseitig eine bedeutende Beteiligung erworben haben, ist diejenige, die als letzte die andere gemäß § 322 GWG benachrichtigt hat (A-AG), verpflichtet, ihre Beteiligung an der anderen (B-AG) durch Verkauf von Aktien auf 25 % abzusenken[299]. Für die B-AG besteht ex lege in der A-AG ein Höchststimmrecht in Höhe von 25 %[300]. Falls die B-AG an der A-AG eine Mehrheitsbeteiligung hält, darf die A-AG ihr Stimmrecht in der B-AG nicht ausüben und sind Doppelmandate nicht zulässig[301]. Daneben gelten die allgemeinen Vorschriften bezüglich Mehrheitsbeteiligungen.

Neben diesen Vorschriften gibt es keine weiteren konzernrechtlichen Regelungen, insbesondere ist dem ungarischen Recht neben dieser Außenhaftung aufgrund faktischer Konzernierung gemäß §§ 326 Abs. 3, 328 Abs. 2 GWG ein Vertragskonzern unbekannt.

V. Die Gesellschaft auf zollfreiem Gebiet

Ungarn läßt zwar nicht die Gründung klassischer off-shore-Gesellschaften, wie z. B. die Kanalinseln oder Zypern, zu, aber es hat die Möglichkeit der

295 Vgl. § 328 Abs. 2 GWG.
296 Vgl. § 329 Abs. 1 GWG.
297 Vgl. § 329 Abs. 2 GWG.
298 Vgl. § 328 Abs. 1 GWG.
299 Vgl. § 330 Abs. 2 lit. a) GWG.
300 Vgl. § 330 Abs. 2 lit. b) GWG.
301 Vgl. § 325 GWG.

Errichtung von Gesellschaften auf zollfreiem Gebiet geschaffen. Der Finanzminister kann ein oder mehrere Grundstücke zum zollfreien Gebiet erklären. Gesellschaften, die dort ihren Sitz haben, sind hinsichtlich der Devisen-, Zoll- und Außenhandelsbestimmungen[302] Ausländer. Das bedeutet, daß diese Gesellschaften ihr Kapital (mit Ausnahme des Grund- bzw. Stammkapitals, das allerdings für bestimmte Ausgaben, z. B. Löhne, verwendet werden kann), im Ausland anlegen, im Ausland ohne Genehmigung Kredite aufnehmen[303] und Materialien zunächst einmal mehrwertsteuer- und zollfrei importieren können. Hinsichtlich anderer Gesetze, insbesondere körperschaftssteuerlicher Vorschriften, gilt aber auch diese Gesellschaft als ungarische Gesellschaft.

VI. Steuern

Gesellschaften mit ausländischer Beteiligung sind, wie ungarische Gesellschaften auch, ab dem ersten Tag ihrer Geschäftstätigkeit unbeschränkt körperschaftssteuerpflichtig[304]. Der unbeschränkten Steuerpflicht unterliegen auch ausländische Unternehmen, die in Ungarn eine „Niederlassung" unterhalten und von dieser aus unternehmerisch tätig werden[305].

Wenn ein Ausländer in Ungarn Einkünfte ohne Errichtung einer „Niederlassung" erzielt, unterliegt er der beschränkten Steuerpflicht[306].

Der Körperschaftssteuersatz beträgt derzeit 36 %[307]. Die zu zahlende Steuer (berechnete Steuer abzüglich Steuervergünstigungen) ist in Forint zu entrichten[308].

Vor dem 31. 12. 1993 gegründeten Gesellschaften mit ausländischer Beteiligung, die zu diesem Zeitpunkt bestimmte Voraussetzungen (Mindestkapital 50 Millionen Forint; mindestens 30%ige ausländische Beteiligung; bestimmte Unternehmensgegenstände bzw. Herkunft der Einkünfte zu mehr als 50 % aus bestimmten Tätigkeiten, z. B. im Bereich des Tourismus)[309] erfüllten, werden Steuervergünstigungen gewährt. Für die Dauer von maximal 10 Jahren werden

302 Mit Ausnahme der auf völkerrechtlichen Vereinbarungen beruhenden Ein- und Ausfuhrbestimmungen, vgl. §§ 38 i.V.m. 39 AIG.
303 Vgl. § 41 Abs. 4 AIG.
304 Vgl. § 1 Abs. 2 i.V.m. § 2 Abs. 1 lit. a) des Gesetzes Nr. LXXXVI von 1991 in der Fassung des Gesetzes Nr. IC von 1993 über die Körperschaftssteuer, im folgenden: KöStG.
305 Vgl. § 2 Abs. 2 KöStG.
306 Vgl. § 2 Abs. 3 KöStG.
307 Vgl. § 9 Abs. 1 lit. a) KöStG.
308 Vgl. § 16 KöStG.
309 Vgl. § 12 KöStG.

ihnen degressiv zwischen 40 und 100 % der Steuerschuld erlassen. Diese Steuererleichterung ist zwar nicht mehr für Neugründungen interessant, aber für den Erwerb einer Beteiligung an einer bereits bestehenden Gesellschaft, wenn diese bereits vor dem 31. 12. 1993 die genannten Kriterien erfüllte.

Für Neugründungen und den Erwerb einer Beteiligung an einer Gesellschaft, die die genannten Kriterien zum Stichtag 31. 12. 1993 nicht erfüllte, sind durch das Gesetz Nr. IC von 1993 ähnliche Steuervergünstigungen geschaffen worden. Zu unterscheiden sind die globale Steuererleichterung und die Einzelfall-Steuerermäßigung, die beide zur Anregung der Investitionstätigkeit gewährt werden, und eine besondere Regelung für Gesellschaften im zollfreien Gebiet.

§ 14 A Abs. 1 KöStG ermächtigt die Regierung, im Wege einer Verordnung Steuererleichterungen zur Förderung der Investitionstätigkeit zu gewähren. Die zu begünstigenden Gesellschaften müssen ein Grund- oder Stammkapital von mindestens 100 Millionen Forint haben oder es müssen Gewinnausschüttungen in Höhe von mindestens 25 Millionen Forint im Wege einer Kapitalerhöhung reinvestiert werden, und in beiden Fällen darf auf die Dauer von fünf Jahren keine Kapitalherabsetzung erfolgen. Über Höhe und Dauer der Vergünstigung trifft das KöStG keine Regelung.

Nach § 14 A Abs. 2 KöStG kann die Regierung im Wege der Einzelentscheidung Gesellschaften für maximal 10 Jahre Steuererleichterungen gewähren, die bis zu 100 % der Steuerschuld in den ersten fünf Jahren und danach bis zu 60 % derselben betragen können. Voraussetzung hierfür ist, daß die betreffende Gesellschaft ein Stamm- oder Grundkapital von mindestens 500 Millionen Forint hat, mindestens 200 Millionen investiert und aufgrund dieser Investition 50 % des Gewinns aus der Produktion oder dem Vertrieb von umweltfreundlichen oder High-tech-Produkten stammt und entweder die Exporteinnahmen erhöht oder Arbeitsplätze geschaffen werden.

Gesellschaften, die entweder im zollfreien Gebiet ansässig oder die diesen gemäß § 43 AIG gleichgestellt sind, können unter bestimmten Voraussetzungen (Erbringung von Dienstleistungen nur im Ausland oder Handel mit Waren, der Ungarn nicht berührt; die Mehrheit der Mitglieder des Geschäftsführungsorgans, des Aufsichtsrates und der Arbeitnehmer sind Inländer; es werden nur ungarische Buchprüfer und Rechtsanwälte beauftragt; die Konten der Gesellschaft werden ausschließlich in Ungarn geführt; 100%ige ausländische Beteiligung; weder die Gesellschaft noch ihre Gesellschafter sind an anderen ungarischen Gesellschaften beteiligt oder verfügen über ein Büro bzw. eine Handelsvertretung in Ungarn[310]) eine Steuerermäßigung in Höhe von 85 % der Steuerschuld erhalten.

310 Vgl. § 3 Ziffer 20 KöStG.

Neben der Körperschaftssteuer darf der Ertrag der Gesellschaft nicht mit anderen staatlichen Steuern oder Abgaben belastet werden[311], was kommunale Steuern und Abgaben ebensowenig ausschließt wie eine ertragsunabhängige Besteuerung[312]. Ergänzend sei noch darauf hingewiesen, daß mit der Bundesrepublik Deutschland ein Doppelbesteuerungsabkommen besteht[313].

Im Bereich der Umsatzsteuer sind Gesellschaften mit ausländischer Beteiligung in Hinblick auf alle Investitionen zum Vorsteuerabzug berechtigt[314], während für Gesellschaften in rein ungarischer Hand der Vorsteuerabzug bezüglich einiger Güter, z. B. Personenkraftwagen, ausgeschlossen ist. Gesellschaften, die die Voraussetzungen des § 3 Ziffer 20 KöStG erfüllen, sind vollständig von der Umsatzsteuerpflicht befreit[315].

Anhang

I. Literatur

1. Gesetzestexte in deutscher Sprache:

BREIDENBACH, STEFAN, Handbuch Wirtschaft und Recht in Osteuropa, München, Loseblatt.

BRUNNER, GEORG/SCHMID, KARIN/WESTEN, KLAUS, Wirtschaftsrecht der osteuropäischen Staaten, Baden-Baden, Loseblatt.

2. Weiterführende Literatur:

BÖNSCH, GEORG, Rechtliche Möglichkeiten privatwirtschaftlicher Erwerbstätigkeit in Ungarn, 1992.

BRUNNER, GEORG, Ungarn, in: F. Chr. Schroeder/G. Brunner/K. Westen, (Hrsg.), Die Rechtsformen der privatwirtschaftlichen Erwerbstätigkeit in Osteuropa, 1992, S. 125 ff.

HARMATHY, ATTILA, Konzernrecht und Gesellschaftsrecht in Ungarn, in: F. Münzel, (Hrsg.), Konzerne des Ostens, 1991, S. 115 ff.

HUDSON, ALASTAIR S., Getting into Hungary: The Counter-Revolutionary Code on Foreign Investment, in: Review of Central and East-European Law, 1992, S. 301 ff.

SÁRKÖZY, TAMÁS, Unternehmens- und Eigentumsrecht im Wandel zur Marktwirtschaft: Das neue ungarische Gesellschaftsrecht, in: F. Münzel, (Hrsg.), Konzerne des Ostens, 1991, S. 83 ff.

DERS., A Társasági Törvény Magyarázata (Kommentar über die Wirtschaftsgesellschaften), 1993.

311 Vgl. § 14 Abs. 1 AIG.

312 Derzeit liegt dem Parlament ein Gesetzentwurf vor, eine gewinnunabhängige Steuer von 2 % des Umsatzes der Unternehmen zu erheben.

313 Vgl. BGBl. 1979 II, S. 627.

314 Vgl. § 17 AIG.

315 Vgl. § 15 Abs. 5 des Gesetzes Nr. IC von 1993.

DERS., Problems and Perspectives of the Legal Adaptation to the Market Economy in Hungary, in: Müller-Graff, (Hrsg.), East-Central European States and the European Communities, 1993, S. 67 ff.

VIDA, ALEXANDER, Gründung einer GmbH in Ungarn, in: RIW, 1992, S. 813 ff.

WINKLER, MARIA/ZIEMONS, HILDEGARD, Ausländische Investitionen in Ungarn, in: Breidenbach, (Hrsg.), Handbuch Wirtschaft und Recht in Osteuropa, Länderteil Ungarn, München.

DIES., Die Gründung einer Kapitalgesellschaft in Ungarn, in: Breidenbach, (Hrsg.), Handbuch Wirtschaft und Recht in Osteuropa, Länderteil Ungarn, München.

II. Adressen

Magyar Gazdasági Kamara
(Ungarische Handelskammer)
H-1055 Budapest
Kossuth Lajos tér 6–8
Tel.: 0036 -1-153 3333
Fax: 0036 -1-153 1285

Német Magyar Ipari és Kereskedelmi Kamara
(Deutsch-Ungarische Industrie- und Handelskammer)
H-1143 Budapest
Stefánia út 99
Tel.: 0036-1-252 2478
Fax: 0036-1-163 2427

VOSZ
(Ungarischer Unternehmerverband)
H-1097 Budapest
Könyes Kálmán Krt 44

Die Gründung einer Tochtergesellschaft in den U.S.A.

von

Professor WILLIAM J. CARNEY und Professor PETER HAY, Atlanta/Dresden

Inhaltsübersicht

I. Einleitung

Die Vereinigten Staaten von Amerika üben eine große wirtschaftliche Anziehungskraft aus. Sie sind nach wie vor der größte Kapitalmarkt der Welt, verfügen über ein stabiles Regierungssystem und das Privateigentum nimmt einen hohen Stellenwert ein. So erfolgen Enteignungen – wenn überhaupt – nur gegen Entschädigung[1].

Relativ gesehen sind die Lohnkosten niedriger als in Nord- und Mitteleuropa. Daher entschließen sich viele europäische Unternehmen, in den U.S.A. geschäftlich tätig zu werden.

II. Die föderale Struktur der Vereinigten Staaten

1. Die Gesetzgebung

Ursprünglich bestanden die Vereinigten Staaten aus dreizehn souveränen Einzelstaaten. In der U.S.-Verfassung traten sie der Bundesregierung einzelne Bereiche ihrer Souveränität ab, so etwa bezüglich des Innen- und Außenhandels[2] und der Landesverteidigung[3]. Nicht übertragene Hoheitsrechte blieben ihnen vorbehalten.

Im Bereich des innerstaatlichen Handels hat der Kongreß konkurrierende Gesetzgebungskompetenz, die er vorrangig vor den Einzelstaaten ausüben kann. Dem U.S. Supreme Court steht nach der Bundesverfassung die Kontrolle der Kompetenzwahrnehmung und die Möglichkeit zu, diskriminierende oder übermäßig handelshemmende einzelstaatliche Regelungen außer Kraft zu setzen.

Gesetzgebung findet also sowohl auf bundestaatlicher als auch auf einzelstaatlicher Ebene statt. Bundesrecht tritt in seinem Anwendungsbereich an die Stelle von einzelstaatlichem Recht. Den Einzelstaaten verbleiben jedoch bedeutende Kompetenzbereiche, so auch im Gesellschaftsrecht. In diesen Bereichen besitzen die in einem *„non-integrated judicial system"* nebeneinander tätigen bundes- und einzelstaatlichen Gerichte eine parallele Zuständigkeit[4]. Der *„common law"*-Tradition entsprechend, wenden sie in ihren Urteilen gesetzlich verfaßtes Recht an und legen es aus, schaffen eigenes Recht und binden durch ihre Rechtsprechung nachfolgende Untergerichte.

1 U.S. Constitution, Amendments, Art. V.
2 U.S. Constitution, Art. I, S. 8; vgl. Hay, Einführung in das amerikanische Recht, Kapitel 2, II d)., 3. Aufl., 1990.
3 U.S. Constitution, Art. I, S. 8.
4 Hay, aaO (Fn. 2), S. 46.

2. *Geschäftlicher Verkehr über einzelstaatliche Grenzen hinweg*

a) *Der rechtliche Rahmen der Bundesverfassung*

Die Einzelstaaten dürfen weder den Handel zwischen den Bundesstaaten („*interstate commerce*") noch den Außenhandel behindern[5].

Die „privileges and immunity"-Klausel der Bundesverfassung garantiert allen U.S.-Staatsangehörigen die gleichen Rechte und Befreiungen durch einzelstaatliches Recht, unbesehen des einzelstaatlichen oder eines ausländischen Wohnsitzes[6]. Die „*equal protection*"-Klausel der Bundesverfassung garantiert allen Personen – ohne Rücksicht auf ihre Staatsangehörigkeit – die Gleichheit vor dem Gesetz[7]. Die „*full faith and credit*"-Klausel sichert die gegenseitige Anerkennung einzelstaatlicher Urteile[8].

Somit können „*corporations*" (die einzige Form von Kapitalgesellschaften in den U.S.A.) ohne Rücksicht auf einzelstaatliche Grenzen geschäftlich tätig werden. Die Wahl des Verwaltungssitzes sollte nur nach wirtschaftlichen Kriterien erfolgen (zu denen auch die Höhe der Steuern und die Regelungsdichte in dem jeweiligen Bundesstaat gehört).

b) *Die „Qualification" in einem anderen Bundesstaat*

Sobald ein Unternehmen über den Warenexport aus seinem Bundesstaat hinaus eine engere Beziehung zu einem anderen Bundesstaat, z. B. durch die Beschäftigung eines Vertreters, Angestellten oder durch die Eröffnung einer Zweigstelle, knüpft, gilt es dort als geschäftlich tätig[9]. Alle einzelstaatlichen Gesellschaftsrechte verlangen von „fremden" Kapitalgesellschaften (d. h. solche, die nicht in diesem Staat gegründet wurden), sich für eine geschäftliche Tätigkeit in diesem Bundesstaat zu „qualifizieren". In der Regel bedeutet dies lediglich das Ausfüllen eines Formulares, in dem grundlegende Angaben über das Unternehmen gemacht werden müssen (Firma, Bundesstaat der Gründung, Satzung bzw. Gesellschaftsvertrag).

5 Vgl. z. B. *Lewis v. BT Investment Managers, Inc.*, 447 U.S. 27 (1980).
6 U.S. Constitution, Art. IV., S. 2.
7 U.S. Constitution, Amendments, Art. 14 S. 1.
8 U.S. Constitution, Art. IV., S. 1.
9 Vgl. z. B. Committee on Corporate Laws, American Bar Association, Revised Model Business Corporation Act Annotated, 3. Aufl., 1983 § 15.01; im folgenden: RMBCA. Dieses Gesetz wird herangezogen, weil es nicht nur Vorbild für viele einzelstaatliche Gesetze ist, sondern auch, weil sein kommentierender Anhang („*annotations*") das in vielen Bundesstaaten geltende Recht wiedergibt.

Dadurch wird auch die Firma des Unternehmens vor Verwechslungen geschützt. Fehlt die Qualifikation hingegen, wird den Gesellschaften in einigen Bundesstaaten der Zugang zu seinen Gerichten als Kläger oder die Möglichkeit der gerichtlichen Verteidigung als Beklagter verweigert[10]. Bußgelder oder steuerrechtliche Strafzuschläge können ebenfalls verhängt werden.

Die Bundesstaaten belegen „fremde" Unternehmen häufig mit einer *„franchise tax"*, einer Sondersteuer für die Konzessionserteilung. Rechnerische Grundlage der Steuer ist oftmals das gesamte Eigenkapital der Gesellschaft und der Anteil des Kapitals, das sich in dem die Steuer erhebenden Einzelstaat befindet. Ausländische Unternehmen werden auf diese Weise zu einer möglicherweise unbekannten Art der Kapitaloffenlegung gezwungen. Sie läßt sich durch die Gründung einer U.S.-amerikanischen Tochtergesellschaft vermeiden.

3. Gerichtsstände („judicial jurisdiction") und Gesellschaftsstatut

Das (einzelstaatliche, aber recht einheitliche) amerikanische Verfahrensrecht unterscheidet allgemeine und besondere Gerichtsstände, die – für Gesellschaften – weiter gefaßt sind, als die vergleichbaren deutschen, und die Gesellschaften (einschließlich Tochtergesellschaften) und Niederlassungen in einer Vielzahl von Umständen in einem U.S.-Staat gerichtspflichtig werden lassen.

Ein allgemeiner Gerichtsstand – d. h. unbesehen eines Bezugs des Anspruchs zum Gerichtsstaat (dem Forum)[11] – ist im Gründungsstaat der Gesellschaft[12] eröffnet sowie überall dort, wo die Gesellschaft – selbst durch eine Niederlassung[13] oder sogar durch eine Tochtergesellschaft (*„alter ego"*– oder *„agency"*-Theorie, beides ein Durchgriff durch die juristische Person[14]) – *„continuous and systematic ... part of its general business"*[15] tätigt.

Besondere (d. h. anspruchsbezogene) Gerichtsstände sind überall dort eröffnet, wo die Gesellschaft handelt (Verträge abschließt, bzw. zu erfüllen hat oder

10 RMBCA § 15.02.

11 Zur Möglichkeit der Klageabweisung aufgrund der forum non conveniens-Lehre vgl. SCOLES/HAY, Conflict of Laws, 2. Aufl., 1992, §§ 11.9 ff.

12 Der Gründungsstaat einer juristischen Person gleicht in dieser Hinsicht dem Domizil der natürlichen Person. SCOLES/HAY, aaO (Fn. 11), §§ 4.46, 9.2. Zur Gründungstheorie siehe unten bei Anm. 17.

13 Eine Beschränkung der Zuständigkeit des Gerichts auf Ansprüche, die sich auf die Aktivität der betreffenden Niederlassung stützen, besteht nicht.

14 Vgl. *Schlunk v. Volkswagen Aktiengesellschaft*, 503 N.E.2d 1045, 1054 (III. 1st Dist. 1986), bestätigt durch 486 U.S. 694, 108 S.Ct. 2104, 100 L.Ed.2d 722 (1988); vgl. auch Fn. 21.

15 *Perkins v. Benguet Consolidated Mining*, Co., 342 U.S. 437, 72 S.Ct. 413, 96 L.Ed. 485 (1952); vgl. SCOLES/HAY, aaO (Fn. 11), §§ 8.26.n.10, 9.9–1.

ein Delikt begeht), oder wo sich diese Handlungen auswirken. Der Umfang der Gerichtspflichtigkeit bei Klagen aus Produkthaftung am Erfolgs-(Schädigungs-)ort aufgrund des Inverkehrbringens des schädigenden Produkts (*„stream-of-commerce“*-Theorie) ist umstritten[16].

U.S.-amerikanische Gesellschaftsrechte folgen der Gründungs-, nicht der Sitztheorie: Das Recht des Gründungsstaates beherrscht die innergesellschaftlichen Rechtsbeziehungen, einschließlich des Gesellschaftsvertrages und anderer für die Gesellschaftsgründung und -geschäftsführung relevanten Dokumente und Akte[17]. Der Gesellschaftssitz hat im innergesellschaftlichen Bereich keinen Einfluß auf das anwendbare Recht; Sitzverlegungen innerhalb der U.S.A. sind daher kein Problem. Bemühungen von Sitzstaaten, regulierend in die „internal affairs“ einer woanders gegründeten Gesellschaft einzugreifen (*„pseudo-foreign corporation“*-Gesetzgebung[18]) sind somit nach neuerer Rechtsprechung nicht mehr zulässig. Dem Aufsichtsinteresse des Sitzstaates wird durch die *„qualification statutes“* und deren Erfordernisse (oben II.2.b.) ausreichend Rechnung getragen.

III. Grundsätze des U.S.-amerikanischen Gesellschaftsrechts

Die Gesellschaftsrechte aller Einzelstaaten erlauben die Gründung einer Kapitalgesellschaft durch einfaches Ausfüllen der entsprechenden Formulare. In einigen Fällen muß ein Publikationsakt hinzukommen.

1. Kapital und Haftung

Im Laufe dieses Jahrhunderts wurden alle drittschützenden Vorschriften aus den Gründungsvoraussetzungen entfernt. So gibt es keine Mindestanforderungen an das Grundkapital oder an die Kapitaldeckung ausgegebener Aktien[19]. Wer mit U.S.-amerikanischen Kapitalgesellschaften geschäftlich in Kontakt tritt, soll selbst deren Kapitalausstattung überprüfen.

16 SCOLES/HAY aaO (Fn. 11), m. w. Nachw.; vgl. auch MÜLLER, Die Gerichtspflichtigkeit wegen *„doing business“*, 1992.

17 Der U.S. Supreme Court hat die Anwendbarkeit gründungsstaatlichen Rechts auf die *„internal affairs“* einer Gesellschaft ausdrücklich als bundesrechtlich verbindliche Norm bestätigt: *CTS Corp. v. Dynamics Corp. of America,* 481 U.S. 69, 107 S.Ct. 1637, 95 L.Ed. 2d 67 (1987); vgl. auch *Delaware v. New York,* – U.S. –, 113 S.Ct. 1550, 123 L.Ed. 2d 211 (1993).

18 Vgl. Fn. 17 sowie SCOLES/HAY, aaO (Fn. 11), § 23.9 m.w.N.

19 RMBCA § 6.21.

Es gibt jedoch Fallgestaltungen, in denen die Gerichte von einer Muttergesellschaft auf die Tochtergesellschaft durchgreifen („*pierce the corporate veil*") und die Aktionäre für die Verbindlichkeiten der Tochter haften[20]. Eine Fallgruppe ist die bewußte Unterkapitalisierung einer Tochtergesellschaft durch die Mutter, bei der die Mutter durch „*funding*" (der Umwandlung von kurzfristigen in langfristige Kredite) die Liquidität der Tochter stützt. Eine weitere Fallgestaltung ist die Verschleierung der Identität des Geschäftspartners gegenüber Dritten. Der Dritte wird dann im Unklaren darüber gelassen, ob er mit der Mutter- oder der Tochtergesellschaft kontaktiert hat[21].

2. Regelungsdichte

Moderne U.S.-amerikanische Gesellschaftsrechte werden oft als permissiv bezeichnet. Dies bedeutet, daß sie nur die Genehmigung, beliebig geschäftlich tätig zu werden, mit einem Minimum zwingender Vorgaben regeln: So muß z. B. ein „*director*"[22] von den Anteilseignern gewählt werden. Die Anteilseigner müssen wesentlichen Änderungen der Satzung, Fusionen oder dem Verkauf des gesamten Aktivvermögens mehrheitlich zustimmen. Darüber hinaus sind die meisten Bestimmungen dispositiv; sie regeln die Gesellschaftsführung nur insoweit, als sie nicht durch die Satzung bzw. den Gesellschaftsvertrag oder durch „*bylaws*" (das Innenverhältnis regelnde Nebensatzung) ausgeschlossen sind.

Aufgrund der geringen Normendichte des Gesetzesrechts kommt den Gerichten eine hohe Bedeutung als „Lückenfüller" zu. Sie greifen dabei u. a. auf die Rechtsgrundsätze der Stellvertretung („*agency*") zurück und wenden diese auf die Beziehungen zwischen Anteilseigner, „*officer*"[23] und „*director*" an. Obwohl nicht gesetzlich im Gesellschaftsrecht geregelt, haben die Gerichte den „*officers*" und „*directors*" Sorgfalts- und Treuepflichten auferlegt.

3. Investitionen von Ausländern

Moderne völkerrechtliche Freundschafts-, Handels- und Schiffahrtsabkommen berechtigen die Bürger der Vertragsparteien, Kapitalgesellschaften in den U.S.A. zu errichten und zu kontrollieren. Alle Bundesstaaten erlauben ausländi-

20 Vgl. die Nachweise bei Fn. 14 und 21.

21 Vgl. allgemein: PRESSER, Piercing the Corporate Veil, 1991; MERKT, U.S.-amerikanisches Gesellschaftsrecht, 1991, Rn. 313 ff; VORPFEIL, RIW 1991, 995, 996; NACKE, Die Durchgriffshaftung in der U.S.-amerikanischen Corporation, 1988, S. 70/72; VELTINS, RIW 1983, 713 ff.

22 Zu dem Begriff vgl. unten IV.4.a).

23 Zu dem Begriff vgl. unten IV.4.a).

schen Staatsangehörigen den Erwerb von Anteilen U.S.-amerikanischer Gesellschaften.

Der ausländischen Kapitalanlage sind jedoch einige Grenzen gesetzt. Davon betroffen sind „*corporations*", die im Bereich des Küstenhandels, des Abbaus von Bodenschätzen auf bundesstaatlichem Grundeigentum, des Fernsehens und Rundfunks und der Luftfahrtgesellschaften tätig sind[24]. Einige Bundesstaaten verbieten oder beschränken landwirtschaftliche Tätigkeiten durch „*corporations*". Dies gilt jedoch allgemein, also auch für U.S.-amerikanische Staatsangehörige und für „*corporations*" in amerikanischer Hand.

IV. Die Gründung einer Corporation

1. Die Auswahl des Gründungsstaates

a) Die Bedeutung von Delaware für „publicly held corporations"

Im Bundesstaat Delaware werden die meisten der „*publicly held corporations*" (Kapitalgesellschaften, deren Wertpapiere an der Börse zugelassen sind) gegründet. Die Hälfte der an der New Yorker Börse registrierten „*corporations*" wurde in Delaware gegründet.

Seit Beginn dieses Jahrhunderts versucht Delaware, seine Konzessionseinnahmen dadurch zu vergrößern, daß es ein liberales und permissives Gesellschaftsrecht zur Verfügung stellt. Darüber hinaus gibt es dort auch den Chancery Court, ein spezielles Gericht, das „*corporations*" betreffende Streitfälle nach „*equity*"-Grundsätzen entscheidet. Aufgrund der Spezialisierung der Richter werden gesellschaftsrechtliche Verfahren zügig durchgeführt. In anderen Bundesstaaten ist dies nicht selbstverständlich. Die große Anzahl von „*publicly held corporations*" in Delaware mit den dadurch anfallenden Rechtsstreiten führt zu einem dritten Vorteil: einem umfassenden und ausgebildeten Fallrecht zum Gesellschaftsrecht von Delaware und zu den allgemeinen Prinzipien des „*common law*", wie es auf Gesellschaften Anwendung findet.

Im Gegenzug verlangt Delaware höhere Konzessionsgebühren als die meisten anderen Bundesstaaten. Eine Gesellschaftsgründung in Delaware bietet sich vornehmlich für solche „*publicly held corporations*" an, die innergesellschaftliche Rechtsstreitigkeiten gerichtlich klären müssen. Sie ist von weitaus geringerem Wert für 100%ige Tochtergesellschaften oder für „*joint-ventures*", die regelmäßig außergerichtliche Lösungen anstreben, etwa durch Schieds- oder Schlichtungsverfahren.

24 Vgl. unten X.2.

b) Andere Bundesstaaten

Da Delaware 100%igen Töchtern keine Vorteile bietet, ist es zweckmäßig, die Gründung von Tochtergesellschaften am Ort des späteren tatsächlichen Verwaltungssitzes vorzunehmen. Den Geschäftsführern wird damit die Inanspruchnahme ortsansässiger Rechtsanwälte erleichtert.

Die Gesellschaftsrechte der meisten Bundesstaaten weisen bemerkenswerte Übereinstimmungen auf, die teilweise durch parallelen Bezug auf den von der American Bar Association entworfenen *Revised Model Business Corporation Act*[25] (ein Muster-Aktiengesetz) erklärbar sind. Gleichwohl gibt es einzelstaatliche Unterschiede, die die Wahl des Gründungsstaates beeinflussen können. Einige große Bundesstaaten, insbesondere Kalifornien und New York, behandeln dort gegründete „*corporations*" vergleichsweise restriktiv in Bereichen wie Dividendenzahlung, Anteilserwerb und Zusammenschluß von Unternehmen[26].

2. Der Gründungsvorgang

Eine „*corporation*" wird in der Regel durch Einreichen der „*articles of incorporation*", die der Satzung einer Aktiengesellschaft bzw. dem Gesellschaftsvertrag einer GmbH entsprechen, bei einer dafür vorgesehenen (einzel-)staatlichen Stelle, zumeist dem Innenministerium (*Secretary of State*), gegründet. Moderne Gesetze, wie der *Model Act*, stellen an den Inhalt der „*articles of incorporation*" nur geringe Anforderungen: Festzulegen sind die Firma der „*corporation*", die Anzahl der von ihr auszugebenden Anteile, der registrierte Verwaltungssitz, der Gesellschaftszweck, die Gründungsdirektoren und schließlich die Namen und Anschriften der Gründungsgesellschafter[27]. Weiterhin können Angaben über die interne Geschäftsführung festgeschrieben werden[28]. Das Ministerium (*Secretary of State*) stellt eine Urkunde als Beweis für die Gründung der „*corporation*" und ihre Eigenschaft als juristische Person aus[29].

Die Gründungsmitglieder oder die ursprünglichen Vorstandsmitglieder (sofern sie in den „*articles of incorporation*" aufgeführt sind) bauen die „*corporation*" weiter auf, indem sie „*bylaws*" für die interne Geschäftsführung beschließen, den

25 Vgl. Fn. 9.

26 Die Bundesstaaten Kalifornien und New York wendeten diese Vorschriften auch auf auswärtige Unternehmen an, die ihren tatsächlichen Verwaltungssitz in diesen Staaten hatten („*pseudo-foreign corporations*"). Der U.S. Supreme Court schränkte dies in der CTS-Entscheidung (vgl. oben Fn. 17 und 18) jedoch wesentlich ein.

27 RMBCA § 2.02(a).

28 RMBCA § 2.02(b).

29 RMBCA § 2.03.

Vorstand (bei Errichtung durch die Gründungsmitglieder) und Geschäftsführer wählen und die Emission der Anteile des *„capital stock"* (entspricht nach deutschem Recht bei einer AG dem Grund- und bei einer GmbH dem Stammkapital) genehmigen[30]. Die *„corporation"* ist dann im Geschäftsverkehr einer natürlichen Person gleichgestellt. In der Regel wird die Einreichung eines einfachen Jahresberichts bei dem Innenministerium und die Zahlung der auf den *„capital stock"* oder das Eigenkapital bezogene *„franchise tax"* verlangt[31].

3. Gesellschaftsanteile und Kapitalausstattung

Die *„articles of incorporation"* ermöglichen es einer *„corporation"*, *„capital shares"* oder *„capital stock"* auszugeben und legen deren Menge und Art fest[32]. Anteile können mit einer Vielzahl unterschiedlicher Rechte ausgestattet werden und auf diese Weise das Grundkapital in zahlreiche Arten untergliedern. Sie können *„voting"* oder *„non-voting"* sein (mit oder ohne Stimmrecht in der Hauptversammlung) oder einen nach festgelegten Voraussetzungen unterschiedlichen Stimmwert erhalten. Sie können auch das Dividendenrecht und die Ansprüche des Anteilseigners im Falle der Gesellschaftsauflösung beeinflussen oder als Anteile mit Anspruch auf den Restwert des Unternehmens bei Gesellschaftsauflösung, der nach Befriedigung aller anderen Ansprüche verbleibt, ausgegeben werden.

In einigen Bundesstaaten, in denen noch das traditionelle System regiert, können Anteile mit einem Nennwert ausgestattet werden[33]. Der Gesamtwert aller dieser ausgegebenen und der noch auszugebenden Anteile macht das *„stated capital"*[34] (bei einer deutschen AG das Grundkapital) der *„corporation"* aus und darf bis zur Auflösung der *„corporation"* nicht an die Anteilseigner ausgezahlt werden[35]. Es muß jedoch nicht vom übrigen Vermögen getrennt werden, sondern kann für jeden Unternehmenszweck eingesetzt werden. Der den Nennwert übersteigende Kurswert der Anteile wird häufig von den Einzelstaaten als *„capital surplus"* (eine nicht aus dem Jahresüberschuß stammende Rücklage) behandelt. Der *„capital surplus"* darf nur dann an die Anteilseigner ausgezahlt werden, wenn dies in den *„articles of incorporation"* oder durch Beschluß der Hauptversammlung festgelegt wurde[36]. In diesen Bundesstaaten können Unternehmen

30 RMBCA § 2.05.
31 RMBCA § 16.22.
32 RMBCA § 6.01.
33 So z. B. in Delaware, vgl. Del. Code Ann. tit. 8, § 102 (a)(4).
34 Vgl. z. B. Ariz. Rev. Stat. § 10-002 (1992).
35 Vgl. z. B. Ariz. Rev. Stat. § 10-045 (1992).
36 Vgl. z. B. Ariz. Rev. Stat. § 10-046 (1992).

eine größere finanzielle Flexibilität dadurch erreichen, daß sie Anteile ohne Nennwert ausgeben. Der *„board of directors“* hat gewöhnlich die Möglichkeit, die Einnahmen aus diesen Anteilen wahlweise dem *„stated capital“* oder dem *„capital surplus“* oder beiden zu festgelegten Bruchteilen zuzuordnen[37].

U.S.-amerikanische Gesellschaftsrechte beinhalten kein Erfordernis zur Auflösung der *„corporation“*, wenn Verluste einen bestimmten Prozentsatz des Gesellschaftsvermögens übersteigen oder wenn das Unternehmen insolvent wird oder in Konkurs gerät.

Der *Model Act* befürwortet sogar die Beseitigung der soeben dargestellten Mindestbestimmungen. Einziges Erfordernis ist danach, daß einige Anteile ein Stimmrecht enthalten und daß einige Anteile (nicht unbedingt dieselben) Ansprüche hinsichtlich der Resteinnahmen und Restvermögenswerte im Liquidationsfall gewähren[38]. Dem *Model Act* liegt ein einfacher Gläubigerschutz zugrunde: Eine *„corporation“* darf an Anteilseigner keinerlei Auszahlung tätigen, sei es als Dividende, als Rückzahlung von Kapital oder durch Anteilsrückkauf, sobald die Verbindlichkeiten das Vermögen übersteigen oder die Auszahlung zur Insolvenz im gewöhnlichen Geschäftsverkehr führen würde[39].

Wie bereits ausgeführt, ist es in der Regel nicht erforderlich, ein Mindestkapital durch Anteilsemission vor Aufnahme der Geschäfte durch die *„corporation“* aufzubringen. In den Bundesstaaten, die dennoch ein solches Erfordernis aufstellen, werden nur nominelle Beträge verlangt, gewöhnlich nicht mehr als 1.000 US $.

4. Die Organe einer Corporation

a) Die Geschäftsführung

U.S.-amerikanische *„corporations“* werden von einem *„board of directors“* geführt, oft als Verwaltungsrat übersetzt. Es handelt sich um ein in der Praxis meist inaktives Gesellschaftsorgan (daher nicht mit dem deutschen Vorstand einer AG gleichzustellen), dem die Geschäftsführung anvertraut ist (während die Tätigkeit des deutschen Aufsichtsrates einer AG von seiner Überwachungsfunktion geprägt ist). Abzugrenzen ist der *„board“* von den „officers“, den leitenden Angestellten, denen die Führung der täglichen Geschäfte übertragen wird.

In den meisten Bundesstaaten besteht der *„board of directors“* aus einer oder mehr Personen; einige Bundesstaaten verlangen mindestens drei Personen[40]. Die *„directors“* legen die Häufigkeit ihrer Sitzungen selber fest. Diese können in

37 Vgl. z. B. Del. Code Ann. tit. 8, § 154.
38 RMBCA § 6.01 (a).
39 RMBCA § 6.40.
40 RMBCA §§ 8.01, 8.03.

Form von Telefonkonferenzen abgehalten werden[41] oder sind sogar vollständig entbehrlich, soweit alle *„directors“* der geschäftlichen Tätigkeit der *„officers“* schriftlich zustimmen[42].

Die *„officers“* werden von den *„directors“* in ihre Ämter gewählt. Die Ämter wiederum werden durch das einzelstaatliche Gesellschaftsrecht oder die *„bylaws“* des Unternehmens festgelegt. Es lassen sich – je nach Größe der Gesellschaft – zwei häufige Zusammensetzungen unterscheiden:

Bei kleineren *„corporations“* kann ein einziger *„executive officer“* (mit der Amtsbezeichnung *„president“*) für die Geschäftsführung nach innen und die Vertretung nach außen zuständig sein; er wird nur durch einen *„secretary“*, also einen für die Verwaltung Zuständigen unterstützt.

Bei größeren Unternehmen wird eine weitere Aufgabenaufteilung vorgenommen, so daß *„officers“* eine organähnliche Stellung einnehmen. Sie bestehen dann aus *„president“*, *„vice-president“*, *„secretary“* und *„treasurer“* (ein für die Finanzen Verantwortlicher)[43]. Die *„officers“* werden von dem *„board of directors“* eingesetzt und entlassen[44].

An die Person eines *„officer“* oder eines *„director“* werden keine gesetzlichen Anforderungen gestellt. Er muß weder die U.S.-amerikanische Staatsangehörigkeit besitzen noch Anteilseigner sein. Dem *„board of directors“* wird ein weiter Spielraum bei der Geschäftsführung eingeräumt. Soweit er in gutem Glauben genutzt wird, haften die *„directors“* den Anteilseignern nicht[45]. In den meisten Bundesstaaten kann in den *„articles of incorporation“* die Haftung für *„negligence“* (Fahrlässigkeit) ausgeschlossen werden[46]. Üblicherweise stellt die Gesellschaft ihre *„officers“*, *„directors“* und die Angestellten von arbeitsbezogenen Ersatzansprüchen frei. Darüber hinaus kann das Unternehmen sie durch eine Arbeitgeberhaftpflichtversicherung absichern[47]. Die *„directors“* einer Kapitalgesellschaft haben keine Stellvertreter.

b) Die Anteilseigner

Die Anteilseigner wählen die *„directors“*[48], die ausschließlich deren Interessen vertreten sollen[49]. In vielen neueren einzelstaatlichen Gesellschaftsrechten wird

41 RMBCA § 8.20 (b).
42 RMBCA § 8.21.
43 RMBCA § 8.40 sieht als Mindestanforderung vor, daß ein *„secretary“* eingesetzt wird.
44 RMBCA § 8.43 (b).
45 RMBCA § 8.30.
46 RMBCA § 2.02 (b)(4).
47 RMBCA § 8.57.
48 RMBCA § 8.03.
49 Vgl. z. B.: *Revlon, Inc. v. MacAndrews and Forbes Holdings, Inc.*, 506 A.2d 173 (Del. 1986).

ihnen jedoch fakultativ erlaubt, die Interessen von Arbeitnehmern, Kunden und Zulieferern zu berücksichtigen[50]. Stimmberechtigte Anteilseigner wählen mit einfacher Mehrheit die *„directors"* auf der Jahreshauptversammlung[51]. Die Anteilseigner sind ebenfalls stimmberechtigt hinsichtlich Änderungen der *„bylaws"* der Gesellschaft und der Abwahl eines *„director"*[52]. Darüber hinaus sieht das einzelstaatliche Recht nur für grundlegende Veränderungen der Kapitalgesellschaft eine Abstimmung vor. Dies beschränkt sich im Regelfall auf Änderungen der *„articles of incorporation"*[53], die Gesellschaftsauflösung[54], den Verkauf wesentlicher Teile des Gesellschaftsvermögens[55] oder den Zusammenschluß mit einem anderen Unternehmen[56].

Anteilseigner haben einen Anspruch auf eine Mitteilung über die Abhaltung einer Versammlung, die an ihre bei der Gesellschaft angegebene Adresse erfolgen muß (Inhaberaktien gibt es nicht). Sie können persönlich oder durch einen Vertreter teilnehmen[57].

In vielen Einzelstaaten können Versammlungen durchgeführt werden, wenn die Inhaber einer einfachen Mehrheit der ausgegebenen, mit Stimmrecht versehenen Anteile anwesend sind[58]. Bei Anwesenheit dieser Mindestzahl kann wiederum deren einfache Mehrheit wirksame Beschlüsse fassen, die auch die Abwesenden binden[59]. Soweit es um grundlegende Veränderungen geht, muß die einfache Mehrheit der Eigentümer aller ausgegebenen, stimmberechtigten Anteile zustimmen[60]. Qualifizierte Mehrheitserfordernisse bei der Abstimmung und eine höhere Mindestanwesenheit können in den *„articles of incorporation"* oder in den *„bylaws"* vorgesehen werden. In einigen Bundesstaaten müssen mindestens die Eigentümer von zwei Dritteln der ausgegebenen stimmberechtigenden Anteile einer grundlegenden Veränderung zustimmen.

Ein besonderer Vorteil des amerikanischen Gesellschaftsrechts liegt darin, den Kapitalgesellschaften große Anpassungsmöglichkeiten gegenüber veränderten finanziellen und wirtschaftlichen Verhältnissen zu belassen. So können Kapitalgesellschaften ihre eigenen Anteile zurückkaufen[61]. In vielen Fällen können sie sogar neue Anteile ausgeben ohne der Zustimmung des Gründungsstaates oder

50 Vgl. z. B.: Off. Code Ga. Ann. § 14-2-202(b)(5) (1989).
51 RMBCA § 8.03.
52 RMBCA §§ 10.03, 8.09.
53 RMBCA § 10.03.
54 RMBCA § 14.02.
55 RMBCA § 12.02.
56 RMBCA § 11.03.
57 RMBCA § 7.05.
58 RMBCA § 7.25.
59 RMBCA § 7.25.
60 Vgl. oben Fn. 53 bis 56.
61 RMBCA § 6.31.

der Anteilseigner zu bedürfen. Es müssen nur genügend genehmigte, aber noch nicht ausgegebene Anteile vorhanden sein[62]. Die Kapitalgesellschaften geben dann neue Anteile aus oder bieten die zuvor zurückgekauften Anteile erneut an.

Die einfache Mehrheit der ausgegebenen stimmberechtigten Anteile kann nicht nur den gesamten *„board of directors"* abwählen und die *„articles of incorporation"* verändern, sie kann sich auch über Einwände der Minderheitsanteilseigner hinwegsetzen. Dies kann zu Versuchen führen, Minderheitsinteressen zu mißachten[63]. Wenn absehbar ist, daß die Anteile in den Händen einiger Eigentümer bleiben (wie etwa bei *„joint ventures"*), treffen die Anteilseigner präventive Vorsichtsmaßnahmen. Zu diesen Maßnahmen gehören u. a. Vereinbarungen in den *„articles of incorporation"*, die die Stimmberechtigung für die Wahl der *„directors"* nur an bestimmte Anteilsklassen knüpfen, oder die die Repräsentation der Minderheit im *„board of directors"* durch ein Stimmhäufungswahlverfahren sicherstellen sollen oder die über einzelstaatliches Recht hinausgehende qualifizierte Mehrheitserfordernisse an die Tätigkeit des *„board of directors"* oder der Anteilseigner aufstellen. Solche Übereinkommen befinden sich in den *„articles of incorporation"*, in den *„bylaws"* oder in einem gesonderten Abkommen der Anteilseigner. Die gesonderten Abkommen können eine Poolbildung von Stimmen vorsehen, ebenso wie ein Schiedsgerichtsverfahren, wie Beschränkungen des Anteilsverkaufs an Außenstehende oder wie die Regelung, daß ein Anteilseigner bei nicht zu behebenden Meinungsverschiedenheiten durch einen anderen ausgezahlt wird.

c) Minderheitenschutz

Einzelstaatliches Recht enthält Bestimmungen zum Schutz von Minderheitsanteilseignern. Beim Zusammenschluß von Kapitalgesellschaften oder dem Verkauf des Gesellschaftsvermögens kann die dagegen stimmende Minderheit sich u. U. von dem Geschäft lossagen und in einem Rechtsstreit die Auszahlung des Wertes ihrer Anteile erzwingen[64]. Der Barwert bestimmt sich ohne Berücksichtigung der Auswirkungen des abgelehnten Geschäfts auf den Anteilswert. Einige Gerichte gewähren weitergehenden Minderheitenschutz, z. B. indem sie den Mehrheitsanteilseignern Redlichkeitspflichten gegenüber der Minderheit auferlegen[65].

62 RMBCA §§ 6.02, 6.21.
63 Vgl. dazu allgemein O'NEAL/THOMPSON, Oppression of Minority Shareholders, 2. Aufl., 1991.
64 RMBCA §§ 13.01–13.13.31.
65 CARNEY, Fundamental Corporate Changes, Minority Shareholders, and Business Purposes, 1980 American Bar Foundation Research Journal, 69.

V. *Weitere Gesellschaftsformen*

1. *Die „Close Corporation“*

Viele Jahre lang sah das U.S.-amerikanische Gesellschaftsrecht eine Einheitsregelung vor, unabhängig von der Größe einer Gesellschaft, der Anzahl der Anteilseigner oder davon, ob Gesellschaftsanteile zum Handel an der Börse zugelassen sind. Alle Gesellschaften unterlagen und unterliegen weitgehend noch immer einer einheitlichen gesetzlichen Regelung. In jüngerer Zeit haben einige Bundesstaaten zusätzliche gesetzliche Regelungen zur *„close corporation“*, einer Kapitalgesellschaft, deren Anteile aus rechtlichen oder tatsächlichen Gründen im dauerhaften Eigentum mehrerer Personen stehen (entspricht etwa der deutschen GmbH), eingeführt[66]. Sie werden in diesen Regeln durch eine Höchstzahl von Anteilseignern, üblich sind 25 bis 50, abgegrenzt.

„Close Corporations“ sind mit zusätzlichen Rechten ausgestattet. So können sie beispielsweise in den *„articles“* das *„board of directors“* abwählen und an dessen Stelle die Geschäftsführung direkt den Anteilseignern übertragen.

Die Regeln sehen oftmals Beschränkungen der Übertragbarkeit von Anteilen vor. Sie müssen dann vor dem Verkauf an Dritte erst der Gesellschaft angeboten werden. Einige Gesetze sehen ein Vorkaufsrecht für Anteile im Falle des Todes eines Anteilseigners vor. Von dem Sonderrecht der *„close corporation“* wird jedoch selten Gebrauch gemacht, weil den amerikanischen Rechtsanwälten die allgemeinen Bestimmungen für Kapitalgesellschaften vertrauter sind als diese Sonderregelungen und sie sich des allgemeinen Vertragsrechts bedienen, um den Bedürfnissen der an einer *„close corporation“* Beteiligten Rechnung zu tragen.

2. *Die „Partnership“*

Außer dem Staate Louisiana haben alle Bundesstaaten den Uniform Partnership Act übernommen[67]. Er definiert eine *„partnership“* als eine nicht eingetragene Gesellschaftsform, die von mehr als einem Eigentümer geführt wird; sie entspricht in etwa der Offenen Handelsgesellschaft des deutschen Rechts, wenn sie ein Handelsgeschäft betreibt. Es gibt weitere nicht eingetragene Gesellschaftsformen, jedoch gilt eine Gesellschaftsform subsidiär als eine *„partnership“*, solange nicht ausdrücklich ein anderer Typ vorliegt.

66 Vgl. z. B.: Del. Code Ann. tit. 8, §§ 341–356; Committee on Corporate Laws, American Bar Foundation, Model Statutory Close Corporation Supplement; MERKT, aaO (Fn. 21), Rn. 626; NACKE, aaO (Fn. 21), S. 261 ff; KRONSTEIN, RabelsZ 21 (1956), 456, 477 ff.

67 National Conference of Commissioners on Uniform State Laws, Uniform Partnership Act, 6 Uniform Laws Ann. 1 ff (1969); im folgenden: UPA.

„Partners" haften für Gesellschaftsschulden persönlich[68], und sind an Gewinn und Verlust vorbehaltlich anderer vertraglicher Vereinbarungen zu gleichen Teilen beteiligt[69]. Den *„partners"* steht – ebenfalls dispositiv – gleiches Stimmrecht zu. Die Geschäftsführung wird durch Mehrheitsbeschluß ausgeübt[70]. Jeder Gesellschafter ist zur Vertretung der Gesellschaft im normalen Geschäftsverkehr ermächtigt, soweit seine Vertretungsmacht nicht beschränkt wurde und der Dritte davon Kenntnis hatte[71].

Ein wichtiger Vorteil der *„partnership"* liegt darin, daß sie weder für Zwecke der bundesstaatlichen noch der einzelstaatlichen Einkommenssteuern als getrennt zu besteuernde Einheit angesehen wird. Jeder *„partner"* muß persönlich nach seinem Anteil an dem Gesellschaftseinkommen (abzüglich eventueller Verluste) eine Steuererklärung abgeben.

Auch *„corporations"* kommen als *„partner"* in Betracht. Diese Gesellschaftsform wird gelegentlich für *„joint ventures"* von *„corporations"* verwendet. Die *„partnership"* endet mit dem Tod oder dem Konkurs eines Gesellschafters[72]. Sie kann in Ermangelung einer abweichenden Vereinbarung von jedem *„partner"* zu jeder Zeit aufgelöst werden[73].

3. Die „Limited Partnership"

Alle Bundesstaaten haben Gesetze über *„limited partnerships"*, die in etwa der Kommanditgesellschaft nach deutschem Recht, wenn sie ein Handelsgeschäft betreibt, erlassen, die es den *„limited partners"* (bei Betrieb eines Handelsgeschäfts den Kommanditisten entsprechend) erlauben, ihre Haftung auf die Höhe der von ihnen eingebrachten Einlagen zu begrenzen[74]. Es muß mindestens einen

68 UPA § 15.
69 UPA § 18.
70 UPA § 18.
71 UPA § 9.
72 UPA § 31.
73 UPA § 31.
Eine „Untergruppe" der *„partnership"*, auf die im Text nicht näher eingegangen werden soll, stellt die neuerdings in einigen Einzelstaaten geschaffene Gesellschaftsform der sog. *„registered limited liability partnership"* dar. Im Gegensatz zur *„partnership"* hat der Gesellschafter hier die Möglichkeit, seine persönliche Haftung für deliktisches Verhalten seiner Mitgesellschafter auszuschließen. Voraussetzung dafür ist u. a. eine Registrierung beim Secretary of State des jeweiligen Einzelstaates, sowie der Abschluß einer Versicherung, deren Deckungssumme gesetzlich vorgeschrieben ist. Vgl. auch BUNGERT, Die (Registered) Limited Liability Partnership, RIW 1994, 360 ff.
74 Vgl. z. B.: National Conference of Commissioners on Uniform State Laws, Revised Uniform Limited Partnership Act 6 Uniform Laws Ann. 298, Supp. 1993, im folgenden: RULPA; MERKT, aaO (Fn. 21), Rn. 106; Nacke, aaO (Fn. 21), S. 46.

„*general partner*" (bei Betrieb eines Handelsgeschäfts in etwa dem Komplementär vergleichbar) geben, der weiterhin persönlich für die Gesellschaftsschulden haftet[75].

Nach den älteren Gesetzen nimmt der „*limited partner*" eine untergeordnete Position innerhalb der „*partnership*" ein. Die moderne Version des „*Limited Partnership Act*" erweitert den Handlungsspielraum der „*limited partners*"[76]. Wenn eine „limited partnership" bestimmte Attribute einer „*partnership*" aufweist, kann sie zu Zwecken der Besteuerung als eine bloße „*partnership*" angesehen werden. Dann muß in der Regel der „*general partner*", soweit es sich bei ihm um eine „*corporation*" handelt, über eine genügende, die Verbindlichkeiten abdeckende Haftungsmasse verfügen, und die Anteile der „*limited partners*" dürfen nicht frei übertragbar sein.

4. *Die „Limited Liability Company"*

Viele Bundesstaaten erlassen in jüngster Zeit Gesetze über „*Limited Liability Companies*"[77]. Bei dieser neuen Gesellschaftsform handelt es sich im Kern um eine körperschaftlich verfaßte Form der „*partnership*". Die Gesellschafter einer „*limited liability company*" (LLC) haften nur beschränkt, dürfen sich jedoch am Managament der LLC beteiligen.

Auch hier verhelfen die Attribute einer „*partnership*" (beschränkte Lebensdauer, beschränkte Übertragbarkeit der Anteile und eine weitreichende Beteiligung der Gesellschafter an der Geschäftsführung) zur bevorzugten steuerlichen Einordnung als „*partnership*". Die Körperschaft als solche ist dann nicht steuerpflichtig.

Bei der Gründung einer LLC durch eine ausländische Gesellschaft als Tochtergesellschaft sind einige steuerrechtliche Unterschiede zur reinen Körperschaft zu beachten. Die LLC wird zumeist so errichtet, daß sie nicht steuerpflichtig ist. Gewinne und Verluste werden dann an die Gesellschafter der LLC weitergereicht, wodurch sie von der ausländischen Gesellschaft zu versteuern sind. Wird hingegen für die Tochtergesellschaft die Rechtsform der „*corporation*" gewählt, unterliegt die Tochter der U.S.-Gesellschaftssteuer und die Muttergesellschaft einer fünfprozentigen Steuer auf die gezogene Dividende.

75 RULPA § 101 (7).

76 Vgl. National Conference of Commissioners on Uniform State Laws, Uniform Limited Partnership Act, 1916, § 6, 6 Uniform Laws Ann. 559 (1969) i.V.m. RULPA § 303.

77 Vgl. z. B.: Off. Code Ga. §§ 14–11–100 ff (Supp. 1993); dazu auch MERKT, aaO (Fn. 21), Rdn. 115; NACKE, aaO (Fn. 21), S. 47; BUNGERT, Int. StR 1993, 128.

Die Gesetze über die LLC stellen eine Neuheit im U.S.-amerikanischen Recht dar; von 1992 bis 1993 sind sie in rund zwanzig Einzelstaaten eingeführt worden, ohne eine bisher einheitliche Regelung zu enthalten. Einige allgemeine Grundsätze lassen sich jedoch feststellen. Die Rechtspersönlichkeit der LLC ist begrenzt: Sie endet mit dem Ausscheiden eines Gesellschafters. Mitgliedschaftsrechte sind nicht ohne Zustimmung der übrigen Gesellschafter übertragbar und das Management obliegt den Gesellschaftern. Diese Eigenschaften können aber vertraglich geändert werden.

Die Gründung einer LLC vollzieht sich, ähnlich wie bei einer „*corporation*", durch das Einreichen der „*articles of organization*" (einer Gründungsurkunde) bei einer Regierungsstelle des Einzelstaates. Die (interne) Geschäftsführung wird größtenteils durch „*operating agreements*" ausgestaltet, die nicht eingereicht werden müssen und damit nicht öffentlich bekannt werden.

VI. Antitrust-Recht

U.S.-amerikanisches „*antitrust*"-Recht beansprucht extraterritoriale Anwendung, auch gegenüber ausländischen Unternehmen ohne eine Tochtergesellschaft in den U.S.A.[78]. Vereinbarungen zwischen ausländischen Unternehmen sind rechtswidrig, wenn sie in den U.S.A. rechtswidrig wären und sich die Abreden dort spürbar auswirken. Dies gilt auch, wenn sie im Ausland rechtmäßig sind. Daher haben die „*antitrust*"-Gesetze schon wiederholt zu Auseinandersetzungen zwischen den Vereinigten Staaten und anderen Ländern geführt. Durchgesetzt wird das amerikanische Kartellrecht in der Regel von der *Antitrust-Division* des U.S. Justizministeriums, von der Federal Trade Commission und im Wege privater Klageerhebung. Eine erfolgreiche Privatklage führt zu strenger zivilrechtlicher Haftung; der Schädiger haftet auf das Dreifache des tatsächlichen Schadens.

Der *Sherman Antitrust Act* verbietet „*conspiracies and combinations in restraint of trade*" (vertragliche Wettbewerbsbeschränkungen in einem umfassenden Sinne) ebenso wie eine Monopolbildung[79]. Das wird als grundsätzliches Verbot von Kartellabreden ausgelegt, von Abreden also, die in anderen Staaten oftmals rechtmäßig sind. Vereinbarungen, die den Verkauf beschränken, Gebietsschutz gewähren oder Preise binden, sind untersagt. Die Gesetze werden durch beträchtliche strafrechtliche Sanktionen und durch die zivilrechtliche Haftung durchgesetzt. Der *Clayton Act* aus dem Jahre 1914[80], ergänzt durch den Robinson-Patman Act und andere Gesetze, regelt verschiedene wirtschaftliche Tätigkeiten, insbesondere Fusionen, Unternehmenskauf und Preismißbrauch.

78 Vgl. dazu allgemein Fugate, Foreign Commerce and the Antitrust Laws, 1991.
79 Sherman Antitrust Act, 15 U.S.C. §§ 1 und 2.
80 Clayton Antitrust Act U.S.C. §§ 12, 13, 14–18, 20, 21, 22–27 und 44.

Section 7 des *Clayton Act* verbietet Fusionen und Unternehmenskäufe, die den Wettbewerb in einem relevanten Markt erheblich beeinträchtigen[81]. Die *Antitrust-Division* des U.S. Justizministeriums hat zum Zwecke der Rechtssicherheit Richtlinien aufgestellt, nach denen gegen einen Unternehmenskauf vorgegangen werden kann. Im Anwendungsbereich des *Hart-Scott-Rodino Antitrust Improvement Act* aus dem Jahre 1976 müssen sowohl die *Antitrust Division* als auch die *Federal Trade Commission* bei Unternehmenskäufen ab einem bestimmten wirtschaftlichen Umfang benachrichtigt werden[82]. Die Untergrenze liegt bei einem Jahresumsatz oder einem Gesellschaftsvermögen von 100 Millionen Dollar seitens eines der beteiligten Unternehmen und zehn Millionen Dollar seitens des anderen. Vor einer Fusion muß eine umfangreiche Meldung über die Aktivitäten der Beteiligten in den U.S.A. eingereicht werden.

Aufgrund der Ergänzungen des *Robinson-Patman Act* zu dem *Clayton Act* ist es einem Verkäufer verboten, konkurrierenden Käufern unterschiedliche Preise abzuverlangen, soweit dadurch der Wettbewerb beeinträchtigt wird[83]. Niedrigere Preisangebote oder höhere Rabatte können zum einen dann erlaubt sein, wenn der Nachweis erbracht wird, daß sie lediglich die niedrigeren Produktionskosten aufgrund eines höheren Verkaufvolumens weitergeben, zum anderen, wenn sie einem Konkurrenzangebot begegnen sollen.

VII. Steuerrecht

Alle Einnahmen einer in den Vereinigten Staaten ansässigen Kapitalgesellschaft unterliegen der amerikanischen Steuer. Die Herkunft des Einkommens spielt keine Rolle. Besteuert werden in der Regel nicht die Brutto-, sondern die Nettoeinkommen. Der Steuersatz für Kapitalgesellschaften lag 1993 für Einkommen über US $ 100.000 bei 34 % des Einkommens[84].

Ein nicht in den U.S.A. ansässiges Unternehmen, das dort auch keinen Handel und keine Geschäfte betreibt, unterliegt einer Einkommensteuer in Höhe von 30 % seines aus den Vereinigten Staaten stammenden Einkommens (sofern sich aus einem Doppelbesteuerungsabkommen kein niedrigerer Satz ergibt)[85]. Das deutsch-amerikanische Steuerabkommen sieht einen Steuersatz von 15 % auf Dividenden aus Wertpapierbeständen und von 5 % auf Erträge einer *„direct*

81 15 U.S.C. § 18.
82 15 U.S.C. § 18a.
83 Robinson-Patman Antidiscrimination Act, 15 U.S.C. § 13, 13a, 13b, 21a.
84 1993 U.S. Master Tax Guide Hrsg. Commerce Clearing House Chicago, 1993. 33 (Chicago: Commerce Clearing House, 1993). Der Steuersatz könnte durch ein Gesetzgebungsverfahren, das bei Anfertigung des Kapitels noch nicht abgeschlossen war, geändert werden.
85 Internal Revenue Code aus dem Jahre 1954; in neuer Fassung: 26 U.S.C. § 871 (a); im folgenden: IRC.

holding", bei der eine ausländische Kapitalgesellschaft Eigentümer von 10 % oder mehr der Anteile einer U.S.-„*corporation*" ist, vor[86]. Gewinnanteile, die aus U.S.-amerikanischen Tochtergesellschaften stammen, werden als aus den U.S.A. stammendes Einkommen betrachtet und entsprechend besteuert[87].

VIII. Wertpapierrecht

Sowohl bundesstaatliche als auch einzelstaatliche Wertpapiergesetze verlangen, daß der Aussteller von Wertpapieren jedes Angebot der Emission auf bundes- und einzelstaatlicher Ebene registrieren läßt, soweit er davon nicht befreit wurde[88]. Die Registrierung ist ein zeitaufwendiger und kostspieliger Vorgang, der das Einreichen eines umfangreichen Offenlegungsdokuments bei Regierungsvertretern erfordert. Die Überprüfung dieses Dokuments durch die Regierung führt zu Verzögerungen; je nach Größe und Komplexität des Angebots kann der Vorgang mehrere Monate von dem Zeitpunkt des Einreichens andauern. Die Offenlegungspflicht ist in der Regel umfangreicher als in europäischen Ländern.

Angebote an kleine Gruppen von Investoren können mit geringen Formalitäten und ohne Registrierung erfolgen[89]. Die Wertpapiergesetze enthalten ebenfalls Bestimmungen, die bei dem Kauf von Effekten gegen Betrug schützen sollen, auch wenn keine Registrierung erforderlich war[90]. Insider-Geschäfte sind danach streng verboten.

IX. Arbeitsrecht

Die meisten Arbeitsverhältnisse in den Vereinigten Staaten bestehen „*at will*", d. h. sie sind von dem Arbeitgeber vorbehaltlich einer anderen Vereinbarung und im Rahmen der Diskriminierungsverbote jederzeit kündbar.

86 Abkommen zwischen der Bundesrepublik Deutschland und den Vereinigten Staaten von Amerika zur Vermeidung der Doppelbesteuerung und zur Verhinderung der Steuerverkürzung auf dem Gebiet der Steuer von Einkommen und von Vermögen und einiger anderer Staaten vom 29. August 1989, BGBl. II 1991, S. 355, Art. 2 § 2; amerikanischer Text in: U.S.-Senate, 101st Congress, 2nd Session, Treaty Doc. 101-10 (1990); auch abgedruckt in: DOERNBERG/VAN RAAD, U.S. Tax Treaties, 1991, 141, 147.

87 IRC, 26 U.S.C. § 861(a)(2)(A).

88 Securities Act aus dem Jahre 1933 (Wertpapiergesetz, das die öffentliche Emission von Wertpapieren regelt), § 5, 15 U.S.C. § 77e.

89 Vgl. z. B. Securities Act aus dem Jahre 1933, §§ 3(b) („*small offerings*") und 4(2); 15 U.S.C. §§ 77c(b) und 77d(2); SEC („*Securities and Exchange Commission*", übersetzt etwa: (Bundes-) Börsenaufsichtsbehörde) Securities Act Regulation D, 17 C.F.R. 130.501-08.

90 Securities Act, aus dem Jahre 1933, § 12 (2), 15 U.S.C. § 77 l; Securities Exchange Act, aus dem Jahre 1934 (Wertpapiergesetz, das den Verkehr mit Wertpapieren regelt), § 10(b), 15 U.S.C. § 78 j.

1. *Diskriminierungsverbote*

Die arbeitsrechtlichen Gesetze enthalten strikte Diskriminierungsverbote. Der *Equal Pay Act* gebietet, Männer und Frauen für eine gleichwertige Arbeit gleich zu bezahlen[91]. Nach Titel VII des Civil Rights Act aus dem Jahre 1964 müssen Unternehmen mit mehr als fünfzehn Arbeitnehmern allen Arbeitnehmern gleiche Arbeitsbedingungen gewähren[92]. Verboten ist eine Ungleichbehandlung aufgrund Geschlecht, Rasse, Abstammung, Hautfarbe und Religion in allen Bereichen des Arbeitsverhältnisses. Davon umfaßt sind insbesondere die Einstellung, Vergütung und der berufliche Aufstieg. Titel VII untersagt auch die sexuelle Belästigung am Arbeitsplatz. Ein Verbot der Diskriminierung aufgrund des Alters postuliert der *Age Discrimination in Employment Act*[93]. Die Gleichbehandlung körperlich und geistig Behinderter sichert der *Americans with Disabilities Act*[94].

2. *Die Bedeutung der Gewerkschaften*

Zur Zeit sind weniger als zwanzig Prozent der Arbeitnehmer in den U.S.A. Mitglied einer Gewerkschaft. Das Recht, eine Gewerkschaft zu gründen oder ihr beizutreten gewährt der *National Labor Relations Act*. Er ist ein umfassendes Bundesgesetz, das die rechtliche Grundlage der Beziehungen zwischen den Sozialpartnern bildet[95]. Er sieht ein Verfahren vor, durch das die Gewerkschaften in ihrer Stellung als Vertreter der Arbeitnehmer bestätigt werden. Die Arbeitgeber sind verpflichtet, mit den Gewerkschaften in diesem Sinne zu verhandeln und unfaire Arbeitsbedingungen zu verhindern. Viele Einzelstaaten haben zusätzliche Gesetze in diesem Bereich erlassen.

X. *Tochtergesellschaften ausländischer Unternehmen*

1. *Meldepflichten*

Tochtergesellschaften von ausländischen Müttern werden zumeist nur Informationspflichten auferlegt. Alle *„corporations"*, deren Anteile zu mehr als 10 % im Eigentum einer ausländischen natürlichen oder juristischen Person stehen,

91 29 U.S.C. § 206(d).
92 42 U.S.C. § 2000e ff.
93 29 U.S.C. §§ 621 ff.
94 42 U.S.C. § 12111.
95 29 U.S.C. §§ 141 ff.

müssen bei dem *Bureau of Economic Analysis* des U.S. Wirtschaftsministeriums gemäß dem *International Investment and Trade in Services Survey Act* jährliche Informationsberichte einreichen[96].

Ausländische Investoren, die in den U.S.A. Grundeigentum erwerben, müssen das Formular 6661 bei dem *U.S. Internal Revenue Service* (der Bundessteuerverwaltung) einreichen. Ausländische Investoren, die mit einem erheblichen Anteil an Immobilien beteiligt sind (d. h. mit mehr als US $ 50.000), müssen das Formular 6660 einreichen. Diese Regelung gilt auch für die Muttergesellschaften amerikanischer Töchter. Der Erwerb von landwirtschaftlich oder forstwirtschaftlich genutztem Boden verpflichtet den ausländischen Investor zur Abgabe eines Berichts nach dem *Agricultural Foreign Investment Disclosure Act* aus dem Jahre 1978[97].

Der Transfer von Devisen, von „*negotiable instruments*" (durch Indossament, dann Oderpapier, oder durch Übergabe, dann Inhaberpapier, begebbares oder übertragbares Wertpapier) und von „*investment securities*" (Anlagewertpapieren, die aus Namensaktien, Inhaberaktien oder Inhaberschuldverschreibungen bestehen können) muß dem U.S. Finanzministerium ab einem Wert von US $ 5.000 mitgeteilt werden[98].

2. *Beschränkungen der Geschäftstätigkeit*

Darüber hinaus gibt es für den Eigentumserwerb durch ausländische Personen kaum Beschränkungen. Der Präsident der Vereinigten Staaten hat die Befugnis, einen Unternehmenszusammenschluß oder einen Unternehmenskauf durch ausländische Investoren zeitweise außer Kraft zu setzen oder ganz zu stoppen, wenn dadurch nationale Sicherheitsinteressen der U.S.A bedroht würden[99].

Bundesstaatliche Gesetze begrenzen den Küstenhandel zwischen Häfen in den Vereinigten Staaten auf Schiffe amerikanischer Eigentümer. Eine „*corporation*" erfüllt die Voraussetzungen nur, wenn ihre „*officers*" und die Mehrzahl der „*directors*" U.S.-amerikanische Staatsangehörige sind, die Gesellschaft nach amerikanischen Recht errichtet wurde und wenn schließlich mindestens 75 % der Anteile in amerikanischer Hand liegen[100]. Der *Atomic Energy Act* aus dem Jahre 1954 verbietet die Lizenzvergabe für Atomanlagen an Gesellschaften mit ausländischen Anteilseignern oder an Gesellschaften, die von solchen beherrscht

96 22 U.S.C. §§ 3101 ff.
97 7 U.S.C. § 3501.
98 31 U.S.C. § 5316.
99 50 U.S.C. app. § 2170.
100 46 U.S.C. § 802.

werden[101]. Gemäß dem *Federal Communications Act* dürfen ausländische Investoren nicht mehr als zwanzig Prozent der Anteile einer *„corporation"* mit einer Rundfunk- oder Fernsehlizenz erwerben[102]. Eine ähnliche Regelung gilt für die amerikanische Binnenluftfahrt. Sie ist in den U.S.A. ordnungsgemäß registrierten Flugzeugen vorbehalten. Ein Flugzeug darf nur ein U.S.-amerikanischer Staatsangehöriger oder eine *„corporation"*, deren Anteilseigner mindestens zu 75 % amerikanische Staatsangehörige sind[103], registrieren lassen.

Anhang

I. Abkürzungen

A.2d	Atlantic Reporter, Second Series
Ann.	Annotated
Ariz. Rev. Stat.	Arizona Revised Statutes
Art.	Article
Cal. Corp. Code	California Corporation Code
CFR	Code of Federal Regulations
Del. Code Ann.	Delaware Code Annotated
N.Y. Bus. Corp. L.	New York Business Corporation Law
Off. Code Ga. Ann.	Official Code of Georgia Annotated
RMBCA	Revised Model Business Corporation Act
RULPA	Revised Uniform Limited Partnership Act
Tit.	Title
UPA	Uniform Partnership Act
U.S.	Entweder „United States" oder, innerhalb einer Anmerkung „United States Reports"
U.S.C.	United States Code

II. Literatur

BUNGERT, HARTWIN, Gesellschaftsrecht in den USA, München, 1994.

CARNEY, WILLIAM J., Fundamental Corporate Changes, Minority Shareholders, and Business Purposes, in: 1980 American Bar Foundation Research Journal, S. 69 ff.

CLARK, ROBERT C., Corporate Law, Boston 1986.

Commerce Clearing House, 1993 U.S. Mastertax Guide, Chicago 1993.

Committee on Corporate Laws, American Bar Association, Model Business Corporation Act Annotated, 3rd ed., 1984.

CONARD, ALFRED F., Corporations in Perspective, Mineola, N.Y. 1976.

FUGATE, WILBUR L., Foreign Commerce and the Antitrust Laws, Boston, 1991.

HAZEN, THOMAS L., Treatise on the Law of Securities Regulation, 2nd ed., St. Paul, Minn. 1990.

101 42 U.S.C. § 2133.

102 47 U.S.C. § 310.

103 49 U.S.C. § 1378.

HAY, PETER, Einführung in das amerikanische Recht, 3. Aufl., Darmstadt 1990.
HENN, HARRY G./ALEXANDER, JOHN R., Laws of Corporations, 3rd ed., St. Paul, Minn. 1983.
KRONSTEIN, HEINRICH, Probleme des modernen amerikanischen „*Corporation*"-Rechts, in: RabelsZ Bd. 21 (1956), 456 ff.
MERKT, HANNO, US-amerikanisches Gesellschaftsrecht, Heidelberg, 1991.
MÜLLER, HARALD, Die Gerichtspflichtigkeit wegen „doing business", 1992.
NACKE, RALF, Die Durchgriffshaftung in der U.S.-amerikanischen Corporation, 1988.
O'NEAL/THOMPSON, Oppression of Minority Shareholders, 2nd ed., 1991.
PRESSER, STEPHEN V., Piercing the Corporate Veil, 1991.
SCOLES, EUGENE/HAY, PETER, Conflict of Laws, 2nd ed., St. Paul, Minn. 1992.
VELTINS, MICHAEL A., Durchgriffshaftung im amerikanischen Recht, in: RIW 1983, 713 ff.
VORPFEIL, KLAUS, Haftungsdurchgriff auf deutsche Muttergesellschaften für Verbindlichkeiten ihrer U.S.-amerikanischen Tochtergesellschaften, insbesondere nach New Yorker Recht, in: RIW 1991, 995 ff.

III. Adressen

United States Chamber of Commerce
1615 H Street, N.W.,
Washington
D.C. 20062
Telefon: (202) 4635300
Fax: (202) 4635836

In vielen größeren Städten gibt es Deutsch-Amerikanische Industrie- und Handelskammern. Die Adressen sind beim Deutschen Industrie- und Handelstag, Adenauerallee 148, 53113 Bonn, zu erfragen.